마담의크스와 함께
포토샵과 일러스트레이터를 마스터하는

112가지 방법

# 마담의크스 포토샵 & 일러스트레이터 CC

저자 마담의크스 카페 · 네모 기획

마담의크스와 함께
포토샵과 일러스트레이터를 마스터하는

112가지 방법

# 마담의크스 포토샵 & 일러스트레이터 CC



**ISBN** 978-89-314-6560-0

**독자님의 의견을 받습니다**

이 책을 구입한 독자님은 영진닷컴의 가장 중요한 비평가이자 조언가입니다. 저희 책의 장점과 문제점이 무엇인지, 어떤 책이 출판되기를 바라는지, 책을 더욱 알차게 꾸밀 수 있는 아이디어가 있으면 이메일, 또는 우편으로 연락주시기 바랍니다. 의견을 주실 때에는 책 제목 및 독자님의 성함과 연락처(전화번호나 이메일)를 꼭 남겨 주시기 바랍니다. 독자님의 의견에 대해 바로 답변을 드리고, 또 독자님의 의견을 다음 책에 충분히 반영하도록 늘 노력하겠습니다.

파본이나 잘못된 도서는 구입처에서 교환 및 환불해 드립니다.

**이메일 :** support@youngjin.com
**주 소 :** (우)08505 서울특별시 금천구 가산디지털1로 128 STX-V 타워 4층 401호
**등 록** : 2007. 4. 27. 제16-4189호

**STAFF**

**저자** 마담의크스 카페, 네모 기획 | **책임** 김태경 | **진행** 성민 | **디자인·편집** 김소연
**영업** 박준용, 임용수, 김도현 | **마케팅** 이승희, 김근주, 조민영, 김예진, 채승희, 김민지, 임해나 | **제작** 황장협 | **인쇄** 제이엠인쇄

# 머리말

포토샵과 일러스트레이터는 매년 새로운 버전과 기능으로 무장하여 출시되고 있습니다.

포토샵은 시각 디자인, 산업 디자인, 사진, 건축 및 인테리어 등 다양한 분야에서 많이 활용하며, 일러스트레이터는 시각 디자인, 산업 디자인, 상업 디자인, 건축 및 인테리어, 편집 디자인 등 전문 분야에서뿐만 아니라 실생활에서도 두루두루 사용되는 프로그램으로서, 두 프로그램은 디자이너를 꿈꾸는 사용자라면 필수적으로 다룰 줄 알아야 하는 대표적인 프로그램입니다.

이 책은 포토샵과 일러스트레이터 초보자를 대상으로 하는 책이기 때문에 집필하면서 중점을 둔 부분은 '처음 배우는 사람도 혼자 쉽게 공부할 수 있는 책을 만들자!'였습니다. 되도록 어려운 용어를 피하고 기능 및 따라하기 방법을 이해하기 쉽도록 설명하였습니다. 페이지를 넘길 때마다 난이도를 조절하고 그에 맞는 예제를 만들기 위해 많이 고민했습니다.

마담의크스 카페가 개설된 이후로 다양한 종류의 그래픽 서적이 출간되었습니다. 늘 많은 관심과 사랑을 받아왔었으며 출간 때마다 저희 책을 선택해 주신 모든 구독자에게 항상 감사한 마음을 가지고 있습니다. 이번에 출간되는 포토샵과 일러스트레이터 합본도 최선을 다해 작성하였습니다. 초보자 및 디자이너를 꿈꾸는 모든 사용자에게 도움이 되는 책이 되었으면 좋겠습니다.

마지막으로 책 집필을 하는 동안 아낌없이 격려해준 가족과 지인에게 고마움을 전달하며 오랜 기간 동안 인내심과 함께 물심양면 도와주신 네모기획 실장님과 영진닷컴 관계자분께도 깊은 감사를 전해드립니다.

저자 마담의크스 카페 ▼

# 미리 보기

### PART 01 PHOTOSHOP

마담의크스 포토샵 CC는 최신 버전의 포토샵 CC 2021을 기준으로 초보자들의 눈높이에 맞게 총 6개의 PART(기초반, 도구반, 기능반, 이미지 보정반, 특수 효과반, 종합반)로 구성되어 있습니다. 반드시 알아야 하는 포토샵의 기초부터 다양한 이미지 보정 및 응용력을 키울 수 있는 종합반까지 적절한 예제를 활용한 따라하기 형식으로 친절히 소개합니다.

### PART 02 ILLUSTRATOR

마담의크스 일러스트레이터 CC는 최신 버전의 일러스트레이터 CC 2021을 기준으로 초보자들의 눈높이에 맞게 총 4개의 PART(기초반, 도구반, 기능반, 종합반)로 구성되어 있습니다. 반드시 알아야 하는 일러스트레이터의 기초부터 다양한 디자인 작업 및 응용력을 키울 수 있는 종합반까지 적절한 예제를 활용한 따라하기 형식으로 친절히 소개합니다.

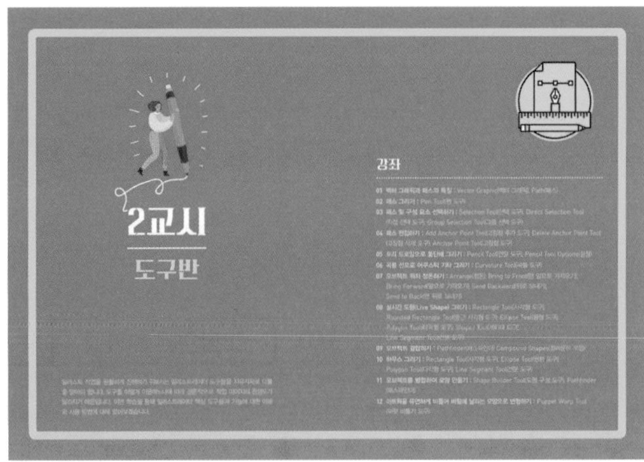

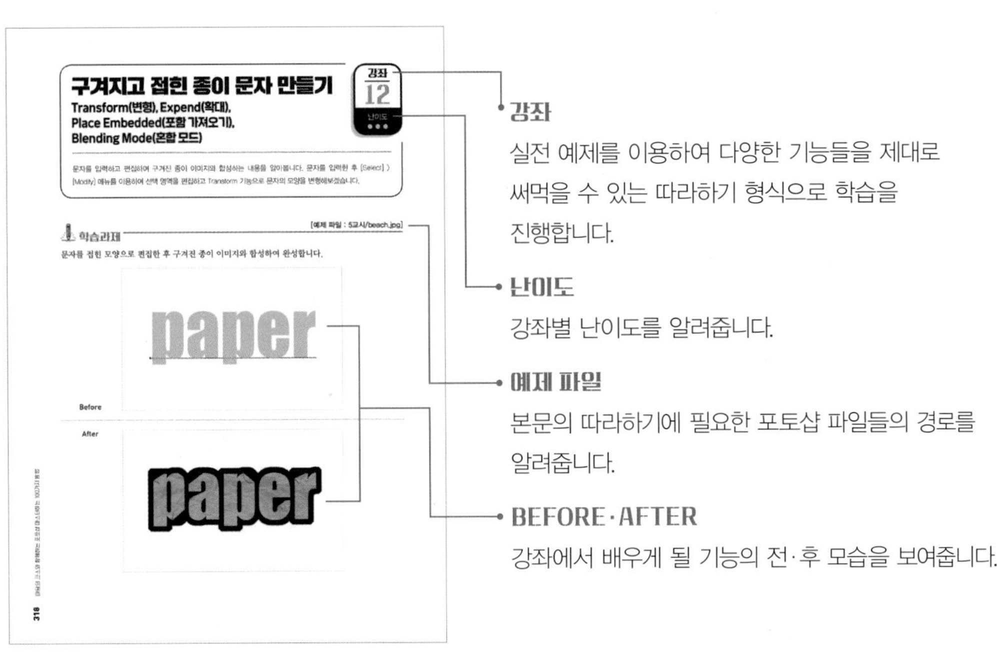


**강좌**

실전 예제를 이용하여 다양한 기능들을 제대로 써먹을 수 있는 따라하기 형식으로 학습을 진행합니다.

**난이도**

강좌별 난이도를 알려줍니다.

**예제 파일**

본문의 따라하기에 필요한 포토샵 파일들의 경로를 알려줍니다.

**BEFORE·AFTER**

강좌에서 배우게 될 기능의 전·후 모습을 보여줍니다.

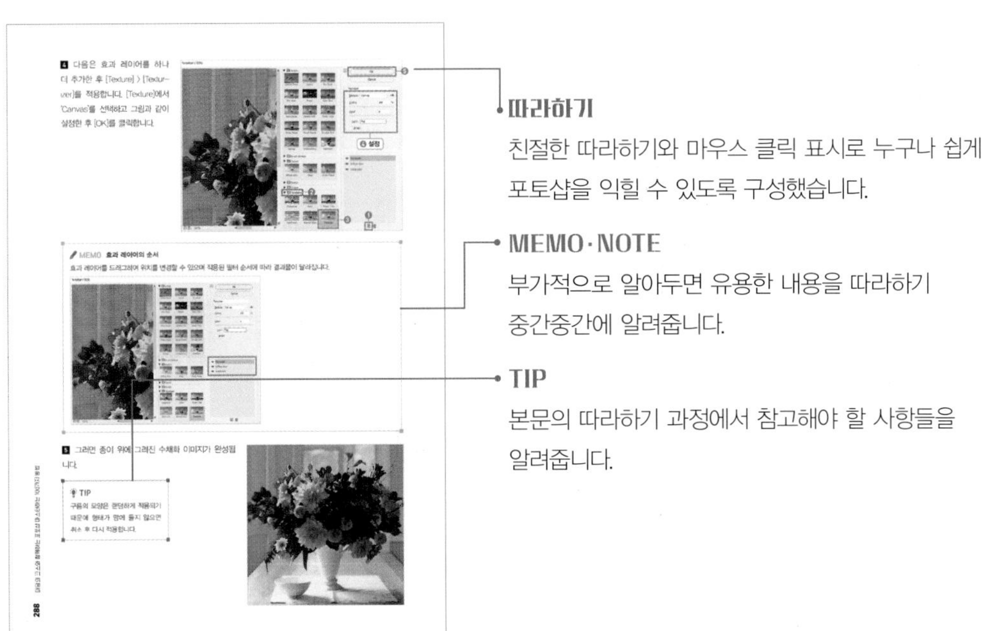


**따라하기**

친절한 따라하기와 마우스 클릭 표시로 누구나 쉽게 포토샵을 익힐 수 있도록 구성했습니다.

**MEMO·NOTE**

부가적으로 알아두면 유용한 내용을 따라하기 중간중간에 알려줍니다.

**TIP**

본문의 따라하기 과정에서 참고해야 할 사항들을 알려줍니다.

# 예제 파일 다운로드

이 책의 학습에 필요한 예제 파일은 영진닷컴 홈페이지(www.youngjin.com)의 [고객센터]-[부록 CD 다운로드]-[IT도서·교재]에서 도서명으로 검색한 후 압축 파일을 다운로드하여 사용하면 됩니다.

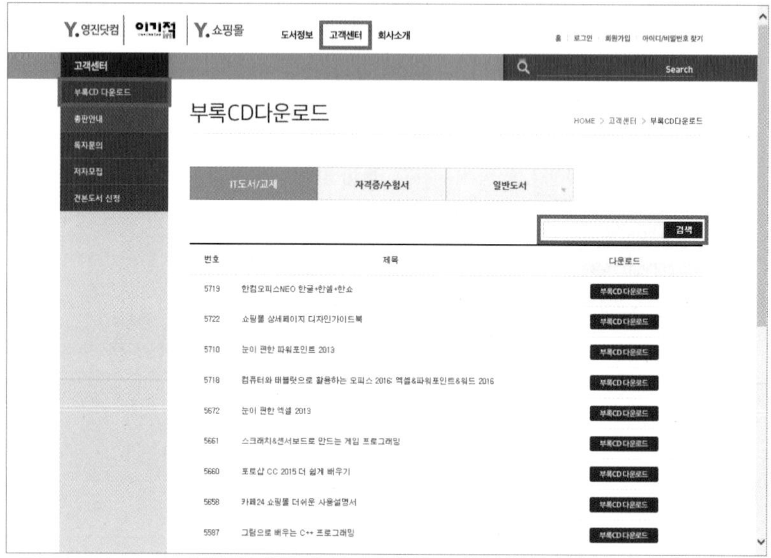

▲ youngjin.com 홈페이지

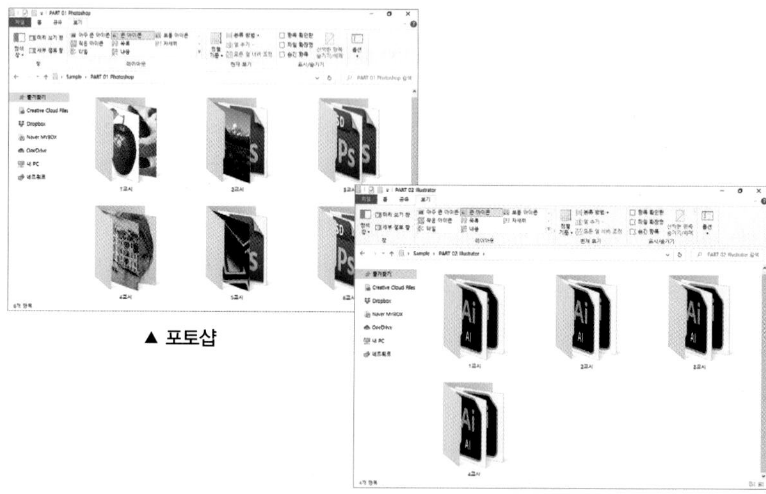
▲ 포토샵

▲ 일러스트레이터

## 목차

# PART 01 PHOTOSHOP

## 1교시 기초반



## 2교시 도구반

## 3교시 기능반

## 4교시 이미지 보정반



## 5교시 특수 효과반

## 6교시 종합반

# PART 02 ILLUSTRATOR

## 1교시 기초반



## 2교시 도구반

## 3교시 기능반

## 4교시 종합반

# 포토샵 CC 2021 신기능 및 향상된 기능

포토샵 CC 2021 최신 버전에 새로 추가되거나 업그레이드된 기능에 대해 알아봅니다.

## 사본 저장(Save a Copy)

저장하는 방법 중에 사본으로 저장할 수 있는 Save a Copy 기능이 파일 메뉴에 추가되었습니다. Save a Copy 기능을 통해 작업 사본을 자동으로 만들 수 있으며, 원본 파일을 덮어쓰지 않거나 레이어 파일을 플랫한 파일로 변경하지 않고도 JPEG, EPS, PNG 등과 같은 다른 이미지 파일 형식으로 내보내고 공유할 수 있습니다. 사본으로 저장하기 위해서는 [File] 〉 [Save a Copy] 메뉴를 클릭하거나, [다른 이름으로 저장] 대화상자에서 [Save a Copy] 옵션을 선택하여 적용할 수 있습니다.

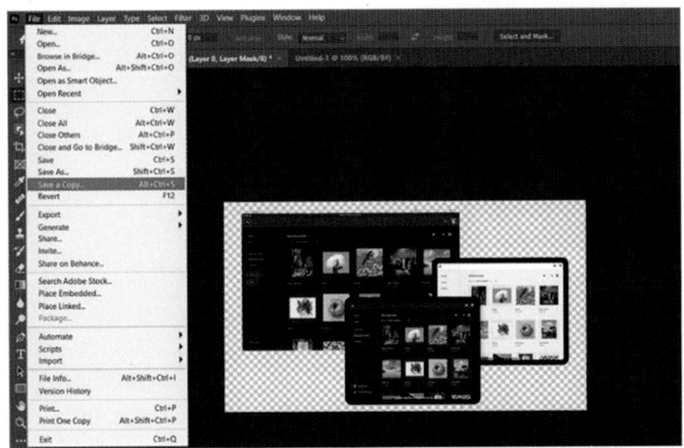

▲ [File] 〉 [Save a Copy] 메뉴

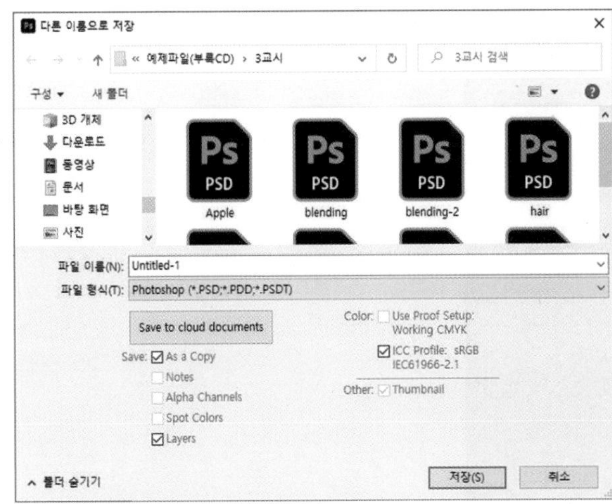


▲ [다른 이름으로 저장] 대화상자의 [Save As a Copy] 옵션

## 인물의 피부 보정 및 스타일 변환(Neural Filters)

Adobe Sensei에서 제공하는 새롭게 디자인된 필터로 포토샵만이 가지고 있는 강력한 필터 기능으로 창의적인 디자인 작업을 수행할 수 있습니다. 인물의 피부를 단 한 번의 조작으로 쉽게 보정할 수 있으며 인물의 표정, 나이, 시선, 스타일 또는 포즈 등을 자동인식하여 변형할 수 있는 획기적인 기능입니다. Neural Filters를 실행하려면 [Filter] 〉 [Neural Filters] 메뉴를 클릭합니다.

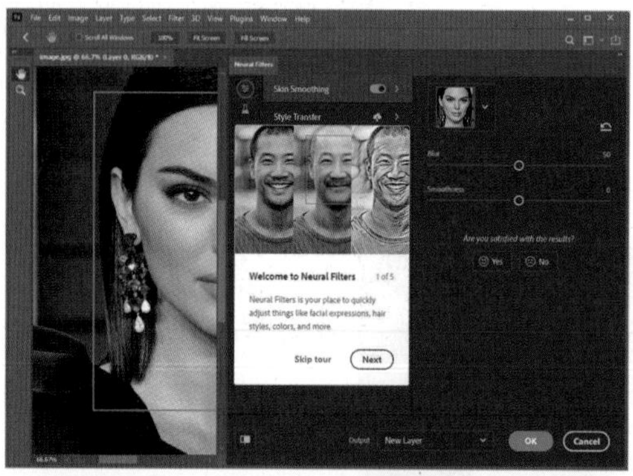


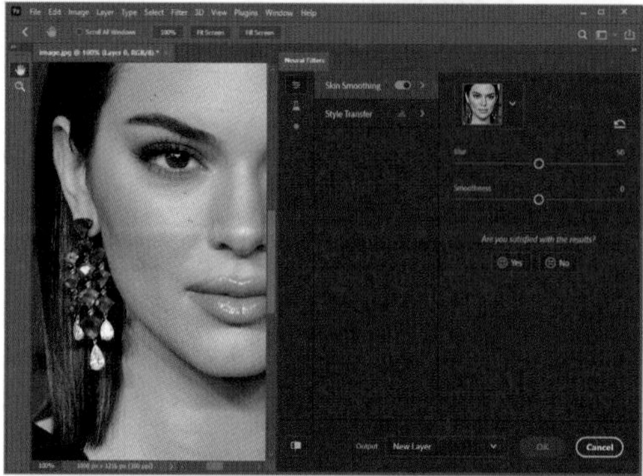


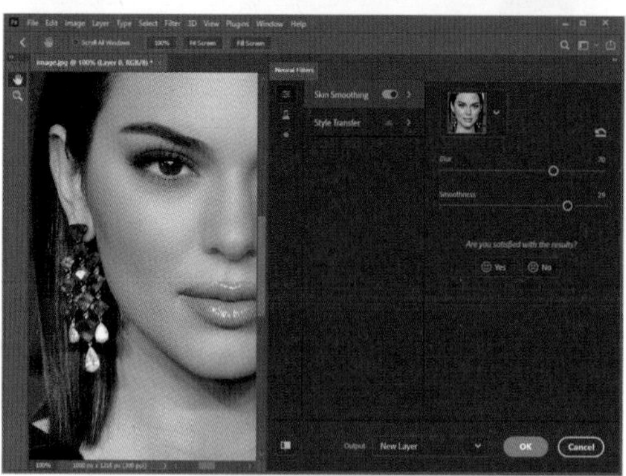

## iPad용 포토샵의 새로운 언어 지원

새로 지원되는 몇 가지 언어로 한국어를 포함한 스페인어, 이탈리아어, 포르투칼어 등이 추가 되었습니다.

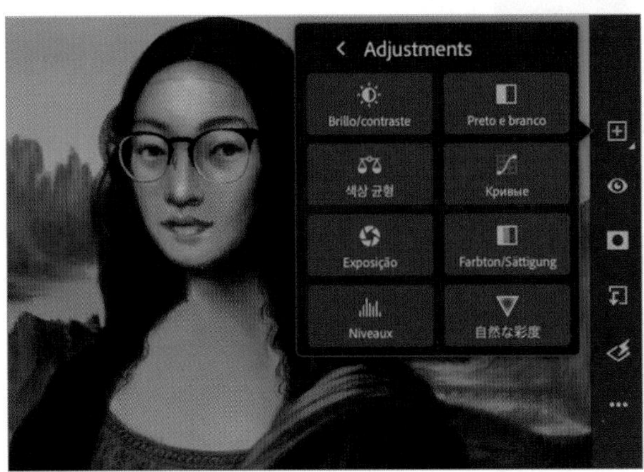


## 하늘을 빠르게 대체(Sky Replacement)

포토샵의 새로운 Sky Replacement 기능으로 사진의 하늘을 빠르게 선택하고 변경할 수 있으며 새로운 하늘에 맞게 풍경의 색상을 자동 조절할 수 있습니다. 날씨 및 하늘 상태 등 촬영 조건이 완벽하지 않더라도 어울리는 분위기로 쉽고 빠르게 변경하여 다양한 사진작업에서 시간과 노력을 절약할 수 있습니다. [Edit] 〉 [Sky Replacement] 메뉴에서 선택할 수 있습니다.

## 포토샵 학습을 위한 검색 패널(Discover panel)

포토샵 내에 검색 패널(Discover panel)을 통해 포토샵 도구, 실습, 자습서, 문서 등 사용법 및 기능을 익힐 수 있는 새로운 과제를 검색하고 활용할 수 있습니다. 검색 패널을 활성화시키기 위해서는 [Help] 〉 [Photoshop Help] 메뉴를 클릭하거나 Ctrl+F를 사용합니다.

### 아트웍 색상 변경(Recolor Artwork)

벡터 또는 래스터 이미지에서 색상 팔레트를 자동으로 추출하여 디자인에 쉽게 적용할 수 있습니다. 일러스트레이터에서는 색상 균형 조정 휠, 조정된 색상 라이브러리 또는 색상 테마 선택기(Color Theme Picker)를 사용하여 색상 변경을 무제한으로 적용할 수 있습니다.

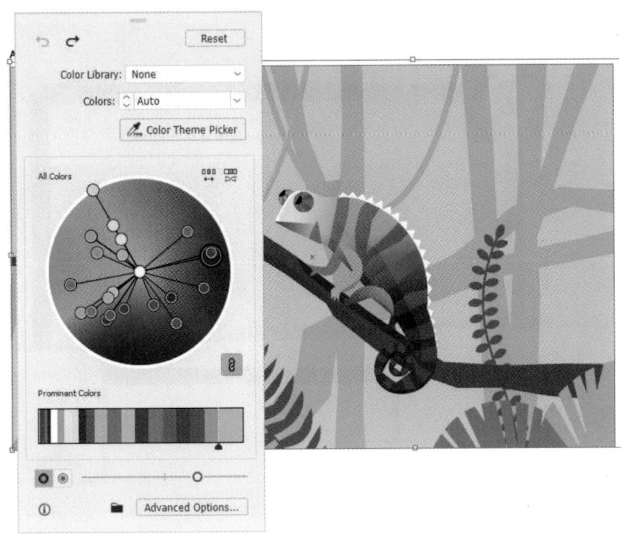


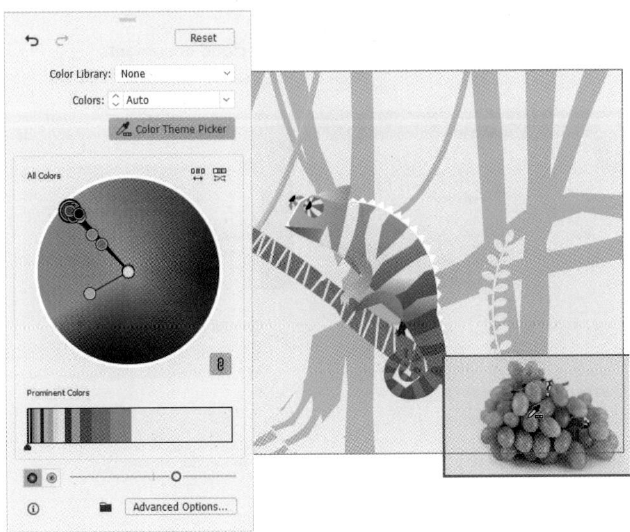

### 클라우드 문서 작업(Cloud documents)

일러스트레이터는 작업하고 있는 컴퓨터 외에도 작업한 프로젝트를 클라우드에 저장하고 컴퓨터, 노트북, 아이패드 등 일러스트레이터가 설치된 어느 곳에서든 즉시 사용할 수 있습니다. 업무 때문에 자주 출장을 가거나 이동 중에도 창의적인 작업을 계속 진행할 때 간편하며 효율적으로 사용할 수 있습니다.

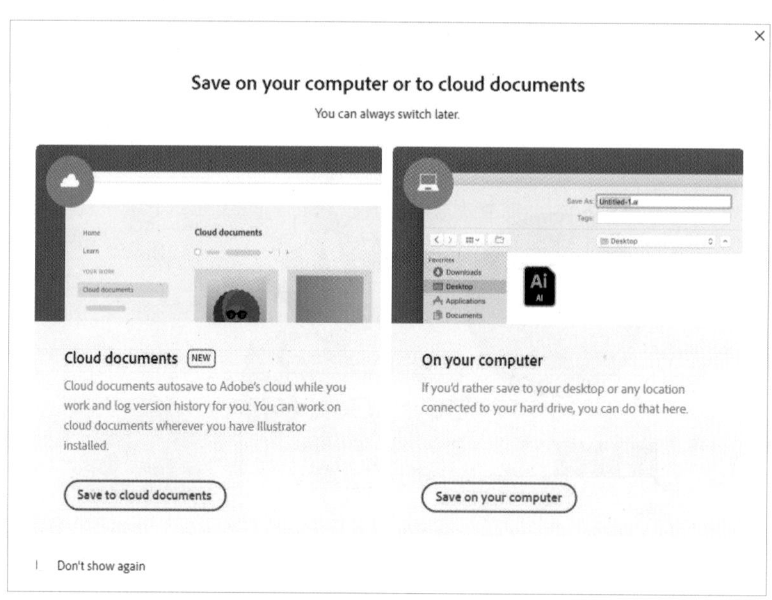

## 스마트 글리프 물리기(Smart glyph snapping)

글리프에 물리기(Snap to Glyph)는 아트웍 구성 요소들을 글자 모양 또는, 글리프 테두리와 정밀하게 물릴 수 있는 기능입니다. 글자 주위에서 오브젝트를 이동할 때 간단하게 물리기 선 옵션을 선택하면 안내선이 표시되며 이 안내선에 따라 오브젝트가 물리게 됩니다. 오브젝트를 드래그하여 문자의 고정점과 정밀하게 물릴 수도 있습니다.

## 새로운 문자 편집 기능

문자를 정렬하고 다른 아트웍 구성 요소와 정밀하게 맞출 수 있는 기능들이 추가되었습니다.

### ❶ 문자 세로 맞춤(Align text veritically)

문자 상자에서 프레임을 기준으로 위쪽, 아래쪽, 가운데 또는 양쪽 정렬로 세로 방향으로 문자를 맞출 수 있습니다.

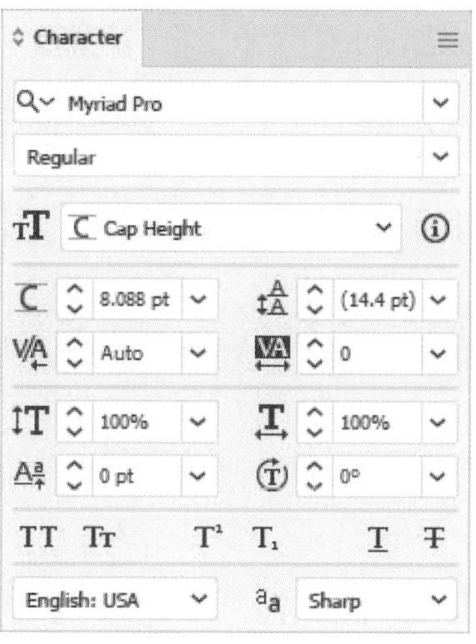

## ❷ 글리프 테두리에 맞춤(Aling to glyph bounds)

오브젝트를 시각적 글리프 테두리와 정밀하게 맞출 수 있습니다.

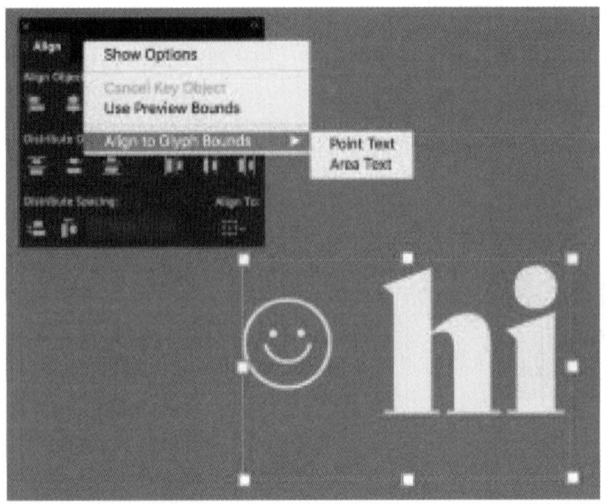


## ❸ 글꼴 높이 변경(Font height variations)

[Character] 패널에서 실제 글꼴 높이 참조를 설정하여 적용할 수 있습니다. 오브젝트를 문자와 정밀하게 맞출 때 유용하게 사용됩니다.

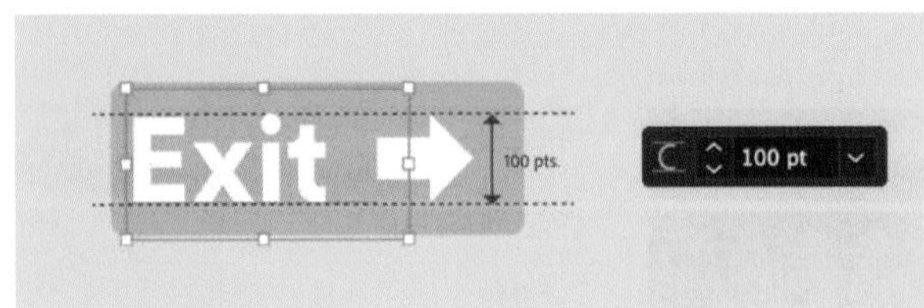

### iPad용 일러스트레이터

이제 아이패드에서도 애플 펜슬과 함께 일러스트레이터를 사용할 수 있습니다. 어느 장소든 이동하면서 캔버스에서 마법과도 같은 작업을 진행할 수 있습니다.

CC

○ ○ graphic
○ ○ graphic
● ● graphic

2021

# Part. 01

# PS

# 1교시

## 기초반

CG 또는, 기타 디자인 작업에서 포토샵을 사용하기 위해 필수적으로 알고 있어야 하는 기능에 관해 확인하고 학습하는 시간을 갖도록 합니다.

# 강좌

01 포토샵 설치하기 : Adobe Creative Cloud

02 이미지의 종류와 해상도 : Raster, Vector, Resolution

03 컬러(Color)의 이해 : RGB, CMYK

04 이미지 컬러 모드 : Image Mode(이미지 모드)

05 포토샵의 작업 공간 살펴보기 : Interface(작업 환경)

06 메인 메뉴 살펴보기 : Main Menu Bar(메뉴 바)

07 툴 패널 살펴보기 : Tools Panel(툴 패널)

08 패널의 종류와 기능 : Panel(패널)

09 문서(도큐먼트) 새로 만들고 저장하기 : New(새로 만들기), Save(저장)

10 파일을 열고 다른 이름으로 저장하기 : Open(열기), Save As(다른 이름으로 저장)

11 이미지 이동 및 복사하기 : Move(이동), Copy(복사)

# 포토샵 설치하기

## Adobe Creative Cloud

포토샵은 프로세서(CPU)와 메모리(RAM) 용량에 따라 영향을 많이 받는 프로그램입니다. 작업하는 이미지의 용량이 클수록 컴퓨터도 높은 사양이 필요합니다. 본격적인 학습에 앞서 포토샵 CC 2021을 구동하기 위한 컴퓨터의 최소 및 권장 사양을 알아보겠습니다.

| 설치 구분 | Windows | Mac OS |
|---|---|---|
| 운영체제 | Windows 10(64비트) 버전 1809 이상; LTSC 버전은 지원되지 않음 | macOS Mojave(버전 10.14) 이상, macOS Big Sur(버전 11), macOS Catalina(버전 10.15) |
| 프로세서 | 64비트를 지원하는 Intel® 또는 AMD 2GHz 이상 프로세서* SSE 4.2 이상 포함 | 64비트를 지원하는 Intel 프로세서, 2GHz 이상의 프로세서(SSE 4.2 이상) |
| 저장장치 | 최소: 4GB 이상/권장: SSD | 최소: 4GB 이상/권장: SSD |
| 메모리 | 최소: 8GB/권장: 16GB | 최소: 8GB/권장: 16GB |
| 그래픽카드 | GPU(DirectX 12 지원) 최소: 2GB/권장: 4GB | 최소: 2GB/권장: 4GB |
| 디스플레이 | 최소: 1280x800/권장: 1920x1080 이상 | 최소: 1280x800/권장: 1920x1080 이상 |
| 기타 사항 | 소프트웨어를 활성화하거나 멤버십을 확인하고 온라인 서비스를 이용하려면 인터넷 연결 및 등록이 필요합니다. | |

**1** 포토샵 설치 파일을 다운로드하기 위해 한국어도비시스템즈(www.adobe.com/kr) 사이트에 접속합니다. 홈페이지 상단의 [지원] 〉 [다운로드 및 설치]를 클릭하고 변경된 화면에서 [Photoshop]을 선택합니다.

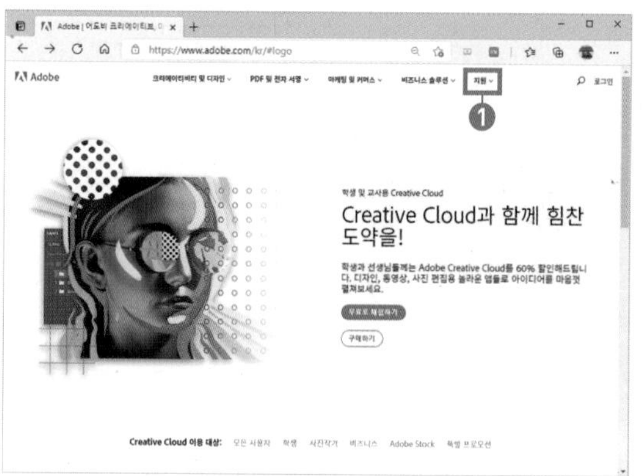


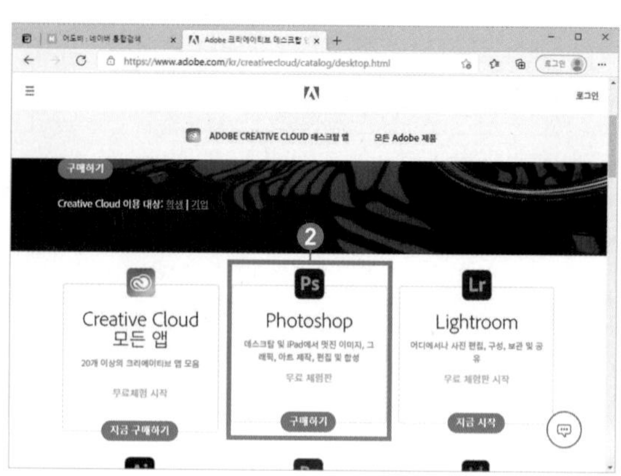

**2** 그러면 7일간 무료로 사용할 수 있는 무료 체험판 화면으로 변경됩니다. [무료 체험판]을 클릭하며 계정 등록 화면 및 패키지 결재 화면이 표시되며 기본적으로 7일간 무료 사용 후 유료로 변환됩니다. 필수 기재 사항들을 입력하여 완료합니다.

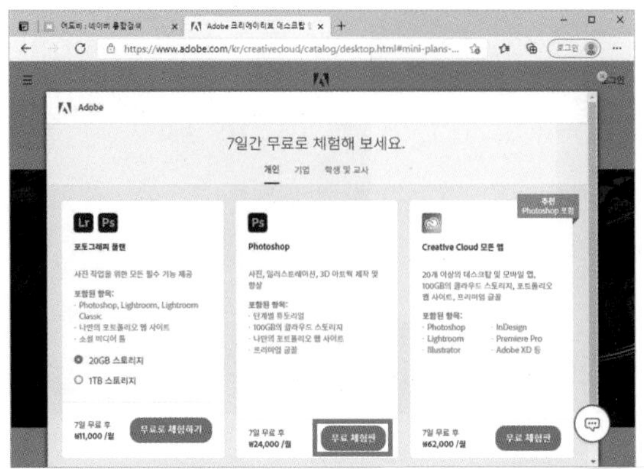


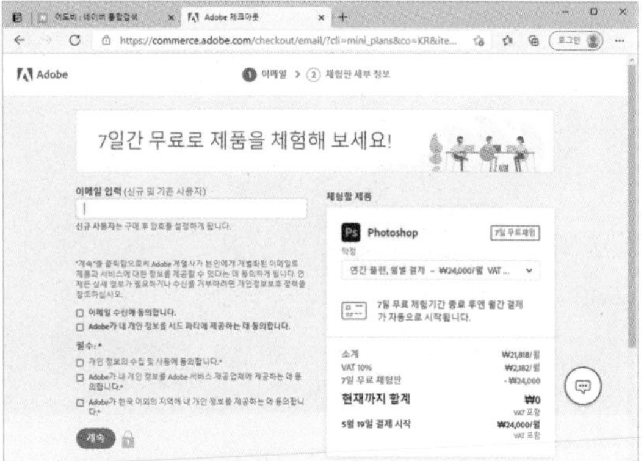


**3** [Creative Cloud Desktop] 창이 나타나면 계정을 입력하여 로그인합니다.

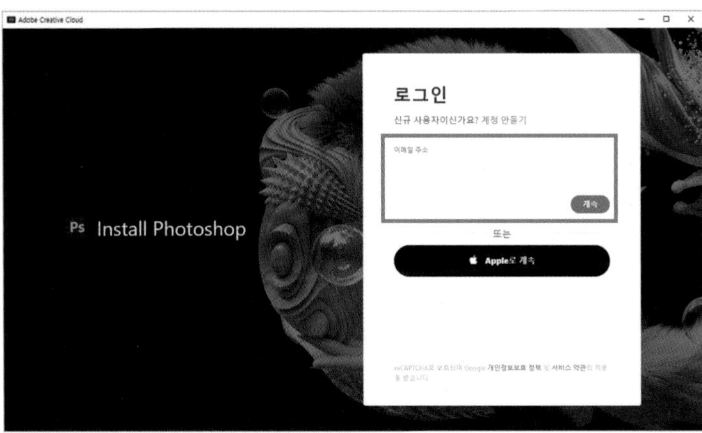


**4** Photoshop 항목에서 [시험 사용]을 클릭하여 포토샵 설치를 진행합니다.

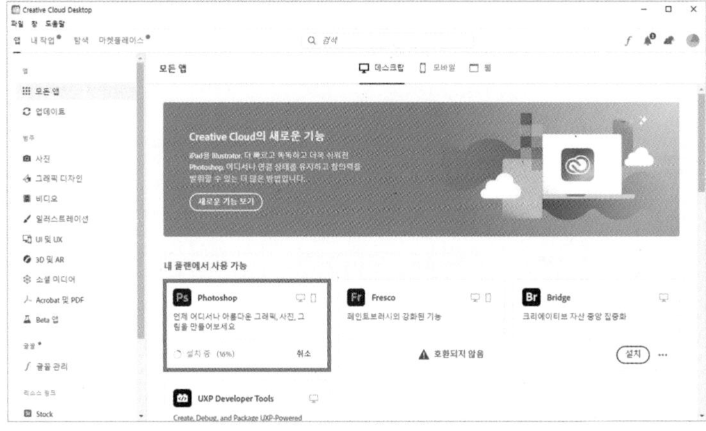

**5** 설치가 완료되면 포토샵이 실행됩니다. [새로 만들기]를 클릭하여 새로운 도큐먼트를 생성하면 한글 버전의 포토샵이 실행됩니다.

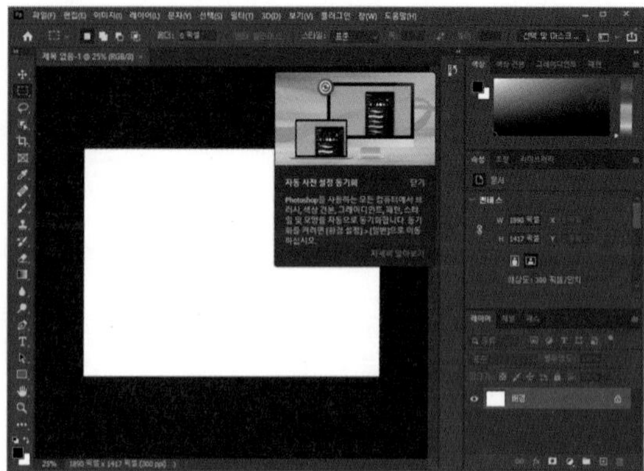

**TIP**

포토샵 사용 요금은 월 또는, 년 단위로 결재할 수 있습니다. 또한, 사용 목적 및 사용 대상자에 따라 사용료가 다르며 학생의 경우 더욱 저렴하게 사용할 수 있다는 점을 확인하기 바랍니다.

**6** 한국어도비시스템즈 사이트에서는 기본적으로 한글 버전의 포토샵이 설치됩니다. 영문 버전으로 변경하려면 [C드라이브] 〉 [Program Files] 〉 [Adobe] 〉 [Adobe Photoshop CC 2021] 〉 [Locales] 〉 [ko_KR] 〉 [Support Files] 폴더에서 'tw10428_Photoshop_ko_KR.dat' 파일의 이름을 변경하거나 삭제합니다. 한글 버전의 포토샵이 필요할 경우를 대비하여 파일명에 '_1'을 추가하여 변경하면 좋습니다.

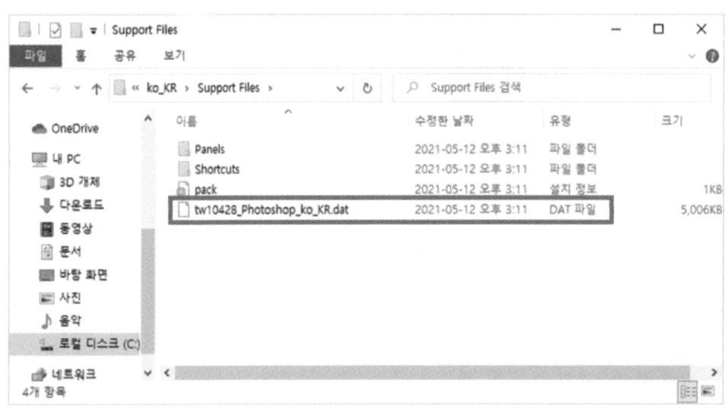


◀ 변경 전 파일명 : tw10428_Photoshop_ko_KR.dat

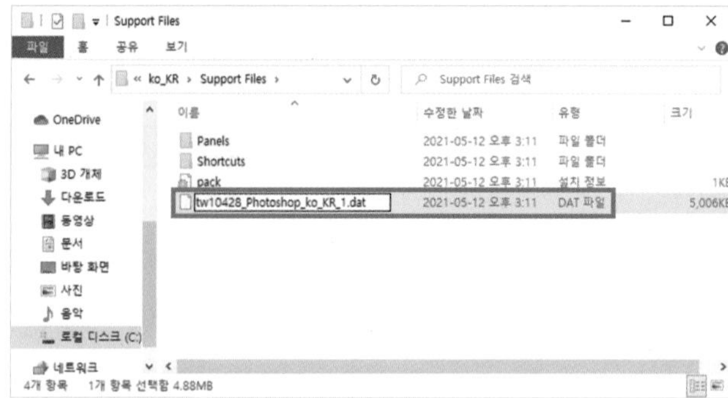


변경 후 파일명 : tw10428_Photoshop_ko_KR_1.dat ▶

**7** 포토샵을 다시 실행하면 영문 버전으로 변경된 것을 확인할 수 있습니다.

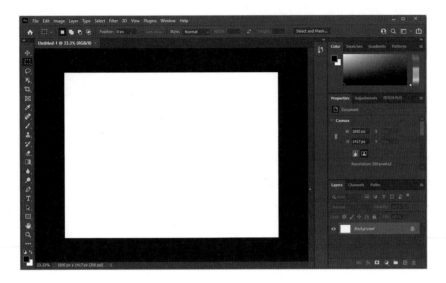

**TIP**

'tw10428_Photoshop_ko_KR.dat_1.dat' 파일을 다시 최초의 파일명으로 복원하면 한글 버전의 포토샵으로 변경됩니다.

**MEMO 영문 버전 설치**

본문에서 설명한 파일명을 변경하는 방법이 번거롭거나 컴퓨터 사용이 서툴 경우 어도비 영문 사이트(https ://www.adobe.com)에 접속하여 다운로드 후 설치합니다.

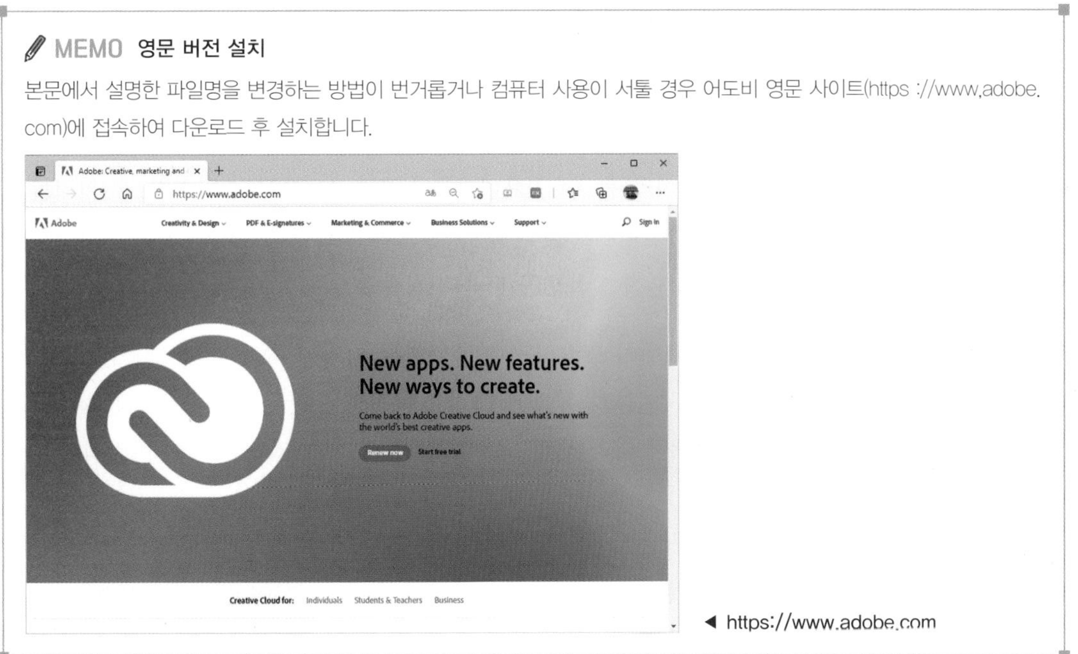


◀ https://www.adobe.com

# 이미지의 종류와 해상도

## Raster, Vector, Resolution

이미지의 종류와 특성 및 이미지 해상도에 대한 지식을 갖춰야 포토샵 작업에 대한 이해도가 높아집니다. 작업할 이미지의 용도가 무엇인지, 분야에 따른 필요한 규격은 어떠한지 등 매우 중요하다고 볼 수 있습니다. 다음에서 이미지에 대한 기본적인 지식을 알아보겠습니다.

## 01 : 이미지의 종류

컴퓨터 그래픽에서 다루는 이미지는 일반적으로 래스터(Raster=Bitmap) 이미지와 벡터(Vector) 이미지로 크게 나눌 수 있습니다. 래스터 이미지는 각각의 색상 정보를 표현하는 픽셀로 구성되어 사진처럼 자세하고 매끄러운 색상 표현이 적합합니다. 한편 벡터 이미지는 수치에 의해 모양과 색상을 정의하므로 정확한 값이 있어야 하는 세밀한 도형이나 일러스트 등에 적합합니다. 또한 벡터 이미지는 세부 구성 요소를 따로 이동 및 편집할 수 있어서 완성 후에도 다양한 변형이 가능한 장점이 있습니다.

포토샵이 대표적인 래스터 프로그램이라 볼 수 있으며, 벡터 프로그램으로는 일러스트레이터를 꼽을 수 있습니다. 물론 포토샵에서 벡터 이미지를 다룰 수 있으며 부드러운 래스터 이미지와 세밀한 벡터 이미지를 잘 조합하여 사용하면 원하는 표현을 더욱더 자유자재로 할 수 있습니다.

래스터 이미지의 경우 다양한 색상 표현이 필요하므로 출력하는 기기에 따라 결과물에 영향을 받는다. 예를 들어, 웹에 게시할 목적의 작업물과 종이에 인쇄할 목적으로 만든 인쇄물은 다른 해상도가 있어야 합니다. 따라서 작업하는 목적에 따라 해상도를 미리 결정하고 시작하는 것이 바람직합니다.

### 래스터(비트맵) 이미지

래스터 이미지의 최소 단위는 '픽셀'입니다. 이미지를 확대해보면 작은 사각형의 픽셀들로 구성된 것을 확인할 수 있습니다. 픽셀은 하나하나마다 각각의 색상 정보를 가지고 있으며 해상도가 낮은 경우 이미지 형태를 제대로 표현하기 어려울 수 있습니다.

### 벡터 이미지

이미지를 확대하거나 변형하여도 크기와 방향으로 계산되기 때문에 선의 모양이 변함이 없고 매끄러움을 그대로 유지합니다. 벡터 이미지의 경우 해상도에 영향을 받지 않기 때문에 해상도를 미리 고민할 필요 없이 이미지의 크기만 결정하면 됩니다.

### 인쇄물

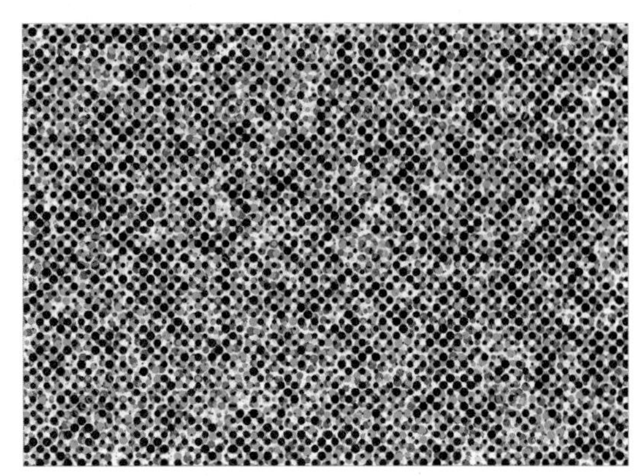

인쇄물을 확대하여 보면 작은 다음 그림과 같이 점으로 구성된 것을 확인할 수 있습니다. 픽셀이 하나하나마다 색상 정보를 가지고 표현되는 것과 달리 인쇄물은 각각의 CMYK로 이뤄진 점들이 모여 표현됩니다.

## 02 : 이미지 해상도(Resolution)

포토샵에서 이미지를 인쇄할 경우 이미지 해상도를 무시할 수 없습니다. 해상도가 낮으면 이미지가 거칠어 보일 수 있으며 너무 높으면 불필요하게 파일 용량이 커지게 되어 작업 및 출력 시간이 길어질 수 있습니다.

'이미지 해상도'란 단위 면적당 이미지를 구성하고 있는 점들의 개수를 말합니다. 즉 이미지를 구성하는 점 밀집도에 따라 이미지의 해상도가 정해집니다. 색상 정보를 가지고 있는 이 하나하나의 점들이 모여 그림 또는, 사진처럼 우리 눈에 보이는 것입니다. 즉 단위 면적당 점의 개수가 많으면 많을수록 이미지를 촘촘하게 그릴 수 있으므로 '해상도가 좋다! 높다!'라고 말할 수 있는 것입니다. 포토샵에서는 이런 하나하나의 점들을 '픽셀'이라고 합니다.

해상도는 이미지를 표현하는 픽셀의 밀도를 의미하며 단위는 ppi(pixel per inch)로 표현합니다. 예를 들어, 72ppi는 가로세로 1인치 면적에 72개의 픽셀, 300ppi는 300개의 픽셀로 구성된 이미지라는 것입니다. 즉 300ppi 이미지는 72ppi 이미지보다 밀도가 높아 더 세밀하게 보이며, 해상도가 더 높다고 말할 수 있습니다. ppi는 이미지 파일에 스캐너와 모니터의 해상도를 표현할 때도 사용합니다. 인쇄의 경우 망점의 밀도로 해상도를 표현하기 때문에 dpi(dot per inch)로 사용됩니다. 또한 상업 인쇄의 경우 망점의 병렬 수로 해상도를 나타내기 때문에 lpi(line per inch=선의 수)로 사용합니다.

ppi와 dpi는 같은 개념으로 생각해도 무방합니다. ppi는 디지털 매체에서, dpi는 인쇄와 같은 매체에서 사용되는 기준일 뿐 같은 해상도를 의미합니다.

**TIP**

보통의 컬러 인쇄물의 경우 133선을 주로 사용합니다. 그러나 이것은 인쇄하는 종이에도 연관이 있습니다. 거친 종이에 너무 높은 선수를 적용하면 색상이 서로 뭉쳐 뭉개지는 결과가 나타날 수 있습니다. 최소 모조지 이상이 되어야 133선 정도를 무난히 표현할 수 있습니다.

## 03 : 용도별 해상도

어떤 용도로 사용할 것이냐에 따라 최적화 해상도를 알아보겠습니다.

### 화면 출력용 해상도

화면 출력용 해상도란 이미지가 컴퓨터 모니터에 표현되는 해상도를 말하며 72 pixels/inch면 충분합니다. 모니터의 해상도를 보면, 1920×1080(FHD), 2560×1440(QHD), 3840×2160(UHD) 등으로 표시되어 있습니다. 만약에 모니터 HD 해상도라면 약 200만 개(1920×1080=2,073,600)의 점들로 화면을 구성한다는 것입니다. 즉 FHD 모니터 화면에 꽉 차는 이미지를 출력하기 위해서는 해상도(Resolution)를 '72 pixels/inch'로 설정하고, Width(가로) 값을 '1920 Pixels', Height(세로) 값을 '1080 Pixels'로 입력하면 됩니다.

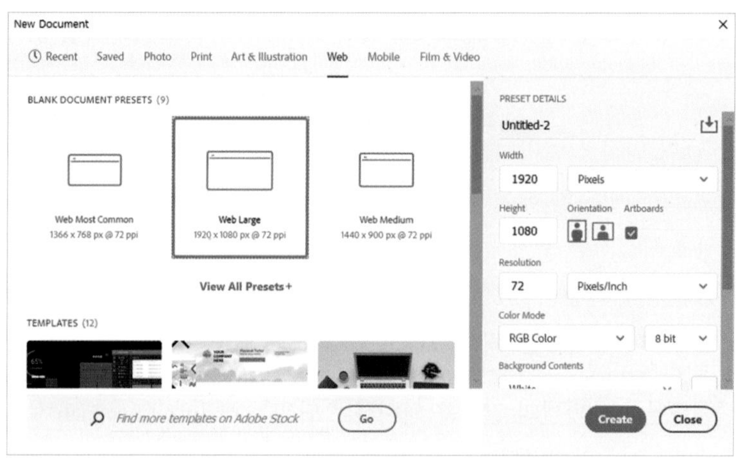

## 인쇄용 해상도

인쇄란 프린터 또는, 인쇄기를 통하여 출력하는 것으로 이미지의 dpi 값을 계산하여 망점 인쇄를 합니다. 가정용 프린터의 출력용으로 사용할 경우 이미지는 150 pixels/inch 이상이면 충분합니다. 보통 신문에 인쇄되는 사진의 해상도는 140 pixels/inch 정도이며, 전자출판을 위한 해상도는 300 pixels/inch 이상이 필요합니다.

## 인화용 해상도

사진 인화를 위한 해상도를 의미하며, 디지털 카메라의 해상도를 기준으로 인화 가능 사이즈는 다음과 같습니다.

| 인화지 크기(inch) | 권장 해상도 | 디지털 카메라 화소수 |
|---|---|---|
| 3×5 | 1024×768(이상) | 85만 화소급 |
| 4×6 | 1280×1024(이상) | 140만 화소급 |
| 5×7 | 1600×1200(이상) | 210만 화소급 |
| 8×10 | 2048×1536(이상) | 330만 화소급 |
| 11×14 | 2272×1704(이상) | 410만 화소급 |

**MEMO 4K, 8K**

TV나 모니터 광고를 접하다 보면 '4K', '8K'라는 단어들을 많이 볼 수 있습니다. 단순히 해상도가 좋은 TV나 모니터를 뜻하는 것은 아니며 모니터가 가지고 있는 해상도 즉, 픽셀의 개수를 의미합니다. 4K는 화면 출력용 해상도에서 설명한 UHD를 말하며, 화면 비율 16:9, 가로 픽셀 3480 × 세로 픽셀 2160의 화소 수 829만 4400개에 해당하는 영상 품질 규격을 말합니다. 8K는 가로 픽셀 7680 × 세로 픽셀 4320의 영상 품질 규격을 말합니다.

# 컬러(Color)의 이해

## RGB, CMYK

색을 조절하거나 보정하기 전에 기본적인 색상 이론을 알아보겠습니다. 포토샵은 여러 가지의 컬러 모드가 제공되며 용도에 맞게 이미지의 컬러 모드를 변경하여 작업할 수 있습니다.

## 01 : 컬러의 종류

다양한 컬러 모드가 존재하지만 가장 많이 사용되는 대표적인 컬러 모드는 RGB와 CMYK 모드입니다.

### RGB 컬러(빛의 3원색)

RGB 컬러는 빛의 3원색이라 하며, Red(빨간색), Green(녹색), Blue(파란색)가 기본 색상으로 구성되어 있으며 3가지 색상을 혼합하여 모니터 및 화면에 색상을 표시합니다. RGB 컬러의 3원색은 혼합할수록 밝아지는 가산혼합법으로 모두 혼합하면 흰색이 되기 때문에 모니터나 디지털 카메라, 무대 조명 등 투과광으로 색을 만들어내는 기기에 적용되는 색상입니다. 즉 디지털 기기로 표현되는 모든 색상에 적용된다고 볼 수 있습니다.

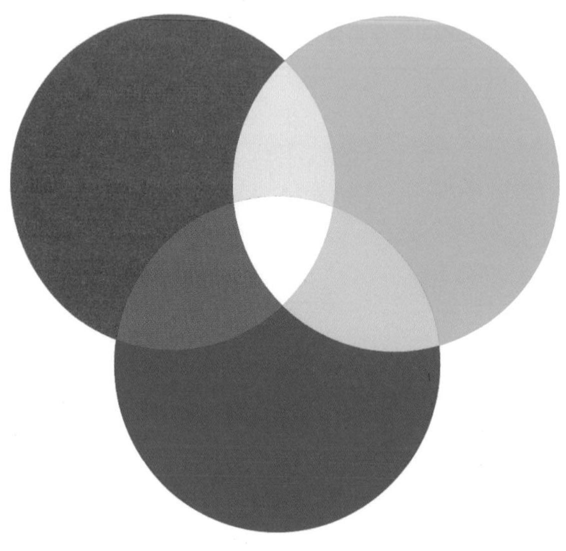

▲ RGB 컬러

### CMYK 컬러(잉크의 3원색)

CMYK 컬러는 인쇄를 위한 3원색으로 Cyan(청록색), Magenta(자홍색), Yellow(노란색)가 기본 색상으로 이 3가지의 물감을 혼합하여 다양한 색상을 표현합니다. CMYK 컬러의 3원색은 혼합할수록 명도가 낮아지는 감산혼합법으로 모두 혼합하면 검게 됩니다. 그러나 검은색이 완전한 검은색이 아니므로 실제로 인쇄할 때는 검은색(Black)을 추가하여 인쇄하게 됩니다. CMYK는 주로 잉크로 인쇄물의 색을 표현하는 데 사용하는 기본 4원색(프로세서 컬러)이고, 컬러 복사나 컬러 인쇄에도 응용되고 있습니다.

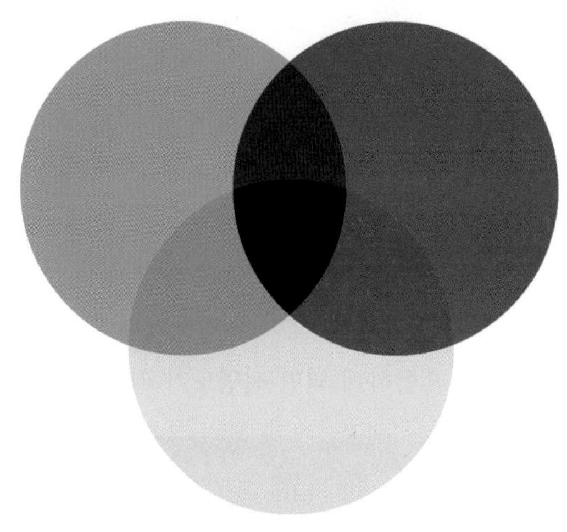

▲ CMYK 컬러

## 02 : 색상의 3요소

RGB와 CMYK 이외에 HSB라는 색상 구조가 있습니다. HSB는 일반적인 색상 체계를 말하며 Hue(색상), Saturation(채도), Brightness(명도)로 구성되어 있습니다. HSB는 사람이 색을 지각하는 세 가지 요소로 색을 정의하는 컬러 모드입니다.

### 색상(Hue)

빨강과 노랑 등 다른 색상과 구별하는 데 근거가 되는 값을 말합니다. 색상을 가진 색을 유채색이라고 하며, 색상을 갖지 않는 흰색, 검은색, 회색은 무채색이라 합니다.

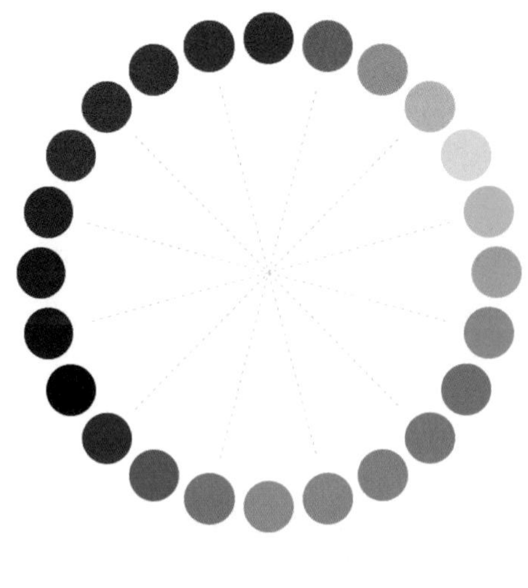

▲ Hue

## 채도(Saturation)

채도는 색의 선명도를 말하며 채도가 높을수록 색이 투명해집니다. 즉, 혼색하지 않는 순수색이 가장 채도가 높고, 다른 어떤 색이라도 혼합하게 되면 선명도가 떨어져 탁해집니다.

▲ Saturation

## 명도(Brightness)

색의 밝기를 말합니다. 색상을 갖지 않은 무채색은 명도만 가지고 있는데, 흰색 → 회색 → 검은색으로 명도가 낮아집니다.

즉 명도가 높다는 것은 색이 밝다는 것입니다. 유채색의 명도는 색상에 의해 변하며 같은 색상에서도 채도에 의해 차이가 납니다. 유채색 중 명도가 가장 높은 색은 노란색이며, 보라색과 빨간색이 명도가 가장 낮습니다.

▲ Brightness

# 이미지 컬러 모드

## Image Mode(이미지 모드)

포토샵은 출력기기에 맞는 컬러 모드 내에서 작업할 수 있도록 다양한 이미지 모드를 지원하고 있으며 필요에 따라 변경할 수 있습니다. 이미지 모드는 작업하는 목적에 따라 달라지는데 예를 들어, 인쇄용 이미지 작업은 CMYK 모드, 웹용 이미지 작업은 RGB 모드로 진행해야 합니다.

이미지의 컬러 모드를 변경하기 위해 [Image] 〉 [Mode] 메뉴를 클릭하면 나타나는 하위 메뉴에서 선택합니다. 이미지 모드를 변경하면 변경된 모드에 맞게 컬러 정보도 변경됩니다. 따라서 불필요하게 이미지 모드를 변환하면 각 이미지 모드로 변경될 때 발생하는 차이로 인해 이미지의 품질이 나빠질 수 있습니다.

## 01 : Bitmap(비트맵) 모드

흰색과 검은색 픽셀로만 이미지를 구성하는 컬러 모드입니다. 편집 기능에 제한이 있어 사용하지 못하는 도구와 기능들이 있지만, 작업 파일의 크기를 가장 가볍게 조절할 수 있습니다. 특성으로 Bitmap 모드는 Grayscale 모드나 Multichannel 모드에서만 전환이 가능합니다.

[Image] 〉 [Mode] 〉 [Bitmap] 메뉴를 클릭합니다. [Bitmap] 대화상자가 나타나면 해상도(Resolution)와 다양한 비트맵 전환 방식을 설정할 수 있습니다.

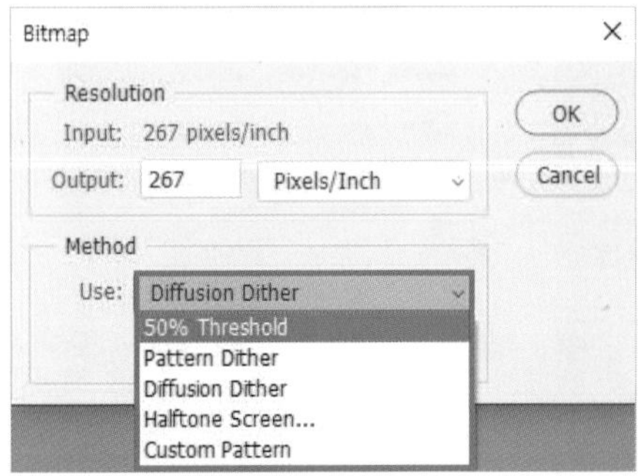

### 비트맵의 종류

다양한 흑백 이미지 스타일의 비트맵으로 전환할 수 있으며 유형은 다음과 같습니다.

① 50% Threshold(50% 한계값) : 흰색과 검은색의 고대비로 표현합니다.

② Pattern Dither(패턴 디더) : 일정한 패턴 모양의 망점으로 이미지를 구성합니다.

③ Diffusion Dither(확산 디더) : 모래를 뿌린 듯 비정형의 망점으로 이미지를 구성합니다.

④ Halftone Screen(**하프톤 스크린**) : 하프톤 스크린으로 이미지를 구성합니다.

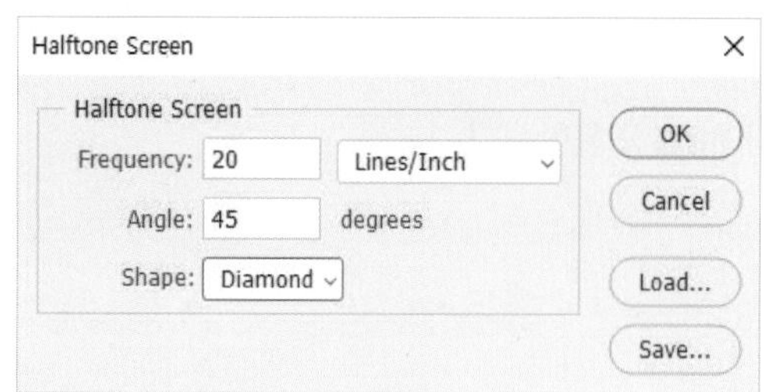

⑤ Custom Pattern(**사용자 정의 패턴**) : 특정 패턴을 사용하여 이미지를 구성합니다.

## 02 : Grayscale(회색 음영) 모드

이미지를 나타내는 색채가 없는 컬러 모드로 사진 등을 흑백 인쇄할 때에 사용합니다. 흰색과 검은색의 256 음영 단계로 이미지를 표현합니다.

▲ Before

▲ After

## 03 : Duotone(이중톤) 모드

Duotone 모드는 흑백 이미지에 셀로판지를 올려놓은 것처럼 1개 이상의 색상을 추가하여 이미지 색상을 표현합니다. 이미지를 세피아톤으로 한다든지, 프로세스 컬러 이외의 색을 사용하여 인쇄할 때 사용합니다. 포토샵에서 제공되는 Duotone 모드는 4색까지 지정할 수 있습니다.

**1** 흑백 이미지는 원톤 이미지로 기본적으로 하나의 검은색 구성되어 있습니다. 다른 색상을 추가하기 위해 [Image] 〉 [Mode] 〉 [Duotone] 메뉴를 클릭합니다.

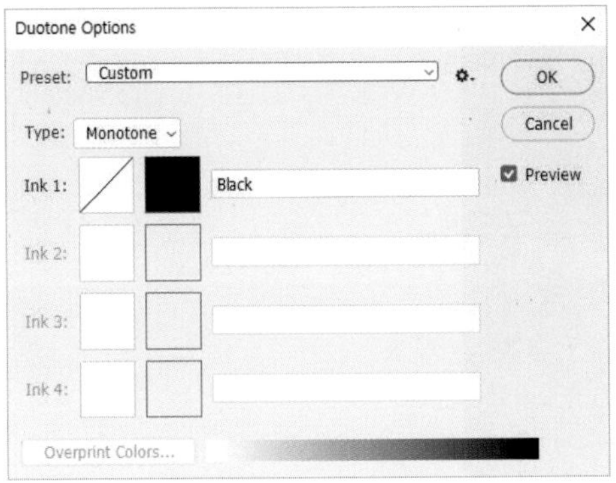


▲ [Duotone Options] 대화상자

**2** 색상을 추가하기 위해 [Type]에서 'Duotone'을 선택하면 [Ink 2]가 활성화되며 추가할 색상을 지정하고 잉크의 이름을 입력한 후 적용합니다. 그러면 기존 검은색과 추가된 파란색의 투톤 이미지가 완성됩니다.

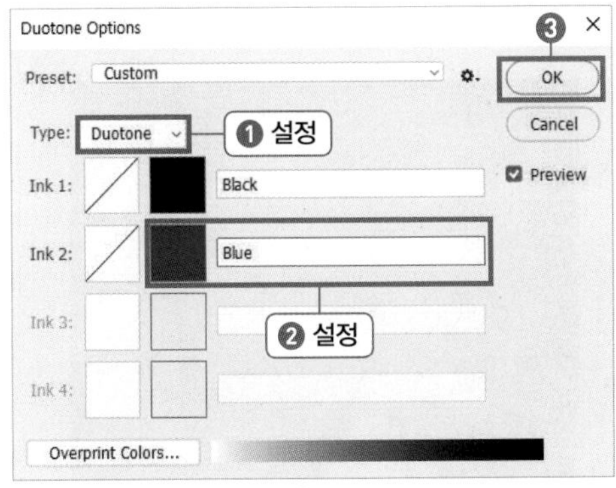

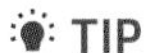
**TIP**

[Preset]에서 미리 만들어둔 다양한 색상의 톤을 선택하여 적용할 수도 있습니다.

## 04 : Index Color(인덱스 색상) 모드

RGB 컬러 중에서 임의로 선택한 256색을 사용하여 이미지를 구성합니다. 8bit 색상 채널과 256 이하의 컬러 색상을 사용하기 때문에 컬러의 색감을 유지하면서 이미지의 용량을 줄일 수 있습니다. 그러나 색상 단계가 줄어들면서 노이즈가 생긴 것처럼 이미지의 입자가 거칠어진다는 단점이 발생합니다. 보통 웹용 이미지를 제작할 때 사용되었지만 최근에는 많이 사용되지 않습니다.

**1** [Image] 〉 [Mode] 〉 [Index Color] 메뉴를 클릭합니다.

**2** [Indexed Color] 대화상자의 [Colors]에서 '3~256'까지 사용 단계를 설정할 수 있습니다.

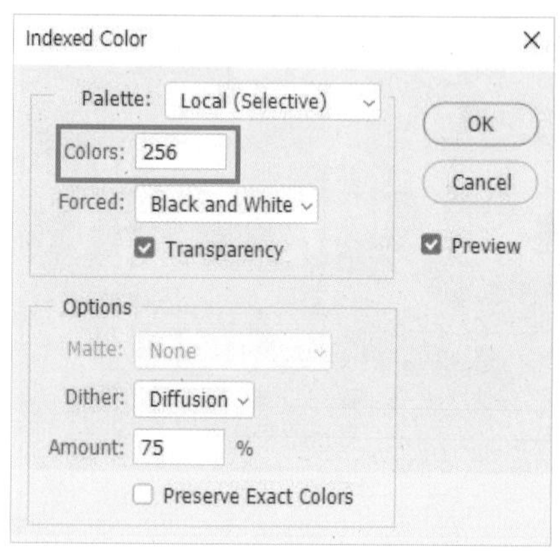

▲ 256단계로 설정한 모습

## 05 : RGB Color(RGB 색상) 모드 

RGB 모델에 기초한 컬러 모드로 모니터에 보이는 이미지를 만들 때 사용합니다. 약 1,670만 가지 색으로 이미지를 표현할 수 있어 컬러 이미지 편집 등에 사용되는 포토샵의 표준 모드입니다. [Channels] 패널에서 이미지의 모드를 확인할 수 있습니다. 'Red' 채널은 빨간색의 빛을 의미하며 'Green' 채널은 초록색 빛, 'Blue' 채널은 파란색 빛을 의미합니다. RGB 컬러 차트에서 빨간색은 '#FF0000', 초록색은 '#00FF00', 파란색은 '#0000FF'라는 HEX 코드를 가집니다.

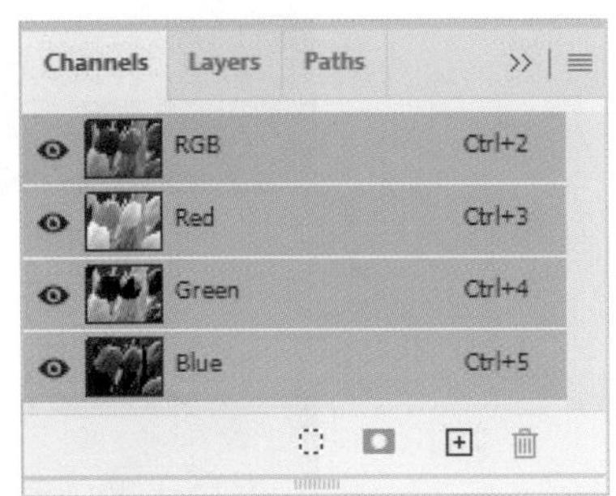


## 06 : CMYK Color(CMYK 색상) 모드 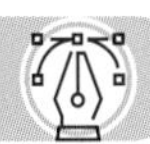

물감의 혼합을 기초로 한 컬러 모드로 컬러 인쇄를 위한 이미지 모드입니다. 흑백 이미지와 그레이스케일 이미지는 검은색 한 가지만 있어도 인쇄할 수 있지만 다른 컬러 모드의 이미지를 인쇄할 경우 CMYK 모드로 변환해야 출력이 가능합니다. 전자출판이나 기타 인쇄를 위한 이미지 작업이라면 CMYK 컬러 모드로 변환 후 작업을 진행하는 것이 필요합니다. RGB 모드에서 작업한 후 CMYK 모드로 변환하면 색상이 전체적으로 어두워지고 탁해지기 때문입니다.

▲ RGB

▲ CMYK

## 07 : Lab Color(Lab 색상) 모드

기기에 의존하지 않는 컬러 모델로써 CIE(국제조명위원회)에 의해 설계된 Lab 모델에 기초한 컬러 모드입니다. L(명도=검은색에서 흰색)에 a(녹색에서 적자색)와 b(파란색에서 노란색) 두 가지 색채 요소 조합에 의해 색을 정의합니다. 시스템 사이의 색조 차이가 작아 다른 기종 사이에서의 이미지 호환이 적합하며 포토샵에서 다루는 컬러 모드 중 최대의 색상 영역을 가집니다. 포토 CD에 이용되는 등 고도의 색 보정 및 사진 수정에 이용됩니다.

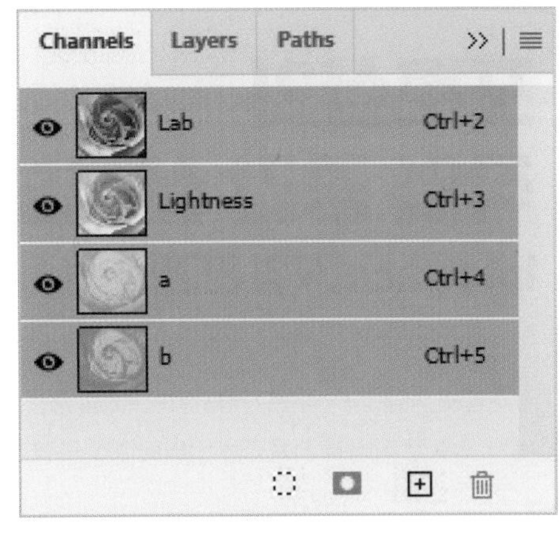


## 08 : Multichannel(다중 채널) 모드

Scitex사의 출력 시스템으로 특수한 인쇄를 할 경우 사용하는 컬러 모드입니다. 고도의 사용법으로 더블톤 이미지의 잉크마다 색 변화를 확인할 경우나 편집할 때 이용합니다.

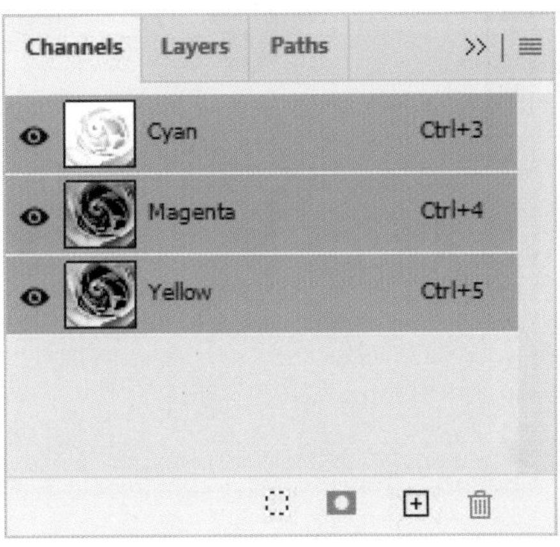

# 포토샵의 작업 공간 살펴보기

## Interface(작업 환경)

포토샵을 처음 시작하는 사용자라면 작업 공간 요소에 대한 명칭과 위치를 알아두는 것이 중요합니다. 다음 과정에서 포토샵 작업에 사용되는 인터페이스 구성 요소들이 무엇이 있는지 확인해보겠습니다.

❶ **Main Menu Bar(메뉴 바) :** 기능별로 각각 11개의 메뉴로 구성되어 있으며, 메뉴를 클릭하면 하위 메뉴가 표시됩니다.

❷ **Option Bar(옵션 바) :** 선택한 도구의 다양한 옵션을 표시합니다.

❸ **Tools Panel(툴 패널) :** 포토샵의 각종 도구가 아이콘 형식으로 구성되어 있습니다.

❹ **Document(도큐먼트) :** 이미지를 편집하고 그림을 그리는 실제 작업이 이루어지는 공간입니다. 상단에는 파일명과 화면 비율, 색상 모드가 표시됩니다.

❺ **Panels(패널) :** 기능별로 다양한 패널이 있으며, [Window] 메뉴에서 필요한 패널을 표시하거나 닫을 수 있으며, 사용자가 자주 사용하는 패널로 구성할 수도 있습니다.

❻ **Status Bar(상태 표시줄) :** 작업 중인 도큐먼트의 화면 배율, 크기에 대한 정보를 표시합니다.

# 메인 메뉴 살펴보기

## Main Menu Bar(메뉴 바)

메뉴의 카테고리는 크게 총 11개의 기능으로 구분되어 있습니다. 많이 사용하는 기능들은 단축키를 활용하는 것이 작업의 효율을 높일 수 있습니다.

## 01 : File(파일) 메뉴

작업 파일과 관련된 기능들이 모여 있는 메뉴입니다. 새로 만들거나 포토샵이 지원할 수 있는 각종 파일을 불러올 수 있으며 연관된 프로그램들과 호환성을 높일 수 있도록 다양한 포맷으로 파일을 저장할 수 있습니다. 주요 기능으로 New(새로 만들기), Open(열기), Save(저장하기), Save As(다른 이름으로 저장), Export(내보내기), Place(작업 파일 안으로 가져오기), Import(가져오기), Print(인쇄) 등이 있습니다.

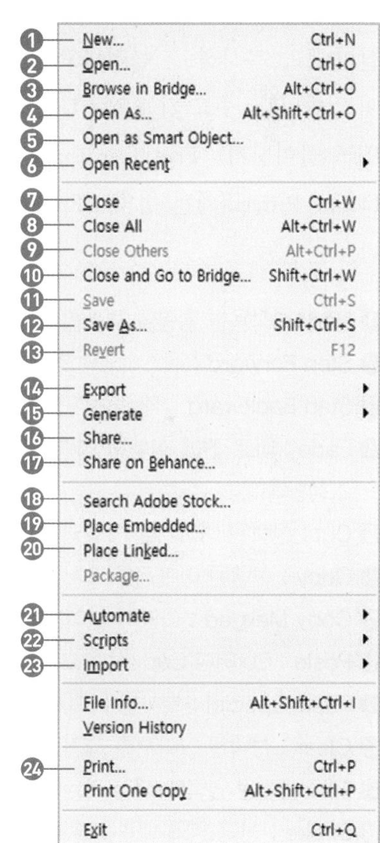


❶ New : 새로운 문서를 만들어줍니다.
❷ Open : 파일을 열어줍니다.
❸ Browse in Bridge : 윈도우 탐색기와 같이 브라우저를 통해 파일을 찾거나 불러올 수 있습니다.
❹ Open As : 지정한 파일 형식만 열어줍니다.
❺ Open as Smart Object : 스마트 오브젝트 형식으로 열어줍니다.
❻ Open Recent : 최근에 작업한 파일을 열어줍니다.
❼ Close : 도큐먼트를 닫아줍니다.
❽ Close All : 모든 도큐먼트를 닫아줍니다.
❾ Close Others : 현재 도큐먼트를 제외한 모든 도큐먼트를 닫아줍니다.
❿ Close and Go to Bridge : 도큐먼트를 닫고 Adobe Bridge로 변환합니다.
⓫ Save : 이미지를 저장합니다.
⓬ Save As : 다른 이름으로 이미지를 저장합니다.
⓭ Revert : 처음 상태로 복구합니다.
⓮ Export : 다양한 형식으로 이미지를 내보냅니다.
⓯ Generate : 웹디자인을 위한 기능으로 포토샵에서 작업한 레이어를 이미지로 저장합니다.
⓰ Share : 다양한 플랫폼과 공유합니다.

⑰ Share on Behance : 비핸스를 공유합니다. 어도비 크리에이티브로 제작한 작품 등을 전시하거나 탐색할 수 있습니다.

⑱ Search Adobe Stock : Adobe Stock 사이트로 연결합니다.

⑲ Place Embedded : 소스 이미지 파일을 포함하여 가져옵니다.

⑳ Place Linked : 연결될 소스 이미지 파일을 가져옵니다.

㉑ Automate : 이미지를 일괄 처리가 가능한 자동화 기능입니다.

㉒ Scripts : 이미지를 다양한 방식으로 전환합니다.

㉓ Import : 다양한 형식의 이미지를 불러옵니다.

㉔ Print : 이미지를 출력합니다.

## 02 : Edit(편집) 메뉴

이미지 편집 기능들이 모여 있는 메뉴입니다. 실행을 취소하고 잘라내고, 복사하고, 붙여넣고, 변형하기 등 필수 기능들이 많이 있습니다. 주요 기능으로 Undo(실행 취소), Copy(복사하기), Paste(붙여넣기), Free Transform(자유 변형), Transform(변형), Define Pattern(패턴 정의), Preference(환경 설정) 등이 있습니다.

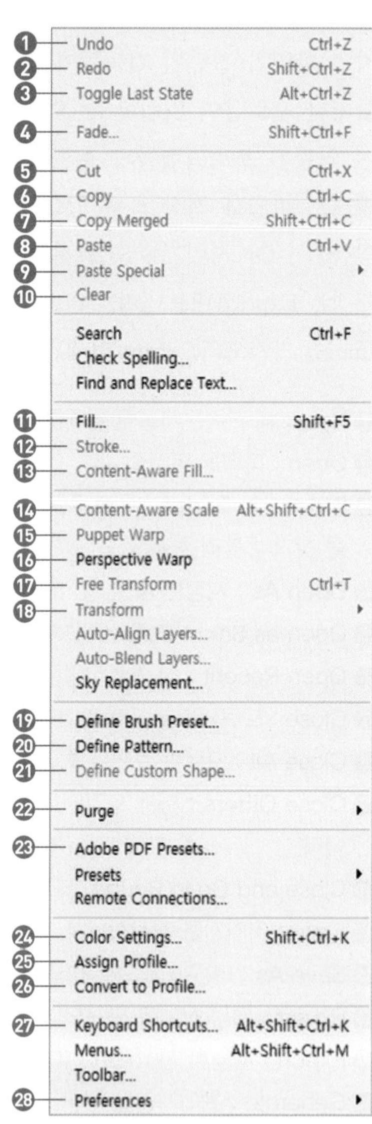


❶ Undo : 적용한 명령을 취소합니다.

❷ Step Forward : 취소하였던 작업을 단계적으로 재실행합니다.

❸ Step Backward : 적용하였던 명령을 단계적으로 취소합니다.

❹ Fade : 바로 전에 실행한 명령에 대해 불투명도와 합성 모드를 재조정합니다.

❺ Cut : 선택된 이미지를 오려냅니다.

❻ Copy : 선택된 이미지를 복사합니다.

❼ Copy Merged : 화면에 보이는 영역 전체를 복사합니다.

❽ Paste : Cut이나 Copy 명령으로 복사된 이미지를 붙여넣습니다.

❾ Paste Special : 복사된 이미지를 다양한 방식으로 붙여넣습니다.

❿ Clear : 선택된 이미지를 제거합니다.

⓫ Fill : 선택된 영역에 색상 또는 패턴을 채워줍니다.

⓬ Stroke : 선택 영역 외곽선에 색상을 채워줍니다.

⓭ Content-Aware Fill : 이미지의 내용을 인식하여 채워줍니다.

⓮ Content-Aware Scale : 이미지의 내용을 인식하여 크기를 조절합니다.

⓯ Puppet Warp : 이미지를 구부리거나 비틀어줍니다.

⓰ Perspective Warp : 이미지의 원근감을 조절합니다.

⓱ Free Transform : 자유 변형 기능입니다.

⑱ **Transform :** 이미지를 변형하는 기능들이 모여있습니다.
⑲ **Define Brush Preset :** 새로운 브러시를 등록합니다.
⑳ **Define Pattern :** 새로운 패턴을 등록합니다.
㉑ **Define Custom Shape :** 패스로 만든 모양을 셰이프로 등록합니다.
㉒ **Purge :** 메모리에 임시로 저장된 정보를 삭제합니다.
㉓ **Adobe PDF Presets :** 현재 작업 중인 이미지 파일을 Adobe PDF 파일로 저장합니다.
㉔ **Color Settings :** 모니터의 색상을 조절합니다.
㉕ **Assign Profile :** 도큐먼트에서 다른 출력물을 만들거나 교정을 원할 시 사용합니다.
㉖ **Convert to Profile :** 색상 프로파일을 변경합니다.
㉗ **Keyboard Shortcuts :** 단축키를 새로 설정합니다.
㉘ **Preferences :** 포토샵의 작업 환경을 설정합니다.

## 03 : Image(이미지) 메뉴

이미지의 색상 및 크기에 대해 편집할 수 있는 기능들이 모여 있는 메뉴입니다. 포토샵 작업에 핵심 기능들이 많이 포함되어 있습니다. 주요 기능으로 Adjustment의 Levels(레벨), Curves(곡선), Hue/Saturation(색상/채도), Color Balance(색상 균형)와 Image Size(이미지 크기), Canvas Size(캔버스 크기), Image Rotation(이미지 회전) 등이 있습니다.

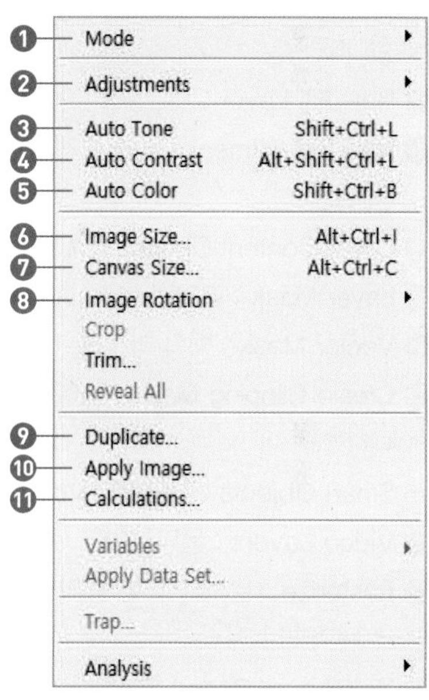


❶ **Mode :** 이미지의 색상 모드를 변경합니다.
❷ **Adjustments :** 이미지의 색상을 보정합니다.
❸ **Auto Tone :** 색상의 톤을 최적화 값으로 자동 조정합니다.
❹ **Auto Contrast :** 색상의 콘트라스트를 최적화 값으로 자동 조정합니다.
❺ **Auto Color :** 이미지의 색상을 최적화 값으로 자동 조정합니다.
❻ **Image Size :** 이미지의 크기와 해상도를 조절합니다.
❼ **Canvas Size :** 종이(도큐먼트)의 크기를 조절합니다.
❽ **Image Rotation :** 이미지를 회전 또는, 반전시킵니다.
❾ **Duplicate :** 현재 작업하고 있는 이미지를 복제하여 새로운 창으로 만들어줍니다.
❿ **Apply Image :** 동일 이미지 또는 서로 다른 이미지를 합성합니다.
⓫ **Calculations :** 채널의 이미지를 합성합니다.

## 04 : Layer(레이어) 메뉴

레이어와 관련 기능들이 모여 있는 메뉴입니다. 대부분의 핵심 기능들은 [Layers] 패널에서도 바로 실행하여 사용할 수 있습니다. 주요 기능으로 New(새로 만들기), Duplicate Layer(레이어 복제하기), New Adjustment Layer(새 조정 레이어), Layer Mask(레이어 마스크), Smart Objects(스마트 오브젝트), Rasterize(레스터 이미지) 등이 있습니다.

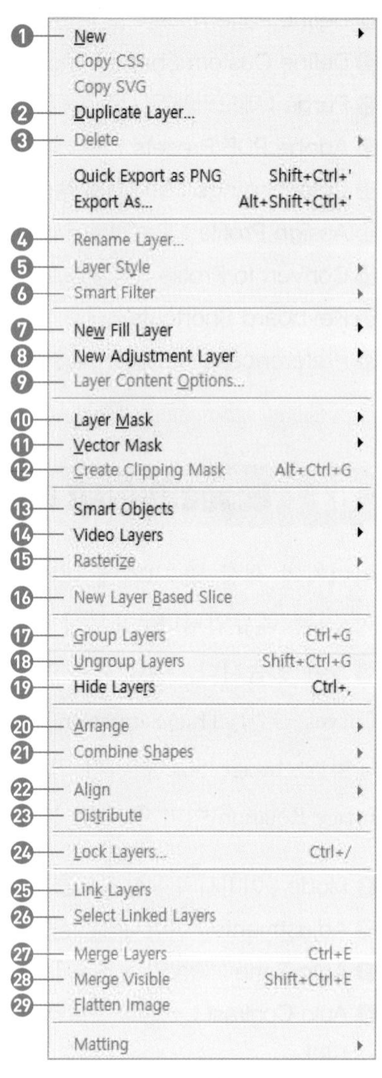


❶ New : 새로운 레이어를 생성합니다.
❷ Duplicate Layers : 레이어를 복제합니다.
❸ Delete : 레이어를 삭제합니다.
❹ Rename Layer : 레이어의 이름을 변경합니다.
❺ Layer Style : 레이어의 다양한 스타일 효과를 적용합니다.
❻ Smart Filter : 원본 이미지를 손상하지 않은 채 필터 기능을 적용합니다.
❼ New Fill Layer : 새로운 레이어를 생성하고 색상을 채워줍니다.
❽ New Adjustment Layer : 레이어에 다양한 이미지 보정 효과를 적용합니다.
❾ Layer Content Options : 레이어의 콘텐츠 환경을 재설정합니다.
❿ Layer Mask : 레이어 마스크 기능을 적용합니다.
⓫ Vector Mask : 벡터 마스크 기능을 적용합니다.
⓬ Create Clipping Mask : 레이어에 클리핑 마스크 기능을 적용합니다.
⓭ Smart Objects : 다양한 스마트 오브젝트 기능을 제공합니다.
⓮ Video Layers : 동영상이나 텍스트를 넣어 수정 가능합니다.
⓯ Rasterize : 문자나 도형 등의 레이어를 픽셀 단위에 일반 레이어로 변경합니다.
⓰ New Layer Based Slice : [Layers] 패널에서 선택된 레이어 이미지를 기준으로 슬라이스가 자동 적용되어 영역이 나뉩니다.
⓱ Group Layers : 그룹 레이어를 만들어줍니다.
⓲ Ungroup Layers : 그룹 레이어를 해제합니다.
⓳ Hide Layers : 레이어 이미지가 보이지 않도록 숨겨줍니다.
⓴ Arrange : 레이어의 순서를 지정합니다.
㉑ Combine Shapes : 셰이프를 결합합니다.
㉒ Align : 레이어를 정렬합니다.
㉓ Distribute : 레이어 이미지들을 일정한 간격으로 분배합니다.
㉔ Lock Layers : 선택된 레이어를 잠가줍니다.
㉕ Link Layers : 2개 이상의 레이어를 연결합니다.

㉖ Select Linked Layers : 연결된 레이어를 해제합니다.
㉗ Merge Layers : 선택된 레이어와 바로 아래 레이어를 합쳐줍니다.
㉘ Merge Visible : 눈에 보이는 모든 레이어를 하나의 레이어로 합쳐줍니다.
㉙ Flatten Image : 모든 레이어를 배경 레이어로 하나로 합쳐줍니다.

## 05 : Type(문자) 메뉴

문자 편집과 관련된 기능들이 모여 있는 메뉴입니다. 직접적으로 많이 사용되지 않는 메뉴로 주요 기능은 Create Work Path(작업 패스 만들기), Convert to Shape(모양으로 변환), Rasterize Type Layer(문자 레이어 래스터화), Warp Text(텍스트 뒤틀기) 등이 있습니다.

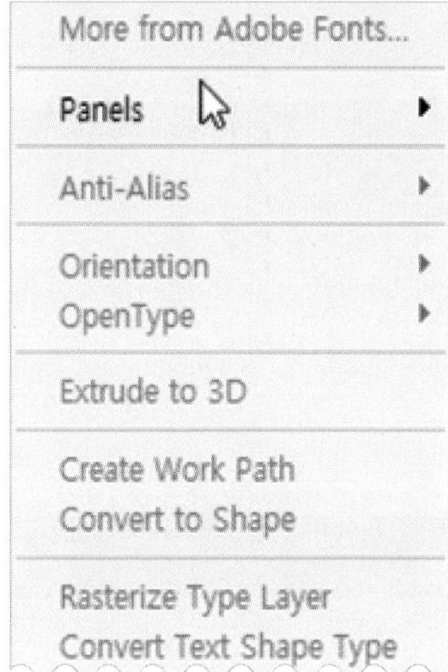


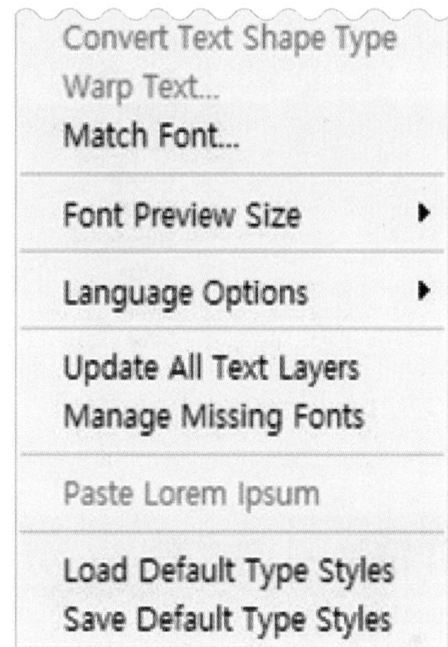


## 06 : Select(선택) 메뉴

선택과 관련된 메뉴입니다. 많이 사용되는 기능이므로 단축키를 기본적으로 외우도록 합니다. 주요 기능으로 All(모두), Deselect(선택 해제), Inverse(반전), Select and Mask(선택 및 마스크), Modify(수정), Transform Selection(선택 영역 변형) 등이 있습니다.

All Ctrl+A
Deselect Ctrl+D
Reselect Shift+Ctrl+D
Inverse Shift+Ctrl+I
All Layers Alt+Ctrl+A
Deselect Layers
Find Layers Alt+Shift+Ctrl+F
Isolate Layers
Color Range...
Focus Area...

Select and Mask... Alt+Ctrl+R
Modify
Grow
Similar
Transform Selection
Edit in Quick Mask Mode
Load Selection...
Save Selection...
New 3D Extrusion

## 07 : Filter(필터) 메뉴

다양한 필터 기능들이 모여 있는 메뉴입니다. 기능별 효과가 어떠한지 이미지를 통해 한 번씩 적용해봅니다. 자세한 내용은 198P에서 알아보겠습니다.

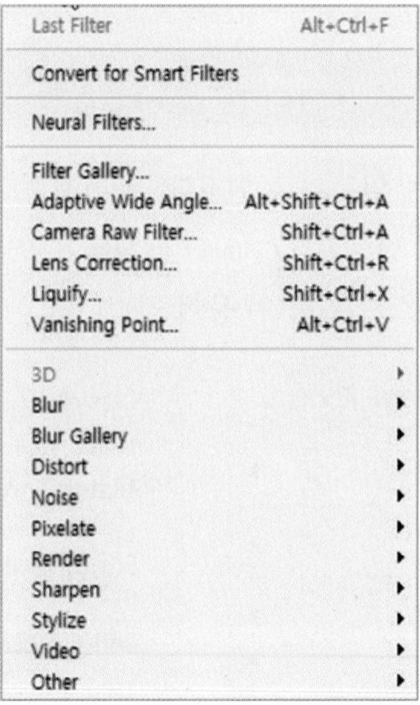


## 08 : 3D(3D) 메뉴

3D 효과 관련 기능들이 모여 있는 메뉴입니다.

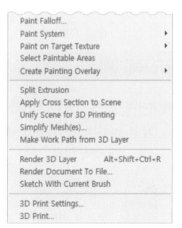

New 3D Layer from File...
Merge 3D Layers
Export 3D Layer...
Spherical Panorama
Get More Content...
New 3D Extrusion from Selected Layer
New 3D Extrusion from Selected Path
New 3D Extrusion from Current Selection
New Mesh from Layer
Group Objects
Group All Objects in Scene
Move Object to Ground Plane
Pack Objects on Ground Plane
New Tiled Painting from Layer
Generate UVs...
Paint Falloff...

Paint Falloff...
Paint System
Paint on Target Texture
Select Paintable Areas
Create Painting Overlay
Split Extrusion
Apply Cross Section to Scene
Unify Scene for 3D Printing
Simplify Mesh(es)...
Make Work Path from 3D Layer
Render 3D Layer Alt+Shift+Ctrl+R
Render Document To File...
Sketch With Current Brush
3D Print Settings...
3D Print...

## 09 : View(보기) 메뉴

화면 제어 관련 기능들입니다. 이미지를 자유롭게 확대 축소하거나 가이드 선으로 작업 화면을 제어하는 데 필요한 기능으로 단축키를 활용하는 것이 필요합니다. 주요 기능으로 Zoom In(확대), Zoom Out(축소), Fit on Screen(화면 크기에 맞게 조정), Rulers(눈금자), Snap(스냅) 등이 있습니다.

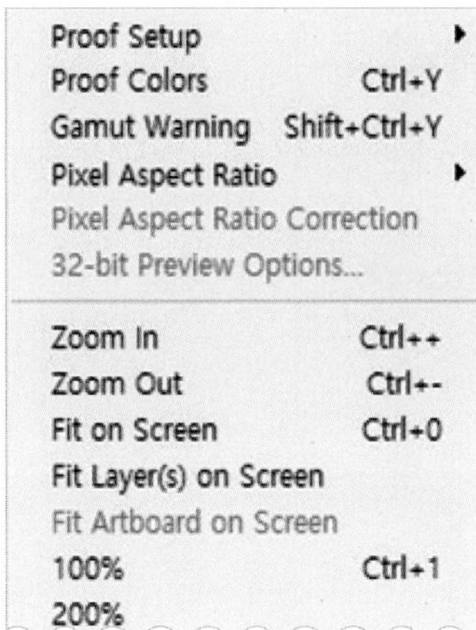


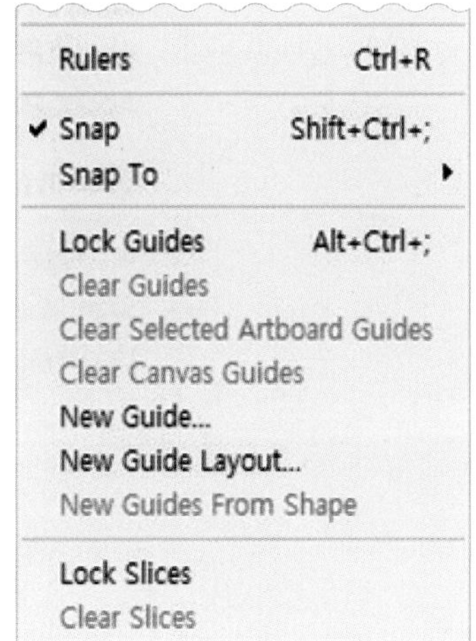


## 10 : Window(창) 메뉴

각종 패널을 표시하거나 숨기는 기능의 메뉴입니다.

Arrange
Workspace
Find Extensions on Exchange (legacy)...
Extensions (legacy)
3D
Actions Alt+F9
Adjustments
Brush Settings F5
Brushes
Channels
Character
Character Styles
Clone Source
✔ Color F6
Glyphs
Gradients
Histogram
History
Info F8
Layer Comps
✔ Layers F7
Libraries
Measurement Log
Modifier Keys

History
Info F8
Layer Comps
✔ Layers F7
Libraries
Measurement Log
Modifier Keys
Navigator
Notes
Paragraph
Paragraph Styles
Paths
Patterns
✔ Properties
Shapes
Styles
Swatches
Timeline
Tool Presets
Version History
✔ Options
✔ Tools
✔ 1 cake.jpg

## 11 : Help(도움말) 메뉴

포토샵 업데이트 및 정보를 얻을 수 있습니다.

Photoshop Help...
Hands-on Tutorials...
What's New...
About Photoshop...
About Plugins
System Info...
Manage My Account...
Sign In...
Updates...

강좌 07

난이도 ●○○

# 툴 패널 살펴보기

## Tools Panel(툴 패널)

포토샵은 강력한 이미지 편집 프로그램입니다. 이미지를 자유롭게 편집할 수 있도록 다양한 기능이 있는 도구를 제공합니다. 이미지를 효과적으로 편집하기 위해서는 무엇보다 핵심 도구들을 자유롭게 다룰 수 있어야 합니다. 이번 강좌를 통해 도구의 종류와 기능을 확인해보겠습니다.

## 01 : Tools Panel(툴 패널)

툴 패널에는 각종 기능의 도구들을 쉽게 선택하여 사용하도록 비슷한 기능의 도구들을 묶어놓은 공간입니다. 툴 패널은 기본 왼쪽에 고정되어 있지만, 상단 부분을 드래그하면 자유롭게 위치를 이동하며 사용할 수 있습니다. 상단에 화살표( ▸▸ )를 클릭하여 툴 패널을 1단 또는, 2단으로 변경할 수 있습니다. 도구별 명칭과 기능에 관해 알아보겠습니다.

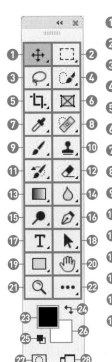

❶ Move Tool(V)
❷ Marquee Tool(M)
❸ Lasso Tool(L)
❹ Quick Selection Tool(W)
❺ Crop Tool(C)
❻ Frame Tool(K)
❼ Eyedropper Tool(I)
❽ Healing Brush Tool(J)
❾ Brush Tool(B)
❿ Clone Stamp Tool(S)
⓫ History Brush Tool(Y)
⓬ Eraser Tool(E)
⓭ Gradient Tool(G)
⓮ Blur Tool
⓯ Dodge Tool(O)
⓰ Pen Tool(P)
⓱ Type Tool(T)
⓲ Path Selection Tool(A)
⓳ Rectangle Tool(U)
⓴ Hand Tool(H)
㉑ Zoom Tool(Z)
㉒ Edit Toolbar
㉓ Set foreground color
㉔ Switch Foreground and Background Colors(X)
㉕ Default Foreground and Background Colors(D)
㉖ Set background color
㉗ Edit in Quick Mask Mode(Q)
㉘ Change Screen Mode(F)

## 02 : 이동 및 선택 관련 도구들

가장 기본이자 가장 많이 사용되는 도구들이 포함되어 있습니다. 특히 선택 도구들은 작업의 완성도와 밀접한 관련이 있음으로 매우 중요합니다. 단축키 및 사용법을 반드시 알아둘 필요가 있습니다.

❶ ⓐ **Move Tool(이동 도구) :** 선택 영역으로 지정된 이미지 및 전체 이미지를 이동 및 선택합니다.
ⓑ **Artboard Tool(대지 문서 도구) :** 아트보드를 새로 추가하거나 이동 및 크기를 변경할 수 있습니다.

❷ **Marquee Tool(선택 도구) :** 이미지의 선택 영역을 지정합니다.

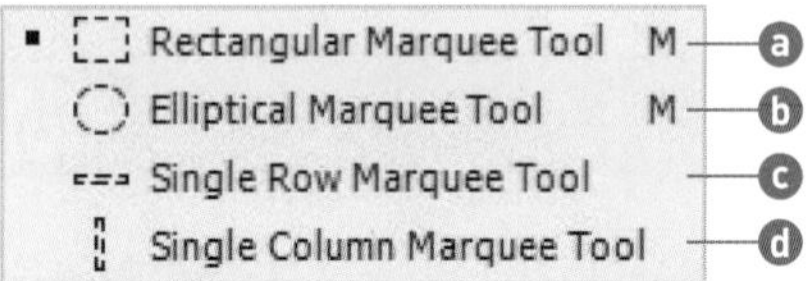


ⓐ **Rectangular Marquee Tool(사각형 선택 윤곽 도구) :** 사각형 모양으로 선택 영역을 지정합니다.
ⓑ **Elliptical Marquee Tool(원형 선택 윤곽 도구) :** 원형 모양으로 선택 영역을 지정합니다.
ⓒ **Single Row Marquee Tool(단일 행 선택 윤곽 도구) :** 가로 방향의 픽셀 한 줄을 선택 영역으로 지정합니다.
ⓓ **Single Column Marquee Tool(단일 열 선택 윤곽 도구) :** 세로 방향의 픽셀 한 줄을 선택 영역으로 지정합니다.

❸ **Lasso Tool(올가미 도구) :** 자유로운 형태로 선택 영역을 지정합니다.

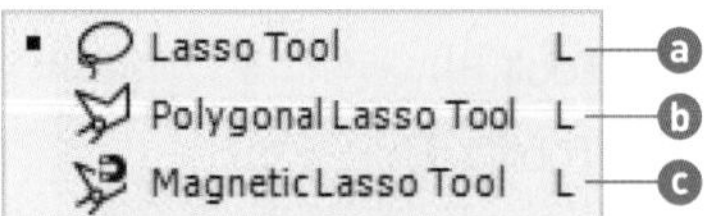


ⓐ **Lasso Tool(올가미 도구) :** 자유롭게 드래그하여 선택 영역을 지정합니다.
ⓑ **Polygonal Lasso Tool(다각형 올가미 도구) :** 다각형의 형태로 선택 영역을 지정합니다.
ⓒ **Magnetic Lasso Tool(자석 올가미 도구) :** 이미지의 경계 부분을 자석처럼 자동으로 인식하여 선택 영역으로 지정합니다.

❹ **Quick Selection Tool(빠른 선택 도구) :** 비슷한 색상의 영역을 인식하여 빠르게 선택 영역을 지정합니다.

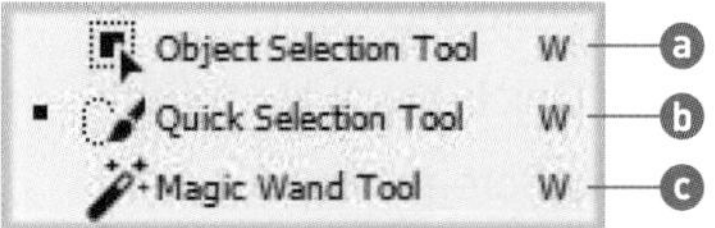


ⓐ **Object Seletion Tool(개체 선택 도구) :** 사각형 영역을 지정하면 이미지 형태를 자동으로 인식하여 선택 영역을 지정합니다.
ⓑ **Quick Selection Tool(빠른 선택 도구) :** 클릭 또는, 드래그한 부분과 비슷한 색상의 영역을 지정합니다. 클릭 또는, 드래그할 때마다 선택 영역이 추가됩니다.
ⓑ **Magic Wand Tool(자동 선택 도구) :** 일반적으로 마술봉 도구라 불리며, 클릭한 부분과 비슷한 색상의 영역을 선택 영역으로 지정합니다. Shift를 누른 채 클릭하면 선택 영역이 추가되고, Alt를 누른 채 클릭하면 선택 영역이 삭제됩니다.

## 03 : 다양한 편집 도구들

이미지의 크기를 조절하거나 이미지가 가지고 있는 각종 정보를 얻을 수 있습니다. 또한, 이미지의 흠집이 있는 부분을 복원하거나 지저분한 영역을 깔끔히 정리할 수 있습니다.

❺ Crop Tool(**자르기 도구**) : 지정한 영역으로 이미지를 잘라냅니다.

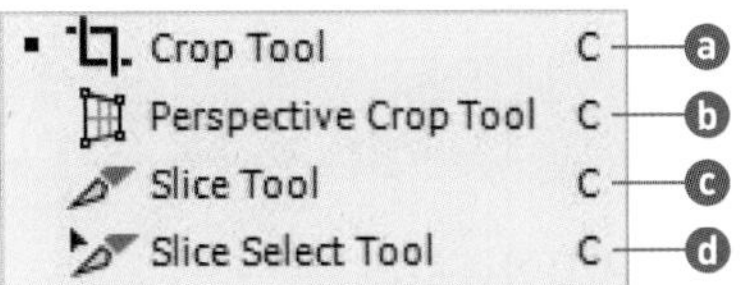


ⓐ Crop Tool(**자르기 도구**) : 지정한 영역을 제외하고 이미지를 잘라냅니다. 이미지의 크기를 미리 지정하고 잘라낼 수 있습니다.

ⓑ Perspective Crop Tool(**원근 자르기 도구**) : 바운딩 박스로 영역을 지정하여 잘라내면 이미지에 원근감이 적용됩니다.

ⓒ Slice Tool(**분할 영역 도구**) : 일반적으로 슬라이스 도구라 불리며, 이미지의 면을 분할합니다.

ⓓ Slice Select Tool(**분할 영역 선택 도구**) : 슬라이스로 분할된 영역을 선택하여 이동하거나 크기를 조절합니다.

❻ Frame Tool(**프레임 도구**) : 프레임으로 이미지의 표시 영역을 제한합니다. 이미지 파일 또는, 레이어 이미지를 프레임 레이어로 드래그하면 적용됩니다.

❼ Eyedropper Tool(**스포이드 도구**) : 이미지의 정보를 추출합니다.

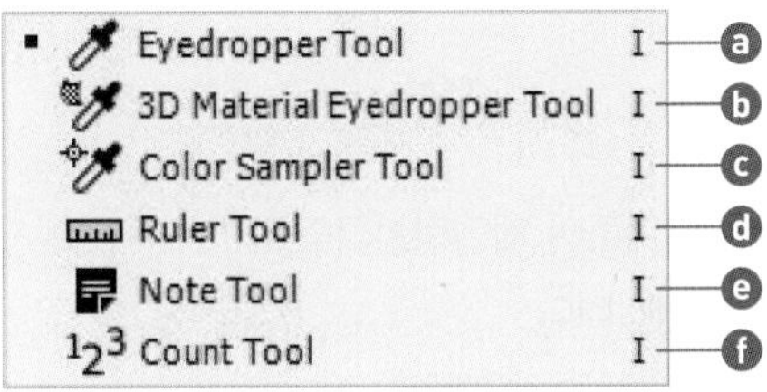


ⓐ Eyedropper Tool(**스포이드 도구**) : 지정한 부분의 색상을 추출합니다.

ⓑ 3D Material Eyedropper Tool(**3D 재질 스포이드 도구**) : 3D 재질의 색상을 추출합니다.

ⓒ Color Sampler Tool(**색상 샘플러 도구**) : 색상 정보를 추출합니다.

ⓓ Ruler Tool(**눈금자 도구**) : 거리, 각도, 좌표 등을 측정합니다.

ⓔ Note Tool(**메모 도구**) : 메모를 작성하여 이미지에 별첨합니다.

ⓕ Count Tool(**카운트 도구**) : 숫자를 순서대로 표시합니다.

❽ Healing Brush Tool(**복구 브러시 도구**) : 이미지의 불필요한 부분을 제거하거나 복구합니다.

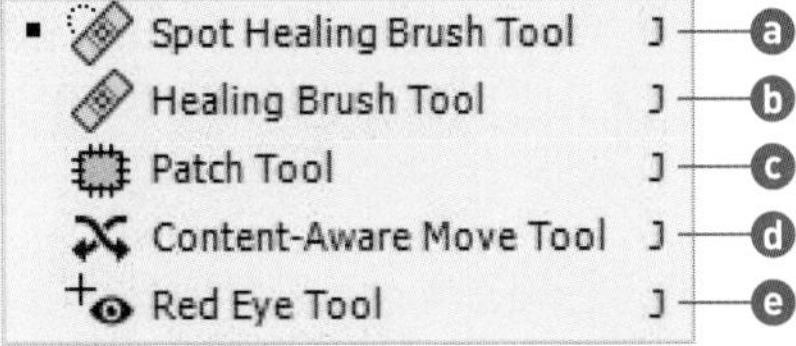


ⓐ Spot Healing Brush Tool(**스팟 복구 브러시 도구**) : 주변의 이미지와 색상이 매치되도록 자동으로 복사하여 잡티나 얼룩을 복구합니다.

ⓑ **Healing Brush Tool(복구 브러시 도구) :** Alt를 눌러 복사할 영역을 지정한 후 잡티나 얼룩을 복구합니다.

ⓒ **Patch Tool(패치 도구) :** 영역을 지정하여 잡티나 얼룩을 복구합니다.

ⓓ **Content-Aware Move Tool(내용 인식 이동 도구) :** 이미지 일부를 선택하고 이동할 수 있으며, 이동 후 공간의 이미지가 재구성되고 남은 부분에 그림과 일치하는 요소로 채워집니다.

ⓔ **Red Eye Tool(적목 현상 도구) :** 눈의 적목 현상을 복구합니다.

## 04 : 페인팅 도구들

다양한 기능의 브러시들로 이미지를 그리거나 편집할 수 있는 도구들이 있습니다.

❾ **Brush Tool(브러시 도구) :** 페인팅 도구입니다.

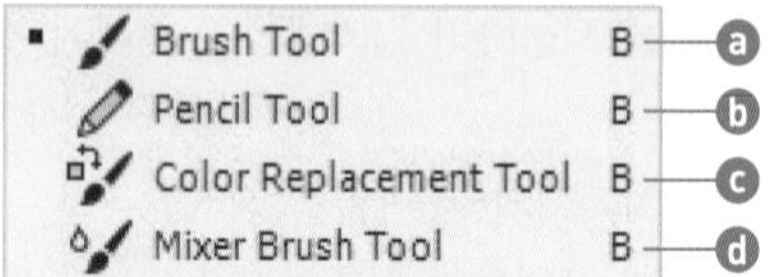


ⓐ **Brush Tool(브러시 도구) :** 붓과 같이 부드러운 스타일의 페인팅 도구입니다.

ⓑ **Pencil Tool(연필 도구) :** 연필 스타일의 페인팅 도구입니다.

ⓒ **Color Replacement Tool(색상 대체 도구) :** 선택한 색상을 다른 색상으로 대체합니다.

ⓓ **Mixer Brush Tool(혼합 브러시 도구) :** 캔버스의 색상을 혼합하여 페인팅하는 도구입니다.

❿ **Clone Stamp Tool(복제 도장 도구) :** 이미지의 특정 영역을 복제합니다.

ⓐ **Clone Stamp Tool(복제 도장 도구) :** 이미지의 특정 영역을 복제하여 페인팅합니다.

ⓑ **Pattern Stamp Tool(패턴 도장 도구) :** 선택된 패턴으로 페인팅합니다.

⓫ **History Brush Tool(작업 내역 브러시 도구) :** 원본 이미지 상태로 복원됩니다.

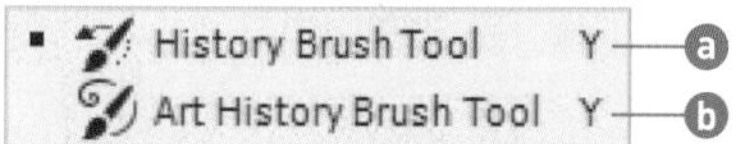


ⓐ **History Brush Tool(작업 내역 브러시 도구) :** 페인팅한 영역이 원본 이미지 상태로 복원됩니다.

ⓑ **Art History Brush Tool(미술 작업 내역 브러시 도구) :** 일반적으로 아트 히스토리 브러시 도구라 불리며, 다양한 아트 효과로 페인팅합니다.

⓬ **Eraser Tool(지우개 도구) :** 이미지를 지웁니다.

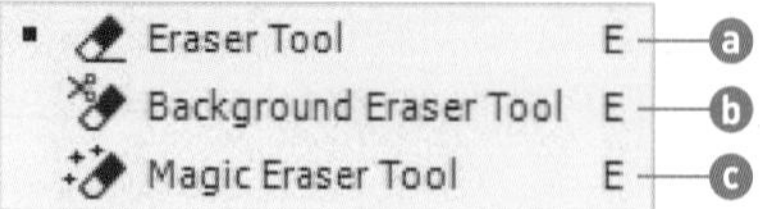


ⓐ **Eraser Tool(지우개 도구) :** 이미지를 지우는 도구이며 드로잉된 영역은 배경색 색상이 채워집니다.

ⓑ **Background Eraser Tool(배경 지우개 도구) :** 이미지의 배경이 지워지며 투명하게 됩니다.

ⓒ **Magic Eraser Tool(자동 지우개 도구) :** 일반적으로 마술 지우개 도구라고 불리며, 클릭하면 비슷한 색상의 영역이 지워집니다.

⓭ **Gradient Tool(그라디언트 도구) :** 그라데이션 효과를 적용합니다.

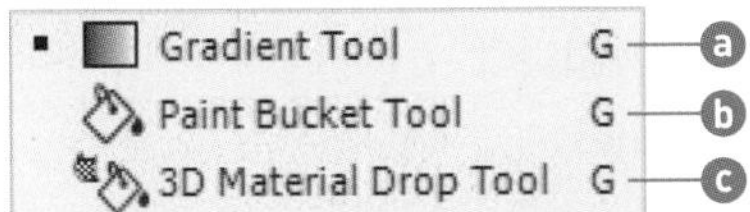


ⓐ **Gradient Tool(그레이디언트 도구) :** 선택한 영역에 두 개 이상의 색상으로 그라데이션 효과를 적용합니다.

ⓑ **Paint Bucket Tool(페인트 통 도구) :** 비슷한 색상 영역을 전경색으로 채웁니다.

ⓒ **3D Material Drop Tool(3D 재질 놓기 도구) :** 3D 재질을 채웁니다.

⓮ **Blur Tool(흐림 효과 도구) :** 드로잉하면 이미지를 흐려집니다.

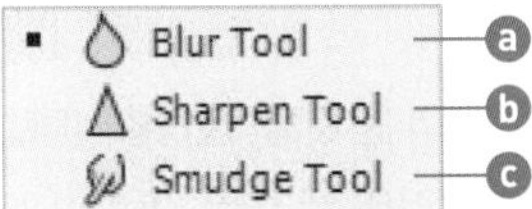


ⓐ **Blur Tool(흐림 효과 도구) :** 일반적으로 블러 도구라 불리며, 드로잉한 영역의 이미지가 흐려집니다.

ⓑ **Sharpen Tool(선명 효과 도구) :** 일반적으로 샤픈 도구라 불리며, 드로잉한 영역의 이미지가 선명해집니다.

ⓒ **Smudge Tool(손가락 도구) :** 손가락으로 문지른 효과를 줍니다.

⓯ **Dodge Tool(닷지 도구) :** 드로잉한 영역의 이미지가 밝아집니다.

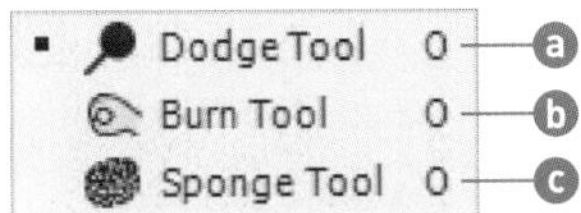


ⓐ **Dodge Tool(닷지 도구) :** 드로잉한 영역의 이미지가 밝아집니다.

ⓑ **Burn Tool(번 도구) :** 드로잉한 영역의 이미지가 어두워집니다.

ⓒ **Sponge Tool(스폰지 도구) :** 드로잉한 영역의 채도가 낮아지거나 높아집니다.

## 05 : 패스와 문자 도구들

기본 형태의 셰이프 도형 및 펜 도구를 이용하여 패스를 그릴 수 있으며 이미지의 문자 또는, 문장을 입력할 수 있는 도구들이 모여 있습니다.

⓰ **Pen Tool(펜 도구) :** 패스(Path)를 그려줍니다.

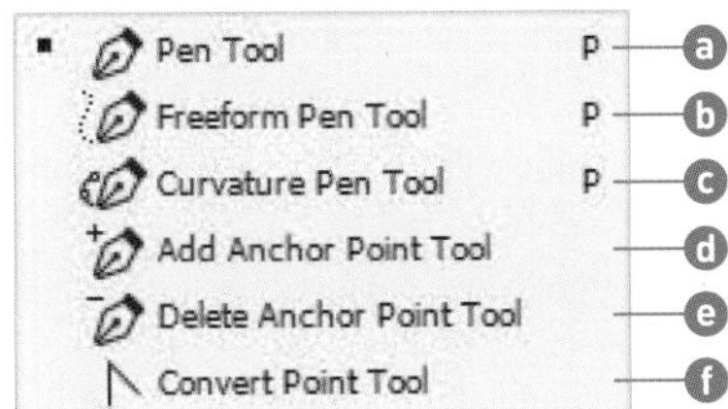

ⓐ **Pen Tool(펜 도구) :** 직선 또는, 곡선의 패스를 그리는 도구입니다.

ⓑ **Freeform Pen Tool(자유 형태 펜 도구) :** 자유롭게 드래그하여 패스를 그립니다.

ⓒ **Curvature Pen Tool(곡률 펜 도구) :** 기준점에 따라 자동으로 곡선의 패스를 그려줍니다.

ⓓ **Add Anchor Point Tool(기준점 추가 도구) :** 패스의 기준점을 추가합니다.

ⓔ **Delete Anchor Point Tool(기준점 삭제 도구) :** 패스의 기준점을 삭제합니다.

ⓕ **Convert Point Tool(기준점 변환 도구) :** 기준점의 방향성을 편집합니다.

⑰ **Type Tool(문자 툴) :** 문자를 입력합니다.

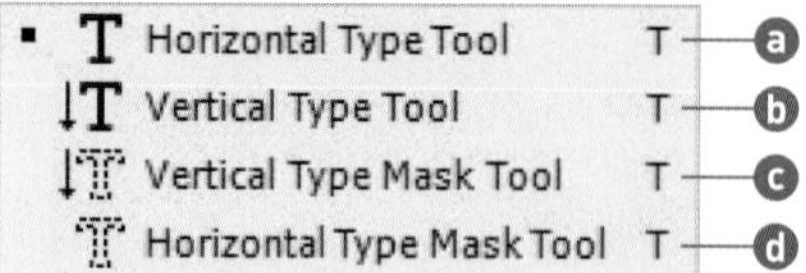


ⓐ **Horizontal Type Tool(수평 문자 도구) :** 가로 방향으로 문자를 입력합니다.

ⓑ **Vertical Type Tool(세로 문자 도구) :** 세로 방향으로 문자를 입력합니다.

ⓒ **Vertical Type Mask Tool(세로 문자 마스크 도구) :** 세로 방향으로 선택 영역의 문자를 입력합니다.

ⓓ **Horizontal Type Mask Tool(수평 문자 마스크 도구) :** 가로 방향으로 선택 영역의 문자를 입력합니다.

⑱ **Path Selection Tool(패스 선택 도구) :** 패스를 선택합니다.

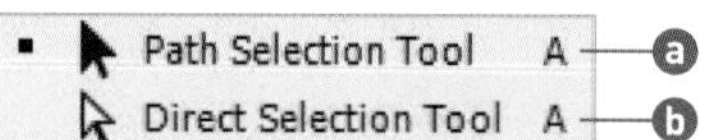


ⓐ **Path Selection Tool(패스 선택 도구) :** 패스 전체가 선택됩니다.

ⓑ **Direct Selection Tool(직접 선택 도구) :** 패스 기준점을 선택하여 이동 및 방향선을 편집합니다.

⑲ **Rectangle Tool(사각형 도구) :** 사각형 도형을 그려줍니다.

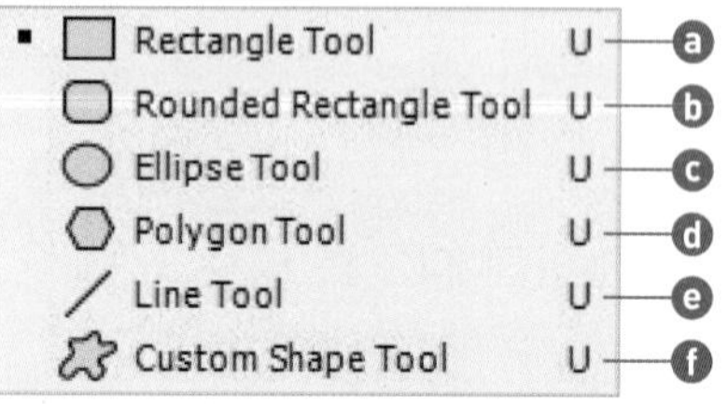


ⓐ **Rectangle Tool(사각형 도구) :** 사각형 도형을 그립니다.

ⓑ **Rounded Rectangle Tool(모서리가 둥근 직사각형 도구) :** 모서리가 둥근 사각형 도형을 그립니다.

ⓒ **Ellipse Tool(타원 도구) :** 정원 또는, 타원의 도형을 그립니다.

ⓓ **Polygon Tool(다각형 도구) :** 다각형의 도형을 그립니다.

ⓔ **Line Tool(선 도구) :** 선을 그립니다.

ⓕ **Custom Shape Tool(사용자 정의 모양 도구) :** 사용자가 지정한 다양한 형태의 셰이프 도형을 그립니다.

## 06 : 화면 제어 도구들

작업 화면을 이동하거나 확대/축소하는 도구들입니다.

⑳ **Hand Tool(손 도구) :** 작업 화면 전체를 이동합니다.

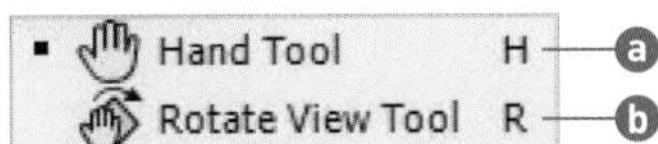


ⓐ **Hand Tool(손 도구) :** 이미지가 확대되어 있을 시 작업 화면 전체를 이동합니다.

ⓑ **Rotate View Tool(회전 보기 도구) :** 작업 화면 전체를 회전하여 보여줍니다.

㉑ **Zoom Tool(돋보기 도구) :** 작업 화면의 크기를 확대 또는, 축소합니다.

㉒ **Edit Toolbar(도구 모음 편집) :** 사용하지 않는 도구들은 삭제하고 자주 사용하는 도구 위주로 사용자 편의에 맞게 툴 패널을 편집할 수 있습니다.

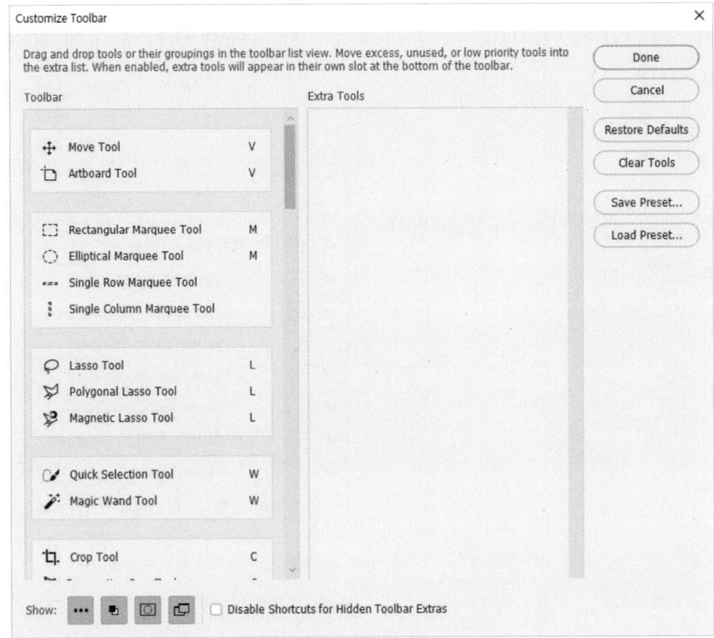


## 07 : 툴 패널의 기타 기능

페인팅 통 도구의 색상을 선택하거나, 작업 화면 모드를 변경할 수 있습니다.

㉓ **Set foreground color :** 전경색을 설정합니다.

㉔ **Switch Foreground and Background Colors :** 전경색과 배경색의 위치를 변경합니다.

㉕ **Default Foreground and Background Colors :** 전경색과 배경색을 '검은색'과 '흰색'으로 초기화합니다.

㉖ **Set background color :** 배경색을 설정합니다.

㉗ **Edit in Quick Mask Mode(Q) :** 퀵 마스크 모드 또는, 스탠다드 모드로 전환합니다.

㉘ **Change Screen Mode(F) :** 포토샵의 작업 화면 모드를 변경합니다.

# 패널의 종류와 기능

## Panel(패널)

포토샵에서는 이미지를 편집하고 수정하기 위해 상세 기능 및 옵션을 조절할 수 있도록 특성별로 각종 패널을 제공합니다. 이러한 패널의 기능은 사용자 편의성과 작업의 효율을 높여줍니다.

## 01 : 포토샵의 대표 패널들

[Window] 메뉴에서 다양한 패널을 확인할 수 있으며, 많이 사용되는 대표적인 패널에 대해 알아보겠습니다.

### Actions(액션) 패널

반복되는 작업을 기록하여 관리합니다. 반복되는 과정을 필요할 때마다 빠르게 적용할 수 있습니다.

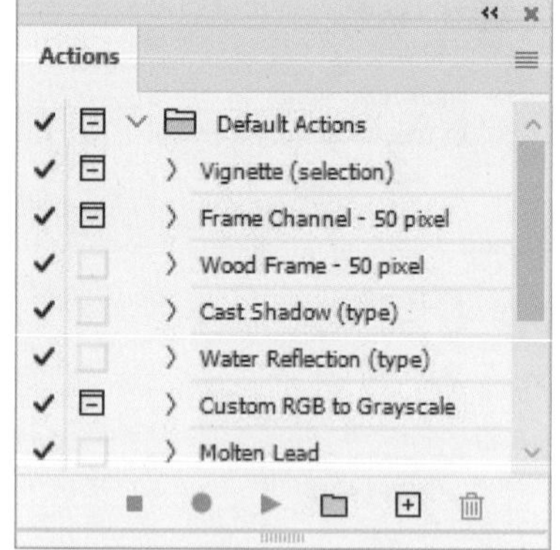


### Adjustments(조정) 패널

보정 기능을 아이콘 형식으로 모아놓은 패널입니다. 레이어 작업 시 빠르게 사용하여 편집 및 관리할 수 있습니다.

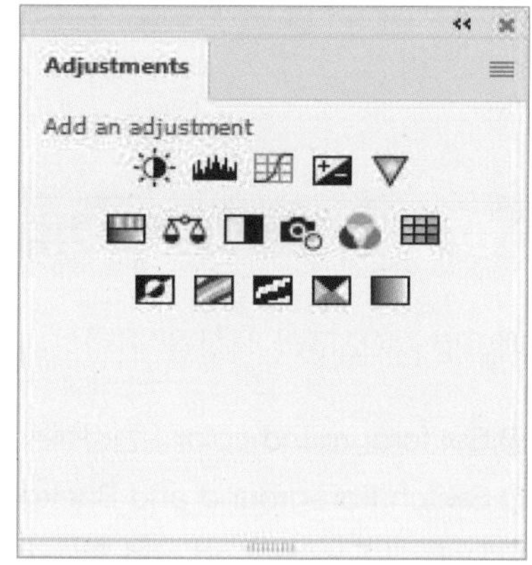

### Brushes(브러시) 패널

브러시의 크기, 모양, 색상 등 브러시를 설정하고 관리합니다. 새로운 브러시를 등록하여 사용할 수 있습니다.

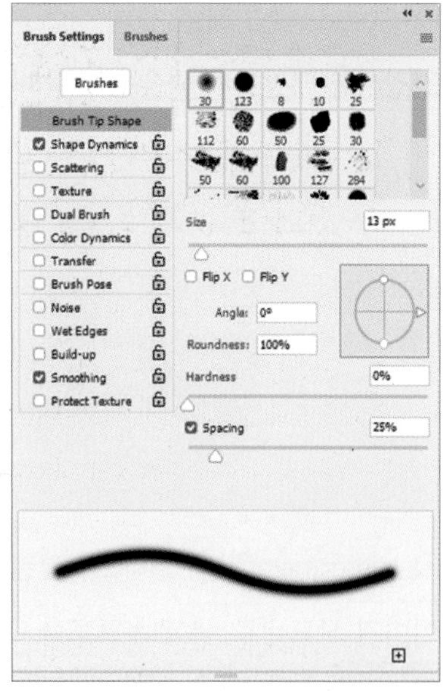


### Channels(채널) 패널

이미지 모드의 색상 정보를 통해 색상 채널에 대한 영역과 추가되는 알파 채널을 통해 다양한 선택 영역을 관리 및 편집할 수 있습니다.

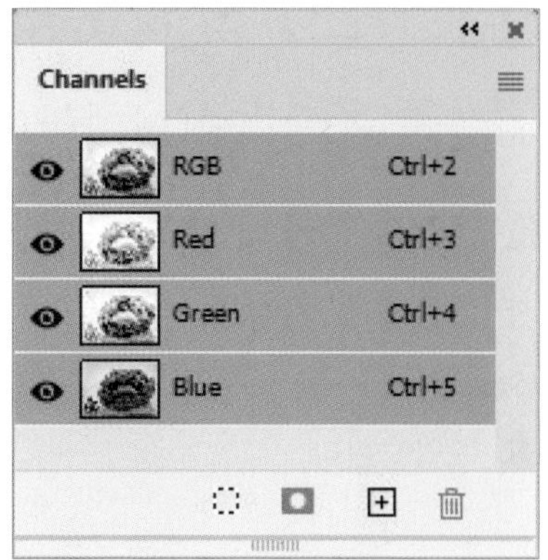


### Character(문자) 패널

문자와 관련하여 폰트, 크기, 색, 자간, 행간 등을 설정하는 패널입니다.

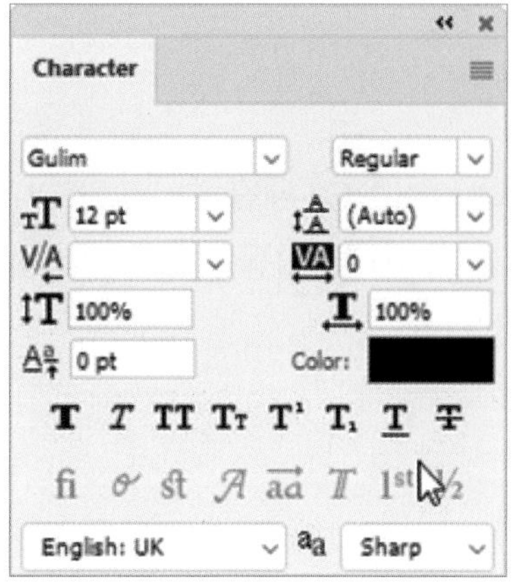

### Color(색상) 패널

전경색과 배경색의 색상을 조절하는 패널입니다.

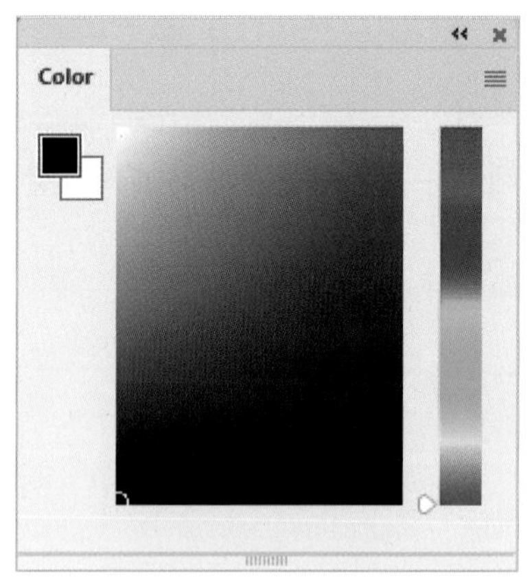


### Histogram(막대 그래프) 패널

이미지 모드별로 색상 분포도를 그래프 형식으로 표시합니다. 이미지의 전체 또는, 일부 색상의 톤을 확인할 수 있습니다.

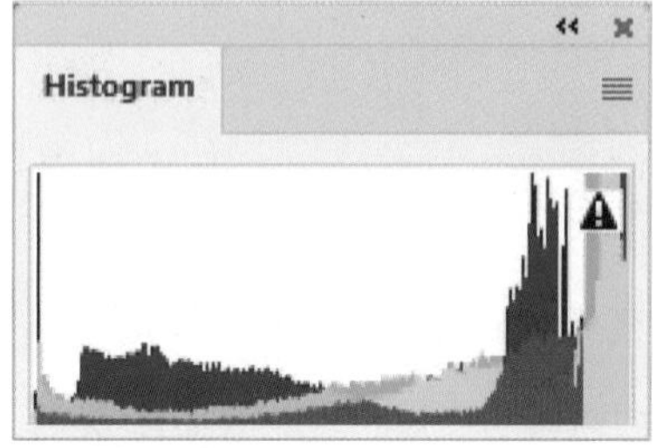


### History(작업 내역) 패널

작업 단계를 기록할 수 있으며 주요 작업 장면을 스냅샷(Snapshot) 기능으로 저장할 수 있어, 이전 단계로 빠르게 복구할 수 있습니다.

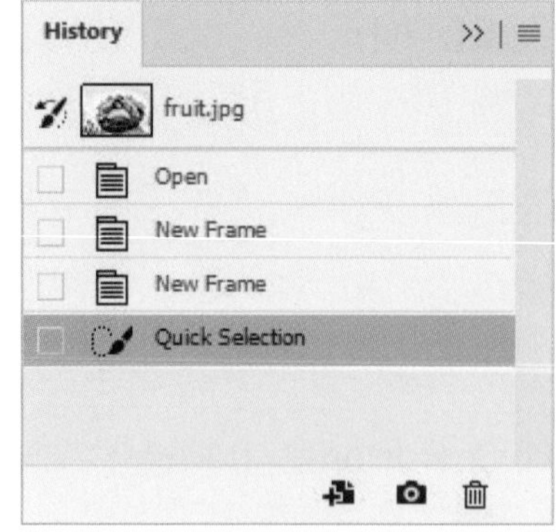


### Info(정보) 패널

색상 정보 및 좌표 값 등 이미지에 대한 정보를 제공하는 패널입니다.

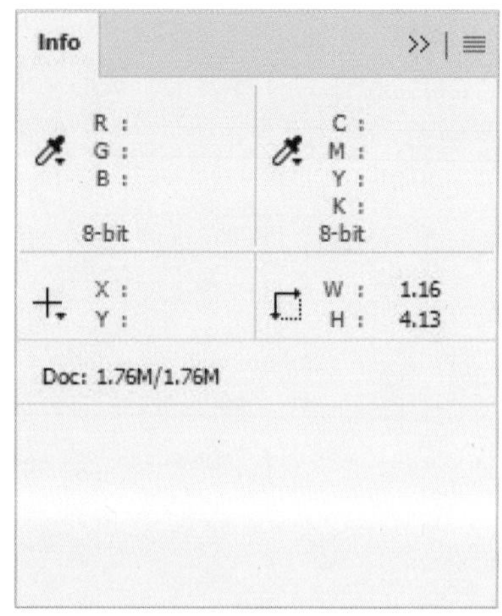

### Layers(레이어) 패널

투명한 유리 구조로 개념으로 구성된 [Layers] 패널은 레이어의 추가, 삭제, 투명도 조절, 합성, 이미지 톤의 조정 등 레이어들을 관리하는 핵심 기능을 제공합니다.

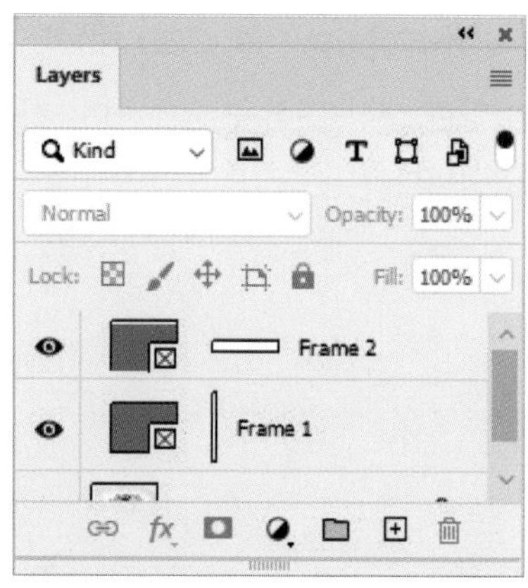

### Paragraph(단락) 패널

문단의 정렬, 간격, 들여쓰기, 내어쓰기 등 문장과 관련하여 설정하는 패널입니다.

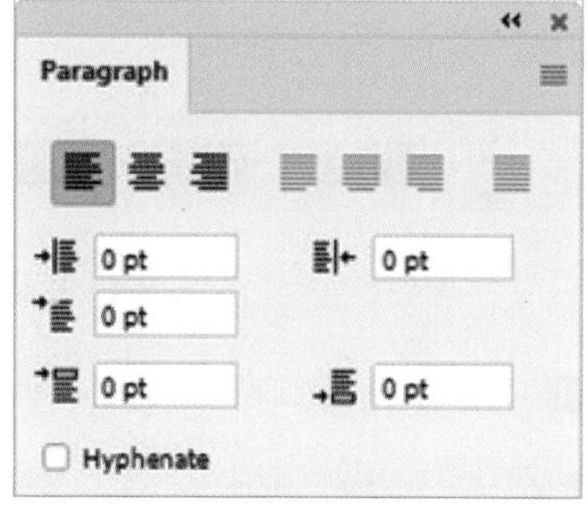

### Paths(패스) 패널

패스로 구성된 선이나 도형을 관리합니다. 패스를 선택 영역으로 변경하거나 선택 영역을 패스로 저장할 수 있습니다.

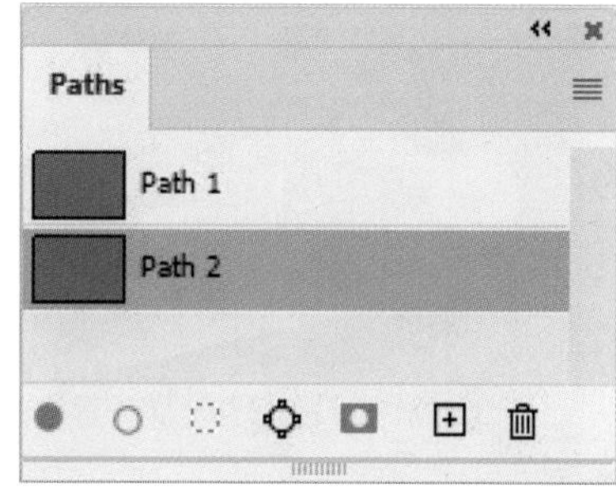

### Styles(스타일) 패널

다양한 효과가 적용된 스타일을 선택하여 적용하거나 등록할 수 있습니다.

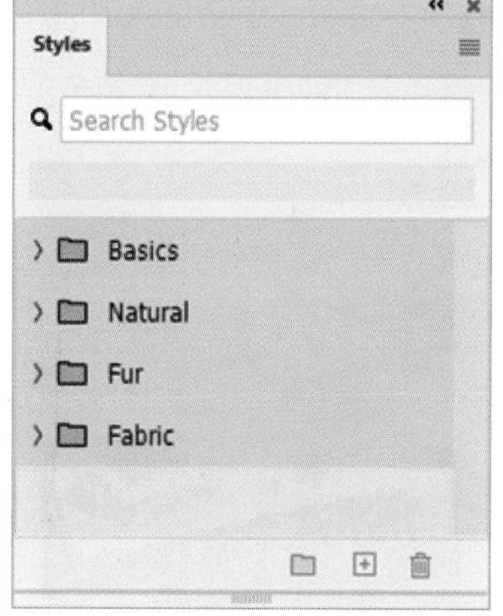

### Swatches(색상 견본) 패널

다양한 색상 견본을 제공하며, 사용자 정의의 색상을 저장할 수 있습니다.

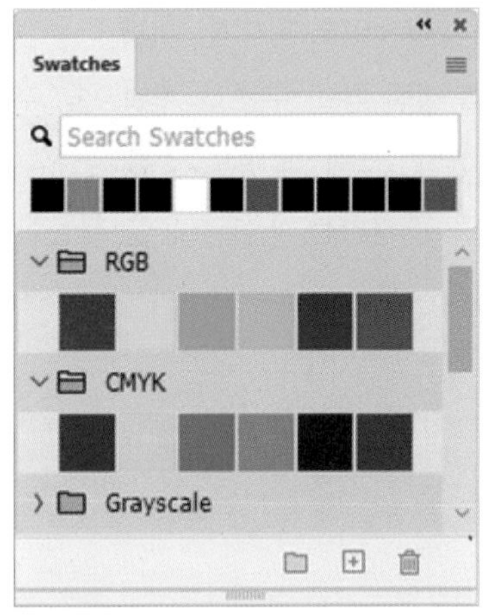


## 02 : 패널의 조절과 편집

다양한 패널들을 사용자 편의에 맞게 확대/축소 및 편집이 가능합니다.

**1** 상단에 위치한 패널 확장(Expand Panels)(◂◂) 단추를 클릭하면 패널들이 확장됩니다.

**2** 또한 확장할 패널의 아이콘을 클릭하면 해당 패널이 확장하여 표시되며, 패널 탭을 드래그하면 독립적으로 분리하거나 다시 합칠 수 있습니다.

# 문서(도큐먼트) 새로 만들고 저장하기

## New(새로 만들기), Save(저장)

포토샵은 새로운 작업을 시작할 경우 사용자가 필요한 캔버스의 크기를 지정하거나, 디자인 분야에서 많이 사용하는 규격화된 크기의 프리셋을 선택하여 사용할 수 있습니다. 또한, 작업 중이거나 완료된 후 반드시 저장하는 습관이 필요합니다.

**1** [File] 〉 [New] 메뉴를 클릭하거나, Ctrl+N을 누릅니다.

### TIP

새로운 문서를 만들고 작업 진행 중에도 문서의 크기 및 사이즈는 언제든지 변경할 수 있습니다. 바로 Image 메뉴의 Image Size 및 Canvas Size 기능을 통해 이미지의 해상도나 종이의 사이즈를 변경할 수 있습니다.

**2** [New Document] 대화상자가 나타나면, 포토샵의 기본 사이즈 및 최근에 작업했던 사이즈를 선택하거나 직접 수치를 입력하여 만들 수 있습니다.

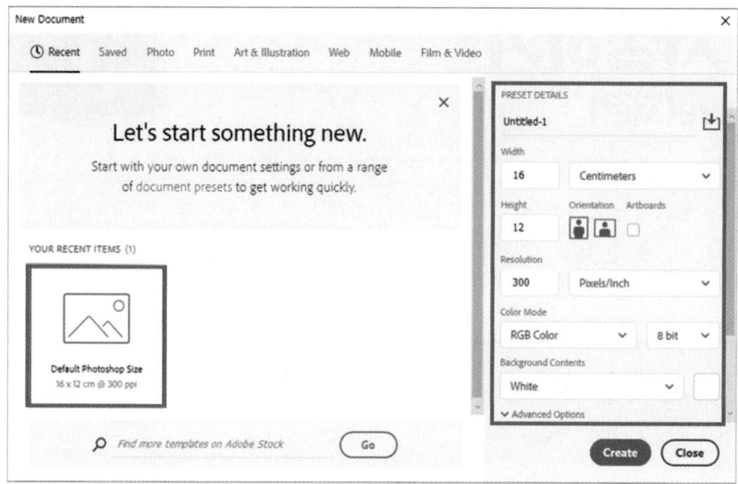


**TIP**

Width(폭), Height(높이), Resolution(해상도)으로 캔버스의 크기를 결정하며, 단위(Inches, Pixels, Centimeters 등) 및 캔버스의 Color Mode(색상 모드)를 선택할 수 있습니다.

**3** 또한, 디자인 분야에서 많이 사용하는 크기를 프리셋으로 제공하므로 선택할 수 있습니다.

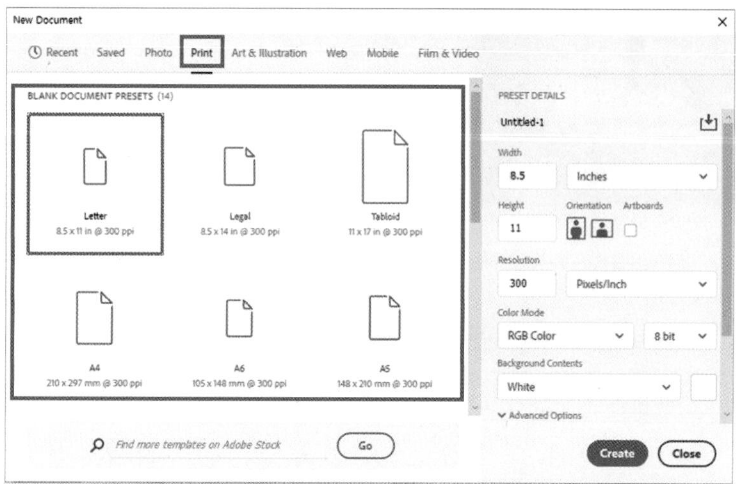

**TIP**

프리셋(Preset)에는 사진, 인쇄, 예술, 웹, 모바일 등 디자인 분야에서 많이 사용하는 크기를 규격화해 놓았습니다.

**4** 작업이 진행 중이거나 완료된 경우 저장하여 작업한 이미지를 보관하는 것이 중요합니다. [File] 〉 [Save] 메뉴를 클릭하거나, Ctrl+S를 눌러 저장합니다.

> **TIP**
>
> 새로운 문서를 만들고 처음 저장하는 경우 [다른 이름으로 저장] 대화상자가 나타나면 저장 경로 및 파일명과 파일 형식을 선택하고 저장합니다. 포토샵 전용 저장 포맷은 *.PSD이며 다양한 포맷으로 저장할 수 있습니다.

> **MEMO 포토샵의 다양한 저장 포맷**
>
> 포토샵은 저장 시 작업 종류에 따라 다양한 포맷을 지원합니다. 다음은 대표적인 확장자의 특징입니다.
>
> - **PSD :** 포토샵의 기본 파일 방식으로 포토샵이 가지고 있는 특징을 모두 저장할 수 있고 레이어를 그대로 유지한 채 저장할 때 사용합니다.
> - **JPG :** 기본적으로 가장 많이 사용되는 이미지 포맷 방식으로 특히 온라인상에 이미지를 개재할 때 용량을 줄여 올릴 수 있는 효과적인 저장 방식입니다. 그러나 포토샵이 가지고 있는 특징이나 레이어들이 사라진 채 저장되기 때문에 수정이 필요한 경우는 반드시 PSD 포맷 방식으로도 저장해두어야 합니다.
> - **GIF :** 간단한 동영상을 만들 때 사용되는 포맷 방식으로 흔히들 움짤 배너나 아이콘 등을 만들 때 많이 사용됩니다.
> - **TIF, EPS :** 이미지 무손실 파일로 호환성이 좋아 다양한 그래픽 프로그램에서 사용됩니다. 그러나 용량이 큰 단점이 있습니다.
> - **PNG :** 투명한 배경의 이미지를 만들 때 저장하는 방식입니다. 홈페이지에 이미지를 올릴 때 많이 사용됩니다.

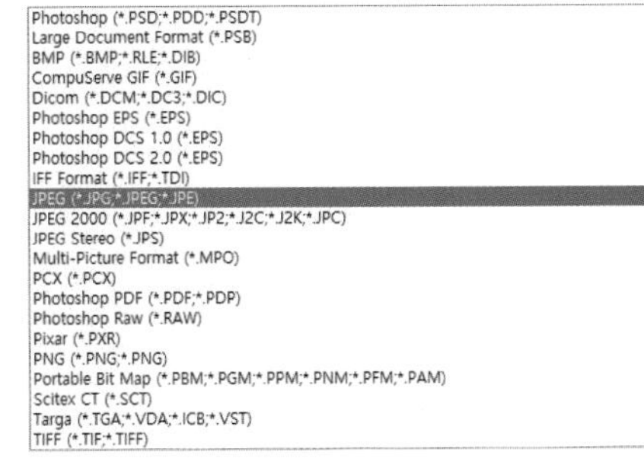

# 파일을 열고 다른 이름으로 저장하기

## Open(열기), Save As(다른 이름으로 저장)

포토샵에서 작업한 파일뿐만 아니라 다양한 포맷의 이미지들을 열 수 있습니다. 다른 이름으로 저장하는 경우는 원본 파일 및 저장된 파일을 보존해야 할 때 사용합니다. 작업한 이미지가 만족하지 못할 경우 원본 또는, 수정 전 파일이 필요할 수 있기 때문입니다.

[**예제 파일** : PART 01 Photoshop/1교시/cake.jpg]

**1** [File] 〉 [Open] 메뉴를 클릭하거나, Ctrl+O를 누르면 [열기] 대화상자가 나타납니다. 불러올 파일을 선택하고 [열기]를 클릭합니다.

**2** 작업 후 다른 이름으로 파일을 저장하려면 [File] 〉 [Save As] 메뉴를 클릭하거나, Shift+Ctrl+S를 누릅니다.

**3** [다른 이름으로 저장] 대화상자가 나타나면 파일명 및 파일 형식을 입력 또는, 변경하고 [저장]을 클릭합니다.

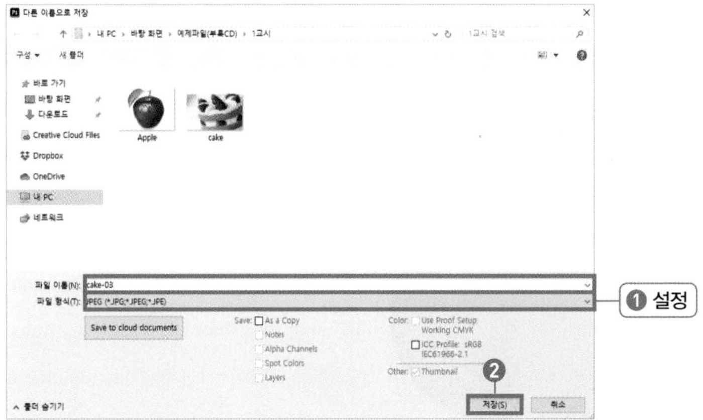


**TIP**

포토샵은 전용 포맷인 PSD뿐만 아니라 BMP, EPS, JPG, PDF, PNG, TGA, TIFF 등 다양한 포맷으로 파일을 저장할 수 있습니다.

# 이미지 이동 및 복사하기

## Move(이동), Copy(복사)

툴 패널에 있는 [Move Tool]은 이미지를 이동시키는 도구이며 단축키는 V입니다. 또한 많이 사용하는 [Move Tool]은 다른 도구 사용 중에도 Ctrl을 누르면 바로 변환하여 사용할 수 있습니다. Alt를 누른 채 사용하면 이미지가 복사되어 이동되며, Shift를 누른 채 사용하면 수평, 수직 또는, 45도 기울기로 방향을 제어할 수 있습니다.

[**예제 파일** : PART 01 Photoshop/1교시/apple.jpg]

**1** 툴 패널에서 [Elliptical Marquee Tool]( )을 선택한 후 그림과 같이 드래그하여 영역을 선택합니다. [Move Tool]( )을 선택하고 선택 영역으로 드래그하면 이미지가 잘려 지워진 채 이동합니다. 잘려나간 부분은 배경색으로 채워집니다.

**TIP**

이미지 전체를 이동시킬 시 'Background' 레이어일 경우 일반 레이어로 변경됩니다.

**2** [Elliptical Marquee Tool]( )로 지정한 영역을 Alt를 누른 채 이동시키면 이미지가 복사되며 이동됩니다. 그리고 복사된 이미지는 동일한 레이어로 이동하여 위치하게 됩니다.

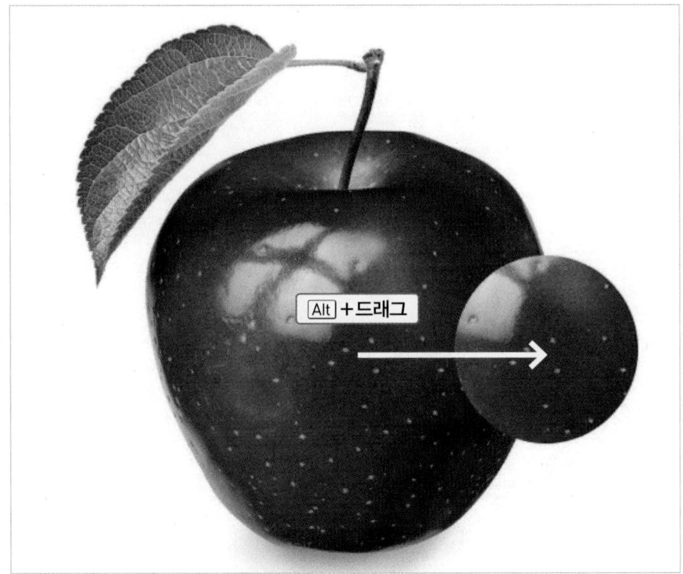


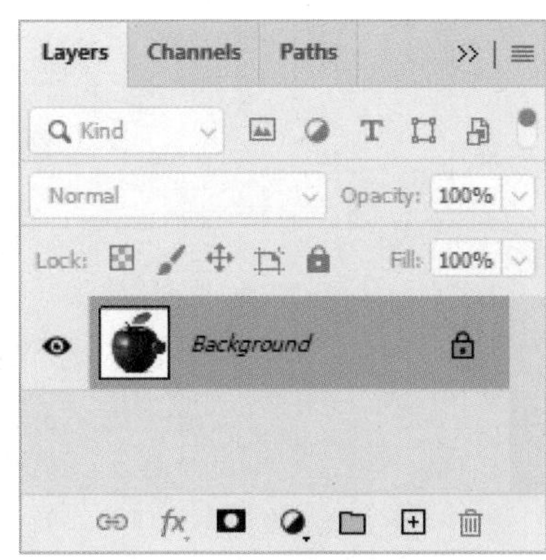


**3** 그리고 일반적으로 많이 사용하는 방법으로 Ctrl+C([Edit] 〉 [Copy] 메뉴)를 눌러 복사한 후 Ctrl+V([Edit] 〉 [Paste] 메뉴)를 눌러 붙여 넣기로 이미지를 복사할 수 있습니다. [Move Tool]( )로 복사하는 방법과 다른 점은 새로운 레이어 위에 생성됩니다.

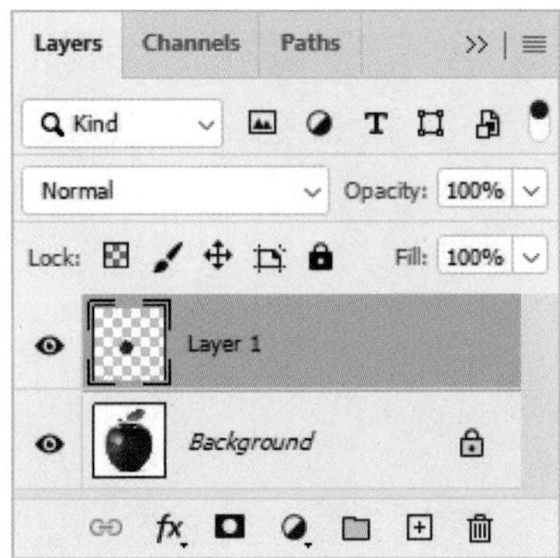


**TIP**

레이어로 분리하여 이미지를 복사하면 수정 및 편집이 자유롭습니다.

# 2교시

## 도구반

포토샵 작업을 원활하게 진행하기 위해서는 포토샵 도구들을 자유자재로 다룰 줄 알아야 합니다. 도구를 어떻게 이용하느냐에 따라 결론적으로 작업 이미지의 완성도가 달라지기 때문입니다. 이번 학습을 통해 포토샵 핵심 도구들의 기능에 대한 이해와 사용 방법에 대해 알아보겠습니다.

# 강좌

01 **기본 선택 도구 사용하기 :** Marquee Tool(사각형, 원형, 단일 행, 단일 열 도구)

02 **자유 곡선으로 영역 선택하기 :** Lasso Tool(올가미 도구), Polygonal Lasso Tool(다각형 올가미 도구), Magnetic Lasso Tool(자석 올가미 도구)

03 **색상 영역으로 선택 영역 지정하기 :** Quick Selection Tool(빠른 선택 도구), Magic Wand Tool(자동 선택 도구)

04 **원하는 크기로 이미지 자르기 :** Crop Tool(자르기 도구), Perspective Crop Tool(원근 자르기 도구)

05 **이미지 정보 추출하기 :** Eyedropper Tool(스포이드 도구), Color Sampler Tool(색상 샘플러 도구), Ruler Tool(눈금자 도구), Note Tool(메모 도구), Count Tool(카운트 도구)

06 **얼룩진 옷 세탁하기 :** Spot Healing Brush Tool(스팟 복구 브러시 도구)

07 **얼굴의 잡티 보정하기 :** Healing Brush Tool(복구 브러시 도구)

08 **불필요한 영역 제거하기 :** Patch Tool(패치 도구)

09 **깔끔하게 이동 복사하기 :** Content-Aware Move Tool(내용 인식 이동 도구)

10 **페인팅 도구 사용하기 :** Brush Tool(브러시프), Pencil Tool(연필 도구), Color Replacement Tool(색상 대체 도구), Mixer Brush Tool(혼합 브러시 도구)

11 **페인팅하여 복제하기 :** Clone Stamp Tool(복제 도장 도구), Pattern Stamp Tool(패턴 도장 도구)

12 **일부분만 흑백 이미지로 만들기 :** History Brush Tool(작업 내역 도구), Art History Brush Tool(미술 작업 내역 도구)

13 **이미지 지우기 :** Eraser Tool(지우개 도구), Background Eraser Tool(배경 지우개 도구), Magic Eraser Tool(자동 지우개 도구)

14 **배경에 그라데이션 효과주기 :** Gradient Tool(그레이디언트 도구), Gradient Editor(그레이디언트 편집), Paint Bucket Tool(페인트 통 도구)

15 **블러 도구와 샤픈 도구로 선명도 조절하기 :** Blur Tool(흐림 효과 도구), Sharpen Tool(선명 효과 도구), Smudge Tool(손가락 도구)

16 **이미지 일부분의 명암 및 채도 조절하기 :** Dodge Tool(닷지 도구), Burn Tool(번 도구), Sponge Tool(스폰지 도구)

# 기본 선택 도구 사용하기

## Marquee Tool(사각형, 원형, 단일 행, 단일 열 도구)

선택 도구의 기본인 [Marquee Tool]은 정사각형, 직사각형, 원형, 타원형, 가로/세로 한 픽셀과 같이 정형화된 영역을 선택할 때 사용합니다. 드래그하여 선택 영역의 범위를 정하며, Shift를 누르면 정사각형과 정원으로 그려지고 Alt를 누른 채 드래그하면 첫 클릭 지점을 중심으로 그려집니다.

[**예제 파일** : PART 01 Photoshop/2교시/window–1, window–2, watermelon.jpg]

**1** 툴 패널에서 [Rectangular Marquee Tool](▭.)을 클릭한 후 대각선 방향으로 드래그하면 사각형의 선택 영역이 지정됩니다.

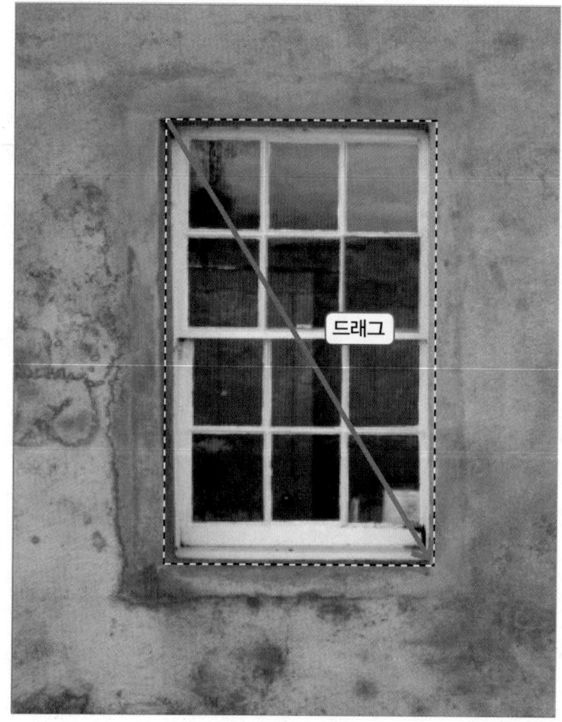


▲ window–1.jpg

**2** 툴 패널에서 [Elliptical Marquee Tool]( )을 클릭한 후 드래그하면 원형의 선택 영역이 지정됩니다.

◀ watermelon.jpg

**TIP**

선택 영역이 지정된 상태에서 선택 도구 사용 시 Shift(추가)와 Alt(삭제)의 또 다른 기능은 선택 영역을 추가하거나 삭제할 수 있습니다.

**3** 툴 패널에서 [Single Row Marquee Tool]( )을 클릭하거나, [Single Column Marquee Tool]( )을 클릭한 후 원하는 지점을 클릭하면 가로 방향 또는, 세로 방향의 한 픽셀 라인이 선택 영역으로 지정됩니다.

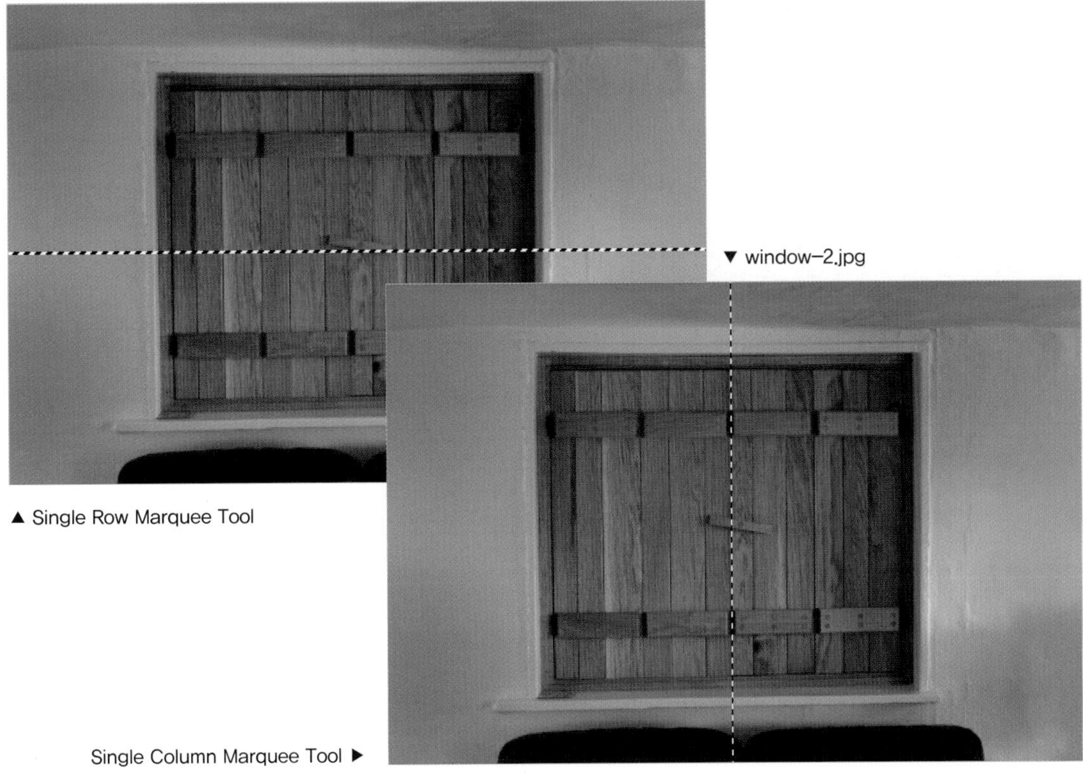

▼ window-2.jpg

▲ Single Row Marquee Tool

Single Column Marquee Tool ▶

# 자유 곡선으로 영역 선택하기

## Lasso Tool(올가미 도구), Polygonal Lasso Tool(다각형 올가미 도구), Magnetic Lasso Tool(자석 올가미 도구)

[Lasso Tool]은 정형화되지 않은 자유로운 형태를 선택할 때 사용되며 드래그 또는, 클릭하면서 선택 영역을 지정할 수 있습니다. 기본 단축키는 L입니다.

[**예제 파일** : PART 01 Photoshop/2교시/banana.jpg]

**1** 툴 패널에서 [Lasso Tool]( )을 클릭한 후 지정하고 싶은 범위를 자유롭게 드래그하여 선택 영역을 지정합니다. 다시 시작점까지 도달한 후 클릭하면 선택 영역으로 변경되며, 드래그하는 중간에 중단되는 경우 시작점까지 자동 연결됩니다.

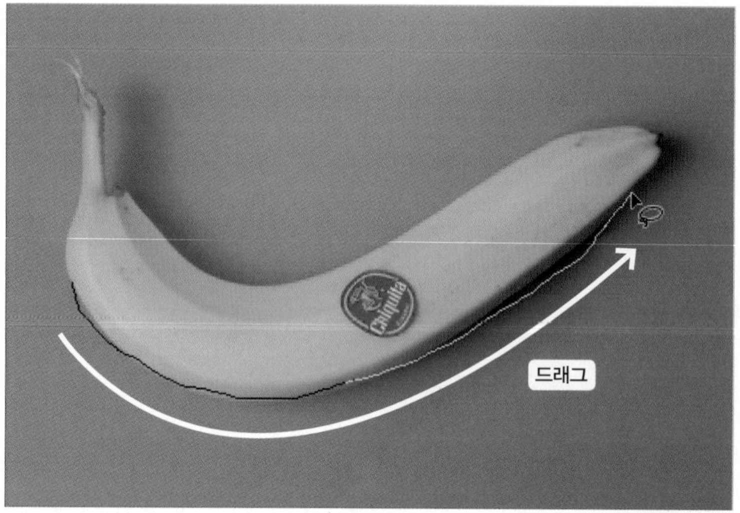


**TIP**

선택 영역을 지정할 시 Alt+Shift를 동시에 사용하면 선택 영역의 교차 지점만 선택됩니다.

**2** [Polygonal Lasso Tool]( )은 클릭하면서 직선 형태로 가이드라인을 만들어 다각형 형태로 선택 영역을 지정합니다. [Delete] 또는, [Back Space]를 누르면 클릭 전 단계로 취소할 수 있습니다.

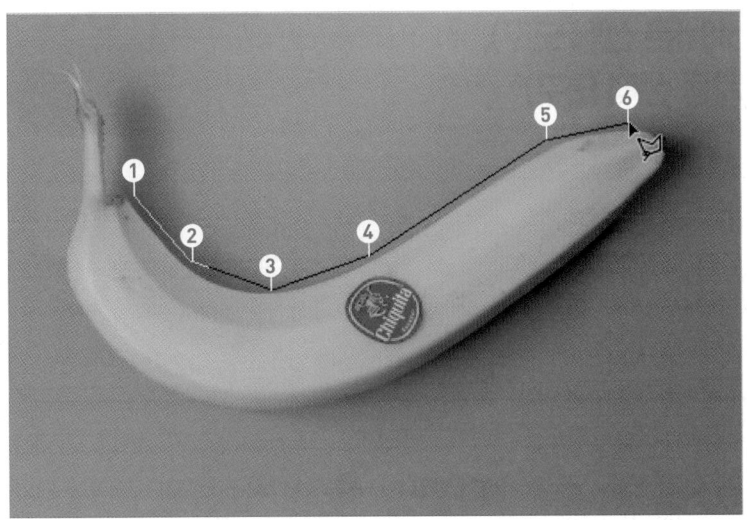


> **TIP**
> [Lasso Tool]과 [Polygonal Lasso Tool]을 사용하여 선택 영역 지정 시 [Alt]를 사용하면 두 도구의 기능을 동시에 사용할 수 있습니다.

**3** 툴 패널에서 [Magnetic Lasso Tool]( )을 클릭한 후 시작점을 클릭하고 마우스를 이동하면 이미지의 경계선에 따라 가이드라인이 자동으로 그려지며 선택 영역을 지정합니다.

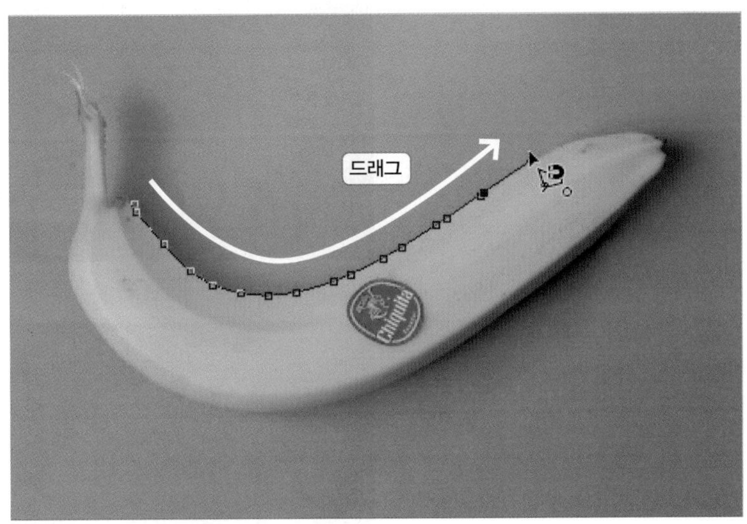


**MEMO** [Magnetic Lasso Tool]의 옵션 바

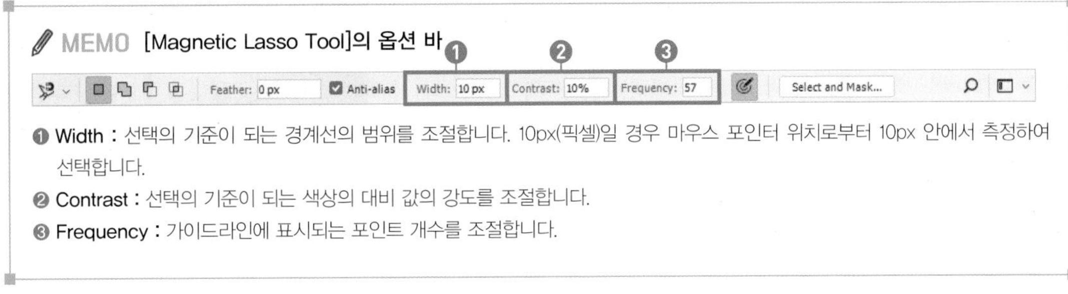


❶ **Width :** 선택의 기준이 되는 경계선의 범위를 조절합니다. 10px(픽셀)일 경우 마우스 포인터 위치로부터 10px 안에서 측정하여 선택합니다.

❷ **Contrast :** 선택의 기준이 되는 색상의 대비 값의 강도를 조절합니다.

❸ **Frequency :** 가이드라인에 표시되는 포인트 개수를 조절합니다.

# 색상 영역으로 선택 영역 지정하기

## Quick Selection Tool(빠른 선택 도구), Magic Wand Tool(자동 선택 도구)

비슷한 색상을 기준으로 선택 영역을 지정합니다. 색상이나 밝기의 차이가 있으면 쉽고 빠르게 사용할 수 있습니다. [Quick Selection Tool]은 붓으로 드로잉하듯 드래그하면 드래그한 영역의 색상과 비슷한 영역을 빠르게 선택 영역으로 지정하며, [Magic Wand Tool]은 클릭한 지점을 기준으로 비슷한 색상의 영역을 선택 영역으로 지정합니다.

[**예제 파일** : PART 01 Photoshop/2교시/flower-1.jpg]

**1** 툴 패널에서 [Quick Selection Tool]( )을 클릭한 후 꽃 부분을 드래그하면 드래그한 영역과 비슷한 색상의 영역을 자동으로 감지하여 선택 영역을 지정합니다.

**2** 이번에는 [Magic Wand Tool]( )을 클릭한 후 배경 영역을 클릭하면 비슷한 색상의 영역을 감지하여 선택 영역으로 지정합니다.

**MEMO** [Magic Wand Tool]의 선택 범위 조절(Tolerance)

[Tolerance] 값을 조절하여 비슷한 색상의 선택 범위를 변경할 수 있습니다. 수치가 높을수록 색상의 범위가 넓습니다.

# 원하는 크기로 이미지 자르기

## Crop Tool(자르기 도구), Perspective Crop Tool(원근 자르기 도구)

[Crop Tool]은 이미지의 필요한 부분만 남기고 잘라내는 기능으로 사각형 형태로 자를 수 있으며, 이미지의 크기 및 구도가 변경됩니다. [Perspective Crop Tool]은 변형된 사각형 모양으로 잘라내기 때문에 이미지에 원근감을 적용하거나 왜곡된 형태로 만들 때 사용합니다. 기본 단축키는 C입니다.

**[예제 파일** : PART 01 Photoshop/2교시/cup, sale.jpg]

**1** [Crop Tool]( )을 클릭하면 이미지에 가이드 박스가 표시됩니다. 가이드 박스의 모서리나 변의 조절점을 조절하거나 직접 드래그하여 남겨질 영역을 설정합니다.

▲ Cup.jpg

**2** 가이드 박스 안쪽을 더블클릭하거나 Enter를 누르면 사각형 영역을 제외한 부분이 잘립니다.

**TIP**

마우스 포인터를 가이드 박스 바깥쪽에 위치시키면 이미지를 회전시켜 잘라낼 수도 있습니다.

**3** [Perspective Crop Tool]( )은 가이드 박스를 드래그하여 영역을 설정한 후 편집하거나, 직접 클릭하여 가이드 박스를 설정할 수 있습니다.

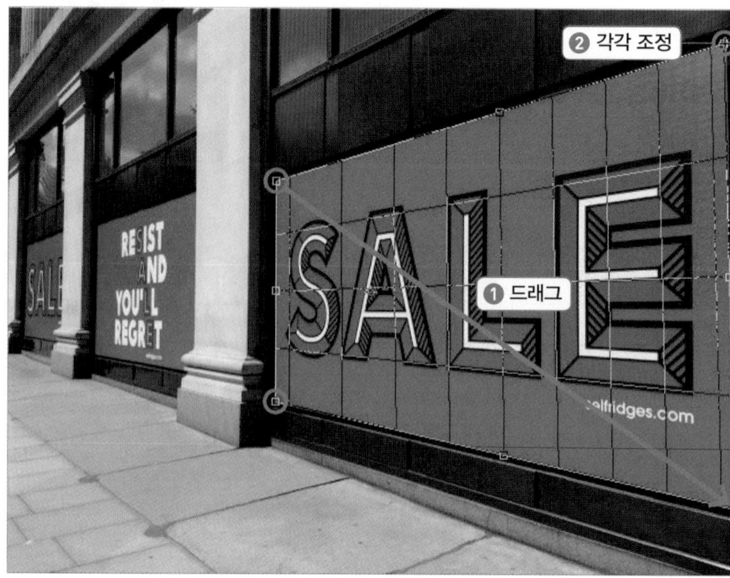


◀ sale.jpg

**4** 마찬가지로 이미지를 회전시킬 수 있으며, 가이드 박스 안쪽을 더블클릭하거나 Enter를 누르면 사각형 영역을 제외한 부분이 잘려나가며 이미지가 변형됩니다.

# 이미지 정보 추출하기

## Eyedropper Tool(스포이드 도구), Color Sampler Tool (색상 샘플러 도구), Ruler Tool(눈금자 도구), Note Tool(메모 도구), Count Tool(카운트 도구)

[Eyedropper Tool]은 이미지의 색상을 전경색으로 추출한 후 다른 영역에 색상을 채울 수 있습니다. [Color Sampler Tool]은 색상의 정보를 수치로 확인하여 인쇄 작업 시 활용할 수 있습니다. 또한, [Ruler Tool]은 눈금자를 이용하여 길이 및 각도 정보 등을 확인할 수 있습니다.

**[예제 파일** : PART 01 Photoshop/2교시/cake-1.jpg, puppies.jpg]

**1** [Eyedropper Tool]( )은 색상을 추출하는 도구입니다. 스포이드 아이콘을 이동하여 추출할 색상을 클릭하면 전경색이 클릭한 지점의 색상으로 변경됩니다. 또한, 클릭한 후 누르고 있으면 링 위쪽으로 추출된 색상이 표시되며 아래쪽은 전에 선택했던 색상이 표시됩니다.

◀ cake-1.jpg

> **MEMO** [3D Material Eyedropper Tool]( )
> 3D 오브젝트로부터 재질을 추출합니다.

**2** [Color Sampler Tool]( )은 클릭한 지점의 색상 정보를 알려준다. 클릭한 순서대로 [Info] 패널에 색상 정보(#1, #2, #3...)를 표시합니다.

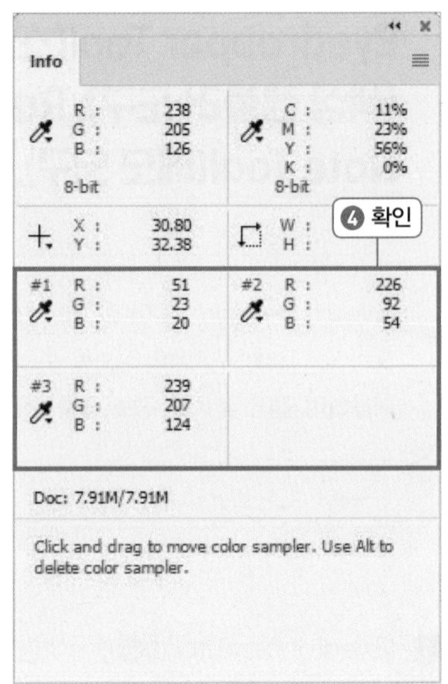


**3** [Ruler Tool]( )은 각도, 길이, 폭 및 높이 등을 측정하는 도구입니다. 클릭한 후 드래그하여 눈금자를 생성하면 [Info] 패널에 정보가 표시됩니다. 또한 Shift 를 누른 상태에서 드래그하면 45도 단위로 방향을 조절할 수 있습니다.

**4** [Note Tool]( )은 이미지 위에 메모를 작성하는 도구입니다. 그림과 같이 클릭하면 노트 모양의 아이콘과 함께 [Note] 패널이 활성화되며 메모를 작성할 수 있습니다.

**5** [Count Tool]( )은 이미지 위에 번호를 매기는 도구입니다. 클릭하는 순서대로 숫자가 표시됩니다.

◀ Puppies.jpg

# 얼룩진 옷 세탁하기

## Spot Healing Brush Tool(스폿 복구 브러시 도구)

[Spot Healing Brush Tool]은 내용 인식 기술(Content-Aware)을 통해 이미지를 빠르고 간편하게 수정할 수 있습니다. 적용 범위는 브러시 크기를 조절하여 적용하며 이미지의 잡티 및 얼룩, 불필요한 요소들을 드로잉하거나 클릭합니다. 주변의 색상과 패턴을 인식하여 드로잉한 영역을 자동으로 복구합니다.

[**예제 파일** : PART 01 Photoshop/2교시/spot.jpg]

**1** 툴 패널에서 [Spot Healing Brush Tool]( )을 클릭한 후 이미지를 확대합니다.

**2** 옵션 바에서 브러시 크기를 지정하고 [Type]의 옵션을 'Content-Aware'로 설정합니다.

Mode: Normal | Type: Content-Aware | Create Texture | Proximity Match | Sample All Layers | 0°

❶ 설정 ❷

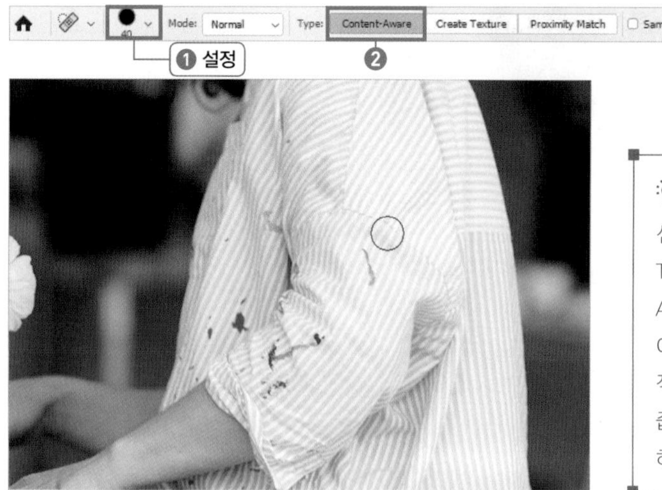

> **TIP**
> 샘플링 타입으로는 'Content-Aware'와 'Create Texture, Proximity Match'가 있습니다. 'Content-Aware'는 가까운 부분의 이미지 내용을 인식하여 적용 부위를 채워줍니다. 'Create Texture'는 적용 부위의 픽셀을 사용하여 텍스쳐를 만들어 줍니다. 'Proximity Match'는 주변의 픽셀을 사용하여 적용 부위를 대체합니다.

**3** 그 다음 옷의 얼룩진 부분을 드래그하면 내용 인식 기술이 적용되어 얼룩이 제거되면서 이미지가 수정됩니다.

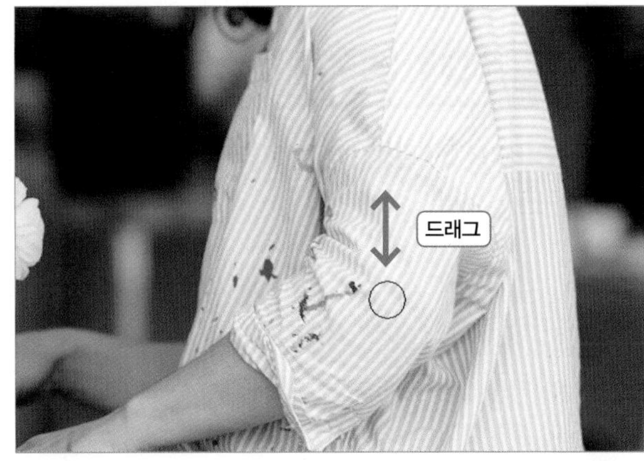


**4** 이미지의 확대/축소 및 브러시 크기를 알맞게 변경하면서 다른 영역의 얼룩도 동일한 방법으로 제거합니다.

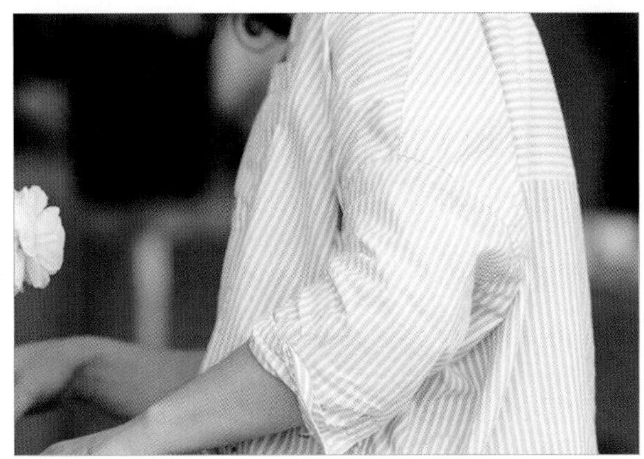

**5** 다음 그림과 같이 얼룩을 빠르고 간편하게 수정할 수 있습니다.

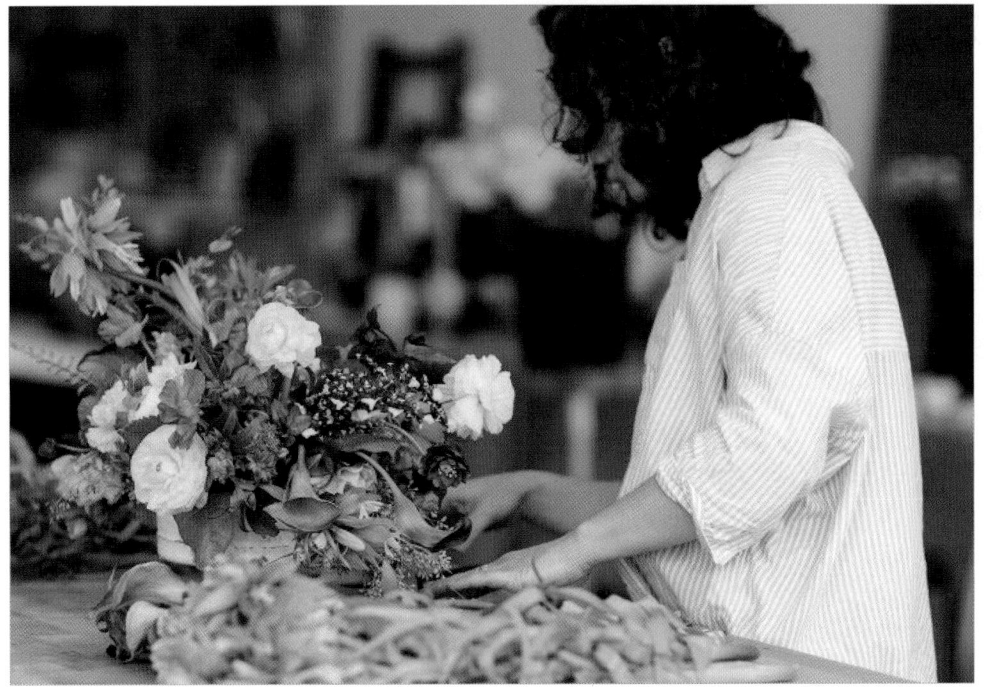

# 얼굴의 잡티 보정하기

## Healing Brush Tool(복구 브러시 도구)

[Healing Brush Tool]은 이미지의 같은 색상이나 패턴을 지정하여 이미지 일부를 복원하거나 수정할 수 있는 도구입니다. 적용 범위는 브러시 크기로 조절하며 이미지의 잡티 및 얼룩, 방해 요소와 비슷한 영역을 클릭한 후 복원할 영역에 클릭 및 드래그합니다. [Spot Healing Brush Tool]의 추가되기 전 이미지 보정 작업에 많이 사용했습니다.

[**예제 파일** : PART 01 Photoshop/2교시/children.jpg]

**1** 툴 패널에서 [Healing Brush Tool]( )을 클릭한 후 그림과 같이 옵션 바에서 브러시 크기를 22픽셀 정도로 설정합니다.

Mode: Normal Source: Sampled Pattern ☐ Aligned ☐ Use Legacy Sample: Current Layer 0°

설정

> **TIP**
>
> 옵션 바에서 'Source'는 적용되는 부위를 대체할 소스를 선택합니다. 'Sampled'는 사용자가 지정한 위치에 픽셀을 의미하며, 'Pattern'을 선택하면 패턴을 적용합니다. 또한 'Aligned'는 샘플링한 소스의 위치를 고정하지 않고 일정한 간격을 유지하면서 적용됩니다. [Use Legacy]는 이전 알고리즘으로 [Healing Brush Tool]을 사용합니다.

**2** 눈 밑의 점을 보정하기 위해 Alt를 누른 상태로 점이 있는 영역과 동일한 피부 영역을 클릭합니다.

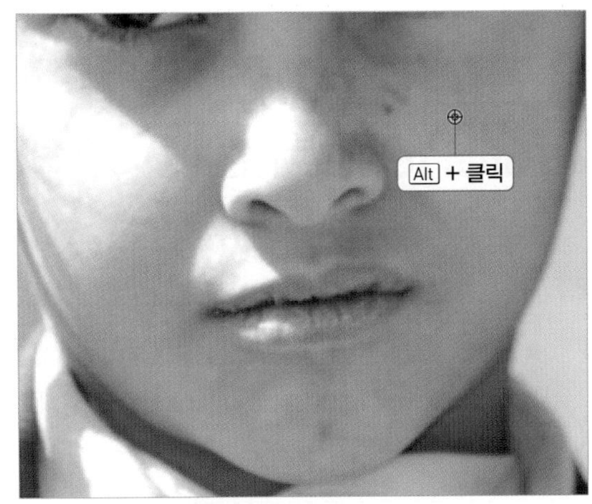


**3** 그 다음 점이 있는 영역을 클릭하여 점을 제거합니다. 턱 부분도 동일한 방법으로 적용합니다.

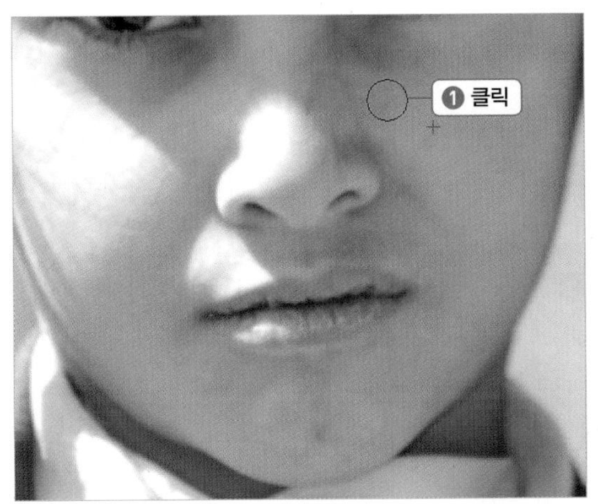


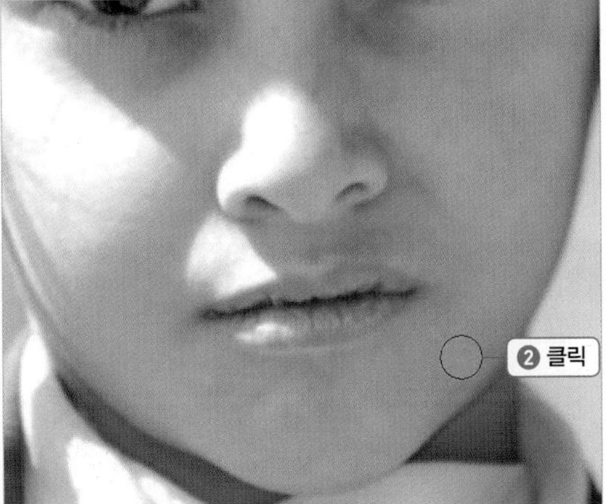


**4** 이와 같은 방법으로 간편하게 얼굴의 잡티를 깔끔히 제거할 수 있습니다.

> **TIP**
> [Spot Healing Brush Tool]은 수정할 부분의 픽셀을 도구가 자동으로 대체하지만 [Healing Brush Tool]은 대체할 픽셀의 위치를 수동으로 작업해야 하는 차이가 있습니다.

# 불필요한 영역 제거하기

## Patch Tool(패치 도구)

[Patch Tool]은 이미지의 다른 영역 또는, 패턴의 픽셀을 사용하여 선택한 영역을 복구하거나 수정하는 도구입니다. 또한 패치 방식은 일반(Nomal) 모드와 내용 인식(Content-Aware) 모드 방식이 있으며 불필요한 이미지의 일부분을 제거하거나 복사도 가능합니다.

[**예제 파일** : PART 01 Photoshop/2교시/patch.jpg]

**1** 툴 패널에서 [Patch Tool]( )을 클릭한 후 옵션 바에서 [Patch]는 'Nomal', 방식은 [Source]로 선택하고 그림과 같이 구름다리 영역을 드래그하여 선택합니다.

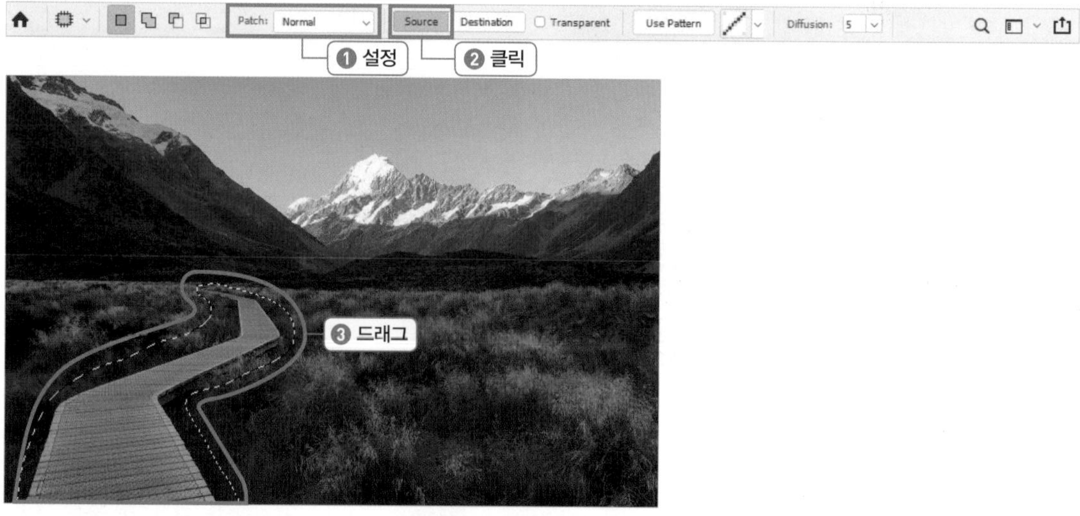


**2** 선택한 영역을 오른쪽으로 드래그하면 이동한 위치에 이미지가 채워집니다.

**3** 옵션 바에서 [Destination]을 클릭한 후 선택 영역을 이동시키면 마치 복사된 효과를 적용할 수 있습니다.

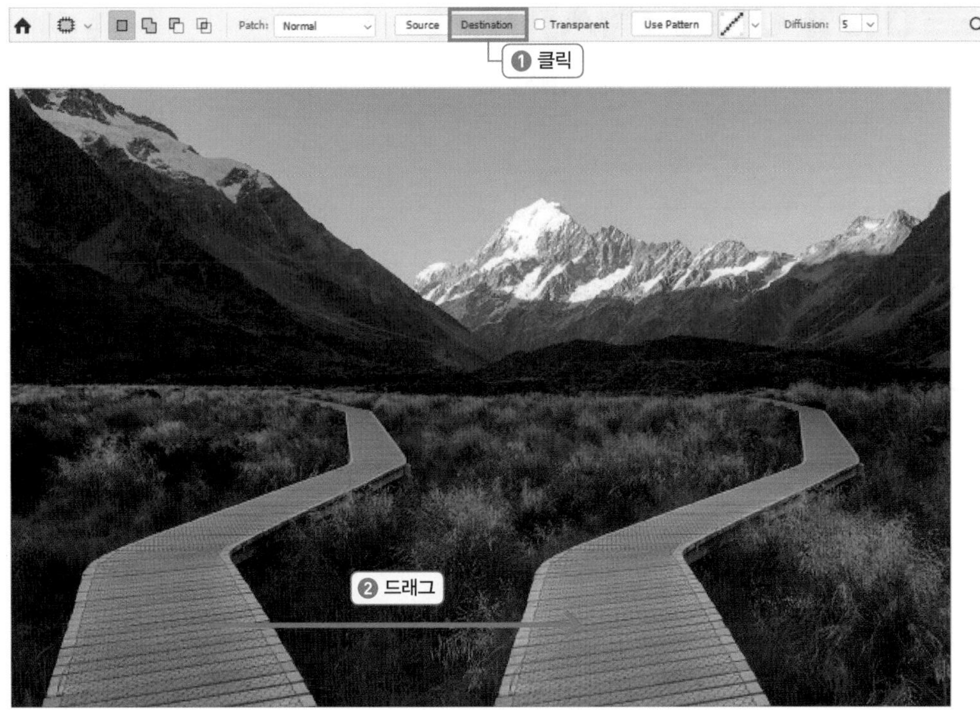


**4** 또한 [Patch]를 'Content-Aware'로 설정하여 내용 인식 기술을 이용하면 선택 영역의 경계선 부분을 좀 더 자연스럽게 합성할 수 있습니다.

▲ 'Content–Aware' 적용 후 선택 영역을 이동시킨 모습

# 깔끔하게 이동 복사하기

## Content-Aware Move Tool(내용 인식 이동 도구)

[Content-Aware Move Tool]은 내용 인식 기술을 활용한 이동 도구입니다. 과거 정교하게 선택하고 복사하는 과정을 생략하고, 쉽고 간편하게 사용할 수 있는 장점이 있습니다. 드래그하여 이동할 영역을 지정한 후 복사할 위치로 이동 또는, 복사할 수 있습니다.

**[예제 파일** : PART 01 Photoshop/2교시/Content-Aware.psd]

**1** 툴 패널에서 [Content-Aware Move Tool]( )을 클릭한 후 옵션 바에서 [Mode]를 'Move'로 설정하고 나머지 옵션은 그림과 같이 설정합니다.

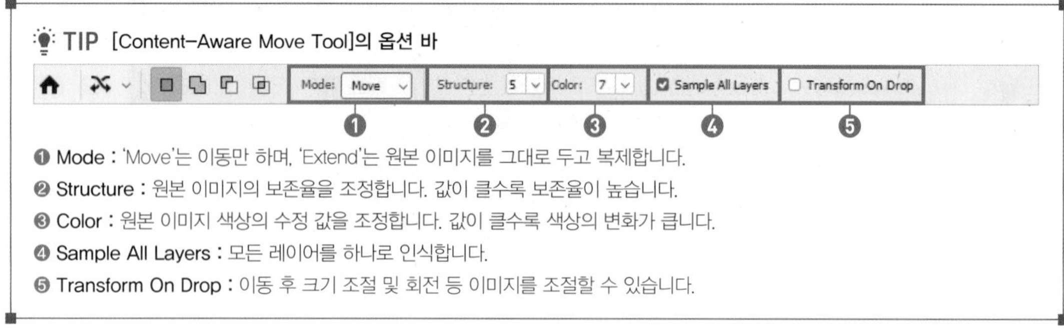

TIP [Content-Aware Move Tool]의 옵션 바



❶ **Mode** : 'Move'는 이동만 하며, 'Extend'는 원본 이미지를 그대로 두고 복제합니다.

❷ **Structure** : 원본 이미지의 보존율을 조정합니다. 값이 클수록 보존율이 높습니다.

❸ **Color** : 원본 이미지 색상의 수정 값을 조정합니다. 값이 클수록 색상의 변화가 큽니다.

❹ **Sample All Layers** : 모든 레이어를 하나로 인식합니다.

❺ **Transform On Drop** : 이동 후 크기 조절 및 회전 등 이미지를 조절할 수 있습니다.

**2** 이동할 이미지의 영역을 설정한 후 드래그하여 이동시키고 [Enter]를 누릅니다.

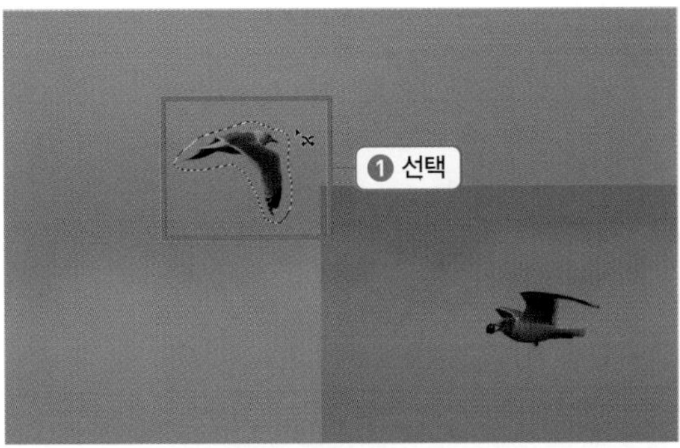

**3** 그러면 선택된 영역의 배경 및 이동된 영역의 내용을 자동 인식하여 자연스럽게 이동됩니다.

**4** 다음은 이미지의 색상이 다소 다른 갈매기를 선택합니다. 옵션 바에서 [Structure] 값을 '3'으로 조정한 후 그림과 같이 이동합니다.

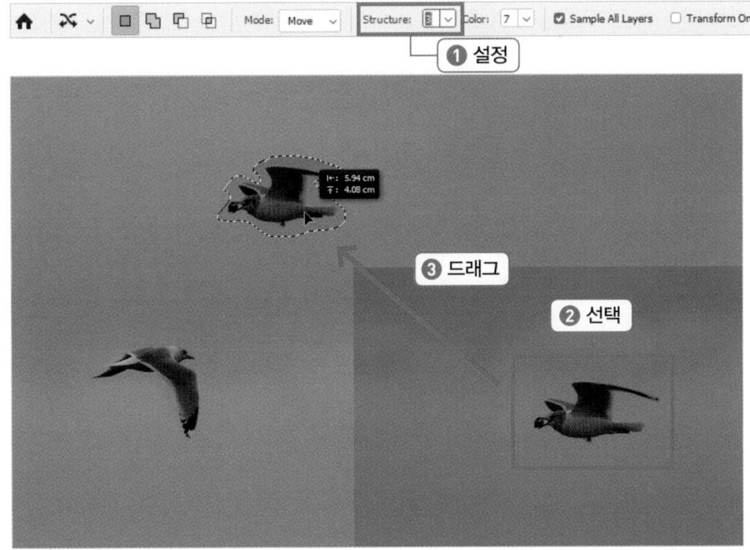

**5** 다음과 같이 쉽고 빠르게 이미지를 수정할 수 있습니다.

> **TIP**
> [Structure] 값과 [Color] 값을 조절하여 이미지의 경계선이 가장 자연스러운 합성이 되도록 하는 것이 핵심입니다.

> **TIP**
> 옵션 바에서 'Sample All Layer'는 모든 레이어를 하나의 레이어로 인식하는 기능입니다. 또한 [Mode]에서 'Extend'를 선택하면 복사하며 이동시킬 수 있습니다.

# 페인팅 도구 사용하기

## Brush Tool(브러시 도구), Pencil Tool(연필 도구), Color Replacement Tool(색상 대체 도구), Mixer Brush Tool(혼합 브러시 도구)

[Brush Tool]은 브러시로 그린 효과, [Pencil Tool]은 연필로 그린 효과를 주는 도구입니다. [Brush Tool]은 옵션 바에서 에어브러시로 설정하여 사용할 수 있습니다. 또한 [Color Replacement Tool]은 선택된 색상으로 대체하여 페인팅할 수 있으며 [Mixer Brush Tool]은 선택된 색상과 함께 이미지의 색상을 혼합하여 페인팅하는 도구입니다.

[**예제 파일** : PART 01 Photoshop/2교시/cake.jpg]

**1** [Brush Tool]( )과 Pencil Tool( )은 옵션 바에서 브러시의 크기, 블렌딩 모드, 불투명도, 부드러움 등을 조절하여 사용합니다.

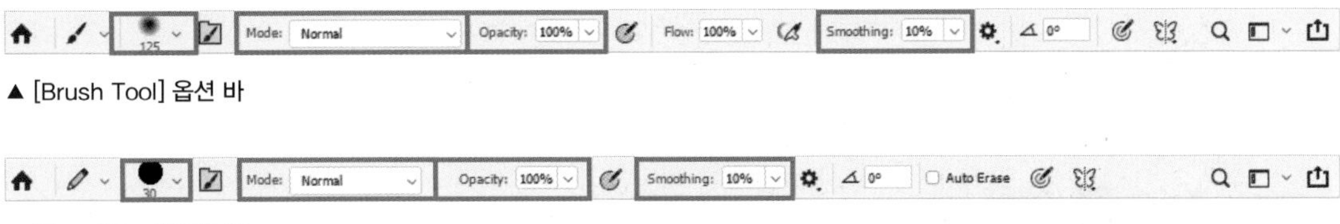


▲ [Brush Tool] 옵션 바

▲ [Pencil Tool] 옵션 바

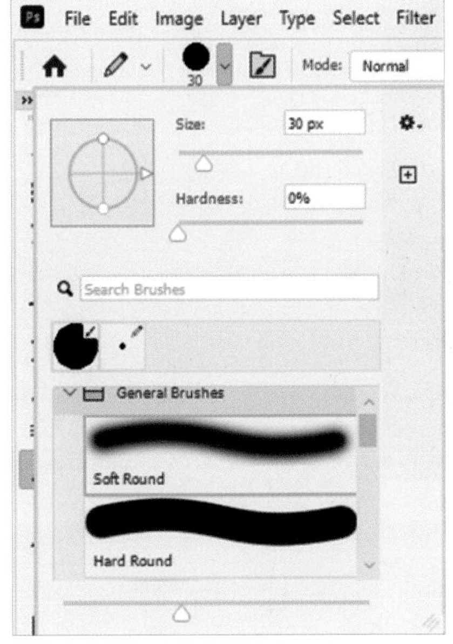


◀ Brush Preset Picker

▲ 드래그하며 페인팅

**MEMO 브러시 크기의 조절 단축키**

브러시 조절 창에서 [Size]를 직접 조절할 수 있지만 단축키 [(축소)와 ](확대)를 눌러 사용하는 것이 신속하고 직관적으로 크기를 조절할 수 있습니다.

**2** [Color Replacement Tool]( )은 브러시의 종류를 선택하고 드로잉하여 선택된 색상으로 이미지의 색상을 대체하는 도구입니다. 옵션 바에서 샘플링을 연속 또는, 한 번 그리고 배경색을 선택하여 사용합니다.

▲ 비슷한 색상의 영역에만 적용됩니다.

**3** [Mixer Brush Tool]( )은 선택된 색상과 이미지의 색상을 물에 섞어 페인팅한 효과를 주는 브러시 도구입니다.

▲ 선택한 색상과 배경색이 혼합되어 적용됩니다.

# 페인팅하여 복제하기

## Clone Stamp Tool(복제 도장 도구), Pattern Stamp Tool(패턴 도장 도구)

드로잉 방식으로 이미지를 복제하거나 패턴 이미지를 페인팅할 수 있는 도구입니다. [Clone Stamp Tool]의 경우 복사할 지점을 지정하고 드로잉하면 지정한 지점을 기준으로 이미지가 복제됩니다. 또한, [Pattern Stamp Tool]은 등록된 패턴 이미지 모양을 드로잉하여 채울 수 있습니다.

[**예제 파일** : PART 01 Photoshop/2교시/strawberry.jpg]

**1** 툴 패널에서 [Clone Stamp Tool]( )을 클릭한 후 Alt를 누른 상태로 이미지를 클릭합니다.

**2** 드래그하면 클릭한 지점을 기준으로 드로잉하는 영역에 이미지가 복제됩니다.

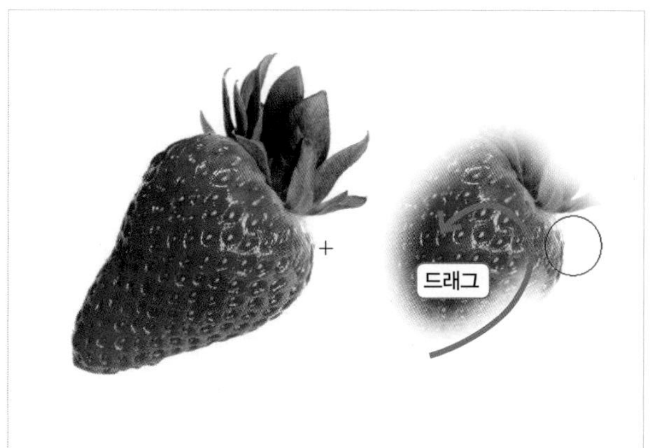


**TIP**

옵션 바에서 [Aligned]( )의 체크를 해제하면 드로잉을 할 때마다 다시 클릭 지점에서부터 복사가 이루어집니다.

**3** [Pattern Stamp Tool]( )은 패턴 이미지를 드로잉한 모양으로 표시합니다.

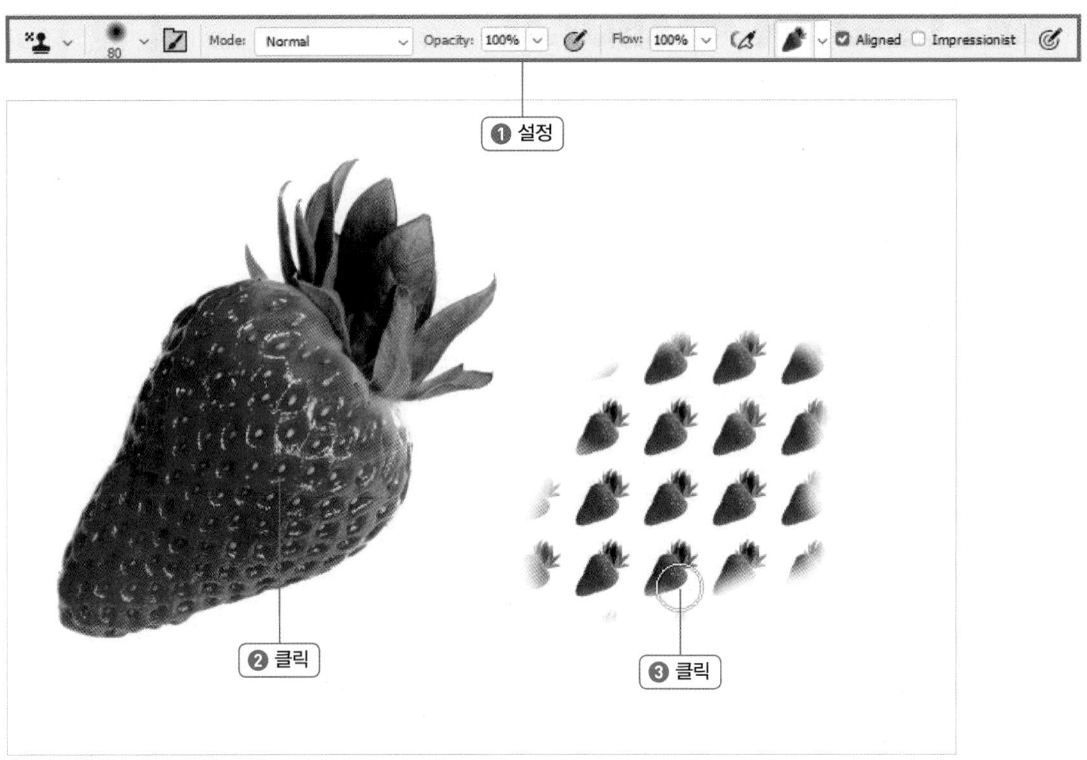


### MEMO [Brush Settings] 패널

패턴 이미지뿐만 아니라 [Brush Settings] 패널에서 다양한 형태의 브러시 모양을 설정한 후 적용할 수 있습니다.

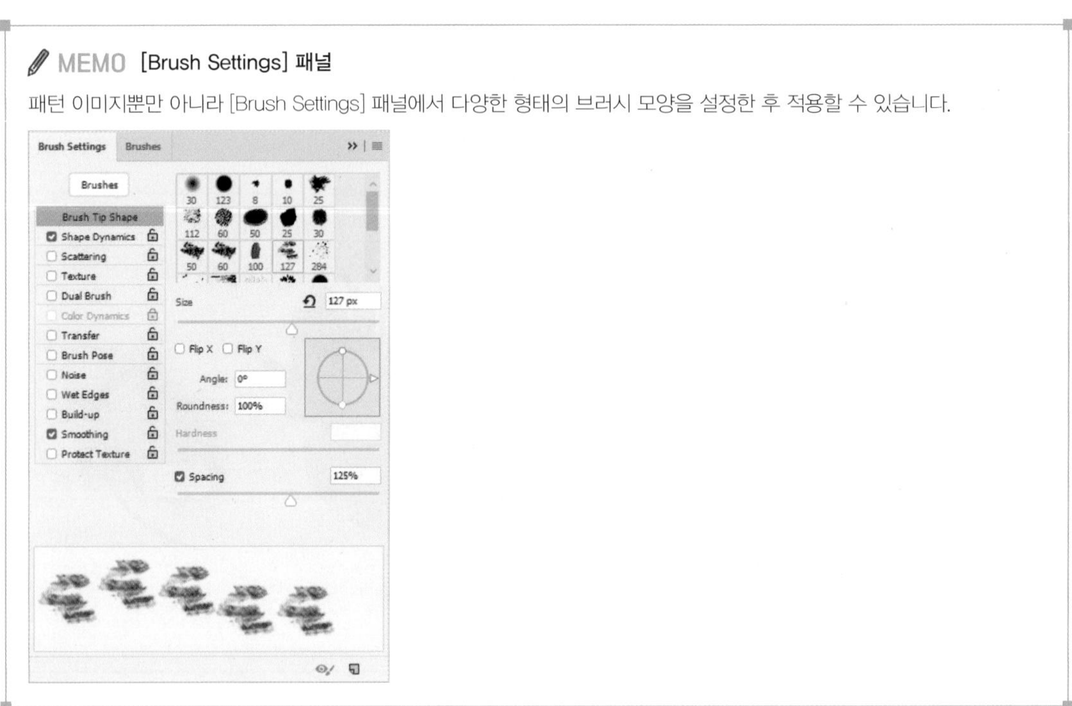

# 일부분만 흑백 이미지로 만들기

## History Brush Tool(작업 내역 도구), Art History Brush Tool(미술 작업 내역 도구)

[History Brush Tool]은 변경된 영역을 원본 이미지로 복원하는 브러시 도구입니다. 이러한 특성을 이용하여 컬러 이미지를 흑백 이미지로 변경한 후 원하는 부분만 손쉽게 컬러 색상으로 복원할 수 있습니다. 레이어 마스크를 이용한 방법에 비해 수정에 대한 유연성이 떨어지지만, 사용법이 간편하다는 장점이 있습니다. 또한, [Art History Brush Tool]을 이용하면 페인팅 스타일의 이미지로 쉽게 변경할 수 있습니다.

[**예제 파일** : PART 01 Photoshop/2교시/history-people.jpg, history-flower.jpg]

**1** 예제 파일을 불러온 후 [Image] 〉 [Adjustments] 〉 [Desaturate] 메뉴를 클릭하여 흑백 이미지로 변경합니다.

◀ history-people.jpg

**2** 툴 패널에서 [History Brush Tool]( )을 클릭하고 적당한 브러시 크기를 선택한 후 인물 영역을 드로잉합니다. 그러면 드로잉한 영역이 원본 이미지 상태로 복원되면서 부분 컬러 이미지로 완성됩니다.

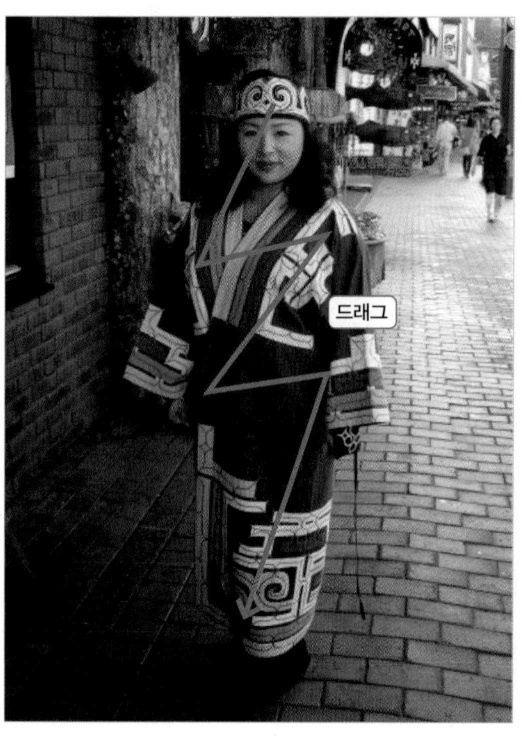


**TIP**

[History Brush Tool]로 수정한 이미지를 저장한 후 다시 열었을 때는 원본 컬러 이미지로 복원할 수 없습니다. 수정 작업이 빈번히 발생할 수 있을 경우라면 레이어 마스크를 통해 동일한 효과를 적용하는 것이 편집의 폭을 넓힐 수 있으며 수정 작업도 쉽습니다.

**3** 다음은 [Art History Brush Tool]( )을 클릭한 후 이미지를 드로잉해 보겠습니다. 그러면 이미지가 붓으로 페인팅한 이미지로 변경되는 것을 확인할 수 있습니다.

◀ history-flower.jpg

# 이미지 지우기

## Eraser Tool(지우개 도구), Background Eraser Tool (배경 지우개 도구), Magic Eraser Tool(자동 지우개 도구)

[Eraser Tool]은 드로잉하는 영역을 배경색 또는, 투명하게 지우는 도구입니다. [Background Eraser Tool]과 [Magic Eraser Tool]은 지우는 영역의 선택 방식에 차이가 있으며 투명하게 지워집니다.

**[예제 파일** : PART 01 Photoshop/2교시/gift.jpg]

**1** [Eraser Tool]( )은 드로잉 방식으로 이미지를 지우는 도구입니다. 'Backgroud' 레이어일 경우 지워지는 부분이 배경색으로 채워지며 일반 레이어일 경우 투명하게 됩니다. 옵션 바에서 브러시 형태를 다양하게 변경할 수 있습니다.

**2** [Background Eraser Tool]( )은 클릭한 지점을 기준으로 비슷한 색상의 영역만 지워줍니다. 옵션 바에서 샘플링을 통해 한 번 또는, 연속적으로 적용할 수 있습니다. 또한, [Tolerance] 값을 조절하여 적용 범위를 조절할 수 있습니다.

**3** [Magic Eraser Tool]( )은 한 번 클릭으로 비슷한 색상의 영역을 지워줍니다. 옵션 바에서 [Tolerance] 값으로 범위를 조절할 수 있습니다.

**TIP** [Magic Eraser Tool]의 옵션 바

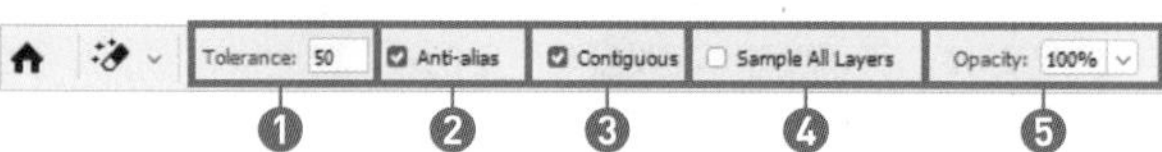

❶ Tolerance : 색상의 인식 범위를 설정하는 값으로, 도구로 클릭한 곳과 얼마만큼 비슷한 색상까지 선택할 것인가를 정하는 것입니다.

❷ Anti-alias : 지워진 부분의 경계선을 부드럽게 표현합니다.

❸ Contiguous : 같은 색상으로 인식한 곳 중에서 클릭한 곳과 인접한 면적에만 적용하도록 설정합니다.

❹ Sample All Layers : 색상의 인식 범위를 전체 레이어로 설정합니다.

❺ Opacity : 불투명도를 설정합니다.

# 배경에 그라데이션 효과주기

## Gradient Tool(그레이디언트 도구), Gradient Editor (그레이디언트 편집), Paint Bucket Tool(페인트 통 도구)

[Gradient Tool]은 그라데이션 효과를 적용하는 도구입니다. [Gradient Editor] 대화상자에서 다양한 패턴과 색상을 설정할 수 있습니다. [Paint Bucket Tool]은 비슷한 색상 영역을 자동으로 인식하여 전경색 또는, 패턴 이미지를 채워주는 도구입니다. [Tolerance] 값을 조절하여 색상의 범위를 설정할 수 있습니다.

[**예제 파일** : PART 01 Photoshop/2교시/colt.jpg]

**1** 그라데이션을 적용하려면 툴 패널에서 [Gradient Tool]( )을 클릭하고 옵션 바에서 [Click to edit gradient]( )를 클릭합니다. 그러면 [Gradient Editor] 대화상자가 나타납니다. [Presets]에서 기본 제공하는 색상을 선택하거나 슬라이더 바에서 직접 편집하여 사용할 수 있습니다. 슬라이더 바 위쪽에 위치한 정지점(Stop)은 불투명도(Opacity)를 조절하며, 아래쪽에 정지점은 색상을 조절합니다. 정지점은 추가하거나 제거할 수 있으며 색상이 변화되는 중간 지점의 위치도 조절하여 사용자 정의로 편집할 수 있습니다.

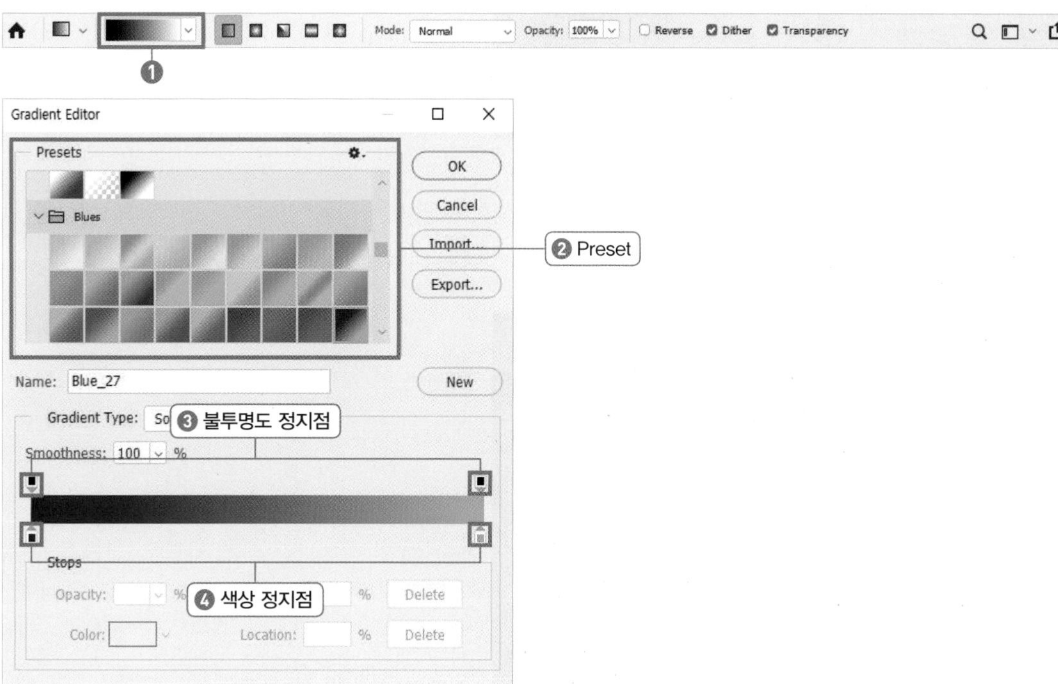


**TIP**

그라데이션의 스타일은 총 5가지이며 옵션 바에서 'Linear, Radial, Angle, Refected, Diamond'를 선택할 수 있습니다.

**2** 그라데이션의 설정이 완료되면 그라데이션을 적용할 영역을 설정하고 'Linear' 스타일을 선택하여 왼쪽에서 오른쪽으로 색상이 변경되는 영역을 드래그합니다. 그러면 설정된 색상으로 그라데이션이 적용됩니다.

◀ 그라데이션 적용 모습

**3** [Paint Bucket Tool]( )은 클릭한 지점과 비슷한 색상의 영역을 자동 인식하여 전경색의 색상을 한 번에 채워주는 도구입니다. 또한, 등록된 패턴 이미지로 선택된 영역을 채워줄 수 있습니다.

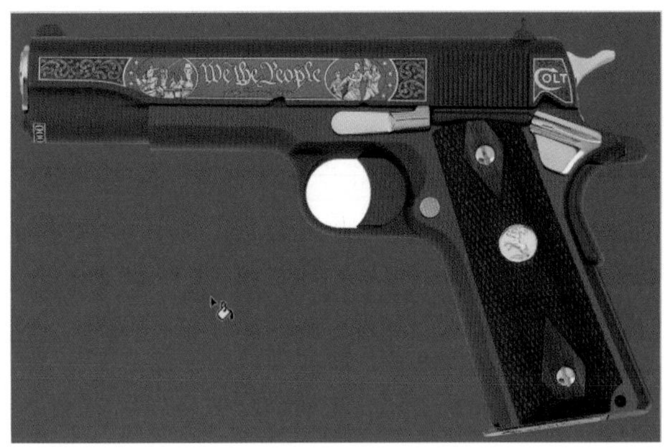
◀ 파란색 전경색을 적용한 모습

# 블러 도구와 샤픈 도구로 이미지의 선명도 조절하기

## Blur Tool(흐림 효과 도구), Sharpen Tool(선명 효과 도구), Smudge Tool(손가락 도구)

[Blur Tool]과 [Sharpen Tool]은 페인팅하여 이미지의 선명도를 조절하는 도구입니다. 이미지의 일부분만 선명도를 조절할 때 효과적으로 사용할 수 있습니다. 옵션 바에서 브러시의 크기를 조절하고 [Strength] 값으로 강도를 조절합니다.

[**예제 파일** : PART 01 Photoshop/2교시/puppy.jpg]

**1** 툴 패널에서 [Blur Tool]( )을 클릭한 후 옵션 바에서 적당한 크기의 브러시를 선택하고 강아지 주위 배경을 드로잉합니다. 그러면 이미지의 선명도가 떨어지면서 흐릿하게 변경되는 것을 확인할 수 있습니다.

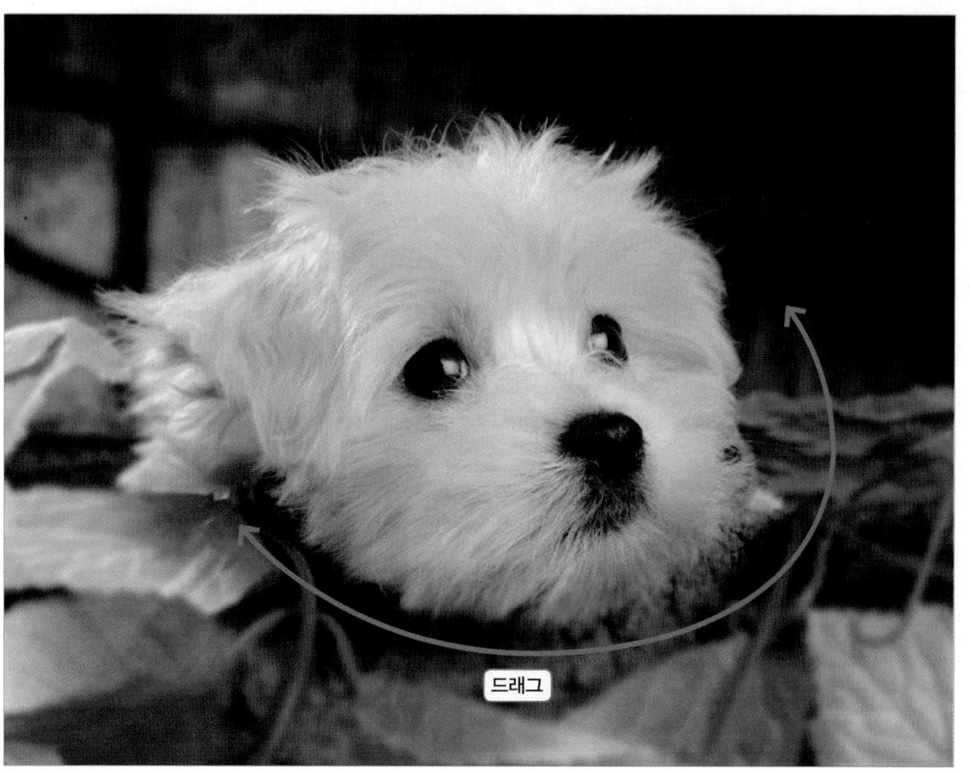

**2** 다음은 [Sharpen Tool]( )을 클릭하고 강아지의 얼굴 부위를 드로잉합니다. 그러면 강아지 털의 선명도가 높아진 것을 확인할 수 있습니다.

▲ Before

▲ After

**3** [Smudge Tool]( )은 손가락으로 문지른 효과를 내는 도구입니다.

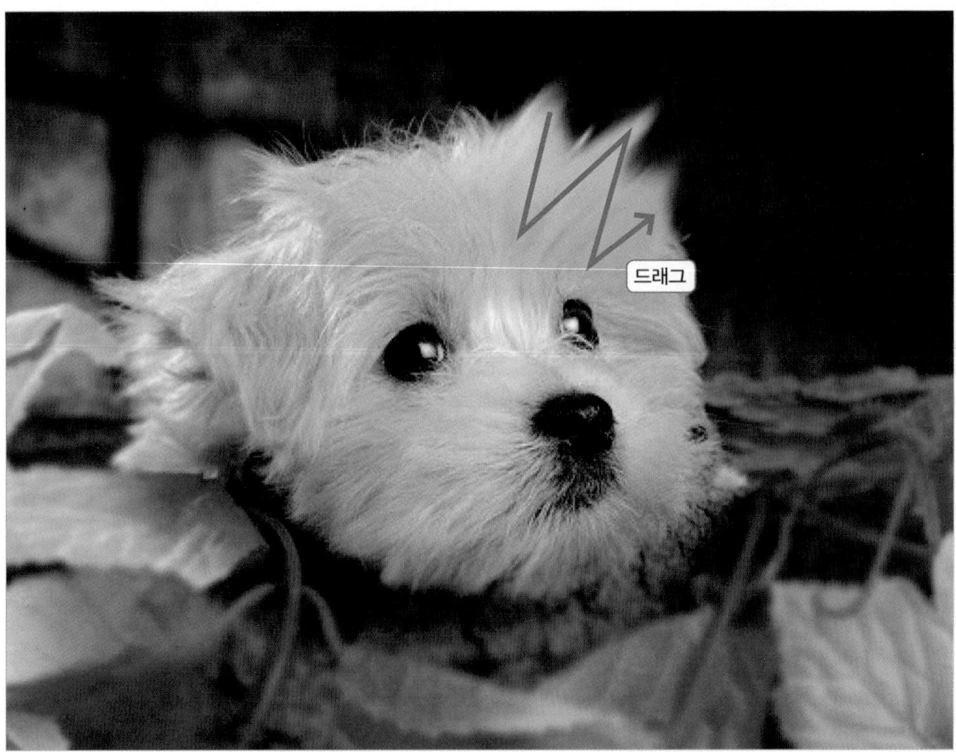

# 이미지 일부분의 명암 및 채도 조절하기

## Dodge Tool(닷지 도구), Burn Tool(번 도구), Sponge Tool(스폰지 도구)

[Dodge Tool]은 이미지를 페인팅하여 밝아지게 하는 도구입니다. 반대로 [Burn Tool]은 이미지를 어둡게 합니다. 즉 이미지의 특정 부분의 명암을 드로잉 방법으로 조절하는 도구입니다. [Sponge Tool]은 이미지의 채도를 조절합니다. [Dodge Tool]과 [Burn Tool]은 옵션 바에서 브러시의 크기를 조절하고, [Exposure] 값으로 적용 강도를 조절하여 사용합니다. 또한, [Sponge Tool]은 [Flow] 값으로 적용 강도를 조절할 수 있습니다.

[**예제 파일** : PART 01 Photoshop/2교시/interior.jpg]

**1** 툴 패널에서 [Dodge Tool]( )을 선택하고 드로잉합니다. 그러면 이미지가 더욱 밝아지는 것을 확인할 수 있습니다.

**TIP**

옵션 바의 [Range]에서 어두운 영역(Shadows), 중간 영역(Midtones), 밝은 영역(Highlights)을 설정하여 적용할 수 있습니다.

**2** 다음은 [Burn Tool]( )을 선택하고 드로잉합니다. 이미지가 어두워지는 것을 확인할 수 있습니다.

▲ Before

▲ After

> **TIP**
>
> [Dodge Tool]과 [Burn Tool]은 건축 모델링 시 많이 사용하는 도구입니다.

**3** [Sponge Tool]( )은 이미지를 드로잉하여 채도를 내리거나 올려주는 도구입니다. 옵션 바의 [Mode]에서 채도를 뺄 것인지(Desaturate) 더할 것인지(Saturate)를 선택할 수 있습니다.

• MEMO •

# 3교시

## 기능반

이제까지 작업 파일을 열고 저장하는 기본 기능부터 기초 도구들의 사용 방법을 배웠다면 지금부터는 다양한 예제를 통해 포토샵이 자랑하는 강력한 기능들과 이미지를 편집하는 기술에 대해 알아보는 시간을 갖겠습니다.

# 강좌

01 **노트북 화면에 이미지 넣기 :** Free Transform(자유 변형), Transform(변형)

02 **머리카락 한 올 한 올 선택하기 :** Select and Mask(선택과 마스크), Quick Selection Tool(빠른 선택 도구)

03 **매끄러운 패스 곡선으로 선택하기 :** Pen Tool(펜 도구), Direct Selection Tool(직접 선택 도구)

04 **기타 펜 도구와 패스의 편집 및 선택하기 :** Freeform Pen Tool(자유 형태 펜 도구), Curvature Pen Tool(곡률 펜 도구), Convert Point Tool(기준점 변환 도구), Path Selection Tool(패스 선택 도구), Direct Selection Tool(직접 선택 도구)

05 **문자 입력하기 :** Horizontal Text Tool(수평 문자 도구), Text Layer(문자 레이어)

06 **레이어의 구조 이해하기 :** Layer(레이어)

07 **레이어 관리하고 편집하기 :** [Layers] 패널

08 **페르시안 고양이 월페이퍼 만들기 :** Layer(레이어), Merge Down(레이어 병합), Merge Visible(보이는 레이어 병합), Flatten Image(배경으로 이미지 병합)

09 **퀵 마스크 모드로 주피사체 깔끔하게 선택하기 :** Edit in Quick Mask Mode (빠른 마스크 모드)

10 **하늘 배경 변경하기 :** Layer Mask(레이어 마스크)

11 **자전거 바퀴 모양 합성하기 :** Layer Mask(레이어 마스크), Transform Selection(선택 영역 변형), Free Transform(자유 변형), Brush Tool(브러시 도구)

12 **홈페이지 배너 효과주기 :** Layer Style(레이어 스타일)

13 **일러스트레이터 이미지로 합성하고 수정하기 :** Place Linked(연결 가져오기), Smart Object(스마트 오브젝트)

14 **블렌딩 모드 이해하기 :** Blending Mode(혼합 모드)

15 **블렌딩 모드의 종류 알아보기 :** Blending Mode(혼합 모드)

16 **포토샵 채널 알아보기 :** Color Channel(색상 채널), Alpha Channel(알파 채널), Spot Channel(스폿 채널)

17 **필터 한방으로 화려한 효과주기 :** Filter(필터)

# 노트북 화면에 이미지 넣기

## Free Transform(자유 변형), Transform(변형)

트랜스폼(Transform)은 도큐먼트 내에서 선택된 이미지의 크기 및 형태를 변형시켜주는 기능입니다. 많이 사용되는 필수 기능으로 단축키(Ctrl+T)를 활용한 Free Transform 사용을 추천합니다.

**[예제 파일** : PART 01 Photoshop/3교시/notebook.jpg, fruit.jpg]

### 학습과제

필요한 영역에 정확하게 맞도록 이미지를 변형합니다.

**1** Ctrl+O를 눌러 'notebook.jpg, fruit.jpg' 파일을 불러온 후 [Move Tool](✥)을 클릭하고, 과일 이미지를 드래그하여 노트북 이미지로 복사합니다.

▲ 예제 파일 불러옴

**2** [Edit] 〉 [Free Transform] 메뉴를 클릭하거나 Ctrl+T를 누릅니다. 바운딩 박스(Bounding Box)가 표시되면 Ctrl을 누른 상태로 각각의 꼭짓점 핸들(Handle)을 드래그하여 노트북 모니터 화면에 맞도록 조정합니다.

**TIP**

Free Transform 기능은 단축키(Shift, Ctrl, Alt)들을 이용하여 Transform 기능 중 Warp를 제외한 모든 옵션을 사용할 수 있습니다. Ctrl을 누르고 핸들을 조정할 경우 Distort 기능이 적용됩니다.

**3** 편집이 완료되면 이미지를 더블클릭하거나 Enter를 누릅니다.

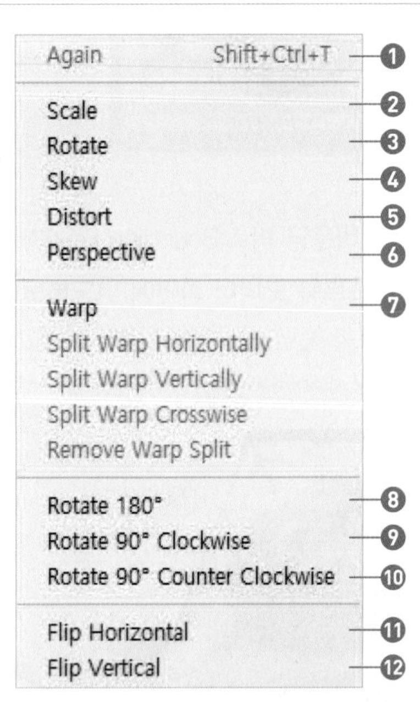


**MEMO 트랜스폼(Transform)의 다양한 변형 기능**

[Edit] 〉 [Transform] 메뉴에서 확인할 수 있으며, Shift와 Alt를 단독 또는, 혼용하여 사용하면 기능에 따라 다양한 방법으로 변형시킬 수 있습니다.

❶ **Again** : 바로 전에 사용했던 트랜스폼 기능을 다시 한번 적용합니다.

❷ **Scale** : 선택된 이미지의 크기를 확대 또는, 축소할 수 있습니다. 또한, Shift를 누르면 가로/세로 동일한 비율로 확대/축소할 수 있으며, Alt를 누르면 중심점을 기준으로 조절됩니다.

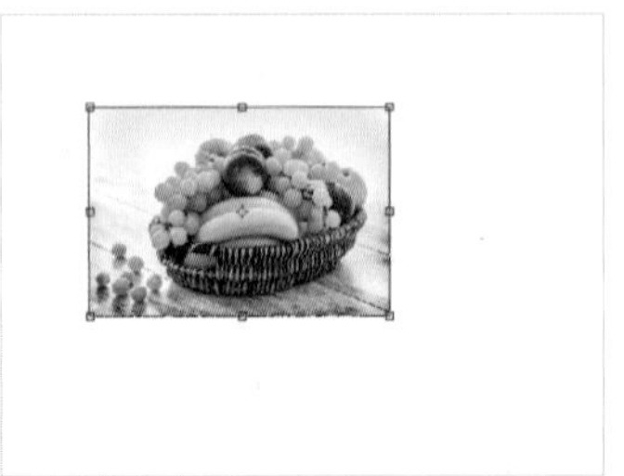

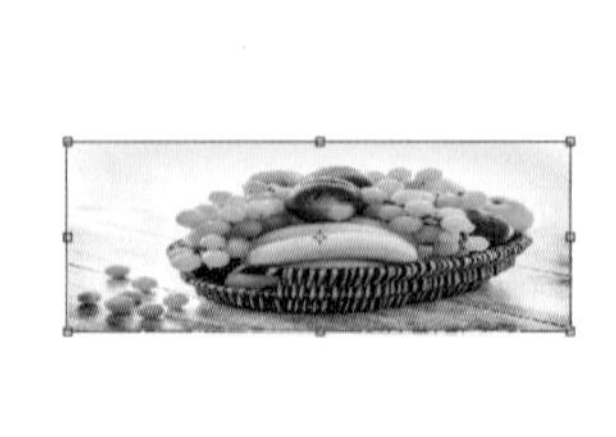

❸ **Rotate** : 선택된 이미지를 회전시킵니다. Shift 를 누르면 15° 간격으로 회전합니다.

❹ **Skew** : 일정한 방향으로 조절되며 이미지를 비스듬하게 기울게 합니다. 꼭짓점 핸들 또는, 중간 핸들에 따라 다르며, Ctrl, Alt 를 함께 응용하여 사용할 수 있습니다.

❺ **Distort** : 꼭짓점 핸들 또는, 중간 핸들을 방향에 제약 없이 조절하여 이미지의 형태를 변형합니다.

❻ **Perspective** : 양쪽 꼭짓점 핸들이 동시에 이동하여 사다리꼴 형태로 변형됩니다.

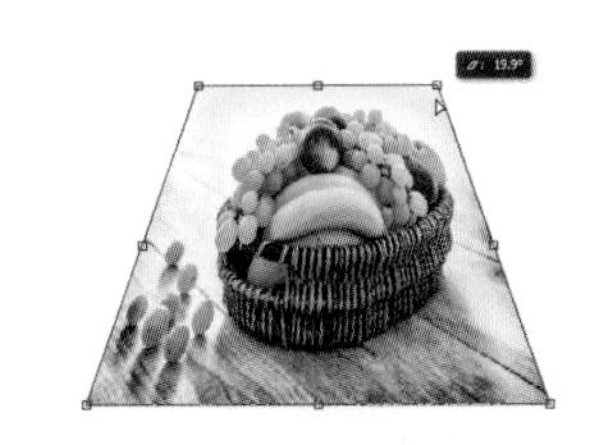

❼ **Warp** : 핸들 및 방향 점을 조절하면 이미지가 휘어지며 변형됩니다.

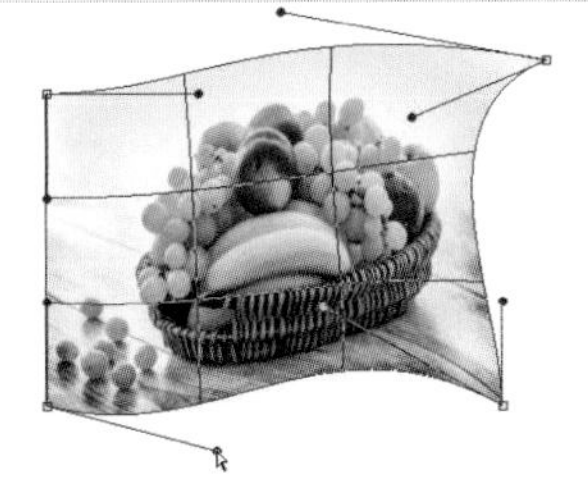

❽ **Rotate 180˚ :** 이미지를 180도 회전시킵니다.

❾ **Rotate 90˚ Clockwise :** 이미지를 시계 방향으로 90도 회전시킵니다.

❿ **Rotate 90˚ Counter Clockwise :** 이미지를 시계 반대 방향으로 90도 회전시킵니다.

⓫ **Flip Horizontal :** 이미지를 좌우로 반전시킵니다.

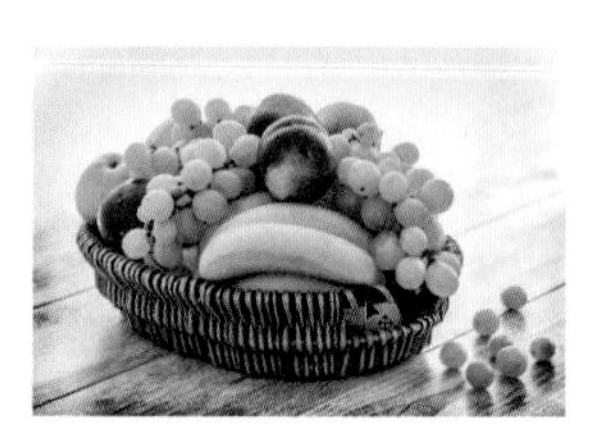

⓬ **Flip Vertical :** 이미지를 상하로 반전시킵니다.

# 머리카락 한 올 한 올 선택하기

## Select and Mask(선택 및 마스크), Quick Selection Tool(빠른 선택 도구)

머리카락의 얇고 불규칙한 형태의 선택은 어떠한 방법으로 사용할지 고민하는 것은 난이도가 높은 작업입니다. 특히 여성의 머리카락이라면 더욱 손이 많이 가는 작업입니다. 그러나 포토샵 최신 버전에서는 Select and Mask 기능을 통해 이러한 문제를 쉽게 해결할 수 있습니다. 다음 예제를 통해 기능을 익혀보겠습니다.

[**예제 파일** : PART 01 Photoshop/3교시/hair.psd]

### 학습과제

머리카락이 그대로 보이도록 정교하게 선택하여 배경 색상을 변경합니다.

**1** 예제 파일을 불러온 후 툴 패널에서 [Rectangle Marquee Tool]( ) 또는, [Lasso Tool]( )을 클릭합니다.

**2** [Layers] 패널에서 'Hair' 레이어를 선택하고, 상단 옵션바에서 [Select and Mask]를 클릭합니다.

**TIP**

[Select and Mask]는 선택과 마스크 기능을 통합하여 이미지를 빠르고 쉽게 선택할 수 있는 기능입니다. 특히 복잡한 이미지나 머리카락과 같은 가는 이미지를 선택할 때 유용합니다.

**3** 그러면 작업 화면이 선택 및 마스크 작업 영역으로 변경됩니다. [Properties] 패널에서 [View]를 'Onion Skin (O)'로 설정합니다.

**NOTE** **View 옵션의 종류**

마스크 모드, 검은색, 흰색 등 작업 화면의 미리 보기 방식을 다양하게 설정할 수 있습니다.

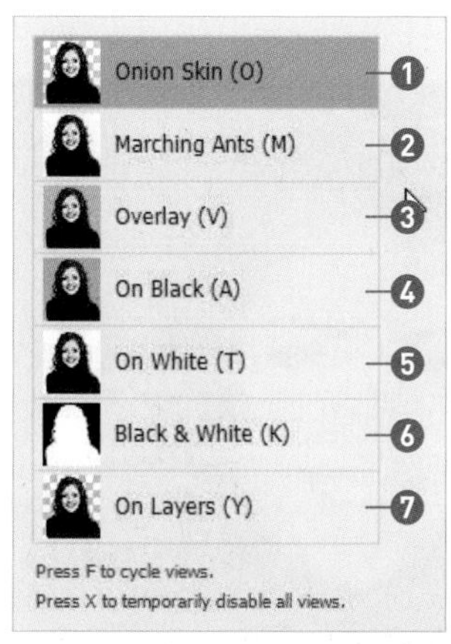


❶ **Onion Skin :** 반투명한 레이어 상태로 보여주는 뷰입니다.
❷ **Marching Ants :** 원본 이미지 모습 그대로 보여주며 선택 영역으로 표시하는 뷰입니다.
❸ **Overlay :** 퀵 마스크 모드와 동일한 방법으로 설정한 색상으로 마스크 영역을 표시하는 뷰입니다.
❹ **On Black :** 검은색 톤으로 마스크 영역을 표시하는 뷰입니다.
❺ **On White :** 흰색 톤으로 마스크 영역을 표시하는 뷰입니다.
❻ **Black & White :** 검은색과 흰색으로만 마스크 영역을 표시하는 뷰입니다.
❼ **On Layer :** 보이는 부분을 직접 확인하면서 마스크 영역을 표시하는 뷰입니다.

**4** 머리카락과 배경을 구분하기 쉽게 [Transparency]를 '70%' 정도로 조절합니다.

**5** [Quick Selection Tool]( )을 클릭하고 브러시의 크기를 '63' 정도로 조절한 후 머리카락 부분과 얼굴 등 선택할 영역을 드로잉하면 배경을 제외한 부분을 빠르게 선택할 수 있습니다.

**6** 다음은 머리카락의 가장자리를 다듬는 작업이 필요합니다. [Refine Edge Brush Tool]( )을 클릭하고 이미지를 확대하여 머리카락이 선택되지 않은 곳과 배경까지 선택된 곳을 드로잉합니다.

**7** 보완 작업이 완료되면 작업한 내용을 레이어 마스크가 적용된 새로운 레이어로 만들어보겠습니다. [Output Settings]에서 [Output To]를 'New Layer with Layer Mask'로 설정하고 [OK]를 클릭합니다.

**NOTE** Output Settings(출력 설정)

Selection(선택 영역), Layer Mask(레이어 마스크), New Layer with Layer Mask(새로운 레이어 및 새로운 도큐먼트) 등의 출력 방법을 설정할 수 있습니다.



**8** 그러면 배경을 제외한 인물이 선택된 새로운 레이어가 추가됩니다. 이와 같은 작업을 통해 머리카락과 같은 복잡한 형태를 다른 이미지와 편리하게 합성할 수 있습니다.

기타 옵션 기능

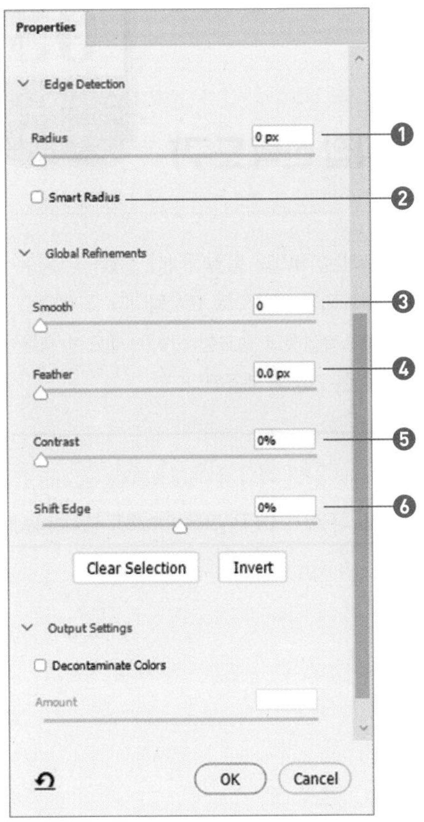


• Edge Detection(**가장자리 감지**)

❶ Radius : 가장자리 반경을 조절합니다.

❷ Smart Radius : 가장자리 영역을 세밀하게 조절합니다.

• Adjust Edge(**전역 다듬기**)

❸ Smooth : 가장자리의 매끄러움을 설정합니다.

❹ Feather : 가장자리의 부드러움을 설정합니다.

❺ Contrast : 가장자리의 대비를 적용하여 선명도를 설정합니다.

❻ Shift Edge : 가장자리의 경계를 확장하거나 축소합니다.

# 매끄러운 패스 곡선으로 선택하기

## Pen Tool(펜 도구), Direct Selection Tool(직접 선택 도구)

[Pen Tool]로 그려진 패스(Path)는 일러스트레이터에서 벡터 이미지를 그리는 작업과 동일합니다. [Pen Tool]로 그려진 곡선을 베지어 곡선(Bezier Curve)이라 하는데 확대를 하더라도 부드러운 곡선으로 표시됩니다. 곡선으로 이루어진 이미지를 매끄럽게 선택하거나 다른 선택 도구를 사용하기 어렵고 복잡하고 정교한 선택이 필요한 경우 많이 사용합니다. 또한 패스를 이용하여 특수 효과를 적용할 수 있도록 다양한 기능이 제공됩니다.

[**예제 파일** : PART 01 Photoshop/3교시/apple.jpg]

### 학습과제

[Pen Tool]을 사용하여 이미지의 영역을 매끄럽게 선택합니다.

Before

After

**1** 예제 파일을 불러온 후 툴 패널에서 [Pen Tool]( )을 클릭합니다. 먼저 [Paths] 패널에서 [Create new path]( )를 클릭하여 새로운 패스를 추가합니다.

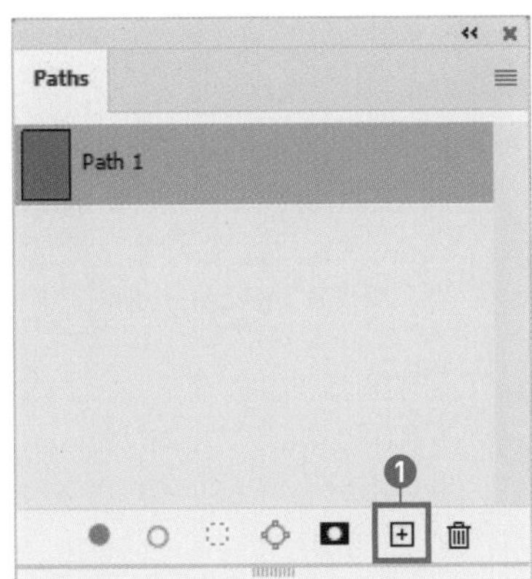


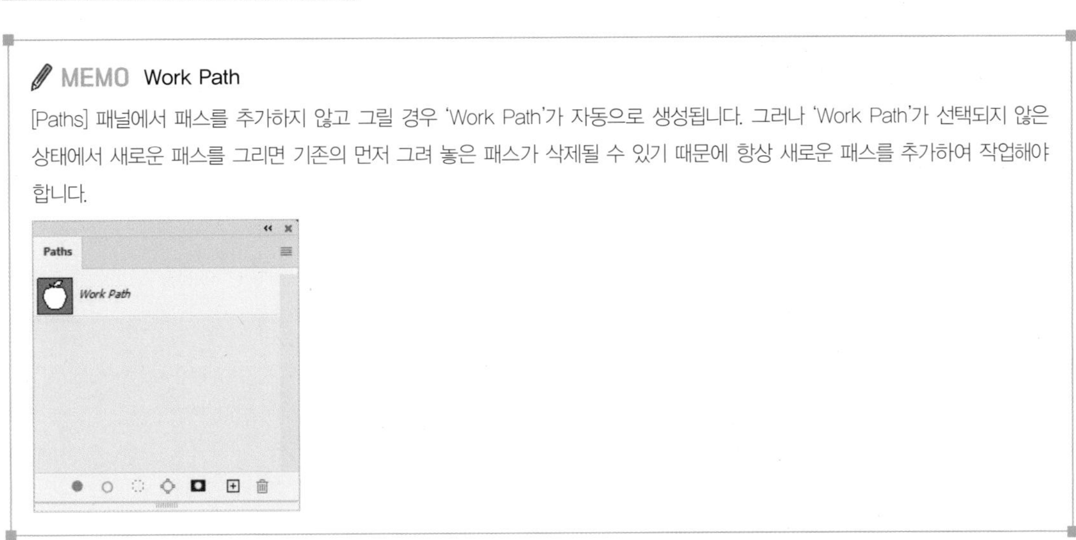

**MEMO** Work Path

[Paths] 패널에서 패스를 추가하지 않고 그릴 경우 'Work Path'가 자동으로 생성됩니다. 그러나 'Work Path'가 선택되지 않은 상태에서 새로운 패스를 그리면 기존의 먼저 그려 놓은 패스가 삭제될 수 있기 때문에 항상 새로운 패스를 추가하여 작업해야 합니다.



**2** 시작 지점을 클릭하면 정점(Anchor Point)이 표시되며 그다음 지점을 클릭 후 드래그하면 정점의 양쪽으로 방향선이 나타납니다. 그 방향선의 길이와 각도에 따라 곡선의 기울기가 조절됩니다.

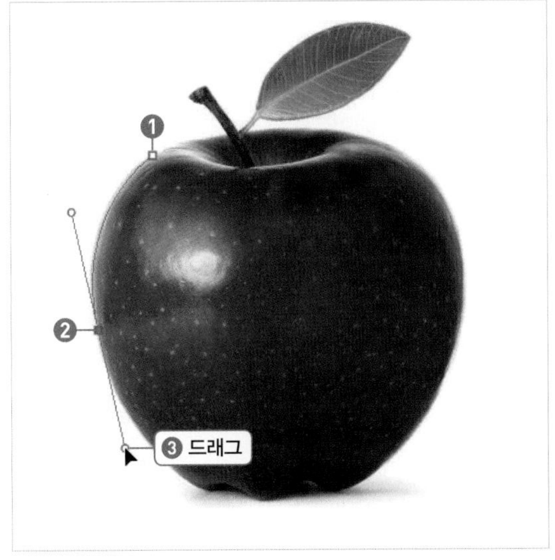

**3** 패스를 그리는 도중 Ctrl을 누르면 [Direct Selection Tool]( )의 기능을 사용할 수 있습니다. 단축 기능으로 방향선의 길이와 각도를 조절하여 곡선의 모양을 수정할 수 있습니다.

**4** 패스가 끊어진 경우 정점을 클릭하면 다시 연결하여 그릴 수 있습니다.

**TIP**

처음 사용자의 경우 패스 곡선을 이미지 외곽선에 정확히 맞추는 작업이 쉬운 일은 아닙니다. 한 번에 정확하게 그려지면 좋겠지만 그렇지 못할 경우, 어느 정도 그려놓은 다음 정점의 위치와 곡선의 방향성을 패스 편집 도구를 사용하여 수정하는 것이 좀 더 수월할 수도 있습니다.

**5** 다음 그림처럼 각이 진 모서리 부분의 방향선을 변경해야 할 경우 Alt를 누르면 [Convert Point Tool](  )을 바로 사용할 수 있어 방향선의 방향을 각진 모양으로 변경할 수 있습니다.

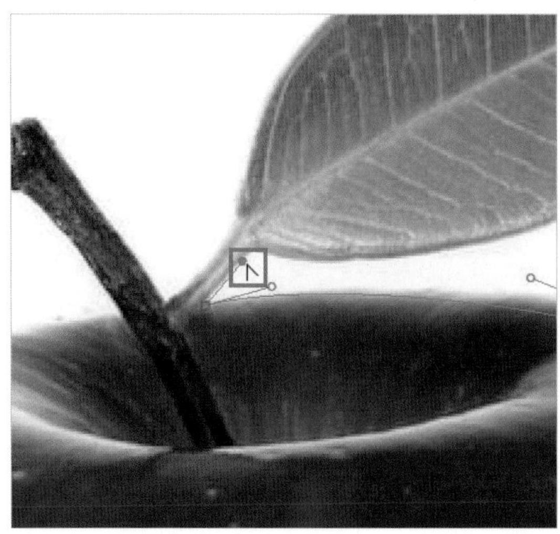

**6** 시작 지점을 연결하면 완성된 하나의 패스 작업이 완료됩니다.

**MEMO [Pen Tool] 옵션의 다양한 기능**

- [Pen Tool]은 패스뿐만 아니라 셰이프(Shape) 및 래스터 이미지(Pixels)로도 변경하여 그릴 수 있으며 패스일 경우 패스 선을 선택 영역(Selection) 및 마스크(Mask), 셰이프(Shape)로 만들어 적용할 수 있습니다. 또한 그림 간에 연산 및 정렬, 순서 등을 조정할 수 있습니다.

- 셰이프를 선택할 경우 도형의 색상 및 선의 스타일을 다양하게 표현할 수 있습니다.

## NOTE [Paths] 패널의 기타 기능

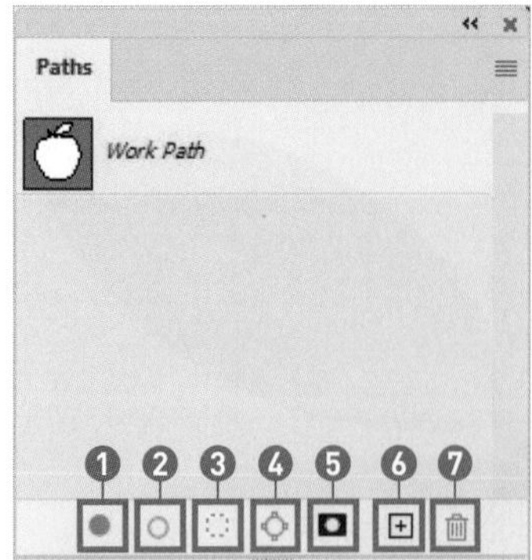


❶ Fill path with foreground color : 패스 영역에 전경색을 채워줍니다.

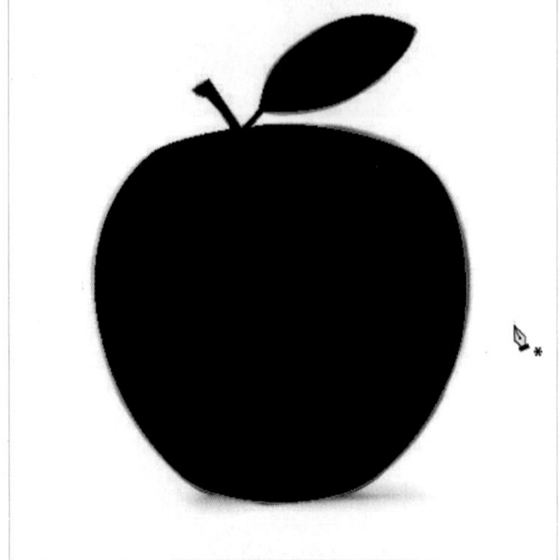

❷ Stroke path with brush : 패스 모양으로 지정된 도구가 드로잉됩니다. 도구의 변경은 Alt를 누른 상태로 클릭합니다.

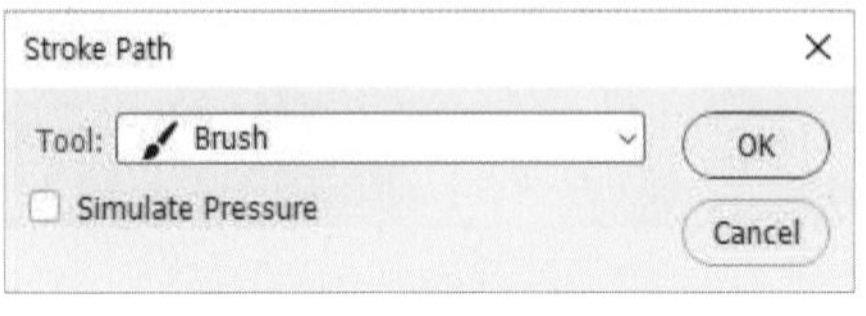

❸ Load path as a selection : 패스 모양으로 선택 영역을 지정합니다.

❹ Make work path from selection : 선택 영역을 패스로 변경하여 워크 패스를 만듭니다.

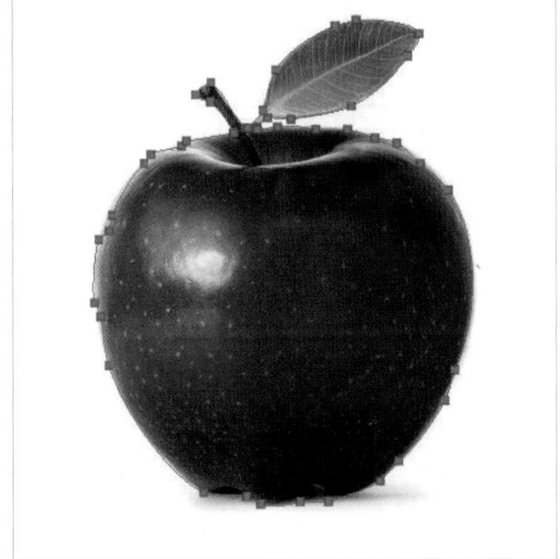

❺ Add a mask : 패스 모양으로 마스크를 적용합니다. 레이어 마스크가 먼저 적용된 후 사용이 가능합니다.

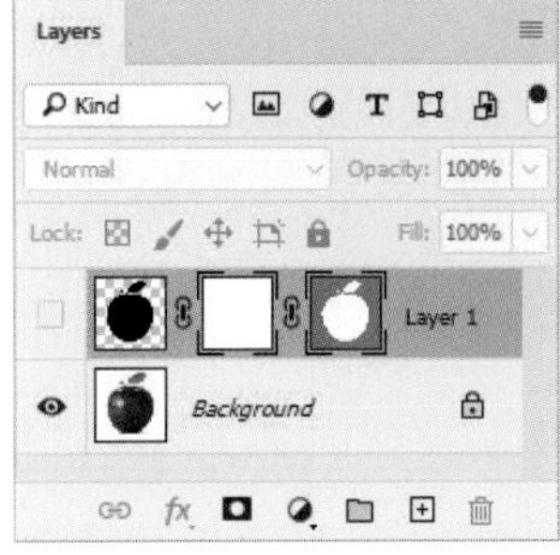


❻ Create new path : 새로운 패스를 생성합니다.

❼ Delete current path : 현재의 패스를 삭제합니다.

# 기타 펜 도구와 패스의 편집 및 선택하기

강좌 04
난이도 ●●○

## Freeform Pen Tool(자유 형태 펜 도구), Curvature Pen Tool(곡률 펜 도구), Convert Point Tool(기준점 변환 도구), Path Selection Tool(패스 선택 도구), Direct Selection Tool(직접 선택 도구)

[Freeform Pen Tool]은 자유로운 드로잉 방식으로 패스를 그릴 수 있습니다. [Curvature Pen Tool]은 정점 위치에 맞게 자동으로 곡선을 그려줍니다. [Convert Point Tool]은 곡선 또는, 각진 선으로 전환할 수 있는 도구로 정점의 방향성을 편집할 수 있습니다. [Path Selection Tool]은 패스를 선택하는 도구이며, [Direct Selection Tool]은 정점 및 방향선 조절점을 선택하는 도구입니다.

**[예제 파일** : PART 01 Photoshop/3교시/orange.jpg]

### 학습과제

[Pen Tool] 또는, [Freeform Pen Tool]로 패스를 그린 후 적절한 도구를 이용하여 이미지의 외곽선과 일치하도록 수정 및 편집합니다.

Before

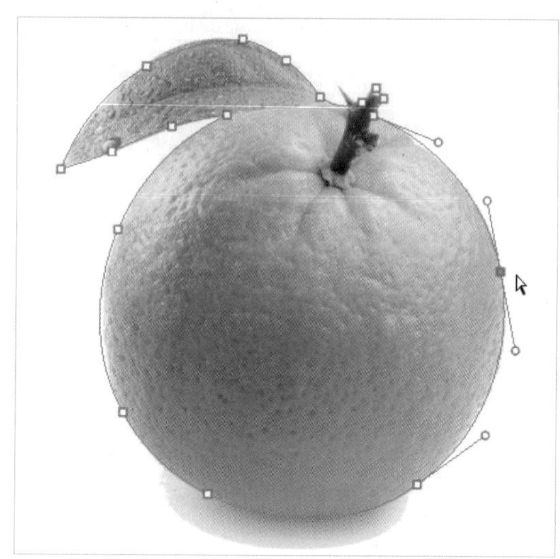

After

**1** [Freeform Pen Tool]( )을 이용하면 자유롭게 드로잉하여 패스를 그릴 수 있습니다. 정교한 형태의 그림보다는 자유도가 여유로운 형태이거나 불규칙한 형태를 신속하게 그릴 때 사용합니다.

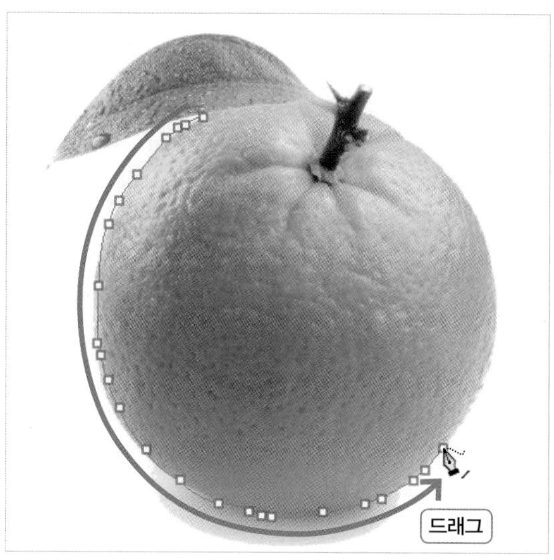


**2** [Curvature Pen Tool]( )을 클릭하고 오렌지 외곽 라인을 따라 정점을 추가해보겠습니다. 그러면 패스가 자동으로 곡선 처리되어 연결되는 것을 확인할 수 있습니다. 이미지에 외곽에 맞게 최대한 그린 후 [Convert Point Tool]( )을 사용하여 각진 부분들을 수정하고 정점을 추가하거나 삭제하여 패스를 이미지 외곽선에 맞게 편집합니다.

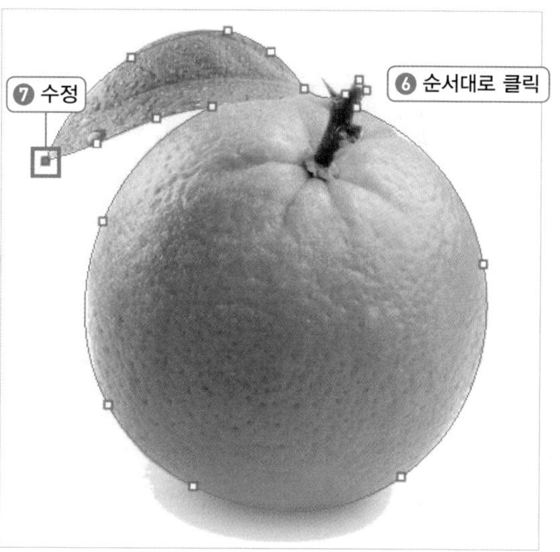


**TIP**

포토샵 CC 2018 버전부터 추가된 새로운 기능으로 곡선으로 이루어진 이미지를 선택할 때 매우 유용한 도구입니다.

**3** [Add Anchor Point Tool]( )은 정점(Anchor Point)을 추가하는 도구입니다. 이미지의 굴곡이 심할 경우 정점을 추가하여 완성합니다.

> 💡 TIP
> 패스는 최소한의 정점으로 그리는 것이 가장 깔끔하게 그리는 방법입니다.

**4** [Delete Anchor Point Tool]( )은 불필요한 정점을 삭제하는 도구입니다.

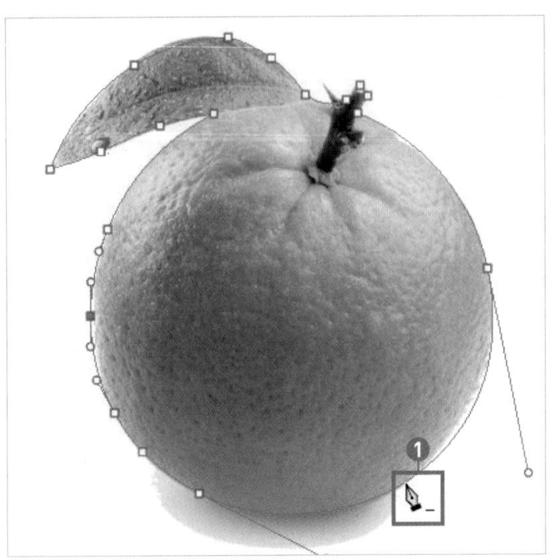

**5** [Convert Point Tool]( )은 패스 편집 시 가장 중요하고 많이 사용하는 도구입니다. 정점의 방향성을 제거하거나 추가하여 곡선을 직선으로 직선을 곡선으로 수정할 수 있습니다. 또한, 방향점을 선택하면 독립적으로 수정할 수 있어 각진 영역을 그릴 때 필수적으로 사용하는 도구입니다. 패스를 그리는 중에도 사용할 수 있으며 단축키는 Alt입니다.

**6** [Path Selection Tool]( )은 패스 전체를 선택하는 도구입니다. [Direct Selection Tool]( )은 패스의 구성 요소인 정점 또는, 방향점을 선택하고 편집하는 도구이며 단축키는 Ctrl입니다.

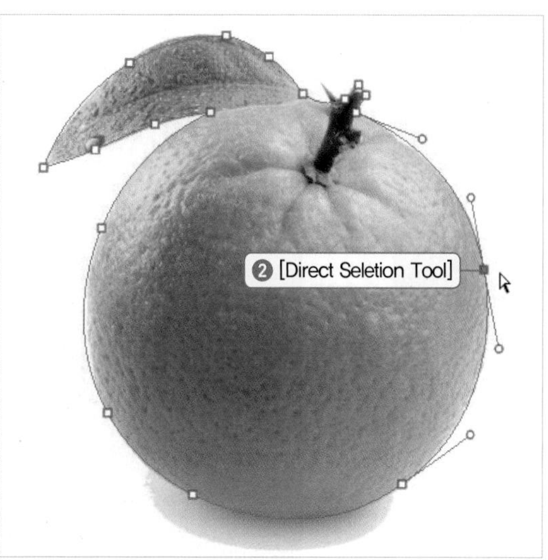

# 문자 입력하기

## Horizontal Text Tool(수평 문자 도구), Text Layer(문자 레이어)

포토샵에서 문자 입력은 기본 기능만 제공하고 있지만, 사용 방법은 여느 워드 프로그램과 크게 다르지 않다. 문자의 서체를 결정하고 크기 및 색상, 정렬 방식 등을 지정하고 입력할 문자를 타이핑하면 됩니다. 다음 예제에서 가장 많이 사용되는 [Horizontal Text Tool]을 사용하여 문자를 입력하고 편집해보겠습니다.

[**예제 파일** : PART 01 Photoshop/3교시/bread.jpg]

### 학습과제

문자 및 특수 기호를 입력하는 방법을 알아보는 시간을 갖습니다.

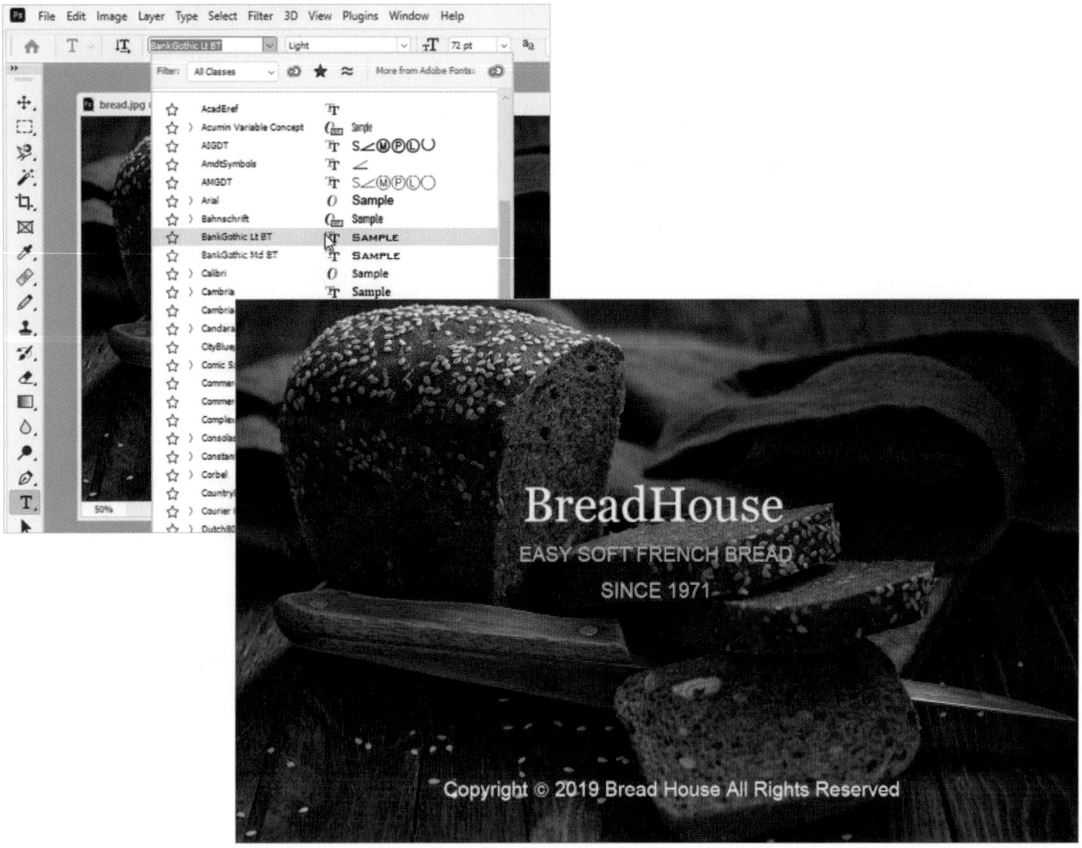

**1** 예제 파일을 불러온 후 툴 패널에서 [Horizontal Text Tool]( T )을 클릭합니다. 문자를 입력할 위치를 클릭하여 커서가 표시되면 옵션 바에서 서체를 'Georgia'로 변경하고 크기는 '72pt'로 설정합니다. [Color Picker]를 클릭하여 '흰색'으로 설정하고, 'BreadHouse'를 입력한 후 옵션 바에서 체크 아이콘( ✓ )을 클릭합니다. 툴 패널의 [Move Tool]( ✥ )을 이용하여 그림과 같이 가운데 위치시킵니다.

TIP

문자가 너무 작거나 잘 보이지 않는다면 이미지 크기보다 서체의 크기가 매우 작은 경우입니다. 서체의 크기를 최대한 키우거나 직접 입력하여 '72pt'보다 크게 작성할 수 있습니다.

**2** 문자의 입력을 완료하면 [Layers] 패널에 문자 레이어가 추가되며, 입력한 글자로 문자 레이어의 이름이 표시됩니다.

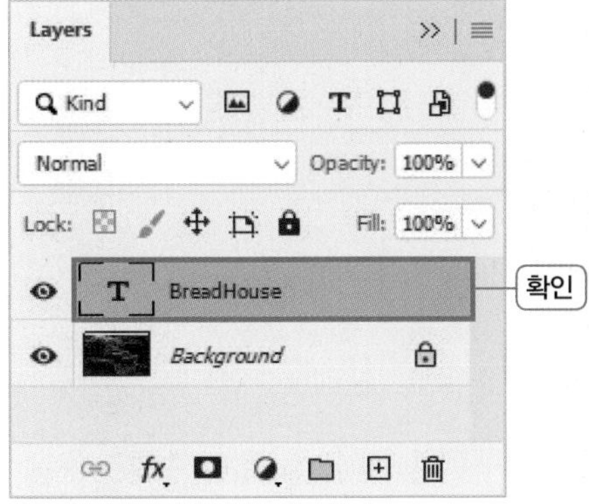


TIP

'T'가 표시된 문자 레이어는 유연하게 편집이 가능하다는 것을 의미합니다. 문자의 서체, 크기, 색상 등 필요할 경우 언제든지 수정이 가능합니다.

**3** 다음 문자를 입력해보겠습니다. 서체는 'Arial'로 변경하고 크기는 '30pt'로 설정한 후 Shift를 누른 상태로 'EASY SOFT FRENCH BREAD'를 입력합니다. 문장의 줄을 바꾸기 위해 Enter를 누릅니다. 그다음 'SINCE 1971'을 입력하여 작업을 완료합니다.

**TIP**

새로운 문장 입력 시 기존 문자와 가까운 위치에서 클릭하면 기존 문자열을 인식하는 경우가 발생하는데 Shift를 누른 상태로 클릭하면 안전하게 새로운 문자를 입력할 수 있습니다.

**4** 새로 입력된 문자 레이어를 선택한 후 옵션 바에서 [Center Text]( )를 클릭하여 문장을 가운데 정렬로 변경하고 그림과 같이 중앙에 위치시킵니다.

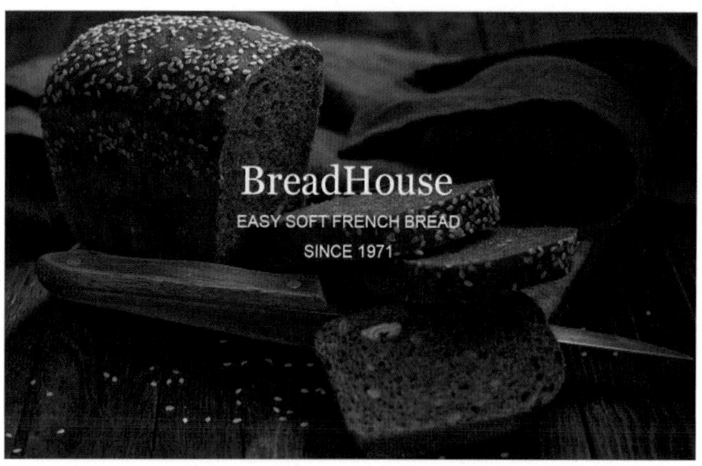


**TIP**

문장의 일부분을 선택하여 수정할 경우 커서 표시가 있을 때 문자를 드래그하여 선택한 후 적용합니다. 문자 레이어로 선택되어 있는 경우는 문자 전체가 동일하게 적용됩니다.

**5** 그다음 문자의 색상을 노란색으로 변경해보겠습니다. 옵션 바에서 [Color Picker]를 클릭한 후 '노란색'을 선택하고 [OK]를 클릭합니다.

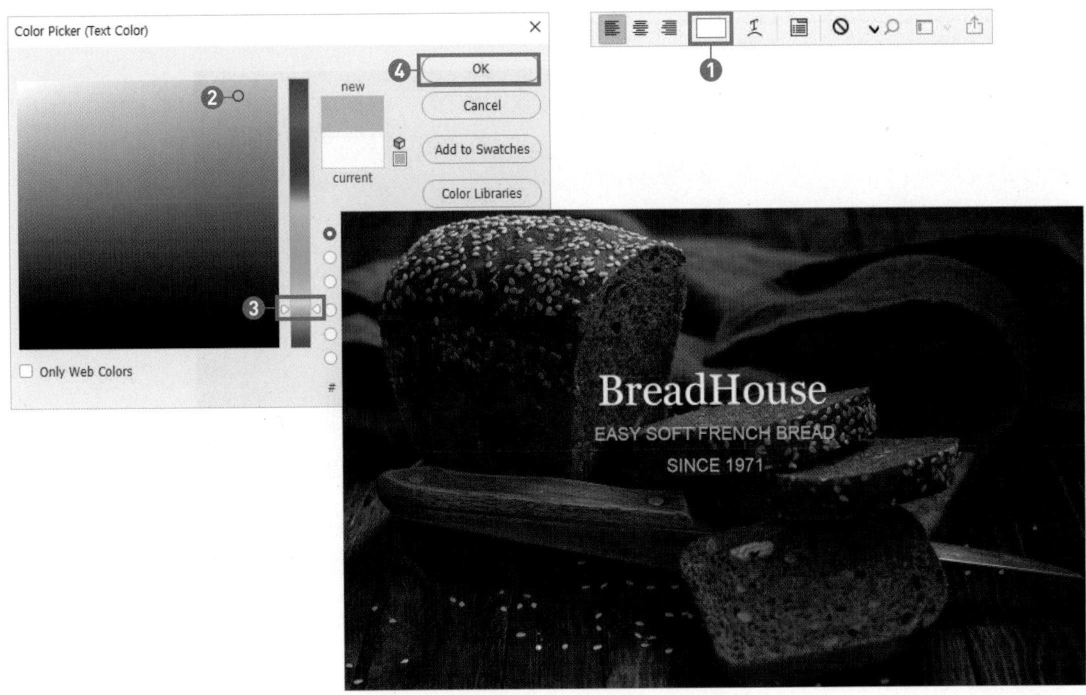


**6** 문자 입력 커서를 드래그하면 텍스트 박스를 만들어 문자를 입력할 수 있습니다.

**7** 옵션 바에서 다음과 같이 설정한 후 'Copyright © 2019 Bread House All Rights Reserved' 문장을 입력합니다. 텍스트 박스의 크기를 조절하면 문장들이 유연하게 이동되는 것을 확인할 수 있습니다.

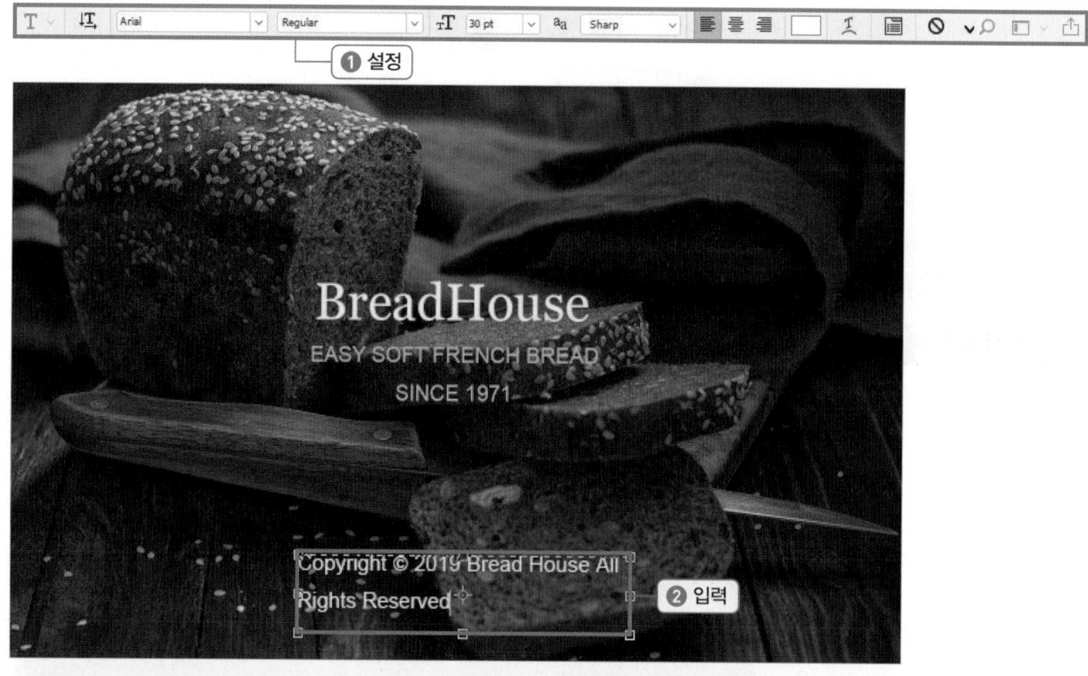

**MEMO 특수 문자**

포토샵에서 특수 문자를 입력할 경우 'CommercialPi BT' 서체를 선택하고 키보드 자판을 누르면 해당하는 특수 문자들이 입력됩니다. Copyright 경우 [A]를 누르면 '©' 기호가 표시됩니다.

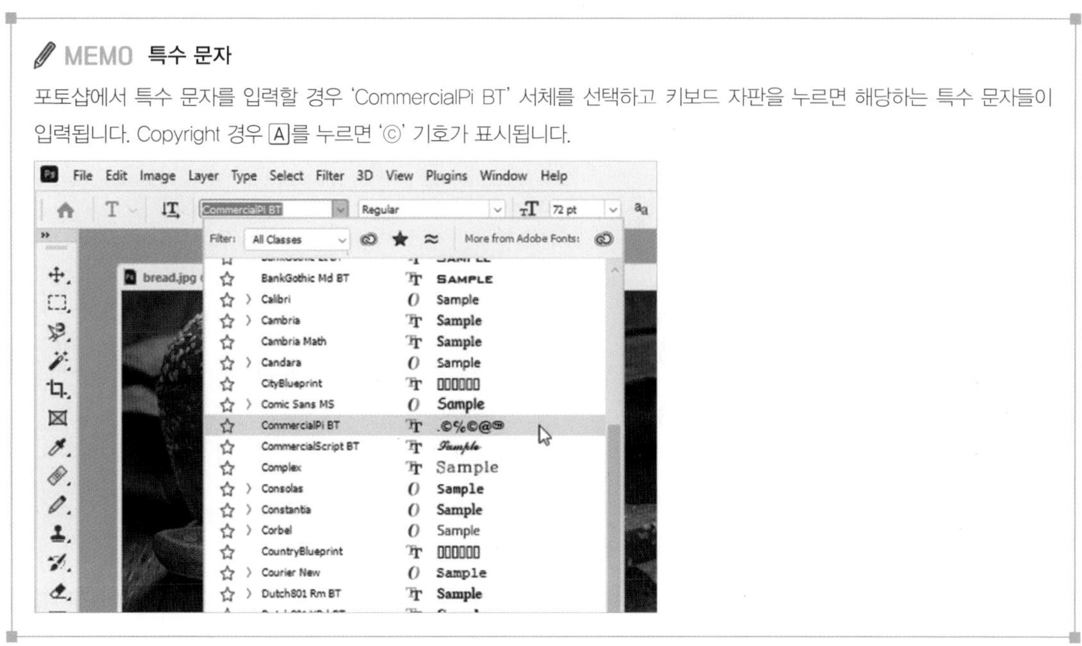


**8** 새로운 문자열을 추가할 때마다 문자 레이어가 생성되는 것을 확인할 수 있습니다.

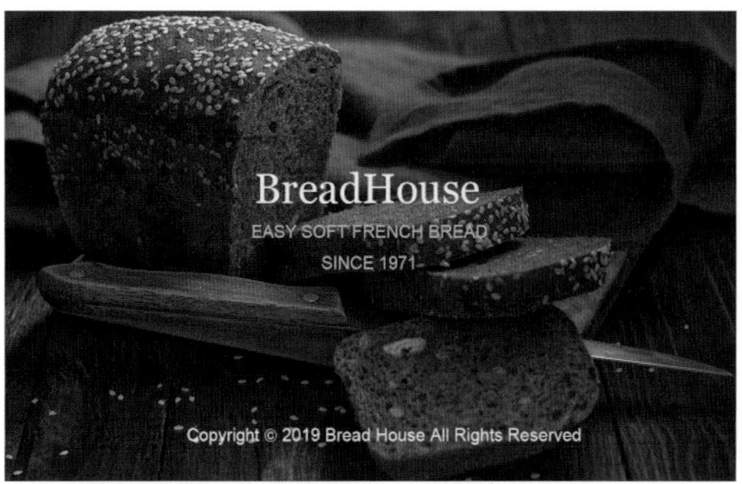


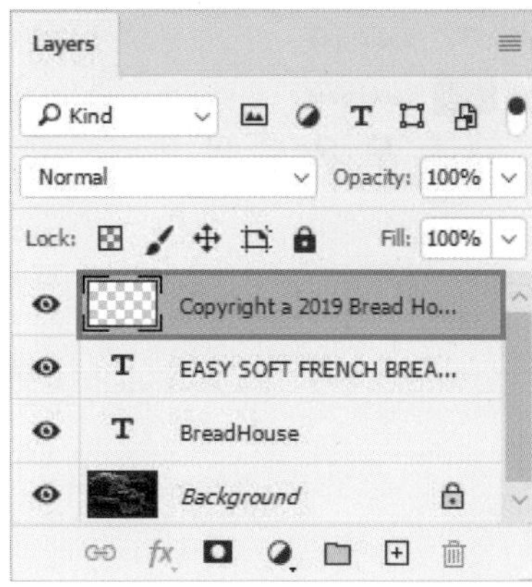

## ✎ MEMO 글자와 문단의 다양한 편집 기능

[Character] 패널과 [Paragraph] 패널에서 글자 및 문단을 다양하게 편집할 수 있습니다.

- [Character] 패널은 서체, 크기, 자간의 간격, 글자 스타일 등, 글자의 모양을 편집합니다.

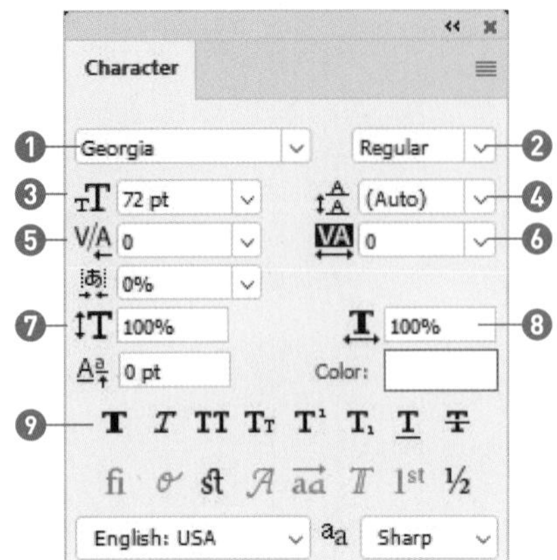


❶ Select fonts : 서체를 설정합니다.
❷ Font style : 서체의 스타일을 설정합니다.
❸ Font size : 서체의 크기를 설정합니다.
❹ Leading : 행간을 설정합니다.
❺ Kerning between two characters : 단어의 간격을 설정합니다.
❻ Tracking for the selected characters : 문자의 간격을 설정합니다.
❼ Vertically scale : 문자의 세로 길이를 설정합니다.
❽ Horizontally scale : 문자의 가로 길이를 설정합니다.
❾ Faux bold, Faux italic, etc : 문자의 유형을 설정합니다.

- [Type] 〉 [Resterize Type Layer] 메뉴를 클릭하여 입력한 문자 레이어를 픽셀 이미지로 래스터화 할 수 있습니다. 문자를 래스터 이미지로 변환하면 일반 이미지와 같이 포토샵의 다양한 효과를 적용할 수 있지만 입력한 단어를 수정하거나 편집할 수 없습니다.

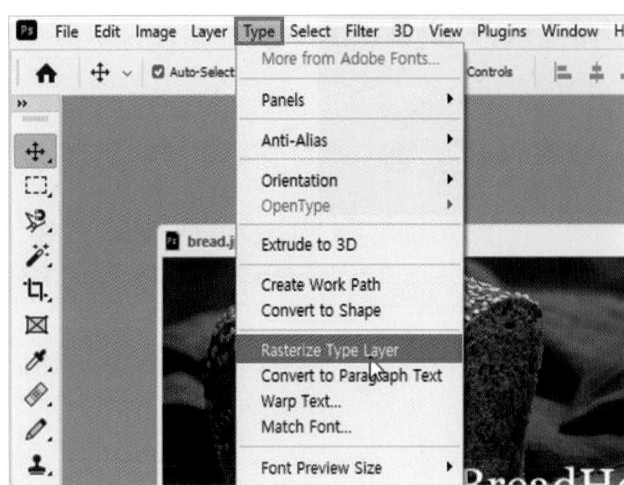


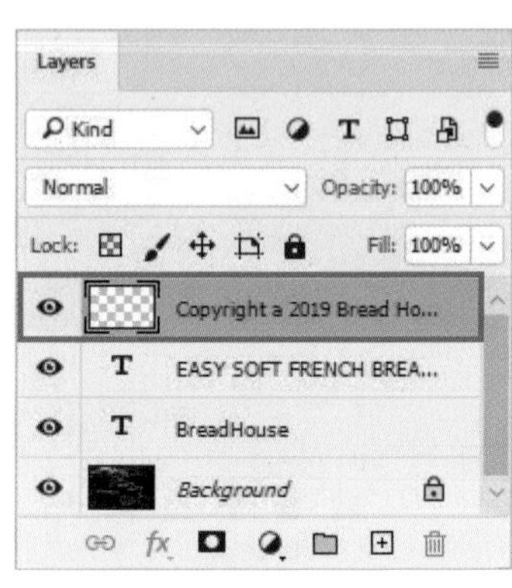

• [Paragraph] 패널에서는 문단의 모양을 편집합니다.

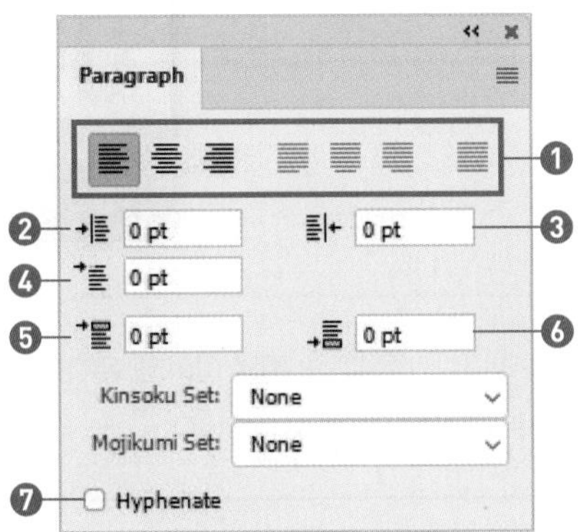


❶ Align and Justify : 문단의 정렬 및 강제 정렬을 설정합니다.
❷ Indent left margin : 왼쪽 들여쓰기를 설정합니다.
❸ Indent right margin : 오른쪽 들여쓰기를 설정합니다.
❹ Indent first line : 문단 첫 번째 줄 왼쪽 들여쓰기를 설정합니다.
❺ Add space before paragraph : 단락 앞의 간격을 설정합니다.
❻ Add space after paragraph : 단락 뒤의 간격을 설정합니다.
❼ Hyphenate : 하이픈을 표시합니다.

# 레이어의 구조 이해하기

## Layer(레이어)

포토샵의 작업은 대부분 레이어에서 이루어지기 때문에 매우 중요한 요소입니다. 레이어를 통해 이미지, 문자, 개체 등을 이동, 합성, 편집 및 특수 효과를 적용할 수 있습니다. 레이어의 기본 구조를 파악해보겠습니다.

[**예제 파일** : PART 01 Photoshop/3교시/layer.psd]

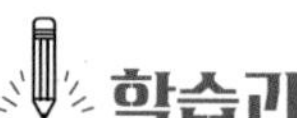


투명 유리판 개념과 같은 '레이어'에 대해 충분히 이해하고 활용합니다.

**1** 만약에 한 장의 그림판 위에 TV, 인물, 해변 사진을 합쳐놓은 상태라면 인물을 이동하거나 변경이 필요할 시 매우 곤란한 상황을 맞이하게 됩니다. 그러나 투명한 유리판으로 사람 따로 해변 따로 분리하고 겹쳐놓은 상태라면 인물을 이동하거나 교체하는 작업을 언제든지 수월하게 진행할 수 있습니다.

**2** 레이어에는 이미지, 문자, 또는 오브젝트가 포함되어 있으며, 한 레이어의 콘텐츠를 이동 및 편집할 수 있습니다. 이때 다른 레이어의 콘텐츠에는 영향을 주지 않습니다.

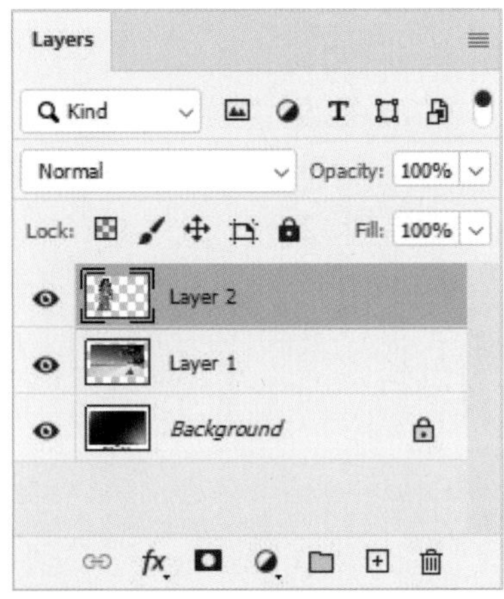

**MEMO 레이어 섬네일 크기 조절**

[Layers] 패널의 메뉴( ≡ )를 클릭하고 [Panel Options]를 선택하면 [Layers Panel Options] 대화상자가 나타나며 [Thumbnail Size]에서 크기를 변경할 수 있습니다.

**3** 특정 레이어를 확인할 때 [Layers] 패널에서 왼쪽에 눈 아이콘을 클릭하면 레이어를 숨길 수 있으며 다시 클릭하면 나타납니다. 또한 'Background' 레이어를 제외한 일반 레이어의 투명한 부분은 체크무늬 형태로 표시되며 [Opacity] 비율로 이미지의 투명도를 조절할 수 있습니다.

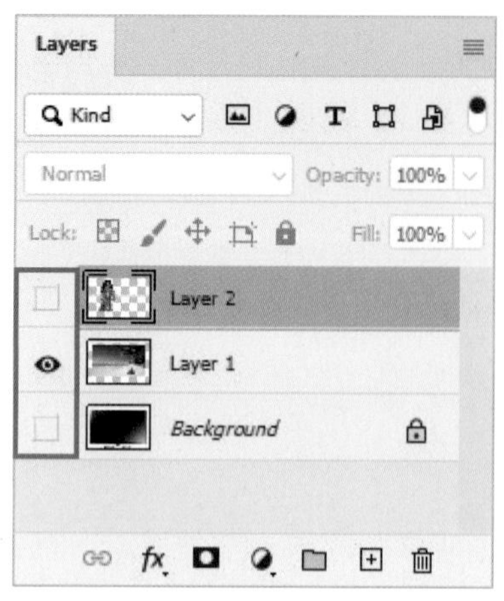


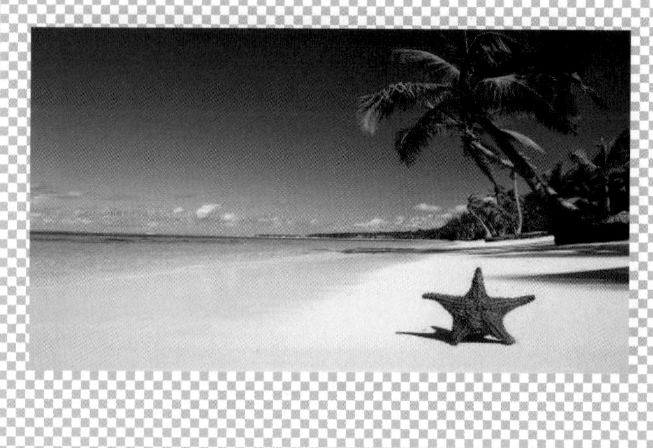

**MEMO** **[Layers] 패널이 보이지 않을 때**

레이어의 순서 및 관리는 [Layers] 패널에서 확인할 수 있으며, [Layers] 패널이 보이지 않는 경우 [Window] 〉 [Layers] 메뉴에서 클릭합니다.

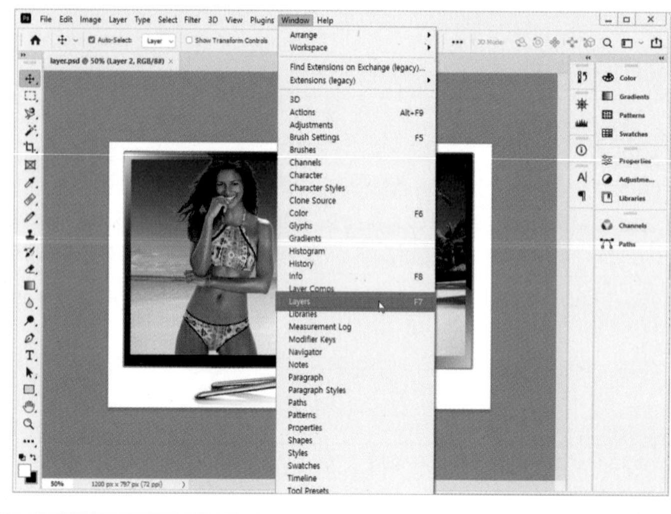

# 레이어 관리하고 편집하기

## [Layers] 패널

레이어 순서를 변경하고, 새로운 레이어를 추가하고, 레이어의 불투명도를 조절하거나 삭제하는 등 [Layers] 패널에서는 레이어 관리 및 다양한 효과를 적용할 수 있습니다.

[**예제 파일** : PART 01 Photoshop/3교시/layer-2.psd]

### 학습과제

포토샵 작업의 핵심인 [Layers] 패널의 다양한 기능과 표시되는 형태를 확인합니다.

**1** 하나 이상의 레이어를 선택하는 방법으로 Ctrl을 누른 상태로 추가로 선택할 레이어를 클릭합니다.

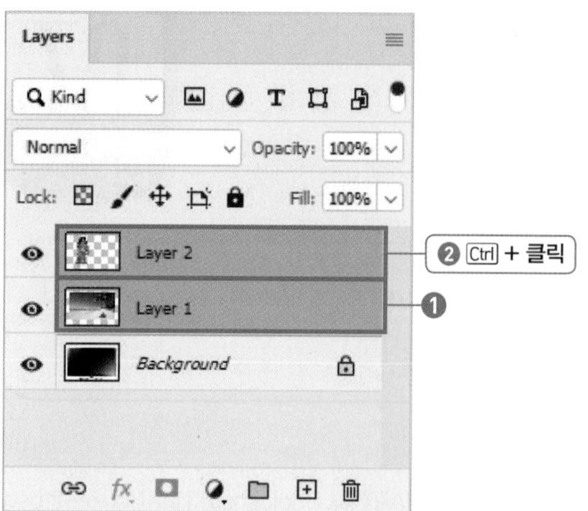


**2** 새로운 레이어를 추가하는 방법은 기본적으로 [Layers] 패널 하단에 [Create a new layer]( )를 클릭합니다.

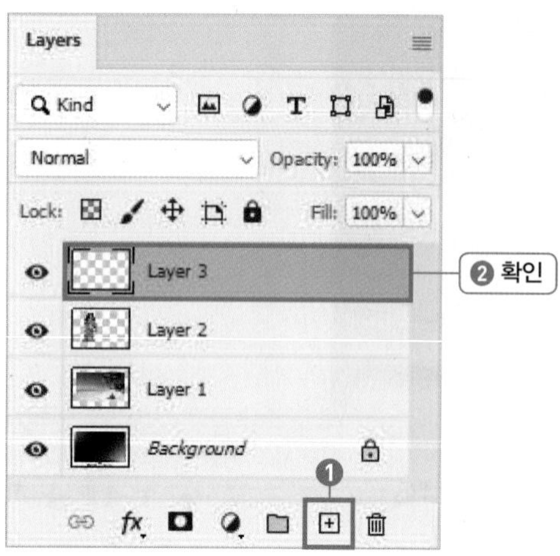


**3** 레이어의 순서를 변경하는 방법은 레이어를 이동할 위치로 드래그하면 됩니다.

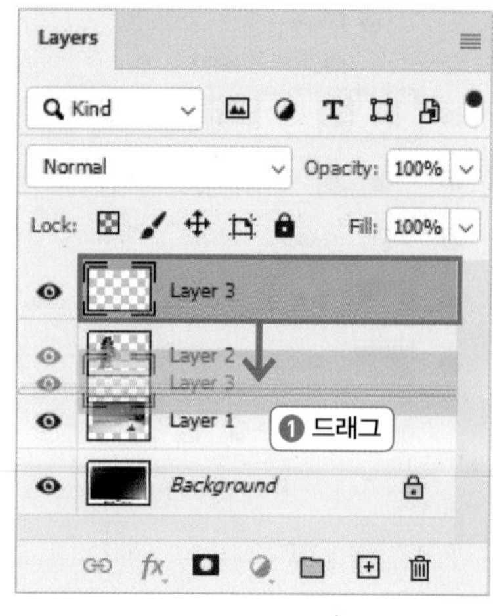


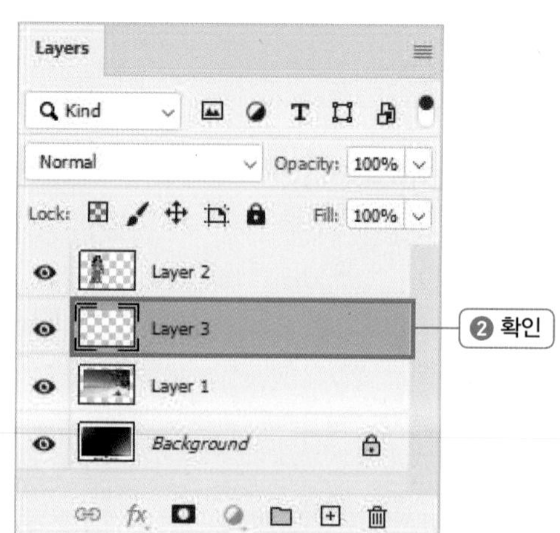

**4** 레이어에는 이미지뿐만 아니라 문자 및 다양한 특수 효과를 적용 또는 취소할 수 있으며, 이러한 작업을 위해 [Layers] 패널에서 다양한 기능을 제공합니다.

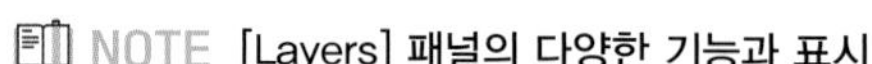


**NOTE [Layers] 패널의 다양한 기능과 표시**

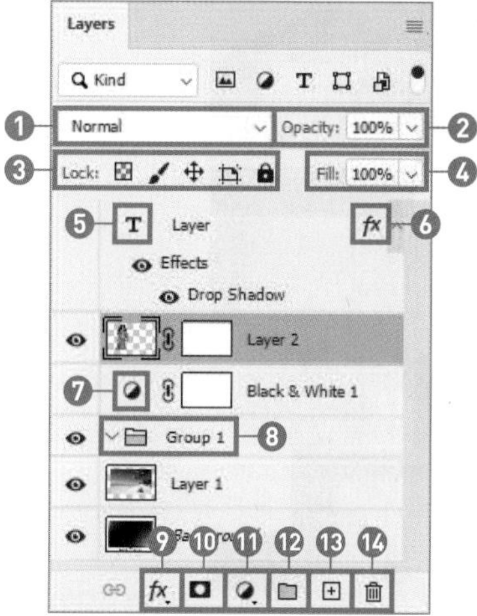


❶ Blending mode : 블렌딩 모드를 선택합니다.
❷ Opacity : 레이어의 불투명도를 조절합니다.
❸ Lock : 레이어의 요소들을 잠급니다.
❹ Fill : 원본 이미지의 불투명도를 조절합니다. 스타일과 같은 효과는 영향을 받지 않습니다.
❺ Text layer : 문자 입력 시 표시됩니다.
❻ Layer style : 레이어의 스타일 적용 시 표시됩니다.
❼ Create new fill or adjustment layer : 레이어의 색상 효과 적용 시 표시됩니다.
❽ Group layer : 그룹 레이어 적용 시 표시됩니다.
❾ Add a layer style : 레이어 스타일을 적용합니다.
❿ Add a mask : 레이어 마스크를 적용합니다.
⓫ Create new fill or adjustment layer : 레이어의 색상 효과를 적용합니다.
⓬ Create a new group : 레이어의 그룹을 적용합니다.
⓭ Create a new layer : 새로운 레이어를 추가합니다.
⓮ Delete layer : 레이어를 삭제합니다.

# 페르시안 고양이 월페이퍼 만들기

## Layer(레이어), Merge Down(레이어 병합), Merge Visible(보이는 레이어 병합), Flatten Image(배경으로 이미지 병합)

포토샵은 여러 장의 이미지(사진)를 하나의 화면으로 꾸미는 합성 작업을 쉽게 진행할 수 있습니다. 대부분의 합성 작업은 [Layers] 패널을 통해 이루어지며 [Layers] 패널의 강력한 기능은 다양한 합성 및 특수 기능을 쉽게 적용할 수 있습니다. 또한, 레이어를 활용한 작업은 언제든지 원본 이미지 상태로 복원이 수월하다는 매우 큰 장점이 있습니다.

[**예제 파일** : PART 01 Photoshop/3교시/persian–01~05.jpg]

### 학습과제

[Layers] 패널을 확인하면서 여러 장의 이미지를 한곳에 모아 나열해보겠습니다.

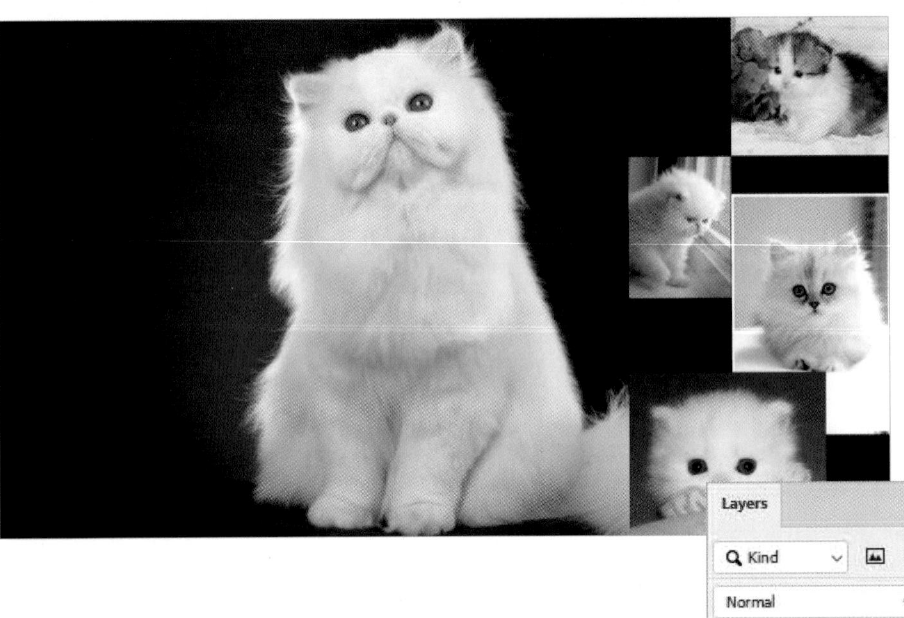

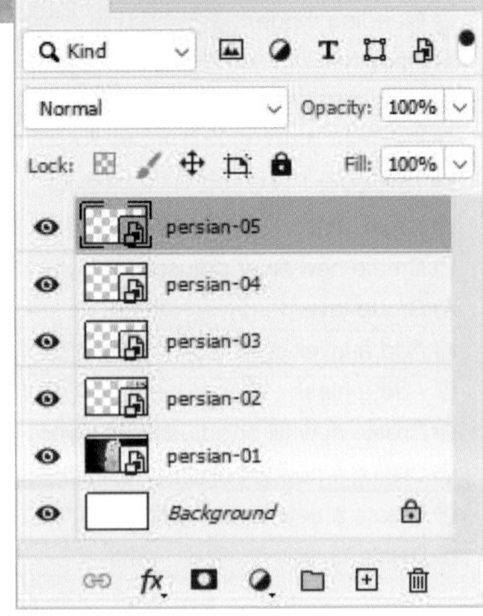

**1** Full HD 모니터에 맞는 월페이퍼를 만들어보겠습니다. [File] 〉 [New] 메뉴를 클릭하고 도큐먼트의 크기를 [Width] '1920 Pixels', [Height] '1080 Pixels', [Resolution] '72 Pixels/Inch'로 설정하여 새로 만듭니다.

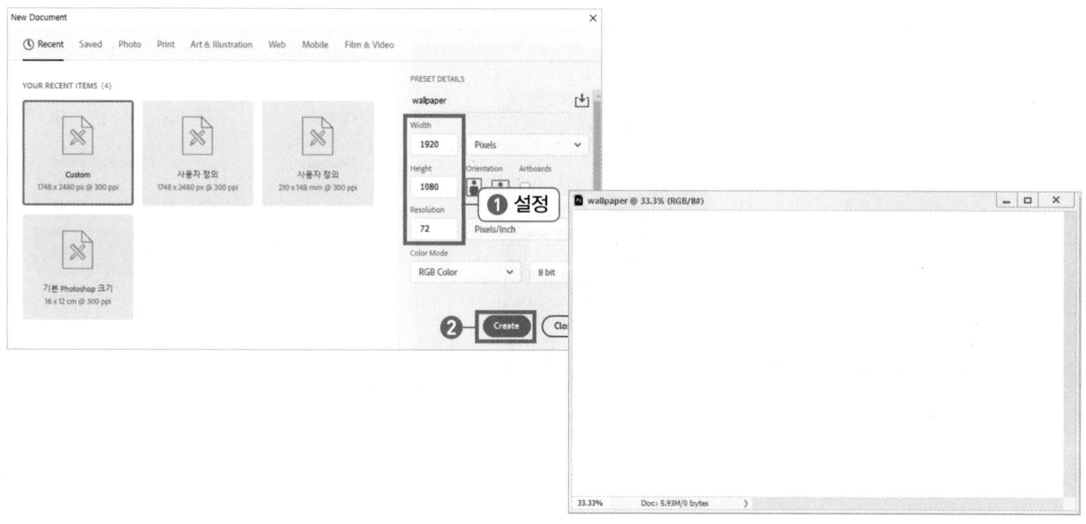


**2** 새로 만든 도큐먼트에 이미지를 불러오기 위해 예제 파일이 있는 폴더에서 'persian-01.jpg' 파일을 도큐먼트로 드래그합니다.

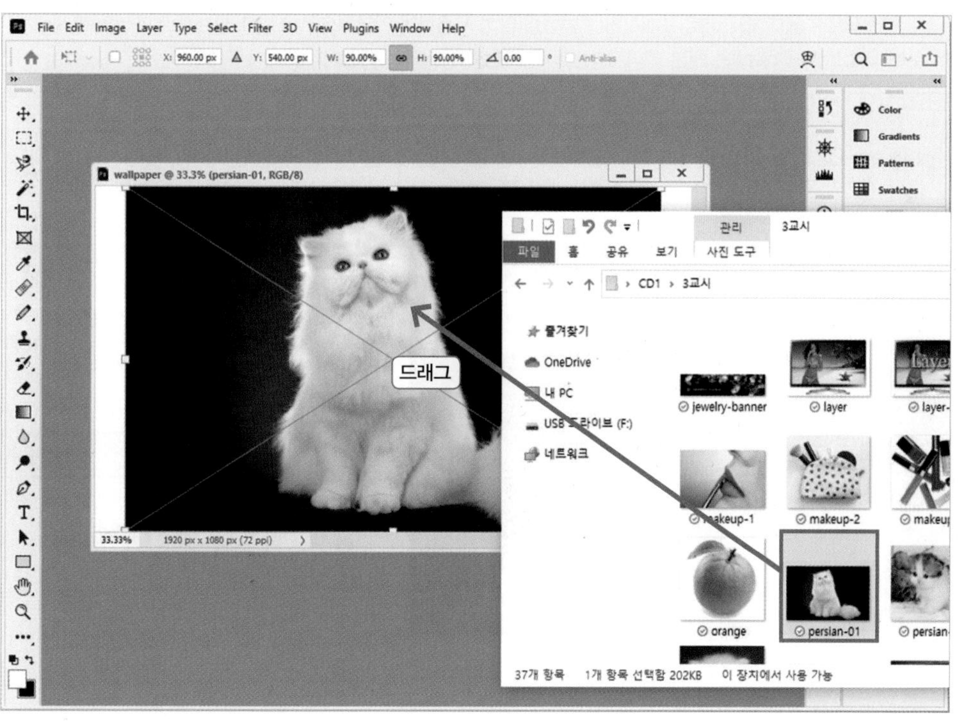

**3** 추가된 이미지에 바운딩 박스로 표시되며 원하는 크기로 조절할 수 있습니다. 도큐먼트 크기와 추가된 이미지의 가로세로 비율이 다릅니다. Shift+Alt를 누른 상태로 좌우 방향에 딱 맞도록 크기를 조절한 후 더블클릭 또는, Enter를 누릅니다. 그러면 [Layers] 패널에 레이어가 추가된 것을 확인할 수 있습니다.

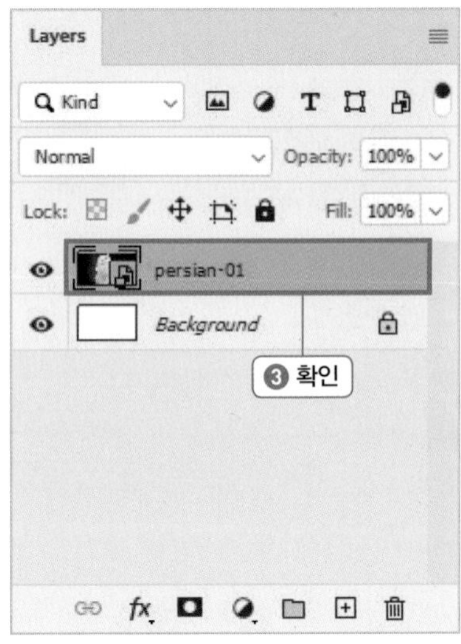


> **TIP**
>
> 이미지를 도큐먼트로 불러오는 또 다른 방법은 [File] 〉 [Place] 메뉴를 클릭하거나 이미지를 각자 불러온 후 복사하여 붙여넣을 수 있습니다. 일반적으로 폴더에서 바로 드래그하는 방법을 많이 사용하며 기본적으로 스마트 오브젝트 레이어로 생성됩니다. 스마트 오브젝트(Smart Object)는 원본 이미지 데이터를 포함한 상태를 의미합니다.

**4** 이번에는 'persian-02.jpg' 파일을 드래그하여 복사하고 그림과 같이 우측 상단에 위치시키고 크기를 조절합니다.

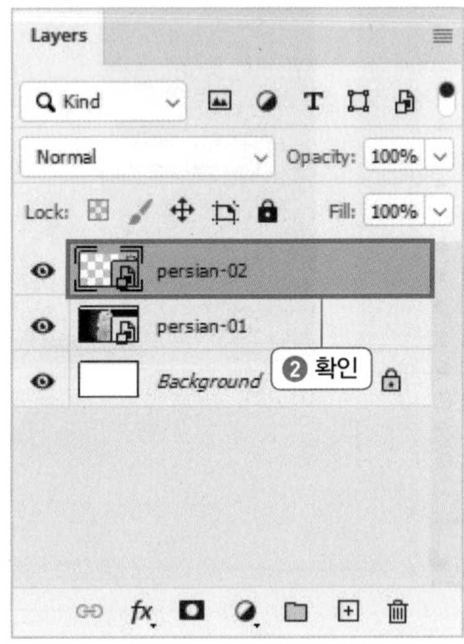


> **TIP**
>
> **Shift와 Alt의 기능**
>
> 일반적으로 포토샵에서 Shift는 수평 또는, 수직 방향으로 제어하거나, 가로/세로의 비율을 일정하게 고정시켜주는 기능을 합니다. Alt는 중심을 잡아주는 기능입니다.

**5** 나머지 이미지들(Persian-03~05.jpg)도 차례로 복사한 후 배치합니다. 불러온 순서대로 레이어가 배치되며 여러 장의 이미지가 하나의 이미지로 합성됩니다.

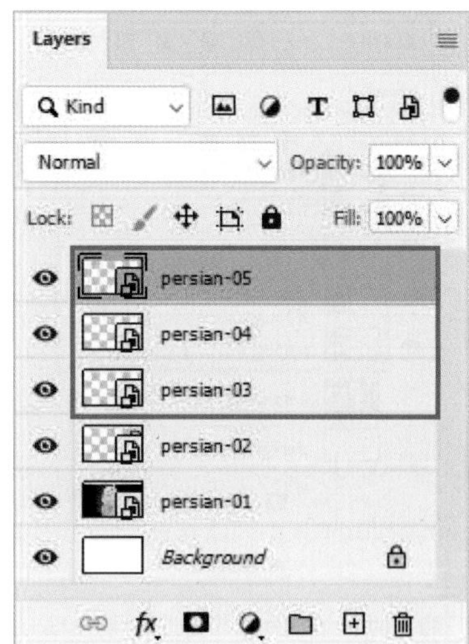


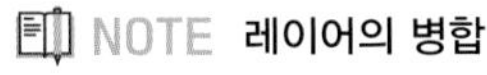 **NOTE** 레이어의 병합

전체 또는, 일부분의 레이어를 병합시킬 수 있습니다. [Layers] 패널 메뉴에서 선택하거나 레이어를 마우스 오른쪽 버튼으로 클릭한 후 나타나는 메뉴에서 선택할 수도 있습니다.

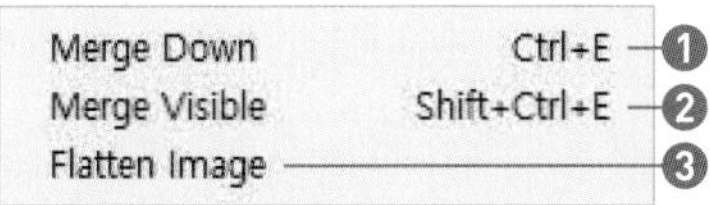


❶ **Merge Down** : 선택한 레이어와 바로 아래 레이어를 병합합니다. 스마트 오브젝트 레이어와 셰이프 레이어의 경우 래스터 이미지로 변경한 후 적용할 수 있습니다.

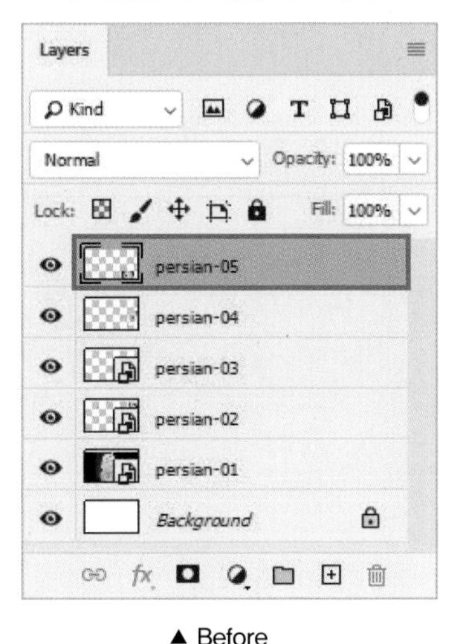


▲ Before

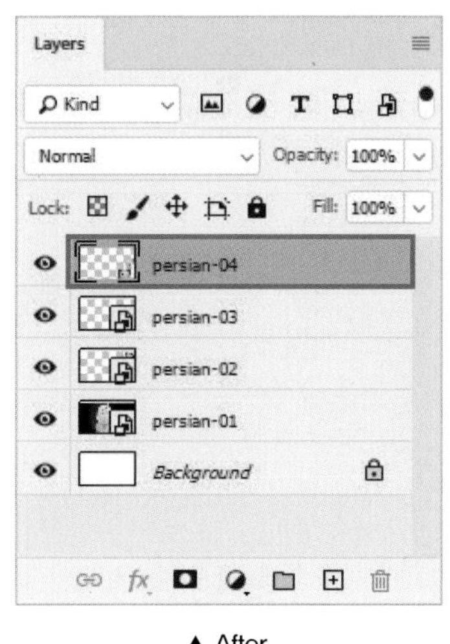


▲ After

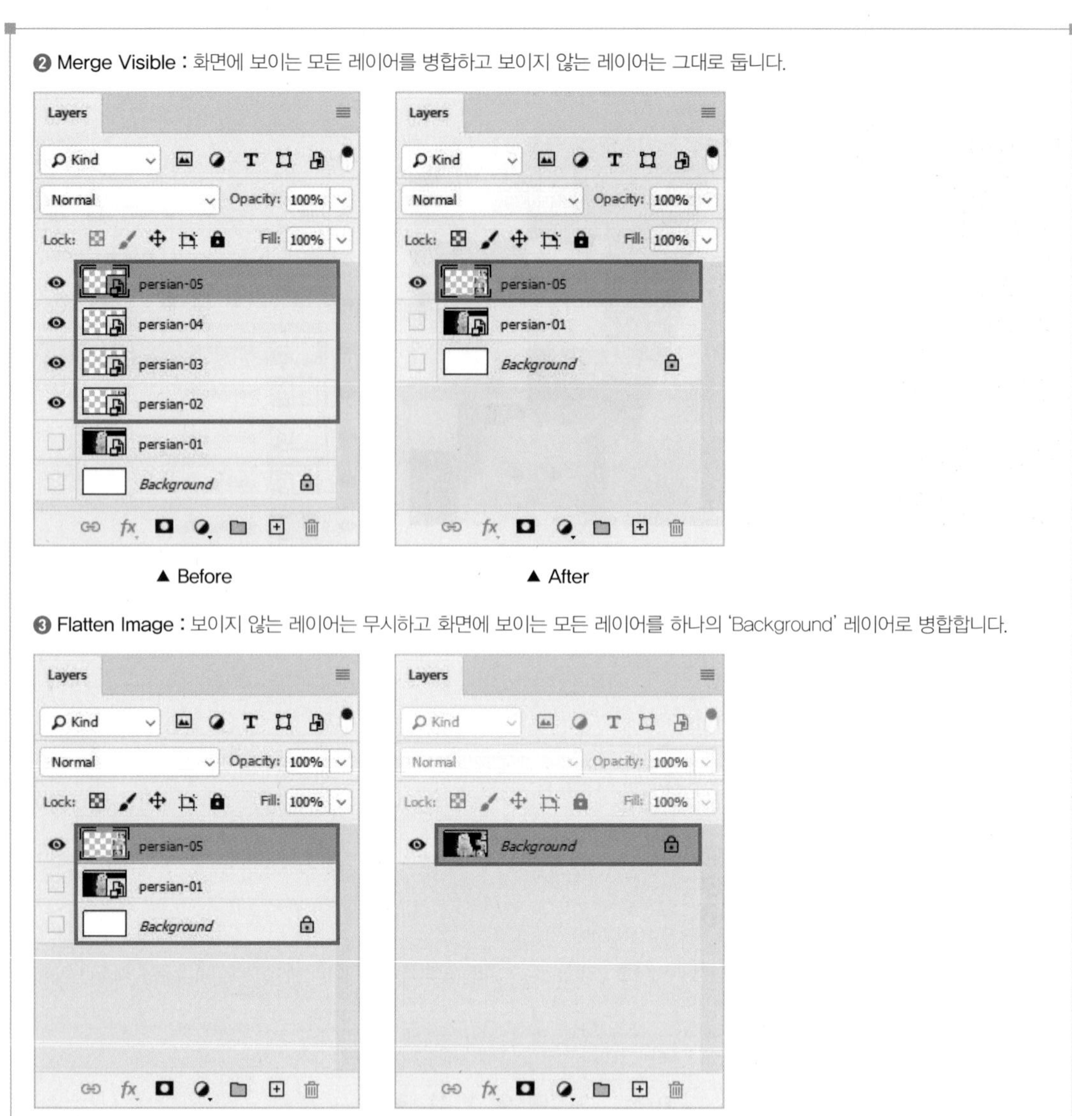


❷ Merge Visible : 화면에 보이는 모든 레이어를 병합하고 보이지 않는 레이어는 그대로 둡니다.

▲ Before

▲ After



❸ Flatten Image : 보이지 않는 레이어는 무시하고 화면에 보이는 모든 레이어를 하나의 'Background' 레이어로 병합합니다.

▲ Before

▲ After

# 퀵 마스크 모드로 주피사체 깔끔하게 선택하기

## Edit in Quick Mask Mode(빠른 마스크 모드)

포토샵 작업의 대부분은 효과를 적용할 영역과 그렇지 않은 영역을 항상 구분하여 진행합니다. 선택되지 않은 영역이라면 편집이나 수정이 불가합니다. 포토샵에서 마스크(Mask)란 이미지의 영역이 편집이나 수정되지 않도록 보호막을 형성하는 작업을 의미합니다. 결론적으로 마스크 작업 또한 선택 영역을 좀 더 정교하게 제어하는 기능으로 많이 사용되는 기능입니다. 다양한 마스크 기능 중 [Quick Mask Mode]에 대해 알아보겠습니다.

[**예제 파일** : PART 01 Photoshop/3교시/london.jpg]

### 학습과제

퀵 마스크 모드를 활용하여 효과를 적용할 영역만 선택합니다.

Before

After

**1** 다음은 주인공 인물만 제외하고 배경을 변경하는 예제입니다. 그러나 인물만 제외하고 선택하기가 쉽지 않기 때문에 다음과 같은 방법을 이용해보겠습니다. 툴 패널에서 [Quick Selection Tool]( )을 선택하고 옵션 바에서 [Select Subject]( Select Subject )을 클릭합니다. 그러면 주피사체를 자동으로 인식하여 선택 영역으로 지정합니다.

> **TIP**
> [Select Subject]( Select Subject )는 이미지에서 가장 눈에 잘 띄는 오브젝트를 자동으로 인식하여 선택 영역으로 지정해주는 기능입니다.

**2** 그러나 이미지를 확대하여 관찰하면 선택 영역이 매끄럽지 않다는 것을 확인할 수 있습니다. 선택 영역을 보정해보겠습니다. 툴 패널 아래쪽에 있는 [Edit in Quick Mask Mode]( )를 클릭합니다. 그러면 선택 영역에서 제외된 부분이 '붉은색'으로 변경됩니다. 붉은색 영역이 마스킹된 상태를 의미하며 [Layers] 패널의 레이어도 붉은색으로 변경됩니다. 또한 [Channels] 패널에도 'Quick Mask' 채널이 표시됩니다.

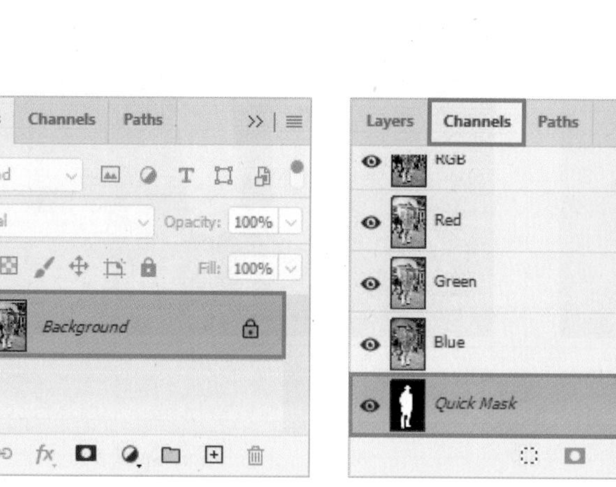

**3** 이미지를 확대해보면 부분적으로 마스킹 영역이 인물의 영역을 침범하거나 부족한 부분을 확인할 수 있습니다. 마스킹 영역을 제거하려면 '흰색'으로 채워주면 됩니다. 툴 패널에서 [Brush Tool]( )을 클릭한 후 브러시의 색상을 '흰색'으로 설정하고 구두 부분에서 마스킹을 해제할 영역을 드로잉하여 수정합니다.

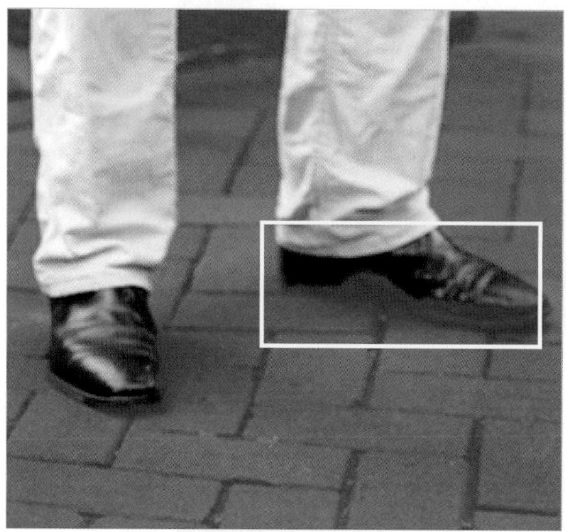

**TIP**

기본적으로 '검은색'은 마스킹 영역으로 만들어주며, '흰색'은 반대로 마스킹 영역을 제거합니다.

**4** 반대로 마스킹 영역이 부족한 부분이 있다면 브러시를 '검은색'으로 설정하고 드로잉합니다.

**5** 수정 작업이 완료되었다면 툴 패널에서 [Edit in Standard Mode]( )를 클릭하여 작업 모드를 전환합니다.

▲ Before

▲ [Edit in Standard Mode] 클릭

**MEMO [Quick Mask Options] 대화상자 이해하기**

[Quick Mask Mode]를 더블클릭하거나 [Channels] 패널의 메뉴에서 [Quick Mask Options]를 선택하여 대화상자를 불러올 수 있습니다. 옵션으로는 색상이 적용되는 영역을 마스크 영역으로 할지, 선택 영역으로 할지를 선택할 수 있으며, 이미지에 따라 구분하기 쉽도록 마스크 영역의 색상을 변경할 수도 있습니다. 또한, Alt를 누른 상태로 [Quick Mask Mode]를 클릭하면 마스크 영역을 빠르게 변경할 수 있습니다.

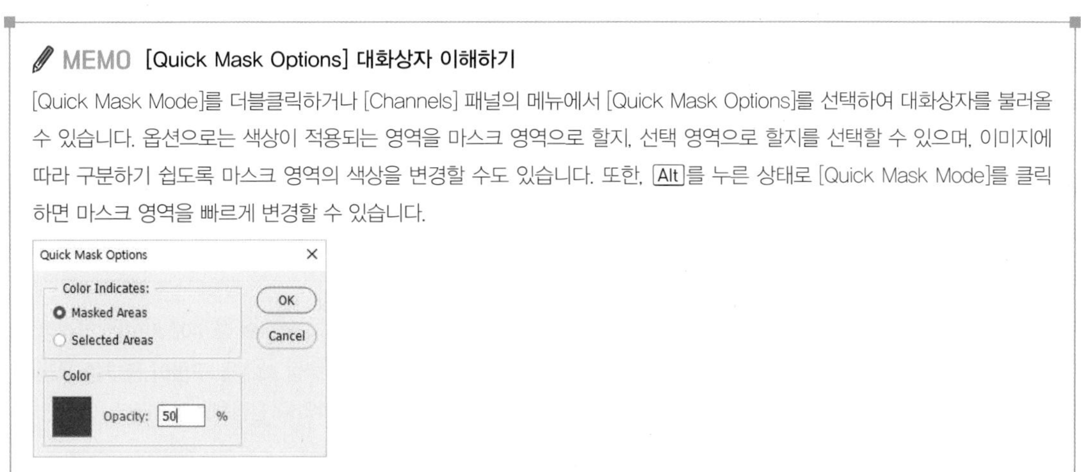


**6** 그다음 Shift+Ctrl+I를 눌러 선택 영역을 반전시킨 후 [Filter] 〉 [Filter Gallery] 메뉴를 클릭합니다. [Filter Gallery] 대화상자에서 [Stylize] 〉 [Glowing Edges]를 적용하여 작업을 완료합니다. 이처럼 마스크 작업은 결국 선택 영역을 지정하는 방법의 하나로 볼 수 있습니다.

❶ Shift+Ctrl+I

❷ [Filter Gallery] 메뉴 클릭

❸

❹ 설정

❺

# 하늘 배경 변경하기

## Layer Mask(레이어 마스크)

포토샵에서 이미지 합성은 가장 많이 하는 작업 중의 하나입니다. 이미지 합성에서 초보와 고수에 차이는 합성한 티가 나느냐 안 나느냐에 있다고 할 수 있습니다. 다음 예제는 구름이 거의 없는 하늘 배경을 구름이 풍부한 사진으로 합성하는 작업입니다. 합성 작업에 탁월한 레이어 마스크 기능을 이용하여 작업을 진행해보겠습니다.

[**예제 파일** : PART 01 Photoshop/3교시/sea01, sky01.jpg]

### 학습과제

레이어 마스크를 사용하여 두 개의 이미지를 합성해보겠습니다.

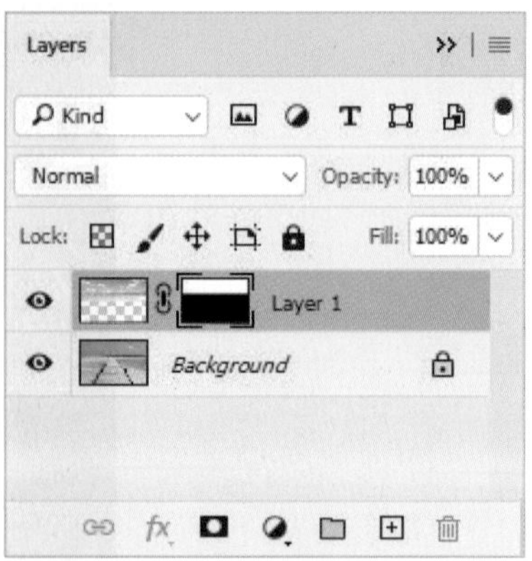


▲ 레이어 마스크가 적용된 [Layers] 패널 모습

**1** 예제 파일을 불러온 후 'sky01.jpg' 파일을 'sea01.jpg' 파일로 드래그하여 복사합니다.

**2** 복사된 'Layer 1' 레이어를 선택하고 [Opacity]를 '50%' 정도로 설정하여 아래의 'Background' 레이어가 겹쳐 보이도록 조절합니다.

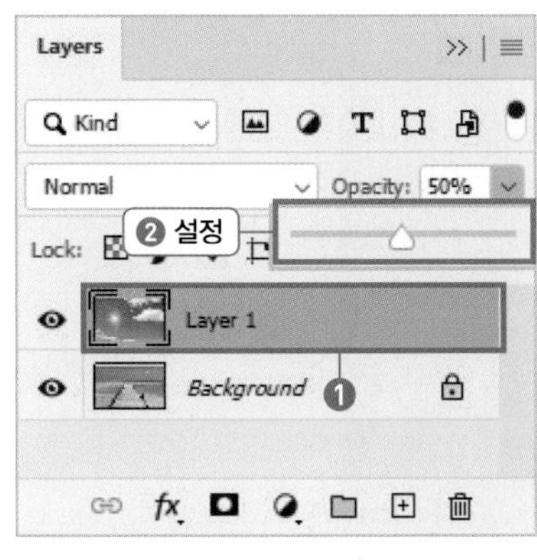

### TIP

[Layers] 패널에서 'Background' 레이어의 자물쇠 아이콘( )을 클릭하면 배경 레이어를 일반 레이어로 변경할 수 있습니다.

**3** 그다음 [Move Tool]( )을 이용하여 두 이미지의 수평선이 일치되도록 이동시키고, [Layers] 패널에서 [Add a mask]( )를 클릭하여 레이어 마스크를 적용합니다.

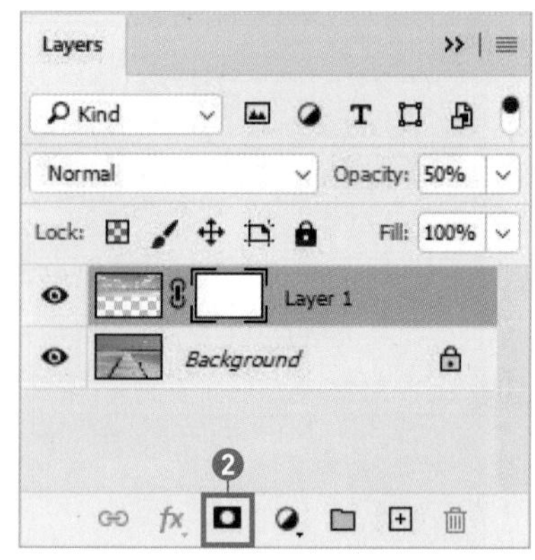


**4** 다음은 툴 패널에서 [Gradient Tool]( )을 클릭하고 전경색을 '검은색', 배경색을 '흰색'으로 설정합니다. 검은색 영역이 아래 방향이 되도록 수평선 경계를 기준으로 아래에서 위로 드래그하여 레이어 마스크 영역에 그라데이션을 적용합니다.

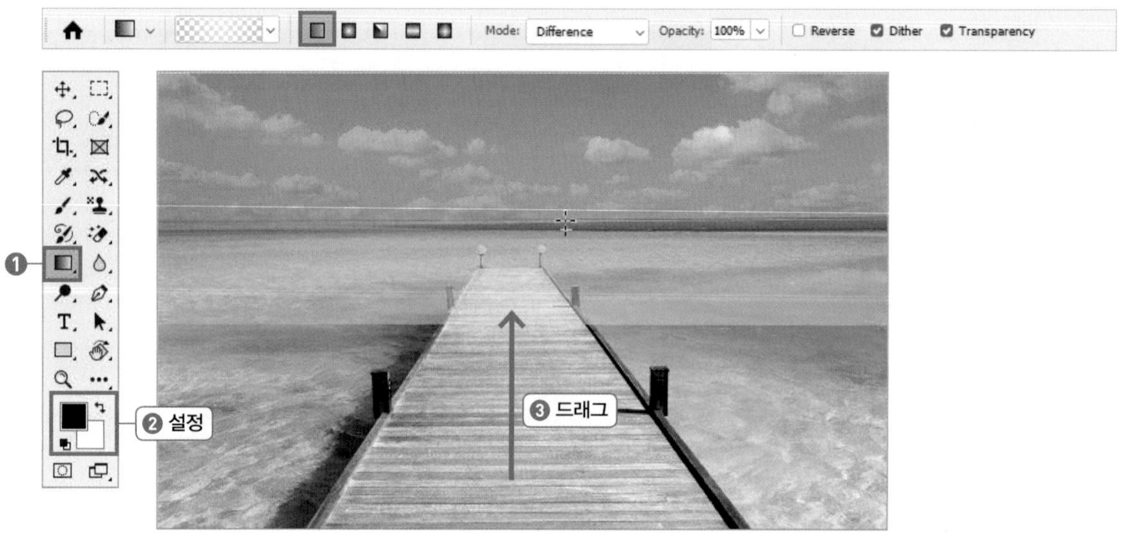


💡 TIP

Shift 를 누르면 그라데이션의 방향을 수직 또는, 수평으로 제어할 수 있습니다.

5 [Layers] 패널에서 다시 [Opacity]를 '100%'로 적용하면 하늘 배경이 변경된 모습을 확인합니다.

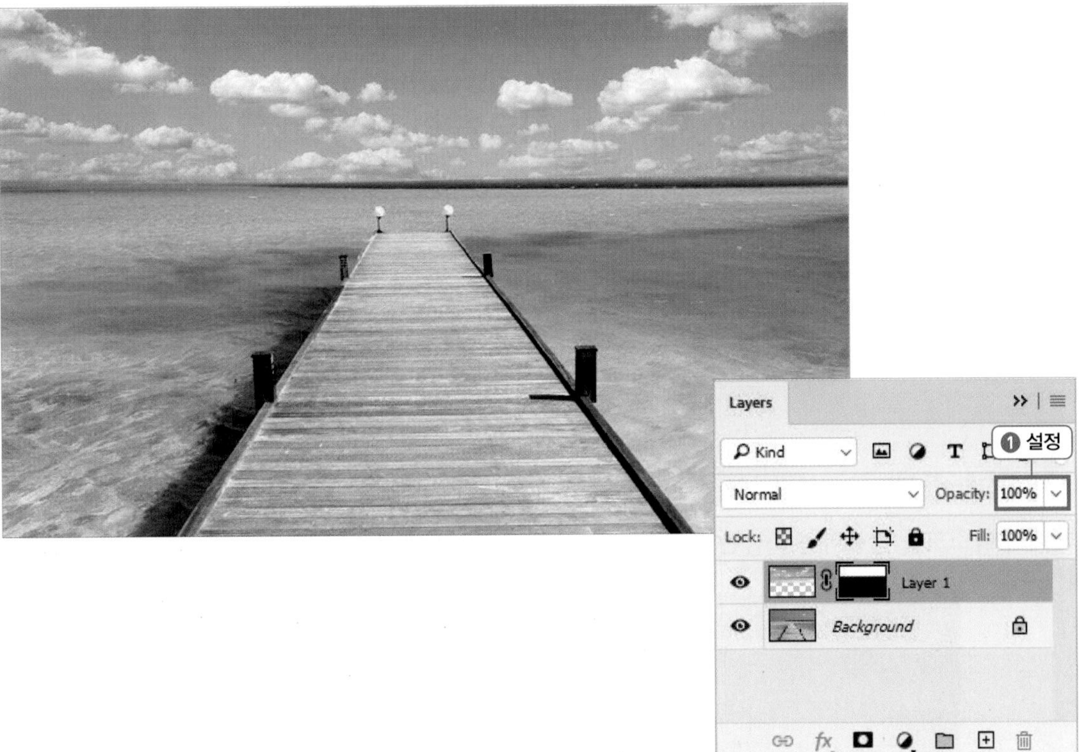

# 자전거 바퀴 모양 합성하기

## Layer Mask(레이어 마스크), Transform Selection(선택 영역 변형), Free Transform(자유 변형), Brush Tool(브러시 도구)

자전거와 수박 이미지를 사용하여 재미있는 합성을 해보겠습니다. 수정 작업에 많이 사용되는 레이어 마스크 기능을 이용하여 합성 작업을 진행하며 마스크 영역에 따라 이미지의 변화를 살펴보겠습니다.

[**예제 파일** : PART 01 Photoshop/3교시/green-bike.jpg, O-Melon.jpg]

### 학습과제

레이어 마스크를 활용하여 조금은 복잡한 합성 작업을 진행해보겠습니다.

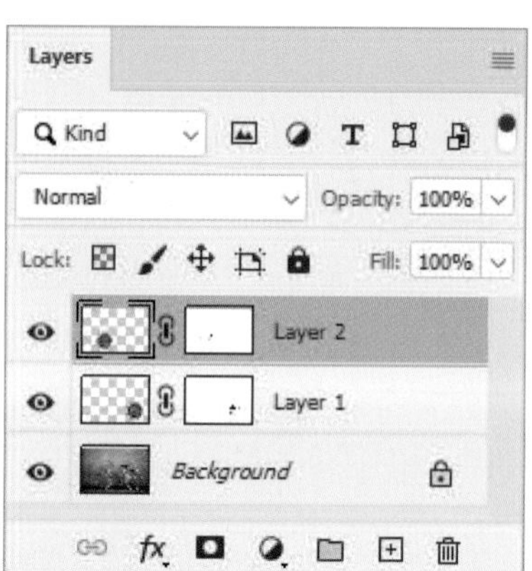

**1** 두 개의 예제 파일을 불러온 후 [Elliptical Marquee Tool](◯.)을 이용하여 수박 이미지 전체를 선택합니다.

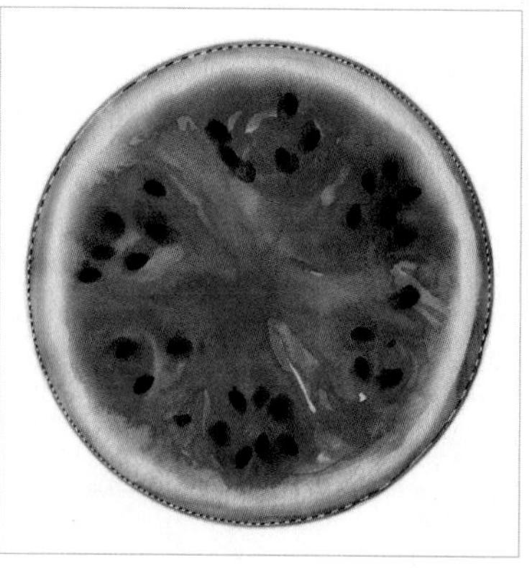

**2** 작업 화면을 마우스 오른쪽 버튼으로 클릭한 후 [Transform Selection]을 선택합니다. 선택 영역을 정교하게 조정한 다음 더블클릭 또는, Enter를 누릅니다.

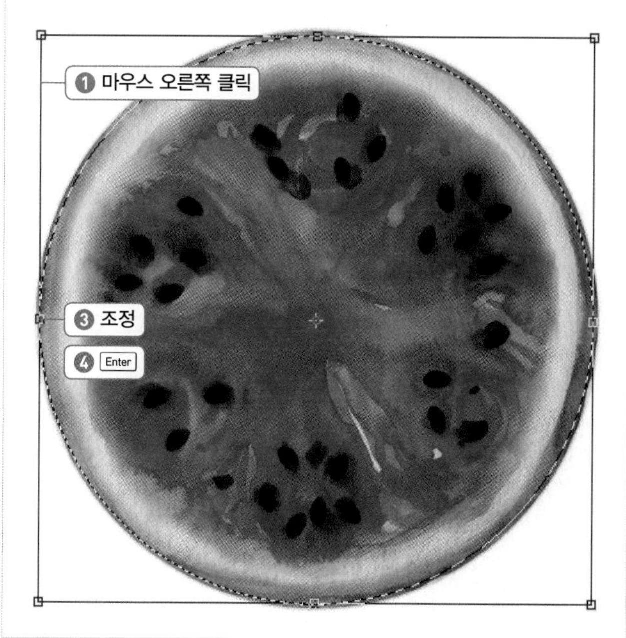


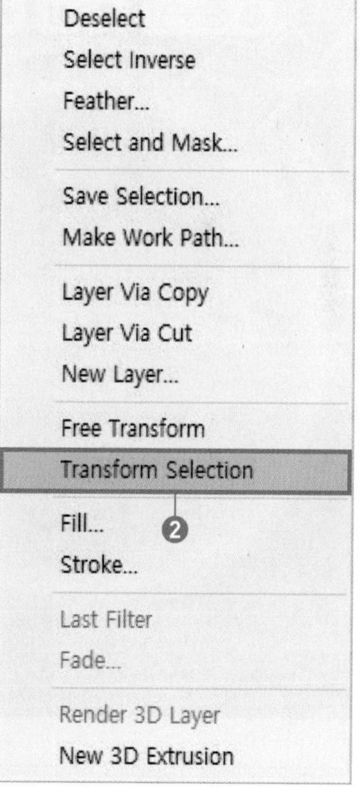

**3** 선택한 수박 이미지를 자전거 이미지로 복사하기 위해 Ctrl+C로 복사한 후 Ctrl+V로 붙여넣습니다.

◀ 복사한 모습

**4** Ctrl+T를 눌러 Free Transform을 적용하고 크기를 자전거 뒷바퀴와 일치되도록 조정한 후 더블클릭합니다.

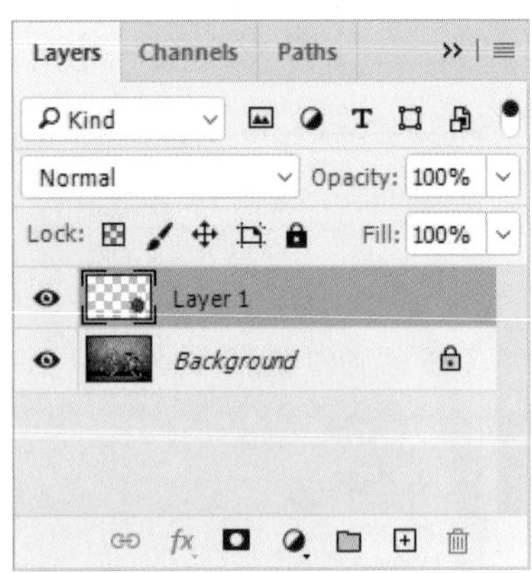


> **TIP**
>
> Ctrl+T는 메뉴의 [Edit] 〉 [Free Transform] 기능 단축키로 Transform 대부분의 기능을 동시에 적용할 수 있습니다.

**5** 그 다음 [Layers] 패널에서 [Add a mask]( ) 클릭하여 레이어 마스크 모드로 전환합니다. 또한 수박 레이어의 블렌딩 모드를 'Color'로 변경합니다.

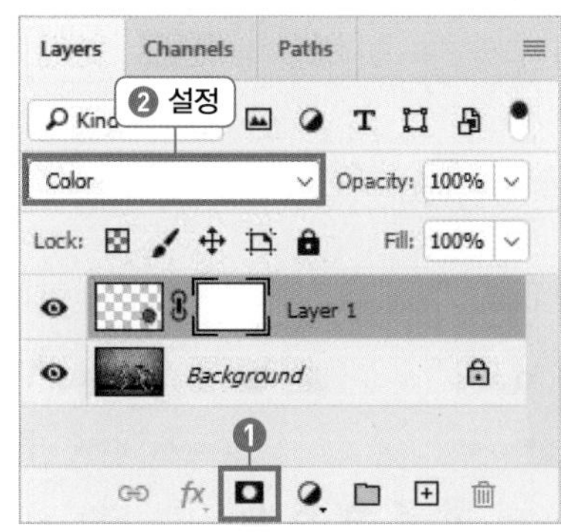

> **TIP**
> 블렌딩 모드를 변경하는 것은 레이어 마스크를 적용으로 다시 보여야 할 자전거 프레임 영역을 쉽게 판별하기 위해서 입니다. 이미지 상황에 따라 다른 모드를 선택하여 사용할 수 있습니다.

**6** 툴 패널에서 [Brush Tool]( )을 선택하고 전경색을 '검은색'으로 변경합니다. 그 다음 자전거 프레임 크기에 알맞게 크기를 조절해가며 드로잉합니다.

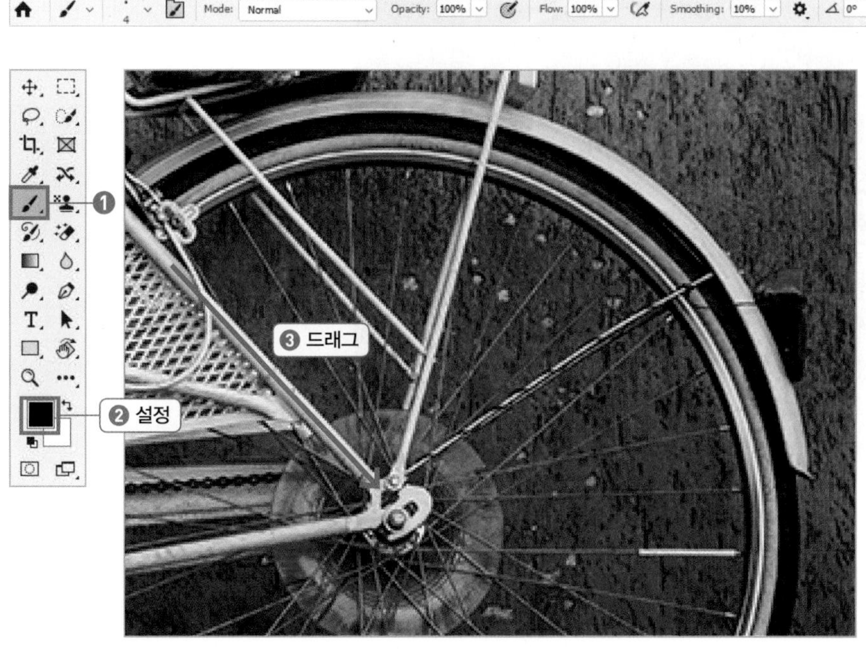

> **TIP**
>
> 브러시 사용 시 Shift 를 누른 상태로 페인팅할 부분을 클릭하고 다음 지점을 클릭하면 직선으로 연결합니다. 직선 부분이 있는 영역에서 사용하면 쉽고 정교하게 페인팅할 수 있습니다.

**7** 'Background' 레이어를 잠시 꺼두면 다음과 같은 모습을 확인할 수 있습니다.

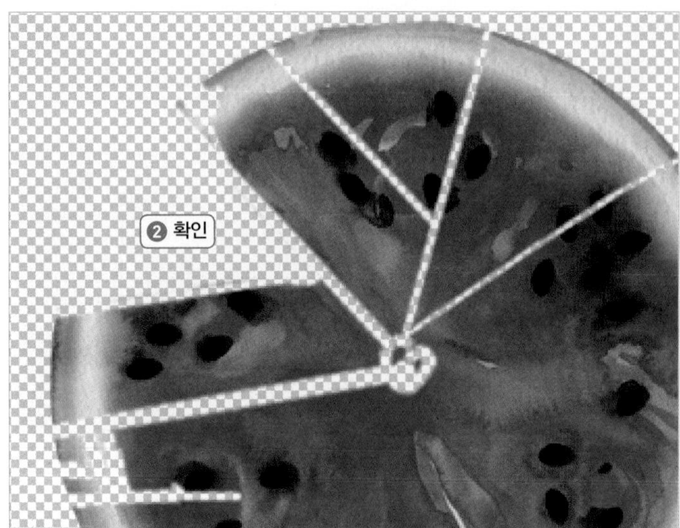


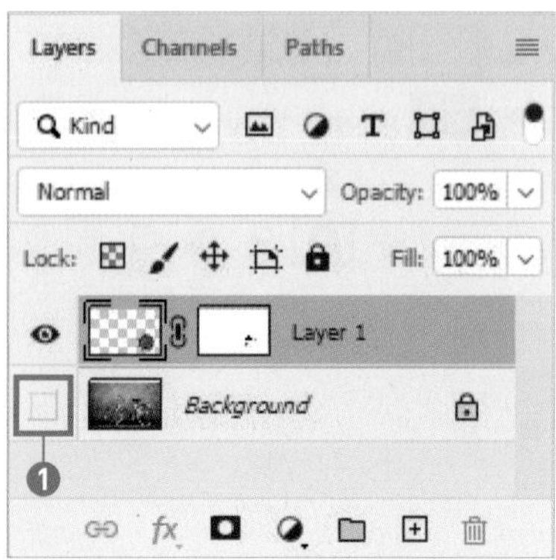


**8** 다음은 뒷바퀴가 완성된 화면입니다. 확대해가면서 프레임 바깥쪽으로 너무 페인팅된 부분이 있다면 전경색을 '흰색'으로 변경한 후 다시 드로잉하여 수정합니다.

**9** 자전거 앞바퀴 쪽도 복사한 후 Free Transform 기능으로 모양이 일치하도록 수정한 후 레이어 마스크를 이용하여 동일하게 작업합니다.

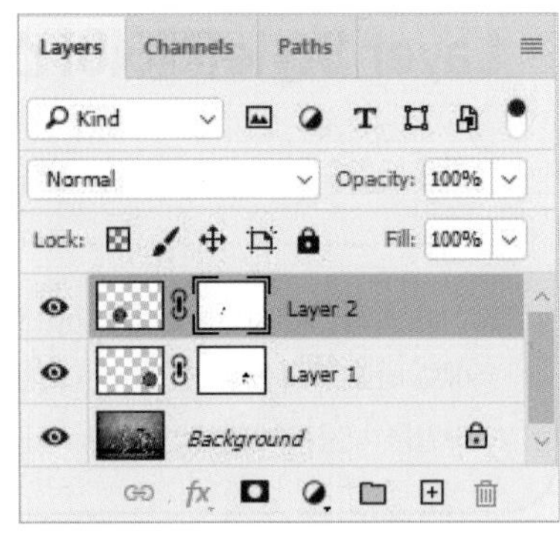


> **TIP**
>
> Free Transform 기능은 이미지를 자유롭게 변형하는 기능으로 Ctrl+T를 누르거나 Edit 메뉴에서 선택 적용할 수 있습니다.

**10** 다음은 작업이 완료된 모습입니다.

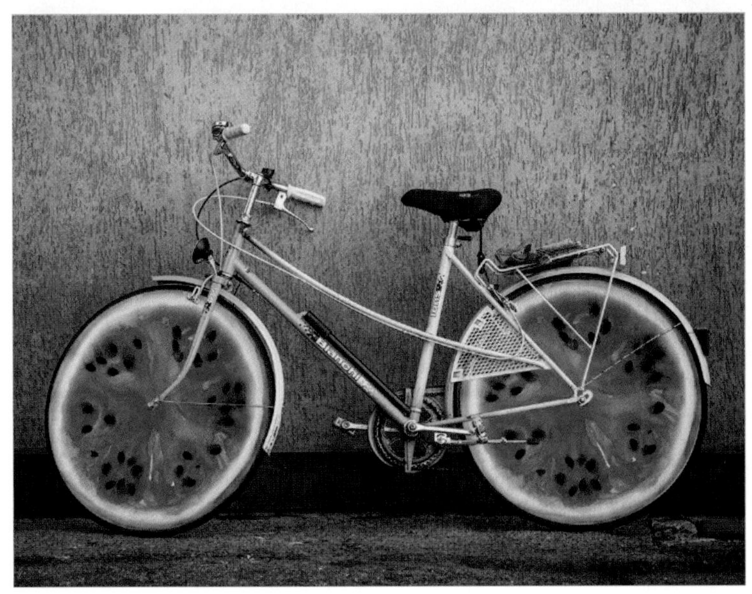

# 홈페이지 배너 효과주기

## Layer Style(레이어 스타일)

레이어 스타일은 간편하고 효과적으로 특수 효과를 적용할 수 있는 기능입니다. 이미지뿐만 아니라 문자, 셰이프 등에도 바로 적용할 수 있으며 수치 변화에 따라 효과를 바로 확인할 수 있어 사용하기 쉽습니다. 이번에는 레이어 스타일을 사용하여 홈페이지 배너 이미지를 완성해보겠습니다.

[**예제 파일** : PART 01 Photoshop/3교시/jewelry-banner.psd]

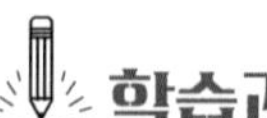


레이어 스타일을 활용하여 입체감 있는 문자 및 이미지를 만들어보겠습니다.

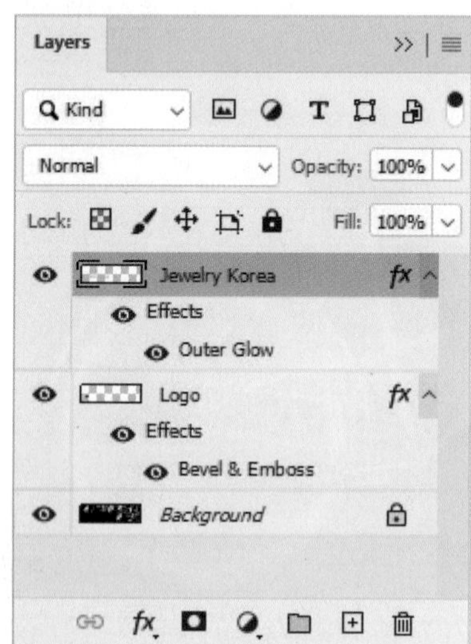

**1** 예제 파일을 불러오면 보석 배경에 로고와 문자로 구성된 배너 이미지를 확인할 수 있습니다.

**2** 보석 형태의 로고를 표현하기 위해 [Layers] 패널에서 'Logo' 레이어를 선택하고 [Add a layer style] (fx)을 클릭한 후 메뉴에서 [Bevel Emboss]를 선택합니다.

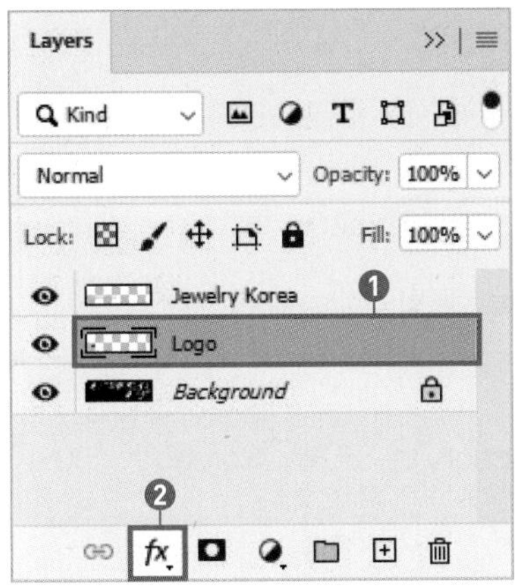


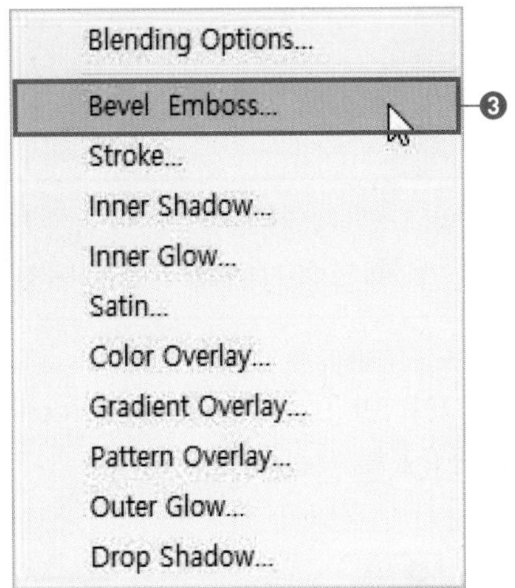


**3** [Layer Style] 대화상자가 나타나면 [Structure]의 [Styles]은 'Inner Bevel', [Technique]는 'Chisel Hard', [Depth]는 '200%', [Direction]는 'Up', [Size]는 '11px'로 설정합니다. 선택된 레이어 이미지에서 적용된 모습을 확인할 수 있으며 [OK]를 클릭하여 적용합니다.

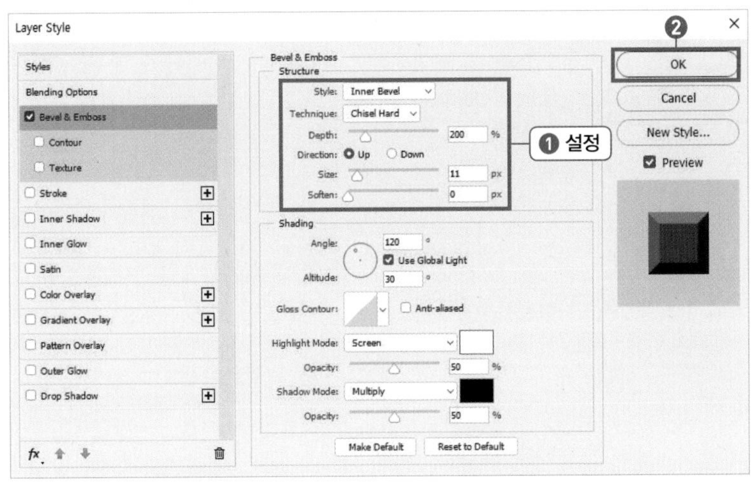

**4** 다음은 문자에 후광 효과를 주기 위해 'Jewelry Korea' 레이어를 선택하고, 동일하게 [Add a layer style](fx) > [Outer Glow]를 선택합니다.

> **TIP**
> 레이어 스타일 효과는 중복 적용이 가능하며 언제든지 삭제할 수 있어 적용 전 상태로 되돌릴 수도 있습니다.

**5** [Layer Style] 대화상자가 나타나면 [Blend Mode]는 'Screen', [Opacity]는 '30%', [Spread]는 '30%', [Size]는 '7px' 정도로 설정한 후 [OK]를 클릭합니다.

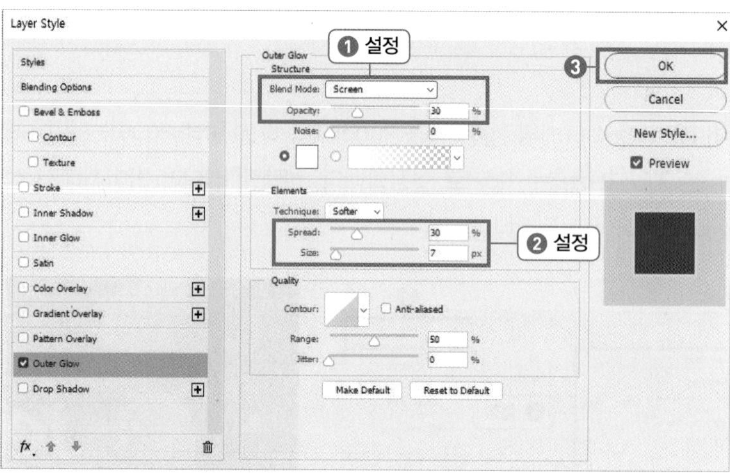

**6** 문자 주위로 빛이 퍼지는 효과가 적용됩니다.

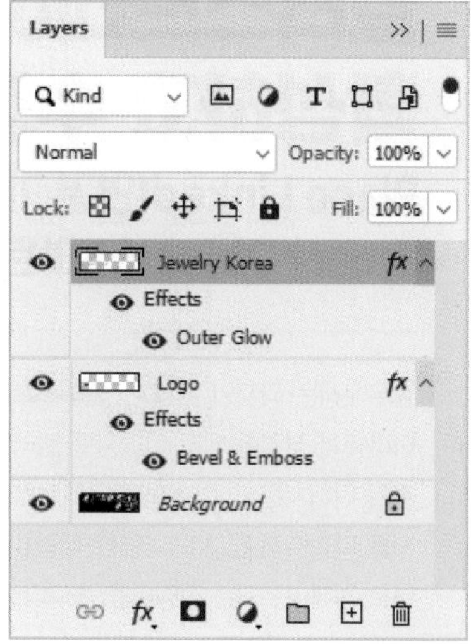


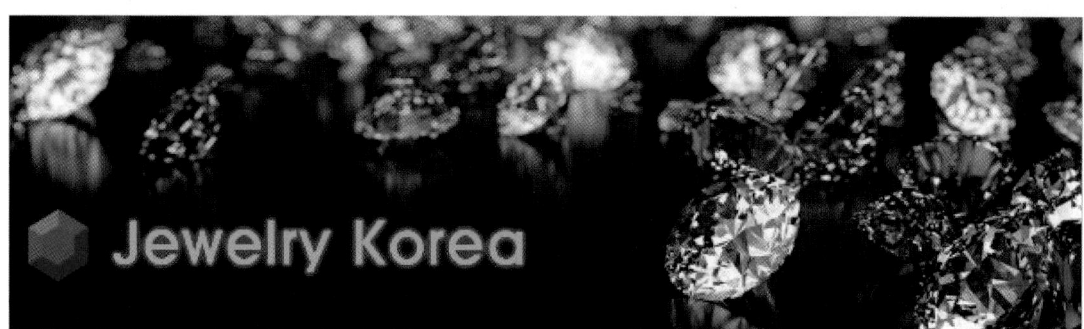

# 일러스트레이터 이미지로 합성하고 수정하기

## Place Linked(연결 가져오기), Smart Object(스마트 오브젝트)

강좌 13

난이도 ●○○

실무에서는 디자인 작업 시 일러스트레이터와 병행하는 경우가 많습니다. 특히 로고, 캐릭터, 문자 등 일러스트레이터에서 작업한 벡터 이미지를 불러와 이미지 작업을 완료하는 경우가 많습니다. 포토샵에 벡터 이미지에 효과를 주기 위해서는 래스터(픽셀 단위) 이미지로 변경한 후 작업을 진행하지만, 스마트 오브젝트로 불러오면 원본 이미지를 파괴하지 않고도 다양한 작업을 진행할 수 있습니다. 또한, 연결된 스마트 오브젝트를 이용하면 수정 작업 시 바로 업데이트되는 장점이 있습니다.

[**예제 파일** : PART 01 Photoshop/3교시/sea03.jpg, Birds.ai]

### 학습과제

Ai 파일을 포토샵으로 불러와 합성하고 수정할 부분을 일러스트레이터에서 작업한 후 업데이트해 보겠습니다.

**1** 예제 파일인 'sea03.jpg' 파일을 불러온 후 [File] 〉 [Place Linked] 메뉴를 클릭합니다.

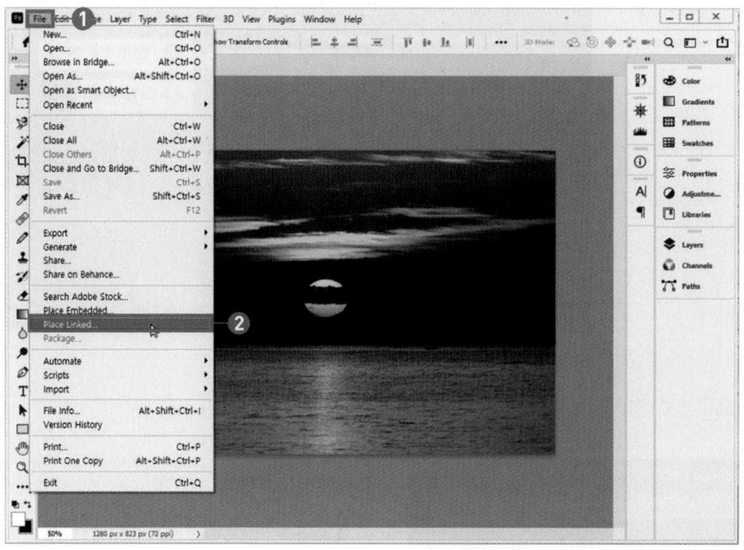

**2** 연결된 스마트 오브젝트 : [Place Linked] 대화상자가 나타나면 일러스트레이터에서 작업한 'Birds.ai' 파일을 선택하고 [Place]를 클릭합니다. 그다음 [Open As Smart Object] 대화상자에서도 [OK]를 클릭합니다.

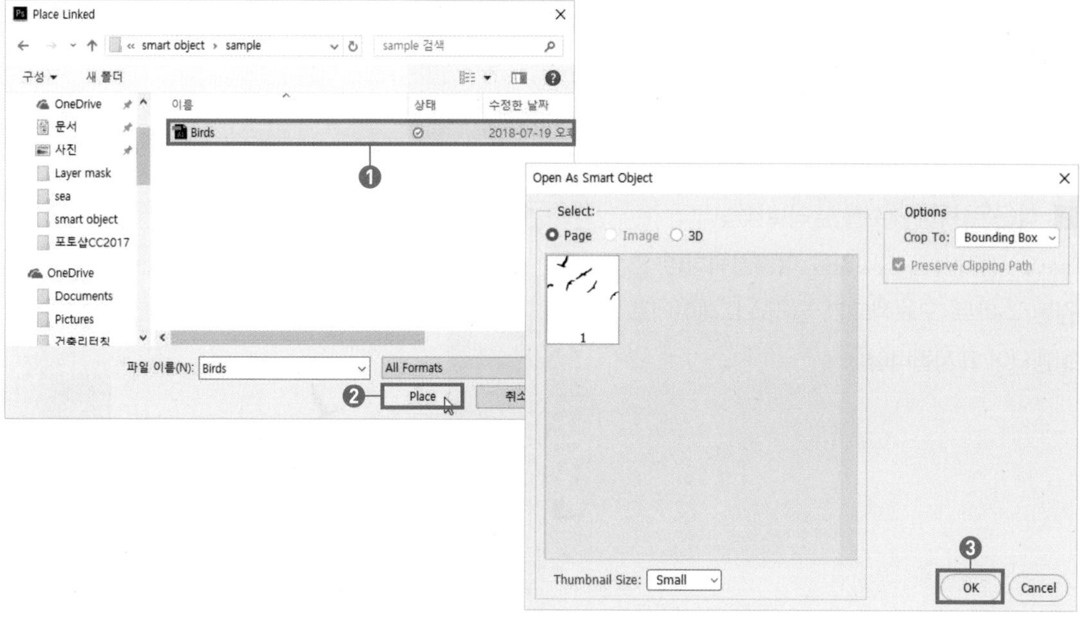

3 Shift를 누른 상태로 바운딩 박스의 크기를 조절하여 그림과 같이 새 이미지의 위치를 조절한 후 더블클릭합니다.

4 [Layers] 패널을 살펴보면 연결된 스마트 오브젝트라는 링크 아이콘(아이콘)이 표시됩니다.

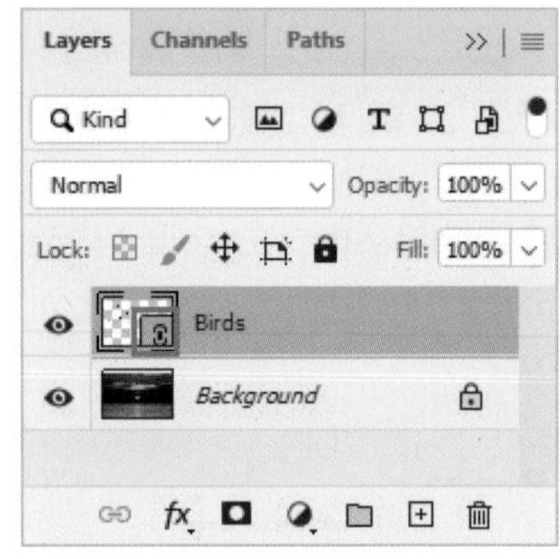


5 다음은 새의 개수를 늘려보겠습니다. 'Birds' 레이어의 섬네일을 더블클릭하면 연결된 스마트 오브젝트가 일러스트레이터로 실행되어 표시됩니다.

▲ 일러스트레이터 실행 모습

**6** 일러스트레이터에서 새를 추가하여 편집한 후 저장하면 업데이트되어 포토샵에도 바로 적용되는 것을 확인할 수 있습니다.

# 블렌딩 모드 이해하기

## Blending Mode(혼합 모드)

포토샵에서는 사진 또는, 다양한 형태의 이미지를 사용하여 합성 작업을 많이 합니다. 특히 이미지가 가지고 있는 색상 값의 단계를 기준으로 합성 효과를 빠르게 적용할 수 있는 블렌딩 모드 기능은 포토샵의 합성 작업을 더욱더 화려하게 만들어줍니다. 다음 과정을 통해 익혀보고 충분히 연습합니다.

[**예제 파일** : PART 01 Photoshop/3교시/blending.psd]

**블렌딩 모드(Blending Mode)는 두 개의 이미지 또는, 색상을 혼합하여 다양한 효과를 표현하는 기능입니다. 다음은 두 개의 이미지를 겹친 후 블렌딩 모드의 'Overlay'를 적용한 이미지입니다.**

블렌딩 모드는 페인팅 도구, 편집 도구, [Layers] 패널, Fill 등 이미지 및 색상과 관련된 여러 기능에 포함되어 사용할 수 있습니다.

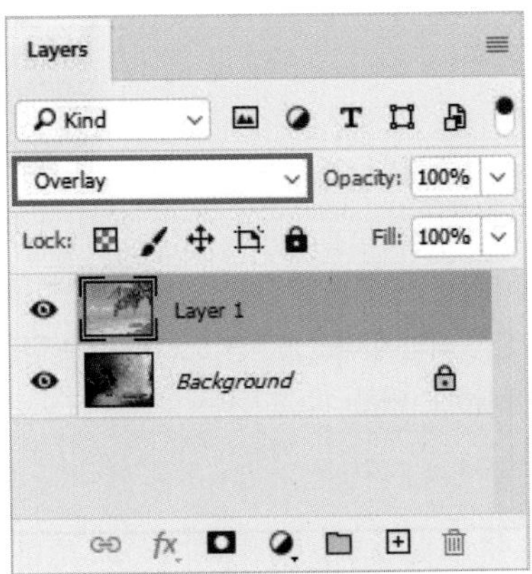


▲ [Layers] 패널의 블렌딩 모드

Mode: Normal

▲ [Brush Tool] 옵션 바의 블렌딩 모드

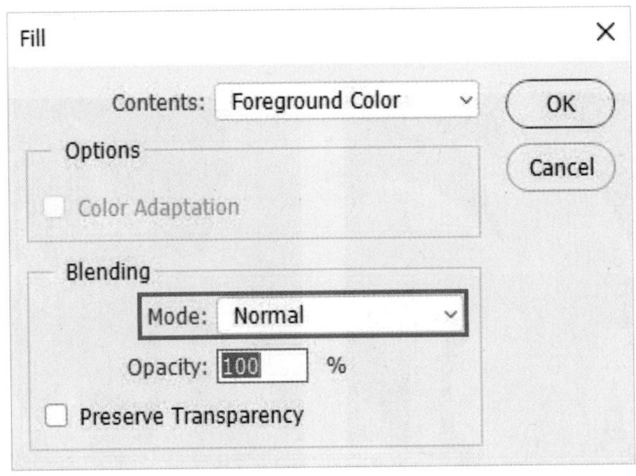


▲ [Fill] 대화상자의 블렌딩 모드

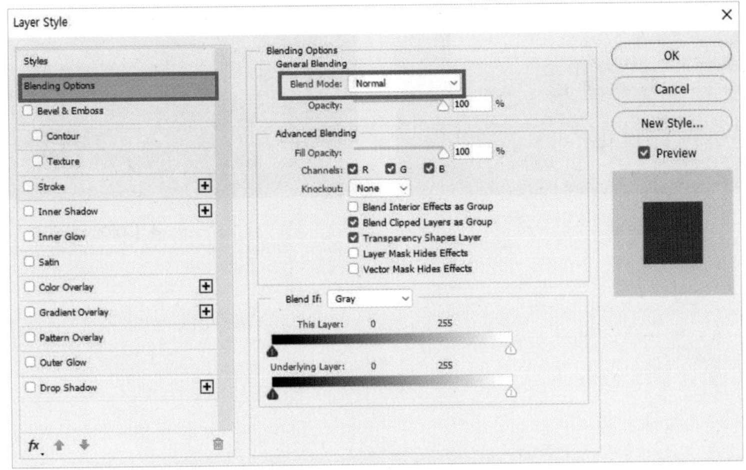


▲ [Layer Style] 대화상자의 블렌딩 모드

# 블렌딩 모드의 종류 알아보기

## Blending Mode(혼합 모드)

이미지의 색상을 혼합하는 블렌딩 모드의 종류는 매우 다양합니다. 블렌딩 모드별 특성이 존재하지만, 그 색상의 기준을 판단하기가 매우 어렵다고 볼 수 있습니다. 그렇기 때문에 실전 작업에서도 블렌딩 모드를 바로 변경해가며 이미지의 변화를 확인하는 것이 원하는 결과물을 얻는데 가장 정확하고 빠릅니다. 다음은 블렌딩 모드로 인해 이미지에 어떠한 변화가 일어나는지 확인해보겠습니다.

### 학습과제

[**예제 파일** : PART 01 Photoshop/3교시/blending-2.psd]

명도 및 채도 등 색상의 단계별로 이미지 합성이 어떠한 영향을 받는지 확인합니다.

▲ Normal

▲ Color Dodge

## Normal(표준)

기본 모드이며 이미지 색상 간의 아무런 영향을 주지 않습니다. 레이어 블렌딩 모드의 경우 불투명도(Opacity)를 조절하여 두 개의 이미지를 합성할 수 있습니다.

▲ Opacity 100%　　▲ Opacity 50%

## Dissolve(디졸브)

불투명도(Opacity)에 따라 픽셀 단위로 혼합 색상으로 대체합니다.

▲ Opacity 100%

▲ Opacity 50%

> **TIP**
>
> [Layers] 패널에서 블렌딩 모드를 선택한 후 키보드의 방향키를 누르면 블렌딩 모드의 종류를 빠르게 전환할 수 있습니다.

### Behind(배경)

레이어의 투명한 부분만 편집하거나 페인팅합니다. 레이어 블렌딩 모드에서는 없는 기능입니다.

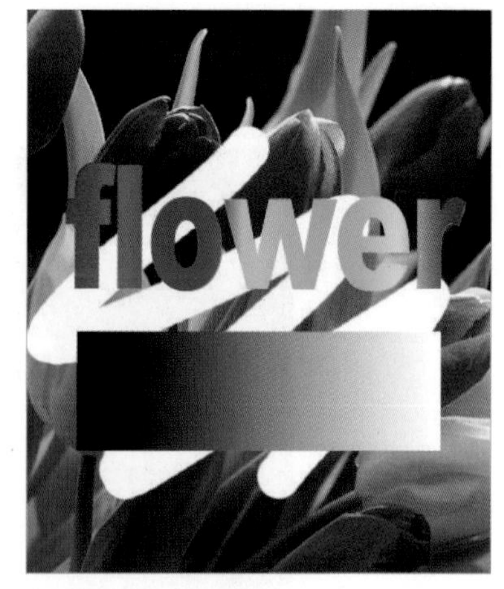


### Clear(지우기)

각 픽셀을 편집하거나 페인트칠하여 투명하게 만듭니다. 이 모드는 페인팅 관련 도구에서만 사용할 수 있습니다. [Eraser Tool] 기능과 유사합니다.

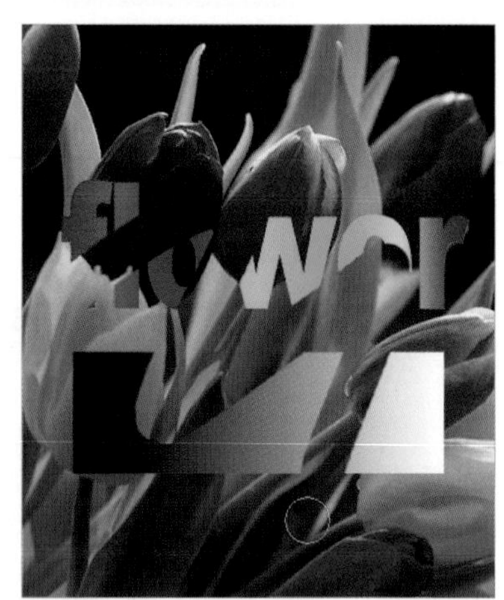

### Darken(어둡게 하기)

각 채널의 색상 정보를 기준으로 기본 색상이나 혼합 색상 중 더 어두운 색상을 결과 색상으로 선택합니다. 혼합 색상보다 밝은 픽셀은 대체되고 혼합 색상보다 어두운 픽셀은 변경되지 않습니다.

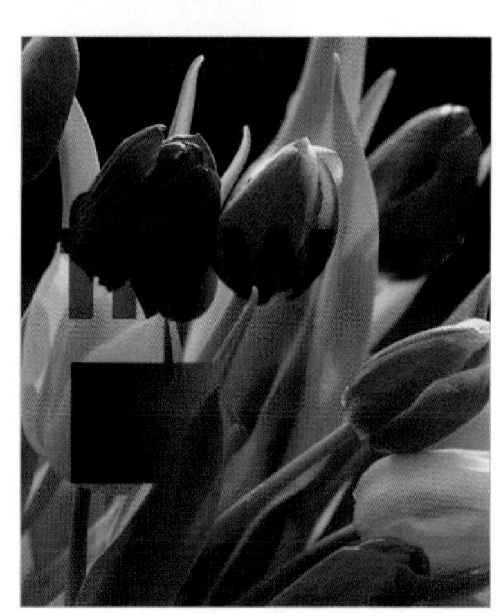

### Multiply(곱하기)

각 채널의 색상 정보를 기준으로 기본 색상과 혼합 색상을 곱합니다. 결과 색상은 항상 더 어두우며 어느 색상이든 검은색을 곱하면 검은색이 되고, 어느 색상이든 흰색을 곱하면 색상에 변화가 없습니다. 이 모드는 이미지에 여러 개의 마킹펜으로 그리는 것과 같은 효과입니다.

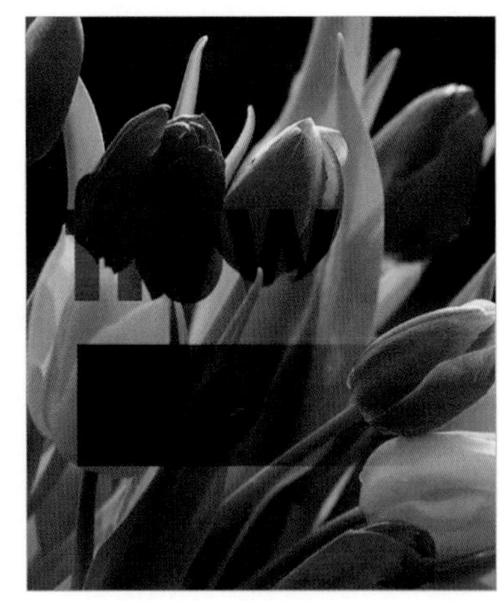

### Color Burn(색상 번)

각 채널의 색상 정보를 기준으로 두 채널 사이의 대비를 증가시켜서 기본 색상을 어둡게 하여 혼합 색상을 반영합니다. 흰색과 혼합하면 색상 변화가 없습니다.

### Linear Burn(선형 번)

각 채널의 색상 정보를 기준으로 명도를 감소시키고, 기본 색상을 어둡게 하여 혼합 색상을 반영합니다. 흰색과 혼합하면 색상 변화가 없습니다.

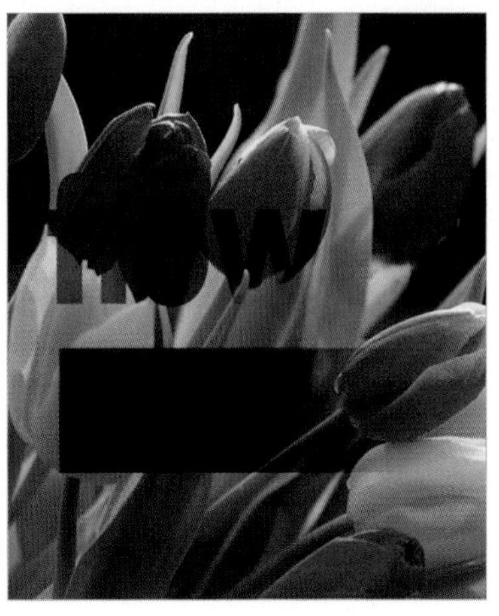

### Darker Color(어두운 색상)

혼합 색상과 기본 색상에 대한 모든 채널 값의 총합을 비교하고 더 낮은 값의 색상을 표시합니다. Darker Color는 제3의 새로운 색상을 생성하지 않습니다.

### Lighten(밝게 하기)

기본 색상이나 혼합 색상 중 더 밝은 색상을 결과 색상으로 선택합니다. 혼합 색상보다 어두운 픽셀은 대체되고 혼합 색상보다 밝은 픽셀은 변경되지 않습니다. 이미지가 밝아지는 효과가 나타납니다.

### Screen(스크린)

혼합 색상과 기본 색상의 반전 색을 곱합니다. 결과 색상은 항상 더 밝은 색상이 됩니다. 검은색일 경우 색상에 변화가 없고, 흰색일 경우 흰색이 우선이 됩니다. 이 모드는 여러 장의 사진 슬라이드를 서로 포개서 투영하는 것과 유사한 효과를 냅니다.

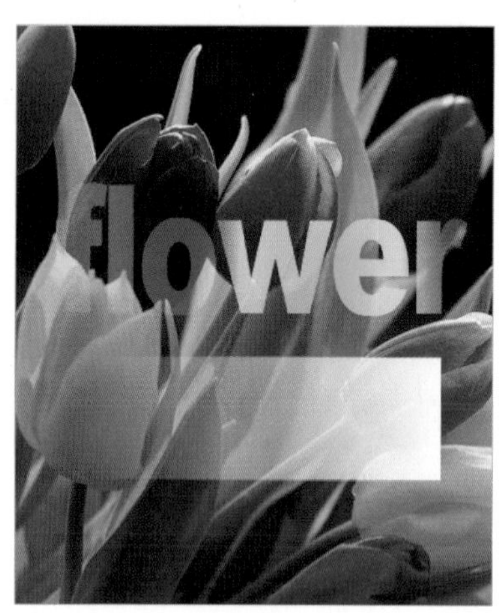

### Color Dodge(색상 닷지)

두 채널 사이의 대비를 감소시켜서 기본 색상을 밝게 하여 혼합 색상을 반영합니다. 검은색과 혼합하면 색상 변화가 없습니다.

### Linear Dodge(Add)(선형 닷지)

명도를 증가시켜 기본 색상을 밝게 하여 혼합 색상을 반영합니다. 검은색 영역은 색상 변화가 없습니다.

### Lighter Color(밝은 색상)

혼합 색상과 기본 색상에 대한 모든 채널 값의 총합을 비교하고 더 높은 값의 색상을 표시합니다. Lighter Color는 제3의 새로운 색상을 생성하지 않으며, 결과 색상을 만들기 위해 기본 색상과 혼합 색상 중 가장 높은 채널 값을 선택하기 때문에 Lighten 블렌딩 모드 효과로 만들어질 수 있습니다.

### Overlay(오버레이)

기본 색상에 따라 색상을 곱하거나 스크린합니다. 패턴이나 색상은 기본 색상의 밝은 영역과 어두운 영역을 보존하면서 기존 픽셀 위에 겹칩니다. 기본 색상은 대체되지 않고 혼합 색상과 섞여 원래 색상의 밝기와 농도를 반영합니다.

### Soft Light(소프트 라이트)

혼합 색상에 따라 색상을 어둡게 하거나 밝게 하여 이미지에 확산된 집중 조명을 비추는 것과 같은 효과를 냅니다. 혼합 색상(광원)이 50% 회색보다 밝으면 이미지는 Dodge한 것처럼 밝아지고, 혼합 색상이 50% 회색보다 더 어두우면 이미지는 Burn 한 것처럼 어두워집니다. 순수한 검은색이나 흰색으로 칠하면 더 밝거나 더 어두운 영역이 뚜렷이 나타나지만 순수한 검은색이나 흰색이 되지는 않습니다.

### Hard Light(하드 라이트)

혼합 색상에 따라 색상을 곱하거나 스크린합니다. 이미지에 강한 집중 조명을 비추는 효과를 냅니다. 혼합 색상(광원)이 50% 회색보다 밝으면 이미지는 Screen 한 것처럼 밝아집니다. 이 모드는 이미지에 밝은 영역을 추가하는 데 유용하며 혼합 색상이 50% 회색보다 어두우면 이미지는 곱한 것처럼 어두워집니다. 이 모드는 이미지에 어두운 영역을 추가하는 데 유용하며 순수한 검은색이나 흰색으로 페인트칠하면 순수한 검은색이나 흰색이 됩니다.

### Vivid Light(선명한 라이트)

혼합 색상에 따라 대비를 증가 또는, 감소시켜 색상을 Burn하거나 Dodge합니다. 혼합 색상(광원)이 50% 회색보다 밝으면 대비를 감소시켜 이미지를 밝게 하고, 혼합 색상이 50% 회색보다 어두우면 대비를 증가시켜 이미지를 어둡게 합니다.

### Linear Light(선형 라이트)

혼합 색상에 따라 명도를 증가 또는, 감소시켜 색상을 Burn하거나 Dodge합니다. 혼합 색상(광원)이 50% 회색보다 밝으면 명도를 증가시켜 이미지를 밝게 하고, 혼합 색상이 50% 회색보다 어두우면 명도를 감소시켜 이미지를 어둡게 합니다.

### Pin Light(핀 라이트)

혼합 색상에 따라 색상을 대체합니다. 혼합 색상(광원)이 50% 회색보다 밝으면 혼합 색상보다 어두운 픽셀은 대체되고 혼합 색상보다 밝은 색상은 변화가 없습니다. 혼합 색상이 50% 회색보다 어두우면 혼합 색상보다 밝은 픽셀은 대체되고 혼합 색상보다 어두운 색상은 변화가 없습니다. 이 모드는 이미지에 특수 효과를 추가하는 데 유용하게 사용할 수 있습니다.

### Hard Mix(하드 혼합)

혼합 색상의 빨강, 녹색, 파랑 채널 값을 기본 색상의 RGB 값에 추가합니다. 채널의 결과 합계가 255 이상이면 255 값을 받고 255 미만이면 0 값을 받습니다. 따라서 모든 혼합 픽셀의 빨강, 녹색, 파랑 채널 값은 0 또는, 255입니다. 그러면 모든 픽셀이 기본 가색(빨강, 녹색 또는 파랑), 흰색 또는, 검은색으로 변경됩니다.

### Difference(차이)

기본 색상과 혼합 색상 중, 명도 값이 더 큰 색상에서 다른 색상을 뺍니다. 흰색과 혼합하면 기본 색상 값이 반전되고 검은색과 혼합하면 색상 변화가 없습니다.

### Exclusion(제외)

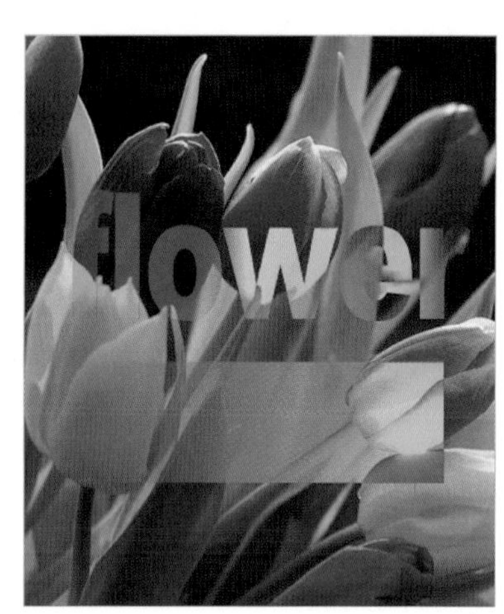


Difference 모드와 비슷하지만, 대비가 더 낮은 효과를 나타냅니다. 흰색과 혼합하면 기본 색상 값이 반전되고, 검은색과 혼합하면 색상 변화가 없습니다.

### Subtract(빼기)

기본 색상에서 혼합 색상을 뺍니다. 8비트 및 16비트 이미지에서는 결과로 산출된 음수 값이 0으로 클리핑됩니다.

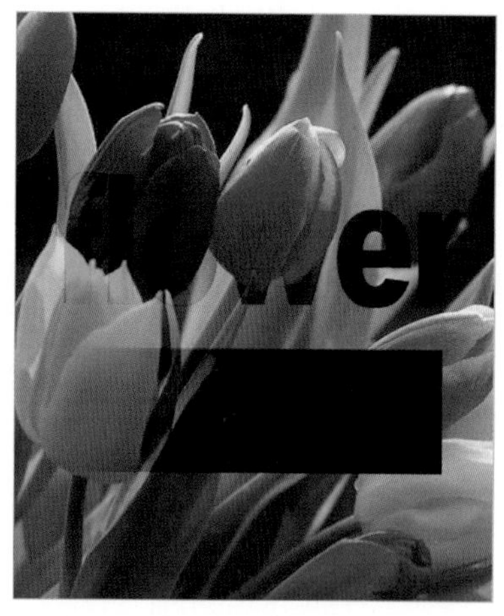

### Divide(나누기)

기본 색상에서 혼합 색상을 나눕니다.

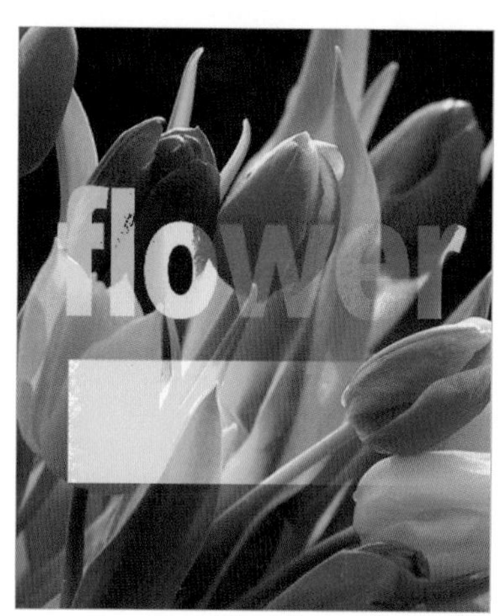


### Hue(색조)

기본 색상의 광도와 채도 및 혼합 색상의 색조로 색상 혼합합니다.

### Saturation(채도)

기본 색상의 광도와 색조 및 혼합 색상의 채도로 색상을 혼합합니다. 이 모드를 사용하여 채도가 0인 영역(회색)을 페인트칠하면 색상 변화가 일어나지 않습니다.

### Color(색상)

기본 색상의 광도 및 혼합 색상의 색조와 채도로 결과 색상을 만듭니다. 이 모드는 이미지의 회색 레벨을 유지하며 단색 이미지에 색상을 칠하고 컬러 이미지에 색조를 적용할 때 유용합니다.

### Luminosity(광도)

기본 색상의 색조와 채도 및 혼합 색상의 광도로 색상을 혼합합니다. 이 모드는 Color 모드의 반대 효과를 냅니다.

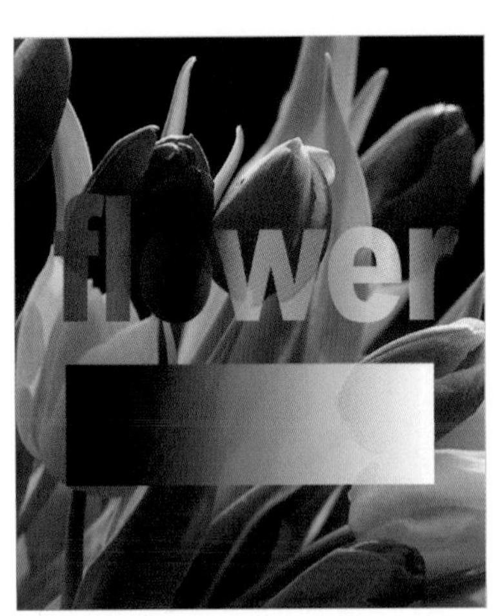

# 포토샵 채널 알아보기

## Color Channel(색상 채널), Alpha Channel(알파 채널), Spot Channel(스폿 채널)

채널(Channel)은 이미지가 가지고 있는 모든 색상 정보와 새로운 정보를 추가하여 저장하고 관리할 수 있는 기능입니다. 포토샵 기능 중 가장 어렵다고 할 수 있는 영역입니다. 레이어 및 기타 기능들이 많이 좋아지면서 채널의 사용 빈도수가 줄고 있지만 무한한 새로운 효과를 만들어낼 수 있는 기능을 가지고 있습니다.

[**예제 파일** : PART 01 Photoshop/3교시/makeup-1~3.jpg]

### 학습과제

채널의 의미를 이해하고 선택 영역을 저장하는 알파 채널을 만들어보겠습니다.

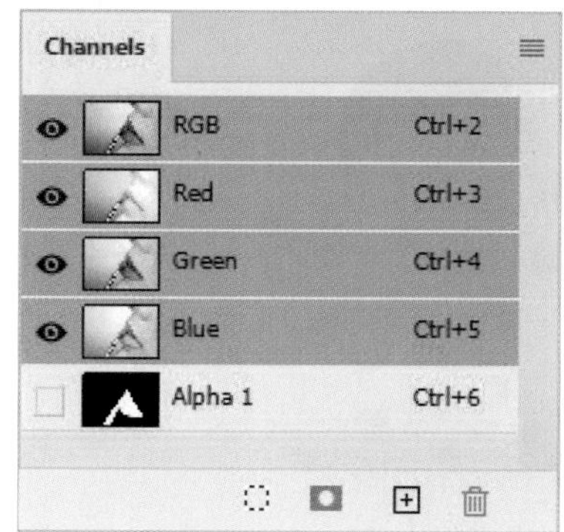

## 01 : [Channels] 패널의 개요

[Channels] 패널은 기본 정보 및 새로운 정보를 기록하거나 관리할 수 있는 공간입니다. [Channels] 패널의 구조는 이미지 기본 색상에 대한 정보를 보여주는 색상 채널(Color Channel)과 별색 출력을 위한 스폿 채널(Spot Channel), 선택 영역의 저장 및 편집을 위한 알파 채널(Alpha Channel)로 구성되어 있습니다. 기본적으로 여러 가지 유형의 정보를 회색의 음영 이미지로 저장합니다.

채널(Channel)의 가장 큰 장점은 알파 채널로부터 얻어지는 폭넓은 활용입니다. 채널을 이해하고 응용할 수 있다면 이미지에 더욱더 창조적이고 다양한 합성 및 효과를 표현할 수 있습니다.

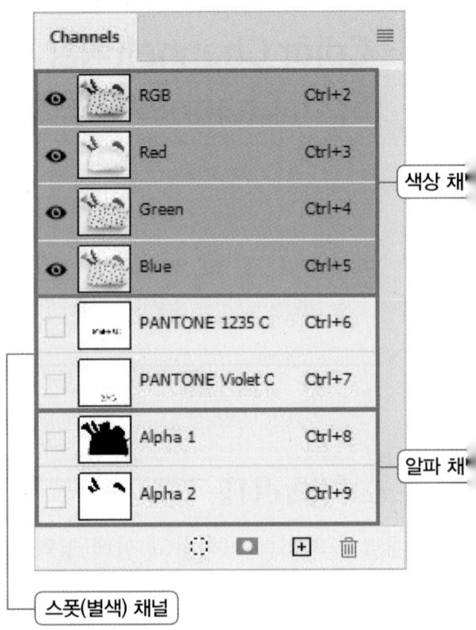

## 02 : Color Channel(색상 채널)

이미지가 가지고 있는 기본 색상 정보를 표시하는 채널입니다. 새 이미지를 열면 자동으로 색상 정보 채널이 만들어진다. 색상 채널은 이미지의 컬러 모드에 따라 달라지며 RGB 모드의 이미지는 'Red' 채널, 'Green' 채널, 'Blue' 채널과 합성 채널이 기본적으로 구성되어 있습니다. CMYK 모드는 'Cyan' 채널, 'Magenta' 채널, 'Yellow' 채널, 'Black' 채널과 합성 채널로 구성되어 있습니다. 즉 이 채널들이 합쳐져 하나의 완성된 이미지가 눈으로 보이게 됩니다.

### RGB 색상 모드일 때 채널의 구성

'RGB' 혼합 채널과 'Red, Green, Blue' 채널로 구성되어 있습니다.

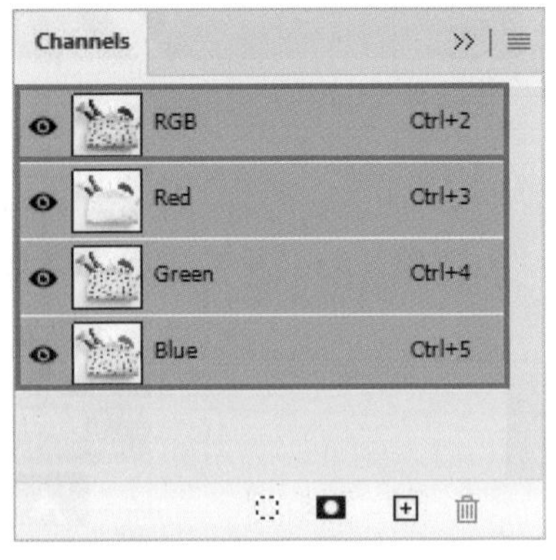

### CMYK 색상 모드일 때 채널의 구성

'CMYK' 혼합 채널과 'Cyan, Magenta, Yellow, Black' 채널로 구성되어 있습니다.

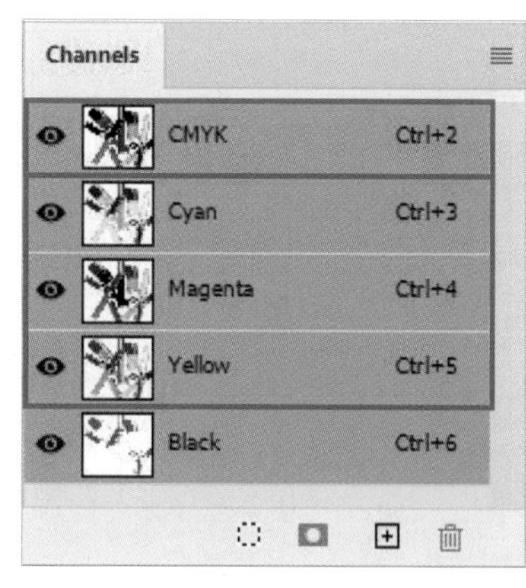


### 'Magenta' 채널만 선택하였을 때 모습

각 색상별 채널을 선택하면 회색톤으로 표시됩니다. 그림과 같이 'Magenta' 채널만 선택하면 전체 색상 중 Magenta 색상의 농도 분포도를 확인할 수 있습니다. 짙은 회색일수록 색상의 농도가 높은 것을 의미합니다.

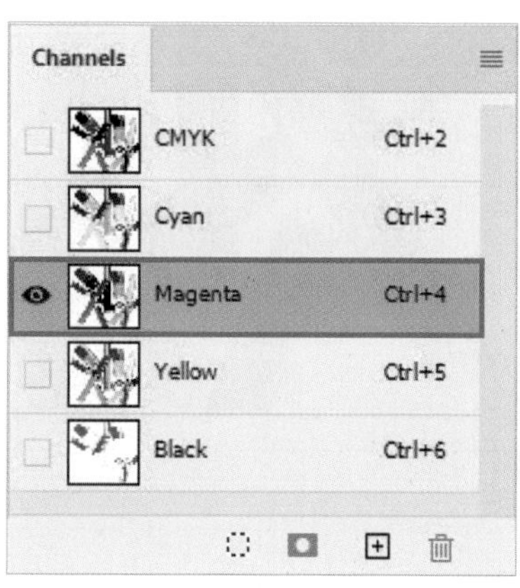

## MEMO 각각 채널을 색상으로 표시하기

각각 채널의 직관성을 높여주기 위해 채널을 색상별로 표시할 수 있습니다. [Edit] 〉 [Preferences] 〉 [Interface] 메뉴를 클릭하고 [Preference] 대화상자의 [Interface]에서 [Options]의 [Show Channels in Color]를 체크합니다.

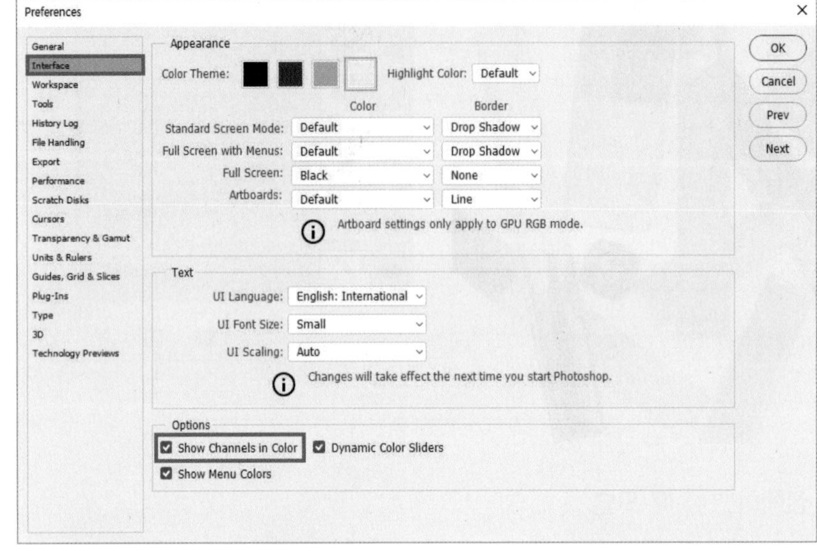

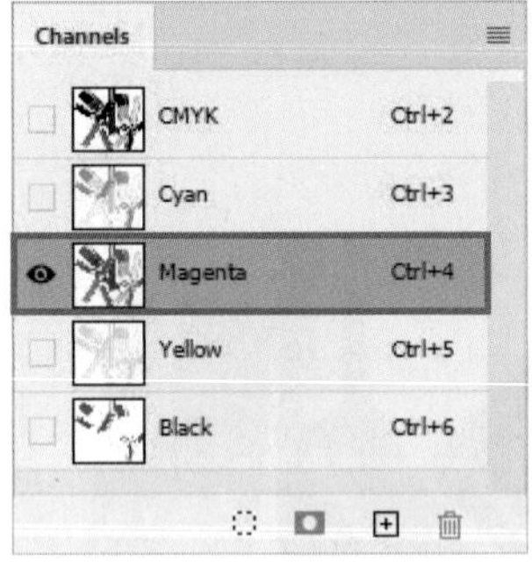


▲ [Show Channels in Color]가 적용된 모습

## 03 : Spot Channel(스폿 채널)

스폿 채널(Spot Channel)은 별색 채널로 기본 색상 외에 별도의 색상을 지정하는 채널입니다. 예를 들어, 인쇄에 관련하여 CMYK 이미지를 출력 시 CMYK 색상으로 표현하지 못하는 금색, 은색 등과 특수 색상을 출력할 때 스폿 채널을 사용합니다.

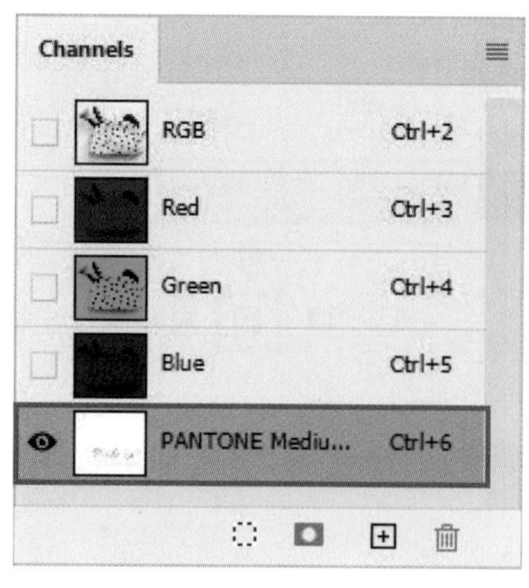


## 04 : Alpha Channel(알파 채널)

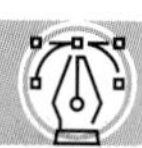

채널의 핵심 기능 중의 하나는 회색 음영의 알파 채널(Alpha Channel)입니다. 알파 채널은 선택 영역을 영구히 저장할 수 있으며 알파 채널에 저장된 선택 영역의 모양을 다양하게 편집하여 이미지에 적용할 수 있는 장점이 있습니다. 또한 알파 채널은 마스크와 연관된 기능으로 퀵 마스크 모드(Quick Mask Mode)를 사용하거나 레이어 마스크(Layer Mask)를 적용할 때도 [Channels] 패널에 알파 채널이 생성됩니다. 즉 알파 채널은 이미지의 일부분에 효과를 적용하는 영역과 보호하는 영역을 분리시키는 기능의 채널이라 할 수 있습니다.

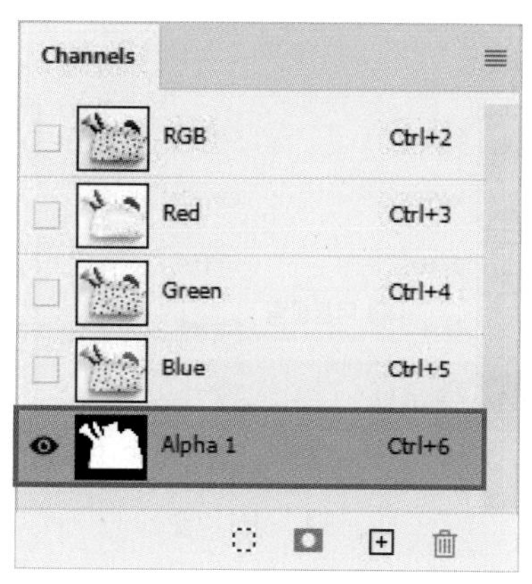

### 알파 채널 만들기

**1** [Channels] 패널에서 [Create new channel](⊞)을 클릭하면 새로운 'Alpha 1' 채널이 추가됩니다.

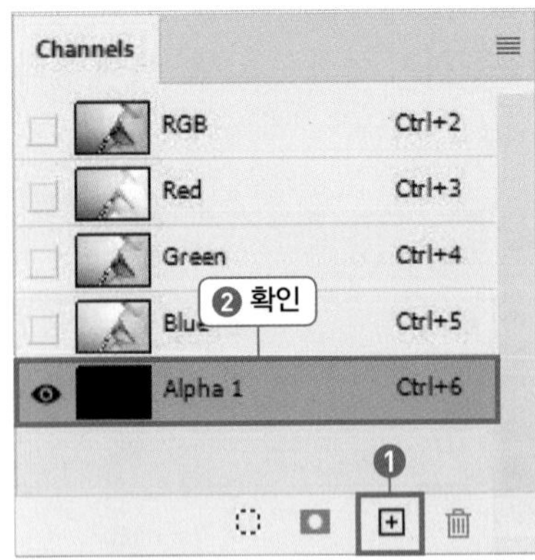


**2** 채널의 이름을 더블클릭하면 그림과 같이 활성화되면서 다른 이름으로 변경할 수 있습니다.

**3** 채널의 글자 오른쪽 영역을 더블클릭하거나 [Channels] 패널의 메뉴에서 [Channel Options]를 선택하면 [Channel Options] 대화상자가 나타납니다. 채널의 이름 변경 및 알파 채널의 특성을 [Masked Areas](마스크 영역) 또는 [Selected Area](선택 영역), [Spot Area](스폿 채널)로 설정할 수 있습니다.

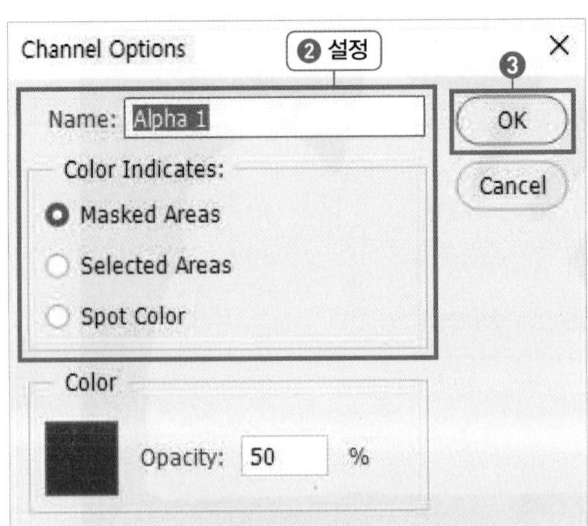

## 선택 영역을 알파 채널로 저장하기

**1** [Channels] 패널에서 [Save selection as channel]( )을 클릭하면 선택 영역을 알파 채널로 만들어 줍니다.

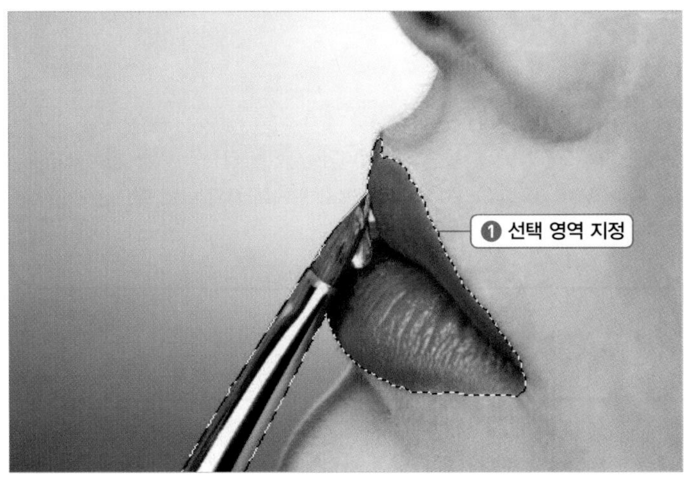

**2** 저장된 선택 영역을 불러올 때는 [Channels] 패널에서 'Alpha 1' 채널을 선택한 후 [Load channel as selection]( )으로 드래그합니다.

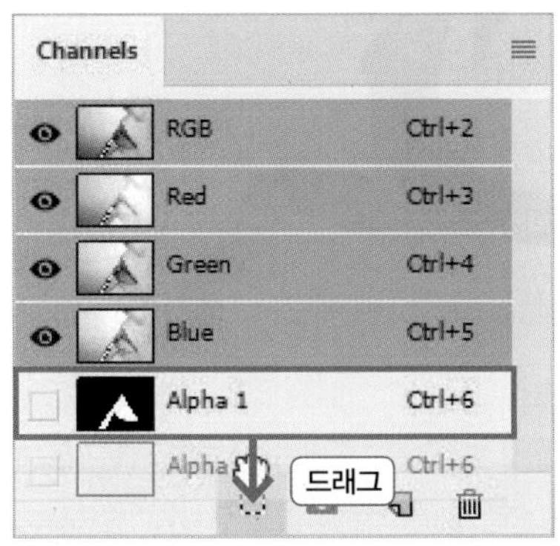


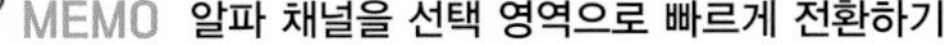

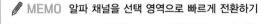

**MEMO 알파 채널을 선택 영역으로 빠르게 전환하기**

알파 채널 또는, 기타 채널을 빠르게 선택 영역으로 불러올 수 있습니다. Ctrl을 누른 채 해당 채널로 이동하면 아이콘에 사각형 모양이 표시되며 이때 클릭하면 선택 영역이 표시됩니다.

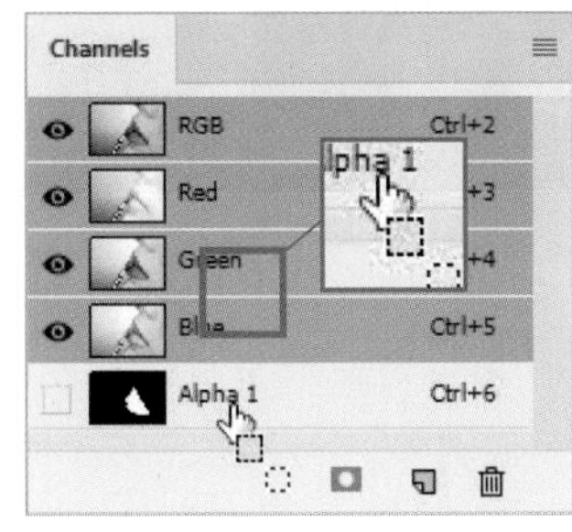

# 필터 한방으로 화려한 효과주기

## Filter(필터)

필터는 사진 및 이미지를 화려하게 또는 특별한 모습으로 만들어주는 기능입니다. 사진을 그림과 같이 변경하고 이미지를 변형하거나 다양한 효과 및 합성을 위해 많이 사용됩니다. 다음 과정에서 필터의 사용 방법 및 대표적인 기능에 관해 확인해보겠습니다.

[**예제 파일** : PART 01 Photoshop/3교시/filter-1~5.jpg]

### 학습과제

필터를 활용하여 이미지에 다양한 효과를 적용해보겠습니다.

## 01 : 스마트 필터 적용 방법

스마트 필터를 사용하면 수정과 편집을 자유롭게 할 수 있습니다.

**1** [Filter] 메뉴에서 선택하면 됩니다. [Filter] 메뉴 맨 위쪽은 바로 전에 적용하였던 필터를 다시 적용하는 기능으로 단축키 Alt+Ctrl+F를 눌러 활용합니다.

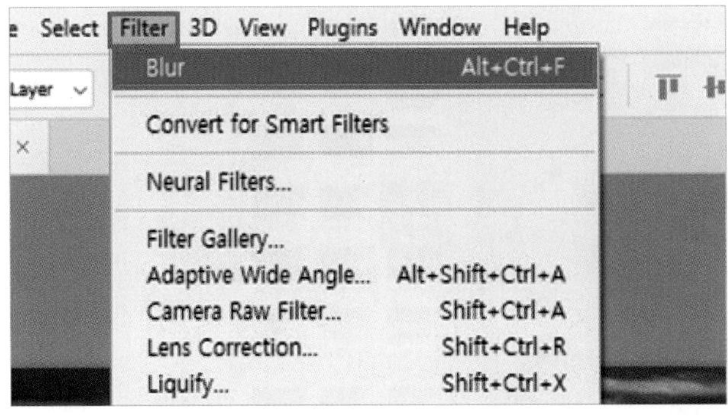


◀ 이전에 마지막으로 Blur 필터를 사용한 모습

**2** [Convert for Smart Filters](스마트 필터)는 원본 이미지를 훼손하지 않고 필터를 적용할 수 있습니다. [Convert for Smart Filters]를 적용하면 레이어가 스마트 오브젝트로 변경되어 필터 효과를 적용 후에도 원본 이미지로 다시 돌아가 처음부터 다시 편집할 수 있습니다.

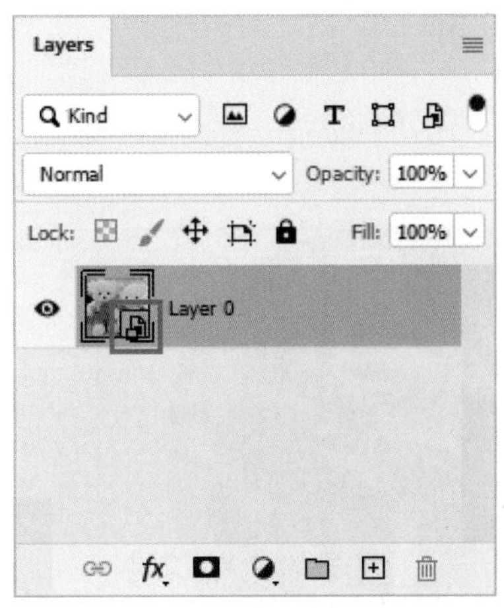


**3** 스마트 필터를 전환하여 적용하면 사용된 필터 리스트가 표시되며 레이어 마스크 기능도 함께 사용할 수 있습니다.

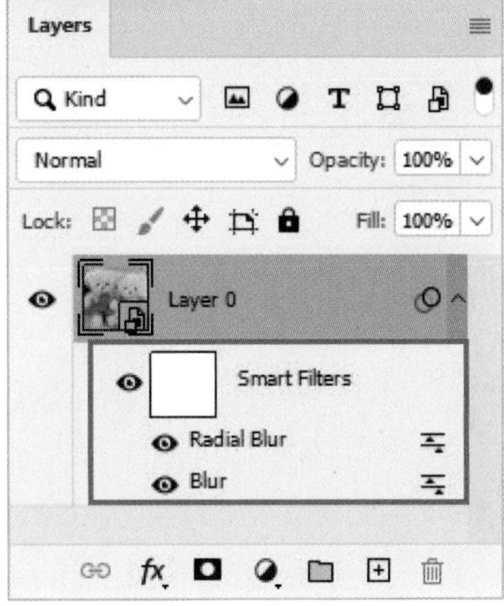

## 02 : 예술 효과 및 카메라 렌즈 필터

예술적 효과를 적용할 수 있는 필터 갤러리와 카메라 렌즈와 관련된 사진 보정 필터가 있습니다.

**1** [Filter Gallery](필터 갤러리)는 마치 사진을 손으로 그린 것처럼 회화적인 효과를 적용할 수 있는 필터들을 모아놓은 곳입니다. 두 개 이상의 필터를 중복 적용할 수 있습니다.

**2** [Adaptive Wide Angle](응용 광각)은 이미지에 어안 렌즈나 광각 렌즈 효과를 적용하거나 반대로 보정할 수 있는 기능의 필터입니다.

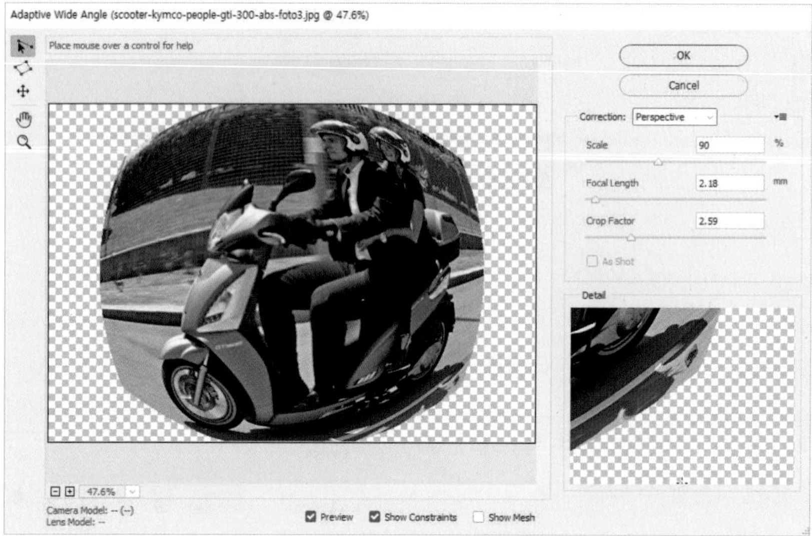

**3** [Camera Raw Filter](Camera Raw 필터)는 카메라의 RAW 파일의 촬영 환경 설정을 보정하거나 편집하는 필터입니다. 또한, 일반 사진 파일인 JPG 포맷의 파일도 동일하게 적용할 수 있어 많이 사용합니다. 사진을 위한 보정 작업이라면 사진의 밝기, 노출, 화이트 밸런스, 색상 톤 등 보정 및 편집 시 사용하기 수월하기 때문에 [Image] 〉 [Adjustments] 메뉴의 기능들을 이용하는 것보다 훨씬 효과적입니다.

**4** [Lens Correction](렌즈 교정)은 카메라의 광각 및 망원 등 렌즈로 인해 발생한 왜곡 현상 및 비네팅, 색수차를 보정해주는 기능의 필터입니다. 촬영 시 수평이 맞지 않거나 기울어진 건물 배경을 쉽게 보정할 수 있습니다.

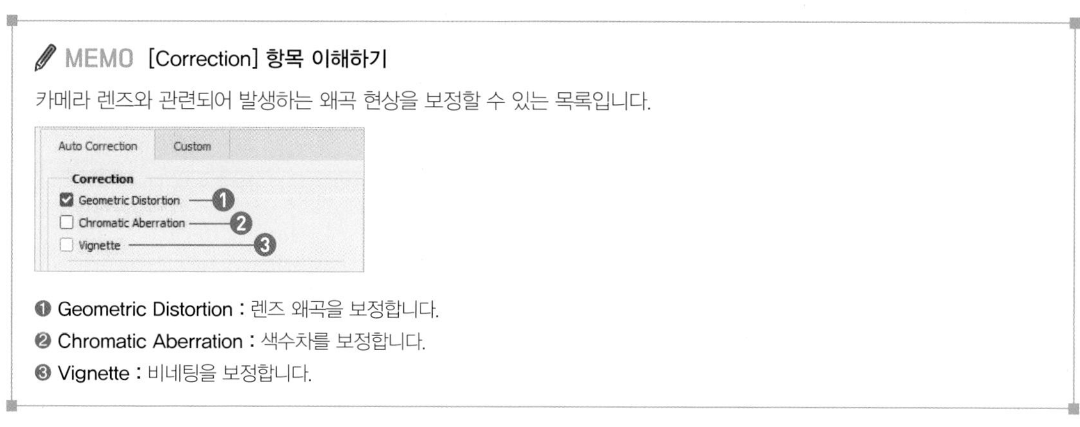

**MEMO [Correction] 항목 이해하기**

카메라 렌즈와 관련되어 발생하는 왜곡 현상을 보정할 수 있는 목록입니다.



❶ Geometric Distortion : 렌즈 왜곡을 보정합니다.
❷ Chromatic Aberration : 색수차를 보정합니다.
❸ Vignette : 비네팅을 보정합니다.

**5** [Liquify](픽셀 유동화)는 이미지의 특정 영역을 왜곡시켜주는 기능의 필터입니다. 특히 인물의 얼굴 형태 및 눈, 코, 입과 체형 변형 및 수정에 많이 사용되는 필터입니다.

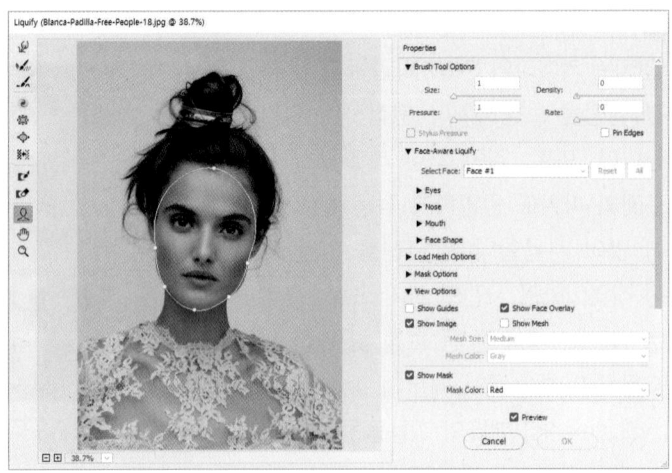


**6** [Vanishing Point](소실점)는 3D 이미지 및 원근감이 있는 평면에 맞게 이미지를 교정하여 복사할 때 편집할 수 있는 필터입니다. 먼저 적용할 면을 설정한 후 이미지를 복사하여 편집합니다.

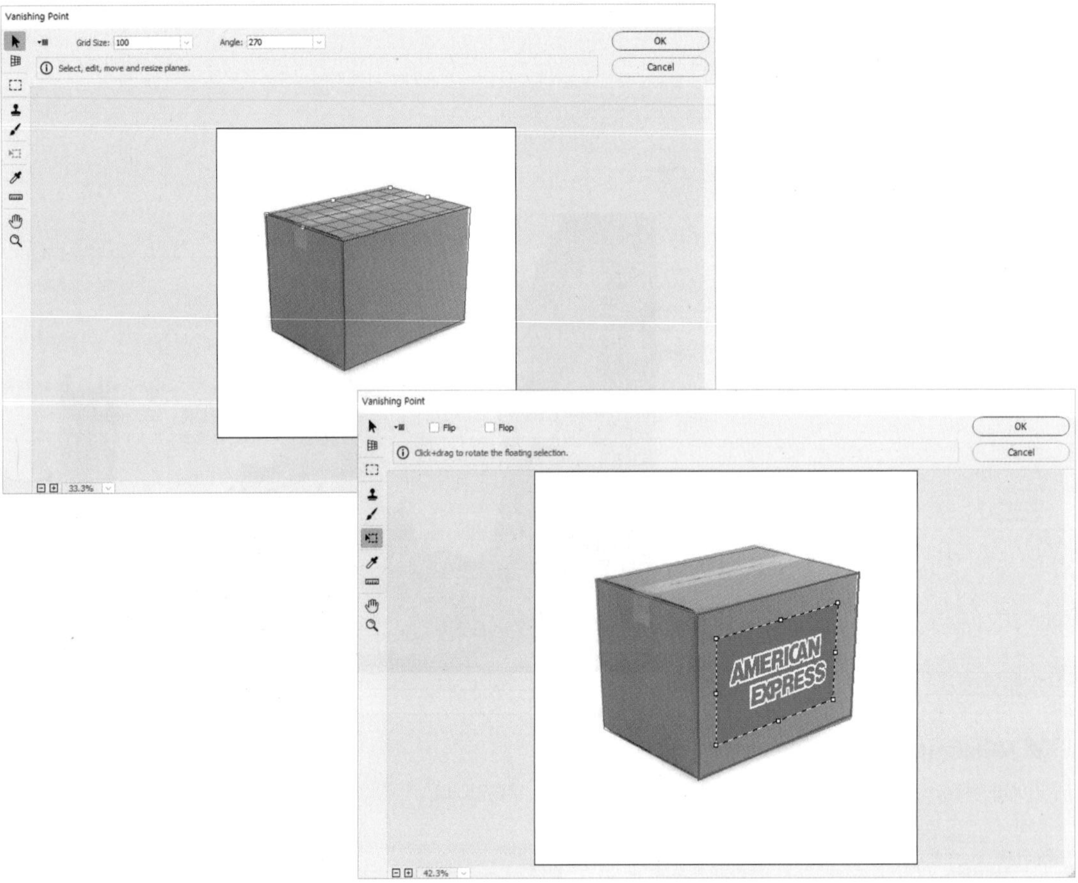

## 03 : Blur - 흐림 효과

많이 사용되는 필터로 다양한 흐림 효과를 적용할 수 있습니다.

- Average
- Blur
- Blur More
- Box Blur...
- Gaussian Blur...
- Lens Blur...
- Motion Blur...
- Radial Blur...
- Shape Blur...
- Smart Blur...
- Surface Blur...

**1** [Gaussian Blur](가우시안 흐림 효과)는 흐림 효과의 대표 필터로 선택된 영역 전체에 균일하게 적용됩니다.

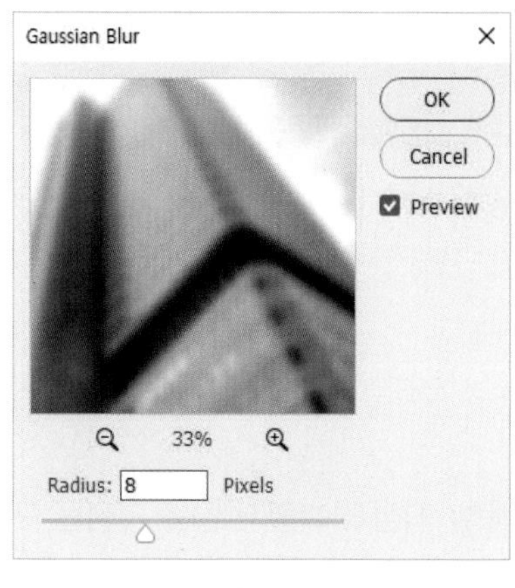

**2** [Motion Blur](동작 흐림 효과)는 한 방향으로 흔들렸을 때의 흐림 효과입니다.

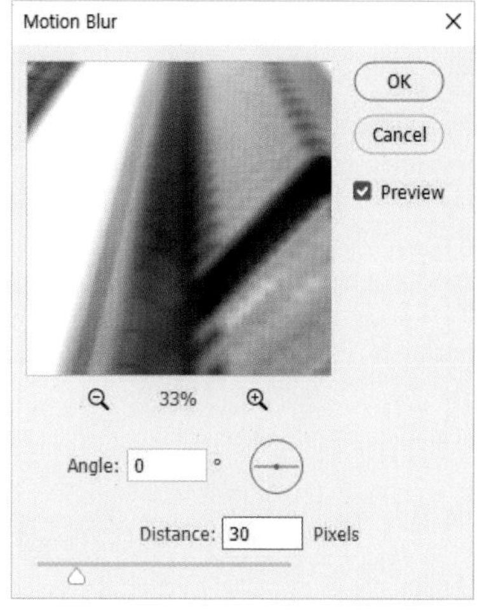

**3** [Radial Blur](방사형 흐림 효과)는 이미지를 회전 또는, 확대하였을 때 흔들린 형태의 흐림 효과입니다.

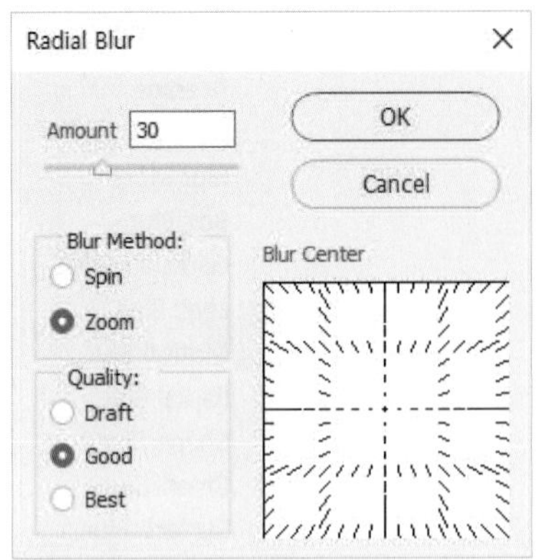

## 04 : Blur Gallery – 흐림 효과 갤러리

아웃포커스 및 보케 효과와 같이 구간 및 영역별로 지정하여 흐림 효과를 적용할 수 있습니다.

**1** [Field Blur](필드 흐림 효과)는 포인트를 추가하여 흐림 효과가 적용할 지점과 그렇지 않은 지점을 구분하여 아웃포커스를 효과를 적용할 수 있는 필터입니다. 또한, [Effects]에서 보케 효과를 추가로 적용할 수 있습니다.

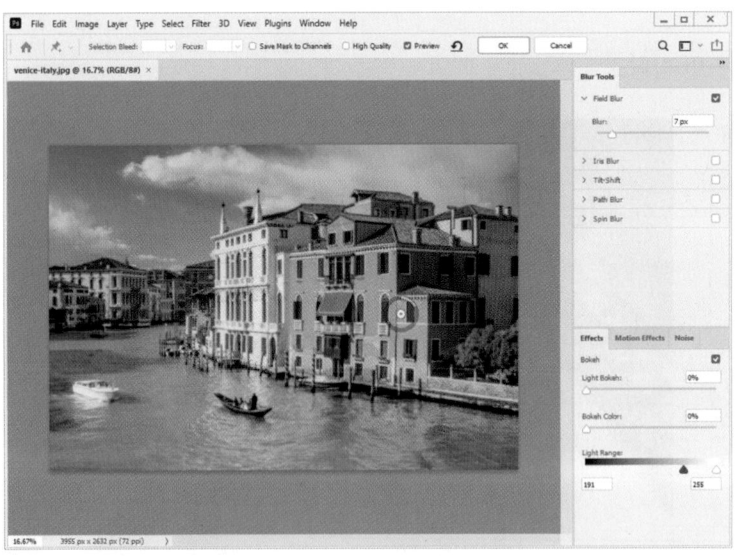

**2** [Iris Blur](조리개 흐림 효과)는 원형의 형태로 흐림 효과를 적용할 수 있는 필터입니다.

**3** [Tilt-Shift](기울기-이동 효과)는 수평 방향으로 구간별 흐림 효과를 적용하여 피사계심도 표현이 가능한 흐림 효과 필터입니다.

**4** [Path Blur](경로 흐림 효과)는 곡선을 모양의 방향으로 흐림 효과를 적용할 수 있습니다.

레이어 작업을 이용하여 다음과 같이 원하는 부위만 흐림 효과를 적용할 수 있습니다.

**5** [Spin Blur](회전 흐림 효과)는 회전시켜 흐림 효과를 적용합니다. 비슷한 효과의 [Radial Blur] 필터보다 사용하기 쉽고 매우 상세하게 조절이 가능합니다.

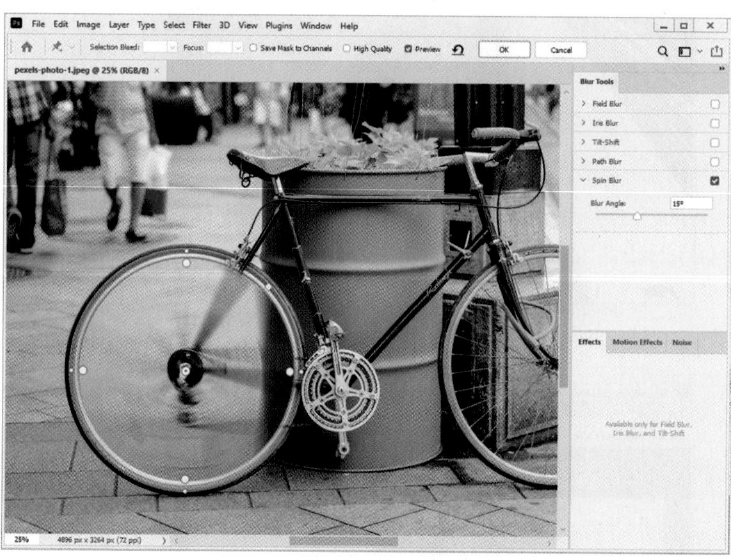

## 05 : Distort – 이미지의 왜곡

이미지를 다양하게 왜곡시키는 필터들이 모여 있습니다.

Displace...
Pinch...
Polar Coordinates...
Ripple...
Shear...
Spherize...
Twirl...
Wave...
ZigZag...

**1** [Spherize](구형화)는 이미지를 볼록 또는, 오목하게 변형시켜주는 필터입니다.

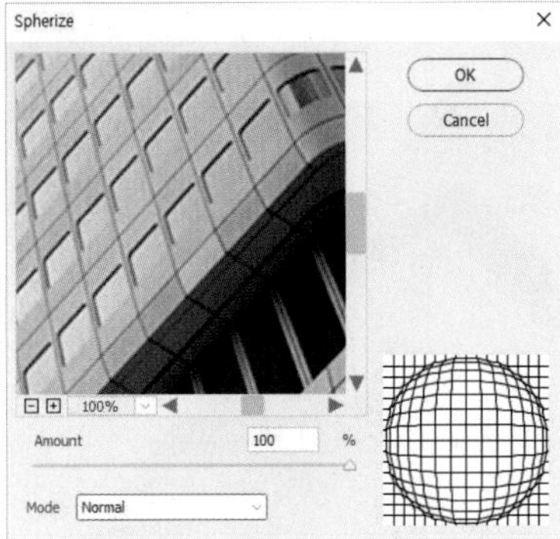

**2** [Twirl](돌리기)은 이미지를 회전하여 비틀어주는 효과의 필터입니다.

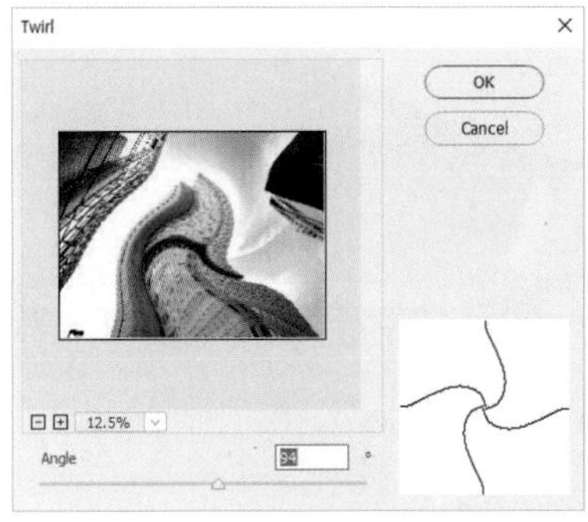

## 06 : Noise - 노이즈 효과

이미지에 노이즈를 적용하여 거친 효과를 적용하는 필터들입니다.

- Add Noise...
- Despeckle
- Dust & Scratches...
- Median...
- Reduce Noise...

**1** [Add Noise](노이즈 추가)는 노이즈 필터 종류의 대표 필터로 이미지에 거친 입자를 추가합니다.

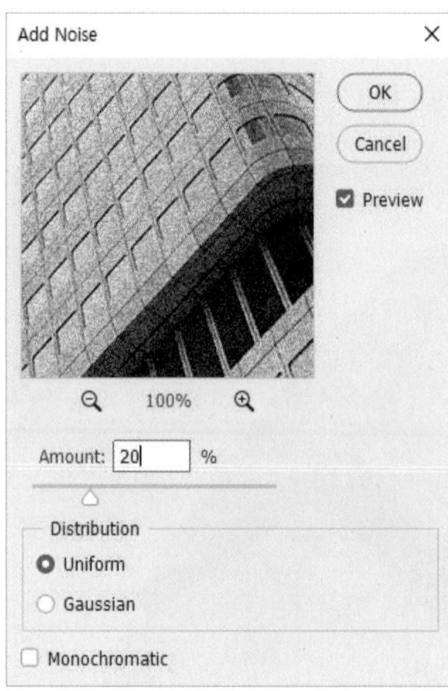

**2** [Dust & Scratches](먼지와 스크레치)는 사진의 먼지와 같은 잡티나 스크래치 등과 같이 입자가 거친 이미지의 표면을 완화시켜주는 필터입니다.

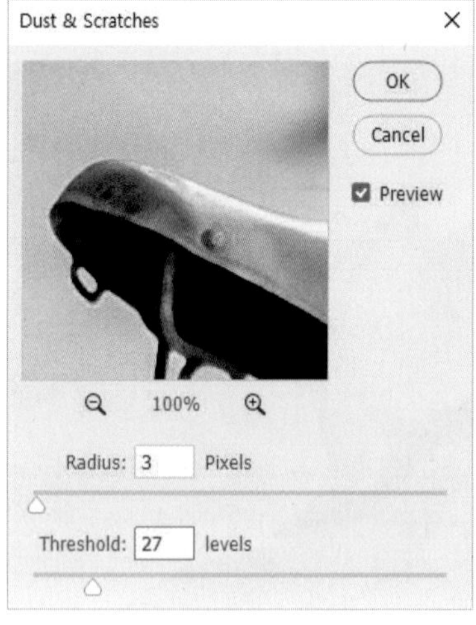

## 07 : Pixelate – 픽셀의 변형 효과

이미지의 픽셀의 다양한 형태로 변형시켜주는 필터입니다.

Color Halftone...
Crystallize...
Facet
Fragment
Mezzotint...
Mosaic...
Pointillize...

**1** [Color Halftone](색상 하프톤)은 인쇄물의 망점 효과를 적용하는 필터입니다.

Color Halftone

Max. Radius: 8 (Pixels)

Screen Angles (Degrees):

Channel 1: 108

Channel 2: 162

Channel 3: 90

Channel 4: 45

OK

Cancel

**2** [Mosaic](모자이크)는 모자이크 효과를 적용하는 필터입니다.

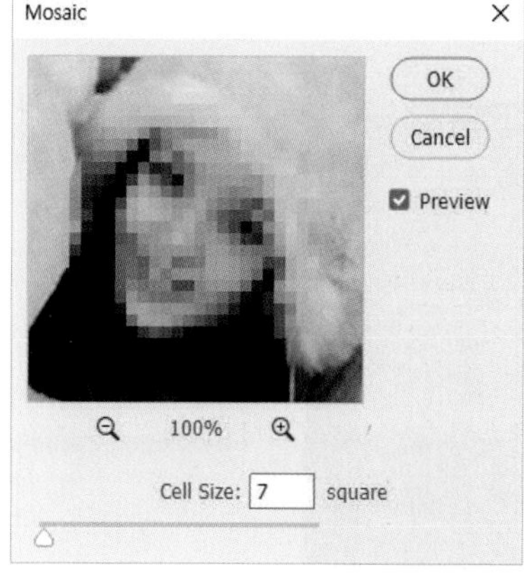

## 08 : Render – 구름 및 조명 효과

프레임과 나무 이미지를 만들 수 있습니다. 또한 구름 및 조명 효과를 추가할 수 있습니다.

Flame...
Picture Frame...
Tree...

Clouds
Difference Clouds
Fibers...
Lens Flare...
Lighting Effects...

**1** [Lens Flare](렌즈 플레어)는 역광 촬영 시 빛이 들어오는 렌즈 플레어 효과를 적용하는 필터입니다. 렌즈에 따라 선택하여 적용할 수 있습니다.

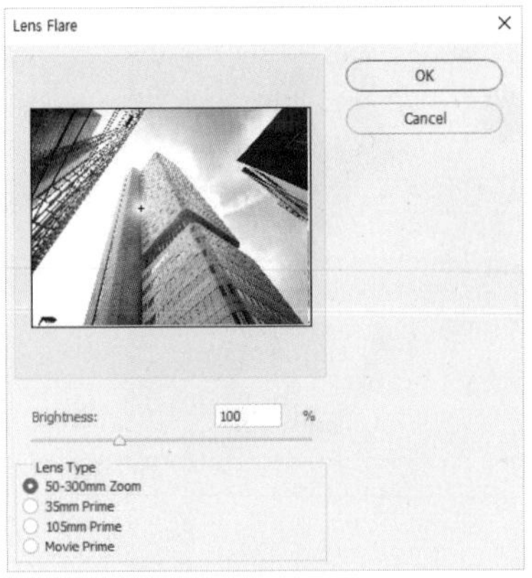

**2** [Light Effects](조명 효과)는 이미지에 조명 효과를 적용하는 필터입니다. 하나 이상의 조명을 설치하여 사용할 수 있습니다.

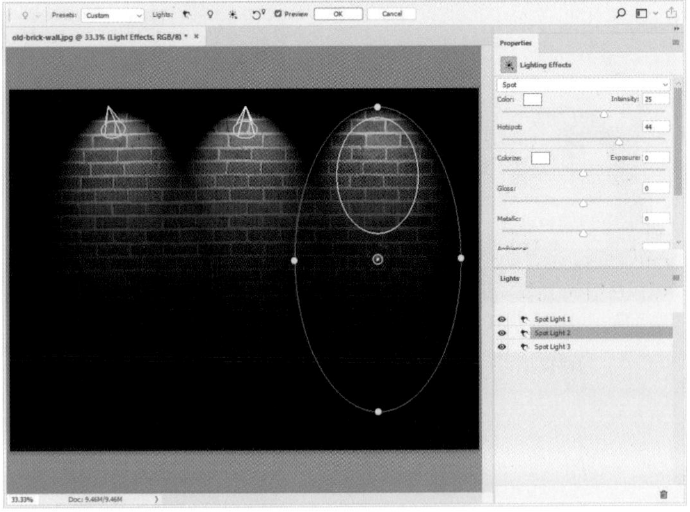

## 09 : Sharpen – 선명 효과

이미지의 선명도를 조절합니다.

- Shake Reduction...
- Sharpen
- Sharpen Edges
- Sharpen More
- Smart Sharpen...
- Unsharp Mask...

**1** [Shake Reduction](흔들기 감소)은 흔들린 사진을 보정하는 필터입니다.

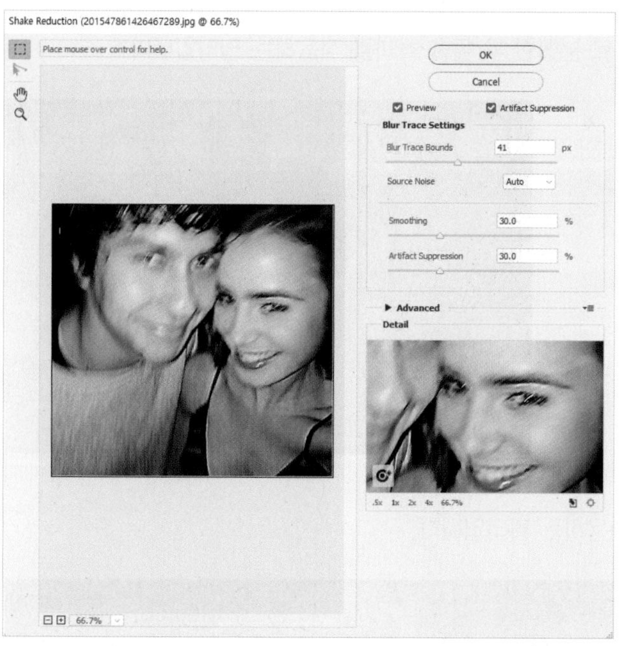


**2** [Unsharp Mask](언샵 마스크)는 이미지의 선명도를 직접 확인하면서 조절하는 필터입니다.

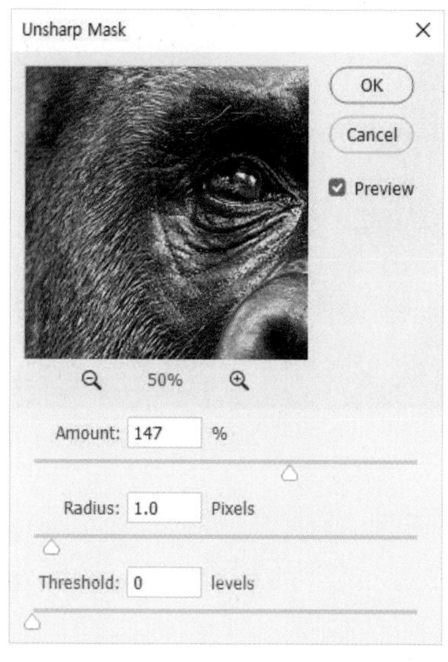

## 10 : Stylize – 스타일 효과

이미지의 다양한 스타일을 적용하는 필터입니다.

- Diffuse...
- Emboss...
- Extrude...
- Find Edges
- Oil Paint...
- Solarize
- Tiles...
- Trace Contour...
- Wind...

**1** [Extrude](돌출)는 이미지를 사각형의 면으로 분할한 후 돌출 효과를 적용하는 필터입니다.

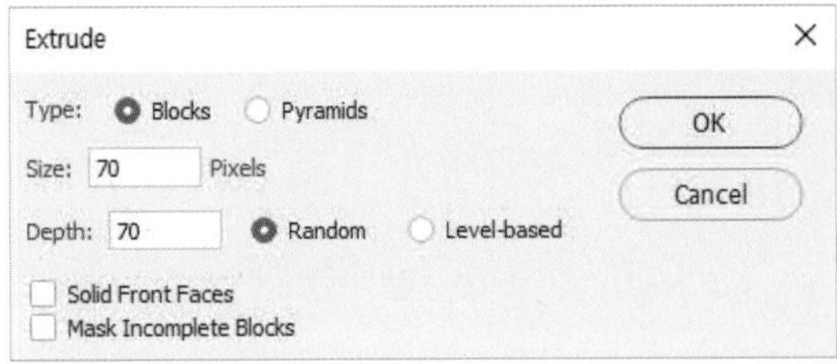


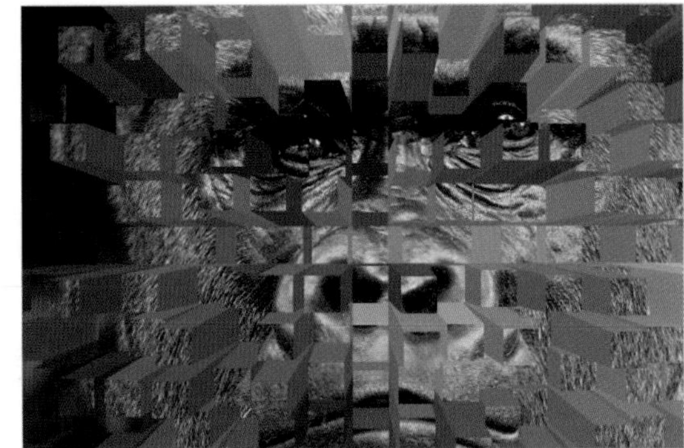

**2** [Wind](바람)는 바람에 흩날리는 효과를 적용하는 필터입니다.

## 11 : Other – 기타

하이패스 효과, 수채화 효과, 이미지 분할 효과 등이 있습니다.

Custom...
High Pass...
HSB/HSL
Maximum...
Minimum...
Offset...

**1** [Offset](오프셋)은 이미지의 중심점을 이동하여 화면을 분할하는 필터입니다.

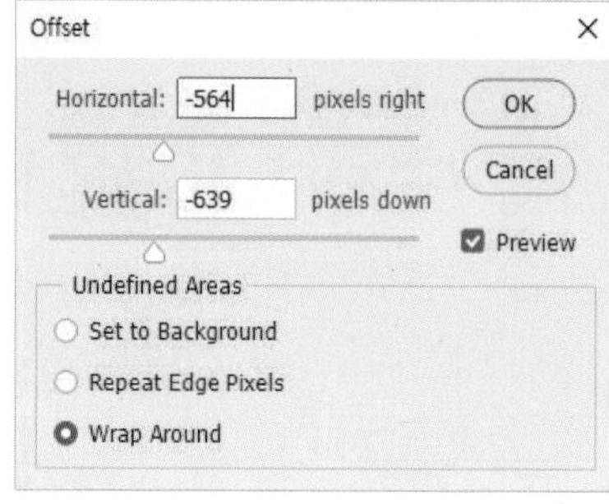

**TIP**

본문에서 언급하지 않은 다양한 필터들을 샘플 이미지를 통해 적용해보고 필터마다 어떤 기능이 있는지 확인해봅니다.

# 4교시

## 이미지 보정반

포토샵은 사진가에게 최적화된 프로그램 중의 하나입니다. 포토샵은 이미지의 밝기를 조정하고 색감을 변경하며 흑백 이미지로 만들 수 있습니다. 또한, 다양한 특수 효과를 적용하여 더욱더 멋지고 화려한 이미지를 가공할 수 있습니다. 다음 학습 과정을 통해 다양한 이미지 리터칭에 작업에 대해 배워보겠습니다.

# 강좌

01 이미지의 밝기 및 콘트라스트 보정하기 : Brightness(명도)/Contrast(대비)

02 흐릿한 이미지의 톤 보정하기 : Levels(레벨), Adjustment Layer(조정 레이어)

03 역광 이미지 보정하기 : Curves(곡선), Adjustment Layer(조정 레이어), Layer Mask(레이어 마스크)

04 밋밋한 색감의 이미지 진하게 보정하기 : Vibrance(활기)

05 시원한 색감의 이미지로 보정하기 : Photo Filter(사진 필터)

06 이미지의 화이트 밸런스 조절하기 : Camera Raw Filter(Camera Raw 필터)

07 이미지의 적정 노출 조정하기 : Camera Raw Filter(Camera Raw 필터), Exposure(노출)

08 클래식한 고대비 흑백 이미지로 변경하기 : Camera Raw Filter(Camera Raw 필터)

09 인물 사진 소프트 필터 효과내기 : Color Range(색상 범위), Gaussian Blur(가우시안 블러), Blend Mode(혼합 모드)

10 심도 깊은 아웃포커스 효과주기 : Tilt-Shift Blur(기울기-이동 효과)

11 배경을 와이드 화면으로 늘리기 : Quick Selection Tool(빠른 선택 도구), Canvas Size(캔버스 크기), Content-Aware Scale(내용 인식 비율)

12 이미지를 그림으로 변경하기 : Watercolor(수채화 효과), Hue/Saturation(색상/채도)

13 High Pass로 사진 선명하게 만들기 : High Pass(하이 패스), Overlay(오버레이)

# 이미지의 밝기 및 콘트라스트 보정하기

강좌 01

난이도 ●○○

## Brightness(명도)/Contrast(대비)

Brightness/Contrast는 이미지의 밝기와 콘트라스트 값을 조정하는 기능입니다. 포토샵에서 이미지의 밝기를 보정할 수 있는 방법은 매우 다양하지만 그중 가장 쉽고 빠르게 사용할 수 있는 기능입니다. 어둡거나 뿌연 사진을 밝고 깔끔한 사진으로 변경할 수 있습니다.

**[예제 파일** : PART 01 Photoshop/4교시/brightness.jpg]

### 학습과제

이미지를 밝고 선명해 보이도록 보정해보겠습니다.

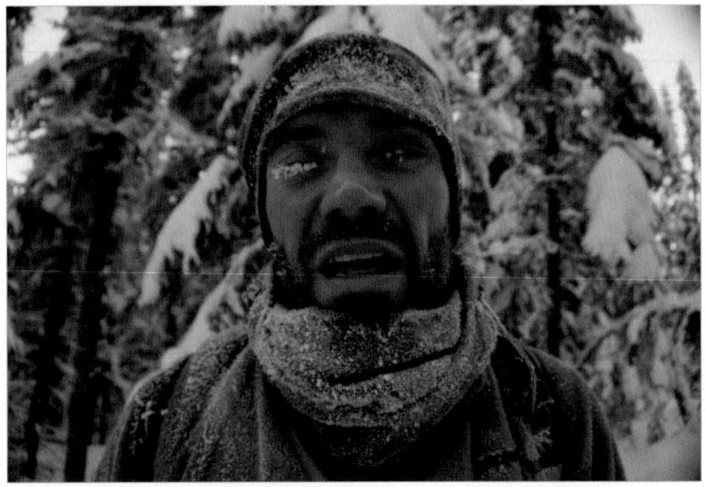

Before

After

**1** 작업할 예제 파일을 불러온 후 [Image] 〉 [Adjustments] 〉 [Brightness/Contrast] 메뉴를 클릭합니다.

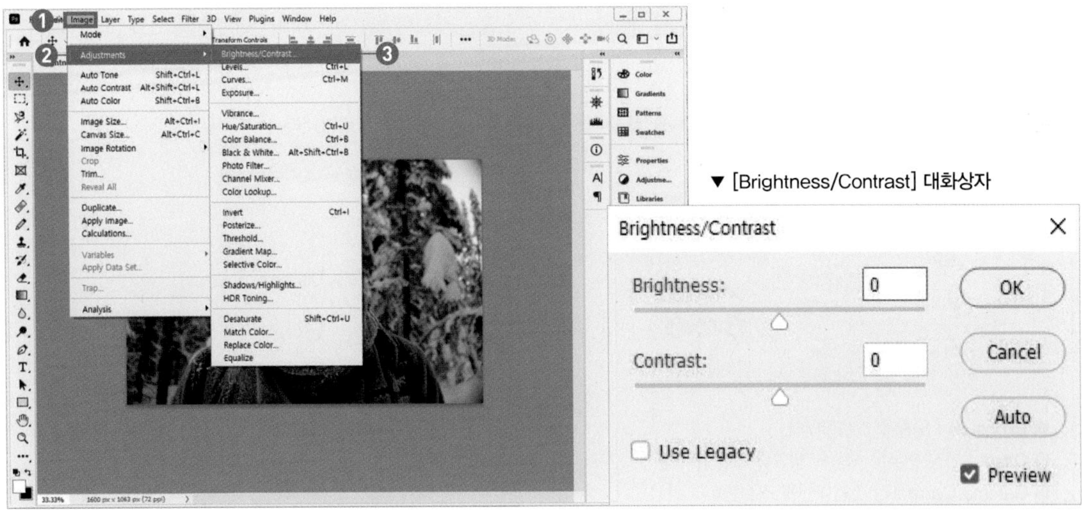

▼ [Brightness/Contrast] 대화상자

**2** 이미지가 좀 어두운 감이 있기 때문에 밝기를 올려보겠습니다. [Brightness]의 슬라이더 바를 이동하여 밝기를 높여보겠습니다. '40' 정도로 조절하면 이미지가 밝아지는 것을 확인할 수 있습니다.

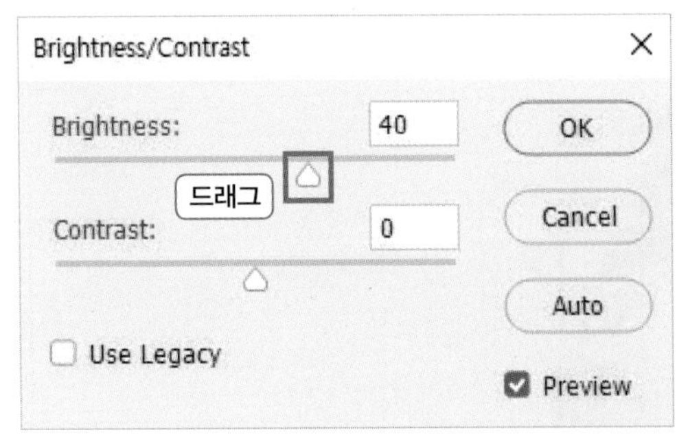


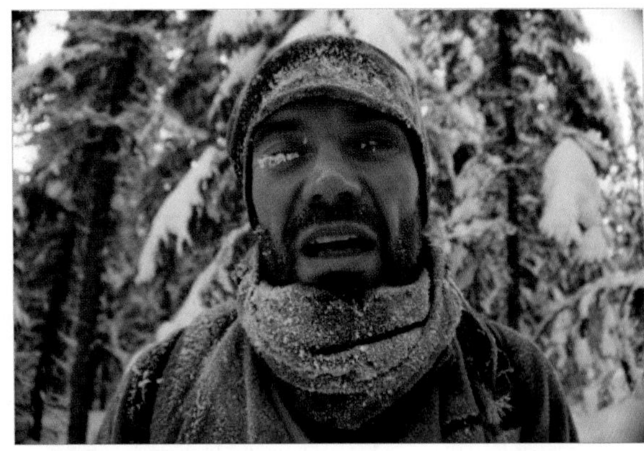

**3** 다음은 좀 더 쨍한 이미지로 만들기 위해 [Contrast]의 '24' 정도로 올려보겠습니다. 색상의 대비 값이 커지면서 이미지가 더욱더 또렷하게 표현됩니다.

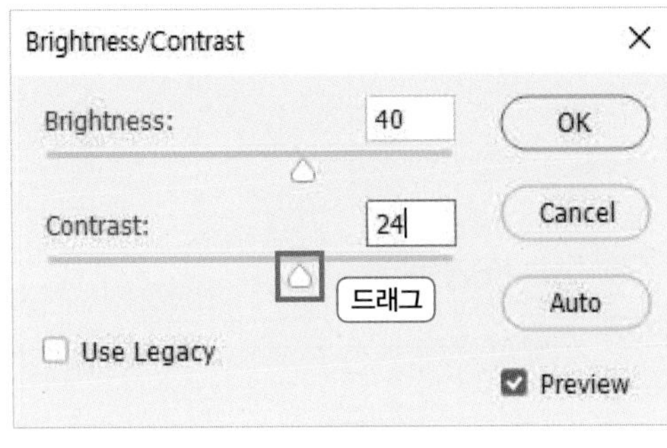


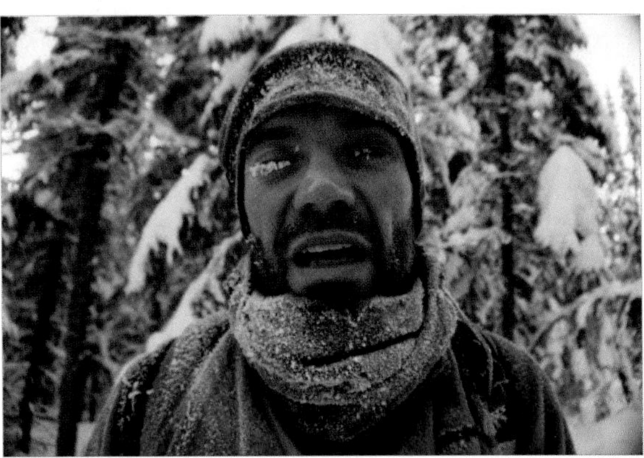

## MEMO 노출 조절하기 – Exposure

이미지의 밝기라는 것은 결국 노출(Exposure)을 의미합니다. 즉 노출을 수정한다는 것은 이미지의 밝기를 조절한다는 의미입니다. [Image] 〉 [Adjustments] 메뉴에 속해 있는 간편하고 효과적인 [Exposure] 기능에 대해 알아보겠습니다.

**1** [Image] 〉 [Adjustments] 〉 [Exposure] 메뉴를 클릭하면 [Exposure] 대화상자가 나타납니다.

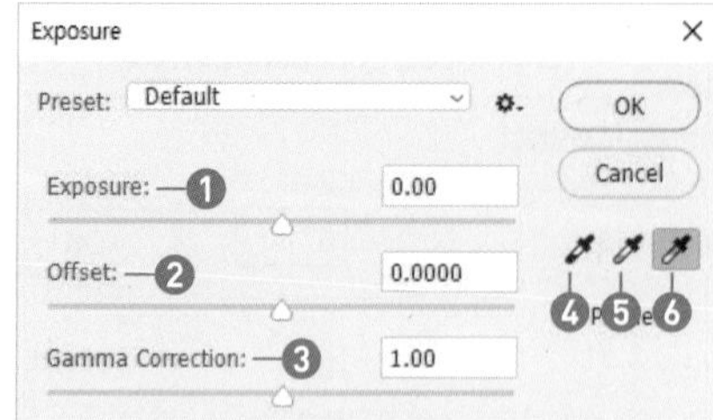


❶ Exposure : 노출을 조절합니다.
❷ Offset : 가장 어두운 색상의 밝기를 조절합니다.
❸ Gamma Correction : 감마선을 조절합니다.
❹ Sample in image to set black point : 이미지를 클릭하여 노출 포인트에 기준이 되는 검은색 지점을 설정합니다.
❺ Sample in image to set gray point : 이미지를 클릭하여 노출 포인트에 기준이 되는 회색 지점을 설정합니다.
❻ Sample in image to set white point : 이미지의 노출 포인트에 기준이 되는 흰색 지점을 설정합니다.

**2** [Sample in image to set white point]( )를 클릭하고 얼굴의 볼 지점을 클릭합니다. 그러면 클릭한 지점에 가장 잘 맞는 노출로 자동 설정됩니다. 만약 나무 지점을 클릭하면 나무에 적정한 노출이 되도록 값이 변경됩니다. 알맞게 노출이 설정되었다면 [OK]를 클릭하여 적용합니다.

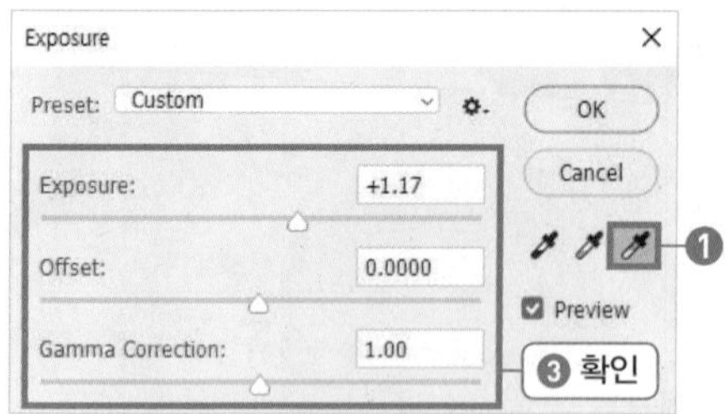

# 흐릿한 이미지 톤 보정하기

## Levels(레벨), Adjustment Layer(조정 레이어)

강좌 02
난이도 ●○○

Levels는 이미지의 색상 정보 단계를 세부적으로 조절할 수 있는 기능입니다. 히스토그램 그래프를 확인하면서 이미지의 톤(색상, 밝기, 명암 등) 정보를 전체 또는, 단계별로 조절할 수 있어 포토샵에서 많이 사용하는 주요 기능입니다.

[**예제 파일** : PART 01 Photoshop/4교시/mountain.jpg]

### 학습과제

Levels 기능을 활용하여 이미지의 밝기 및 색상 톤을 조절해보겠습니다.

Before

After

**1** 예제 파일을 불러온 후 [Layers] 패널에서 [Create new fill or adjustment layer]( )를 클릭하고 메뉴에서 [Levels]를 선택합니다.

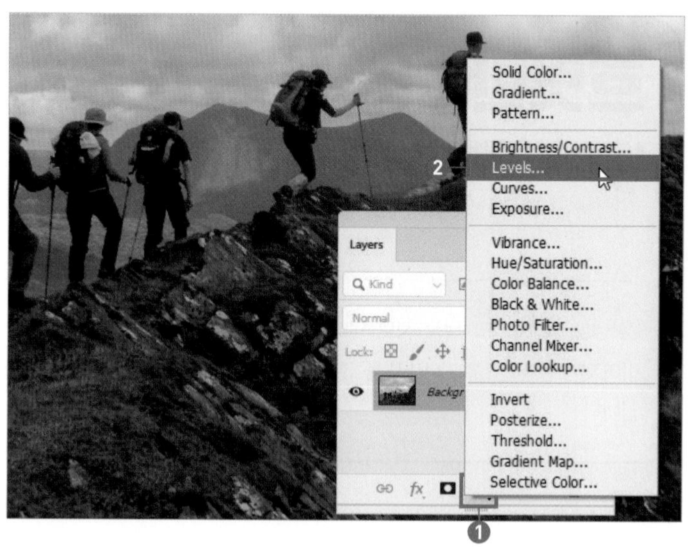


**TIP 메뉴의 [Levels]와 [Layers] 패널의 [Levels]의 차이점**

기능상에 차이점은 없습니다. 그러나 메뉴의 [Levels]는 한번 적용 후 원본 이미지 상태로 복구가 매우 어렵지만 [Layers] 패널의 [Levels]는 언제든지 적용된 레이어를 삭제할 수 있기 때문에 원본 상태로 복구 및 변경이 쉽습니다. 또한 [Layers] 패널의 Adjustment 기능들은 마스크 기능을 동시에 사용할 수 있습니다.

**2** [Layers] 패널에 Adjustment 레이어가 추가되며, [Properties] 패널이 활성화되어 나타납니다.

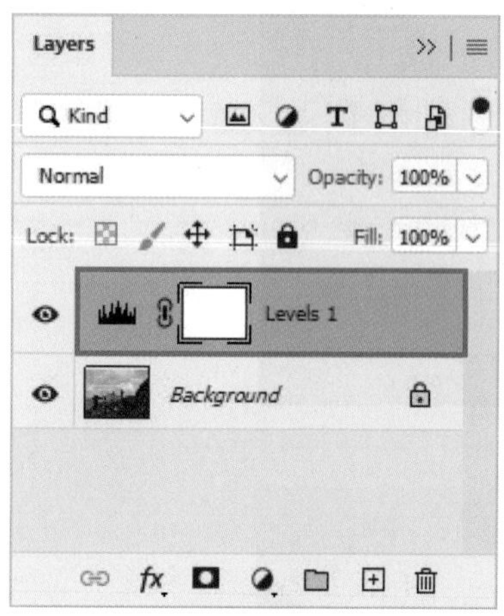


▲ Adjustment 레이어

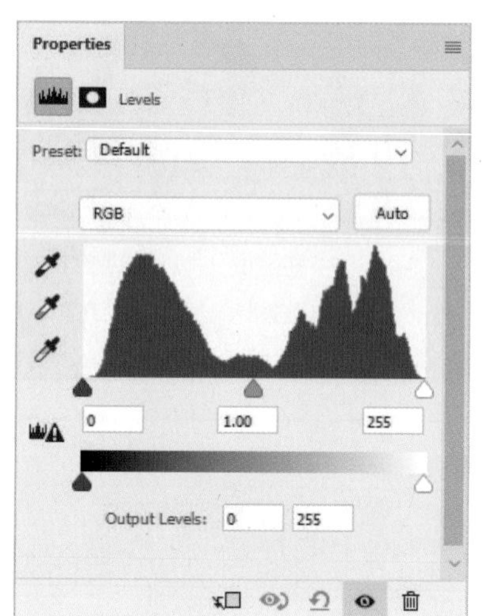


▲ [Properties] 패널

**MEMO** Levels Presets

프리셋을 선택하여 별도의 설정 없이 신속하게 이미지에 적용할 수 있습니다.

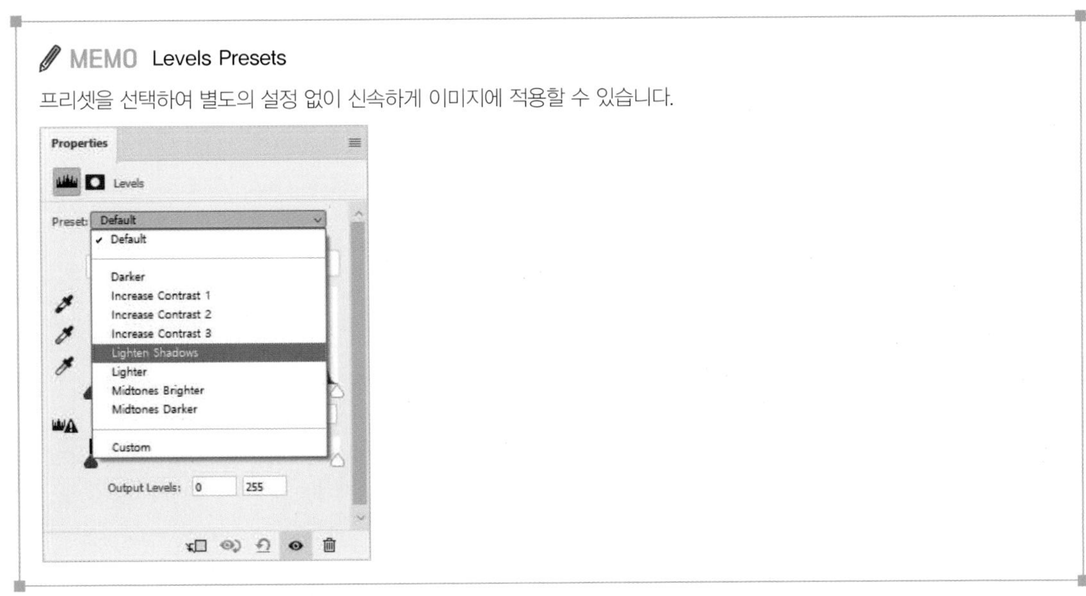


**3** 세부적인 보정을 위해 색상별로 톤을 조절해보겠습니다. 'RGB' 채널을 'Red' 채널로 변경합니다. 그러면 Red 톤에 대한 분포도인 히스토그램이 표시됩니다. 히스토그램을 기준으로 가장 밝은 영역 쪽의 색상과 가장 어두운 영역 쪽에 색상이 다소 부족한 상황입니다. 히스토그램의 오른쪽 하이라이트 톤 슬라이더 바(233)를 왼쪽으로 드래그하여 히스토그램 끝부분으로 이동합니다. 마찬가지로 왼쪽 섀도우 톤 슬라이더 바(9)를 오른쪽으로 드래그하여 어두운 색상의 시작 지점을 수정합니다.

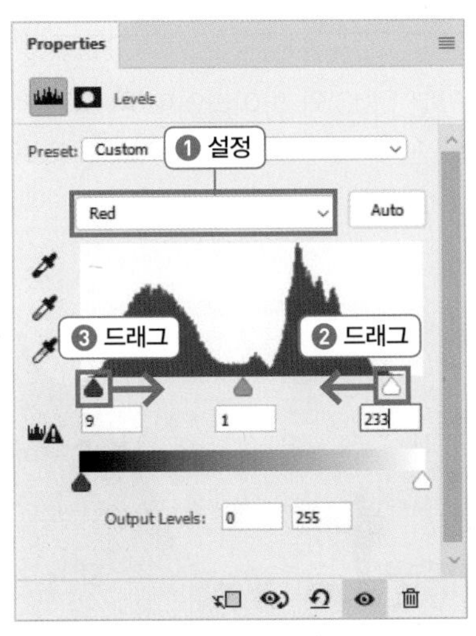

**TIP**

[Auto]는 이미지를 최적의 톤으로 자동 조절하는 기능으로 간편히 사용할 수 있습니다.

**MEMO** [Histogram] 패널

**1** [Window] 〉 [Histogram] 메뉴를 클릭하면 [Histogram] 패널이 활성화되어 히스토그램을 항상 볼 수 있습니다.

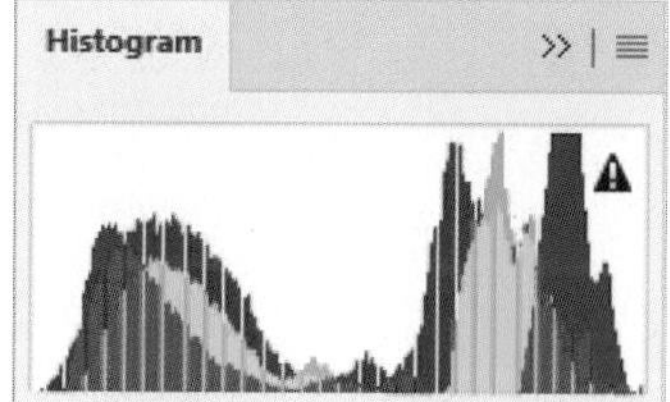


▲ [Histogram] 패널

**2** 히스토그램 그래프는 0부터 255까지 256단계로 구분되어 있습니다. 왼쪽의 섀도우 톤 슬라이더 바는 가장 어두운 색상의 위치를 말하며 그 주위는 어두운 색상 영역을 의미합니다. 미드 톤 슬라이더 바는 중간 색상의 위치이며, 그 주위는 중간 색상 영역, 하이라이트 톤 슬라이더 바는 가장 밝은 색상의 위치이며 그 주위는 밝은 색상 영역입니다.

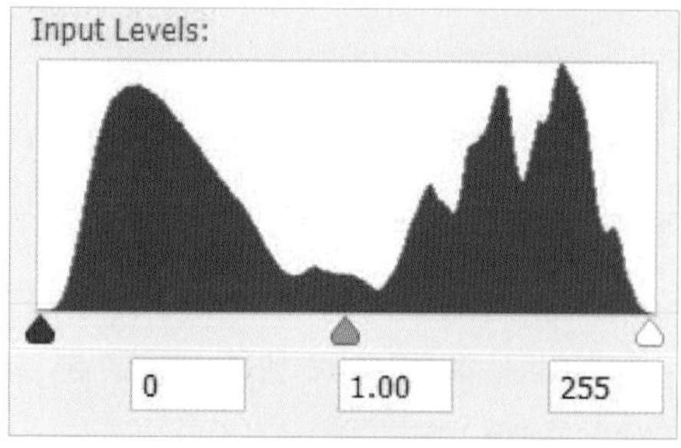


▲ 메뉴의 Levels 화면

**4** 다음은 'Green' 채널로 변경하고 동일한 방법으로 섀도우 톤 슬라이더 바(13)와 하이라이트 톤 슬라이더 바(245)의 위치를 수정합니다.

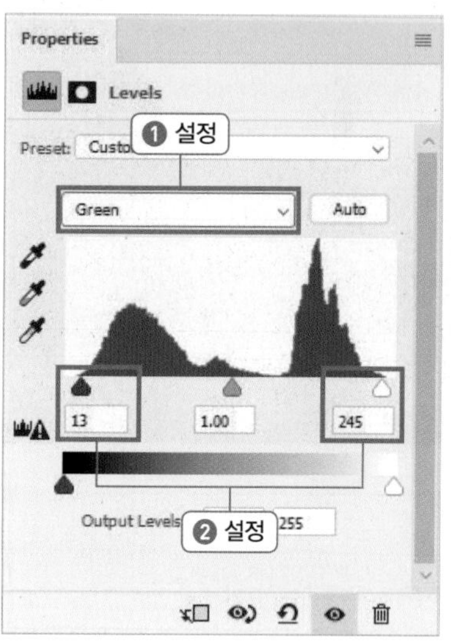

**5** 'Blue' 채널도 동일한 방법으로 섀도우 톤 슬라이더 바(14)와 하이라이트 톤 슬라이더 바(251)의 위치를 수정합니다. 그러면 원본 이미지보다 더 선명하고 밝아진 것을 확인할 수 있습니다.

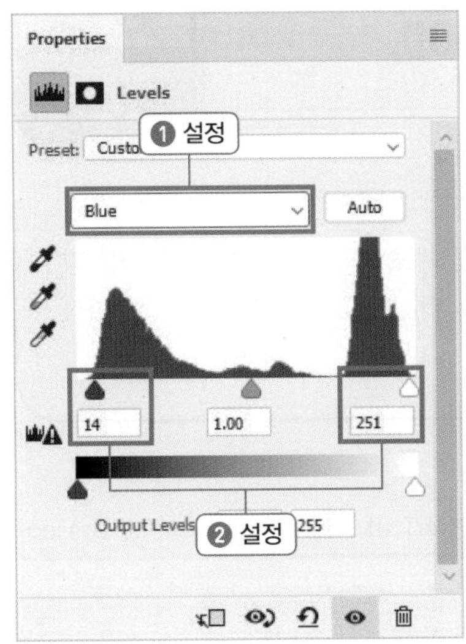

**6** 그러나 아직 전체적으로 다소 어두운 감이 있으니 밝기를 좀 더 올려보겠습니다. 'RGB' 채널로 변경하고 미드 톤 슬라이더 바(1.27)를 왼쪽으로 이동하여 밝은 영역을 확장시켜 줍니다.

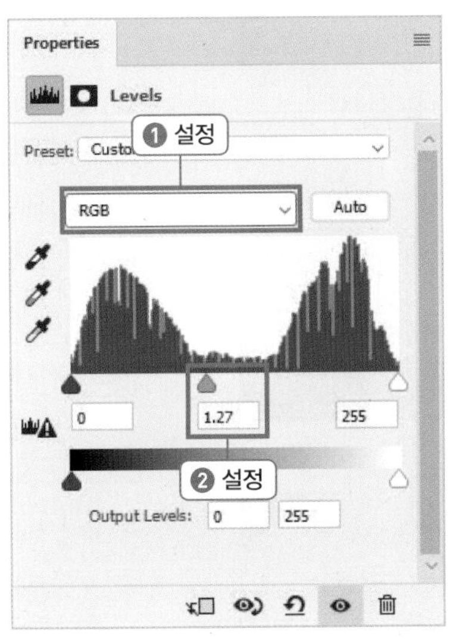

# 역광 이미지 보정하기

## Curves(곡선), Adjustment Layer(조정 레이어), Layer Mask(레이어 마스크)

빛을 등지고 촬영을 하면 피사체가 배경의 밝은 빛으로 인한 노출 차이로 어둡게 촬영되는 경우가 빈번합니다. 피사체가 어둡게 촬영되어 분별하기 어렵다면 다음 과정을 통해 보정해보겠습니다. 역광 보정법은 다양한지만 가장 간단한 방법의 하나입니다.

[예제 파일 : PART 01 Photoshop/4교시/curves.jpg]

### 학습과제

역광으로 어둡게 찍힌 인물 영역만 밝게 조정하여 역광 이미지를 보정해보겠습니다.

Before

After

**1** 예제 파일을 불러온 후 [Layers] 패널에서 [Create new fill or adjustment layer](◐)를 클릭한 후 [Curves]를 선택합니다.

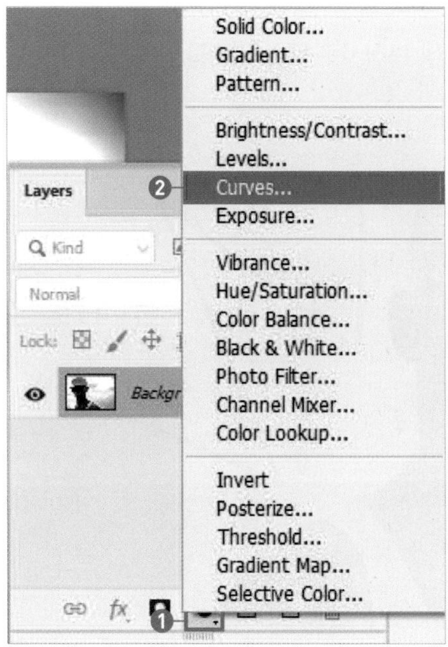


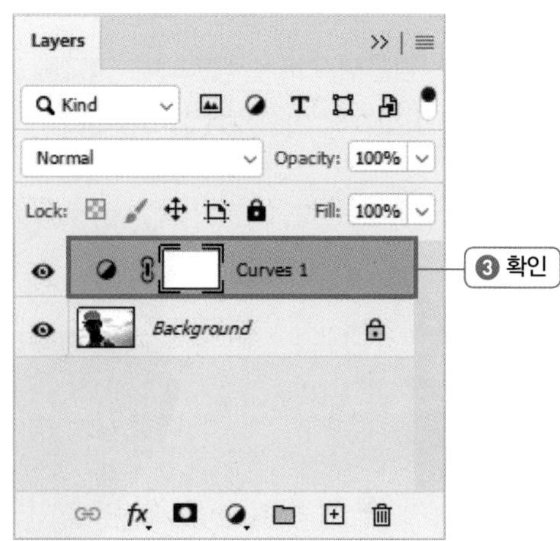


**2** [Properties] 패널에 Curves 화면이 표시되면 선의 중간 지점을 클릭하고 드래그하여 위쪽으로 올려 줍니다. 어두웠던 인물이 밝아지면서 전체적으로 하늘 배경까지 밝아지게 됩니다.

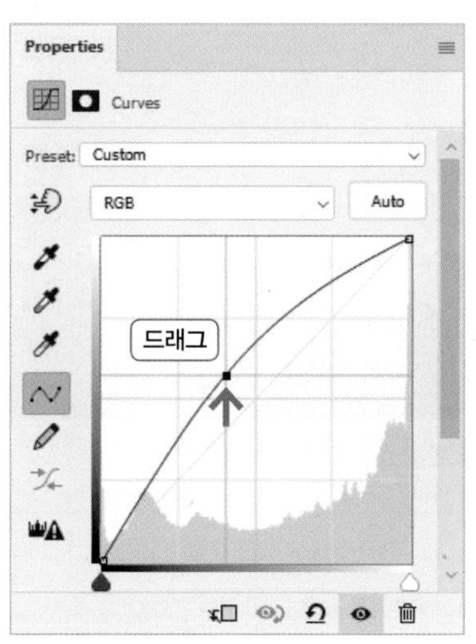

**TIP**

선을 위쪽으로 이동하여 볼록한 곡선으로 변경하는 것은 전체적으로 밝기를 올려준다는 의미입니다. 또한, [Presets]에서 적절하게 만들어 놓은 프리셋을 선택하여 초보자들도 좀 더 편리하게 사용할 수 있습니다.

**3** 인물 영역만 밝아져야 하는데 배경까지 밝아졌기 때문에 이 부분은 마스크 작업으로 보정해야 합니다. 기본적으로 Adjustment 레이어가 추가되면 기본적으로 레이어 마스크 섬네일이 표시되며 레이어 마스크 작업을 위해 레이어 마스크 섬네일이 선택된 것을 확인합니다. 툴 패널에서 [Brush Tool]( )을 선택하고 전경색의 색상은 '검은색'으로 설정합니다. 그다음 검은색 브러시로 배경 영역을 드로잉하여 마스킹해주면 인물에만 밝기가 보정된 이미지가 완성됩니다.

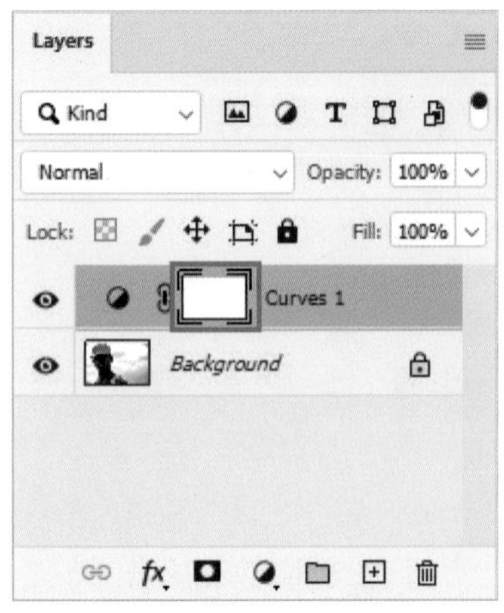


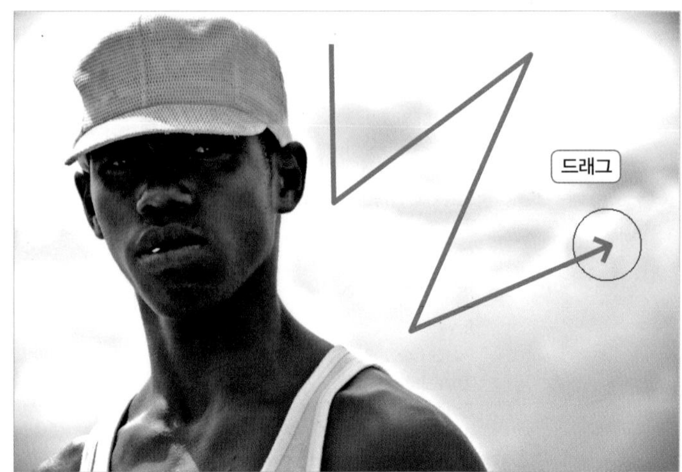


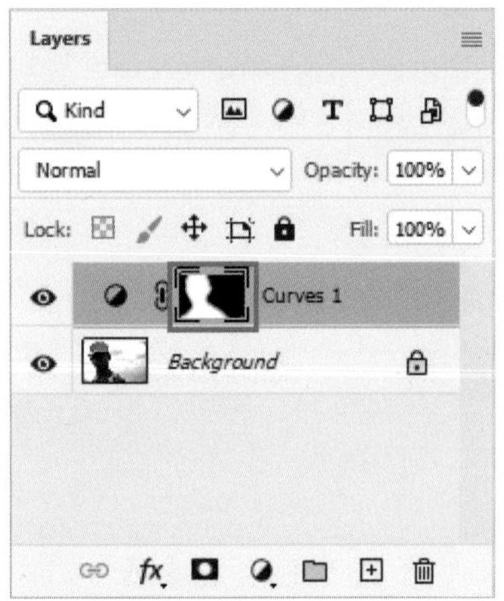

▲ 인물 영역을 제외한 배경을 드로잉한 모습

**TIP**

Curves를 활용한 보정은 전문가들이 많이 사용하는 방법입니다. 원본 이미지에 대한 데이터 손실을 최대한 줄이면서 수정할 수 있기 때문입니다.

**TIP**

배경을 자연스럽게 복원하기 위해 브러시의 크기는 작은 사이즈보다 적당히 큰 사이즈로 선택하고, 소프트한 형태의 모양으로 설정합니다.

# 밋밋한 색감의 이미지 진하게 보정하기

## Vibrance(활기)

흐리거나 뿌옇게 촬영된 사진 이미지를 진한 색감으로 변경하여 생동감이 있는 이미지로 보정해보겠습니다. Vibrance는 색상의 밝고 짙은 정도를 조절하는 기능입니다. Saturation 기능과 비슷하지만 Vibrance는 이미지의 중간 톤 영역 위주로 채도의 변화를 줍니다.

[예제 파일 : PART 01 Photoshop/4교시/Vibrance.jpg]

### 학습과제

Vibrance 기능을 활용하여 이미지의 채도를 조정해보겠습니다.

Before

After

**1** 예제 파일을 불러온 후 [Image] 〉 [Adjustments] 〉 [Vibrance] 메뉴를 클릭합니다.

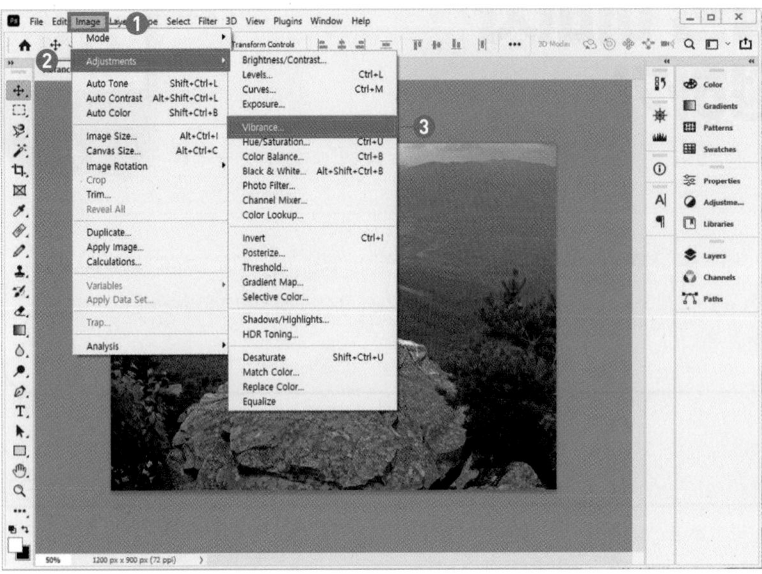

**TIP**
[Layers] 패널에서 동일하게 Adjustment 레이어에서 [Vibrance]를 선택하여 적용할 수도 있습니다.

**2** [Vibrance] 대화상자가 나타나면 [Vibrance]는 '50', [Saturation]은 '20' 정도로 적용하여 색감이 진한 이미지로 보정합니다.

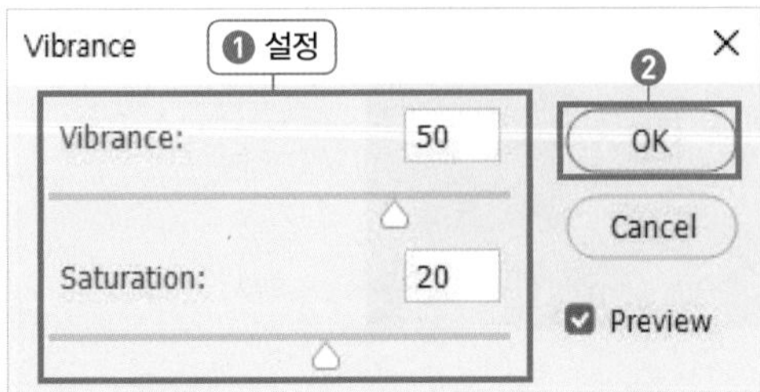

**TIP**
[Vibrance]는 색의 밝고 짙은 정도를 조절하는 기능이며, [Saturation]은 색상의 탁함을 조절하는 기능입니다.

# 시원한 색감의 이미지로 보정하기

## Photo Filter(포토 필터)

강좌 05

난이도 ●○○

잡지나 광고 사진들에서 접하는 대부분의 인물사진은 후보정 작업이 이루어진다. 이번 예제는 소프트 필터 효과로 인물을 더욱 화사하게 표현할 수 있는 리터칭 기법입니다. 가장 핵심적인 부분은 블러 효과의 크기에 따라 화사함의 강도가 달라집니다. 다음 예제로 확인해보겠습니다.

[**예제 파일** : PART 01 Photoshop/4교시/lady.jpg]

### 학습과제

Photo Filter 기능을 활용하여 사진의 색감을 다양하게 변경해보겠습니다.

Before

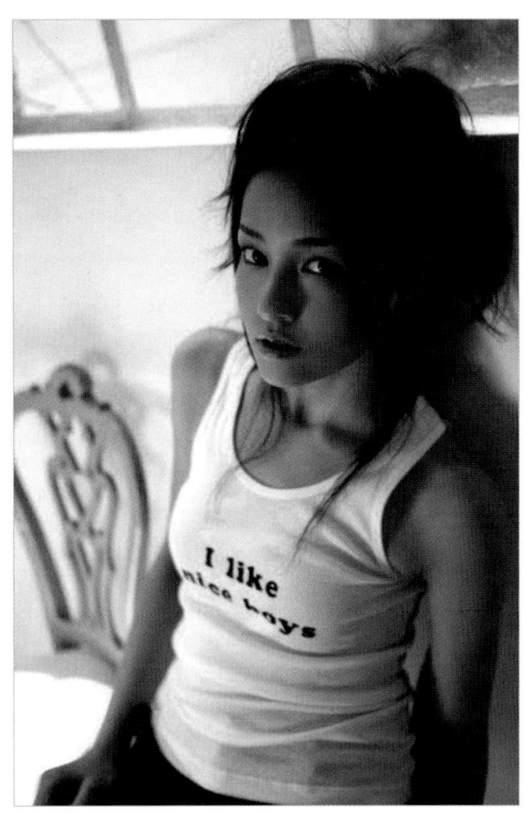


Photo Filter 적용

**1** 예제 파일을 불러온 후 [Layers] 패널에서 [Create new fill or adjustment layer]( )를 클릭한 후 [Photo Filter]를 선택합니다.

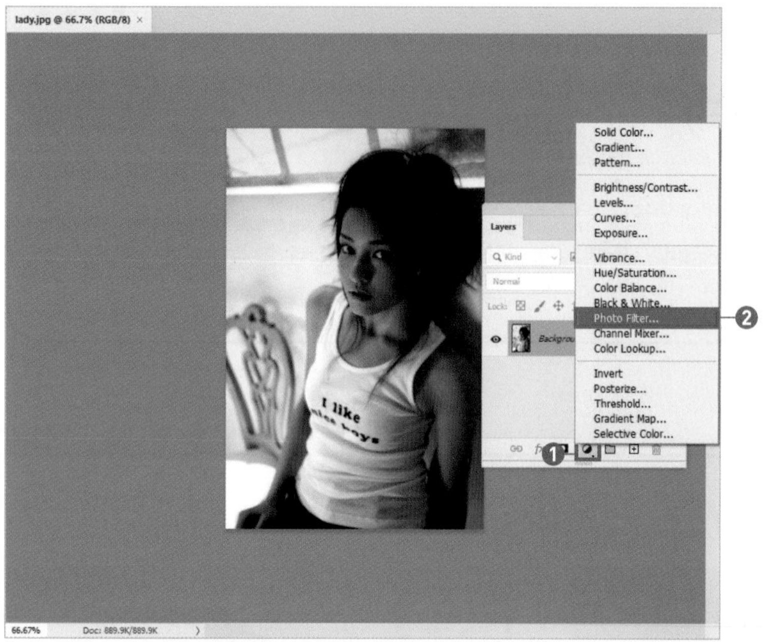


**2** [Properties] 패널의 [Filter]에서 'Cooling Filter (80)'을 선택하면 간편하게 시원한 느낌의 색감으로 변경할 수 있습니다.

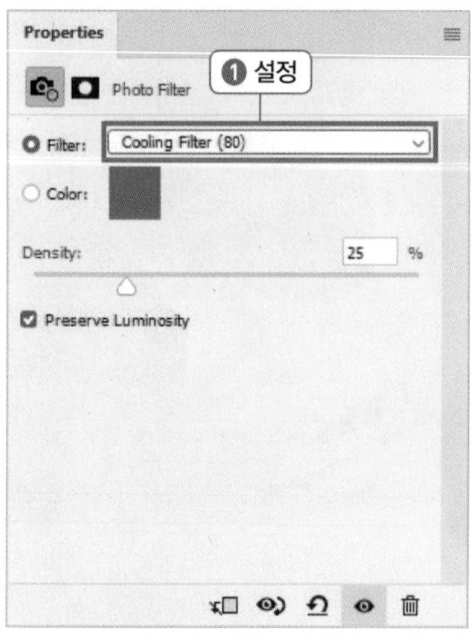


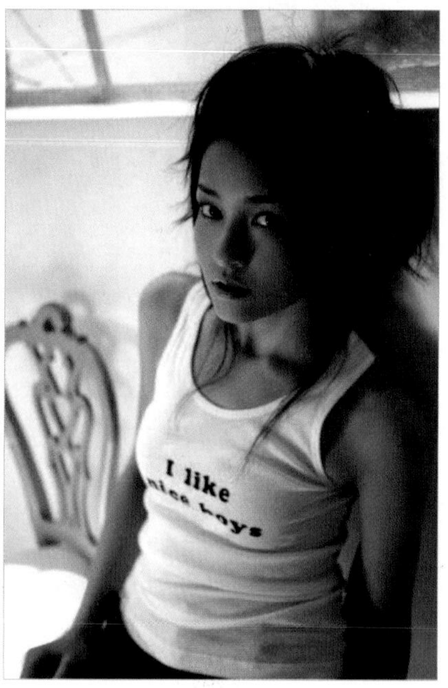

**TIP**

[Color]에서 직접 색상을 지정할 수 있으며 [Density] 값을 조절하여 색감의 강도를 조절할 수도 있습니다.

# 이미지의 화이트 밸런스 조절하기

## Camera Raw Filter(Camera Raw 필터)

촬영 시 색온도가 맞지 않으면 종종 너무 파랗거나 노란 끼가 많이 들어간 사진을 얻게 됩니다. 즉 흰색이 흰색으로 보이지 않아 발생하는 경우로 흰색으로 맞춰주는 작업이 화이트 밸런스입니다. 포토샵에서 화이트 밸런스를 조정하는 방법은 여러 가지가 있지만, 전문적이면서 편리하게 사용할 수 있는 Camera Raw Filter를 이용해보겠습니다.

[**예제 파일** : PART 01 Photoshop/4교시/whitebalance.jpg]

### 학습과제

Camera Raw Filter의 다양한 기능으로 이미지를 한 번에 보정해보겠습니다.

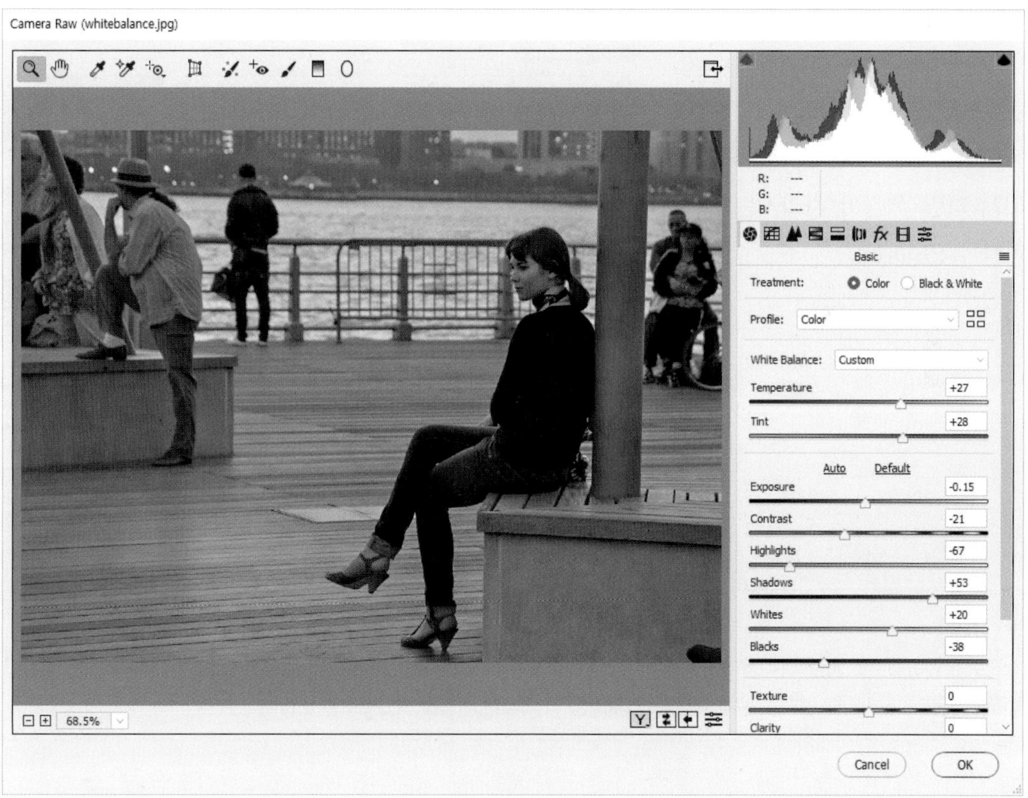

**1** 예제 파일을 불러온 후 [Filter] 〉 [Camera Raw Filter] 메뉴를 클릭합니다. 그러면 [Camera Raw] 대화상자가 나타납니다.

**TIP**

오른쪽으로 이동할수록 노란 색감이 증가하여 따듯한 색감의 이미지로 변경됩니다.

**2** 오른쪽 패널에서 [Temperature](색온도) 값을 '+24' 정도로 조절합니다. 그러면 노란 색감이 추가되면서 이미지 파란 색감이 사라지는 것을 확인할 수 있습니다.

**TIP**

색온도가 높아질수록 파란 색감(차가운 색감)이 강한 이미지가 되며 반대로 색온도가 낮아질수록 노란 색감(따듯한 색감)의 이미지가 됩니다. 인터넷 검색을 통해 색온도에 대해 좀 더 자세한 내용을 확인해보길 바랍니다.

**3** 그러나 [Temperature]의 조정만으로는 너무 노랗게 느껴질 수 있기 때문에 [Tint](색조)를 조절하여 더욱 더 자연스러운 색감으로 만들어보겠습니다. [Tint] 값을 '+28' 정도로 조정합니다. 그러면 붉은색이 추가되어 좀 더 자연스러운 색감으로 조정할 수 있습니다.

**TIP**

특별히 따뜻한 색감 또는, 차가운 색감의 이미지를 만들기 위한 것이 아니라면 [Temperature]와 [Tint]의 값을 함께 조절하여 화이트 밸런스를 맞추는 것이 좀 더 자연스러운 색감의 이미지를 얻을 수 있습니다.

**MEMO** Auto 기능

적절한 화이트 밸런스로 맞추기가 어렵다면 [White Balance]에서 'Auto'를 선택하면 자동으로 최적화된 값으로 조정해줍니다. 또한 패널 중간 지점의 [Auto]를 클릭하면 노출, 대비, 색상, 채도 등 이미지의 전체적인 톤을 자동으로 조절할 수 있습니다.

# 이미지의 적정 노출 조정하기

## Camera Raw Filter(Camera Raw 필터), Exposure(노출)

사진 촬영과 관련하여 노출 오버 또는, 노출 언더라는 말을 종종 듣습니다. 노출 오버는 적정 노출보다 빛을 많이 받아 너무 밝게 촬영된 것이며 노출 언더는 반대 의미입니다. 노출을 조정하는 작업은 단순히 이미지의 밝기를 조절하는 것과는 결과물이 다소 다르다. Camera Raw Filter의 Exposure 기능으로 노출을 제대로 보정해보겠습니다.

[**예제 파일** : PART 01 Photoshop/4교시/family.jpg]

### 학습과제

Camera Raw Filter의 Exposure(노출)를 조절하여 노출이 오버된 이미지를 보정해보겠습니다.

Before

After

**1** 예제 파일을 불러온 후 [Filter] 〉 [Camera Raw Filter] 메뉴를 클릭합니다. 그다음 패널 중간에 위치한 [Exposure](노출) 값을 '–1'로 조정합니다.

### TIP

- **White Balance** : 화이트 밸런스를 조절합니다.
- **Temperature** : 색온도를 조절합니다.
- **Tint** : 색조를 조절합니다.
- **Exposure** : 노출을 조절합니다.
- **Contrast** : 이미지의 콘트라스트를 조절합니다.
- **Highlights** : 하이라이트 부분의 밝기를 조절합니다.
- **Shadows** : 그림자 부분의 밝기를 조절합니다.
- **White** : 흰색 부분의 밝기를 조절합니다.
- **Blacks** : 검은색 부분의 밝기를 조절합니다.
- **Texture** : 이미지의 질감을 조절합니다. 수치가 낮을수록 부드럽고 높을수록 거칠어집니다.
- **Clarity** : 선명도를 조절합니다.
- **Dehaze** : 이미지의 뿌연 느낌을 제거합니다.
- **Vibrance** : 색상의 짙은 정도를 조절합니다.
- **Saturation** : 색상의 채도를 조절합니다.

**2** 그러면 노출 오버로 너무 밝았던 이미지가 적정한 노출로 조정되면서 인물 및 배경 피사체의 색상들이 자연스러운 색감으로 보정됩니다.

**MEMO** Adjustment 레이어의 Curves와 Camera Raw Filter의 Exposure

앞에서도 잠깐 언급했듯이 포토샵에서 이미지를 밝게 조절하는 기능은 여러 가지 방법이 있습니다. Camera Raw Filter의 Exposure뿐만 아니라 Brightness/Contrast, Levels, Curves 등 다양합니다. 그러나 Brightness/Contrast, Levels, Curves는 이미지의 톤을 강제적으로 조절하기 때문에 이미지 계조의 손실을 초래할 수 있으며 각각 기능에 따라 결과물도 다소 다르게 표현됩니다. 그러나 Camera Raw Filter의 Exposure 기능은 촬영 시 적정 노출일 때를 자동 인식하여 보정하기 때문에 손실을 최소화하고 쉽게 사용할 수 있다는 장점이 있습니다. 그래서 특별한 경우 외에는 색상 및 노출과 같이 사진 관련 보정 작업은 사용이 쉽고 효과 좋은 Camera Raw Filter 기능으로 이용하길 추천합니다.

**1** Curves가 손실이 가장 작아 전문가들이 많이 사용합니다.

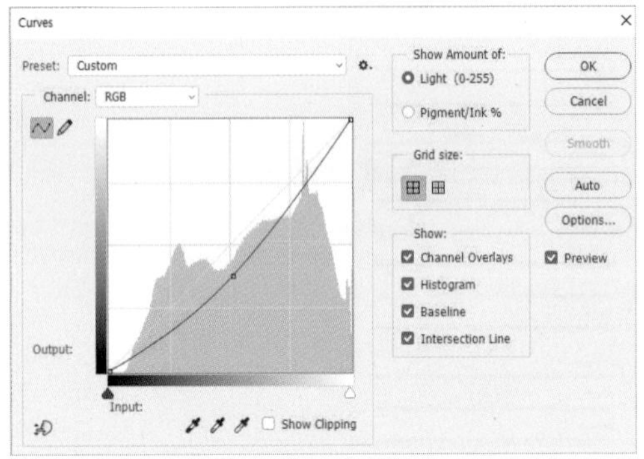

**2** 히스토그램으로 이미지 상태를 확인해보겠습니다. 노출 보정 전 원본 이미지(A)의 경우 색상 분포가 하이라이트 영역(밝은 영역)에 지나치게 몰려있다는 것을 확인할 수 있습니다. Exposure 기능으로 노출 조정(B) 후 색상 분포가 전체적으로 고르게 분포된 것을 확인할 수 있습니다. Curves 기능으로 노출을 조정(C)한 경우 결과는 비슷할지 모르지만, B 그림과는 다소 다른 점을 확인할 수 있습니다.

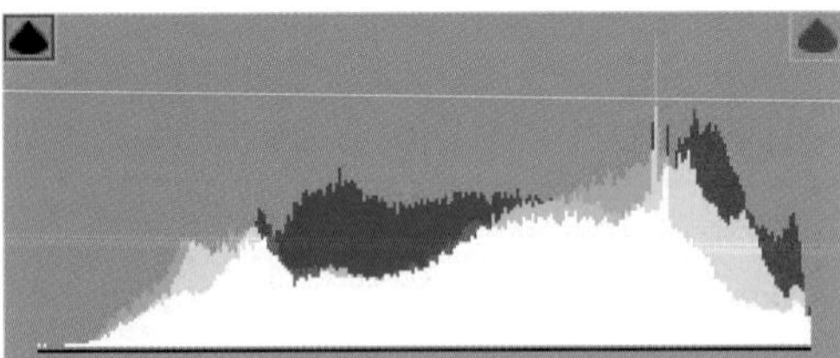

▲ A. 원본 이미지

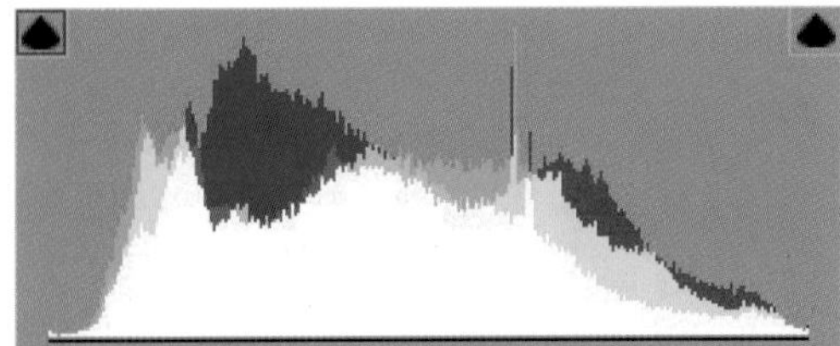

▲ B. Camera Raw Filter의 Exposure로 조정 후

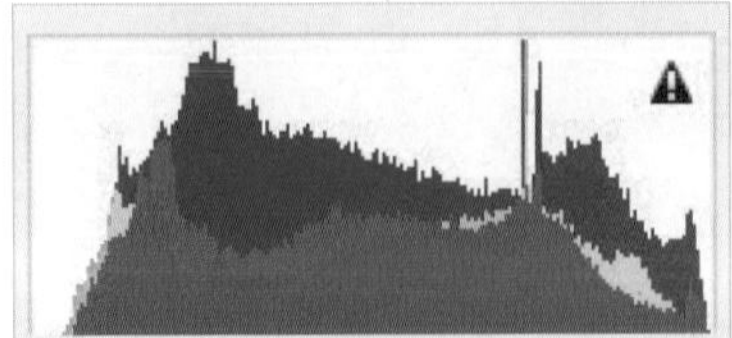

▲ C. Adjustment 레이어의 Curves로 조정 후

# 클래식한 고대비 흑백 이미지로 변경하기

## Camera Raw Filter(Camera Raw 필터)

컬러 이미지를 흑백 이미지로 변경하면 일반적으로 밋밋한 톤이 되는 경우가 많습니다. Camera Raw Filter를 활용하여 밋밋한 흑백 이미지를 클래식하고 세련된 고대비의 흑백 이미지로 변경해보겠습니다.

[**예제 파일** : PART 01 Photoshop/4교시/People.jpg]

### 학습과제

Camera Raw Filter를 이용하여 컬러 이미지를 고대비 흑백 이미지로 변경해보겠습니다.

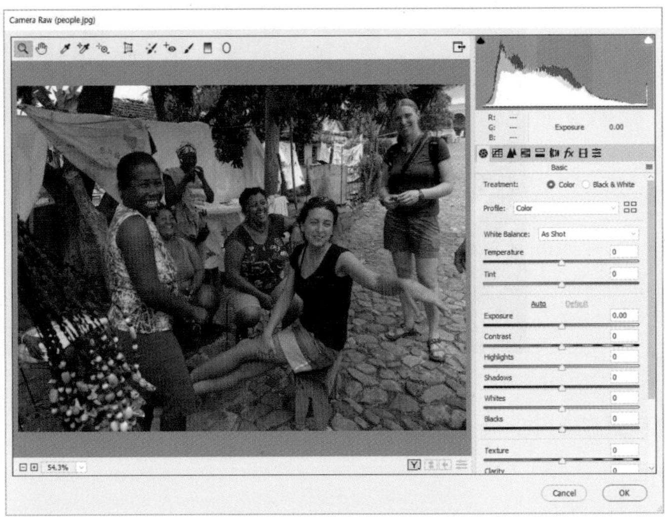


Before

After

**1** 예제 파일을 불러온 후 [Filter] 〉 [Camera Raw Filter] 메뉴를 클릭하고 패널에서 [Black & White]를 선택하면 흑백 이미지로 변경됩니다.

**2** 조절 패널에서 그림과 같이 [Contrast], [Highlights], [Shadows] 값 등을 조절하여 밝고 짙은 고대비 흑백 이미지로 조정합니다.

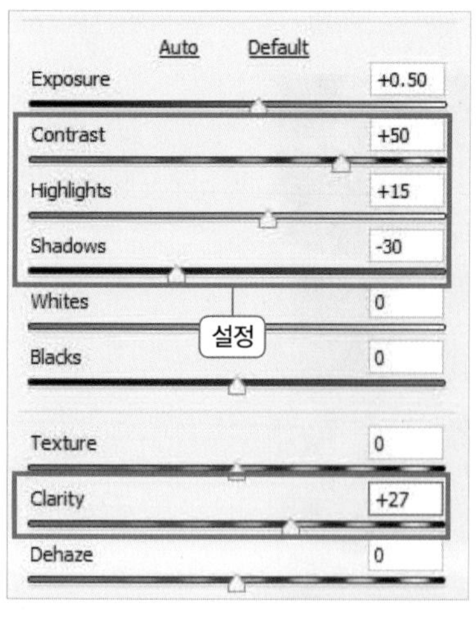

# 인물 사진에 소프트 필터 효과내기

## Color Range(색상 범위), Gaussian Blur(가우시안 블러), Blend Mode(혼합 모드)

잡지나 광고 사진들에서 접하는 대부분의 인물 사진은 후보정 작업이 이루어집니다. 이번 예제는 소프트 필터 효과로 인물을 더욱 화사하게 표현할 수 있는 리터칭 기법입니다. 가장 핵심적인 부분은 블러 효과의 크기에 따라 화사함의 강도가 달라진다. 다음 예제로 확인해보겠습니다.

[**예제 파일** : PART 01 Photoshop/4교시/lady-2.jpg]

### 학습과제

인물의 피부 톤을 뽀샤시하게 표현하여 화사한 인물 사진으로 보정해보겠습니다.

Before

After

**1** 예제 파일을 불러온 후 인물 피부 위주로 선택 영역을 설정하기 위해 [Select] 〉 [Color Range] 메뉴를 클릭합니다. [Color Range] 대화상자에서 [Eyedropper Tool]( )을 선택하고 얼굴의 이마 부분을 클릭하여 피부 색조 색상을 추출하고, [Fuzziness] 값을 '100' 정도로 설정한 후 [OK]를 클릭합니다.

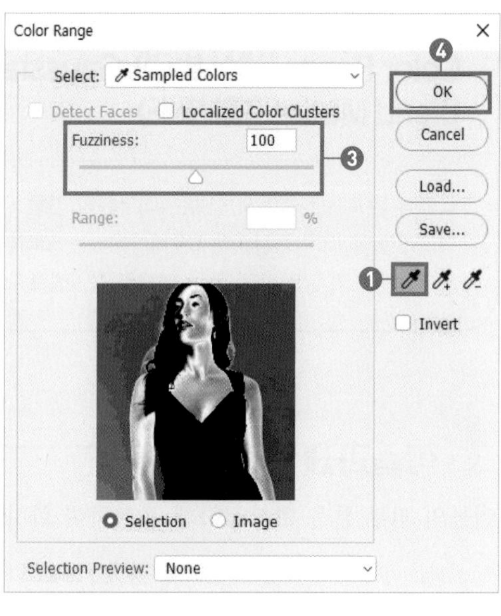


> **TIP**
> 흰색으로 표시된 영역이 선택된 농도를 의미하며 [Fuzziness]는 추출한 색상에 대한 선택 범위를 설정하는 값으로 수치 값이 커질수록 선택의 농도가 높아집니다. 이 값에 따라 소프트 효과의 범위가 달라질 수 있으니 상황에 맞게 조절합니다.

**2** 선택 영역을 새로운 레이어로 복사하기 위해 Ctrl+J를 눌러줍니다.

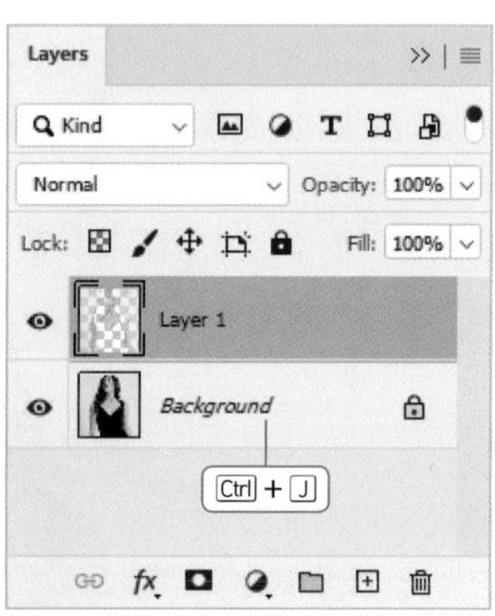


> **TIP**
> Ctrl+J는 [Layer] 〉 [New] 〉 [Layer Via Copy] 메뉴의 단축키로 선택된 영역을 새로운 레이어로 복사하는 기능입니다.

**3** 복사한 레이어가 선택된 상태에서 [Filter] 〉 [Blur] 〉 [Gaussian Blur] 메뉴를 클릭합니다. [Radius] 값을 '5' 정도로 설정하고 [OK]를 클릭합니다. 그러면 인물의 피부 영역이 소프트한 효과가 적용된 것을 알 수 있습니다.

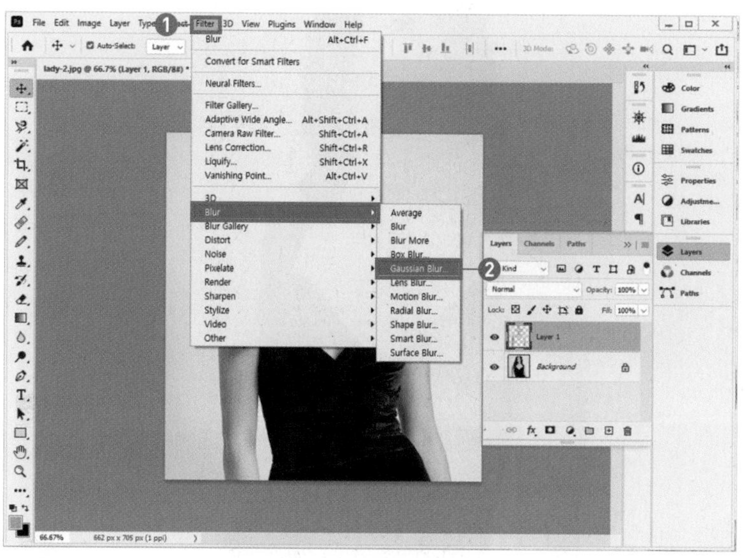


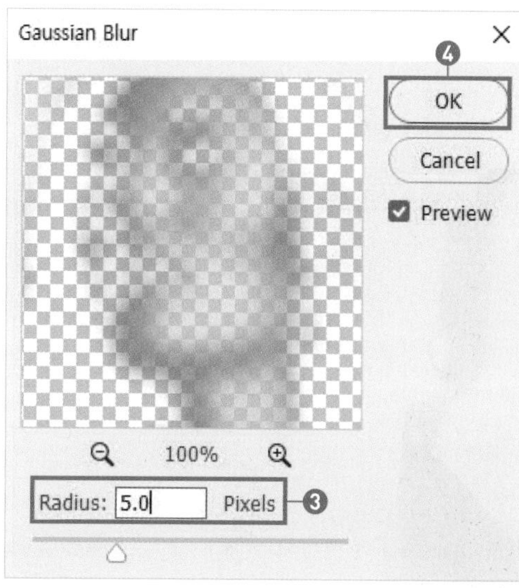

💡 **TIP**

[Radius] 값에 따라 소프트하면서도 화사한 효과에 큰 영향을 받습니다.

**4** [Layers] 패널에서 'Layer 1' 레이어를 선택한 후 블렌딩 모드를 'Screen'으로 변경하고 작업을 완료합니다.

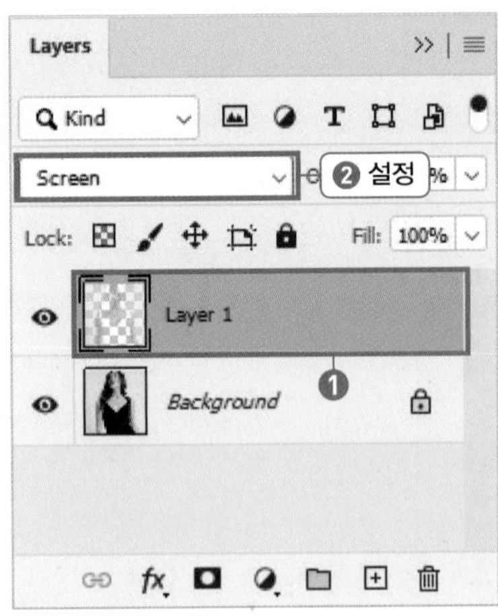

**MEMO [Opacity]에 따른 효과의 정도**

레이어의 [Opacity] 값을 조절하여 소프트함과 화사함의 강도를 조절할 수 있습니다. 상황에 맞게 조절하여 사용합니다.

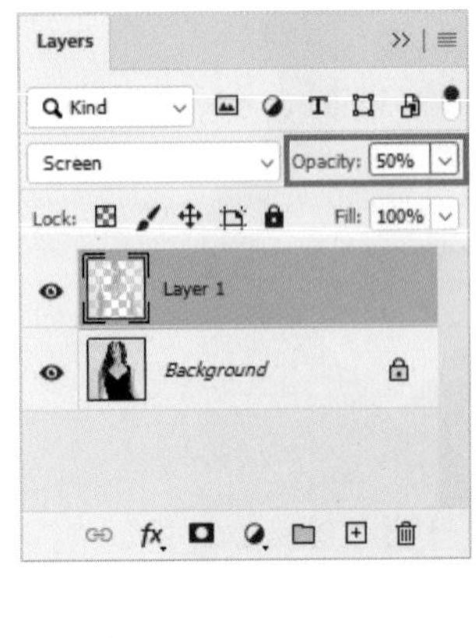

# 심도 깊은 아웃포커스 효과주기

강좌 10
난이도 ●●○

## Tilt-Shift Blur(기울기-이동 효과)

일반적으로 뒷배경을 흐리게 처리하여 주인공 피사체를 돋보이게 하는 아웃포커스 사진은 고가의 밝은 렌즈를 사용하기 전에는 일반 디지털 카메라나 휴대폰 카메라로 표현하기 어렵다. 사진의 입체감을 부여하고 피사체를 강조하고 싶을 때 다음과 같은 방법으로 아웃포커스 효과를 적용해보겠습니다.

[**예제 파일** : PART 01 Photoshop/4교시/dog.jpg]

### 학습과제

아웃포커스 효과를 적용하여 사진에 입체감을 넣어줍니다.

Before

After

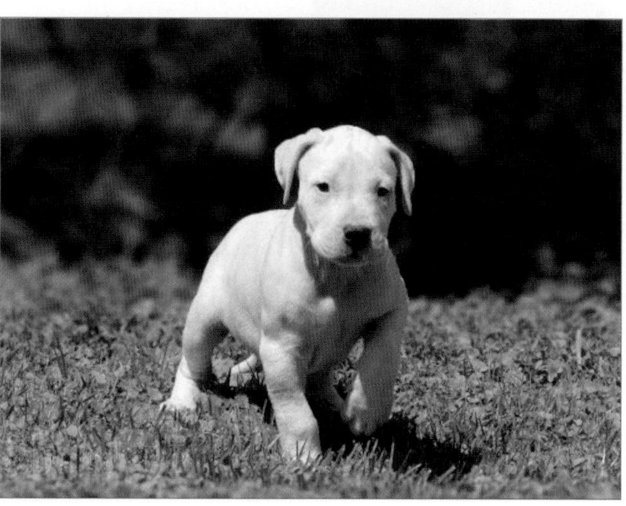

**1** 예제 파일을 불러온 후 툴 패널에서 [Quick Selection Tool]( )을 선택하고 강아지 영역만 드래그하여 선택 영역을 지정합니다.

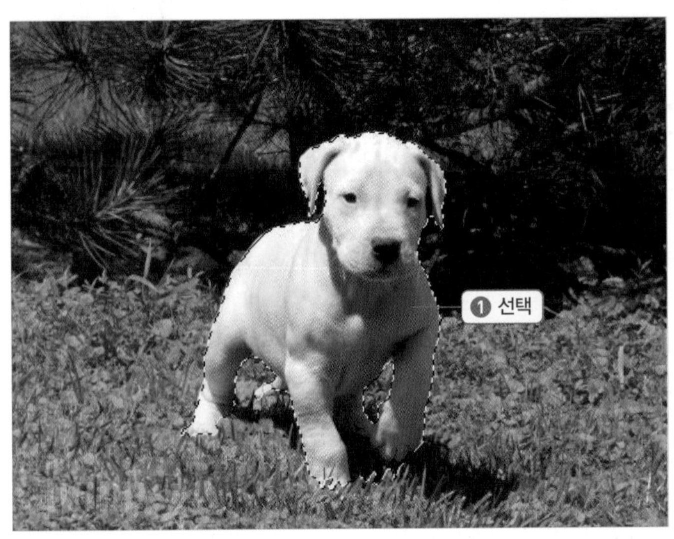


**TIP**

선택 영역 지정 시 사용자가 잘 다루는 다른 선택 도구를 사용해도 무방합니다.

**MEMO 선택 영역의 가감 작업**

선택 영역을 정확하게 할수록 좀 더 좋은 결과물을 만들 수 있습니다. 이미지를 확대하여 선택이 잘못된 곳은 영역을 더하거나 빼는 작업이 필요합니다. 또한 브러시의 크기를 상황에 맞게 변경하면서 사용하는 것도 중요합니다. [Quick Selection Tool] 옵션 바에서 선택하여 조절할 수 있습니다.

**2** 선택 영역 작업이 완료되면 흐림 효과를 줄 영역은 배경이기 때문에 선택 영역을 반대로 변경해야 합니다. [Select] 〉 [Inverse](Shift+Ctrl+I) 메뉴를 클릭합니다.

선택 영역 반전 ▶

**3** 흐림 효과를 적용해보겠습니다. [Filter] 〉 [Blur Gallery] 〉 [Tilt-Shift] 메뉴를 클릭합니다. 그러면 초점을 표시하는 핀과 피사계심도 영역을 표시하는 4개의 선으로 구성된 조절 화면이 나타납니다.

**4** 핀과 선의 위치를 조절하여 아웃포커스 효과가 적용되는 구간을 편집합니다. 그리고 핀의 다이얼을 조정하거나 [Blur Tools] 패널에서 [Blur] 값을 변경하여 흐림 효과의 양을 조절합니다.

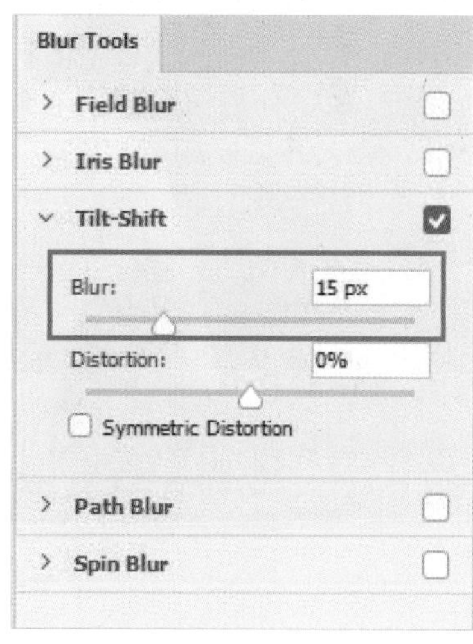

**5** 모든 설정이 완료되면 Enter를 누르거나 옵션 바에서 [OK]를 클릭하여 이미지에 적용합니다.

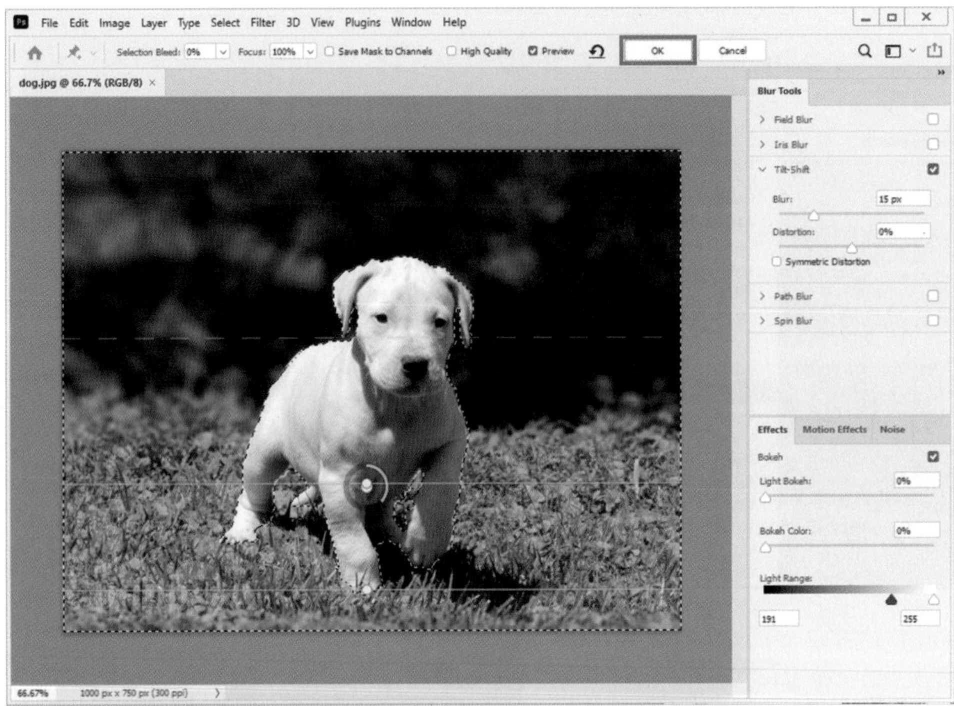


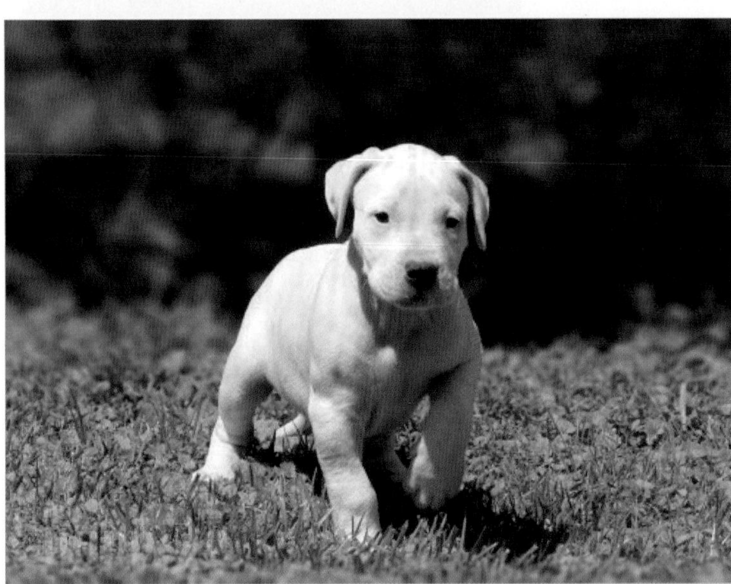

# 배경을 와이드 화면으로 늘리기

## Quick Selection Tool(빠른 선택 도구), Canvas Size (캔버스 크기), Content-Aware Scale(내용 인식 비율)

배경의 공간이 부족하여 넓혀야 하는 경우나 와이드하게 변경하여 시각적으로 시원한 배경을 원할 경우 사용할 수 있는 유용한 기능입니다. Content-Aware Scale을 이용한 이 작업은 기본적으로 이미지를 강제로 늘려 배경을 넓히는 것이기 때문에 가장 핵심은 주 피사체를 보호하고 늘려줘야 한다는 것입니다. 다음 예제를 통해 그 방법에 대해 알아보겠습니다.

[**예제 파일** : PART 01 Photoshop/4교시/beach.jpg]

### 학습과제

내용 인식 기능으로 자연스럽게 와이드한 이미지로 변경해보겠습니다.

Before

After

**1** 먼저 주 피사체인 음료수가 담긴 컵 전체를 선택하는 작업이 필요합니다. 예제 파일을 불러온 후 툴 패널에서 [Quick Selection Tool]( )을 사용하여 그림과 같이 선택 영역을 빠르게 지정합니다.

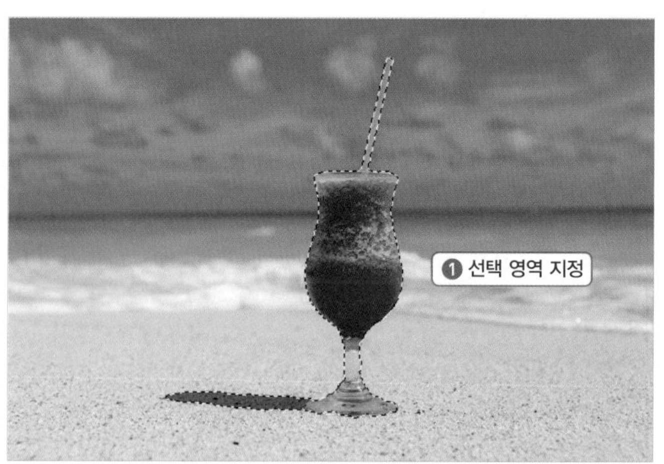


**TIP**

포토샵 작업에서 선택 영역을 지정하는 작업은 결과물 완성도에 큰 영향을 주기 때문에 사용자가 사용하기 편하고 가장 잘 선택할 수 있는 도구를 사용하는 것이 필요합니다. [Quick Selection Tool]이 아니더라도 더욱 정교하게 선택할 수 있는 도구나 방법을 이용하는 것도 좋습니다.

**2** 보호 영역 지정이 완료되면 선택 영역을 저장해야 합니다. [Channels] 패널에서 [Save selection as channel]( )을 클릭합니다. 그러면 [Channels] 패널에 알파 채널이 추가되면서 선택 영역이 저장됩니다.

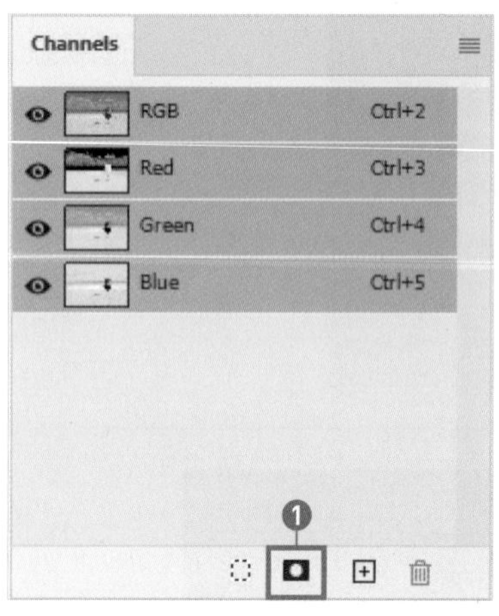


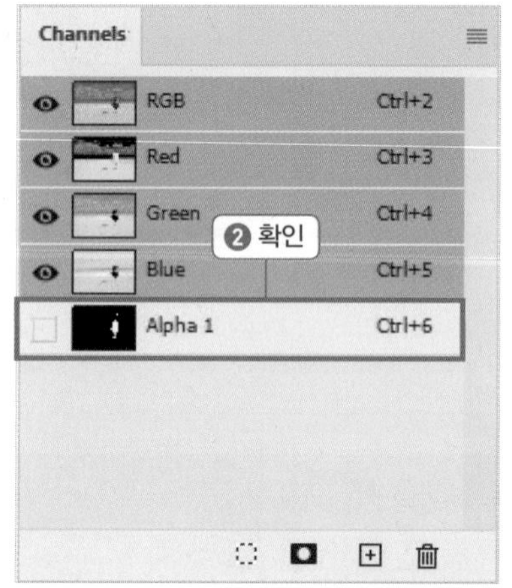


**MEMO 선택 영역 저장하기**

선택 영역으로 저장하는 또 다른 방법은 지정된 선택 영역을 마우스 오른쪽 버튼으로 클릭한 후 [Save Selection]을 선택하는 것입니다. 저장되는 위치는 마찬가지로 [Channels] 패널에 알파 채널로 추가됩니다.

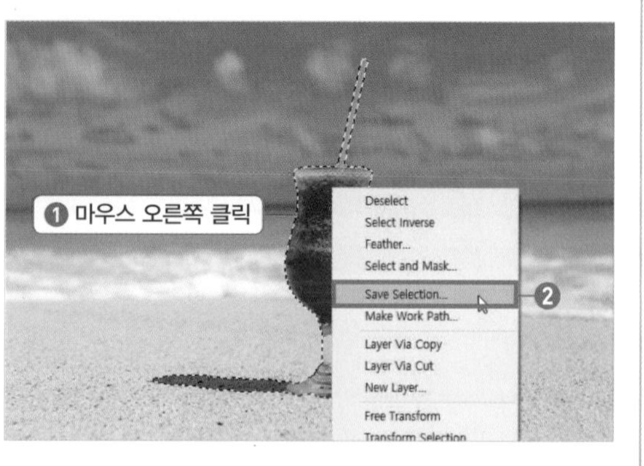

**3** 다음은 배경을 늘리기 위해 잠겨 있는 'Background' 레이어를 해제해야 합니다. 자물쇠 아이콘을 클릭하면 'Background' 레이어가 일반 레이어로 변경됩니다.

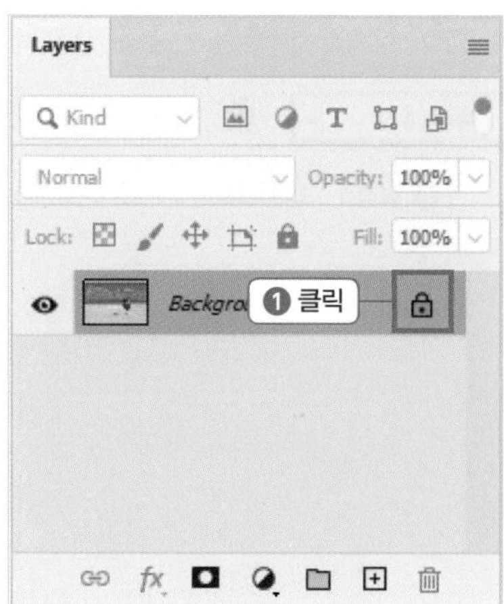


**4** 그다음 이미지를 늘려줄 만큼 캔버스 사이즈를 확대해보겠습니다. [Image] 〉 [Canvas Size] 메뉴를 클릭한 후 [Relative]를 체크하고 [Anchor]는 중심으로 선택한 다음 [Width] 값을 '20 Centimeters'로 설정합니다. 그러면 이미지 양옆으로 10 Centermiters씩 늘어난 것을 확인할 수 있습니다.

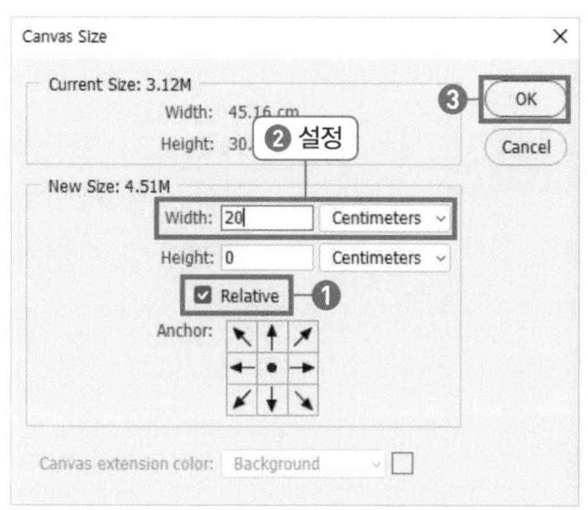

> **TIP**
>
> [Relative]는 기존 크기에 상대적으로 증가될 길이 값만 계산하여 입력합니다. 해제되어 있을 경우는 전체 길이를 입력해야 합니다.

**5** [Edit] 〉 [Content-Aware Scale] 메뉴를 클릭하고 옵션 바에서 [Protect]를 선택 영역으로 저장한 'Alpha 1'로 선택합니다. 그다음 Shift 를 누른 채 바운딩 박스를 늘어난 캔버스 크기만큼 드래그하여 맞춰준 후 더블클릭 또는, Enter 를 누릅니다.

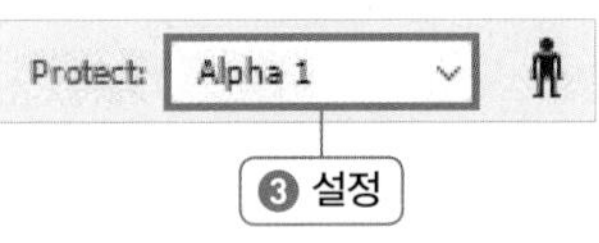

**6** 그러면 선택 영역으로 보호했던 주 피사체의 모양은 그대로 유지된 채 와이드한 이미지로 변경됩니다.

# 이미지를 그림으로 변경하기

## Watercolor(수채화 효과), Hue/Saturation (색상/채도)

Watercolor 필터를 사용하여 이미지를 수채화 그림으로 손쉽게 변경할 수 있습니다.

[**예제 파일** : PART 01 Photoshop/4교시/venice.jpg]

Watercolor 필터를 사용하여 수채화 이미지로 변경합니다.

Before

After

**1** 예제 파일을 불러온 후 [Filter] 〉 [Filter Gallery] 〉 [Artistic] 〉 [Watercolor] 메뉴를 클릭합니다. 그러면 미리 보기 화면을 통해 수채화 느낌의 이미지로 변경되는 것을 확인할 수 있습니다. 오른쪽 패널에서 [Watercolor]의 옵션 값을 조절하여 변환되는 디테일을 조절합니다.

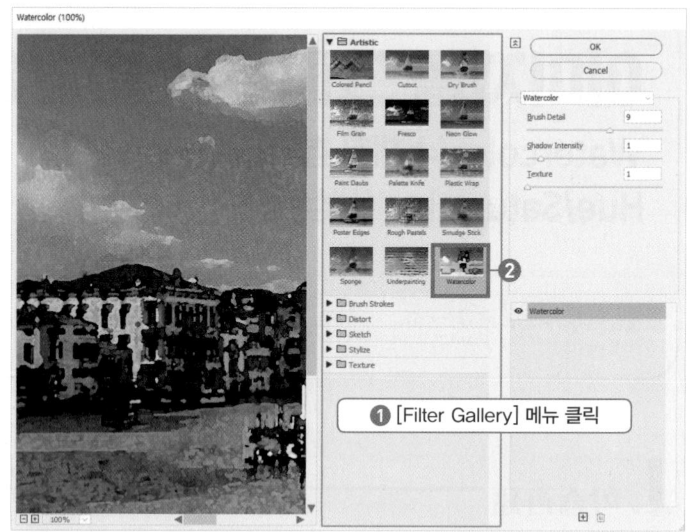


**2** 물감으로 그린 것처럼 수채화 이미지의 색감을 진하게 표현하기 위해 [Layers] 패널에서 [Create new fill or adjustment layer]( )를 클릭하고 [Hue/Saturation]을 선택합니다. 그리고 [Properties] 패널에서 [Saturation] 값을 '+30' 정도로 조정합니다.

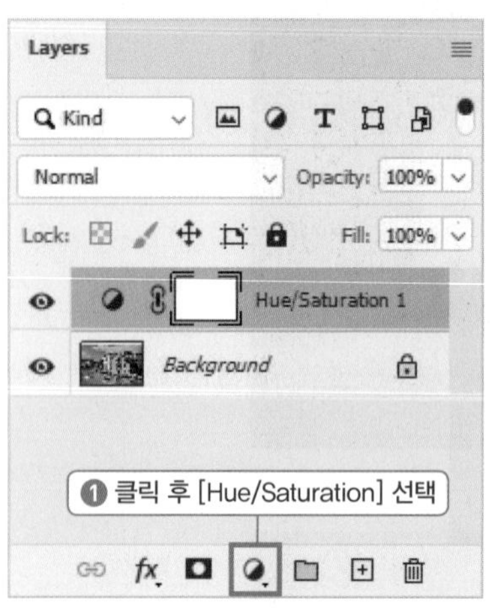


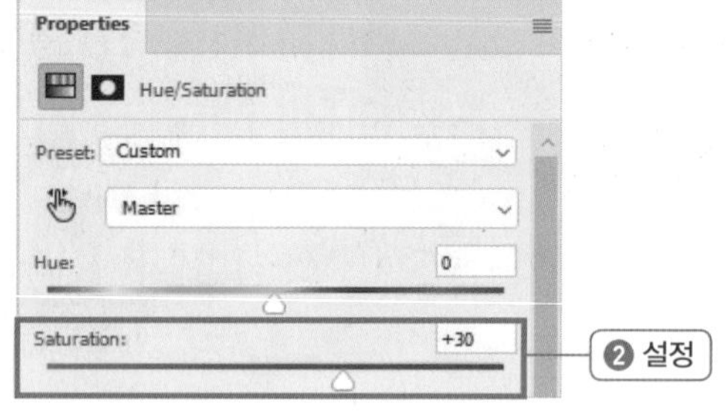


**3** 색상이 진하게 변경되면 좀 더 수채화 그림 느낌을 낼 수 있습니다.

# High Pass로 사진 선명하게 만들기

## High Pass(하이 패스), Overlay(오버레이)

초점이 잘 맞지 않았거나 미세하게 흔들려 사진이 흐릿할 경우 High Pass 필터를 이용하여 선명도를 올려줄 수 있습니다.

[**예제 파일** : PART 01 Photoshop/4교시/highpass.jpg]

High Pass 필터를 활용하여 선명한 사진을 만들어보겠습니다.

Before

After

**1** 예제 파일을 불러온 후 [Layers] 패널에서 'Background' 레이어를 복사합니다.

**2** 복사된 'Background copy' 레이어를 선택하고, [Filter] 〉 [Other] 〉 [High Pass] 메뉴를 클릭하고 [High Pass] 대화상자가 나타나면 [Radius] 값을 '5 Pixels' 정도로 설정합니다.

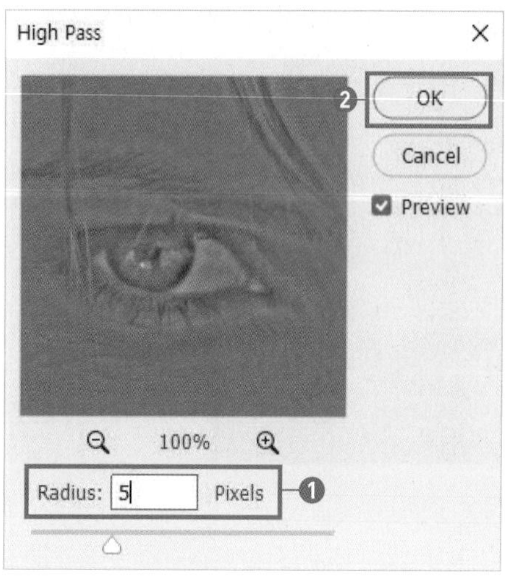

**TIP**

Radius 값에 따라 사진의 선예도 및 콘트라스트가 달라집니다.

**3** 레이어의 블렌딩 모드를 'Overlay'로 변경하면 작업이 완료됩니다.

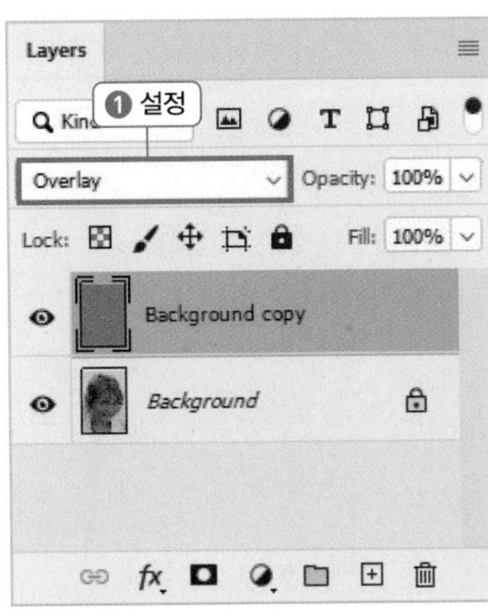

**MEMO** Unsharp Mask 필터

[Sharpen] 〉 [Unsharp Mask] 필터로도 사진의 선명도를 보정할 수 있습니다. 어떤 차이점이 있는지 비교해봅니다.

▲ Unsharp Mask가 적용된 이미지

# 5교시

## 특수 효과반

포토샵의 가장 큰 장점으로 다양한 필터 기능을 이용하여 여러 가지 형태의 모양을 만들어 낼 수 있습니다. 이번 학습 과정은 여러 기능을 혼합 사용하여 다양한 표현 방법을 알아볼 것입니다. 사용자가 상상한 효과를 마음대로 표현할 수 있도록 다양한 시도와 많은 연습이 필요할 것입니다.

# 강좌

01 **구겨진 종이 효과내기 :** Gradient Tool(그레이디언트 도구), Emboss(엠보스), Color Balance(색상 균형)

02 **나무 울타리 모양의 배경 만들기 :** Clouds(구름 효과), Wave(파형)

03 **전자 회로 스타일의 배경 만들기 :** Mosaic(모자이크), Ink Outlines(잉크 윤곽선)

04 **청바지 원단 이미지 만들기 :** Add Noise(노이즈 추가), Motion Blur(동작 흐림 효과), Blending Mode(혼합 모드)

05 **판화 이미지 만들기 :** Difference(차이), Color Halftone(색상 하프톤), Threshold(한계값)

06 **속도감이 느껴지는 패닝샷 효과내기 :** Blur Gallery(흐림 효과 갤러리)

07 **얼굴의 인상 조정하기 :** Face–Aware Liquify(얼굴 인식 픽셀 유동화)

08 **몸매 다이어트하기 :** Foward Warp Tool(뒤틀기 도구)

09 **시원하게 보이는 아쿠아 문자 만들기 :** Layer Style(레이어 스타일), Inner Shadow(내부 그림자), Inner Glow(내부 광선), Gradient Overlay (그레이디언트 오버레이), Feather(페더)

10 **구겨지고 접힌 종이 문자 만들기 :** Transform(변형), Expend(확대), Place Embedded(포함 가져오기), Blending Mode(혼합 모드)

# 구겨진 종이 효과내기

## Gradient Tool(그레이디언트 도구), Emboss(엠보스), Color Balance(색상 균형)

실제로 구겨진 종이를 촬영하여 사용하는 경우가 많지만, 포토샵의 필터 기능만으로 구겨진 종이 효과를 만들어 낼 수 있습니다. 다음 학습 과정을 통해 익혀보겠습니다.

[**완성 파일** : PART 01 Photoshop/5교시/paper.psd]

### 학습과제

포토샵 도구와 필터 기능을 혼용하여 종이 질감의 이미지를 만들어 보겠습니다.

Before

After

**1** [File] 〉 [New] 메뉴를 클릭하고 [Print] 탭에서 'A5' 사이즈를 선택합니다. 종이의 방향은 가로 방향으로 설정합니다.

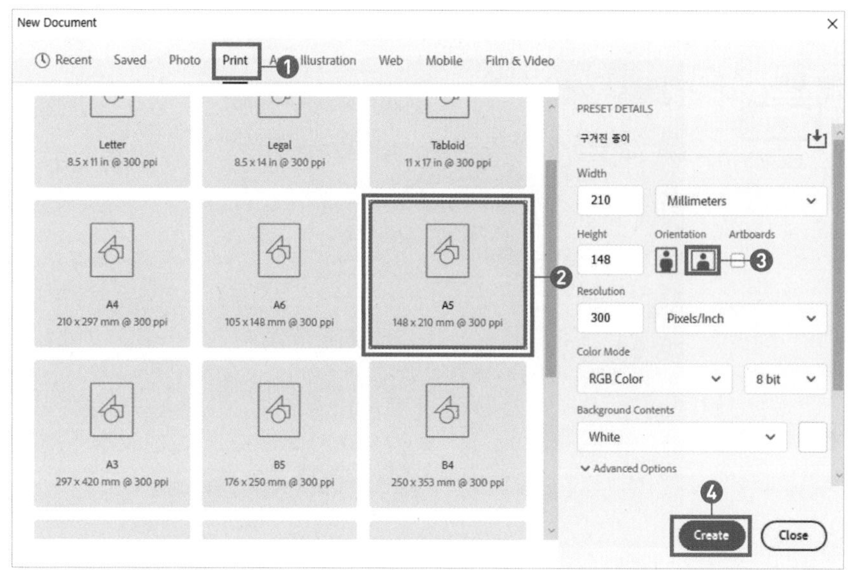

**2** 다음은 구겨진 모양을 만드는 데 있어서 가장 핵심 과정입니다. 툴 패널에서 [Gradient Tool]( )을 클릭합니다. 그다음 기본 색상인 전경색을 '검은색', 배경색을 '흰색'으로 설정하고 옵션 바에서 그라데이션의 모양을 'Diamond Gradient'로 설정합니다. [Mode]를 'Difference'로 변경하고, 20번 이상 그라데이션을 연속적으로 적용하여 그림과 같은 형태가 되도록 만듭니다.

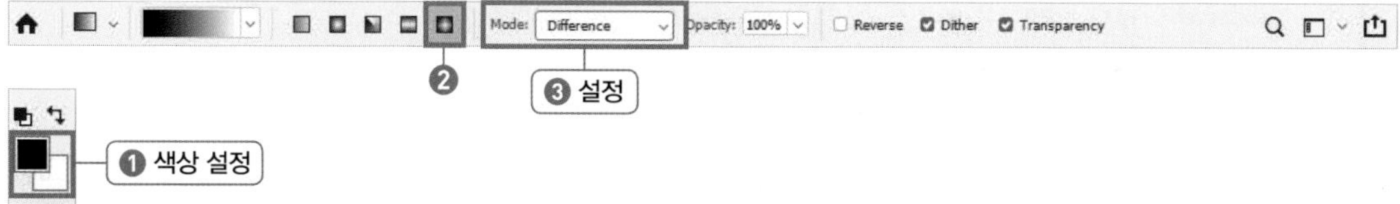


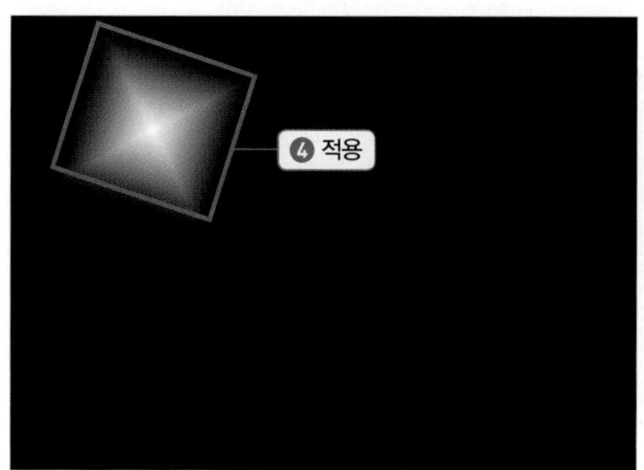


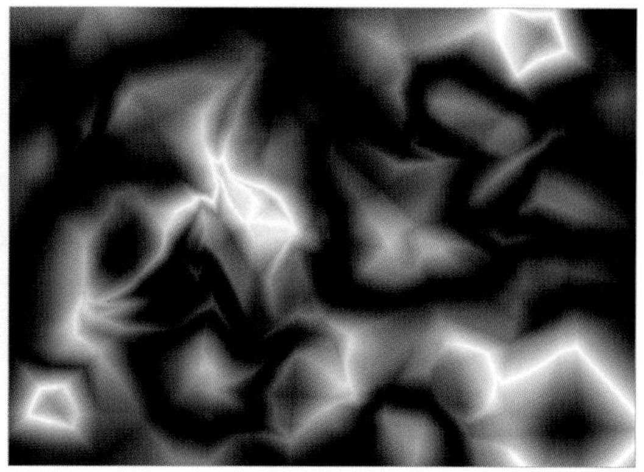

▲ 완성된 모습

**3** 그라데이션으로 만들어진 기본 이미지가 완성되었다면 구겨진 종이의 형태를 표현하기 위해 [Filter] 〉 [Stylize] 〉 [Emboss] 메뉴를 클릭합니다. [Emboss] 대화상자가 나타나면 [Angle]은 '135°', [Height]는 '5 Pixels' 정도로 설정하고 이미지에 적용합니다. 그러면 구겨진 형태의 종이 모양이 완성됩니다.

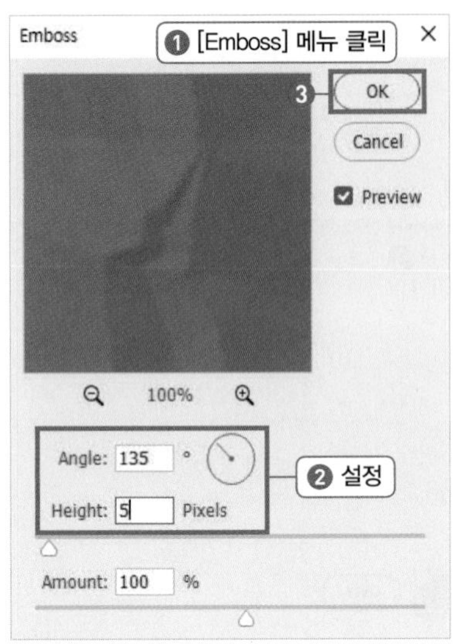

**4** 회색 종이의 색상을 변경해보겠습니다. [Image] 〉 [Adjustments] 〉 [Color Balance] 메뉴를 클릭하고 그림과 같이 색상의 레벨 값을 조절하여 원하는 색상으로 수정하여 적용합니다.

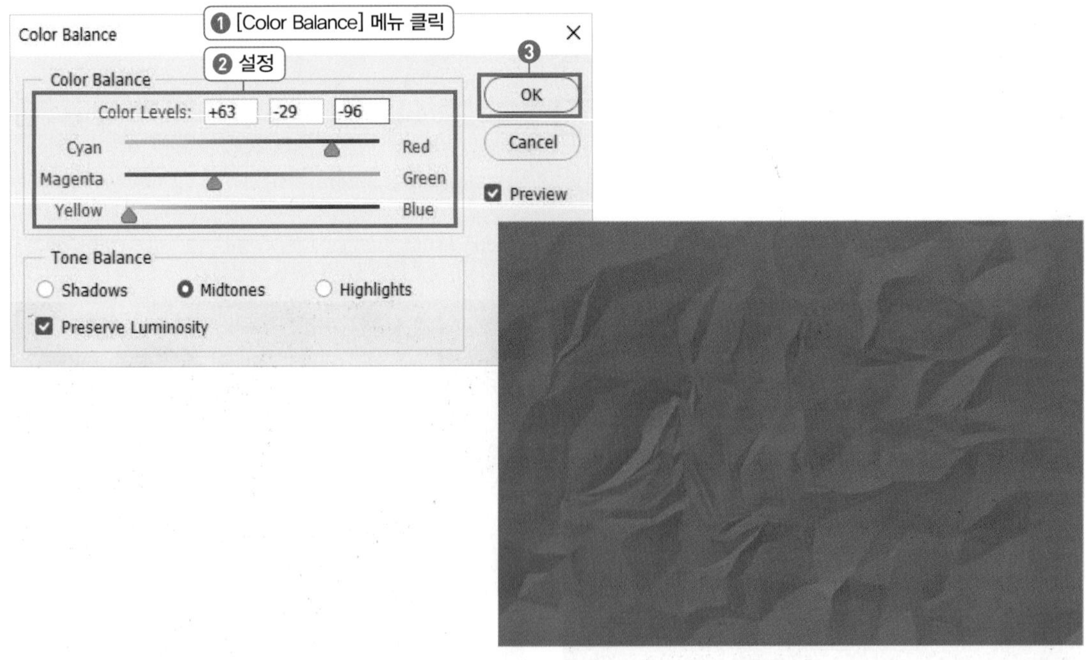


**TIP**

Color Balance 기능뿐만 아니라 [Image] 〉 [Adjustments] 메뉴에서 Photo Filter, Channel Mixer 기능 등을 이용하여 다양한 방법으로 색상을 변경할 수 있습니다.

# 나무 울타리 모양의 배경 만들기

## Clouds(구름 효과), Wave(파형)

나무 이미지의 경우 대부분 촬영된 사진 소스를 많이 사용하지만, 포토샵의 다양한 필터 기능을 혼합하여 나무 느낌의 이미지를 만들 수 있습니다. 이처럼 작업 과정 및 필터의 기능을 이해한다면 다양한 편집 작업에서 응용력을 키울 수 있습니다.

[**완성 파일** : PART 01 Photoshop/5교시/wood.jpg]

### 학습과제

다음 과제의 핵심은 Clouds 필터와 Wave 필터의 조합입니다. 다양한 색상과 패턴으로 나뭇결 무늬를 만들어보겠습니다.

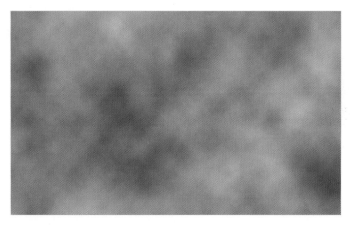

▲ Clouds 필터 효과

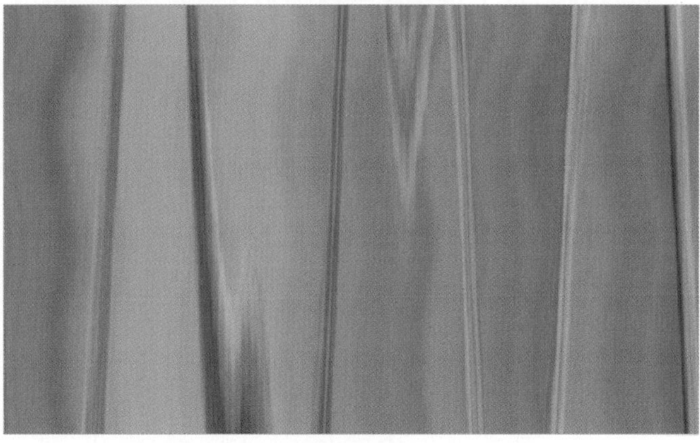

▲ Wave 필터 효과

**1** [File] 〉 [New] 메뉴를 클릭하여 다음과 같이 [Width]는 '800 Pixels', [Height]는 '480 Pixels', [Resolution]은 '72 Pixels/Inch'의 새로운 도큐먼트를 만듭니다.

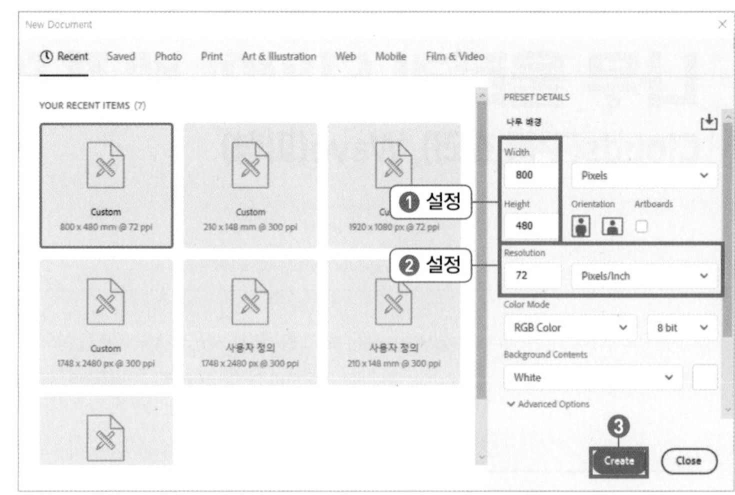


**2** 나무 재질의 기본 색상을 정해보겠습니다. 전경색은 연한 황토색(#fed293)으로 설정하고, 배경색은 갈색(#81570f)으로 설정합니다.

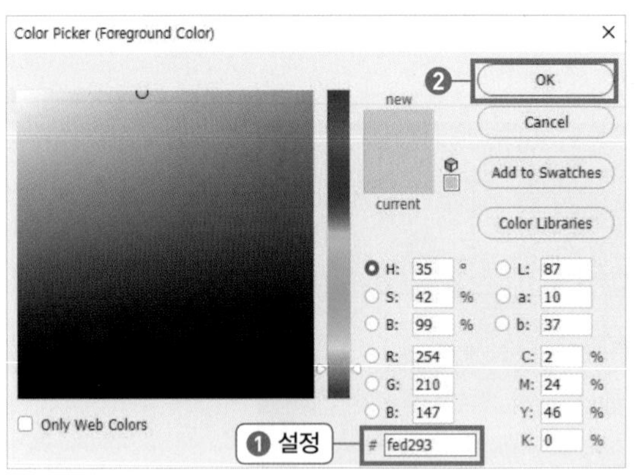


▲ 전경색 설정

▲ 배경색 설정

**TIP**

나무 무늬의 색상은 전경색과 배경색으로 선택한 색상으로 결정됩니다. 원하는 색상을 변경하여 사용해보겠습니다.

**3** [Filter] 〉 [Render] 〉 [Clouds] 메뉴를 클릭하면 전경색과 배경색이 혼합된 구름 이미지가 채워집니다.

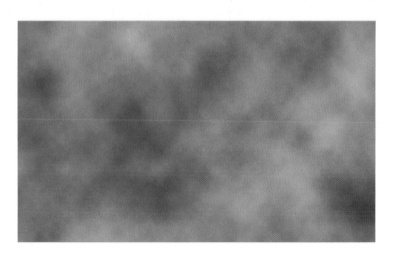

**4** 색상 레벨 단계를 조정하기 위해 [Image] 〉 [Adjustments] 〉 [Levels] 메뉴를 클릭합니다. [Levels] 대화상자가 나타나면 [Input Levels]에서 섀도우 슬라이더 바를 오른쪽으로 이동하여 이미지의 가장 어두운 단계의 위치를 조정합니다. 마찬가지로 하이라이트 섀도우도 왼쪽으로 이동하여 가장 밝은 단계의 위치를 조정합니다. 그러면 이미지의 대조 값이 커져 더 밝고 선명해집니다.

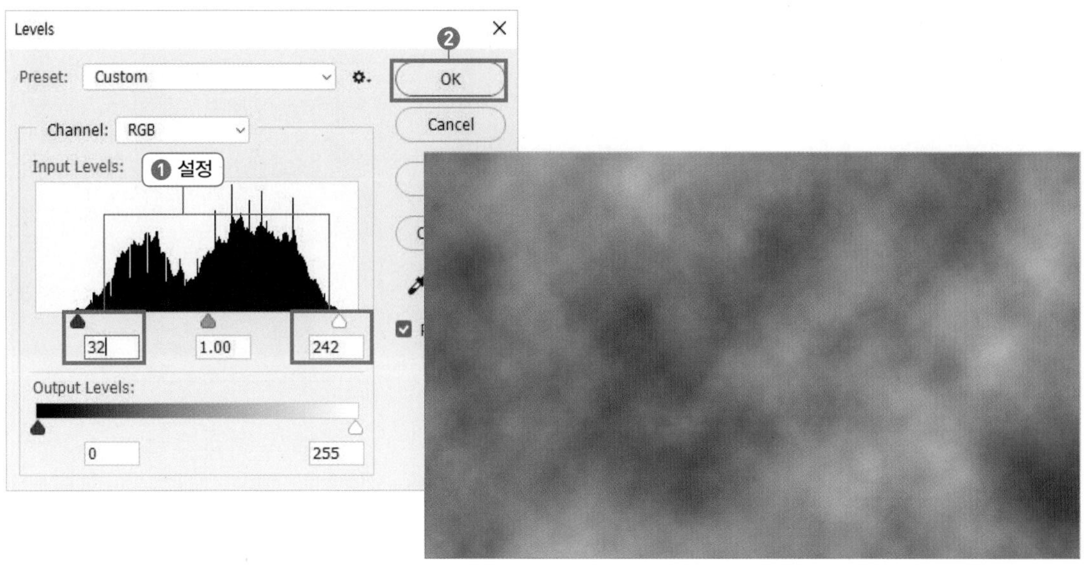


**5** 다음은 Wave 필터를 이용하여 구름 이미지를 나이테로 변경해보겠습니다. [Filter] 〉 [Distort] 〉 [Wave] 메뉴를 클릭합니다. [Wave] 대화상자에서 [Number of Generators]를 '50', [Wavelength]의 [Min] '1'/[Max] '140', [Amplitude]의 [Min] '1'/[Max] '250', [Scale]의 [Horiz] '1%'/[Vert] '100%'로 설정한 후 [Randomize]를 여러 번 클릭하여 나무 이미지에 적합한 형태가 표시되면 [OK]를 클릭합니다.

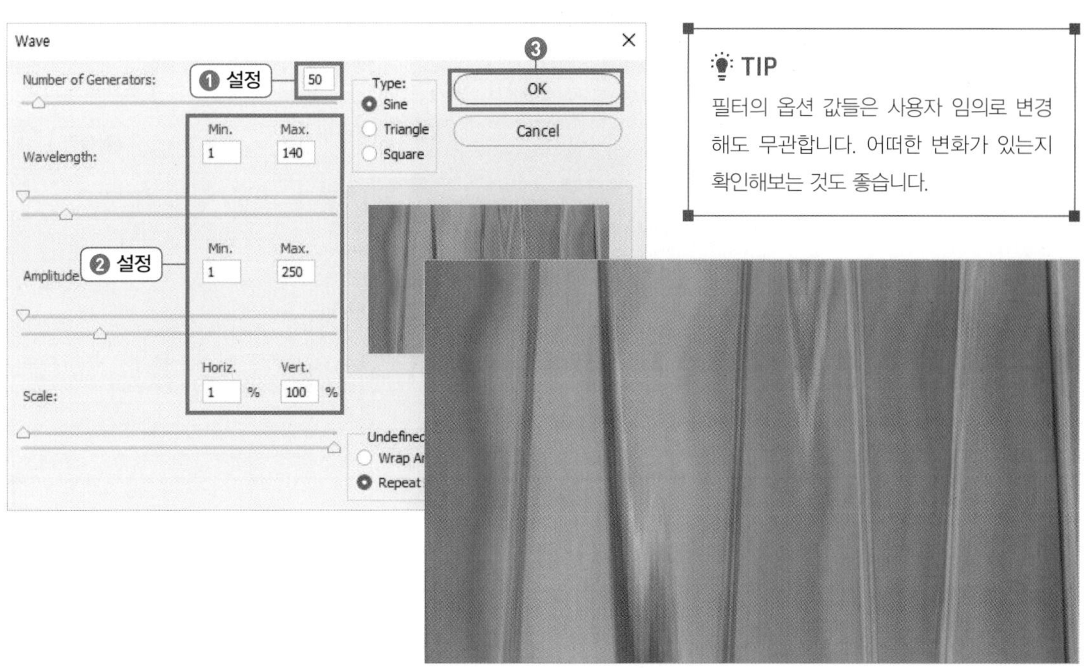


**TIP**
필터의 옵션 값들은 사용자 임의로 변경해도 무관합니다. 어떠한 변화가 있는지 확인해보는 것도 좋습니다.

**6** 나무 이미지의 선명도를 높이기 위해 [Filter] 〉 [Sharpen] 〉 [Unsharp Mask] 메뉴를 클릭합니다. [Unsharp Mask] 대화상자가 나타나면 [Amount]는 '100%', [Radius]는 '3 Pixels', [Threshold]는 '0 levels'로 설정하고 [OK]를 클릭합니다.

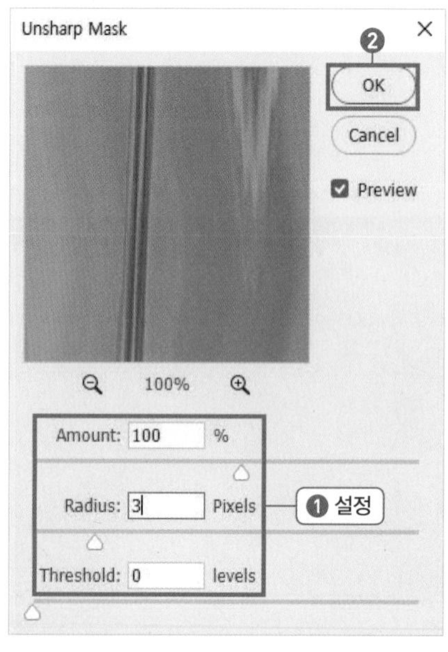


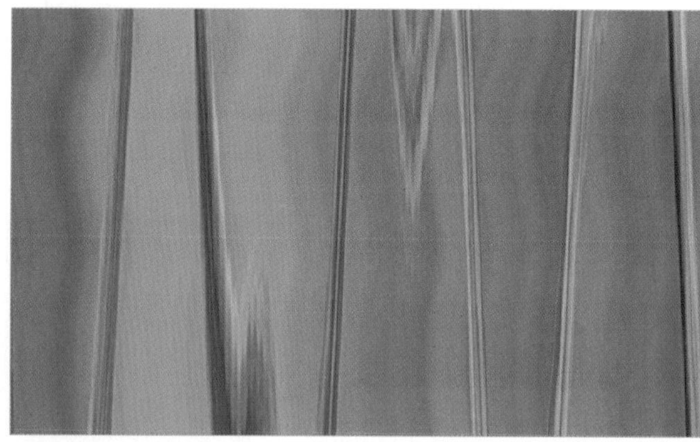

**7** 다음은 나무 이미지를 좀 더 밝게 하고 광택 효과를 주기 위해 [Filter] 〉 [Render] 〉 [Lighting Effects] 메뉴를 클릭합니다. [Properties] 패널이 표시되면 라이트 방식을 'Infinite'로 선택하고 조명의 범위를 그림과 같이 조절합니다. 빛의 강도인 [Intensity] 값은 '25' 정도로 적용합니다.

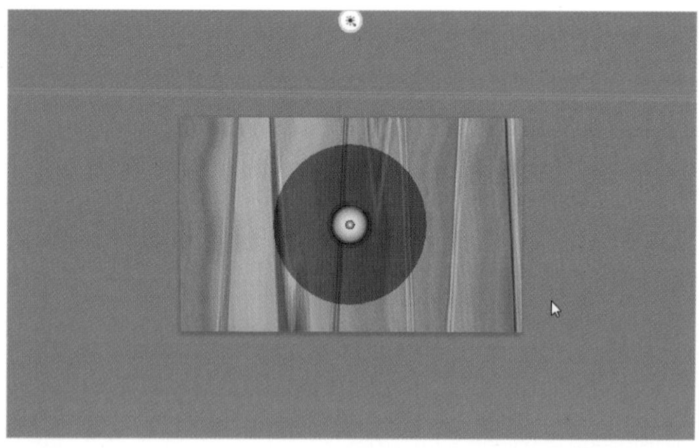

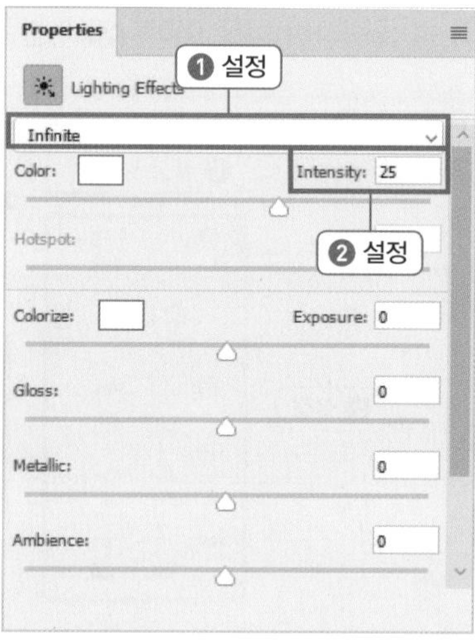

 **TIP**

Lighting Effects 필터 적용 과정은 상황에 따라 제외해도 상관없습니다.

**8** 다음 이미지와 같이 나무 배경 이미지가 완성됩니다.

### MEMO Wave 필터 옵션에 따라 다양한 모양 생성

Wave 필터에서 [Randomize]를 클릭하면 다양한 패턴을 랜덤하게 생성할 수 있으며 [Type]과 [Undefined Areas] 옵션에 따라 더욱더 많은 종류의 나무 패턴 이미지를 만들 수 있습니다.

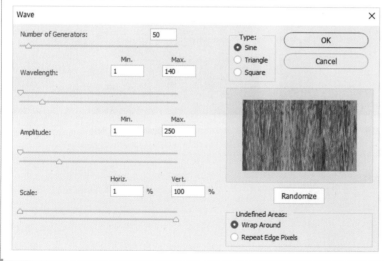

강좌 03
난이도 ●●●

# 전자 회로 스타일의 배경 만들기

## Mosaic(모자이크), Ink Outlines(잉크 윤곽선)

포토샵 필터를 활용하여 전자 회로판 모양의 이미지를 만들어 보겠습니다. 구름 이미지 모양에 따라 회로 모양이 정해지기 때문에 랜덤한 이미지로 완성됩니다. 다음 예제는 어떠한 과정으로 진행되는지 확인해보겠습니다.

[**완성 파일** : PART 01 Photoshop/5교시/eletron.psd]

### 학습과제

Mosaic, Ink Outlines 필터 등을 혼용하여 사이버틱 한 전자 회로 모양의 이미지를 만들어보겠습니다.

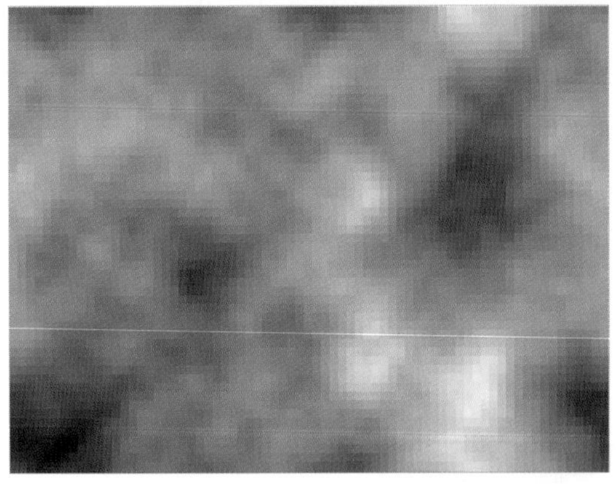

▲ Mosaic 필터 적용

▲ Ink Outlines 필터 적용

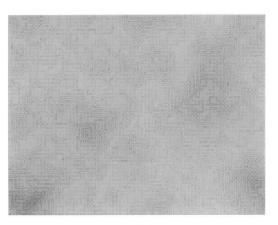

▲ 완성

**1** [File] 〉 [New] 메뉴를 클릭하고 [Width]를 '640 Pixels, [Height]를 480 Pixels'로 설정하여 도큐먼트를 만듭니다.

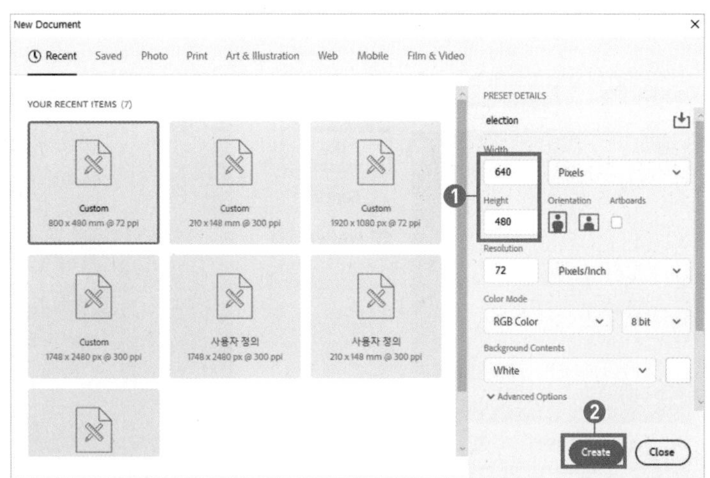


**2** 구름 효과를 주기 위해 전경색과 배경색을 '검은색'과 '흰색'으로 설정한 후 [Filter] 〉 [Render] 〉 [Clouds] 메뉴를 클릭합니다.

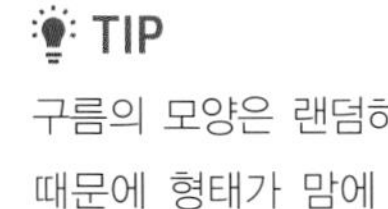

**TIP**

구름의 모양은 랜덤하게 적용되기 때문에 형태가 맘에 들지 않으면 취소 후 다시 적용합니다.

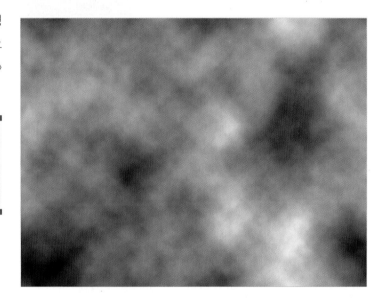

**3** 사각의 모자이크 모양을 만들기 위해 [Filter] 〉 [Pixelate] 〉 [Mosaic] 메뉴를 클릭합니다. [Cell Size]를 '9 square' 정도로 설정하여 적용합니다.

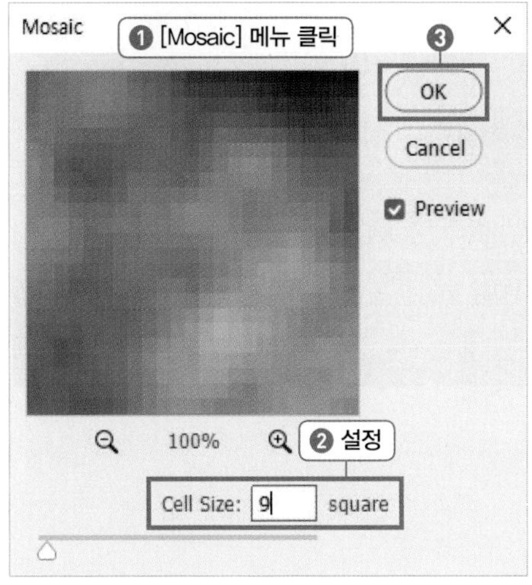


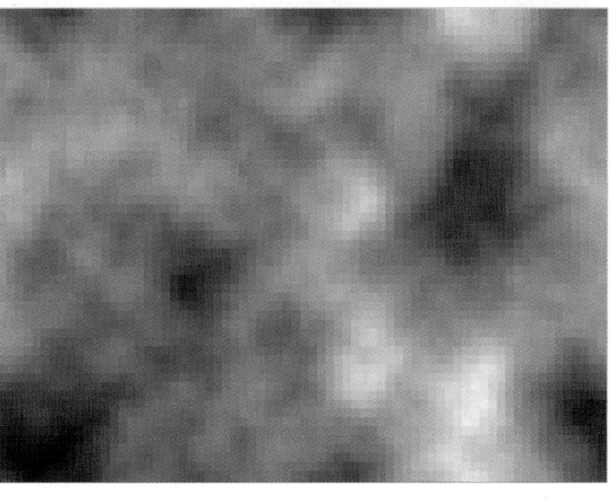

**4** 다음은 [Filter] 〉 [Blur] 〉 [Gaussian Blur] 메뉴를 클릭하고 [Radius]를 '1 Pixels'로 설정합니다.

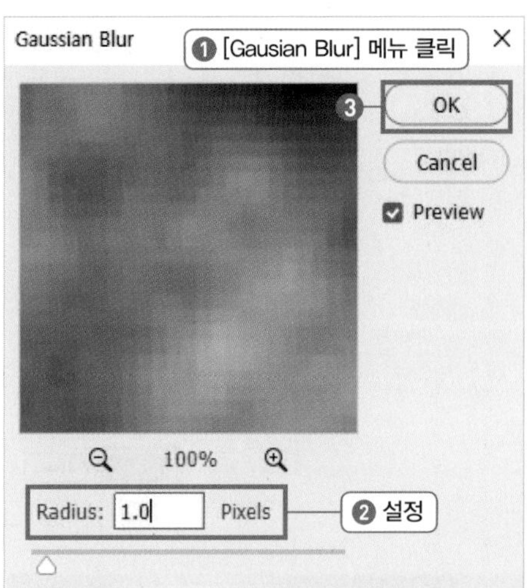


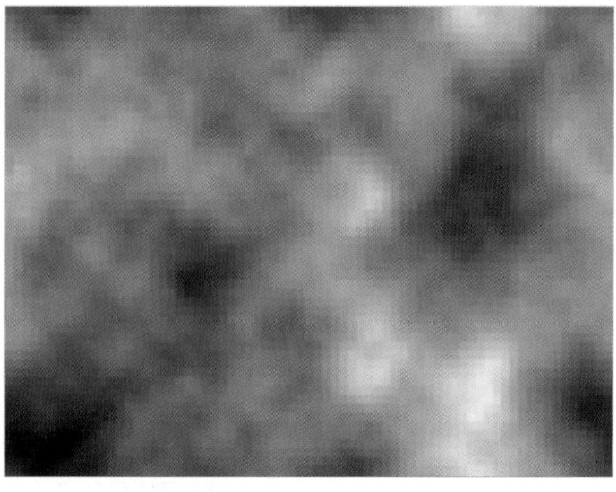

**5** 다음은 전자 회로 모양으로 만드는 과정입니다. [Filter] 〉 [Filter Gallery] 메뉴를 클릭하고 [Brush Strokes] 〉 [Ink Outlines]를 선택합니다. 다음 그림의 옵션 값을 참고하여 적절한 회로 모양이 나타나도록 조절하여 적용합니다.

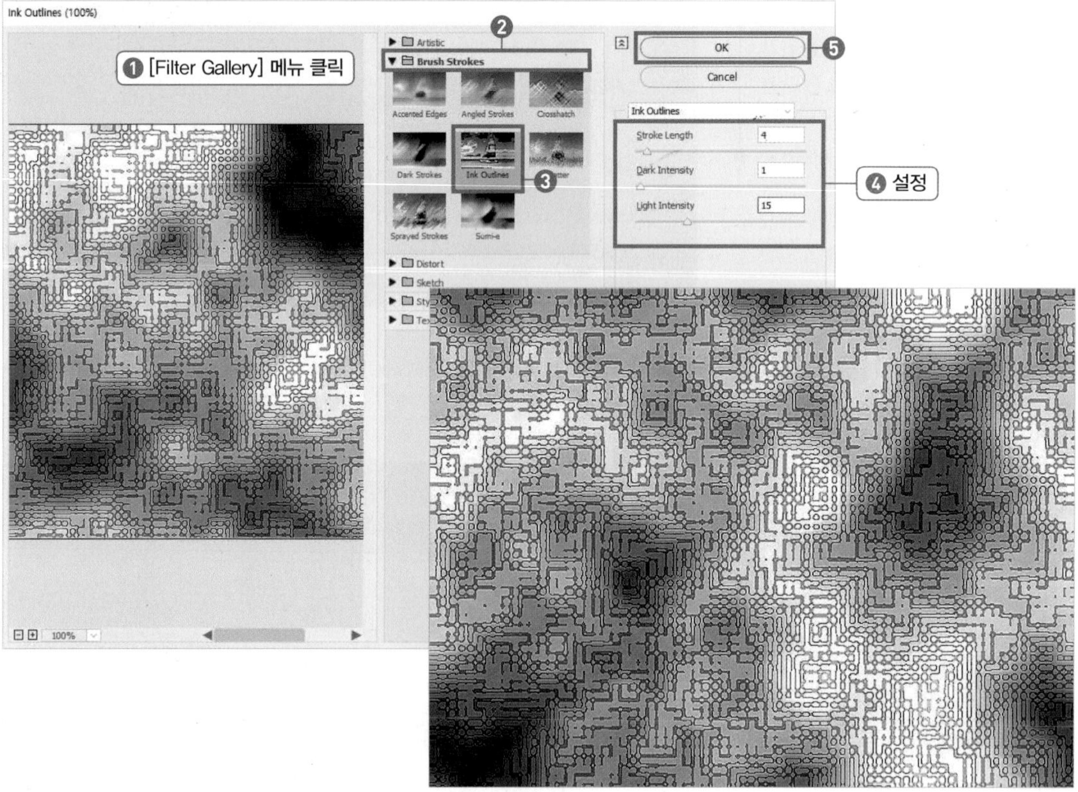

**6** 어두운 영역이 많이 포함되어 전자 회로도의 색상이 강하게 보이니 조금 완화시켜보겠습니다. [Image] 〉 [Adjustments] 〉 [Levels] 메뉴를 클릭합니다. [Output Levels]에서 섀도우 슬라이더 바를 중간 정도로 위치로 이동합니다. 그러면 어두운 영역의 색상이 전체적으로 줄어든 것을 확인할 수 있습니다.

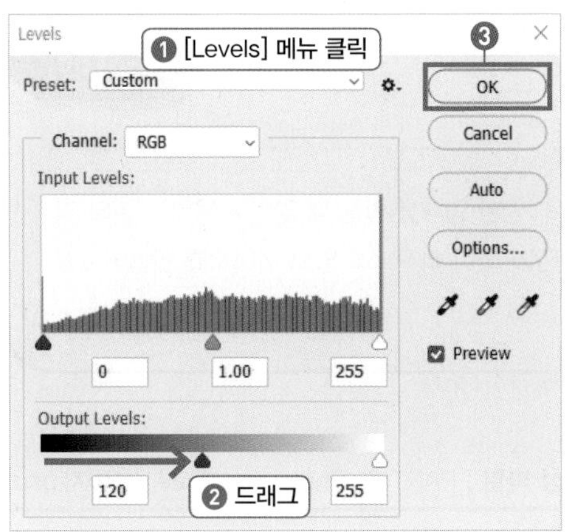


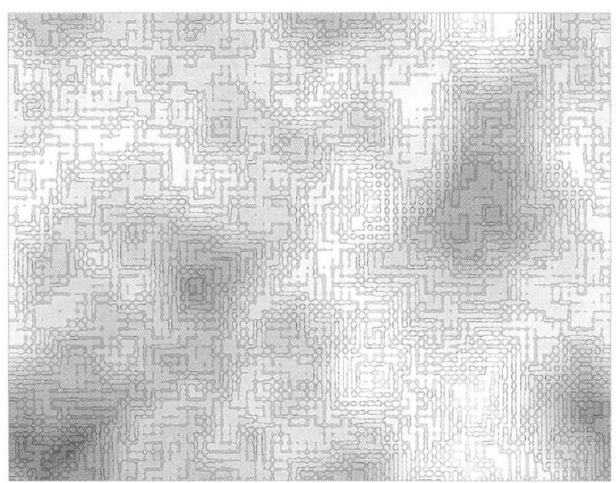

**7** 다음은 회로 기판에 색상을 입혀보겠습니다. [Layers] 패널에서 [Create a new layer](⊞)를 클릭하여 새로운 레이어를 추가하고 전경색의 색상을 녹색(#528a53)으로 설정합니다.

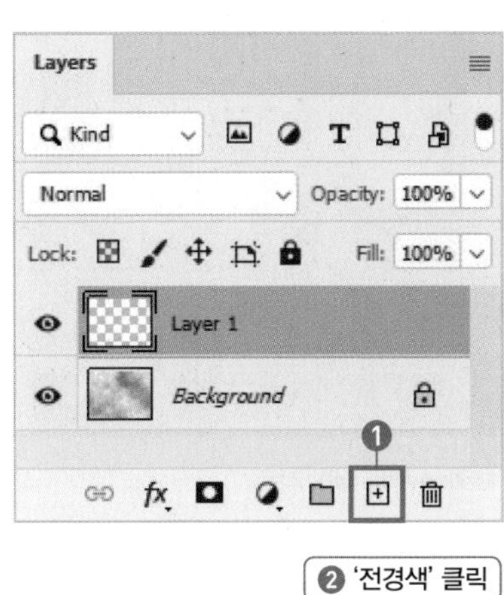


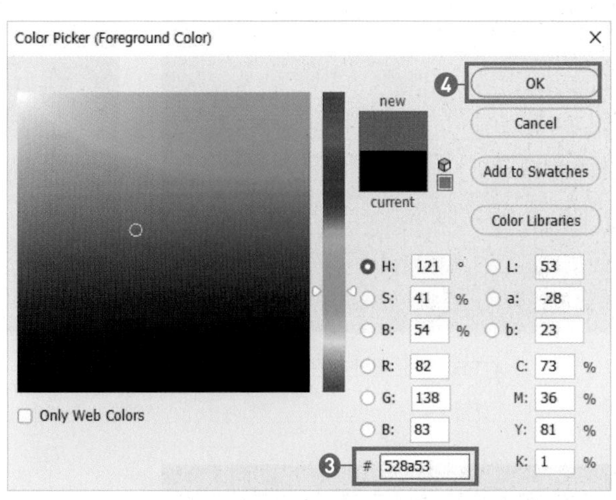


**8** Alt+Delete를 눌러 전경색을 채운 후 블렌딩 모드를 'Hard Light'로 설정하여 작업을 완료합니다.

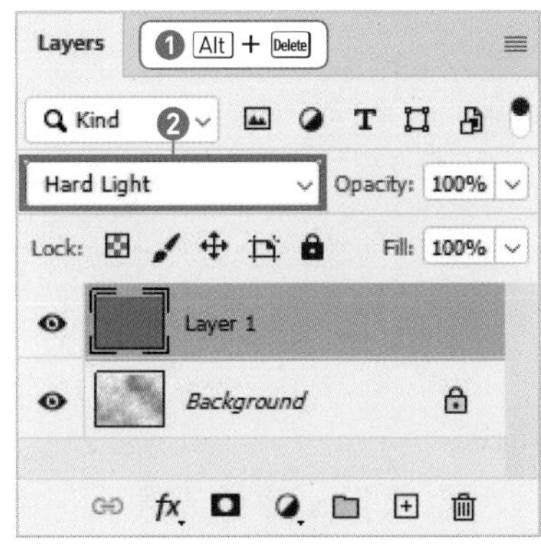


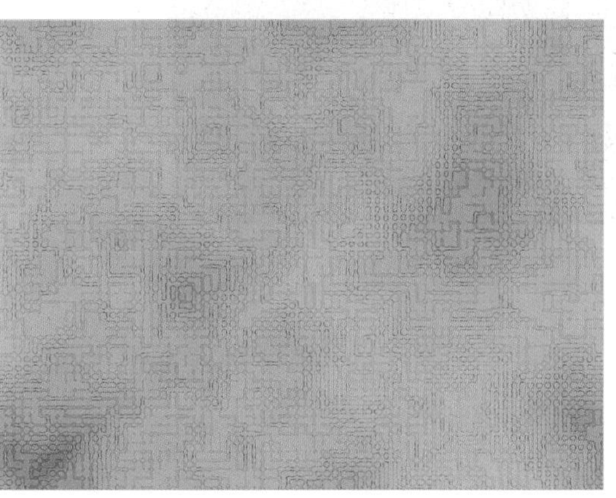

# 청바지 원단 이미지 만들기

## Add Noise(노이즈 추가), Motion Blur(동작 흐림 효과), Blending Mode(혼합 모드)

필터 기능들을 혼합하여 만들어 낼 수 있는 형태는 무궁무진합니다. 다양한 형태를 만들 때 많이 사용하는 필터 기능이 Add Noise 필터와 Motion Blur 필터입니다. 다음은 청바지 원단에 물이 빠진 스타일의 이미지를 만들어보겠습니다.

[**완성 파일** : PART 01 Photoshop/5교시/청바지.psd]

### 학습과제

물 빠진 청바지 원단을 만들어보겠습니다. Texturizer 필터와 Motion Blur 필터의 적용 값에 따라 원단의 스타일을 조절할 수 있습니다.

▲ Texturizer 필터 적용

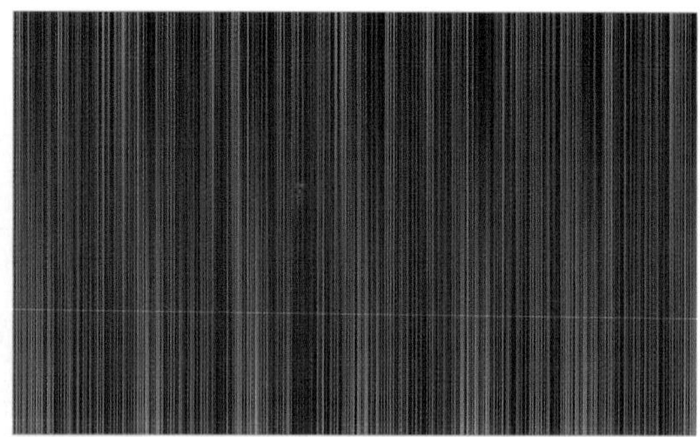

▲ Motion Blur 필터 적용

▲ 완성

**1** [File] 〉 [New] 메뉴를 클릭하고 [Width]는 '800 Pixels', [Height]는 '480 Pixels'인 새로운 도큐먼트를 만듭니다.

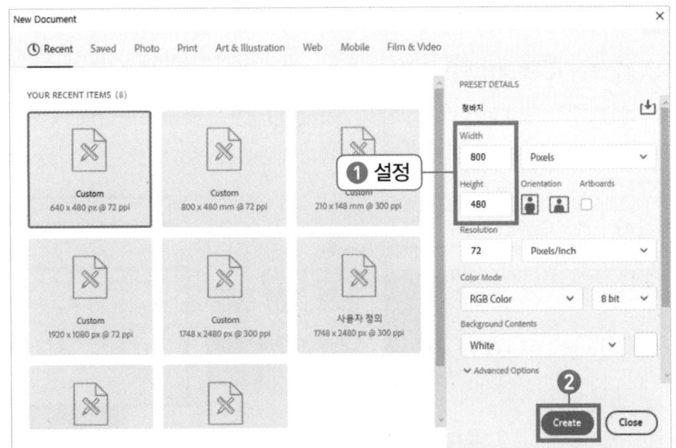


**2** 그다음 청바지 원단의 색상이 될 전경색의 색상을 군청색(#1a2b5d)으로 설정하고 Alt+Delete를 눌러 도큐먼트 전체에 전경색을 채워줍니다.

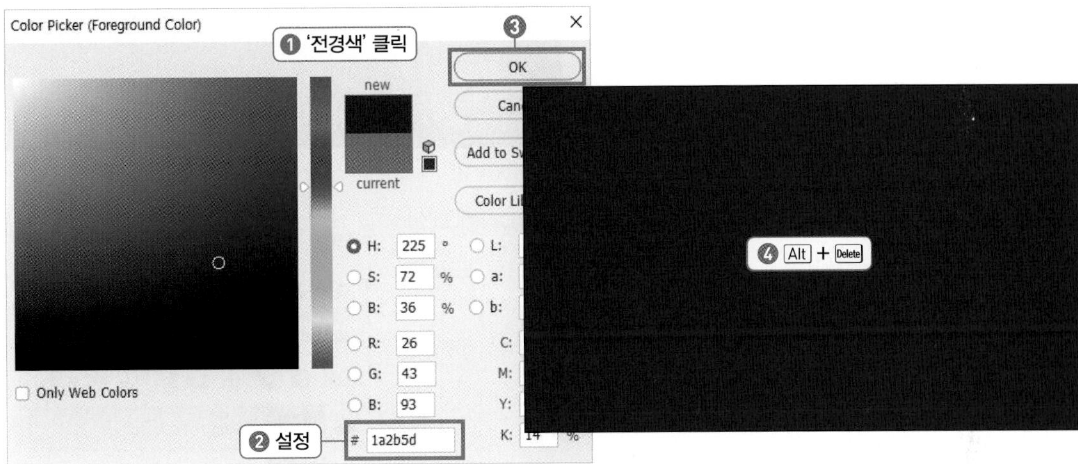


**3** 다음은 원단의 모양을 만들기 위해 [Filter] 〉 [Noise] 〉 [Add Noise] 메뉴를 클릭합니다. [Add Noise] 대화상자가 나타나면 [Amount]를 '60%' 정도로 설정하고 적용합니다.

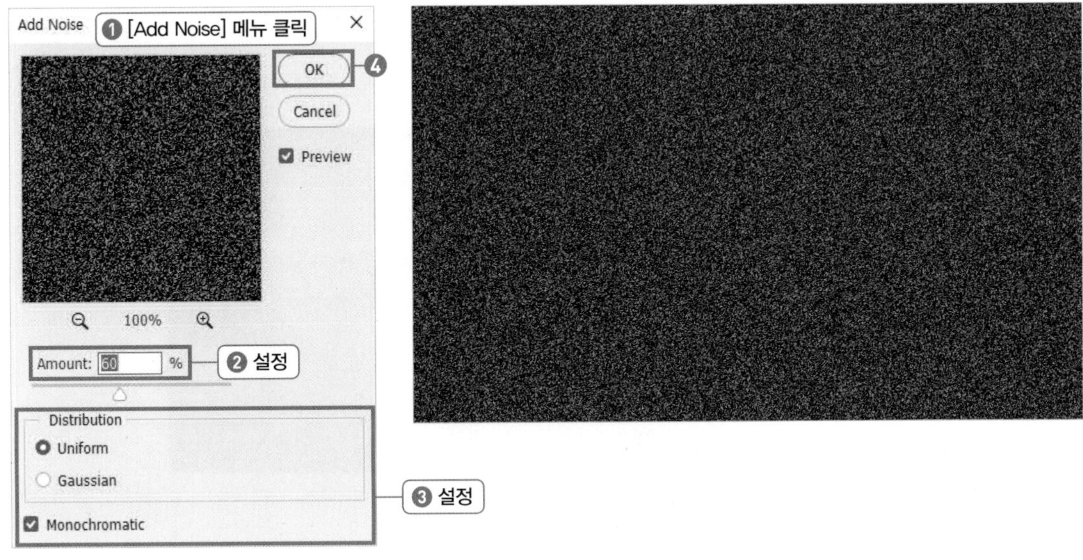

**4** 이번에는 [Filter] 〉 [Filter Gallery] 메뉴를 클릭하고, [Texture] 〉 [Texturizer]를 선택합니다. [Texture]는 'Canvas', [Scaling]은 '100%', [Relef]는 '13', [Light]는 'Bottom Right'로 설정하고 적용합니다. 이 과정까지 마치면 재질의 형태가 어느 정도 완성됩니다.

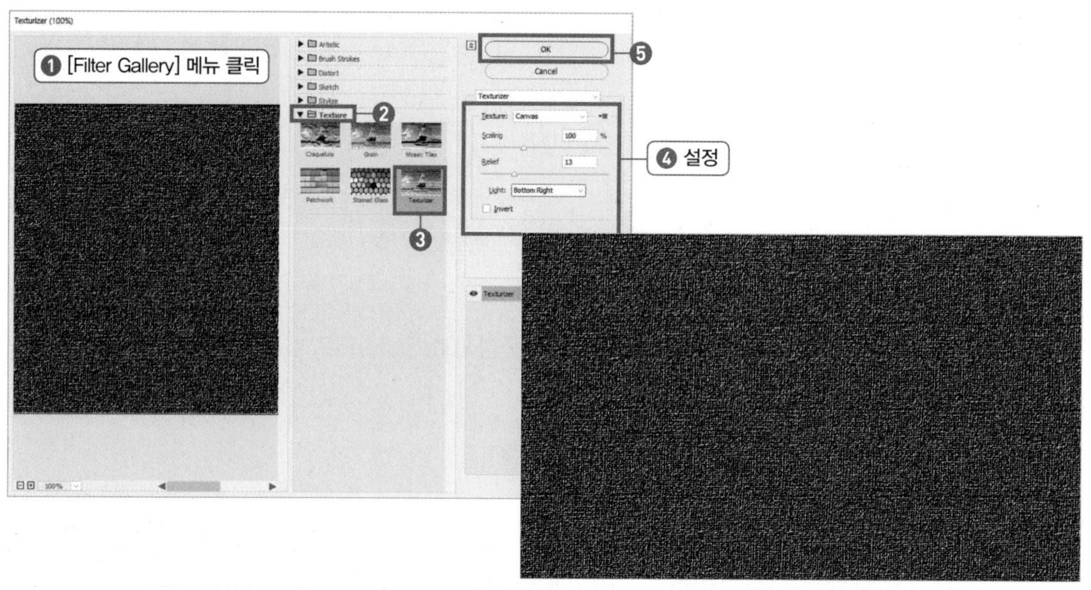


**5** 조금 더 자연스러운 청바지 재질로 만들기 위해 [Layers] 패널에서 'Background' 레이어를 [Create a new layer](⊞)로 드래그하여 복사합니다.

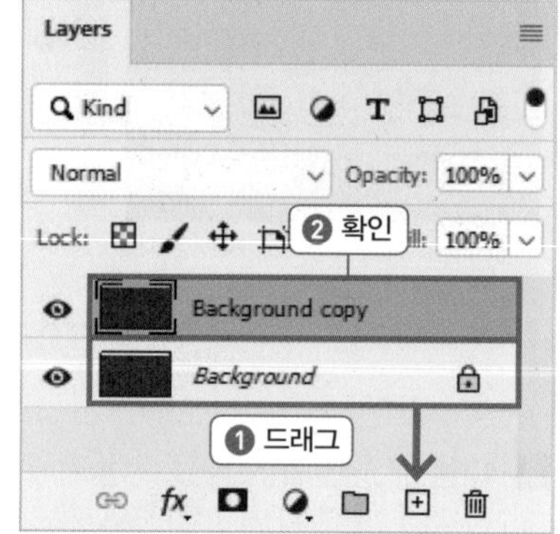


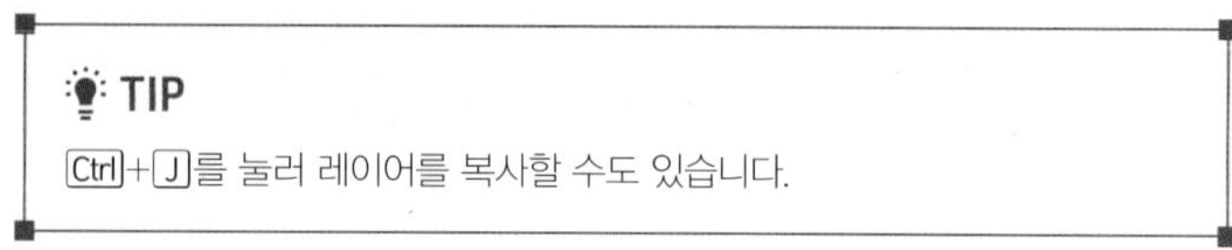

**TIP**

Ctrl+J를 눌러 레이어를 복사할 수도 있습니다.

**6** 그다음 [Filter] 〉 [Blur] 〉 [Motion Blur] 메뉴를 클릭합니다. [Motion Blur] 대화상자가 나타나면 [Angle]은 '90°', [Distance]는 '800 Pixels'로 설정하여 적용합니다.

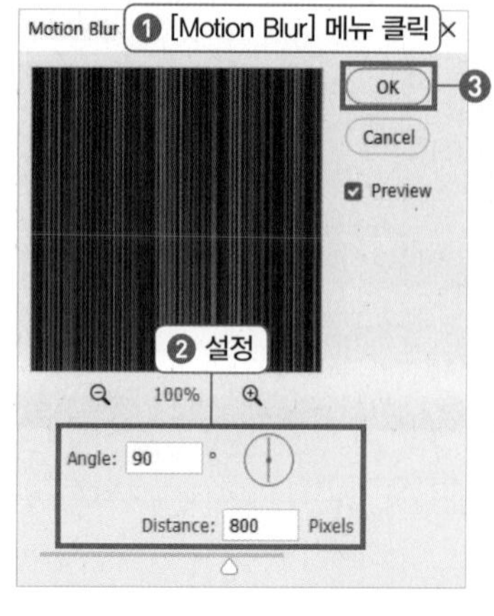

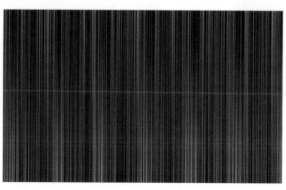

**7** 그다음 레이어의 블렌딩 모드를 'Multiply'로 변경하여 이미지를 합성합니다.

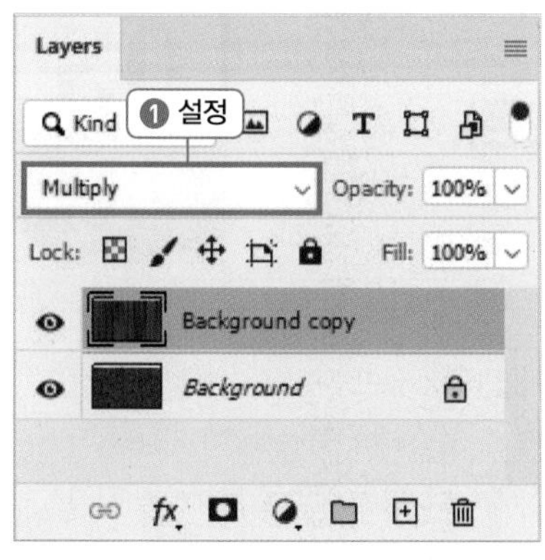

**8** 복사된 레이어를 마우스 오른쪽 버튼으로 클릭하고 [Flatten Image]를 선택하여 하나의 레이어로 만듭니다. 그러면 기본적인 청바지 원단이 완성됩니다.

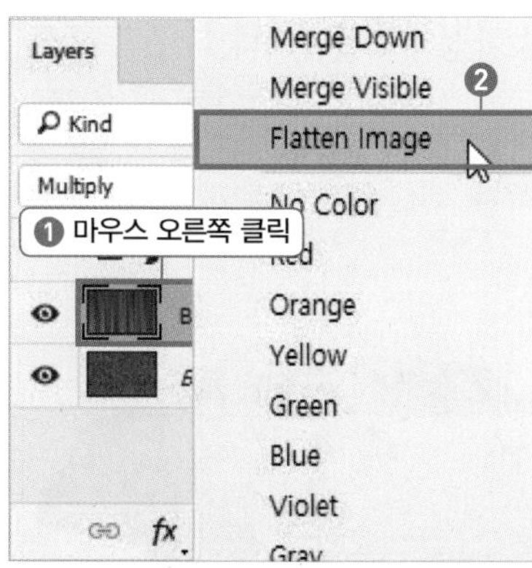


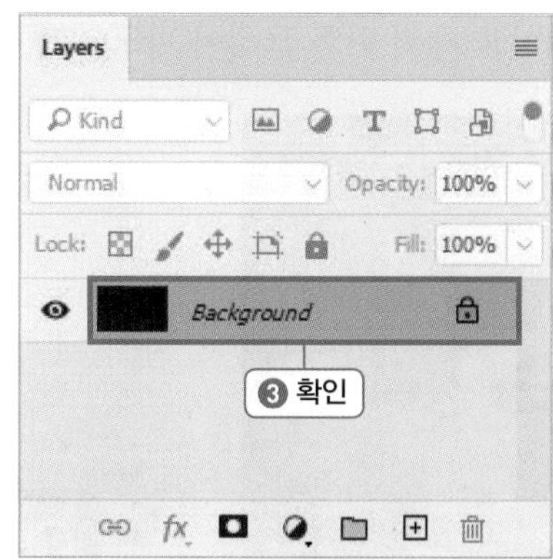


**9** 마지막으로 청바지의 물 빠짐 효과를 적용해보겠습니다. 툴 패널에서 [Dodge Tool]( )을 클릭하고 부드럽고 큰 브러시로 드로잉하여 작업을 마무리합니다.

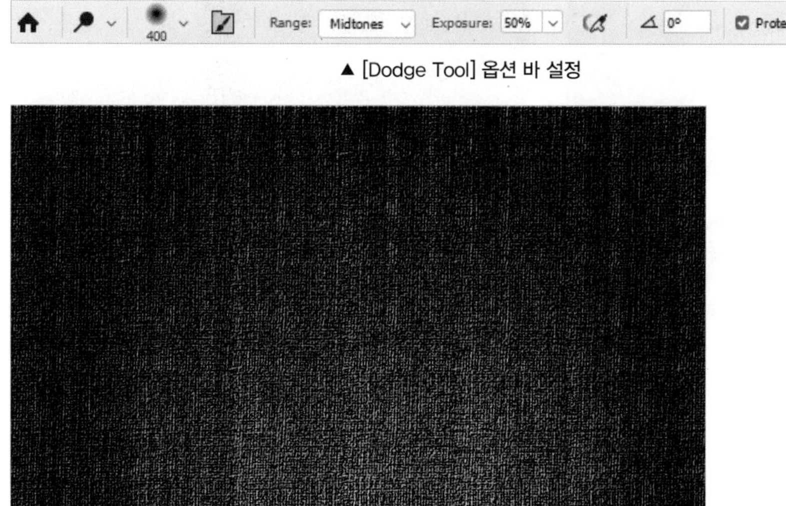


▲ [Dodge Tool] 옵션 바 설정

# 판화 이미지 만들기

## Difference(차이), Color Halftone(색상 하프톤), Threshold (한계값)

다음 예제는 광고 디자인이나 웹 디자인 등에서 응용하여 사용할 수 있는 기법입니다. 일반 사진을 이용하여 색상의 대비 및 이미지의 단면을 단순화시키는 작업으로 팝아트 및 판화 효과를 낼 수 있습니다. Threshold 기능을 이용하여 면을 단순화하고 명도의 차이를 두는 것이 가장 핵심 과정이라 할 수 있습니다. 다음 작업을 통해 이미지의 어떤 변화가 이루어지는지 확인해보겠습니다.

[**예제 파일** : PART 01 Photoshop/5교시/car.jpg **완성 파일** : PART 01 Photoshop/5교시/pan.psd]

### 학습과제

이미지의 면을 단순화하고 색상을 채워 판화 느낌이 나도록 편집 및 합성해보겠습니다.

▲ Quick Selection Tool

▲ Color Halftone

▲ Threshold

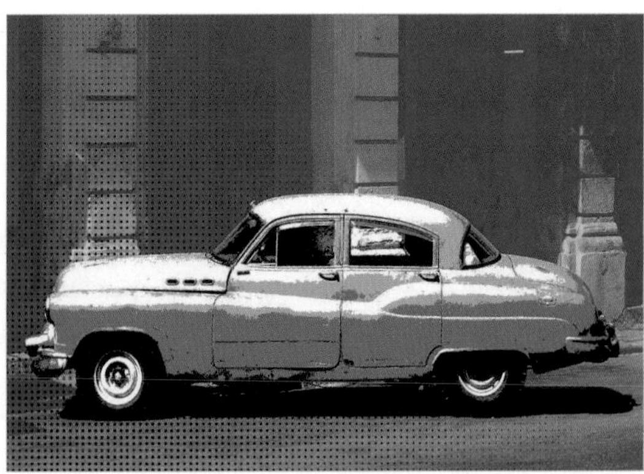

▲ Blending Mode

**1** 툴 패널에서 [Quick Selection Tool]( )을 클릭하고, 자동차 및 그림자 영역까지 선택 영역으로 지정합니다.

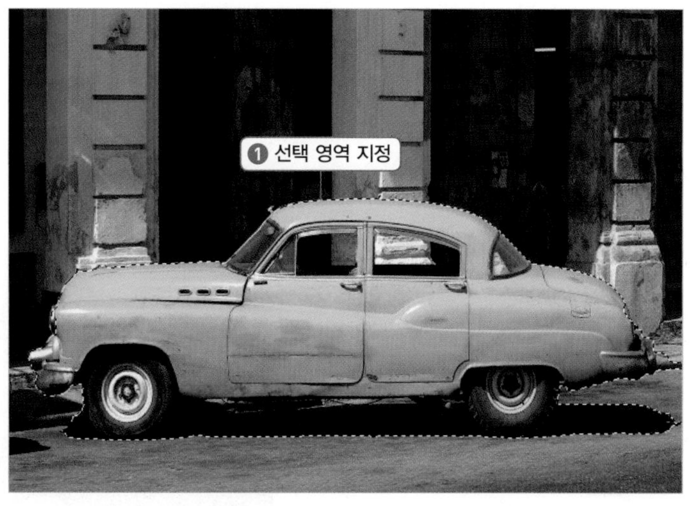


**2** [Edit in Quick Mask Mode]( )를 클릭하여 퀵 마스크 모드로 전환 후 이미지를 확대해가며 매끄럽지 않은 선택 영역을 수정합니다. 수정 작업이 완료되면 다시 [Edit in Standard Mode]( )를 클릭하여 일반 모드로 전환합니다.

▲ 퀵 마스크 모드

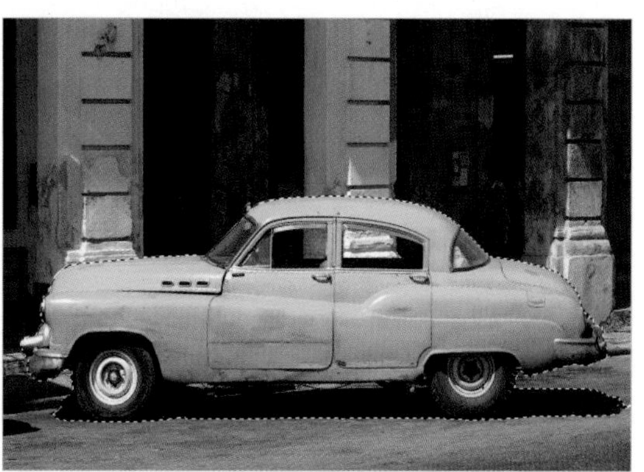

▲ 일반 모드

**3** 선택된 영역을 복사하기 위해 Ctrl+J를 눌러 새로운 레이어로 복사합니다.

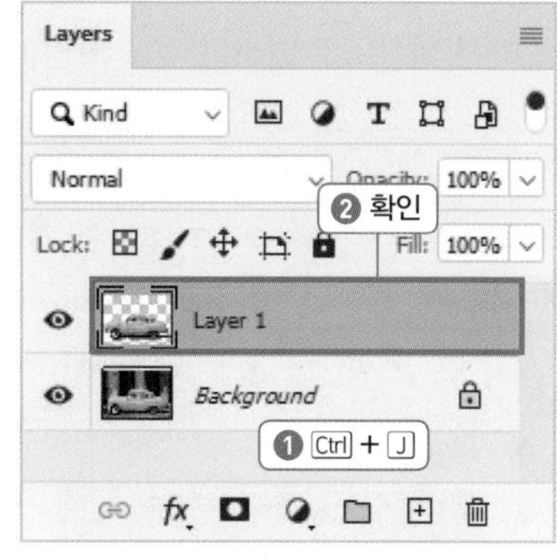

**4** [Layers] 패널에서 [Create a new layer]( ⊞ )를 클릭하여 새로운 레이어를 추가하고 복사한 자동차 이미지 아래에 위치시킵니다. 전경색을 파란색(#0eoefa)으로 설정하고 Alt+Delete를 눌러 전경색의 색상을 채워줍니다.

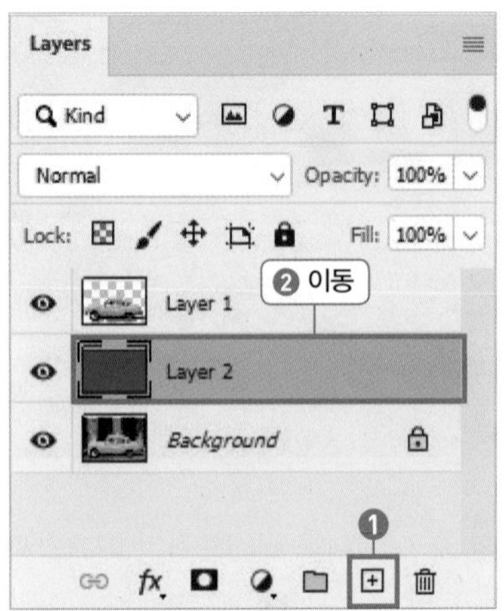


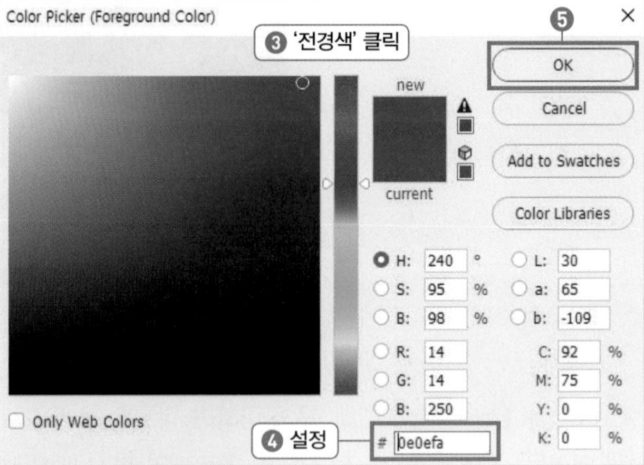

**5** 레이어의 블렌딩 모드를 'Difference'로 변경합니다. 그러면 파란색의 배경과 이미지 합성으로 배경이 도드라진 색상으로 변화된 것을 확인할 수 있습니다.

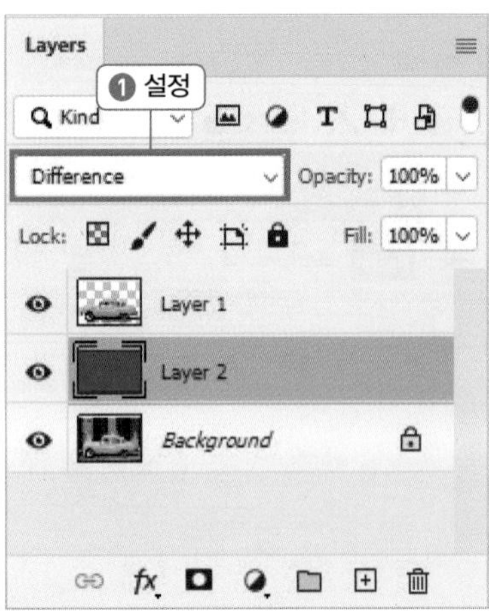


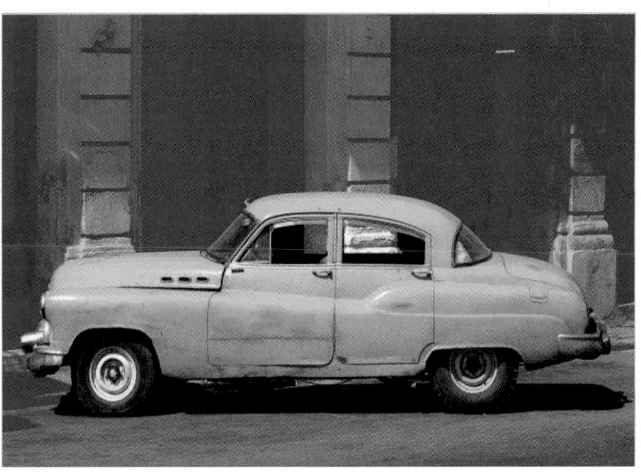

**6** 다음은 팝아트 효과를 표현해보겠습니다. 복사된 자동차 레이어 (Layer 1) 아래로 그림과 같이 새로운 레이어를 추가합니다.

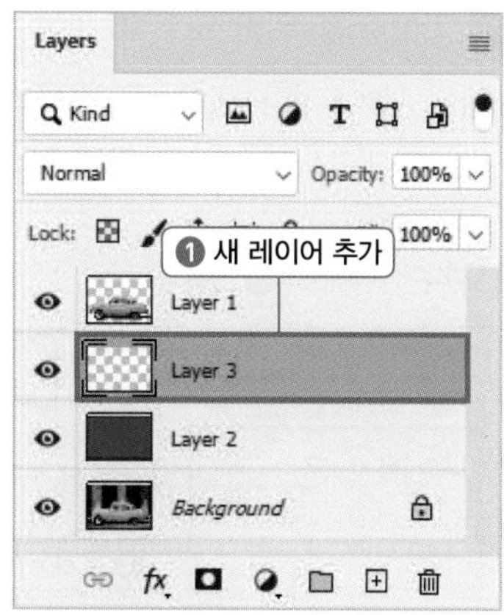


**7** 추가한 레이어에 그라데이션 효과를 적용하기 위해 툴 패널에서 [Gradient Tool]( )을 클릭한 후 옵션 바에서 [Gradient Editor] 대화상자를 활성화하고 왼쪽에 컬러 스탑의 색상을 '회색(#cbcaca)', 오른쪽의 컬러 스탑의 색상은 '흰색(#ffffff)'으로 설정합니다.

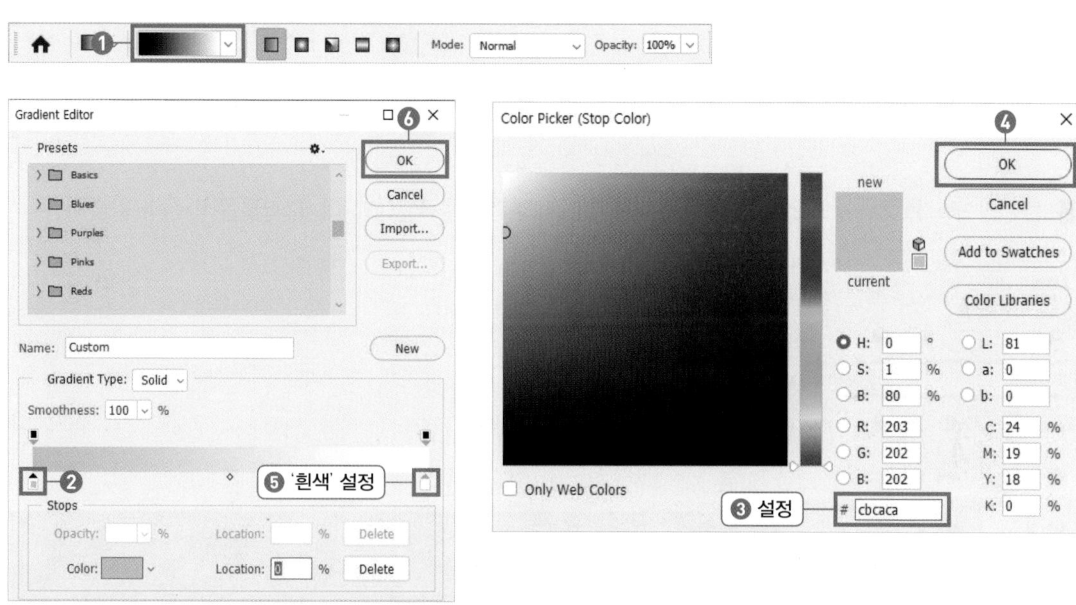


**8** 그다음 왼쪽에서 오른쪽으로 드래그하여 그림과 같이 그라데이션을 적용합니다.

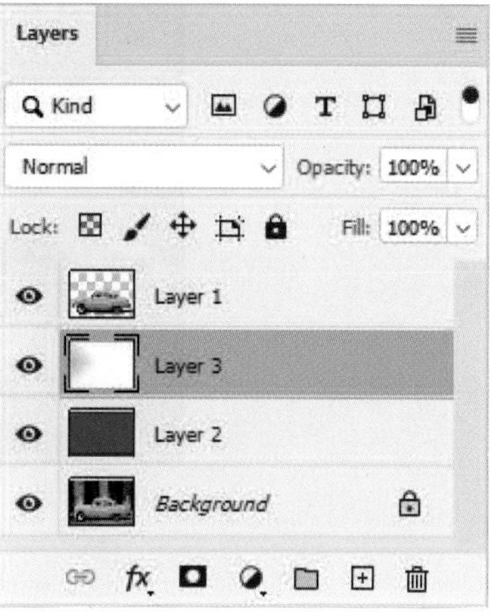

**9** 팝아트를 위한 도트 효과를 적용하기 위해 [Filter] > [Pixelate] > [Color Halftone] 메뉴를 클릭합니다. [Max. Radius]를 '9 Pixels' 정도로 설정하고, [Screen Angles (Degrees)]은 모두 '0'으로 설정합니다. 그러면 그라데이션이 적용된 회색 영역을 기준으로 도트 이미지가 표시됩니다.

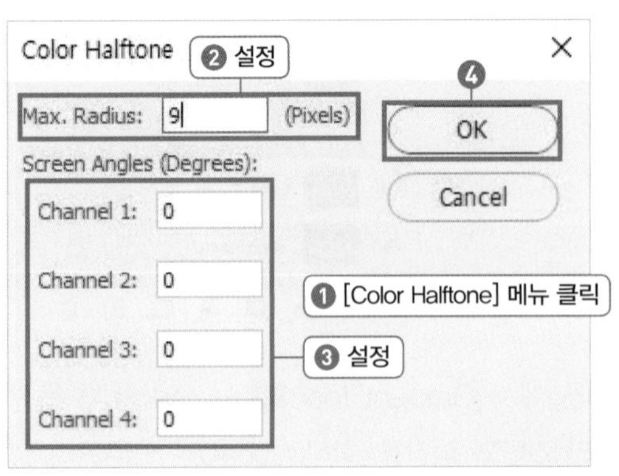

> **TIP**
> 점의 크기나 간격의 조절할 경우 그라데이션 색상의 명도를 변경하면 조절할 수 있습니다.

**10** 블렌딩 모드를 'Darken'으로 변경하여 배경 이미지와 합성을 적용합니다. 결과물은 다음과 같습니다.

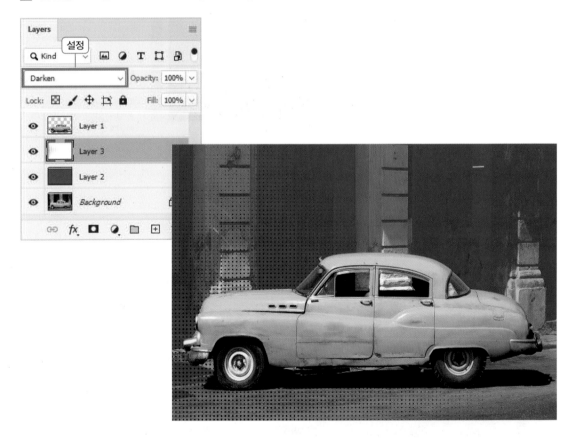

**11** 다음은 자동차 이미지의 면을 단순화시키는 작업을 진행해보겠습니다. [Layers] 패널에서 'Layer 1' 레이어를 선택하고 Ctrl+J를 세 번 눌러 자동차 이미지 레이어를 3개 복사합니다. 첫 번째 복사한 'Layer 1 copy' 레이어를 선택하고 복사된 나머지 레이어 두 개는 눈 아이콘을 클릭하여 잠시 숨겨둡니다.

> **TIP**
> 세 개의 단면 색상을 만들 예정으로 두 개의 레이어만 필요하지만 작업 결과물이 만족스럽지 못할 경우를 대비하여 원본 이미지는 남겨두고 작업하는 것이 좋습니다.

**12** [Image] 〉 [Adjustments] 〉 [Threshold] 메뉴를 클릭하고 [Threshold] 대화상자가 나타나면 하이라이트 영역 다음에 밝은 색상이 들어가는 부분으로 [Threshold Level]을 '189' 정도로 설정합니다.

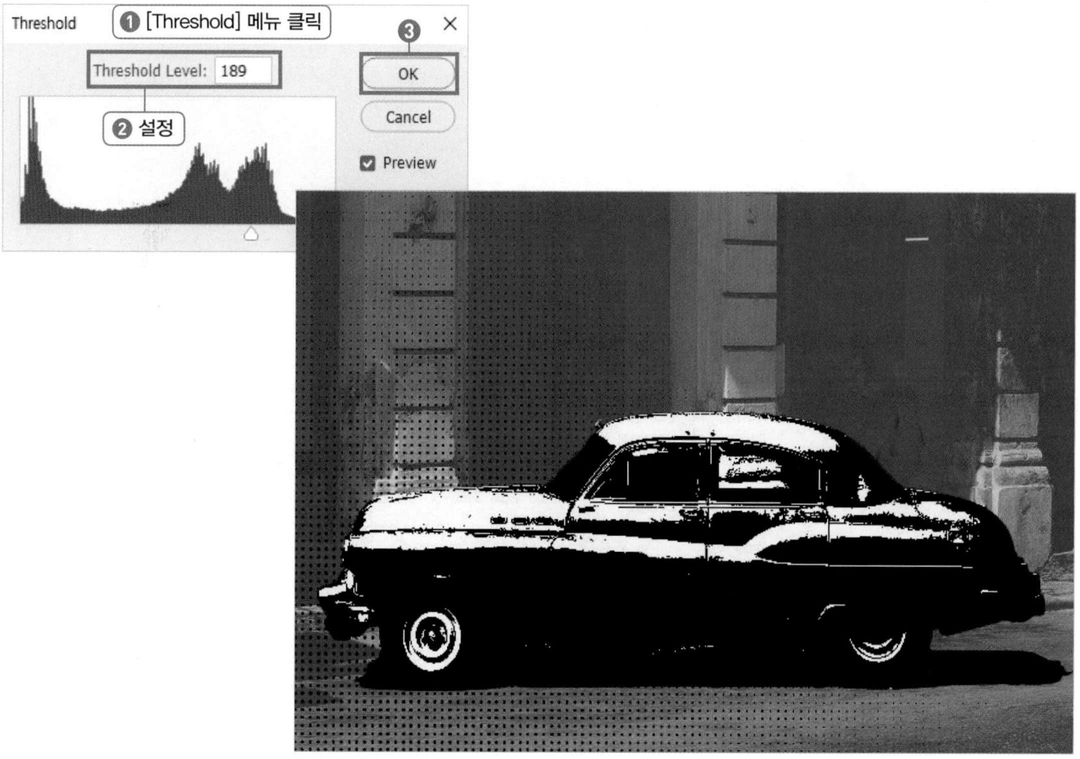

13 다음은 자동차 단면의 색상을 정해보겠습니다. [Image] 〉 [Adjustments] 〉 [Hue/Saturation] 메뉴를 클릭하고 [Hue/Saturation] 대화상자가 나타나면 [Colorize]를 체크하고 다음과 같이 밝은 하늘색이 되도록 옵션 값을 설정합니다.

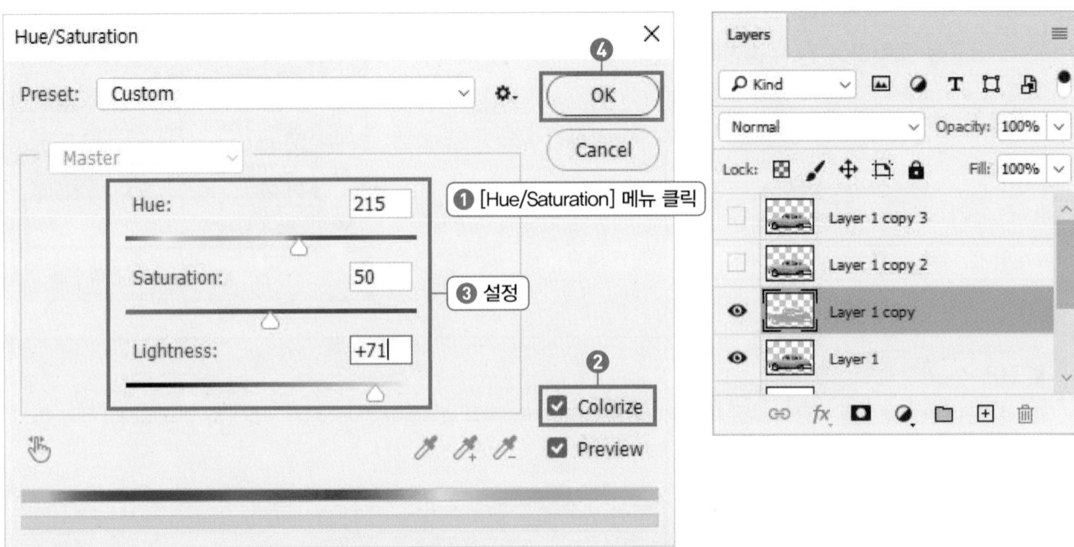


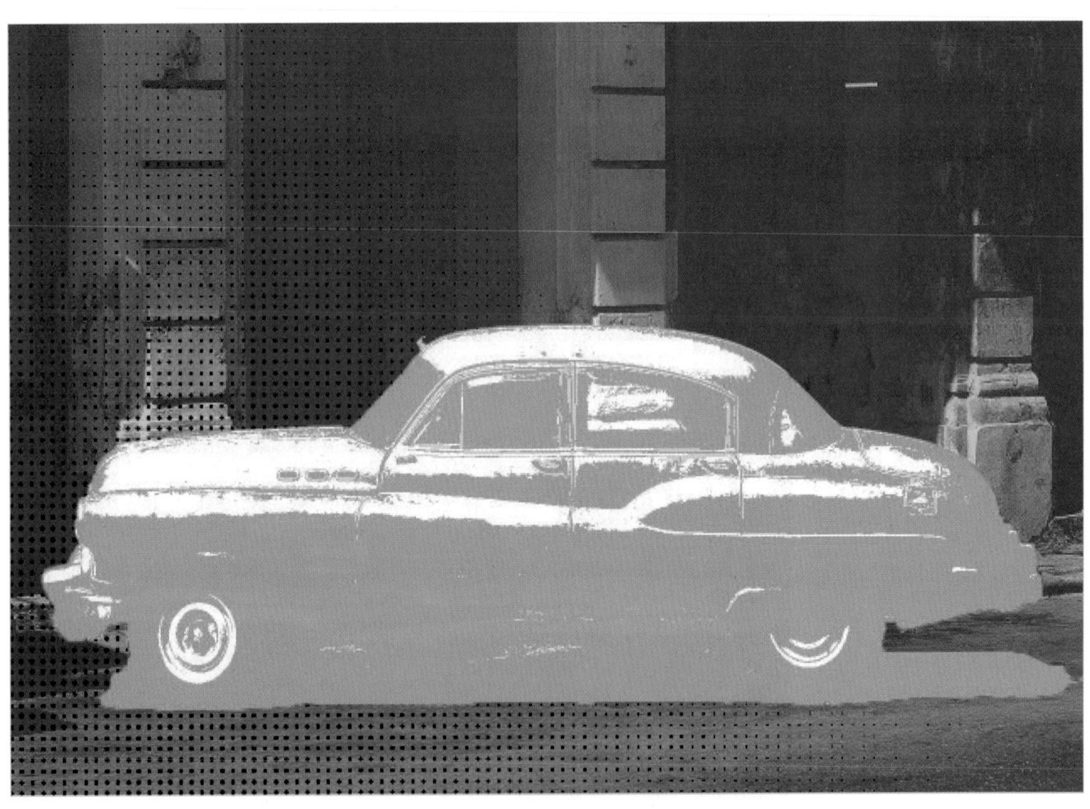

**14** 첫 번째 단면이 완성되었다면 이번에는 두 번째 단면을 만들어보겠습니다. 'Layer 1 copy 2' 레이어를 선택하고 [Image] 〉 [Adjustments] 〉 [Threshold] 메뉴를 클릭합니다. [Threshold] 대화상자가 나타나면 자동차 이미지에서 두 번째 면이 생성될 영역을 확인하면서 [Threshold Level]을 '169' 정도로 설정합니다.

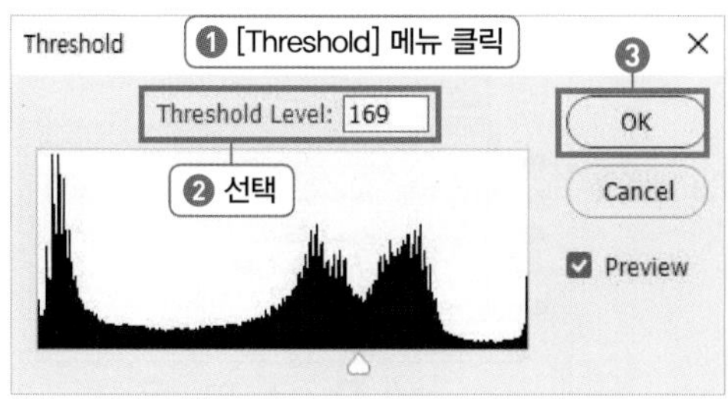

**15** [Image] 〉 [Adjustments] 〉 [Hue/Saturation] 메뉴를 클릭하고 [Hue/Saturation] 대화상자가 나타나면 다음과 같이 조금 짙은 하늘색이 되도록 옵션 값을 설정합니다.

**16** 그리고 'Layer 1 copy 2' 레이어의 블렌딩 모드를 'Darken'으로 변경하여 아래 레이어의 이미지와 합성합니다.

**17** 마지막 단면 색상 작업으로 'Layer 1 copy 3' 레이어를 선택하고 [Image] 〉 [Adjustments] 〉 [Threshold] 메뉴를 클릭합니다. [Threshold] 대화상자에서 가장 어두운 그림자 영역으로 [Threshold Level]을 '107' 정도로 설정합니다.

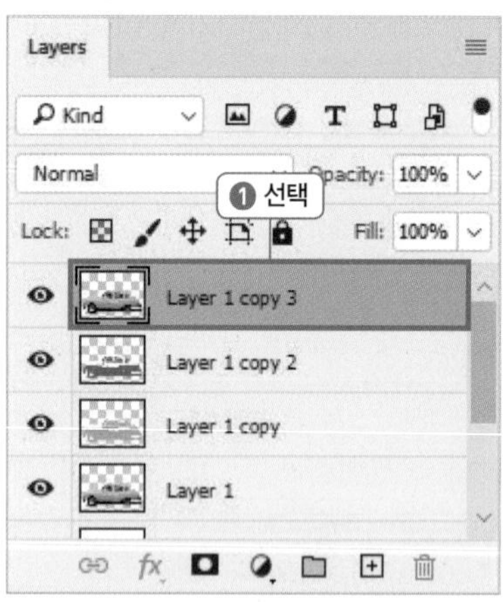


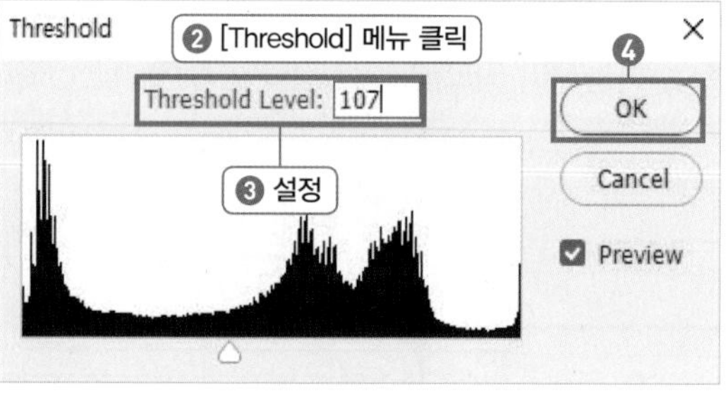

**18** 가장 어두운 영역의 색상을 적용해보겠습니다. [Image] 〉 [Adjustments] 〉 [Hue/Saturation] 메뉴를 클릭하고 [Hue/Saturation] 대화상자가 나타나면 짙은 군청색이 되도록 옵션 값을 설정합니다.

Hue/Saturation
Preset: Custom
OK
Cancel
Master
Hue: 209
Saturation: 50
Lightness: +15
Colorize

❶ [Hue/Saturation] 메뉴 클릭
❷ 설정
❸

**19** 최종적으로 'Layer 1 copy 3' 레이어의 블렌딩 모드를 'Multiply'로 변경하고 작업을 완료합니다.

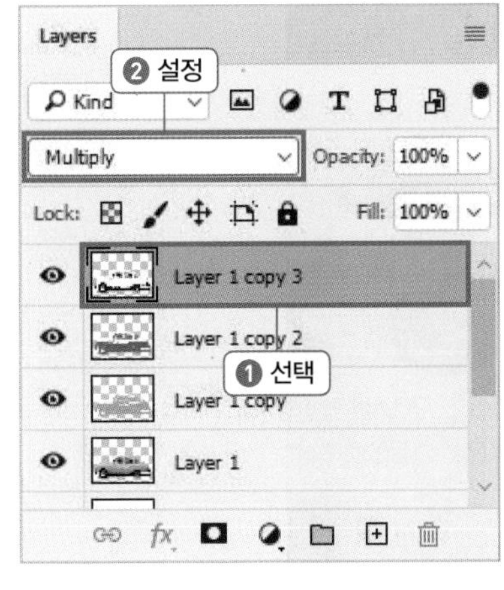


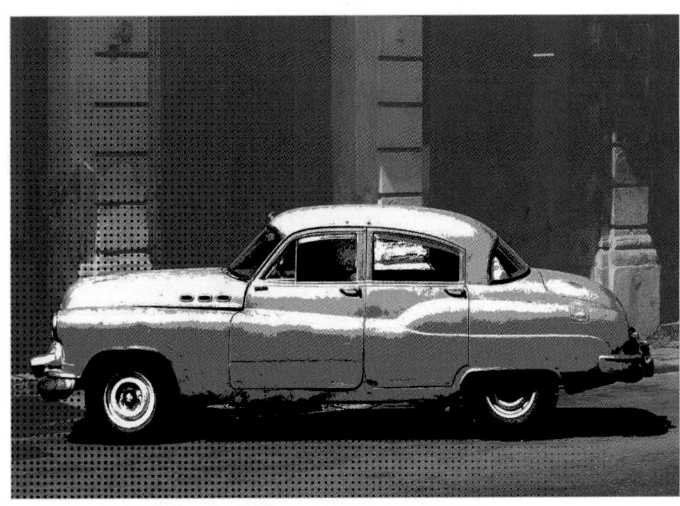

# 속도감이 느껴지는 패닝샷 효과내기

## Blur Gallery(흐림 효과 갤러리)

Blur 필터는 기본적으로 이미지에 흐린 효과를 적용하지만 이러한 특성을 활용하여 이미지에 속도감을 표현할 때도 탁월하게 사용할 수 있는 기능입니다. 자전거, 오토바이, 자동차 등 정지된 이미지에 속도감을 불어넣어 패닝샷 효과를 적용해보겠습니다.

[**예제 파일** : PART 01 Photoshop/5교시/car-2.jpg
**완성 파일** : PART 01 Photoshop/5교시/car-panning.psd]

### 학습과제

정지된 이미지에 다양한 흐림 효과를 적용하여 역동적인 모습을 표현해보겠습니다.

▲ Path Blur 필터

▲ Spin Blur 필터

**1** 예제 파일을 불러온 후 [Layers] 패널에서 'Background' 레이어를 [Create a new layer](⊞)로 드래그하여 복사합니다.

**2** 복사한 레이어를 선택하고 [Filter] 〉 [Blur Gallery] 〉 [Path Blur] 메뉴를 클릭합니다.

> **TIP**
> Filter 〉 Blur 〉 Motion Blur를 이용해도 비슷한 효과를 적용할 수 있습니다. Path Blur는 패스를 통해 양 끝점의 방향을 조절할 수 있고 중복으로 적용할 수 있어 좀 더 디테일한 작업에 어울리는 장점이 있습니다.

**3** 그러면 [Blur Gallery] 대화상자로 전환되며 블러의 방향을 설정하는 패스가 표시됩니다.

**4** [Path Blur]에서 [Centered Blur] 및 [Edit Blur Shapes]의 체크를 해제하고 그림과 같이 단순화된 패스의 화살표 방향을 자동차 뒤로 향하도록 조절합니다. 옵션 값은 [Speed]는 '60%', [Taper]는 '0%', [End Point Speed]는 '59px'로 적용합니다.

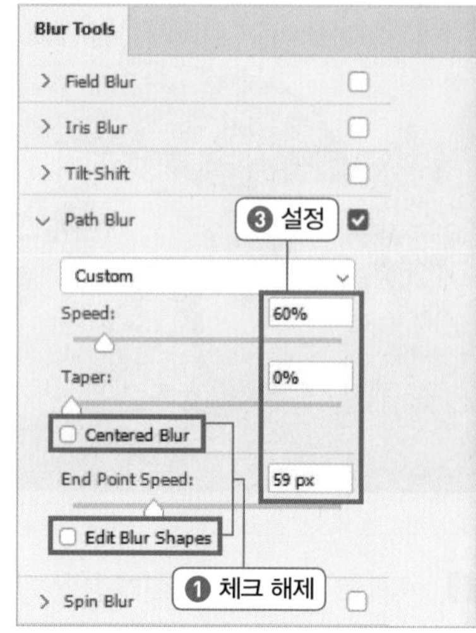


**TIP**

자동차 앞의 흔들림을 최소화하기 위해 패스의 방향을 뒤로 변경한 것입니다.

**NOTE** [Path Blur]의 옵션별 기능

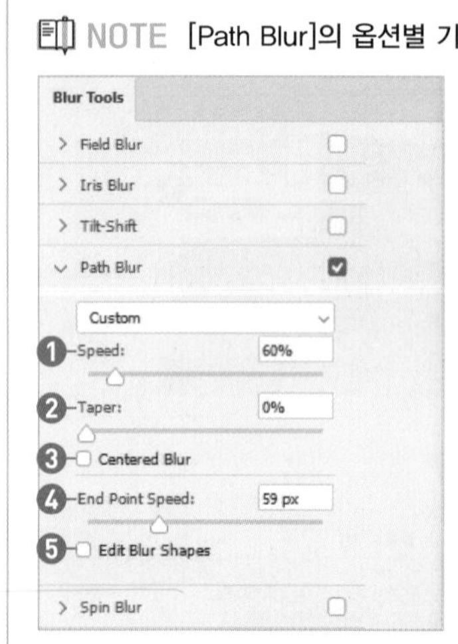


❶ Speed : 속도감의 크기를 조절합니다. 수치가 클수록 커집니다.
❷ Taper : 경계선의 흔들림 크기를 조절합니다. 수치가 클수록 약해집니다.
❸ Centered Blur : 체크 시 패스의 중심을 기준으로 블러가 적용됩니다.
❹ End Point Speed : 패스의 양 끝점의 강도를 조절합니다.
❺ Edit Blur Shapes : 패스의 양 끝점의 방향과 범위를 편집할 수 있습니다.

**5** 설정이 완료되면 상단 옵션 바의 [OK]를 클릭하거나 Enter를 눌러 이미지에 적용합니다.

**6** 다음은 자동차 휠이 회전하는 모습으로 변경해보겠습니다. 'Background' 레이어를 하나 더 복사한 후 맨 위로 이동시킵니다.

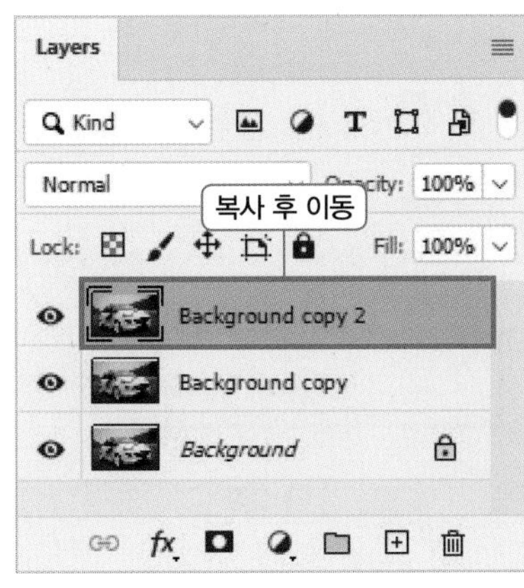

**7** [Filter] 〉 [Blur Gallery] 〉 [Spin Blur] 메뉴를 클릭합니다. 그러면 [Blur Tools] 패널이 나타납니다.

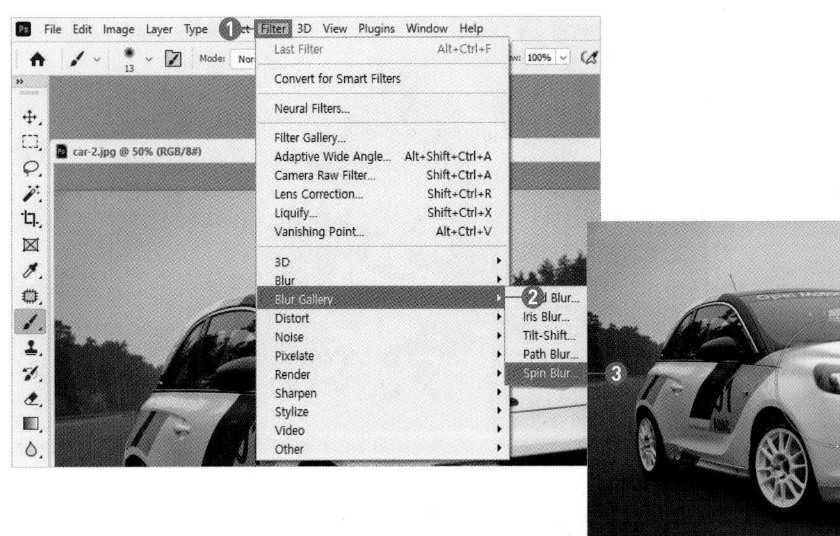


**MEMO** [Spin Blur Tool] 패널

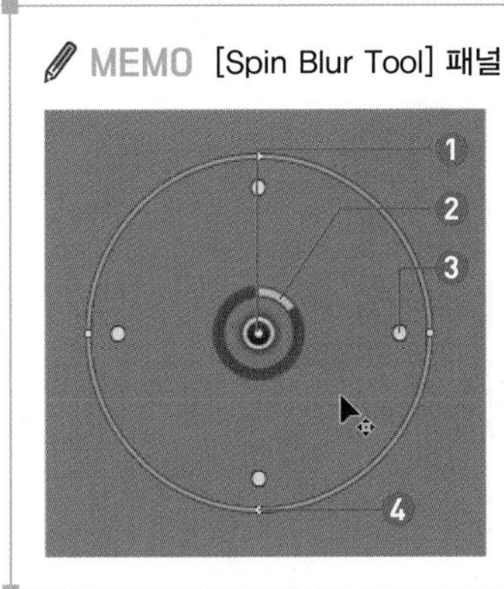

❶ Rotation Point : 회전하는 기준점을 말합니다.
❷ Blur ring : 슬라이더 바를 조절하여 흐림 효과의 양을 설정합니다. 직접 각도를 0~360도로 지정할 수 있습니다.
❸ Feather handles : 흐림 효과의 부드러움을 조절합니다.
❹ Ellipse handles : 흐림 효과의 크기와 형태를 조절합니다.

**8** [Blur Tools] 패널에서 타원 핸들을 조절하여 자동차 바퀴의 휠과 일치되도록 수정합니다. 그다음 [Spin Blur]의 [Blur Angle]이 '15' 정도가 되도록 조절합니다.

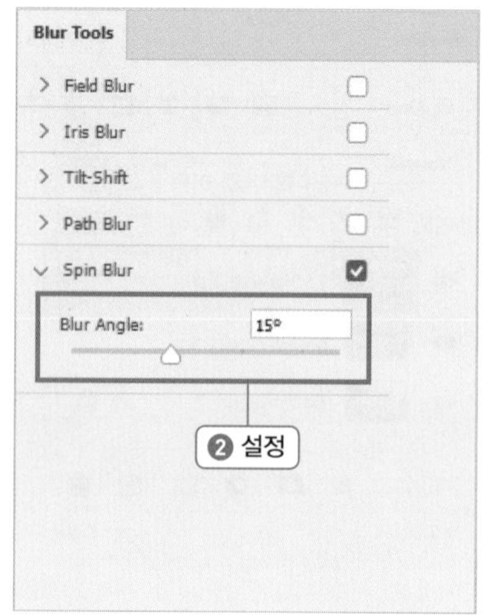


**9** 그러면 그림과 같이 자동차 바퀴가 회전하는 모습의 효과가 적용된 것을 확인할 수 있습니다.

**10** 마찬가지로 뒤쪽 휠 부분도 선택하고 동일한 방법으로 조절하여 적용합니다.

**MEMO** Spin Blur의 [Blur Tools] 패널 한계 영역

해상도에 따른 흐림 효과의 한계 영역이 존재하기 때문에 [Blur Tools] 패널 크기의 한계 영역이 있습니다. 실제 뒤쪽 휠 부분은 그림과 같이 더는 줄여지지 않습니다.

**11** 자동차 바퀴 작업이 완료되었다면 다음은 자동차의 모양만 남기고 스피드감이 적용된 배경이 나타나도록 레이어 마스크 작업을 진행해보겠습니다. 'Background copy 2' 레이어를 선택하고 [Layers] 패널에서 [Add a mask]( )를 클릭합니다.

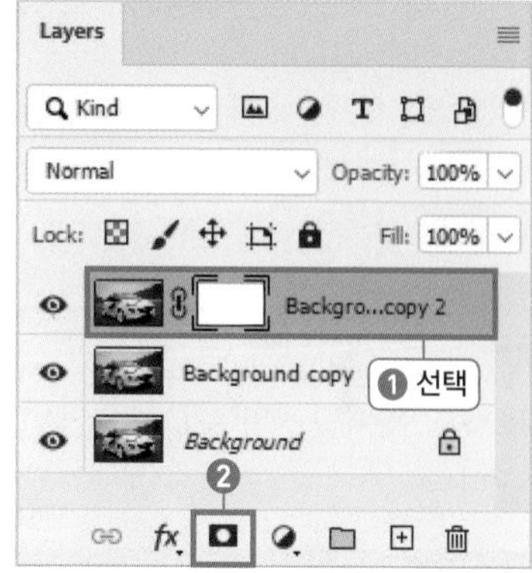


**12** 그다음 툴 패널에서 [Brush Tool]( )을 클릭하고 전경색을 '검은색'으로 설정한 후 이미지를 확인하며 패스 블러 효과가 적용된 배경이 표시되도록 배경 영역을 드로잉합니다.

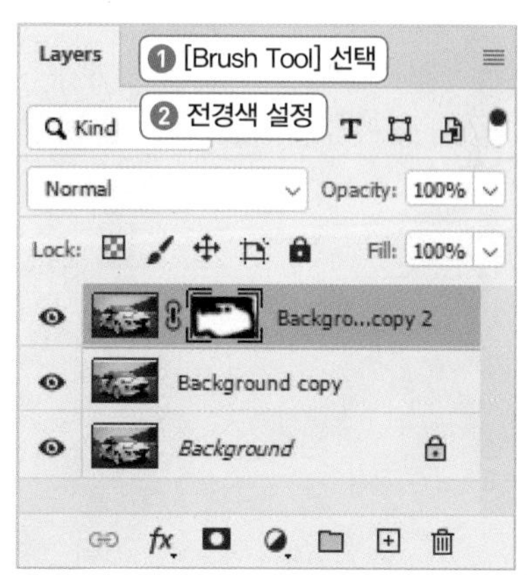


**13** 마스크 작업이 완료되면 다음 그림과 같이 빠르게 이동하는 자동차를 보는 효과의 패닝샷 이미지가 완성됩니다.

# 얼굴의 인상 조정하기

## Face-Aware Liquify(얼굴 인식 픽셀 유동화)

포토샵에서는 Face-Aware Liquify 기능으로 인물의 눈, 코, 입 및 얼굴 전체 부위를 조정하여 얼굴을 바꿀 수 있습니다. 나의 얼굴을 공짜로 성형하고 싶다면 자신 있게 Liquify 기능을 추천합니다. 각종 프로필 사진이나 모델 사진 등 신체의 단점을 손쉽게 보완할 수 있는 기능을 제공합니다. 다음 예제를 통해 간편하고 강력한 성형 기술을 배워보겠습니다.

[**예제 파일** : PART 01 Photoshop/5교시/Liquify.jpg]

### 학습과제

Face-Aware Liquify를 사용하여 눈을 크게 하고 볼살도 줄여 얼굴을 갸름하게 보이도록 수정해보겠습니다.

Before

After

**1** 예제 파일을 불러온 후 [Filter] 〉 [Liquify] 메뉴를 클릭합니다. [Liquify] 대화상자가 나타나면 [Face-Aware Liquify]에서 눈, 코, 입 등 부위별 삼각형을 클릭하여 어떤 부위를 변경할 수 있는지 확인해봅니다.

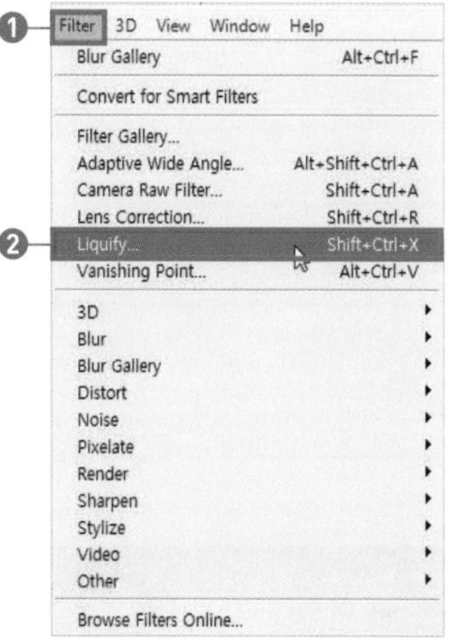

**2** 얼굴을 수정하기 위해 툴 패널에서 [Face Tool]( )을 클릭하면 얼굴을 인식하고 있다는 표시로 흰색의 곡선이 나타납니다.

**3** 또한, 마우스 포인터를 눈, 코, 입 쪽으로 이동하면 조절점들이 표시되며 [Face-Aware Liquify] 패널에서 각 부위를 세부적으로 조정할 수 있습니다.

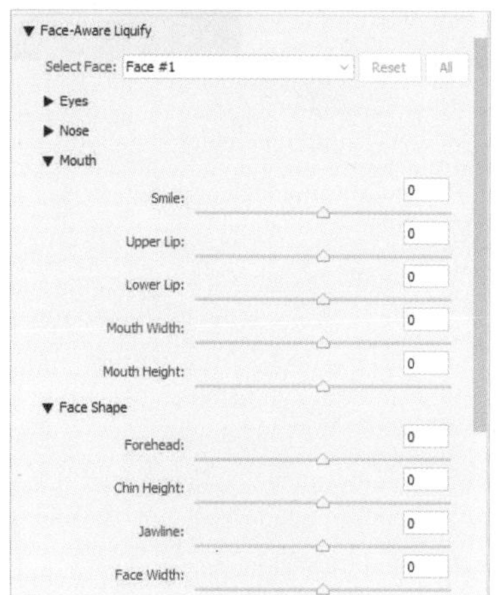

**4** 얼굴을 전체적으로 작고 갸름하게 조정해보겠습니다. [Face Shape]의 옵션 값을 그림과 같이 설정합니다.

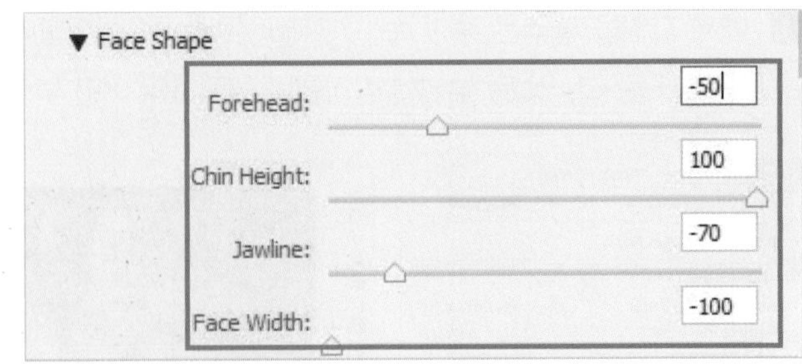


**TIP**

**Forehead** : 이마 높이 / **Chin Height** : 턱 높이 / **Jawline** : 턱선 / **Face Width** : 얼굴 너비

**5** 설정이 완료되면 [OK]를 클릭하여 적용합니다. 전과 후를 비교하여 얼마나 달라졌는지 확인해봅니다.

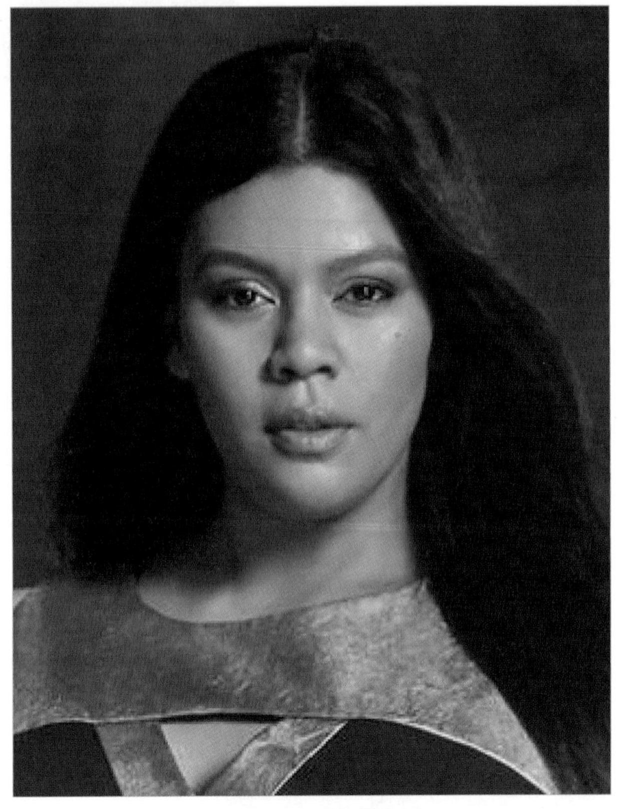

# 몸매 다이어트하기

## Forward Warp Tool(뒤틀기 도구)

Liquify에서 [Forward Warp Tool]을 이용하여 이미지의 형태를 보정할 수 있습니다. 각종 프로필 사진이나 모델 사진 촬영 후 신체의 단점을 보완할 수 있는 기능입니다. 다음 예제를 통해 간편하고 강력한 성형 기술을 배워보겠습니다.

**[예제 파일** : PART 01 Photoshop/5교시/Liquify.jpg]

### 학습과제

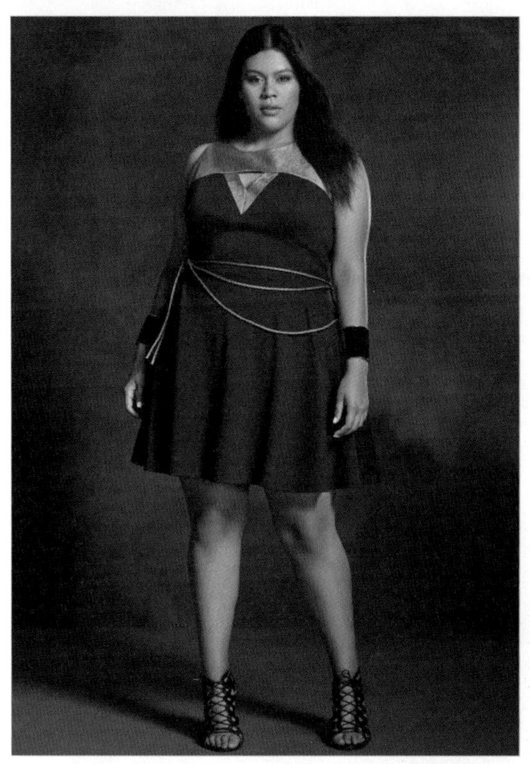

Before

After

**1** 앞 예제의 다음 과정으로 바로 이어서 진행하거나 예제 파일을 불러온 후 [Filter] 〉 [Liquify] 메뉴를 클릭합니다. 먼저 수정 작업에 앞서 변형되면 안 되는 영역을 마스크를 적용하여 보호하겠습니다. 툴 패널에서 [Freeze Mask Tool]( )을 클릭하고 얼굴 영역을 드로잉합니다.

**2** 그다음 몸매가 날씬하게 보이도록 볼륨감을 줄여보겠습니다. 먼저 큰 브러시로 설정하여 전체적인 볼륨감을 조절하고 점점 작은 브러시로 세부적으로 수정합니다. 툴 패널에서 [Forward Warp Tool]( )을 클릭하고 브러시의 크기를 '1000'으로 설정하고 좌우를 균등하게 축소되도록 드로잉합니다.

### MEMO Pin Edges

[Pin Edges]를 체크하면 [Forward Warp Tool] 작업 시 이미지의 가장자리가 떨어져 나가는 것을 방지할 수 있습니다.

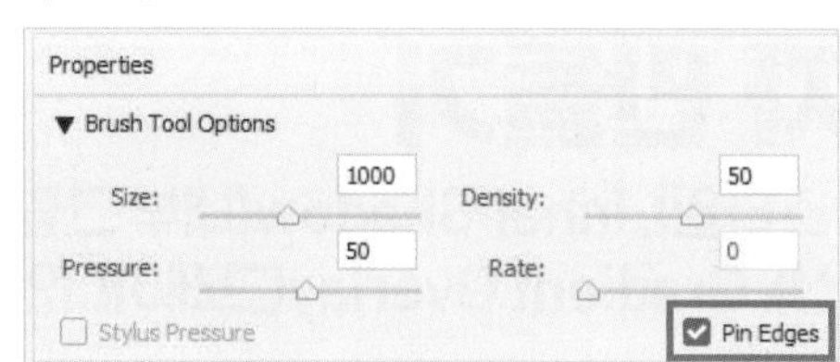


### MEMO Show Backdrop

[Show Backdrop]을 적용하면 설정한 레이어와 겹쳐 볼 수 있어 얼마만큼 변형이 되었는지 확인할 수 있습니다.

Show Backdrop
Use: All Layers
Mode: In Front
Opacity: 50

**3** 수정이 완료되면 [OK]를 클릭하여 작업을 마무리합니다.

◀ 수정 전

◀ 수정 후

강좌 09

난이도 ●●○

# 시원하게 보이는 아쿠아 문자 만들기

**Layer Style(레이어 스타일), Inner Shadow(내부 그림자), Inner Glow(내부 광선), Gradient Overlay(그레이디언트 오버레이), Feather(페더)**

문자에 그래픽 효과를 적용하는 방법은 다양하지만, 그중 레이어 스타일을 이용한 방법이 가장 손쉽고 빠르게 결과물을 얻을 수 있습니다. 또한 편집에 대한 유연성도 매우 좋아 많이 사용됩니다. 레이어 스타일을 활용하여 시원한 아쿠아 문자를 만들어보겠습니다.

[**예제 파일** : PART 01 Photoshop/5교시/sea-background.jpg
**완성 파일** : PART 01 Photoshop/5교시/aqua.psd]

## 학습과제

레이어 스타일을 이용하여 입체감 있는 문자를 만든 후, Feather 기능을 활용하여 물방울 모양을 만들어보겠습니다.

Before

After

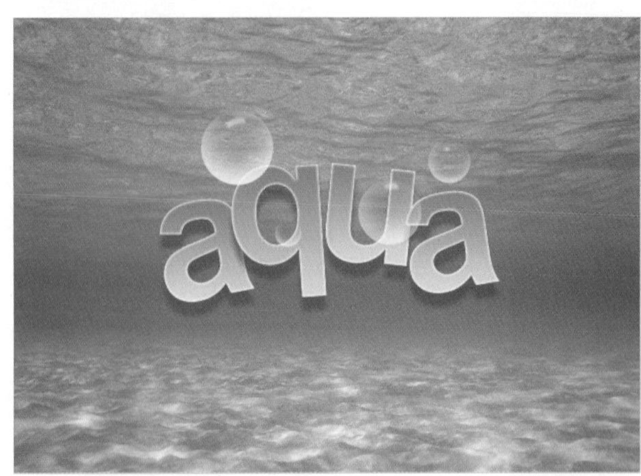

**1** [File] 〉 [New] 메뉴를 클릭하고 [New Document] 대화상자가 나타나면 A5 사이즈를 선택하고 종이의 방향은 가로로 설정합니다. 그다음 [Background Contents]에서 배경색을 바다색(#3282a0) 종류로 선택하여 새로운 도큐먼트를 만듭니다.

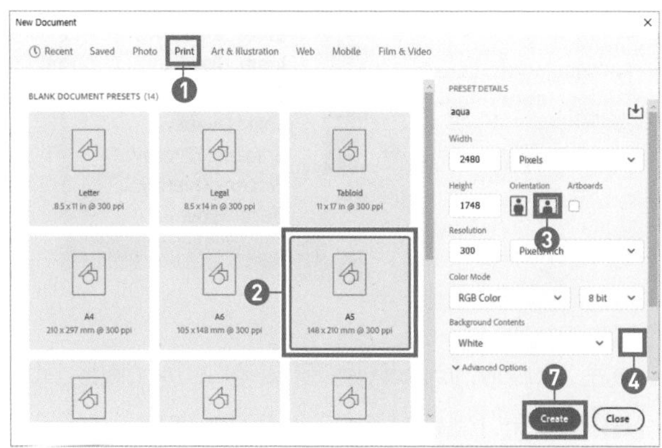


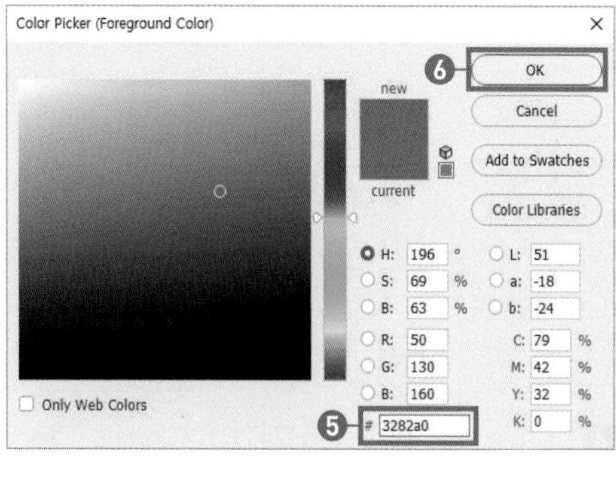


**2** 툴 패널에서 [Horizontal Text Tool]( T. )을 클릭하고 소문자 'a'를 입력합니다. [Character] 패널을 다음과 같이 설정하고 Ctrl을 누른 상태로 시계 반대 방향으로 조금 회전시킵니다.

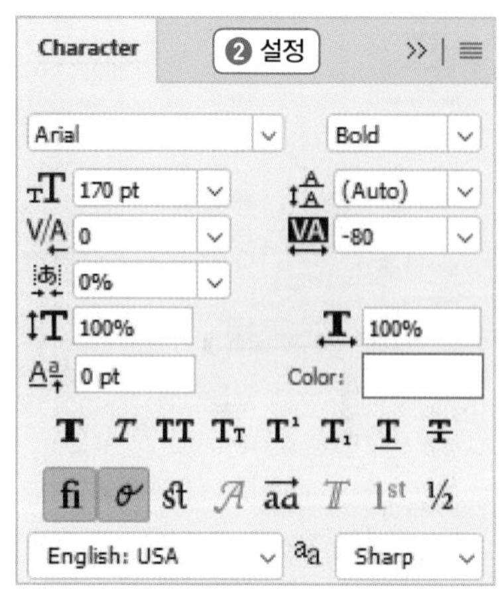


> **TIP**
> 문자 입력 커서가 표시되어 있을 때 Ctrl을 누르면 변형(Transform) 기능을 바로 사용할 수 있습니다.

**3** 입력한 문자의 그림자 효과를 적용해보겠습니다. 문자 레이어가 선택된 상태에서 [Add a layer style](fx)을 클릭하고 [Drop Shadow]를 선택합니다.

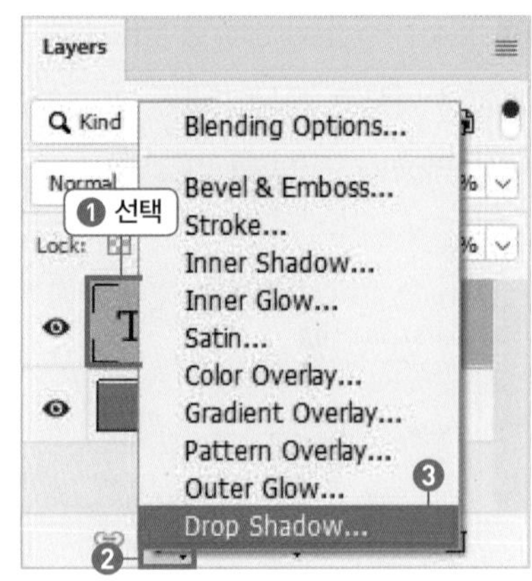


**4** [Layer Style] 대화상자가 나타나면 [Blend Mode]는 'Multiply', [Opacity]는 '50%' 정도, [Angle]은 '90°', [Distance]는 '55 px' 정도로 설정하고 그림자의 색상을 짙은 바다색(#23476d)으로 설정합니다.

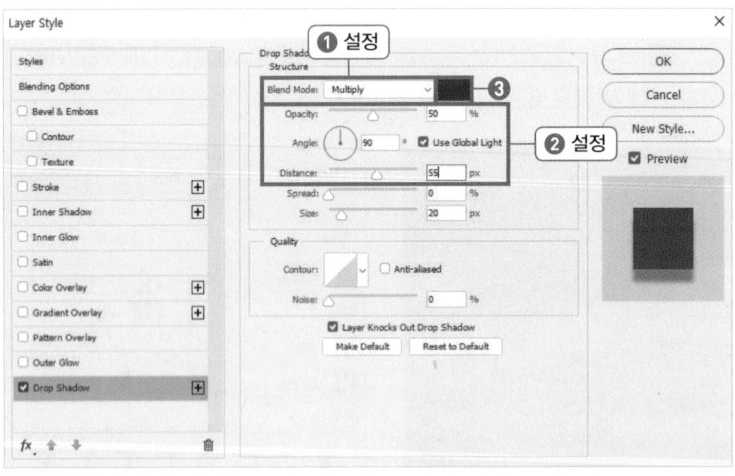


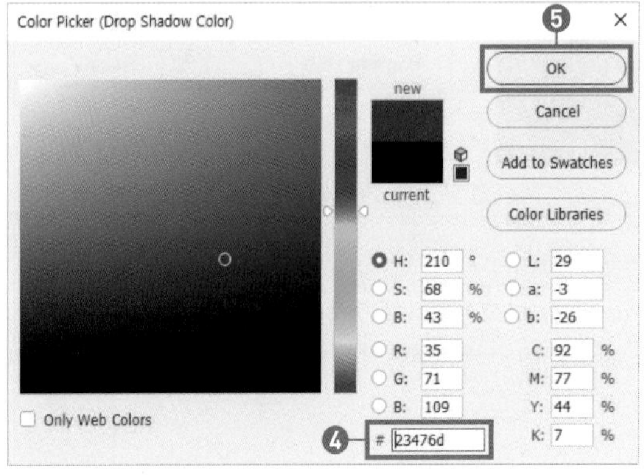


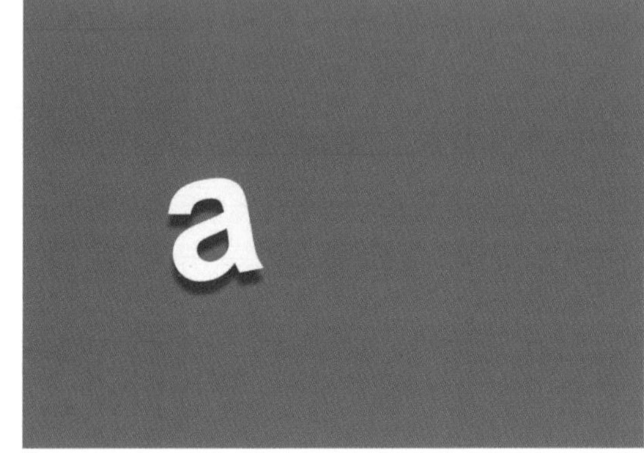

**5** 다음은 문자의 색상을 그라데이션으로 표현해보겠습니다. [Gradient Overlay]를 선택하고 [Blend Mode]는 'Normal', [Opacity]는 '100%', [Angle]은 '90°', 그라데이션의 색상은 왼쪽은 연한 하늘색(#c6e2f8)으로 오른쪽은 짙은 하늘색(#4690ca)으로 설정합니다.

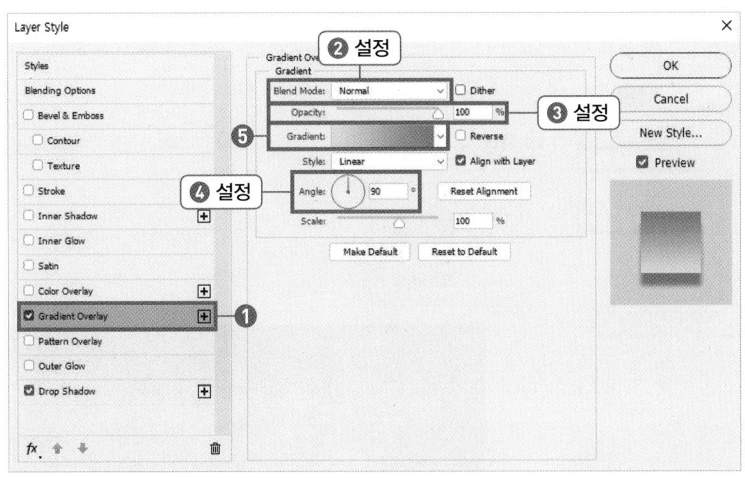


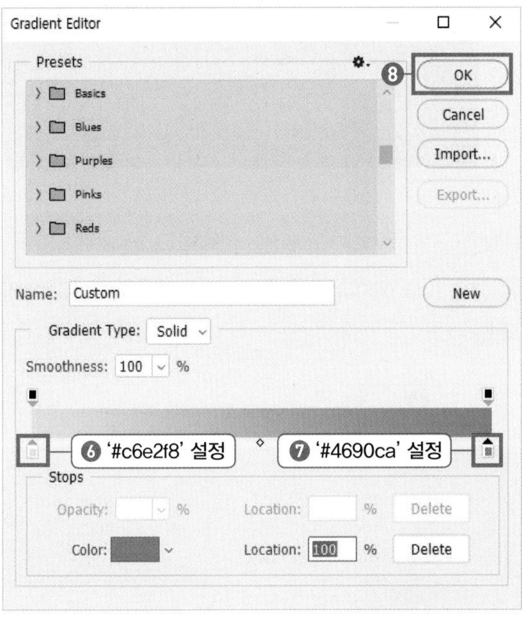

**6** 다음은 문자 안쪽으로 그림자 효과를 추가하여 문자의 선명도를 올려주고 입체감을 강조해보겠습니다. [Inner Shadow]를 선택하고 [Blend Mode]는 'Normal', [Opacity]는 '60%' 정도, [Angle]은 '90°', 색상은 '검은색'으로 설정합니다.

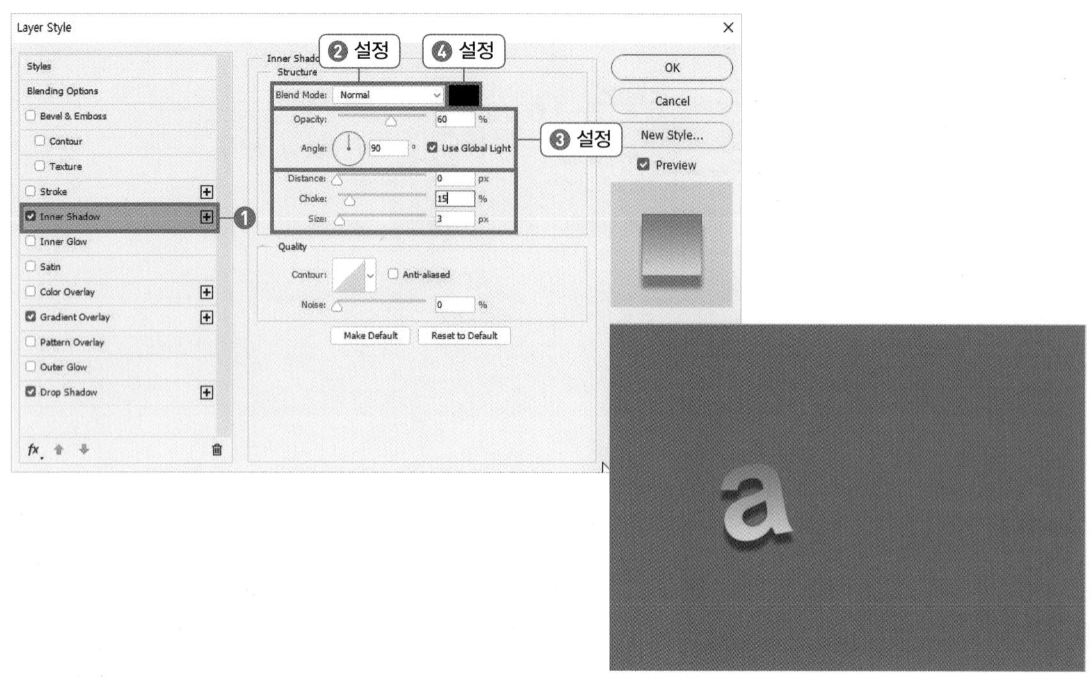


**7** 다음은 문자 외곽선에 흰색 테두리 효과를 추가해보겠습니다. [Inner Glow]를 선택하고 [Blend Mode]는 'Screen', [Opacity]는 '100%', 색상은 '흰색'으로 설정합니다. [Elements]에서 [Source]는 'Edge', [Choke]와 [Size]는 각각 '15%, 15px' 정도로 설정하고 [OK]를 클릭합니다.

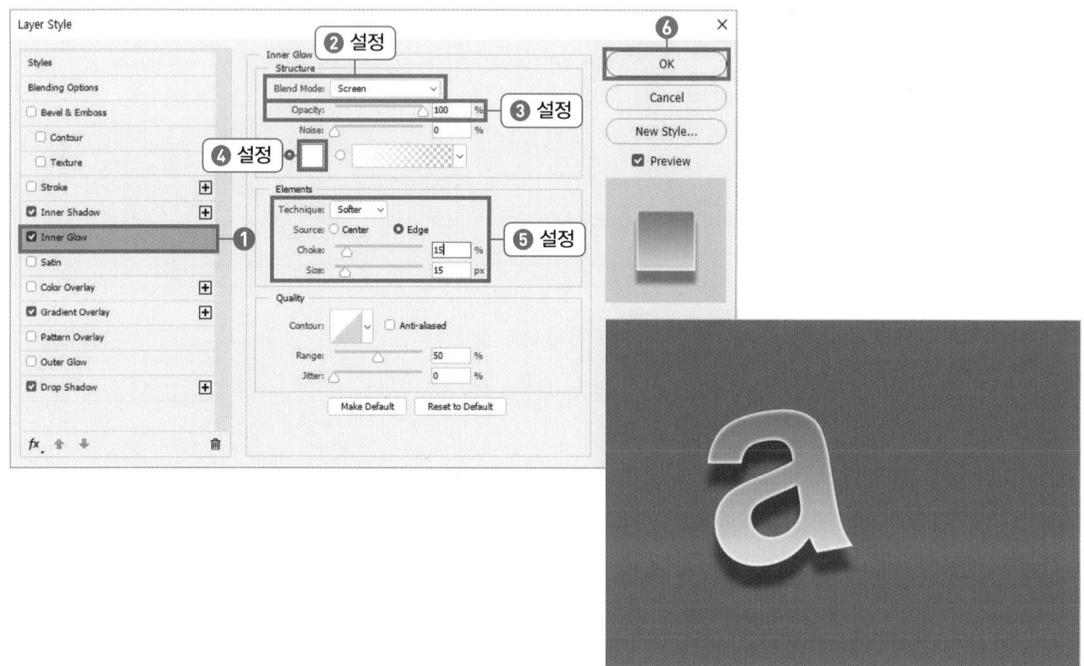

**8** 다른 문자를 입력하여 동일하게 적용하기 위해 'a' 문자 레이어를 그대로 복사하고 'q'로 수정합니다. 나머지 문자도 동일하게 적용합니다.

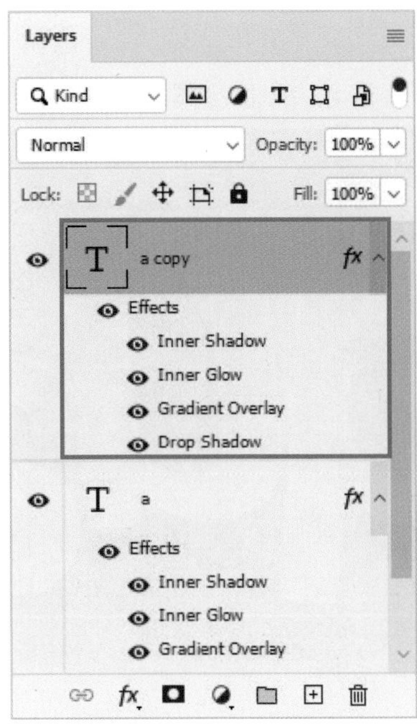


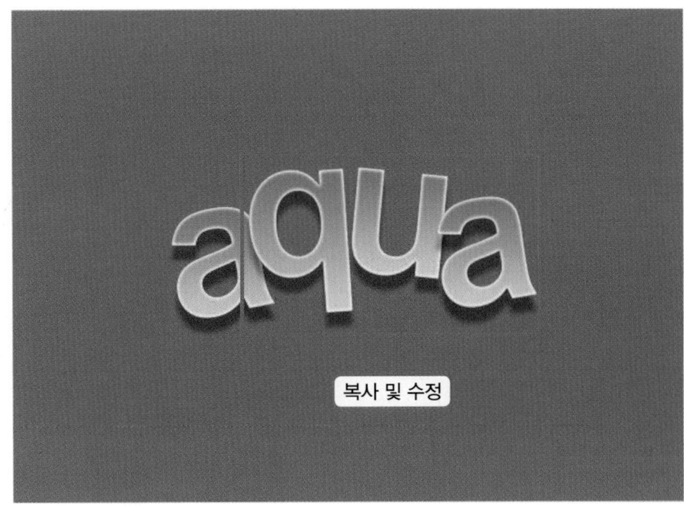


**9** 다음은 물방울 모양을 간략하게 만들어보겠습니다. [Layers] 패널에서 [Create a new layer]( )를 클릭하여 새로운 레이어를 추가합니다. 그다음 툴 패널에서 [Elliptical Marquee Tool]( )을 선택하고 그림과 같이 물방울을 만들 위치에 선택 영역을 지정합니다.

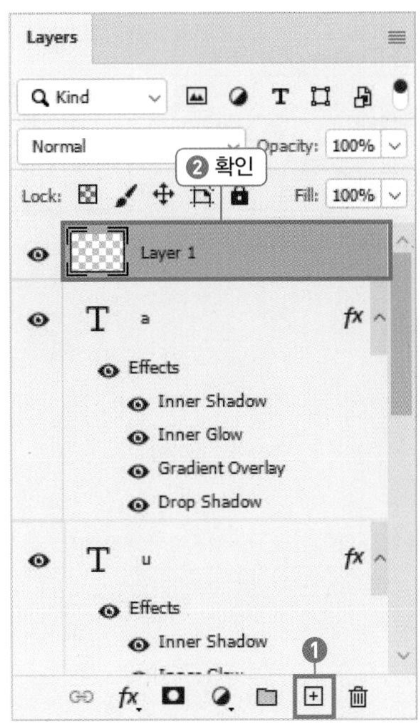


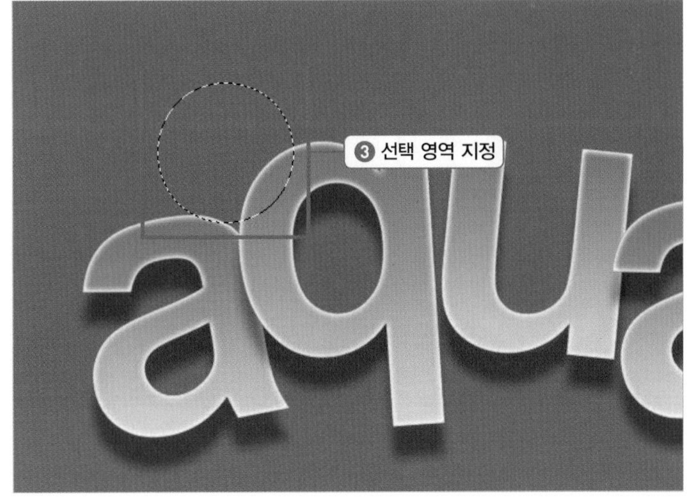

**10** 그리고 선택 영역을 흰색으로 채워준 후 선택 영역의 위치를 그대로 위쪽으로 이동합니다.

**11** 그다음 선택의 경계선 영역을 부드럽게 처리하기 위해 [Select] 〉 [Modify] 〉 [Feather] 메뉴를 클릭하고 [Feather] 대화상자가 나타나면 '40'을 입력하고 [OK]를 클릭합니다.

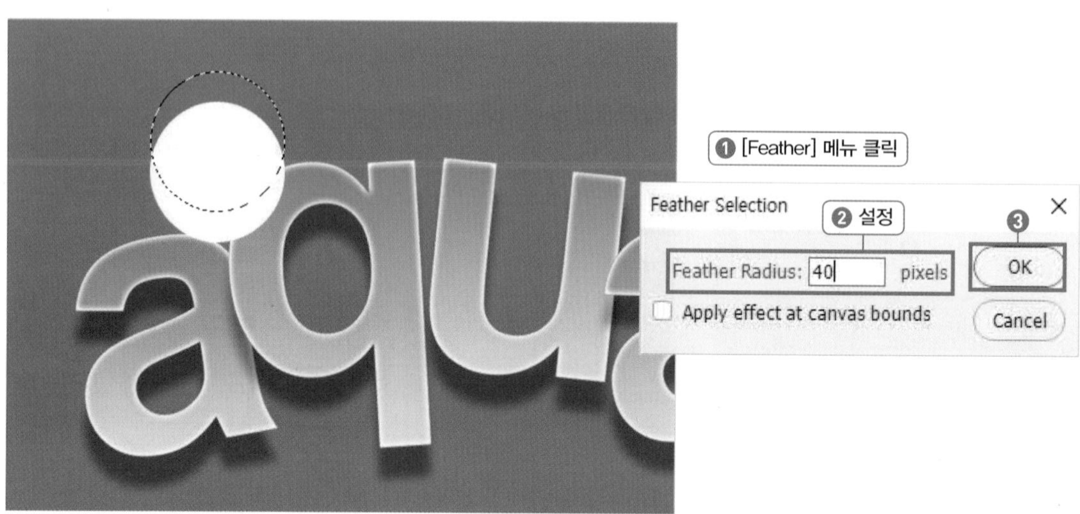

**12** Delete를 눌러 선택 영역의 이미지를 삭제합니다. Feather가 적용된 상태이기 때문에 이미지가 부드럽게 잘려나갑니다.

**13** 동일한 방법으로 다양한 크기의 물방울 모양을 만듭니다.

**14** 물방울 모양에 더욱 입체감을 주기 위해 하이라이트 효과를 적용합니다. 툴 패널에서 브러시를 선택하고 전경색은 '흰색'으로 설정합니다. 흰색이 너무 강하지 않도록 [Opacity]를 조절하고 하이라이트 효과를 적용할 부분을 페인팅합니다. 마지막으로 예제 파일로 제공한 바닷속 이미지(Sea-background.jpg)를 아쿠아 문자 레이어 아래에 위치하여 마무리합니다.

# 구겨지고 접힌 종이 문자 만들기

## Transform(변형), Expend(확대), Place Embedded(포함 가져오기), Blending Mode(혼합 모드)

문자를 입력하고 편집하여 구겨진 종이 이미지와 합성하는 내용을 알아봅니다. 문자를 입력한 후 [Select] 〉 [Modify] 메뉴를 이용하여 선택 영역을 편집하고 Transform 기능으로 문자의 모양을 변형해보겠습니다.

[**예제 파일** : PART 01 Photoshop/5교시/paper-01.jpg
**완성 파일** : PART 01 Photoshop/5교시/paper_완성.psd]

## 학습과제

문자를 접힌 모양으로 편집한 후 구겨진 종이 이미지와 합성하여 완성합니다.

Before

After

**1** [File] 〉 [New] 메뉴를 클릭하고 [New Document] 대화상자가 나타나면 [Width]와 [Height]를 각각 '1280, 800 Pixels'로 설정하여 새로운 도큐먼트를 만듭니다.

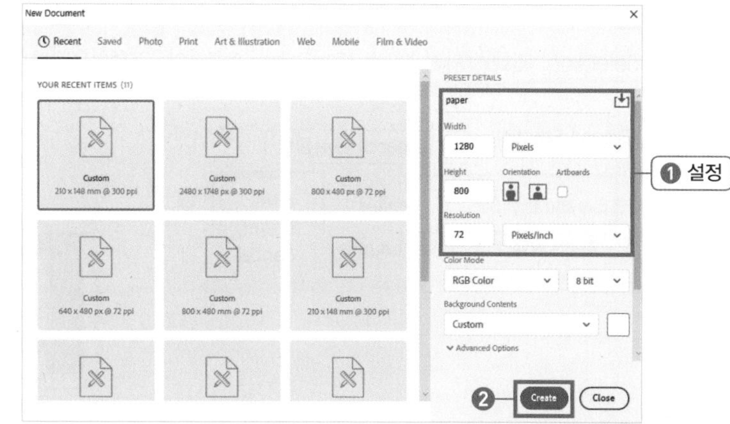


**2** 툴 패널에서 [Horizontal Text Tool](T)을 클릭하고 'paper'를 입력합니다. [Character] 패널에서 문자의 색상은 노란색(#f8c014)으로 설정하고 기타 세부 사항은 다음 그림의 설정을 참고합니다.

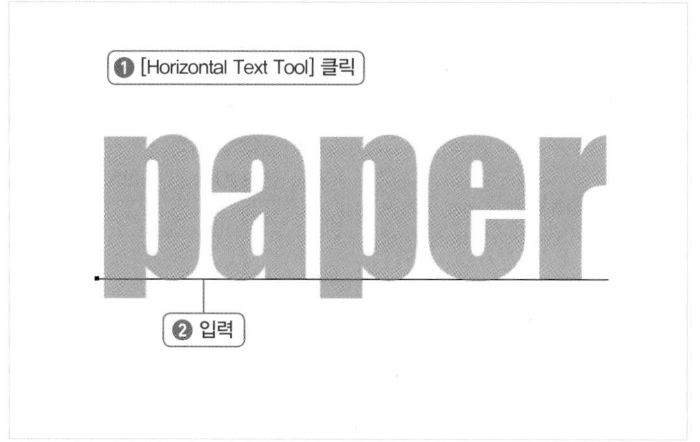


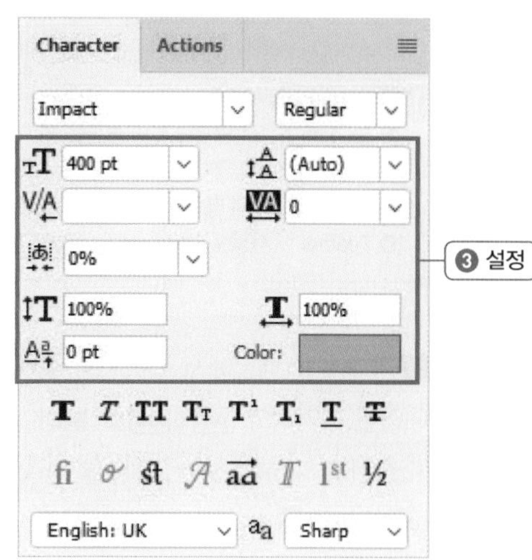


**3** 문자의 배경색을 채우는 과정입니다. [Layers] 패널에서 Ctrl을 누른 상태로 문자 레이어의 섬네일을 클릭합니다. 그러면 문자 모양으로 선택 영역이 지정됩니다.

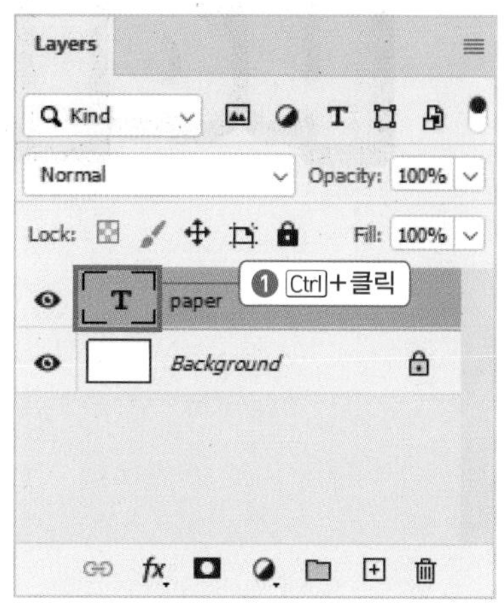

**4** 그다음 선택 영역을 확장시키기 위해 [Select] 〉 [Modify] 〉 [Expand] 메뉴를 클릭합니다. [Expand Selection] 대화상자가 나타나면 [Expand By]에 '30'을 입력합니다.

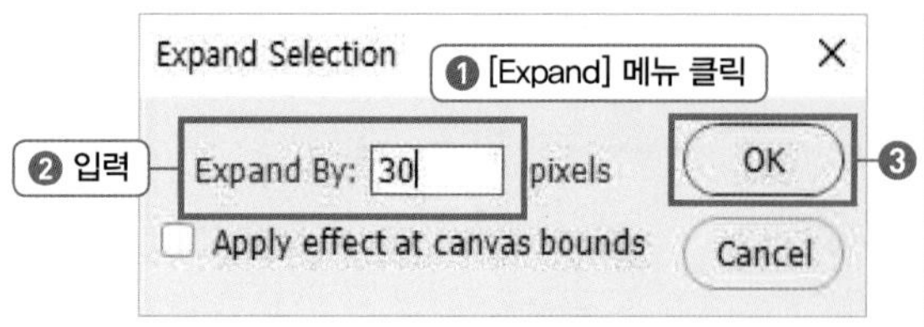

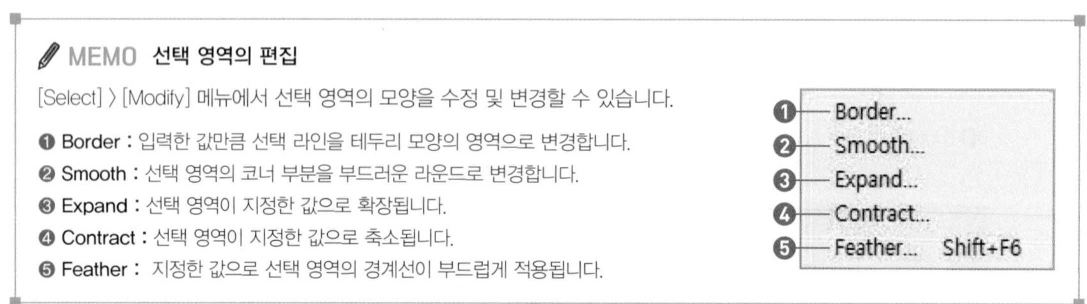

MEMO 선택 영역의 편집
[Select] 〉 [Modify] 메뉴에서 선택 영역의 모양을 수정 및 변경할 수 있습니다.
❶ Border : 입력한 값만큼 선택 라인을 테두리 모양의 영역으로 변경합니다.
❷ Smooth : 선택 영역의 코너 부분을 부드러운 라운드로 변경합니다.
❸ Expand : 선택 영역이 지정한 값으로 확장됩니다.
❹ Contract : 선택 영역이 지정한 값으로 축소됩니다.
❺ Feather : 지정한 값으로 선택 영역의 경계선이 부드럽게 적용됩니다.
❶ Border...
❷ Smooth...
❸ Expand...
❹ Contract...
❺ Feather... Shift+F6


**5** [Layers] 패널에서 'Background' 레이어를 선택한 후 [Create a new layer](⊞)를 클릭하여 새로운 레이어를 추가하고 Alt+Delete를 눌러 '검은색'으로 채웁니다. 그다음 paper 문자 레이어를 선택하고 [Type] 〉 [Rasterize Type Layer] 메뉴를 클릭하여 일반 레이어로 변경합니다.

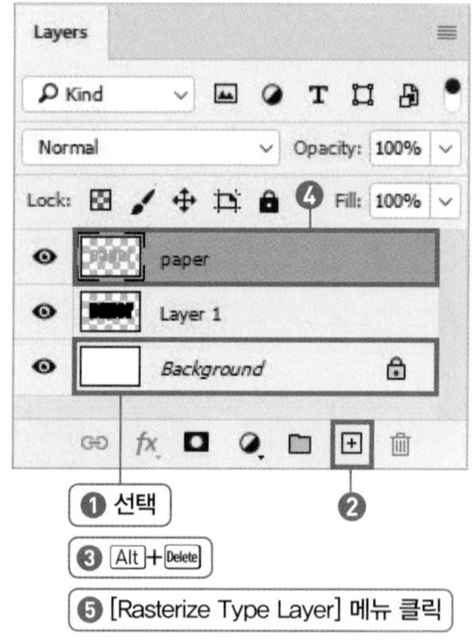

**6** 다음은 글자의 끝부분이 접힌 모양으로 만들어보겠습니다. 툴 패널에서 [Polygonal Lasso Tool]( )을 선택하고 그림과 같이 접히는 영역을 선택합니다.

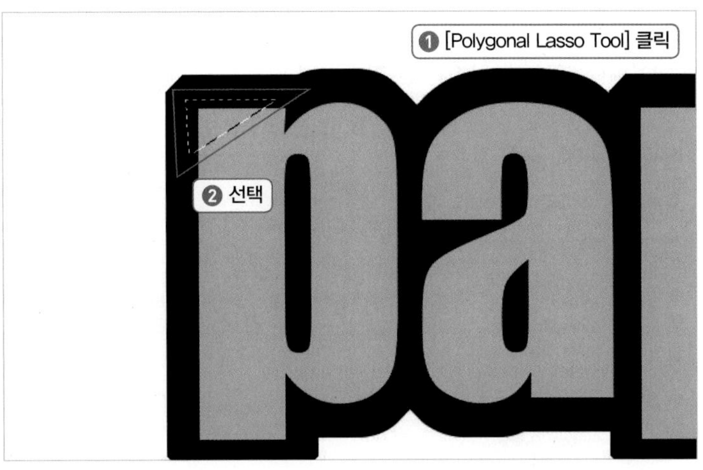


**7** 그다음 Ctrl+X를 눌러 이미지를 잘라내고 새로운 레이어를 추가한 후 Ctrl+V를 눌러 붙여넣습니다.

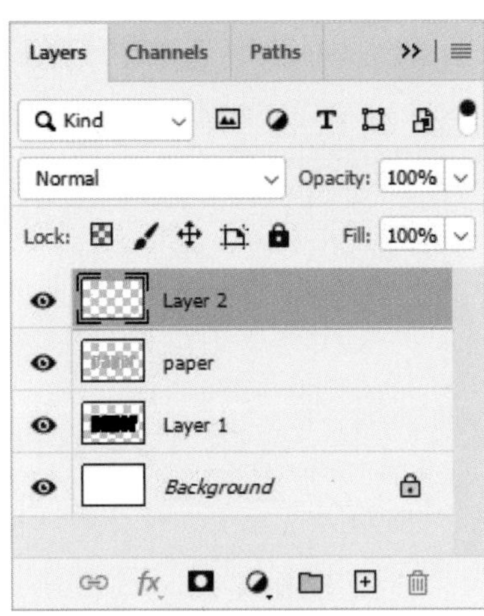

**8** [Edit] 〉 [Transform] 〉 [Flip Vertical] 메뉴를 클릭하여 상하 방향으로 반전시킨 후 Ctrl+T를 눌러 이미지를 접히는 선에 맞게 회전시킵니다.

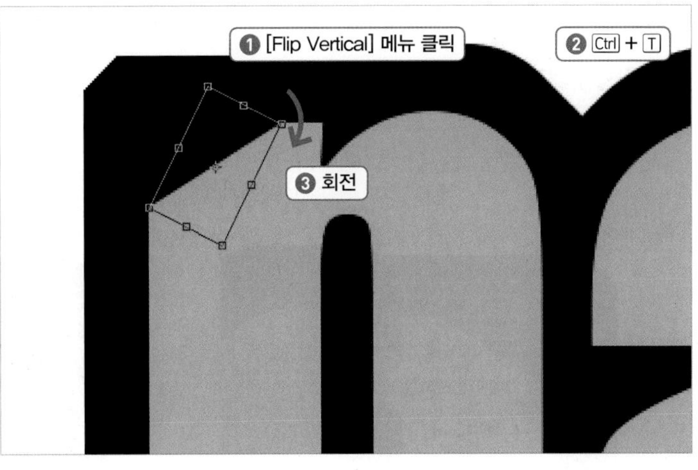

**9** 그리고 [Layers] 패널에서 [Add a layer style](fx)을 클릭하여 [Drop Shadow]를 선택합니다. 그림자의 모양은 다음 설정과 같이 적용합니다.

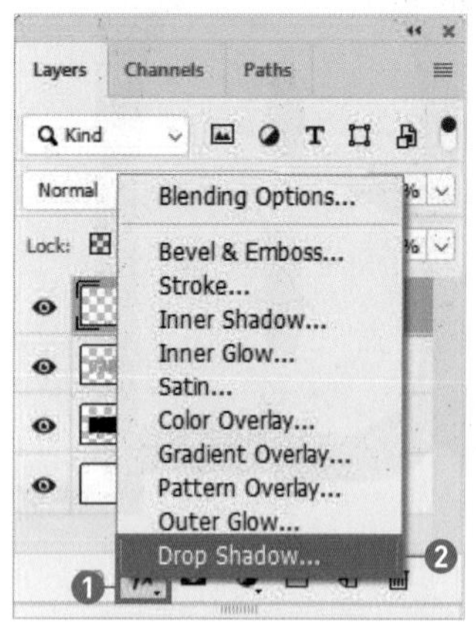


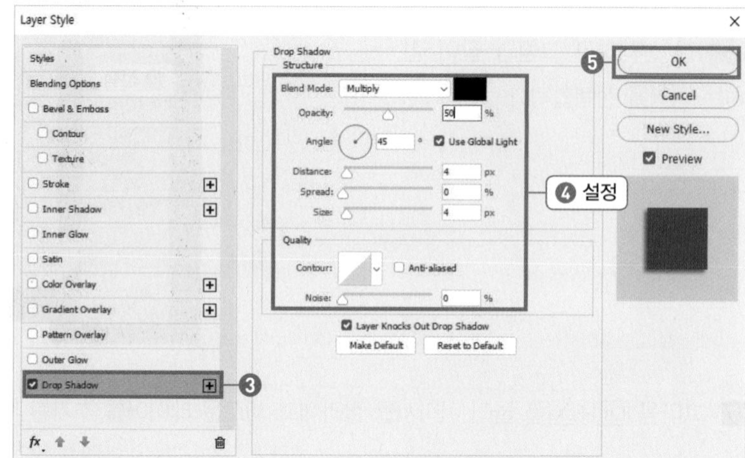


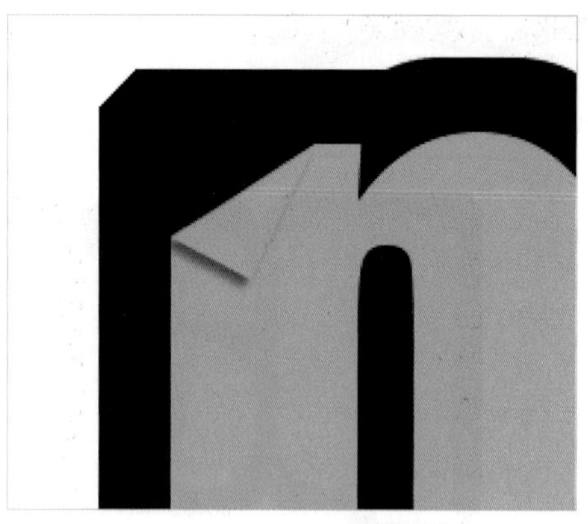

**10** 접힌 모양을 좀 더 자연스럽게 만들기 위해 Ctrl+T를 적용하고 옵션 바에서 [Switch between free transform and warp mode]( )를 클릭한 후 바운딩 박스의 점들과 선들을 조정하여 곡선의 형태가 되도록 변형시킵니다.

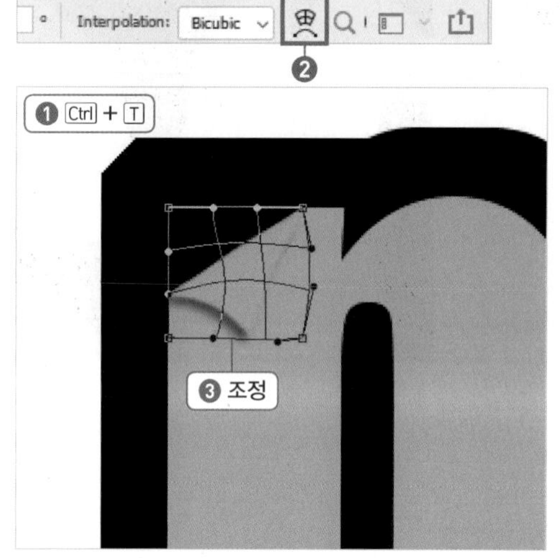


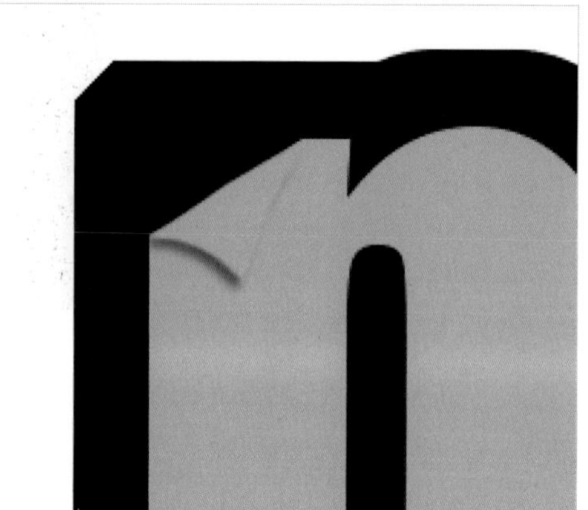

**11** 동일한 방법을 사용하여 각각 문자들의 접히는 영역을 편집합니다.

**12** 다음은 구겨진 종이 이미지(paper-01.jpg)를 불러옵니다. [File] > [Place Embedded] 메뉴를 클릭하고 종이 이미지를 불러온 후 문자를 모두 가릴 수 있을 정도로 크기를 조절합니다.

**13** 문자의 검은색 배경이 있는 'Layer 1' 레이어의 섬네일을 Ctrl을 누른 상태로 클릭하여 선택 영역으로 지정합니다.

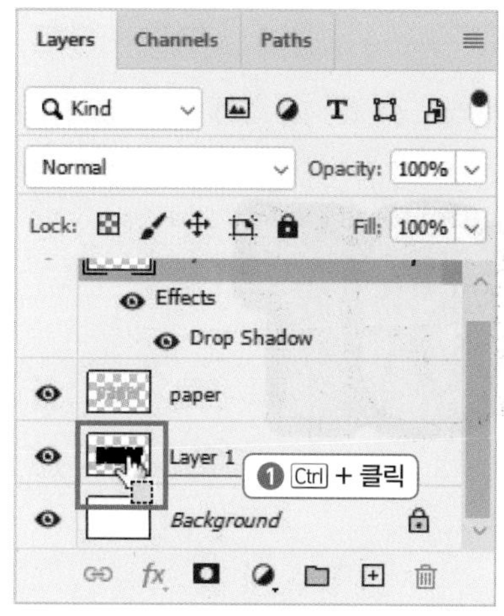


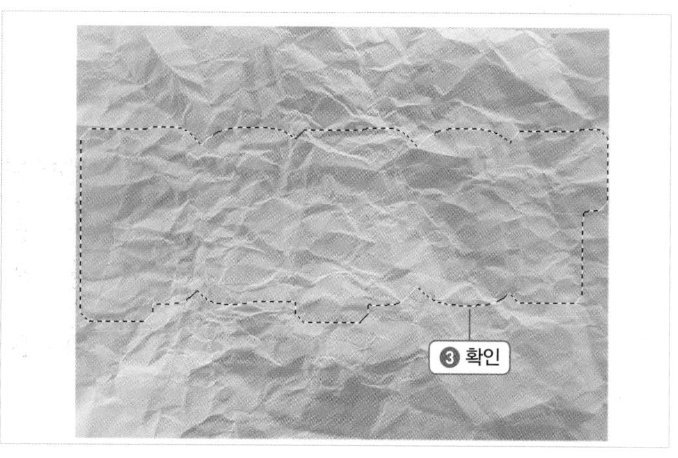

**14** 그다음 [Layers] 패널에서 [Add a mask]( )를 클릭하여 레이어 마스크를 적용합니다. 그러면 선택 영역을 제외한 종이 이미지 영역을 화면에서 숨겨집니다.

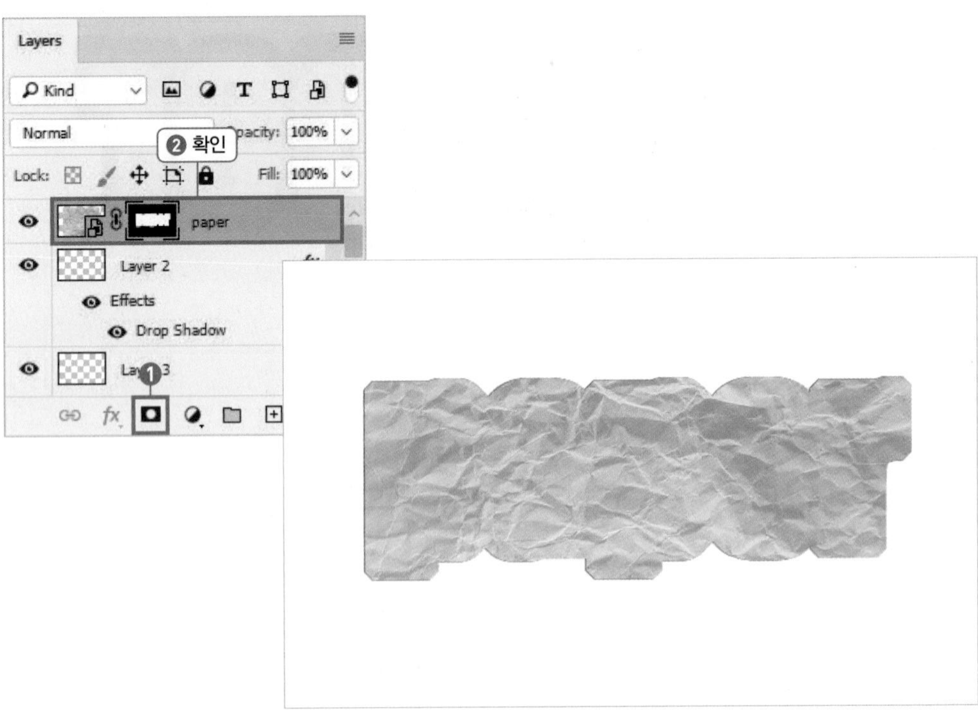


**15** 마지막으로 불러온 종이 이미지가 자연스럽게 합성이 되도록 레이어의 블렌딩 모드를 'Multiply'로 전환하여 작업을 완료합니다.

• MEMO •

# 6교시

## 종합반

다음 학습은 포토샵의 모든 기능을 종합적으로 사용할 수 있는 예제들로 구성되어 있습니다. 좀 더 포토샵의 기능을 익히고 숙달될 수 있는 시간을 가져보겠습니다.

# 강좌

01 **웹 메인 페이지 만들기 :** Smart Object(스마트 오브젝트), Group Layer(그룹 레이어), Layer Style(레이어 스타일), Shape Tool(모양 도구)

02 **스노보드 디자인 :** Layer Mask(레이어 마스크), Paste Into(안쪽에 붙여넣기)

03 **서울 국제 마라톤 포스터 만들기 :** Layer Mask(레이어 마스크), Posterize(포스터화), Gradient Map(그레이디언트 맵)

04 **버버리 체크 패턴 만들기 :** Define Pattern(패턴 정의), Fill(칠), Blending Mode(혼합 모드)

05 **도트 이미지로 변환하기 :** Define Pattern(패턴 정의), Pattern Overlay(패턴 오버레이), Mosaic(모자이크), Blending Mode(혼합 모드)

06 **청바지 포켓 디자인하기 :** Path(패스), Stroke path with brush(브러시로 획 패스 만들기), Dodge Tool(닷지 도구), Burn Tool(번 도구)

# 웹 메인 페이지 만들기

## Smart Object(스마트 오브젝트), Group Layer(그룹 레이어), Layer Style(레이어 스타일), Shape tool(모양 도구)

배경 이미지를 바탕으로 적절한 위치에 웹 아이콘을 만들어 배치하고 필요한 문장을 입력하여 홈페이지 메인을 디자인해보겠습니다.

[**예제 파일** : PART 01 Photoshop/6교시/fooding.jpg, key.ai, people.ai, search.ai
**완성 파일** : PART 01 Photoshop/6교시/fooding.psd]

### 학습과제

다양한 도구를 활용하여 홈페이지 메인 화면을 완성해보겠습니다.

Before

After

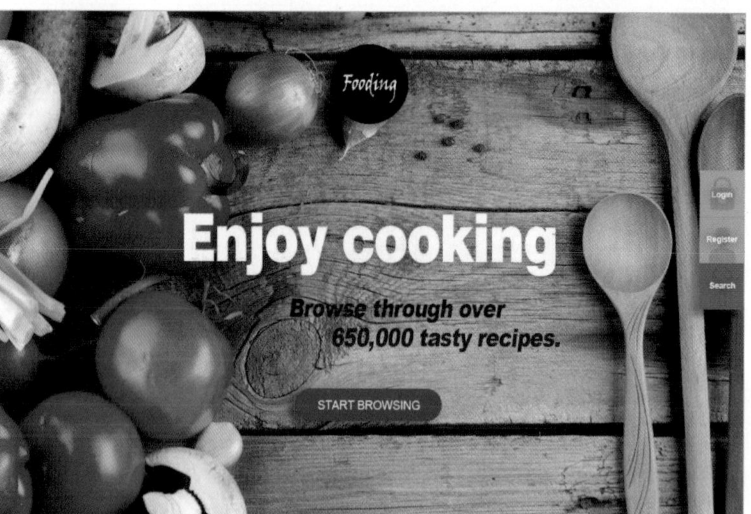

**1** 예제 파일(fooding.jpg)을 불러온 후 먼저 웹페이지 아이콘 형태부터 만들어보겠습니다. 툴 패널에서 [Rounded Rectangle Tool]( )을 클릭하고 그림과 같이 둥근 모서리 사각형 셰이프을 그려줍니다. [Properties] 패널에서 크기를 그림과 같이 설정하고, 모서리의 라운드 값을 모두 '27px'로 설정합니다.

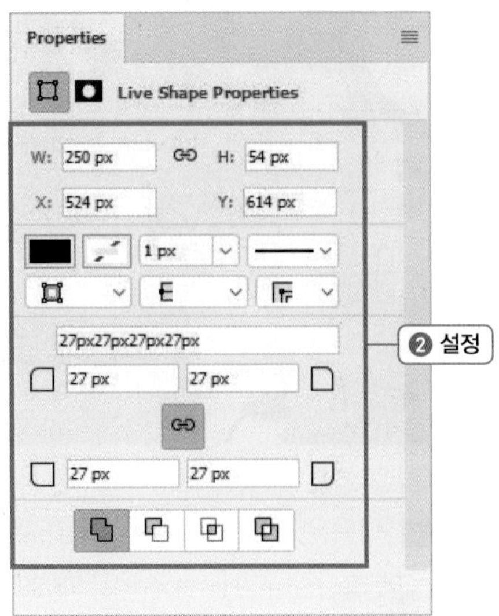


**2** 사각형 셰이프의 색상을 선택하기 위해 팔레트에 견본 색상 중 'Dark Magenta'를 적용합니다.

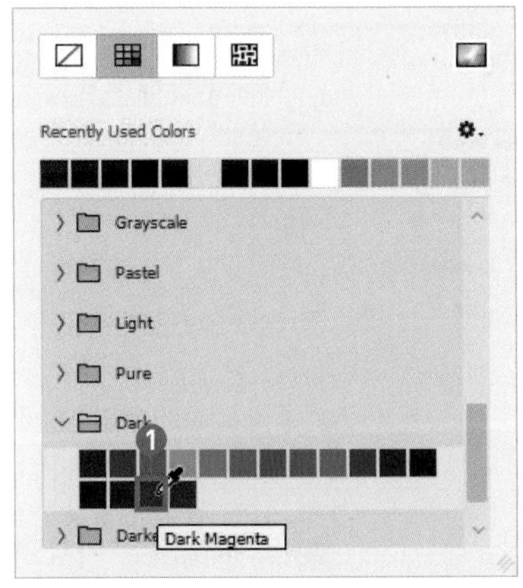


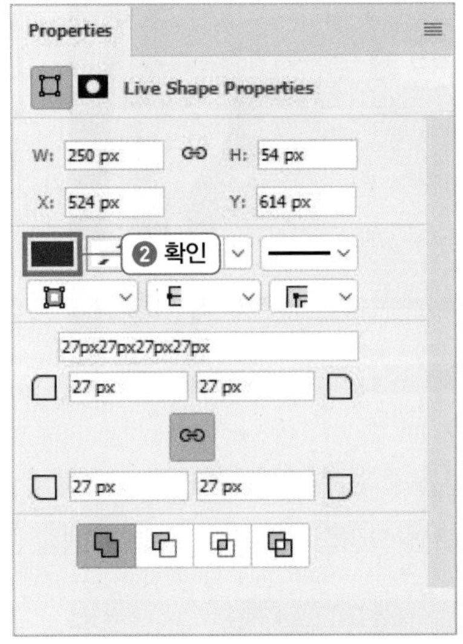

**TIP**

아이콘의 색상은 사용자 임의로 선택하여 사용해도 됩니다.

**3** 그러면 아이콘의 색상이 변경되며 [Layers] 패널에서 확인할 수 있습니다. 사각형 셰이프가 그려진 새로운 레이어가 추가된 것을 알 수 있습니다.

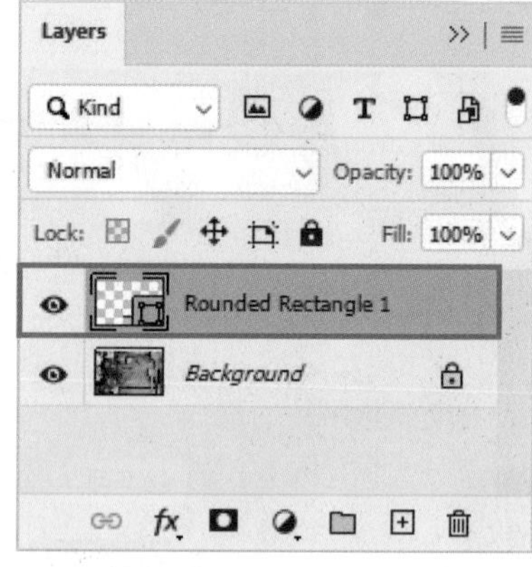


**4** 다음은 로고 아이콘을 만들어보겠습니다. 툴 패널에서 [Ellipse Tool]( )을 클릭하고 그림과 같이 상단 쪽에 그려줍니다. [Properties] 패널에서 크기를 설정한 후 색상은 '검은색'으로 적용합니다.

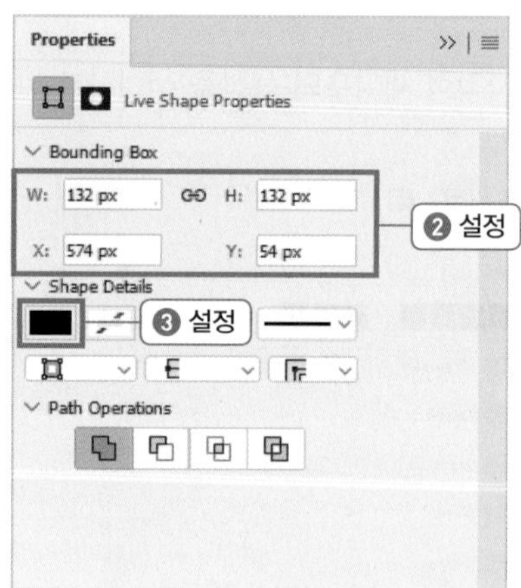


**5** 다음은 화면 우측에 아이콘을 추가해보겠습니다. 툴 패널에서 [Rectangle Tool]( )을 클릭하고 가로와 세로가 '77px'인 정사각형 셰이프를 그려줍니다. 색상은 견본 색상 중 'Pure Pea Green'을 적용합니다.

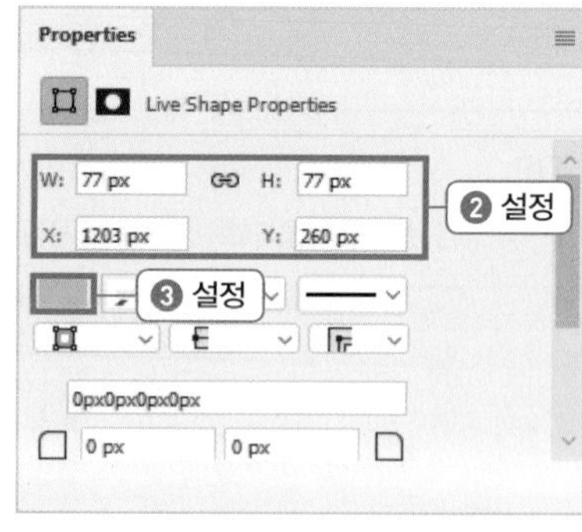

**6** 그다음 [Layers] 패널에서 'Rectangle 1' 레이어를 [Create a new layer](⊞)로 드래그하여 두 번 복사합니다. 다음은 그림과 같이 아래 방향으로 나열합니다.

MEMO

레이어의 개수가 많을 경우 레이어의 이름을 직접 입력하여 구별하기 좋도록 변경하는 것이 신속한 작업에 도움이 됩니다. [Layers] 패널에서 아이콘별 레이어를 구별하기 쉽도록 다음과 같이 이름을 변경하여 진행해봅니다.

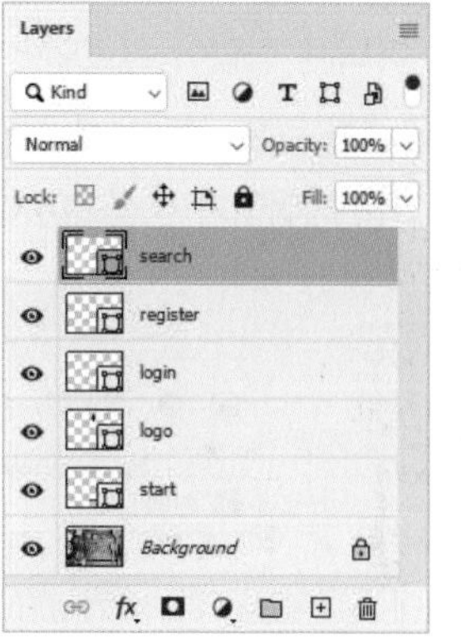


**7** [Properties] 패널에서 복사한 사각형 아이콘의 색상은 다음과 같이 각각 변경해보겠습니다.

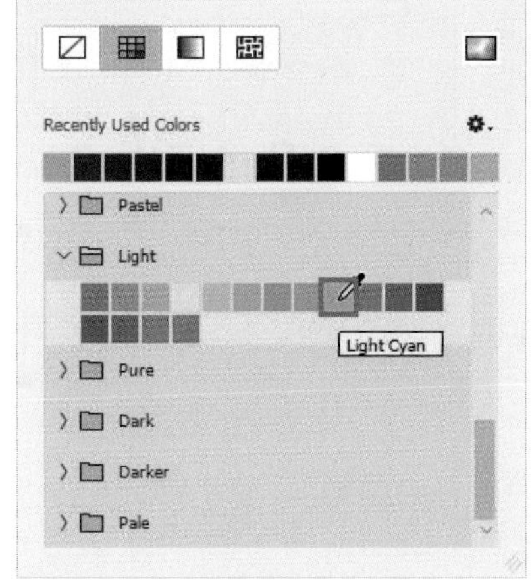


▲ 'Register' 레이어

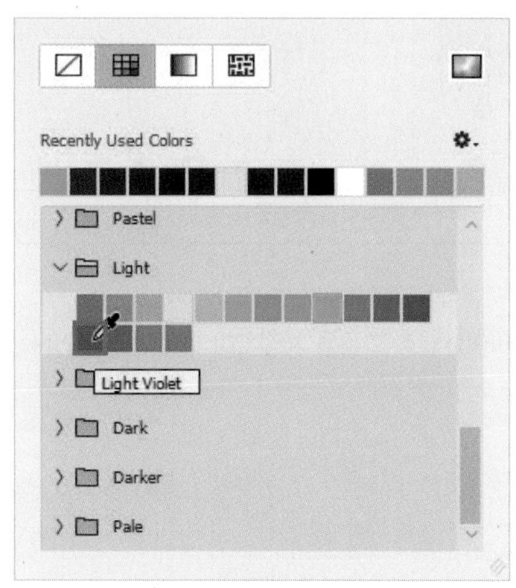


▲ 'Search' 레이어

**8** 아이콘 작업이 완료되면 아이콘 레이어들을 그룹으로 지정합니다. [Layers] 패널에서 아이콘 레이어들을 Ctrl을 누른 상태에서 전부 선택하고 [Create a new group]( )을 클릭하여 그룹으로 지정합니다. 그러면 그룹 레이어가 생성되며 아이콘 레이어들이 그룹 안에 포함됩니다. 그룹명을 'Icon'으로 변경합니다.

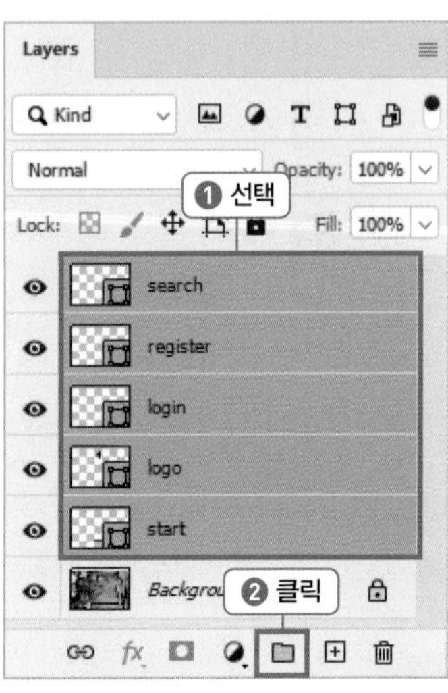


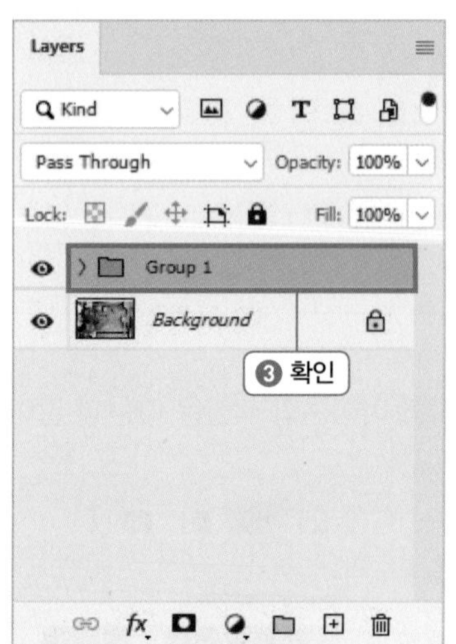


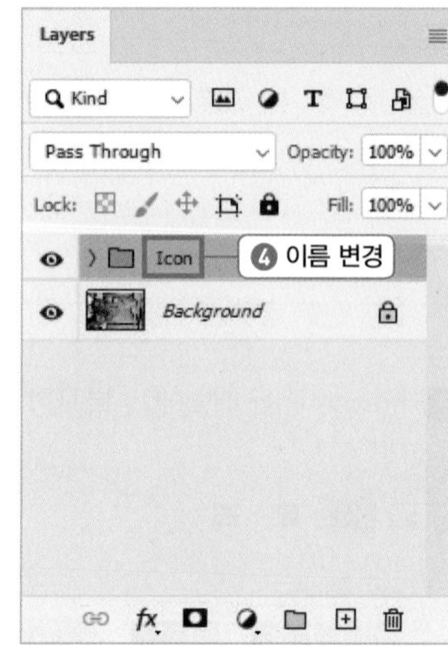


**TIP**

레이어의 개수가 많을 경우 아이템별로 그룹을 지정하여 레이어를 관리하는 것이 작업의 효율을 높일 수 있습니다.

**9** 다음은 아이콘에 이미지를 합성해보겠습니다. 일러스트레이터 파일을 작업 화면으로 불러오기 위해 [File] 〉 [Place Embedded] 메뉴를 클릭합니다. [Place Embedded] 대화상자가 나타나면 'key.ai' 파일을 선택하고 [Place]를 클릭합니다. 그러면 [Open As Smart Object] 대화상자가 나타나는 데 [OK]를 클릭하여 이미지의 옵션을 기본 값으로 불러옵니다.

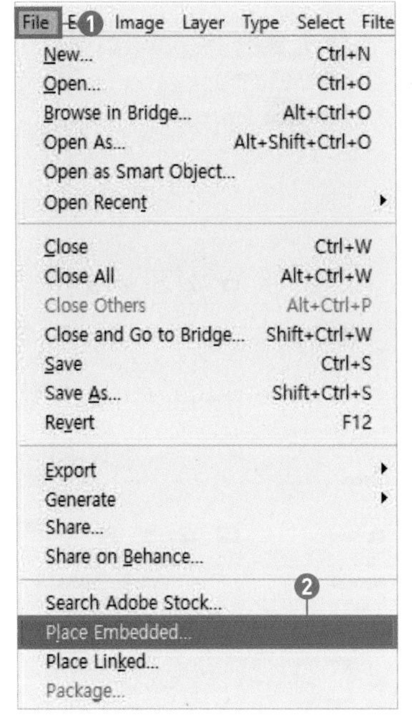

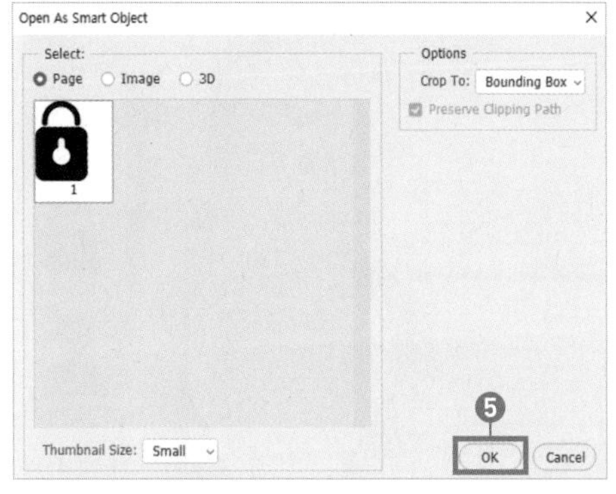


**10** 불러온 벡터 이미지는 Transform 바운딩 박스로 표시되어 있는데 크기를 조정한 후 더블클릭하면 사라집니다. 그림과 같이 이동하여 위치를 조정합니다.

**MEMO 스마트 오브젝트**

Place 명령어로 불러온 이미지는 스마트 오브젝트로 기본 적용됩니다. 스마트 오브젝트의 경우 원본 소스 데이터를 그대로 포함하고 있어 언제든지 원본 이미지로 복원하거나 수정할 수 있습니다.

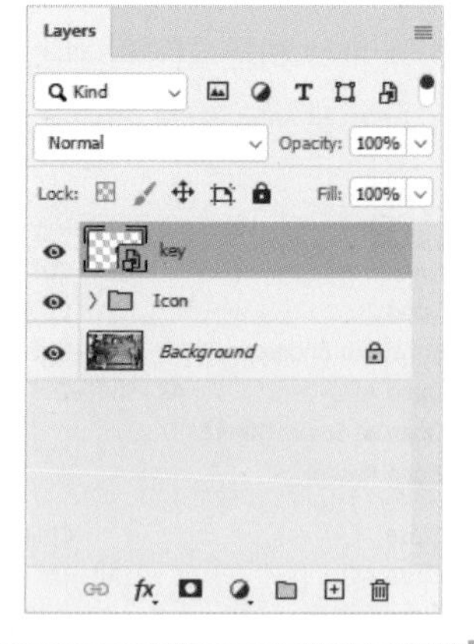


**11** 나머지 'people.ai'와 'search.ai' 파일도 동일한 방법으로 불러온 후 그림과 같이 완료합니다.

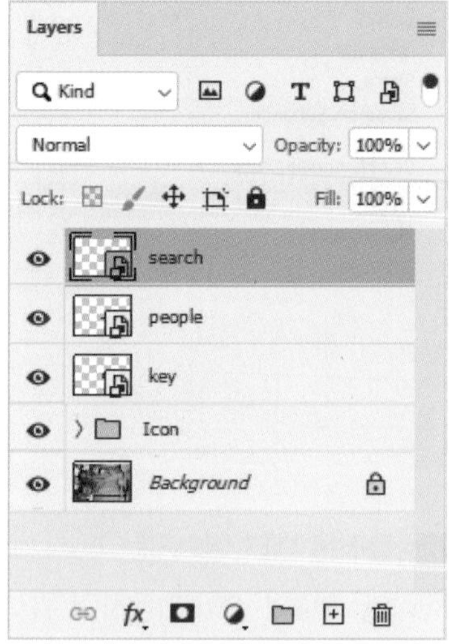


**12** 아이콘 이미지들을 흐리게 표현하기 위해 [Layers] 패널에서 아이콘 레이어를 전부 선택한 후 [Opacity]를 '15%'로 설정합니다.

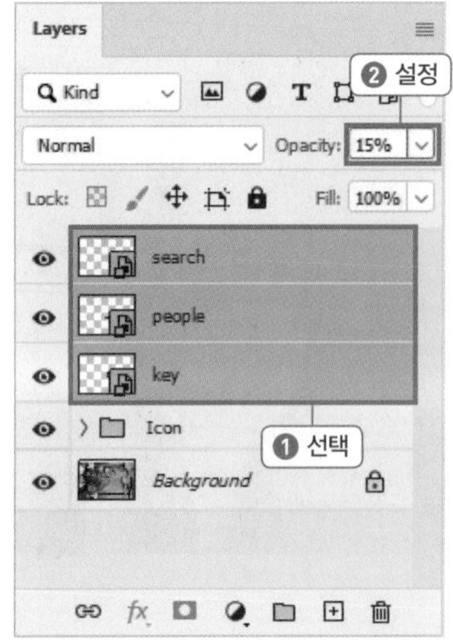

**13** 마찬가지로 아이콘 이미지 레이어들도 그룹 레이어로 지정합니다.

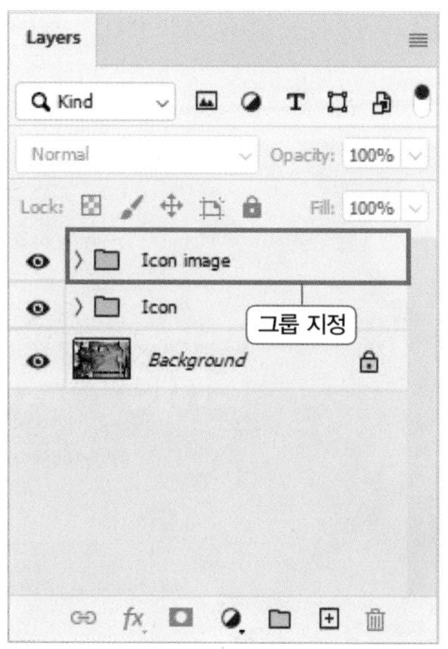


**14** 다음은 웹 페이지에 필요한 문구를 입력해보겠습니다. 툴 패널에서 [Horizontal Type Tool]( T )을 클릭하고, 그림과 같은 위치에 'Enjoy cooking'을 입력합니다. [Character] 패널에서 서체는 'Swis721 Blk BT', 크기는 '110pt', 자간은 '–25', 문자 폭은 '80%', 색상은 '흰색'으로 설정합니다.

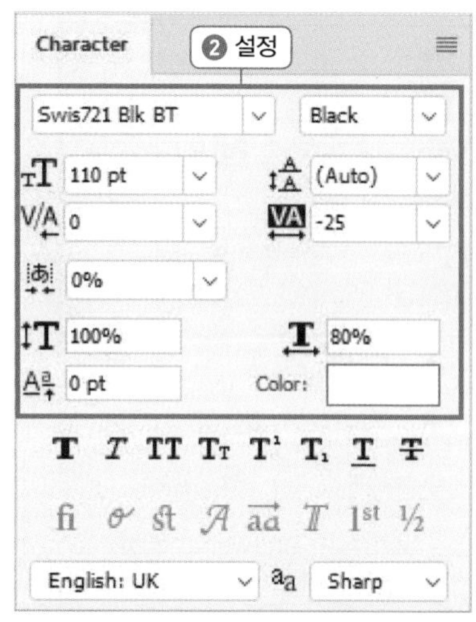

**MEMO**

사용자 컴퓨터에 위와 같은 서체를 지원하지 않는 경우 비슷한 모양의 서체를 사용해도 됩니다.

**15** 이번에는 'Browse through over 650,000 tasty recipes' 문구를 입력하고, [Character] 패널을 그림과 같이 설정합니다.

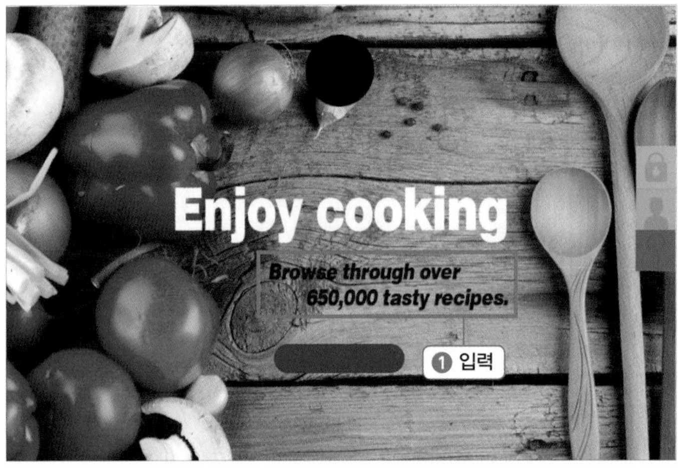


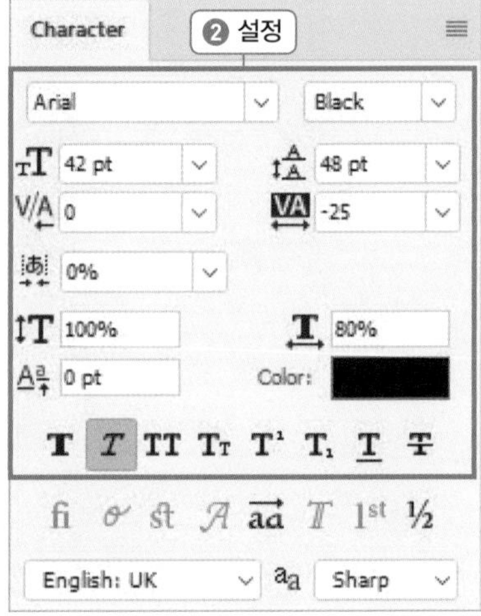


**16** 아이콘에 들어가는 문구들도 다음과 같이 설정하여 입력합니다.

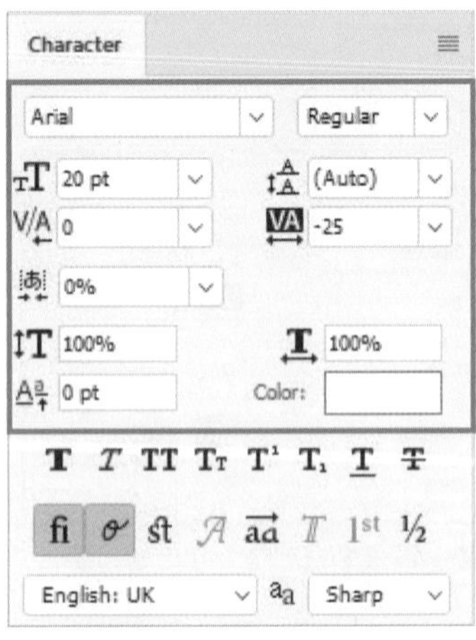


▲ 'START BROWSING' 설정

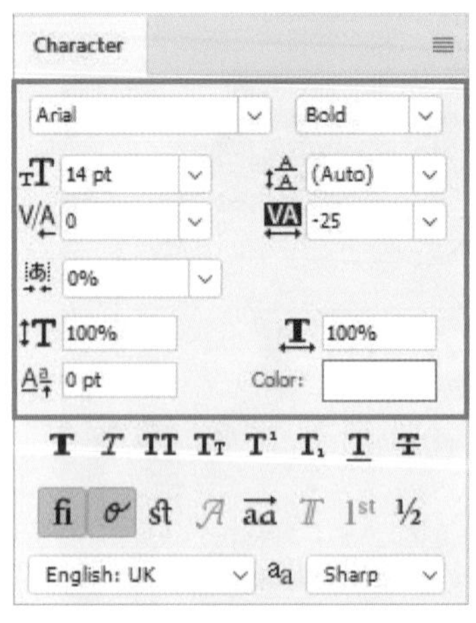


▲ 'Login/Register/Search' 설정

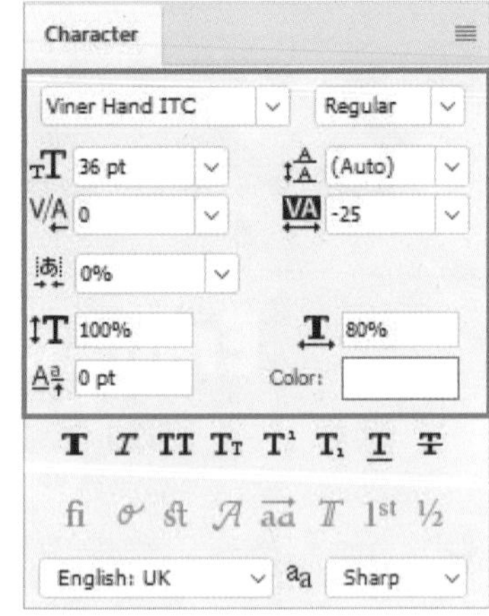


▲ 'Fooding' 설정

**17** 문자 레이어들도 다음과 같이 그룹으로 지정합니다.

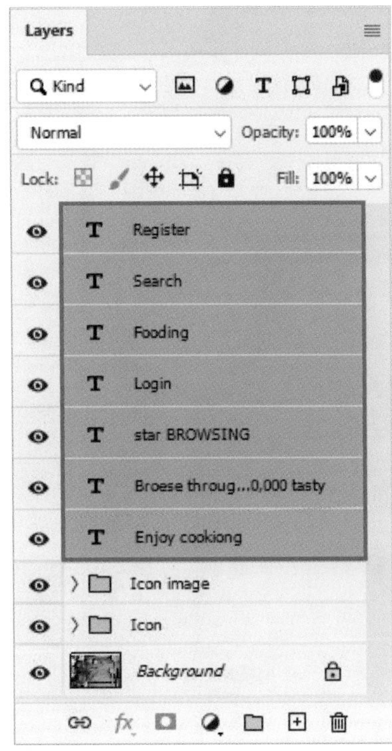


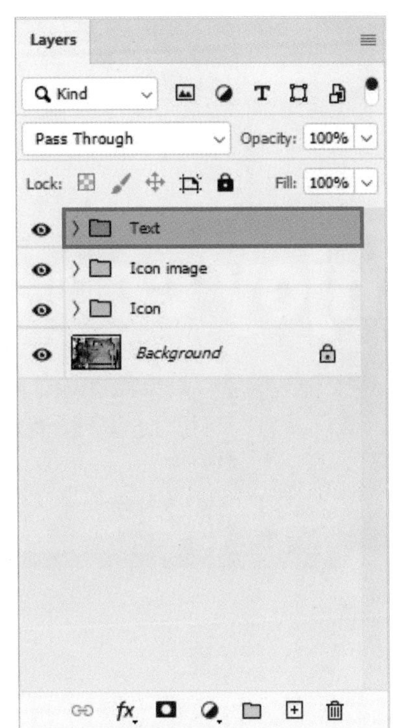


◀ 그룹 지정 후 이름 변경

**18** 밋밋한 아이콘에 입체 효과를 주기 위해 [Layers] 패널에서 'Icon' 그룹 레이어를 선택하고 [Add a layer style](fx)을 클릭한 후 [Drop Shadow]를 선택합니다. [Layer Style] 대화상자가 나타나면 그림자의 방향을 배경 이미지와 비슷하도록 [Angle]을 '35'로 설정합니다. [Opacity]는 '40%', [Distance]는 '15px', [Spread]는 '10%', [Size]는 '15px'로 설정한 후 [OK]를 클릭합니다. 아이콘에 그림자 효과가 적용된 모습은 다음과 같습니다.

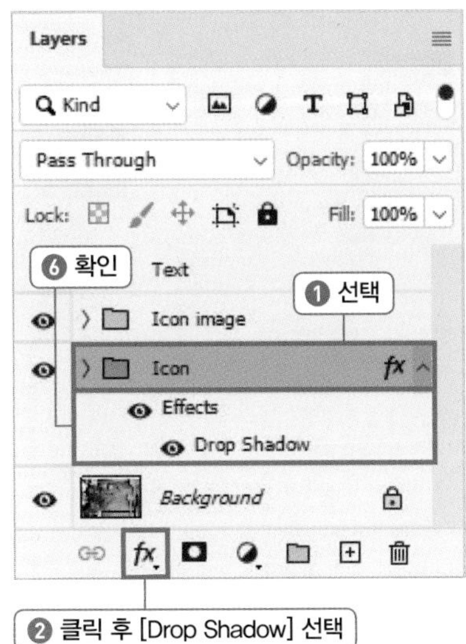


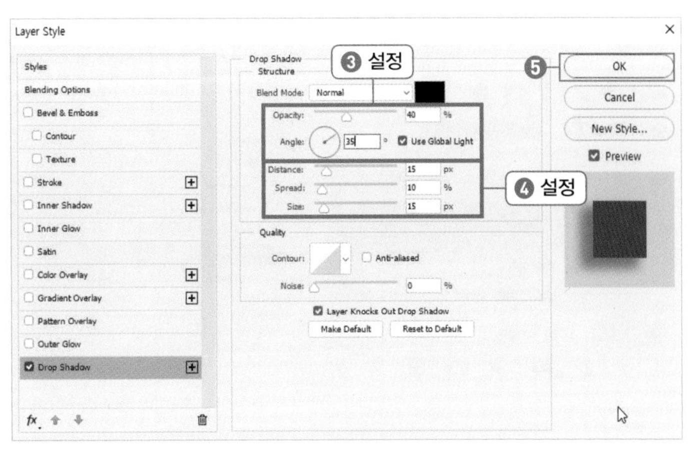

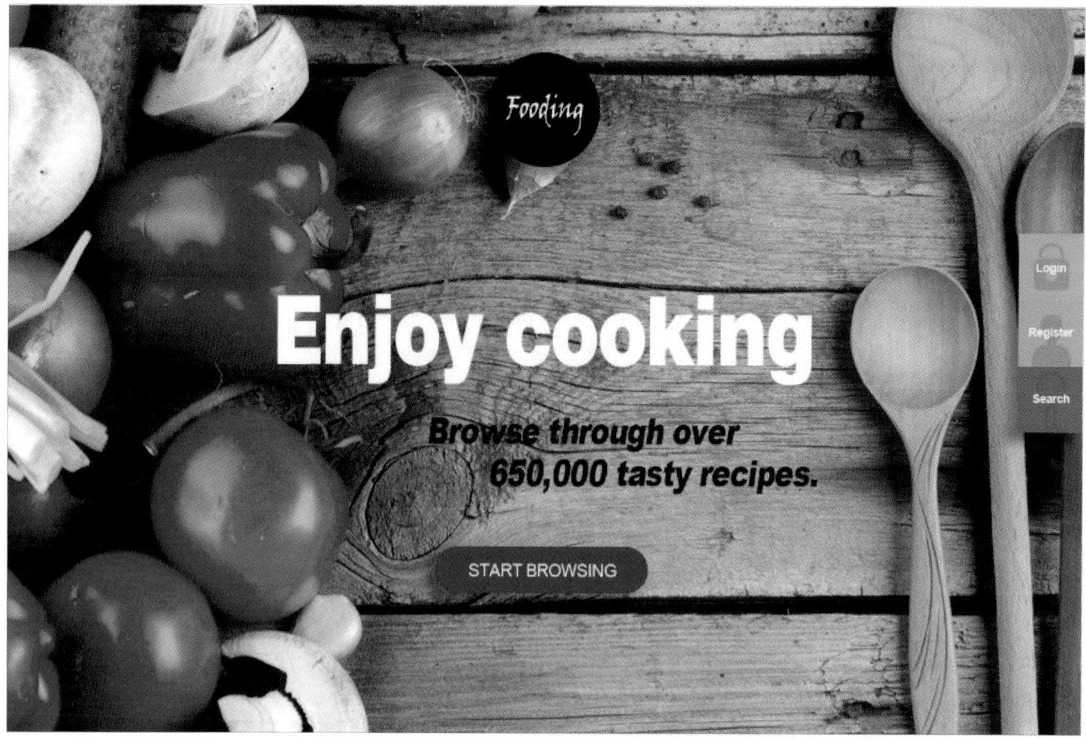


**19** 문자 강조 효과를 입력된 문자들이 좀 더 잘 보이도록 효과를 적용해보겠습니다. 'Enjoy cooking' 문자 레이어를 선택하고 [Add a layer style](fx)을 클릭한 후 [Outer Glow]를 선택합니다. [Layer Style] 대화상자가 나타나면 그림과 같이 설정합니다. 그러면 검은색의 후광 효과로 문자가 더 도드라지게 표현됩니다.

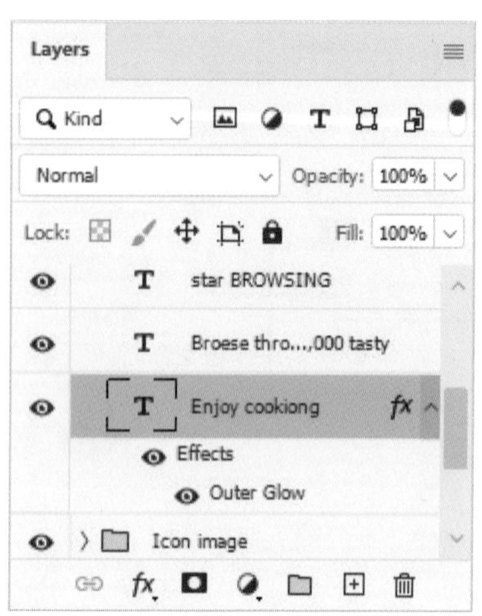


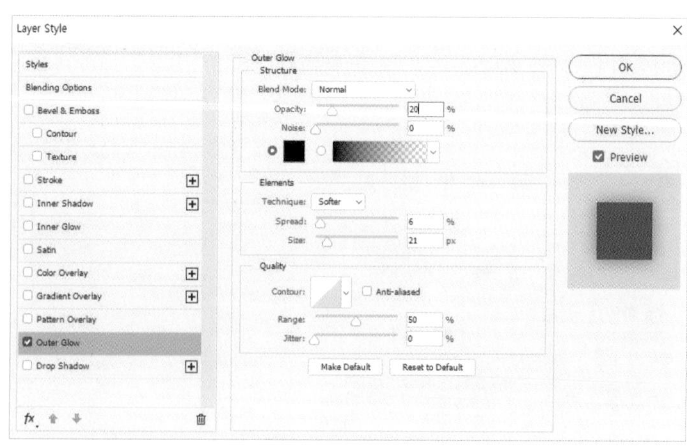

**20** 마지막으로 'Login/Register/Search' 문자들도 Outer Glow 효과를 적용하여 작업을 완료합니다.

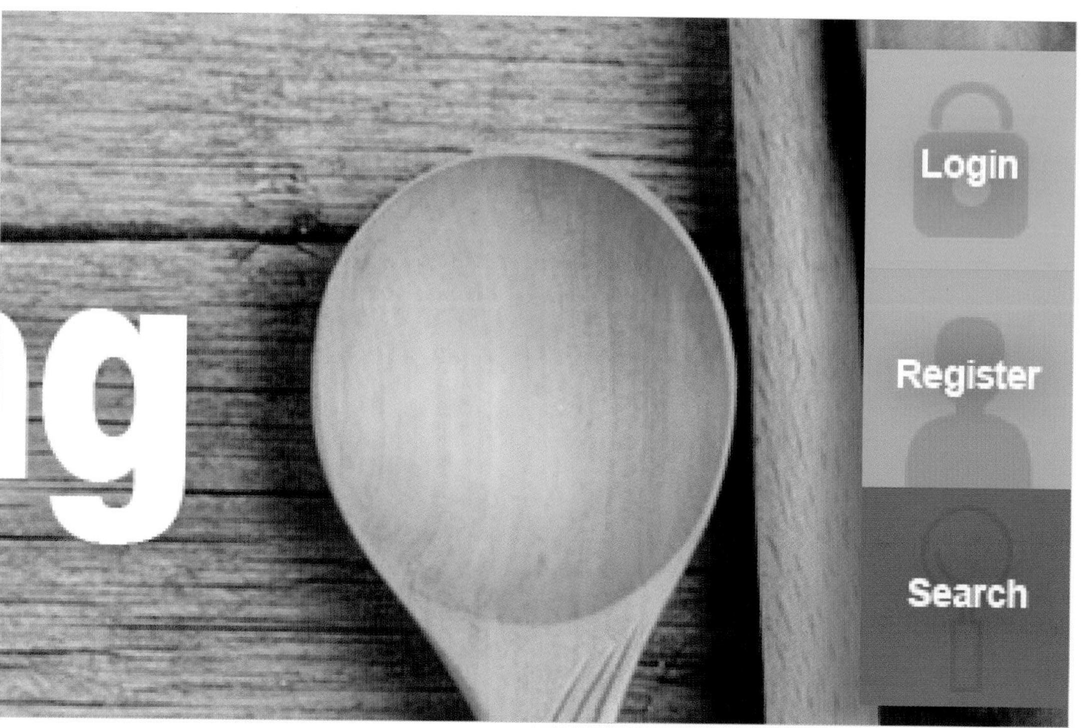

# 스노보드 디자인

## Layer Mask(레이어 마스크), Paste Into(안쪽에 붙여넣기)

이미지를 합성하고 문자를 이용하여 스노보드 디자인을 진행해보겠습니다. 이러한 합성 작업은 포토샵의 다양한 기능들을 어떻게 혼용하여 사용할지 많은 상상력이 필요하게 됩니다.

[**예제 파일** : PART 01 Photoshop/6교시/snowboard.ai, galaxy01, galaxy02.jpg
**완성 파일** : PART 01 Photoshop/6교시/snowboard.psd]

### 학습과제

상상력을 발휘하여 스노보드 디자인을 완성해보겠습니다.

**1** 예제 파일(Snowboard.ai)을 불러오면 투명한 배경에 흰색으로 채워진 스노보드 이미지를 확인할 수 있습니다. 작업을 쉽게 하기 위해 캔버스의 크기를 키워보겠습니다. [Image] 〉 [Canvas Size] 메뉴를 클릭합니다. [Canvas Size] 대화상자가 나타나면 단위를 'Pixels'로 변경하고 [Relative]를 체크 해제합니다. [Width]와 [Height] 모두 '2000 Pixels'로 설정한 후 [OK]를 클릭합니다.

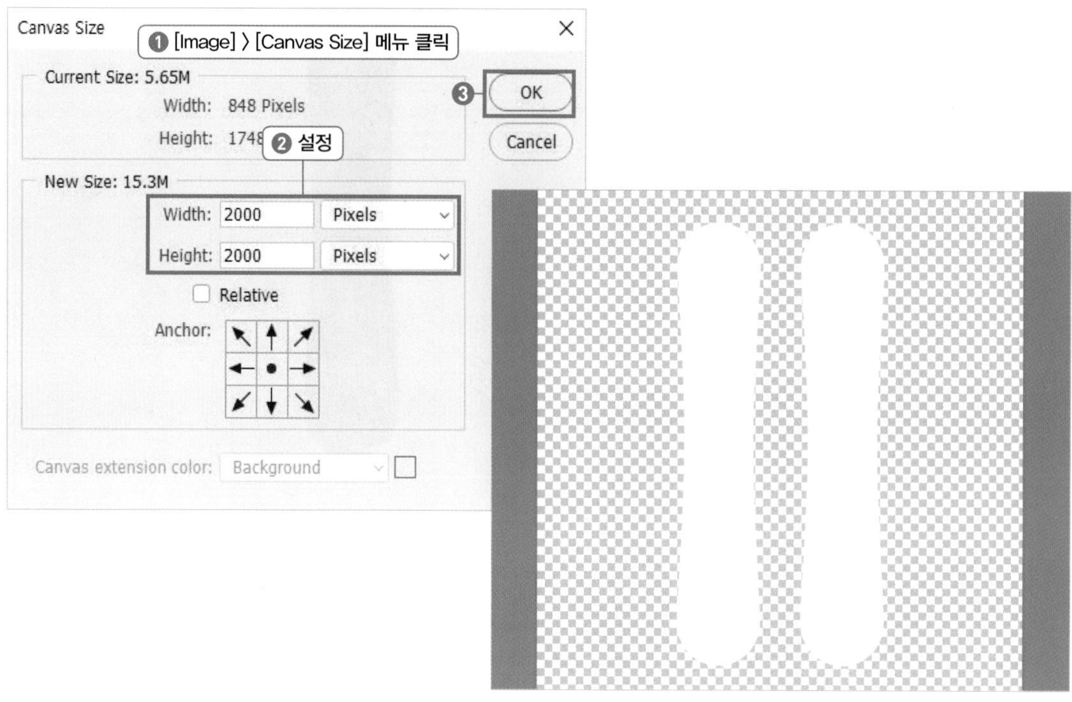


**2** 왼쪽의 전면 보드 바탕을 검은색으로 채워보겠습니다. 툴 패널에서 [Rectangular Marquee Tool]( ) 을 클릭하고 그림과 같이 선택 영역을 설정합니다. 투명한 영역에 색상이 채워지는 것을 방지하기 위해 [Layers] 패널에서 투명 영역 잠근(Look transparent pixels) 아이콘을 활성화합니다.

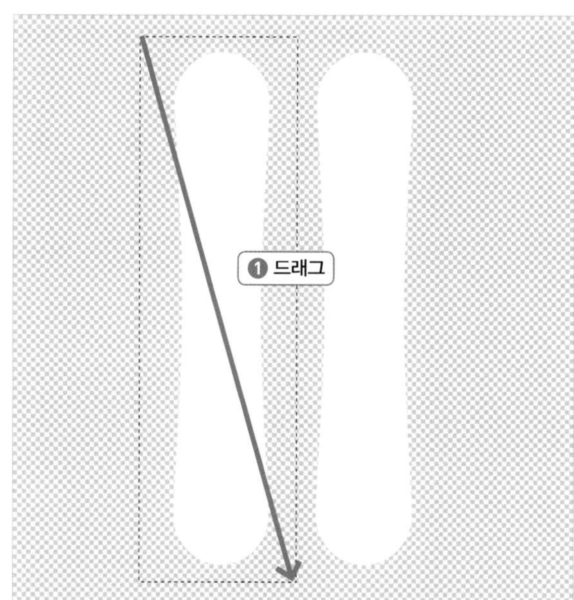


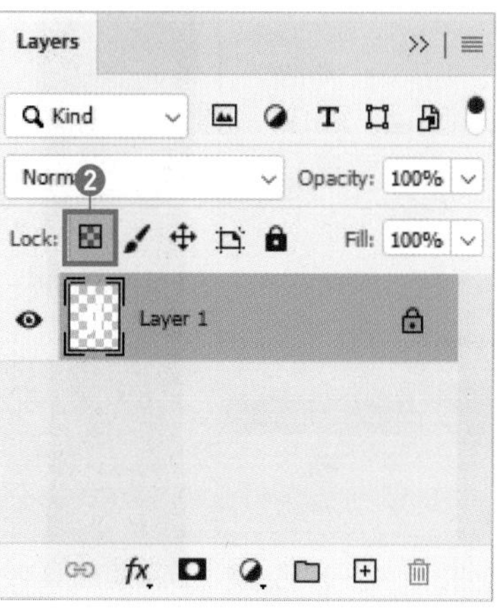

**3** 전경색을 '검은색'으로 설정하고 [Edit] 〉 [Fill] 메뉴를 클릭한 후 [Opacity]를 '100%'로 설정합니다. [OK]를 클릭하여 검은색의 색상을 채워줍니다. 그다음 선택 영역은 해제합니다.

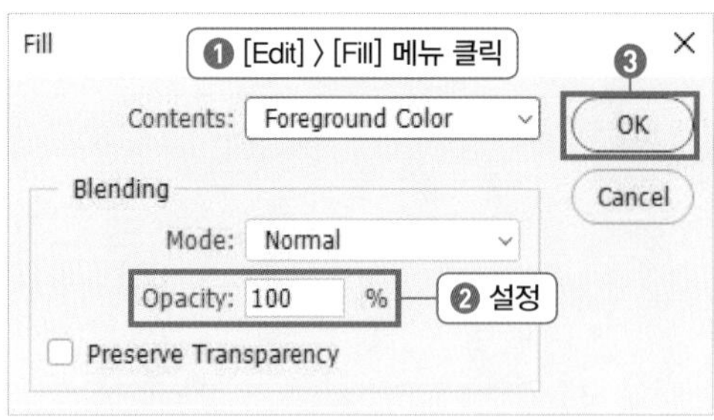


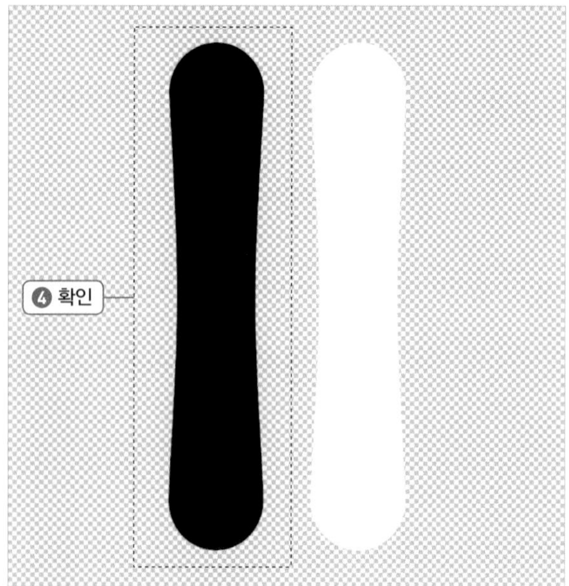


**4** 다음은 전면 보드와 합성할 이미지를 불러오기 위해 [File] 〉 [Place Embedded] 메뉴를 클릭하고 [Place Embedded] 대화상자가 나타나면 'galaxy01.jpg' 파일을 선택하고 [Place]를 클릭합니다. 불러온 이미지의 크기를 변경할 수 있도록 바운딩 박스가 표시되면 Shift를 누른 채 회전시킵니다. 그림과 같이 크기를 보드에 반 이상 차지하도록 조절합니다. Enter를 누르거나 이미지를 더블클릭하여 변형을 완료합니다.

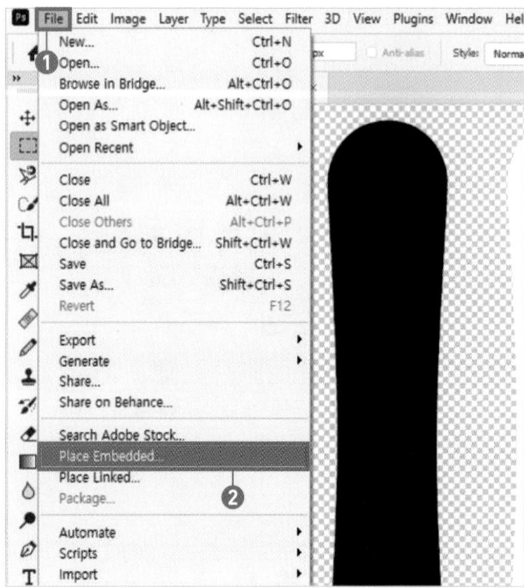


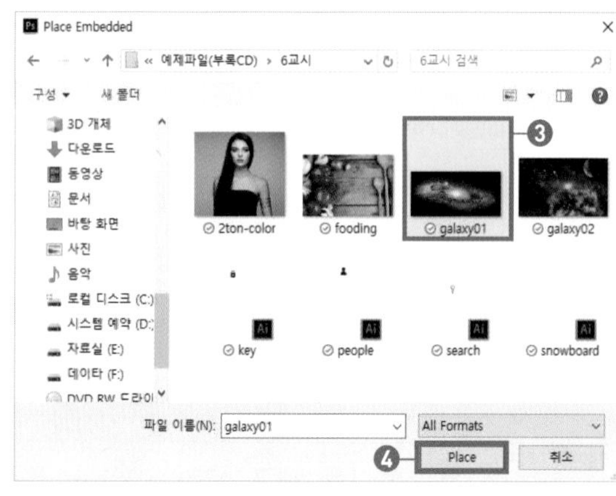

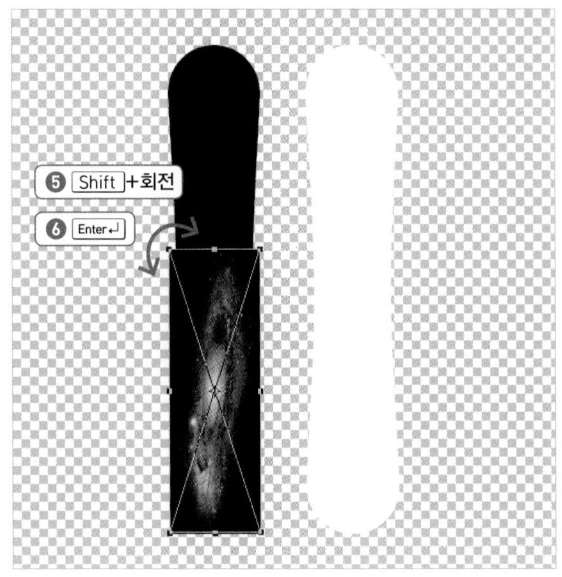


> 💡 TIP
> [Layers] 패널을 확인하면 스마트 오브젝트가 포함된 레이어가 추가된 것을 확인할 수 있습니다.

> 💡 TIP
> Place는 작업 중인 이미지 안으로 바로 파일을 불러올 수 있는 기능으로 바운딩 박스로 표시되며 회전 및 뒤틀기, 크기 조절 등 Free Transform 기능과 동일하게 이미지를 변형할 수 있습니다.

**5** 그다음 불러온 이미지를 보드 안쪽으로만 표시하기 위해 레이어 마스크를 활용하겠습니다. [Layers] 패널에서 'Layer 1' 레이어의 섬네일 부분을 Ctrl을 누른 상태로 클릭합니다. 그러면 스노보드 모양으로 선택 영역이 지정됩니다.

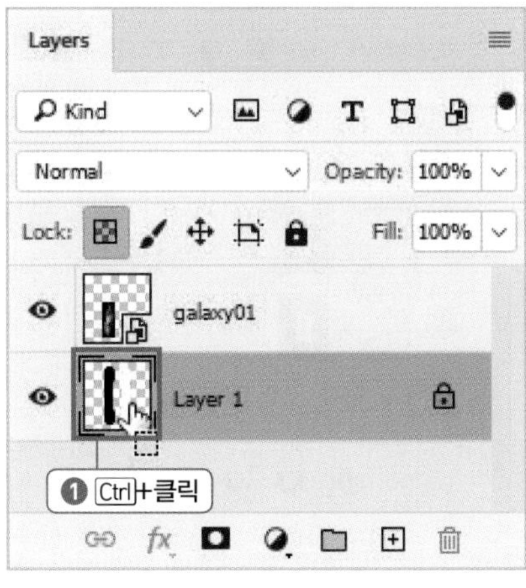


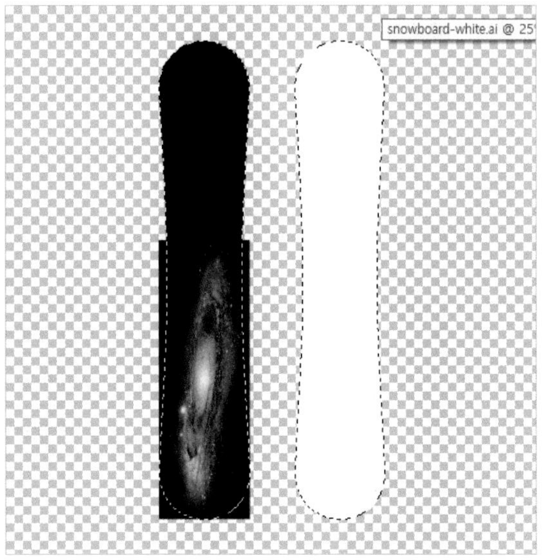


> 💡 TIP
> 일반 이미지 레이어뿐만 아니라 문자 레이어, 레이어 마스크 등 섬네일 화면을 Ctrl을 누른 채 클릭하면 커서 모양에 사각형의 선택 표시가 나타나면서 레이어의 이미지 모양대로 선택 영역을 지정할 수 있습니다.

**6** 다시 'galaxy01' 레이어를 선택한 후 [Layers] 패널에서 [Add a mask]( )를 클릭합니다. 그러면 지정된 선택 영역으로 마스크가 적용되어 스노보드 내에 포함된 이미지만 보이게 됩니다.

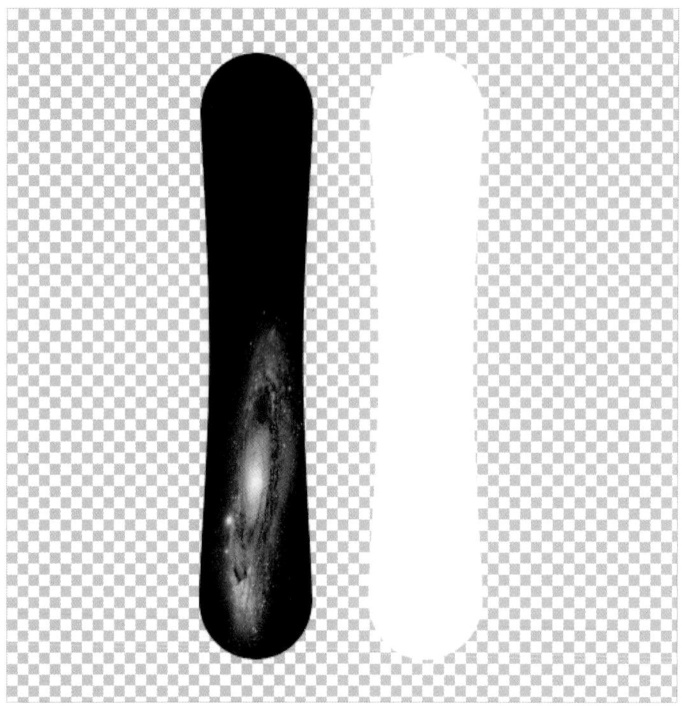

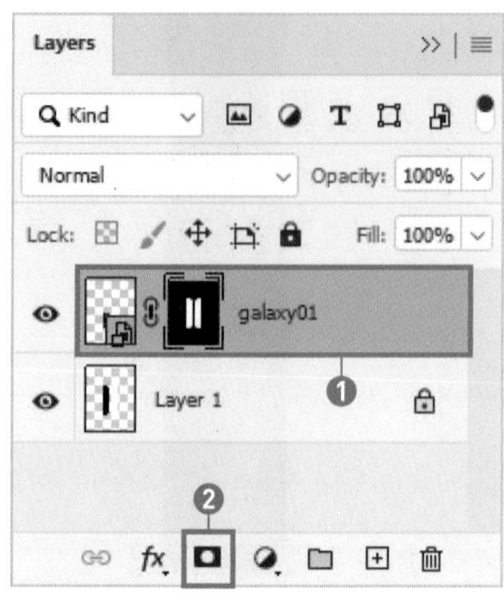


**7** 동일한 방법으로 'galaxy02' 파일도 불러온 후 다음과 같이 적용합니다.

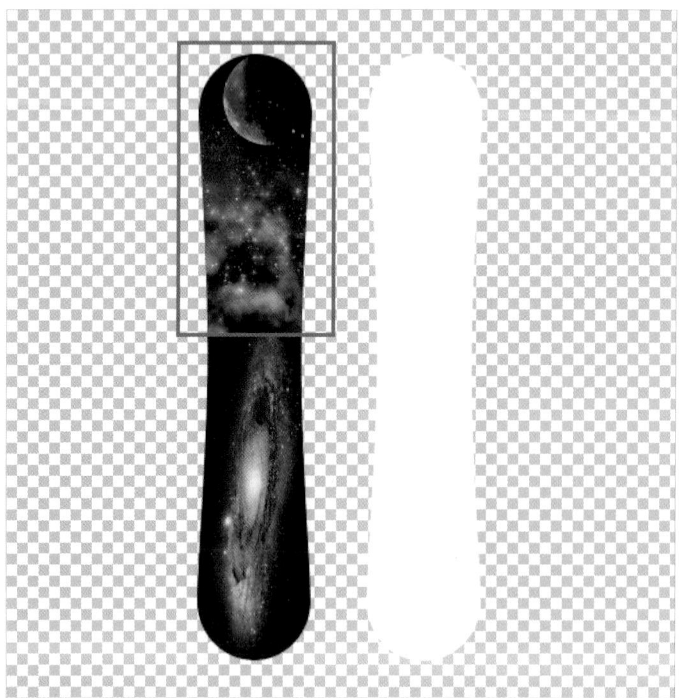

**8** 두 이미지 경계선 영역을 자연스럽게 편집하기 위해 툴 패널에서 [Brush Tool]( )을 선택하고 전경색은 '검은색'을 선택합니다. 브러시의 모양을 부드러운 형태로 선택하고 레이어 마스크 모드에서 경계선 부분을 가볍게 드로잉하여 연결이 자연스럽게 되도록 수정합니다.

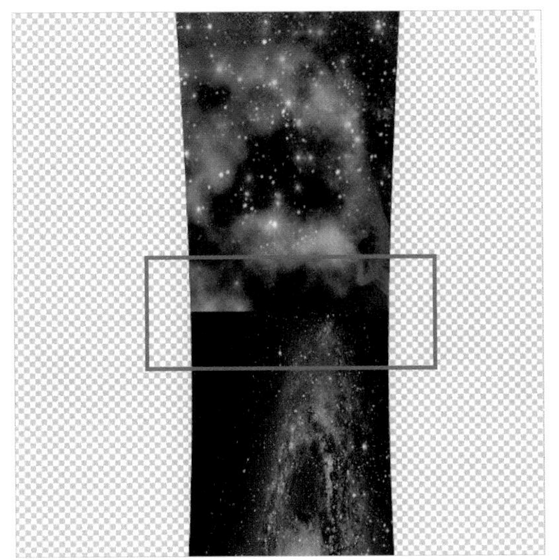

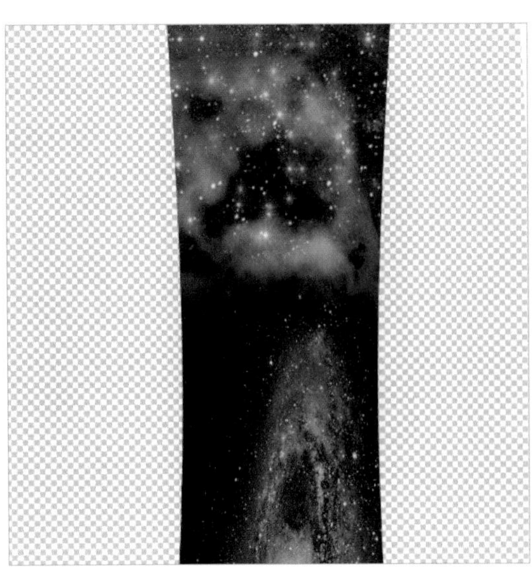

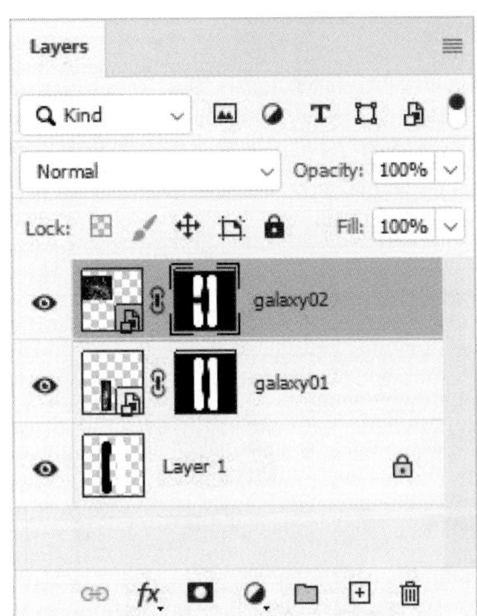


### TIP

레이어 마스크를 통해 스노보드 크기에 맞게 이미지 합성을 완료한 후 다시 이미지를 좀 더 좋은 위치로 변경하거나 크기를 변경 또는, 회전할 경우 레이어 마스크 섬네일의 영역도 같이 연결되어 있어 모양이 틀어지게 됩니다. 만약 레이어 마스크 영역은 그대로 유지한 채 이미지만 형태를 변경하려면 레이어 섬네일과 레이어 마스크 섬네일 중간에 링크(Indicates layer mask is linked to layer) 아이콘을 클릭하여 잠시 꺼두고 편집하면 됩니다.

**9** 다음은 스노보드의 후면 디자인을 작업해보겠습니다. 'Layer 1' 레이어를 선택하고 툴 패널에서 [Rectangular Marquee Tool]( )을 클릭하고 선택 영역을 지정한 후 전면에 작업했던 방법과 동일하게 레이어의 투명한 영역을 잠급니다. 'Layer 1' 레이어는 선택하고 [Swatches] 패널에서 'Pure Red' 색상을 선택하고 그림과 같이 채워줍니다.

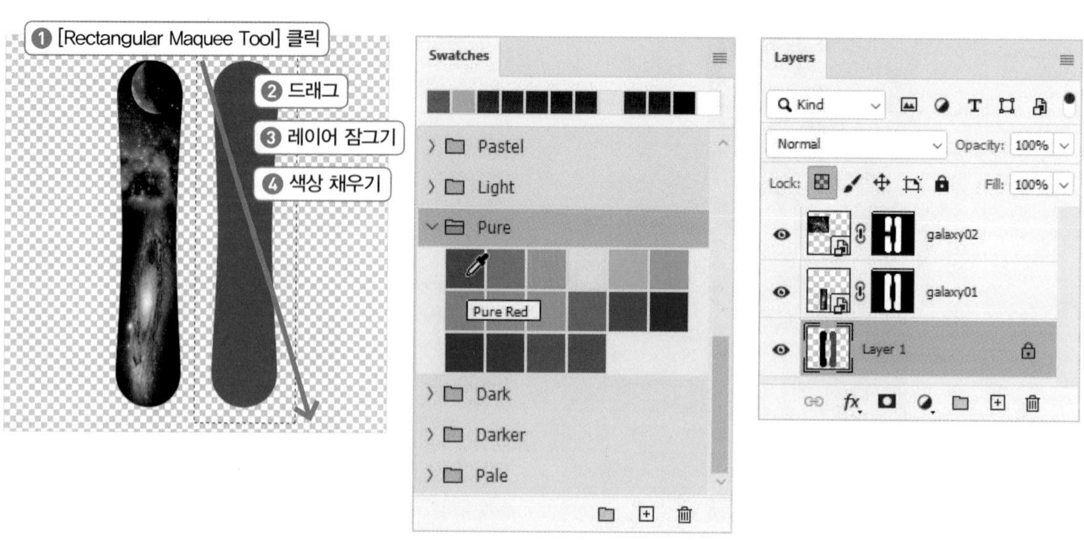


**10** 다음은 디자인에 사용할 문자를 입력해보겠습니다. 툴 패널에서 [Horizontal Text Tool]( T )을 클릭하고 'GALAXY'를 입력합니다. 서체는 'Arial'를 선택하고 문자의 스타일은 [Character] 패널에서 그림과 같이 설정합니다.

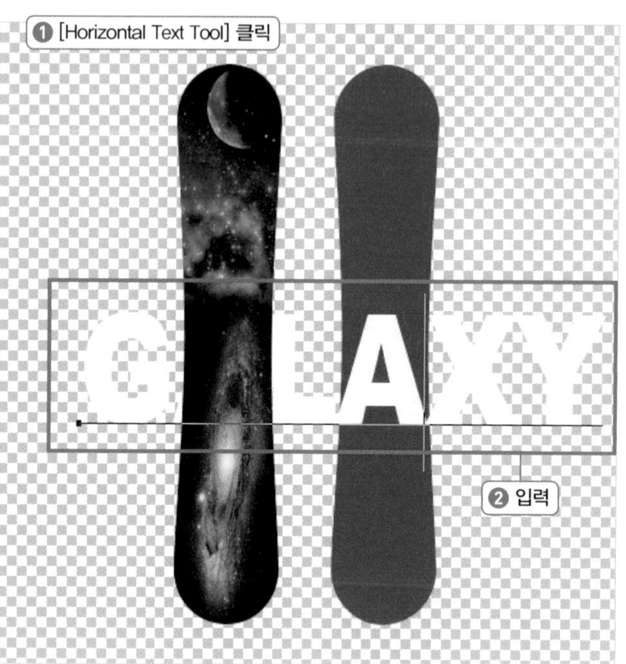


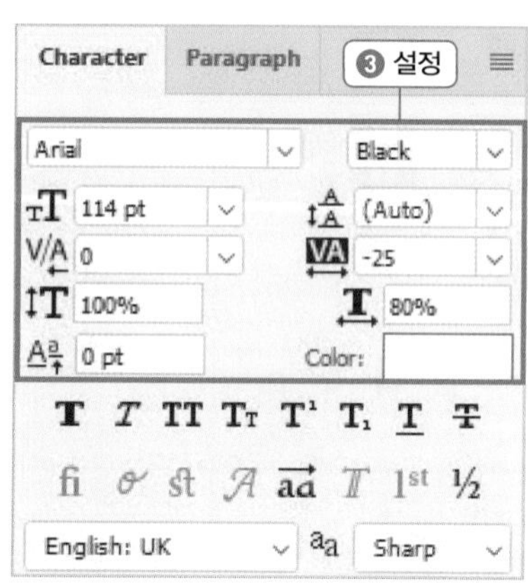

**11** Ctrl+T를 눌러 Free Transform 기능을 실행하고 시계 반대 방향으로 90도 회전시킵니다. 그림과 같이 문자가 스노보드를 살짝 넘어가도록 크기를 조정합니다.

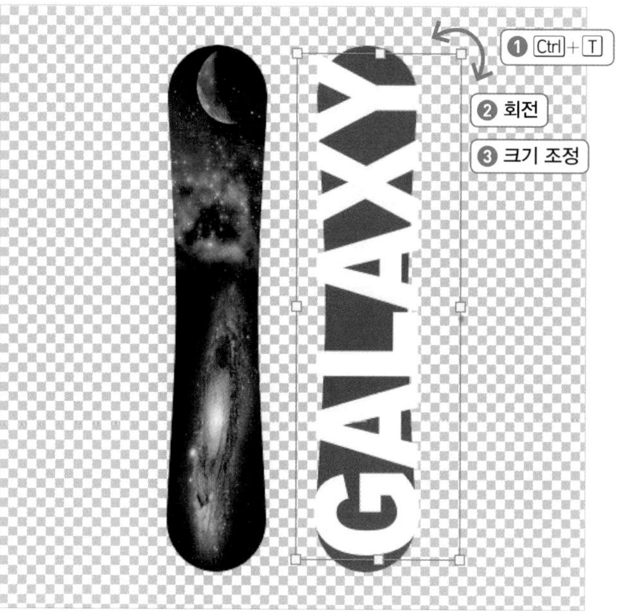


**12** 벗어난 문자 부분을 가려주기 위해 'GALAXY' 문자 레이어를 선택하고 Ctrl을 누른 채 'Layer 1' 레이어의 섬네일을 클릭하여 선택 영역을 지정합니다. 그다음 [Layers] 패널에서 [Add a mask]( )를 클릭합니다.

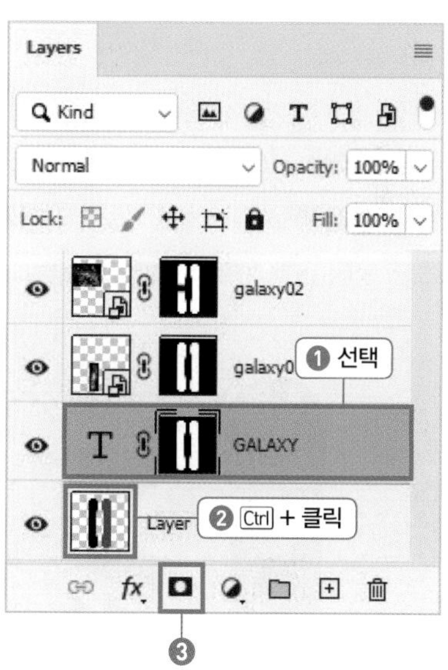

**13** 다음은 문자의 입체감 효과를 적용해보겠습니다. [Layers] 패널에서 [Add a layer style]( fx )을 클릭한 후 [Outer Glow]를 선택합니다. [Layer Style] 대화상자가 나타나면 그림과 같이 [Blend Mode]는 'Nomal', [Opacity] : '6%', 색상은 '검은색', [Technique] : 'Softer', [Spread] : '10%', [Size] : '60px' 정도로 설정합니다.

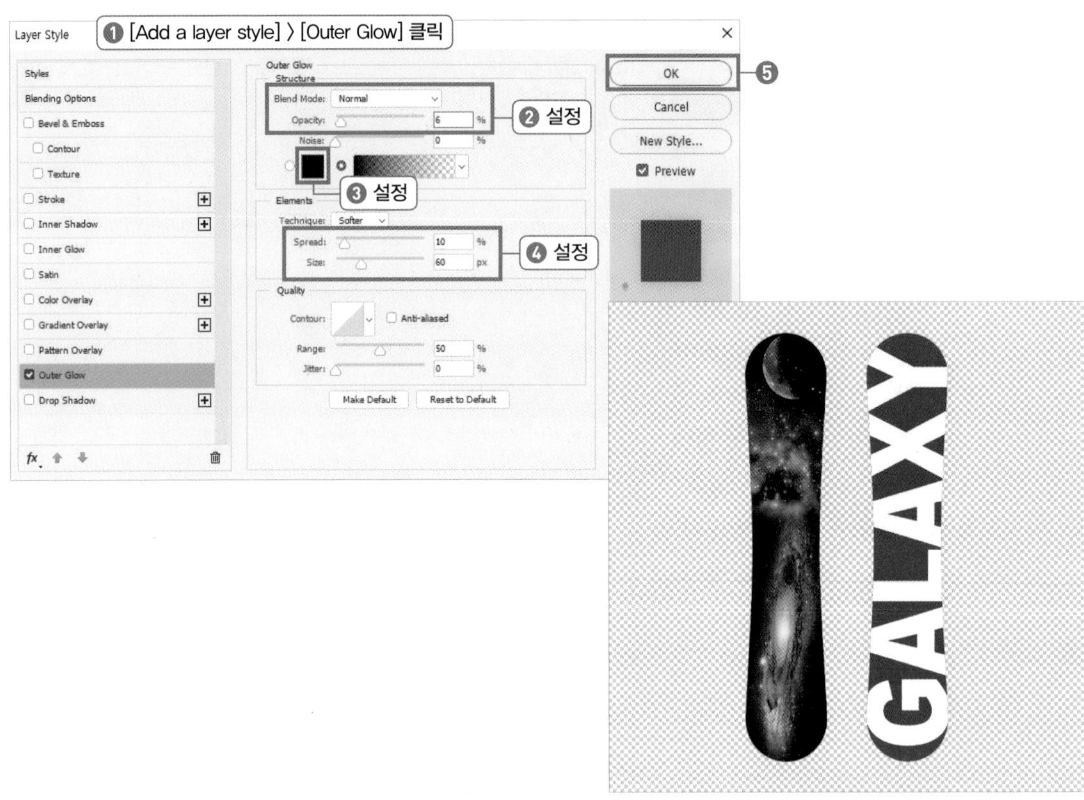


**14** 문자 영역에 이미지를 삽입하여 조금은 심심한 디자인에 변화를 주겠습니다. 툴 패널에서 [Magic Wand Tool]( )을 클릭하고 옵션 바에서 [Sample All Layers]( Sample All Layers )를 체크합니다. 그다음 두 번째 'A' 영역을 클릭하여 선택 영역을 지정합니다.

**TIP**

[Sample All Layers]를 체크하면 여러 장의 레이어로 구성된 작업 화면을 하나의 화면으로 인식하여 선택 영역을 지정할 수 있습니다.

**15** 스마트 오브젝트인 'galaxy02' 레이어 섬네일을 더블클릭하여 원본 이미지를 불러온 후 [Rectangular Marquee Tool]( )로 그림과 같이 일부 영역을 선택하고 복사(Ctrl+C)합니다.

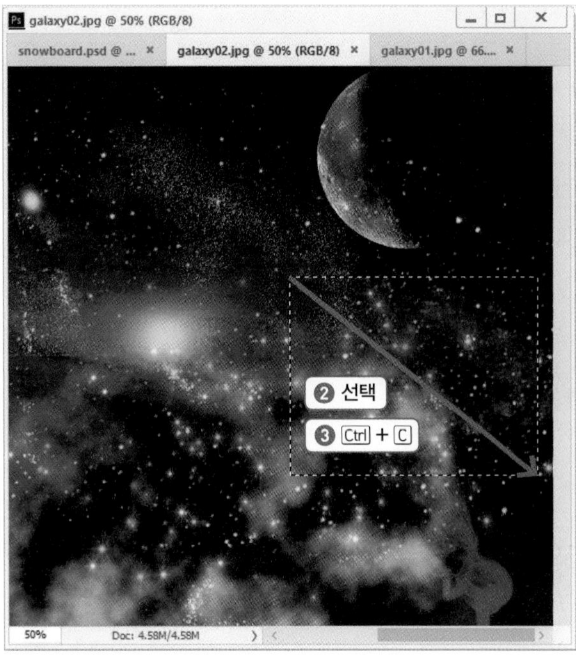


> **MEMO 스마트 오브젝트 레이어**
>
> Place 명령어로 불러온 이미지는 스마트 오브젝트가 기본적으로 적용되며 스마트 오브젝트 레이어의 경우 원본 이미지를 포함하고 있어 다른 도큐먼트로 바로 확인할 수 있습니다.

**16** 다시 스노보드 작업 화면으로 전환한 후 [Edit] 〉 [Paste Special] 〉 [Paste Into] 메뉴를 클릭합니다. 그러면 문자 모양의 선택 영역에 이미지가 복사되어 들어간 것을 확인할 수 있습니다.

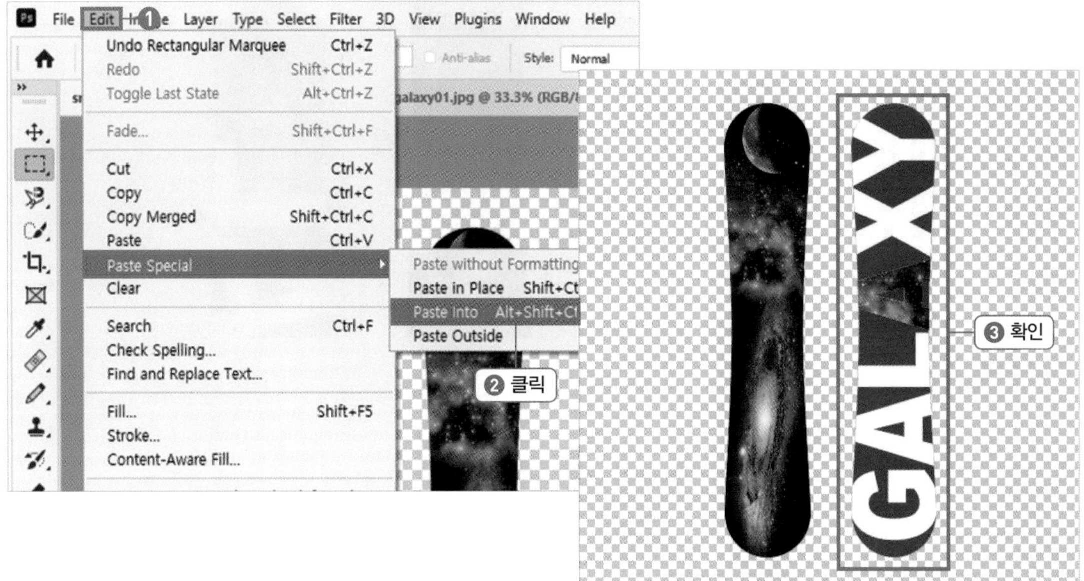

**MEMO** Paste Into 기능

선택된 영역 안으로만 복사되어 표시되는 기능으로 레이어를 확인하면 레이어 마스크 모드가 적용된 것을 알 수 있습니다.

**17** 다음은 스노보드 끝부분의 하이라이트 효과를 표현하는 작업입니다. 스노보드 부분만 페인팅을 하기 위해 먼저 [Layers] 패널에서 [Create a new layer]( )를 클릭하여 새로운 레이어를 맨 위쪽에 추가합니다. 그다음 'Layer 1' 레이어의 섬네일을 Ctrl을 누른 채 클릭하여 스노보드 전체 모양의 선택 영역을 설정한 후 [Add a mask]를 클릭하여 레이어 마스크를 설정합니다. 그다음 툴 패널에서 [Rectangular Marquee Tool]( )을 선택하여 그림과 같이 전면 스노보드의 위쪽 영역을 선택합니다.

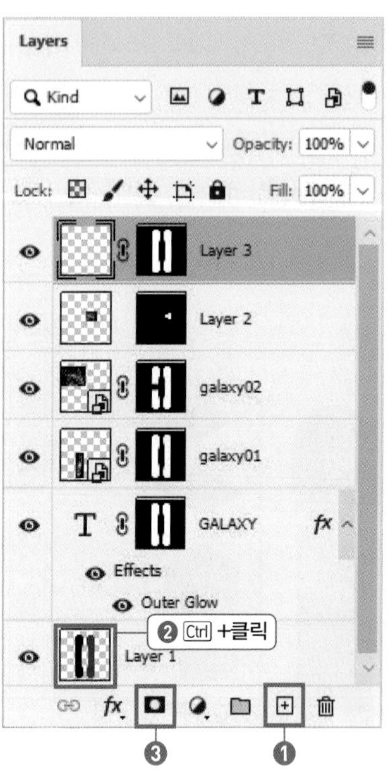


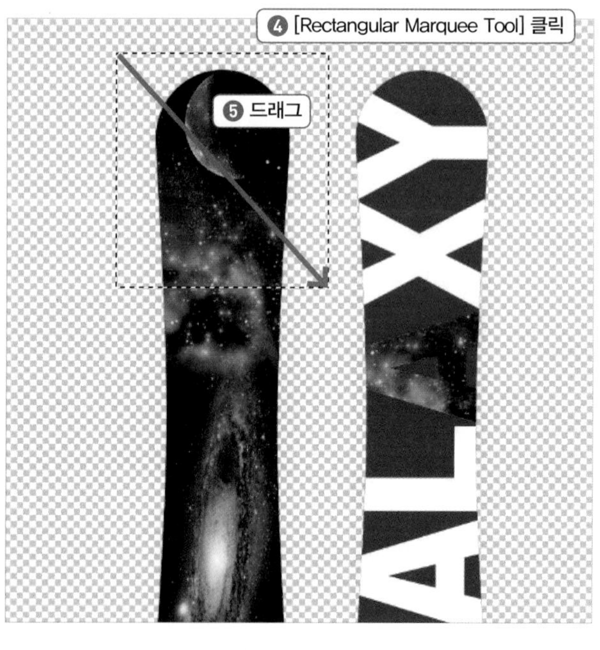

**18** 음영 표시를 하기 위해 툴 패널에서 [Gradient Tool]( )을 클릭하고 옵션 바에서 [Click to edit the gradient]( )를 클릭합니다. 그다음 [Gradient Editor] 대화상자가 나타나면 좌우 [Opacity Stop]의 불투명도를 '0%'로 설정하고 중간에 [Opacity Stop]을 추가하여 불투명도 '50%'로 설정합니다. 또한 좌우 [Color Stop]의 색상을 '흰색'으로 지정하고 중간에 추가한 [Color Stop]도 '흰색'으로 지정합니다. 설정이 완료되면 [OK]를 클릭합니다.

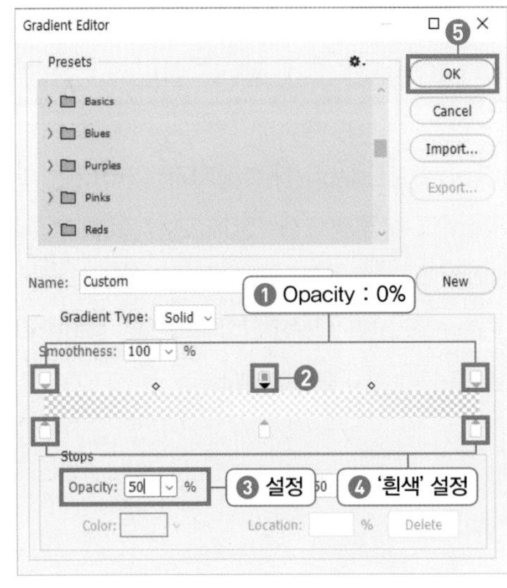


**19** 그림과 같이 끝에 하이라이트 영역을 Shift 를 누른 채 세로 방향으로 드래그하여 그라데이션을 적용합니다.

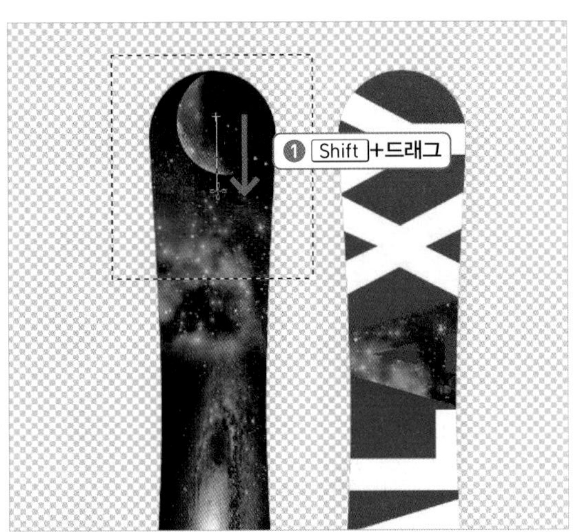


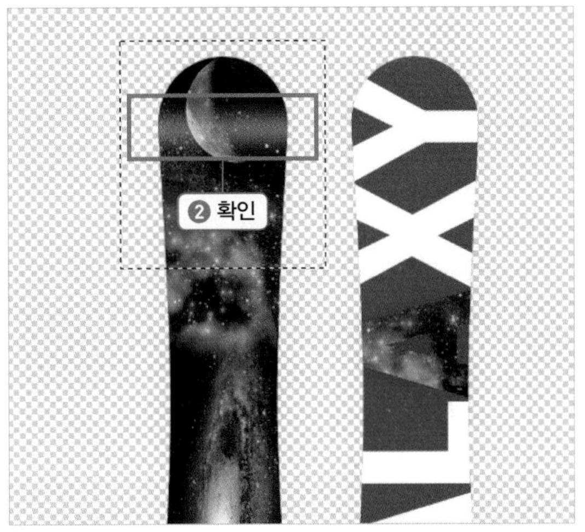


**20** 동일한 방법으로 스노보드의 아랫부분도 그라데이션을 적용합니다.

**21** 다음은 스노보드 후면에 명암 효과를 적용해보겠습니다. [Gradient Tool]( )을 클릭하고 옵션 바에서 [Click to edit the gradient]( )를 클릭합니다. 그다음 [Gradient Editor] 대화상자가 나타나면 좌측 [Opacity Stop]의 불투명도를 '50%'로 적용하고 우측 [Opacity Stop]의 불투명도는 '0%'로 설정합니다. 그리고 좌우 [Color Stop]의 색상은 '검은색'으로 설정합니다. 설정이 완료되면 [OK]를 클릭합니다.

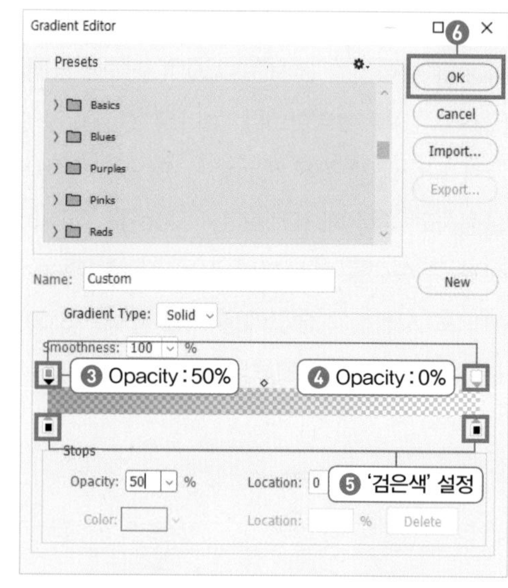


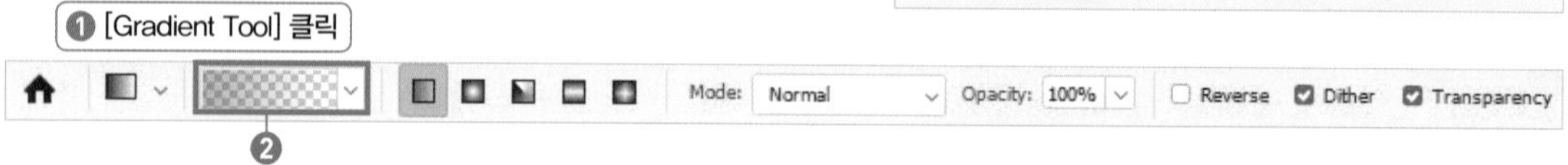


**22** 동일한 방법으로 영역을 지정한 후 Shift 를 누른 채 위에서 아래쪽을 드래그하여 설정한 그라데이션을 적용합니다.

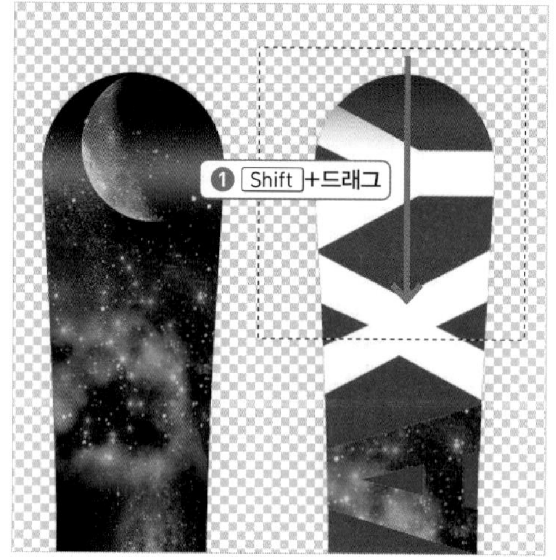


**23** 아랫부분도 동일하게 적용하여 명암 효과를 완성하고 모든 작업을 완료합니다.

# 서울 국제 마라톤 포스터 만들기

## Layer Mask(레이어 마스크), Posterize(포스터화), Gradient Map(그레이디언트 맵)

다음 예제는 여러 개의 이미지를 합성하여 만든 포스터입니다. 포토샵에서 이미지를 합성하는 방법은 다양하지만, 수정과 편집을 유연하게 할 수 있는 레이어 마스크 모드를 가장 많이 사용됩니다. 또한 이미지의 명암 톤의 단계를 조절하고 다른 색상으로 변경하는 방법에 대해 확인해보겠습니다.

[**예제 파일** : PART 01 Photoshop/6교시/seoul01, seoul02, seoul03.jpg
**완성 파일** : PART 01 Photoshop/6교시/Seoul Maraton.psd]

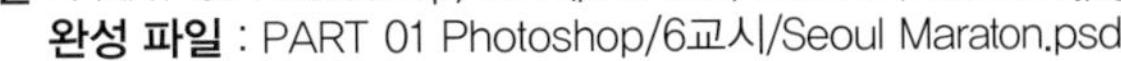

### 학습과제

다양한 합성 작업으로 포스터를 완성해보겠습니다.

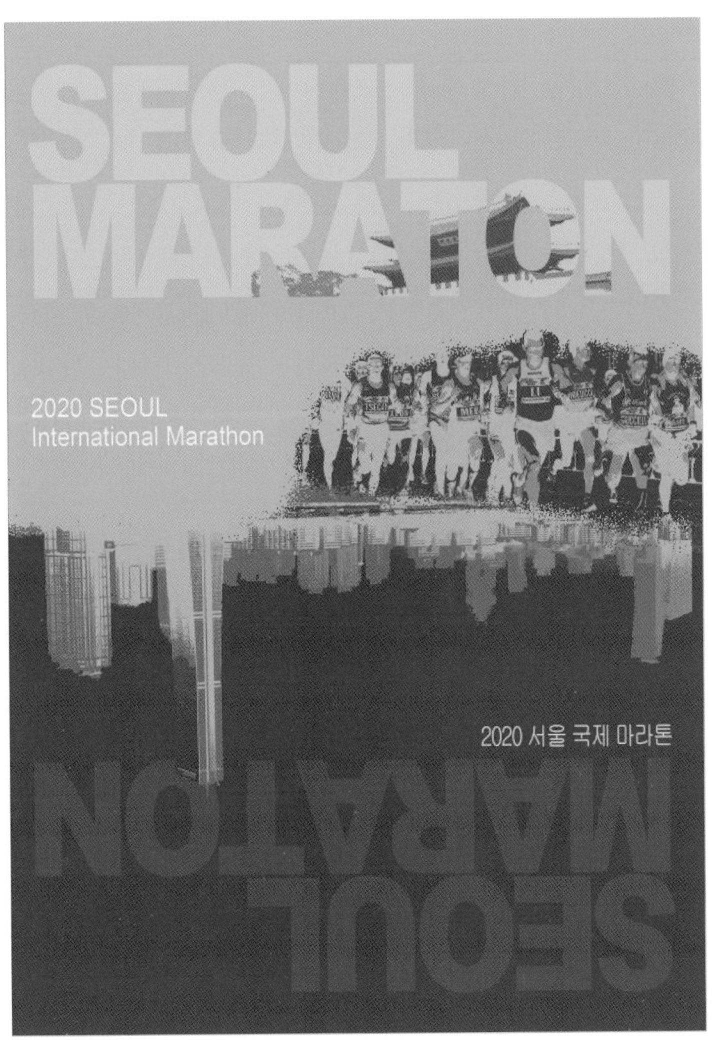

**1** 새로운 도큐먼트를 만들어서 시작해보겠습니다. [File] > [New] 메뉴를 클릭하고 [New Document] 대화상자가 나타나면 [Print] 탭의 프리셋에서 A4 사이즈를 선택하고 도큐먼트의 이름을 'Seoul Maraton'으로 입력한 후 [Create]를 클릭합니다.

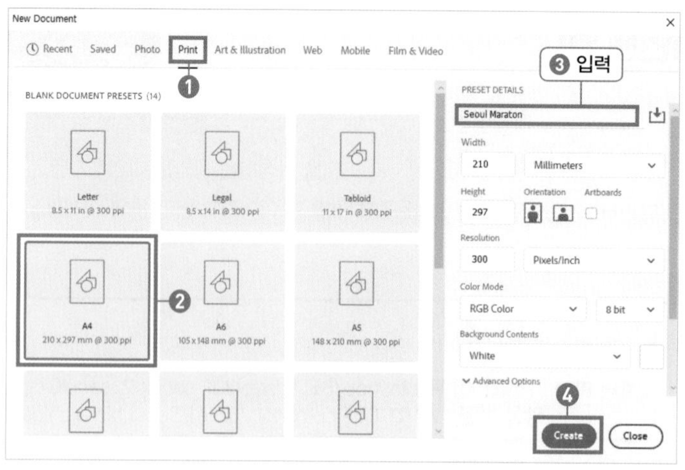

**TIP**

[New Document] 대화상자는 다양한 분야에서 사용하는 표준 규격의 프리셋을 제공합니다.

**2** 먼저 배경에 색상을 채워보겠습니다. 툴 패널에서 [Rectangular Marquee Tool]( )을 클릭하고 중간 지점까지만 드래그하여 선택 영역을 지정합니다.

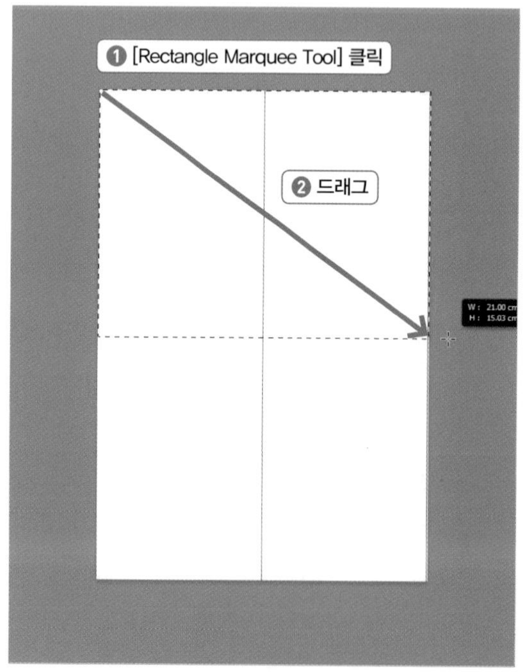


**TIP**

중간 지점까지 선택 영역을 설정하기 위해 선택 영역 지정 시 표시되는 정보 창을 보면 대략 알 수 있다. A4 사이즈의 가로×세로 길이가 21cm×29.7cm이므로 29.7cm의 반은 14.85일 때입니다. 또는 [View] 메뉴의 [Rulers]를 활성화하고 가이드 선을 이용하여 측정할 수 있습니다.

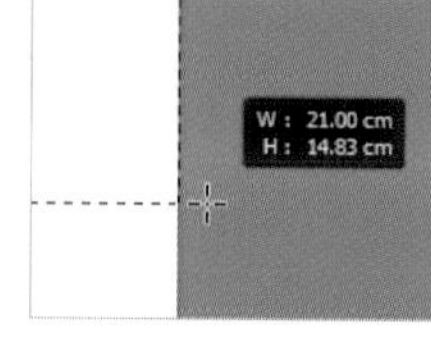

**3** 그다음 전경색을 클릭하고 [Color Picker] 대화상자에서 연두색(#8fc31f)으로 설정한 후 [OK]를 클릭합니다. 그리고 Alt+Delete를 눌러 전경색을 선택 영역에 채워줍니다.

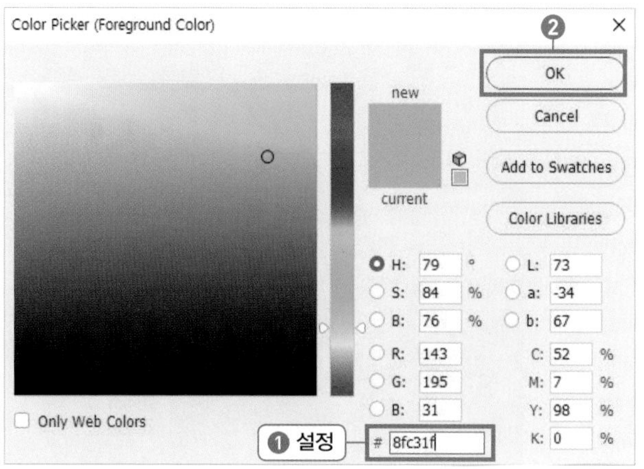

**TIP**

Alt+Delete는 [Edit] 〉 [Fill] 메뉴의 기능을 빠르게 사용할 수 있는 단축키로 전경색을 채워줍니다. 반대로, Ctrl+Delete는 배경색을 채워주는 단축키입니다. 많이 사용하는 단축키로 꼭 알아두어야 합니다.

**4** 다음은 아래 영역에 색상을 채워보겠습니다. [Select] 〉 [Inverse] 메뉴를 클릭하여 선택 영역을 반전한 후 전경색의 색상을 파란색(#1624dc)으로 설정하고 Alt+Delete를 눌러 색상을 채워줍니다.

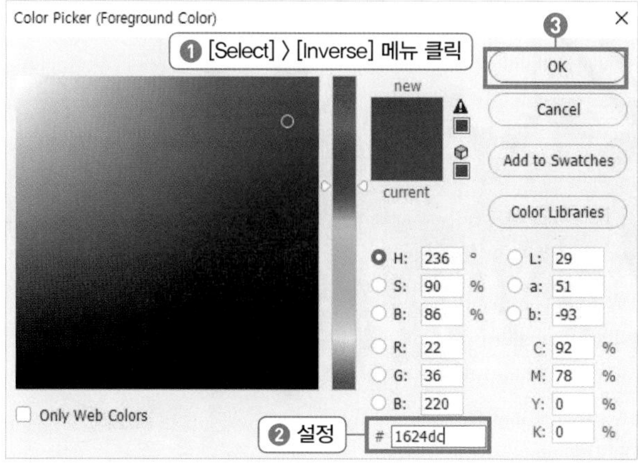

**5** 합성할 이미지를 불러와 보겠습니다. [File] 〉 [Place Embedded] 메뉴를 클릭하고 'seoul03.jpg' 파일을 불러옵니다. 그림과 같이 이미지의 크기 및 위치를 조절합니다.

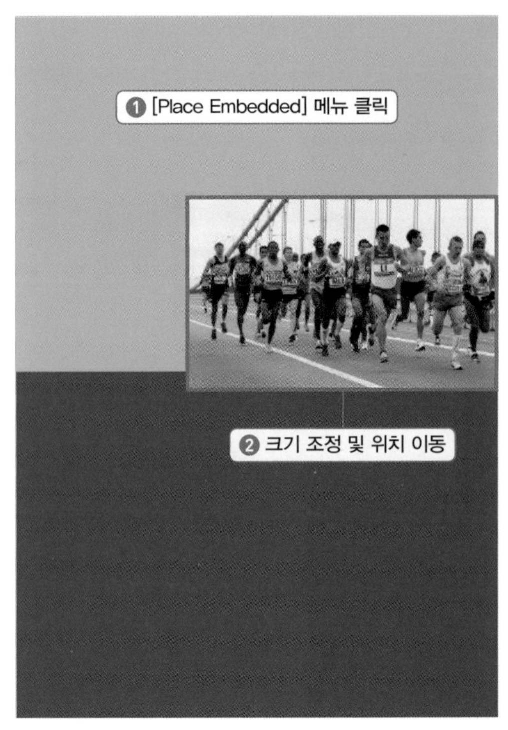


**6** 다음 작업은 이미지의 명암 톤의 단계를 단순화시키는 과정입니다. [Image] 〉 [Adjustments] 〉 [Posterize] 메뉴를 클릭하고 [Posterize] 대화상자에서 [Levels]를 '2'로 설정합니다. 그러면 이미지의 디테일 및 색상 단계가 단순해집니다.

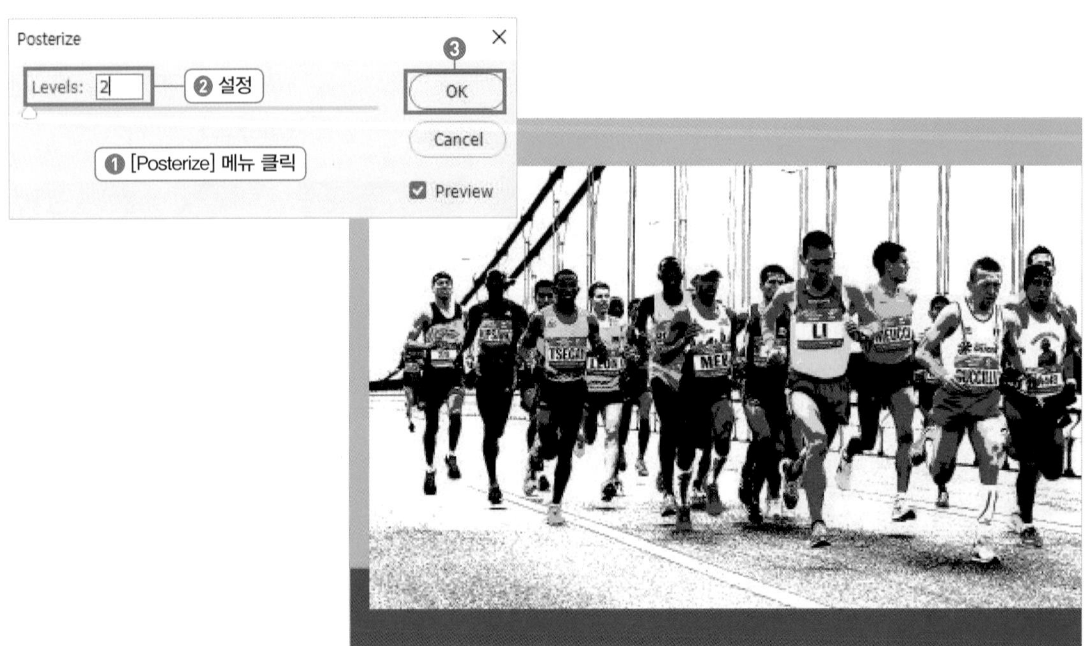

**7** 다음은 이미지를 투톤으로 변경해보겠습니다. [Image] 〉 [Adjustments] 〉 [Gradient Map] 메뉴를 클릭합니다. [Gradient Map] 대화상자가 나타나면 그라데이션 바를 클릭합니다.

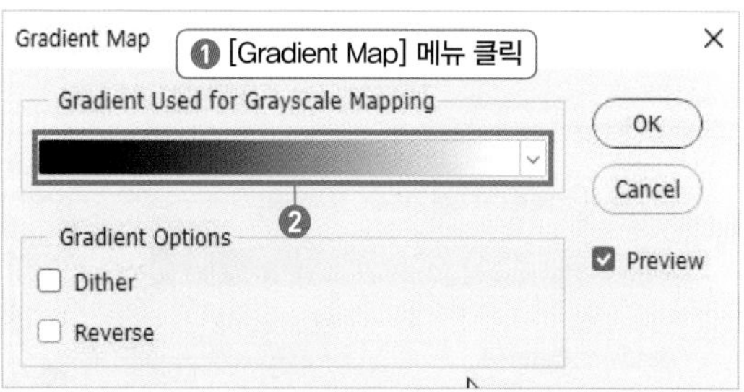


**8** [Gradient Editor] 대화상자가 나타나면 왼쪽의 [Color Stop] 색상을 연두색(#8fc31f), 오른쪽 [Color Stop] 색상을 파란색(#1624dc)으로 설정합니다.

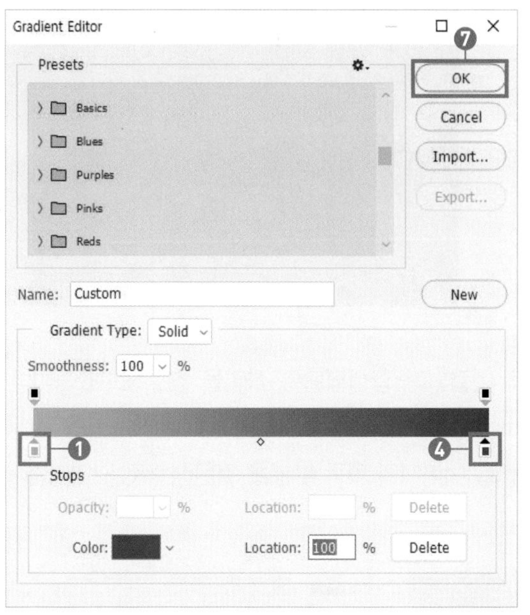


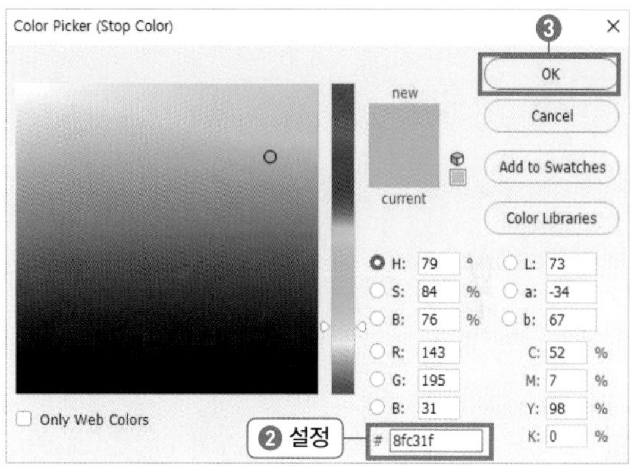

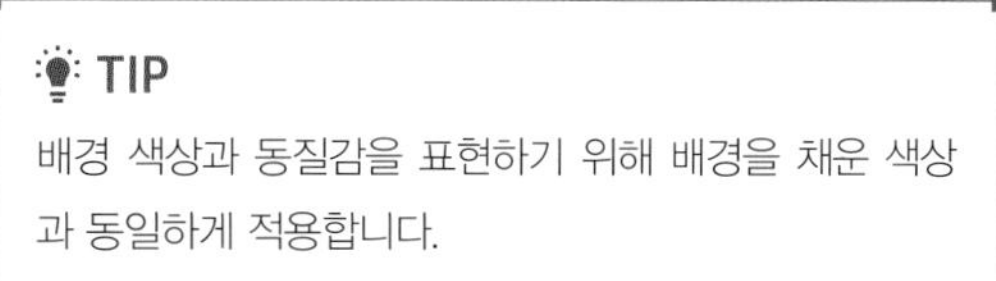

TIP

배경 색상과 동질감을 표현하기 위해 배경을 채운 색상과 동일하게 적용합니다.

**9** 이미지에 [Gradient Map]을 적용하면 그림과 같이 배경에 색상 톤과 동일하게 변경됩니다.

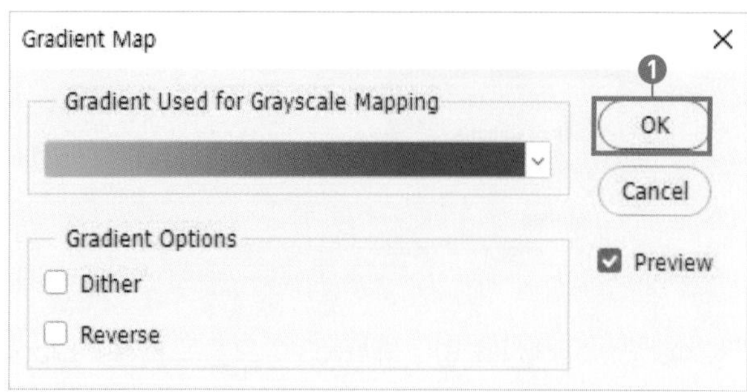


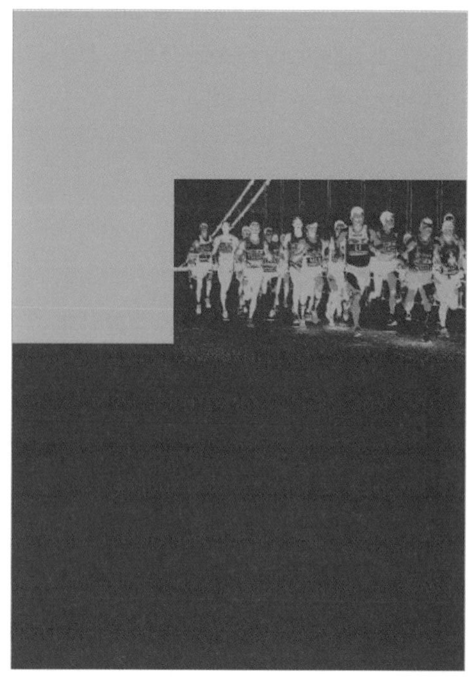

**10** 다음은 마라톤 선수들의 모습이 배경과 자연스럽게 연결되어 합성되도록 작업을 진행해보겠습니다. [Layers] 패널에서 'seoul03' 레이어를 선택하고 [Add a mask]( )를 클릭하여 레이어 마스크 모드를 적용합니다. 툴 패널에서 [Brush Tool]( )을 클릭하고 숨겨야 할 이미지의 외곽 부분을 검은색으로 자연스럽게 연결되도록 드로잉합니다.

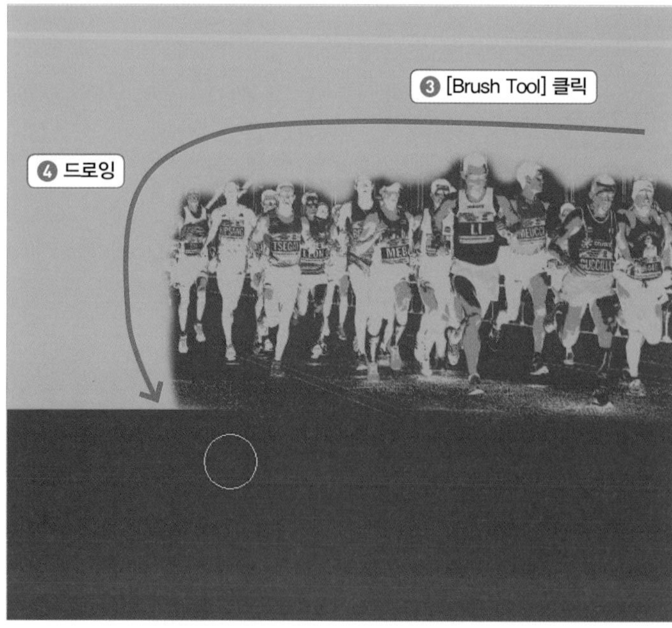


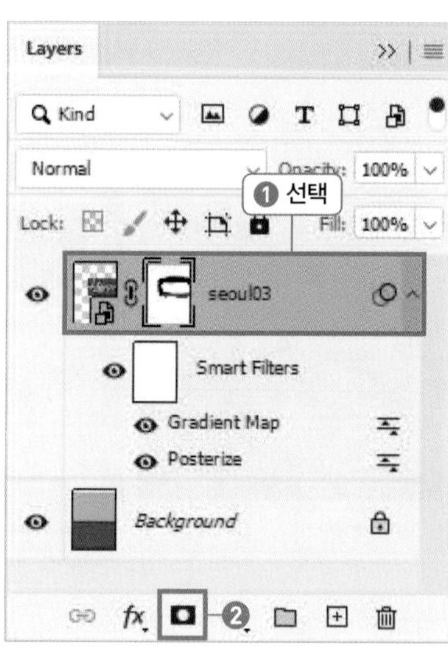

**11** 다음은 서울의 도심 이미지를 사용하여 아래쪽 영역을 디자인해보겠습니다. [File] 〉 [Place Embedded] 메뉴를 클릭하고 'seoul02.jpg' 파일을 불러온 후 그림과 같이 중간 지점에 위치시킵니다. 먼저 하늘 영역을 제외한 빌딩과 강 부분만 선택하기 위해 툴 패널에서 [Rectangular Marquee Tool]( )을 클릭하고 옵션 바의 [Select and Mask]를 클릭합니다. [Quick Selection Tool]( )을 클릭하여 빠르게 대략적인 영역을 지정하고 [Refine Edge Brush Tool]( )로 경계 지점의 세부적인 영역을 다듬어줍니다. [Output Settings]를 'Selection'으로 설정한 후 [OK]를 클릭하여 적용합니다.

❹ 옵션 바에서 [Select and Mask] 클릭

> **TIP**
> [Quick Selection Tool]만의 기능으로도 충분히 선택할 수 있지만 [Select and Mask]를 활용하면 [Refine Edge Brush Tool]을 사용할 수 있어 좀 더 빠르고 정교하게 선택 영역을 지정할 수 있습니다. [Select and Mask] 기능은 선택과 관련된 툴 선택 시 옵션 바에 표시됩니다.

**12** 마찬가지로 레이어 마스크 모드를 적용하여 하늘을 숨기도록 합니다. 선택 영역이 설정된 상태에서 [Layers] 패널의 [Add a mask]( )를 클릭합니다. 그러면 선택 영역을 제외한 나머지 영역은 검은색이 자동으로 채워지면서 하늘 부분이 화면에서 숨겨집니다.

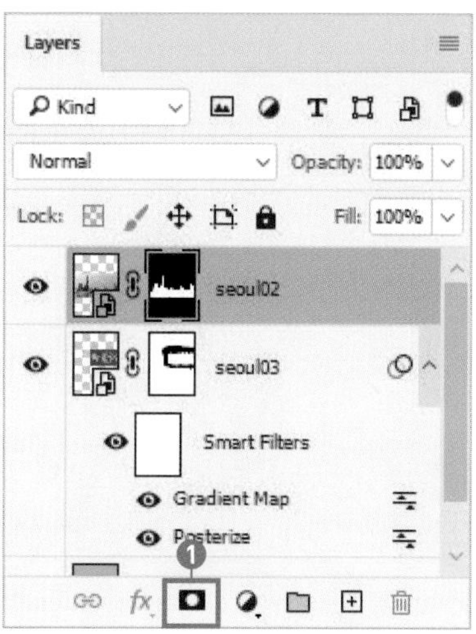

**13** 이번에는 이미지를 상하로 반전시키기 위해 [Edit] 〉 [Transform] 〉 [Flip Vertical] 메뉴를 클릭하여 적용합니다.

**14** 이미지의 톤을 단순화시키기 위해 [Image] 〉 [Adjustments] 〉 [Posterize] 메뉴를 클릭하고 [Posterize] 대화상자가 나타나면 [Levels]를 '3'으로 설정합니다.

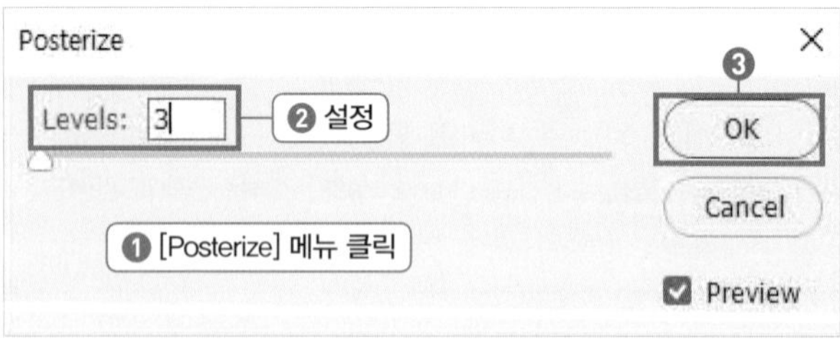


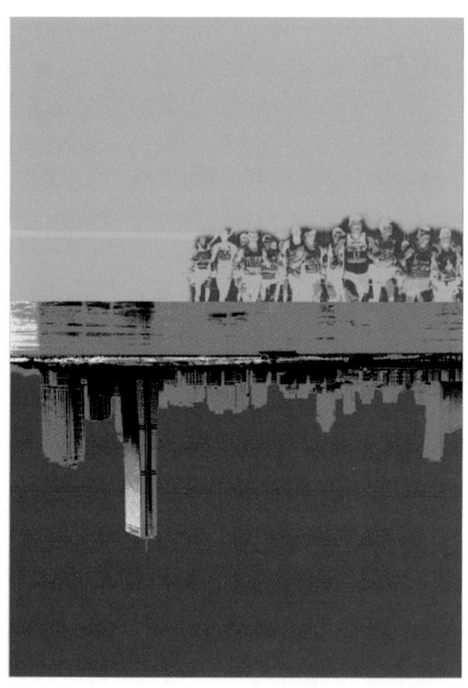

**15** 마찬가지로 투톤 색상의 이미지로 변경하기 위해 [Image] 〉 [Adjustments] 〉 [Gradient Map] 메뉴를 클릭합니다. [Gradient Map] 대화상자가 나타나면 그레이디언트 바를 클릭합니다. [Gradient Editor] 대화상자가 표시되면 왼쪽의 [Color Stop] 색상을 연두색(#8fc31f), 오른쪽 [Color Stop] 색상을 파란색(#1624dc)으로 설정하고 이미지에 적용합니다.

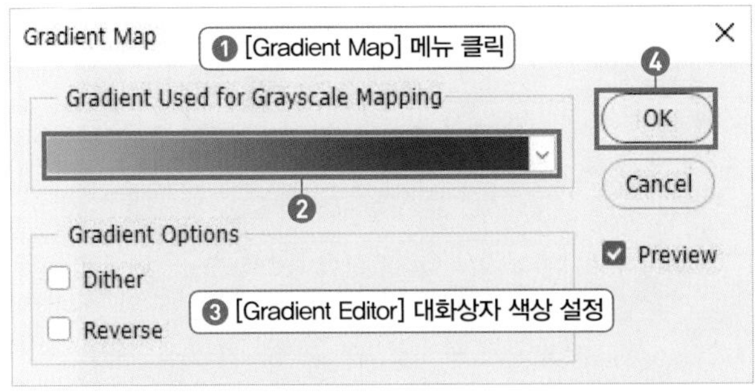

**16** [Layers] 패널에서 'seoul02' 레이어를 레이어 마스크 모드로 전환하고 [Brush Tool]( )을 선택한 후 검은색으로 그림과 같이 자연스럽게 연결되도록 불필요한 영역을 숨겨줍니다.

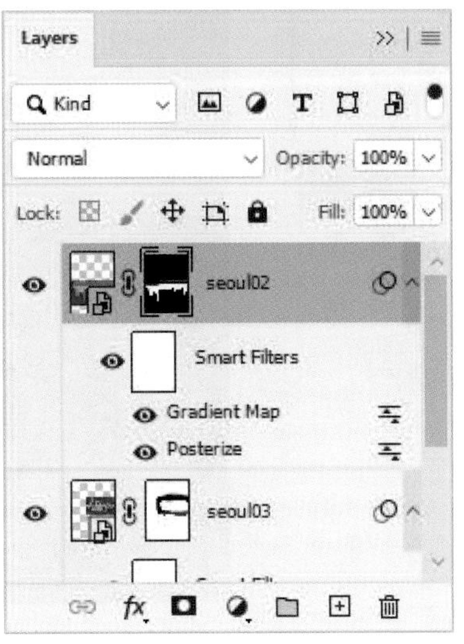

**17** 합성한 이미지의 경계 영역에 좀 더 자연스럽고 그래픽적 요소를 가미하기 위해 'seoul02', 'seoul03' 레이어의 블렌딩 모드를 'Dissolve'로 변경합니다.

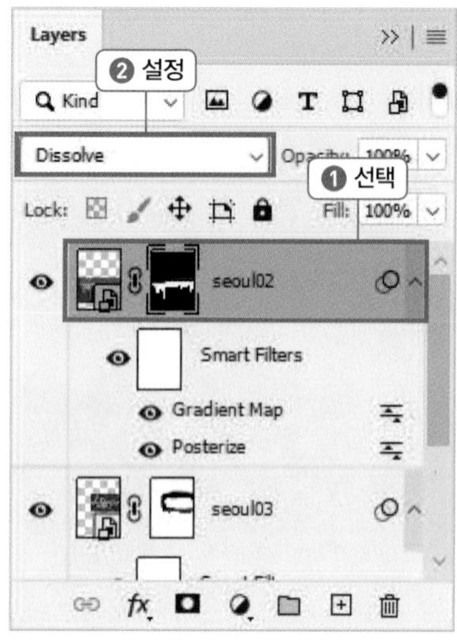

**18** 다음은 문자를 입력해보겠습니다. 문자의 색상은 배경에 적용된 연두색보다 좀 밝은 색상(#abdf3c)을 선택합니다. [Character] 패널을 참조하여 서체 및 문자의 스타일을 설정하고 'SEOUL MARATON'으로 입력합니다.

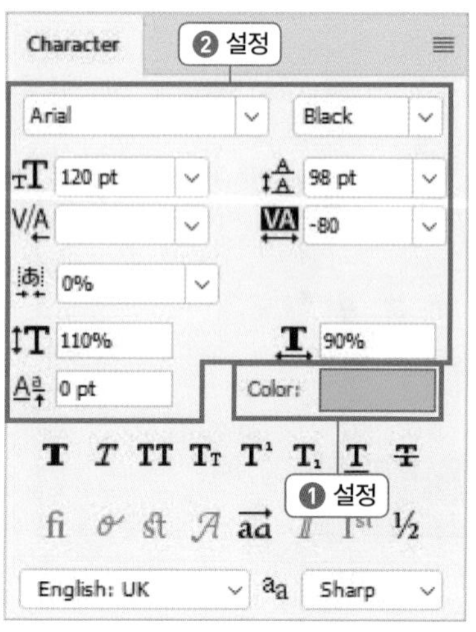


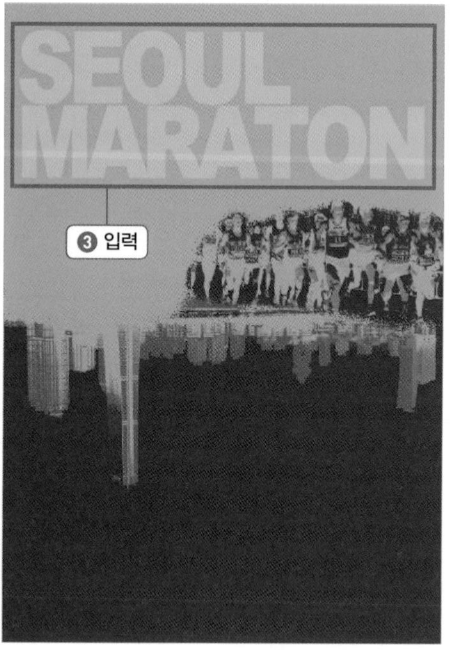

 Work Path

서체가 없는 경우 비슷한 모양으로 선택하거나 사용자 임의로 서체를 선택해도 좋습니다.

**19** 밋밋한 문자를 벗어나기 위해 문자 안쪽으로 이미지를 합성해보겠습니다. 입력한 문자 모양으로 선택 영역을 지정하기 위해 입력된 문자 레이어의 섬네일을 Ctrl을 누른 채 클릭합니다.

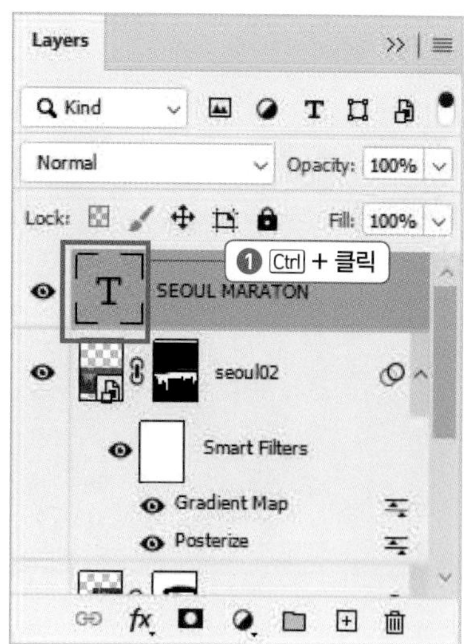


**20** 합성에 사용할 이미지를 불러오기 위해 [File] 〉 [Open] 메뉴를 클릭하고 'seoul01.jpg' 파일을 불러옵니다. [Select] 〉 [All] 메뉴를 클릭하여 이미지 전체를 선택하고 복사(Ctrl+C)합니다.

**TIP**

다른 이미지를 불러올 때 사용하였던 Place 명령을 사용하지 않고 독립적으로 파일을 따로 불러온 이유는 Place 명령으로는 문자 모양의 선택 영역 안으로 이미지를 붙여 넣을 수 없기 때문입니다.

**21** 다시 포스터 도큐먼트로 전환하고 [Edit] 〉 [Paste Special] 〉 [Paste Into] 메뉴를 클릭합니다. 그러면 문자 모양의 선택 영역 안으로만 이미지가 표시되는 것을 확인할 수 있습니다.

**MEMO** Paste Into와 레이어 마스크

선택 영역 안으로 붙여 넣어주는 기능의 Paste Into는 다음 그림에서 보듯이 복사된 이미지에 레이어 마스크가 적용된 효과라는 것을 확인할 수 있습니다.

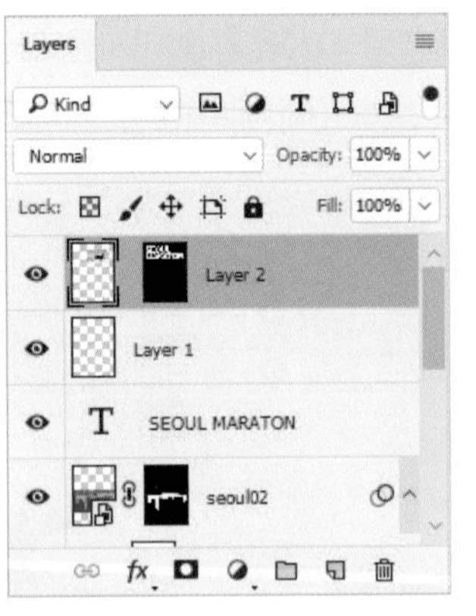


**22** 마찬가지로 문자 속에 이미지도 다른 합성 이미지와 동일하게 단순화 작업을 진행해보겠습니다. 먼저 흑백 이미지로 변경하기 위해 [Image] 〉 [Adjustments] 〉 [Desaturate] 메뉴를 클릭하여 적용합니다.

**TIP**

흑백으로 변경한 후 Posterize를 적용하면 컬러 이미지일 때보다 색상 단계를 더욱 단순화시킬 수 있습니다.

**23** [Image] 〉 [Adjustments] 〉 [Posterize] 메뉴를 클릭하고 [Posterize] 대화상자에서 [Levels]를 '3'으로 설정합니다.

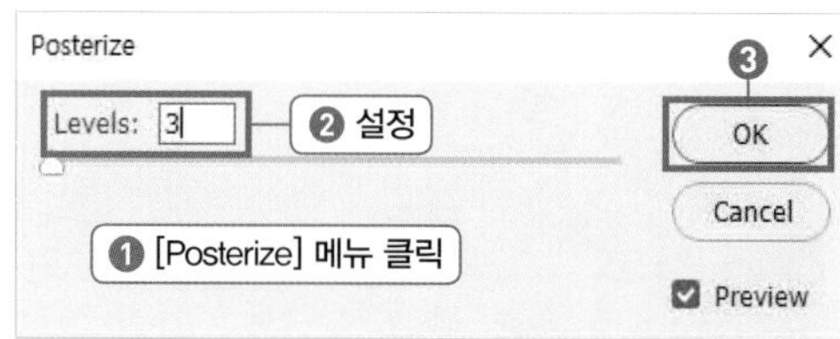

**24** 투톤 이미지로 변경하기 위해 [Image] 〉 [Adjustments] 〉 [Gradient Map] 메뉴를 클릭합니다. [Gradient Map] 대화상자가 나타나면 그레이디언트 바를 클릭합니다. [Gradient Editor] 대화상자가 나타나면 반대로 왼쪽 [Color Stop] 색상을 파란색(#1624dc), 오른쪽 [Color Stop] 색상은 연두색(#8fc31f)으로 설정하고 이미지에 적용합니다.

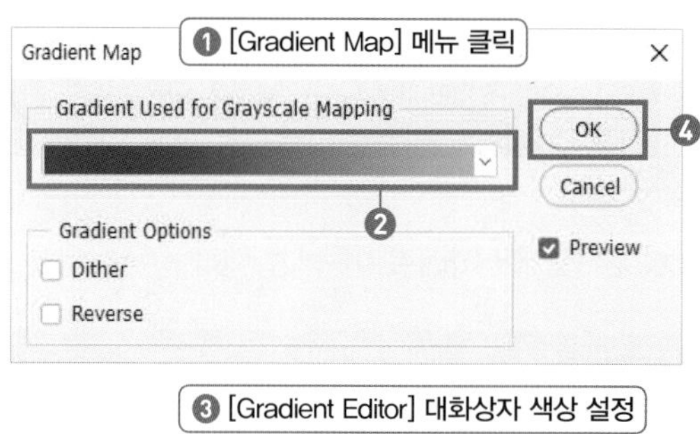


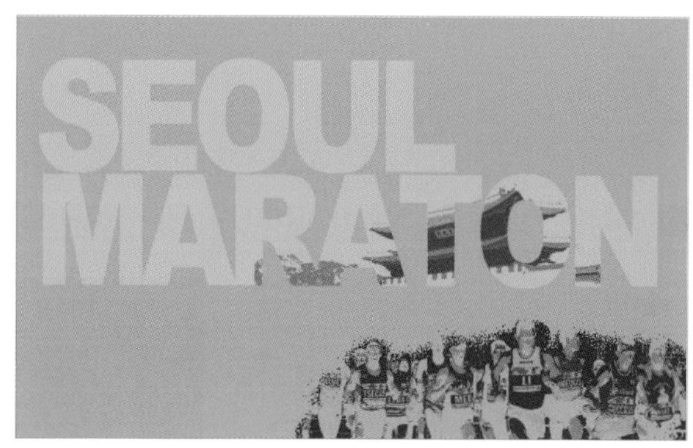


**25** 다음은 [Layers] 패널에서 'SEOUL MARATON' 문자 레이어를 [Create a new layer](⊞)로 드래그하여 복사합니다.

**26** 복사한 문자의 색상은 배경의 파란색보다 좀 더 밝은 색상(#3e49de)으로 설정하고 [Edit] 〉 [Transform] 〉 [Rotate 180°] 메뉴를 클릭하여 문자를 회전시킵니다.

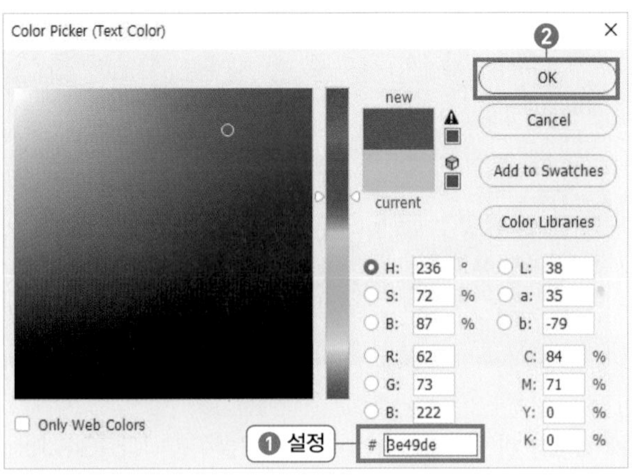


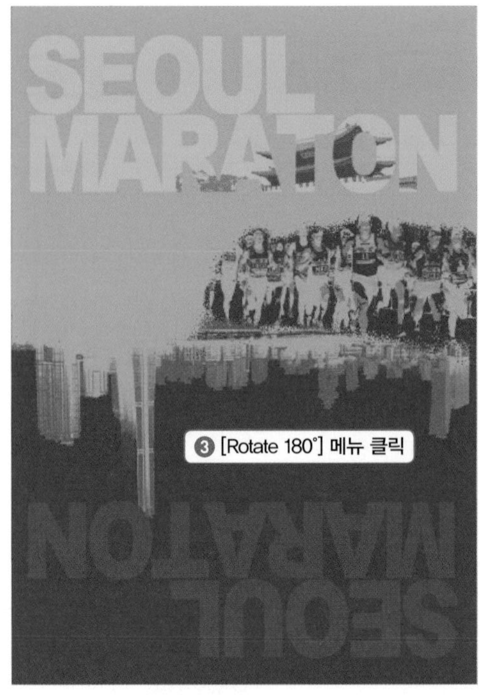


**27** 그다음 복사된 'SEOUL MARATON' 문자 레이어를 'seoul02' 레이어 아래로 이동시킵니다.

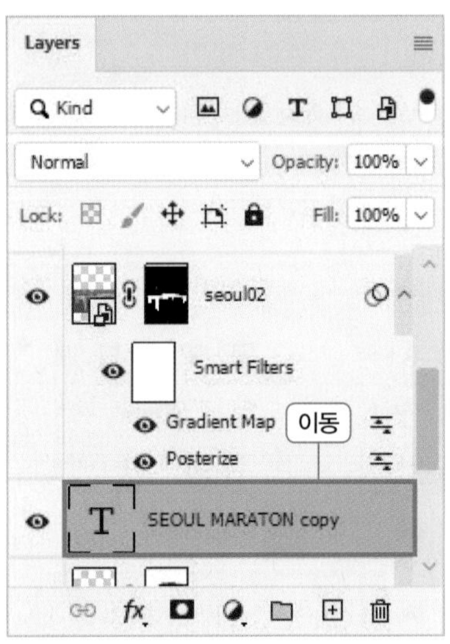

**28** 마지막으로 그림과 같이 '2020 SEOUL International Marathon'과 '2020 서울 국제 마라톤' 문구를 입력하여 포스터 작업을 완료합니다.

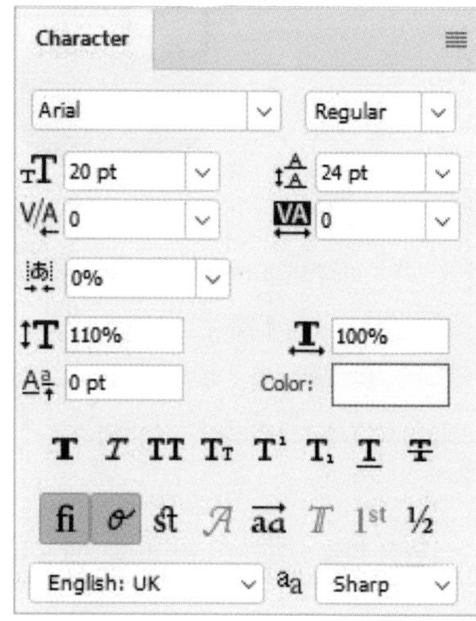


▲ '2020 Seoul International Marathon' 설정

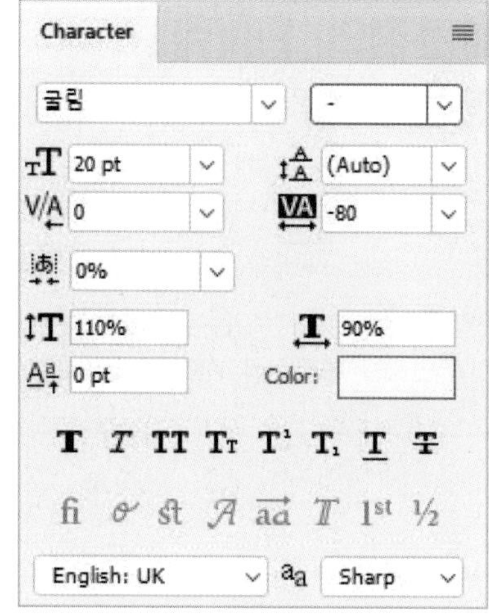


◀ '2020 국제 마라톤' 설정

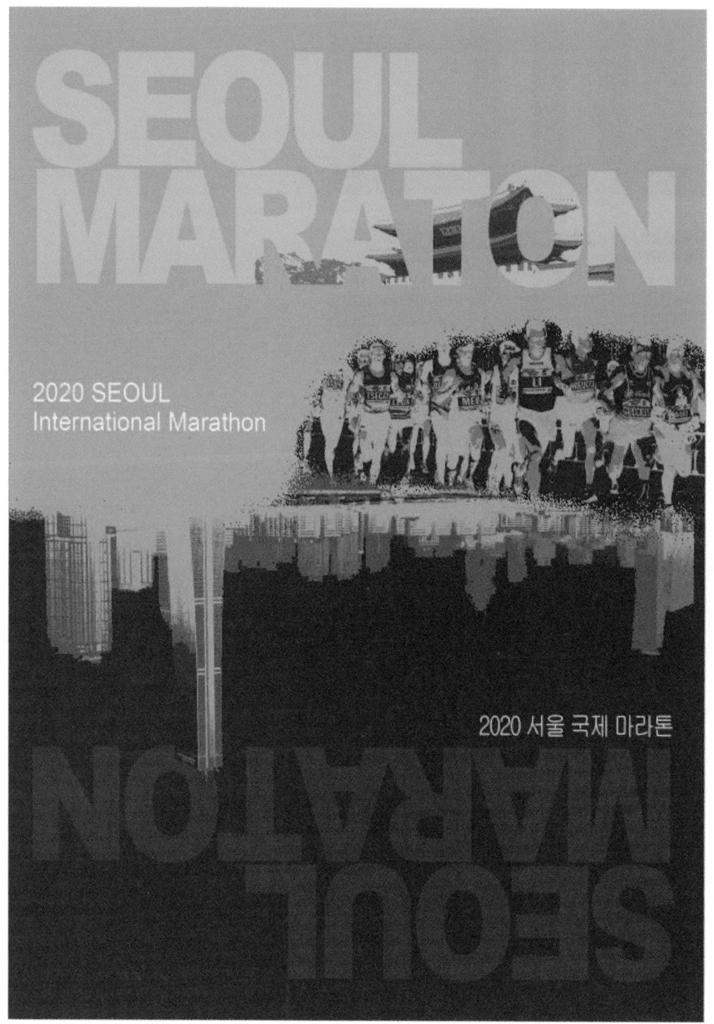

# 버버리 체크 패턴 만들기

## Define Pattern(패턴 정의), Fill(칠), Blending Mode(혼합 모드)

다음은 일반적으로 많이 사용하는 방법으로 버버리 체크 패턴 이미지를 만들어 보는 과정입니다. 패턴에 사용할 반복되는 기준 이미지를 디자인한 후, Define Pattern으로 저장하고 Fill 명령으로 원하는 영역에 채워줍니다. 가장 중요한 부분은 기본 패턴 이미지가 반복될 때 모서리 부분이 자연스럽게 연결되도록 주의해야 합니다.

[**완성 파일** : 6교시/버버리 패턴.psd]

### 학습과제

반복되는 기초 패턴 이미지를 만들고 적용해보겠습니다.

Before

After

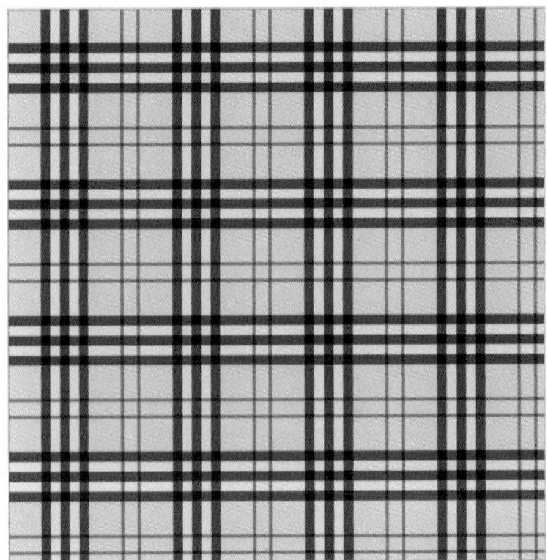

**1** [File] > [New] 메뉴를 클릭하고 [New Doument] 대화상자가 나타나면 [Width]와 [Height]를 '41 Pixels'로 설정하고 새로운 도큐먼트를 만듭니다.

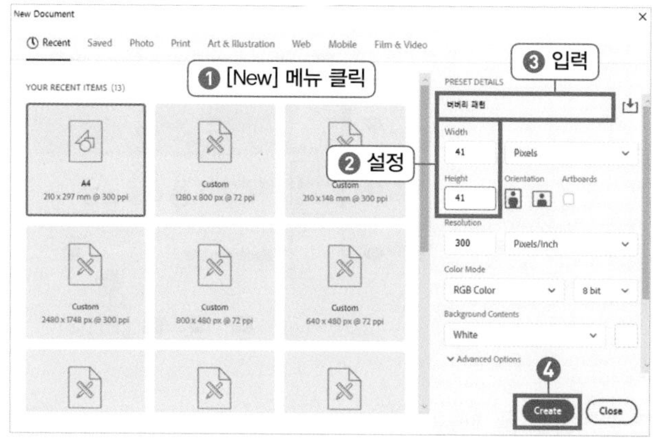


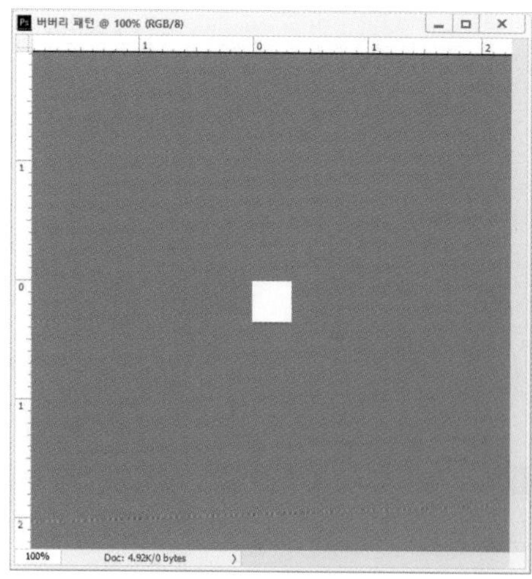

**TIP**
패턴 이미지의 크기는 저장될 때 크기 그대로 정해지기 때문에 패턴을 적용할 영역에 맞게 패턴의 영역을 설정해야 합니다.

**2** 먼저 버버리 체크 패턴에 기본이 되는 색상을 채워줍니다. [Layers] 패널에서 새로운 레이어를 추가하고 레이어의 이름을 '배경01'로 변경합니다. 그다음 전경색의 색상을 연한 베이지(#f3e0c8)로 설정하고 '배경01' 레이어 전체에 색상을 채워줍니다.

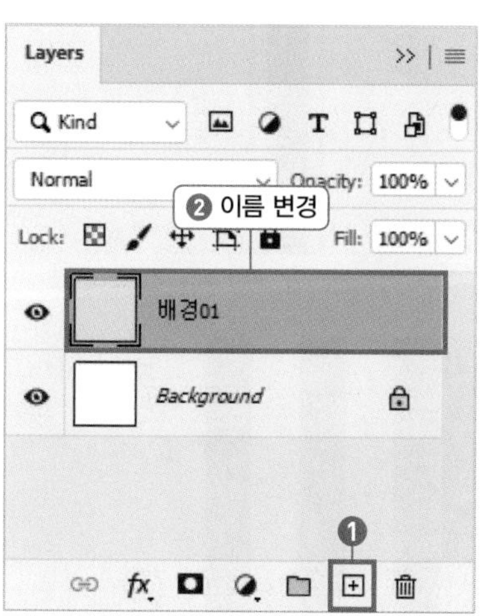


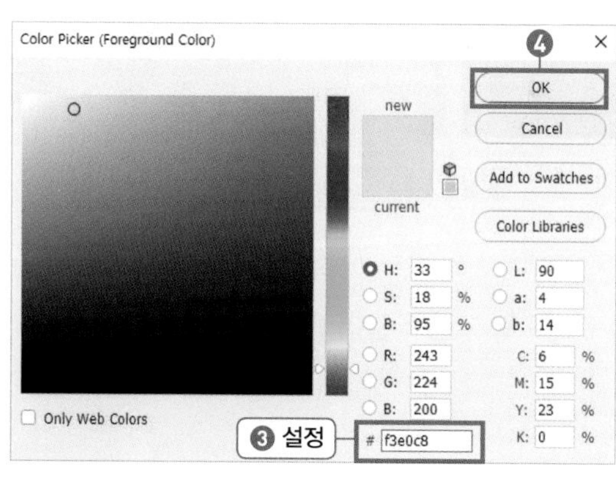

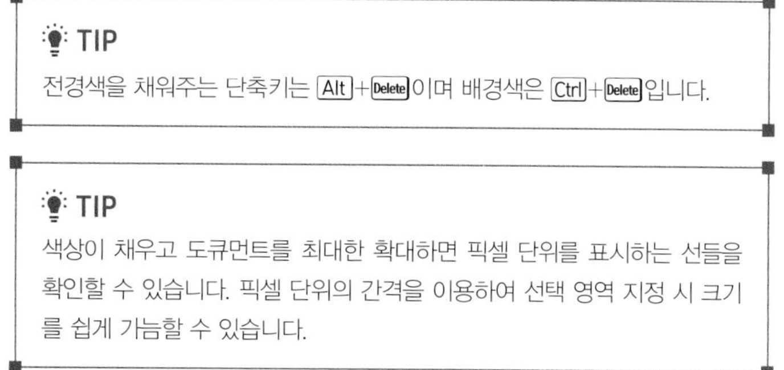

**TIP**
전경색을 채워주는 단축키는 Alt+Delete이며 배경색은 Ctrl+Delete입니다.

**TIP**
색상이 채우고 도큐먼트를 최대한 확대하면 픽셀 단위를 표시하는 선들을 확인할 수 있습니다. 픽셀 단위의 간격을 이용하여 선택 영역 지정 시 크기를 쉽게 가늠할 수 있습니다.

**3** 다음은 버버리 체크 패턴의 상징인 선을 그려보겠습니다. [Layers] 패널에서 새로운 레이어를 추가하고 '세로 3선' 레이어로 이름을 변경합니다.

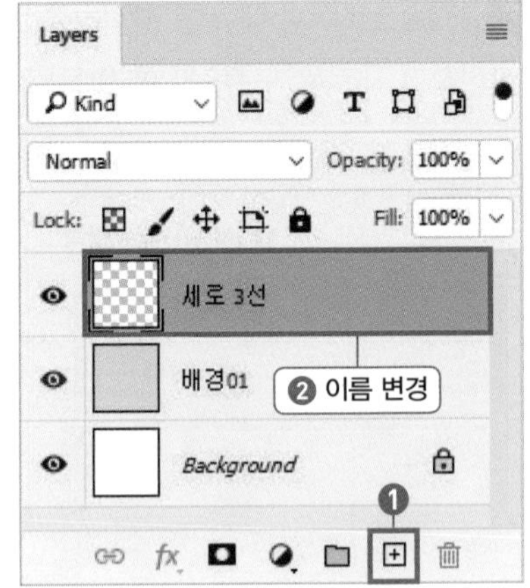


**4** 그다음 전경색의 색상을 회색(#5c5b5b)으로 설정하고 툴 패널에서 [Rectangular Marquee Tool]( )을 클릭합니다. 그림과 같이 중심부를 기준으로 3 픽셀 두께로 선택 영역을 지정하고 선택한 회색을 채워줍니다.

❸ [Rectangular Marquee Tool] 클릭

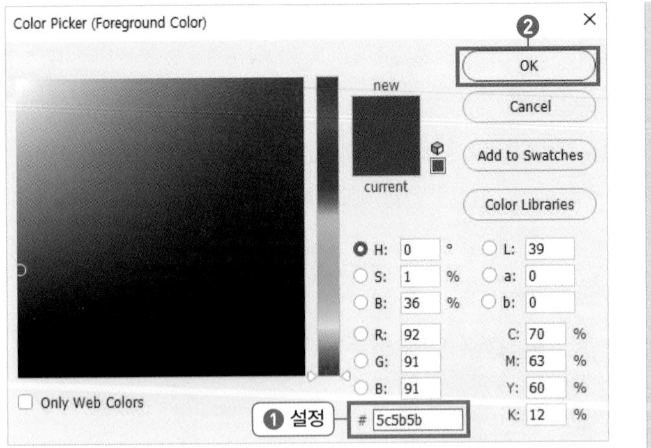


❹ 작성

**5** 픽셀의 3단계 간격으로 그림과 같이 3선을 그려줍니다.

**6** [Layers] 패널에서 '가로 3선' 레이어를 추가하고 동일한 방법으로 가로 방향의 3선을 그려줍니다.

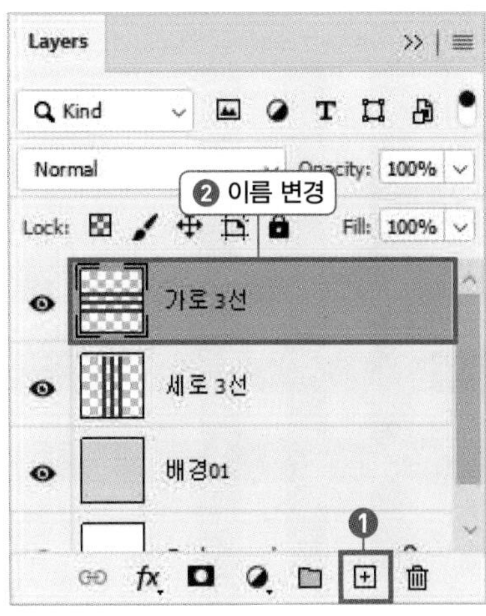

**7** 그다음 선이 겹치는 부분의 색상을 더욱 짙은 색상으로 표시하기 위해 '가로 3선'과 '세로 3선' 레이어의 블렌딩 모드를 'Multiply'로 변경합니다.

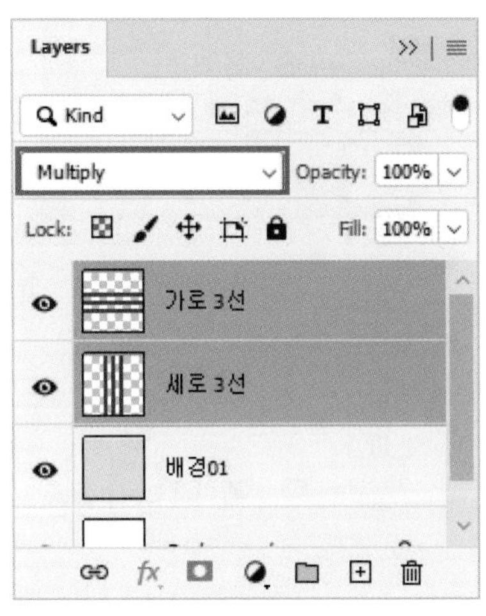


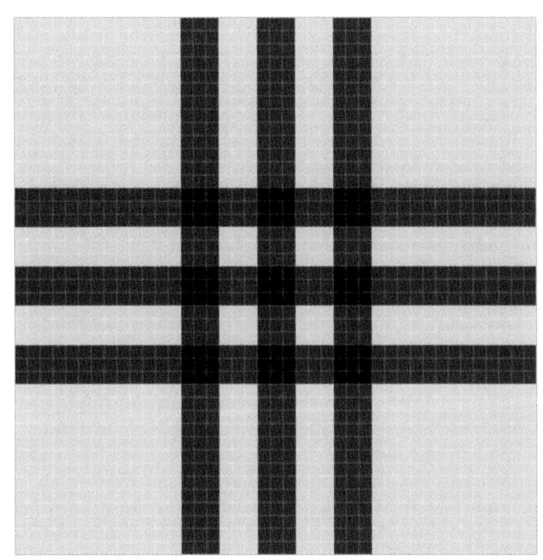

**8** 다음은 코너 영역의 배경색을 변경해보겠습니다. 새로운 레이어를 추가하고 '배경02' 레이어로 이름을 변경합니다.

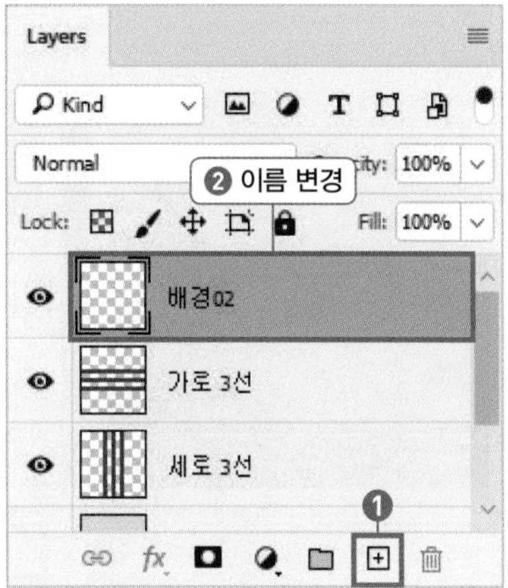

**9** 전경색의 색상을 배경색보다 조금 진한 베이지(#f9d6a9)로 설정하고 그림과 같이 코너의 4군데 영역을 선택하여 채워줍니다.

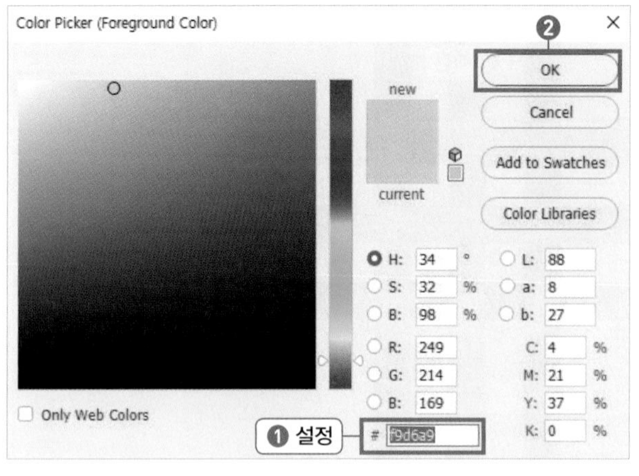

**10** [Layers] 패널에서 새로운 레이어를 추가하고 '세로 1선'으로 이름을 변경합니다.

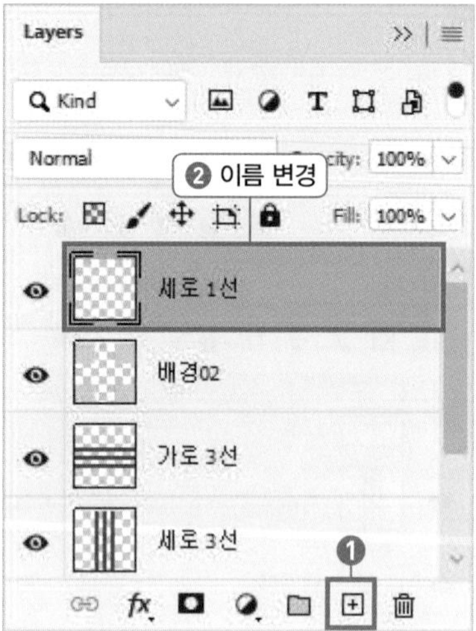


**11** 전경색의 색상을 약간 짙은 핑크색(#d5838d)으로 설정하고 모서리로부터 3번째 세로 방향의 픽셀 영역을 선택하여 전경색을 채워주고 블렌딩 모드를 'Multiply'로 변경합니다.

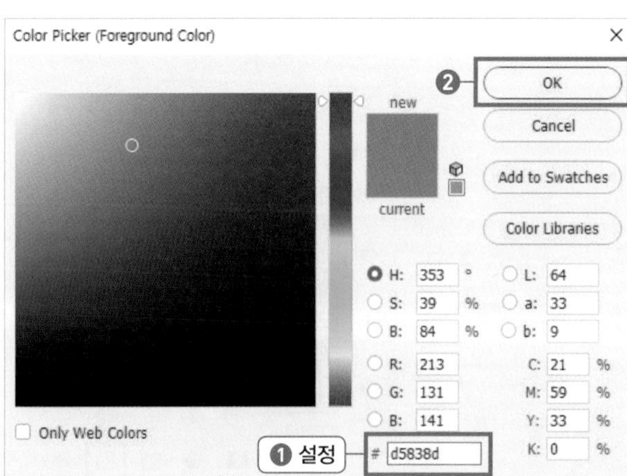

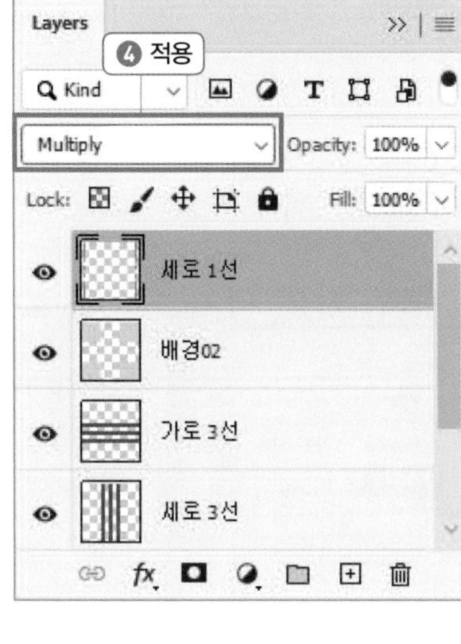


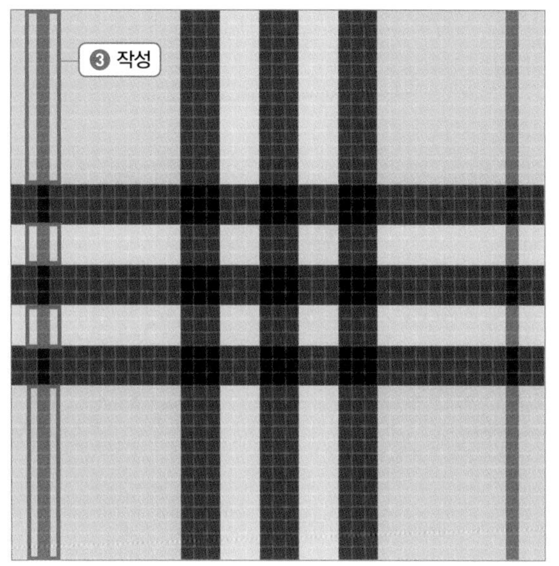


**12** 동일한 방법으로 가로 방향의 선도 그려주어 버버리 체크 패턴 이미지를 완성합니다.

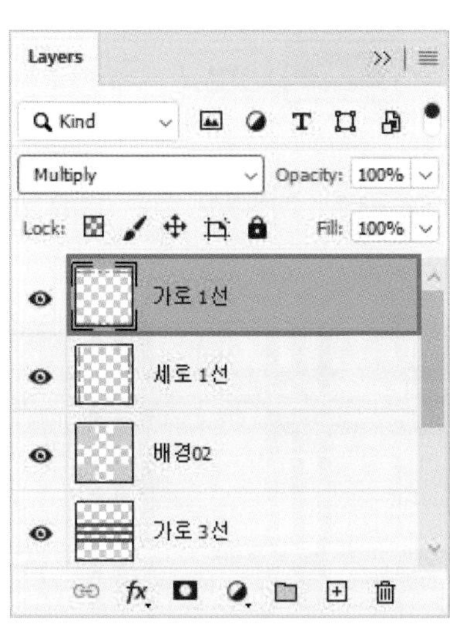


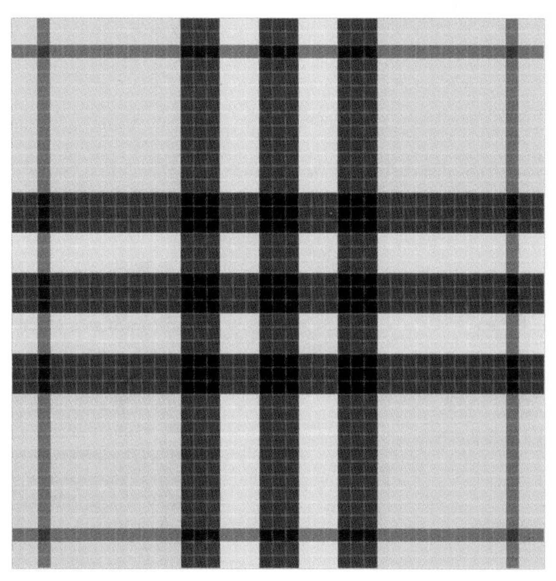

**13** 다음은 패턴으로 등록해보겠습니다. [Edit] 〉 [Define Pattern] 메뉴를 클릭하고 이름을 입력하여 저장합니다.

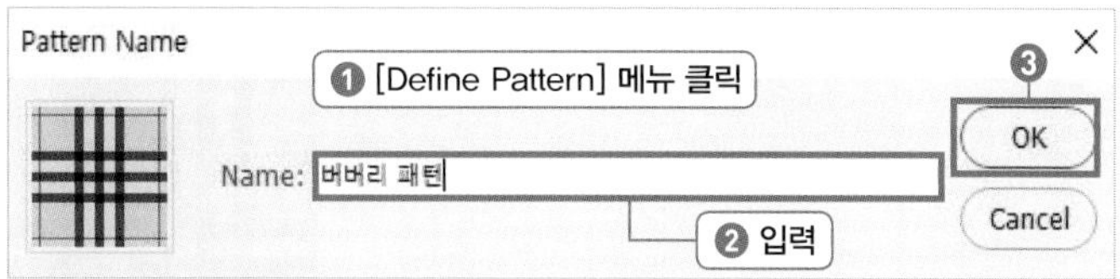

**14** 패턴 이미지를 적용할 도큐먼트를 추가합니다. [File] 〉 [New] 메뉴를 클릭하고 가로/세로 '500 Pixels'의 새로운 도큐먼트를 만듭니다.

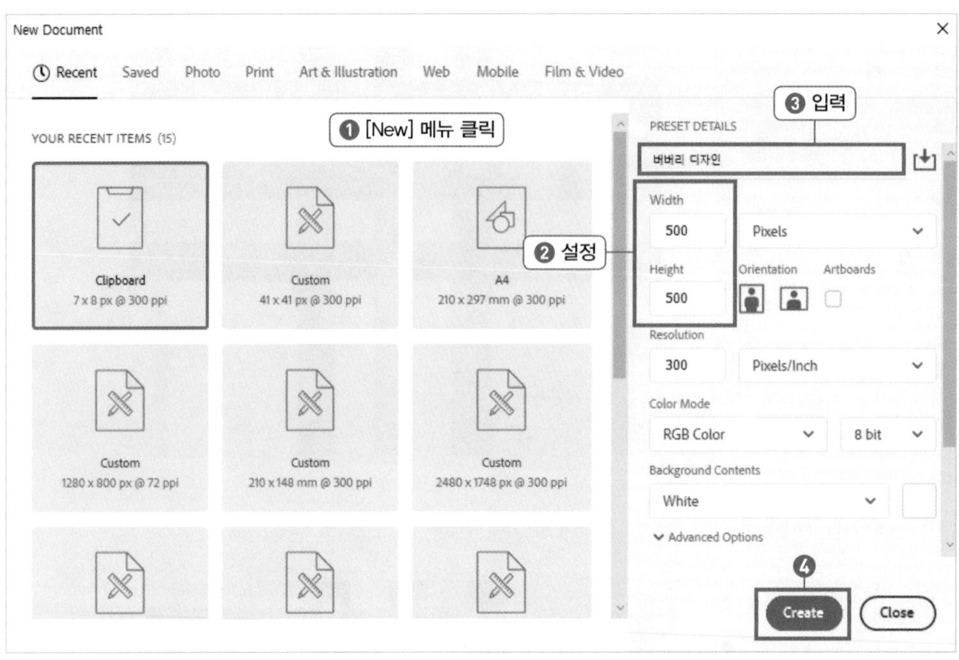


**15** [Edit] 〉 [Fill] 메뉴를 클릭하고 [Fill] 대화상자가 나타나면 [Custom Pattern]에서 저장했던 패턴 이미지를 선택합니다. [OK]를 클릭하면 버버리 체크 무늬가 채워진 이미지가 완성됩니다.

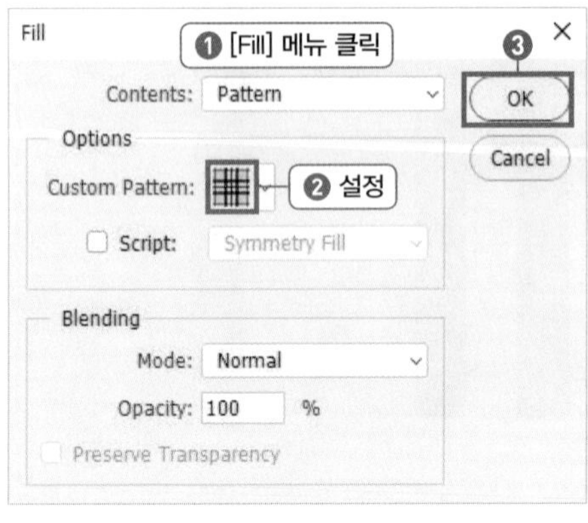


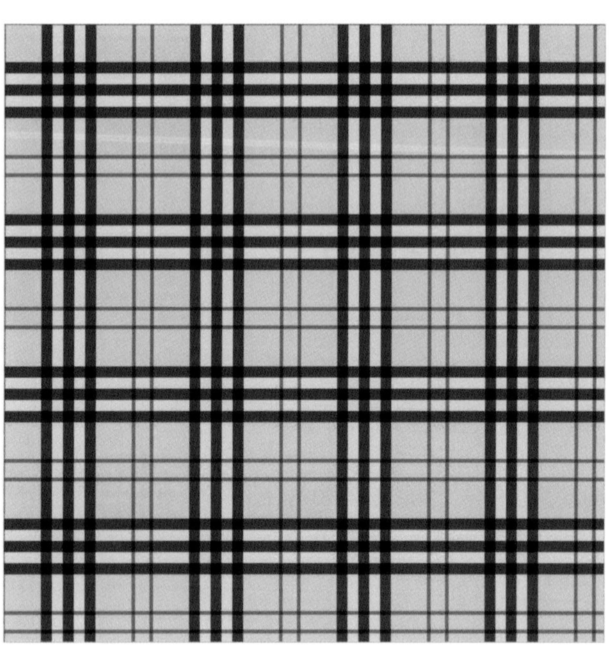

# 도트 이미지로 변환하기

## Define Pattern(패턴 정의), Pattern Overlay(패턴 오버레이), Mosaic(모자이크), Blending Mode(혼합 모드)

티셔츠나 머그잔에 인쇄하면 어울리는 도트 이미지를 만들어보겠습니다. 이 작업은 이미지 해상도에 영향을 크게 받으며 패턴 이미지의 크기와 도트의 크기가 동일해야 자연스러운 이미지가 만들어진다는 것을 알아야 합니다.

[**예제 파일** : PART 01 Photoshop/6교시/child.jpg **완성 파일** : PART 01 Photoshop/6교시/child.psd]

### 학습과제

신문에 인쇄된 사진 느낌의 도트 이미지를 만들어보겠습니다.

Before

After

**1** 예제 파일을 불러온 후 [Image] 〉 [Adjustments] 〉 [Desaturate] 메뉴를 클릭하여 흑백 이미지로 전환합니다.

> **TIP**
> 이미지의 해상도가 높을수록 도트 이미지 결과물의 해상도도 좋아집니다. 해상도가 낮은 이미지라면 해상도를 높인 후 작업을 진행하는 것이 좋습니다.

**2** 메뉴에서 [Image] 〉 [Adjustments] 〉 [Curves] 메뉴를 클릭하고 그림과 같이 곡선을 아래 방향으로 이동하여 흑백 이미지의 톤을 진하게 조절합니다.

**TIP**

도트 변환되었을 때 배경 부분이 흰색으로 표시되기 때문에 이미지가 전체적으로 흐릿하게 보입니다. 그래서 이미지의 색상을 진하게 만들고 작업을 진행한다면 좀 더 선명한 결과물을 얻을 수 있습니다.

**3** 다음은 패턴으로 사용할 도트 이미지를 만들어보겠습니다. Ctrl+N을 눌러서 [New Document] 대화상자가 나타나면 [Width]/[Height]는 '25 Pixels', [Resolution]은 '300 Pixels/inch'로 설정하여 새로운 도큐먼트를 생성합니다.

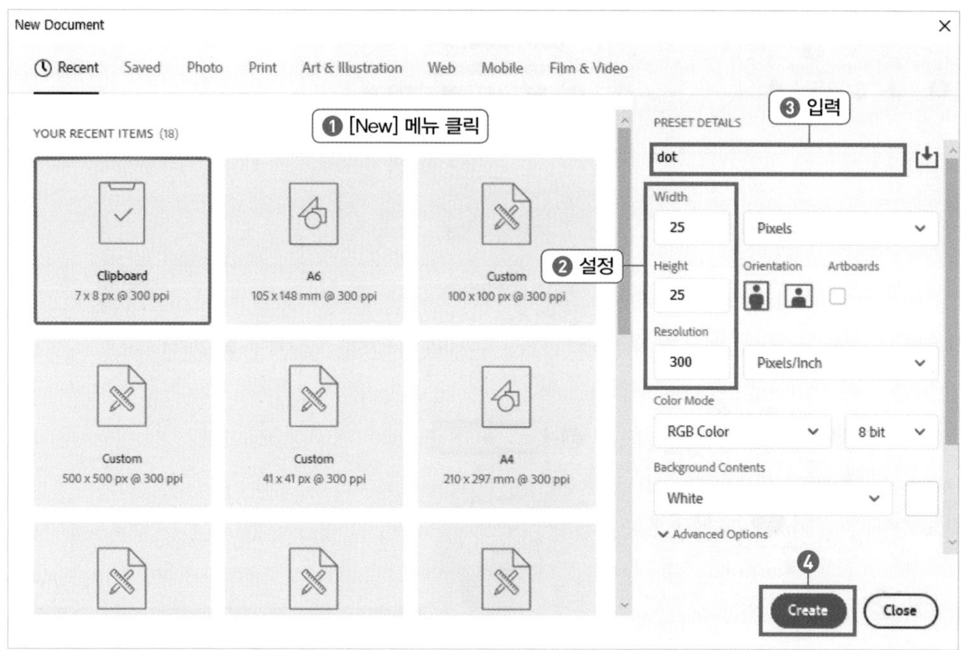


**4** 툴 패널에서 [Elliptical Marquee Tool]( )을 클릭하고 중심부에 선택 영역을 설정한 후 '검은색'으로 채워줍니다.

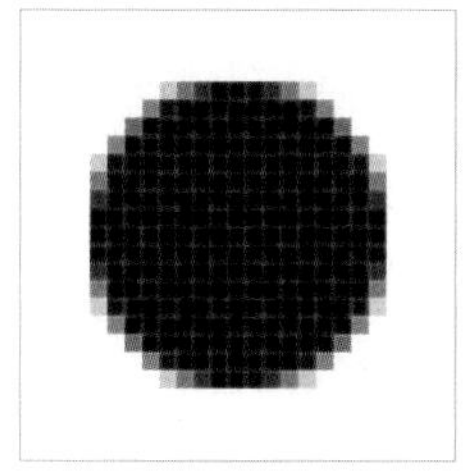

**5** [Edit] > [Define Pattern] 메뉴를 클릭하고 [Pattern Name] 대화상자가 나타나면 'dot'로 입력합니다.

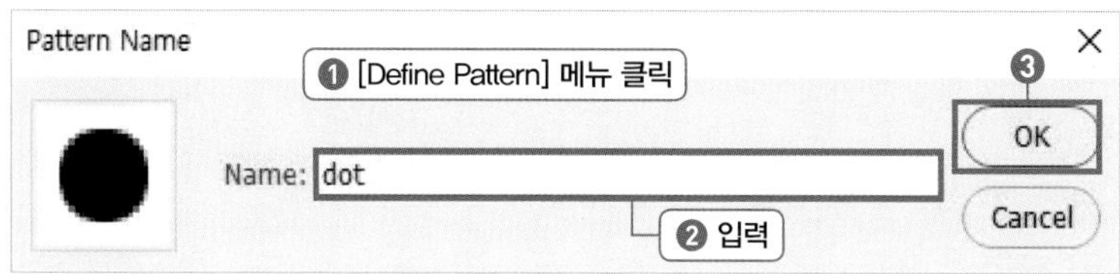

**6** 예제 파일로 돌아온 후 [Layers] 패널에서 [Create a new layer](⊞)를 클릭하여 새로운 레이어를 추가하고 '검은색'을 채워줍니다. 그리고 [Add a layer style](fx)을 클릭하여 [Pattern Overlay]를 적용합니다.

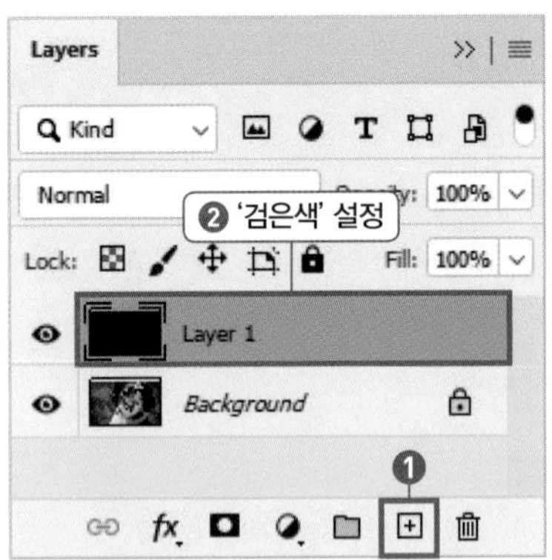


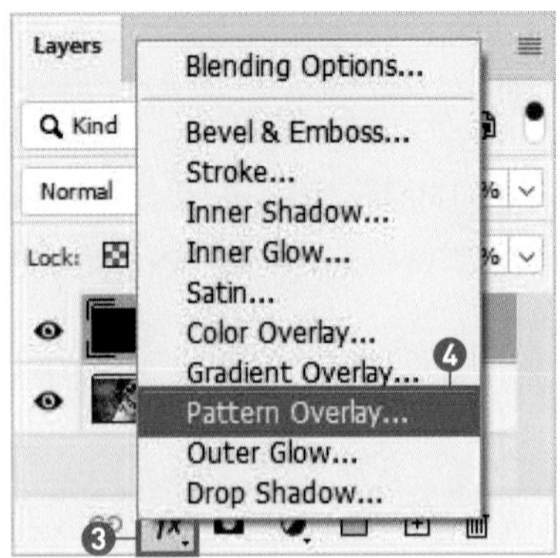


### TIP

레이어가 투명한 상태라면 다음에 사용할 Pattern Overlay가 적용되지 않습니다.

**7** 저장한 'dot'로 패턴을 선택하고 [Blend Mode]는 'Normal', [Opacity]는 '100%'로 설정합니다.

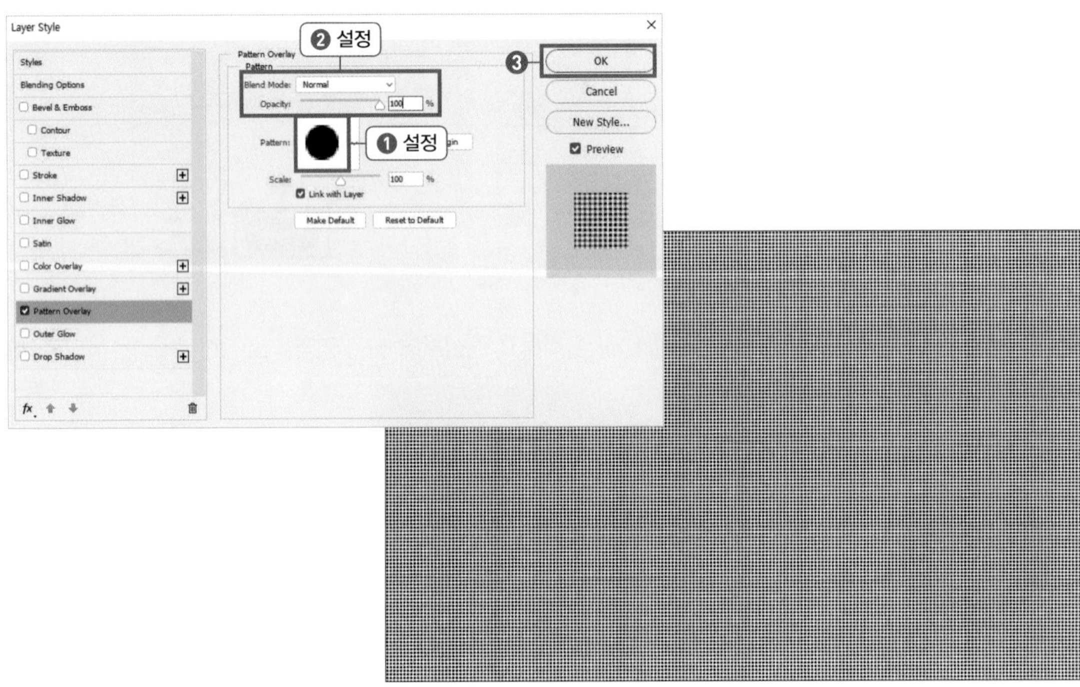

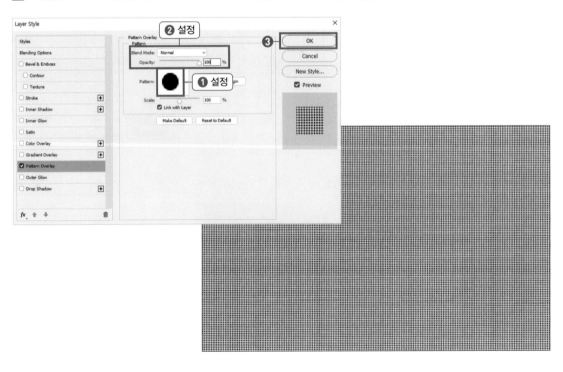

**8** 그다음 레이어 스타일이 적용된 'Layer 1' 레이어를 마우스 오른쪽 버튼으로 클릭한 후 [Rasterize Layer Style]을 선택하여 레이어를 래스터화 시켜줍니다.

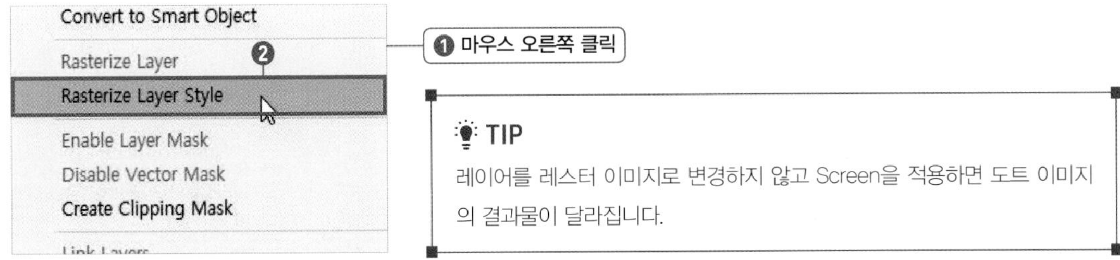


**TIP**

레이어를 레스터 이미지로 변경하지 않고 Screen을 적용하면 도트 이미지의 결과물이 달라집니다.

**9** 'Layer 1' 레이어의 블렌딩 모드를 'Screen'으로 변경합니다. 그러면 사진 이미지가 도트 이미지로 변경된 것을 확인할 수 있습니다.

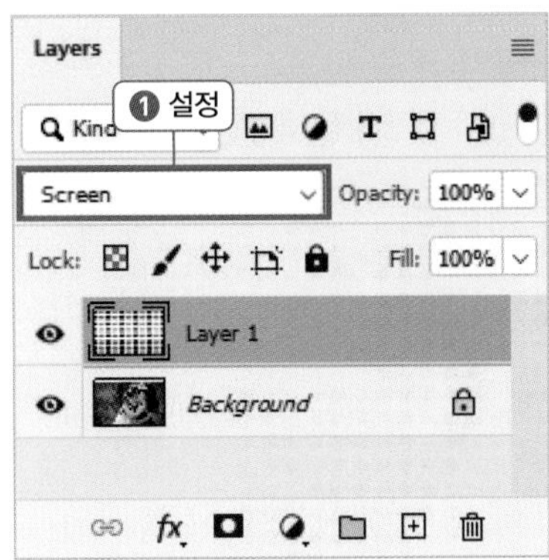

**10** 그러나 도트 이미지라고 하기에는 경계선 부분이 조금 부자연스러운 면이 있습니다. 도트 이미지를 자연스럽게 만들기 위해 'Background' 레이어를 선택하고 [Filter] 〉 [Pixelate] 〉 [Mosaic] 메뉴를 클릭합니다. [Cell Size]는 패턴 이미지로 만들었던 크기와 동일하게 '25 square'로 설정하면 도트 이미지가 완성됩니다.

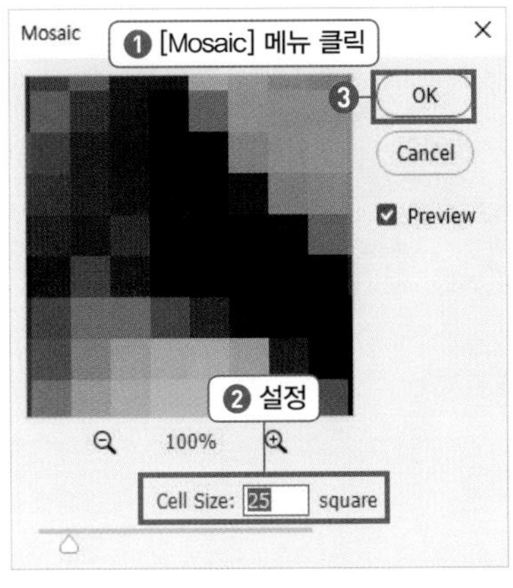


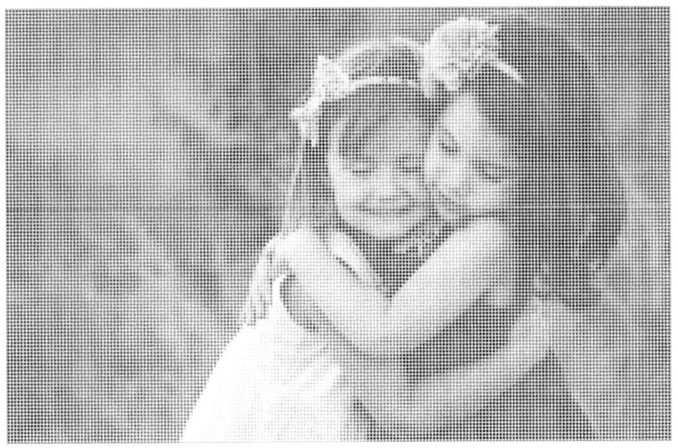

**TIP**

패턴 이미지의 크기와 도트의 크기가 동일해야 자연스러운 도트 이미지가 만들어집니다.

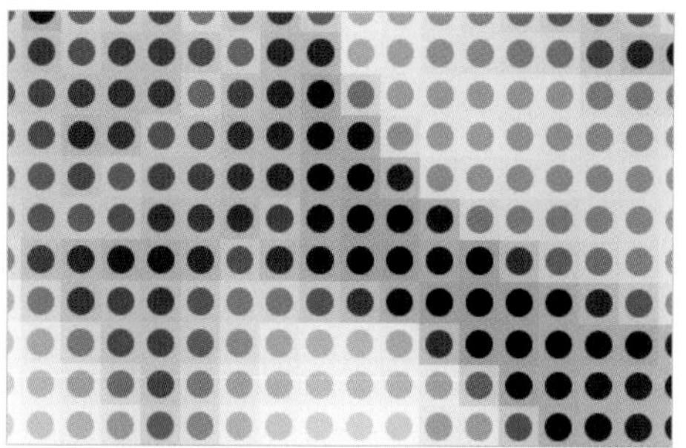

**MEMO** Mosaic을 적용한 전과 후의 차이점

도트 패턴 이미지의 크기와 동일하게 모자이크 값이 동일해야 도트의 색상이 단일 색상으로 표시되어 자연스러운 경계선 모양이 생성됩니다.

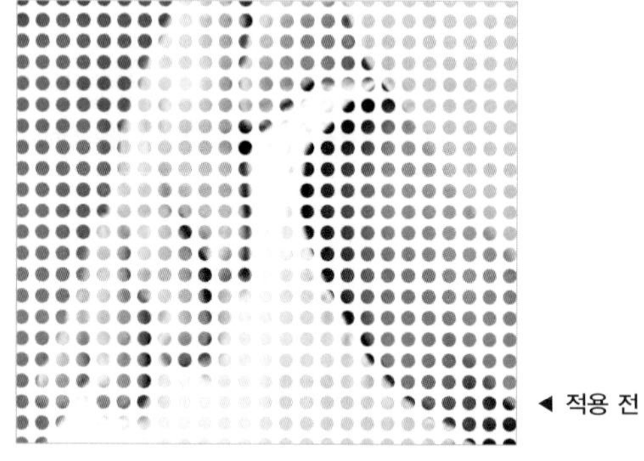

◀ 적용 전

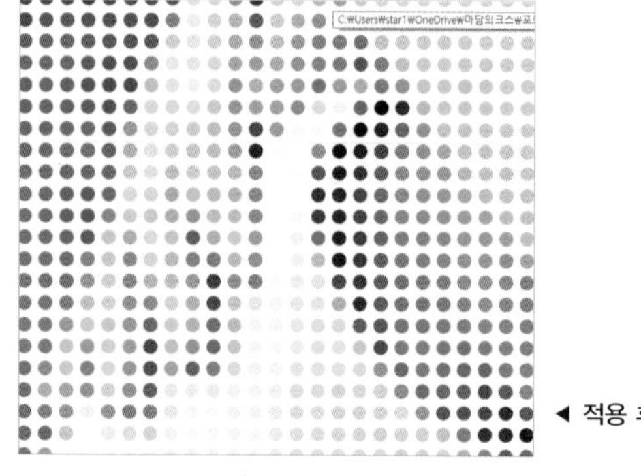

◀ 적용 후

**MEMO**

패턴 이미지에 따라 다양한 도트 모양을 만들 수 있으며 흑백뿐만 아니라 컬러 이미지에 동일하게 적용할 수 있습니다. 다양한 이미지에 적용해보세요.

# 청바지 포켓 디자인하기

## Path(패스), Stroke path with brush(브러시로 획 패스 만들기), Dodge Tool(닷지 도구), Burn Tool(번 도구)

앞선 과정에서 진행하였던 청바지 원단 이미지를 활용하여 청바지 포켓을 그려보겠습니다. [Stroke path with brush] 기능을 이용하여 박음질 효과를 적용하고 [Dodge Tool]과 [Burn Tool]을 사용하여 청바지의 물 빠진 효과를 표현하는 것이 작업의 핵심이라 할 수 있습니다.

[**예제 파일** : PART 01 Photoshop/6교시/blue-pocket.jpg
**완성 파일** : PART 01 Photoshop/6교시/blue-pocket.psd]

### 학습과제

Path를 사용하여 청바지 포켓 디자인을 완성합니다.

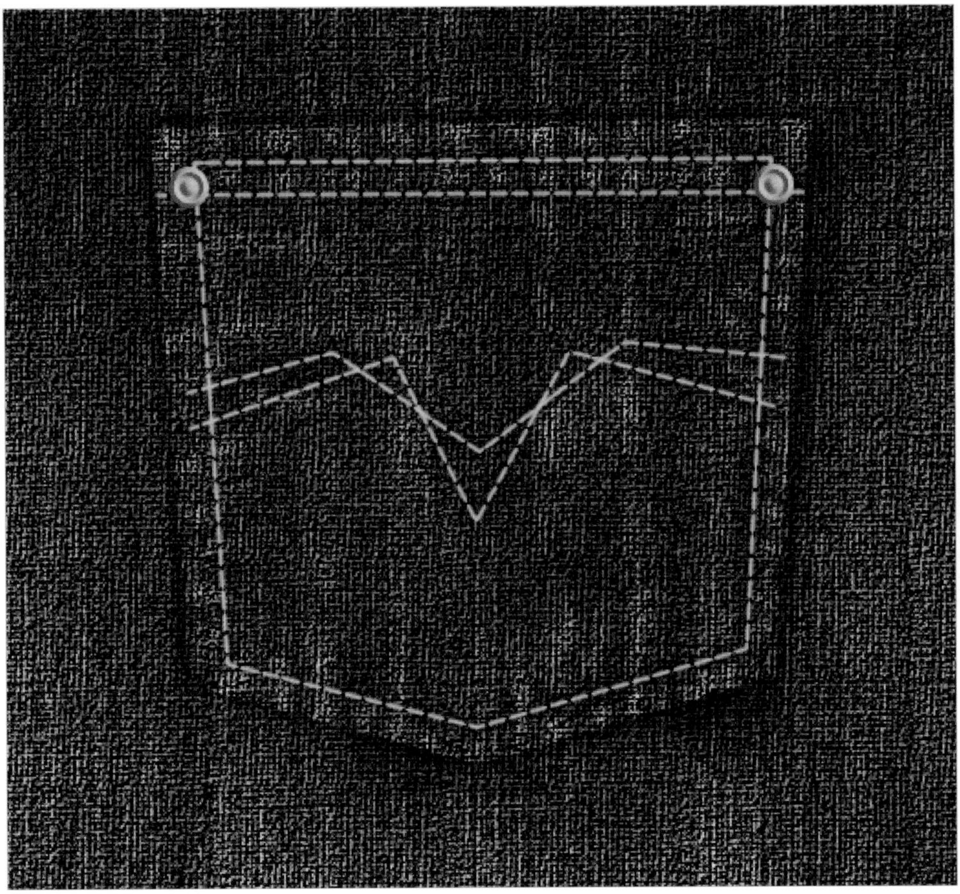

**1** 예제 파일을 불러온 후 툴 패널에서 [Pen Tool]( )을 클릭하고 [Paths] 패널에서 [Create new path]( )을 클릭하여 새로운 패스를 추가합니다. 그다음 그림과 같이 포켓을 그려줍니다.

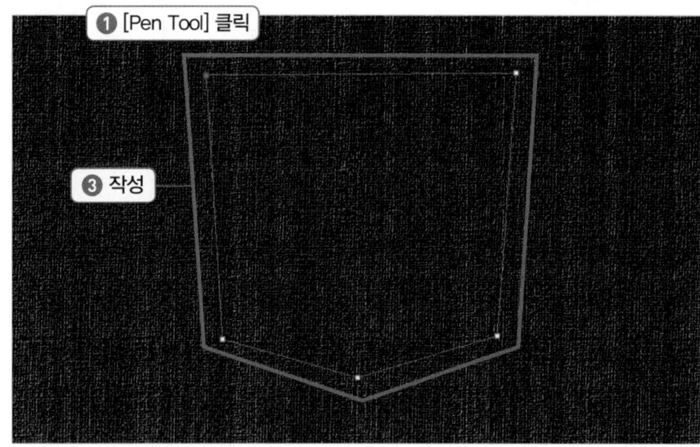


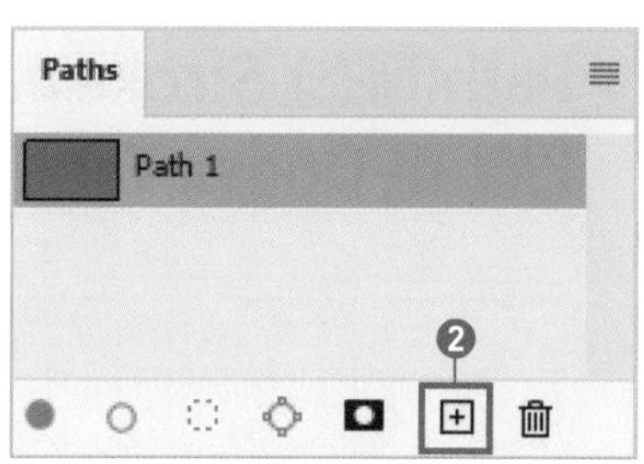


> **TIP**
> 패스를 형태를 신속하게 그린 후 [Direct Selection Tool]( )을 사용하여 정점의 위치를 수정하는 것이 형태를 잡는 데 편리합니다.

**2** [Paths] 패널에서 그린 패스를 선택한 후 [Load path as a selection]( )으로 드래그하거나 클릭하여 그린 패스 모양으로 선택 영역을 지정합니다.

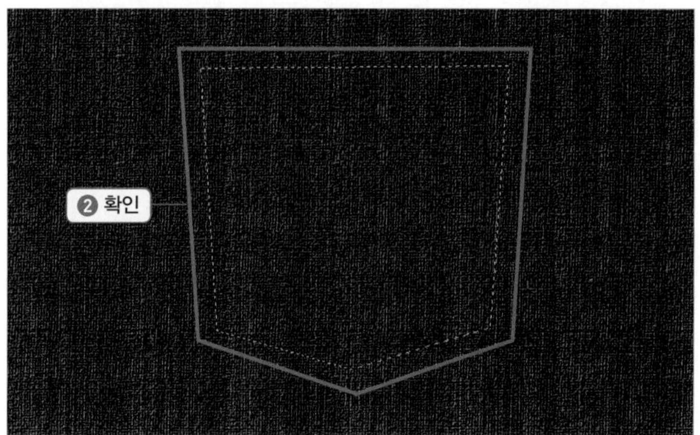


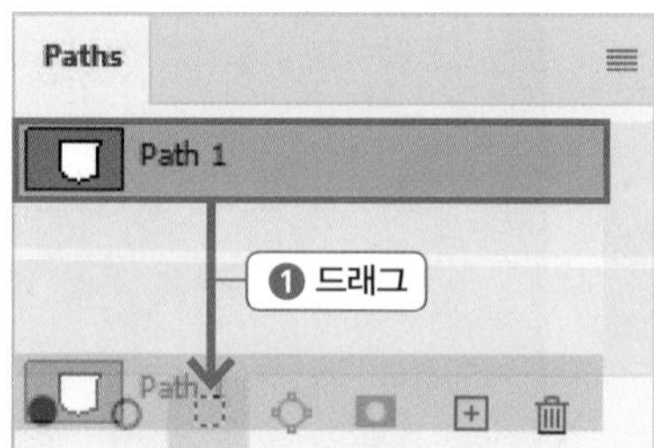

**3** [Layers] 패널에서 Ctrl+J를 눌러 선택 영역의 이미지를 새로운 레이어로 복사합니다. 그리고 'Background' 레이어의 눈 아이콘을 잠시 꺼둡니다.

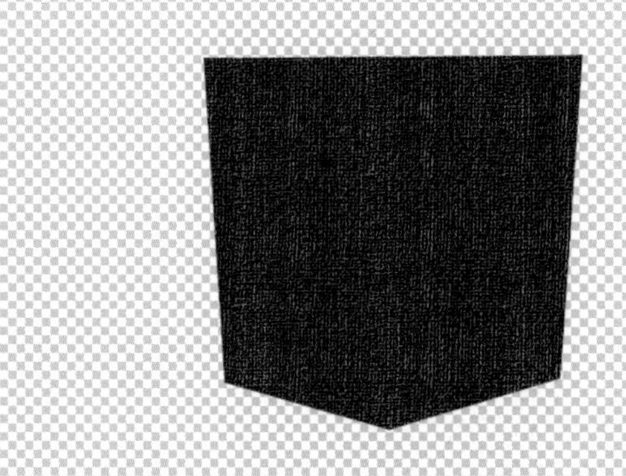

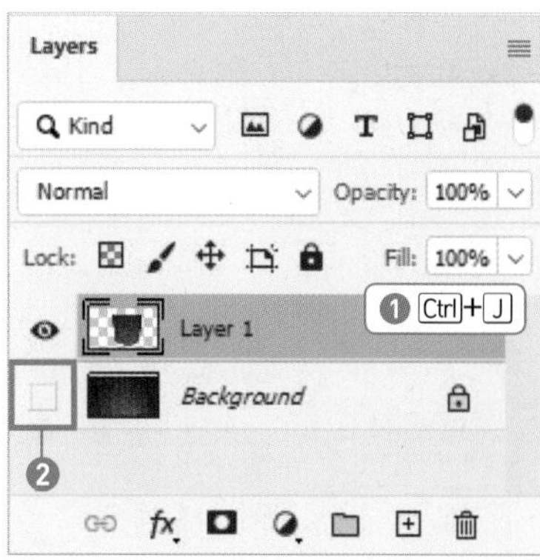


**4** [Pen Tool]( )을 클릭하고 [Paths] 패널에서 새로운 패스를 추가한 후 그림과 같이 포켓 안에 박음질이 들어가는 모양으로 패스를 그려줍니다.

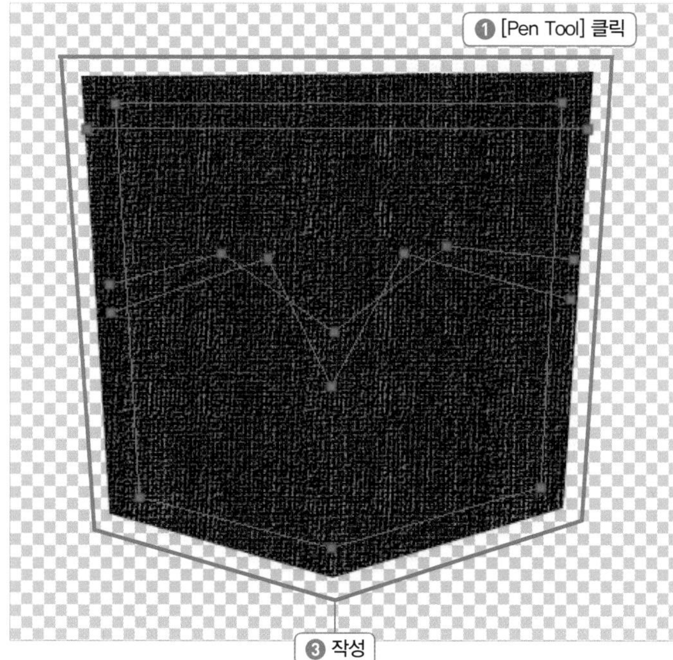


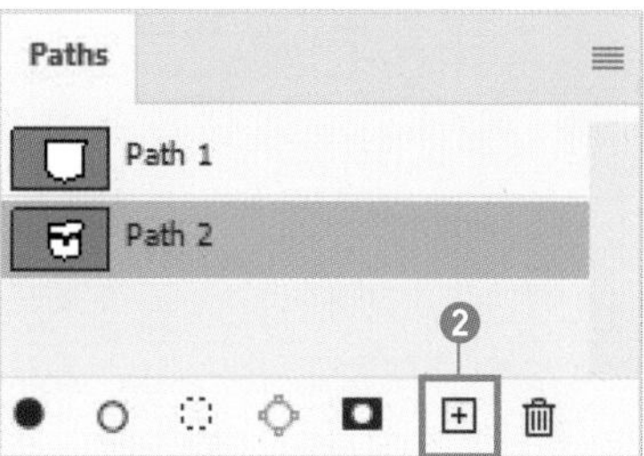

**5** 다음은 박음질 모양의 브러시를 만들어보겠습니다. 브러시의 모양은 'Soft Round'로 선택하고 크기는 '3px', [Mode]는 'Normal', [Opacity]는 '100%'로 설정합니다. 옵션 바에서 [Toggle the Brush Settings panel]( )을 클릭합니다. [Brush Settings] 패널에서 [Brush Tip Shape]을 클릭하고 [Spacing]을 '23%'로 설정합니다.

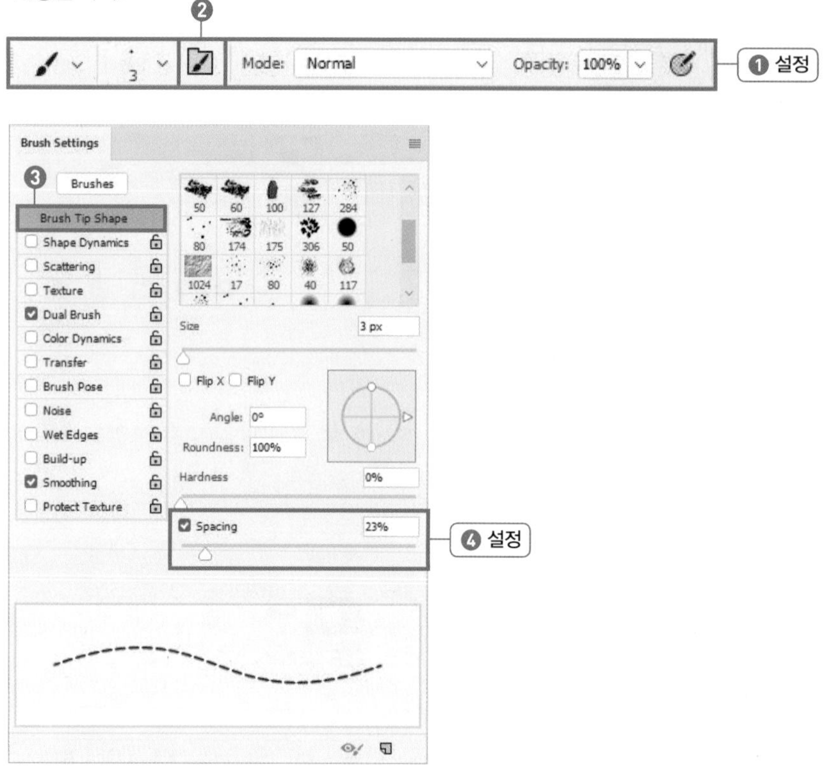


**6** 다음은 [Dual Brush]를 선택하고 [Size]는 '8px', [Spacing]는 '145%', [Count]는 '4'로 설정합니다.

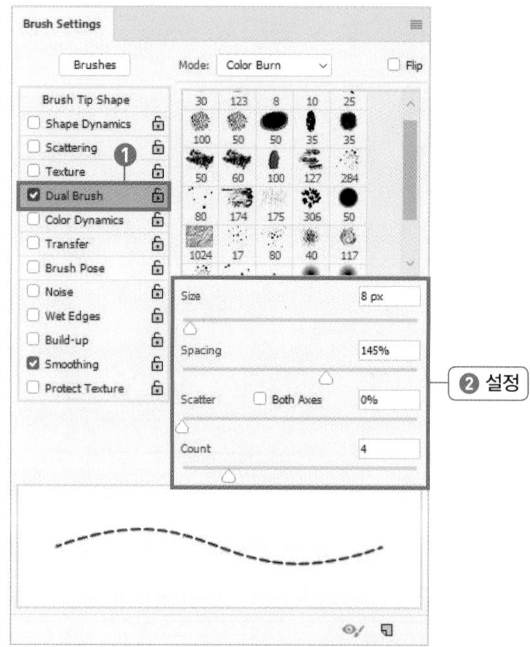

**7** 박음질 모양의 색상을 설정하기 위해 전경색의 색상을 베이지색(#eade98)으로 선택합니다.

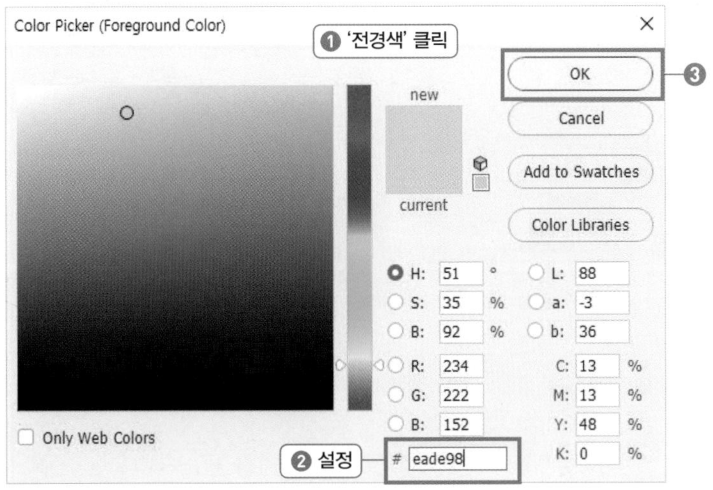


**8** [Layers] 패널에서 새로운 레이어를 하나 추가하고 [Paths] 패널에서 'Path 2' 패스를 선택합니다. 그다음 [Stroke path with brush](○)를 클릭합니다. 그러면 설정한 브러시 모양으로 박음질 이미지가 그려집니다.

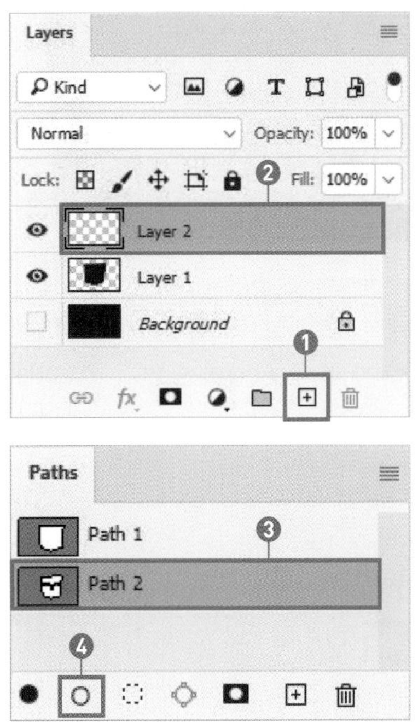


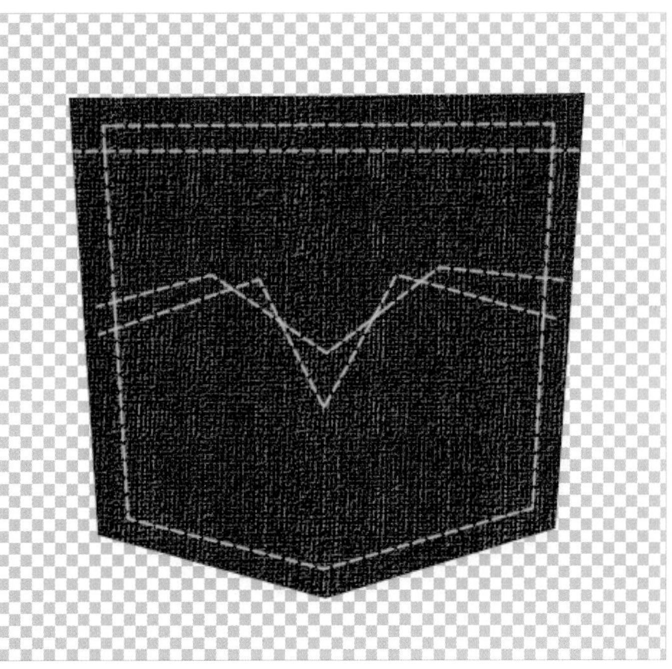

**9** 버클을 그려보겠습니다. 전경색을 황색(#f6ba52)으로 설정하고 [Ellipse Tool]( )을 클릭하여 그림과 같이 왼쪽 모서리 부분에 원을 그려줍니다. [Move Tool]( )로 변경한 후 Alt를 누른 채 오른쪽으로 이동 복사합니다.

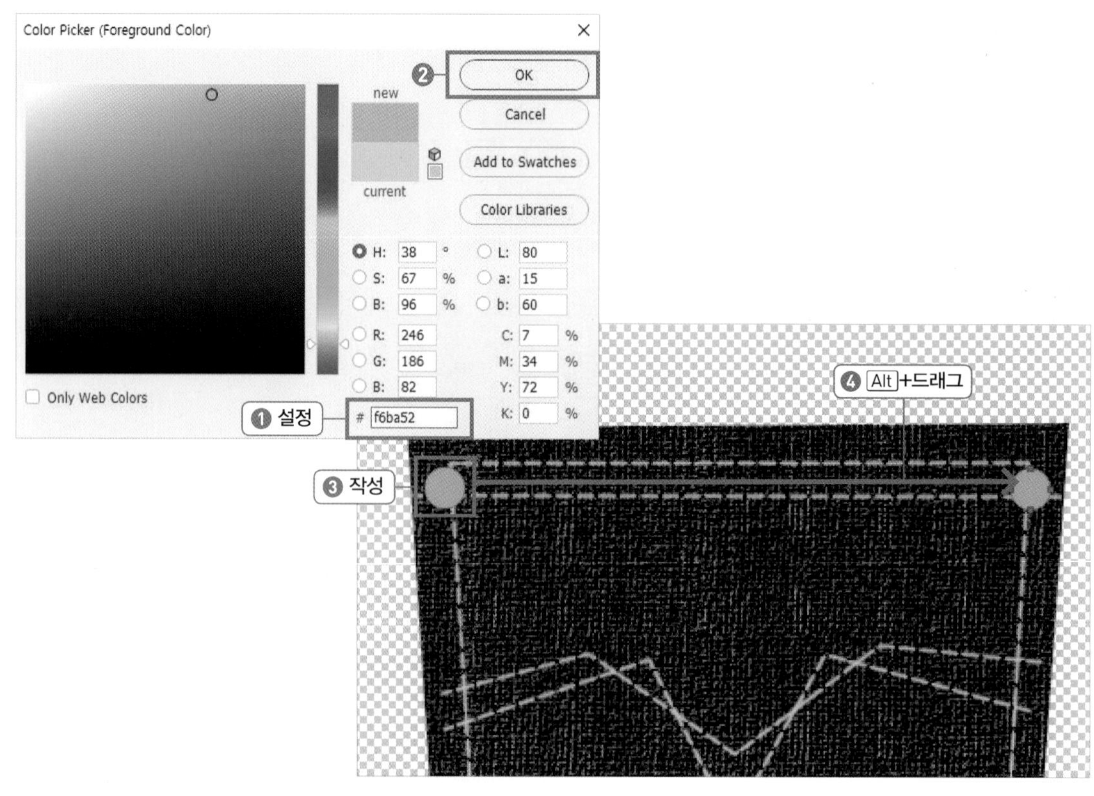


**10** [Layer Style] 대화상자를 이용하여 [Bevel & Emboss]를 적용합니다. [Structure]에서 [Style]은 'Inner Bevel', [Technique]는 'Smooth', [Depth]는 '30%', [Size]는 '10px', [Shading]에서 [Angle]은 '30°', [Altitude]는 '30°' 정도로 설정합니다.

**11** 이번에는 [Contour]를 선택하고 [Contour]를 'Ring'으로 설정한 후 [OK]를 클릭하여 버클을 완성합니다.

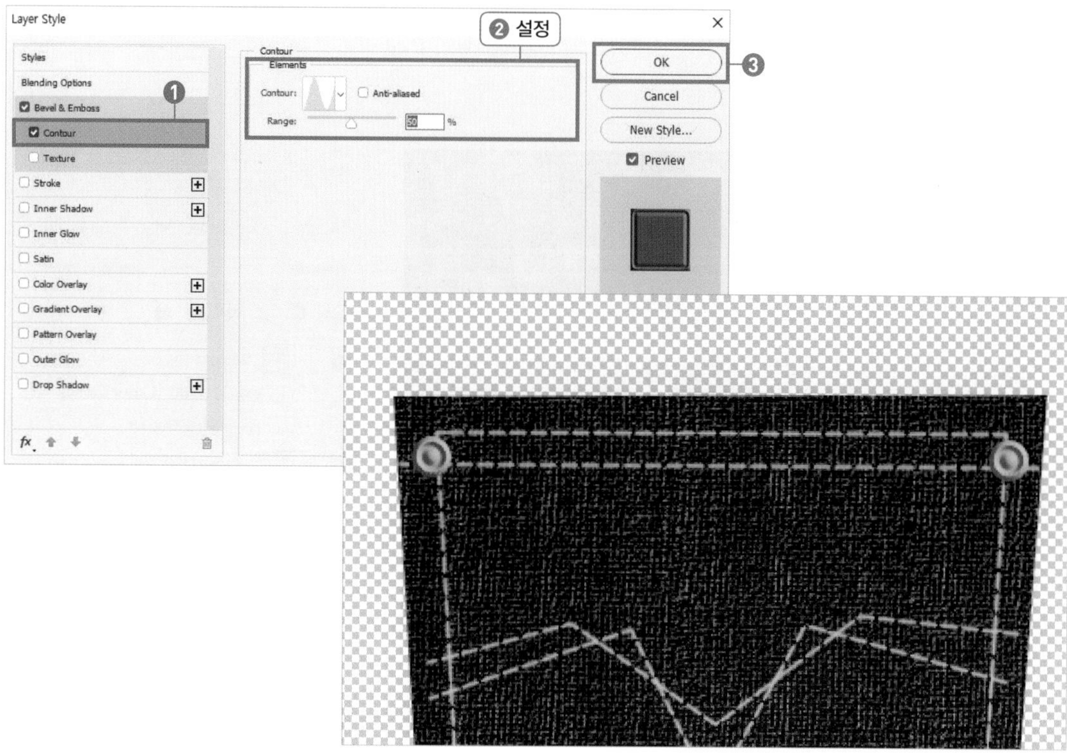


**12** 박음질 모양을 자연스럽게 표현하기 위해 박음질 이미지가 그려진 레이어를 선택하고 레이어 스타일을 적용합니다. [Outer Glow]를 선택하고 [Structure]에서 [Blend Mode]는 'Multiply', [Opacity]는 '40%', 색상은 '검은색', [Elements]에서 [Spread]는 '10%', [Size]는 '8px' 정도로 설정하여 박음질 주변의 이미지가 어둡게 되도록 적용합니다.

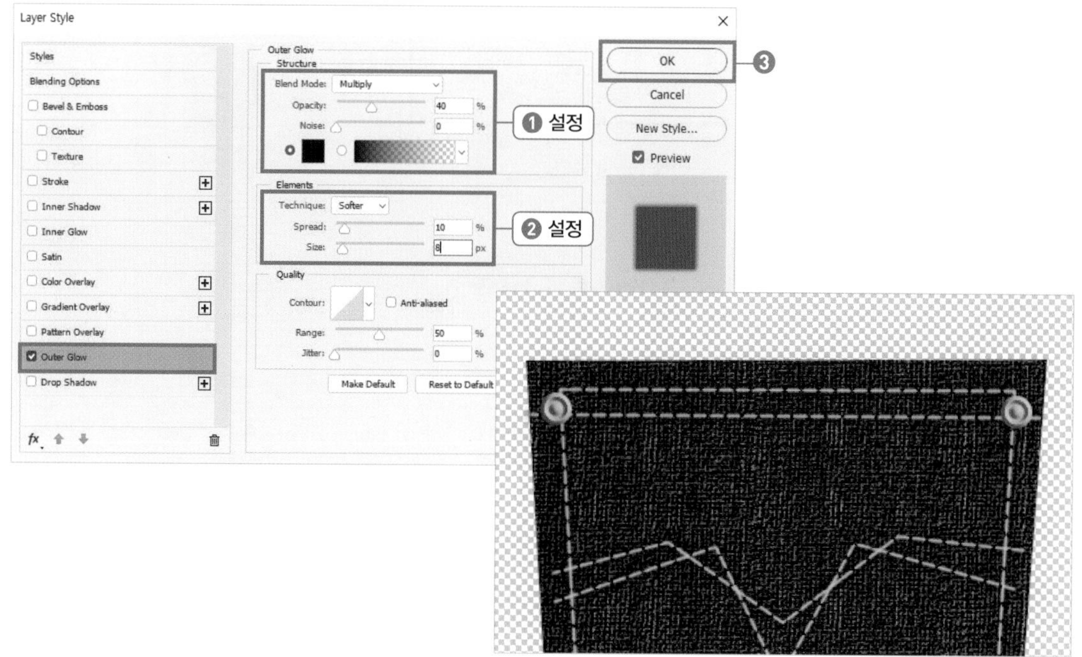

**13** 다음은 'Background' 레이어의 눈 아이콘을 클릭하여 다시 표시합니다. 그다음 'Layer 1' 레이어를 선택하고 [Outer Glow]를 적용합니다. [Structure]에서 [Blend Mode]는 'Multiply', [Opacity]는 '30%', 색상은 '검은색', [Elements]에서 [Spread]는 '30%', [Size]는 '10px' 정도로 설정하여 배경과 포켓주머니 경계선이 구분되도록 음영 처리를 해줍니다.

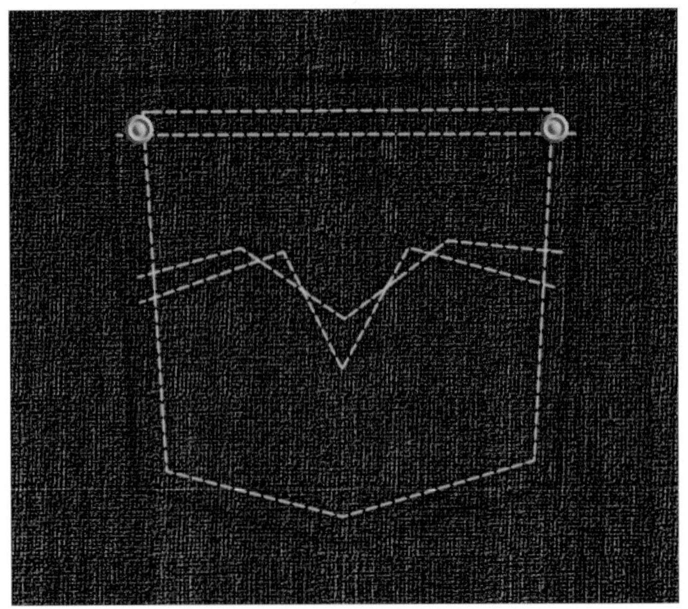

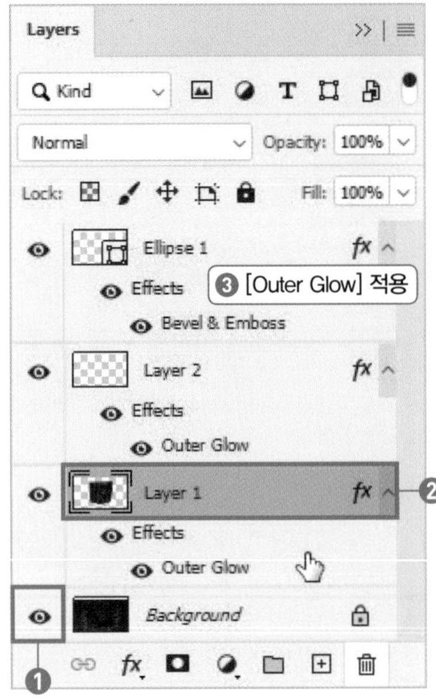


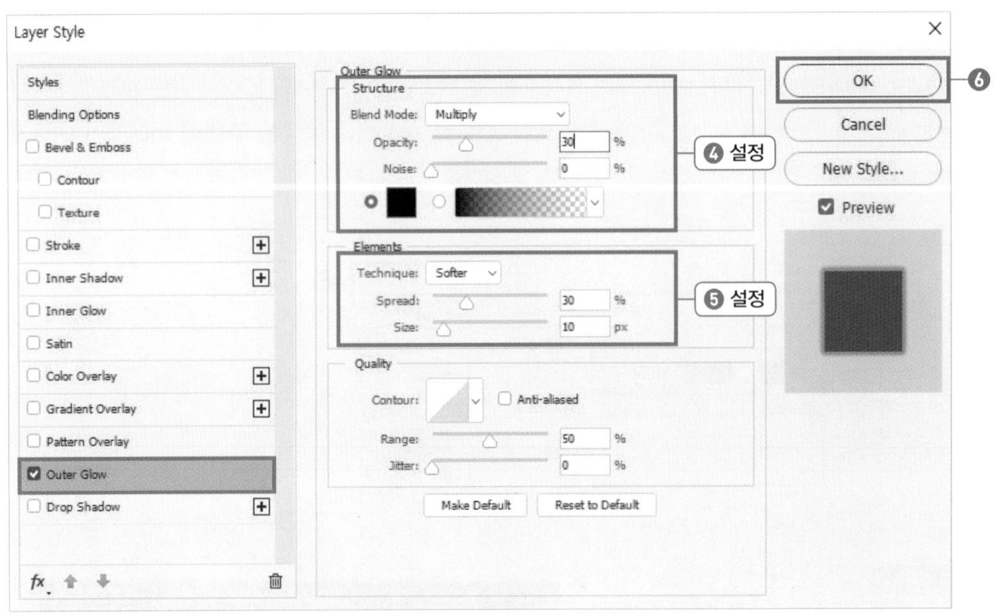

**14** 툴 패널에서 [Dodge Tool]( )을 클릭하고 브러시의 크기를 변경해가며 물 빠진 효과가 자연스럽게 되도록 드로잉합니다.

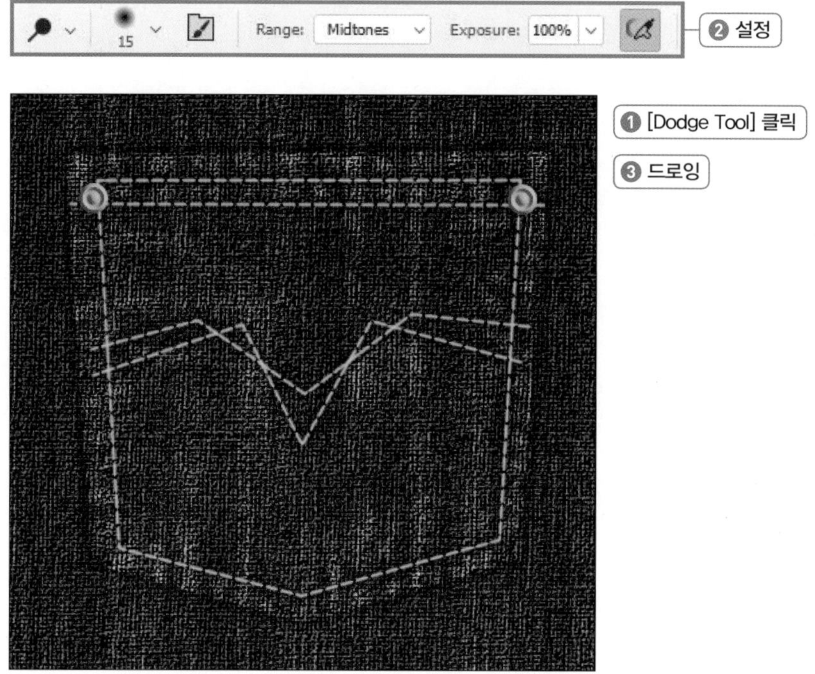


**15** 포켓 경계선 주변 및 배경 부분도 [Dodge Tool]( )과 [Burn Tool]( )을 번갈아 가면서 드로잉하여 청바지의 자연스러운 물 빠짐 효과를 적용하여 작업을 완료합니다.

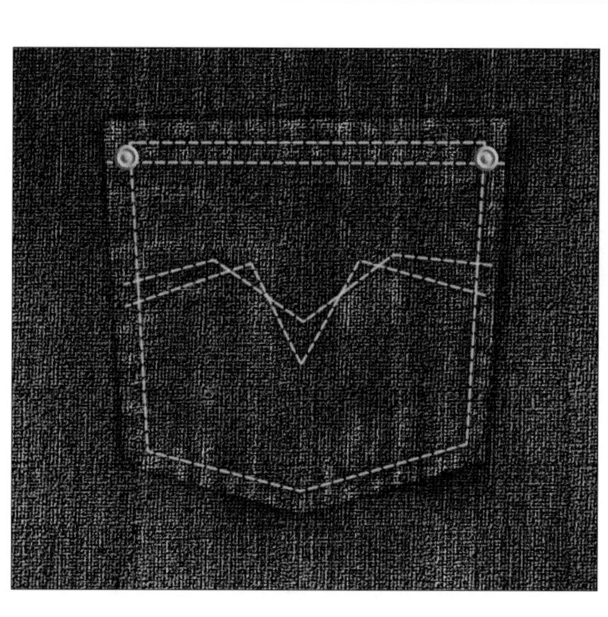

CC

graphic
graphic
graphic

2021

# Part. 02

# 1교시

## 기초반

일러스트레이터를 처음 배우는 사용자라면 일러스트레이터가 어떤 프로그램이며, 어떤 작업을 할 수 있는지에 대해 기본적인 지식이 있어야 합니다. 1교시에서는 다양한 디자인 작업에 특화된 일러스트레이터가 무엇인지 간단히 알아보는 시간을 갖습니다.

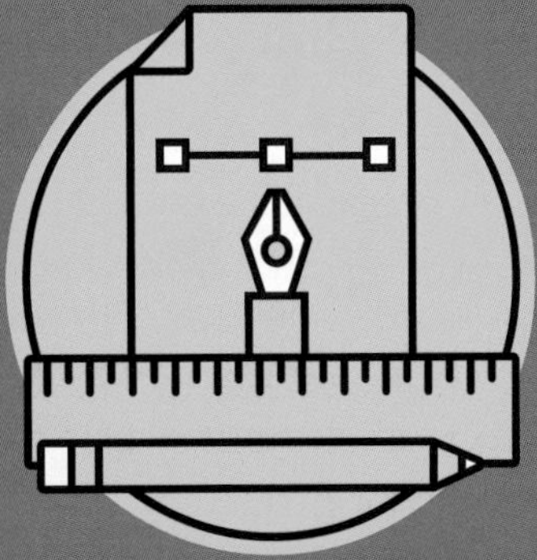

# 강좌

# 일러스트레이터 설치하기

## Adobe Creative Cloud

일러스트레이터는 한국어도비시스템즈(www.adobe.com/kr) 사이트에서 유료 또는, 무료 체험판을 다운받아 사용할 수 있습니다. 무료 체험판은 1주일 동안만 사용할 수 있으며 유료 버전은 다양한 패키지 상품이 제공됩니다. 기본 설치 시 일러스트레이터 한글 버전으로 설치되며, 영문 버전으로 설치해야 할 경우는 반드시 설치 전에 영문 버전으로 변경해야 합니다.

| 설치 구분 | Windows | Mac OS |
|---|---|---|
| 운영체제 | • Windows 10(64 비트) 버전은 V1809, V1903, V1909 및 V2004입니다.<br>• Windows Server 버전은 V1607 (2017) 및 V1809 (2019)입니다.<br>• **참고 :** Windows 10 버전 1507, 1511, 1607, 1703, 1709 및 1803에서는 지원되지 않습니다. | • macOS 버전 11.0(Big Sur)<br>• macOS 버전 10.15(Catalina)<br>• macOS 버전 10.14(Mojave) |
| 프로세서 | 멀티코어 Intel 프로세서(32/64비트 지원) 또는 AMD Athlon 64 프로세서 | 멀티코어 Intel 프로세서(64비트 지원) |
| 저장장치 | 설치를 위한 2GB의 하드 디스크 여유 공간 : 설치 시 추가 여유 공간 필요; SSD 권장 | 설치를 위한 2GB의 하드 디스크 여유 공간 : 설치 시 추가 여유 공간 필요; SSD 권장 |
| 메모리 | 8GB RAM(16GB 권장) | 8GB RAM(16GB 권장) |
| 그래픽카드 | OpenGL 4.x<br>**선택 사항** : GPU 성능을 사용하려는 경우 – Windows에 최소 1GB VRAM(4GB 권장)이 있어야 하고 컴퓨터에서 OpenGL 버전 4.0 이상을 지원해야 합니다. | **선택 사항** : GPU 성능을 사용하려는 경우 – Mac에 최소 1GB VRAM(2GB 권장)이 있어야 하고 컴퓨터에서 OpenGL 버전 4.0 이상을 지원해야 합니다.<br>• eGPU의 경우 Mac OS 10.13.5 이상에서 지원됩니다.<br>• VRAM 값을 확인하려면 Mac 〉 Mac 정보(그래픽 정보)를 선택합니다.<br>• 컴퓨터가 필요한 OpenGL 버전(4.0 이상)을 지원하는지를 알려면 이 Apple 지원 문서를 확인하십시오. |
| 디스플레이 | 1024×768 디스플레이(1920×1080 권장)<br>Illustrator에서 [터치] 작업 영역을 사용하려면, 터치 화면이 활성화된 태블릿/모니터에서 Windows 10을 실행해야 합니다(Microsoft Surface Pro 3 이상 권장). | 1024×768 디스플레이(1920×1080 권장) |
| 기타 사항 | 소프트웨어를 활성화하거나 구독을 확인하고 온라인 서비스를 이용하려면 인터넷 연결 및 등록이 필요합니다. | 소프트웨어를 활성화하거나 구독을 확인하고 온라인 서비스를 이용하려면 인터넷 연결 및 등록이 필요합니다. |

**1** 일러스트레이터 설치 파일을 다운로드하기 위해 한국어도비시스템즈(www.adobe.com/kr) 사이트에 접속합니다. 홈페이지 상단의 [지원] 〉 [다운로드 및 설치]를 클릭합니다.

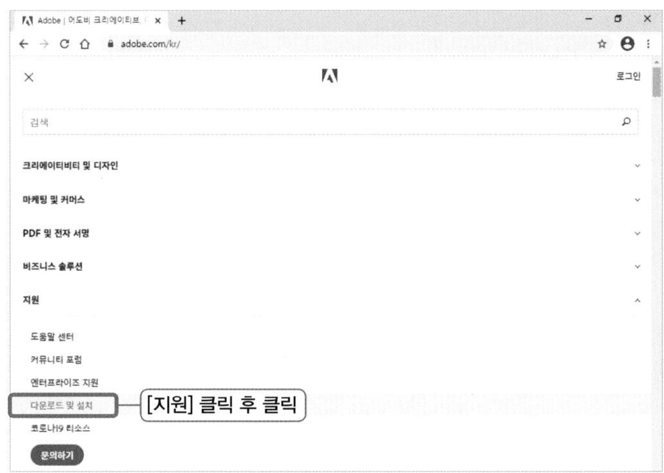


**2** 무료 체험판 화면으로 변경되면 'Illustrator'를 선택하고 [무료 체험판 시작]을 클릭합니다.

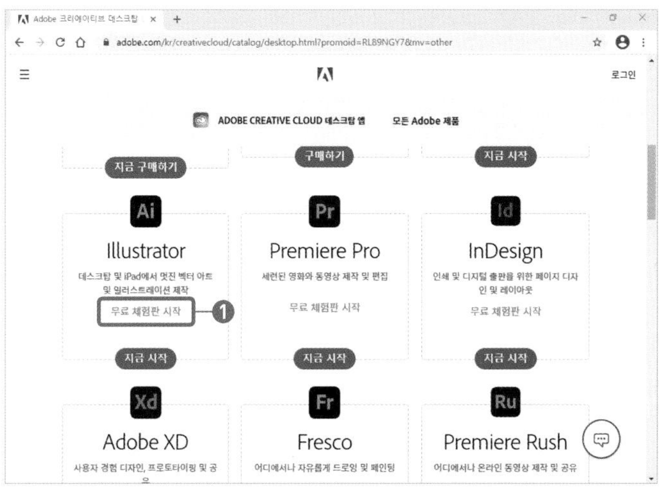


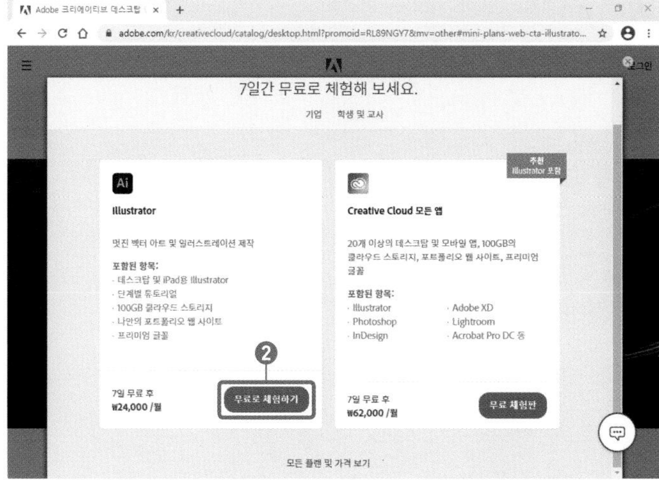

**3** 7일간 무료 체험을 할 수 있으며 신규 사용자의 경우 계정을 만들 후 로그인해야 합니다.

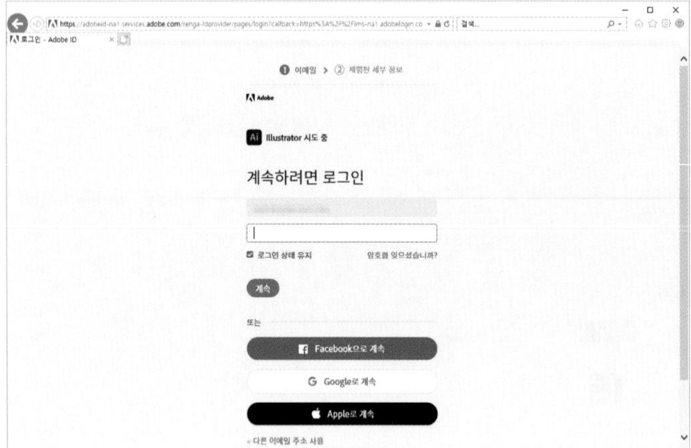


**4** 결재 방법을 선택한 후 안내에 따라 Creative Cloud 및 Illustrator 설치를 진행합니다.

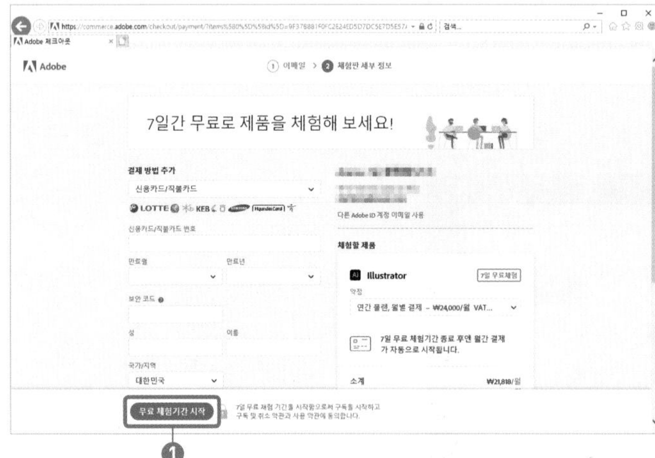

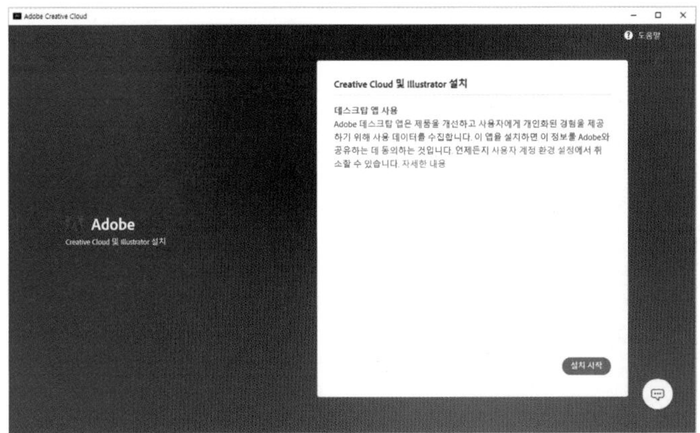


**5** Creative Cloud Desktop이 설치가 되었으면 [파일] 〉 [환경 설정]을 클릭하고 [앱] 탭을 선택합니다. 영문 버전을 설치하기 위해 기본 설치 언어를 'English (International)'로 선택합니다.

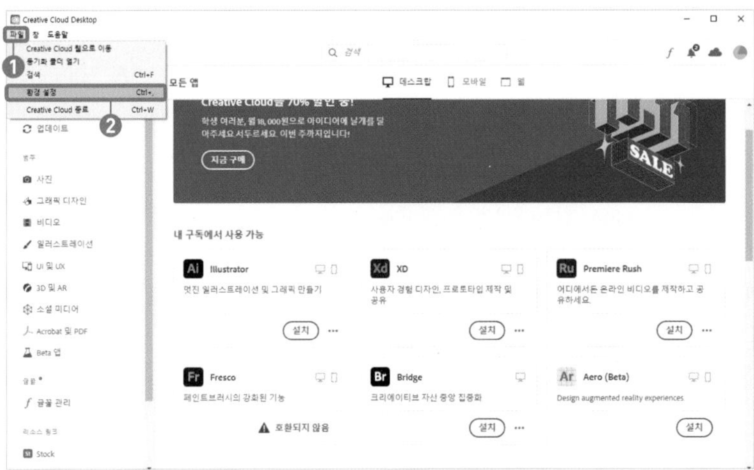

**6** 새 문서를 선택하여 시작하면 다음과 같은 일러스트레이터의 작업 영역을 확인할 수 있습니다.

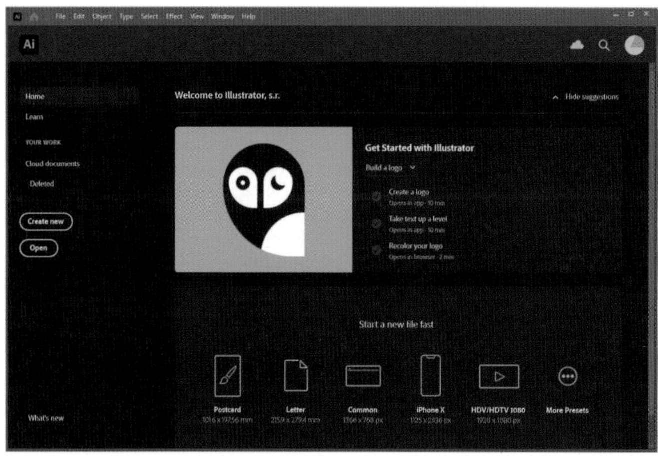


### MEMO 일러스트레이터 화면 색상 변경하기

일러스트레이터의 기본 배색은 진한 회색이며 사용자에 따라 배색 밝기를 변경할 수 있습니다. [Edit] 〉 [Preference] 〉 [User Interface] 메뉴를 클릭하고 작업자가 필요한 밝기로 설정합니다.

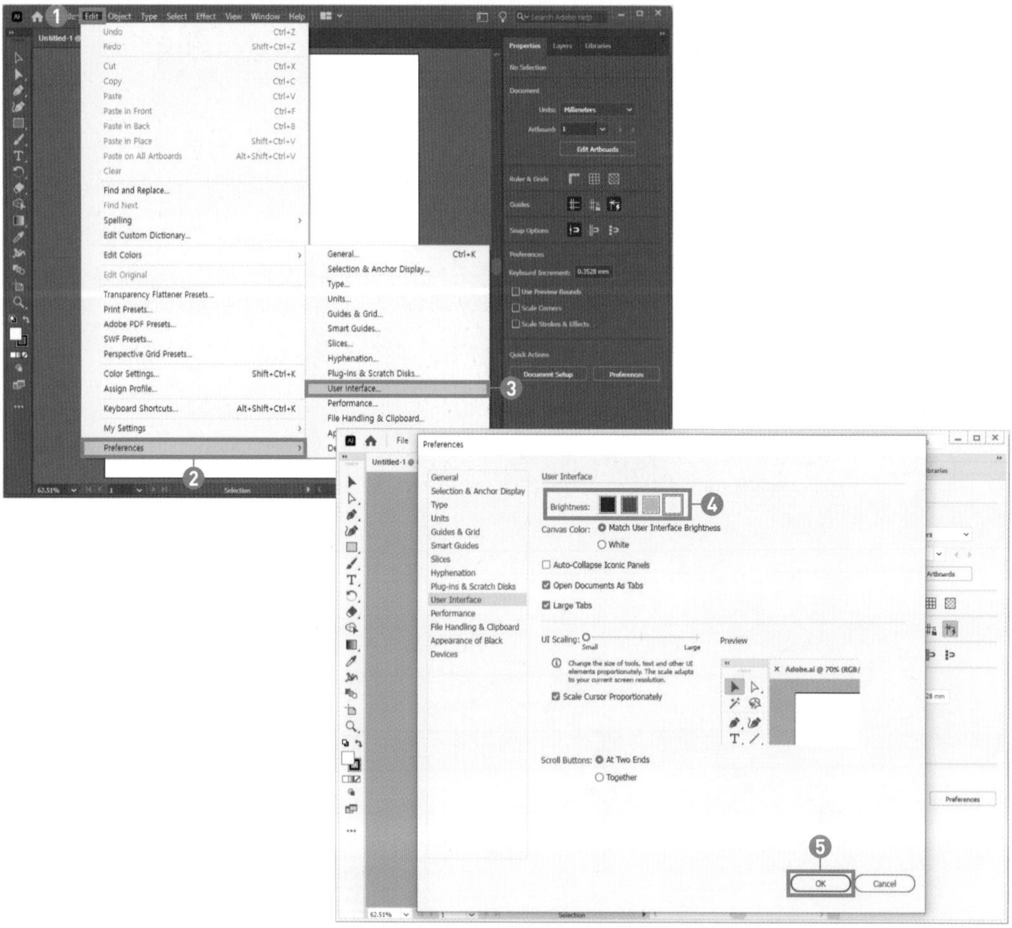

# 벡터 이미지와 해상도

## Vector(벡터), Bitmap(비트맵), Resolution(해상도)

일러스트레이터에서 작업한 이미지를 흔히 벡터 이미지라고 합니다. 벡터 이미지는 특성상 로고, 캐릭터, 아이콘, CI, BI 등에 적합한 이미지 방식입니다.

### 학습목표

일러스트레이터에서 사용하고 있는 벡터 방식 이미지에 대해 확인해보고 특징이 무엇이며 어떠한 장점이 있는지 살펴봅니다.

▲ 일러스트레이터 벡터 기반의 이미지는 화면의 확대 축소와 상관없이 항상 같은 해상도로 유지하여 보여줍니다.

## 01 : 벡터(Vector) 이미지

벡터 이미지는 수학적 공식에 의해 처리되는 이미지로 정점과 베지어 곡선을 통해 외곽선이 만들어지고 그 내부에 색상이나 패턴을 적용해 표현합니다.
파일의 크기는 비트맵(Bitmap) 이미지에 비해 작고 이미지의 퀄리티를 손상시키지 않으면서 확대 및 축소 또는, 회전 등 다양한 방법으로 조작할 수 있다는 장점이 있습니다. 또한 스크린 화면상에서나 프린트할 때도 모두 깨끗하게 출력됩니다.

▲ 확대된 모습

## 02 : 비트맵(Bitmap) 이미지

래스터(Raster) 이미지라고도 하는 비트맵 이미지는 픽셀(Pixel) 단위의 점으로 구성된 이미지를 말합니다. 이미지 파일은 각 픽셀의 위치 및 색상에 대한 정보를 담고 있습니다. 각 픽셀의 크기는 모두 같으며 픽셀의 수에 따라 이미지의 해상도가 결정됩니다. 포토샵에서 작업한 파일이거나 스캔한 이미지 및 디지털 카메라로 촬영한 사진은 모두 비트맵 이미지입니다.

## 03 : 해상도(Resolution)

일반적으로 해상도란 단위 면적당 이미지를 구성하고 있는 점들의 개수를 말합니다. 즉 이미지를 구성하는 점의 밀집도에 따라 이미지의 해상도가 정해집니다. 색상 정보를 가지고 있는 하나하나의 점들이 모여 그림 또는, 사진처럼 우리 눈에 보이는 것입니다. 포토샵에서는 이 점들을 바로 '픽셀'이라고 합니다. 그러나 점과 베지어 곡선으로 이루어진 일러스트레이터의 이미지는 픽셀 단위로 이루어진 포토샵 방식의 이미지들과는 태생적으로 성격이 다릅니다.

일러스트레이터의 이미지는 확대 및 축소하더라도 외곽선 형태가 그대로 유지되는 형식이기 때문에 작업하는 대지(Artboard) 크기 및 출력 형식에 따라 이미지 해상도가 영향을 받는다고 볼 수 있습니다. 프린트 출력 시 일반적으로 비트맵 이미지보다 벡터 이미지의 결과물이 깨끗하게 인쇄되는 것을 확인할 수 있습니다.

모니터 및 인쇄용 프린트 등에서 해상도는 이미지를 표현하는 픽셀의 밀도를 의미하며 단위는 ppi(pixel per inch)로 표현합니다. 예로 일반적인 모니터의 기본 해상도인 72ppi는 가로세로 1인치 면적에 72개의 픽셀, 300ppi는 300개의 픽셀로 출력한다는 것입니다. 즉, 300ppi 이미지는 72ppi 이미지보다 밀도가 높아 더 세밀하게 보이며 해상도가 더 높다고 말할 수 있습니다. ppi는 이미지 파일에 스캐너와 모니터의 해상도를 표현할 때도 사용됩니다. 인쇄의 경우 망점의 밀도로 해상도를 표현하기 때문에 dpi(dot per inch)로 사용됩니다. 또한 상업 인쇄의 경우 망점의 병렬 수로 해상도를 나타내기 때문에 lpi(line per inch=선의 수)로 사용합니다.

ppi와 dpi는 같은 개념으로 생각해도 무방합니다. ppi는 디지털 매체에서, dpi는 인쇄와 같은 매체에서 사용되는 기준일뿐 같은 해상도를 의미합니다.

▲ 모니터 해상도 표기 예

▲ 레이저 프린트 해상도 표기 예

### MEMO 모니터 및 TV 해상도

다음은 모니터 및 TV 해상도에 대한 규격 표시로 업체마다 다를 수 있습니다.

| 규격 | 해상도 | 화소수 |
|---|---|---|
| SD | 720×480 | 약 35만 화소 |
| HD | 1366×768 | 약 100만 화소 or 720P |
| FHD | 1920×1080 | 약 200만 화소 or 1080P |
| QHD | 2560×1440 | 약 360만 화소 or 1440P |
| UHD | 3840×2160 | 약 800만 화소 or 4K |

강좌 03

난이도 ●○○

# 일러스트레이터의 작업 공간 살펴보기

## Interface(작업 공간), Tool(도구), Menu(메뉴), Panel(패널), Document(문서)

일러스트레이터를 사용하는 것이 처음이라면 가장 먼저 확인할 것으로 주로 사용하는 도구 및 기능들이 어디에 위치하고 있는지 파악하는 것이 중요합니다. 또한 사용 목적에 따라 일러스트레이터를 구성하고 있는 다양한 인터페이스의 위치를 알아두는 것이 필요합니다.

### 학습과제

다음은 초기 실행 시 일러스트레이터 기본 화면의 모습입니다. 일러스트레이터의 화면 구성에 대해 알아봅니다.

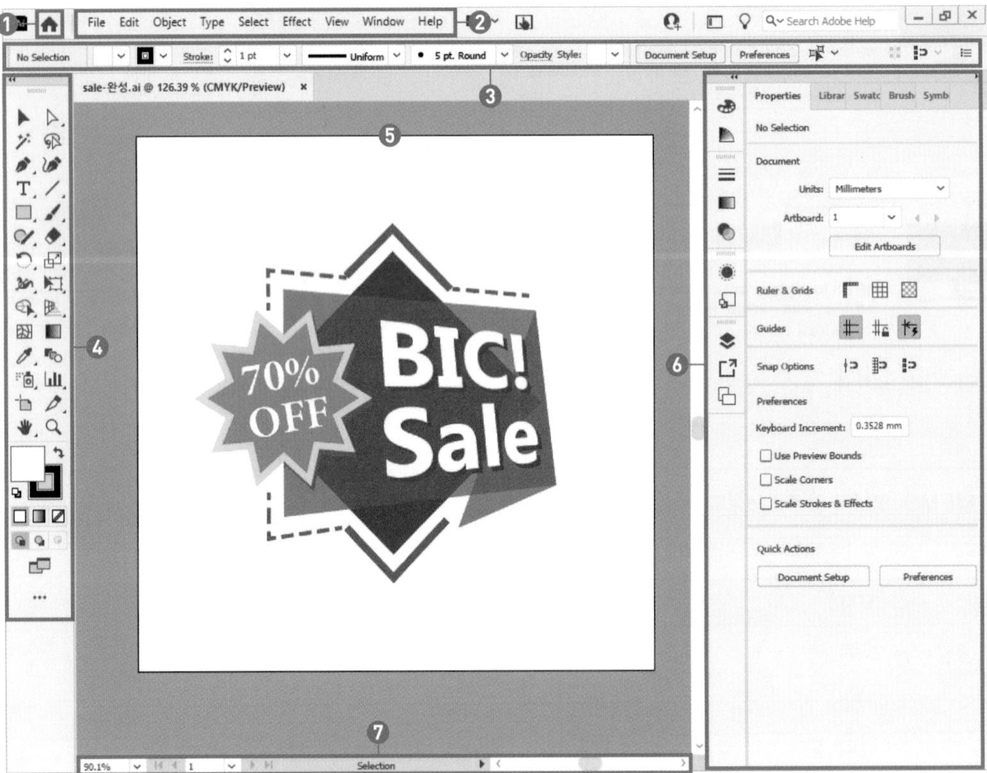


❶ Home
❷ Main Menu Bar
❸ Control panel
❹ Toolbar
❺ Artboard
❻ Panel
❼ Status bar

## 01 : 작업 공간의 구성 요소

### ❶ Home

[Home]을 클릭하면 홈 화면으로 전환됩니다.

### ❷ Main Menu

메인 메뉴는 File, Edit, Object, Type, Select, Effect, View, Window, Help로 구성되어 있습니다.

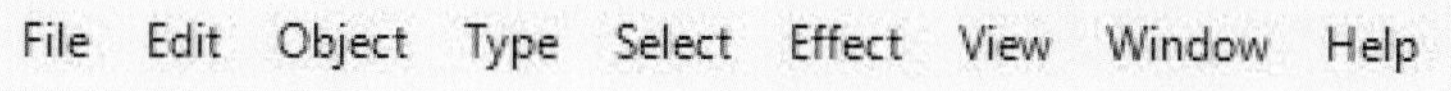


### ❸ Control panel

기본적으로 컨트롤 패널은 작업 영역의 맨 위쪽에 고정되어 있으며, 선택한 오브젝트와 관련한 옵션을 빠르게 설정할 수 있습니다.

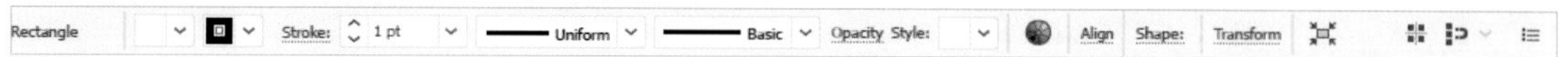


### ❹ Toolbar

각종 도구들이 특성별로 모여 있는 곳입니다. 필요한 도구를 클릭하거나 단축키를 이용하여 빠르게 사용할 수 있으며 사용자가 많이 사용하는 도구 위주로 편집할 수도 있습니다.

### ❺ Artboard

작업이 이루어지는 공간으로 종이 영역과 배경 영역으로 구성되어 있습니다. 회색의 배경 영역에서도 그림을 그릴 수 있지만 출력 시에는 제외되는 영역입니다.

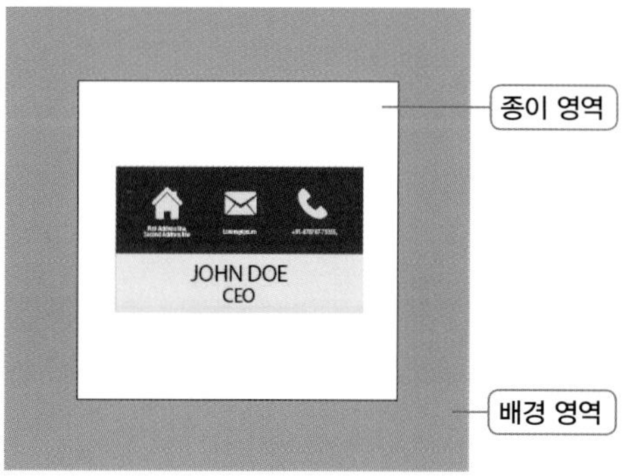


### ❻ [Properties] 패널 및 기타 다양한 패널

각종 패널들은 기본적으로 오른쪽에 위치하고 있으며, 필요한 기능 및 옵션 값을 빠르게 확인하고 적용할 수 있습니다. [Properties] 패널은 현재 작업에 대한 특성 및 오브젝트의 상태를 확인하거나 다양한 옵션을 설정할 수 있습니다.

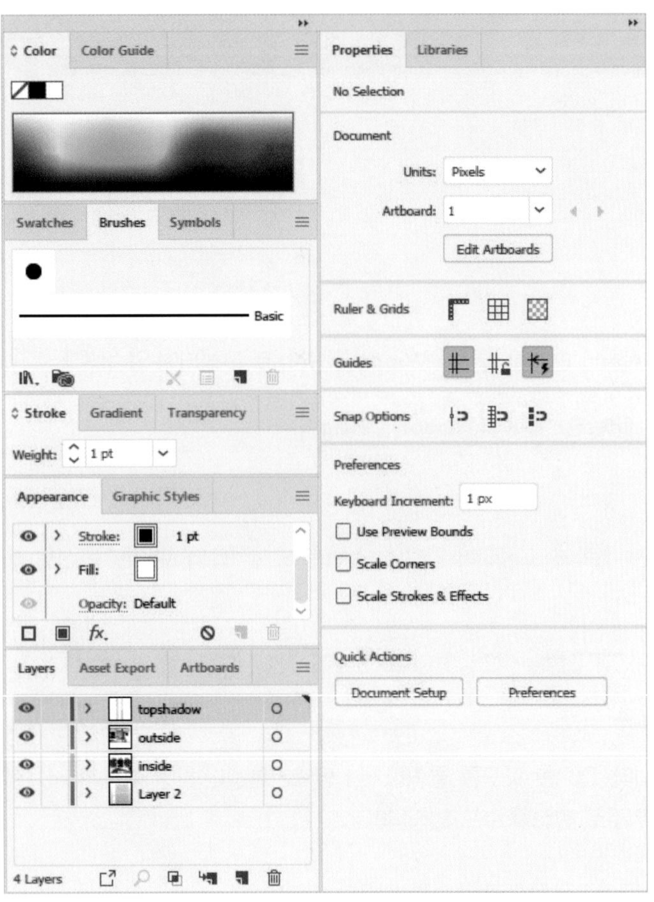


**❼ Status bar**

Status bar는 왼쪽 아래에 위치하고 있으며 확대/축소 비율 및 사용 중인 도구, 사용 중인 아트보드 등을 확인할 수 있습니다.

## 02 : 툴바의 유형

툴바의 구성은 기본 모드와 고급 모드로 나눠지며 사용자 정의로 편집 구성하여 사용할 수 있습니다.

❶ **Basic(기본) :** 최초 일러스트레이터를 설치 시 초기 툴바의 구성입니다.

❷ **Advanced(고급) :** 일러스트레이터의 모든 도구들을 포함한 툴바의 구성입니다. [Window] 〉 [Toolbars] 〉 [Advanced]를 클릭하면 변경할 수 있습니다.

❸ **All Tools 창 :** 툴바에서 [Edit Toolbar]를 클릭하면 [All Tools] 패널이 표시됩니다. 이곳에서 사용자만의 툴바를 편집할 수 있습니다.

❹ **Toolbar Menu :** Basic 또는 Advanced로 변경할 수 있으며 [New Toolbar]를 선택하여 사용자 정의의 새로운 툴바를 추가할 수 있습니다.

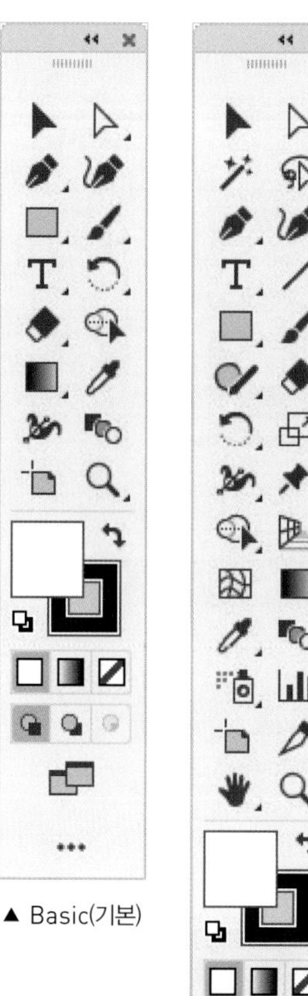

▲ Basic(기본)

▲ Advanced(고급)

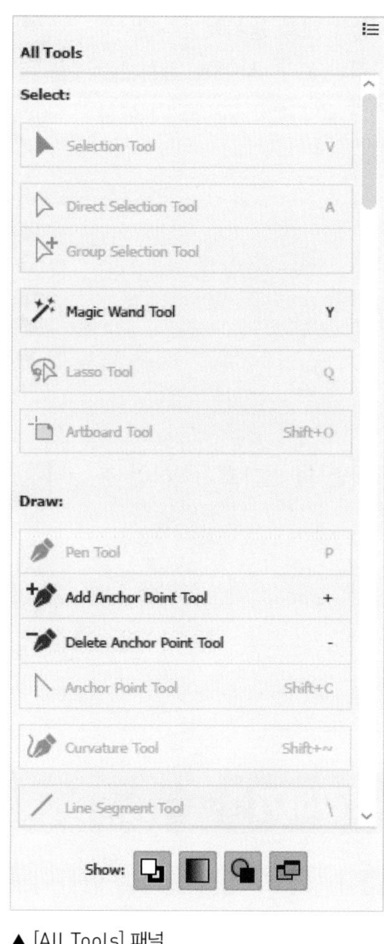


▲ [All Tools] 패널

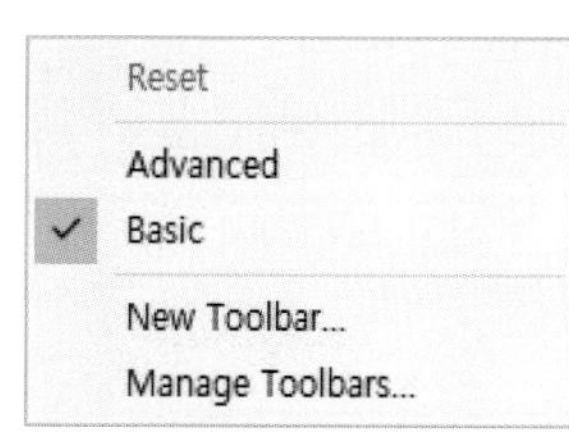


▲ Toolbar Menu

## 03 : 툴바에 도구 추가하고 제거하기

도구를 독립적 또는, 그룹으로 툴바에 추가할 수 있습니다.

❶ 선택한 도구를 툴바로 드래그하여 도구 위로 이동하면 파란색 사각형이 표시되며 기존에 위치한 도구와 그룹으로 추가할 수 있습니다.

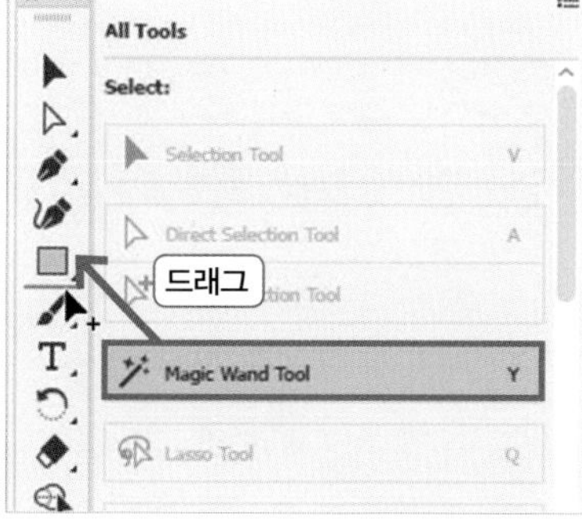


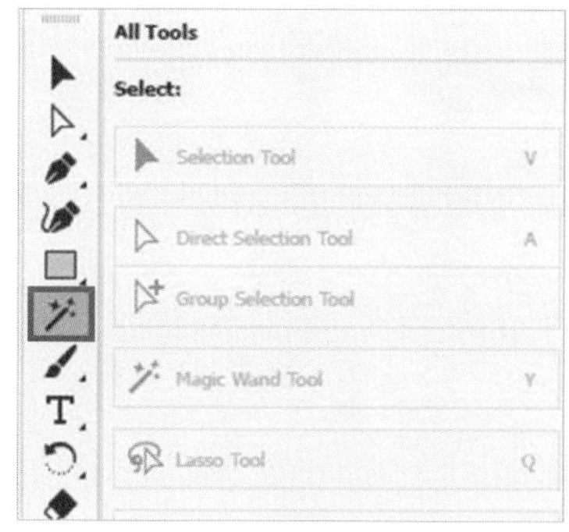

❷ Shift를 누른 채 도구를 클릭하면 여러 개를 동시에 선택할 수 있습니다. 마찬가지로 드래그하여 도구와 도구 사이에 위치하면 파란색 선이 표시되며 새로운 위치에 도구 그룹이 추가되어 생성됩니다.

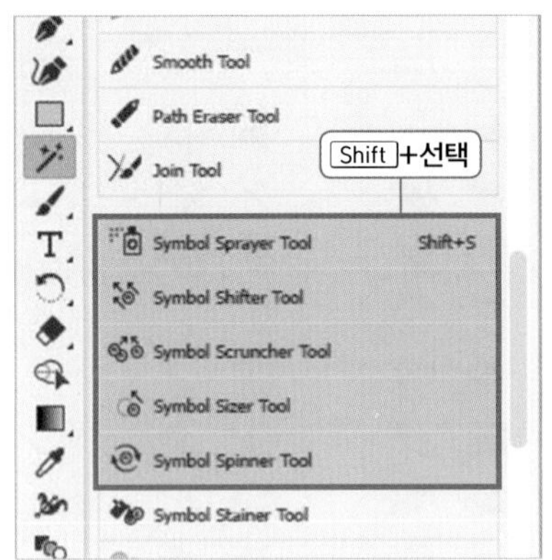


❸ [Toolbar] 메뉴에서 [Reset]을 선택하면 툴바를 초기화하여 추가된 도구들을 제거할 수 있습니다.

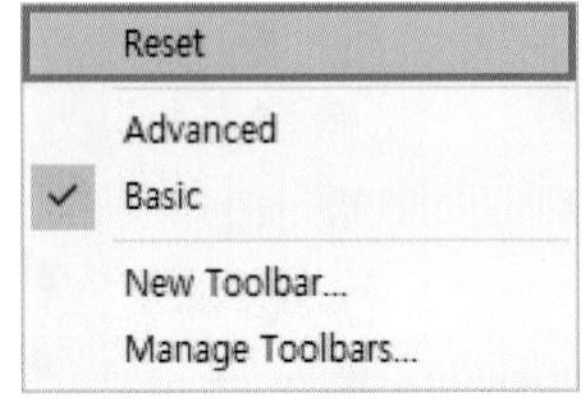


## 04 : 새로운 툴바 만들고 관리하기

사용자가 많이 사용하는 도구로 구성된 사용자 정의 툴바를 만들어 사용 및 관리할 수 있습니다.

❶ [Toolbar] 메뉴에서 [New Toolbar]를 선택합니다.

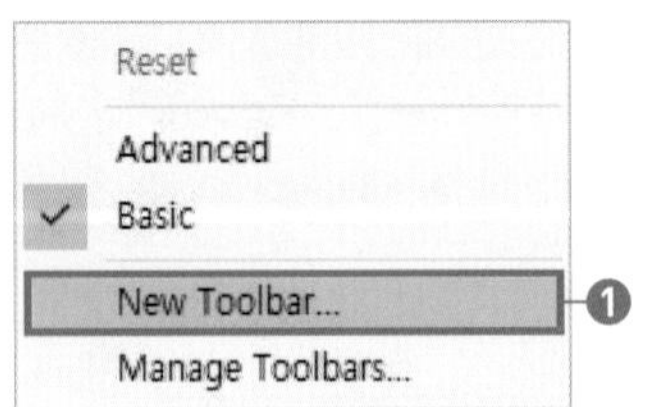


❷ [New Toolbar] 대화상자가 나타나면 새로 만들 툴바의 이름을 입력하고 [OK]를 클릭합니다. 그러면 새로운 툴바가 생성됩니다.

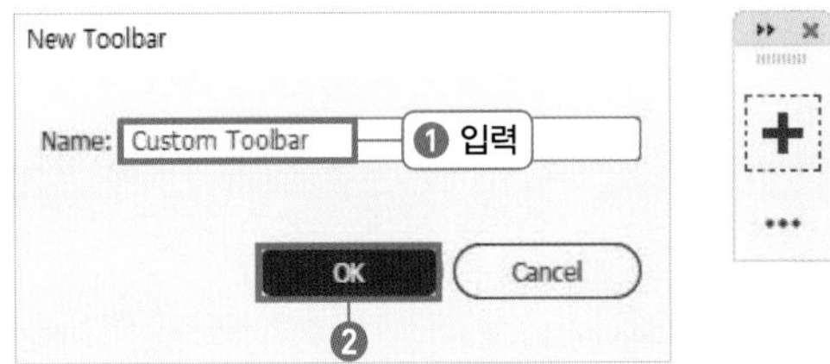

❸ [Toolbar] 메뉴에서 [Manage Toolbars]를 선택하면 [Manage Toolbar] 대화상자가 표시되며 이름을 변경하거나 복사, 삭제 등 툴바를 관리할 수 있습니다.

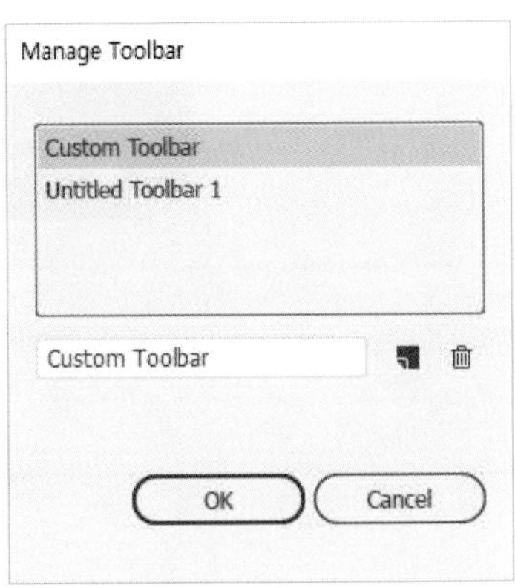


**MEMO 다양한 작업 공간**

기본적으로 제공되는 작업 공간의 유형을 작업 스타일에 따라 선택하여 사용할 수 있습니다. 기본 작업 영역은 'Essentials'입니다.

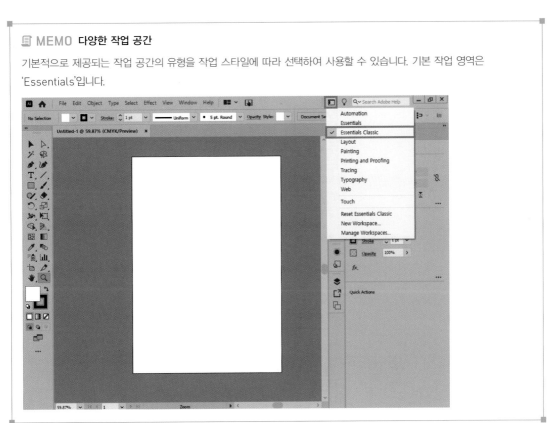

# 다양한 도구 및 툴바 살펴보기

## Toolbar(툴바)

툴바는 각종 그리는 도구 및 편집 도구들이 모여 있는 곳입니다. 어떠한 기능의 도구들이 있으며 단축키 및 편집 방법에 대해 간략히 확인해 봅니다.

### 학습과제

숨겨진 도구들을 포함하여 어떠한 도구들이 있는지 하나하나 확인해 봅니다.

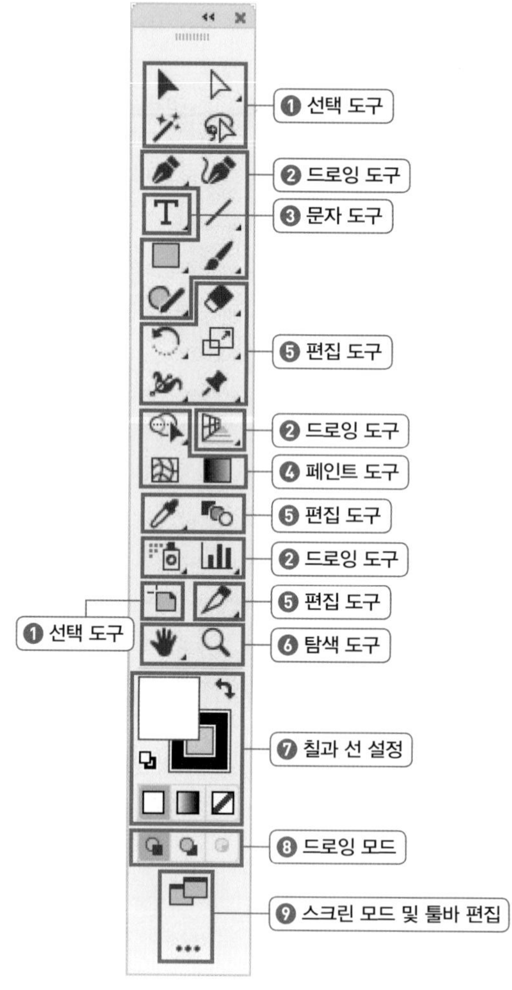

## 01 : 선택 도구들

❶ **Selection Tool(선택 도구)([V])** : 점과 선으로 이루어진 전체 오브젝트를 선택합니다.

❷ **Direct Selection Tool(직접 선택 도구)([A])** : 오브젝트의 점이나 선을 선택합니다.

❸ **Group Selection Tool(그룹 선택 도구)** : 그룹으로 묶여 있는 오브젝트 및 그룹을 선택합니다.

❹ **Magic Wand Tool(자동 선택 도구)([Y])** : 특성이 비슷한 오브젝트를 선택합니다.

❺ **Lasso Tool(올가미 도구)([Q])** : 자유롭게 드래그한 영역에 포함된 점이나 선을 선택합니다.

❻ **Artboard Tool(대지 도구)([Shift]+[Q])** : 새로운 대지를 추가합니다.

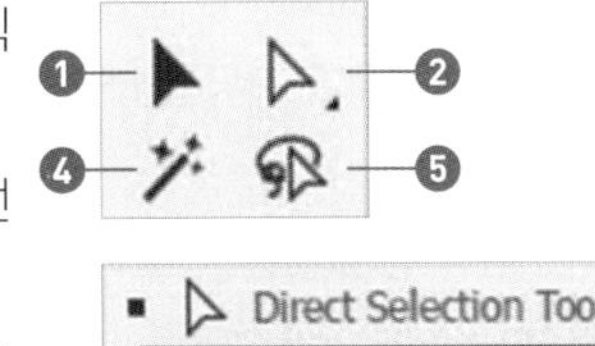

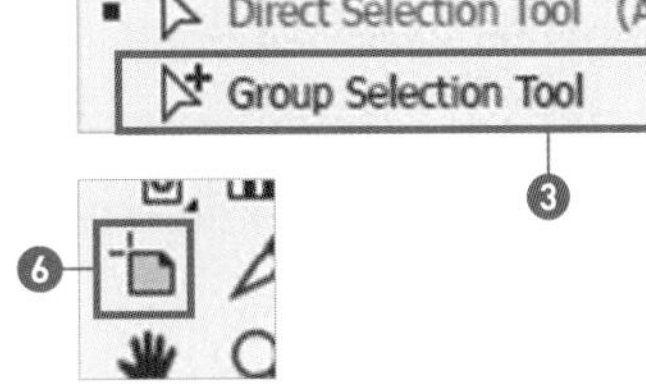


## 02 : 드로잉 도구들

❶ **Pen Tool(펜 도구)([P])** : 직선과 곡선의 패스를 그려주는 도구입니다.

❷ **Add Anchor Point Tool(고정점 추가 도구)([+])** : 패스에 정점을 추가합니다.

❸ **Delete Anchor Point Tool(고정점 삭제 도구)([-])** : 패스에서 정점을 삭제합니다.

❹ **Anchor Point Tool(고정점 도구)([Shift]+[C])** : 패스 정점의 방향성을 변경합니다.

❺ **Curvature Tool(곡률 도구)([Shift]+[~])** : 곡선의 패스를 그려줍니다.

❻ **Line Segment Tool(선분 도구)([\])** : 선 오브젝트를 그려줍니다.

❼ **Arc Tool(호 도구)** : 호 오브젝트를 그려줍니다.

❽ **Spiral Tool(나선형 도구)** : 나선형의 패스를 그려줍니다.

❾ **Rectangular Grid Tool(사각형 격자 도구)** : 그물망과 같은 사각형 격자를 그려줍니다.

❿ **Polar Grid Tool(극좌표 격자 도구)** : 레이더망과 같은 원형 격자를 그려줍니다.

⓫ **Rectangle Tool(사각형 도구)([M])** : 정사각형 또는 직사각형의 오브젝트를 그려줍니다.

⓬ **Rounded Rectangle Tool(둥근 사각형 도구)** : 둥근 사각형의 오브젝트를 그려줍니다.

⓭ **Ellipse Tool(원형 도구)([L])** : 정원 또는 타원의 오브젝트를 그려줍니다.

⓮ **Polygon Tool(다각형 도구)** : 다각형 오브젝트를 그려줍니다.

Pen Tool (P)
Add Anchor Point Tool (+)
Delete Anchor Point Tool (-)
Anchor Point Tool (Shift+C)

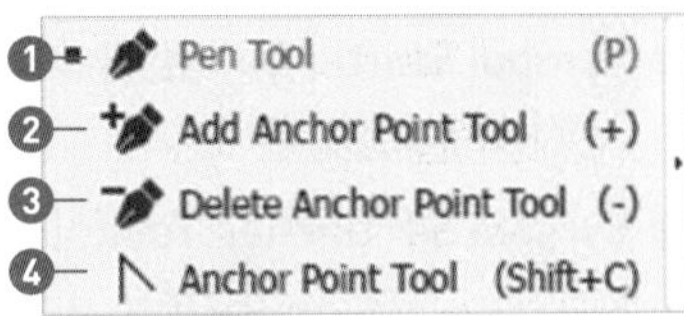

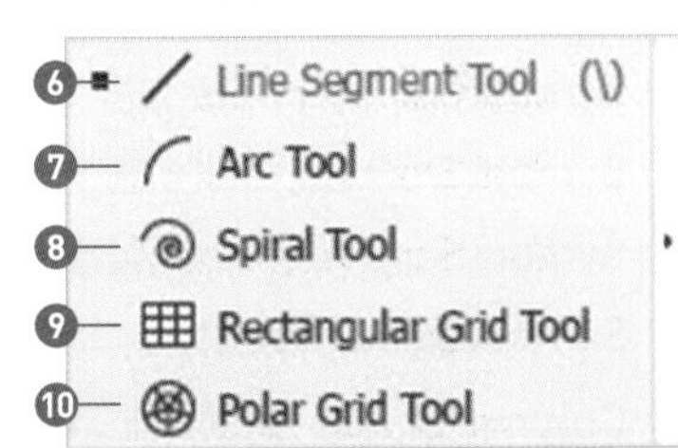

⑮ **Star Tool(별모양 도구)** : 별모양의 오브젝트를 그려줍니다.

⑯ **Flare Tool(플레어 도구)** : 태양빛의 섬광 효과를 그려줍니다.

⑰ **Paintbrush Tool(페인트 브러시 도구)(B)** : 패스에 브러시 효과를 적용할 수 있습니다. 자유 형태의 패스나 붓글씨 형태의 패스를 그려줍니다.

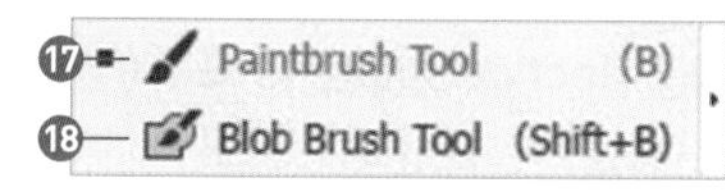


⑱ **Blob Brush Tool(물방울 브러시 도구)(Shift+B)** : 패스 선으로 그려지는 페인트 브러시와 달리 색상이 채워진 면으로 패스를 그려줍니다.

⑲ **Shaper Tool(셰이퍼 도구)(Shift+N)** : 원이나 삼각형 등 도형을 대략적으로 그리면 형태를 자동으로 인식하여 규격화된 모양으로 그려줍니다.

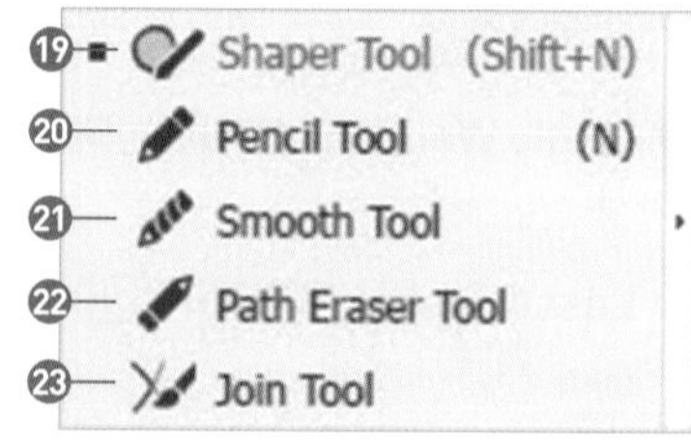


⑳ **Pencil Tool(연필 도구)(N)** : 자유로운 형태의 선을 그리고 편집합니다.

㉑ **Smooth Tool(매끄럽게 도구)** : 패스를 매끄럽게 만들어줍니다.

㉒ **Path Eraser Tool(패스 지우개 도구)** : 패스와 정점을 지웁니다.

㉓ **Join Tool(연결 도구)** : 끊어져 있는 패스를 연결합니다.

㉔ **Symbol Sprayer Tool(심볼 분무기 도구)(Shift+S)** : 선택한 심볼을 분무기처럼 사용하여 대지에 동일한 오브젝트를 연속적으로 추가합니다.

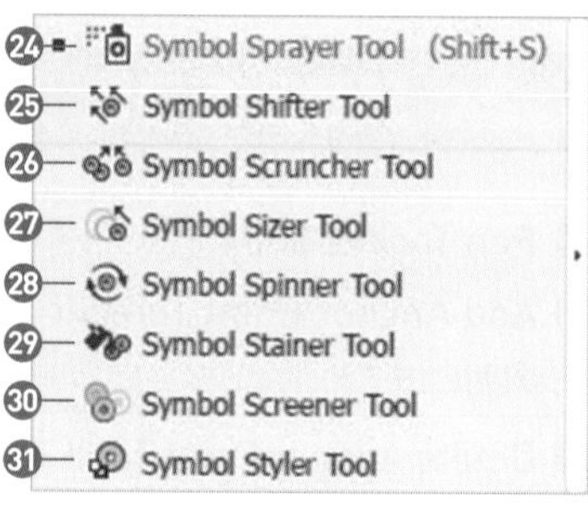


㉕ **Symbol Shifter Tool(심볼 이동기 도구)** : 심볼을 이동하고 누적 순서를 변경합니다.

㉖ **Symbol Scruncher Tool(심볼 분쇄기 도구)** : 심볼의 위치를 조밀하게 하거나 Alt를 눌러 분산시킵니다.

㉗ **Symbol Sizer Tool(심볼 크기 조절기 도구)** : 심볼의 크기를 조절합니다.

㉘ **Symbol Spinner Tool(심볼 회전기 도구)** : 심볼을 회전시킵니다.

㉙ **Symbol Stainer Tool(심볼 염색기 도구)** : 심볼의 색상을 입힙니다.

㉚ **Symbol Screener Tool(심볼 투명기 도구)** : 심볼에 투명도를 적용합니다.

㉛ **Symbol Styler Tool(심볼 스타일기 도구)** : 심볼에 선택한 스타일을 적용합니다.

㉜ **Column Graph Tool(막대 그래프 도구)(J)** : 세로 방향의 막대 그래프를 만듭니다.

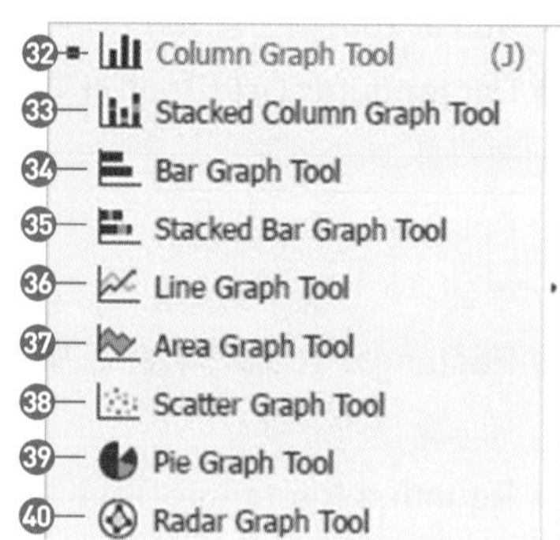


㉝ **Stacked Column Graph Tool(누적 막대 그래프 도구)** : 세로 방향의 누적 막대 그래프를 만듭니다.

㉞ **Bar Graph Tool(가로 막대 그래프 도구)** : 가로 방향의 막대 그래프를 만듭니다.

㉟ **Stacked Bar Graph Tool(가로 누적 막대 그래프 도구)** : 가로 방향의 누적 막대 그래를 만듭니다.

㊱ **Line Graph Tool(선 그래프 도구)** : 선 그래프를 만듭니다.

㊲ **Area Graph Tool(영역 그래프 도구)** : 선 모양의 영역 그래프를 만듭니다.

㊳ **Scatter Graph Tool(산포 그래프 도구)** : 점이 표시되는 그래프를 만듭니다.

㊴ **Pie Graph Tool(파이 그래프 도구) :** 파이 모양의 그래프를 만듭니다.

㊵ **Radar Graph Tool(레이더 그래프 도구) :** 거미줄 모양의 그래프를 만듭니다.

㊶ **Slice Tool(분할 영역 도구)(Shift+K) :** 아트웍을 웹 이미지로 분할합니다.

㊷ **Slice Selection Tool(분할 영역 선택 도구) :** 웹 이미지로 분할된 영역을 선택합니다.

㊸ **Perspective Grid Tool(원근감 격자 도구)(Shift+P) :** 원근감 격자를 만들어줍니다.

㊹ **Perspective Selection Tool(원근감 선택 도구)(Shift+V) :** 원근 오브젝트를 선택하여 이동하며 평면의 오브젝트를 원근감 평면으로 이동시킬 수 있습니다.

## 03 : 문자 도구들

❶ **Type Tool(문자 도구)(T) :** 가로 문자를 입력하거나 편집합니다.

❷ **Area Type Tool(영역 문자 도구) :** 닫혀 있는 패스 영역에서 문자를 입력하고 편집합니다.

❸ **Type on a Path Tool(패스 상의 문자 도구) :** 패스 모양으로 문자를 입력하고 편집합니다.

❹ **Vertical Type Tool(세로 문자 도구) :** 세로 문자를 입력하거나 편집합니다.

❺ **Vertical Area Type Tool(세로 영역 문자 도구) :** 닫혀 있는 패스 영역에서 세로 문자를 입력하고 편집합니다.

❻ **Vertical Type on a Path Tool(패스 상의 세로 문자 도구) :** 패스 모양으로 세로 문자를 입력하고 편집합니다.

❼ **Touch Type Tool(문자 손질 도구)(Shift+T) :** 문자별로 크기 및 방향을 편집합니다.

## 04 : 페인트 도구들

❶ **Gradient Tool(그라디언트 도구)(G) :** 오브젝트에 그라데이션을 적용합니다.

❷ **Mesh Tool(망 도구)(U) :** 오브젝트에 망점과 망선을 추가하여 메쉬 오브젝트를 만들어줍니다.

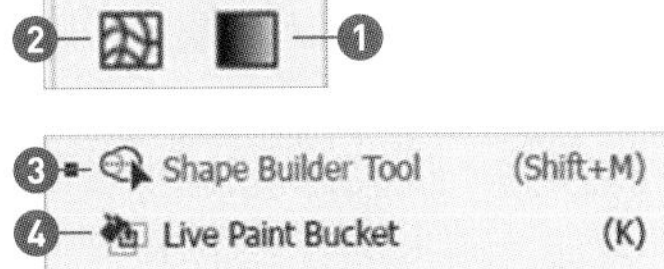


❸ **Shape Builder Tool(도형 구성 도구)(Shift+M) :** 오브젝트들을 병합하고 지워줍니다. 간단한 모양을 병합하여 복잡한 형태를 만들 수 있습니다.

❹ **Live Paint Bucket(라이브 페인트 통)(K) :** 그룹 오브젝트의 면과 선에 색상을 채워줍니다.

❺ **Live Paint Selection Tool(라이브 페인트 선택 도구)(Shift+L) :** 그룹 오브젝트의 면과 선을 선택합니다.

## 05 : 편집 도구들

❶ **Rotate Tool(회전 도구)(R)** : 선택한 오브젝트를 회전시킵니다.

❷ **Reflect Tool(반사 도구)(O)** : 선택한 오브젝트를 고정 축을 기준으로 뒤집기 합니다.

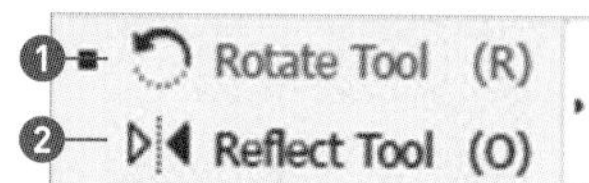


❸ **Scale Tool(크기 조절 도구)(S)** : 선택한 오브젝트의 크기를 조절합니다.

❹ **Shear Tool(기울이기 도구)** : 선택한 오브젝트를 기울입니다.

❺ **Reshape Tool(모양 변경 도구)** : 패스 일부분의 정점을 조정합니다.

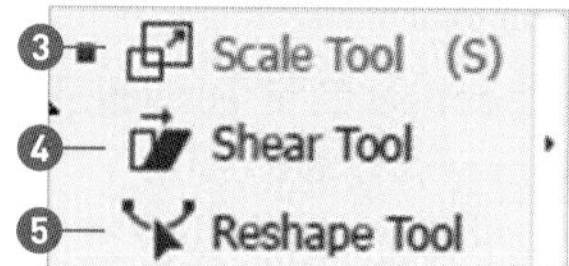


❻ **Width Tool(폭 도구)(Shift+W)** : 패스 선에 두께를 조정합니다.

❼ **Warp Tool(변형 도구)(Shift+R)** : 손가락으로 문지른 것과 같은 효과를 적용합니다.

❽ **Twirl Tool(돌리기 도구)** : 패스 선을 소용돌이 모양으로 변형합니다.

❾ **Pucker Tool(오목 도구)** : 패스 선을 오목하게 변형합니다.

❿ **Bloat Tool(볼록 도구)** : 패스 선을 볼록하게 변형합니다.

⓫ **Scallop Tool(조개 도구)** : 오브젝트 외곽선에 임의의 곡선을 추가합니다.

⓬ **Crystallize Tool(수정화 도구)** : 오브젝트 외곽선에 뾰족한 모양을 추가합니다.

⓭ **Wrinkle Tool(주름 도구)** : 오브젝트 외곽선에 위아래 방향으로 주름 모양을 추가합니다.

⓮ **Free Transform Tool(자유 변형 도구)(E)** : 오브젝트의 크기를 조절하거나 회전 및 기울기를 적용합니다.

⓯ **Puppet Warp Tool(퍼펫 뒤틀기 도구)** : 핀을 추가하여 이동 및 회전하여 오브젝트를 변형합니다.

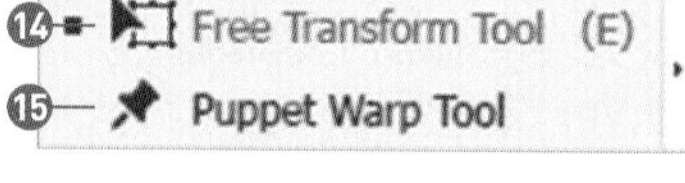


⓰ **Eyedropper Tool(스포이드 도구)(I)** : 오브젝트가 가지고 있는 색상 및 특성을 샘플링합니다.

⓱ **Measure Tool(측정 도구)** : 두 점간의 거리를 측정합니다.

⓲ **Blend Tool(블렌드 도구)(W)** : 오브젝트간의 색상과 모양을 혼합하여 적용합니다.

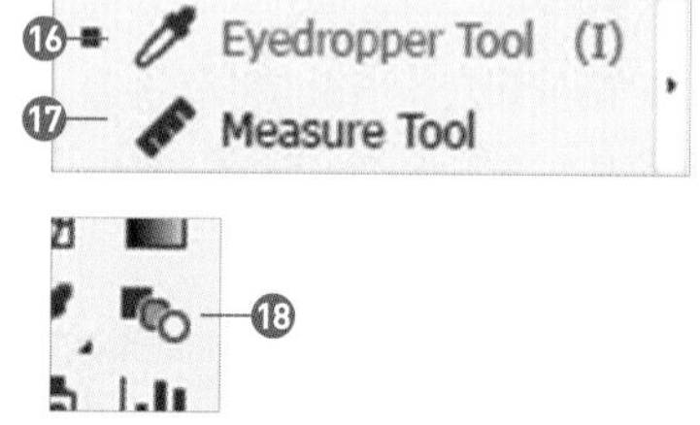


⓳ **Eraser Tool(지우개 도구)(Shift+E)** : 오브젝트를 지웁니다.

⓴ **Scissors Tool(가위 도구)(C)** : 패스를 오려냅니다.

㉑ **Knife(칼)** : 오브젝트를 잘라냅니다.

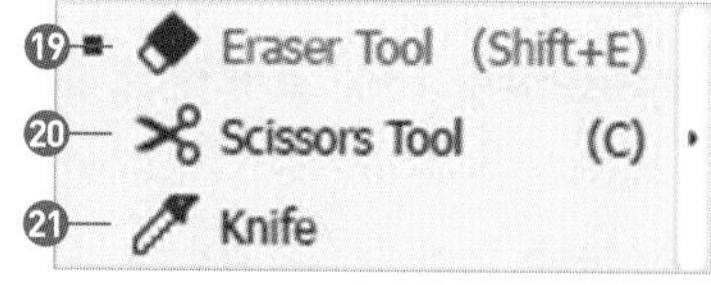

## 06 : 탐색 도구들

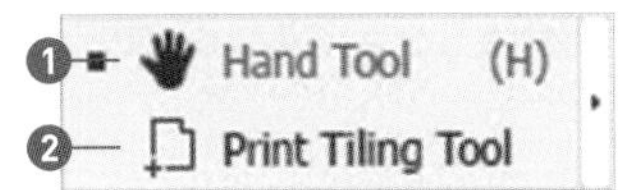


❶ **Hand Tool(손 도구)(H) :** 화면에서 대지 전체를 이동하여 보여줍니다.

❷ **Print Tiling Tool(타일링 인쇄 도구) :** 격자를 조정하여 인쇄되는 영역의 위치를 조정합니다.

❸ **Zoom Tool(돋보기 도구)(Z) :** 작업 화면을 확대/축소합니다.

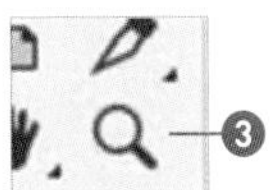

## 07 : 칠과 선 설정

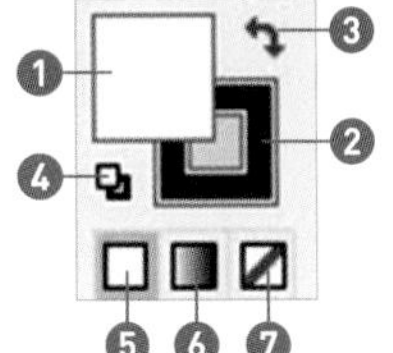

❶ **Fill(칠) :** 오브젝트 면의 색상, 패턴, 그라데이션을 채워줍니다. 더블클릭하면 [Color Picker] 창이 표시되며 Fill 색상을 선택합니다.

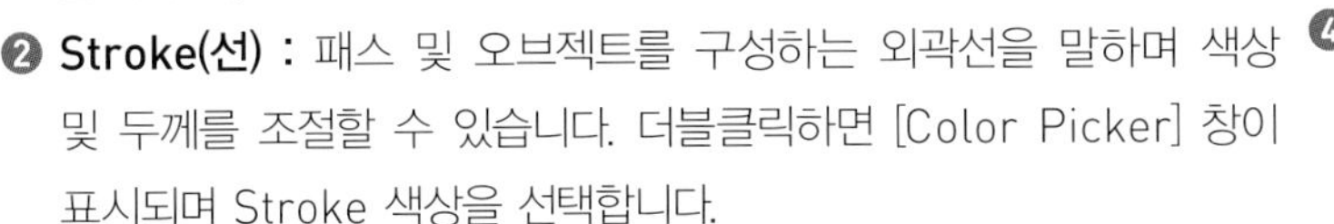

❷ **Stroke(선) :** 패스 및 오브젝트를 구성하는 외곽선을 말하며 색상 및 두께를 조절할 수 있습니다. 더블클릭하면 [Color Picker] 창이 표시되며 Stroke 색상을 선택합니다.

❸ **Swap Fill And Stroke(칠과 선 교체) :** Fill과 Stroke의 색상을 서로 교체합니다.

❹ **Default Fill And Stroke(초기값 칠과 선) :** 초기 설정값인 흰색과 검은색으로 변경합니다.

❺ **Color(색상) :** Fill과 Stroke에 색상을 채워줍니다.

❻ **Gradient(그라디언트) :** Fill과 Stroke에 색상에 그라데이션을 적용합니다.

❼ **None(없음) :** Fill과 Stroke에 색상을 제거합니다.

## 08 : 드로잉 모드

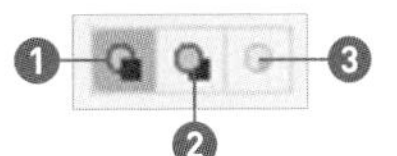

❶ **Draw Normal(표준 그리기) :** 일반적인 드로잉 모드로 오브젝트의 위치가 위쪽 순서대로 그려집니다.

❷ **Draw Behind(배경 그리기) :** 오브젝트의 위치가 맨 아래쪽에서 그려집니다.

❸ **Draw Inside(내부 그리기) :** 오브젝트 안쪽 면에 그림이 그려집니다.

## 09 : 스크린 모드 및 툴바 편집

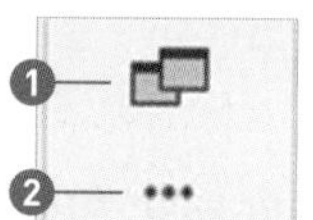

❶ **Change Screen Mode(화면 모드 변경) :** 스크린 모드를 변경합니다.

❷ **Edit Toolbar(도구 모음 편집) :** 툴바를 새로 만들거나 편집할 수 있습니다.

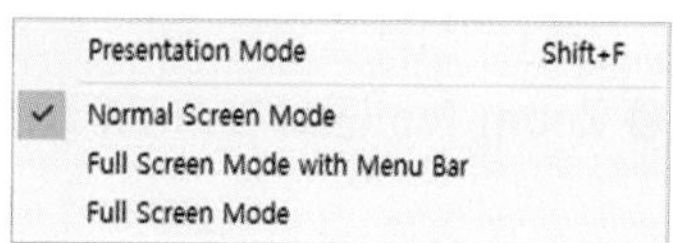


MEMO **Edit Toolbar**

[Edit Toolbar]를 활용하여 사용자가 많이 사용하는 도구별로 툴바를 구성하여 사용할 수 있습니다.

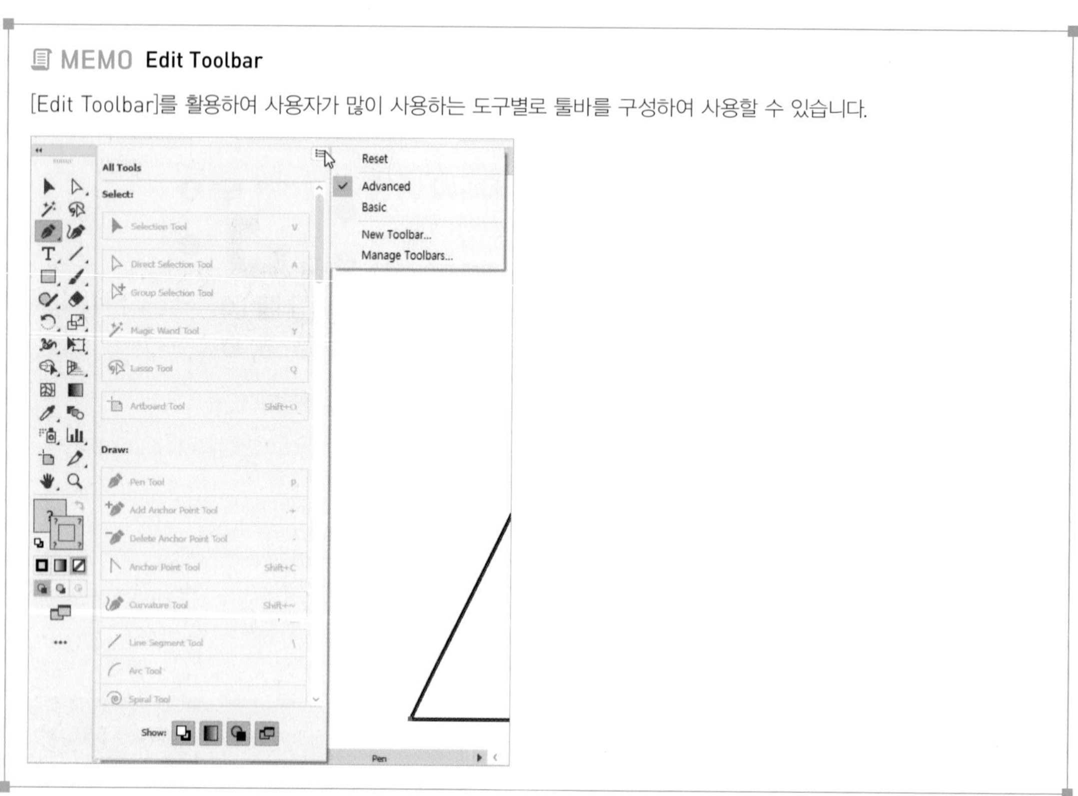

# 메뉴 기능 살펴보기

## Main Menu(메인 메뉴)

메인 메뉴에 속해 있는 기능들은 매우 다양하고 도구들로 표현하기 힘든 고급 기능들이 포함되어 있습니다. 각각의 메뉴의 특징과 기능에 대해 간략히 알아봅니다.

### 학습목표

메뉴별 기능들에 대해 간략히 파악하고 확인해 봅니다.

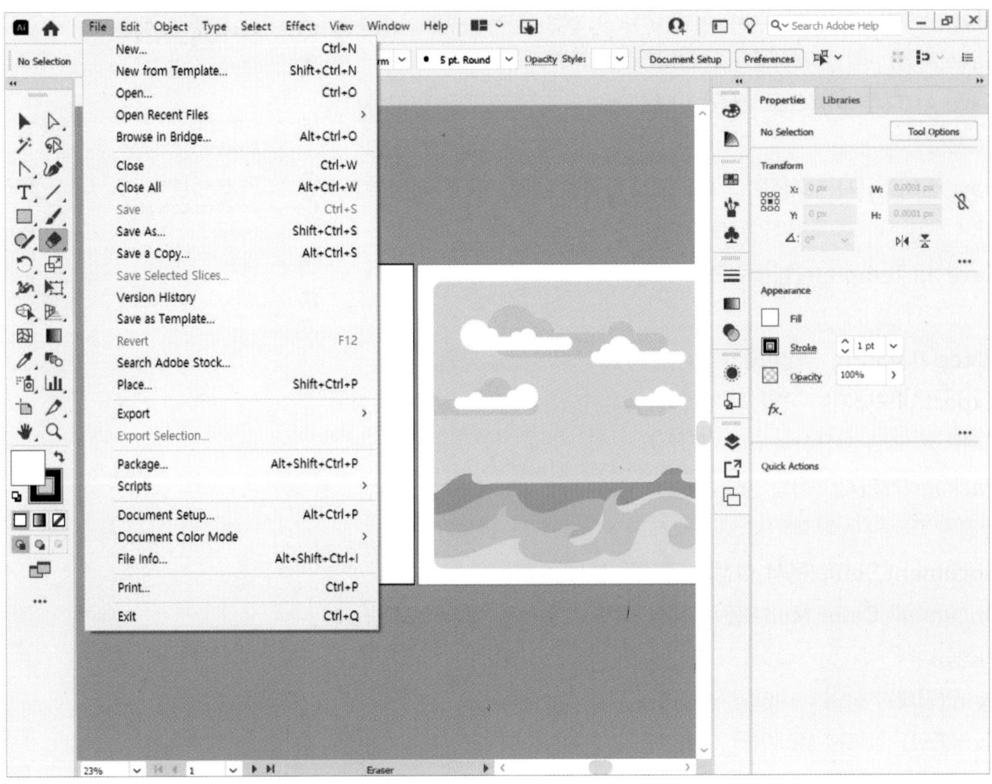


▲ 풀다운 메뉴가 펼쳐진 모습이며 주요 기능의 단축키로 확인할 수 있습니다.

## 01 : File(파일) 메뉴

File 메뉴는 새로운 아트보드를 만들거나 작업한 이미지 불러오기, 작업한 파일들을 다양한 방식으로 저장, 인쇄 및 출력 등 문서와 작업 파일과 관련된 기능들이 모여 있습니다.

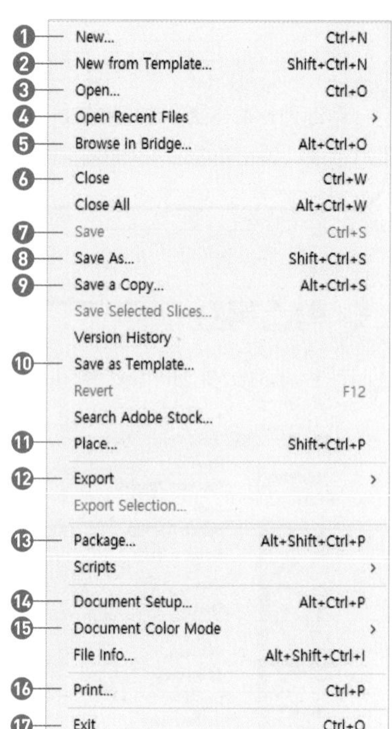


❶ **New(새로 만들기)** : 새로운 문서(도큐먼트)를 만들어줍니다.

❷ **New from Template(템플릿으로 새로 만들기)** : 템플릿 파일을 불러와 새롭게 시작합니다. 템플릿 파일이란 미리 만들어 놓은 디자인 양식을 말합니다.

❸ **Open(열기)** : 저장되어 있는 작업 파일을 불러옵니다.

❹ **Open Recent Files(최근 파일 열기)** : 최근 작업한 목록에서 선택하여 불러옵니다. 최근에 작업한 리스트를 보여줍니다.

❺ **Browse In Bridge(Bridge에서 찾아보기)** : 어도비 브릿지를 실행하여 이미지 파일을 검색하고 불러올 수 있습니다.

❻ **Close(닫기)** : 현재 선택되어 작업 중인 파일만 종료합니다.

❼ **Save(저장)** : 작업 파일을 저장합니다.

❽ **Save As(다른 이름으로 저장)** : 파일명이나 저장 포맷을 변경하여 저장합니다.

❾ **Save a Copy(사본 저장)** : 작업 중인 파일을 복사본으로 저장합니다. 원본 및 데이터 백업용으로 저장 시 사용합니다.

❿ **Save as Template(템플릿으로 저장)** : 작업 파일을 템플릿 이미지로 저장합니다.

⓫ **Place(가져오기)** : 작업 중인 문서로 이미지 파일을 가져옵니다.

⓬ **Export(내보내기)** : 작업 이미지를 다양한 외부 포맷(JPG, PNG, BMP 등)으로 저장하여 내보냅니다.

⓭ **Package(패키지)** : 작업 중인 파일의 문서 내용, 필요한 모든 글꼴, 연결된 그래픽 등이 패키지 보고서가 포함된 폴더를 생성합니다.

⓮ **Document Setup(문서 설정)** : 문서를 설정합니다.

⓯ **Document Color Mode(문서 색상 모드)** : 문서의 색상 모드를 설정합니다.

⓰ **Print(인쇄)** : 작업 이미지를 인쇄합니다.

⓱ **Exit(종료)** : 일러스트레이터 프로그램을 종료합니다.

## 02 : Edit(편집) 메뉴

Edit 메뉴는 기본적으로 복사 및 붙여넣기 기능이 있으며 작업 이미지의 색상을 변경하고 배합할 수 있는 기능들이 포함되어 있습니다. 또한 Preferences에서 일러스트레이터의 기본적인 작업 환경을 설정할 수 있습니다.

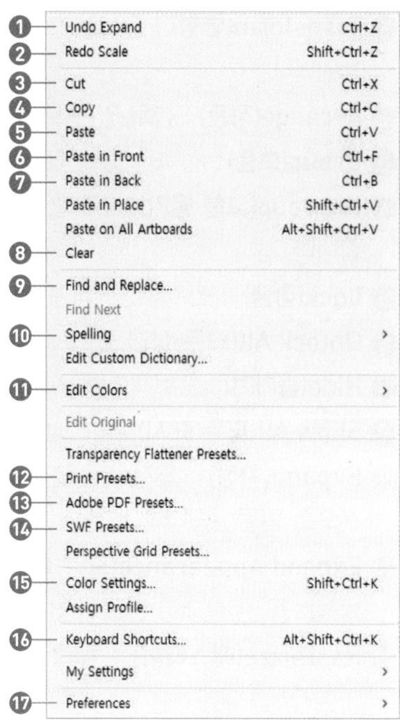


❶ **Undo(실행 취소)** : 바로 전에 실행된 명령어를 취소합니다.

❷ **Redo(재실행)** : Undo로 취소된 명령을 원래 실행 상태로 복귀시켜줍니다.

❸ **Cut(오리기)** : 오브젝트를 삭제합니다. Paste 기능으로 삭제된 이미지를 다시 붙여줄 수 있습니다.

❹ **Copy(복사)** : 오브젝트를 복사합니다.

❺ **Paste(붙이기)** : Cut, Copy 명령으로 복사한 이미지를 붙여넣기 합니다.

❻ **Paste in Front(앞에 붙이기)** : Cut, Copy 명령으로 복사한 이미지를 오브젝트 앞으로 붙여넣기하며 또한 동일한 위치로 복사됩니다.

❼ **Paste in Back(뒤에 붙이기)** : Cut, Copy 명령으로 복사한 이미지를 오브젝트 뒤로 붙여넣기하며 또한 동일한 위치로 복사됩니다.

❽ **Clear(지우기)** : 선택한 오브젝트를 제거합니다.

❾ **Find and Replace(찾기 및 바꾸기)** : 필요한 문자를 찾아 다른 문자로 변경할 수 있습니다.

❿ **Spelling(맞춤법)** : 잘못된 스펠링을 체크합니다.

⓫ **Edit Colors(색상 편집)** : 색상을 편집합니다.

⓬ **Print Presets(인쇄 사전 설정)** : 프린트 프리셋을 설정합니다.

⓭ **Adobe PDF Presets(Adobe PDF 사전 설정)** : PDF 파일의 프리셋을 설정합니다.

⓮ **SWF Presets(SWF 사전 설정)** : 플래쉬 파일(SWF)의 프리셋을 설정합니다.

⓯ **Color Settings(색상 설정)** : 다양한 색상 설정값을 선택할 수 있습니다.

⓰ **Keyboard Shortcuts(키보드 단축키)** : 단축키를 설정합니다.

⓱ **Preferences(환경 설정)** : 일러스트레이터의 전반적인 작업 환경을 설정합니다.

## 03 : Object(오브젝트) 메뉴

오브젝트들을 변형시킬 수 있습니다. 또한 오브젝트를 관리하기 쉽도록 그룹으로 지정하거나 고정시키거나 잠시 숨길 수 있는 기능들이 제공됩니다. 그리고 오브젝트들을 편집할 수 있는 기능들을 다양하게 제공합니다.

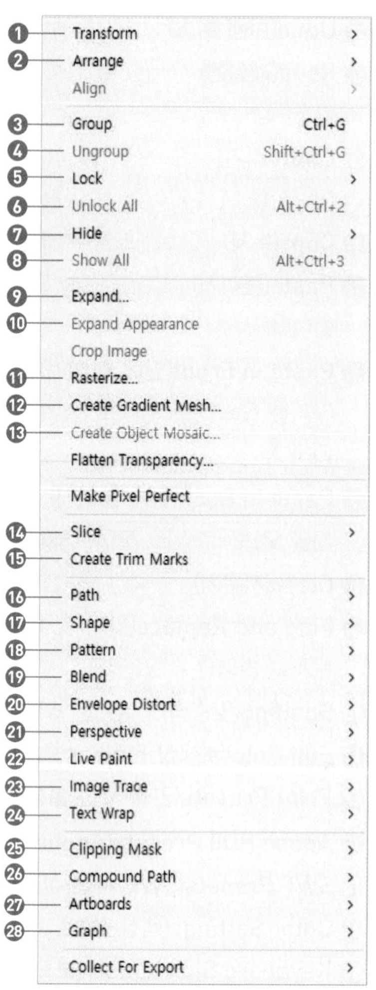


❶ **Transform(변형)** : 오브젝트 및 문자 등을 모양을 변형하는 기능입니다.

❷ **Arrange(정돈)** : 겹쳐 있는 오브젝트들의 순서를 조정합니다.

❸ **Group(그룹)** : 선택한 오브젝트들을 그룹으로 지정합니다.

❹ **Ungroup(그룹 풀기)** : 선택한 그룹 오브젝트들을 그룹에서 해제합니다.

❺ **Lock(잠금)** : 오브젝트를 잠가줍니다.

❻ **Unlock All(모든 잠금 풀기)** : 잠긴 오브젝트들 모두 해제합니다.

❼ **Hide(숨기기)** : 오브젝트를 숨겨줍니다.

❽ **Show All(모두 표시)** : 숨겨진 오브젝트 모두를 다시 보여줍니다.

❾ **Expand(확장)** : 문자나 심볼, 브러시 등의 오브젝트를 면 또는 선으로 만들어줍니다.

❿ **Expand Appearance(모양 확장)** : 브러시나 특수 효과를 준 오브젝트를 원 상태로 만들어줍니다.

⓫ **Rasterize(래스터화)** : 벡터 이미지를 래스터(비트맵) 이미지로 변환시켜줍니다.

⓬ **Create Gradient Mesh(그라디언트 망 만들기)** : 메쉬 포인트와 라인을 설정한 값만큼 등간격으로 나눠줍니다.

⓭ **Create Object Mosaic(오브젝트 모자이크 만들기)** : 오브젝트를 모자이크로 처리합니다.

⓮ **Slice(분할 영역)** : 홈페이지 작업 시 필요한 기능으로 이미지를 잘라줍니다.

⓯ **Create Trim Marks(재단 보기 만들기)** : 이미지의 재단선을 만들어줍니다.

⓰ **Path(패스)** : 패스를 편집할 수 있는 기능들이 모여있습니다.

⓱ **Shape(모양)** : 셰이프로 전환하거나 확장할 수 있습니다.

⓲ **Pattern(패턴)** : 패턴을 만들거나 수정합니다.

⓳ **Blend(블렌드)** : 두 개 이상의 오브젝트에 혼합 효과를 적용합니다.

⓴ **Envelope Distort(둘러싸기 왜곡)** : 오브젝트를 다양한 모양으로 변형하는 기능입니다.

㉑ **Perspective(원근감)** : 오브젝트에 원근감 효과를 적용할 때 사용합니다.

㉒ **Live Paint(라이브 페인트)** : Live Paint Bucket과 함께 사용되는 기능입니다.

㉓ **Image Trace(이미지 추적)** : 비트맵 이미지를 벡터 이미지로 만들어줍니다.

㉔ **Text Warp(텍스트 흐름)** : 문자가 오브젝트 모양에 맞게 흐르도록 만들어줍니다.

㉕ **Clipping Mask(클리핑 마스크)** : 클리핑 마스크 효과를 적용합니다.

㉖ **Compound Path(컴파운드 패스)** : 오브젝트를 혼합하여 겹쳐진 부분에 투명한 효과를 적용합니다.

㉗ **Artboards(대지)** : 선택한 사각형 오브젝트를 아트보드로 만들어줍니다.

㉘ **Graph(그래프)** : 그래프를 설정합니다.

## 04 : Type(문자) 메뉴 

문자와 관련된 기능들이 모여 있는 메뉴입니다.

❶ **More from Adobe Fonts(Adobe Fonts에서 추가)** : 어도비에서 제공하는 서체들을 추가할 수 있습니다.

❷ **Font(글꼴)** : 사용할 수 있는 모든 서체를 선택할 수 있습니다.

❸ **Recent Fonts(최근 글꼴)** : 최근 사용한 서체를 보여줍니다.

❹ **Size(크기)** : 서체의 크기를 선택합니다.

❺ **Glyphs(글리프)** : [Glyphs] 패널이 표시되며 특수 문자를 선택할 수 있습니다.

❻ **Type Conversion(문자 변환)** : 문자의 유형을 변경합니다. 영역 문자를 독립된 문자로 변경하거나 그 반대로 변경할 수 있습니다.

❼ **Area Type Option(영역 문자 옵션)** : 영역 문자의 옵션을 설정합니다.

❽ **Type on a Path(패스 상의 문자)** : 패스 모양에 따라 입력된 문자를 좀 더 다양한 형태로 변경할 수 있습니다.

❾ **Threaded Text(스레드된 텍스트)** : 문자 영역 상자를 연결하거나 해제할 수 있습니다.

❿ **Find Font(글꼴 찾기)** : 원하는 문자를 찾고 교체합니다.

⓫ **Create Outlines(윤곽선 만들기)** : 문자를 외곽선 모양의 오브젝트로 변경시켜줍니다.

⓬ **Optical Margin Alignment(시각적 여백 정렬)** : 문자들의 간격을 자동으로 조정합니다.

⓭ **Show Hidden Characters(가려진 문자 표시)** : 문장의 띄어쓰기, 줄 바꿈, 엔터 등 문자의 흐름 부호를 보여주거나 숨깁니다.

⓮ **Type Orientation(문자 방향)** : 문자의 방향을 설정합니다.

## 05 : Select(선택) 메뉴 

오브젝트 선택과 관련하여 추가 기능들이 모여 있습니다.

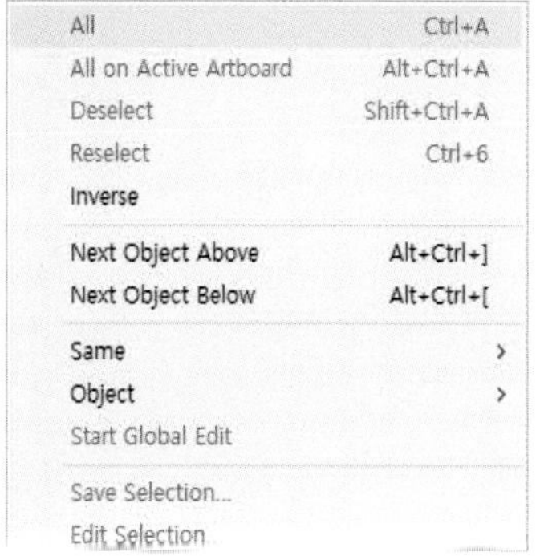

## 06 : Effect(효과) 메뉴

포토샵에 필터 기능과 같이 오브젝트 모양에 다양한 효과를 적용할 수 있는 기능들이 모여 있는 메뉴입니다.

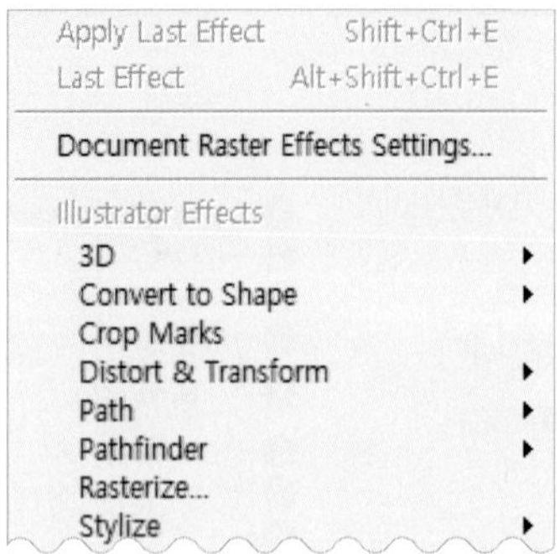


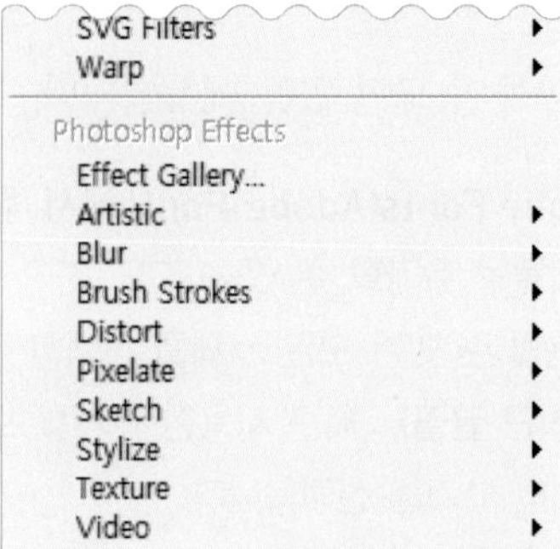


## 07 : View(보기) 메뉴

화면을 제어하는 기능 및 그리드 및 안내선 등 작업에 대한 보조 기능들이 포함되어 있습니다.

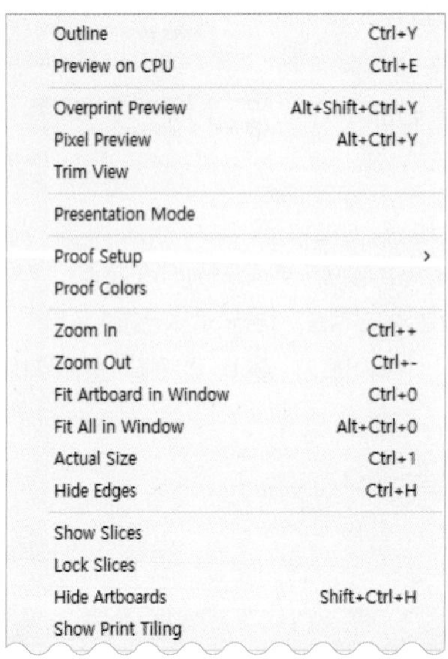


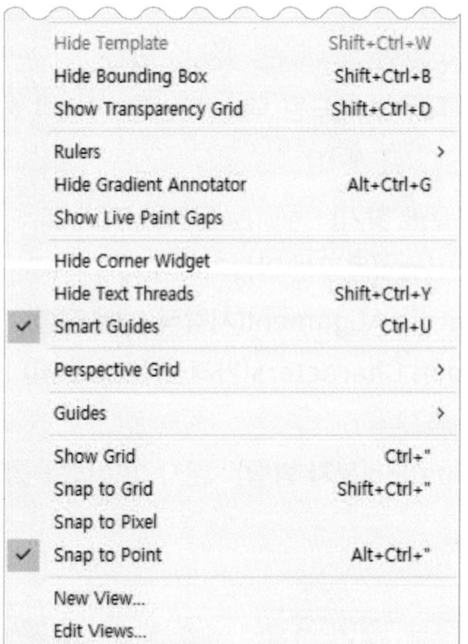

## 08 : Window(윈도우) 메뉴

일러스트레이터에서 제공하는 다양한 패널들이 모여 있는 메뉴입니다.

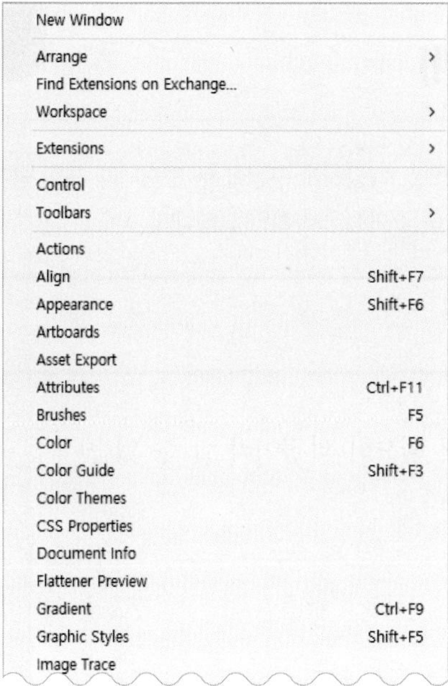


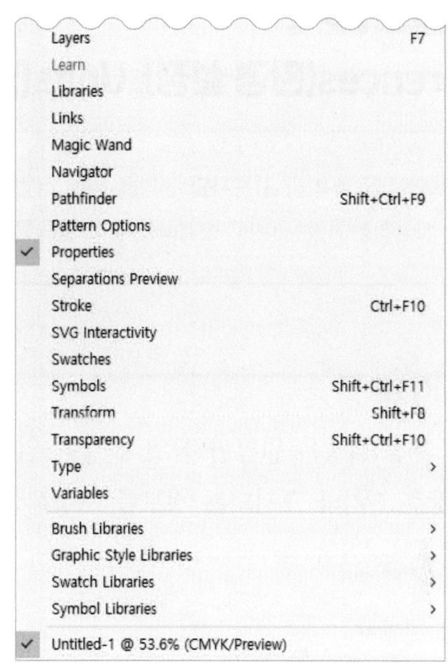


## 09 : Help(도움말) 메뉴

일러스트레이터에 대한 정보를 제공합니다.

Illustrator Help... F1
Illustrator Tutorials...
Manage My Account...
Sign In...
Submit Bug/Feature Request...
About Illustrator...
System Info...

# 치수 단위 Millimeters로 설정하기

## Preferences(환경 설정), Units(단위)

진행하는 프로젝트에 따라 사용자의 편의를 위해 작업 환경으로 다양하게 구성할 수 있습니다. 또한 국내 환경에 맞게 자주 사용하는 치수 단위로 변경하는 것이 필요합니다. 다음 과정에서 확인해 봅니다.

### 학습과제

프로그램의 환경 설정은 원활한 작업 진행을 위해 꼭 필요한 과정이라 할 수 있습니다. 주로 사용하는 단위에 맞추고 기타 표시되는 정보를 조정해 봅니다.

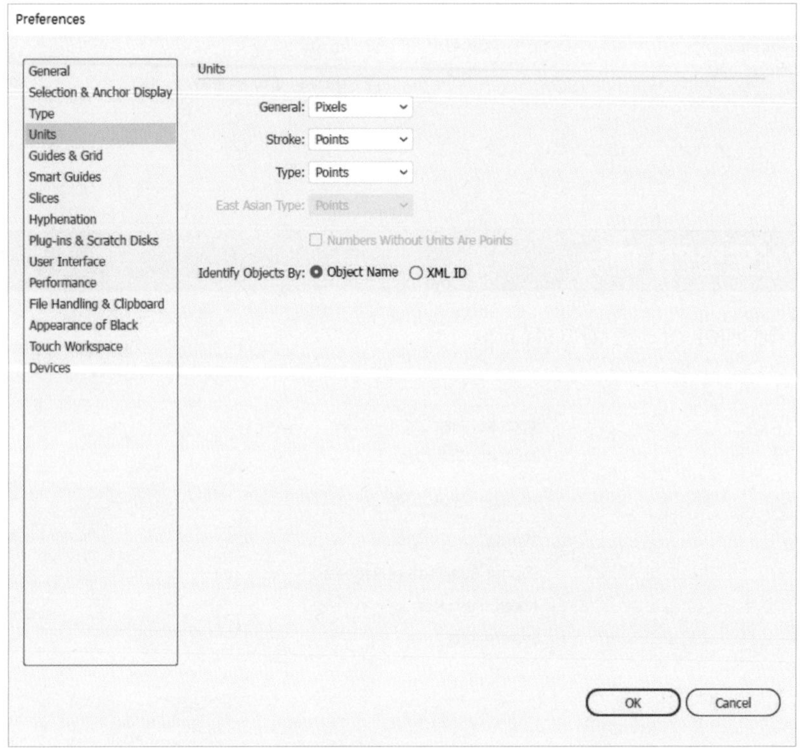


▲ 일러스트레이터의 기본 단위로 길이 측정 단위는 'mm', Stroke와 Type 단위는 'Points'로 설정합니다.

**1** 일러스트레이터의 전반적인 환경을 설정하기 위해서 [Edit] 〉 [Preferences] 〉 [General] 메뉴를 클릭합니다.

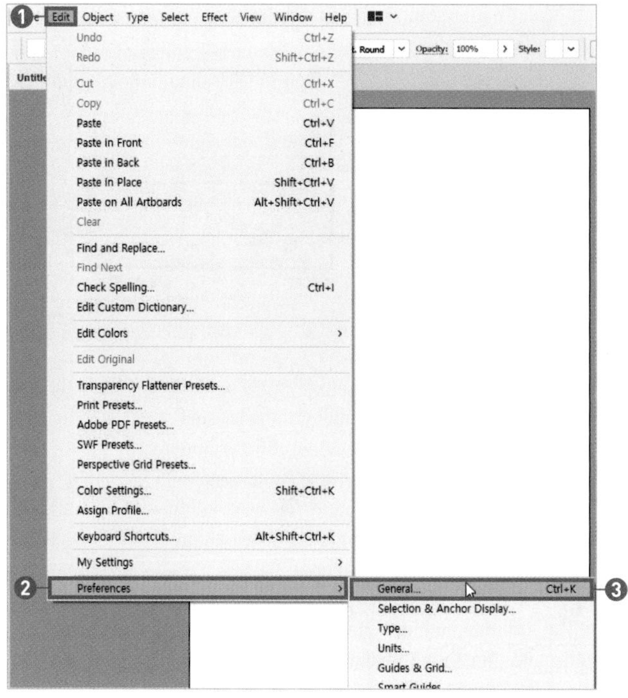


**2** [Preferences] 대화상자가 나타나면 일러스트레이터의 환경을 설정할 수 있는 다양한 기능이 표시됩니다.

3 대부분의 옵션들은 기본값으로 사용해도 무방하지만 치수 단위만큼은 국내에서 사용하는 단위로 변경하는 것이 좋습니다. 치수 단위를 변경하기 위해 [Units]를 선택합니다. 그리고 일반적인 치수 단위를 의미하는 [General]을 'Millimeters'로 변경합니다.

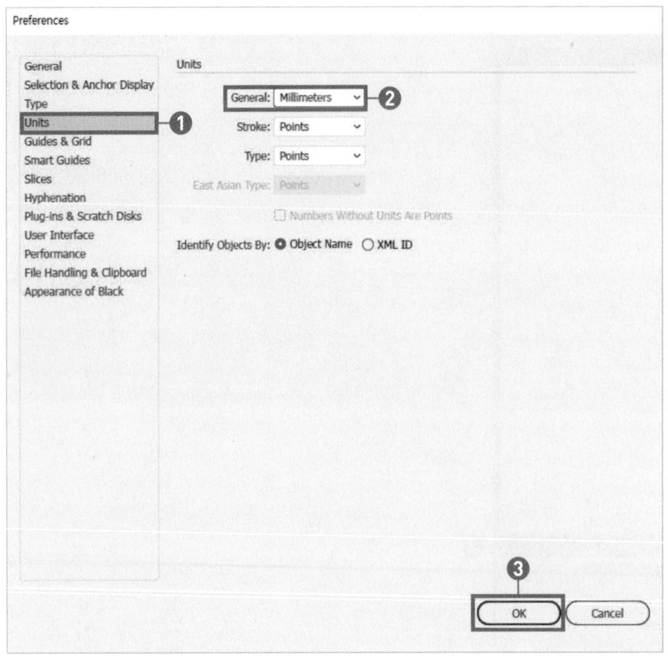


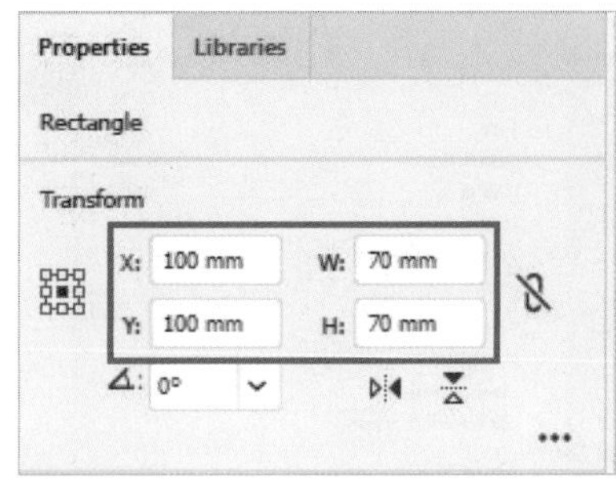


**TIP**

작업 단위가 큰 경우 Centimeters로 변경하여 사용할 수 있습니다.

**MEMO 많이 사용하는 기본 단위**

우리나라에서 길이 측정 단위로 사용하는 일반적인 단위는 mm 또는 cm(출력용)입니다. 또한 인터넷용의 측정 단위는 'Pixels'를 사용합니다. Stroke와 Type 단위는 보통 'Points'를 사용합니다.

# 새로운 아트보드 만들고 저장하기

## New(새로 만들기), Save(저장), Open(열기), Save As(다른 이름으로 저장)

아트웍 작업을 위해서는 아트보드(문서)가 필요합니다. 즉 새로운 아트보드를 만들어 시작하거나 저장된 파일을 연 후 작업을 진행할 수 있습니다. 또한 작업이 완료되면 파일을 저장합니다. 원본 이미지 또는 파일을 보존하려면 Save As 명령을 통해 다른 이름으로 저장합니다.

### 학습과제

작업을 진행하기 위해서는 새로운 아트보드(문서)를 만들고, 저장하고, 저장되어 있는 파일을 불러오고, 기타 외부 파일들을 가져올 수 있어야 합니다.

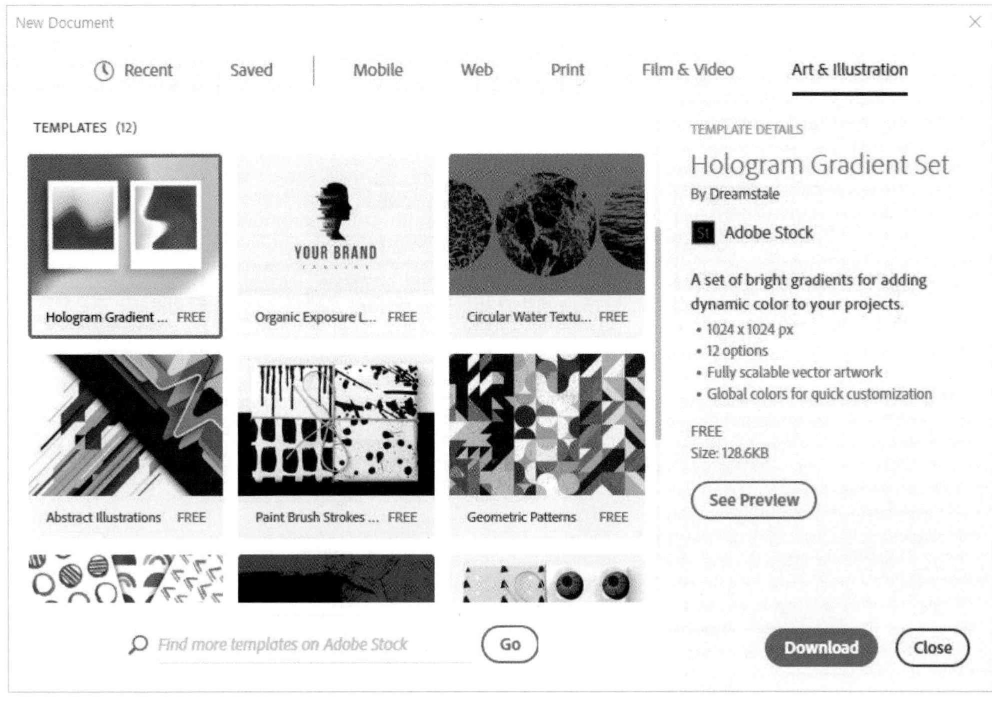


▲ [New Document] 대화상자에서 제공하는 기본 프리셋 및 템플릿으로 쉽고 빠르게 작업을 시작할 수 있습니다.

## 01 : 새 문서 만들기

**1** 홈 화면에서 [Create New]를 클릭하거나 [File] 〉 [New](Ctrl+N) 메뉴를 클릭하면 [New Document] 대화상자가 표시됩니다.

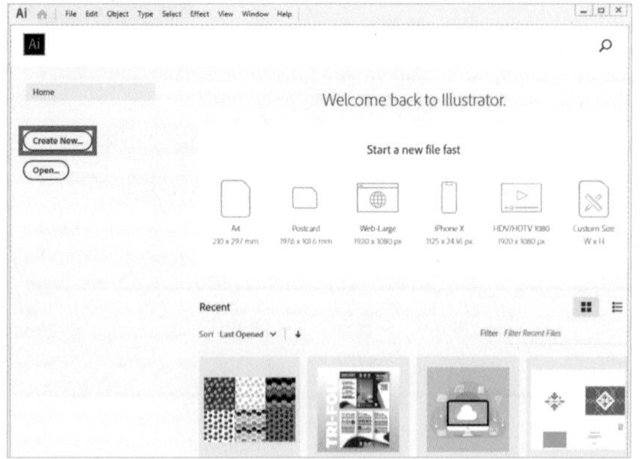

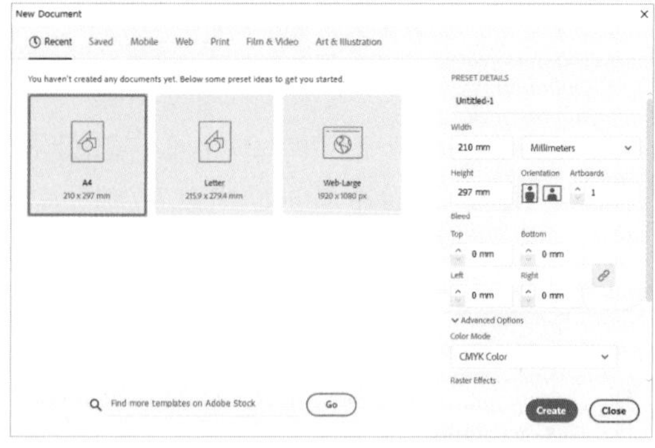

▲ [New Document] 대화상자

**2** 화면 상단에서 용도별로 구분해 놓은 프리셋을 선택하여 만들거나 우측 패널에서 사용자가 직접 크기 및 해상도를 설정하여 만들 수 있습니다.

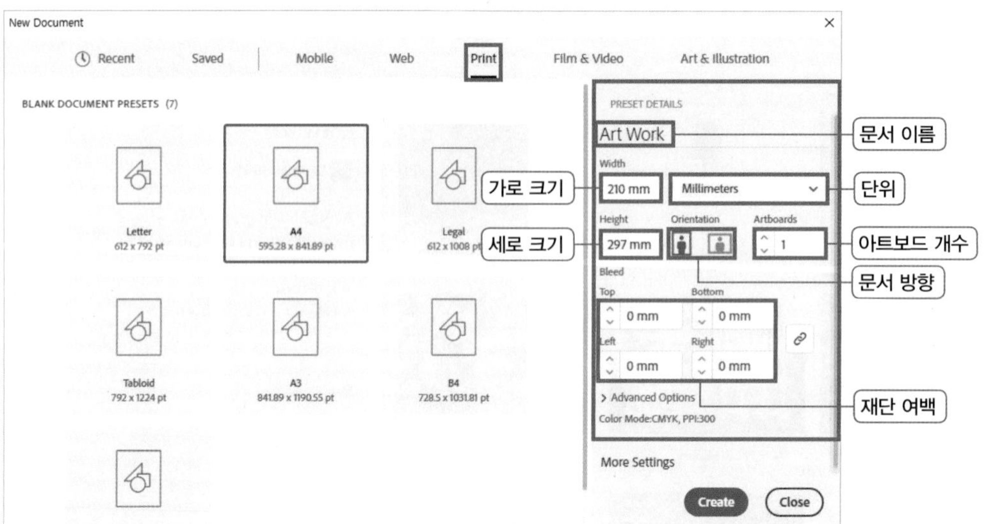


> **TIP**
>
> [New Document] 대화상자 우측 아래에 있는 [Advanced Options] 또는 [More Settings]를 클릭하면 좀 더 상세하게 새로 만들 아트보드(문서)를 설정할 수 있습니다.

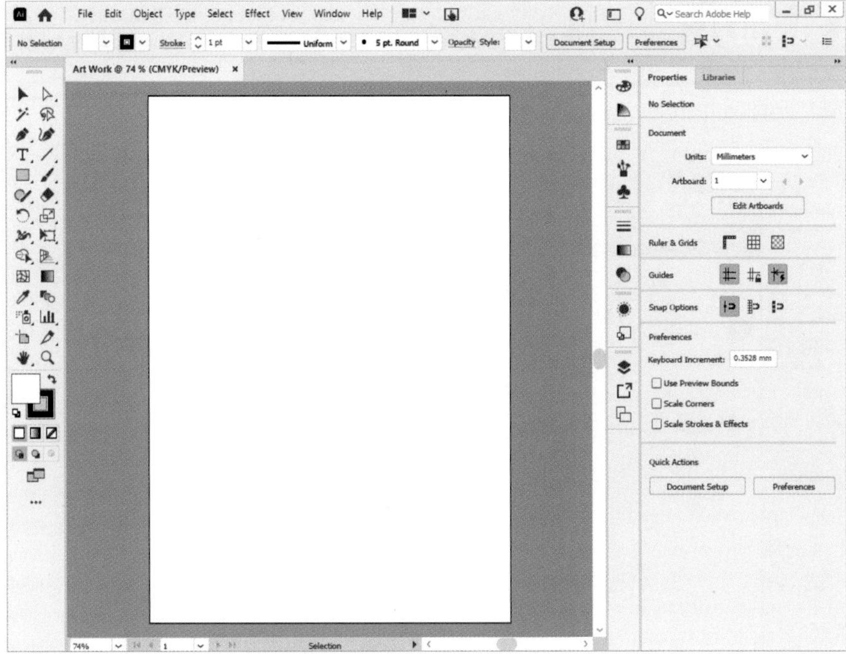

▲ 새로운 아트보드(문서)가 생성된 모습

### MEMO 아트보드 추가하기

새로운 아트보드를 만들거나 기존 아트보드에도 작업 이미지 영역인 아트보드를 2개 이상으로 추가할 수 있습니다.

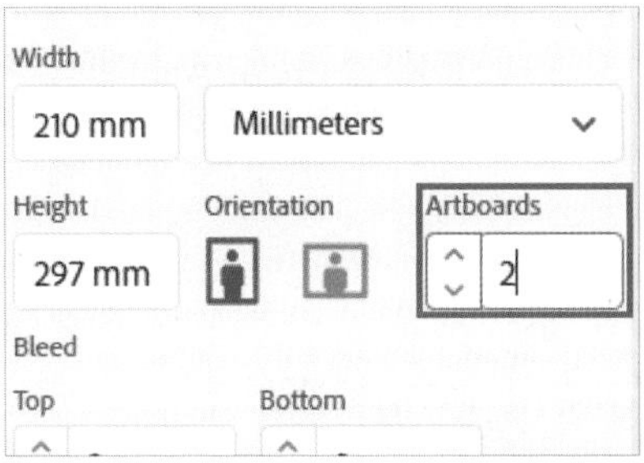

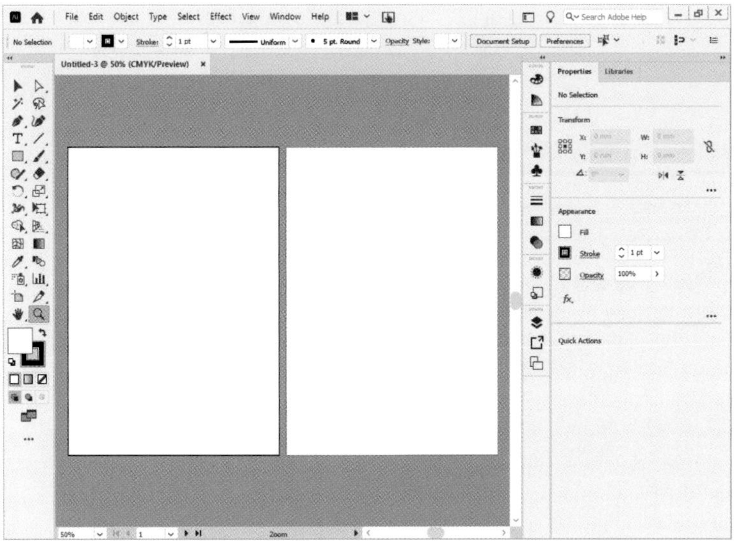

## 02 : 작업 파일 저장하기

**1** 작업한 파일을 저장하기 위해서 [File] 〉 [Save](Ctrl+S) 메뉴를 클릭합니다.

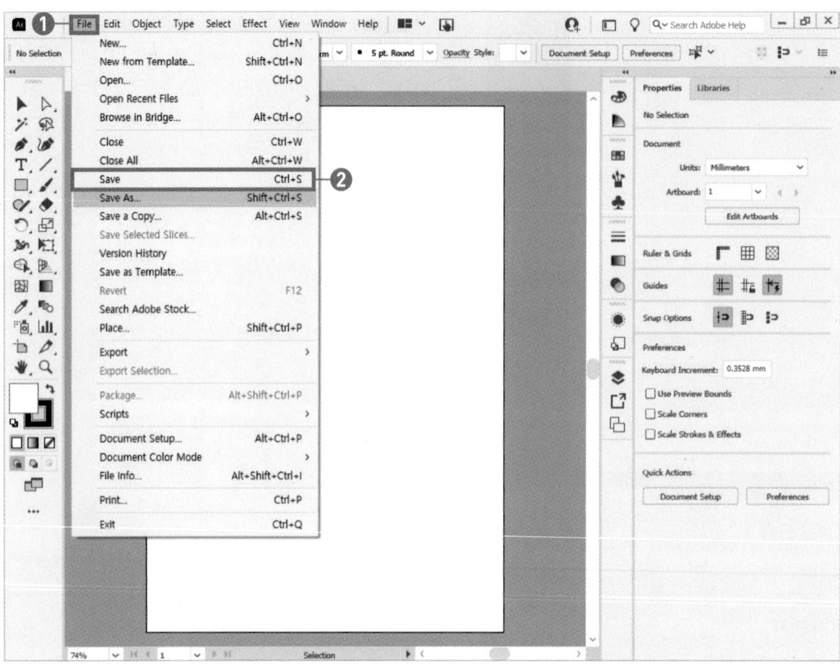


**2** 한 번 저장한 파일이라면 바로 저장되지만 한 번도 저장하지 않은 파일이라면 [Save As] 대화상자가 표시됩니다. 저장할 경로와 저장할 파일명을 설정하고 [저장]을 클릭합니다.

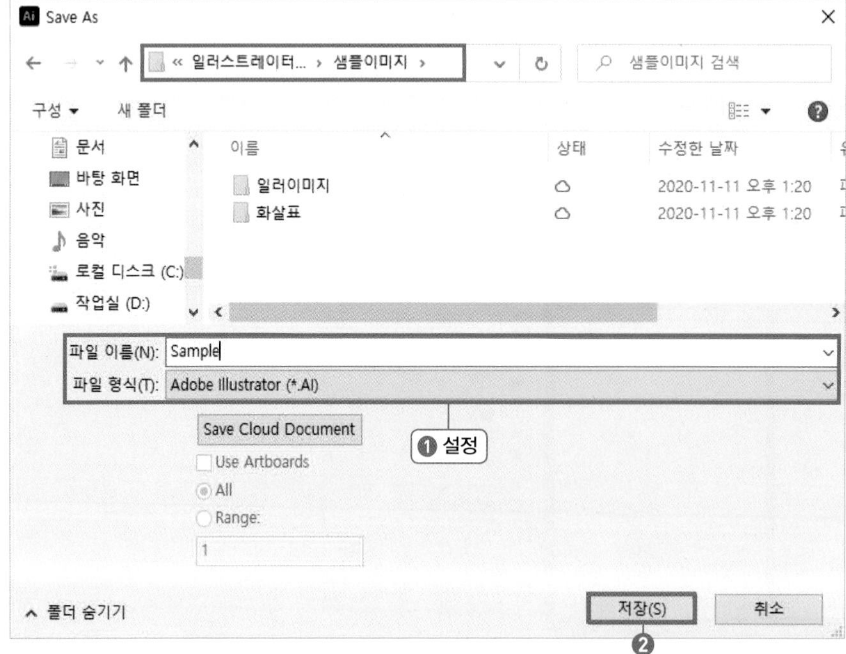

# 이미지 이동 및 복사하기

## Selection Tool(선택 도구), Copy(복사), Paste(붙여넣기)

오브젝트를 선택하고 이동도 하고, 복사하는 기능은 가장 기초 기능이라고 말할 수 있습니다. 이번 과정에서 일러스트레이터에서 사용하는 이동 또는, 복사 방법에 대해 알아봅니다.

[**예제 파일** : PART 02 Illustrator/1교시/star.ai chick.ai]

### 학습과제

오브젝트를 이동하고 복사하기 위해서는 먼저 선택이 이루어져야 합니다. 기본적으로 [Selection Tool], [Direct Selection Tool], [Group Selection Tool]을 이용하여 상황에 맞게 선택할 수 있습니다.

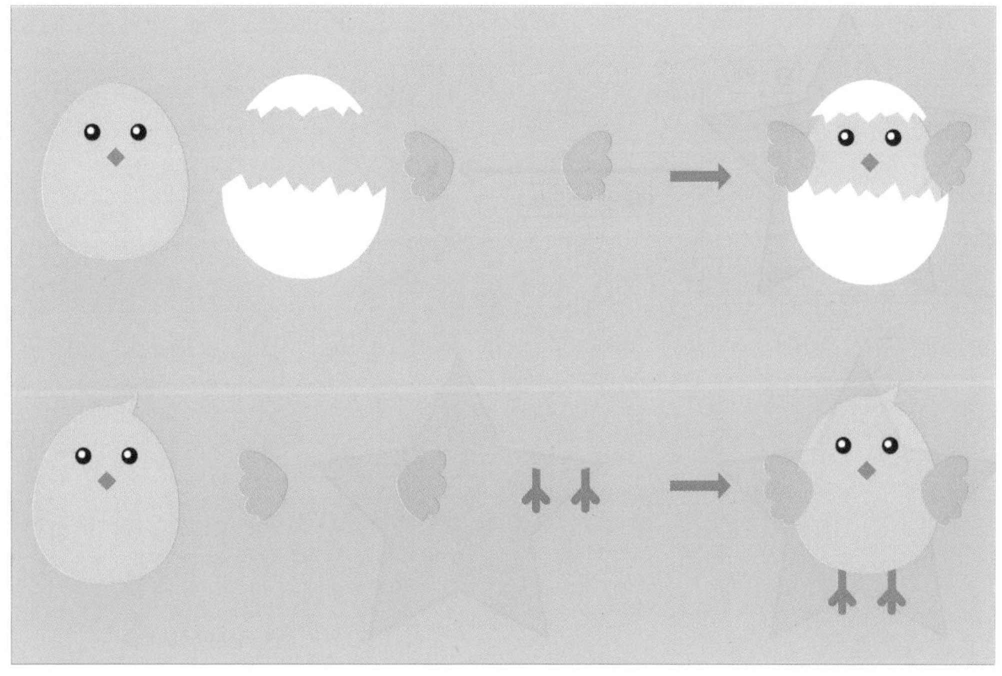

▲ 이동 및 복사는 매우 많이 사용하는 기능으로 단축키를 알아두는 것이 좋습니다.

**1** 툴바에서 [Selection Tool]( ▶ )을 선택한 후 오브젝트를 클릭하고 드래그하면 이동할 수 있습니다. Shift 를 누른 채 이동하면 수평수직 또는 설정된 각도로 이동을 제한할 수 있습니다.

① 선택

② 드래그

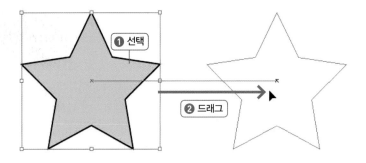

> **TIP**
> 오브젝트가 선택된 상황이라면 키보드의 방향키로도 이동이 가능하며, 이때 섬세하게 위치를 조정할 수도 있습니다.

**2** 이동 시 Alt 를 누른 채 드래그하면 커서의 모양이 변경되면서 오브젝트가 복사 이동됩니다.

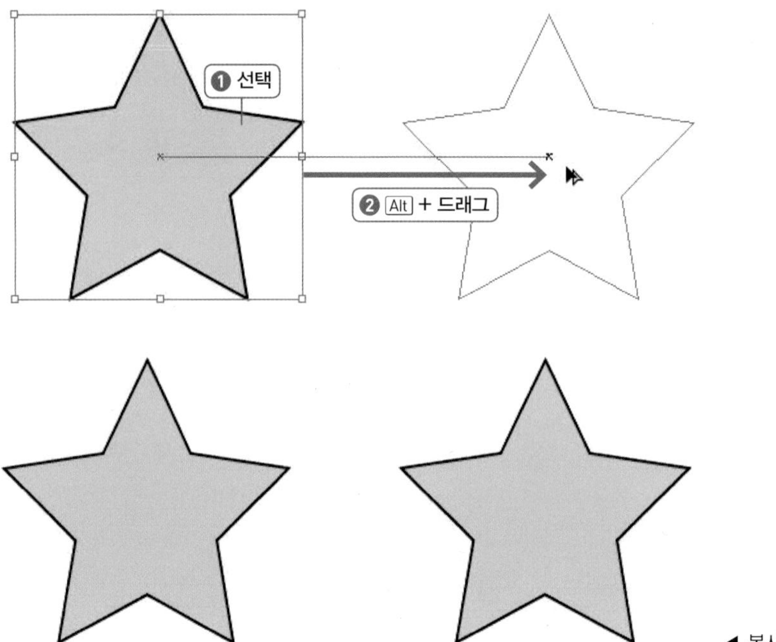


◀ 복사 이동된 모습

**3** 일반적으로 많이 사용하는 복사 방법으로는 [Edit] 〉 [Copy] 명령으로 복사할 영역을 기억하고 [Edit] 〉 [Paste] 명령으로 붙여넣는 방법을 가장 많이 사용합니다. 사용 빈도수가 높기 때문에 대부분 단축키를 이용합니다. Copy는 Ctrl+C, Paste는 Ctrl+V입니다. 윈도우를 사용하는 프로그램 대부분이 공통으로 적용되기 때문에 다른 프로그램과도 호환이 가능한 경우가 있습니다. 일러스트레이터에서 Ctrl+C, Ctrl+V로 복사할 경우 복사되는 오브젝트의 위치는 작업 화면 중앙에 위치하게 됩니다. 만약에 오브젝트와 동일한 자리에 복사하기 위해서는 Paste in Front 또는 Paste in Back, Paste in Place를 사용합니다.

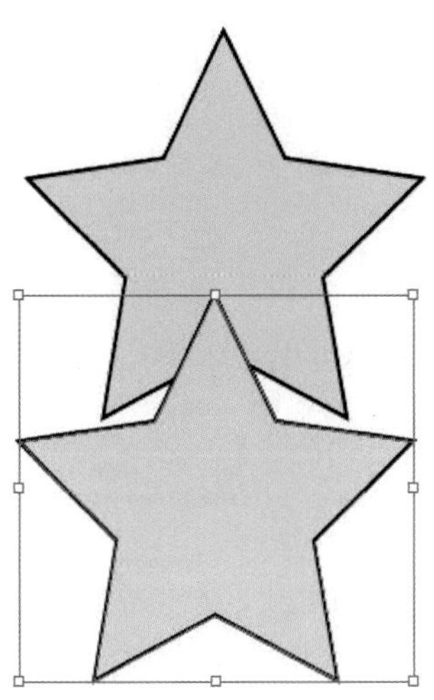

**MEMO**

| | | |
|---|---|---|
| ❶ | Copy | Ctrl+C |
| ❷ | Paste | Ctrl+V |
| ❸ | Paste in Front | Ctrl+F |
| ❹ | Paste in Back | Ctrl+B |
| ❺ | Paste in Place | Shift+Ctrl+V |

❶ **Copy :** 선택한 오브젝트를 복사합니다.
❷ **Paste :** 복사한 오브젝트를 맨 위쪽으로 붙여넣습니다.
❸ **Paste in Front :** 원본 위쪽에 붙여넣습니다.
❹ **Paste in Back :** 원본 아래쪽에 붙여넣습니다.
❺ **Paste in Place :** 원본과 동일한 위치에서 맨 위쪽으로 붙여넣습니다.

# 2교시

## 도구반

일러스트 작업을 원활하게 진행하기 위해서는 일러스트레이터 도구들을 자유자재로 다룰 줄 알아야 합니다. 도구를 어떻게 이용하느냐에 따라 결론적으로 작업 이미지의 완성도가 달라지기 때문입니다. 이번 학습을 통해 일러스트레이터 핵심 도구들의 기능에 대한 이해와 사용 방법에 대해 알아보겠습니다.

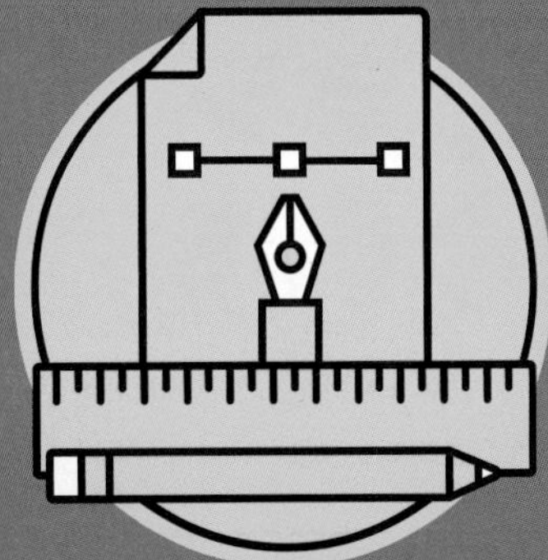

# 강좌

01 **벡터 그래픽과 패스의 특징 :** Vector Graphic(벡터 그래픽), Path(패스)

02 **패스 그리기 :** Pen Tool(펜 도구)

03 **패스 및 구성 요소 선택하기 :** Selection Tool(선택 도구), Direct Selection Tool (직접 선택 도구), Group Selection Tool(그룹 선택 도구)

04 **패스 편집하기 :** Add Anchor Point Tool(고정점 추가 도구), Delete Anchor Point Tool (고정점 삭제 도구), Anchor Point Tool(고정점 도구)

05 **프리 드로잉으로 돛단배 그리기 :** Pencil Tool(연필 도구), Pencil Tool Options (연필 도구 옵션)

06 **곡률 선으로 어쿠스틱 기타 그리기 :** Curvature Tool(곡률 도구)

07 **오브젝트 위치 정돈하기 :** Arrange(정돈), Bring to Front(맨 앞으로 가져오기), Bring Forward(앞으로 가져오기), Send Backward(뒤로 보내기), Send to Back(맨 뒤로 보내기)

08 **실시간 도형(Live Shape) 그리기 :** Rectangle Tool(사각형 도구), Rounded Rectangle Tool(둥근 사각형 도구), Ellipse Tool(원형 도구), Polygon Tool (다각형 도구), Shaper Tool(셰이퍼 도구), Line Segment Tool(선분 도구)

09 **오브젝트 결합하기 :** Pathfinder(패스파인더) Compound Shapes(컴파운드 모양)

10 **하우스 그리기 :** Rectangle Tool(사각형 도구), Ellipse Tool(원형 도구), Polygon Tool(다각형 도구), Line Segment Tool(선분 도구)

11 **오브젝트를 병합하여 모양 만들기 :** Shape Builder Tool(도형 구성 도구), Pathfinder(패스파인더)

12 **아트웍을 유연하게 비틀어 바람에 날리는 모양으로 변형하기 :** Puppet Warp Tool (퍼펫 비틀기 도구)

# 벡터 그래픽과 패스의 특징

## Vector Graphic(벡터 그래픽), Path(패스)

일러스트레이터는 벡터 기반의 프로그램입니다. 일러스트레이터는 점과 선으로 구성된 패스라는 요소들이 모여 아트웍을 완성합니다. 벡터 이미지의 가장 큰 장점은 해상도의 영향을 받지 않고 자유롭게 작업을 할 수 있다는 것입니다. 이번 과정에서 벡터 이미지의 특성과 패스를 구성하고 있는 구조에 관해 확인하는 시간을 가져보겠습니다.

### 01 : 벡터 그래픽(Vector Graphic)

벡터 그래픽은 수학적으로 정의된 선과 곡선으로 구성된 기하학적 특성의 오브젝트를 말합니다. 벡터 이미지는 해상도의 영향을 받지 않기 때문에 크기를 조정하거나, 포스트스크립트 프린터 인쇄, PDF 파일로 저장, 벡터 기반의 응용 프로그램으로 가져오는 경우에도 외곽선의 선명도를 유지할 수 있어 자유롭게 이동하거나 수정할 수 있습니다. 그래서 로고, 포스터, 광고 이미지, 캐릭터 디자인, 패키지 디자인, 브로슈어, 명함 등 각종 그래픽 디자인 아트웍 작업에 가장 적합한 프로그램이라 할 수 있습니다.

▲ 일러스트레이터로 작업한 다양한 아트웍

## 02 : 패스(Path)

일러스트레이터에서 그리는 작업은 패스라는 선으로 이미지를 그려가는 과정입니다. 패스는 점과 점을 연결하는 하나 이상의 직선 또는 곡선으로 구성된 선분을 말하며 각 선분의 시작과 끝은 정점(기준점)으로 표시됩니다. 이 정점들은 핀과 같은 역할을 하는 기준점으로 방향선과 방향점을 이용하여 패스의 모양을 수정하고 추가하거나 삭제할 수 있습니다. 또한 선분 자체를 이동하여 패스의 모양을 변경할 수 있습니다.

**1** 패스를 구성하는 요소는 3가지로 정점(Anchor Point)과 방향선(Direction Line), 방향점(Direction Point)이 있습니다. 이 3가지 구성 요소를 조절하여 다양한 패스의 모양을 만들 수 있습니다.

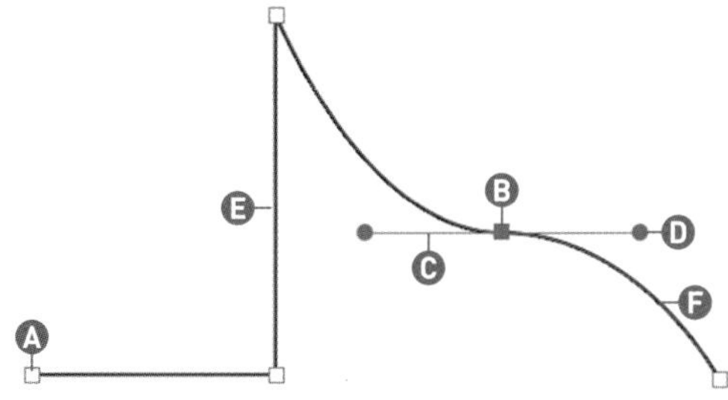


A. 정점 B. 선택한 정점 C. 방향선 D. 방향점 E. 직선 패스 F. 곡선 패스

> **TIP**
> 선택된 정점은 기본적으로 색상이 채워진 사각형으로 표시됩니다.

**2** 패스는 모퉁이점(Coner Point)과 둥근점(Smooth Point)이라는 2가지 형태의 기준점(정점)을 가지고 있습니다. 모퉁이점에서는 패스를 각진 모양으로 방향을 변경하여 그릴 수 있습니다. 둥근점에 경우 패스를 곡선으로 연결하는 역할을 합니다. 두 개의 모퉁이점 즉, 방향성이 없는 정점을 연결하면 직선이 되며 방향성이 있는 둥근점일 경우는 곡선의 패스가 연결됩니다. 모퉁이점과 둥근점을 함께 사용할 수 있으며 잘못된 점은 언제든지 변경 및 수정 가능합니다.

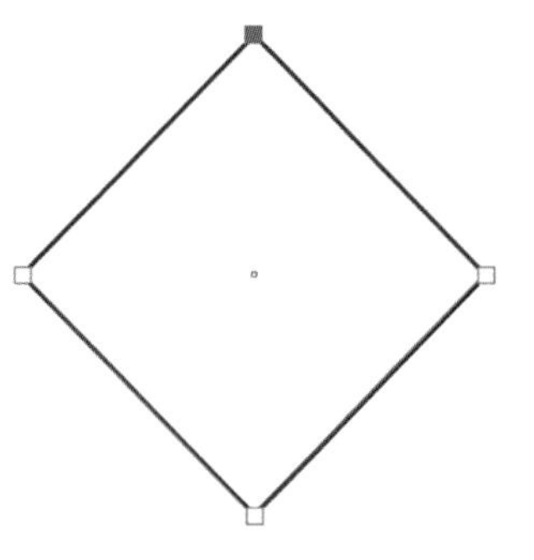

▲ 네 개의 모퉁이점

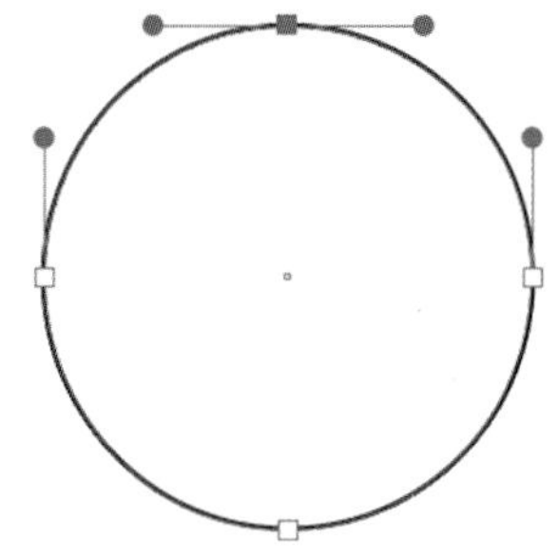

▲ 네 개의 둥근점

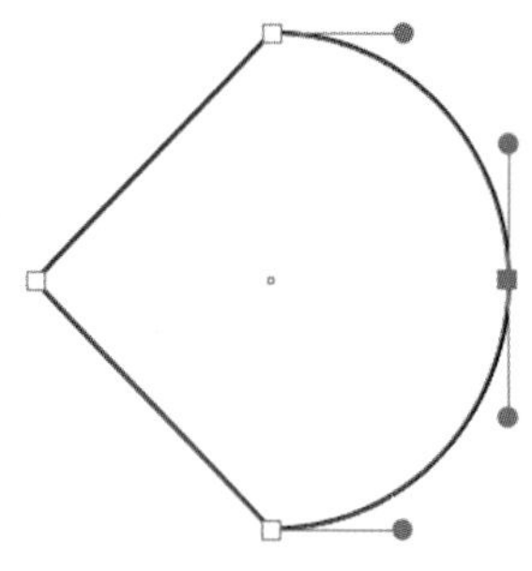

▲ 모퉁이점과 둥근점의 결합

3 정점이 가지고 있는 방향성에 따라 두 개의 직선이나 곡선을 연결할 수 있습니다.

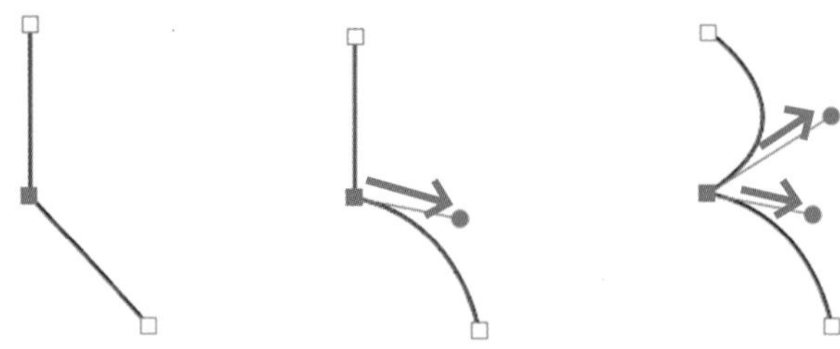

## 03 : 방향선과 방향점

패스 곡선을 연결하는 정점을 선택하거나 패스 곡선 자체를 선택하면 연결되는 정점에 방향점과 방향선으로 구성된 방향 핸들이 표시됩니다.

1 곡선 패스의 정점(기준점)을 선택하면 방향 핸들이 표시됩니다. 방향선의 각도와 길이에 따라 패스 곡선의 모양과 크기가 결정됩니다.

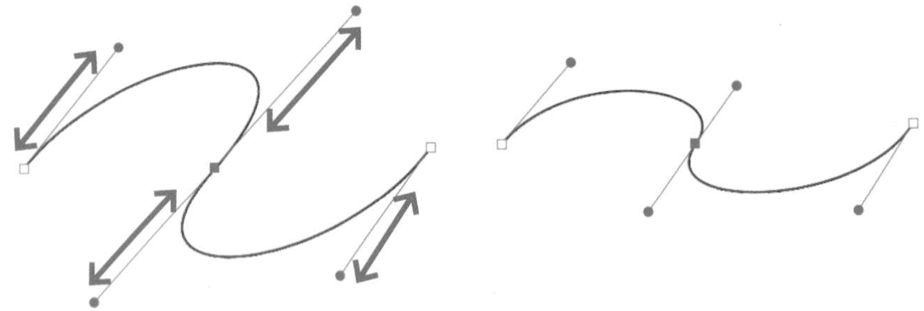

2 부드러운 곡선으로 연결된 정점은 기본적으로 양쪽으로 방향선이 표시되는데 한쪽의 방향 핸들을 조정하면 다른 쪽도 수평을 유지하면서 동시에 움직입니다. 또한 방향선은 항상 곡선에 접하기 때문에 그 특성을 확인하여 곡선의 형태를 다양하게 그릴 수 있습니다.

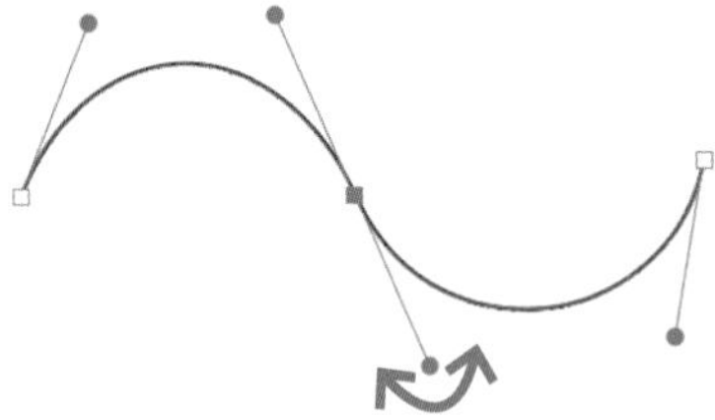

3 툴바에서 [Anchor Point Tool]( )을 이용하여 양쪽의 방향 핸들을 독립적으로 조정할 수 있습니다.

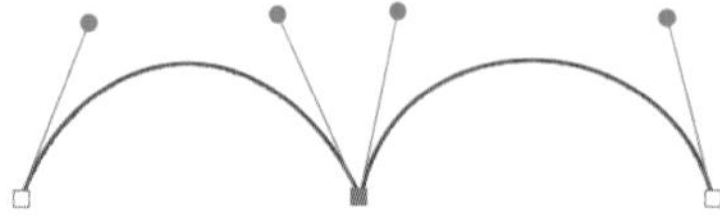

# 패스 그리기

## Pen Tool(펜 도구)

패스를 그리기 위해서는 [Pen Tool]의 특징과 사용법을 알아야 합니다. 다음 과정에서 직선 패스 및 곡선 패스를 자유롭게 그리는 방법을 알아봅니다.

[**예제 파일** : PART 02 Illustrator/2교시/path.ai]

### 학습과제

일러스트레이터 사용자라면 패스의 형태를 의도한 대로 자유롭게 그릴 수 있어야 합니다. 패스의 특성을 파악하고 원하는 모양을 마음껏 그릴 수 있도록 연습해 봅니다.

▲ 예제 파일을 불러온 후 모양 그대로 따라해 봅니다.

## 01 : 직선 패스 그리기

**1** [File] 〉 [New] 메뉴를 클릭하고 [New Document] 대화상자에서 A4 사이즈의 새로운 문서를 생성합니다. 그리고 툴바에서 [Pen Tool]( )을 선택합니다.

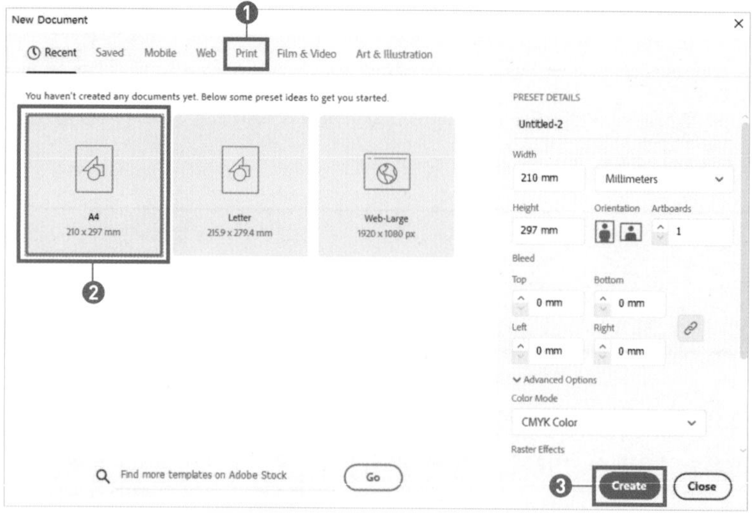


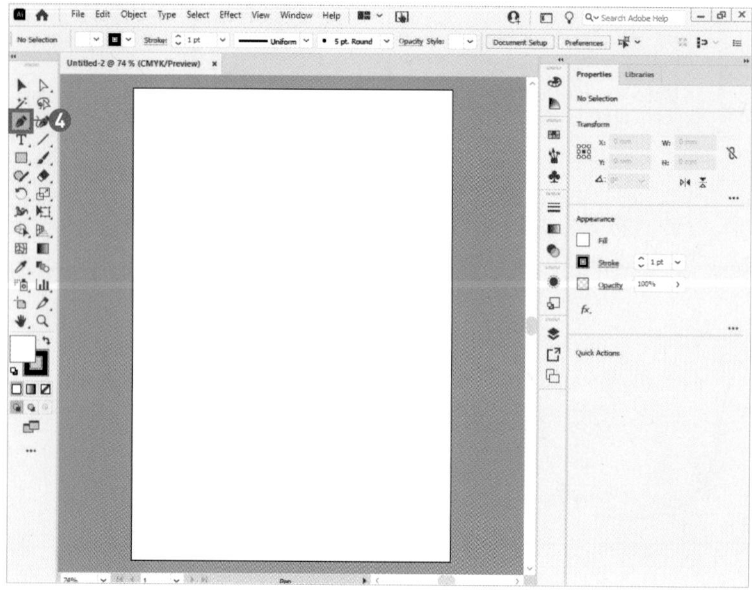


**2** 커서의 별 표시( )는 시작전 모습이며 패스의 시작점과 끝점을 클릭하면 정점과 정점을 연결하는 패스가 그려집니다. 다음 지점을 클릭하여 연속적인 직선의 패스를 그릴 수 있습니다.

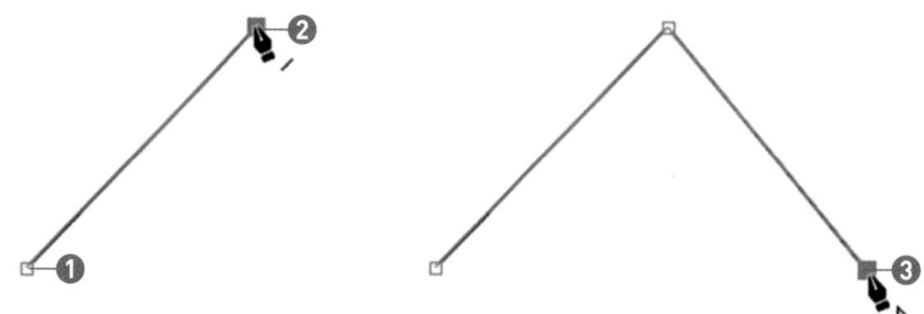

**3** Shift 를 이용하면 수직 또는 수평 방향으로 패스를 제어하면서 그릴 수 있습니다.

① Shift + 클릭

② Shift + 클릭

## 02 : 곡선 패스 그리기

**1** 다음은 곡선을 그려보겠습니다. 시작점을 클릭하고 그림과 같이 다음 지점을 클릭한 후 곧바로 드래그합니다. 그러면 정점 양쪽으로 방향선과 방향점으로 구성된 방향 핸들이 표시되며 방향선의 길이와 방향점에 위치에 영향을 받아 곡선의 모양과 크기가 변하는 것을 확인할 수 있습니다.

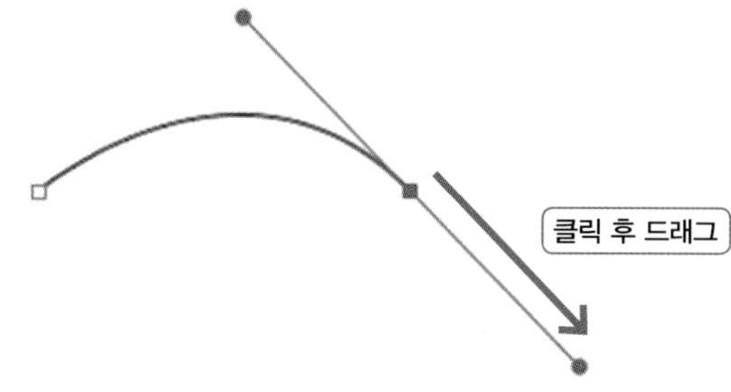


**2** 다음 지점을 클릭하고 마찬가지로 드래그해 봅니다. 그러면 마찬가지로 방향 핸들이 표시되며 바로 전에 클릭한 정점의 방향 핸들과 함께 영향을 받은 곡선이 그려지게 됩니다.

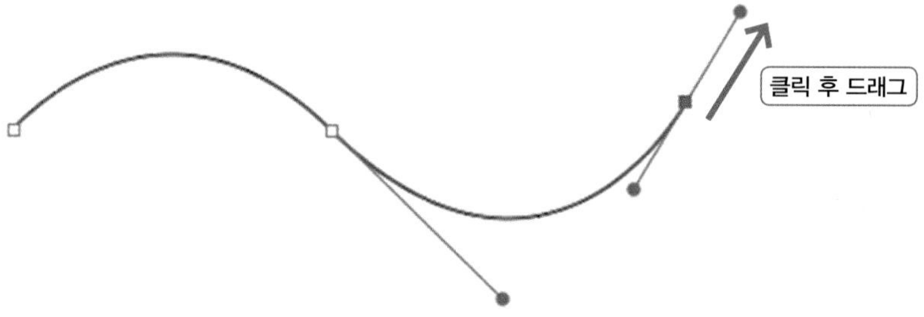


**MEMO 곡선을 그릴 때 필요한 정점의 개수**

원을 선택해보면 4개의 정점으로 구성되어 있는 것을 확인할 수 있습니다. 즉 원을 그리는 데 4개의 정점만으로도 충분하다는 의미입니다. 불필요하게 많은 정점으로 그려진 곡선은 오히려 매끄럽게 연결되지 못하는 결과를 초래할 수 있으니 최소한의 정점을 사용하여 그려가는 것이 곡선 패스 그리기의 포인트입니다.

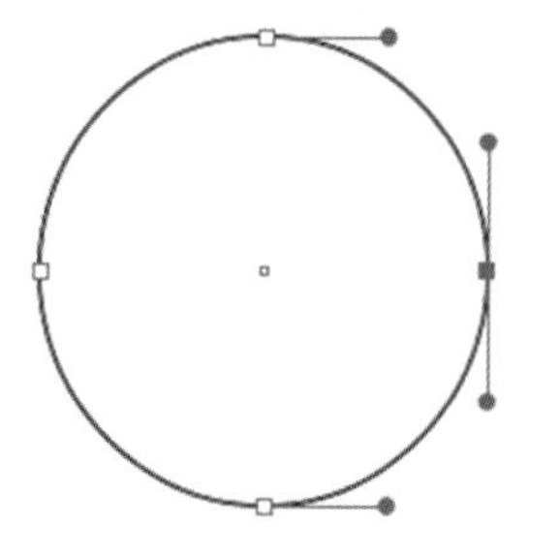

## 03 : 직선과 곡선을 혼용하여 패스 그리기

**1** 직선 패스에서 곡선 패스로 바로 전환하여 그려나갈 수 있습니다. 직선으로 그려진 패스 다음 선분의 끝점을 클릭 후 드래그하여 곡선의 형태를 만들어 줍니다.

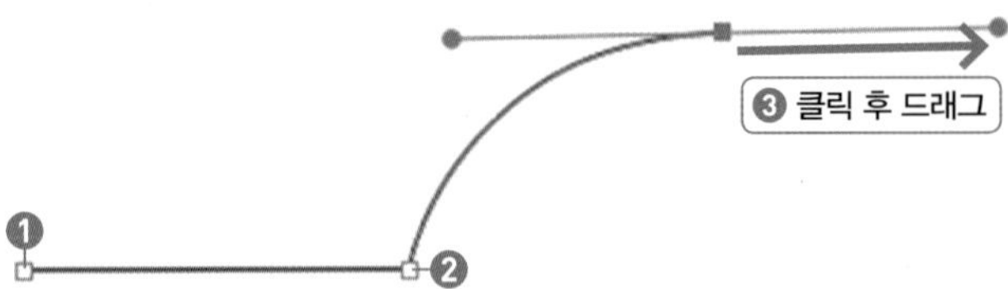


**2** 곡선 패스에서 바로 직선 패스로 전환 또한 가능합니다. 곡선 패스의 끝점에 커서를 위치하고 꺾쇠 괄호 모양( )이 표시될 때 클릭합니다. 그러면 방향 핸들 한쪽이 삭제되면서 바로 직선 패스로 전환하여 그려 나갈 수 있습니다.

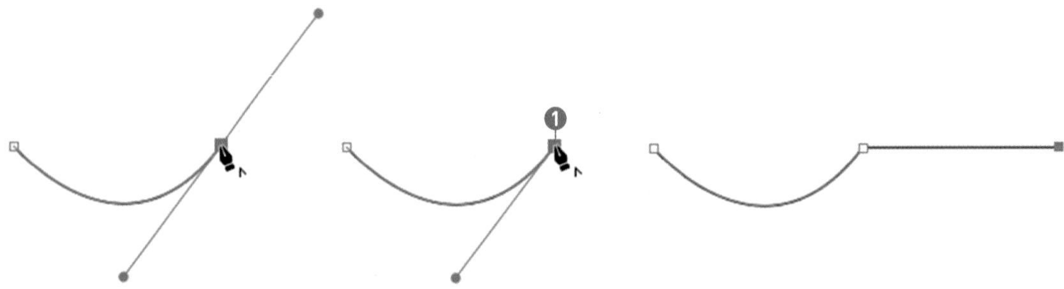


## 04 : 닫힌 패스 그리기

**1** 패스로 도형 및 그림을 그린 후 시작 지점으로 돌아가면 [Pen Tool]( )에 동그라미 모양( )이 표시되는데, 클릭하면 그리기가 완료되며 닫힌 패스가 완성됩니다.

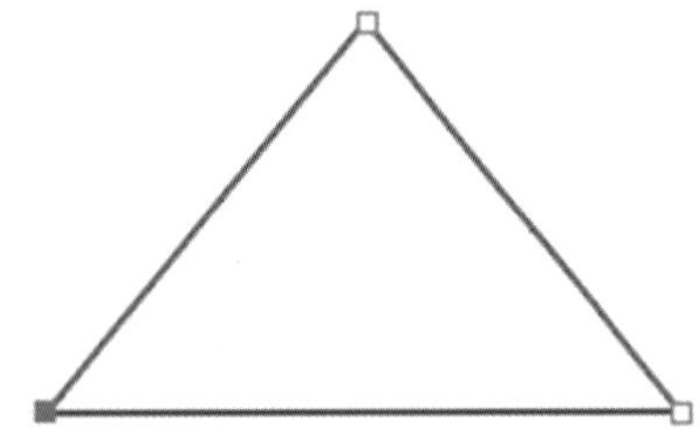

# 패스 및 구성 요소 선택하기

## Selection Tool(선택 도구), Direct Selection Tool(직접 선택 도구), Group Selection Tool(그룹 선택 도구)

일러스트레이터는 점과 선, 면으로 구성된 벡터 이미지들이 구성되어 아트웍을 이룹니다. 이러한 점, 선, 면과 함께 그룹으로 이루어진 오브젝트를 수정하고 편집하기 위해 상황에 맞게 선택하는 것이 필요합니다. 다음 과정에서 다양한 선택 도구에 관해 확인해보겠습니다.

[**예제 파일** : PART 02 Illustrator/2교시/Tea.ai]

### 학습과제

다양한 선택 도구의 특징을 확인합니다.

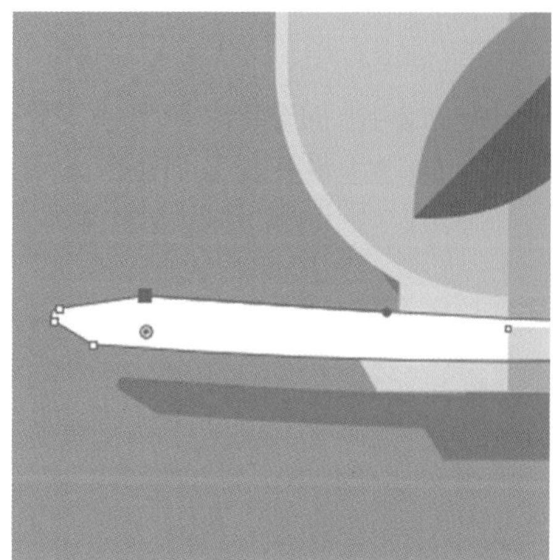

▲ Ctrl을 활용하면 다른 도구 사용 중에도 선택 기능을 바로 사용할 수 있습니다.

## 01 : Selection Tool( )(선택 도구)

오브젝트와 그룹을 클릭하거나 그 위로 드래그하여 오브젝트와 그룹을 선택할 수 있습니다. 또한 그룹 내의 그룹과 그룹 내의 오브젝트를 선택할 수 있습니다.

## 02 : Direct Selection Tool( )(직접 선택 도구)

오브젝트의 개별 고정점이나 패스 선을 클릭하여 선택하거나 드래그하여 영역을 지정하면 그 안에 포함된 정점, 선, 오브젝트, 그룹 오브젝트 등을 선택할 수 있습니다.

## 03 : Group Selection Tool( )(그룹 선택 도구)

한 그룹 내의 단일 오브젝트, 여러 그룹 내의 단일 그룹 또는 아트웍 내의 그룹 세트를 선택할 수 있습니다.

## 04 : Lasso Tool(  )(올가미 도구)

오브젝트의 전체 또는 일부를 드래그하여 오브젝트, 정점, 패스 선을 선택할 수 있습니다.

## 05 : Magic Wand Tool(  )(자동 선택 도구)

오브젝트를 클릭하면 색상, 두께, 색상, 불투명도 또는 혼합 모드가 비슷한 오브젝트를 선택할 수 있습니다.

# 패스 편집하기

## Add Anchor Point Tool(고정점 추가 도구), Delete Anchor Point Tool(고정점 삭제 도구), Anchor Point Tool(고정점 도구)

이미 그려진 패스에 정점을 추가하거나 삭제할 수 있으며 곡선을 직선으로, 직선을 곡선으로 언제든지 수정 및 편집할 수 있습니다.

### 학습과제

이미 그려진 패스 모양을 자유롭게 편집할 수 있어야 합니다. 패스의 편집은 패스를 구성하고 있는 정점 조절에서 시작되며 정점의 특성을 잘 이해하고 있어야 원하는 형태의 패스를 완성할 수 있습니다.

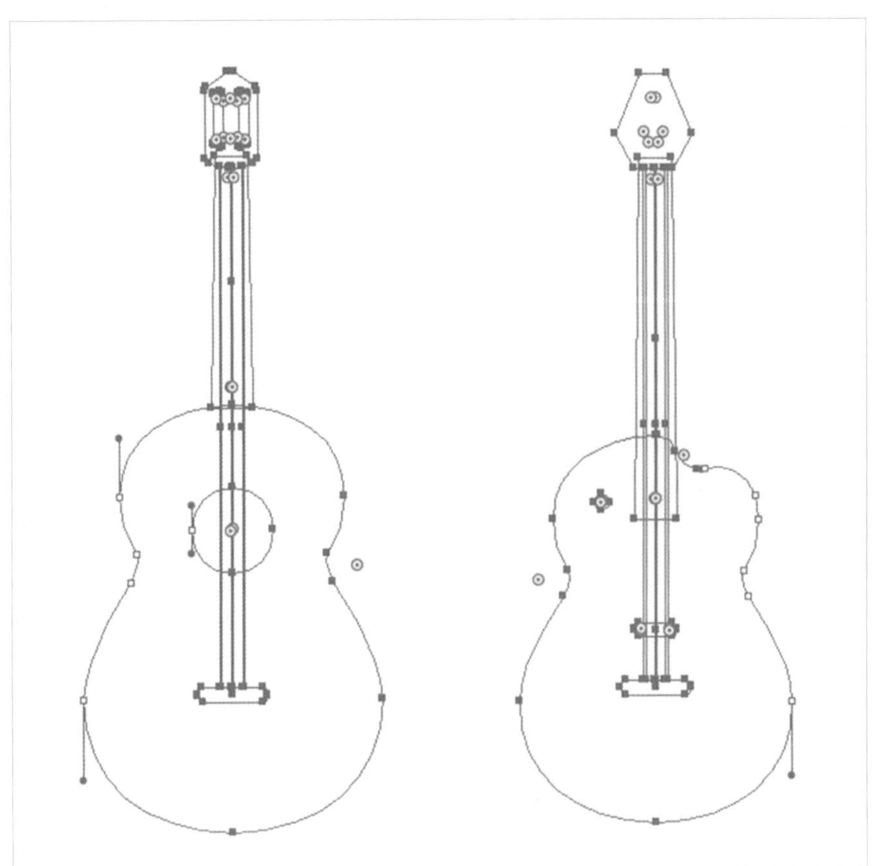

▲ 패스는 정점의 위치와 개수에 따라 형태가 완성됩니다.

## 01 : 정점 추가하기

**1** 툴바에서 [Add Anchor Point Tool]( )을 선택하고 패스를 클릭하면 정점이 추가됩니다. 정점을 추가한 후 이동 또는, 편집하여 패스의 모양을 변경할 수 있습니다.

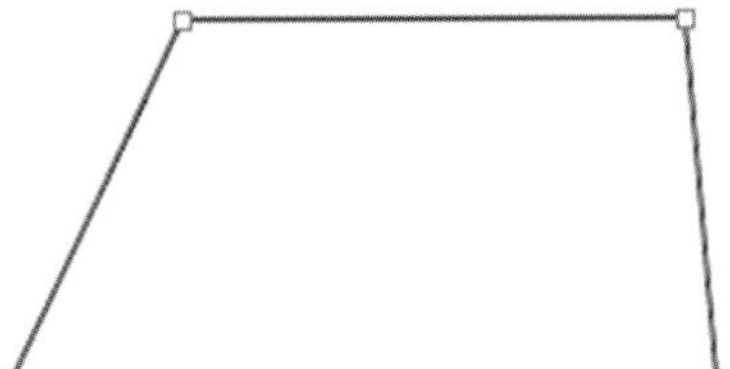

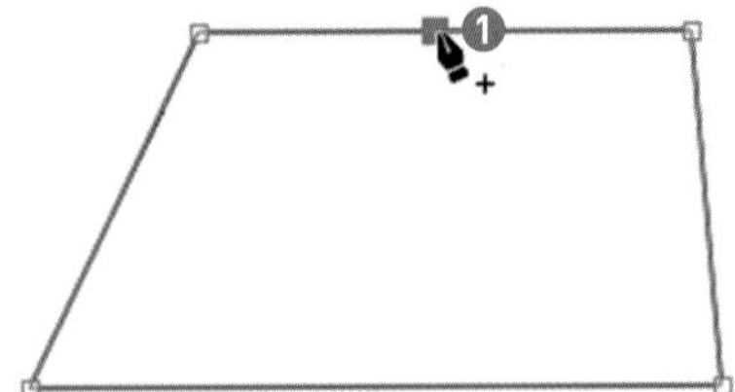

## 02 : 정점 삭제하기

**1** 툴바에서 [Delete Anchor Point Tool]( )을 선택하고 삭제할 정점을 클릭하면 삭제됩니다. 형태를 변경하거나 불필요하게 정점이 많을 때 사용합니다.

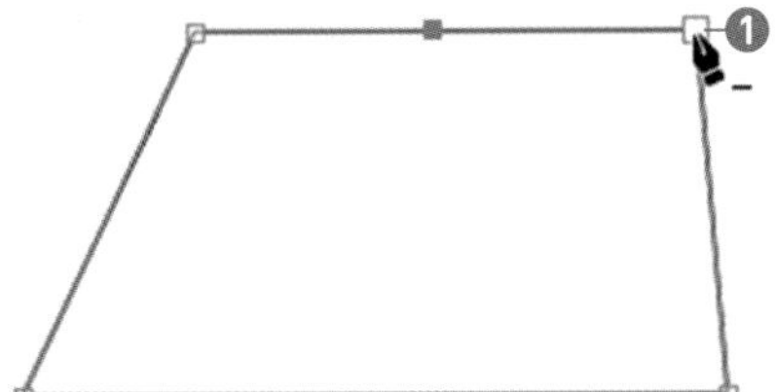

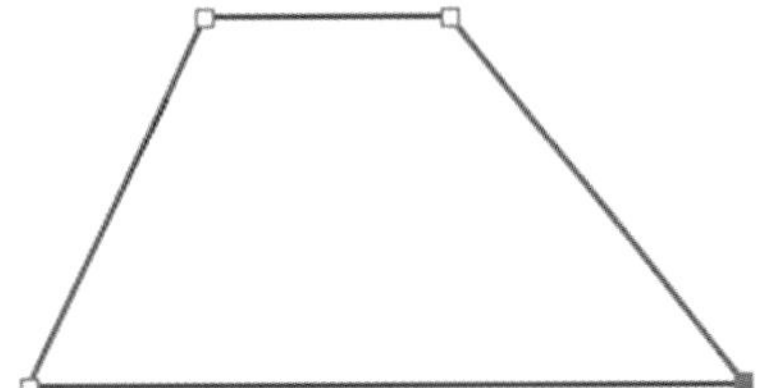

## 03 : 정점의 방향성 변경하기

**1** [Anchor Point Tool]( )은 정점의 방향성을 추가하거나 제거할 수 있는 도구입니다. 직선인 패스의 정점을 클릭한 후 드래그하면 방향 핸들이 표시되며 방향 핸들의 방향과 크기에 따라 곡선의 모양을 다양하게 변경할 수 있습니다.

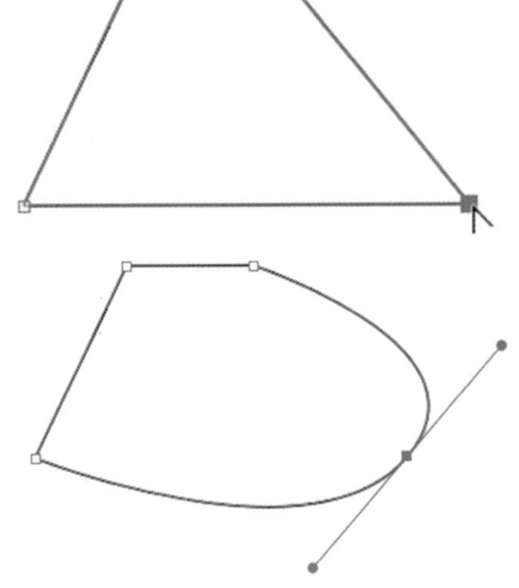

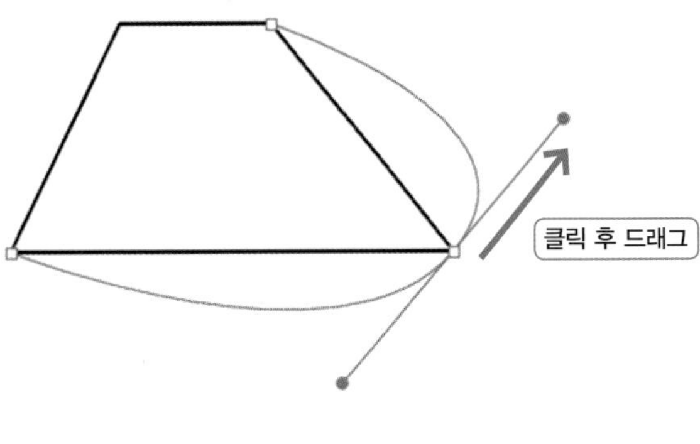

**2** 그리고 [Anchor Point Tool]( )은 곡선을 이루고 있는 정점의 방향성을 제거할 수 있으며 곡선의 패스를 직선으로 변경할 수 있습니다. 곡선 위에 정점을 한 번 클릭합니다. 그러면 클릭한 정점의 방향 핸들이 사라지는 것을 확인할 수 있습니다.

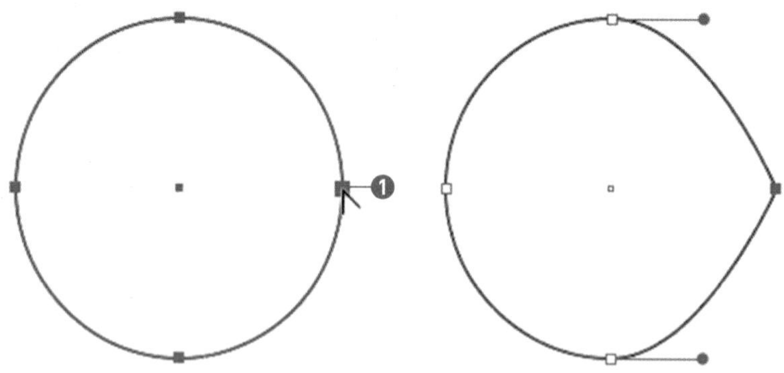


**3** 또한, [Anchor Point Tool]( )은 양쪽의 방향 핸들을 독립적으로 편집할 수 있도록 해줍니다. 방향점을 클릭한 후 드래그하면 수평이였던 방향선이 개별적으로 이동하여 꺽인 곡선의 모양으로 편집할 수 있습니다.

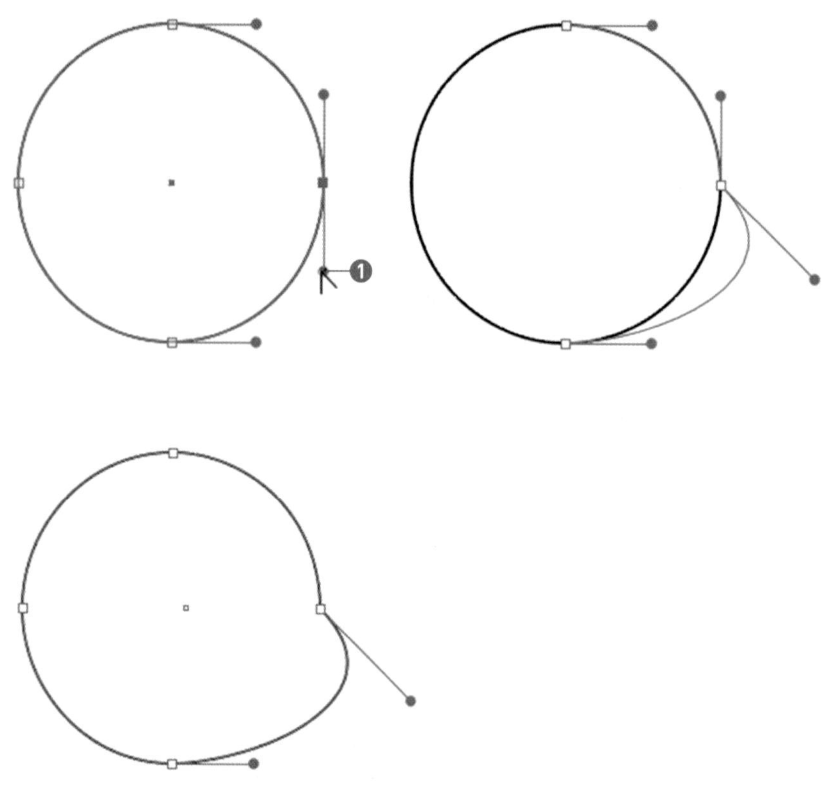

# 프리 드로잉으로 돛단배 그리기

## Pencil Tool(연필 도구), Pencil Tool Options(연필 도구 옵션)

자유로운 형태의 벡터 이미지를 그릴 때 부드러운 곡선으로 표현하는 것이 필요합니다. 자유롭게 드로잉하는 [Pencil Tool]로 부드러운 곡선을 그려봅니다.

[**예제 파일** : PART 02 Illustrator/2교시/ship.ai]

### 학습과제

[Pencil Tool]을 사용하여 자유로운 형태의 곡선을 그려봅니다.

▲ [**Pencil Tool**]로 프리 드로잉이 가능하며 [**Pencil Tool Options**] 창에서 부드러움을 조절할 수 있습니다.

**1** 예제 파일을 불러온 후 배의 돛 부분을 [Pencil Tool]( )을 사용하여 완성해 봅시다.

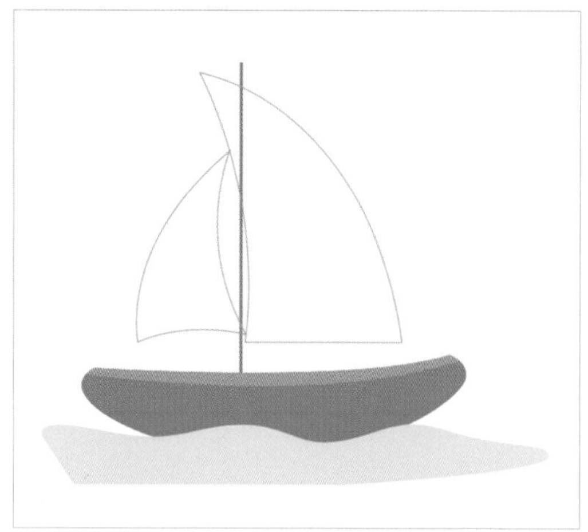

**2** 툴바에서 [Pencil Tool]( )을 선택합니다. 그다음 툴바에서 [Pencil Tool]을 더블클릭하여 [Pencil Tool Options] 창을 활성화시키고 [Fidelity](정확도)를 [Smooth](매끄럽게) 오른쪽 최대값으로 설정합니다.

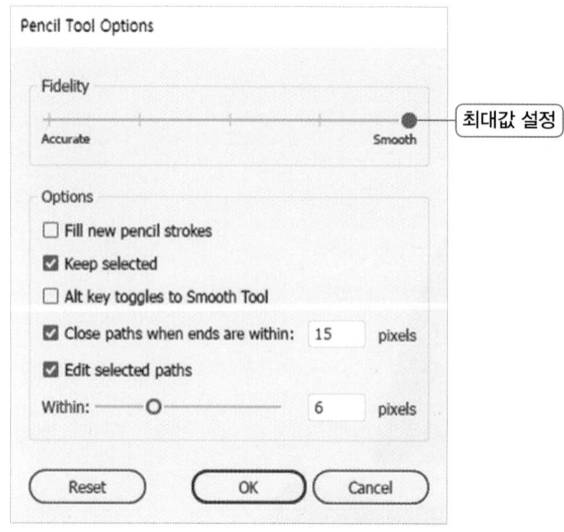

[Fidelity]는 선의 부드러움을 조절하는 옵션으로 [Accurate]가 최대값일수록 선의 정점이 많이 추가되며 반대로 [Smooth]가 최대값일수록 선의 정점을 최소화합니다.

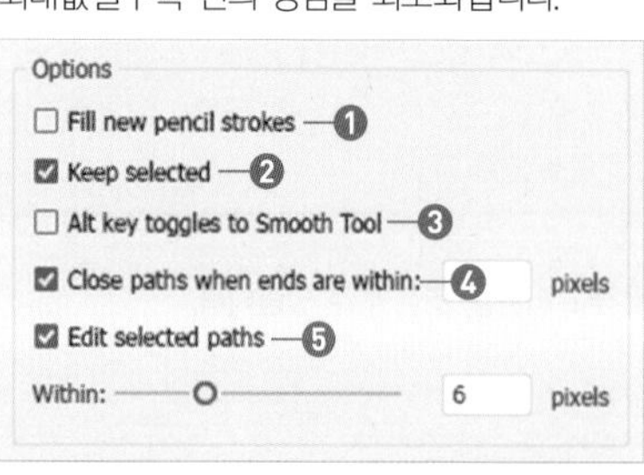


❶ **Fill new pencil strokes** : 지정된 면의 색상이 브러시에 적용됩니다.
❷ **Keep Selected** : 드로잉 직후 선택된 상태를 유지합니다.
❸ **Alt key toggles to Smooth Tool** : 체크가 해제된 경우 Alt를 누르면 단일 직선 패스로 변환하여 그릴 수 있으며 체크가 된 경우는 [Smooth Tool] 기능처럼 패스를 부드럽게 변형시킵니다.
❹ **Close paths when ends are within** : 선이 자동 연결되는 범위를 지정합니다.
❺ **Edit selected paths** : 체크가 되면 끊어졌던 선을 다시 이어줍니다.

3 먼저 큰 돛의 왼쪽 아래쪽에서부터 시계 방향으로 가이드 선을 따라 드로잉합니다.

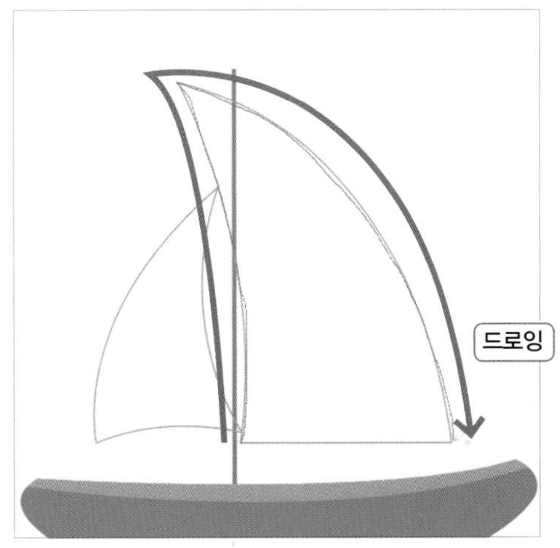


4 다음은 [Pencil Tool]( )로 직선을 그리는 방법입니다. 오른쪽 아래 부분에서는 Alt를 누르고 시작점으로 연결합니다.

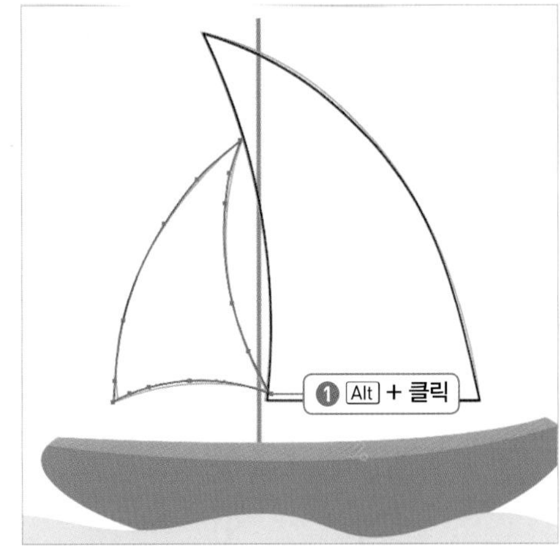


**TIP**

[Pencil Tool] 사용 중 Alt를 누르면 직선으로 고정하여 그릴 수 있습니다. 또한 Shift를 누르면 45° 단위로 직선의 방향을 제어할 수 있습니다.

5 시작점까지 연결하면 드로잉하였을 때 모양과는 달리 부드러운 곡선으로 그려진 것을 알 수 있습니다.

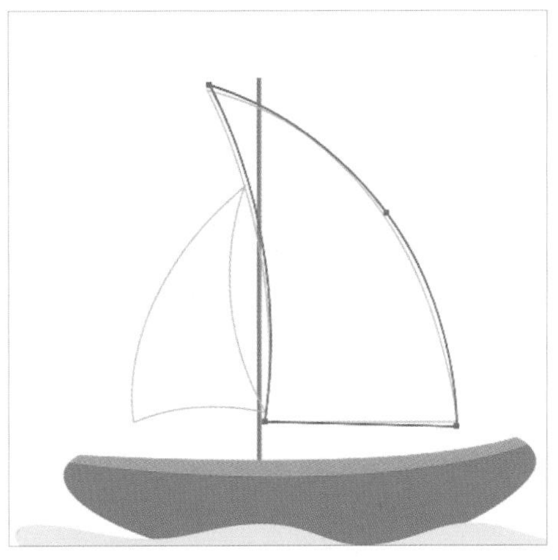

**6** 작은 돛 부분도 동일한 방법으로 드로잉하여 완성합니다.

**MEMO 패스 선의 수정**

[Pencil Tool]을 사용하여 뾰족한 모양으로 드로잉하는 경우 코너 부분이 둥글게 그려질 수 있습니다. 그런 경우 [Pencil Tool]을 선택하고 다시 드로잉하면 모양을 수정할 수 있습니다.

① 다음 그림과 같이 코너 부분이 둥글게 그려지는 경우가 있습니다.

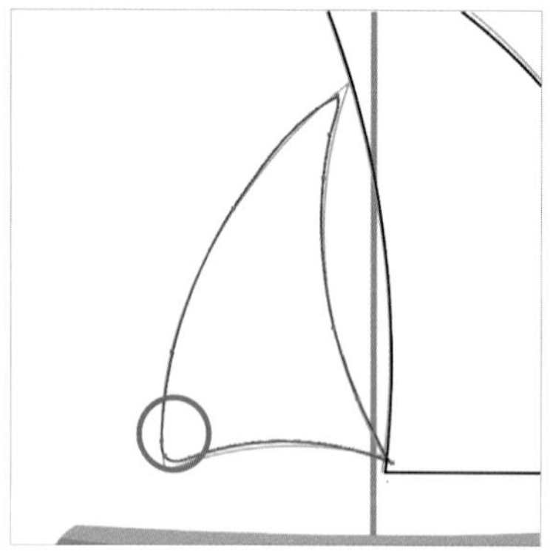

② [Pencil Tool]로 선 위에 위치하고 수정할 모양으로 다시 드로잉하면 선이 자동으로 연결되면서 수정됩니다.

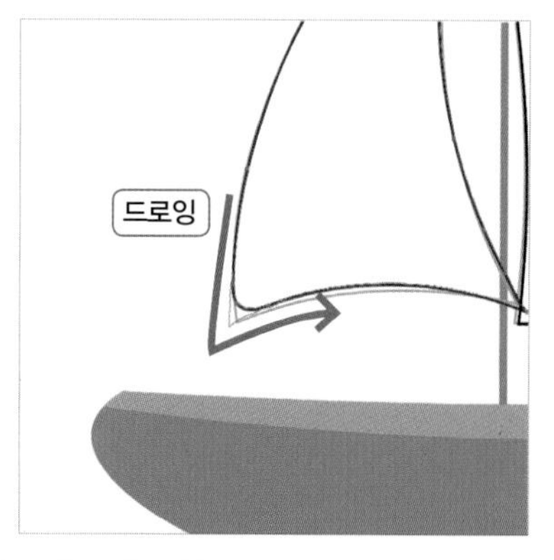


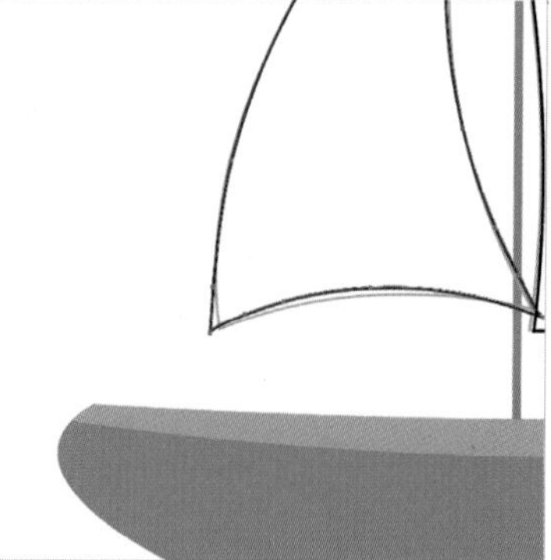

강좌 06

난이도 ●○○

# 곡률 선으로 어쿠스틱 기타 그리기

## Curvature Tool(곡률 도구)

[Curvature Tool]은 정점의 위치와 간격에 따라 자동으로 선의 곡률값을 계산하여 부드러운 곡선을 그려줍니다. 또한 정점을 더블클릭하여 직선으로 그릴 수 있으며 직선 위에 정점을 추가하여 곡선으로 변경할 수 있습니다.

[**예제 파일** : PART 02 Illustrator/2교시/Guitar.ai]

### 학습과제

[Curvature Tool]을 사용하여 기타의 바디 및 넥, 브릿지를 그려봅니다.

▲ [Curvature Tool]을 이용하면 자유 곡선을 쉽게 그릴 수 있습니다.

**1** 예제 파일을 불러온 후 [Zoom Tool]( )을 선택하고 가이드 선이 그려진 이미지의 바디 부분을 확대합니다.

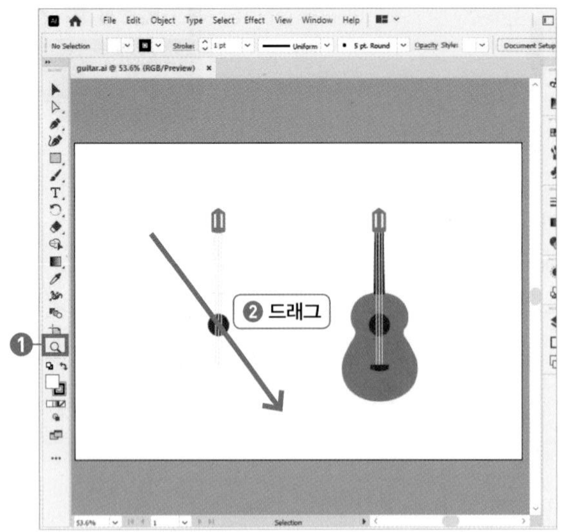

**2** 툴바에서 [Curvature Tool]( )을 선택한 후 [Properties] 패널에서 선의 특성을 설정합니다. [Fill]은 'None', [Stroke]는 '0.5pt' 두께로 조정합니다.

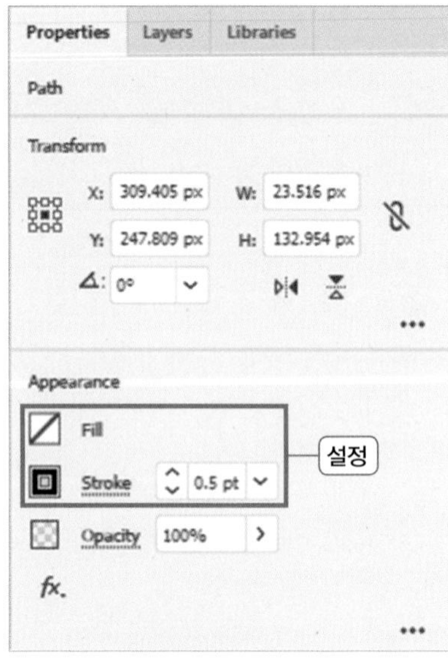


**3** 바디 상단의 중간 지점부터 그림과 같이 가이드 선 위에 정점을 클릭해가며 그립니다. 그러면 정점을 연결하는 곡선이 위치에 맞게 자동으로 생성됩니다.

**4** 곡선이 가이드 선에 맞도록 정점을 추가하며 그립니다.

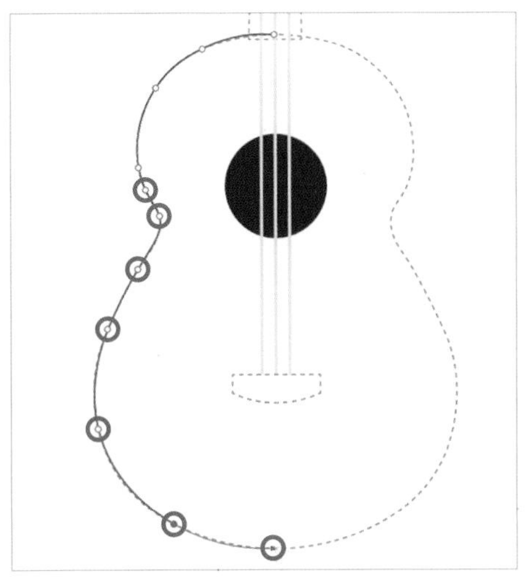

**TIP**

정점의 간격과 위치에 따라 곡률의 모양이 달라지므로 가이드 선과 일치하도록 간격을 조절하며 그려야 합니다.

**5** 시작점으로 연결하여 기타의 바디를 완성합니다.

6 다음은 넥 부분을 그려봅시다. 긴 사다리꼴 모양의 넥 부분을 직선으로 그리기 위해 모서리 부분의 정점을 더블클릭하여 추가합니다.

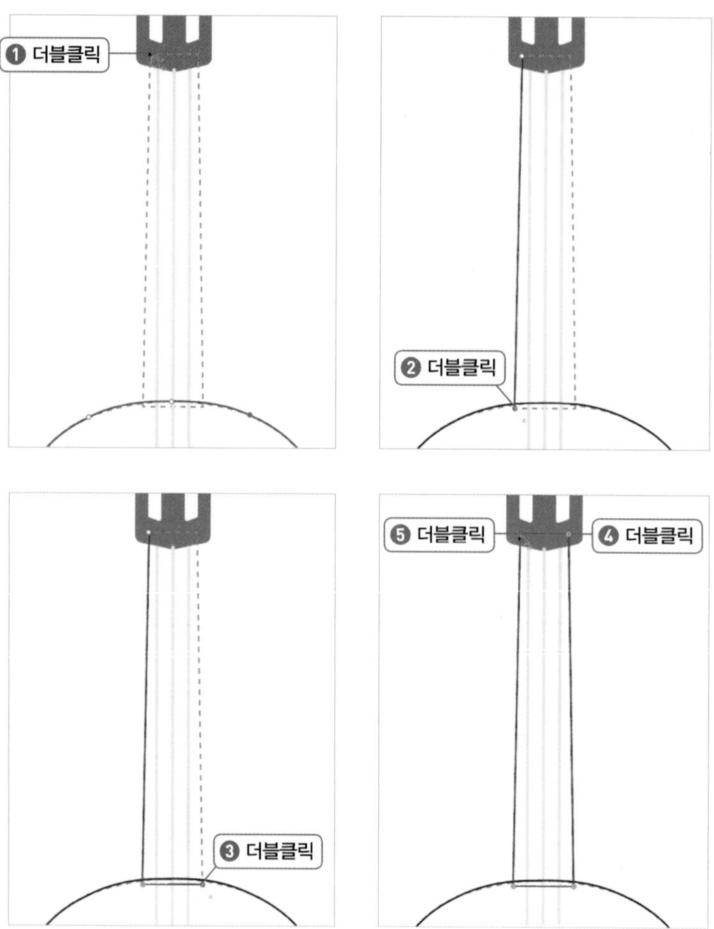


**TIP**

[Curvature Tool]은 기본적으로 방향성이 적용된 정점이 추가되어 곡선으로 그려지지만 정점을 더블클릭하면 방향성이 삭제되기 때문에 직선으로 그려지게 됩니다.

**7** 다음은 기타의 브릿지를 그려봅니다. 먼저 툴바에서 [Rectangle Tool]( )을 선택하고 그림과 같이 브릿지 가이드 선 양쪽 모서리 맞게 사각형 이미지를 그려줍니다. 그다음 [Curvature Tool]( )을 선택하고 사각형 아래 변에 중간 지점을 클릭하여 정점을 추가한 후, 아래 방향으로 드래그하여 직선을 곡선으로 변경하여 완성합니다.

▲ 사각형 추가

▲ 드래그하여 정점 이동

# 오브젝트 위치 정돈하기

## Arrange(정돈), Bring to Front(맨 앞으로 가져오기), Bring Forward(앞으로 가져오기), Send Backward (뒤로 보내기), Send to Back(맨 뒤로 보내기)

일러스트레이터에서는 처음에 그려진 오브젝트를 시작하여 추가로 그려진 오브젝트는 위쪽 방향으로 순서대로 쌓이면서 그려집니다. 오브젝트가 쌓이는 순서에 따라 표시 방식이 달라지기 때문에 상황에 따라 위치를 조절할 수 있어야 합니다. 다음 과정에서 오브젝트를 정돈하는 방법에 관해 알아보겠습니다.

[**예제 파일** : PART 02 Illustrator/2교시/boat.ai]

### 학습과제

Arrange 기능으로 오브젝트의 위치를 조절해 봅니다.

▲ 오브젝트의 위치 조정은 많이 활용하기 때문에 단축키 사용은 필수입니다.

**1** 예제 파일을 불러옵니다.

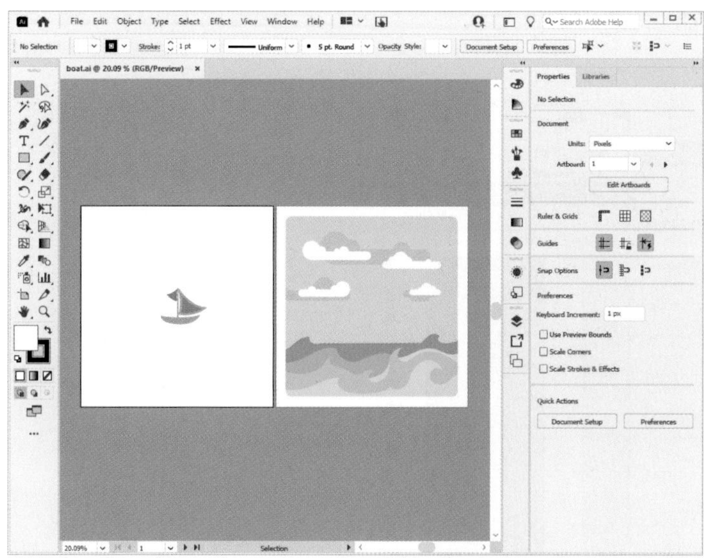

**2** 왼쪽 아트보드에 있는 돛단배를 선택하고 오른쪽 아트보드 중앙으로 이동시킨 후 배 전체의 크기를 키웁니다.

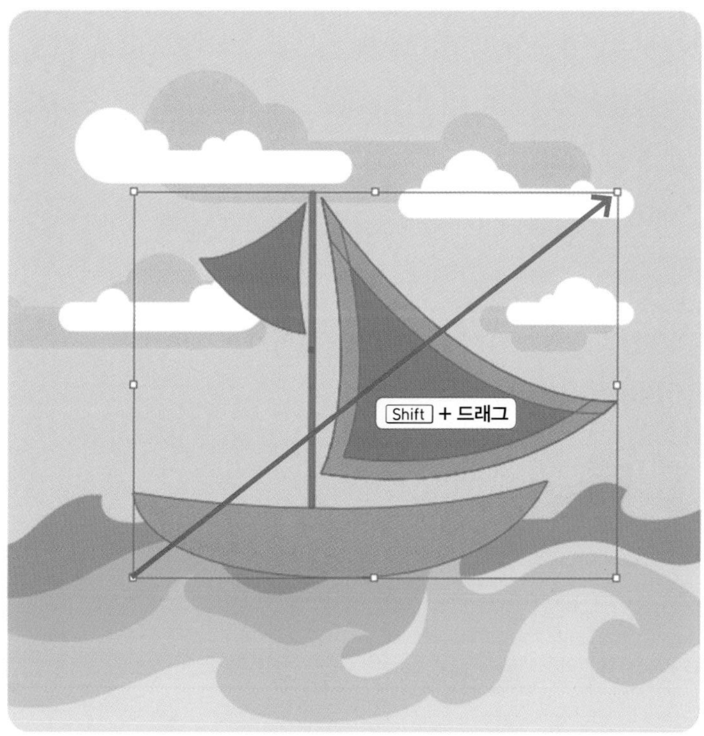

**3** 배에 위치가 파도 위쪽에 위치하고 있어 모양이 어색합니다. 오브젝트의 위치를 조정하기 위해 [Object] > [Arrange] > [Send Backward] 메뉴를 클릭하여 배의 위치를 한 칸 아래쪽으로 내려보냅니다.

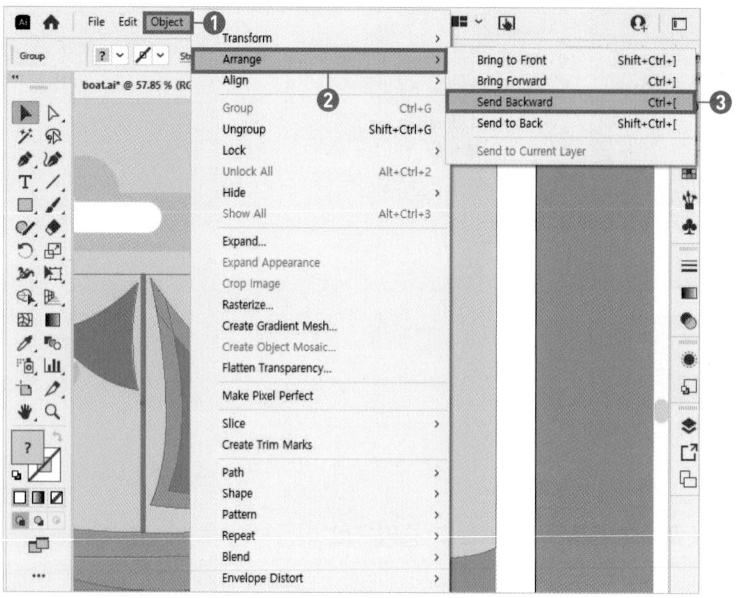


**4** [Send Backward]를 반복 적용하여 배의 아래 부분이 파도 뒤쪽에 위치하도록 조절합니다.

### TIP

Arrange는 자주 사용하는 기능으로 단축키를 사용하는 것이 작업 효율에 매우 좋습니다.

| | |
|---|---|
| Bring to Front | Shift+Ctrl+] |
| Bring Forward | Ctrl+] |
| Send Backward | Ctrl+[ |
| Send to Back | Shift+Ctrl+[ |
| Send to Current Layer | |

# 실시간 도형(Live Shape) 그리기

## Rectangle Tool(사각형 도구), Rounded Rectangle Tool(둥근 사각형 도구), Ellipse Tool(원형 도구), Polygon Tool(다각형 도구), Shaper Tool(셰이퍼 도구), Line Segment Tool(선분 도구)

각종 셰이프 도구들을 이용하여 빠르게 기본 도형을 그릴 수 있으며 실시간으로 모양을 수정 및 편집할 수 있습니다. 즉, 다른 편집 도구 및 기능을 이용하지 않고 컨트롤 위젯(Control widgets)을 사용하여 실시간으로 조정할 수 있습니다.

### 학습과제

셰이프 도구들의 특징 및 실시간 조절 방법을 확인해 봅니다.

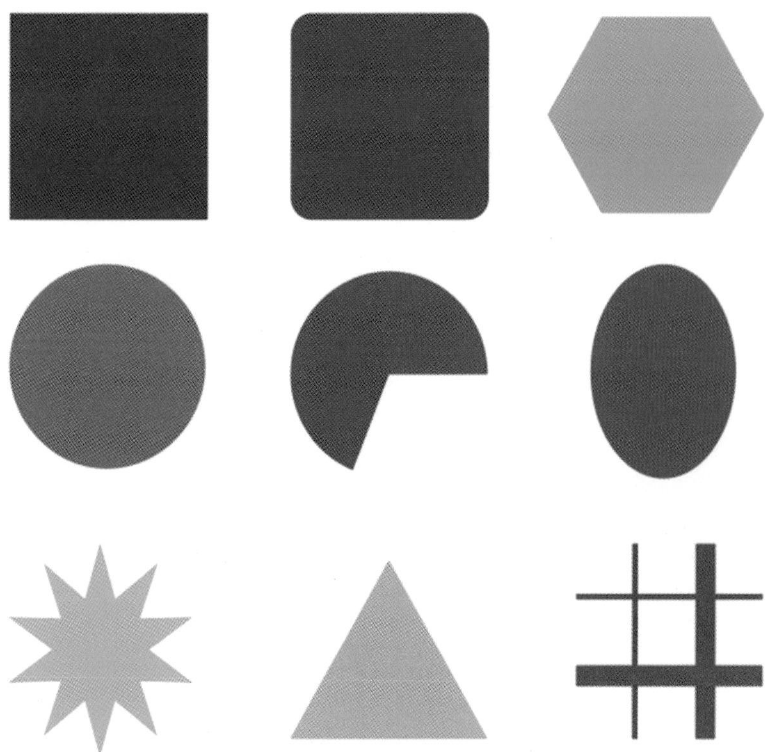

▲ 실시간 도형은 생성 후에도 편집을 자유롭게 적용할 수 있습니다.

## 01 : 사각형 그리기 – Rectangle Tool

**1** 코너의 시작점을 클릭하고 드래그하면 대각선 방향으로 드래그한 거리만큼 사각형 도형이 그려집니다. 또한 작업 화면을 클릭하면 [Rectangle] 창이 표시되며 수치를 입력하여 정확한 크기로 사각형을 그릴 수 있습니다.

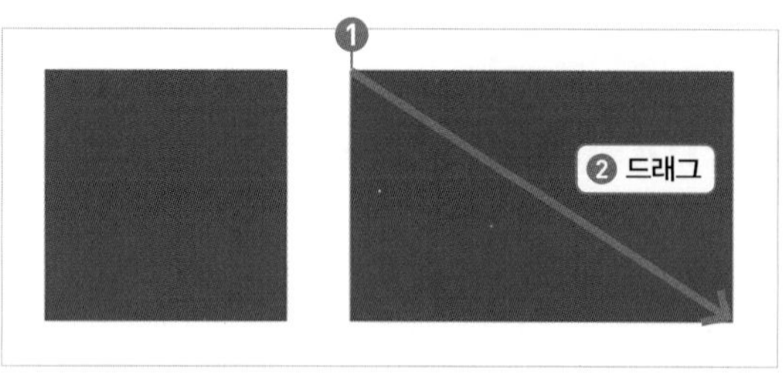


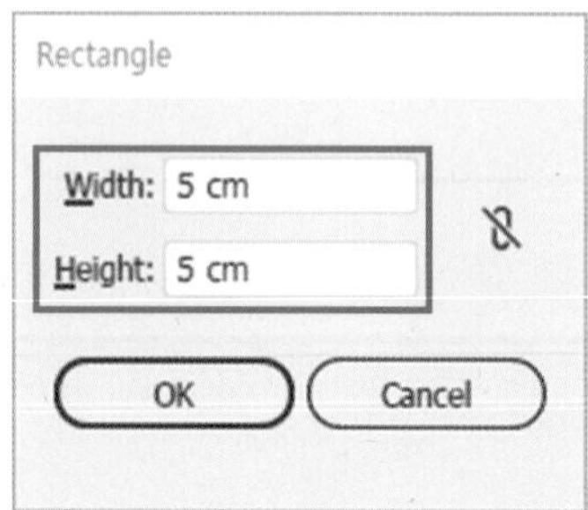


◀ [Rectangle] 창

> **TIP**
> Shift 를 누른 채 드래그하면 정사각형을 그릴 수 있습니다. 또한 Alt 를 누른 채 드래그하면 클릭한 지점을 중심점으로 하는 사각형이 그려집니다. 그리고 Shift 와 Alt 를 동시에 사용할 수도 있습니다.

**2** 사각형을 선택하면 사각형 주위로 바운딩 박스(Bounding Box)와 코너 안쪽으로는 컨트롤 위젯이 표시됩니다.

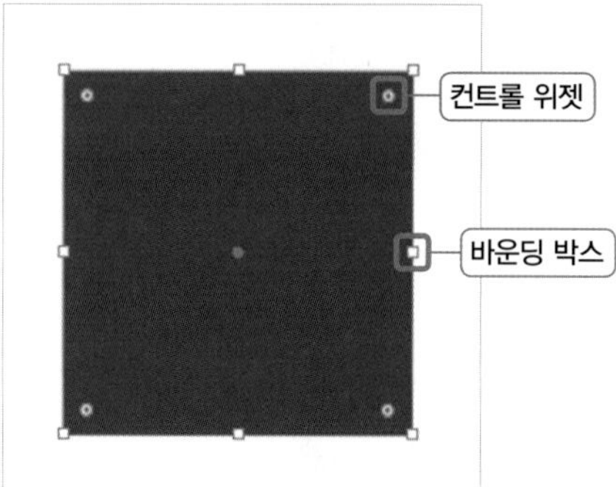


> **TIP**
> 오브젝트를 선택할 때 바운딩 박스가 보이지 않는 경우 [View] > [Show Bounding Box] 메뉴를 클릭합니다.

3 그려진 사각형은 실시간으로 언제든지 모양을 수정할 수 있습니다. 바운딩 박스의 핸들 중 하나를 선택하여 드래그하면 크기를 조절할 수 있습니다.

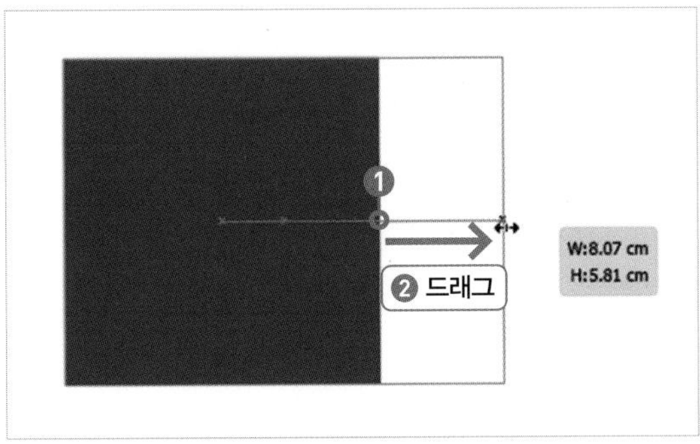


**TIP**

컨트롤 위젯을 조절하면 사각형 코너를 둥글게 변경할 수도 있습니다.

4 또한 바운딩 박스의 핸들 근처에 커서를 위치하고 회전 아이콘이 표시될 때 드래그하면 오브젝트를 회전시킬 수 있습니다.

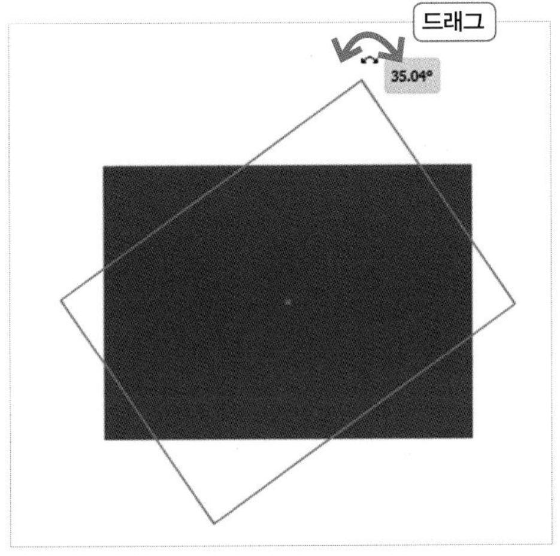


5 드래그하여 임의의 사각형을 그린 후에도 정확한 수치로 수정이 가능합니다. [Properties] 패널의 [Transform]에서 X, Y 좌표 및 폭과 높이 등을 수치로 입력하여 사각형의 정보를 변경할 수 있습니다.

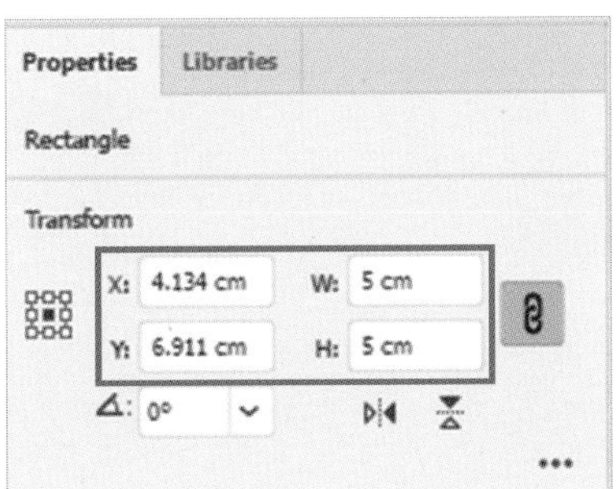

**MEMO Transform 확장 옵션과 패널**

[Properties] 〉 [Transform]에서 [More Options](···)를 클릭하면 [Transform]의 확장 옵션이 표시되며 크기 및 회전, 모서리 등 사각형의 특징을 정교하게 수정할 수 있습니다. 또한 [Window] 〉 [Transform] 패널을 활성화하여 동일하게 사용할 수 있습니다. 기본 셰이프 도형들은 언제든지 수정 및 편집이 가능합니다.

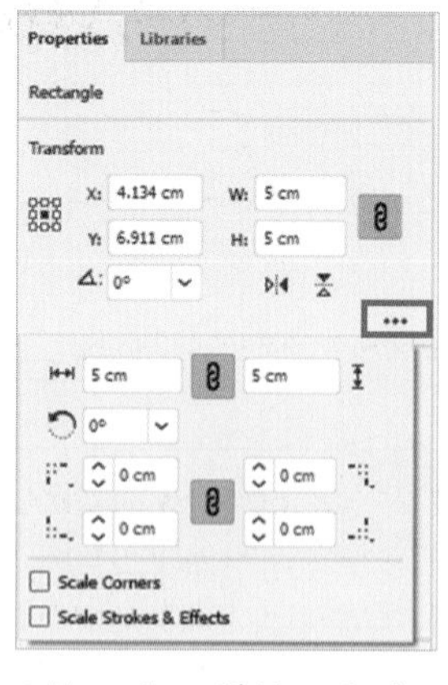

▲ Transform의 More Options 실행 화면

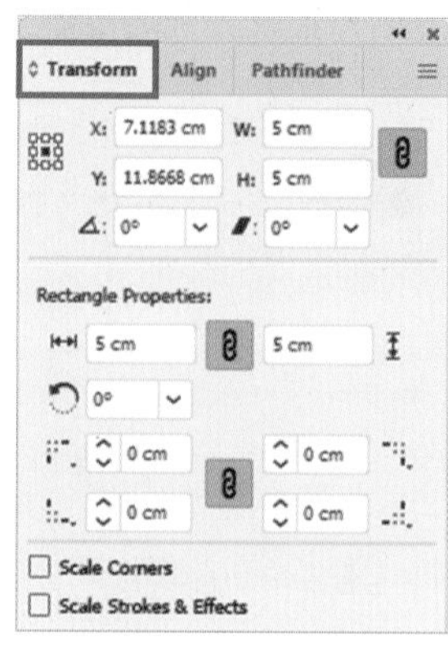

▲ [Transform] 패널 모습

## 02 : 둥근 사각형 그리기 – Rounded Rectangle Tool

1 모서리가 둥근 사각형을 그려주는 도구입니다. 사용 방법은 [Rectangle Tool]( )과 동일하게 드래그하거나 작업 화면을 클릭하고 수치를 입력하여 그릴 수 있습니다.

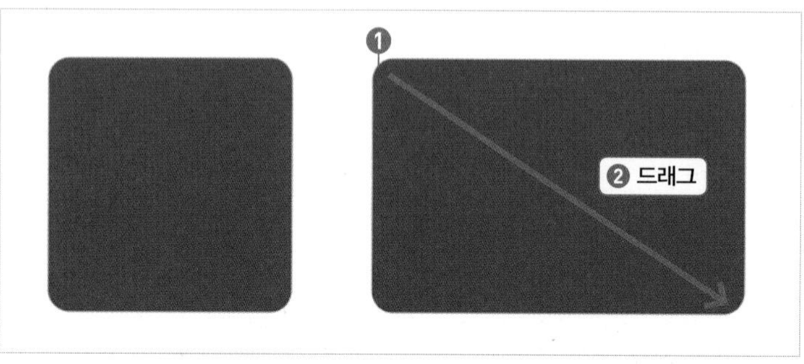


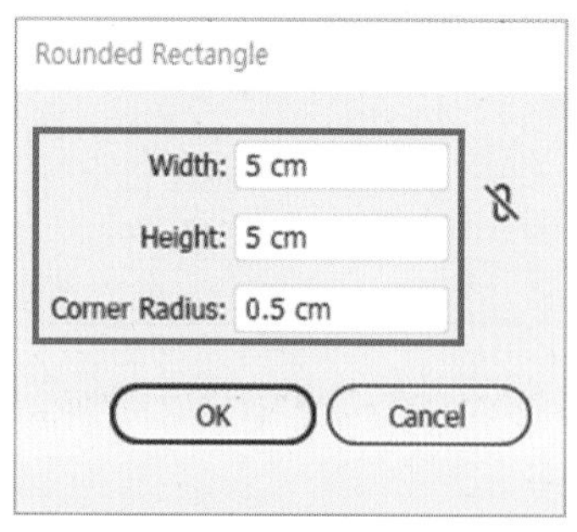

▲ [Rounded Rectangle] 창

2 둥근 사각형 코너 쪽에 있는 컨트롤 위젯을 드래그합니다. 그러면 라운드의 크기를 실시간으로 변경할 수 있습니다.

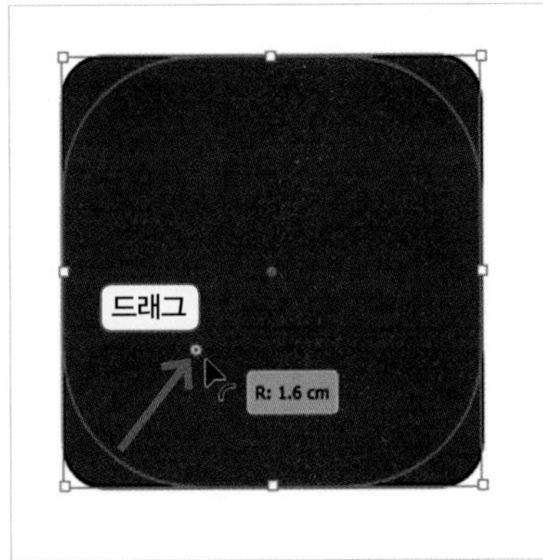


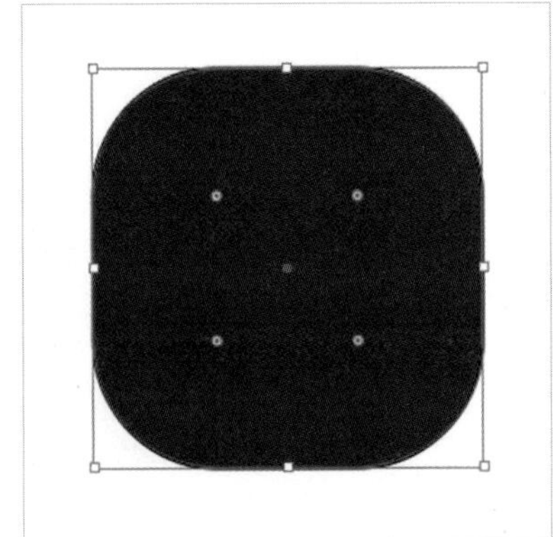

3 마찬가지로 [Transform] 패널에서 크기의 확인 및 수정이 가능합니다.

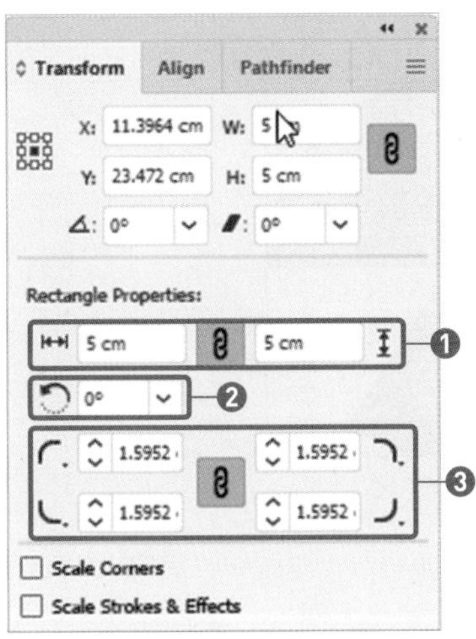


**TIP**

① Rectangle Width/Height : 사각형의 가로와 세로 길이를 설정합니다.
② Rectangle Angle : 회전 각도를 설정합니다.
③ Corner Type : 사각형 코너의 모양과 크기를 설정합니다.

## 03 : 원형 그리기 – Ellipse Tool

1 원 및 타원을 그리는 도구로 Shift 를 누르고 드래그하면 정원을 그릴 수 있으며, Alt 를 누르면 클릭한 지점을 원점으로 하는 원을 그려줍니다.

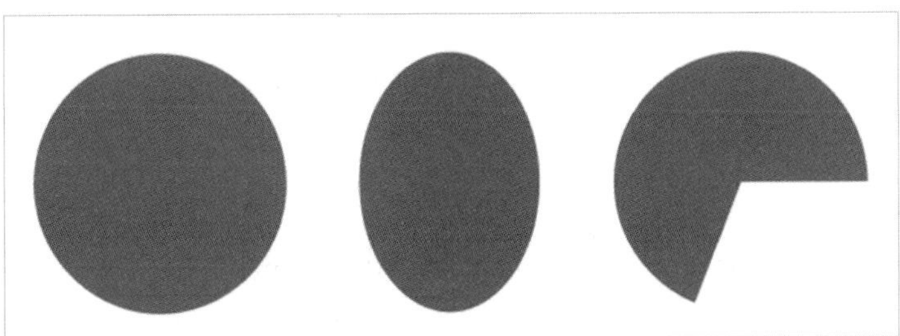

**2** 작업 화면을 한 번 클릭하면 [Ellipse] 창이 표시되며 수치를 입력하여 정확한 크기의 원 또는 타원을 그릴 수 있습니다.

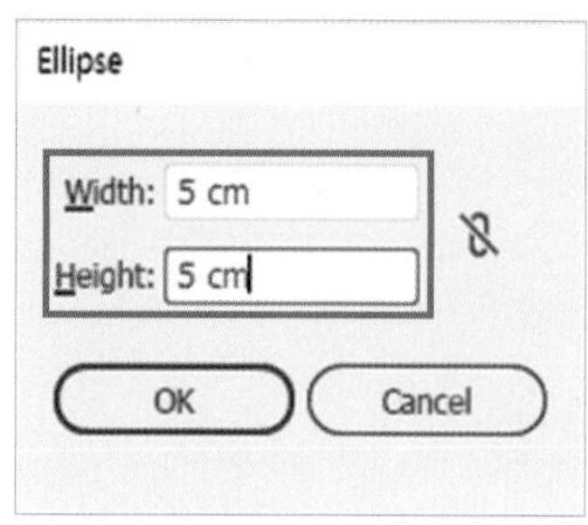


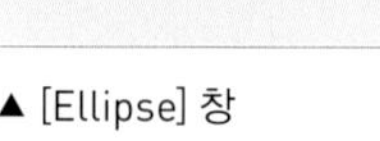
▲ [Ellipse] 창

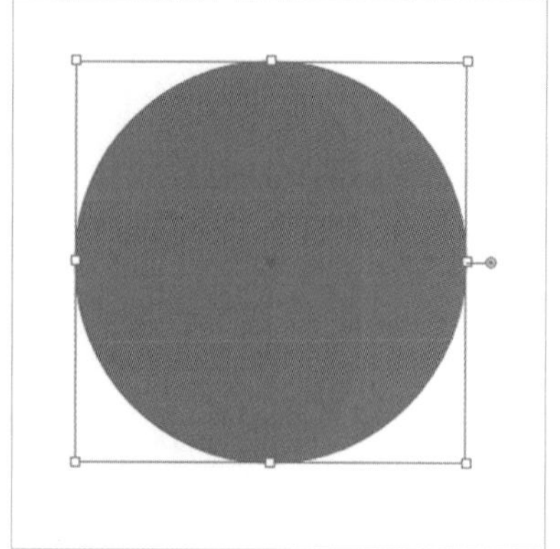

**3** 3시 방향에 있는 컨트롤 위젯을 드래그하면 파이 모양과 같이 변경할 수 있습니다.

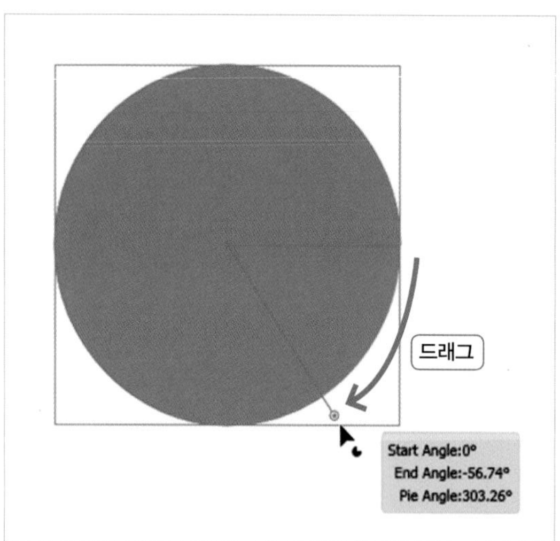


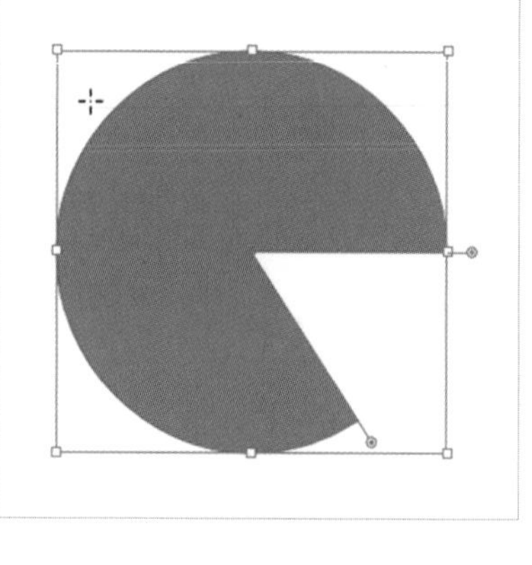

**4** [Transform] 패널의 모습은 다음과 같습니다.

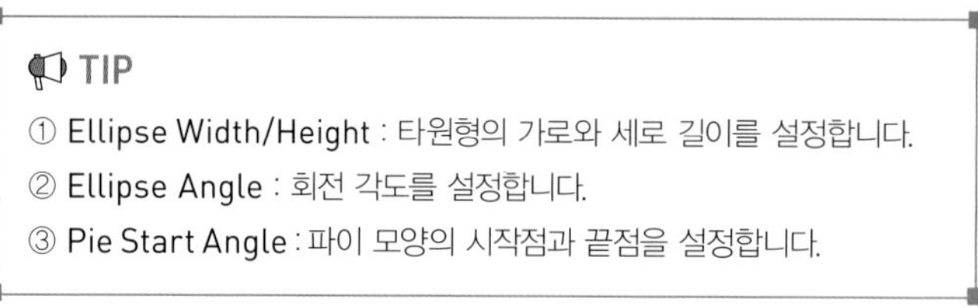

TIP

① Ellipse Width/Height : 타원형의 가로와 세로 길이를 설정합니다.
② Ellipse Angle : 회전 각도를 설정합니다.
③ Pie Start Angle : 파이 모양의 시작점과 끝점을 설정합니다.

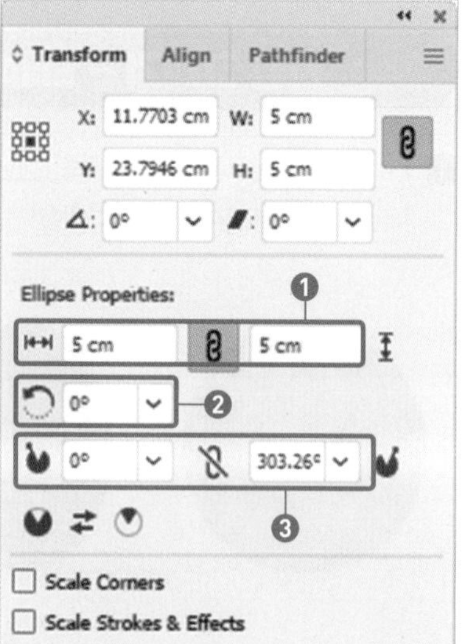

## 04 : 다각형 그리기 – Polygon Tool

**1** [Polygon Tool]( )은 다각형을 그려주는 도구입니다. [Polygon] 창을 통해 변의 개수를 지정할 수 있습니다.

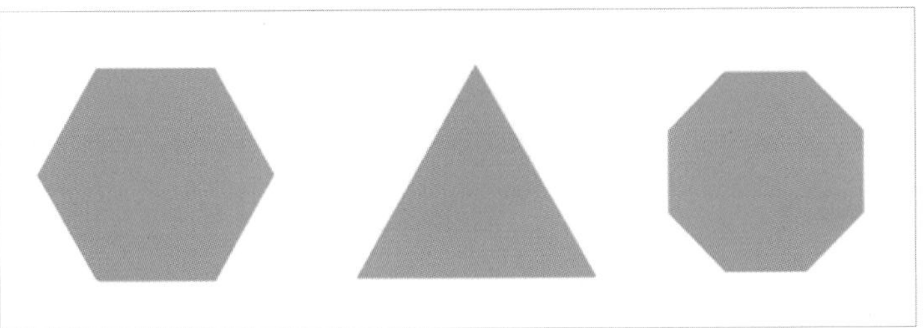

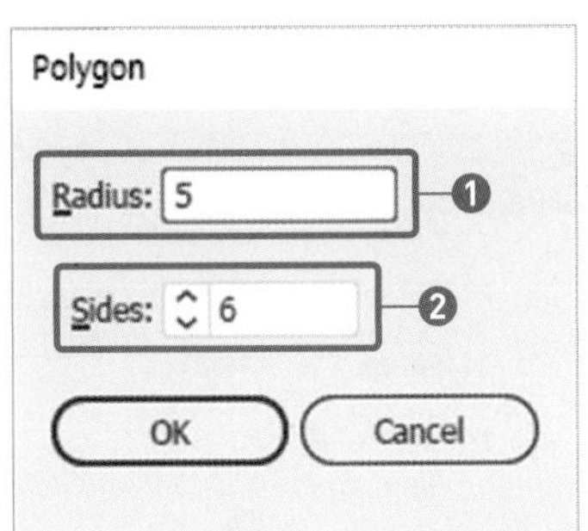


◀ [Polygon] 창

> **TIP**
> ① Radius : 내접하는 원의 크기를 설정합니다.
> ② Sides : 다각형 변의 개수를 설정합니다.

**2** 다각형의 경우 컨트롤 위젯이 2가지 형태로 표시됩니다.

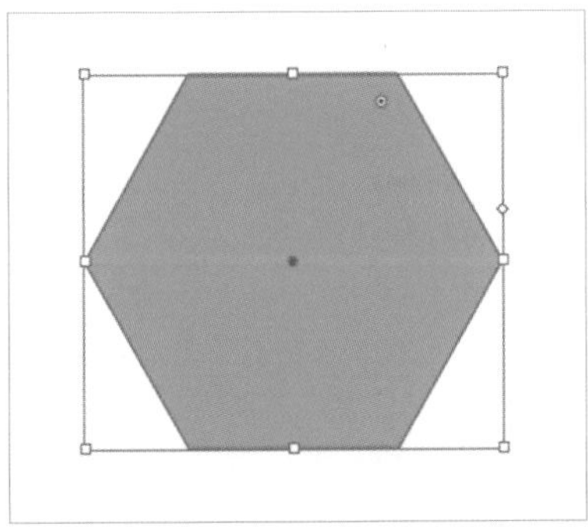

**3** 동그라미 형태의 컨트롤 위젯은 다각형의 모퉁이를 둥글게 만들거나 다른 유형으로 변경할 수 있습니다.

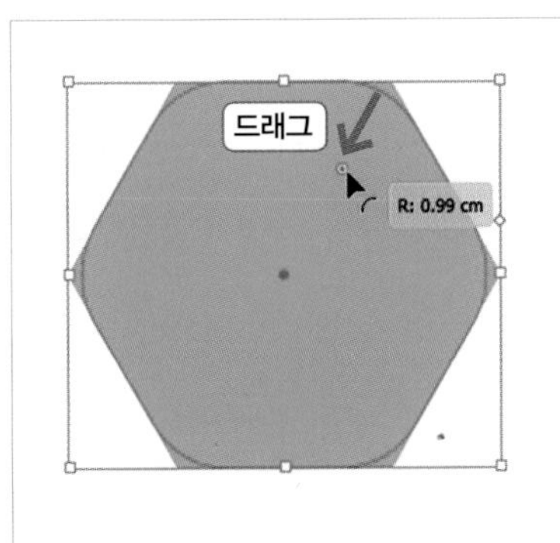


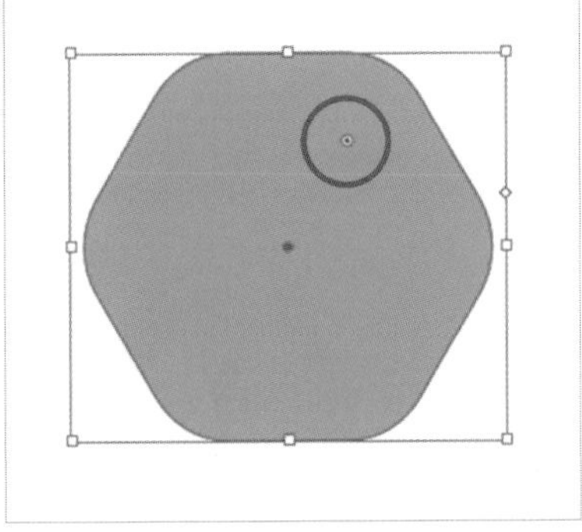

4 또한 바운딩 박스에 마름모 형태의 컨트롤 위젯은 다각형 변의 개수를 실시간으로 조절할 수 있습니다.

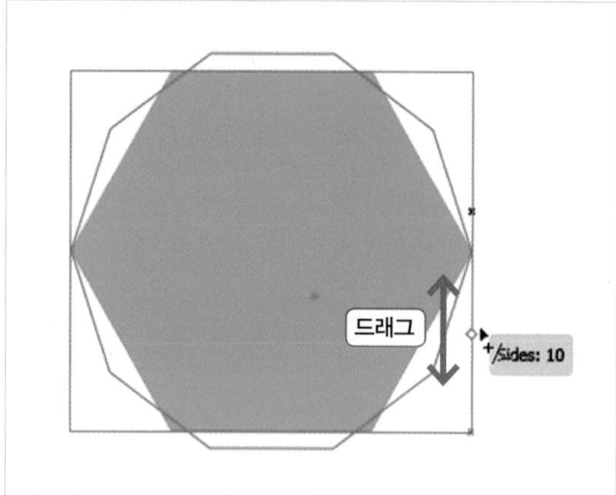


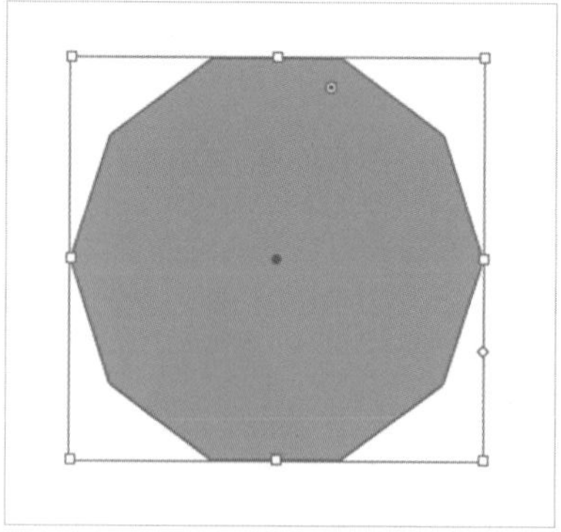

5 다른 도형들과 마찬가지로 [Properties] 패널 또는 [Transform] 패널에서 다각형의 모양을 수정 및 편집할 수 있습니다.

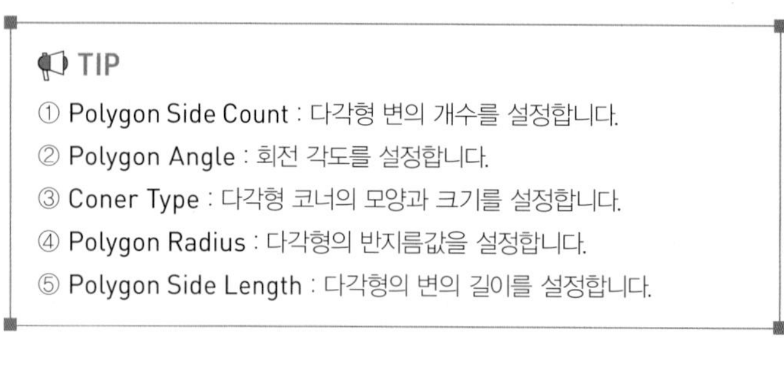

TIP

① Polygon Side Count : 다각형 변의 개수를 설정합니다.
② Polygon Angle : 회전 각도를 설정합니다.
③ Coner Type : 다각형 코너의 모양과 크기를 설정합니다.
④ Polygon Radius : 다각형의 반지름값을 설정합니다.
⑤ Polygon Side Length : 다각형의 변의 길이를 설정합니다.

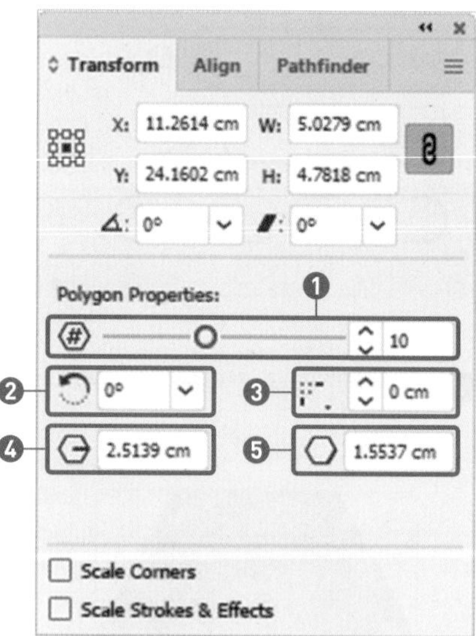


## 05 : 별 그리기 – Star Tool

1 다양한 형태의 별을 그려주는 도구입니다.

**2** 별 도형의 경우 한 번 그리면 별에 날개 숫자를 변경할 수 없으며 크기의 변경만 가능합니다.

Star

Radius 1: 3 cm

Radius 2: 6 cm

Points: 5

OK Cancel

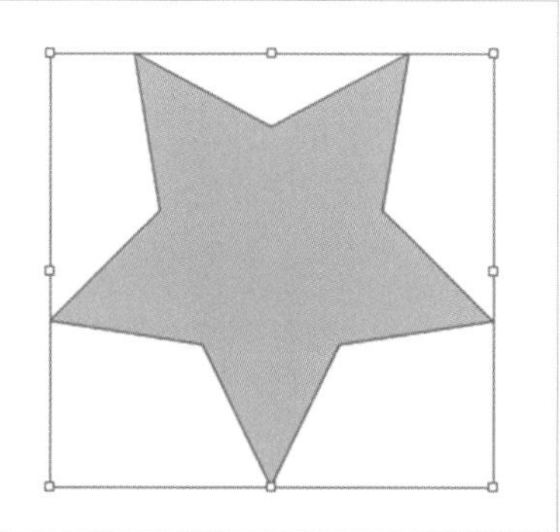

> **TIP**
>
> [Radius 1]은 안쪽 코너의 반지름이며, [Radius 2]는 바깥쪽 코너의 반지름을 의미합니다.

## 06 : 셰이퍼 도구 – Shaper Tool

**1** [Shaper Tool]( )은 자유롭게 드로잉한 형태를 자동으로 인식하여 기본 도형으로 만들어 줍니다.

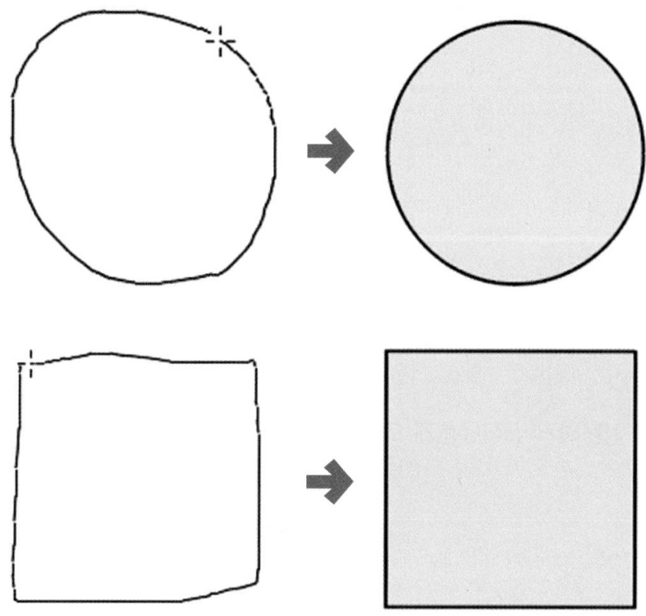

**2** [Shaper Tool]( )로 그린 그림들도 기본 도형들과 동일하게 실시간으로 수정 및 편집이 가능합니다.

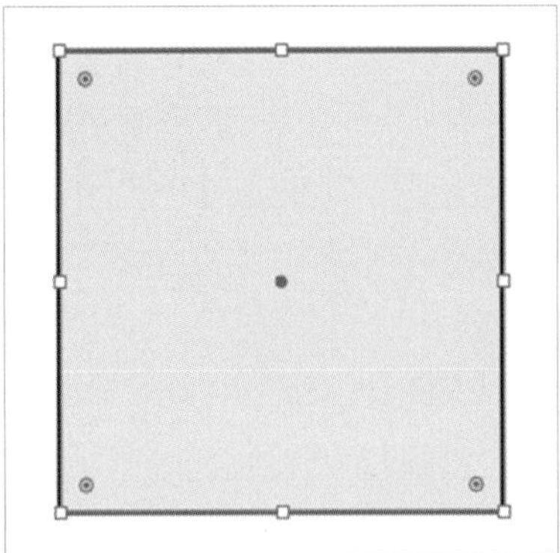

## 07 : 선 그리기 – Line Segment Tool 

**1** [Line Segment Tool]( )을 선택하고 작업 공간의 빈 곳을 클릭하면 [Line Segment Tool Options] 창이 표시됩니다. 선의 길이와 각도 값을 입력합니다.

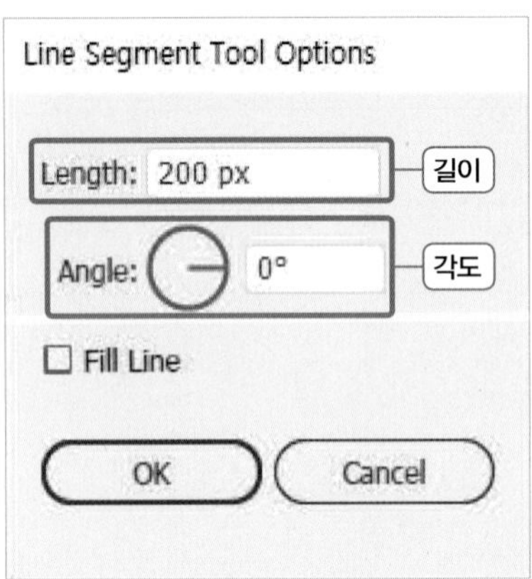


◀ [Line Segment Tool Option] 창

**2** [Line Segment Tool Options] 창을 이용하거나 자유롭게 드래그하여 선을 그릴 수 있습니다.

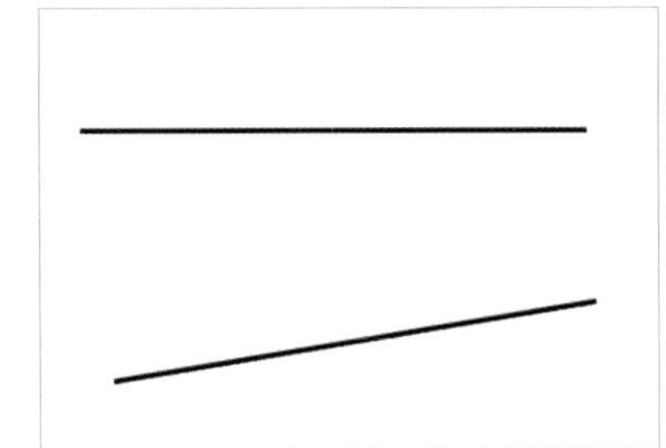

# 오브젝트 결합하기

## Pathfinder(패스파인더)
## Compound Shapes(컴파운드 모양)

일러스트레이터에서는 벡터 오브젝트를 다양한 방법으로 결합 또는 분리하여 새로운 모양을 만들어 낼 수 있습니다. 결합하는 방식에는 오브젝트 형태를 완전하게 결정하거나 또는 결합 후에도 편집이 가능한 Compound Shapes 기능을 적용하여 융통성 있는 작업을 진행할 수 있습니다.

### 학습과제

직접 명령어를 사용하여 오브젝트와 오브젝트 간에 상호 작용 시 어떤 영향을 미치는지 확인해 봅니다.

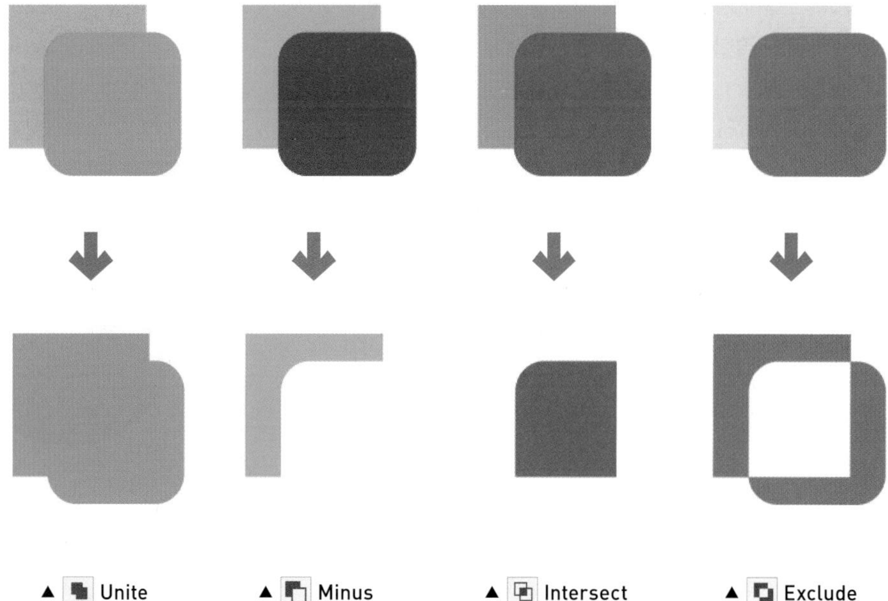

▲ Unite ▲ Minus ▲ Intersect ▲ Exclude

## 01 : [Pathfinder](패스파인더) 패널

[Pathfinder] 패널을 보기 위해서는 [Window] 〉 [Pathfinder] 메뉴를 클릭합니다. 또한 [Properties] 패널을 사용하는 사용자라면 2개 이상의 오브젝트를 선택하면 바로 [Pathfinder] 옵션 항목이 표시됩니다.

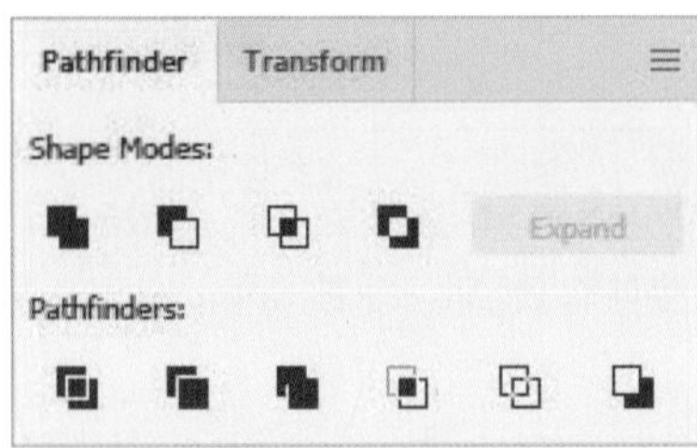


▲ [Pathfinder] 패널

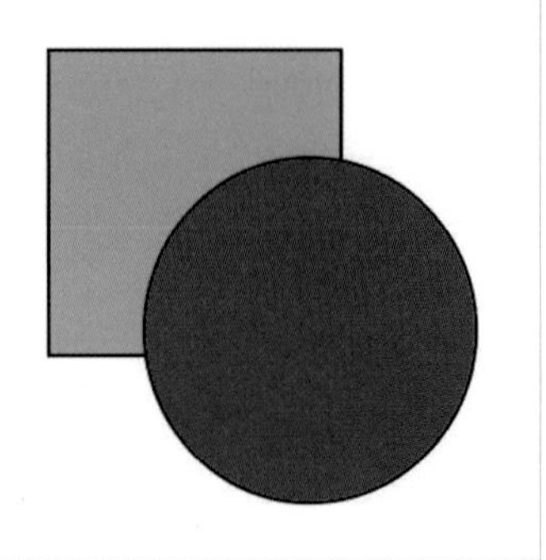

## 02 : Shape Modes

완전한 모양으로 만들어지는 일반적인 방법과 컴파운드(Compound) 셰이프를 이용하여 편집이 가능한 방법으로 오브젝트를 결합할 수 있습니다.

**1** Unite( ) : 선택된 오브젝트를 하나의 오브젝트로 합쳐줍니다. 가장 최상위에 위치하고 있는 오브젝트의 [Fill] 및 [Stroke] 정보가 적용됩니다.

**2** Minus Front( ) : 위쪽에 위치한 오브젝트 모양으로 아래쪽 오브젝트를 잘라냅니다. 가장 최하위에 위치하고 있는 오브젝트의 [Fill] 및 [Stroke] 정보가 적용됩니다.

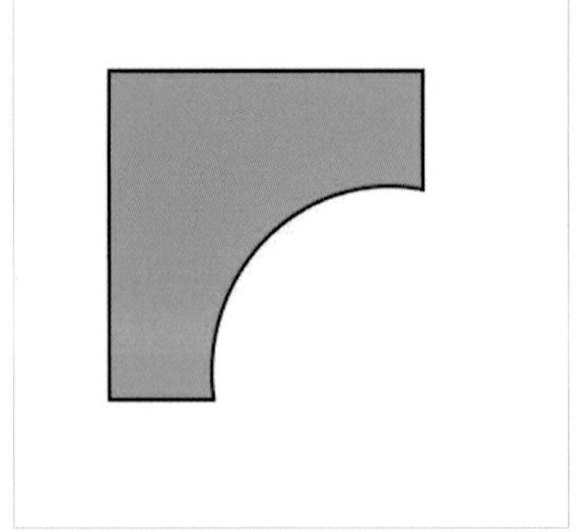

3 Intersect( ) : 오브젝트가 서로 교차되는 영역만 남게 됩니다. 상위에 위치하고 있는 오브젝트의 [Fill] 및 [Stroke] 정보가 적용됩니다.

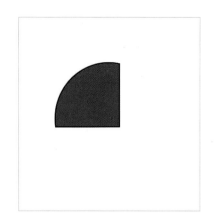

4 Exclude( ) : 오브젝트가 서로 교차되는 영역이 제외됩니다. 상위에 위치하고 있는 오브젝트의 [Fill] 및 [Stroke] 정보가 적용됩니다.

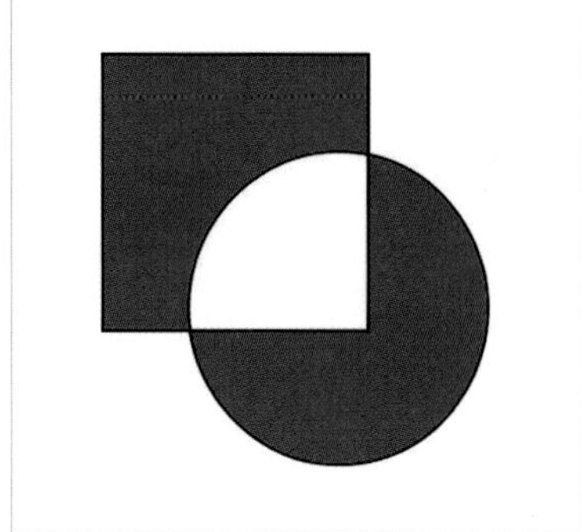

**MEMO 컴파운드 셰이프(Compound Shape)**

Alt를 누른 채 Shape Modes에 있는 기능들을 클릭하면 병합되는 오브젝트들이 컴파운드 셰이프로 변환되어 그룹화된 오브젝트처럼 이동이 가능합니다. 즉 패스파인더가 적용된 적용된 오브젝트의 모양을 융통성 있게 편집할 수 있습니다.

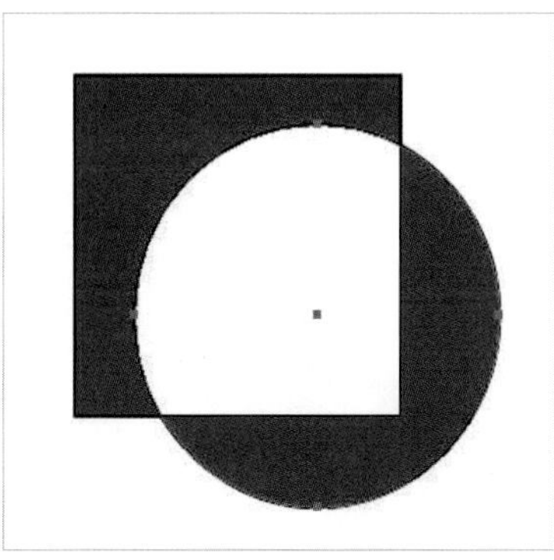

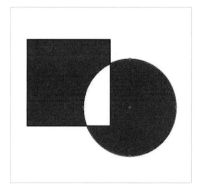

## 03 : Pathfinders

다양한 결합 방식이 추가되어 있으며 컴파운드 셰이프를 적용할 수 없습니다.

**1** Divide( ) : 겹쳐진 모양대로 오브젝트를 나눠줍니다. 기본적으로 그룹화되어 있으며 분리하기 위해서는 그룹을 해제하거나 툴바에서 [Group Selection Tool]( )을 선택하여 사용할 수 있습니다.

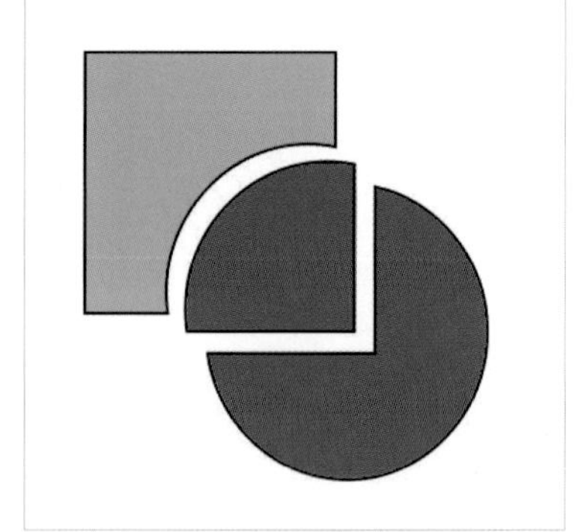

**2** Trim( ) : 가려진 있는 오브젝트 부분이 제거됩니다. 또한 [Stroke]가 'None'으로 변경되고 [Fill]은 그대로 유지됩니다.

**3** Merge( ) : 오브젝트의 가려진 부분이 제거됩니다. 또한 [Stroke]가 'None'으로 변경되고 [Fill]은 그대로 유지됩니다. 그리고 오브젝트가 같은 색상일 경우 하나의 오브젝트로 합쳐집니다.

4 Crop( ) : 맨 위 오브젝트를 기준으로 겹쳐진 부분에 색상이 채워진 채 다른 부분은 다 삭제됩니다. 즉 교집합 영역만 남게 됩니다. 또한 색상은 아래 위치한 오브젝트 색상이 채워지며 형태는 위쪽 오브젝트 모양으로 그대로 남게 됩니다.

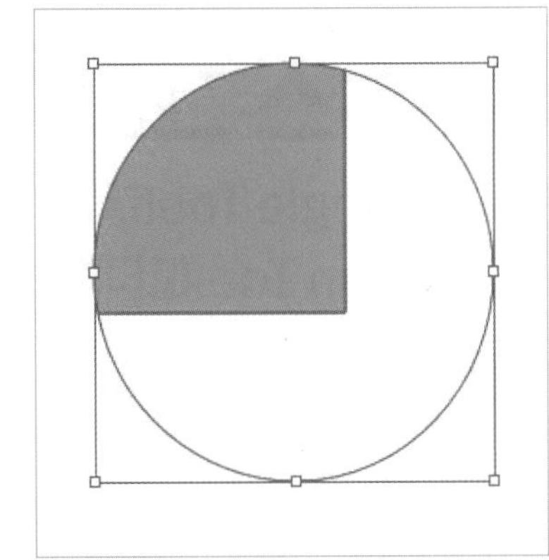

5 Outline( ) : 겹쳐진 오브젝트 모양으로 외곽선을 분리하여 나눠줍니다.

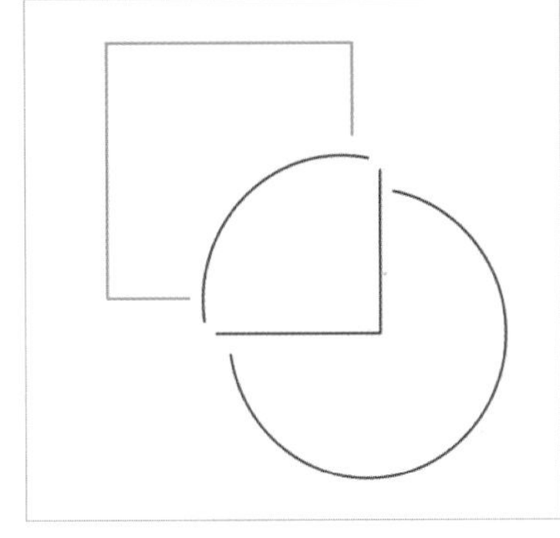

6 Minus Back( ) : 위쪽에 있는 오브젝트가 아래쪽에 있는 오브젝트 모양으로 빼줍니다.

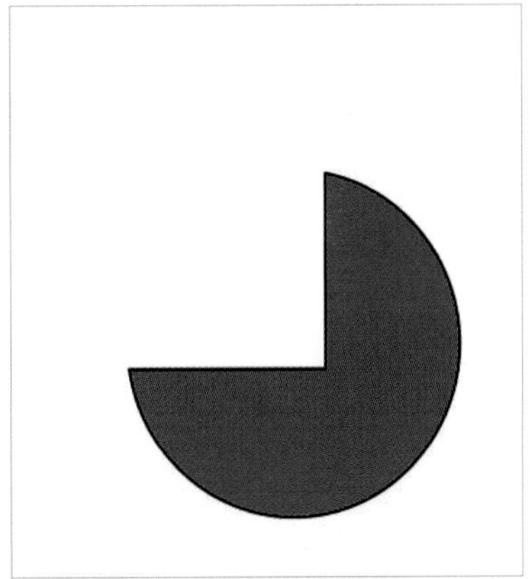

# 하우스 그리기

## Rectangle Tool(사각형 도구), Ellipse Tool(타원 도구), Polygon Tool(다각형 도구), Line Segment Tool (선분 도구)

도형 관련 도구를 활용하여 간략한 아트웍 작업을 진행해 봅니다. 각각 도형 도구의 사용과 편집에 관해 확인해보겠습니다.

[**예제 파일** : PART 02 Illustrator/2교시/house.ai]

### 학습과제

다양한 도형 그리기 도구로 하우스 아트웍 작품을 완성해 봅니다.

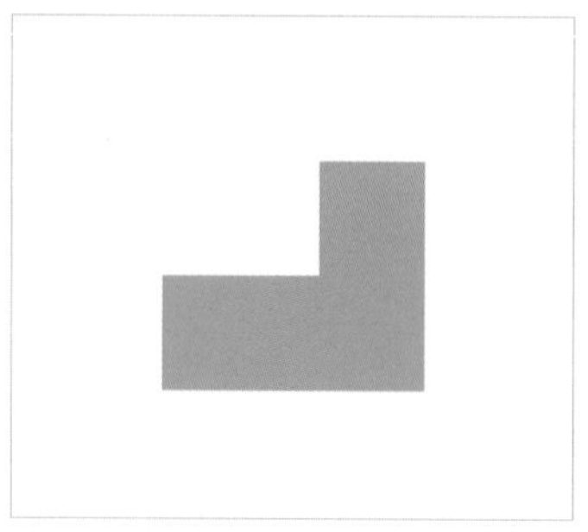

▲ 건물 벽 그리기

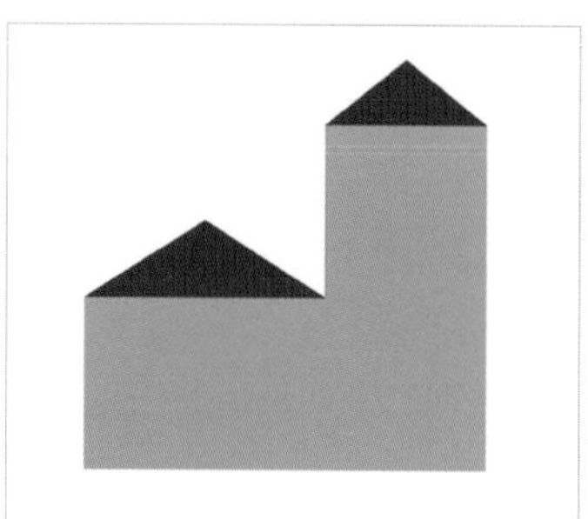

▲ 지붕 그리기

▲ 문과 창문 그리기

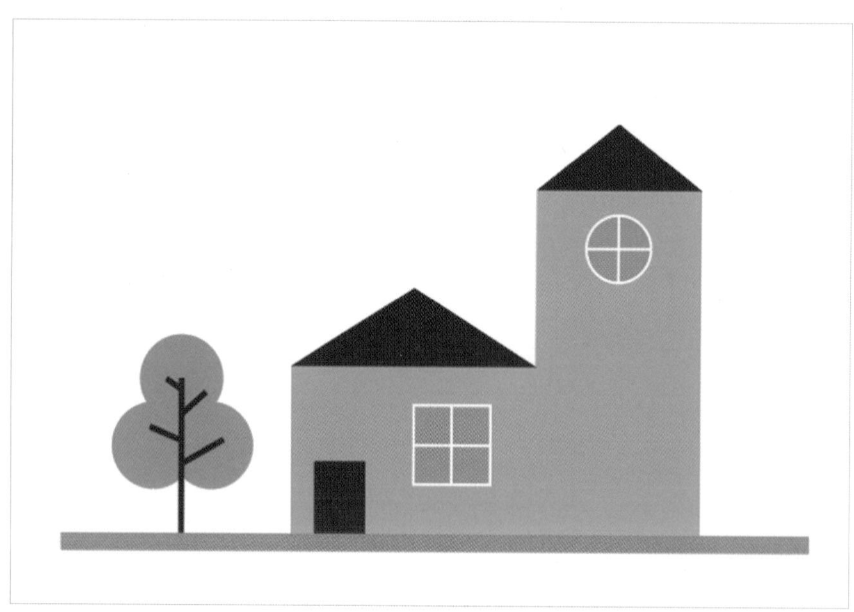

**1** 'house.ai' 예제 파일을 불러옵니다.

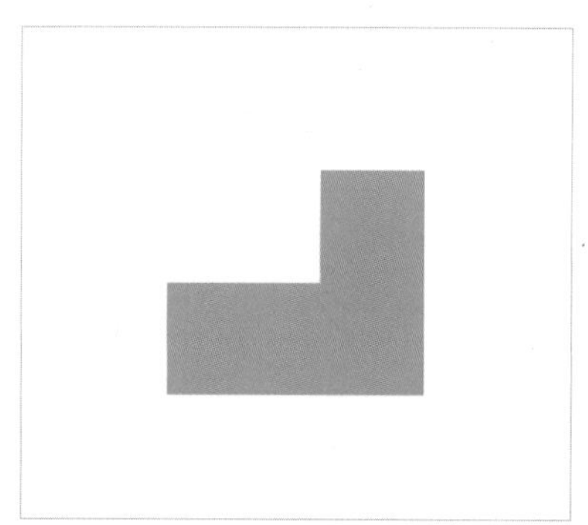

**2** 지붕 모양을 그리기 위해 툴바에서 [Polygon Tool]( )을 선택하고 그려질 곳을 클릭합니다. 그러면 [Polygon] 창이 표시되며 [Sides]를 '3'으로 설정하고 [OK]를 클릭하여 삼각형을 그려줍니다.

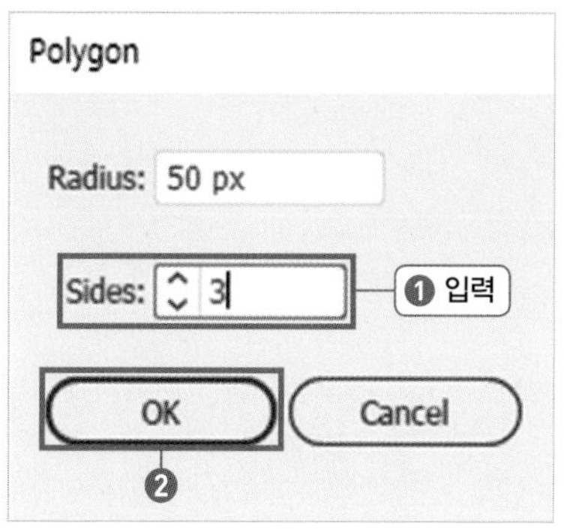


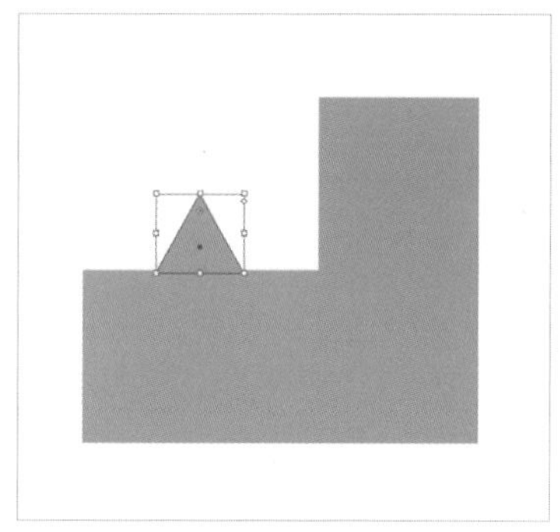

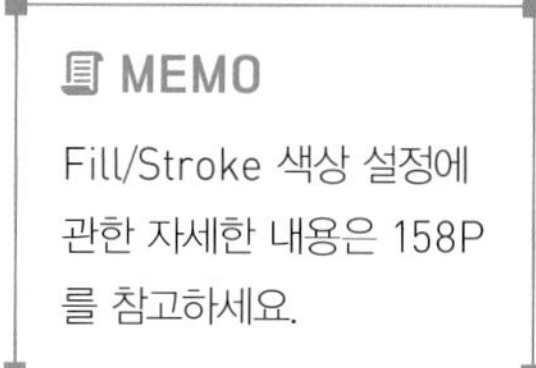

MEMO

Fill/Stroke 색상 설정에 관한 자세한 내용은 158P를 참고하세요.

TIP

[Polygon Tool]로 다각형을 그린 경우 바운딩 박스에 마름모꼴이 표시되어 있는데 이 점을 드래그하면 다각형 변의 개수를 수정할 수 있습니다.

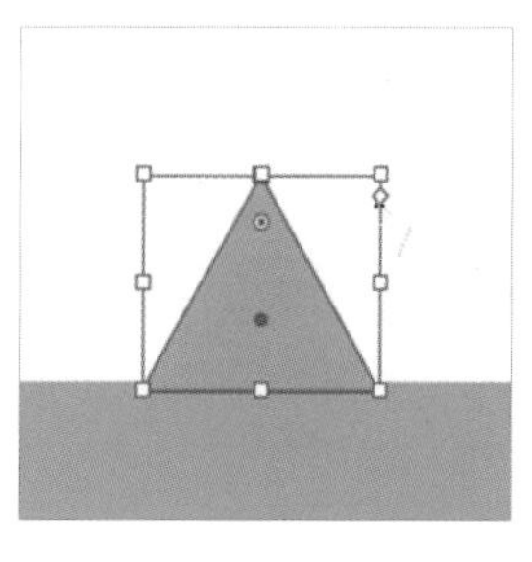

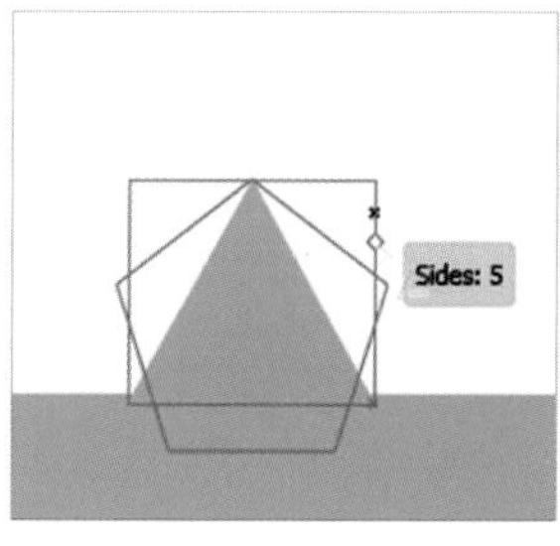


**3** 그다음 스마트 안내선을 활성화시킨 후, 그림과 같이 바운딩 박스의 정점을 이동하여 상단 끝부분에 일치하도록 지붕 모양으로 편집합니다.

MEMO

스마트 안내선에 관한 자세한 내용은 146P를 참고하세요.

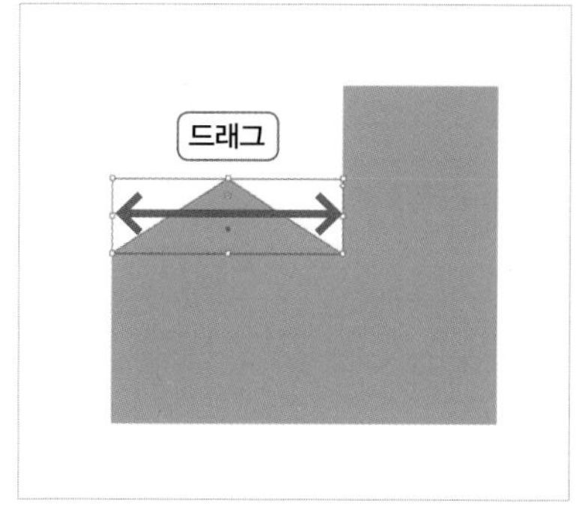

**4** 색상을 변경하기 위해 [Properties] 〉 [Appearance] 패널에서 [Fill]을 클릭합니다. 그림과 같이 브라운색을 선택하고 [Stroke]는 'None'으로 적용합니다.

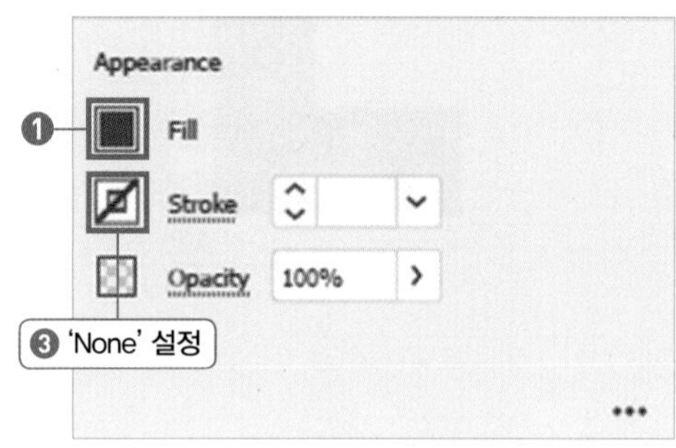


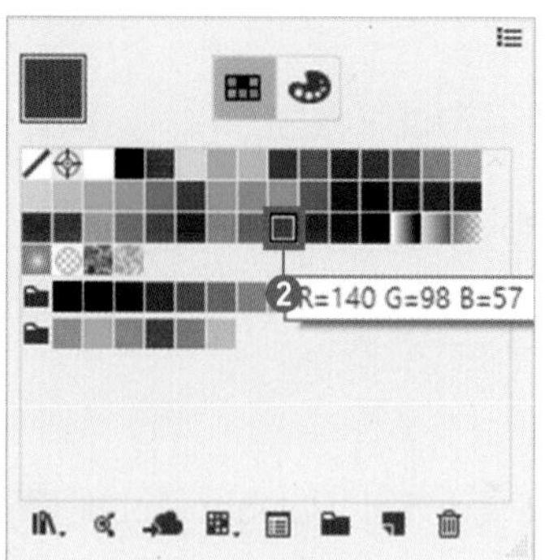


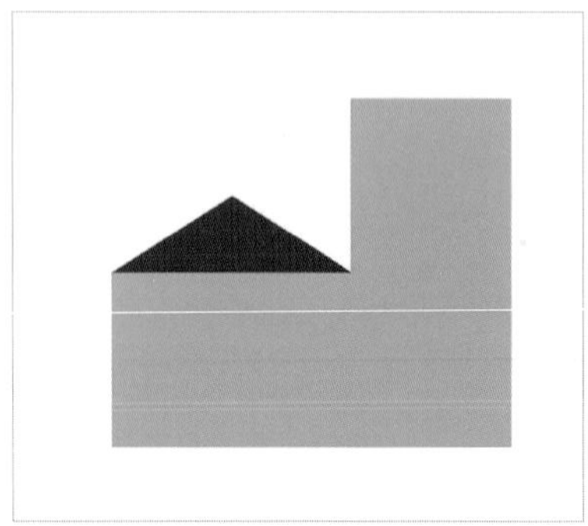

**5** 다음은 건물의 탑 위쪽도 동일한 방법으로 그려줍니다.

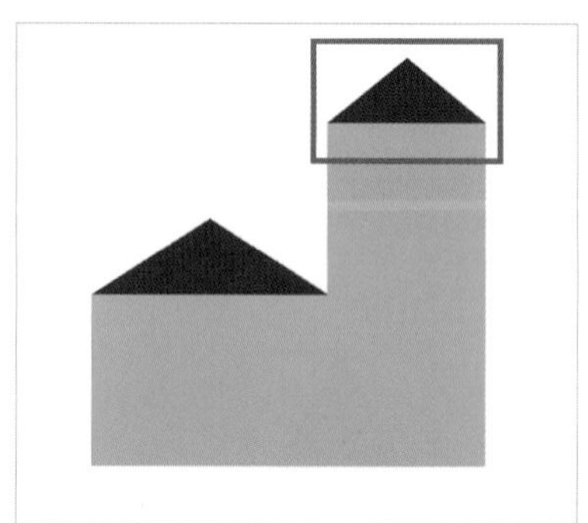

**6** 문을 만들기 위해 툴바에서 [Rectangle Tool]( )을 선택하고 그림과 같은 위치에 드래그하여 그립니다.

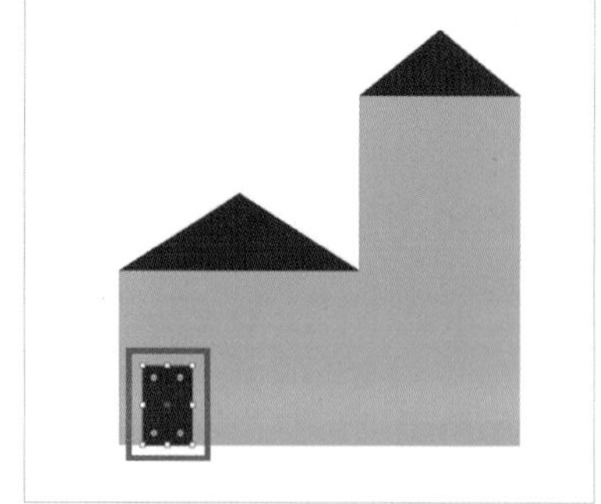

**7** 다음은 창문 모양을 만들어 봅니다. 툴바에서 [Rectangle Tool]( )을 선택하고 그림과 같은 위치에 사각형을 그린 후, [Fill] 색상은 '하늘색', [Stroke] 색상은 '흰색'으로 설정합니다.

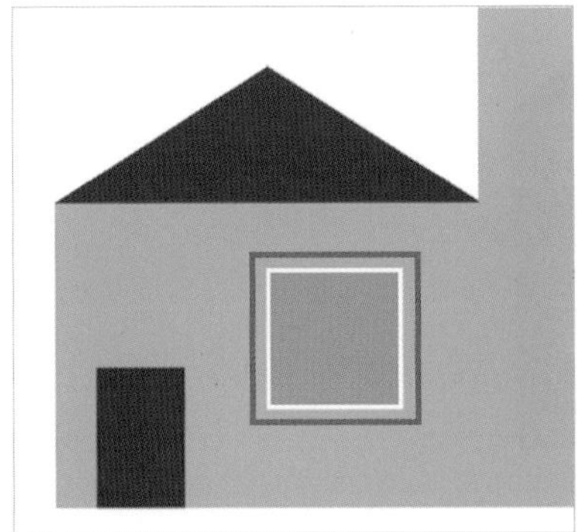

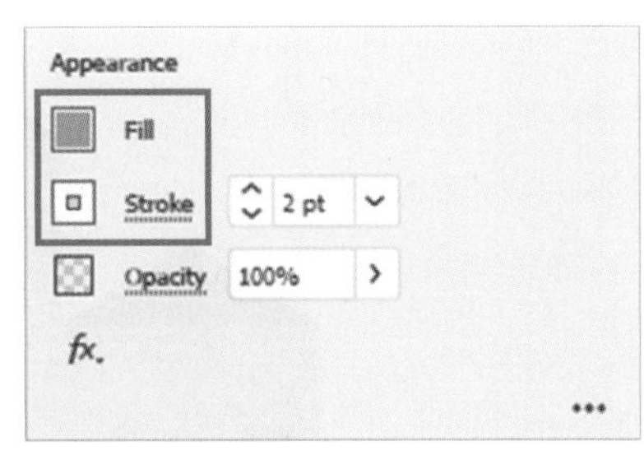


**8** 창문의 창살을 그리기 위해 [Line Segment Tool]( )을 선택합니다. 그다음 [Shift]를 누른 채 창의 중간 지점에서 수평/수직 방향으로 선을 각각 그려줍니다.

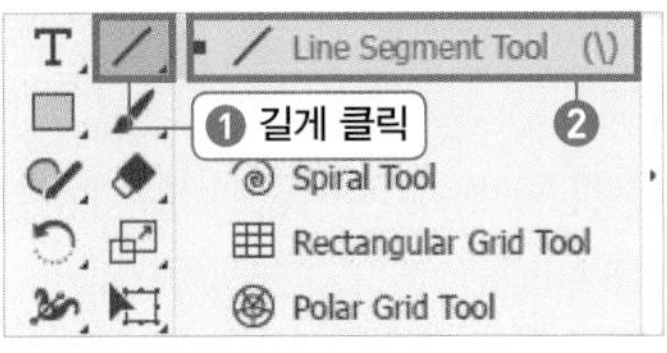

> **TIP**
>
> [Shift]를 활용하면 선의 방향을 45° 각도로 제어할 수 있습니다.

**9** 다음은 탑 쪽에 원형 창을 만들기 위해 툴바에서 [Ellipse Tool]( )을 선택합니다. 스마트 안내선을 활용하여 그림과 같이 탑 중앙 부분에 클릭하고 [Shift]+[Alt]를 눌러 정원을 그려줍니다.

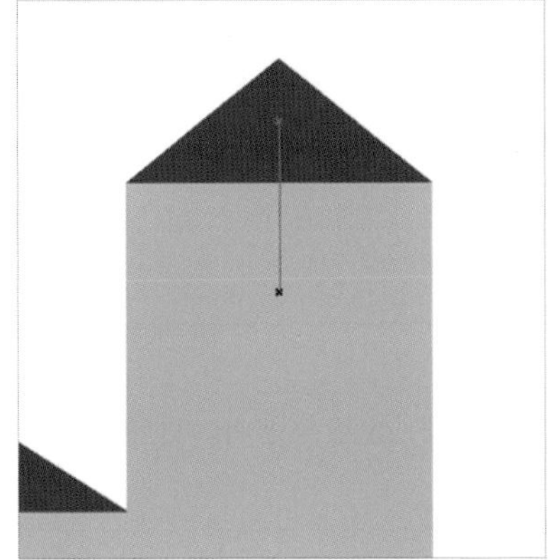

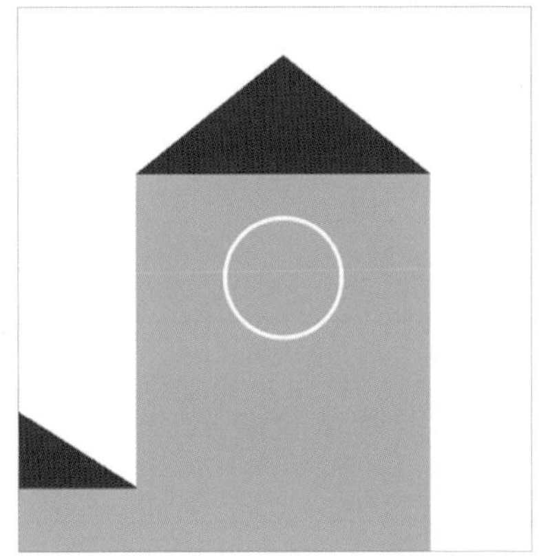

10 그다음 창의 색상으로 [Fill]은 '하늘색', [Stroke]는 '흰색'으로 설정합니다. 원형 창에도 사각형 창살과 같은 방법으로 창살을 그려줍니다.

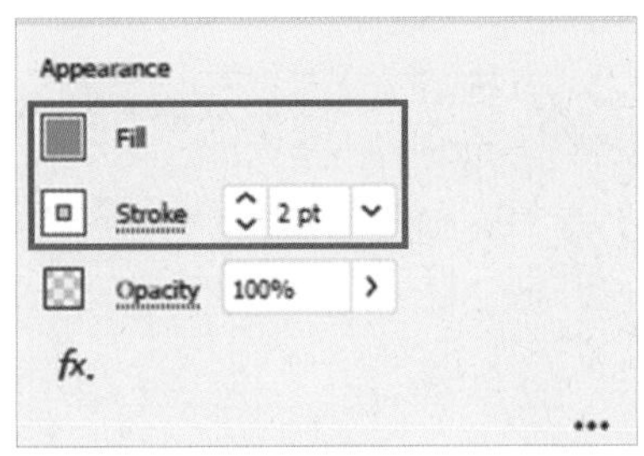


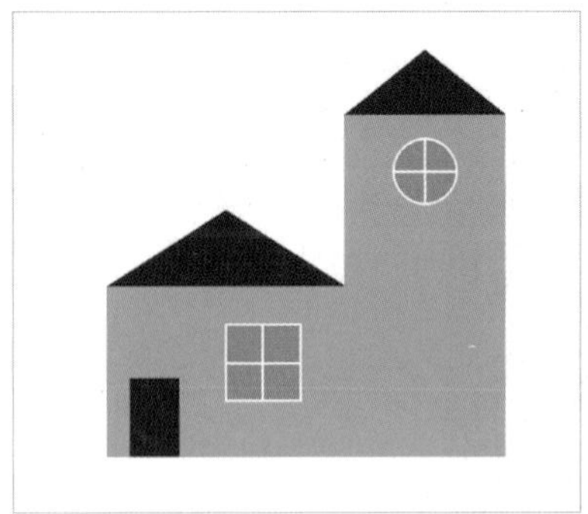

11 다음은 문 쪽 옆에 나무를 하나 그려봅시다. 툴바에서 [Ellipse Tool]( )을 선택합니다. Shift 를 그림과 같이 적당한 크기로 정원을 그립니다. 그다음 원의 색상으로 [Fill]은 '초록색', [Stroke]는 'None'으로 설정합니다.

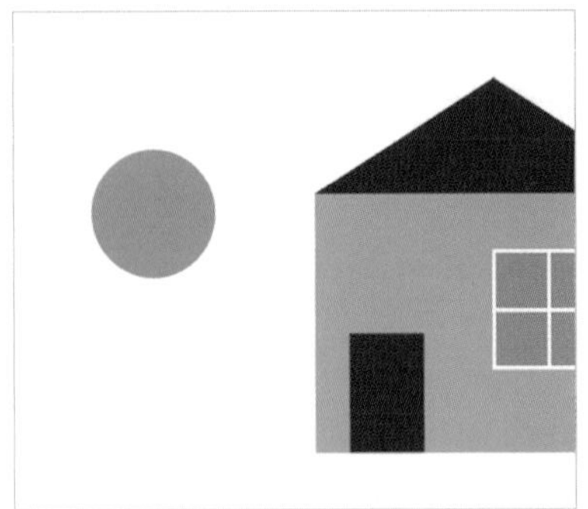

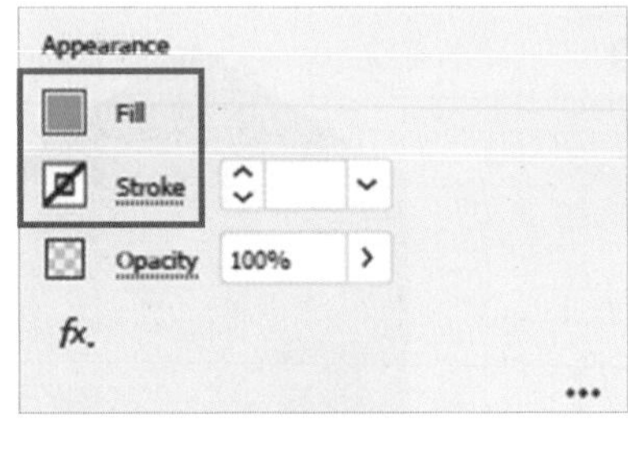


12 그다음 원을 두 번 복사하여 그림과 같이 나무 모양으로 만들어 줍니다.

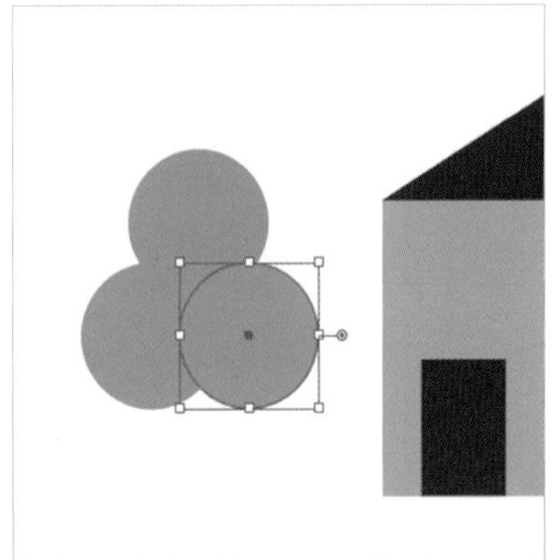

**TIP**

복사하는 방법으로 [Selection Tool]을 선택한 후 Alt 를 누른 채 이동하거나, 복사하기(Ctrl+C) 한 후 붙여넣기(Ctrl+ V) 합니다.

13 다음은 나뭇가지를 그려봅시다. 툴바에서 [Line Segment Tool](／)을 선택하고 그림과 같이 수직 방향으로 나무 기둥을 그려줍니다. 색상은 '브라운 톤'으로 선택하고 [Stroke]는 '5pt'로 설정합니다.

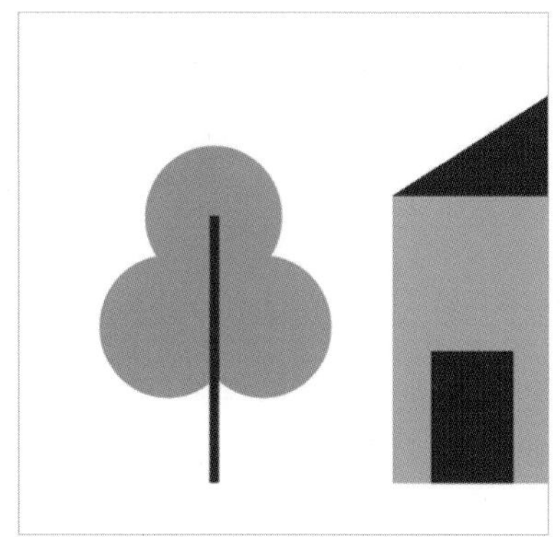

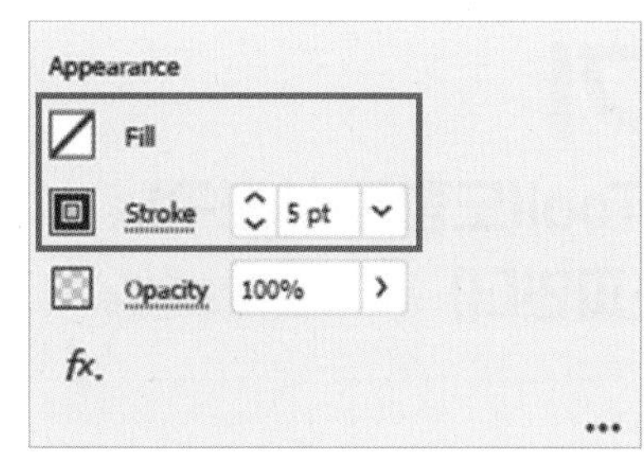


14 그다음 나뭇가지를 그려 나무 그림을 완성합니다.

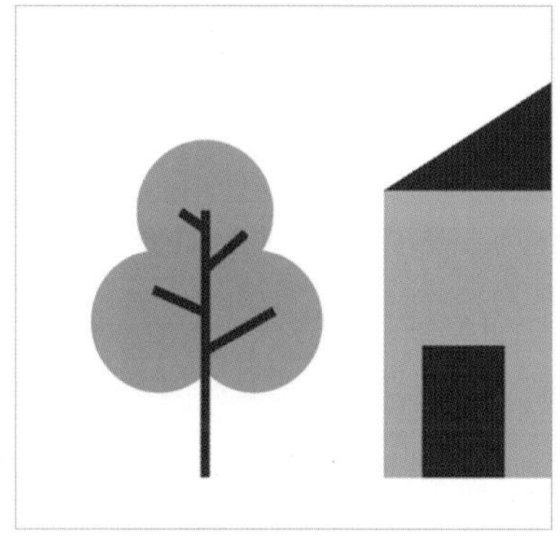

15 마지막으로 땅바닥을 표현하기 위해 툴바에서 [Line Segment Tool](／)을 선택한 후, 그림과 같이 나무부터 집까지 포함되도록 수평 방향으로 선을 그려줍니다. 색상은 오렌지, 두께는 16pt 정도로 설정하여 완료합니다.

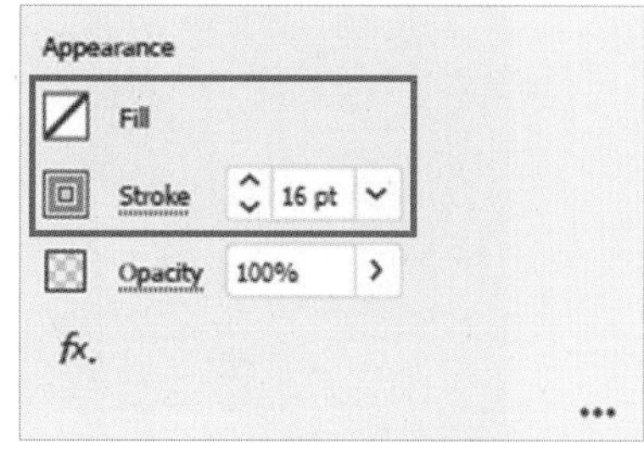

# 오브젝트를 병합하여 모양 만들기

## Shape Builder Tool(도형 구성 도구), Pathfinder(패스파인더)

병합할 오브젝트 또는 패스들을 선택하고 [Shape Builder Tool]로 드래그하면 하나의 오브젝트로 합쳐진 모양이거나 빠진 모양으로 만들 수 있습니다. 이와 같은 방법으로 다양한 아트웍의 모양을 표현할 수 있습니다.

[**예제 파일** : PART 02 Illustrator/2교시/moon.ai]

### 학습과제

오브젝트들을 합치거나 겹쳐진 부분을 제거하여 모양을 완성해 봅니다.

▲ 오브젝트 병합으로 새로운 모양을 만들어 하우스를 완성합니다.

**1** 예제 파일을 불러온 후 툴바에서 [Selection Tool]( )을 선택합니다. 건물 벽으로 이루어진 두 개의 사각형을 함께 선택합니다.

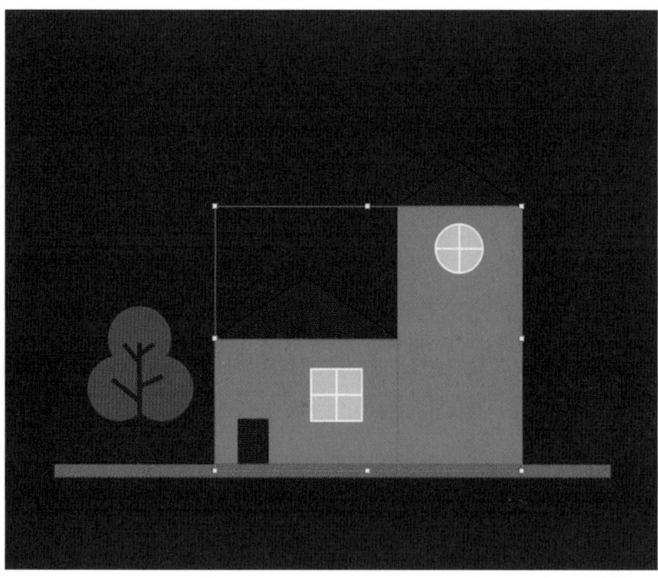

**TIP**

[Selection Tool] 사용 시 Shift 를 누른 채 선택하면 오브젝트가 추가됩니다. 반대로 Alt 를 누른 채 선택하면 선택이 제외됩니다.

**2** 두 개의 사각형을 하나로 합치기 위해 툴바에서 [Shape Builder Tool]( )을 선택합니다. 선택된 오브젝트 위로 커서를 이동하면 오브젝트의 모양이 도트 이미지로 변경되며 그때 합칠 영역을 드래그하면 드래그 영역에 포함된 오브젝트들이 하나로 합쳐지게 됩니다.

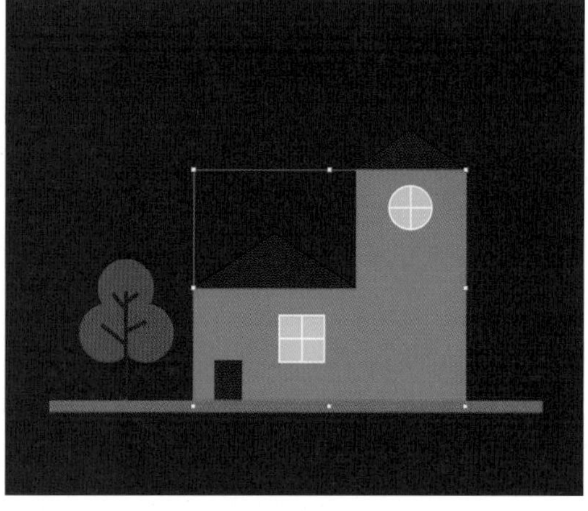

❸ 다음은 동일한 방법으로 나무 이미지를 합쳐봅니다. 나무 오브젝트의 3개의 원을 선택하고 [Shape Builder Tool]( )로 합칠 영역을 드래그하여 완료합니다.

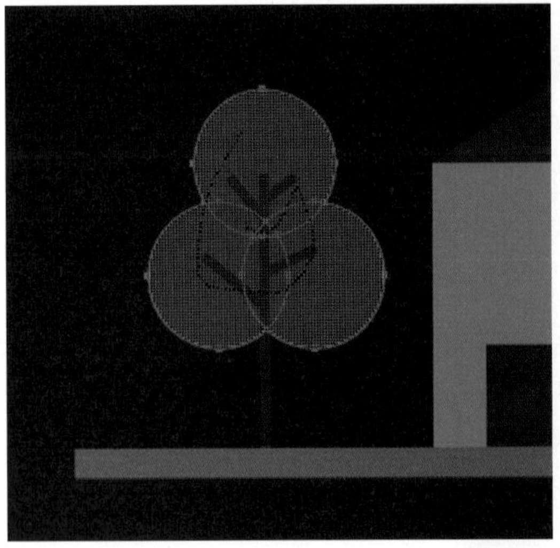

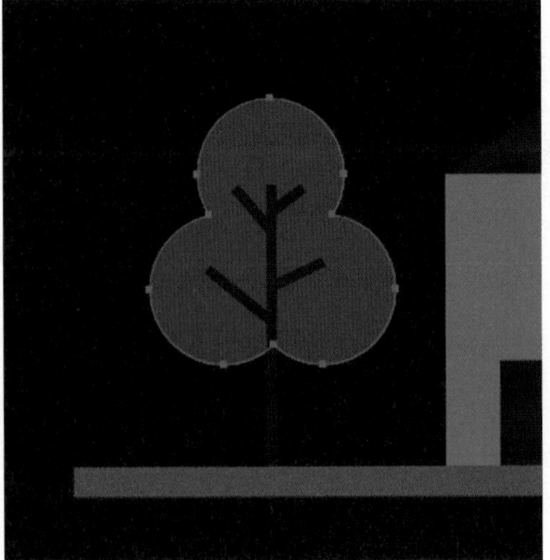

**MEMO 오브젝트를 병합하여 다양한 모양으로 만들기**

[Shape Builder Tool]을 사용하는 방법 외에도 [Properties or Window] 〉 [Pathfinder] 패널을 이용하여 모양을 더하거나 뺄 수도 있으며 또한 겹쳐진 모양으로 오브젝트를 나누거나 분리할 수도 있습니다. 또한 Alt를 누른 채 기능을 적용하면 원본 오브젝트의 모양이 유지되어 적용 후에도 병합된 오브젝트의 위치를 편집할 수 있습니다.

▲ [Properties] 〉 [Pathfinder] 패널

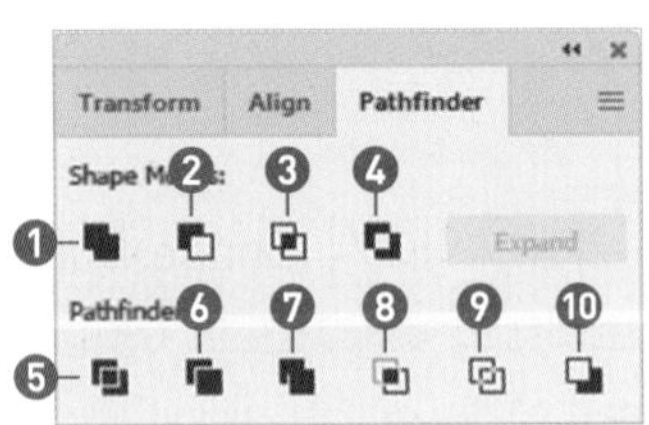


▲ [Window] 〉 [Pathfinder] 패널

❶ **Unite** : 오브젝트를 합쳐줍니다.
❷ **Minus Front** : 위쪽 오브젝트 모양으로 제거합니다.
❸ **Intersect** : 교차되는 영역만 남깁니다.
❹ **Exclude** : 겹쳐진 영역만 제외합니다.
❺ **Divide** : 겹쳐진 부분을 중심으로 오브젝트를 나눕니다.
❻ **Trim** : 가려져 있는 오브젝트 부분을 제거합니다. 같은 색상의 오브젝트는 병합하지 않습니다.
❼ **Merge** : 가려져 있는 오브젝트 부분을 제거합니다. 같은 색상으로 채워진 오브젝트는 병합합니다.
❽ **Crop** : 오브젝트를 면 구성으로 나눈 다음 맨 위 오브젝트의 테두리 밖에 있는 오브젝트를 제거합니다.
❾ **Outline** : 오브젝트를 선분 모양으로 나눕니다.
❿ **Minus Back** : 맨 앞 오브젝트에서 뒤쪽의 오브젝트를 제거합니다.

**4** 다음은 초승달을 그려봅니다. 원을 그리고 복사하여 그림과 같이 겹치도록 이동합니다.

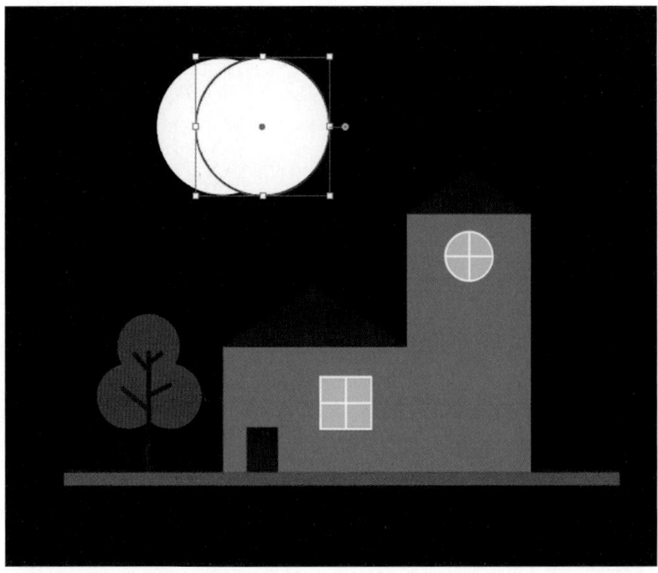

**5** 두 개의 원을 선택한 후 툴바에서 [Shape Builder Tool]( )을 선택합니다. Alt를 누른 채 오른쪽 원 영역을 드래그하여 제거합니다.

**TIP**

[Shape Builder Tool] 사용 시 Alt를 누르면 커서에 마이너스가 표시되어 오브젝트의 면을 삭제하는 기능으로 변경됩니다.

**6** 마지막으로 [Fill]의 색상을 '노란색'으로 변경하여 작업을 완료합니다.

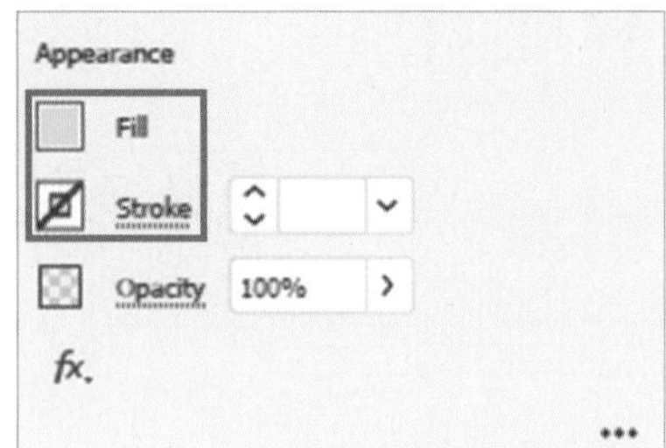

**TIP**

Alt를 누른 채 [Shape Modes]의 병합 기능을 사용할 경우 컴파운드 셰이프(Compound Shape)로 적용되어 병합된 면적을 자유롭게 편집할 수 있습니다.

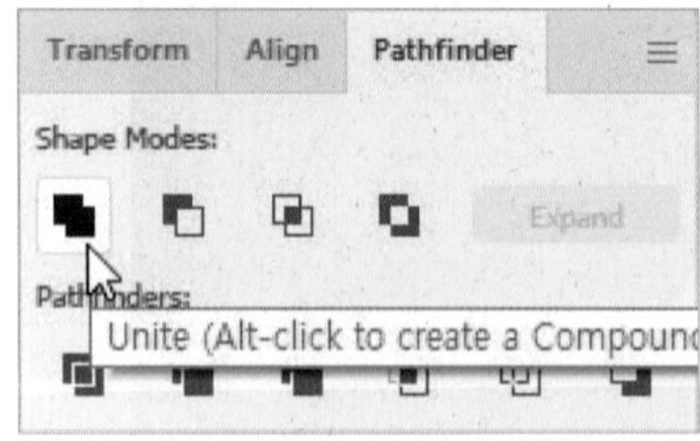

# 아트웍을 유연하게 비틀어 바람에 날리는 모양으로 변형하기

## Puppet Warp Tool(퍼펫 비틀기 도구)

[Puppet Warp Tool]은 핀을 고정하거나 추가하여 아트웍의 형태를 자유롭게 비틀거나 왜곡시키는 도구입니다. 다음 예제를 통해 사용 방법에 관해 알아보겠습니다.

[**예제 파일** : PART 02 Illustrator/2교시/bike.ai]

### 학습과제

예제 파일은 목을 감싸고 있는 머플러가 곧게 뻗은 모습입니다. 이 모양을 바람에 휘날리는 모양으로 변경해 봅니다.

▲ [Puppet Warp Tool]을 사용하여 패스의 웨이브를 적용해 봅니다.

**1** 예제 파일을 불러온 후 목을 감싸고 있는 머플러를 [Selection Tool]( )로 선택합니다.

**2** 그다음 툴바에서 [Puppet Warp Tool]( )을 선택합니다. 그러면 동그란 모양의 핀과 그물 모양이 오브젝트에 표시됩니다. 그물 모양을 작업 화면에서 사라지도록 [Properties] 〉 [Puppet Warp] 패널에서 [Show Mesh]의 체크를 해제합니다.

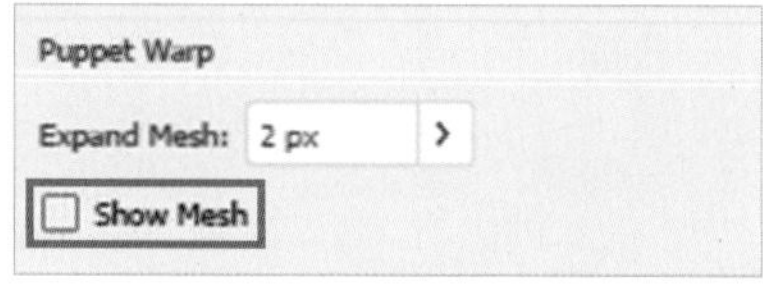


**3** 핀이 개수는 오브젝트 형태에 따라 자동으로 생성되며 [Puppet Warp Tool]( )로 추가하거나 선택한 후 삭제할 수 있습니다.

**4** 아트웍을 좀 더 유연하게 변형하기 위해 핀을 중간 지점에 추가합니다.

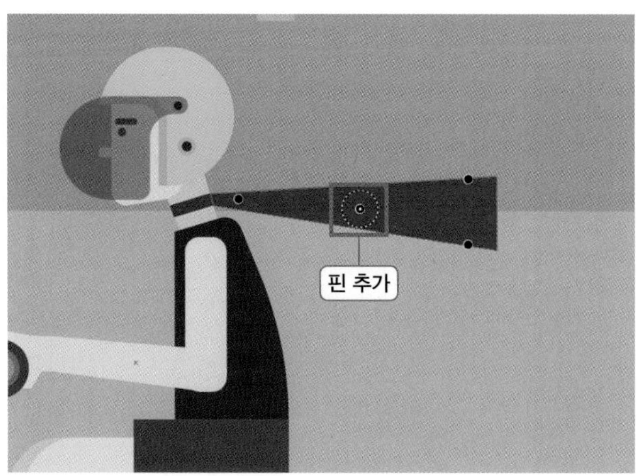


**5** 변형이 적용되었을 때 목 부근의 유격이 발생하는 것을 막기 위해 핀을 추가하여 고정합니다.

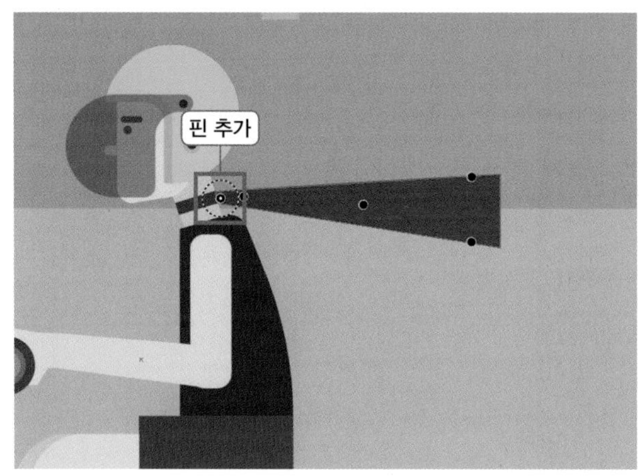


**6** 머플러가 바람에 날리는 모양으로 변경하기 위해 먼저 가운데 핀을 선택한 후 위아래로 이동해 봅니다. 직선이었던 선들이 핀을 기준으로 유연하게 변경되는 것을 확인할 수 있습니다.

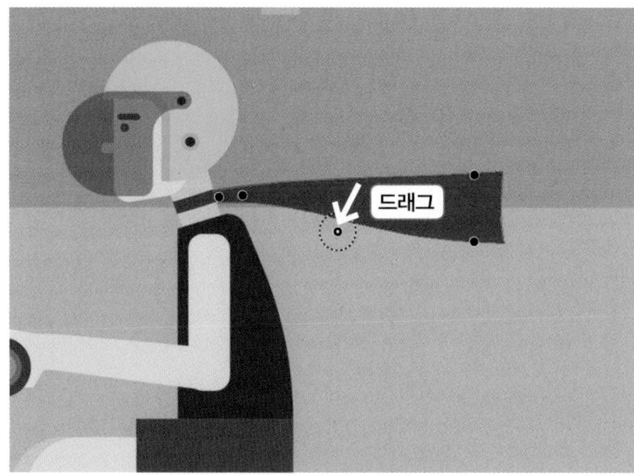

**7** 그림과 같이 오른쪽 위에 있는 핀을 선택하고 회전 모양의 아이콘이 표시되면 핀을 회전시켜 그림과 같이 아트웍을 변경해 봅니다.

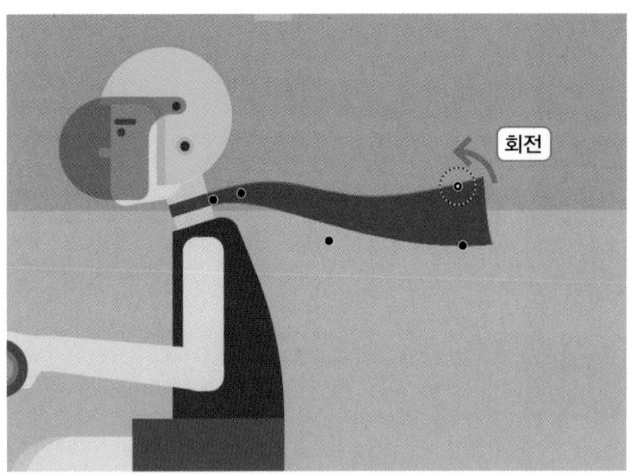


**8** 다음 그림과 같이 바람에 날리는 모양이 완성되었다면 작업한 파일을 저장하고 변형 작업을 완료합니다.

• MEMO •

# 3교시

## 기능반

벡터 이미지를 다루는 프로그램 중 최고의 자리를 유지하고 있는 일러스트레이터는 출시 이후로 많은 발전이 있었으며 해를 거듭할 때마다 새로운 놀라운 기능들을 끊임없이 업데이트해주고 있습니다. 일러스트레이터만이 가지고 있는 편리하고 특별한 최고의 기능들을 습득한다면 효율적이고 능률을 높이는 작업을 진행할 수 있습니다.

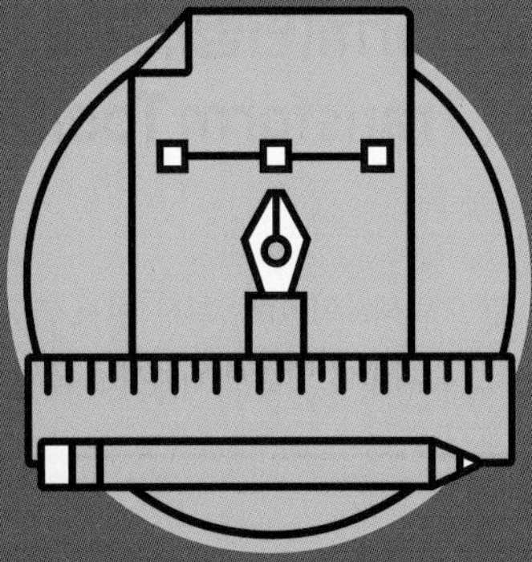

# 강좌

01 **오브젝트 변형하기 :** Transform(변형), Transform 패널(변형 패널), Free Transform Tool(자유 변형 도구)

02 **오브젝트 정렬하기 :** Arrange(정돈), Align(정렬)

03 **곰돌이 캐릭터 얼굴 그리기 :** Curvature Tool(곡률 도구), Arrange(정렬), Transform(변형)

04 **이미지를 벡터 아트웍으로 변환하기 :** Image Trace(이미지 추적), Make(만들기), Expand(확장)

05 **안내선 사용으로 정교하게 작업하기 :** Smart Guides(스마트 안내선), Rulers(눈금자), Guides(안내선), Grid(격자), Snap(물리기)

06 **패스의 기타 핵심 기능 익히기 :** Join(연결), Average(평균점 연결), Outline Stroke(윤곽선), Offset Path(패스 이동)

07 **일러스트레이터의 기초 페인팅 :** Fill(칠), Stroke(선), Color Picker(색상 피커), Swatches 패널, Color 패널, Gradient 패널

08 **어도비 색상 테마를 만들고 저장하기 :** Adobe Color Themes(색상 테마)

09 **브러시 도구를 사용하여 패스 그리기 :** Paintbrush Tool(페인트 브러시 도구), Blob Brush Tool(물방울 브러시 도구)

10 **문자 입력하기 :** Type Tool(문자 도구), Area Type Tool(영역 문자 도구), Type on a Path Tool(패스 상의 문자 도구), Vertical Type Tool(세로 문자 도구), Vertical Area Type Tool(세로 영역 문자 도구), Vertical Type on a Path Tool (패스 세로 상의 문자 도구), Touch Type Tool(문자 손질 도구)

# 오브젝트 변형하기

## Transform(변형), Transform 패널(변형 패널), Free Transform Tool(자유 변형 도구)

변형이란 오브젝트의 이동, 회전, 반사, 크기 변경, 기울이기 등 형태를 변경하는 것을 의미합니다. 일러스트레이터에서 좋은 결과물을 만들기 위해서는 오브젝트의 형태를 자유롭게 변형할 수 있어야 합니다.

### 학습과제

일러스트레이터에서는 오브젝트 변형을 수월하게 진행하기 위해 다양한 방법과 위치에서 기능을 적용할 수 있습니다.

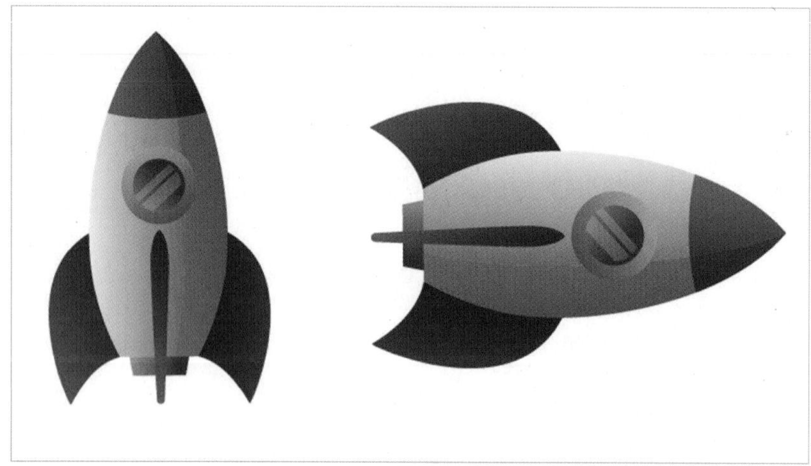

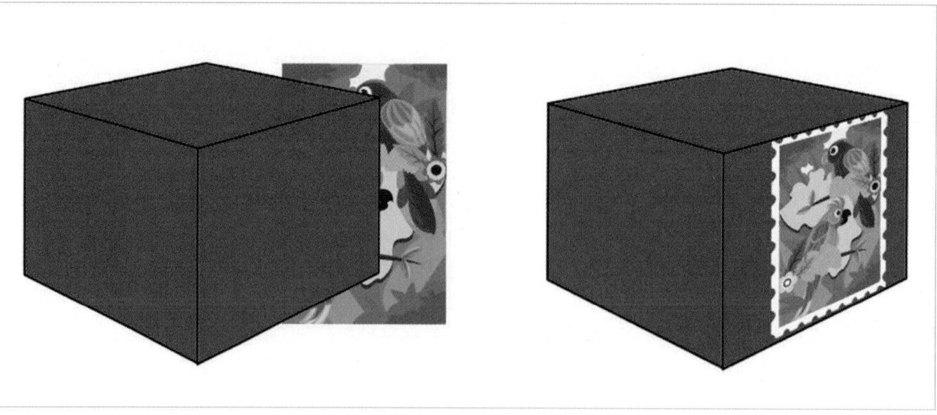

▲ Transform은 오브젝트를 다양한 모양으로 변형할 때 핵심이 되는 기능입니다.

## 01 : 바운딩 박스(Bounding Box)를 이용한 변형

간편하게 바운딩 박스를 이용하여 오브젝트를 변형할 수 있습니다. [Selection Tool]( )로 하나 이상의 오브젝트를 선택하면 오브젝트 외곽으로 바운딩 박스가 표시됩니다. 이때 바운딩 박스의 핸들을 드래그하여 오브젝트의 크기를 조절하거나 회전, 이동 등 기본적인 변형 기능을 적용할 수 있습니다.

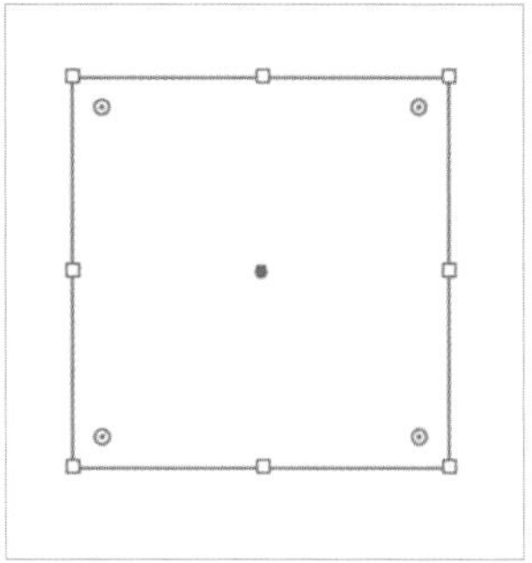

▲ 오브젝트 선택 시 바운딩 박스 모습

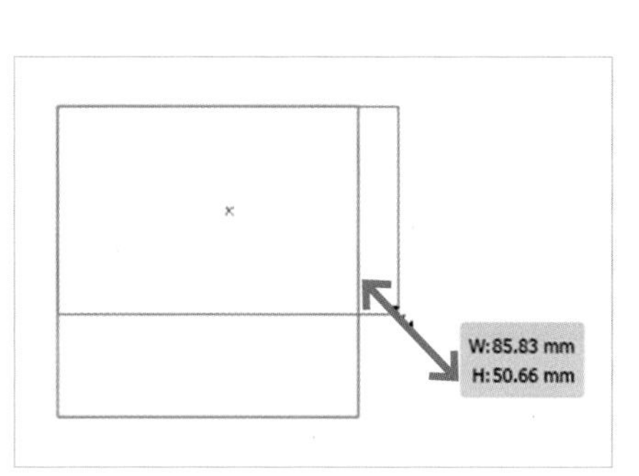


▲ 크기 조절 기능

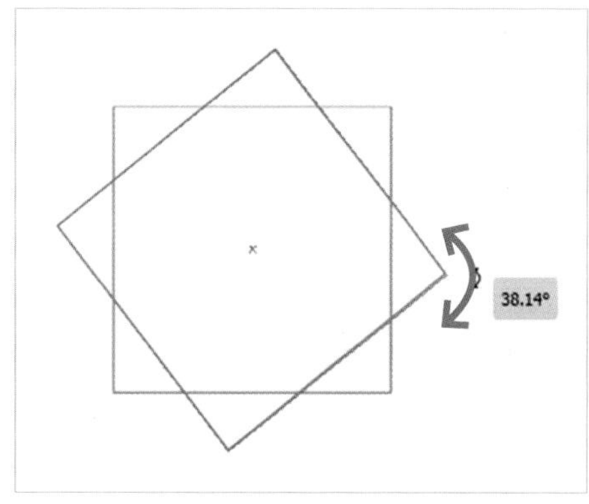


▲ 회전 기능

## 02 : Free Transform Tool을 이용한 변형

[Free Transform Tool]( )을 이용하면 좀 더 추가된 변형 기능을 사용할 수 있습니다. 또한 [Free Transform Tool]( )을 선택하면 확장 툴바가 표시되며 [Constrain]( )(제한), [Free Transform]( )(자유 변형), [Perspective Distort]( )(원근 왜곡), [Free Distort]( )(자유 왜곡) 기능을 차례대로 사용할 수 있습니다. 즉, [Selection Tool]( ) 대비 기울기 및 원근감, 자유 왜곡 효과를 추가로 사용할 수 있습니다.

▲ [Free Transform Tool] 확장 툴바

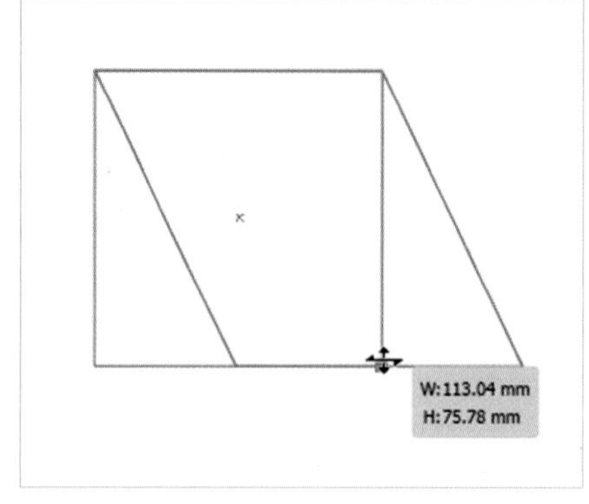


▲ Free Transform

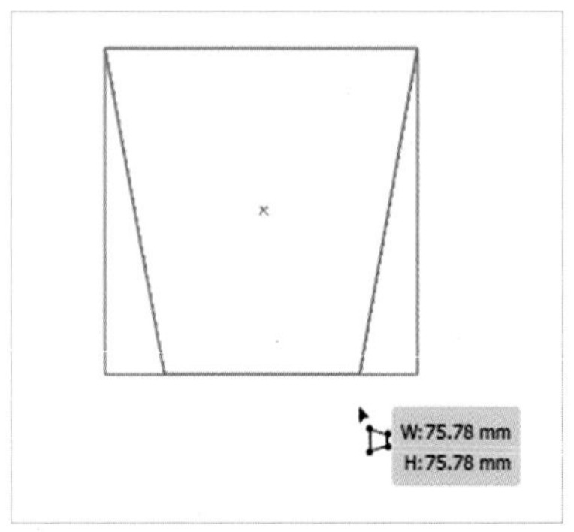


▲ Perspective Distort

## 03 : Transform 메뉴 기능으로 변형

[Object] 〉 [Transform] 메뉴에서도 오브젝트를 변형할 수 있습니다. 메뉴를 이용한 변형은 수치를 입력하여 사용하기 때문에 정확하게 계산된 값으로 변형시킬 수 있는 장점이 있습니다. 또한 [Transform Again] 기능으로 바로 전에 적용하였던 변형 값으로 연속 적용할 수 있습니다. 그리고 [Transform Each] 기능으로 각각의 변형 명령어를 동시에 적용할 수 있습니다.

| | |
|---|---|
| Transform Again | Ctrl+D |
| Move... | Shift+Ctrl+M |
| Rotate... | |
| Reflect... | |
| Scale... | |
| Shear... | |
| Transform Each... | Alt+Shift+Ctrl+D |
| Reset Bounding Box | |

▲ Transform 메뉴

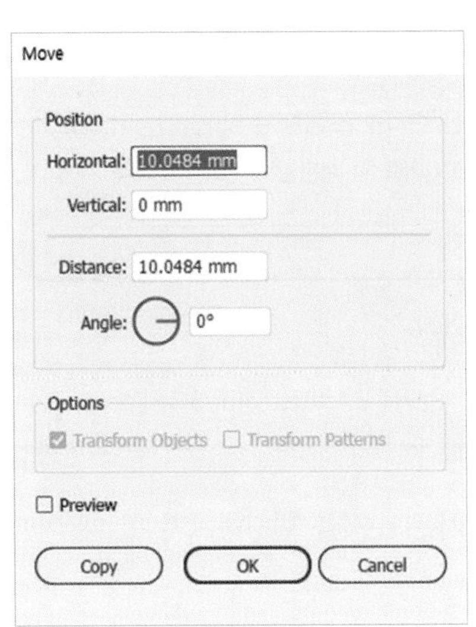


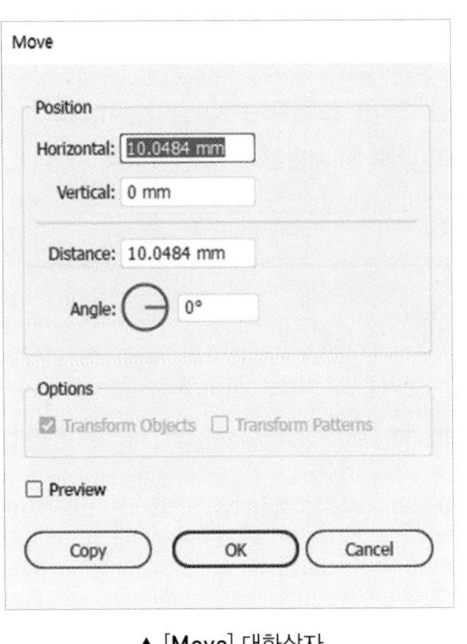

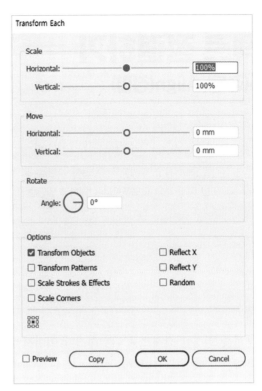

▲ [Move] 대화상자

▲ [Transform Each] 대화상자

## 04 : [Transform] 패널을 이용한 변형

[Transform] 패널은 [Window] > [Transform] 메뉴를 클릭하거나 [Properties] 패널에서 확인할 수 있습니다. [Transform] 패널에서는 하나 이상의 선택된 오브젝트에 위치, 크기, 기울기, 방향 등 다양한 정보가 표시되며 바로 수치를 입력하여 오브젝트의 형태를 변경할 수 있습니다.

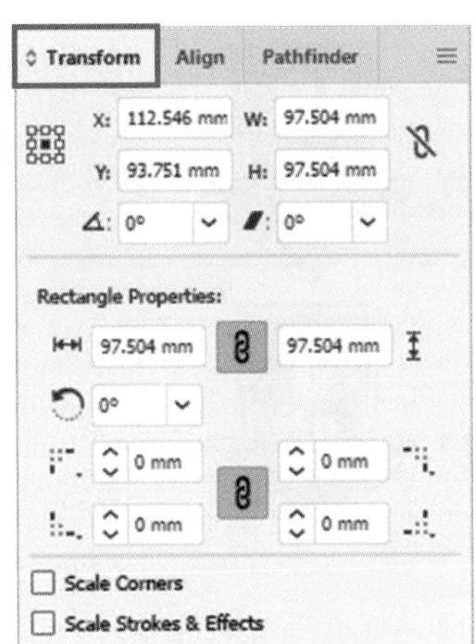


▲ [Transform] 패널

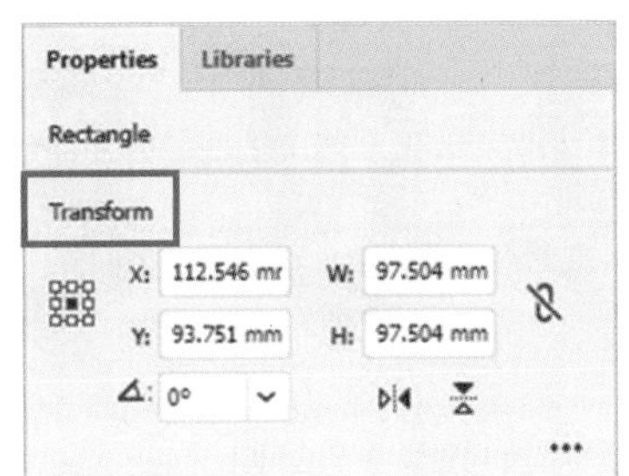


▲ [Properties] > [Transform] 패널

# 오브젝트 정렬하기

## Arrange(정돈), Align(정렬)

새로운 오브젝트가 그려질 때마다 순서대로 포개지면서 생성됩니다. 겹쳐진 순서를 조정할 수 있는 기능이 바로 Arrange 기능입니다. 또한 여러 개의 오브젝트를 선택하고 일정한 간격으로 나열 및 배분할 수 있는데 이때 사용하는 명령이 Align 기능입니다.

[**예제 파일** : PART 02 Illustrator/3교시/arrange.ai]

### 학습과제

많은 수의 오브젝트를 일정한 간격으로 나열하거나 이미지가 겹치는 순서를 변경하고자 할 때 어떤 기능을 이용해야 하는지 확인해 봅니다.

▲ Align 기능으로 오브젝트를 쉽고 빠르게 나열할 수 있습니다.

## 01 : 오브젝트의 누적 순서 변경을 위한 Arrange 

기본적으로 동일한 레이어에서 오브젝트를 그릴 경우 순서대로 맨 위쪽에 그려집니다. 누적 순서를 변경할 필요가 있으면 Arrange 기능을 사용하면 조정할 수 있습니다.

**1** 다음은 [Object] 〉 [Arrange] 메뉴의 모습입니다. [Bring to Front](맨 앞으로 보내기), [Bring Forward](앞으로 가져오기), [Send Backward](뒤로 보내기), [Send to Back](맨 뒤로 보내기)의 총 4가지로 구분됩니다.

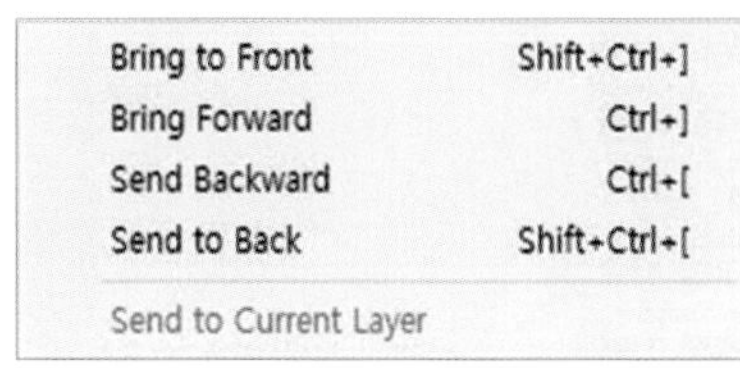


**2** 다음 그림과 같이 맨 위쪽에 오브젝트를 맨 아래로 이동해야 할 경우 [Object] 〉 [Arrange] 〉 [Send to Back] 메뉴를 클릭합니다.

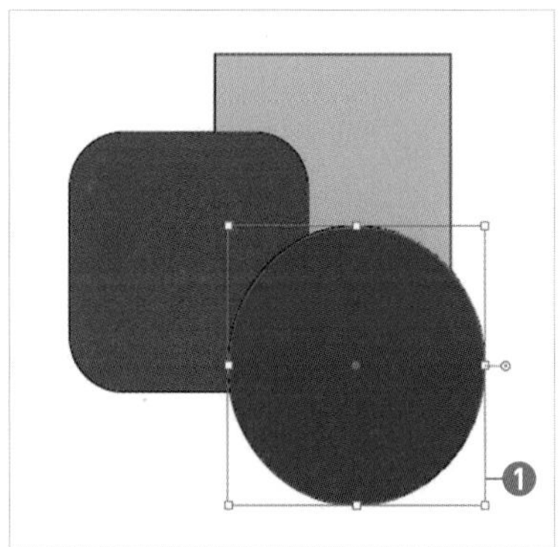


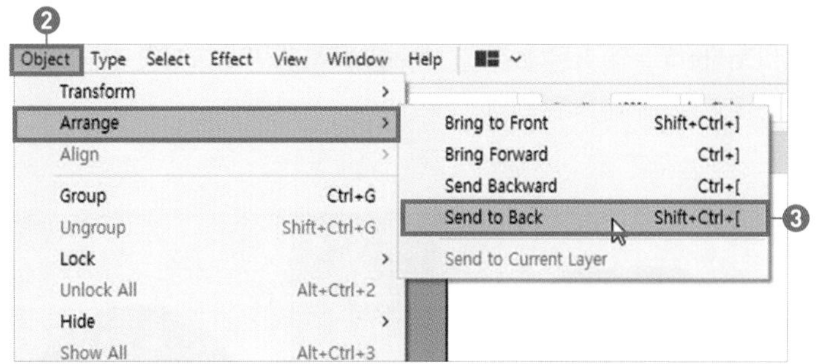


**3** 그러면 노란색 사각형 아래 위치로 변경되는 것을 확인할 수 있습니다.

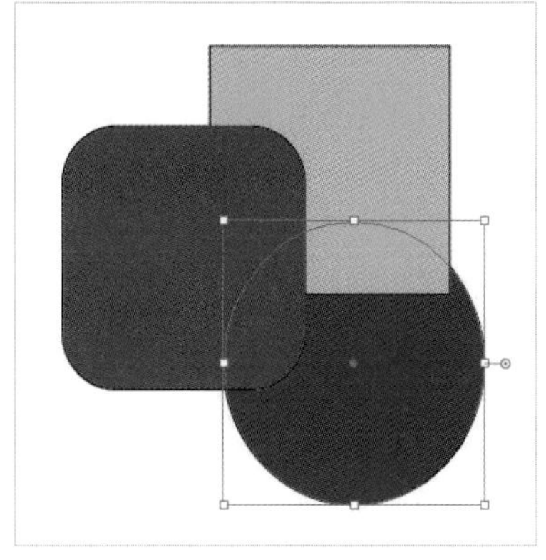

## 02 : 오브젝트의 정렬과 분포를 위한 Align

[Object] 〉 [Align] 메뉴를 이용하거나 오브젝트들을 수평 또는 수직 방향으로 정렬할 수 있습니다. 또한 [Align] 패널에서 [Distribute](분포)를 적용할 수 있는 기능을 추가로 사용할 수 있습니다.

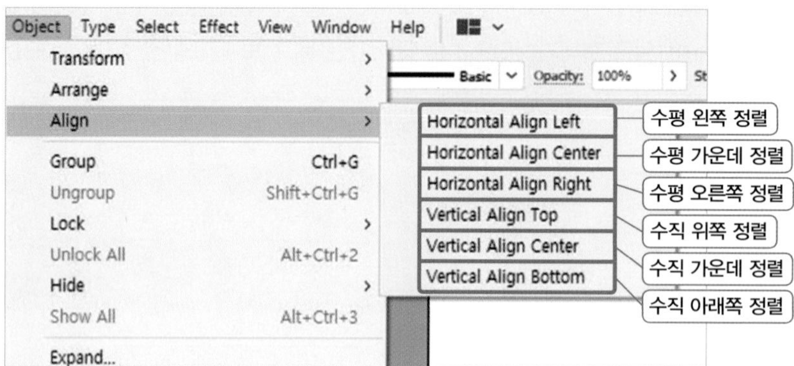


❶ 다음과 같이 오브젝트 중심을 기준으로 수평하게 정렬하기 위해서는 [Object] 〉 [Align] 〉 [Vertical Align Center](수직 가운데 정렬) 메뉴를 클릭합니다. 그러면 그림과 같이 오브젝트의 중심점을 기준으로 세로 높이가 수평하게 정렬됩니다.

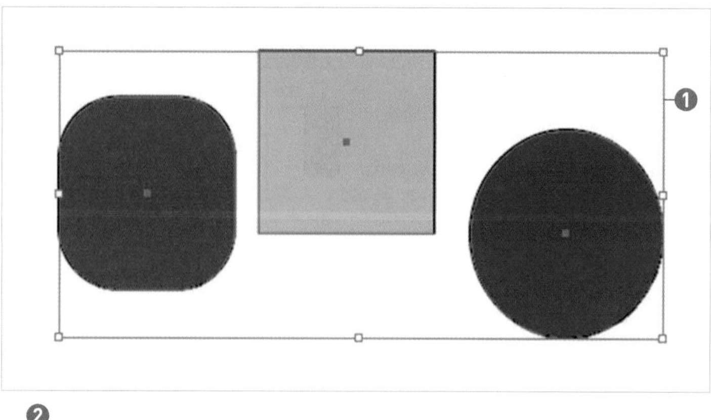


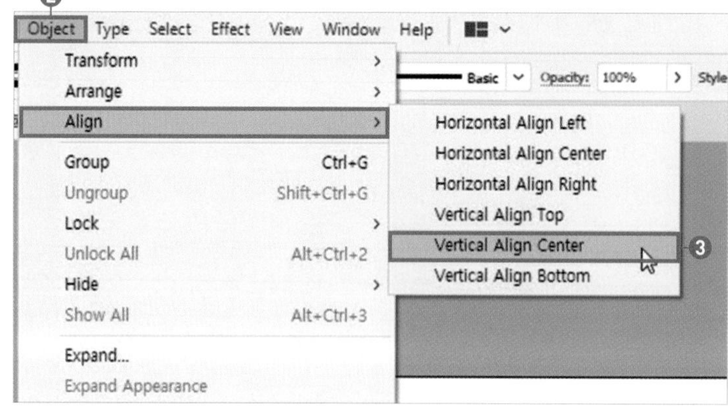

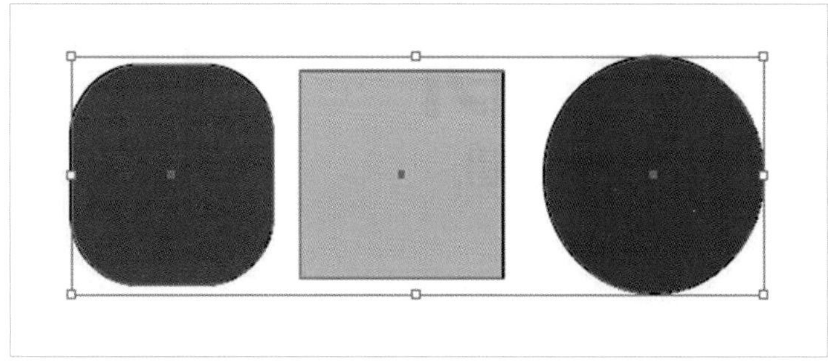

❷ [Align] 패널에서는 오브젝트들의 간격을 일정하게 유지될 수 있도록 조정하는 [Distribute](분포) 기능을 적용할 수 있습니다. 오브젝트의 중심 또는 측면을 기준으로 일정한 간격을 유지할 수 있습니다.

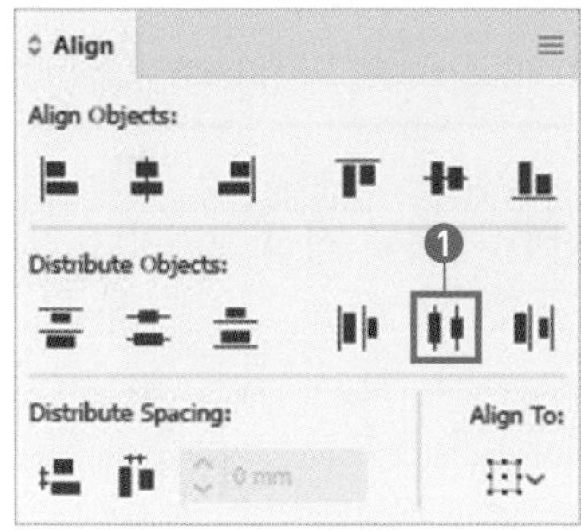


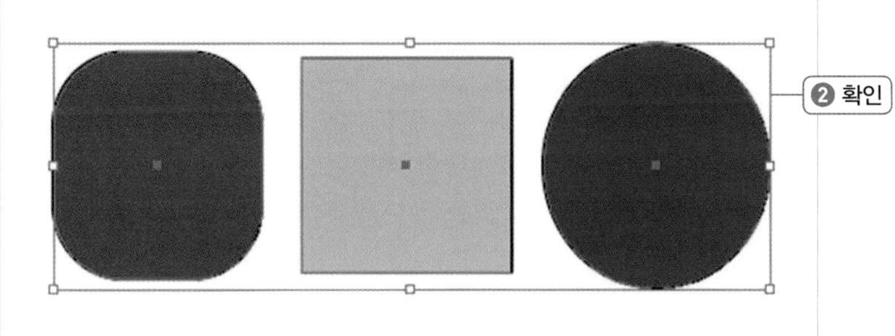


TIP

- **Align Objects(오브젝트 정렬)** : 오브젝트의 기준점을 기준으로 정렬하는 방식입니다.
- **Distribute Objects(오브젝트 분포)** : 오브젝트 간의 간격을 중심으로 나열하는 방식입니다.
- **Distribute Spacing(분포 간격)** : 오브젝트의 간격을 수치로 입력하여 적용합니다.

# 곰돌이 캐릭터 얼굴 그리기

## Curvature Tool(곡률 도구), Arrange(정렬), Transform(변형)

캐릭터의 둥근 얼굴형의 경우 일반적으로 원을 그리고 앵커 포인트를 편집하는 방법을 많이 이용하지만, 다음 예제에서는 [Curvature Tool]을 활용하여 비대칭의 자연스러운 형태를 신속하게 만드는 방법에 대해 알아보겠습니다.

[**예제 파일** : PART 02 Illustrator/3교시/bear-완성.ai]

다음 과정은 일러스트레이터에서 작업하는 가장 흔한 과정입니다. 간단한 형태를 직접 그리거나 기본 오브젝트를 그린 후 모양을 편집하여 그림을 완성하는 방법입니다.

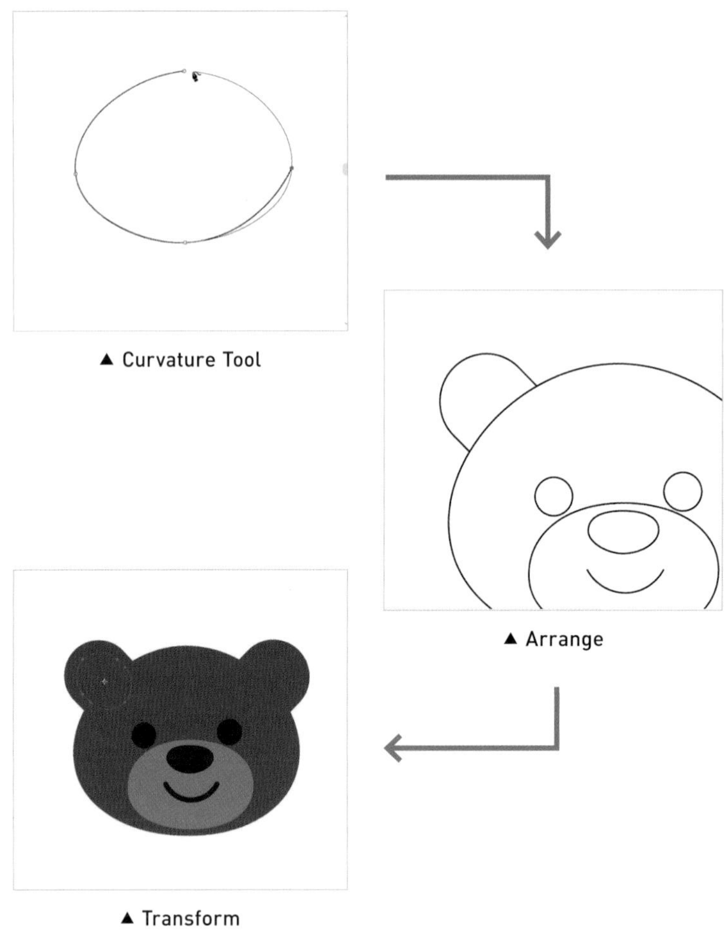

▲ Curvature Tool

▲ Arrange

▲ Transform

**1** [File] 〉 [New] 메뉴를 클릭하여 새로운 문서를 생성합니다. 툴바에서 [Curvature Tool]( )을 선택한 후 다음과 같이 차례대로 네 지점을 클릭하고 마지막으로 시작점을 다시 클릭하여 곰돌이 얼굴의 틀이 되는 형태를 완성합니다.

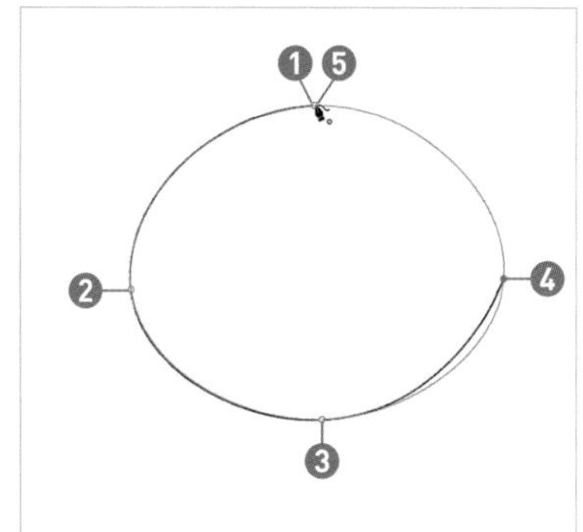

**2** 툴바에서 [Direct Selection Tool]( )을 선택하고 정점을 조정하여 위쪽은 볼록하고 아래쪽은 완만하게 형태를 다듬어줍니다.

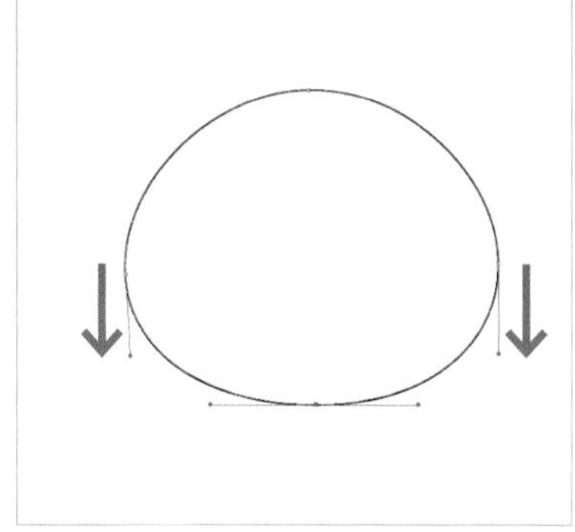

**3** 다음은 툴바에서 [Curvature Tool]( )을 선택하고 그림과 같이 차례대로 네 지점을 클릭하여 곰돌이 입 주변의 형태를 그려줍니다. 툴바에서 [Direct Selection Tool]( )을 선택하여 형태를 다듬어 완성합니다.

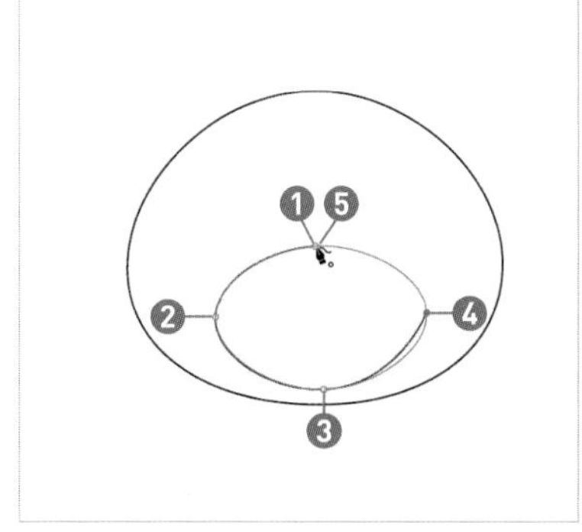

▲ Curvature Tool

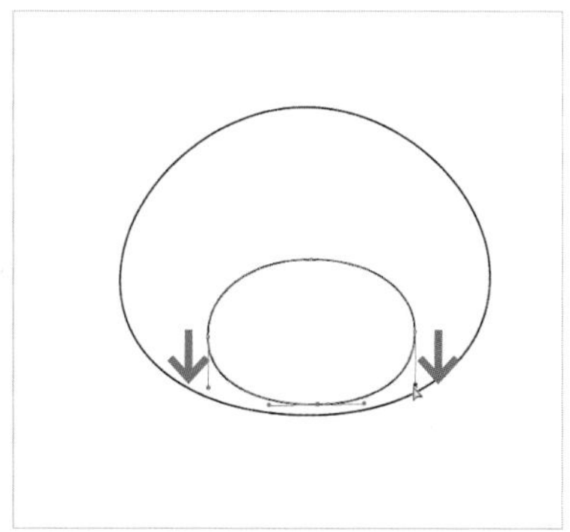

▲ Direct Selection Tool

**4** 곰돌이의 코와 입을 동일한 방법으로 완성합니다.

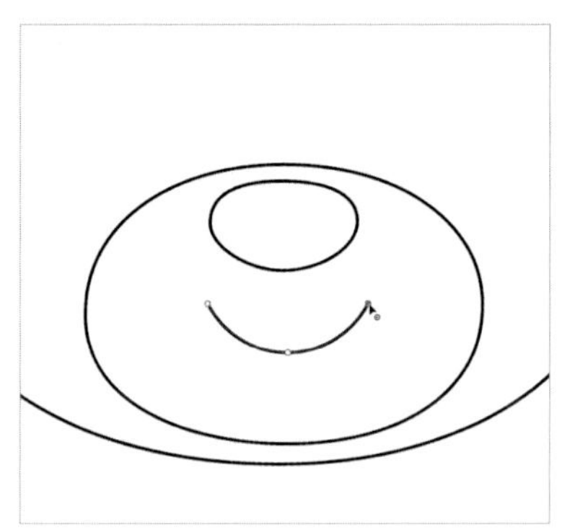

**5** 다음은 툴바에서 [Ellipse Tool]( )을 선택하고 Shift 를 누른 채 드래그하여 정원 모양으로 눈을 그려줍니다. 그다음 Alt 를 누른 채 [Selection Tool]( )로 드래그하여 복사합니다.

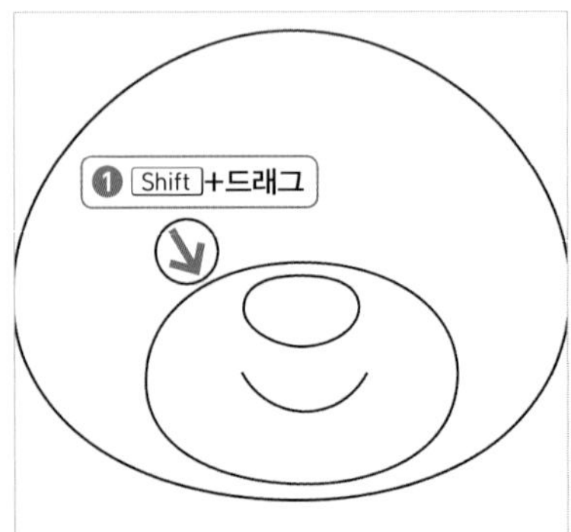


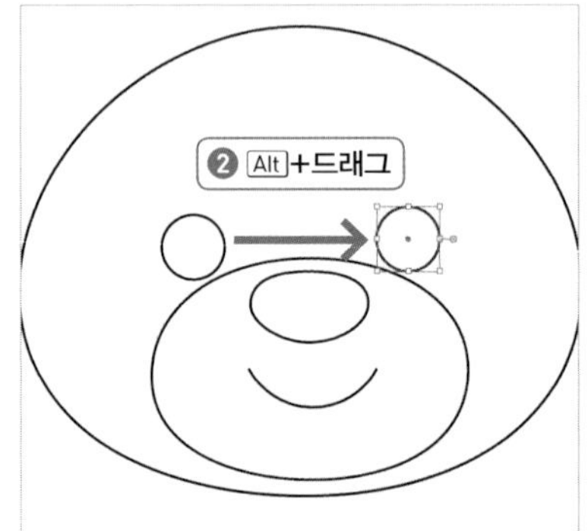


**6** 다음은 귀를 만들어 봅니다. 툴바에서 [Rectangle Tool]( )을 선택하고 그림과 같이 사각형을 드래그하여 임의에 크기로 그려줍니다.

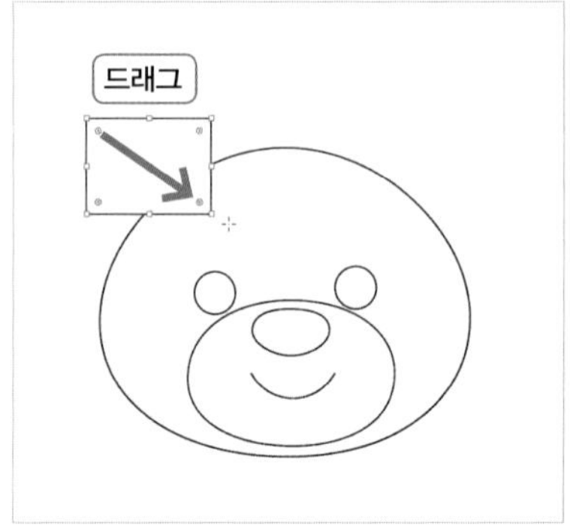


**7** 모서리의 컨트롤 위젯을 최대로 드래그하여 모퉁이를 둥글게 만들어줍니다.

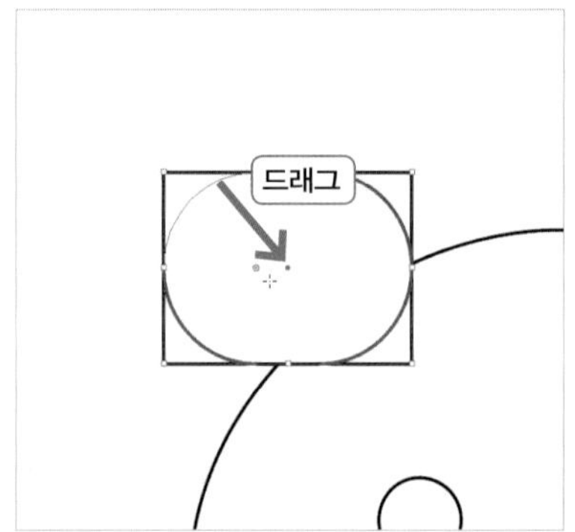

**8** 얼굴에 모양에 맞게 회전한 후 귀 크기 및 위치를 조절합니다.

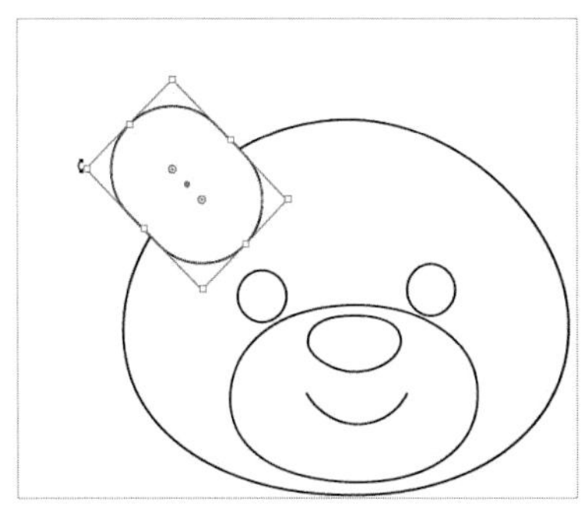

**9** 귀에 위치를 얼굴 뒤쪽으로 이동하기 위해 [Arrange] 〉 [Send to Back] 메뉴를 클릭합니다.

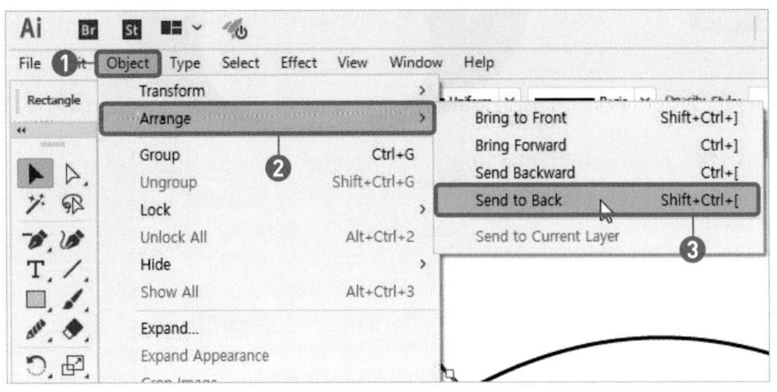

**10** [Object] 〉 [Transform] 〉 [Reflect] 메뉴를 클릭합니다. [Axis]를 [Vertical]로 선택하고 [Copy]를 클릭하여 눌러 좌우 대칭으로 복사 후 이동시킵니다.

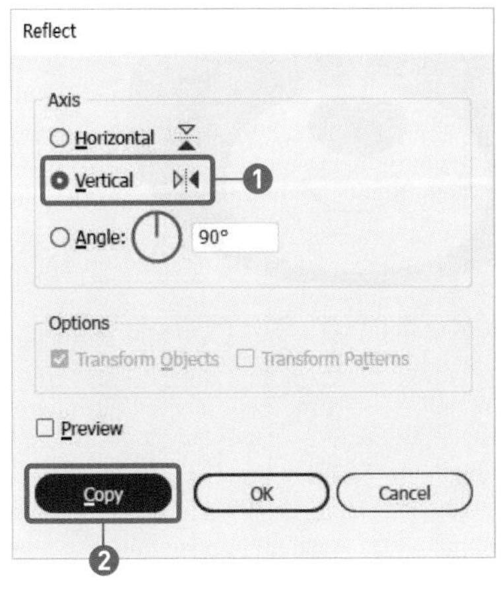


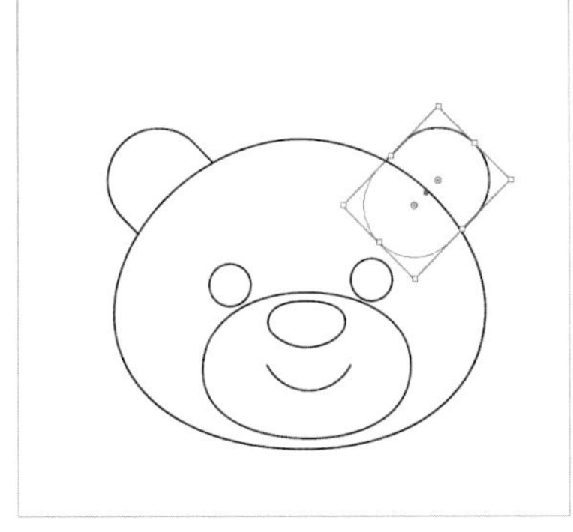

**11** 곰돌이 얼굴의 색상을 입혀봅니다. 먼저 그림 처럼 얼굴 부분을 선택하고 [Color] 패널에서 전체 얼굴과 귀 부분에 해당되는 [Fill] 색상을 'C(40), M(65), Y(90), K(35)'로 설정하고, [Stroke]는 'None'으로 설정합니다.

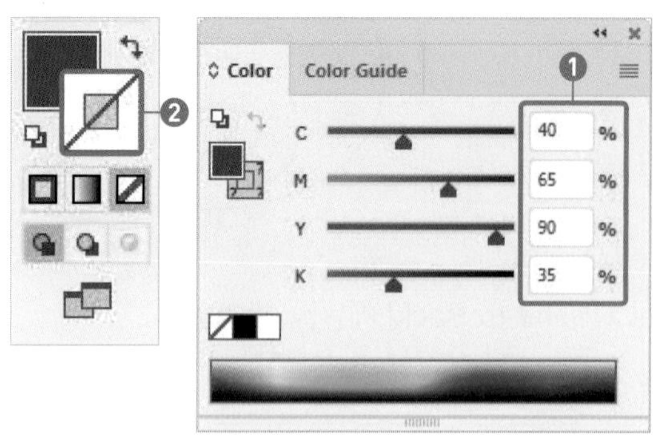

**12** 눈과 코의 [Fill] 색상은 'C(50), M(70), Y(80), K(70)'으로, [Stroke]는 'None'으로 설정합니다.

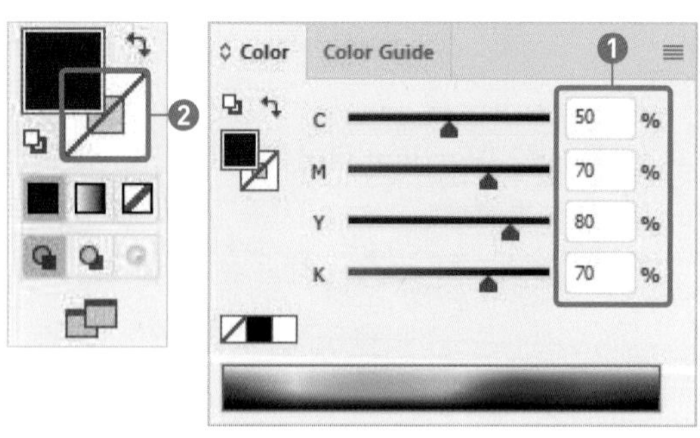

13 입 주변의 [Fill] 색상은 'C(30), M(50), Y(75), K(10)'으로, [Stroke]는 'None'으로 설정합니다.

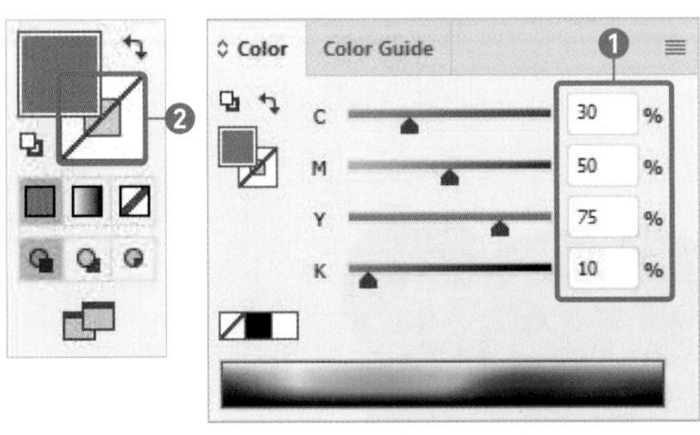

14 입의 [Fill] 색상은 'None'으로 하고 [Stroke]는 'C(50), M(70), Y(80), K(70)'으로 설정합니다. 그다음 [Stroke] 패널에서 [Cap](단면)을 [Round Cap](둥근 단면)으로 설정합니다.

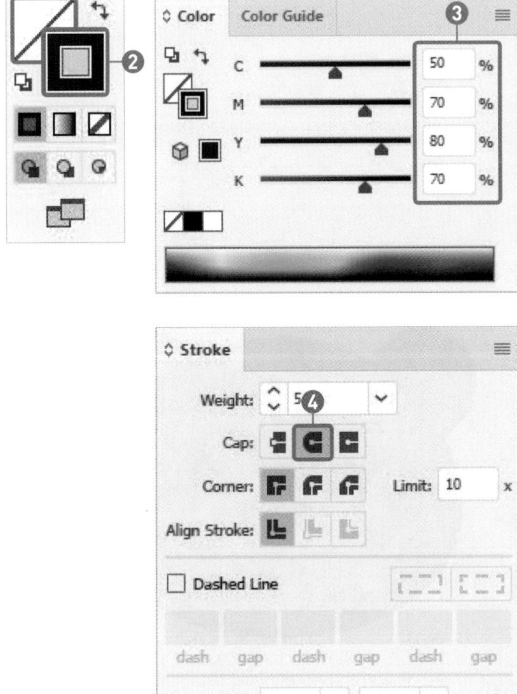

**15** 다음은 귀의 안쪽 모양을 만들기 위해 귀를 선택하고 [Object] 〉 [Transform] 〉 [Scale] 메뉴를 클릭합니다. [Uniform] : '70%'로 설정하고 [Copy]를 클릭하여 축소 복사합니다.

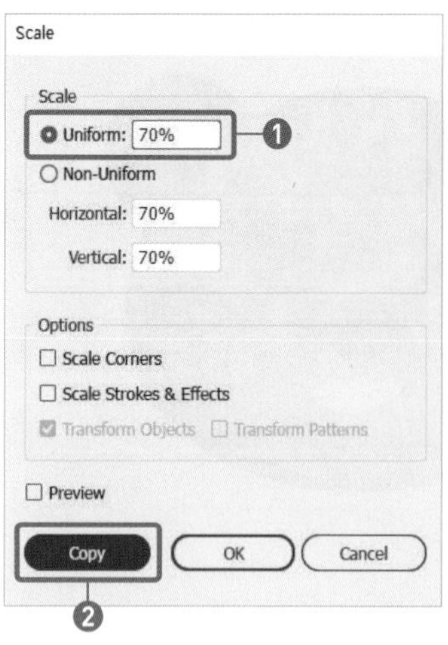

### TIP

귀 오브젝트를 마우스 오른쪽 버튼으로 클릭하면 나타나는 팝업 메뉴에서도 동일한 Transform 기능을 선택할 수 있습니다.

**16** 다른 쪽 귀도 동일한 방법으로 적용한 후 [Fill] 색상은 'C(35), M(60), Y(80), K(25)'로 설정하고 [Stroke] 색상은 'None'으로 설정합니다.

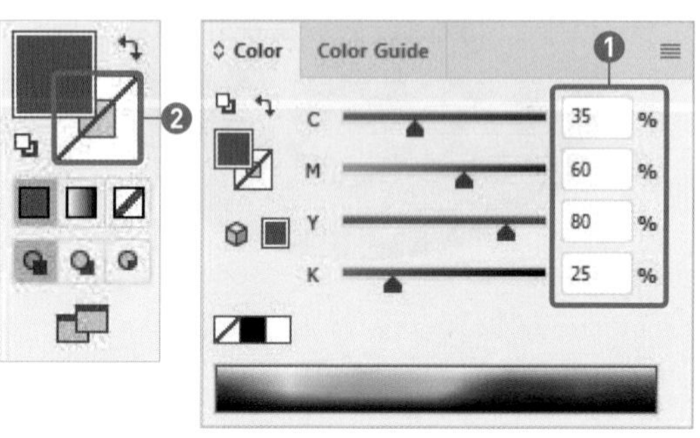

17 마지막으로 툴바에서 [Ellipse Tool]( )과 [Curvature Tool]( )을 사용하여 눈과 코의 하이라이트 효과를 적용하여 완성합니다.

# 이미지를 벡터 아트웍으로 변환하기

## Image Trace(이미지 추적), Make(만들기), Expand(확장)

Image Trace는 래스터 이미지(JPG, PNG, PSD 등)의 형태 및 색상을 추적하여 벡터 이미지로 변환할 수 있는 기능입니다. 이 기능을 활용하면 다양한 형태의 이미지를 일러스트레이터 벡터 이미지로 빠르고 쉽게 추출할 수 있습니다. 예를 들어, 종이에 그린 스케치 이미지를 빠르게 벡터 이미지로 변환하여 패스 선을 다듬고 색상을 채울 수 있습니다. 다음 강좌에서 확인해보겠습니다.

[**예제 파일** : PART 02 Illustrator/3교시/bird.jpg]

### 학습과제

Image Trace 기능으로 사진 이미지를 추적하여 벡터 이미지로 변경할 때 다양한 상세 기능 옵션들을 확인해 봅니다. [Image Trace] 패널에서 다양한 옵션을 설정하여 적용할 수 있습니다.

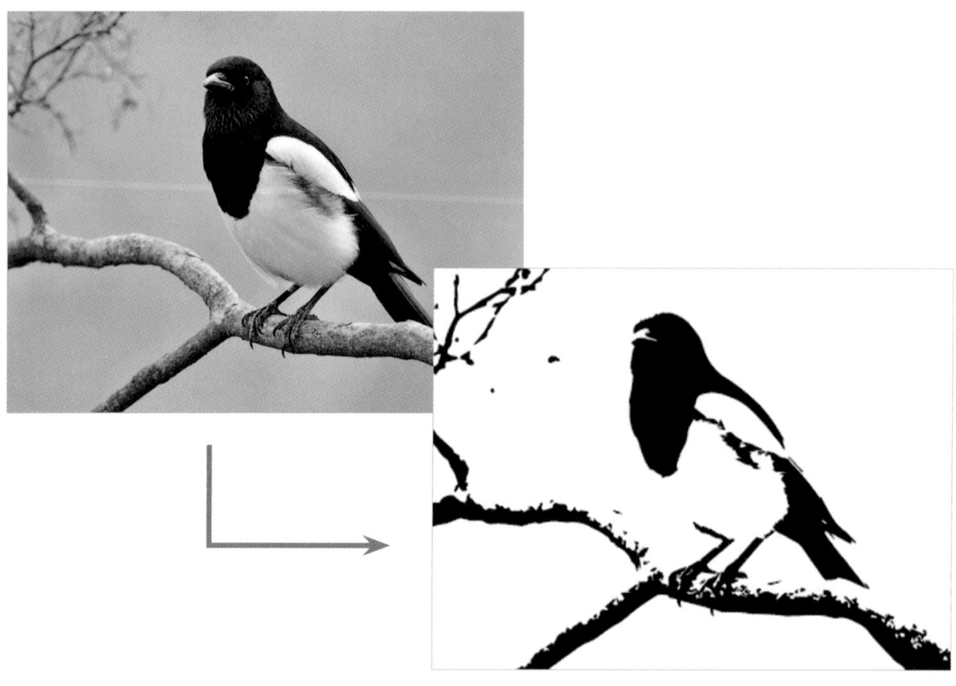

▲ 이미지 단순화 작업이 가능합니다.

**1** A4 크기의 새로운 문서를 만든 후 [File] 〉 [Place] 메뉴를 클릭하여 'bird.jpg' 파일을 불러옵니다.

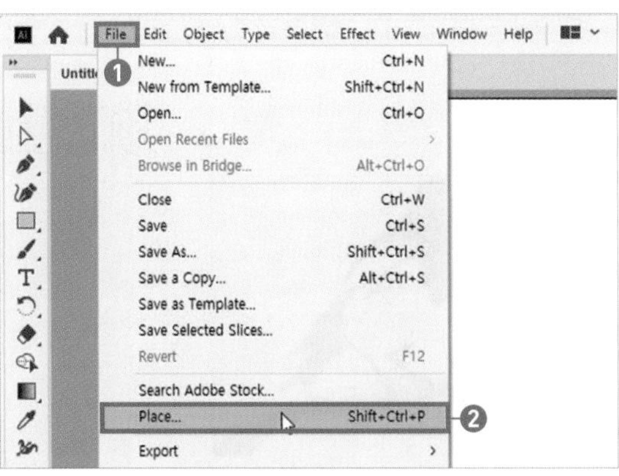

**2** 이미지를 선택한 후 [Object] 〉 [Image Trace] 〉 [Make] 메뉴를 클릭하여 이미지의 매개 변수를 추적합니다. 그러면 기본적으로 이미지가 흑백 이미지로 변환됩니다.

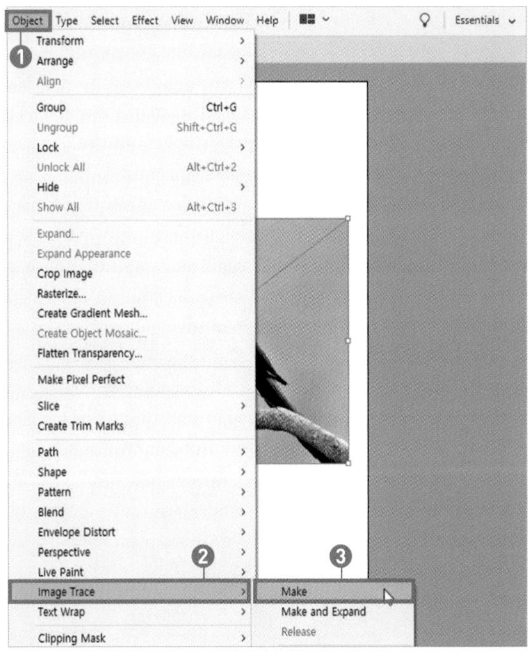

### MEMO Image Trace를 적용하는 다양한 방법

Image Trace 기능은 메뉴에서 사용하는 방법뿐만 아니라 컨트롤 패널 또는 [Properties] 패널의 [Quick Actions]에서도 빠르게 사용할 수 있습니다. 래스터 이미지를 선택했을 때 Image Trace 기능이 표시됩니다. 컨트롤 패널이 표시되지 않는 경우 직업 영역 모드를 'Essentials Classic'으로 변경합니다.

▲ 컨트롤 패널

▲ [Properties] 패널

**3** 이미지의 추적 결과에 만족한다면 추적 오브젝트를 패스로 변환할 수 있습니다. 바로 Expand 명령을 적용하여 일러스트레이터에 사용되는 벡터 이미지로 변경하게 됩니다. [Object] 〉 [Image Trace] 〉 [Expand] 메뉴를 클릭합니다.

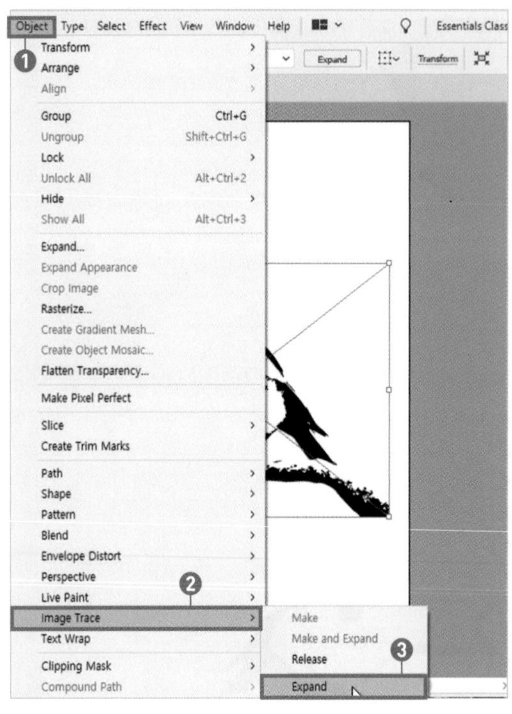

**TIP**

Make 명령은 이미지를 추적하여 면과 색상을 구성하는 단계이며 Expand 명령을 적용해야 비로소 벡터 이미지 형태로 변경됩니다.

**4** 벡터 이미지로 변경된 오브젝트들은 기본적으로 그룹화됩니다.

### MEMO Image Trace의 세부 설정

[Image Trace] 패널을 통해 이미지 추적을 세부적으로 설정할 수 있습니다.

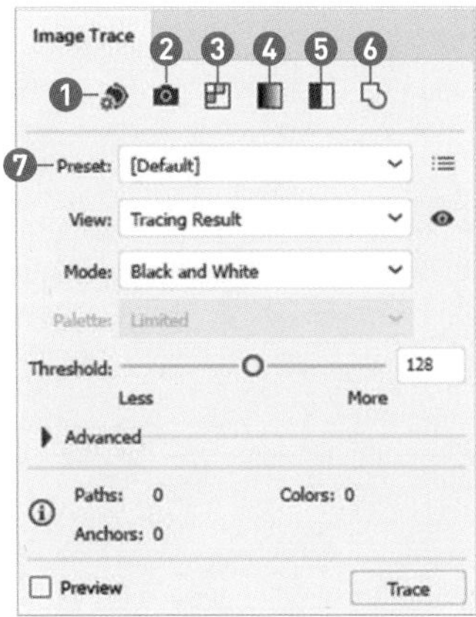


**1. Image Trace Preset(사전 설정)**

사전에 설정된 프리셋을 이용하여 다양한 스타일의 이미지 추적을 빠르게 실행할 수 있습니다.

❶ **Auto-Color(자동 색상) :** 사진 또는 아트웍에서 포스터화된 이미지를 생성합니다.

❷ **High Color(높은 색상) :** 높은 퀄리티의 사실적인 벡터 이미지를 생성합니다.

❸ **Low Color(낮은 색상) :** 면이 단순화된 낮은 퀄리티의 벡터 이미지를 생성합니다.

❹ **Grayscale(회색 음영) :** 회색 음영으로 벡터 이미지를 생성합니다.

❺ **Black & White(흑백) :** 흑백 이미지로 단순화된 벡터 이미지를 생성합니다.

❻ **Outline(윤곽선) :** 검은색 윤곽선으로 단순화된 벡터 이미지를 생성합니다.

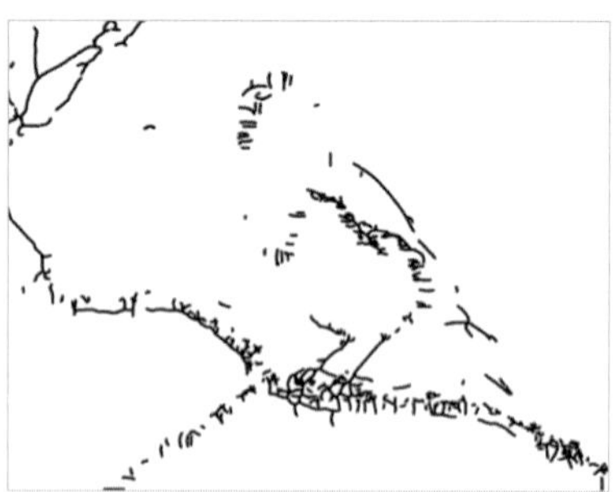

❼ 프리셋을 클릭하면 기타 다양한 프리셋을 선택할 수 있습니다.

Custom
✔ [Default]
High Fidelity Photo
Low Fidelity Photo
3 Colors
6 Colors
16 Colors
Shades of Gray
Black and White Logo
Sketched Art
Silhouettes
Line Art
Technical Drawing

### 2. View(보기)

추적한 이미지의 보기 스타일을 설정합니다. 추적한 이미지는 두 가지 요소로 표시되는데 하나는 원본 소스 이미지와 추적 결과(벡터 이미지 형태)로 구성됩니다. 즉 이미지 추적 결과에 대한 표시되는 스타일을 설정합니다.

- ✔ Tracing Result ❶
- Tracing Result with Outlines ❷
- Outlines ❸
- Outlines with Source Image ❹
- Source Image ❺

❶ **Tracing Result(추적 결과) :** 이미지 추적 결과를 보여줍니다.

❷ **Tracing Result with Outlines(윤곽선이 있는 추적 결과) :** 윤곽선이 있는 추적 결과를 보여줍니다.

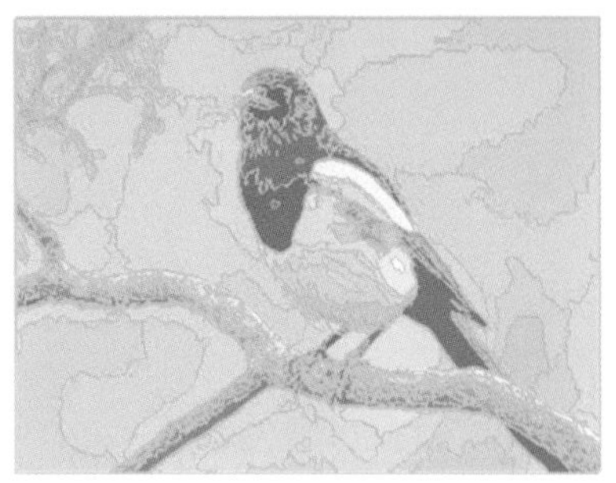

❸ **Outlines(윤곽선) :** 윤곽선만 보여줍니다.

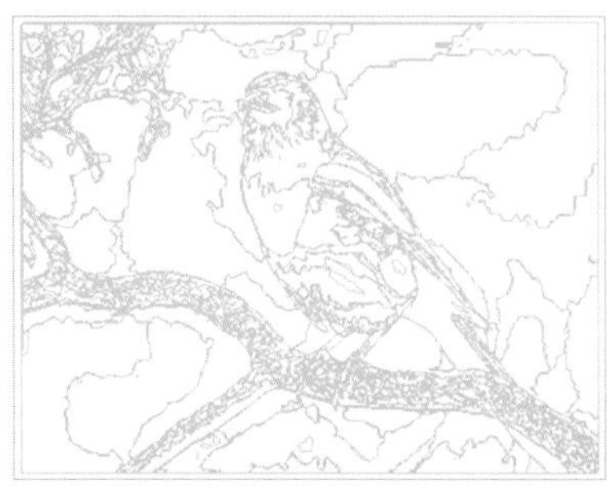

❹ **Outlines with Source Image(소스 이미지를 통한 윤곽선) :** 소스 이미지와 함께 윤곽선으로 보여줍니다.

❺ **Source Image(소스 이미지) :** 소스 이미지를 보여줍니다.

### 3. Mode(모드)

이미지 추적 결과에 대한 색상 모드를 지정합니다. 색상의 설정은 모드 옵션에 따라 다르게 표시됩니다.

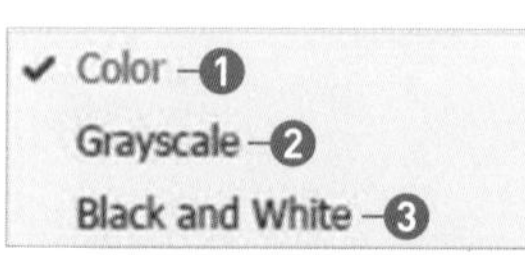


❶ **Color(색상) :** 색상 추적 결과에 사용할 색상 수를 설정합니다.

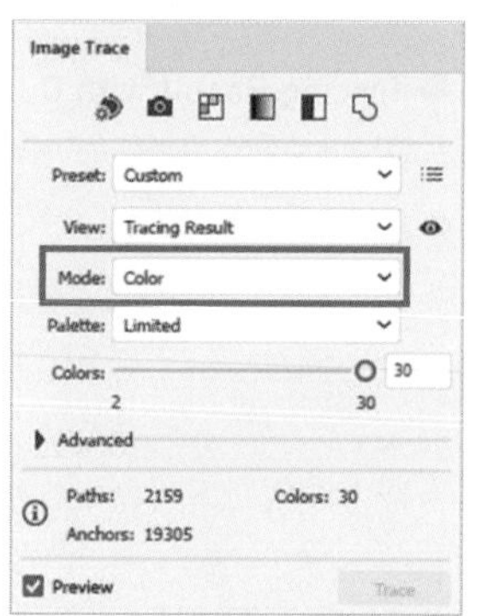


❷ **Grayscale(회색 음영) :** 회색 음영 추적 결과에 사용할 회색 수를 설정합니다.

❸ **Black and White(흑백) :** 흑백 추적 결과를 생성하기 위한 값을 설정합니다.

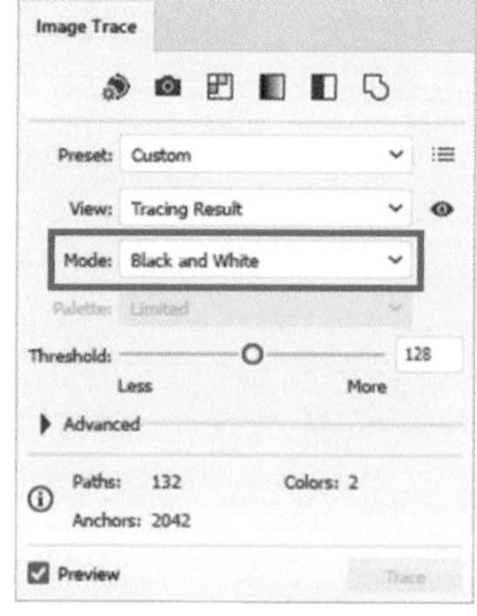

#### 4. Advanced(고급 기능)

Image Trace 추가 고급 옵션을 설정할 수 있습니다.

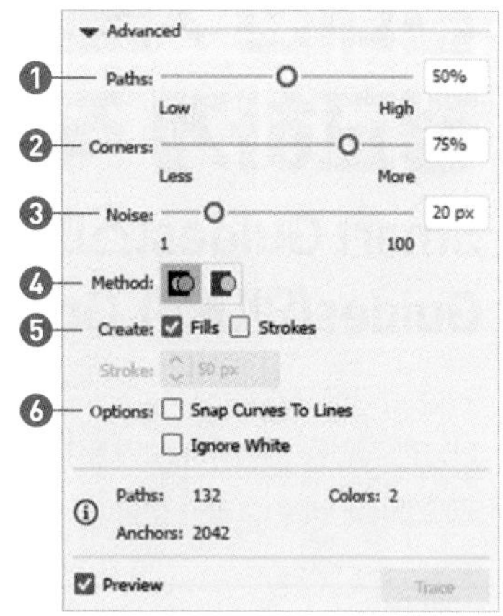


❶ **Paths(패스) :** 추적되는 모양과 원본 픽셀 모양 사이의 거리를 조절합니다. 값이 낮을수록 패스가 조밀하고 값이 높을수록 느슨하게 조정됩니다.

❷ **Corners(모퉁이) :** 추적된 결과물의 코너를 강조하고 날카로운 구부리기가 코너점으로 바뀔 가능성을 설정합니다. 값이 높을수록 코너가 더 많아집니다.

❸ **Noise(노이즈) :** 추적 시 무시되는 영역을 설정합니다. 값이 높을수록 노이즈가 줄어듭니다.

> **TIP**
>
> 고해상도 이미지의 경우 노이즈 슬라이더를 더 높은 값(20~50)으로 조정해야 효과가 있습니다. 낮은 해상도 이미지의 경우 낮게(1~10) 설정합니다.

❹ **Method(방법) :** 추적 방법을 설정합니다. 다음 두 가지 옵션 중 하나를 선택합니다.

ⓐ Abutting(Creates cutout paths) : 오려내기 패스를 만들어줍니다. 한 경로의 가장자리는 인접한 경로의 가장자리와 정확히 일치합니다.

ⓑ Overlapping(Creates stacked paths) : 누적 경로를 작성합니다. 각 경로가 해당 이웃과 약간 겹칩니다.

❺ **Create(만들기) :** 추적 결과에 색상을 채울 것인지 패스로 만들 것인지 결정합니다.

ⓐ Fills : 추적 결과에 칠해진 영역을 만듭니다.

ⓑ Strokes : 추적 결과에 선 패스를 만듭니다.

❻ **Options(옵션) :** 추가 옵션을 설정합니다.

ⓐ Snap Curves To Lines : 곡선을 선에 물립니다.

ⓑ Ignore White : 공백을 무시합니다.

# 안내선 사용으로 정교하게 작업하기

## Smart Guides(스마트 안내선), Rulers(눈금자), Guides(안내선), Grid(격자), Snap(물리기)

다양한 작업을 진행하다 보면 문자나 그래픽 오브젝트들의 위치를 정확하게 이동하거나 정렬해야 하는 경우가 필요합니다. 바로 그러한 상황에서 도움을 줄 수 있는 기능들을 다음 과정에서 확인해보겠습니다.

[**예제 파일** : PART 02 Illustrator/3교시/smart.ai]

### 학습과제

안내선(Guide)을 이용하면 문자와 그래픽 오브젝트를 정렬하는 데 많은 도움이 됩니다. 안내선을 사용하기 위해서는 눈금자(Ruler)를 활성화시킨 후 드래그하여 사용할 수 있습니다.

▲ 눈금자(Ruler)를 사용하면 아트보드에서 오브젝트를 정확하게 측정하고 배치할 수 있습니다.

## 01 : Smart Guides(스마트 안내선)

스마트 안내선은 오브젝트나 아트보드 작업 시 나타나는 임시 스냅 및 안내선입니다.

**1** 오브젝트의 특정한 지점(끝점, 중심점, 중간 지점, 간격, 수평, 수직 등)을 자동으로 인식하여 문자 및 그래픽 오브젝트의 정렬 시 도움을 주는 기능입니다.

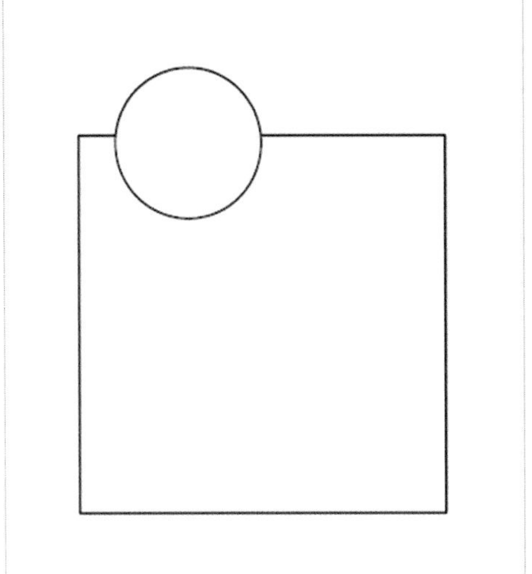

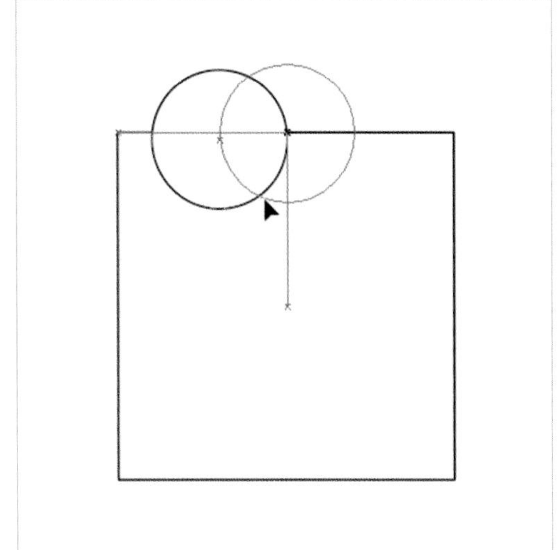

**2** 스마트 안내선을 끄거나 켜려면 [View] 〉 [Smart Guides](Ctrl+U) 메뉴를 클릭합니다.

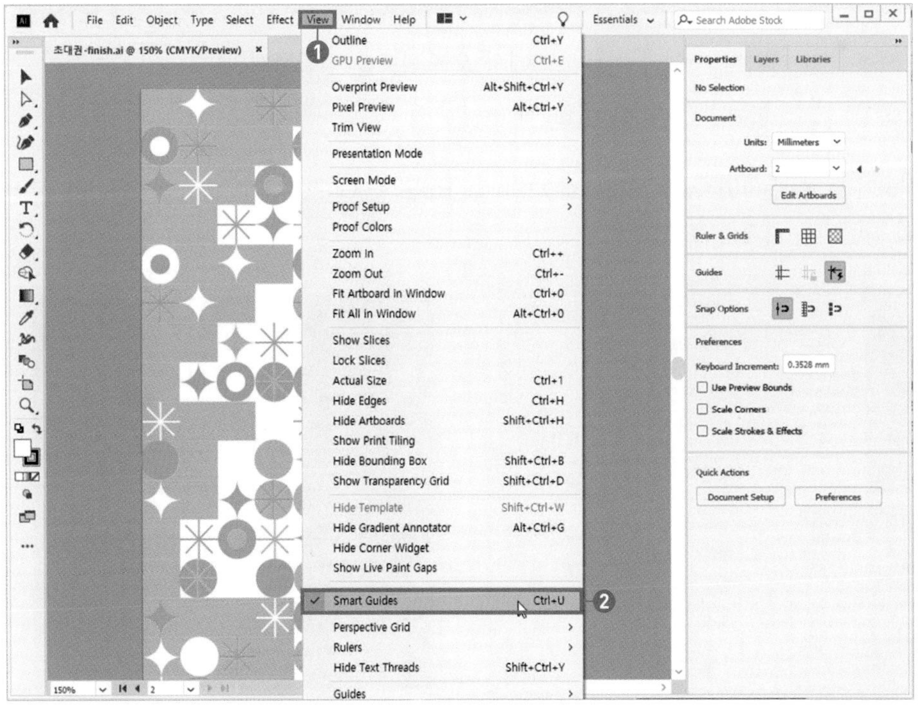

3 스마트 안내선의 환경 설정은 [Edit] 〉 [Preferences] 메뉴를 선택하고 [Preferences] 대화상자의 [Smart Guides]에서 색상 및 가이드 옵션, 각도 등을 설정할 수 있습니다.

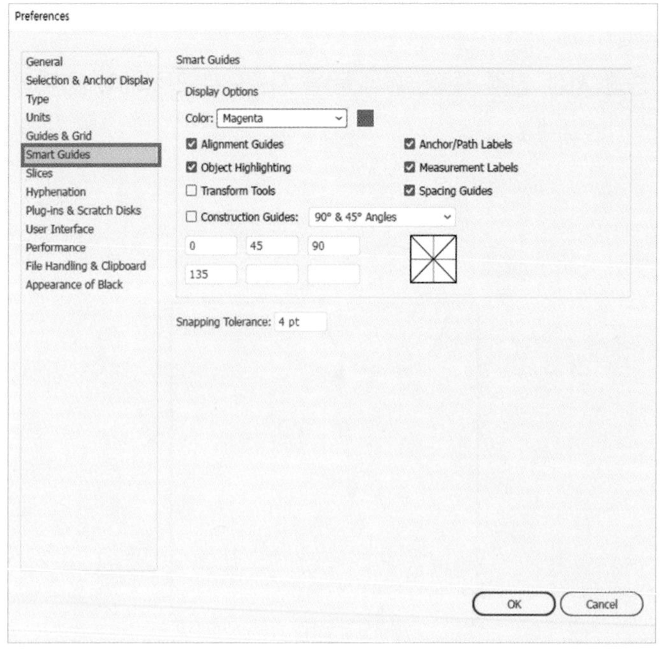

## 02 : Ruler(눈금자) & Guides(안내선)

Ruler(눈금자)를 사용하면 이미지 창이나 아트보드에서 오브젝트를 정교하게 배치하거나 측정할 수 있습니다. Guides(안내선)는 눈금자가 표시되었을 때 생성할 수 있습니다.

1 눈금자를 표시하기 위해서는 [View] 〉 [Rulers] 〉 [Show Rulers](Ctrl+R) 메뉴를 선택합니다. 그러면 문서 좌측과 상단에 눈금자가 표시됩니다.

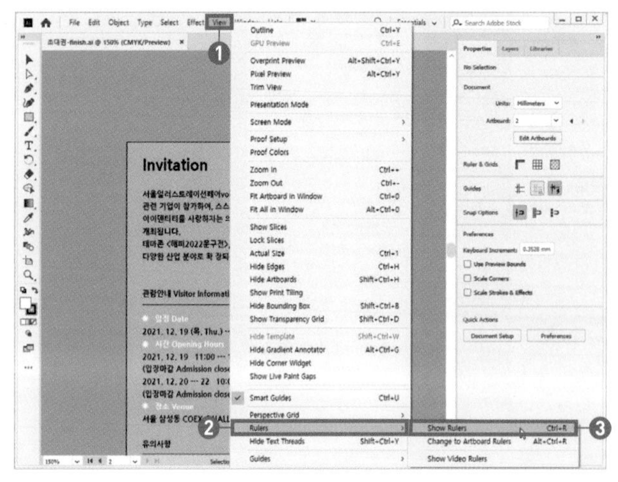

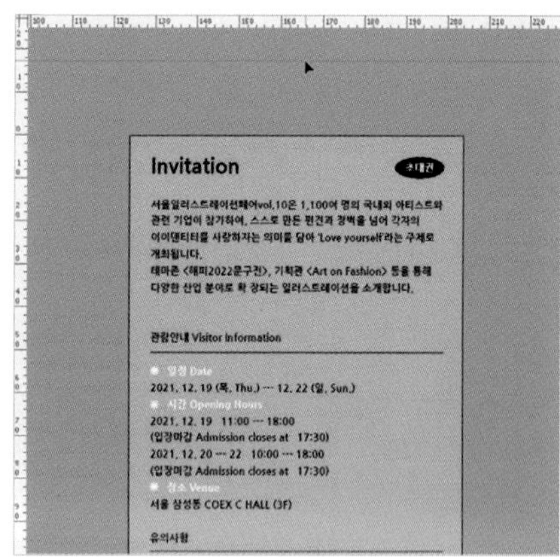

### MEMO 단위의 설정

눈금자의 단위는 [Edit] 〉 [Preferences] 〉 [Units]를 선택하고 [General] 옵션에서 설정할 수 있습니다.

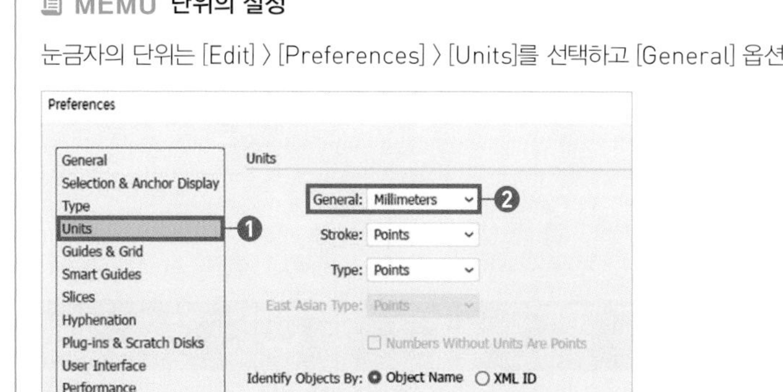


2 세로 안내선을 생성하려면 왼쪽 눈금자, 가로 안내선을 생성하려면 상단 눈금자에 커서를 위치하고 클릭한 채 드래그합니다.

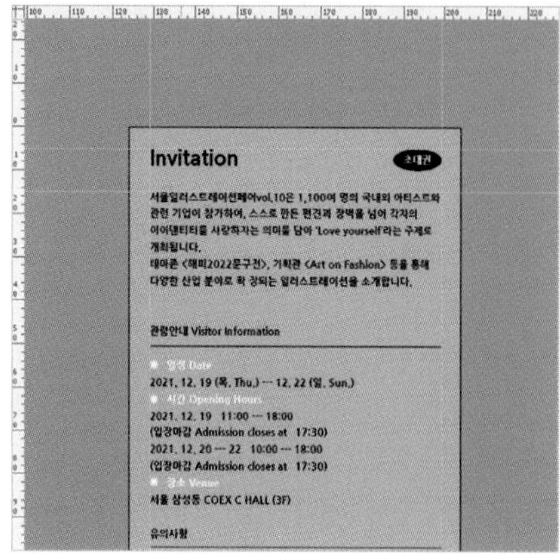

3 [Selection Tool]( )로 선택한 후 Back Space 또는 Delete를 눌러 안내선을 삭제할 수 있습니다.

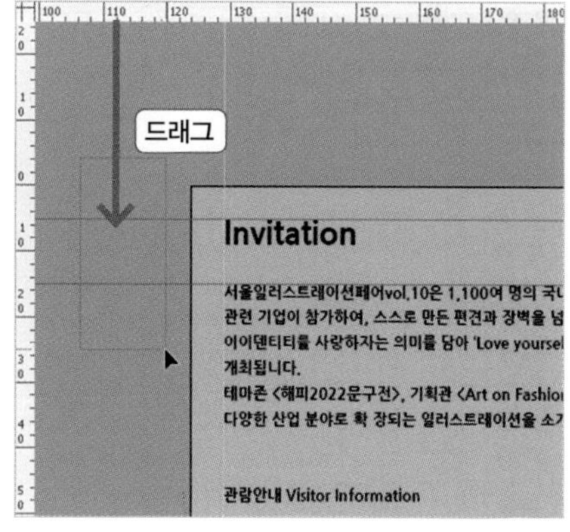


### TIP

안내선의 선택은 [Selection Tool], [Direct Selection Tool], [Group Selection Tool]과 같은 선택 도구를 사용할 수 있습니다.

**MEMO 안내선이 선택되지 않을 경우**

안내선이 잠겨 있을 경우 선택이 되지 않습니다. [View] 〉 [Guides] 〉 [Unlock Guides] 메뉴를 클릭하여 잠금을 해제한 후 사용합니다.

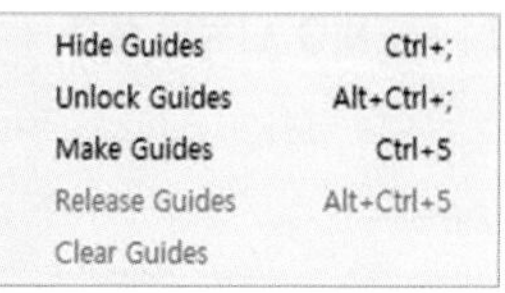


## 03 : Grid(격자) & Snap(물리기)

Grid(격자)는 모눈종이와 같이 설정된 격자 모양으로 아트보드 및 배경 전체에 표시됩니다. 격자 표시는 인쇄되지 않습니다.

**1** 격자를 표시하기 위해서는 [View] 〉 [Show Grid](Ctrl+") 메뉴를 클릭합니다. 다시 가리려면 [View] 〉 [Hide Grid](Ctrl+") 메뉴를 클릭합니다.

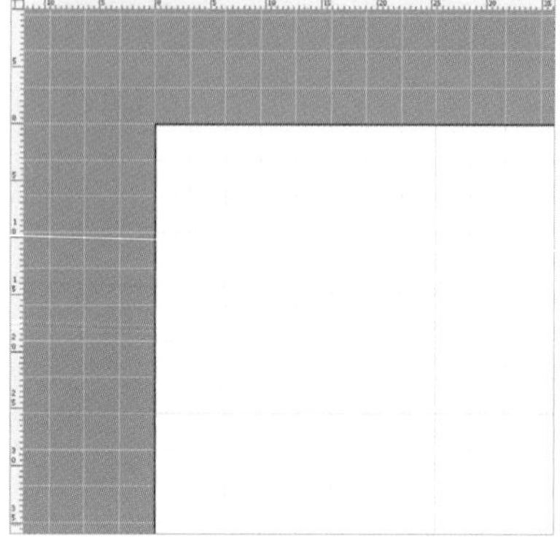

**2** 격자의 간격은 [Edit] 〉 [Preferences] 〉 [Guides & Grid] 메뉴를 클릭한 후 [Gridline every]와 [Subdivisions]를 설정합니다.

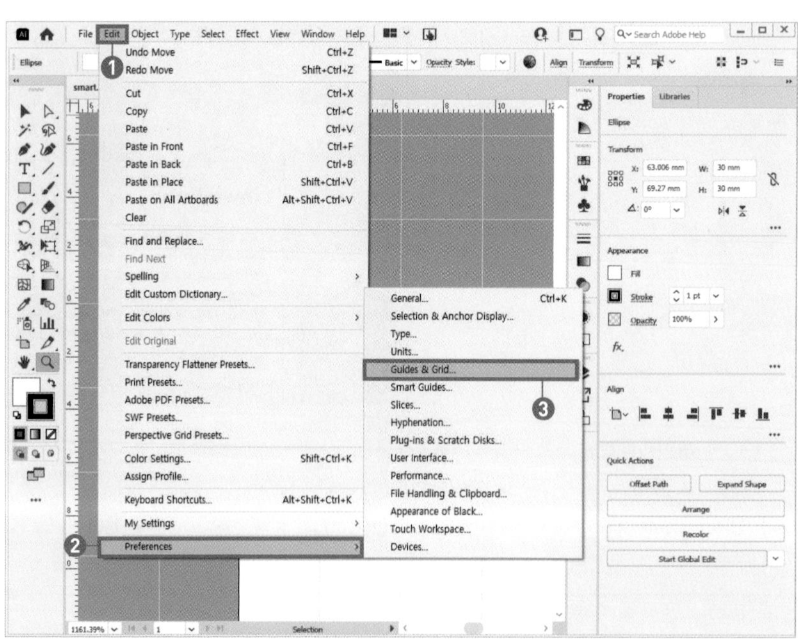

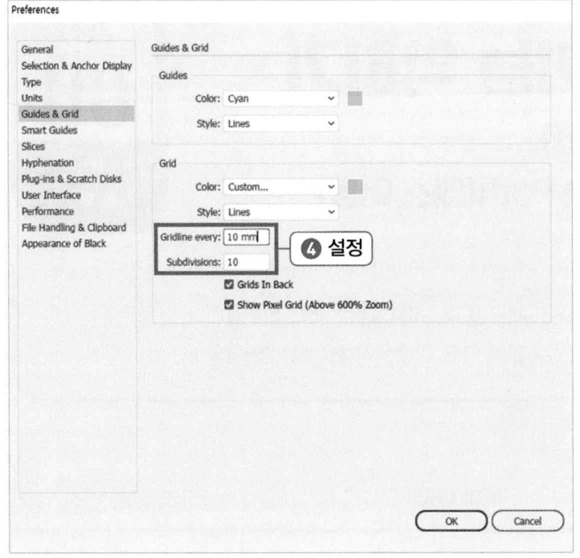


**TIP**

[Gridline every]는 기본 격자의 간격을 의미하고 [Subdivisions]는 기본 격자를 세분화한 간격을 말합니다.

**3** [View] 〉 [Snap to Grid] 메뉴를 클릭하면 격자 간격에 맞게 커서의 위치를 제어할 수 있습니다.

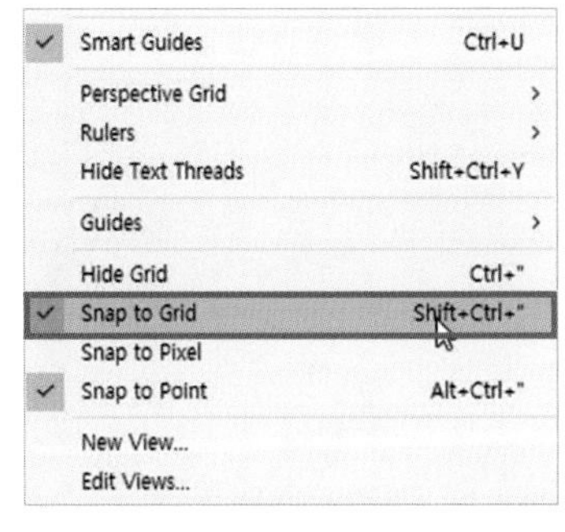


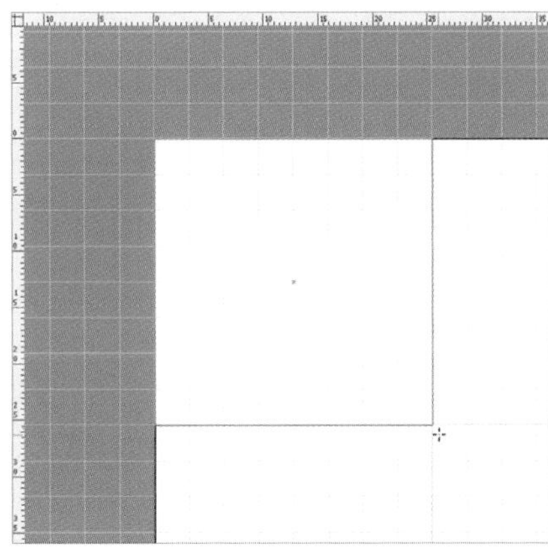

# 패스의 기타 핵심 기능 익히기

## Join(연결), Average(평균점 연결), Outline Stroke(윤곽선), Offset Path(패스 이동)

일러스트레이터는 대부분이 패스로 구성된 오브젝트들이기 때문에 패스를 다양한 형태로 변형하고 편집할 수 있는 기능들이 곳곳에서 배치되어 있습니다. 그중 핵심 기능들을 다음 과정에서 확인해보겠습니다.

[**예제 파일** : PART 02 Illustrator/3교시/join-path.ai]

### 학습과제

패스를 편집하는 기능들은 다양하게 있지만 이번 과정에서는 [Object] > [Path] 메뉴의 핵심 기능에 대해 알아봅니다.

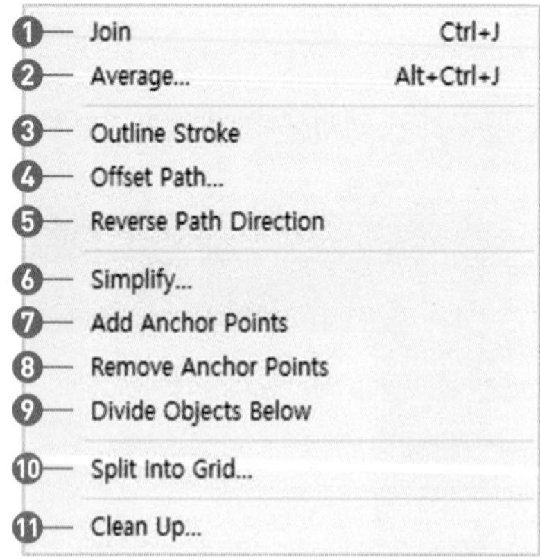


❶ **Join(연결)** : 패스 닫기

❷ **Average(평균점 연결)** : 패스 정점의 정렬

❸ **Outline Stroke(윤곽선)** : 윤곽선으로 변경

❹ **Offset Path(패스 이동)** : 패스 이동 명령

❺ **Reverse Path Direction(패스 방향 반전)** : 패스의 시작점 변환

❻ **Simplify(단순화)** : 패스 단순화

❼ **Add Anchor Points(고정점 추가)** : 패스 정점의 추가

❽ **Remove Anchor Points(고정점 제거)** : 패스 정점의 삭제

❾ **Divide Objects Below(오브젝트 아래로 나누기)** : 오브젝트 나누기

❿ **Split Into Grid(격자로 나누기)** : 그리드 모양으로 나누기

⓫ **Clean Up(제거)** : 불필요한 점이나 오브젝트 정리

## 01 : Join(연결)

Join은 열려 있는 패스의 정점들을 닫아주거나 연결할 수 있는 기능입니다.

**1** 다음 물방울 모양의 패스는 상위 끝 정점들이 겹쳐있거나 떨어져 있는 상태입니다.

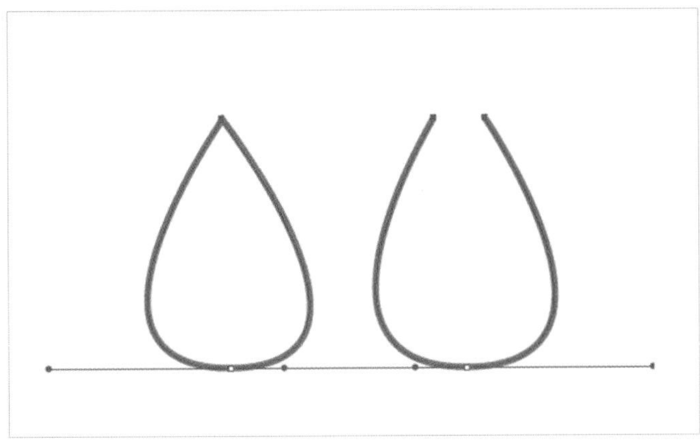

**2** [Object] 〉 [Path] 〉 [Join] 메뉴를 클릭하여 이러한 두 정점을 붙이거나 연결하여 닫혀 있는 패스로 편집할 수 있습니다.

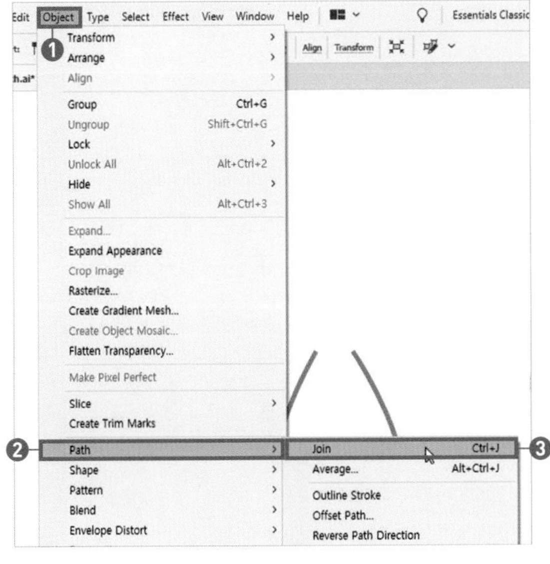


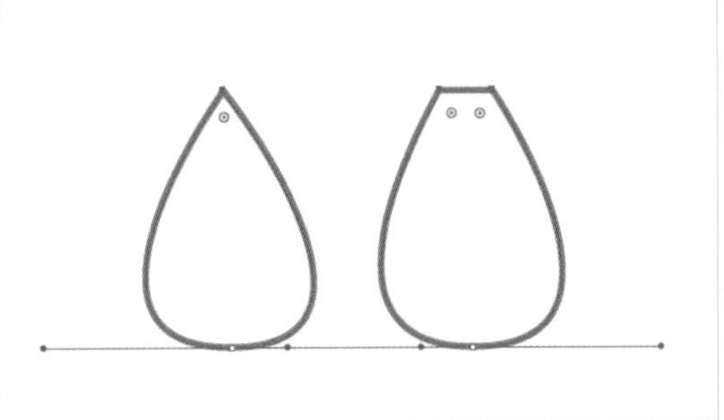

## 02 : Average(평균점 연결)

Average는 두 개 이상의 선택한 정점들을 가로 방향 및 세로 방향으로 정렬하거나 가로세로 방향으로 동시에 정렬하는 기능입니다.

**1** 맨 상단의 정점들을 선택한 후 [Object] 〉 [Path] 〉 [Average] 메뉴를 클릭합니다. 그러면 [Average] 대화상자가 표시되며 정렬할 축을 선택한 후 적용할 수 있습니다.

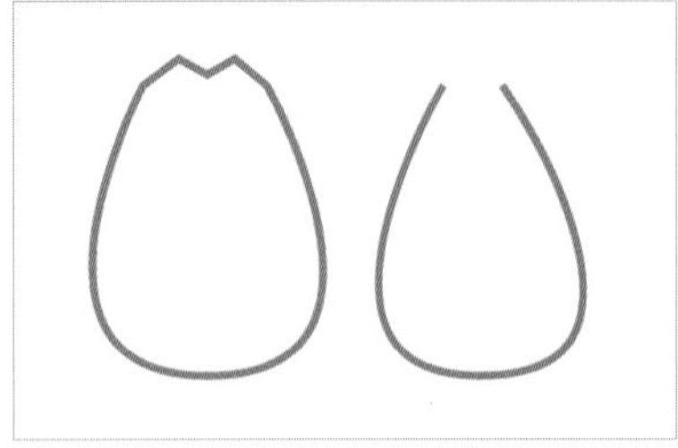

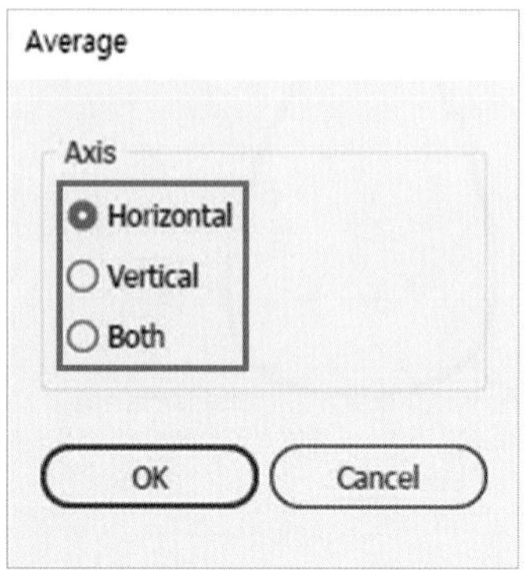


**2** 왼쪽 패스는 [Axis]를 [Horizontal]로 적용한 것이며, 오른쪽 패스는 [Vertical]로 적용한 모습입니다.

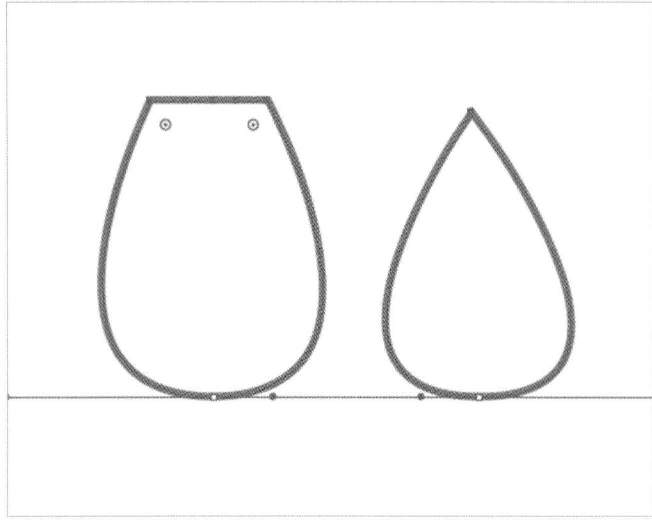

**TIP**

오른쪽 물방울 모양의 패스 두 정점이 완전히 연결된 것은 아닙니다. 닫힌 패스로 만들기 위해서는 Join 기능을 사용하여 연결하면 됩니다.

3 [Both]는 가로 세로 양쪽 축을 동시에 적용하며 패스가 가지고 있는 모든 정점들이 한곳에 모이는 효과를 이용하여 변형된 모양을 만들 수 있습니다.

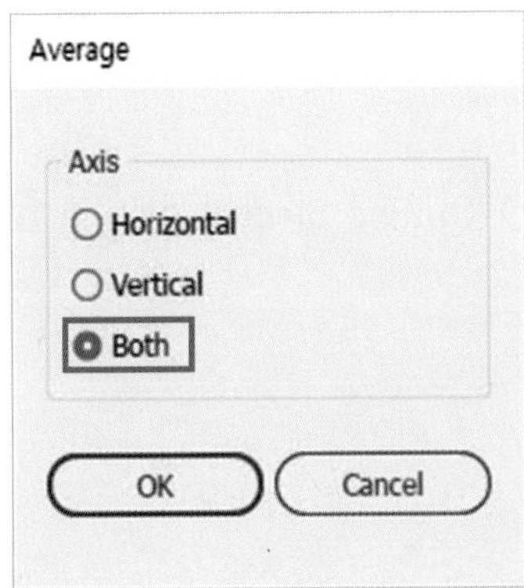


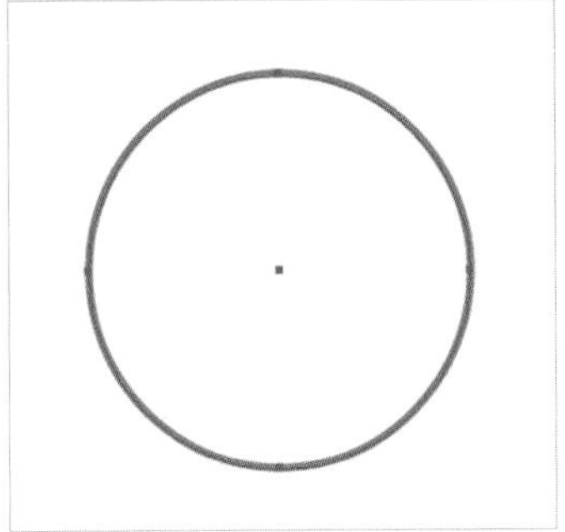

## 03 : Outline Stroke(윤곽선)

패스를 컴파운드(Compound) 패스로 변환하여 선의 윤곽을 다양하게 표현할 수 있습니다. 예를 들어, 폭이 변하는 선을 만들거나 여러 개의 선으로 나눌 수 있습니다.

**1** 외곽선에 색상만 채워진 상태에서 패스를 선택하고 [Object] 〉 [Path] 〉 [Outline Strokes] 메뉴를 클릭합니다.

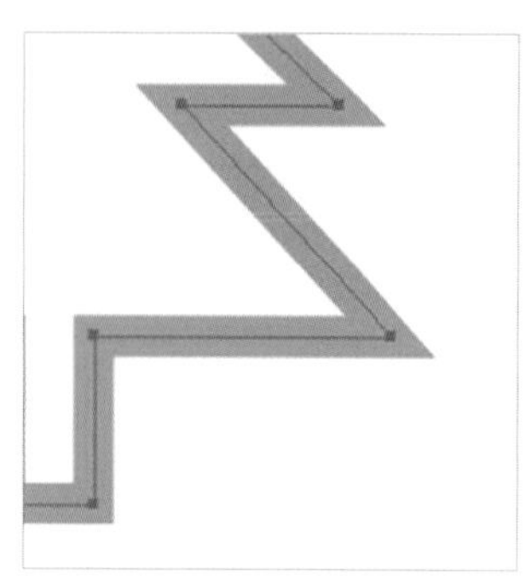

**2** 그러면 컴파운드(Compound) 패스로 변환되면서 면 형태의 외곽선 모양으로 변환되는 것을 확인할 수 있습니다. 또한 [Stroke]에 적용되었던 색상이 [Fill] 색상으로 변경된 것을 확인할 수 있습니다.

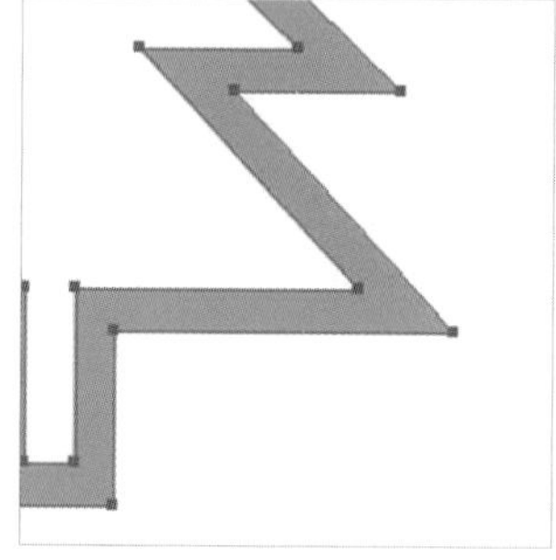

## 04 : Offset Path(패스 이동)

Offset Path는 패스를 일정한 간격으로 늘려주거나 줄일 수 있는 기능입니다. Joins 옵션값에 따라 모서리의 형태를 선택할 수 있습니다.

**1** 패스를 선택하고 [Object] 〉 [Path] 〉 [Offset Path] 메뉴를 클릭하면 [Offset Path] 대화상자가 표시됩니다. [Joins]에서 각진 부분의 형태를 선택할 수 있습니다. 'Miter'는 모서리가 각진 모습 그대로 간격을 적용합니다.

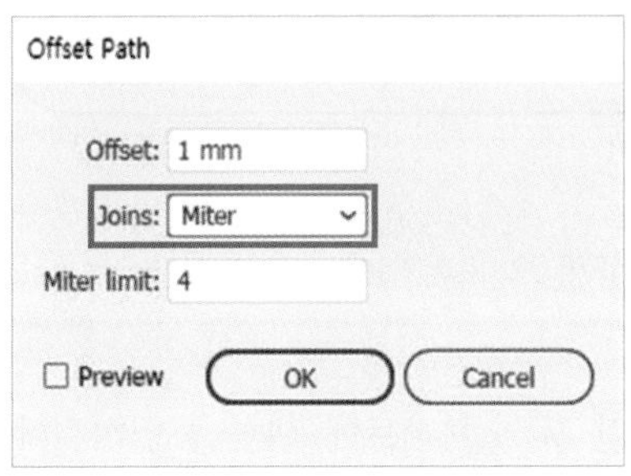

◀ Miter 적용

**2** 'Round'를 선택하게 되면 모서리의 각진 부분이 둥근 모양으로 변형됩니다.

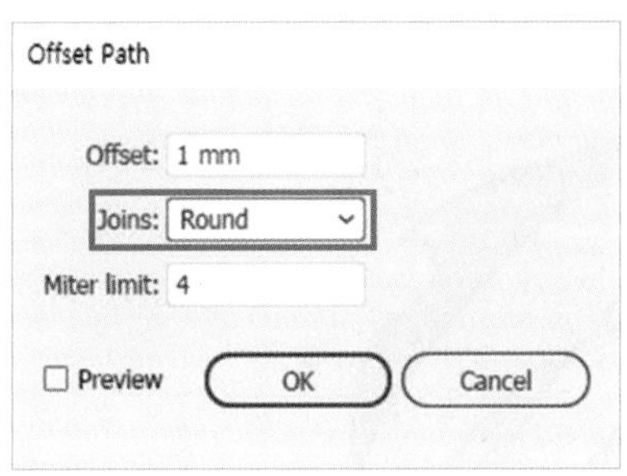

◀ Round 적용

**3** 'Bevel'의 경우 모서리의 각진 부분을 잘라낸 듯한 모양으로 변형됩니다.

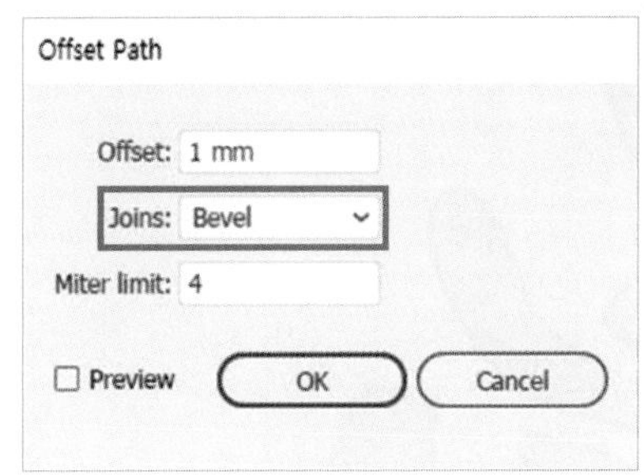


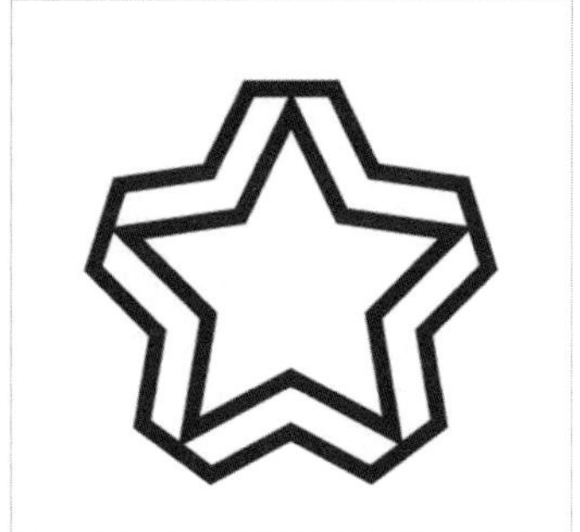

◀ Bevel 적용

# 일러스트레이터의 기초 페인팅

## Fill(칠), Stroke(선), Color Picker(색상 피커), Swatches 패널, Color 패널, Gradient 패널

패스로 그림을 그린 후 오브젝트에 색상을 입히기 위해서는 일러스트레이터의 Fill(칠) 색상과 Stroke(선) 색상에 대해 알아야 합니다. 즉 일러스트레이터에서의 페인팅은 Fill 또는 Stroke의 색상을 지정하는 작업입니다. 다음 과정에서 색상을 선택하고 페인팅하는 방법에 대해 알아봅니다.

[**예제 파일** : PART 02 Illustrator/3교시/fill-stroke.ai]

### 학습과제

일러스트레이터의 다양한 드로잉 도구로 패스 및 오브젝트를 그린 후 오브젝트에 색상을 입혀줘야 합니다. 색상 설정은 Fill과 Stroke에서 두 개로 구분하여 적용합니다.

▲ 필요한 색상을 선택하고 오브젝트에 적용하는 방법을 확인합니다.

## 01 : Fill과 Stroke(칠과 선) 

Fill(칠)을 통해 오브젝트 면의 색상(Color) 및 패턴(Pattern), 그라데이션(Gradient)를 채울 수 있습니다. 닫힌 오브젝트뿐만 아니라 열려있는 오브젝트에도 적용할 수 있습니다. Stroke(선)는 오브젝트, 패스와 같이 눈에 보이는 외곽선을 말합니다. Stroke를 통해 선의 색상 및 두께를 조절할 수 있습니다.

**1** 기본적으로 툴바 아래쪽에 위치한 [Fill]과 [Stroke]에서 색상을 적용할 수 있습니다. 다음은 [Fill] 색상만 적용된 모습입니다.

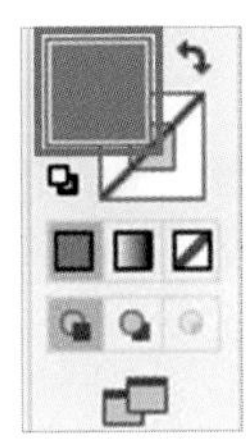

**MEMO** **[Fill]과 [Stroke] 패널**

기본적으로 [Fill]과 [Stroke] 색상의 편집은 툴바에서 할 수 있습니다. 또한 [Fill]과 [Stroke]와 관련된 몇가지 기능들이 있습니다.

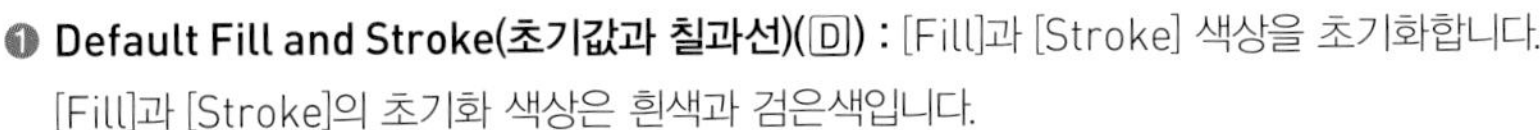

❶ **Default Fill and Stroke(초기값과 칠과선)(D)** : [Fill]과 [Stroke] 색상을 초기화합니다. [Fill]과 [Stroke]의 초기화 색상은 흰색과 검은색입니다.

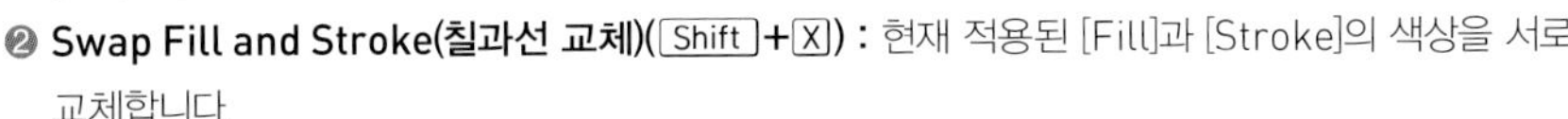

❷ **Swap Fill and Stroke(칠과선 교체)(Shift+X)** : 현재 적용된 [Fill]과 [Stroke]의 색상을 서로 교체합니다.

❸ **Color(색상)(<)** : 오브젝트 면에 색상을 채워줍니다.

❹ **Gradient(그라디언트)(>)** : 오브젝트 면에 그라데이션 효과를 적용합니다.

❺ **None(없음)(/)** : [Fill]과 [Stroke]의 색상을 제거합니다.

**2** [Stroke] 색상만 적용된 모습입니다.

**3** [Fill]과 [Stroke]가 둘 다 적용된 오브젝트의 모습입니다.

## 02 : Fill 색상 적용하기

선택한 오브젝트에 하나의 색상, 패턴, 그라데이션을 적용할 수 있습니다. Fill 색상을 적용하는 방법은 다음과 같습니다.

**1** 오브젝트를 선택하기 위해 [Selection Tool]( ) 또는 [Direct Selection Tool]( )을 사용합니다. 툴바에서 [Fill]을 더블클릭하면 [Color Picker] 대화상자가 표시됩니다. 색상을 선택하기 위해 직접 클릭하거나 수치를 입력하여 설정합니다.

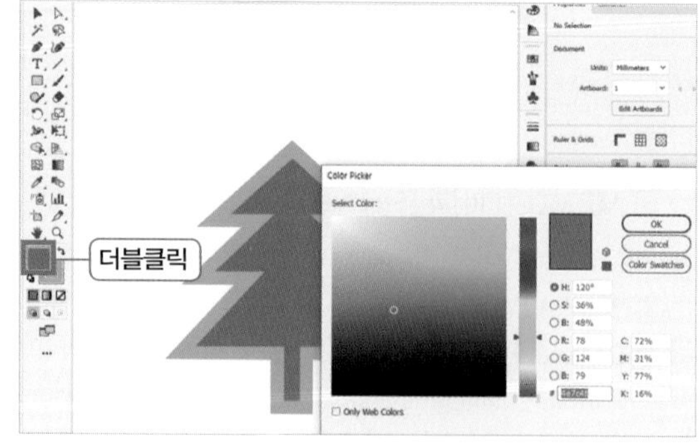


**2** [Swatches] 패널을 이용하여 [Fill] 색상을 선택할 수 있습니다. 작업 패널에 보이지 않는 경우 [Window] 〉 [Swatches] 메뉴를 클릭합니다. [Swatches] 패널에서는 등록된 패턴 색상을 적용할 수 있습니다.

## MEMO [Properties] 패널에서 사용하기

오브젝트를 선택하고 [Properties] > [Appearance] 패널이 표시되면 [Fill] 또는 [Stroke]를 클릭하여 색상을 선택할 수 있습니다.

**3** 툴바에서 [Gradient]를 클릭하면 [Gradient] 패널이 표시되며 그라데이션 색상을 편집하여 적용할 수 있습니다. 또한 [Swatches] 패널에서 등록되어 있는 그라데이션 색상도 선택하여 적용할 수 있습니다.

**4** 또한 [Color] 패널 및 [Color Guide] 패널을 통해서도 다양하게 색상을 설정하여 [Fill] 색상을 선택할 수 있습니다.

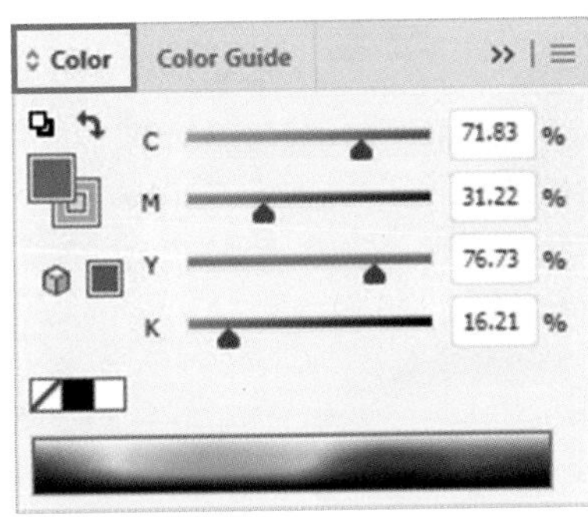


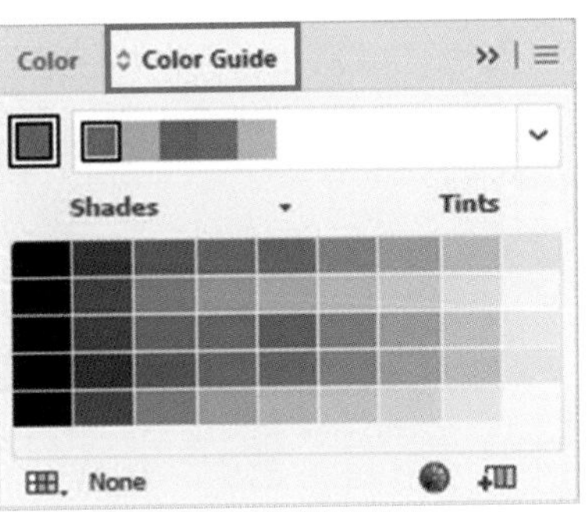

## 03 : Stroke 색상 적용하기

Stroke 색상의 설정 방법은 패턴과 그라데이션 효과를 사용하지 못하는 것을 제외하면 Fill에서 사용하였던 방식과 대부분 동일합니다.

**1** 툴바에서 [Stroke]를 더블클릭하여 [Color Picker] 대화상자를 이용하거나 [Color] 패널, [Swatches] 패널 등을 이용하여 색상을 적용할 수 있습니다.

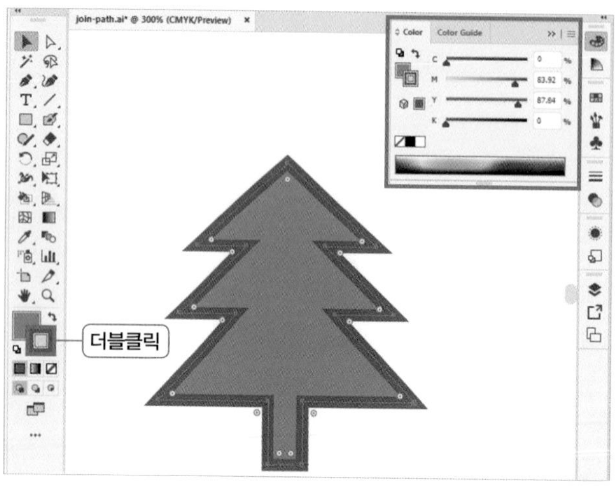


**2** [Stroke] 색상을 드래그하여 오브젝트로 이동하면 오브젝트가 선택되어 있지 않은 상태에서도 색상을 적용할 수 있습니다.

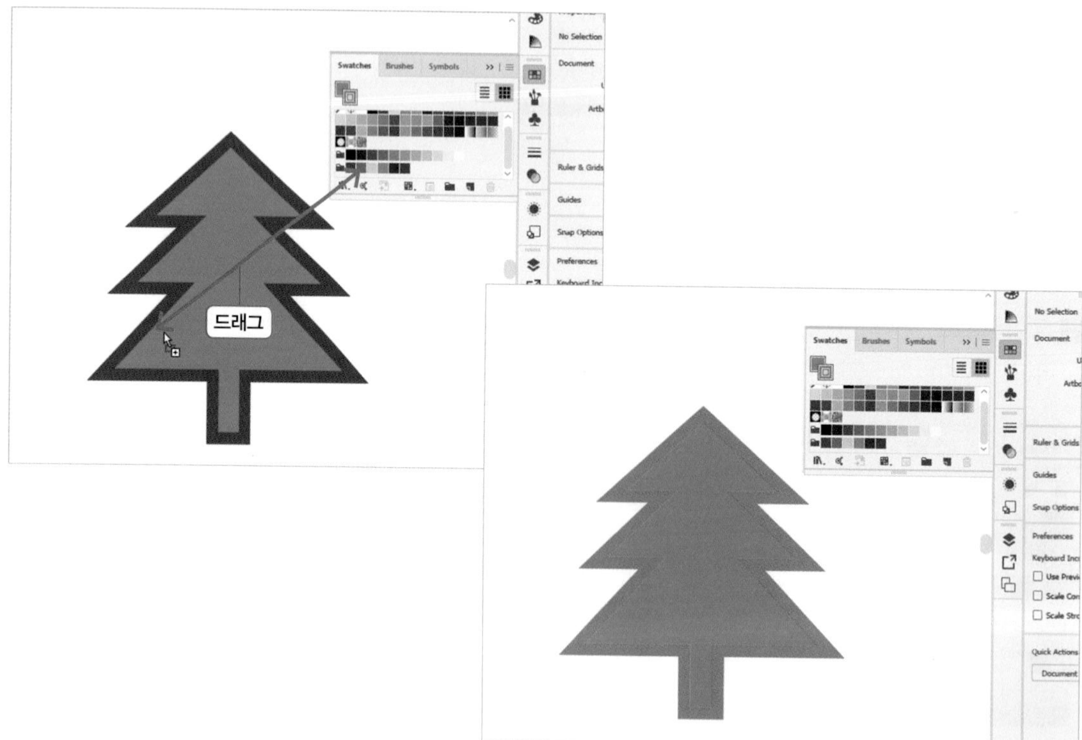

## MEMO 컨트롤 패널 이용하기

컨트롤 패널을 통해서도 [Fill] 또는 [Stroke]의 색상을 변경할 수 있습니다.

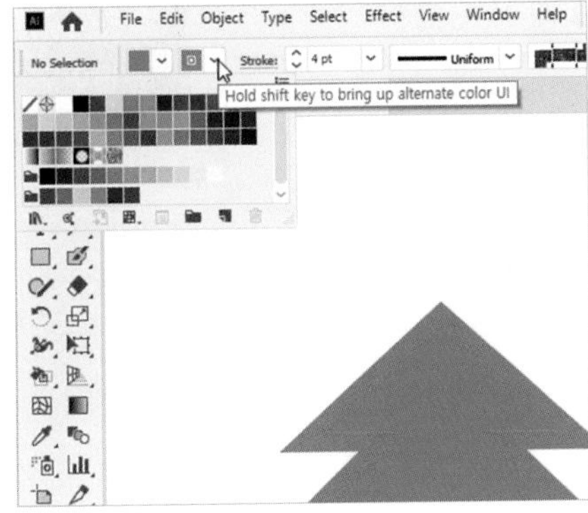


## MEMO [Properties] 패널에서 색상 적용

[Properties] 패널을 이용하면 [Appearance]에서 [Swatch] 또는 [Color] 패널을 바로 선택하여 사용할 수 있습니다.

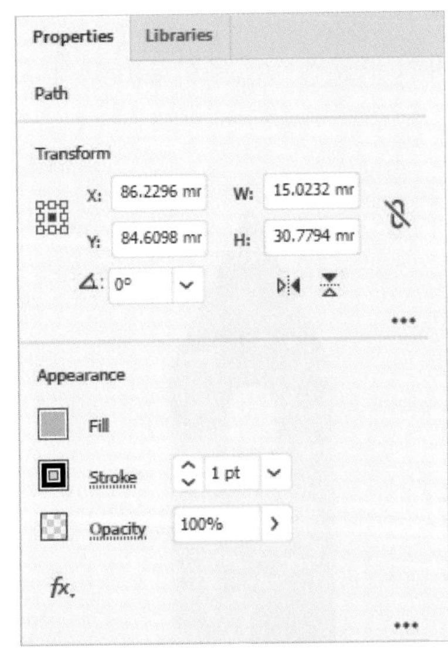


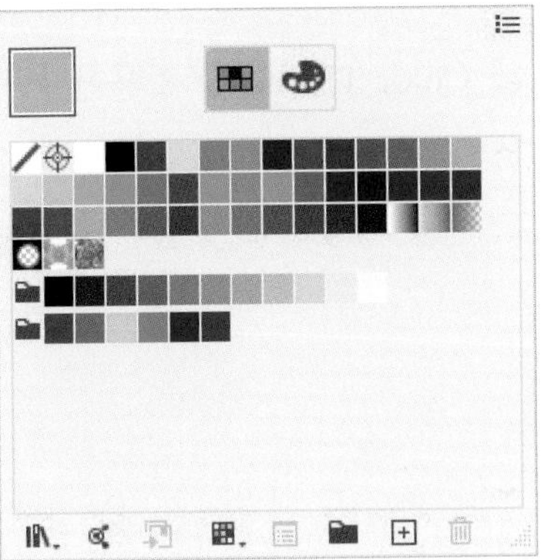

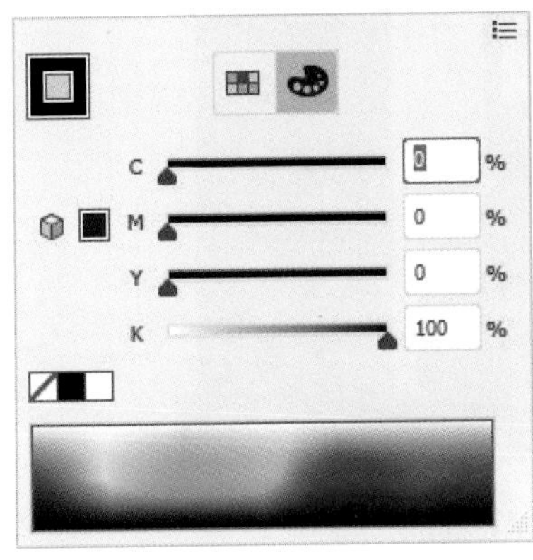

# 어도비 색상 테마를 만들고 저장하기

## Adobe Color Themes(색상 테마)

프로젝트 또는 디자인 작업을 진행하는 데 있어서 색상의 선택은 매우 중요한 과정 중에 한 부분을 차지합니다. 조화로운 색상을 손쉽게 만들어내거나 이미 잘 만들어놓은 색상을 활용할 수 있다면 작업 시간의 절약뿐만 아니라 만족도가 높은 결과물을 얻을 수 있습니다. Adobe Color Themes를 통해 다양한 색상 테마를 생성하고 저장해 보겠습니다.

[**예제 파일** : PART 02 Illustrator/3교시/color themes-sample.ai]

어도비에서 제공하는 Adobe Color Themes를 활용한다면 디자인 프로젝트에 조화로운 색상 조합을 선택할 수 있습니다.

▲ 디자인 성격에 맞는 올바른 색상의 선택이 매우 중요합니다.

## 01 : Color Themes(색상 테마)의 생성

선택한 색상을 일정한 규칙에 적용하여 사용자에게 필요한 색상을 생성하고 관리할 수 있습니다. [Window] 〉 [Color Themes] 메뉴를 클릭합니다. 그러면 [Adobe Color Themes] 패널이 표시되며 새로운 색상 테마를 만들기 위해 [Create]를 클릭합니다.

### 1 구성 요소

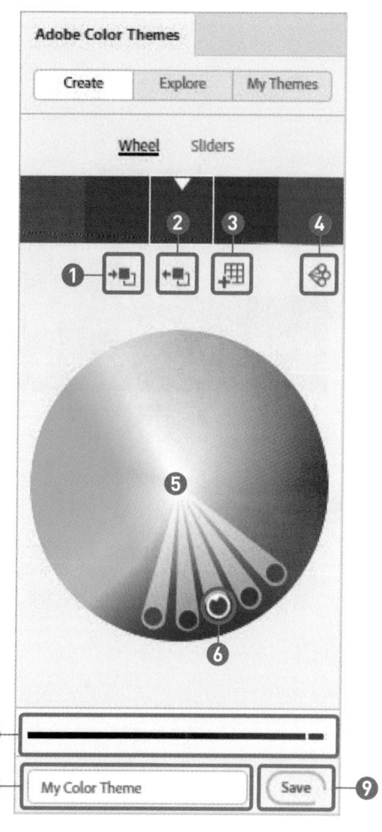


❶ **Set active color** : 기본 활성 색상을 설정합니다. 전경색 또는, 배경색에 적용됩니다.

❷ **Set selected color from the active color** : 전경색 또는, 배경색에 적용된 활성 색상을 가져옵니다.

❸ **Add to Swatches** : [Swatches] 패널에 설정한 색상 테마를 추가합니다.

❹ **Color Rule** : 색상의 배열 규칙을 선택합니다.

❺ **Color wheel** : 색상환을 통해 색상의 범위를 확인할 수 있으며 직접 편집할 수 있습니다.

❻ **Base color** : 기초 색상을 선택합니다.

❼ **Adjust the slider** : 색상의 채도를 조절합니다.

❽ **Enter a name for your color theme** : 색상 테마의 이름을 지정합니다.

❾ **Save to My themes** : 색상 테마를 저장합니다.

### 2 [Swatches] 패널에 추가

사용자가 만든 색상 테마를 [Swatches] 패널에 추가하여 언제든지 선택하여 사용할 수 있습니다.

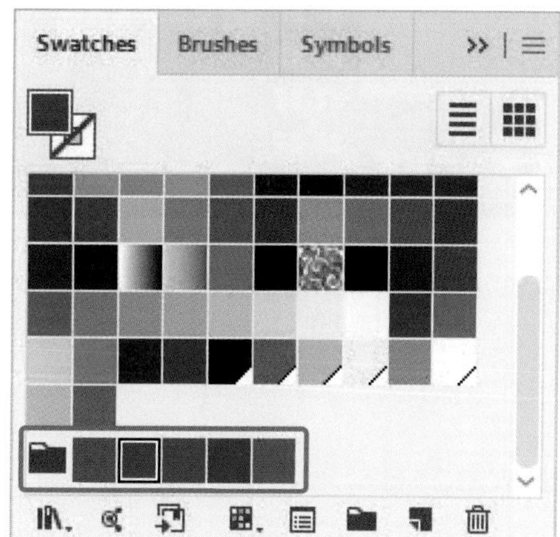

## 02 : Color Rule(색상 규칙)의 종류

**1** Analogous(유사색)

색상환에서 근접한 색상들로 배열되어 있습니다. 유사한 색상들로 구성되어 있어서 자연스럽게 혼합되어 보이기 때문에 조화로운 색상군을 선택할 수 있습니다.

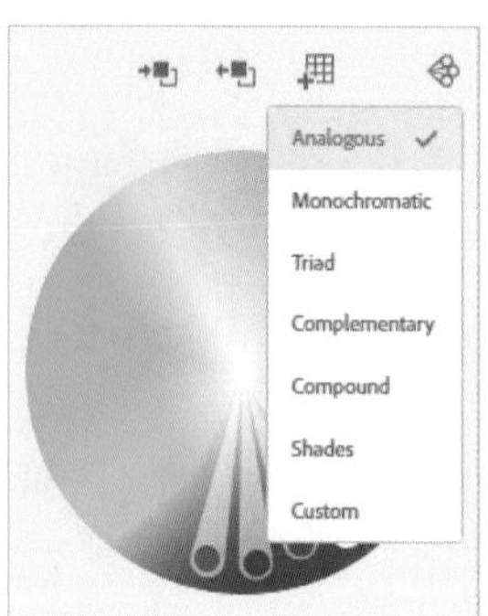


**2** Monochromatic(단색)

단일 색상의 밝기와 채도를 변경하여 5가지의 색상을 배열합니다. 단색이기 때문에 색상이 잘 어우러지며 차분한 효과를 적용할 수 있습니다.

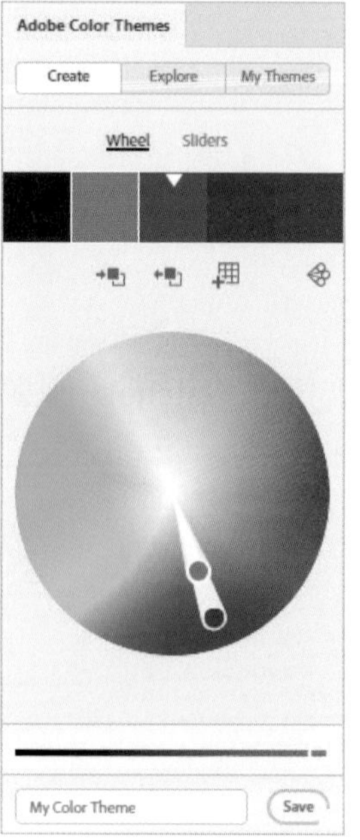

### 3 Triad(3등분)

색상환에서 균등하게 3등분 한 지점에 색상을 선택합니다. 3등분 규칙으로 선택한 색상들은 대조적인 성향을 가지고 있지만, 보색대비처럼 대조적이지는 않습니다. 강렬하면서도 조화롭고 화사한 색상군을 만들 수 있습니다.

### 4 Complementary(보색)

색상환에서 서로 반대편에 있는 색상을 선택하여 보색대비 효과를 적용합니다. 강렬한 느낌의 색상이라 눈에 잘 띄는 효과가 있습니다.

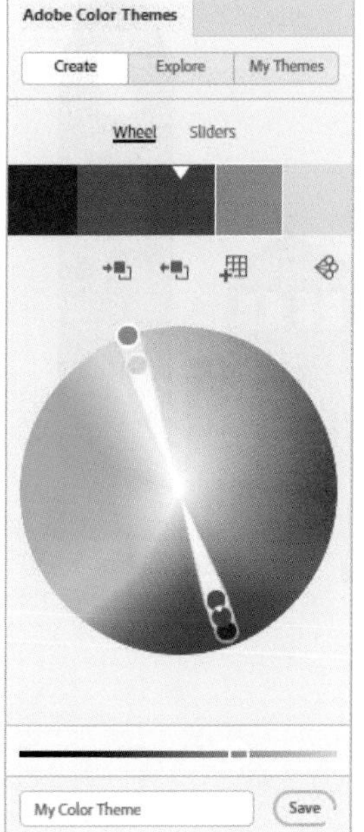

### 5 Compound(혼합)

보색과 유사색을 혼합하여 색상을 배열합니다. Complementary(보색)와 같이 강한 시각적인 효과와 컬러풀한 색감을 표현할 수 있습니다.

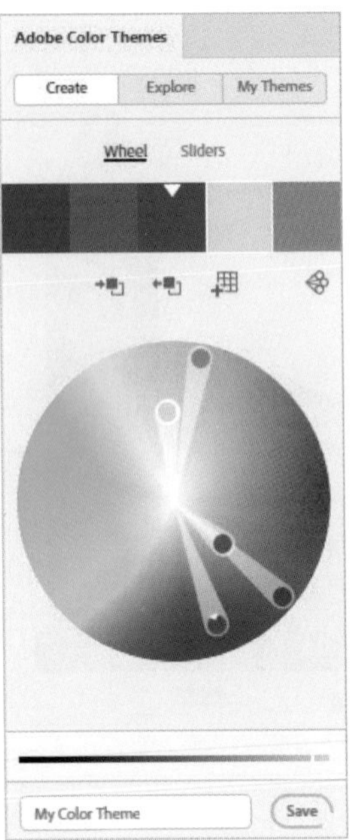


### 6 Shades(음영)

색상과 채도는 동일하지만 밝기가 다른 5가지의 색상으로 구성합니다. 차분하고 세련된 색감을 느낄 수 있습니다.

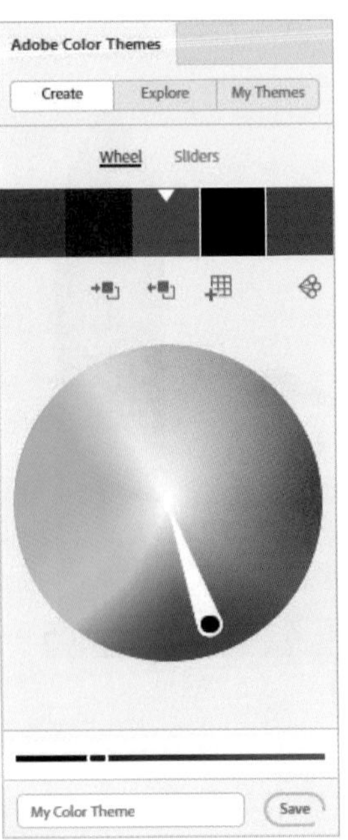

**7** Custom(사용자 정의)

특별한 규칙 없이 색상환에 있는 색상을 사용자가 임의로 선택하여 적용할 수 있습니다. 다채로운 색감으로 색상을 구성할 수 있습니다.

## 03 : 색상 테마의 탐색

[Adobe Color Themes] 패널은 디자이너의 온라인 커뮤니티에서 만들어진 색상 또는 테마 그룹에 대한 포털입니다. [Adobe Color Themes] 패널을 활용하면 수많은 디자이너가 사용하였던 다양한 Color의 색상 테마를 공유할 수 있습니다.

**1** [Adobe Color Themes] 패널에서 [Explore] 탭을 클릭합니다. 기본적으로 가장 많이 사용하는 공개 색상 테마들이 표시됩니다.

**2** 다양한 옵션을 기준으로 색상 테마를 필터링하여 사용할 수 있습니다. 다음과 같이 특정 테마를 검색하여 사용할 수 있습니다.

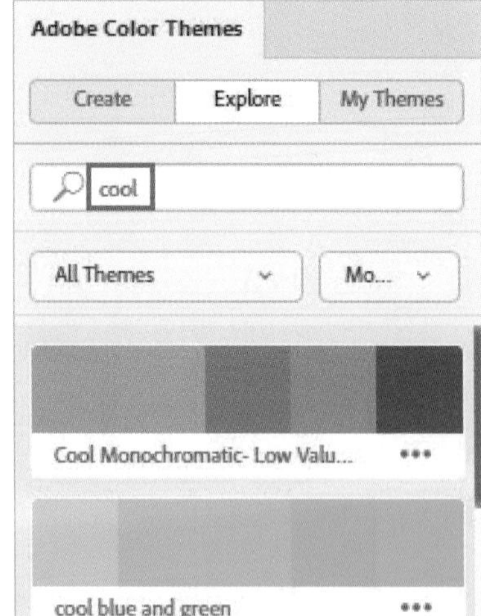

**3** 다음은 기간을 지정하여 색상 테마를 필터링할 수 있습니다.

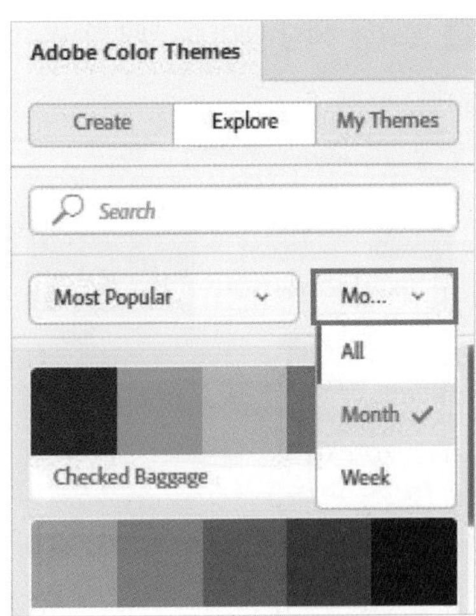


**4** 다음은 인기도를 기준으로 필터링할 수 있습니다.

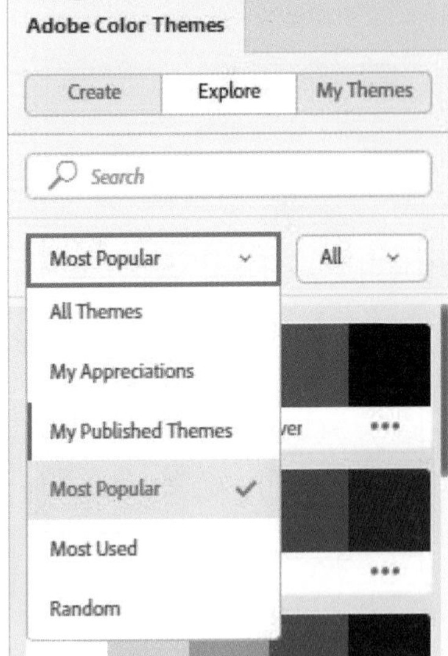

**5** 필요한 색상 테마를 선택한 후 사용자 취향에 맞게 색상을 편집하여 사용할 수 있습니다.

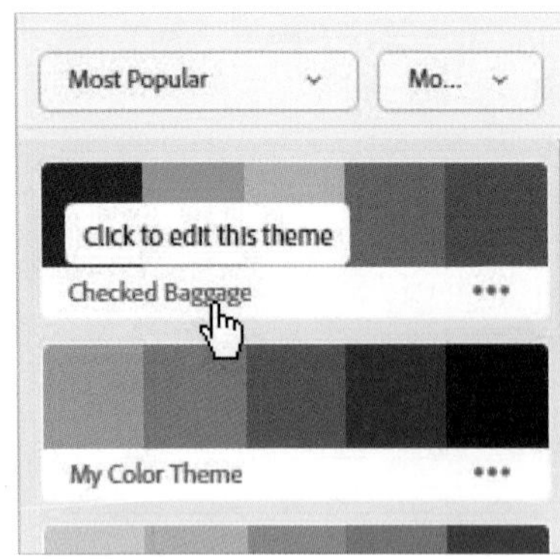


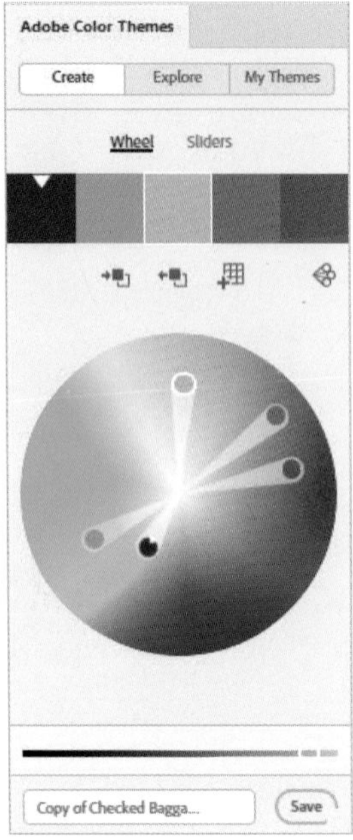


**6** 또한 [Swatches] 패널에 추가하여 언제든지 쉽고 빠르게 색상을 선택하여 사용할 수 있습니다.

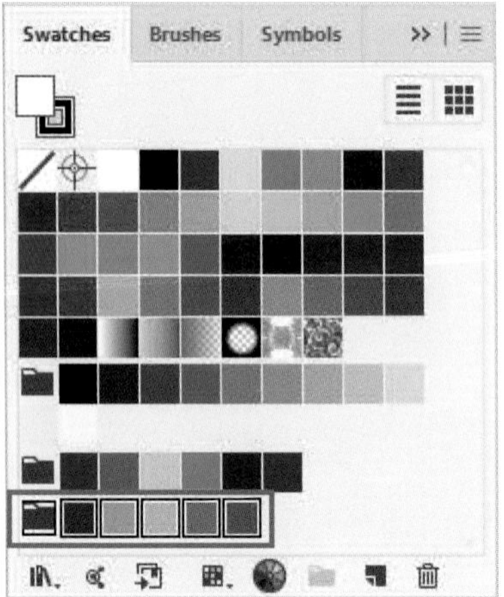

**MEMO View Online**

View Online을 통해 색상 테마를 만든 사람, 공유 날짜, 등급 등 세부적인 관련 정보 및 색상표를 확인할 수 있습니다.

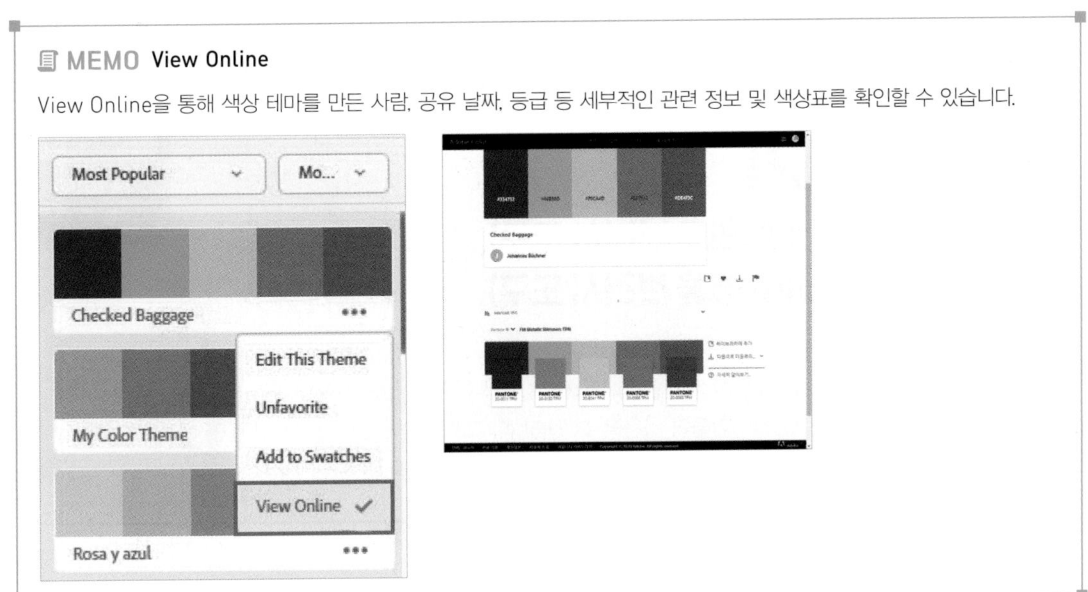


**7** [My Themes] 탭에서 사용하기 위해 저장해 놓은 색상 테마들을 확인 또는 관리할 수 있습니다.

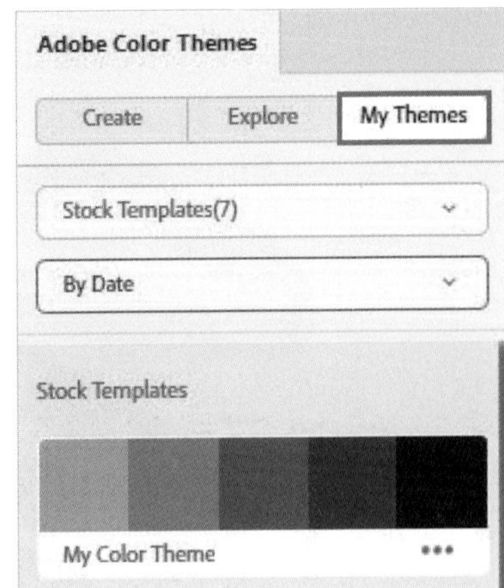

# 브러시 도구를 사용하여 패스 그리기

## Paintbrush Tool(페인트 브러시 도구), Blob Brush Tool(물방울 브러시 도구)

[Paintbrush Tool]은 자유로운 형태의 패스를 그리고자 할 때 사용할 수 있는 도구입니다. [Paintbrush Tool]은 다양한 모양의 브러시를 선택하거나 만들어 사용할 수 있습니다. 또한 [Blob Brush Tool]은 면 형태로 드로잉을 할 수 있는 도구이며 [Paintbrush Tool]과 동일한 기본 브러시 옵션을 사용합니다.

### 학습과제

브러시 종류별 특징을 알아보고 캘리그래피 브러시 모양과 아트 브러시 모양에 관해 확인해 봅니다.

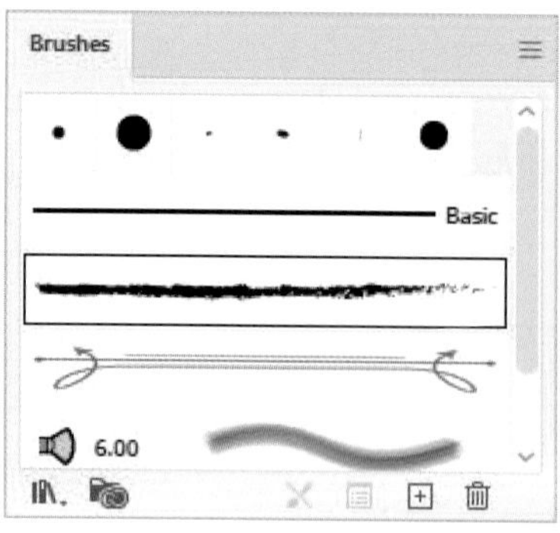


▲ [Brushes] 패널에서 다양한 모양의 브러시를 선택할 수 있습니다.

## 02 : Paintbrush Tool(페인트 브러시 도구)

붓 모양으로 패스를 자유롭게 그릴 수 있는 도구입니다.

**1** 툴바에서 [Paintbrush Tool]( )을 선택합니다. [Window] > [Brushes] 패널에서 브러시의 모양을 선택하고 [Stroke] 색상을 지정합니다. 그다음 자유롭게 드로잉합니다.

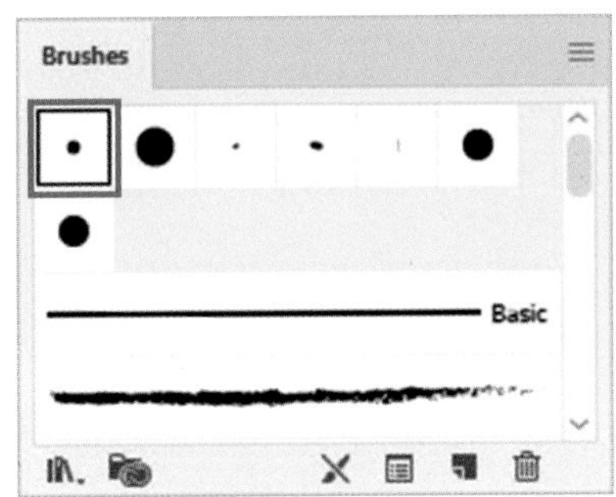

**2** Shift를 누른 채 드로잉하면 수평 수직 또는, 일정한 각도를 유지하며 직선 형태로 선을 그릴 수 있습니다. 또한 기본적으로 다시 드로잉으로 생성되는 선들은 분리되어 그려지게 됩니다.

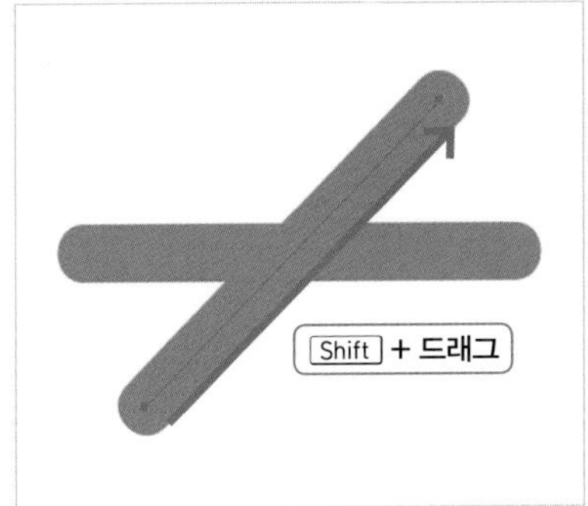

**MEMO [Paintbrush Tool Options] 창 설정**

툴바에서 [Paintbrush Tool]을 더블클릭하면 [Paintbrush Tool Options] 창이 표시됩니다.

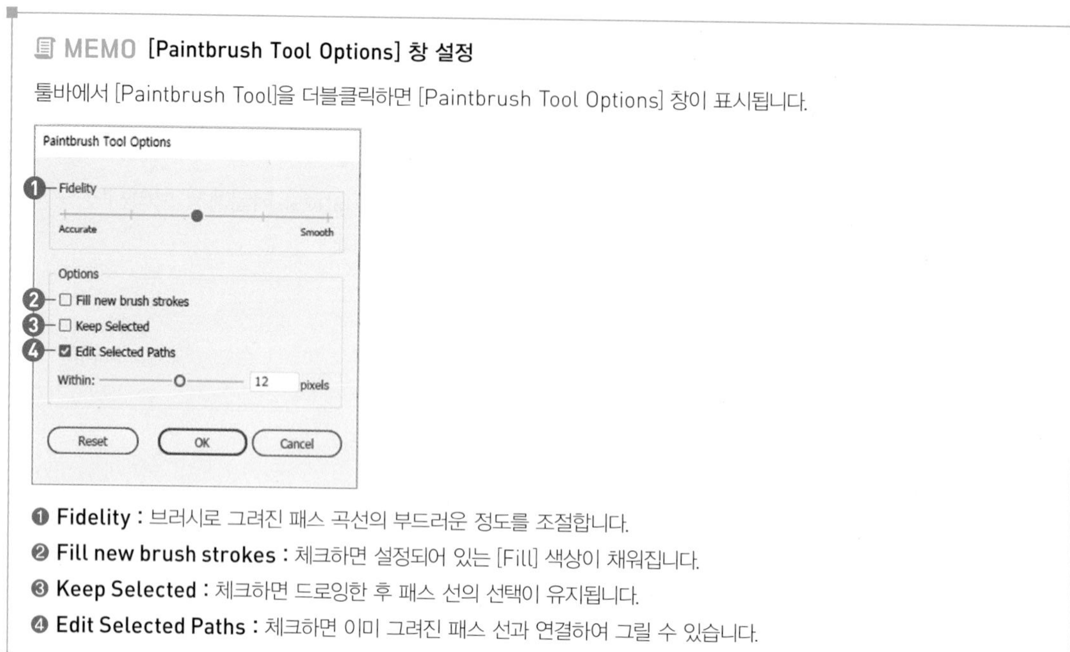


❶ **Fidelity** : 브러시로 그려진 패스 곡선의 부드러운 정도를 조절합니다.
❷ **Fill new brush strokes** : 체크하면 설정되어 있는 [Fill] 색상이 채워집니다.
❸ **Keep Selected** : 체크하면 드로잉한 후 패스 선의 선택이 유지됩니다.
❹ **Edit Selected Paths** : 체크하면 이미 그려진 패스 선과 연결하여 그릴 수 있습니다.

## 02 : Blob Paint Tool(물방울 브러시 도구)

면 형태로 드로잉할 수 있는 브러시 도구입니다.

**1** 툴바에서 [Blob Brush Tool]( )을 선택합니다. [Stroke] 색상을 설정하고 드로잉하면 그림과 같이 면에 색상이 채워지고 외곽선의 패스가 생성된 것을 확인할 수 있습니다. 그려진 오브젝트를 선택하고 툴바의 [Fill]과 [Stroke]에서도 확인 가능합니다.

**2** [Shift]를 누른 채 드래그하면 수평수직 또는, 일정한 방향으로 직선을 그릴 수 있습니다. 또한 [Blob Brush Tool]( )의 가장 큰 특징으로 같은 색상으로 교차되도록 드로잉할 경우 교차된 부분이 병합되어 하나의 오브젝트로 생성되는 것을 확인할 수 있습니다.

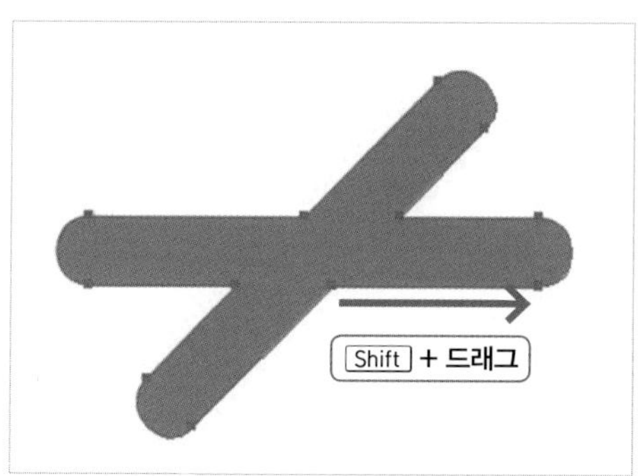


**MEMO [Blob Brush Tool Options] 창 설정**

툴바에서 [Blob Brush Tool]을 더블클릭하면 [Blob Brush Tool Options] 창이 표시됩니다.

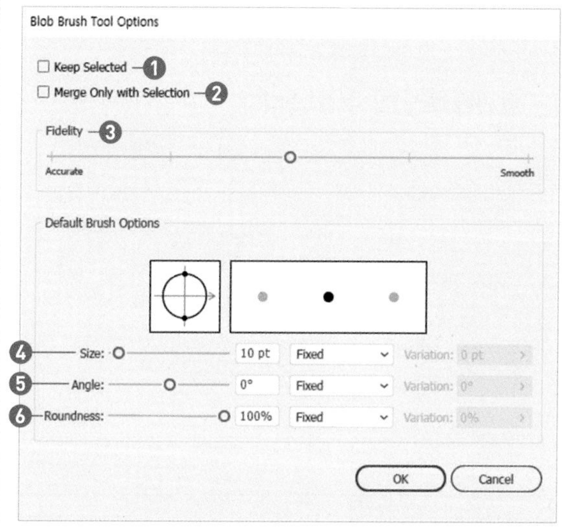


❶ **Keep Selected :** 체크하면 드로잉한 후 선택된 상태로 유지됩니다.

❷ **Merge Only with Selection :** 체크하면 드로잉할 때 겹쳐지는 부분이 독립된 오브젝트로 생성됩니다.

❸ **Fidelity :** 선의 부드러움을 조절합니다. [Accurate]에 가까울수록 정점의 개수가 늘어나며 반대로 [Smooth]에 가까울수록 정점의 개수가 최소가 되도록 적용됩니다.

❹ **Size :** 브러시의 크기를 조절합니다.

❺ **Angle :** 브러시의 회전 각도를 조절합니다.

❻ **Roundness :** 원형의 형태를 조절합니다.

## 03 : 브러시 투명도 조절

브러시 도구의 투명도를 조절하여 색상이 혼합되는 효과를 적용할 수 있습니다. [Paintbrush Tool]과 [Blob Brush Tool] 모두 적용됩니다.

**1** [Properties] 〉 [Appearance] 패널에서 [Opacity]를 '50%'로 조절하면 그림과 같이 50% 투명도가 적용되어 농도가 약한 색상으로 채워집니다.

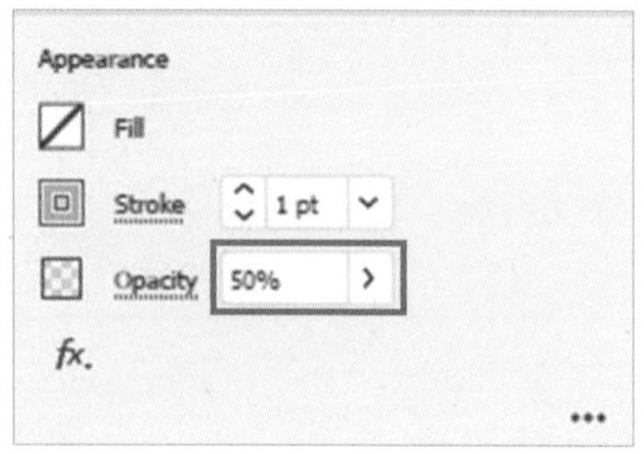

**2** 페인팅을 할 때 겹쳐지는 부분은 색상이 혼합되는 효과를 확인할 수 있습니다.

**TIP**

[ [ ](작게) 또는 [ ] ](크게) 단축키를 이용하면 브러시 크기를 빠르게 조절할 수 있습니다.

강좌 10
난이도 ●●○

# 문자 입력하기

## Type Tool(문자 도구), Area Type Tool(영역 문자 도구), Type on a Path Tool(패스 상의 문자 도구), Vertical Type Tool(세로 문자 도구), Vertical Area Type Tool (세로 영역 문자 도구), Vertical Type on a Path Tool (패스 상의 세로 문자 도구), Touch Type Tool(문자 손질 도구)

팸플릿, 포스터, 로고, CI 등 다양한 디자인 작업에서 문자의 사용은 필수 항목입니다. 기본적으로 문자를 입력하고 편집하는 기능 및 방법에 대해 확인해 봅니다.

[**예제 파일** : PART 02 Illustrator/3교시/Area Text.ai, area-text.txt]

### 학습과제

일러스트레이터에서 표현 가능한 다양한 문자 입력 기능에 대해 확인하고 사용하는 방법에 대해 알아봅니다.

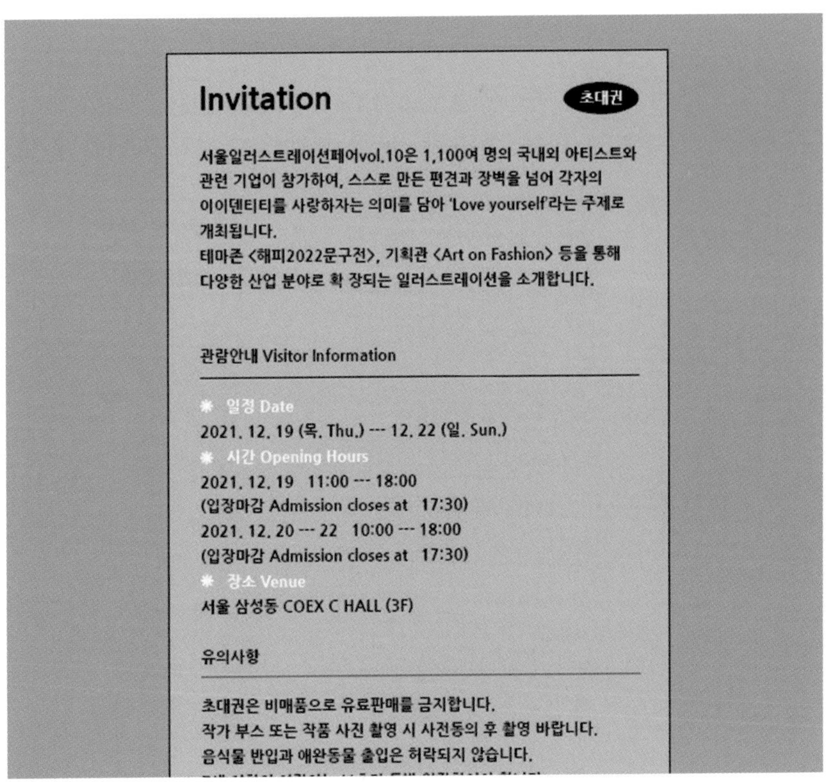

▲ 일러스트레이터는 문자 입력 및 다양한 편집 방법을 제공합니다.

## 01 : 특정 위치에 문자 추가하기

**1** 툴바에서 [Type Tool](T)을 선택하고 문자가 시작될 곳을 클릭하면 문자의 모양과 크기를 미리 파악하도록 라틴어로 구성된 자리 표시자 문자(Placeholder Text)가 표시됩니다.

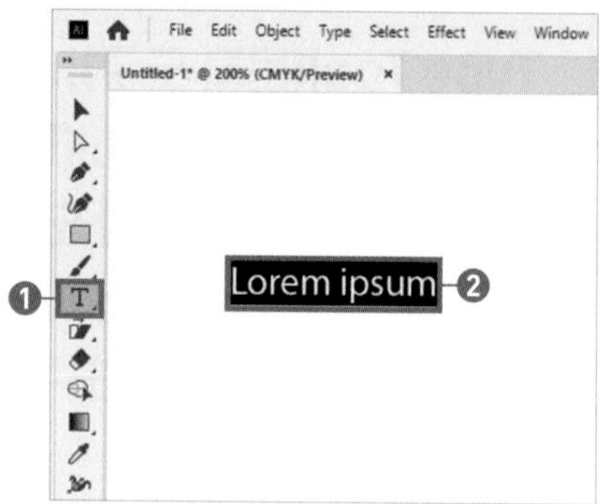


**2** 문자를 입력하는 순간 자리 표시자 문자는 사라지고 타이핑한 문자가 표시됩니다.

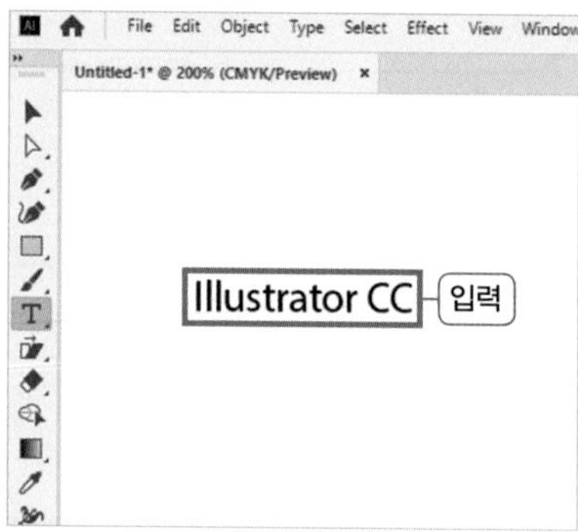


**3** 글꼴 및 크기 등 입력한 문자의 편집은 [Properties] 패널을 이용하거나 [Character] 패널, [Paragraph] 패널에서 수정할 수 있습니다. 또한 컨트롤 패널에서도 클릭 후 바로 사용할 수 있습니다.

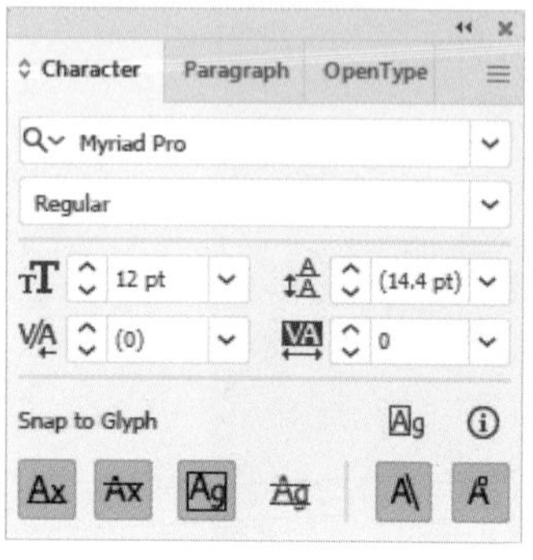


▲ [Character] 패널

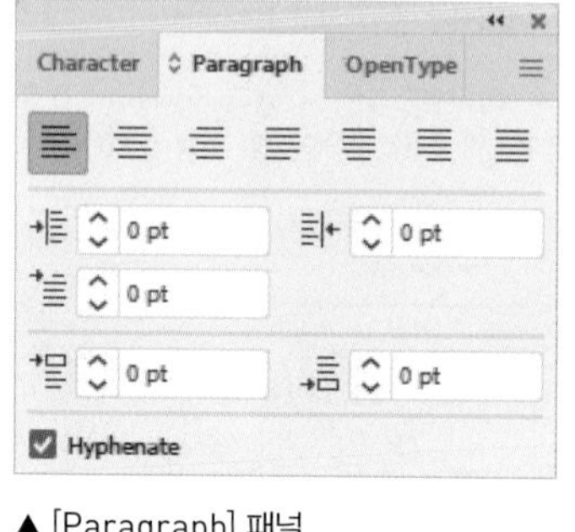


▲ [Paragraph] 패널

▲ [Properties] 〉 [Character]와 [Paragraph] 패널

▲ 컨트롤 패널

### MEMO 문자 편집을 위한 다양한 옵션

다음은 모니터 및 TV 해상도에 대한 규격 표시로 업체마다 상이할 수 있습니다.

[Character] 및 [Paragraph] 패널 메뉴에서 [Show Options]를 선택하거나 [Properties] 패널에서 [Show Options]를 선택하면 문자 편집을 위한 다양한 옵션들이 표시됩니다. 옵션값을 조절하여 문자의 형태를 다채롭게 변경할 수 있습니다.

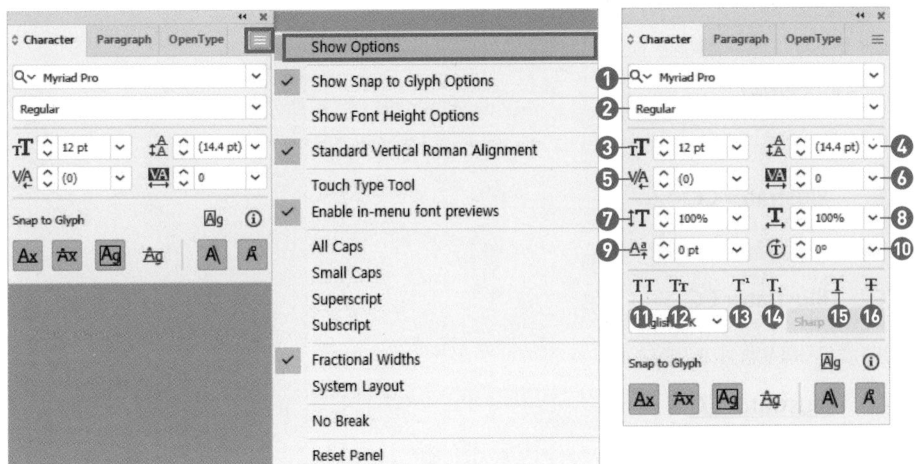


❶ **Font(글꼴) :** 문자의 모양을 선택합니다.

| Illustrator CC | Illustrator CC |
|---|---|

❷ **Font Style(글꼴 스타일) :** 굵기, 기울기 등 서체별로 지원됩니다.

| **Illustrator CC** | *Illustrator CC* |
|---|---|

❸ **Font Size(글꼴 크기) :** 서체의 크기를 조절합니다.

| Illustrator CC | Illustrator CC |
|---|---|

❹ **Leading(행간) :** 문장 행 사이의 수직 공간을 행간이라 하며 행간의 간격을 조절합니다.

| Illustrator CC<br>Photoshop CC | Illustrator CC<br>Photoshop CC |
|---|---|

❺ **Kerning(커닝) :** 특정 단어와 단어 간 사이의 간격을 조절합니다.

| Illustrator CC | Illust rator CC |
|---|---|

❻ **Tracking(자간) :** 문자의 간격을 조절합니다.

| Illustrator CC | Illustrator CC |
|---|---|

❼ **Vertical Scale(세로폭) :** 문자의 세로폭 크기를 조절합니다.

| Illustrator CC | Illustrator CC |
|---|---|

❽ **Horozontal Scale(가로폭) :** 문자의 가로폭 크기를 조절합니다.

| Illustrator CC | Illustrator CC |
|---|---|

❾ **Baseline(기준선) :** 문자의 기준선을 조절합니다.

| Illustrator CC | Illustrator CC |
|---|---|

⑩ **Rotation(회전) :** 선택한 문자를 회전합니다.

| Illustrator CC | Illustrator C C |
|---|---|

⑪ **All Cap(대문자) :** 소문자를 대문자로 변환합니다.

| Illustrator CC | ILLUSTRATOR CC |
|---|---|

⑫ **Small Cap(작은 대문자) :** 소문자를 작은 대문자로 변환합니다.

| Illustrator CC | ILLUSTRATOR CC |
|---|---|

⑬ **Superscript(위첨자) :** 위첨자로 변환합니다.

| Illustrator CC | Illustrator CC$^{TM}$ |
|---|---|

⑭ **Subscript(아래첨자) :** 아래첨자로 변환합니다.

| Illustrator CC | Illustrator CC$_{TM}$ |
|---|---|

⑮ **Underline(밑줄) :** 문자의 밑줄을 표시합니다.

| Illustrator CC | Illustrator CC |
|---|---|

⑯ **Strikethrough(취소선) :** 문자의 가운데 부분에 취소선을 표시합니다.

| Illustrator CC | ~~Illustrator CC~~ |
|---|---|

## 02 : 영역에 문자 입력하기

오브젝트를 선택하거나 영역을 지정하여 문자를 입력할 수 있습니다. 또한 문자의 방향도 가로 또는, 세로 방향으로 적용할 수 있습니다.

**1** 툴바에서 [Type Tool]( T ) 또는 [Vertical Type Tool]( ↓T )을 선택하고 대각선 방향으로 드래그하여 사각형의 영역을 지정합니다. 문장이 긴 경우 영역 크기에 맞게 자동으로 다음 줄로 이동합니다.

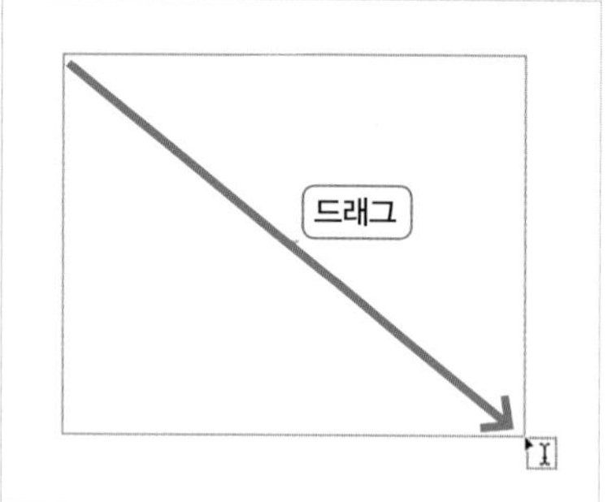


Lorem ipsum dolor sit amet, consectetuer adipiscing elit, sed diam nonummy nibh euismod tincidunt ut laoreet dolore magna aliquam erat volutpat. Ut wisi enim ad minim veniam, quis nostrud exerci tation ullamcorper suscipit lobortis nisl ut aliquip ex ea commodo consequat. Duis

**TIP**

문자 영역 기능은 브로슈어나 팸플릿과 같이 여러 단락을 만들어 문자를 입력할 경우 유용하게 활용할 수 있습니다.

**2** 다양한 모양의 오브젝트를 선택하여 영역을 지정할 수도 있습니다. 툴바에서 [Area Type Tool]( ) 또는 [Vertical Area Type Tool]( )을 선택한 후 오브젝트의 패스 부분을 클릭하면 오브젝트 속성이 문자 영역으로 변경됩니다.

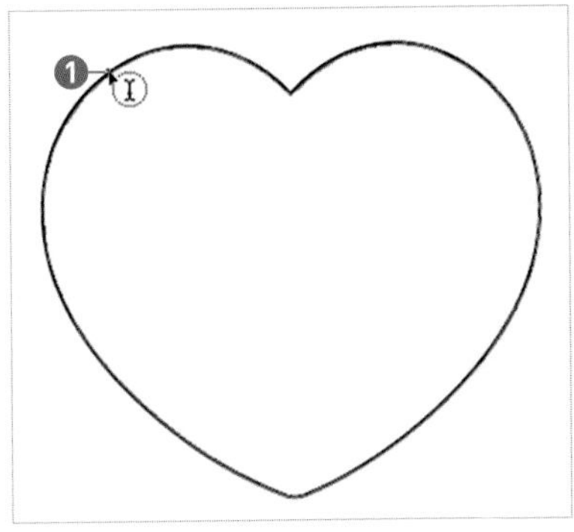

### TIP

Compound Path(복합적인 오브젝트)가 적용된 오브젝트일 경우 문자 영역으로 지정할 수 없으며 Compound Path를 해제한 후 사용해야 합니다.

**3** 열려 있는 패스의 경우도 문자 영역으로 지정하여 사용할 수 있습니다.

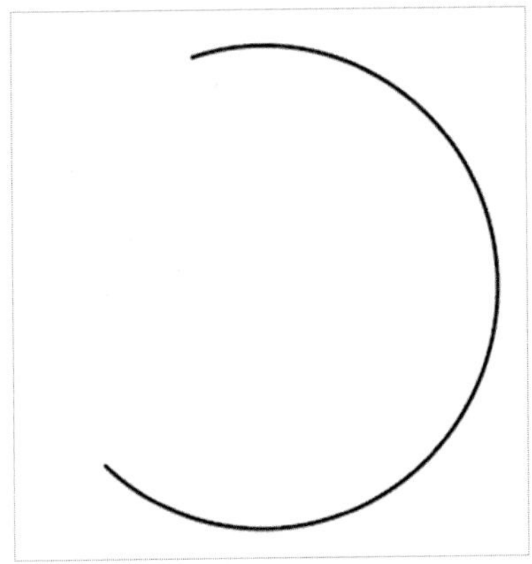

### MEMO 오버플로우 문자

문자 영역을 벗어날 정도로 많은 문자를 입력하면 더하기 기호(+)가 우측 하단에 표시됩니다. 보이지 않는 나머지 문자를 오버플로우 문자(Overflow Text)라고 합니다.

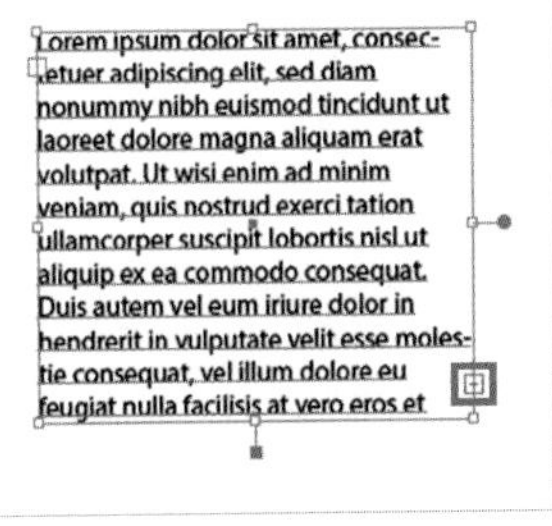

**4** 문자 영역의 크기를 드래그하여 확장하거나 축소할 수 있습니다.

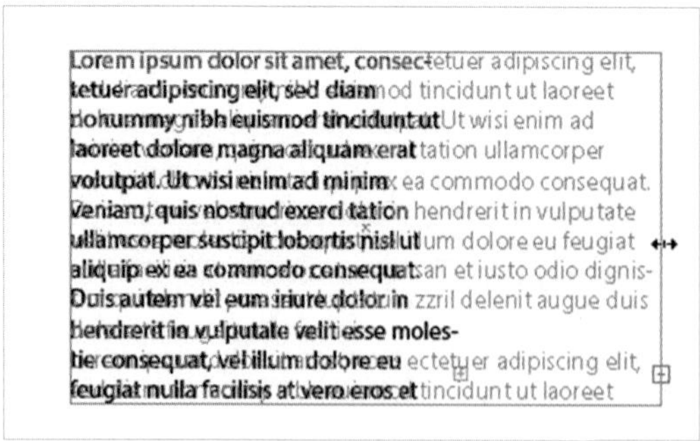

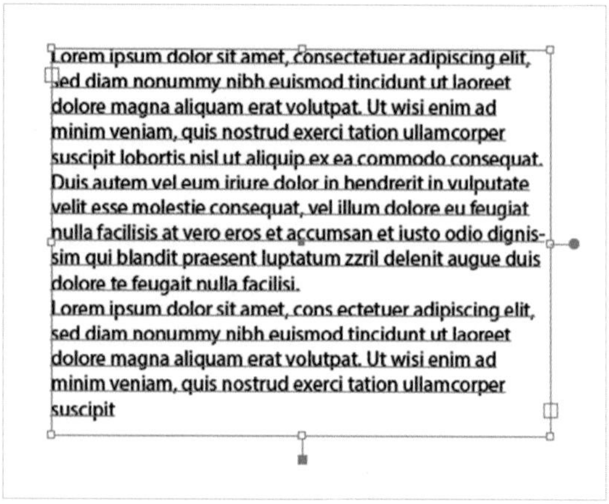

Lorem ipsum dolor sit amet, consectetuer adipiscing elit, sed diam nonummy nibh euismod tincidunt ut laoreet dolore magna aliquam erat volutpat. Ut wisi enim ad minim veniam, quis nostrud exerci tation ullamcorper suscipit lobortis nisl ut aliquip ex ea commodo consequat. Duis autem vel eum iriure dolor in hendrerit in vulputate velit esse molestie consequat, vel illum dolore eu feugiat nulla facilisis at vero eros et accumsan et iusto odio dignis-sim qui blandit praesent luptatum zzril delenit augue duis dolore te feugait nulla facilisi.
Lorem ipsum dolor sit amet, cons ectetuer adipiscing elit, sed diam nonummy nibh euismod tincidunt ut laoreet dolore magna aliquam erat volutpat. Ut wisi enim ad minim veniam, quis nostrud exerci tation ullamcorper suscipit

**5** 또한 툴바에서 [Direct Selection Tool]( )을 선택한 후 문자 영역의 가장자리나 모서리를 조절하면 좀 더 자유로운 형태로 변경할 수 있습니다.

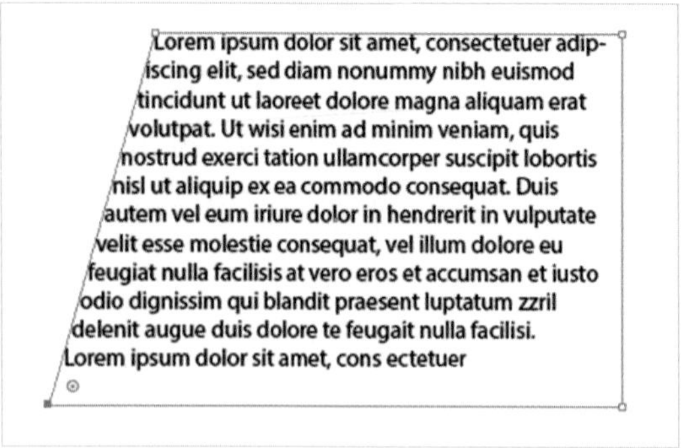

Lorem ipsum dolor sit amet, consectetuer adipiscing elit, sed diam nonummy nibh euismod tincidunt ut laoreet dolore magna aliquam erat volutpat. Ut wisi enim ad minim veniam, quis nostrud exerci tation ullamcorper suscipit lobortis nisl ut aliquip ex ea commodo consequat. Duis autem vel eum iriure dolor in hendrerit in vulputate velit esse molestie consequat, vel illum dolore eu feugiat nulla facilisis at vero eros et accumsan et iusto odio dignissim qui blandit praesent luptatum zzril delenit augue duis dolore te feugait nulla facilisi.
Lorem ipsum dolor sit amet, cons ectetuer

## 03 : 패스 곡선에 문자 입력하기

패스 곡선에 따라 흘러가도록 문자를 입력할 수 있습니다.

**1** 툴바에서 [Type on a Path Tool]( ) 또는 [Vertical Type on a Path Tool]( )을 선택하고 패스 곡선 또는, 오브젝트를 클릭합니다.

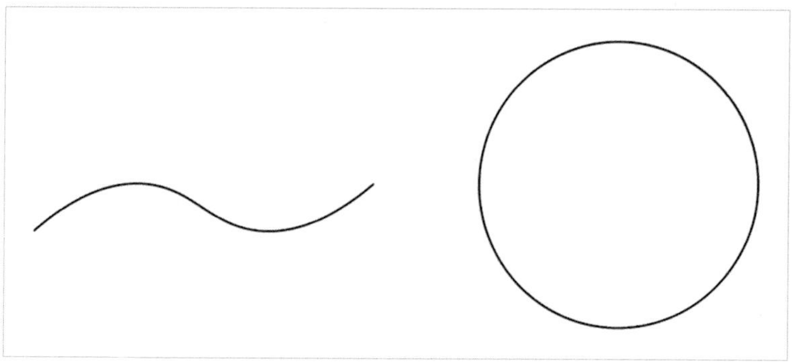

**2** 그러면 그림과 같이 패스 모양을 따라 문자가 흘러가도록 입력되는 것을 확인할 수 있습니다.

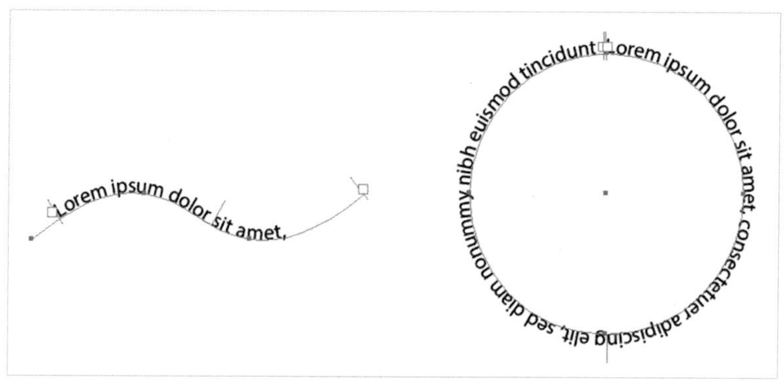

## 04 : 단어 하나하나 편집하기

이동 및 크기 조절, 회전 등 단어 하나를 선택하여 편집할 수 있는 도구입니다. 문자를 입력한 후 사용하면 됩니다.

**1** [Type Tool]( T )을 사용하여 'Illustrator Design' 입력합니다. 그다음 툴바에서 [Touch Type Tool]( )을 선택하고 단어 하나를 클릭합니다. 그러면 바운딩 박스가·표시되면 문자를 편집할 수 있는 모드로 변경됩니다.

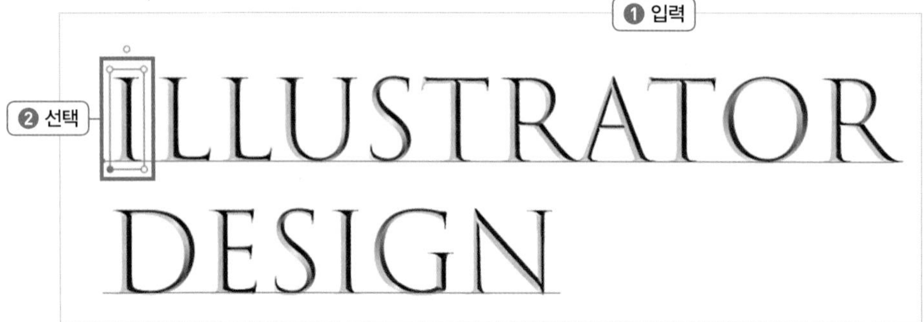


**2** 바운딩 박스가 표시된 상태에서 위치 및 크기, 회전 등을 조절하여 다음 그림과 같이 편집할 수 있습니다.

## 05 : 단락 및 여백 설정하기

문자 영역 내에서도 단락을 나눌 수 있으며 영역 테두리를 기준으로 여백을 조절할 수 있습니다.

**1** [Type] 〉 [Area Type Options] 메뉴를 클릭하면 [Area Type Options] 대화상자가 표시됩니다. [Columns]의 [Number]를 '2'로 설정하면 그림과 같이 문자 영역을 세로 방향의 단락으로 지정됩니다.

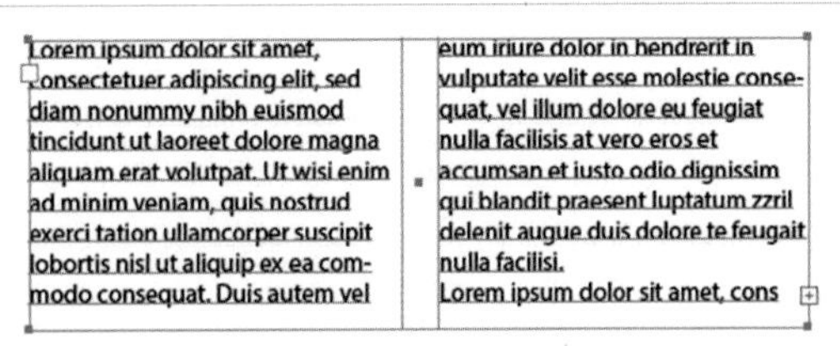


**2** 또한 [Offset]의 [Inset Spacing]을 조절하면 문자 영역 외곽선을 기준으로 여백을 설정할 수도 있습니다.

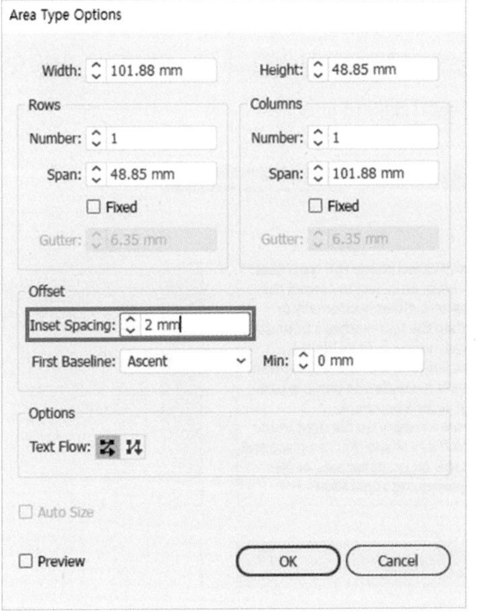


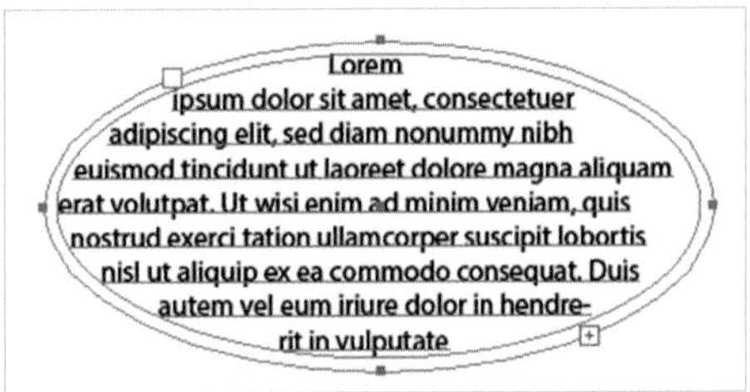

## 06 : 외부 문서 파일을 문자 영역으로 불러오기

문자 영역에 외부 문서 파일을 불러와 배치할 수 있습니다. *.txt, *.rtf, *.doc 등 문서 파일들이 적용됩니다.

**1** 예제 파일(Area Text.ai)을 불러온 후 [File] 〉 [Place] 메뉴를 클릭합니다. 가져올 문서 파일(area-text.txt)을 선택하고 [Place]를 클릭하면 [Text Import Options] 대화상자가 나타나며 [OK]를 클릭합니다.

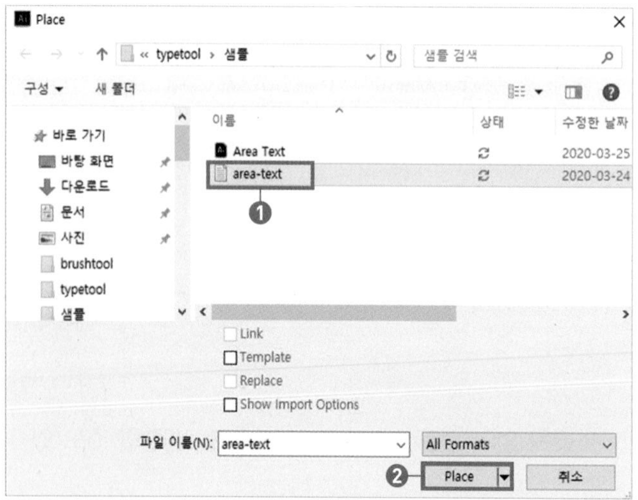


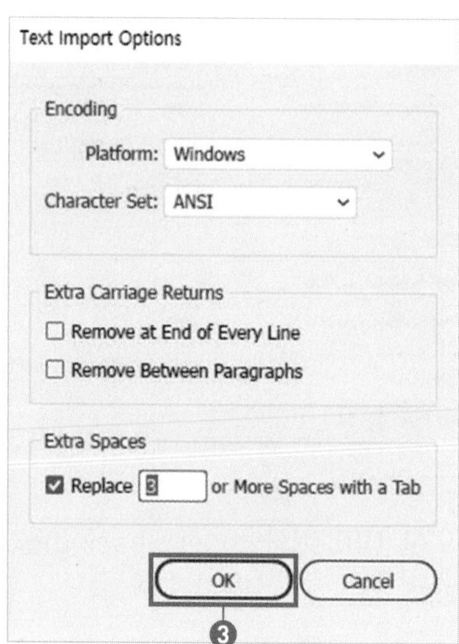


**2** 커서의 문서 모양이 표시되며 그림과 같이 사각형 오브젝트의 외곽선을 클릭합니다. 그러면 사각형 오브젝트가 문자 영역으로 변경되고 불러온 문서 파일의 문자들이 채워집니다.

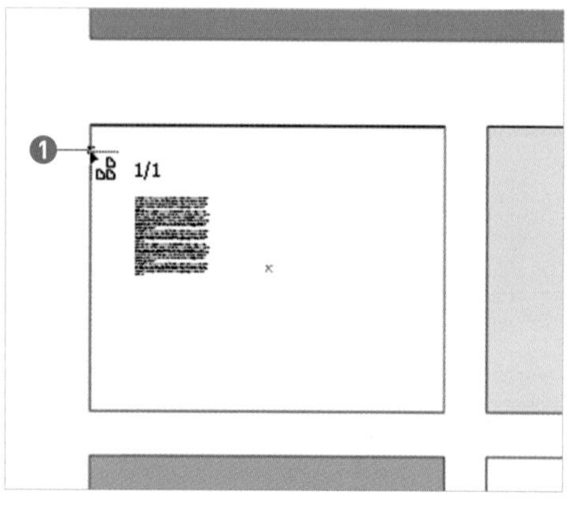


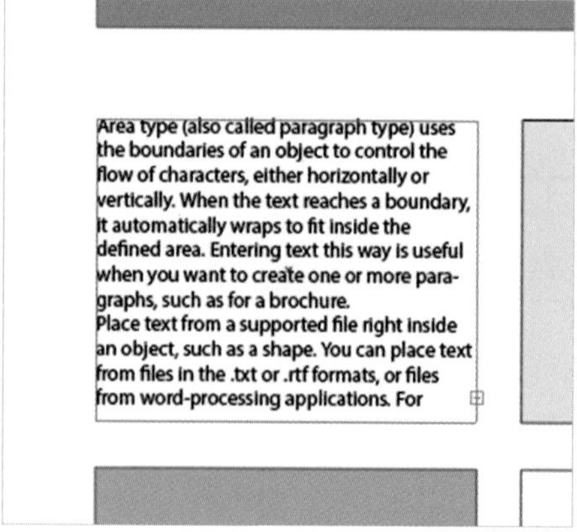

## 07 : 오브젝트 간의 문자 스레드(Thread Text)

오브젝트에서 다음 오브젝트로 문장이 계속 흐르도록 연결할 수 있습니다.

**1** 문자 영역 테두리에서 좌측 상단에 있는 사각형은 입력 포트이며 우측 하단에 오버플로우 표시가 있는 사각형은 출력 포트입니다. 툴바에서 [Selection Tool]( ▶ )을 선택하고 출력 포트를 클릭하면 커서의 모양이 문서 모양으로 변경됩니다. 그다음 그림과 같이 다음 사각형 오브젝트의 테두리 부분을 클릭하면 문자 영역이 연결되어 문장이 흐르게 됩니다.

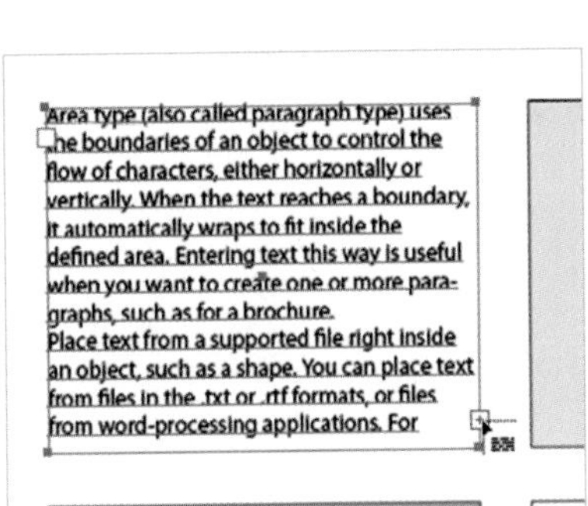


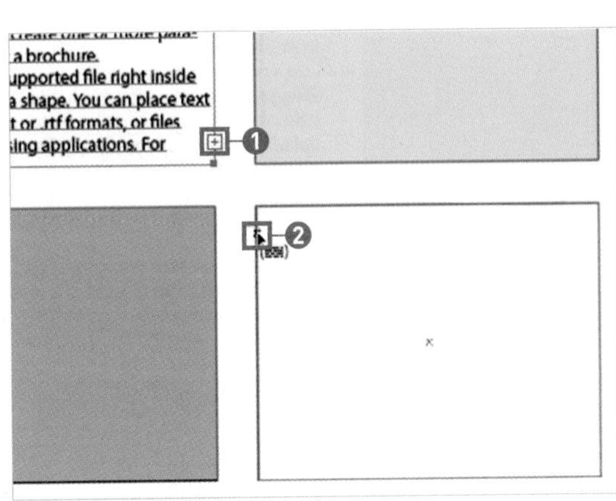


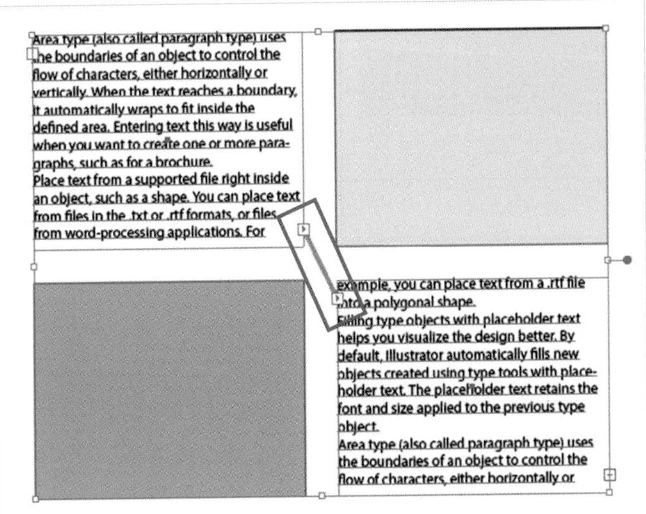


**TIP**

스레드된 문서 작업을 진행할 때는 스레드를 표시하는 것이 작업에 편리합니다. 스레드를 표시하려면 [View] 〉 [Show Text Threads] 메뉴를 클릭합니다.

**2** 다음 그림과 같이 다른 문자 영역으로 연결해 봅니다.

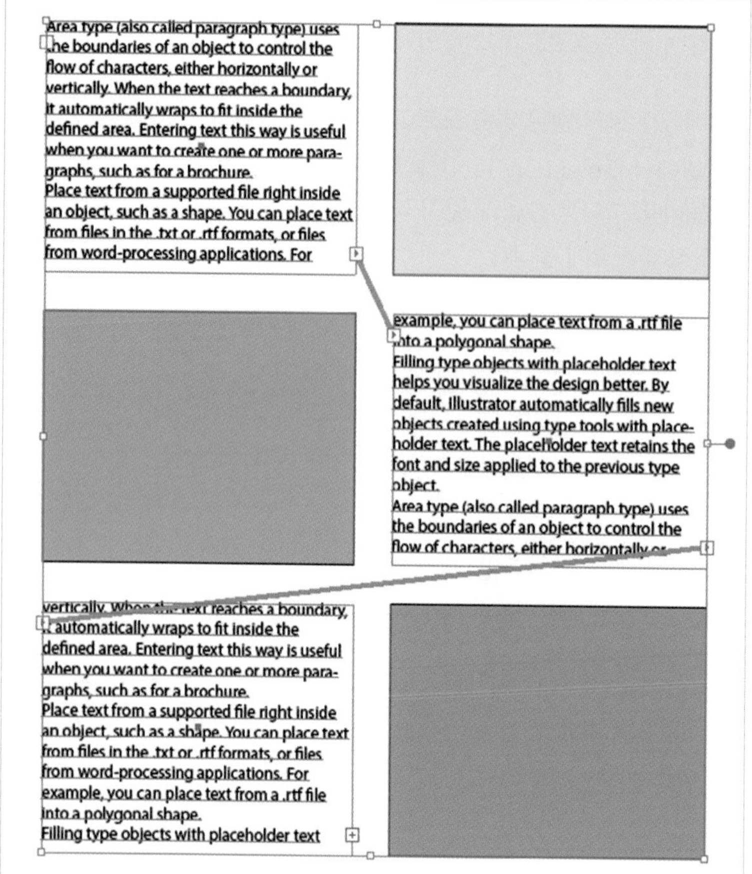

**TIP**

오브젝트를 클릭하지 않고 새로운 문자 영역을 직접 만들어 연결하려면 빈 부분을 클릭하거나 드래그하여 스레드된 문자를 만들 수 있습니다.

**MEMO [Paragraph] 패널과 [Glyphs] 패널**

[Window] 〉 [Type] 메뉴에 [Paragraph] 패널은 문장에 대한 단락 기능들이 포함되어 있으며, [Glyphs] 패널은 각종 기호 및 특수 문자 등을 선택하여 입력할 수 있습니다.

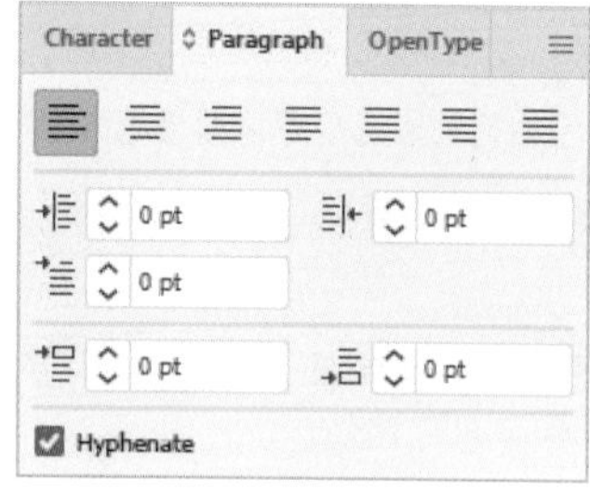

• MEMO •

# 4교시

## 종합반

상상하고 있는 생각 그대로 작업 화면에 옮기려면 일러스트레이터의 기능들을 능숙히 다룰 수 있어야 합니다. 실력 향상을 위해 가장 좋고 빠른 방법은 많이 그려보고 많이 사용해보는 것입니다. 이번 과정에서는 예제 따라하기를 통해 일러스트레이터 기능에 대한 이해와 활용도를 더욱 높여보겠습니다.

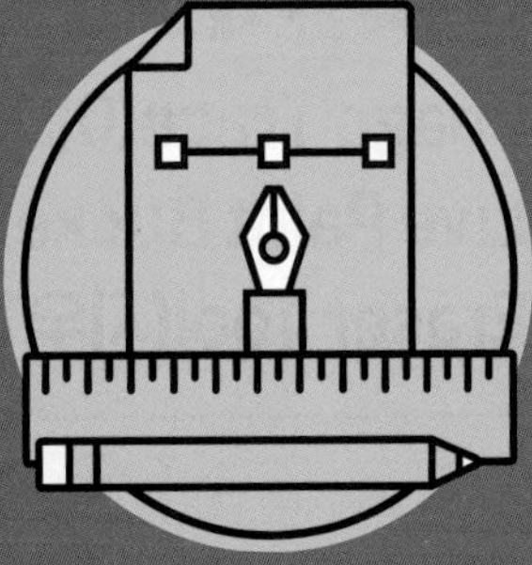

# 강좌

01 **이미지 채색하기 :** Image Trace(이미지 추적), Live Paint Bucket(라이브 페인트 통), Eraser Tool(지우개 도구)
02 **달콤한 수박 일러스트 :** Ellipse Tool(원형 도구), Expand Appearance(모양 확장), Outline Stroke(윤곽선)
03 **팝업 광고 만들기 :** Rectangle Tool(사각형 도구), Create Outline(외곽선 만들기), PANTONE Color(펜톤 칼라), Free Transform Tool(자유 변형 도구), Stroke 패널(획 패널)
04 **직접 쓴 손글씨를 벡터 이미지로 만들기 :** Photoshop(포토샵), Image Trace(이미지 추적), Smooth Tool(매끄럽게 도구), Brush(브러시)
05 **SNS용 홍보물 포스터 만들기 :** Image Trace(이미지 추적), Type Tool(문자 도구), Polygon Tool(다각형 도구), Star Tool(별모양 도구), Place(가져오기), Expert(내보내기)
06 **비즈니스 카드 만들기 :** Place(가져오기), Type Tool(문자 도구), Offset Path(패스 이동), Symbols(심볼), Create Outlines(윤곽선 만들기)
07 **초대권 만들기 :** Image Trace(이미지 추적), Type Tool(문자 도구), Polygon Tool(다각형 도구), Star Tool(별모양 도구), Place(가져오기), Expert(내보내기)
08 **커피숍 머그컵 디자인하기 :** Type Tool(문자), Pathfinder(패스파인더), Divide(나누기), Group(그룹), Transform(변형)
09 **CD 앨범 재킷 만들기 :** Rectangle Tool(사각형 도구), Ellipse Tool(원형 도구), Polygon Tool(다각형 도구), Arrange(정렬), Effect(효과), Roughen(거칠게 하기), Create Outlines(윤곽선 만들기), Outline Stroke(윤곽선)

# 이미지 채색하기

## Image Trace(이미지 추적), Live Paint Bucket(라이브 페인트 통), Eraser Tool(지우개 도구)

종이에 스케치한 그림을 스캔받은 이미지나 컴퓨터에서 스케치한 래스터 이미지를 바탕으로 일러스트레이터에서 채색이 가능한 상태로 변환하고 채색하는 방법에 대해 살펴봅니다. 채색하는 다양한 방법이 있지만 이번 과정에서는 [Live Paint Bucket]을 사용해 보겠습니다.

[**예제 파일** : PART 02 Illustrator/4교시/house.jpg, house–완성.ai]

### 학습과제

채색할 배경 이미지가 래스터 이미지라면 일러스트레이터의 표현 방식은 패스로 구성된 오브젝트로 변환한 후 색상을 채워야 합니다. 어떠한 과정으로 래스터 이미지를 벡터 이미지로 변경할 수 있는지 확인해 봅니다.

▲ Image Trace는 스케치한 이미지를 불러올 때 활용도가 높은 기능입니다.

**1** A4 크기의 새로운 문서를 만들고 [File] 〉 [Place] 메뉴로 예제 파일(house.jpg)을 불러온 후 이미지의 크기를 문서에 맞게 조절합니다.

**2** 스케치 이미지를 선택하면 컨트롤 패널에 [Image Trace]가 표시됩니다. 이미지를 추적하기 위해 [Image Trace]를 클릭합니다.

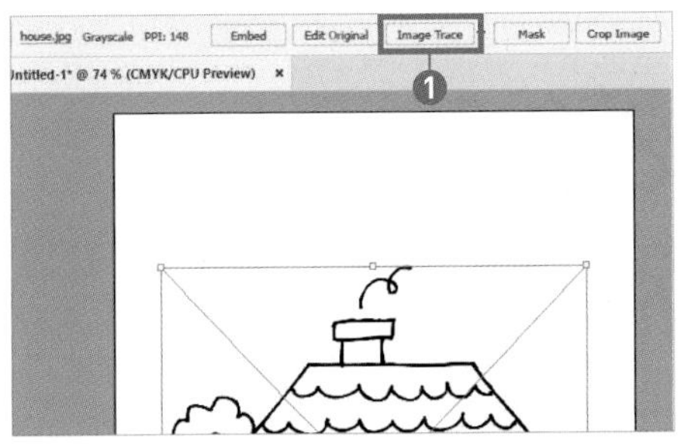

**MEMO 컨트롤 패널이 보이지 않는 경우**

일러스트레이터 메뉴바 상단에 작업 공간에서 [Switch Workspace]를 클릭하고 [Essential Classic]을 선택합니다. 그러면 컨트롤 패널이 표시될 뿐만 아니라 기본적으로 설정된 도구들이 증가된 툴바로 변환됩니다. 또는 [Properties] 패널에서 [Image Trace]를 클릭하고 'Default'를 선택하여 적용할 수 있습니다.

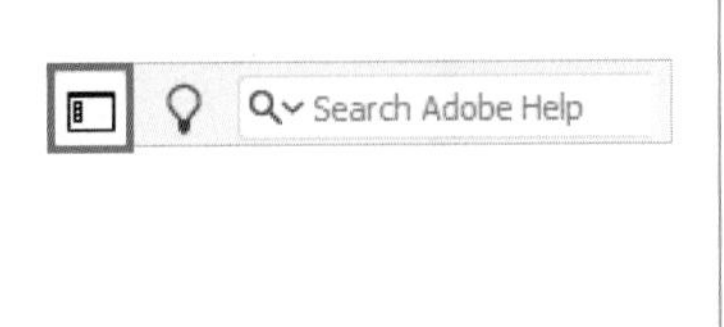


**3** 그다음 추적한 이미지 형태로 벡터 이미지로 변환하기 위해 컨트롤 패널에서 [Expand]를 클릭합니다. 그러면 패스로 구성된 벡터 이미지가 생성된 것을 확인할 수 있습니다.

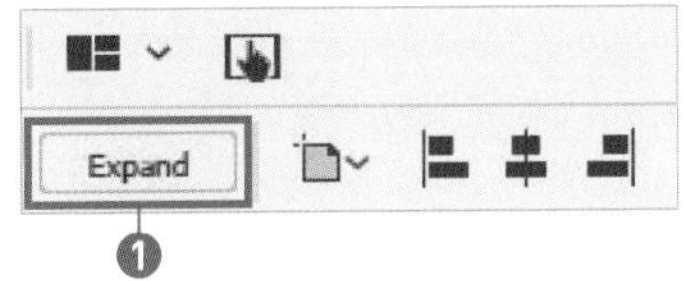

**4** 이미지 추적한 배경 부분에도 면 오브젝트가 만들어졌기 때문에 제거해야 합니다. 툴바에서 [Group Selection Tool]( )을 선택하여 불필요한 부분을 선택한 후 Delete를 눌러 삭제합니다.

**5** 또한 이미지 자체에 불필요한 부분이 있거나 생성되었다면 툴바에서 [Eraser Tool]( )을 선택하고 드로잉하여 지워줍니다.

**6** 그다음 아트웍 전체를 선택하고 색상을 채워주기 위해 툴바에서 [Live Paint Bucket]( )을 선택합니다. 그리고 아트웍으로 이동하면 선 색상이 붉은색으로 변경되고 이미지 전체가 인식되고 있다는 것을 알 수 있습니다.

7 먼저 색상을 채우기 전에 색상 모드를 확인해야 합니다. [Window] > [Color](F6) 메뉴를 클릭하여 [Color] 패널을 활성화한 후 패널 메뉴를 클릭하면 색상 모드가 Grayscale로 되어 있는 것을 알 수 있습니다. CMYK 모드로 변경합니다. 그러면 [Color] 패널의 색상이 CMYK 컬러 모드로 변경된 것을 확인할 수 있습니다.

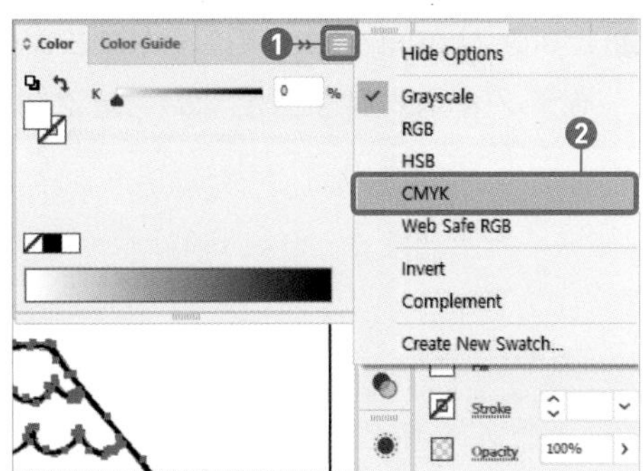


8 집 앞마당에 잔디 색상을 채워주기 위해 [Color] 패널에서 초록색을 선택합니다. [Live Paint Bucket]( )의 커서를 이동하면 색상이 채워질 영역이 붉은 색상으로 구분하여 표시됩니다. 위치를 확인하고 클릭하면 선택된 색상이 채워집니다.

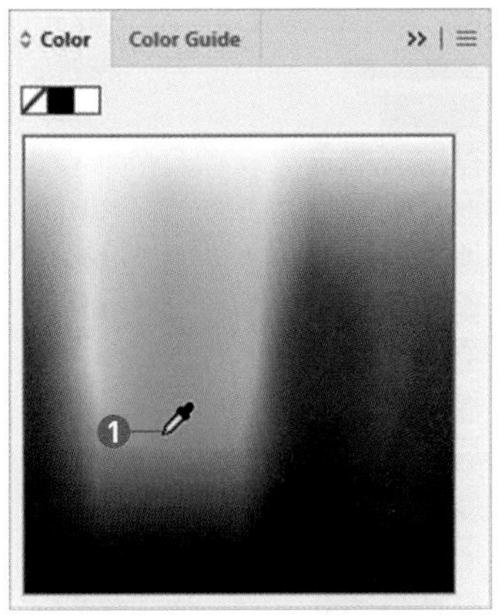

9 동일한 방법으로 이미지의 영역을 확인하면서 색상을 채워줍니다.

**TIP**

최초 이미지 전체를 선택하고 [Live Paint Bucket]으로 색상을 채워주면 다음부터는 선택하지 않은 상태에서도 이미지의 부분 영역을 인식하여 채워줄 수 있습니다.

**10** [Color Guide] 패널을 활성화시키면 [Color] 패널에서 선택한 색상을 기준으로 다양한 톤의 색상을 선택하여 사용할 수 있습니다.

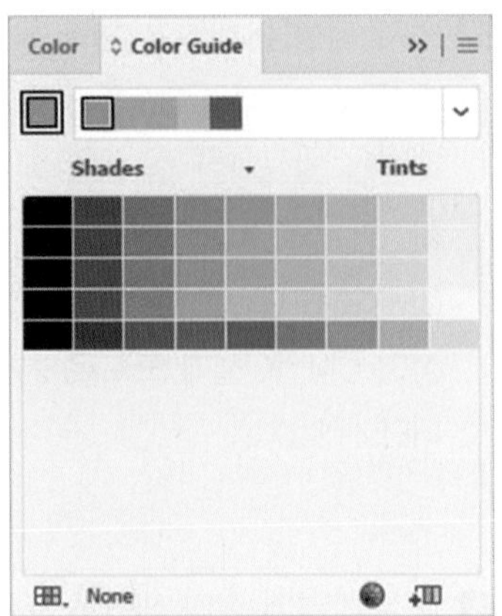


**11** 또한 [Harmony Rules]를 선택하여 선택된 색상과 조화로운 색상으로 구성된 프리셋 색상표를 활용할 수 있습니다.

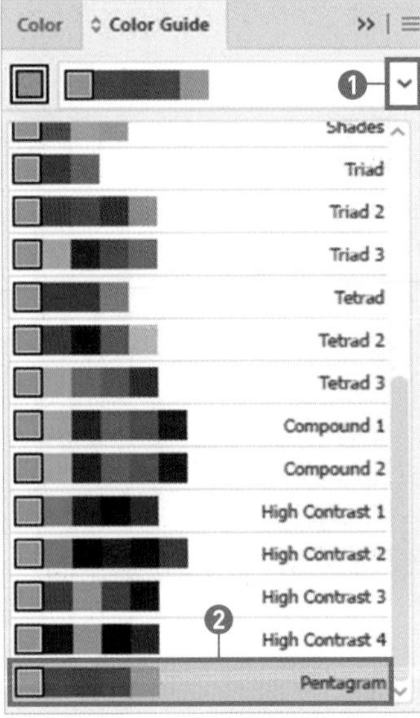


**12** [Color Guide] 패널의 색상표를 활용하여 색상을 채워 집 이미지의 채색을 완성합니다.

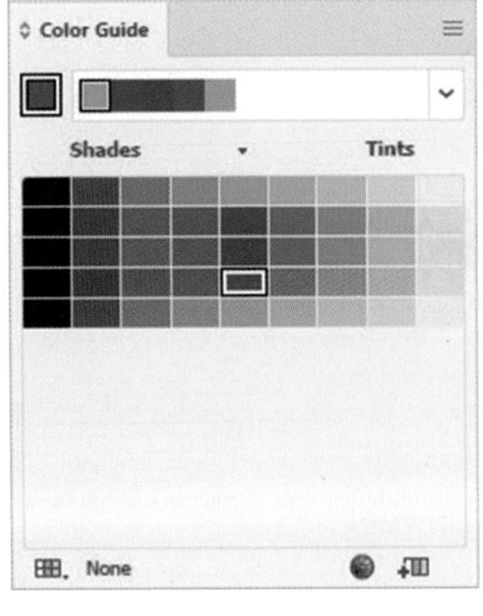

# 달콤한 수박 일러스트

## Ellipse Tool(원형 도구), Expand Appearance(모양 확장), Outline Stroke(윤곽선)

정형화된 아트웍을 그릴 때는 기본 오브젝트를 바탕으로 편집 및 수정하며 형태를 만들어가는 것이 효과적인 방법입니다. 또한 브러시 모양을 외곽선으로 변경하여 다양한 형태의 모양을 쉽게 표현할 수 있습니다. 다음 과정을 통해 아트웍을 표현하는 방법과 Expand Appearance 기능에 대해 확인해 봅니다.

[**예제 파일** : PART 02 Illustrator/4교시/watermelon-완성.ai]

### 학습과제

다음 이미지를 그리는 데 필요한 일러스트레이터의 다양한 기능들에 관해 확인해 봅니다.

▲ 따라하는 과정에서 일러스트레이터의 다양한 기능들을 이해하도록 합니다.

**1** 새로운 문서를 만들기 위해 Ctrl+N을 누른 후 A4 프리셋을 선택합니다.

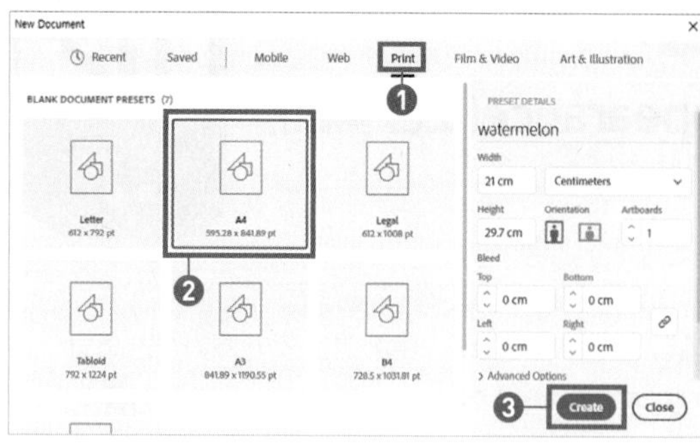

**2** 수박을 먹기 좋게 잘랐을 때의 모양을 만들어 봅니다. 먼저 오브젝트의 외곽선만 표시하기 위해 툴바에서 [Fill] 색상을 'None'으로 설정합니다. 툴바에서 [Ellipse Tool]( )을 선택하고 임의의 지점을 클릭한 후 [Width] : '10cm', [Height] : '10cm'의 원을 그려줍니다.

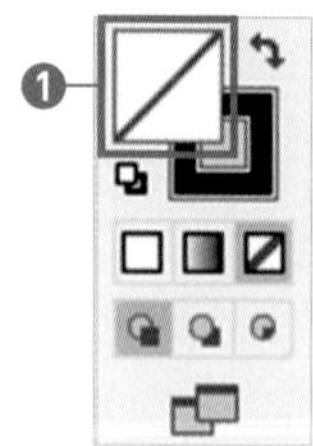

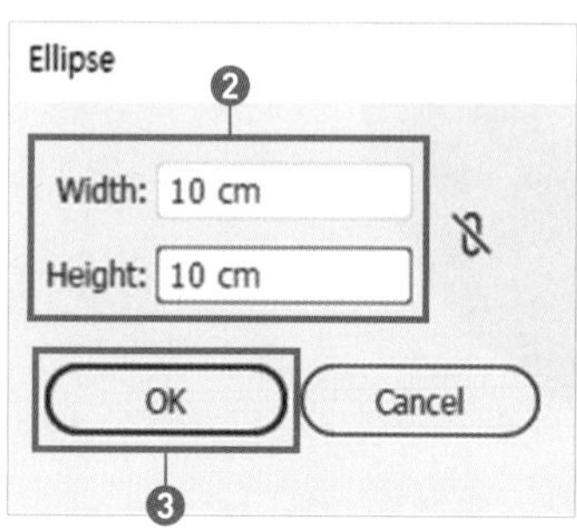


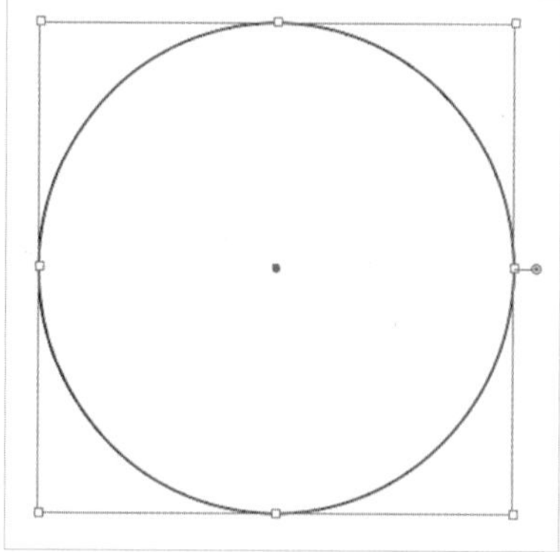

**3** 다음은 수박이 잘려 나간 모양을 만들어 봅니다. 툴바에서 [Pen Tool]( )을 선택하고 그림과 같이 부채꼴 모양이 되도록 패스를 그려줍니다.

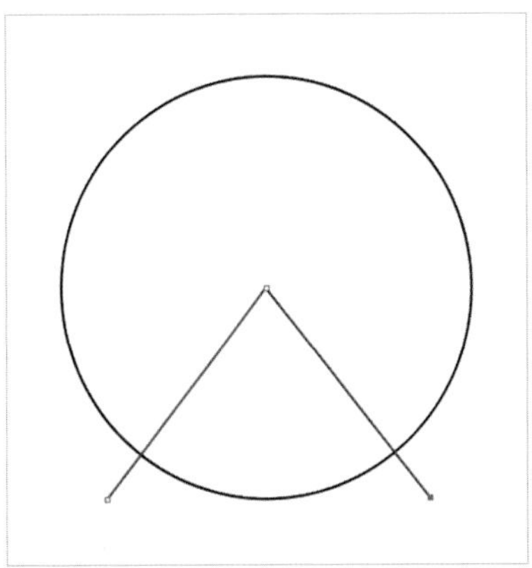

**TIP**
툴바에서 [Polygon Tool]로 삼각형 도형을 그려 편집하는 방법으로 동일한 결과물을 만들 수 있습니다.

**4** 원과 패스를 모두 선택하고 [Properties] 〉 [Pathfinder] 패널에서 [Divide]( )를 클릭합니다.

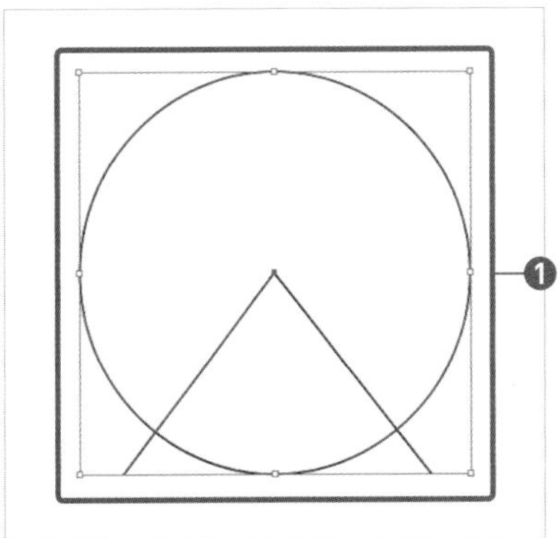


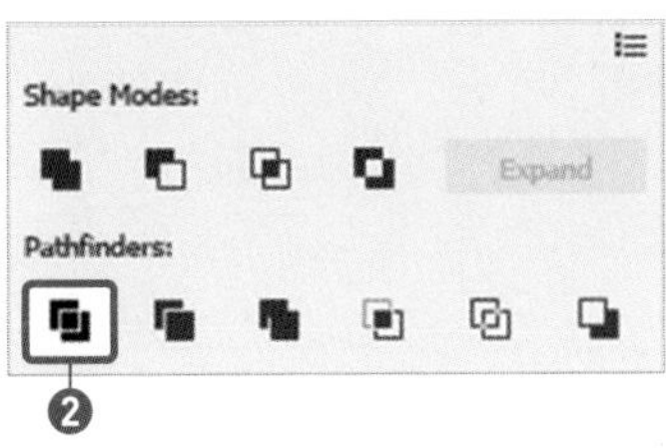


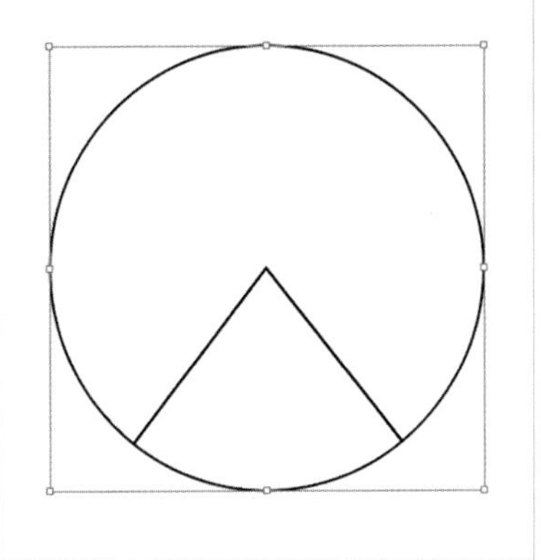

**5** [Group Selection Tool]( )로 원의 위쪽 오브젝트를 선택하고 Delete를 눌러 삭제합니다.

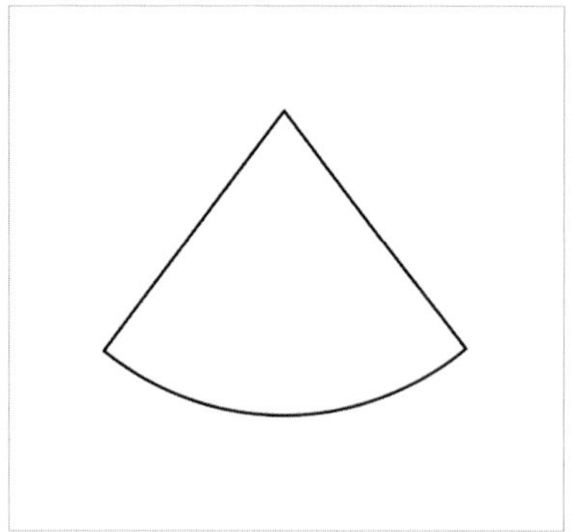

**6** 다음은 수박의 껍질과 속을 연결하는 부분을 그려봅니다. 툴바에서 [Pen Tool]( )을 선택하고 그림과 같이 양쪽 끝을 연결하는 곡선 모양의 패스를 그려줍니다.

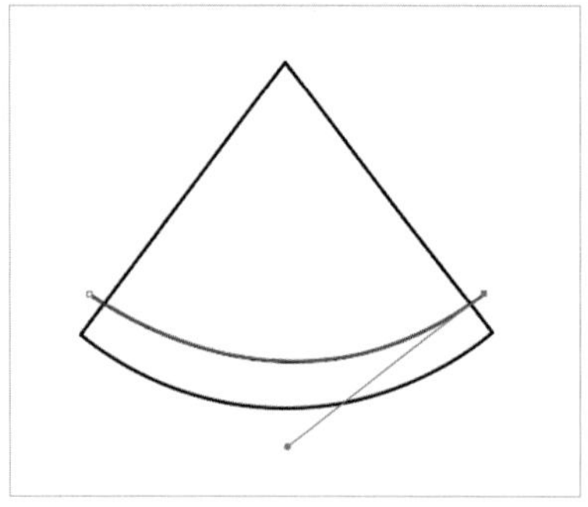

**7** 그다음 [Properties] 〉 [Appearance] 패널에서 [Stroke]에 '9pt'를 입력하여 패스의 두께를 늘려줍니다.

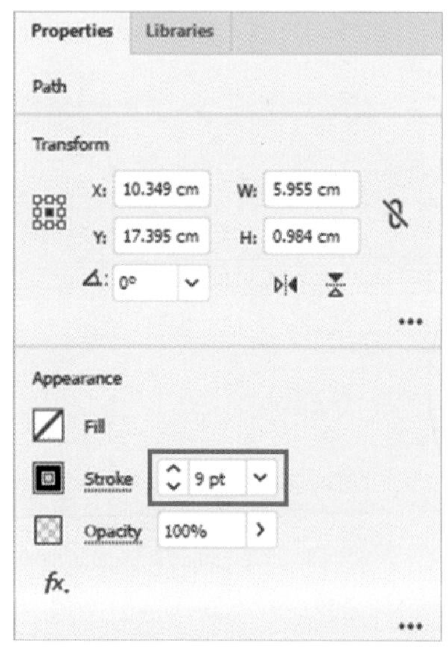


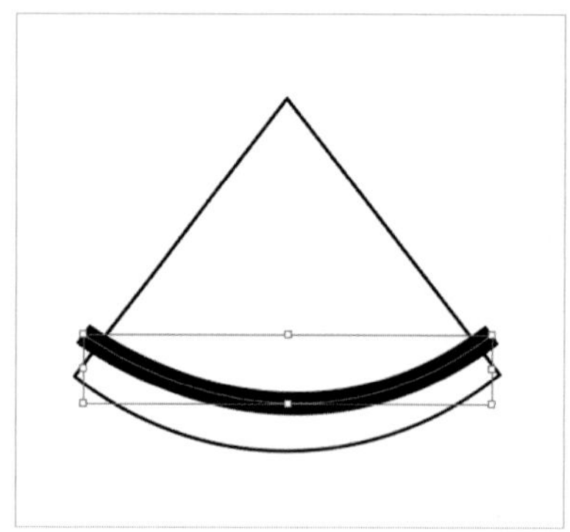

**8** 패스 선 두께로 면을 만들기 위해 [Object] 〉 [Path] 〉 [Outline Stroke] 메뉴를 선택합니다. 그러면 패스의 두께만큼 외곽선으로 변경됩니다.

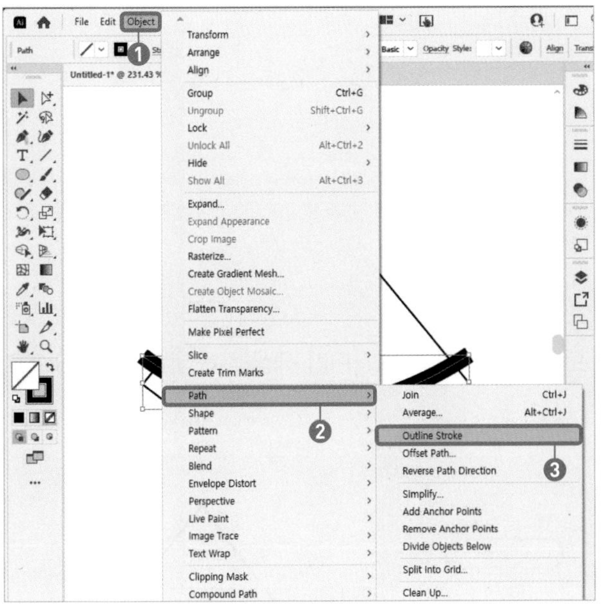


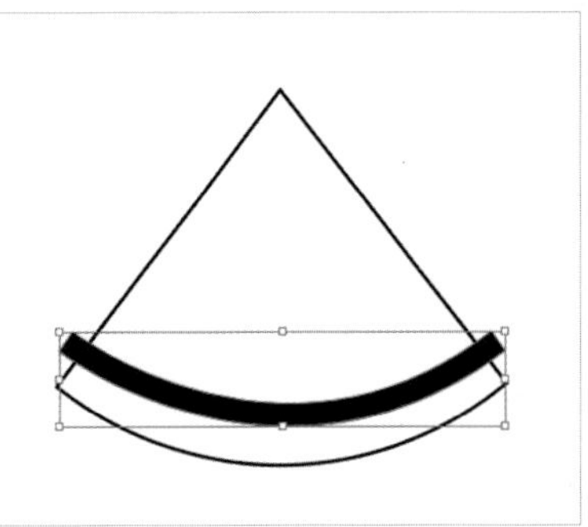

**9** 다음은 면을 분할하기 위해 오브젝트를 모두 선택하고 [Properties] 〉 [Pathfinder] 패널에서 [Divide]( )를 클릭합니다.

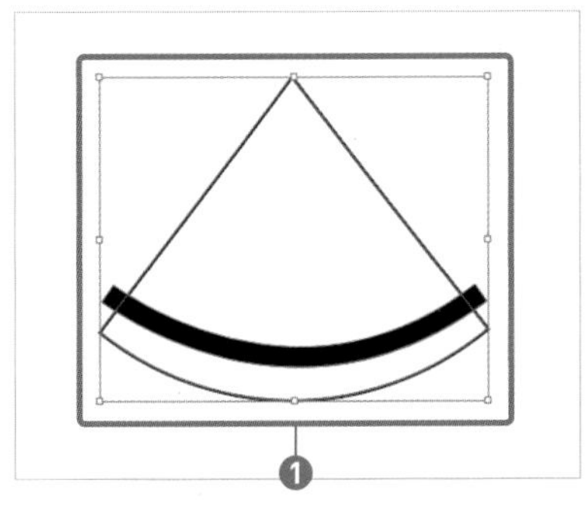


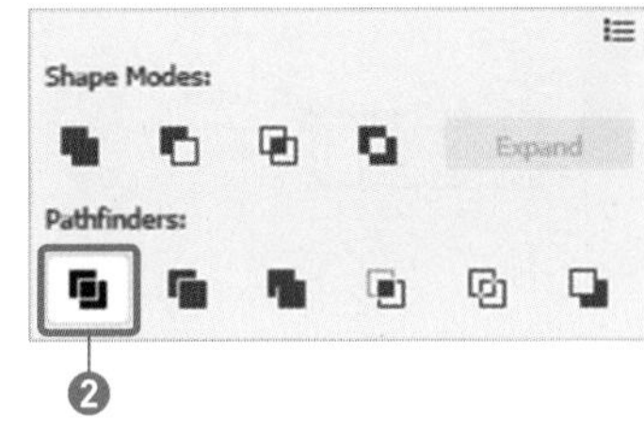


**10** 그다음 불필요한 부분을 제거하기 위해 툴바에서 [Group Selection Tool]( )을 선택하고 그림과 같이 수박 바깥쪽으로 돌출된 부분을 선택한 후 Delete를 눌러 삭제합니다.

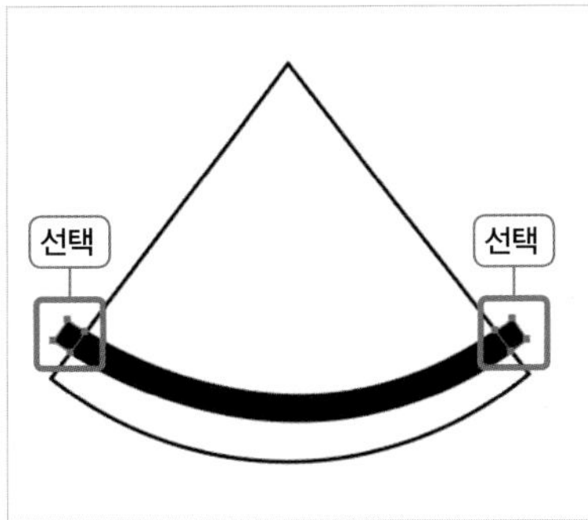


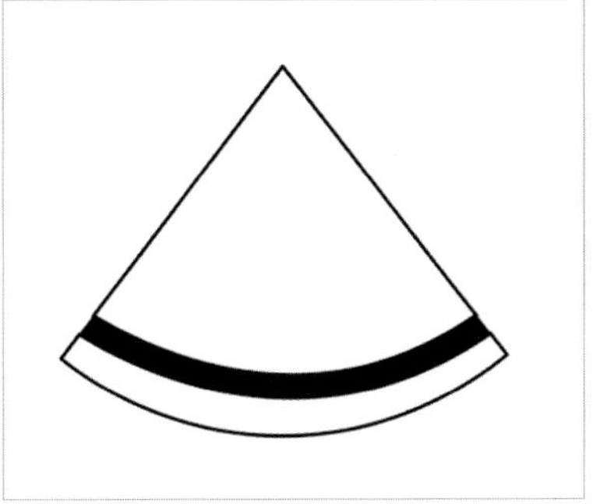

**11** 새롭게 추가된 오브젝트도 [Fill] 색상은 'None', [Stroke] 색상은 '검은색'으로 변경합니다.

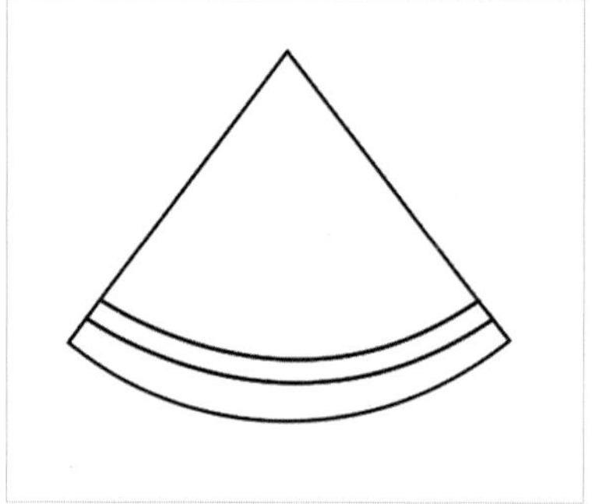

**12** [Group Selection Tool]( )로 맨 아래쪽 오브젝트를 선택하고 [Fill] 색상을 녹색(#0BAA4B)으로 채워줍니다.

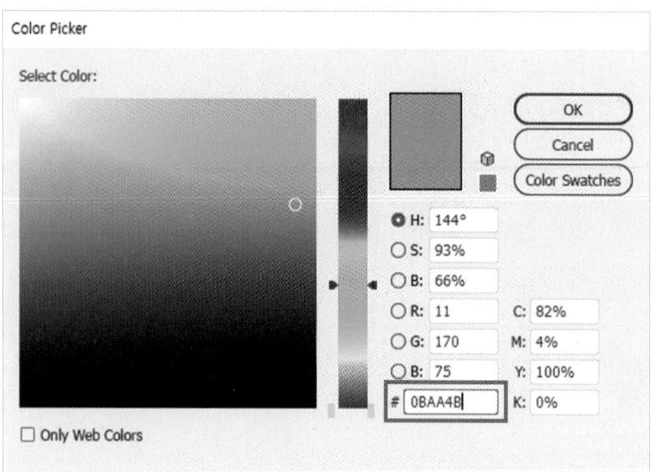

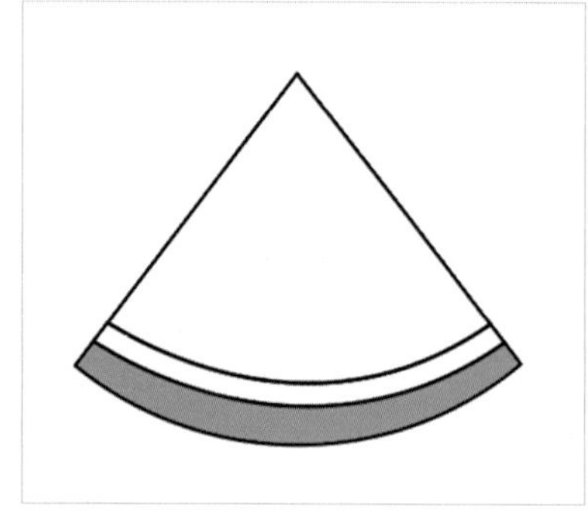

**13** 다음으로 연결되는 부분의 색상은 연한 노랑색(#F7F294)으로 채워줍니다.

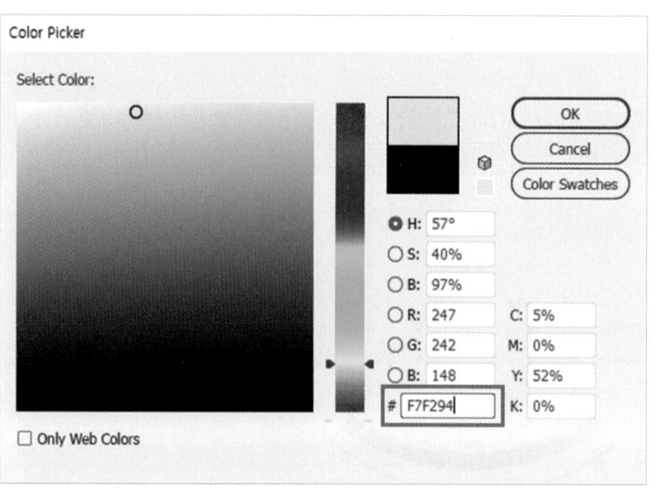

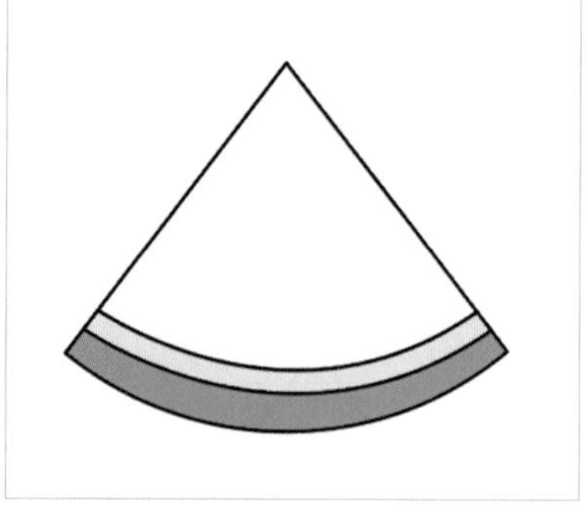

14 다음으로 수박의 속 부분은 좀 더 입체감을 주기 위해 그라데이션으로 색상을 채워줍니다. 오브젝트를 선택하고 툴바에서 [Fill]을 선택한 후 [Gradient]를 클릭합니다.

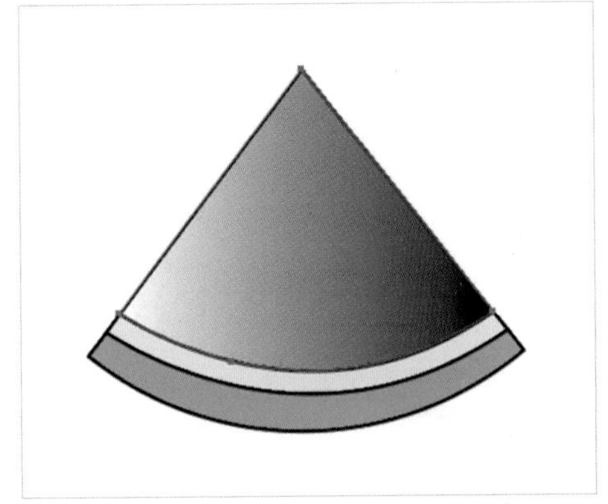

15 [Properties] 〉 [Gradient] 패널에서 [Type]은 [Linear Gradient]로 선택하고 [Edit Gradient]를 클릭합니다. 그러면 화면에 그라데이션 적용 범위를 조절할 수 있는 조절바가 표시됩니다.

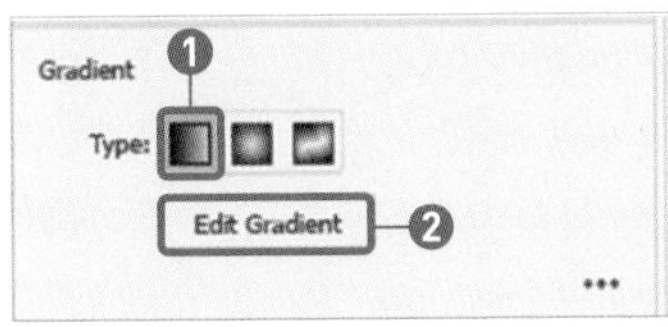


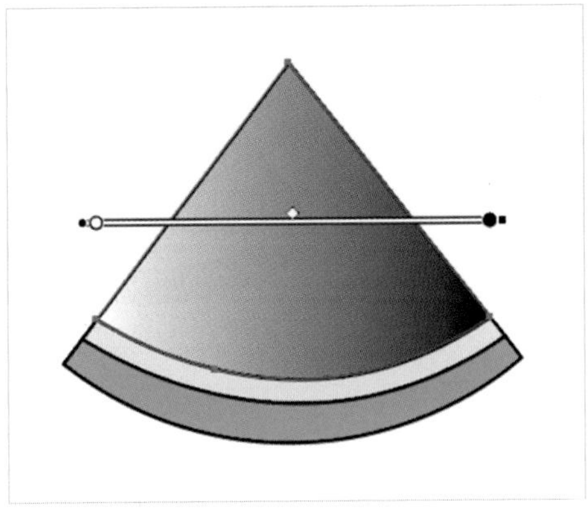

16 그라데이션의 방향을 조절하기 위해 조절바 끝쪽에 마우스 포인터를 위치하고 Shift 를 누른 채 시계 방향으로 90도 회전시킵니다.

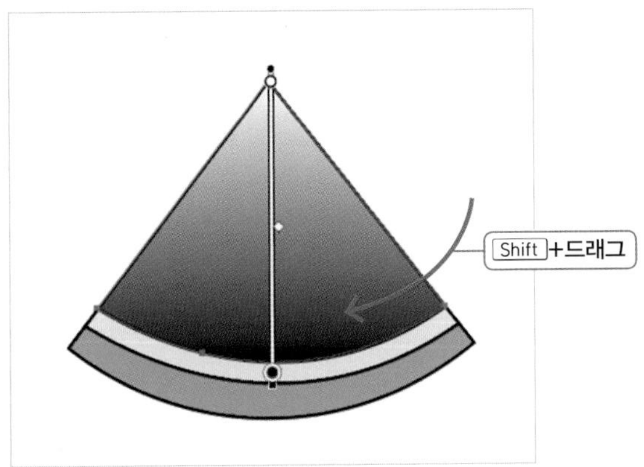

**17** 그다음 [Gradient] 패널에서 오른쪽 [Gradient Slider]를 더블클릭하여 [Swatches] 대화상자가 표시되면 그림과 같이 빨간색을 선택합니다. 그리고 왼쪽 [Gradient Slider]의 색상은 오렌지 색상을 선택하여 적용합니다.

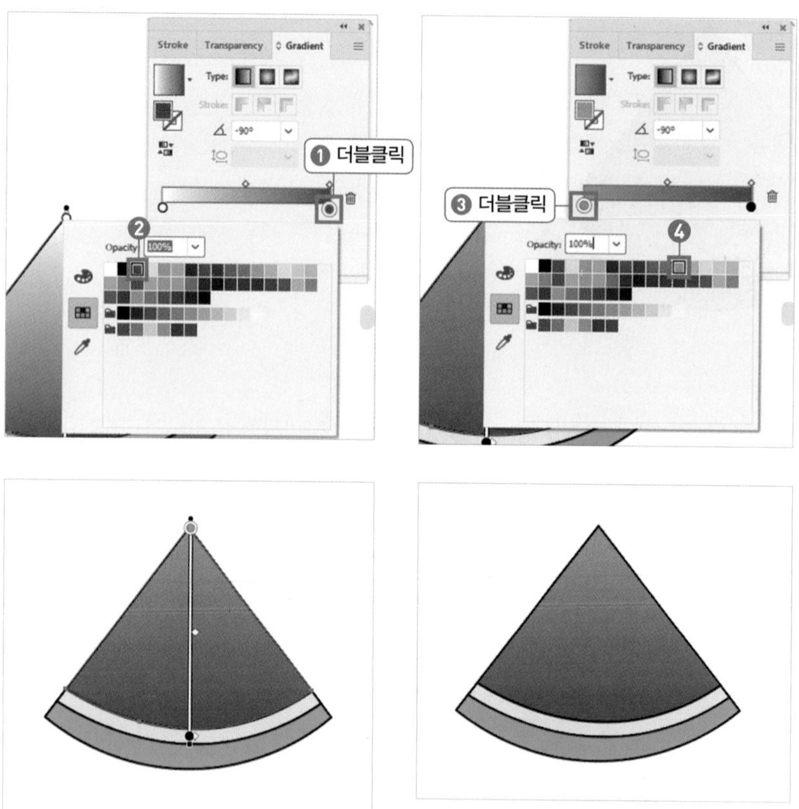


**18** 전체를 선택하고 툴바에서 [Stroke] 색상을 'None'으로 변경하여 수박 조각 이미지를 완성합니다.

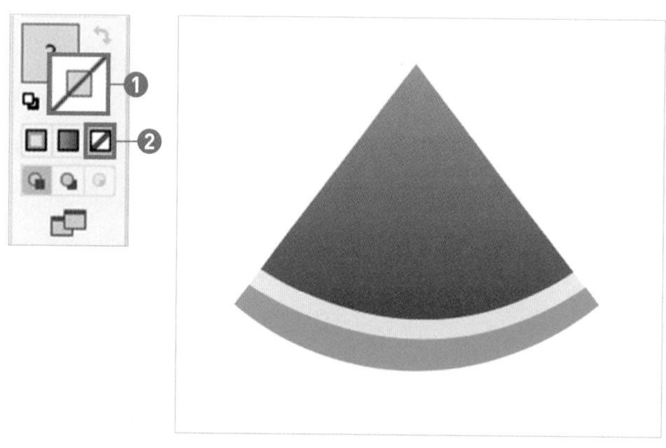

19 다음은 수박씨를 그려봅니다. 툴바에서 [Fill] 색상은 'None', [Stroke] 색상은 기본 '검은색'으로 설정하고 [Ellipse Tool]( )을 선택하여 [Width]와 [Height]를 각각 '0.2cm' 크기로 만듭니다.

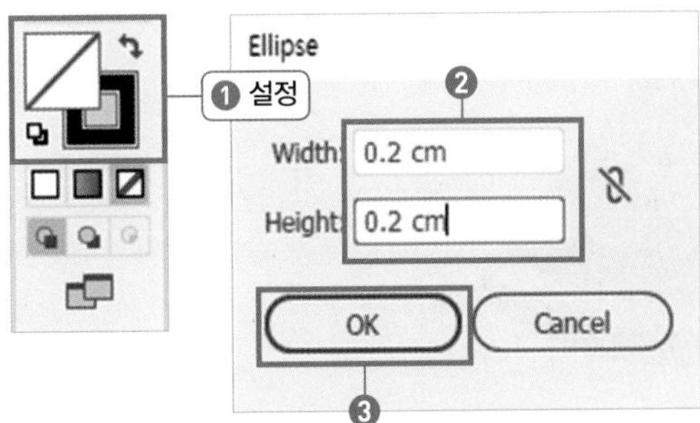


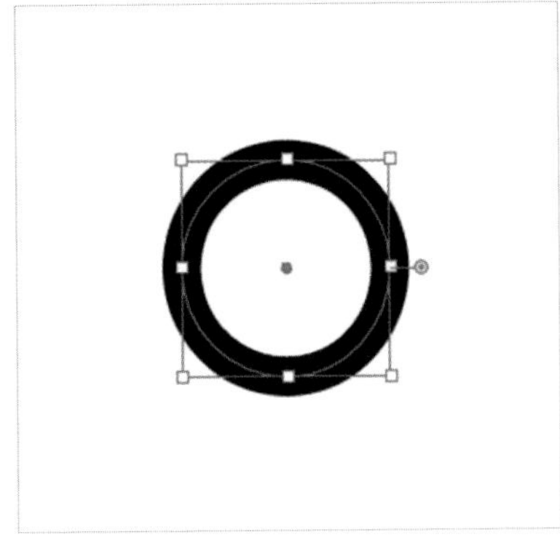

20 그다음 툴바에서 [Direct Selection Tool]( )로 원의 위쪽의 정점을 선택하여 그림과 같이 위쪽으로 이동하여 씨 모양처럼 원을 수정합니다.

21 그다음 [Swap Fill and Stroke]( )를 클릭하여 면과 선의 색상을 전환합니다.

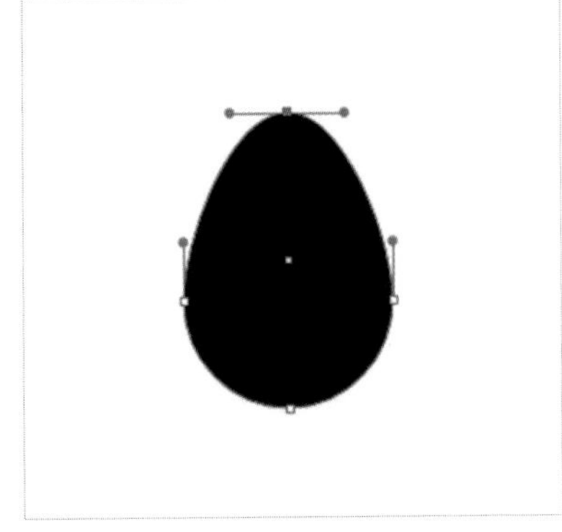

**22** 완성된 수박씨를 Ctrl+C, Ctrl+V로 복사하여 그림과 같이 나열합니다.

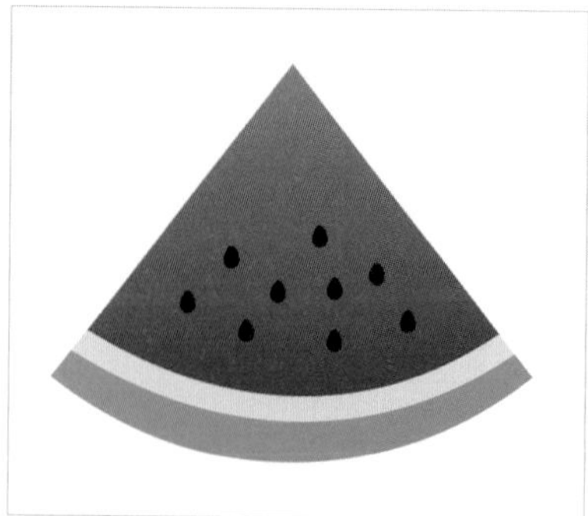

**23** 한 조각의 수박 이미지를 그룹으로 지정하기 위해 전체를 선택한 후 [Object] 〉 [Group] 메뉴를 클릭합니다.

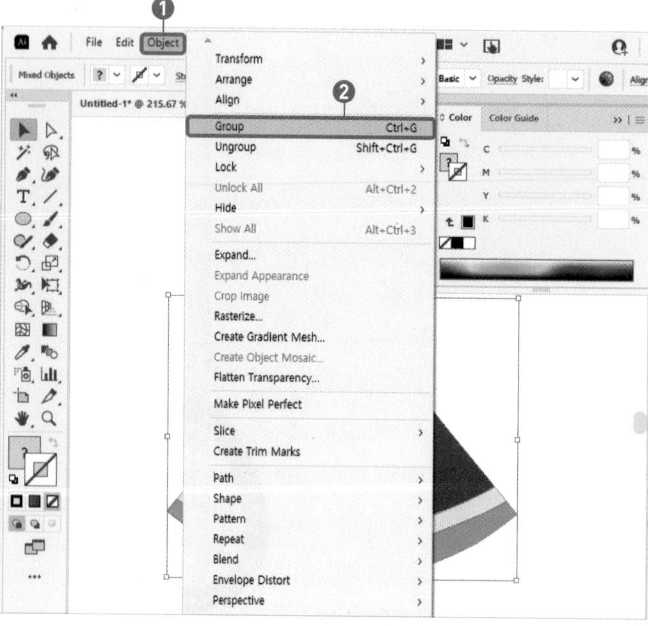


**24** 그다음 3조각이 되도록 전체를 복사하고 그림과 같이 나열합니다. 그리고 복사한 이미지들의 수박씨 위치를 조정하여 자연스러운 배치가 되도록 수정합니다.

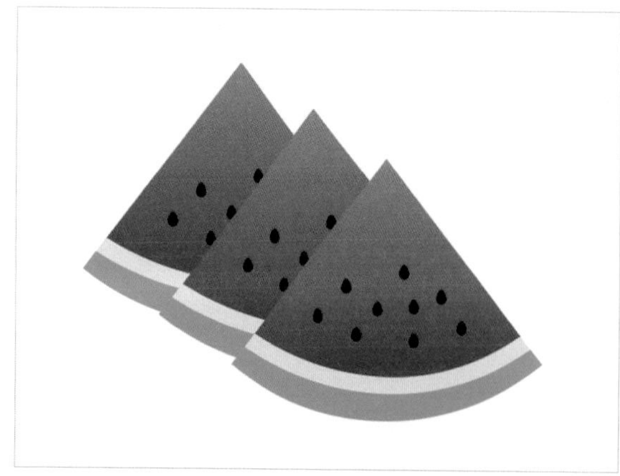

25 맨 앞쪽에 위치한 수박 조각은 한입 깨문 듯한 모습으로 변경해 보겠습니다. 뒤쪽에 수박 조각 이미지만 선택하고 [Object] 〉 [Hide] 〉 [Selection] 메뉴를 클릭하여 이미지를 잠시 화면에서 숨겨둡니다.

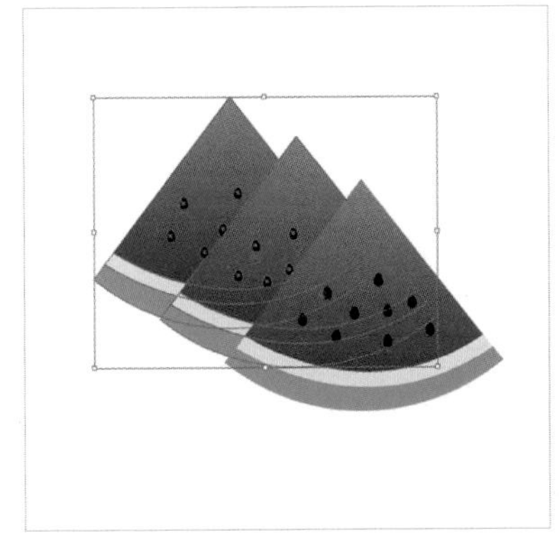

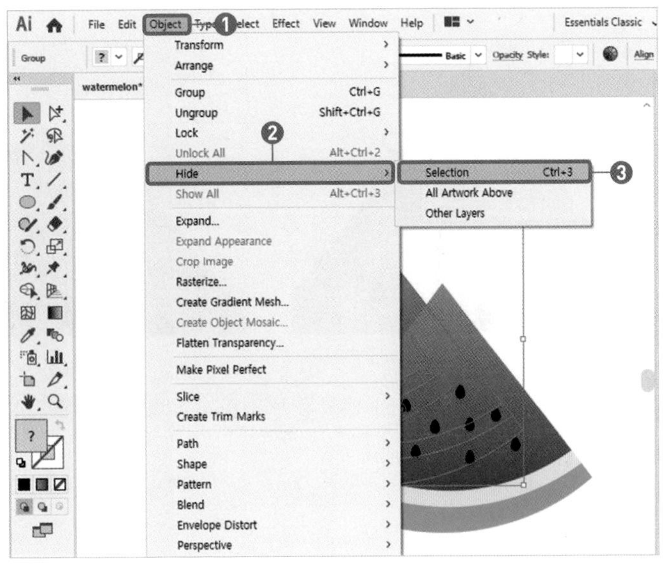


26 [Fill] 색상을 'None'으로 설정한 후 툴바에서 [Pencil Tool]( )을 선택합니다. 그다음 그림과 같이 수박이 잘려 나간 것처럼 만들기 위해 조각의 윗부분을 드로잉합니다.

27 그다음 드로잉한 패스와 수박을 선택하고 [Properties] 〉 [Pathfinder] 패널에서 [Divide]( )를 클릭합니다.

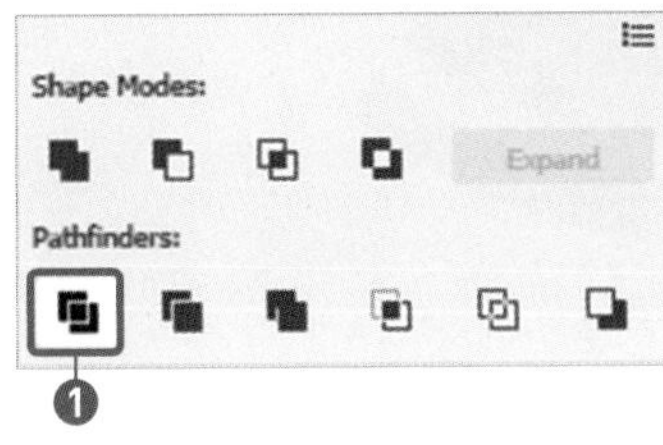


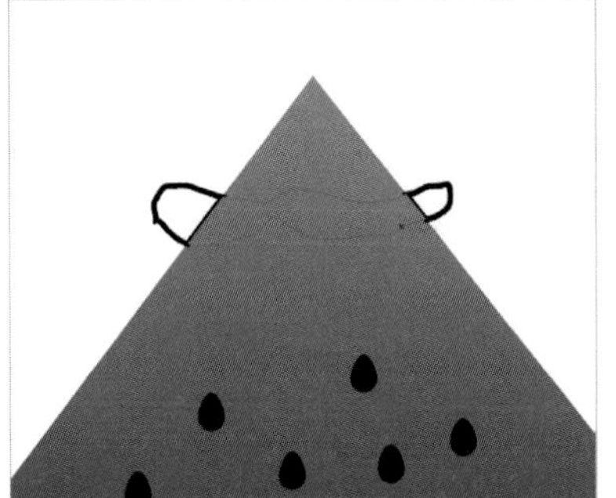

**28** 그림과 같이 맨 위쪽 오브젝트와 좌우로 돌출된 부분을 선택하여 삭제합니다.

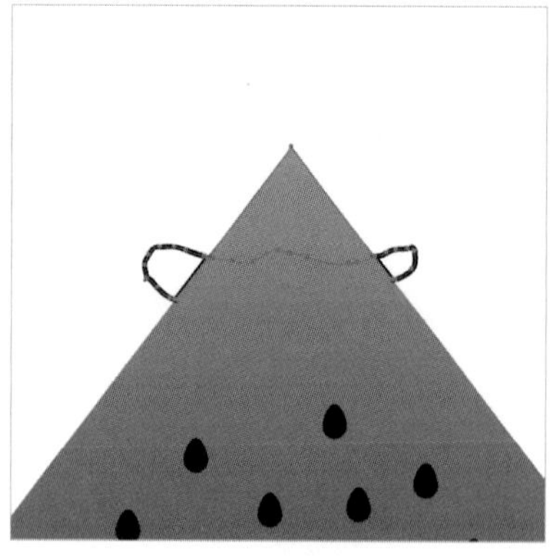

**29** 다음은 잘려 나간 부분의 색상을 변경하기 위해 맨 위쪽 오브젝트를 선택한 후 [Fill] 색상을 좀 더 진한 붉은색으로 변경합니다.

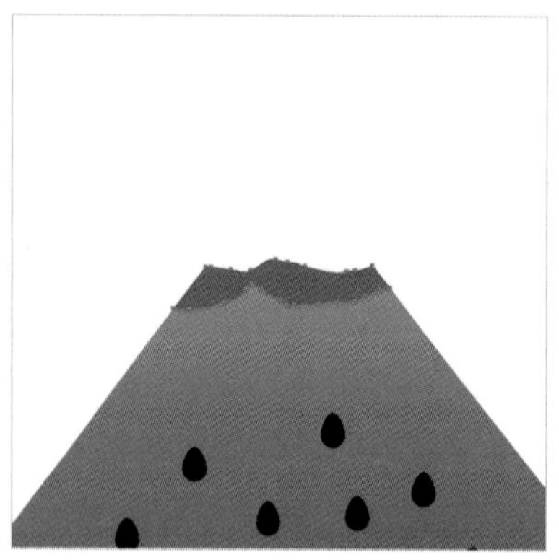

**30** 툴바에서 [Direct Selection Tool]( )을 선택하고 각각의 정점들의 위치를 조정하여 잘려 나간 모양이 완성되도록 수정합니다.

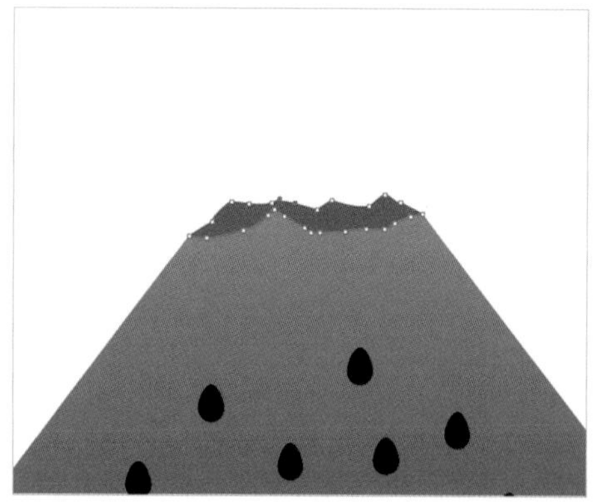
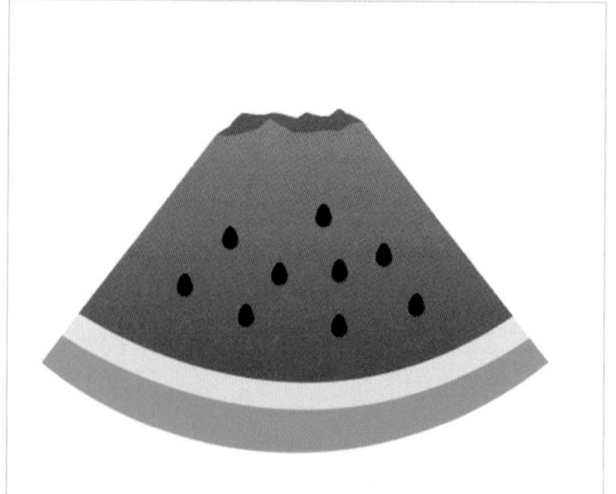

**31** 잠시 숨겨 두었던 이미지들을 다시 표시하고 전체적인 상태를 확인합니다.

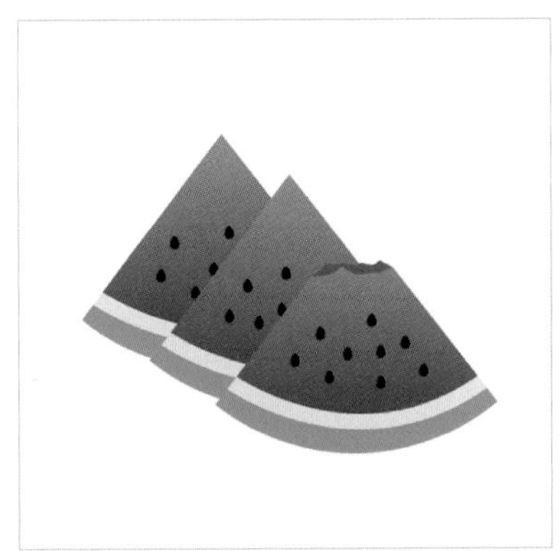

**32** 다시 전체를 선택하고 [Object] 〉 [Hide] 〉 [Selection] 메뉴를 클릭하여 숨겨줍니다.

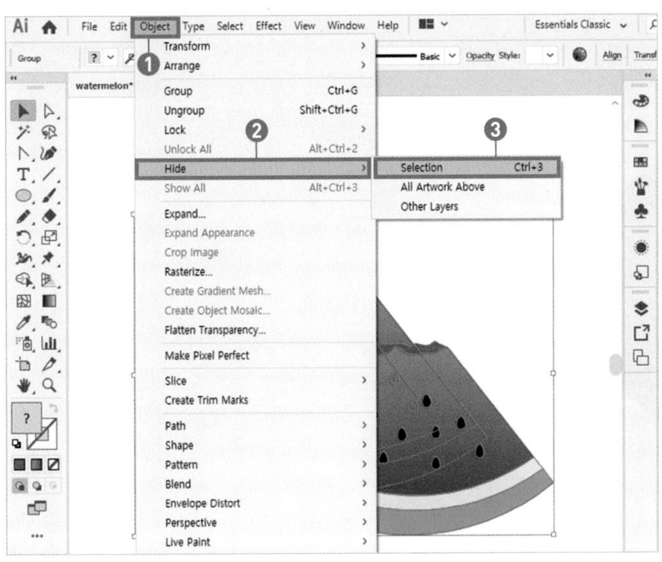


**33** 다음은 수박의 전체 이미지를 그려봅니다. 툴바에서 [Ellipse Tool]( )을 선택하고 [Width]와 [Height]를 각각 '7cm'로 입력하여 원을 그려줍니다.

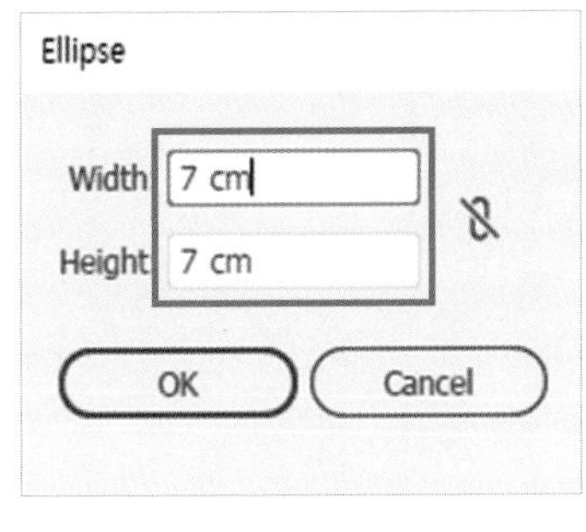


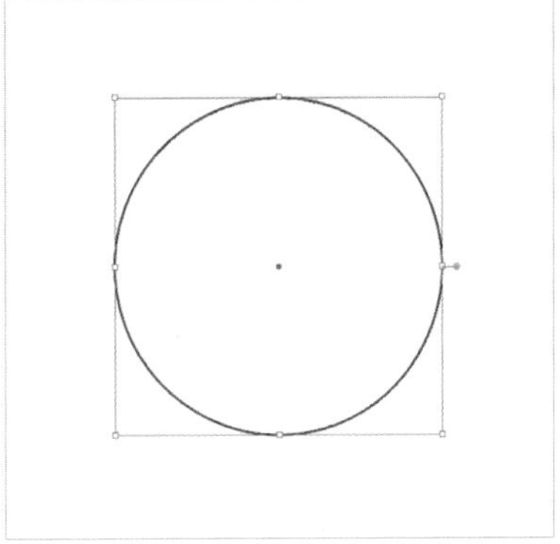

34 완전하게 동글한 수박은 존재할 수 없기 때문에 자연스러운 모습으로 만들기 위해 툴바에서 [Direct Selection Tool]( )을 선택하고 살짝 불규칙한 모양이 되도록 정점의 위치와 방향점을 조절해줍니다.

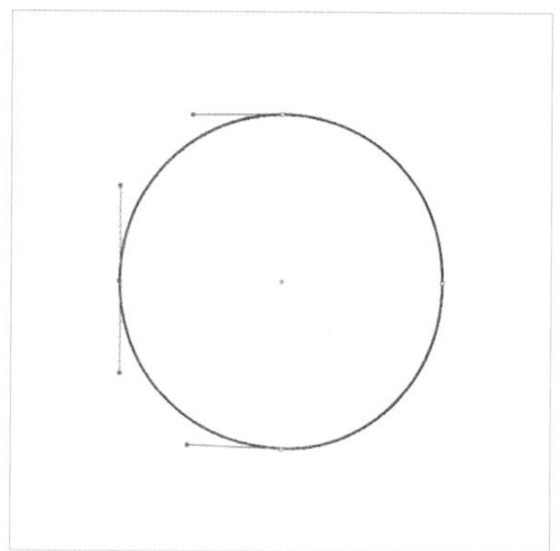

35 그다음 수박의 색상을 입혀봅니다. 수박 모습에 입체감을 넣어주기 위해 [Fill] 색상에 그라데이션을 적용합니다.

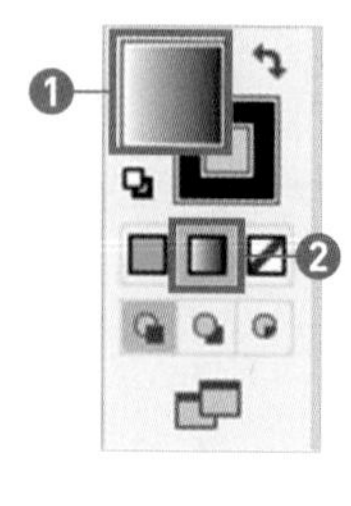


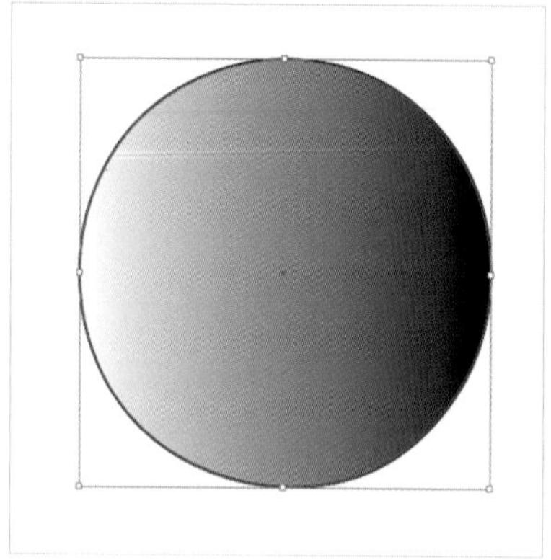

36 [Gradient] 패널에서 [Tpye]을 'Radial Gradient'로 설정하고 [Edit Gradient]를 클릭합니다. 그러면 그라데이션 조절바가 표시됩니다.

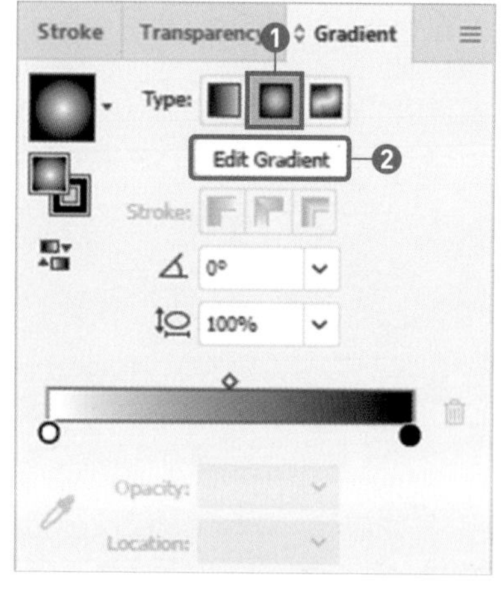


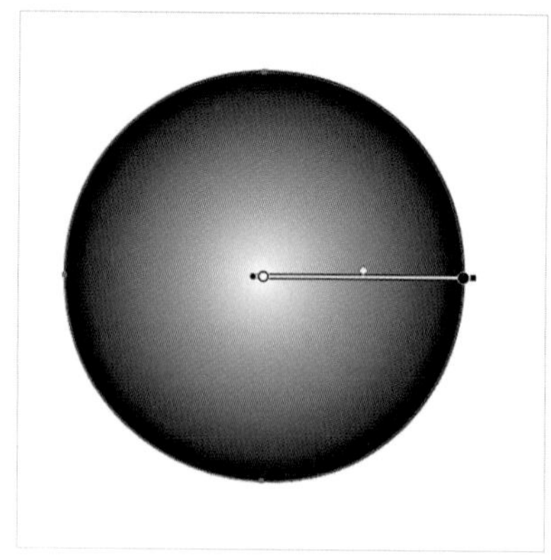

37 수박 색상으로 수정하기 위해 왼쪽 [Gradient Slider]의 색상은 연한 녹색(#2CC43D)로 설정하고 오른쪽 [Gradient Slider]는 좀 더 진한 녹색(#048C3B)으로 선택합니다.

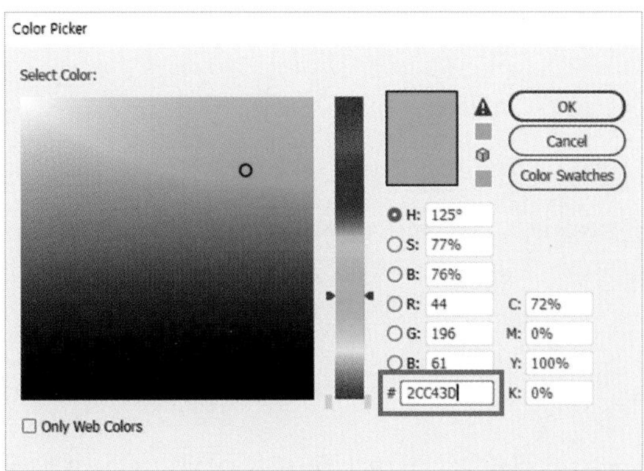


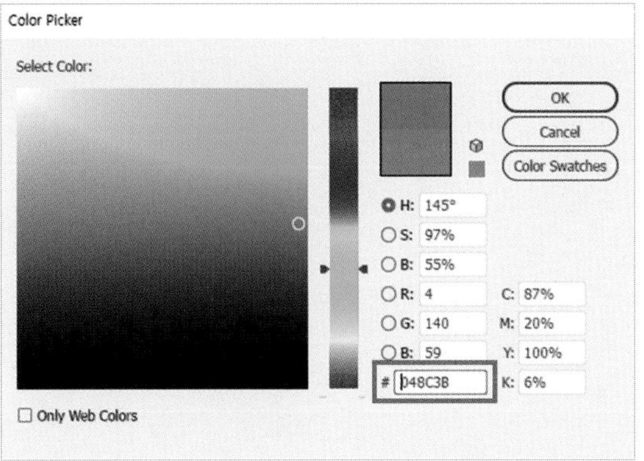


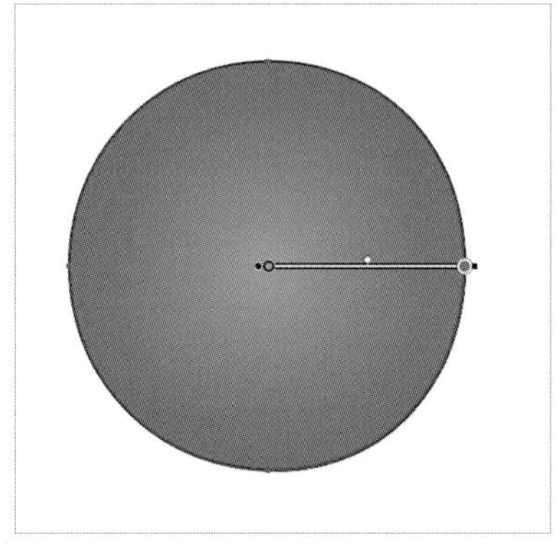

38 그라데이션 조절바 오른쪽 끝부분에 포인터를 위치하고 회전 모양의 아이콘이 표시될 때 그림과 같이 회전한 후 연한 녹색 지점이 위 상단에 위치하도록 크기를 조절합니다.

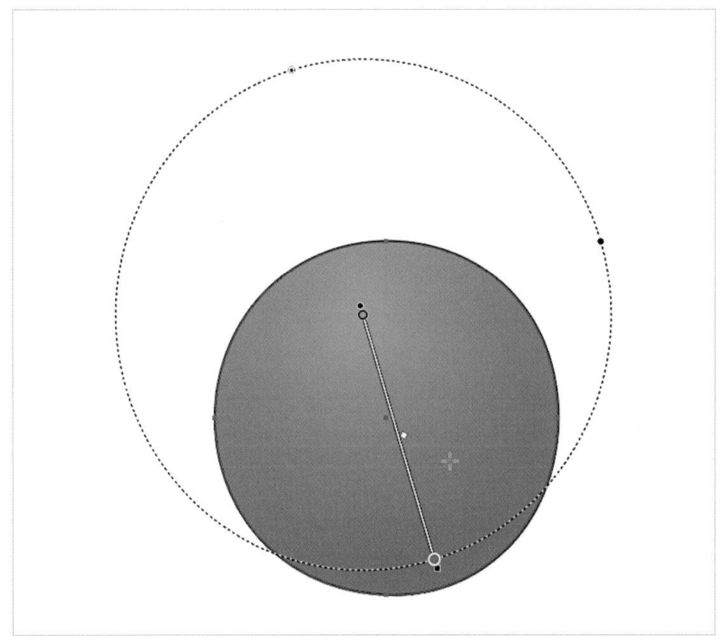

39 [Stroke] 색상을 'None'으로 설정하면 입체감이 적용된 수박 외관이 완성됩니다.

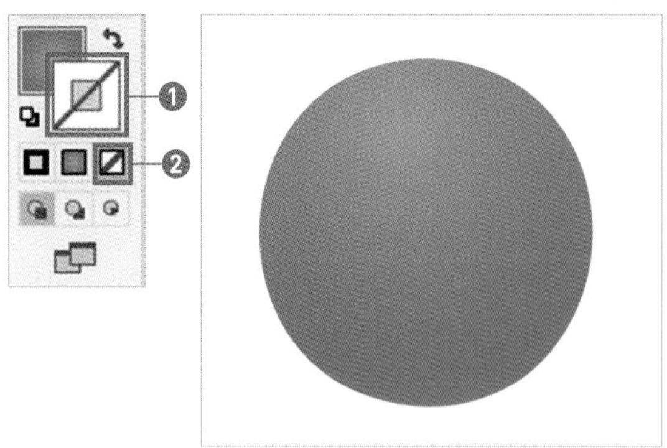

40 다음은 수박의 줄무늬를 그려봅니다. 여러 가지 방법으로 그릴 수 있지만 이번 작업에서는 브러시를 이용해보겠습니다. 컨트롤 패널에서 [Brush Definition]을 클릭한 후 메뉴 버튼을 눌러 [New Brush]를 선택합니다.

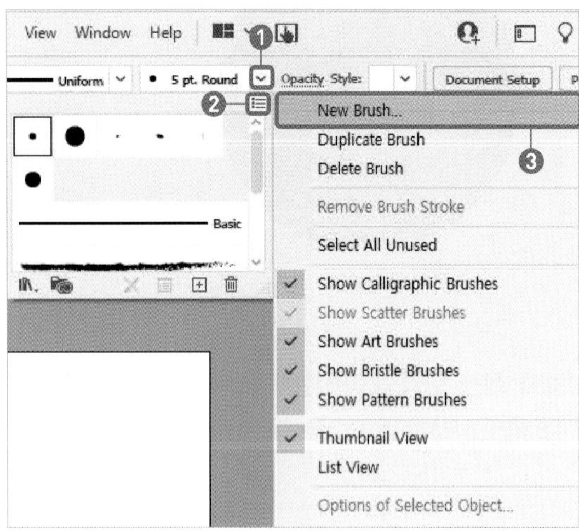


**MEMO 일러스트레이터의 작업 공간**

일러스트레이터는 작업 목적에 따라 기능들을 알맞게 사용할 수 있도록 기본적으로 설정되어있는 다양한 작업 공간을 제공합니다. 작업 공간이 최소의 핵심 기능들만 구성되어 있는 'Essentials'로 설정되어 있을 경우 컨트롤 패널이 표시되지 않습니다. [Properties] 패널에서 동일하게 설정할 수 있으며 컨트롤 패널에 표시하기 위해서는 'Essentials Classic'으로 변경하거나 기타 다른 환경으로 변경하면 됩니다.

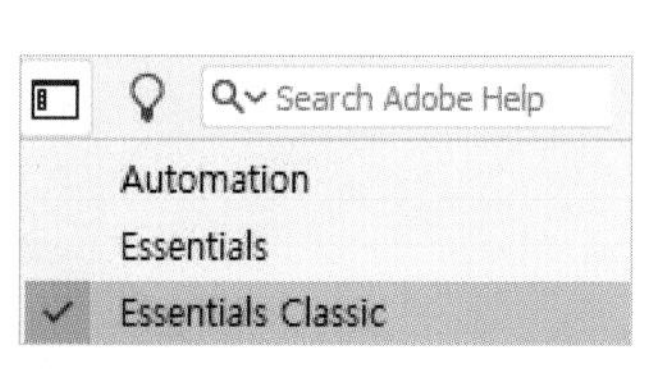

41 [New Brush] 대화상자가 표시되면 [Calligraphic Brush]를 체크하고 [OK]를 클릭합니다. 그러면 [Calligraphic Brush Options] 대화상자가 표시되며 [Angle] : '0°', [Roundness] : '10%', [Size] : '20pt'로 설정한 후 [OK]를 클릭합니다.

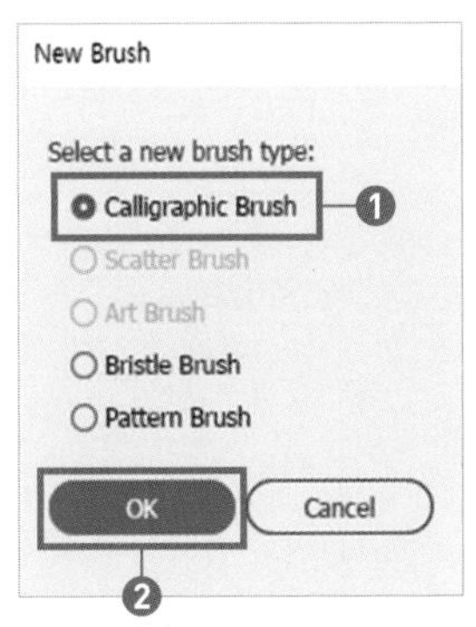


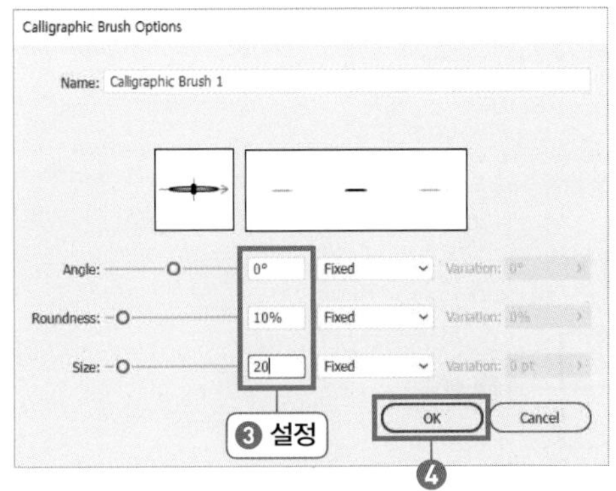


42 [Brush] 패널에 새로운 브러시가 추가된 것을 확인할 수 있습니다. 새로 만든 브러시 모양을 선택하고 툴바에서 [Paintbrush Tool]( )을 더블클릭합니다.

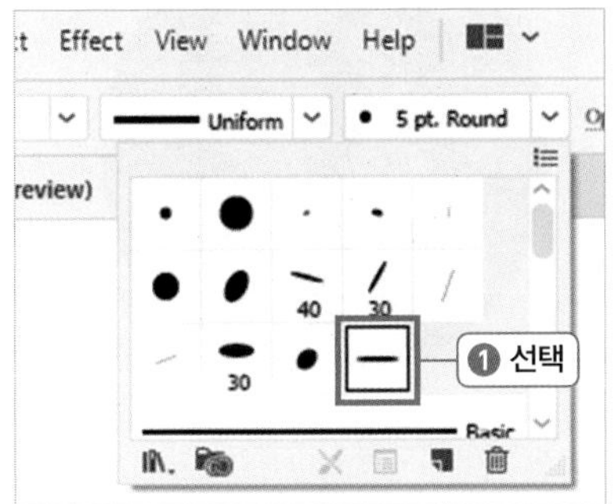


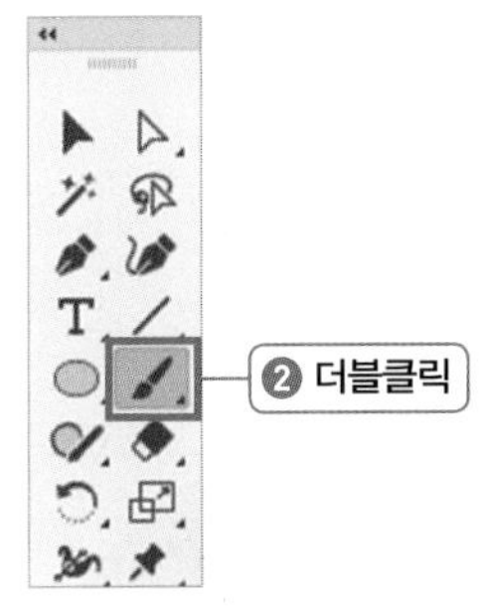


43 [Paintbrush Tool Options] 창이 나타나면 [Fidelity] 값을 중간으로 설정하고 [OK]를 클릭합니다. 그다음 그림과 같이 수박의 줄무늬를 지그재그로 드래그하여 그려줍니다.

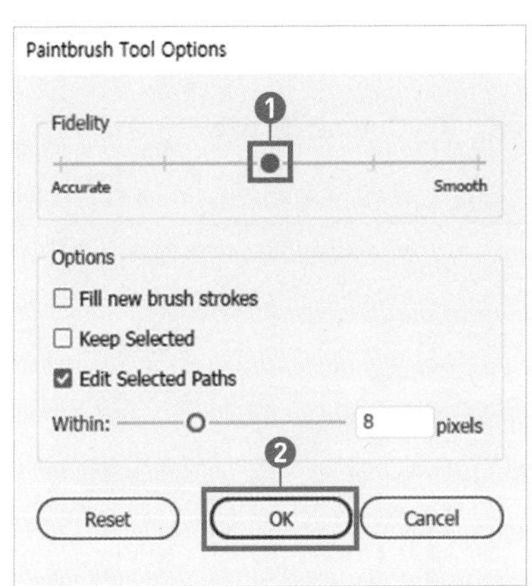


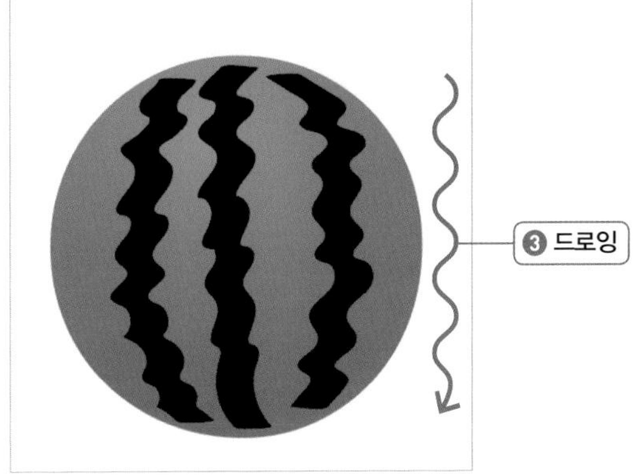


**TIP**

[Fidelity]는 브러시의 정밀도를 조절하는 기능입니다.

**44** 브러쉬로 그려진 오브젝트는 패스와 같이 선으로 구성된 이미지이기 때문에 모양을 다듬기 위해서는 면으로 변경해야 합니다. 브러쉬를 면으로 확장하기 위해서는 [Object] 〉 [Expand Appearance] 메뉴를 클릭하여 적용합니다. 그러면 드로잉된 모양 그대로 면으로 확장된 것을 확인할 수 있습니다.

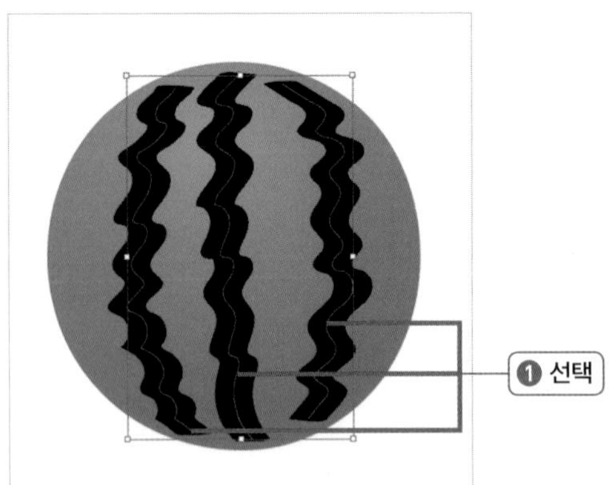


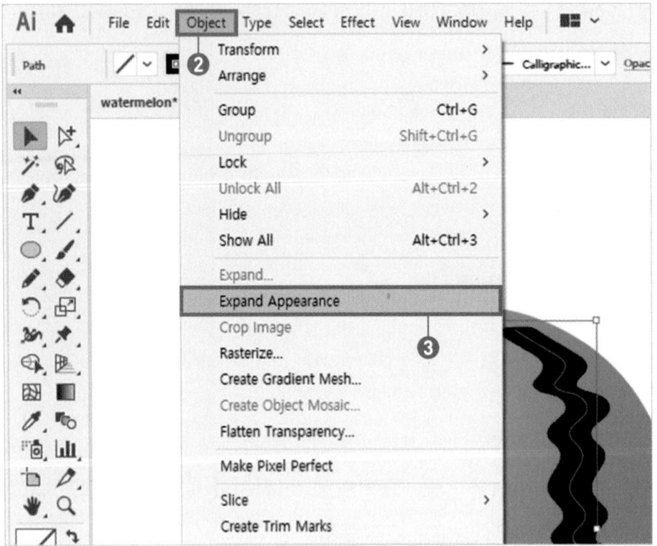


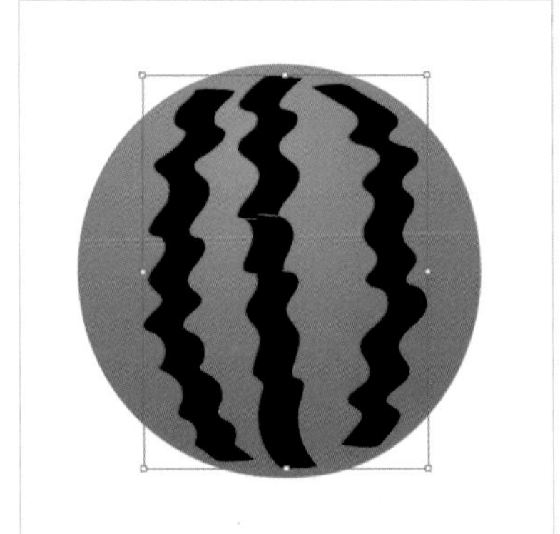

### TIP

브러쉬로 그려진 모양을 면으로 변경할 때는 Expand Appearance 기능을 사용합니다. Outline Stroke도 가능하지만 Expand Appearance 기능보다는 정밀하지 못한 결과가 나올 수 있습니다.

45 배경 이미지를 고정하기 위해 원을 선택하고 [Object] 〉 [Lock] 〉 [Selection] 메뉴를 클릭합니다.

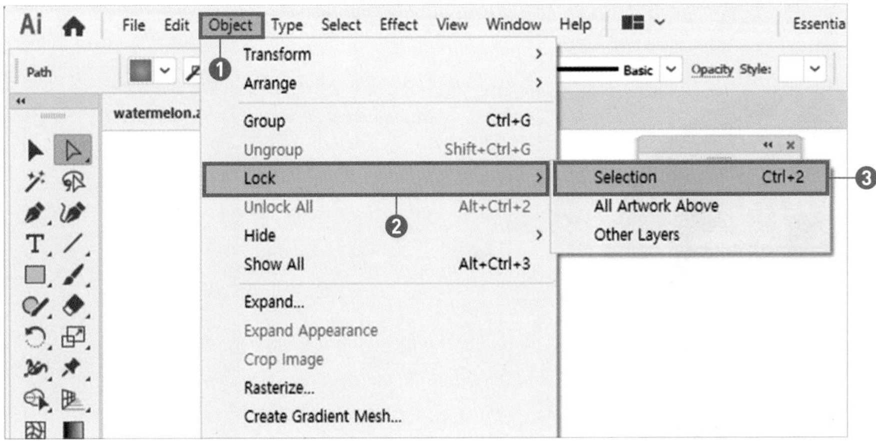


46 그다음 수박 줄무늬 오브젝트를 하나씩 선택하고 툴바에서 [Direct Selection Tool]( ), [Delete Anchor Point Tool]( ), [Anchor Point Tool]( ) 등을 이용하여 정점의 위치와 방향점을 수정하고 불필요한 정점들은 삭제해가며 수박 줄무늬를 정리합니다.

**MEMO 도구 모음 분리하기**

실무에서는 항상 효율적인 작업을 필요로 합니다. 특히 손이 많이 가는 작업일수록 단축키 사용은 필수이며 기타 다양한 기능을 통해 작업 능률을 높일 수 있습니다. 도구 오른쪽의 화살표가 표시된 버튼을 누르면 도구 모음 창으로 분리하여 사용할 수 있습니다.

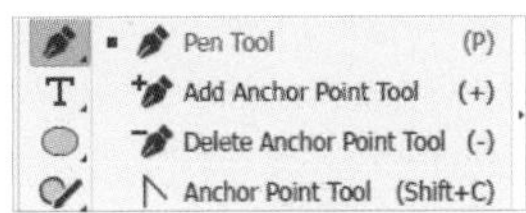

47 수박 줄무늬가 최종 정리된 이미지입니다. 줄무늬 색상도 변경하기 위해 줄무늬 오브젝트를 모두 선택하고 [Fill] 색상을 짙은 녹색(#0A3F04)으로 채워줍니다.

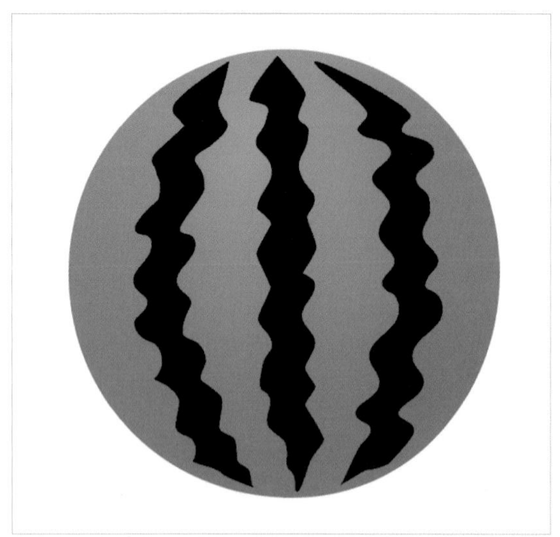

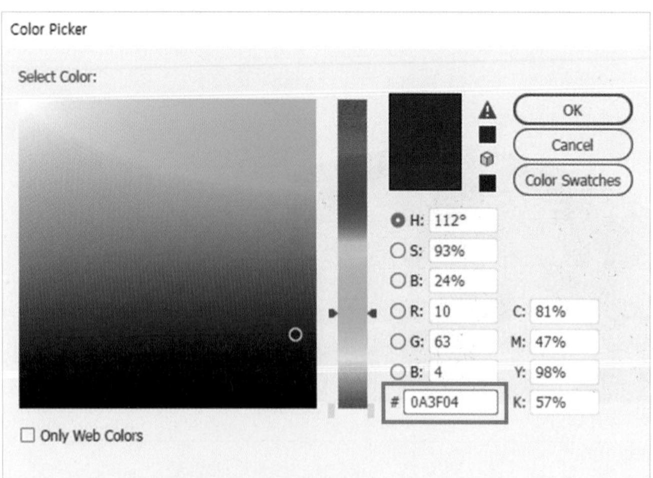


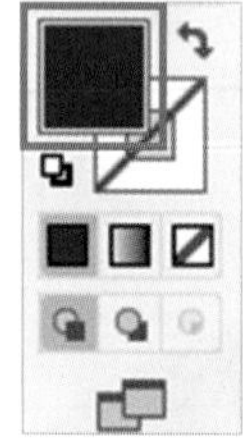

**48** 다음은 수박 외관 모습에 좀 더 입체감을 표현하기 위한 작업입니다. 툴바에서 [Pen Tool]( )을 선택하고 수박 아래쪽에 그림자 영역을 그림과 같이 그려줍니다.

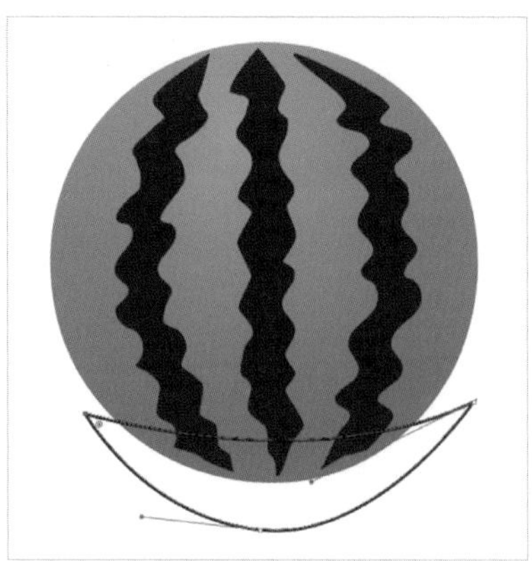

**49** 그다음 수박과 패스를 함께 선택하고 [Properties] > [Pathfinder] 패널에서 [Divide]( )를 클릭합니다.

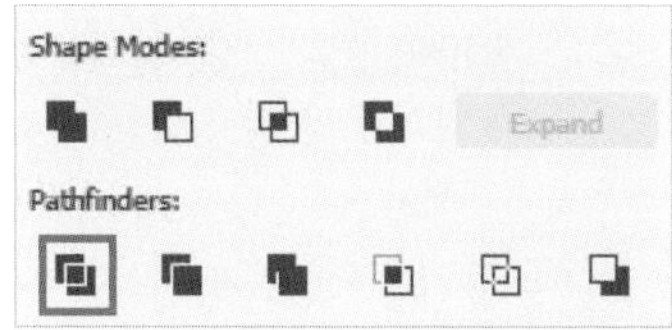


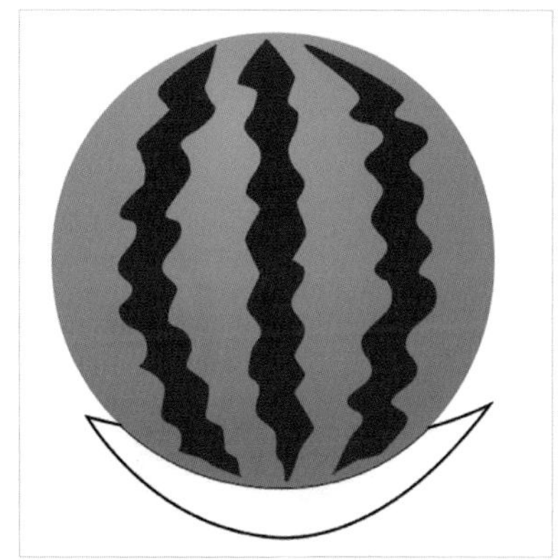

**50** 수박 바깥쪽에 위치한 오브젝트는 삭제하고 맨 아래쪽 면을 선택합니다. 그리고 [Fill] 색상을 짙은 녹색(#096B33)으로 채워줍니다.

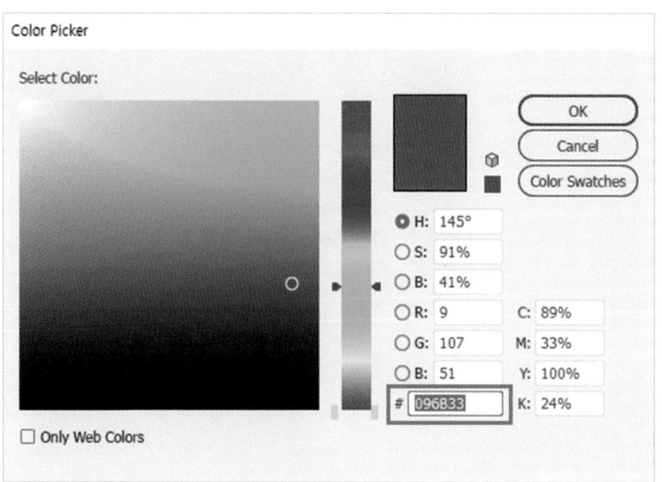


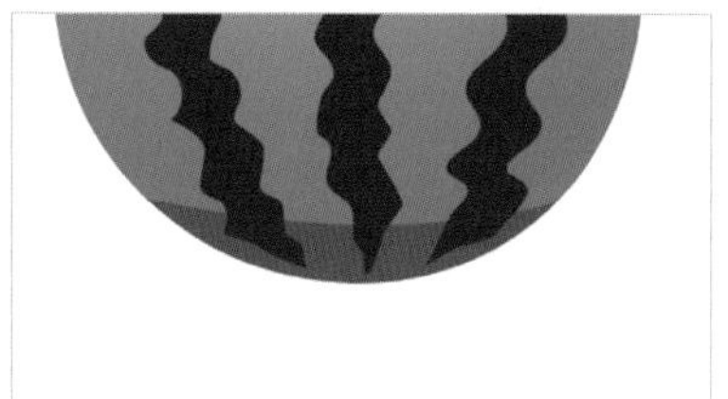

**51** 다음은 그림자 영역과 수박 줄무늬가 겹쳐진 면들을 선택하고 [Fill] 색상을 좀 더 어두운 녹색(#0D2D0B)으로 채워줍니다.

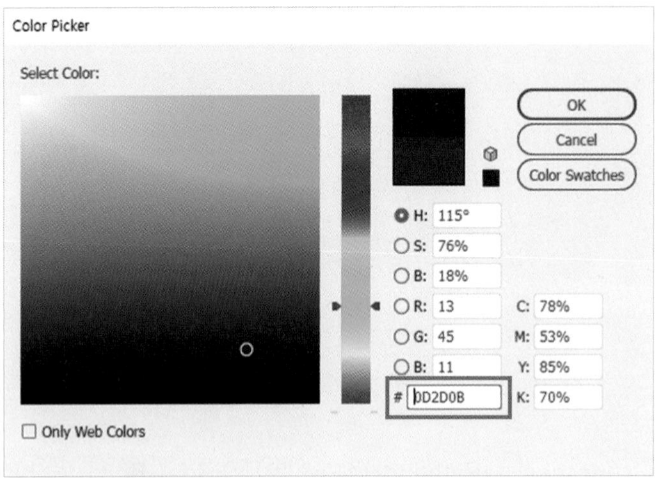


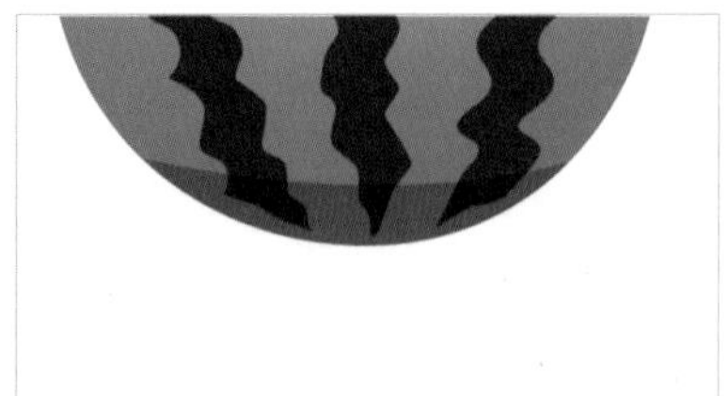

**52** 다음은 수박 꼭지 부분을 그려봅니다. 툴바에서 [Paintbrush Tool]( )을 선택하고 [Brush] 패널에서 '5pt. Round'의 크기의 브러시를 선택합니다. 그림과 같이 꼭지 모양을 드로잉합니다.

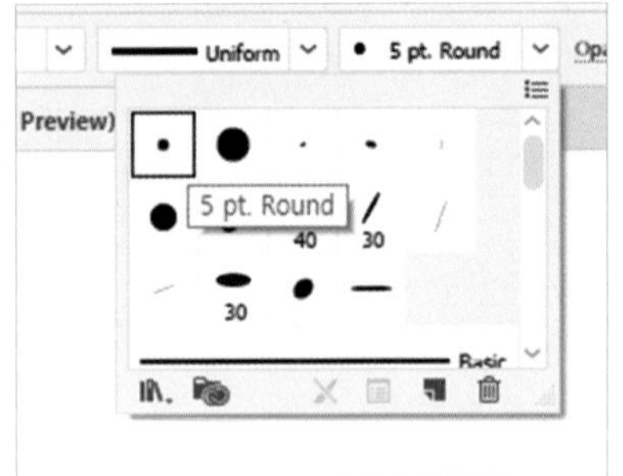

MEMO **[Paintbrush Tool Options] 창**

툴바에서 [Paintbrush Tool]을 더블클릭하면 [Paintbrush Tool Options] 창이 나타나는 데 [Fidelity] 값을 이용하여 드로잉한 곡선의 부드러움을 조절할 수 있습니다.

53 그다음 [Object] 〉 [Expand Appearance] 메뉴를 클릭하여 면으로 변경한 후 색상을 짙은 녹색(#0E4909)으로 채워줍니다.

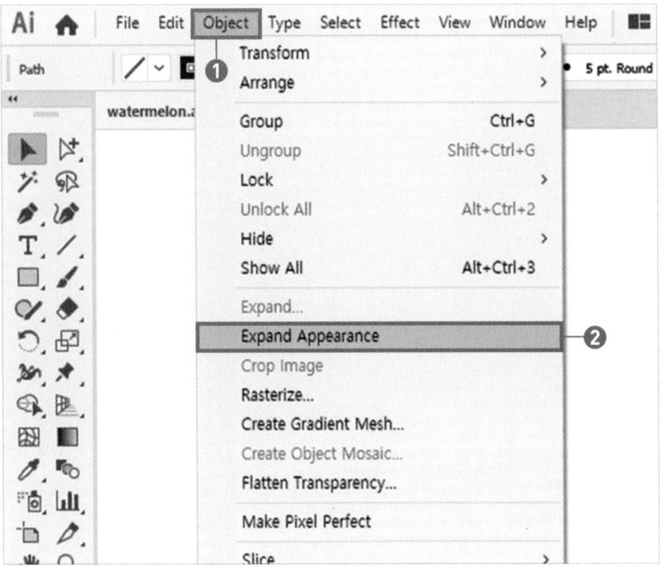

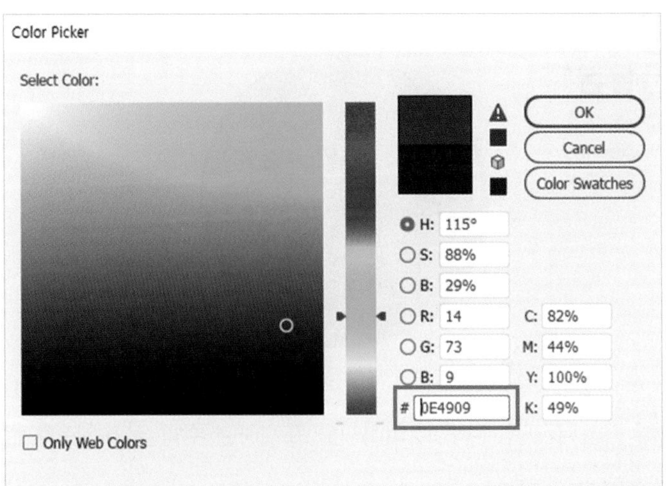


54 꼭지 이미지의 위치를 수박 아래쪽으로 이동하기 위해 [Object] 〉 [Arrange] 〉 [Send to Back] 메뉴를 클릭하여 맨 뒤로 이동시킵니다.

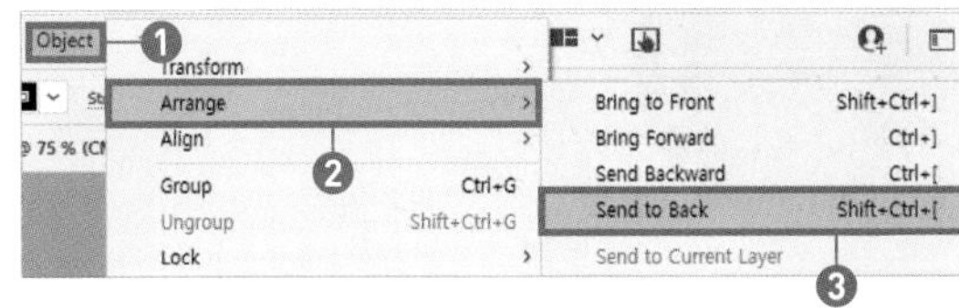

55 다음은 수박 표면에 하이라이트 효과를 적용하기 위해 툴바에서 [Paintbrush Tool]( )을 선택하고 그림과 같이 왼쪽 상단에 하이라이트 모양을 그려줍니다.

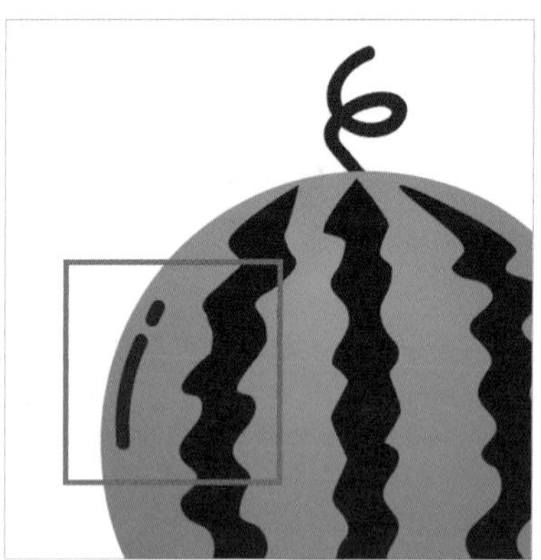

56 [Object] 〉 [Expand Appearance] 메뉴를 클릭하여 면으로 변경한 후 [Fill] 색상을 '흰색'으로 채워줍니다. 그러면 수박 외관의 모습이 완성됩니다.

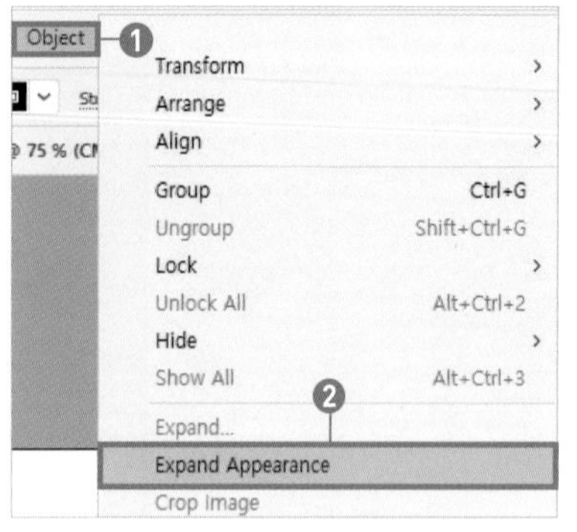

57 [Object] 〉 [Show All] 메뉴를 클릭하여 숨겨 두었던 수박 속 이미지를 표시하면 수박 일러스트가 완성됩니다.

# 팝업 광고 만들기

## Rectangle Tool(사각형 도구), Create Outline (외곽선 만들기), PANTONE Color(펜톤 칼라), Free Transform Tool(자유 변형 도구), Stroke 패널(획 패널)

웹 사이트를 방문했을 때 불쑥 나타나는 광고 창을 팝업 광고라고 말합니다. 물론 오프라인 매장에서도 줄 또는 기타 고정기구에 달려 있는 광고의 표현도 포함된 내용입니다. 눈에 확 띄는 모양과 색상으로 시선을 끌 수 있어야 효과가 배가 되는 광고입니다.

[**예제 파일** : PART 02 Illustrator/4교시/sale–완성.ai]

### 학습과제

다음 과정을 통해 문자 형태의 변형과 외곽선의 다양한 효과를 적용해 봅니다.

▲ 오브젝트를 변형하는 방법에 대해 확인하고 응용합니다.

**1** Ctrl+N을 눌러 [New Document] 대화상자가 나타나면 이름을 'Sale'로 입력, 폭과 높이를 각각 '150mm'로 설정하고 [Create]를 클릭하여 새로운 문서를 생성합니다.

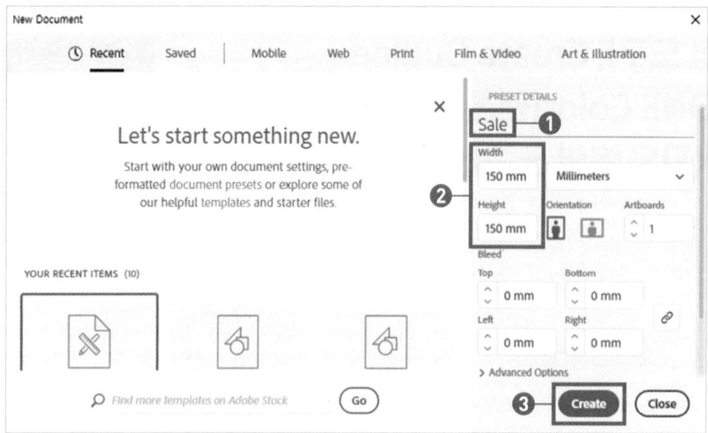

**2** [Rectangle Tool]( )을 선택하고 Alt를 누른 채 문서 중앙 위치를 클릭하고 [Rectangle] 창을 표시합니다. [Width] : '60mm', [Height] : '60mm'로 입력하고 [OK]를 클릭하여 사각형을 만듭니다.

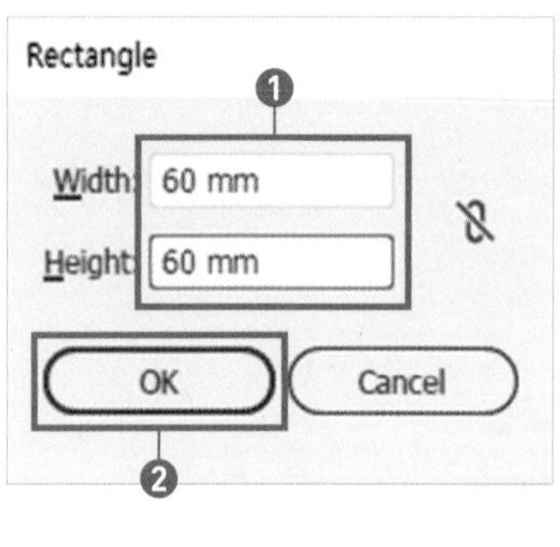


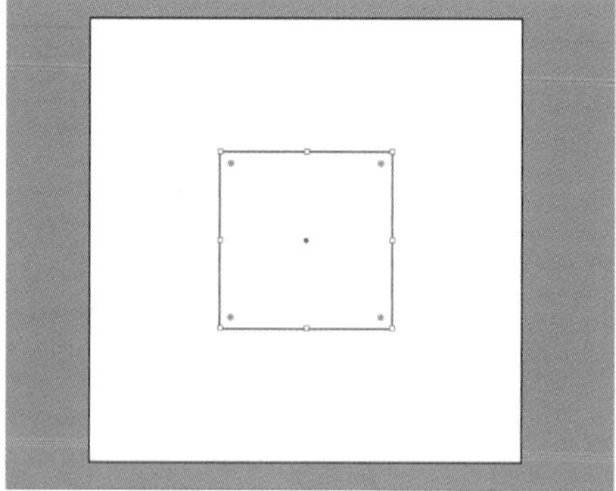

**3** 사각형을 회전시키기 위해 [Properties] 〉 [Transform] 패널에서 [Rotate]를 '45°'로 설정합니다.

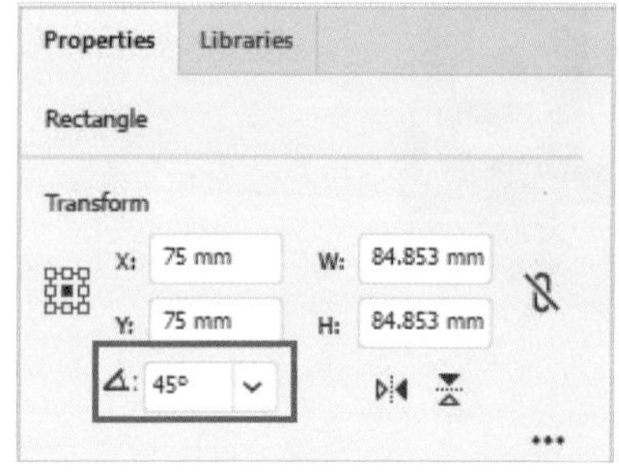


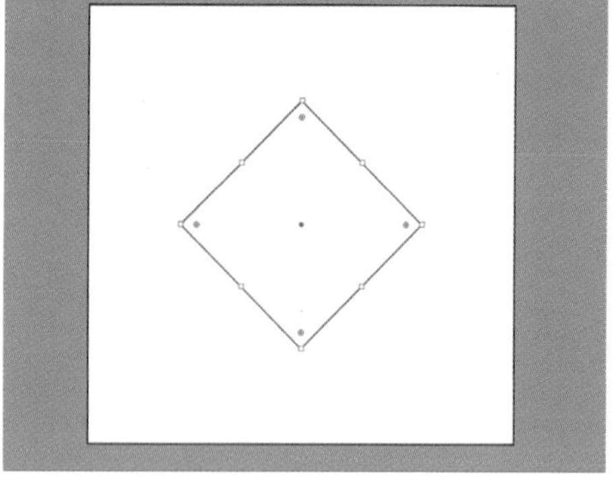

**4** 다음은 미리 만들어진 컬러 차트(Color Chart)를 불러와 색상을 채워보겠습니다. [Swatches] 패널에서 [Swatch Libraries menu]( )를 클릭하면 다양한 스타일의 컬러 차트를 확인할 수 있습니다. [Color Books] 〉 [PANTONE+ Solid Coated] 색상표를 선택합니다. 그러면 독립된 [PANTONE + Solid Coated] 패널이 표시됩니다.

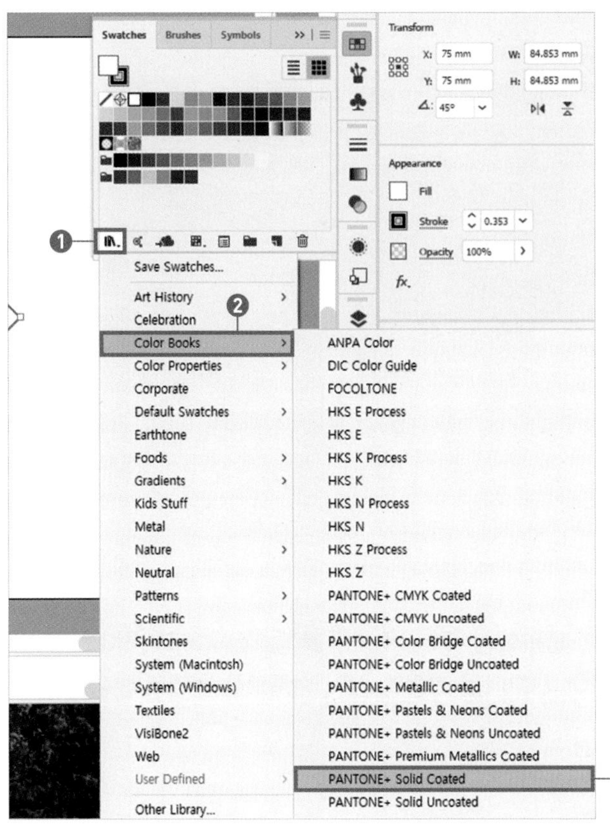


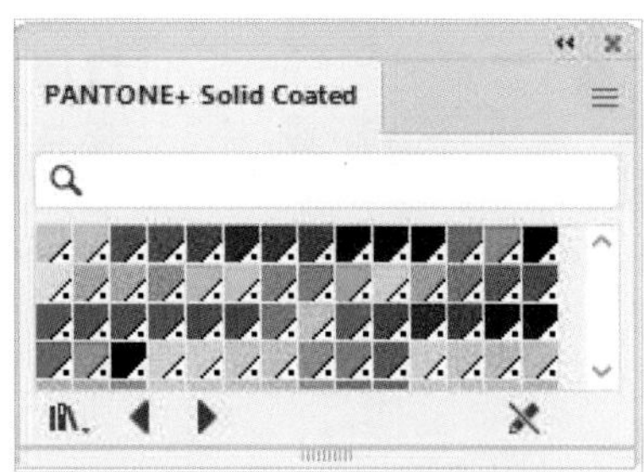


**TIP**

팬톤 컬러(Pantone Color)는 미국의 팬톤사에서 만든 기준 색표집으로 색마다 번호가 붙어 있어 각 분야에서 색을 정하는 기준으로 많이 사용하고 있는 컬러 차트입니다.

**MEMO [Swatches] 패널 섬네일 크기 변경**

[Swatches] 패널에 표시되는 섬네일 크기를 변경하여 컬러 차트의 시인성을 높일 수 있습니다.

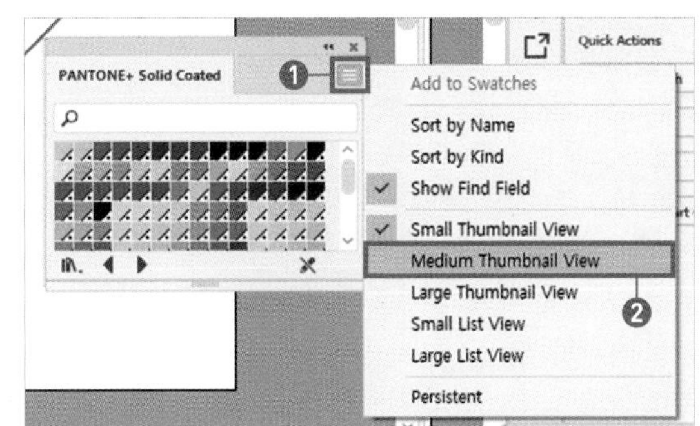


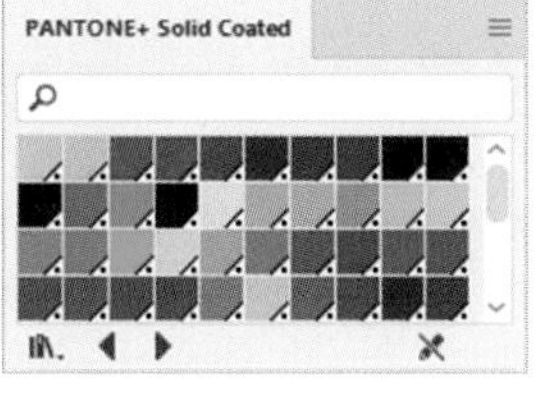

**5** [PANTONE+ Solid Coated] 패널에서 [Fill] 색상을 'PANTONE Rubine Red C'로 선택합니다. 그리고 [Stroke] 색상은 'None'으로 설정합니다.

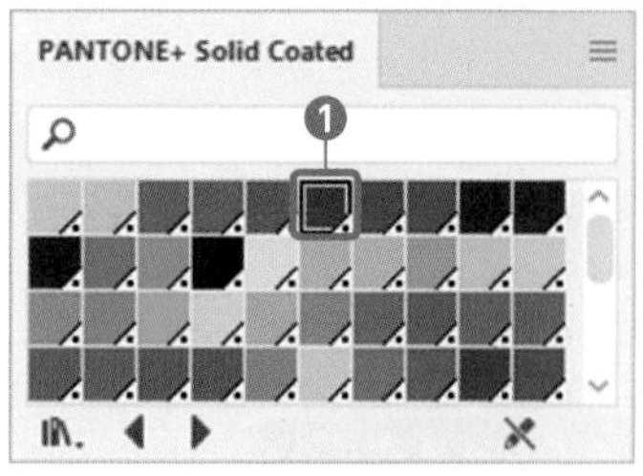


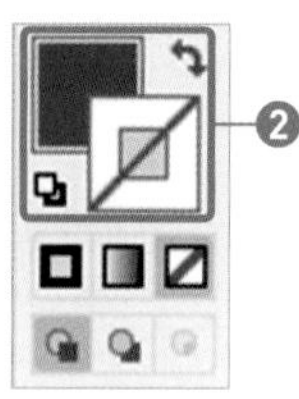


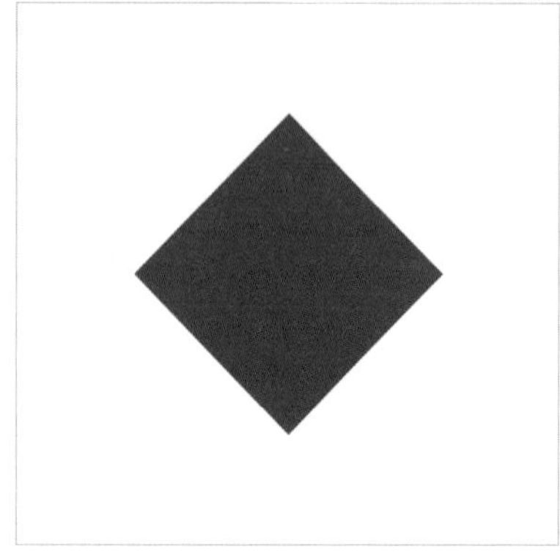

**6** 다음은 프리한 모양의 사각형을 그려봅니다. 툴바에서 [Pen Tool]( )을 선택하고 [Fill] 색상은 'None', [Stroke] 색상은 '검은색'으로 설정합니다. 그다음 그림과 같이 마름모꼴 형태의 변형된 사각형을 그려줍니다.

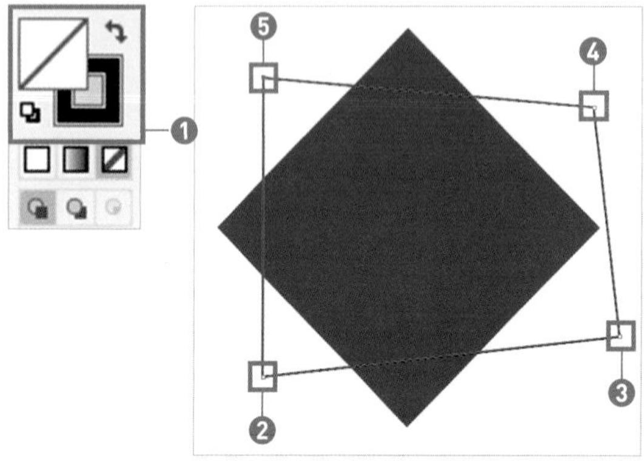


> **TIP**
>
> [Fill] 색상을 'None'으로 하여 밑 배경이 잘 보이도록 작업합니다.

**7** 오른쪽 부분에 접힌 듯한 효과를 주기 위해 그림과 같이 삼각형 형태로 그려줍니다.

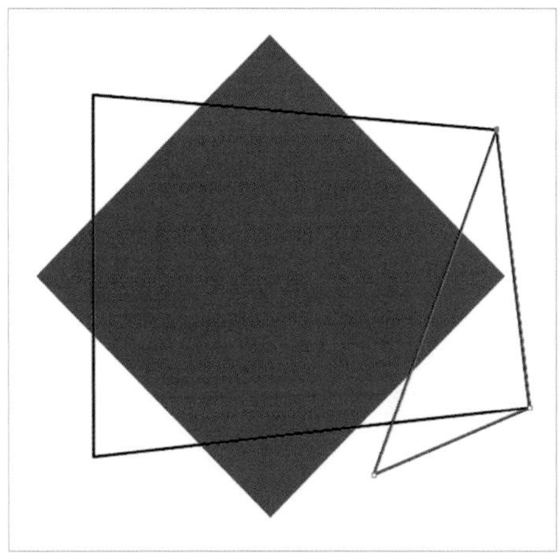

**8** 그다음 추가로 그린 사각형과 삼각형을 선택하고 [PANTONE+ Solid Coated] 패널에서 [Fill] 색상을 'PANTONE Red 032 C'로 선택하고 [Stroke] 색상은 'None'으로 설정합니다.

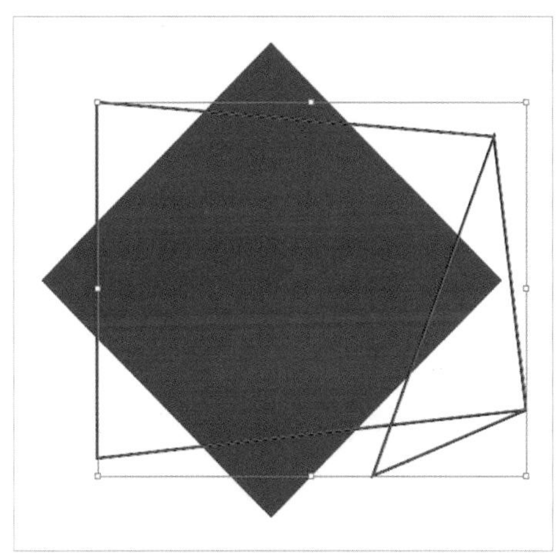

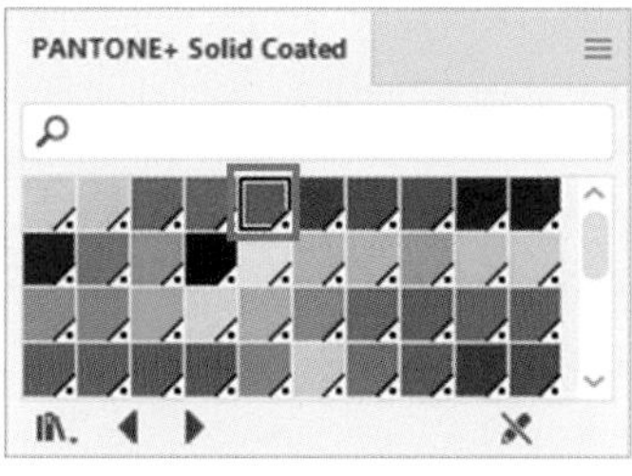

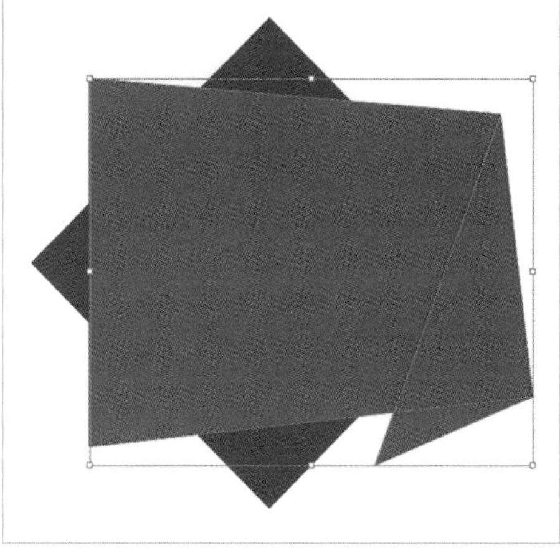

9 그리고 [Properties] 〉 [Appearance] 패널에서 [Opacity]를 '70%'로 변경하여 투명도를 적용합니다. 그러면 [Fill] 색상에 투명도가 적용되어 뒤쪽에 위치한 오브젝트의 색상들과 겹쳐 섞인 모양으로 표시되는 것을 확인할 수 있습니다.

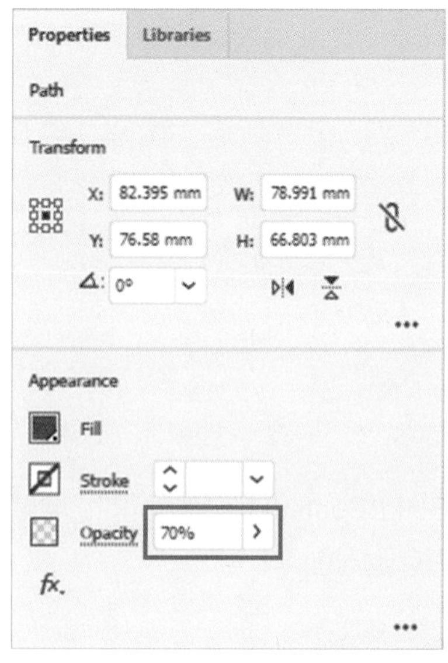


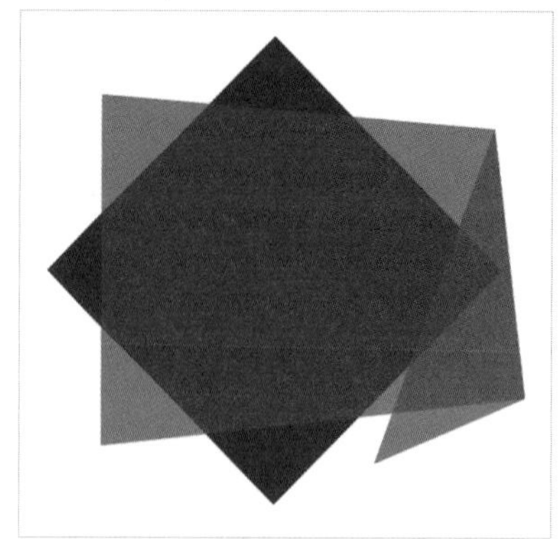

10 다시 툴바에서 [Default Fill and Stroke]( )를 클릭하여 [Fill]과 [Stroke] 색상을 기본 색상으로 변경합니다. 그다음 [Star Tool]( )을 선택하고 [Radius 1] : '15mm', [Radius 2] : '22mm', [Points] : '10'으로 설정하여 별 모양을 그려줍니다.

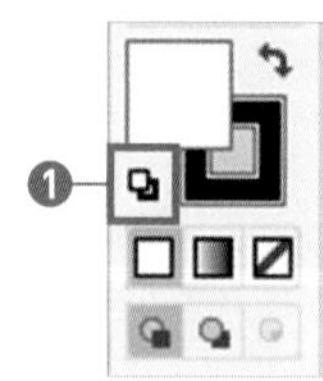


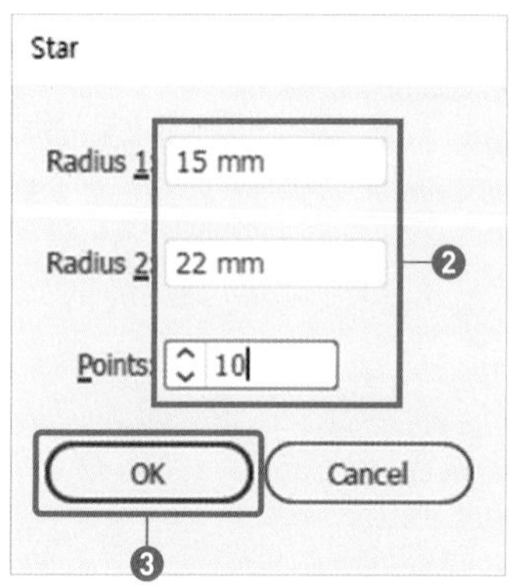


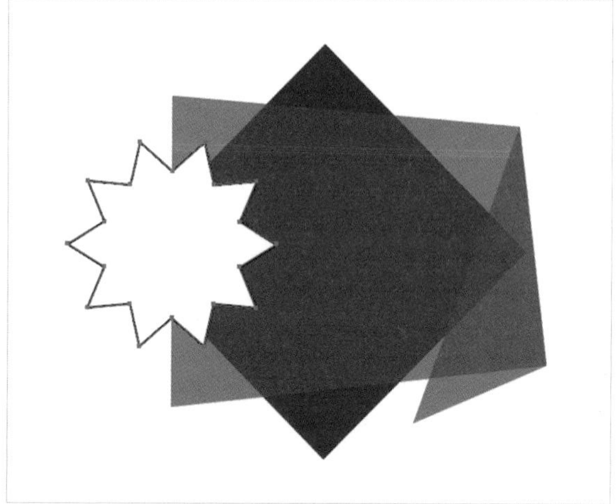

**11** 별 모양의 [Fill] 색상은 'PANTONE 801 C'로 선택하고 [Stroke] 색상은 'None'으로 설정합니다.

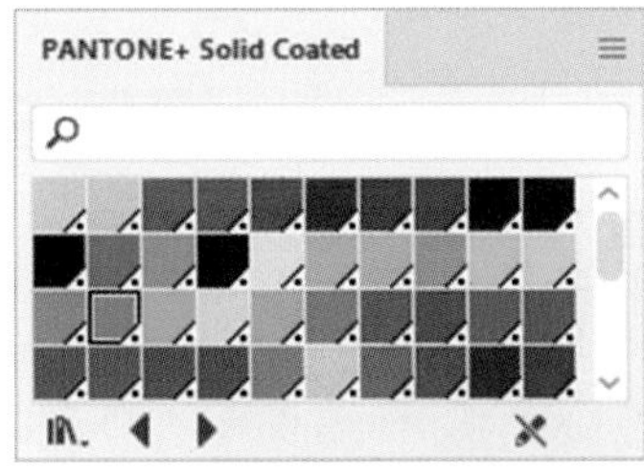

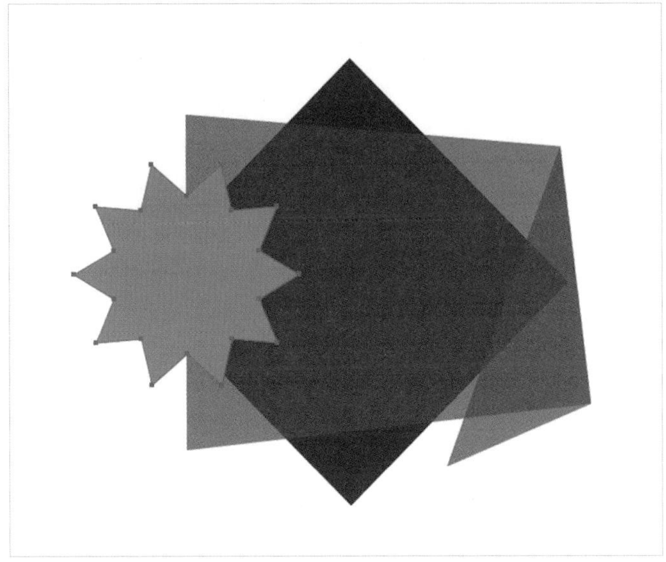

**12** 별과 동일한 모양의 테두리를 추가하기 위해 [Object] 〉 [Path] 〉 [Offset Path] 메뉴를 클릭합니다.

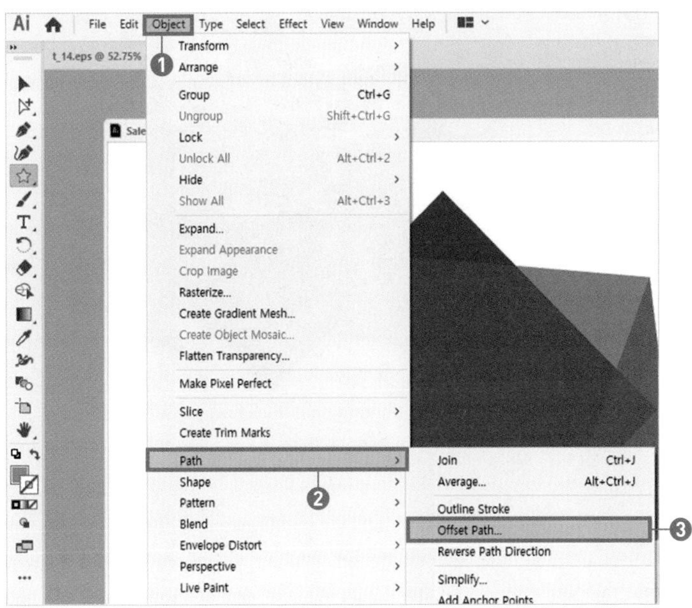

**13** [Offset Path] 대화상자가 표시되면 [Offset]을 '2mm'로 설정하고 [OK]를 클릭합니다. 그러면 크기가 2mm만큼 확장된 별 모양이 추가됩니다.

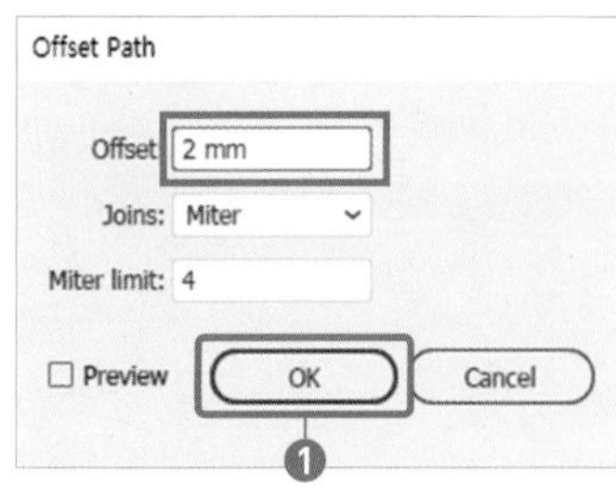


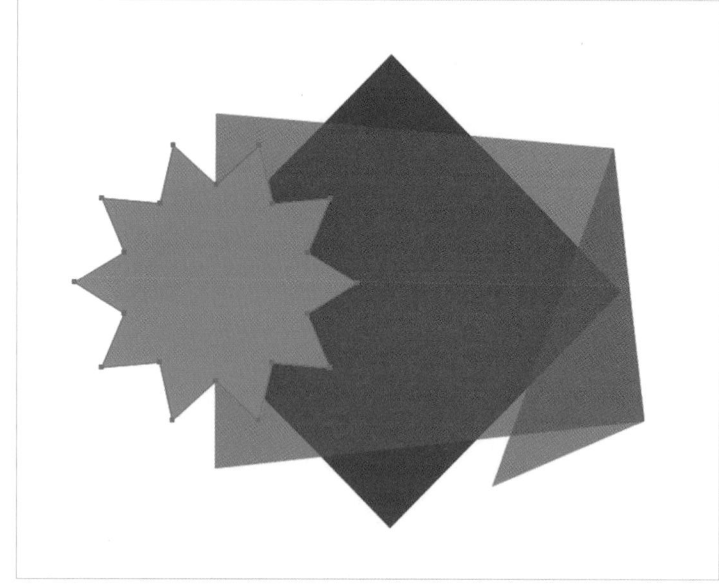

TIP

Offset Path는 입력한 수치만큼 확장시켜주는 기능입니다.

**14** 확대시킨 별의 [Fill] 색상은 'PANTONE 803 C'로 적용합니다.

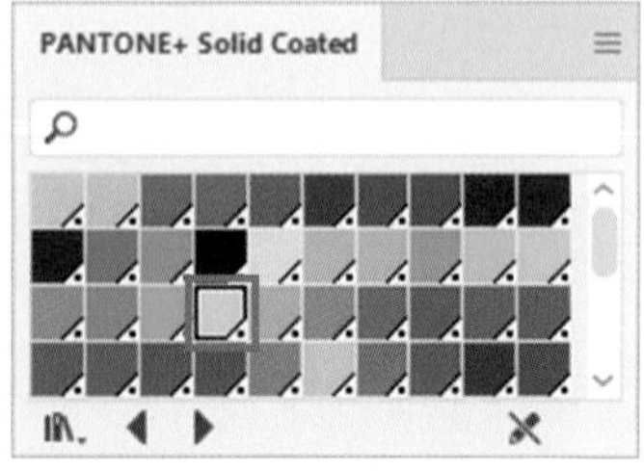

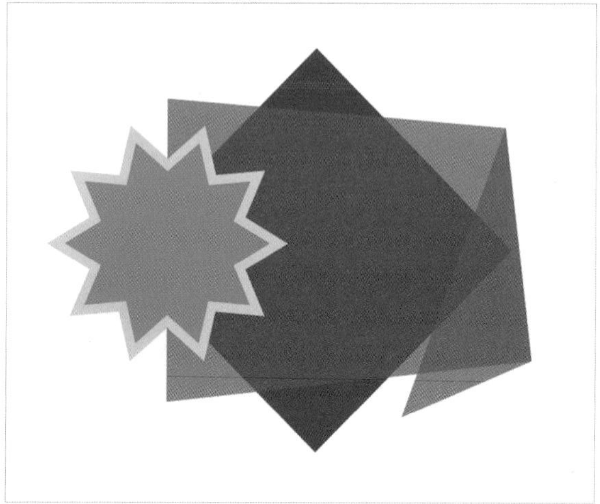

**15** 툴바에서 [Pen Tool]( )을 선택하고 [Fill] 색상은 'None', [Stroke] 색상은 '검은색'으로 설정합니다. 그다음 그림과 같이 위쪽 모서리 부분과 평행하게 패스를 그려줍니다.

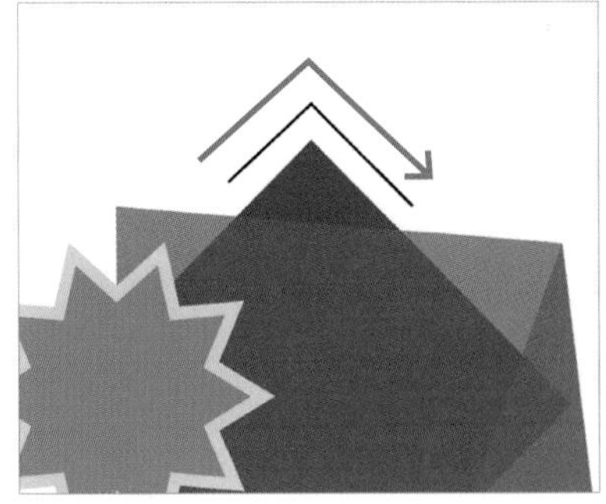

**16** 그다음 [Properties] 〉 [Appearance] 패널에서 [Stroke]의 두께를 '2mm'로 조정합니다.

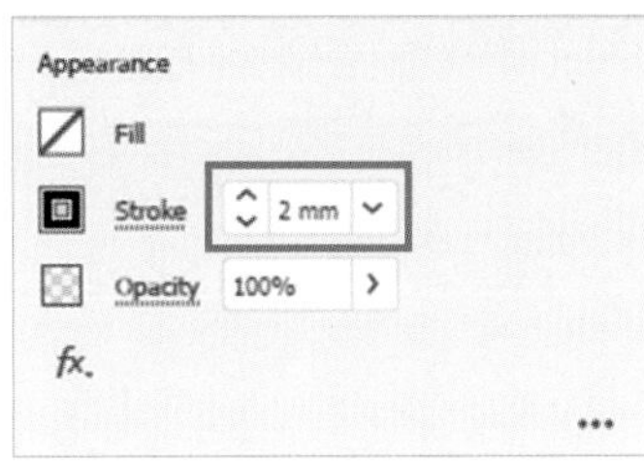


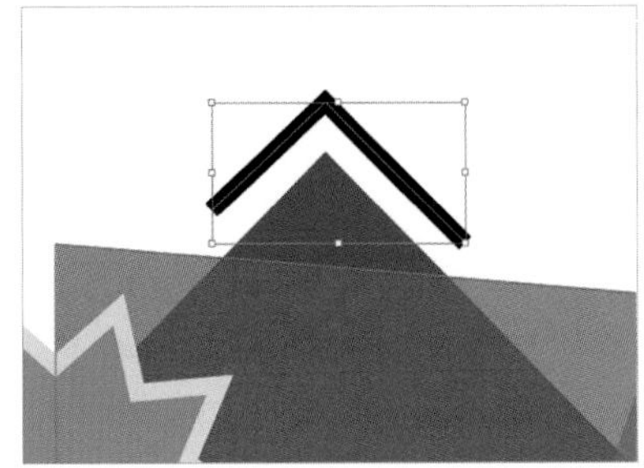

**17** [Stroke] 색상은 [PANTONE+ Solid Coated] 패널에서 'PANTONE Red 032 C'로 적용합니다.

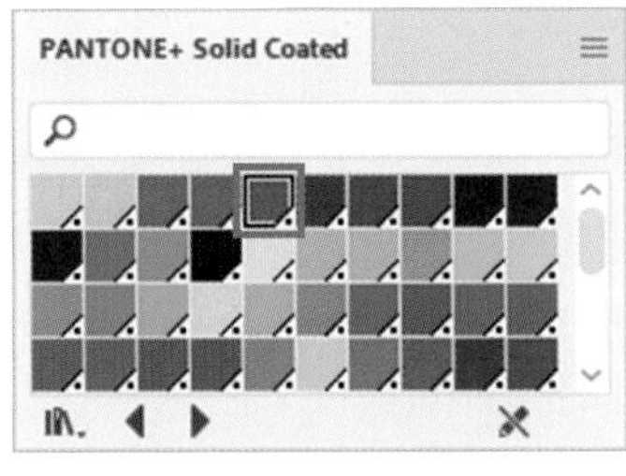


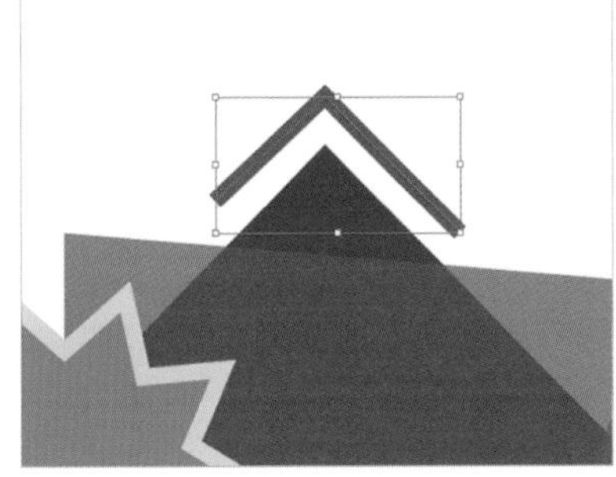

**18** 그다음은 패스 선을 연결하지 않고 끊어진 상태로 그림과 같이 좌우로 패스를 확장하여 그려줍니다.

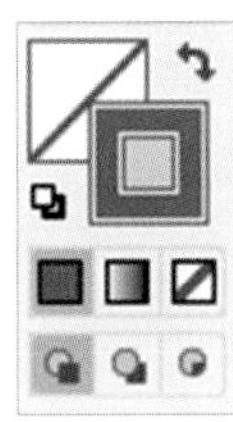

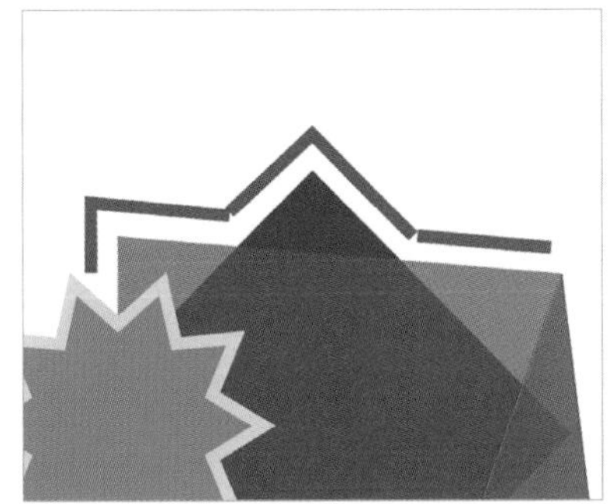

**19** [Stroke]의 두께는 '1mm'로 조정합니다.

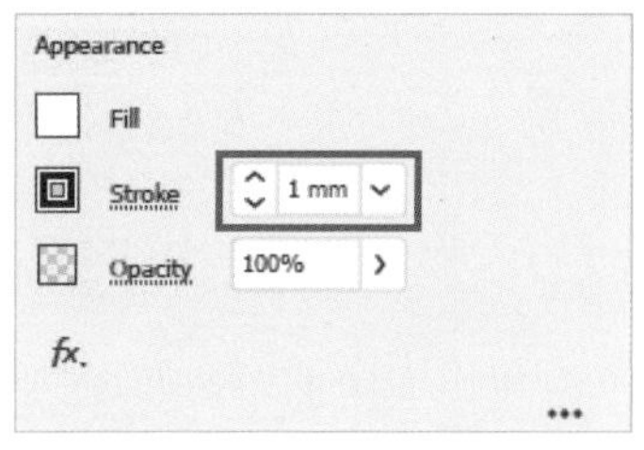

**20** 다음은 좌우에 새로 추가한 두 개의 패스 형태를 점선 형태로 변경해 봅니다. [Appearance] 패널에서 [Stroke]를 클릭하면 Stroke 옵션 창이 표시됩니다. [Dashed Line]을 체크한 후 [Aligns dashes to corners]를 선택하고 'dash 4mm, gap 2mm'로 입력합니다. 그러면 점선 4mm, 간격은 2mm의 점선으로 변경됩니다.

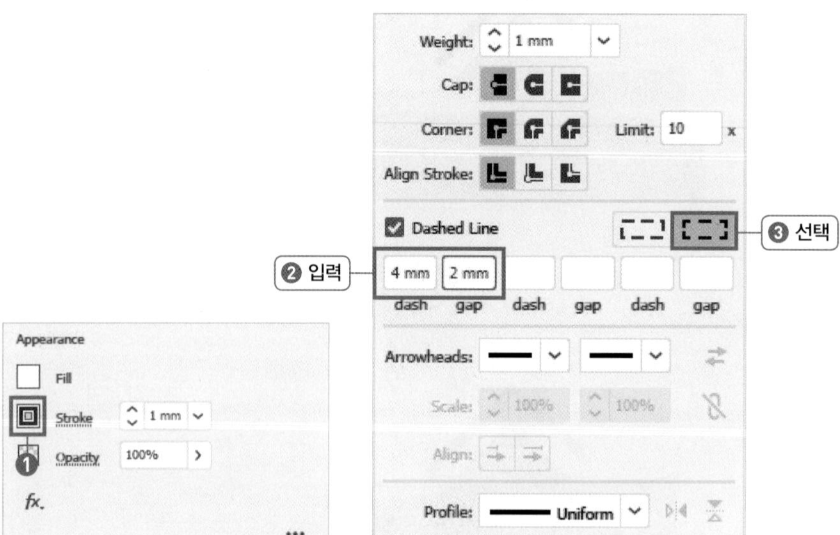


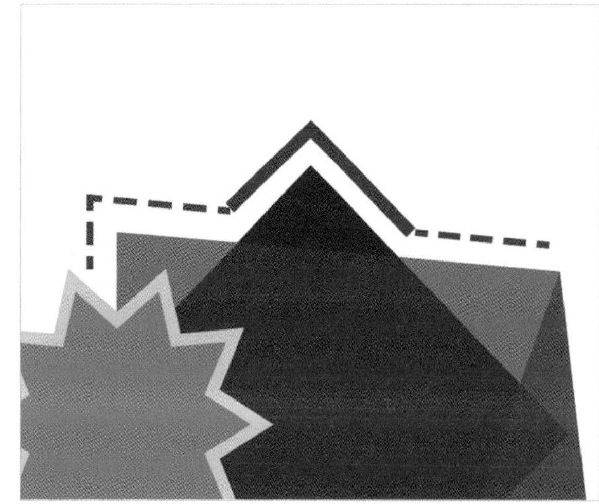

**MEMO** [Stroke] 패널

[Window] 〉 [Stroke] 메뉴를 클릭하면 Stroke 옵션들을 동일하게 사용할 수 있습니다.

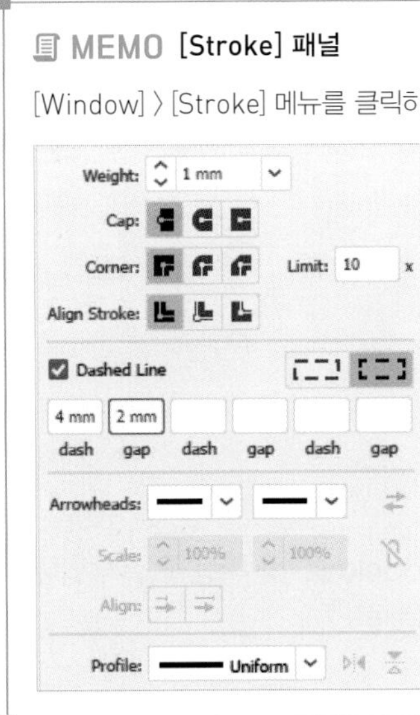


**21** 그림과 같이 아래쪽 부분도 동일한 방법으로 그려봅니다.

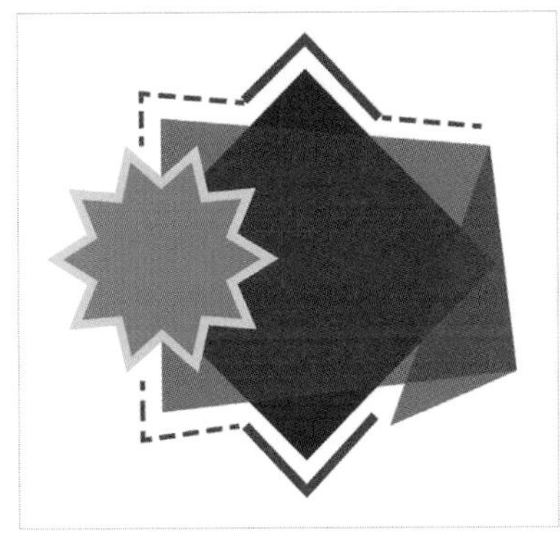

**22** 다음은 별 모양의 그림자를 그려보도록 하겠습니다. 그림자 작업이 원활하도록 불필요한 부분을 잠시 숨겨둡니다. 확장된 별과 마름모꼴 사각형만 제외하고 나머지 오브젝트를 선택하고 [Object] 〉 [Hide] 〉 [Selection] 메뉴를 클릭하여 잠시 화면에서 숨겨둡니다.

**23** 별 모양을 선택한 후 Ctrl+C, Ctrl+V로 복사합니다. 그다음 [PANTONE+ Solid Coated] 패널에서 [Fill] 색상을 'PANTONE 875 C'로 적용합니다.

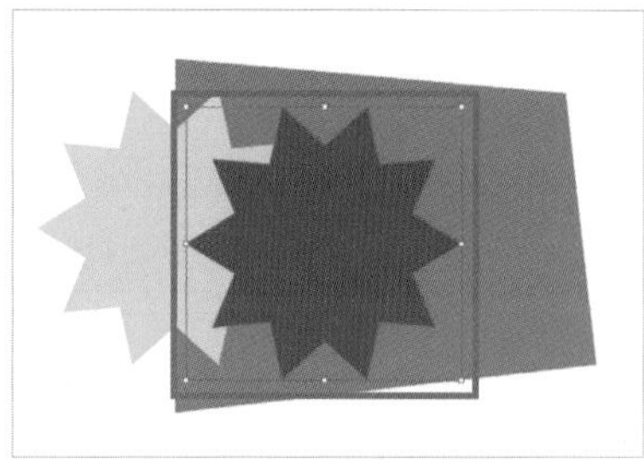

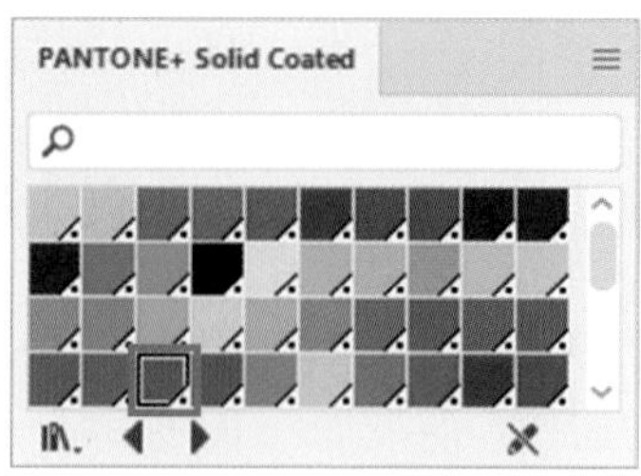


**24** 노란색의 별과 위치를 변경하기 위해 [Object] 〉 [Arrange] 〉 [Send Backward] 메뉴를 클릭합니다. 변화가 없다면 노란색 별 뒤에 위치하도록 여러 번 적용하고 위치도 조정합니다.

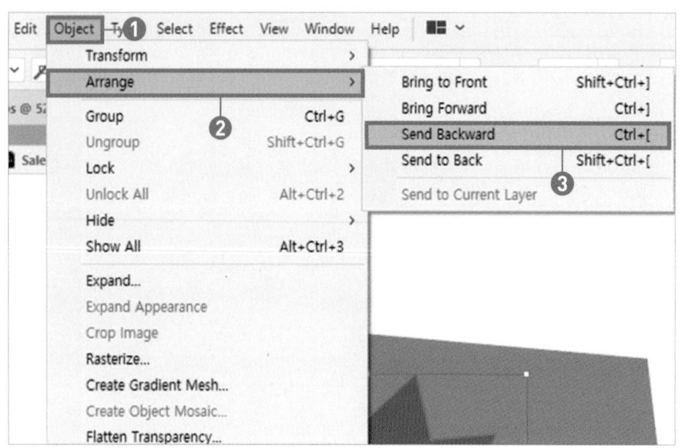


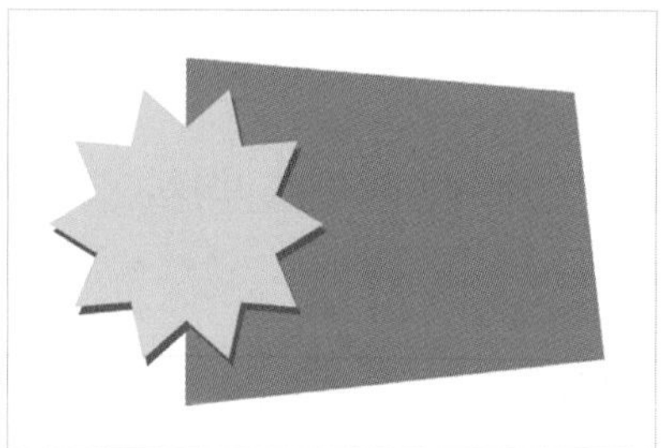

### TIP

[Arrange]〉[Send Backward] 메뉴는 한 칸 뒤로 이동하는 기능입니다. 자주 사용되는 기능으로 단축키를 알아두는 것이 필요합니다.

**25** 다음은 그림자 부분이 사각형 부분만 표시되도록 하는 작업입니다. 노란색 별은 Hide 기능으로 잠시 숨겨두고 그림자 별과 사각형을 선택합니다.

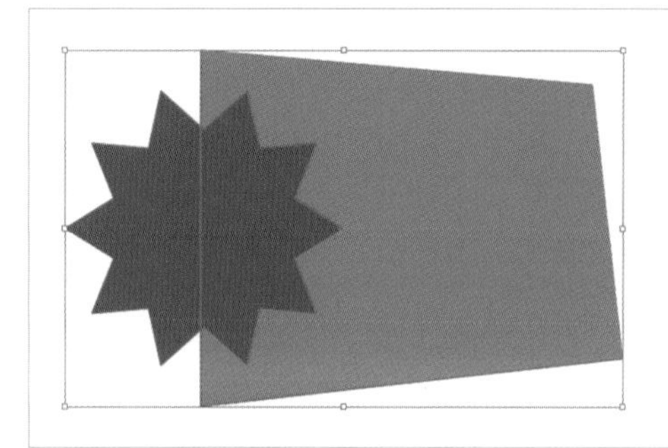

**26** [Properties] 〉 [Pathfinder] 패널에서 [Divide]( )를 클릭하여 겹쳐진 이미지 모양으로 나눠줍니다. 그다음 사각형 바깥쪽에 있는 별 이미지를 삭제합니다.

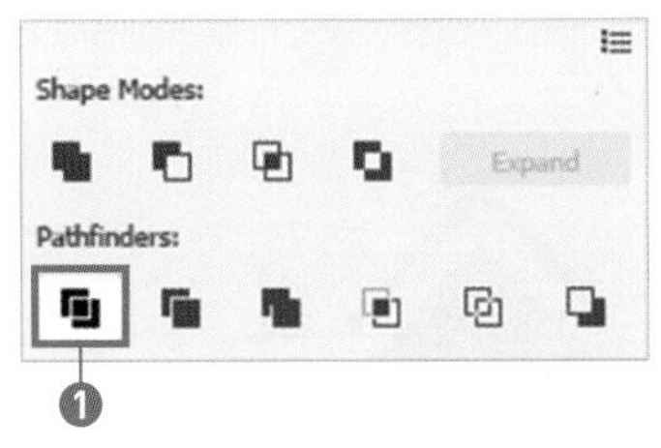


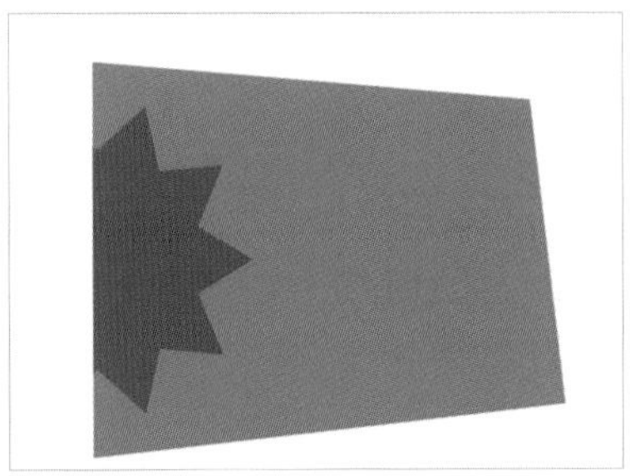

**27** 숨겨 두었던 오브젝트를 다시 표시하기 위해 [Object] 〉 [Show All] 메뉴를 클릭합니다.

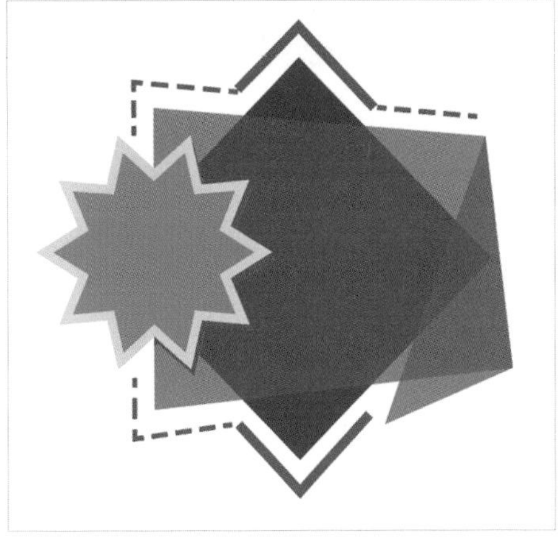

**28** 다음은 문자를 입력하여 팝업 광고 이미지를 완성해 보겠습니다. 먼저 문자 이미지들은 레이어를 분리하여 작업합니다. [Layers] 패널에서 [Create New Layer]( )를 클릭하여 새로운 레이어를 추가합니다.

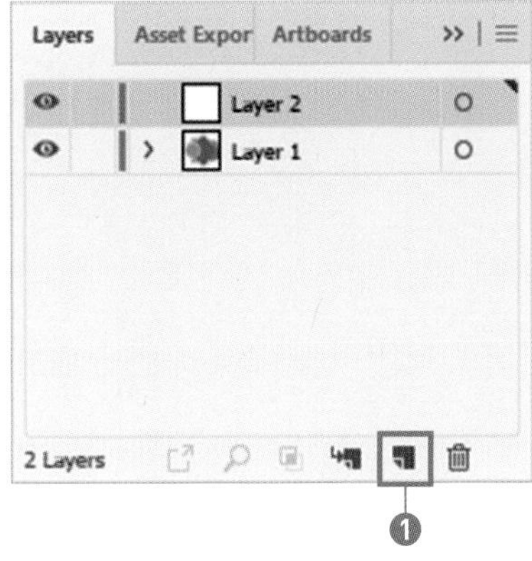

**29** 툴바에서 [Type Tool]( T )을 선택하고 [Properties] 〉 [Character] 패널에서 글꼴 및 크기를 설정합니다. 문자의 색상은 흰색으로 설정합니다. 그다음 '70% OFF'로 문자를 입력하고 그림과 같이 위치로 이동합니다.

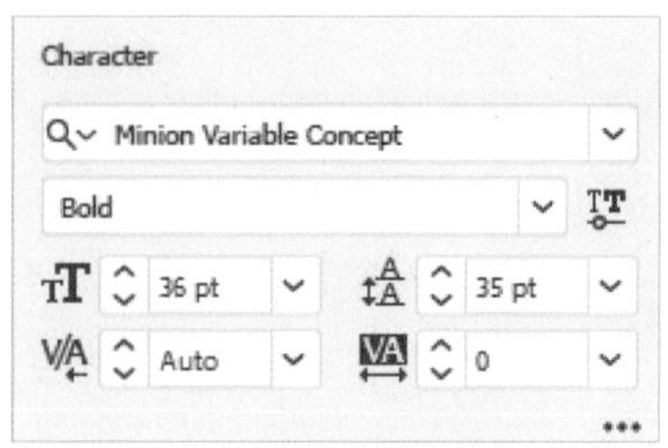


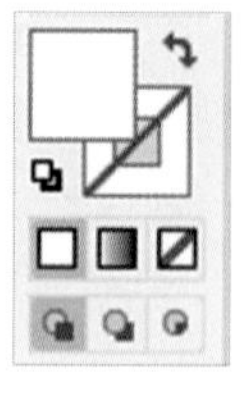

> **TIP**
> 글꼴이 없는 경우 비슷한 스타일로 입력하도록 합니다.

**30** 그다음 그림과 같이 문자의 테두리 상자를 선택하여 회전시킵니다.

**31** 다음은 마름모꼴 사각형 부분에 들어갈 문자를 만들어 봅니다. 툴바에서 [Type Tool]( T )을 선택하고 [Properties] 〉 [Character] 패널에서 글꼴 및 크기를 설정합니다. 그다음 'BIC! Sale'을 그림과 같이 입력합니다.

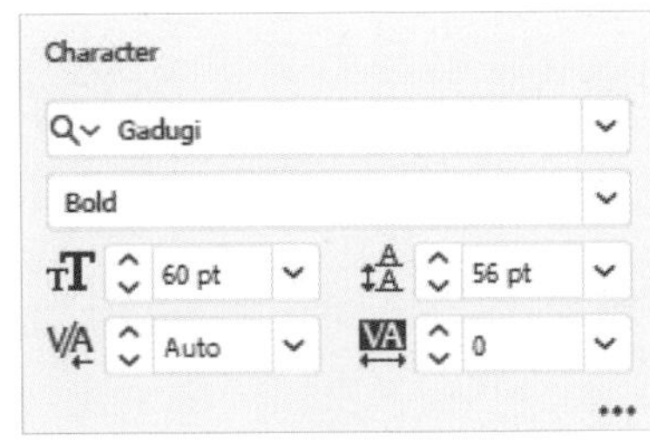

> **TIP**
> 글꼴이 없는 경우 비슷한 스타일로 입력하도록 합니다.

**32** 다음은 마름모꼴 사각형 모양에 맞게 문자가 원근감이 있는 형태로 변형합니다. 문자를 마우스 오른쪽 버튼을 클릭하고 [Create Outlines]를 선택합니다. 그러면 기본 문자열에서 일반 오브젝트로 변경되는 것을 확인할 수 있습니다.

> **TIP**
> 기본 문자열의 경우 모양을 변형하는 데 있어 제약이 있기 때문에 문자의 기본 속성을 변경해야 합니다.

33 문자의 모양을 변형하기 위해 툴바에서 [Free Transform Tool]( )을 선택합니다. 그러면 확장 도구 창이 표시되는 데 그때 [Free Distort]( )를 선택합니다.

34 테두리 상자의 핸들을 조절하여 사각형의 모양과 일치되도록 조절합니다.

35 다음은 문자의 그림자를 만들어 봅니다. 'BIC! Sale' 오브젝트를 Ctrl+C, Ctrl+V로 복사하고 [PANTONE+ Solid Coated] 패널에서 [Fill] 색상을 'PANTONE Rubine Red C'로 채워줍니다.

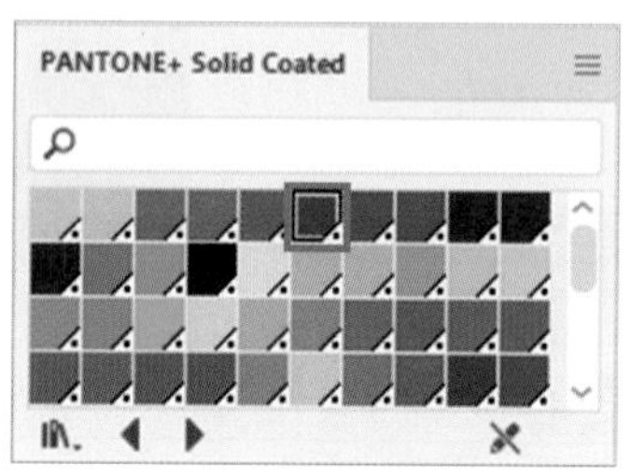

**36** 그림자 이미지의 순서를 변경하기 위해 [Object] 〉 [Arrange] 〉 [Send Backward](Ctrl+[) 메뉴를 클릭하여 위치를 조정하고 작업을 완성합니다.

**37** 동일한 방법 또는, 다른 방법을 활용하여 다음 그림과 같이 응용해 봅니다.

# 직접 쓴 손글씨를 벡터 이미지로 만들기

## Photoshop(포토샵), Image Trace(이미지 추적), Smooth Tool(매끄럽게 도구), Brush(브러시)

일러스트레이터의 다양한 기능들을 혼합하여 입체 효과가 적용된 이미지를 만들어 봅니다.

[**예제 파일** : PART 02 Illustrator/4교시/handtext.jpg, handtext-02.jpg, handtext-완성.ai]

### 학습과제

래스터 이미지의 효과를 적용하여 변화를 주고 문자를 입력하고 정렬하는 방법에 대해 알아봅니다.

▲ 사용자가 손글씨를 작성하여 직접 응용해보도록 합니다.

## 01 : 포토샵에서의 이미지 정리

**1** 먼저 포토샵으로 예제 파일(handtext.jpg)을 불러옵니다. 휴대폰으로 촬영한 사진이기 때문에 이미지 보정 작업이 필요합니다.

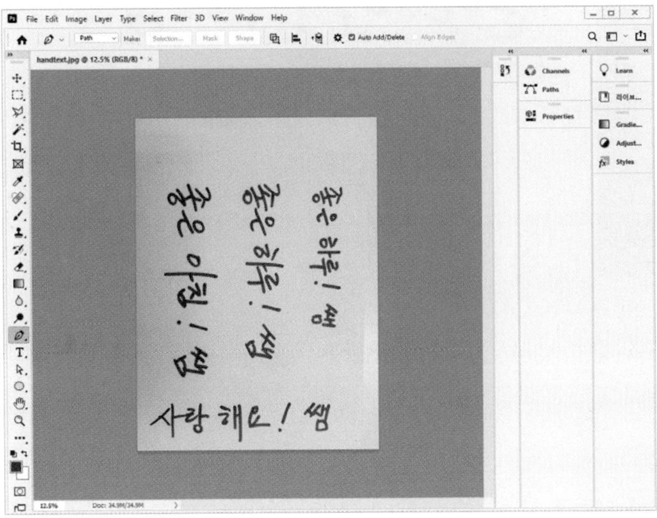


**2** 글씨가 세로 방향으로 되어 있어서 시계 반대 방향으로 회전시켜야 합니다. [Image] 〉 [Image Rotation] 〉 [90° Counter Clockwise] 메뉴를 클릭하여 이미지 전체를 시계 반대 방향으로 회전시킵니다.

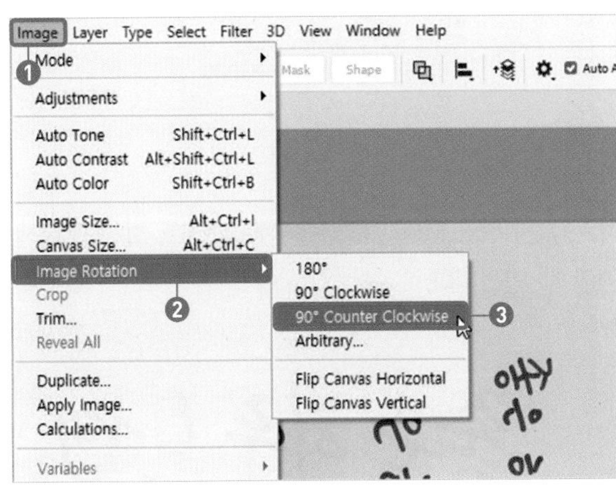


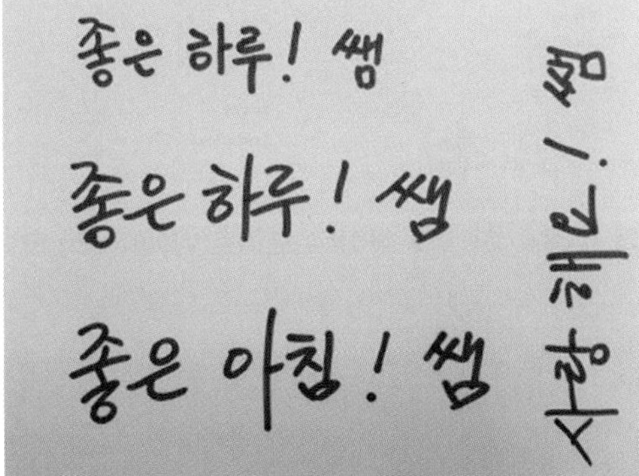

**3** 툴바에서 [Crop Tool]( )을 선택하고 가장 마음에 드는 글씨체만 영역으로 지정하고 Enter↵ 또는 더블클릭하여 나머지 영역은 제거합니다.

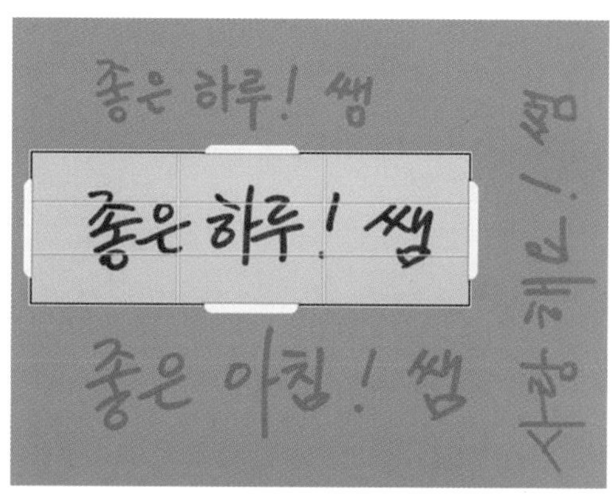


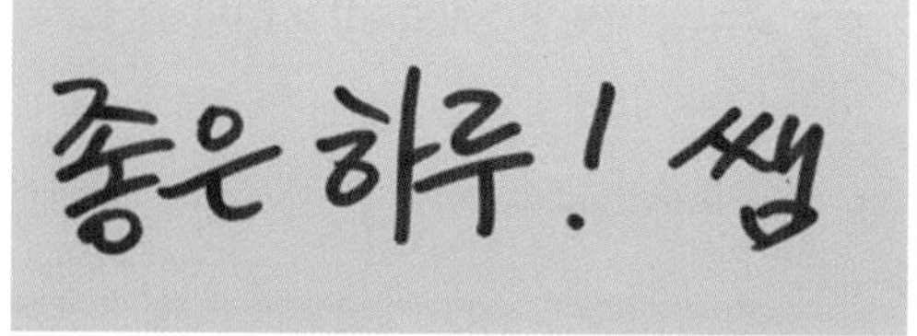


**4** 다음은 이미지의 흐릿한 톤을 조정하기 위해 [Image] 〉 [Adjustments] 〉 [Curves] 메뉴를 클릭합니다. 그러면 [Curves] 대화상자가 표시됩니다.

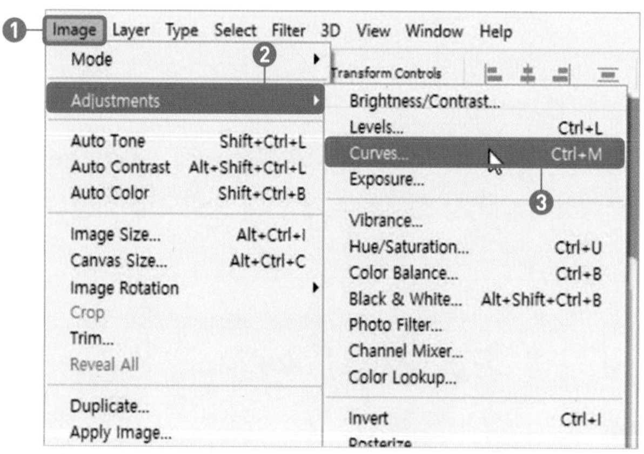


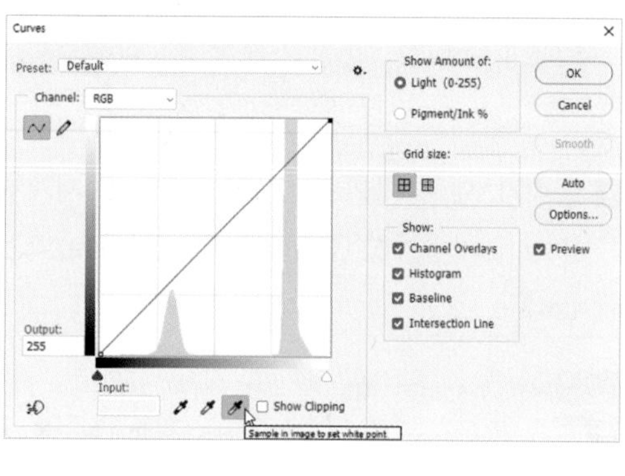


**5** 그래프 아래쪽 화이트 포인트(White Point) 아이콘을 선택하고 배경 부분을 선택합니다. 그러면 회색 톤의 뿌옇던 배경이 흰색으로 보정되는 것을 확인할 수 있습니다.

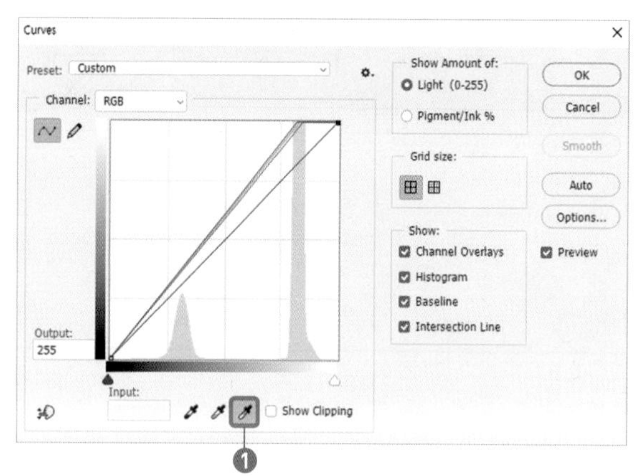


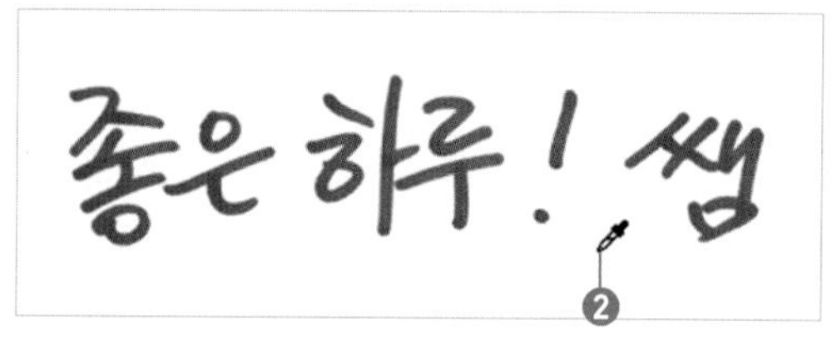

**6** 다음은 블랙 포인트(Black Point) 아이콘을 선택하고 문자 영역을 클릭합니다. 그러면 색상이 짙은 검은색으로 보정되는 것을 확인할 수 있습니다.

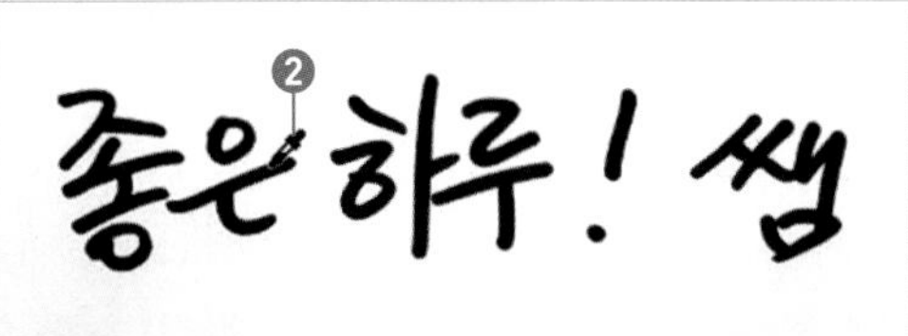


**7** 보정이 완료되었다면 'handtext-02.jpg' 파일로 저장합니다.

## 02 : 일러스트레이터에서의 작업

**1** 일러스트레이터를 실행하고 A4 사이즈의 새로운 문서를 생성합니다.

**2** 그다음 포토샵에서 작업하였던 이미지 파일을 가져오기 위해 [File] 〉 [Place] 메뉴를 클릭합니다. 앞서 저장했던 파일(handtext-02.jpg)을 선택하여 가져옵니다.

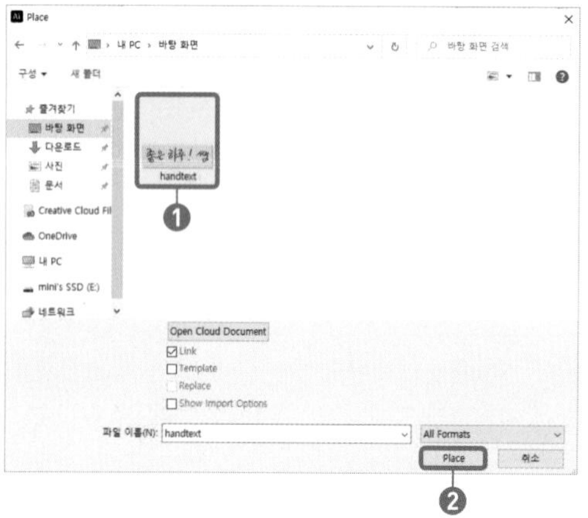

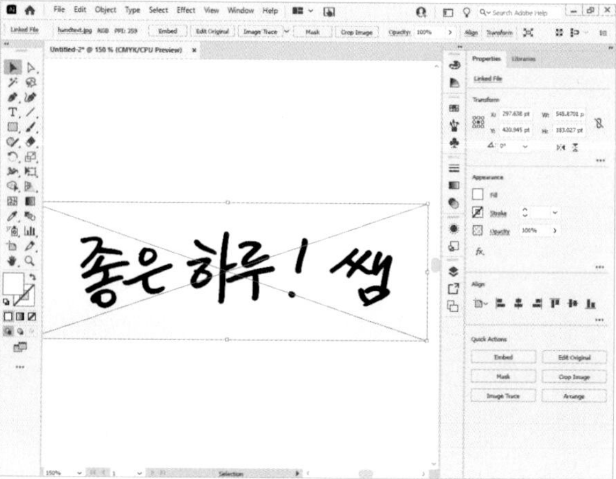

**3** 불러온 손글씨 이미지를 적당한 크기로 위치시킨 후 컨틀로 패널에서 [Image Trace]를 클릭하여 기본값으로 이미지 형태를 추적하고 그다음 [Expand]를 클릭하여 벡터 이미지로 변환합니다.

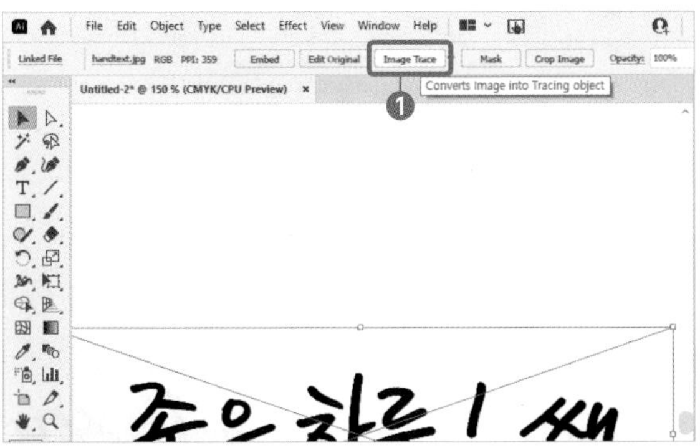


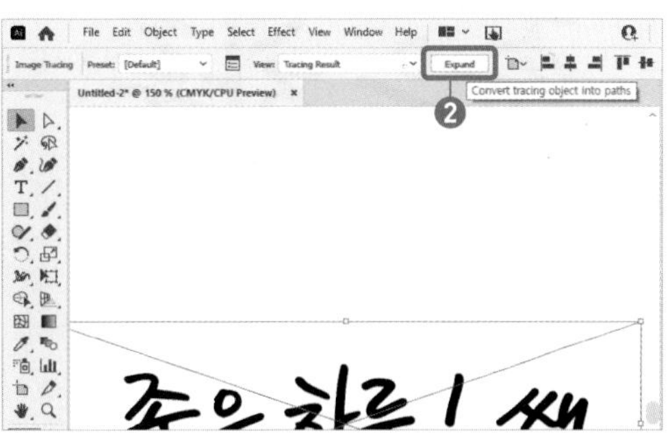


> **TIP**
> 컨트롤 패널에서 [Image Trace]를 클릭하면 기본값으로 적용되며 세밀하게 조정이 필요할 경우는 [Window] 〉 [Image Trace] 메뉴를 클릭하여 [Image Trace] 패널을 활성화한 후 세부 옵션을 조절하면 됩니다.

**4** 벡터 이미지로 변경된 글씨들은 전체가 그룹으로 지정되어 있습니다. [Object] 〉 [Ungroup] 메뉴를 클릭하여 그룹을 해제합니다.

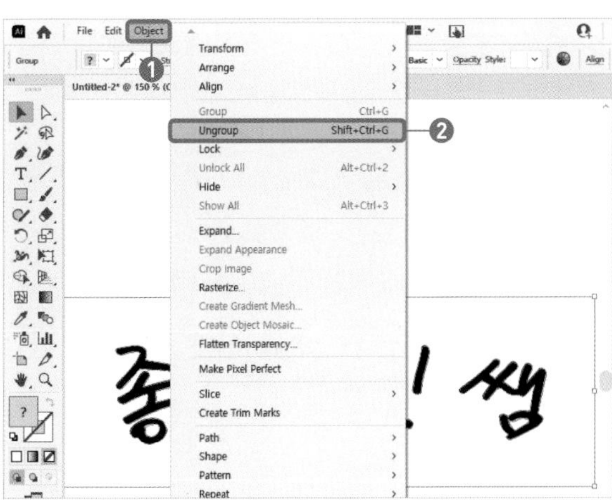


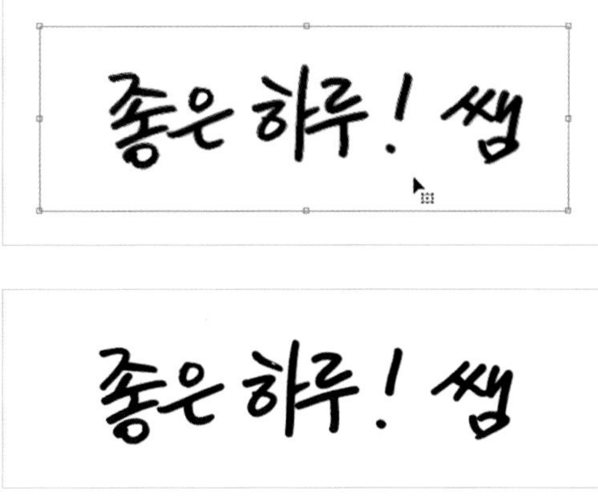

**5** 그다음은 한 글자씩 선택하고 [Object] 〉 [Group](Ctrl+G) 메뉴를 클릭하여 그룹으로 지정합니다.

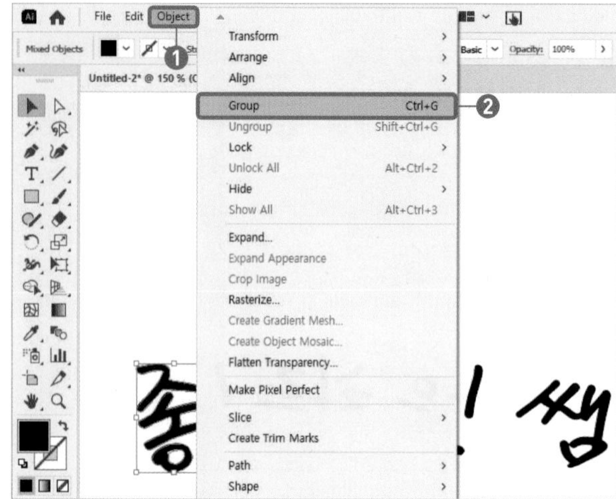


**6** 그룹 지정이 완료되었다면 한 글자씩 이동하여 보기 좋게 배치를 해봅니다.

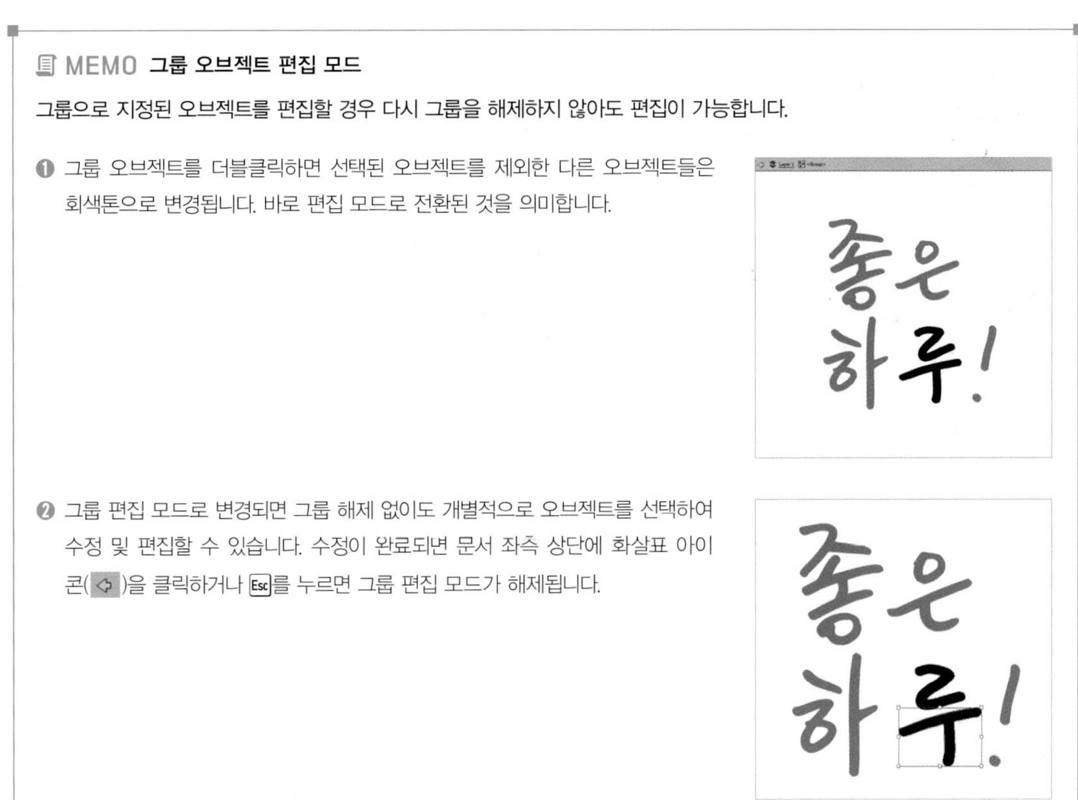

**MEMO 그룹 오브젝트 편집 모드**

그룹으로 지정된 오브젝트를 편집할 경우 다시 그룹을 해제하지 않아도 편집이 가능합니다.

❶ 그룹 오브젝트를 더블클릭하면 선택된 오브젝트를 제외한 다른 오브젝트들은 회색톤으로 변경됩니다. 바로 편집 모드로 전환된 것을 의미합니다.

❷ 그룹 편집 모드로 변경되면 그룹 해제 없이도 개별적으로 오브젝트를 선택하여 수정 및 편집할 수 있습니다. 수정이 완료되면 문서 좌측 상단에 화살표 아이콘( )을 클릭하거나 Esc를 누르면 그룹 편집 모드가 해제됩니다.

**7** 다음은 글씨가 얇은 듯하여 손글씨의 굵기를 좀 키워보겠습니다. 오브젝트 전체를 선택한 후 [Object] 〉 [Path] 〉 [Offset Path] 메뉴를 클릭합니다. [Offset Path] 대화상자가 표시되면 [Offset]을 '0.1mm' 정도 설정하고 [OK]를 클릭합니다.

**TIP**

Offset 값의 크기는 사용자가 필요한 만큼 입력하여 사용합니다. 적용하기 전 [Offset Path] 대화상자의 [Preview]를 체크하여 변화되는 상태를 확인하고 결정하는 것이 좋습니다.

**8** 다음은 손글씨들의 외곽선이 조금 거칠다면 부드럽게 다듬는 과정입니다. 먼저 툴바에서 [Smooth Tool]( )을 더블클릭합니다. 그러면 [Smooth Tool Options] 창이 표시되며 [Fidelity]를 [Smooth] 쪽으로 설정할수록 더욱 부드러운 곡선으로 처리할 수 있습니다. 알맞게 설정하고 [OK]를 클릭합니다.

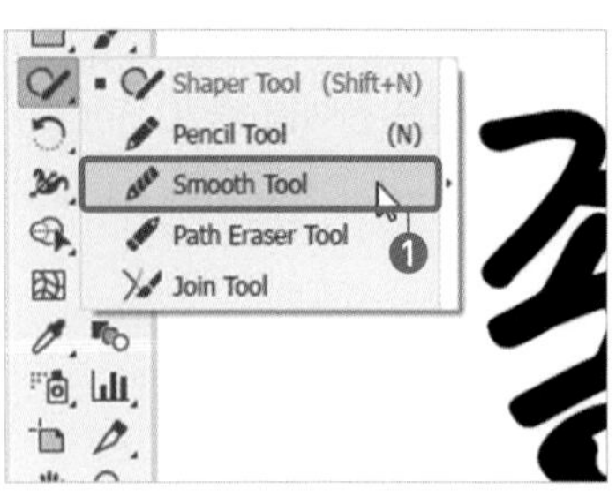


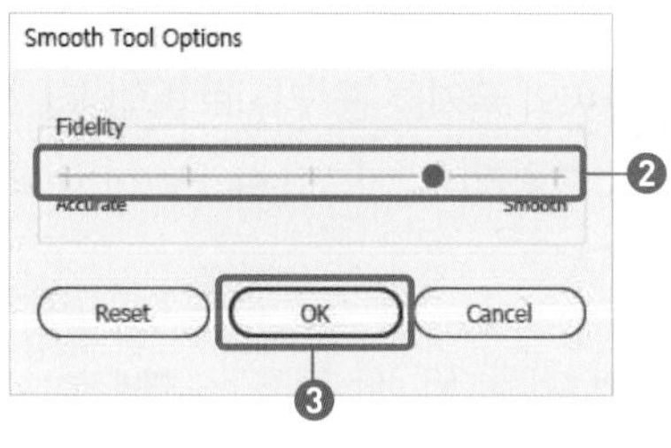


**9** 수정할 부분의 패스 위로 드로잉하면 정점의 개수가 축소되면서 곡선이 더욱 매끄럽게 변하는 것을 확인할 수 있습니다.

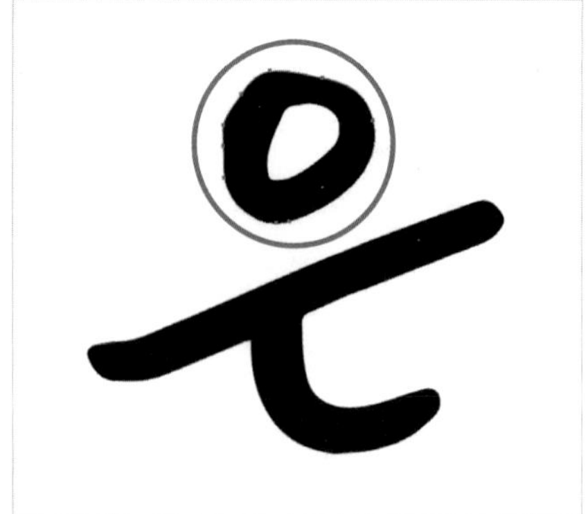

**10** 그다음 불필요한 모양을 제거하겠습니다. 툴바에서 [Eraser Tool]( )을 선택한 후 키보드의 [[], []] 단축키를 눌러가며 지우개의 크기를 적당하게 조절합니다. 그다음 제거할 부분을 드로잉합니다.

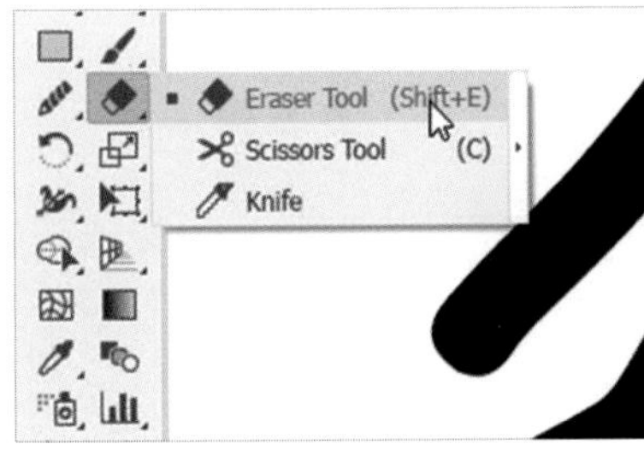

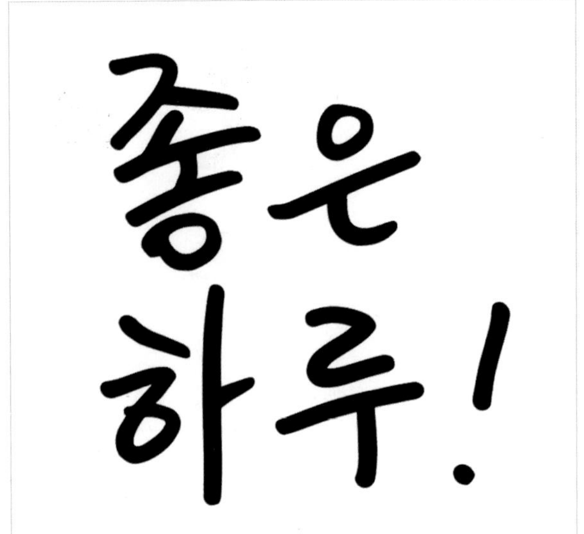


**MEMO** [Eraser Tool Options] 창

[Eraser Tool]을 선택한 후 [Properties] 패널에서 [Tool Options]를 클릭하거나 툴바에서 [Eraser Tool]을 더블클릭하면 [Eraser Tool Options] 창이 표시됩니다. 이곳에서 크기와 모양을 변경할 수 있습니다.

Eraser Tool Options

| | | | |
|---|---|---|---|
| Angle: | 0° | Fixed | Variation: 0° |
| Roundness: | 100% | Fixed | Variation: 0% |
| Size: | 10 pt | Fixed | Variation: 0 pt |

Reset  OK  Cancel

**11** 다음은 '쌤' 글자를 이용하여 낙관 형태를 만들어 보겠습니다. 툴바에서 [Rounded Rectangle Tool]( )을 선택하고 드래그하여 그림과 같이 라운드 사각형을 그려줍니다.

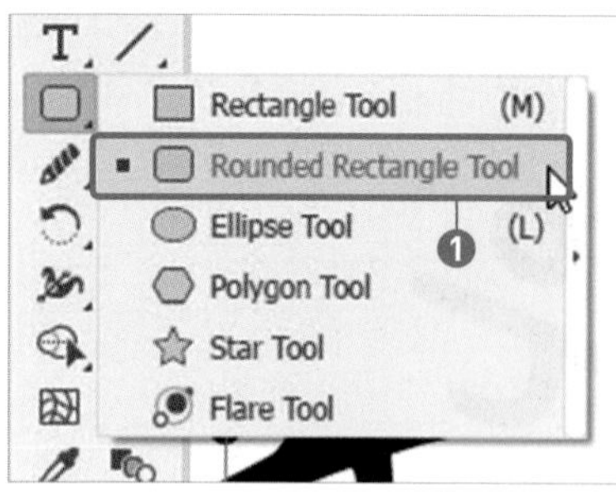

> **TIP**
>
> [Rounded Rectangle Tool]로 드래그할 때 방향키 ↑, ↓를 누르면 사각형 라운드의 크기를 바로 조절할 수 있습니다.

**12** 색상은 빨간색으로 적용합니다.

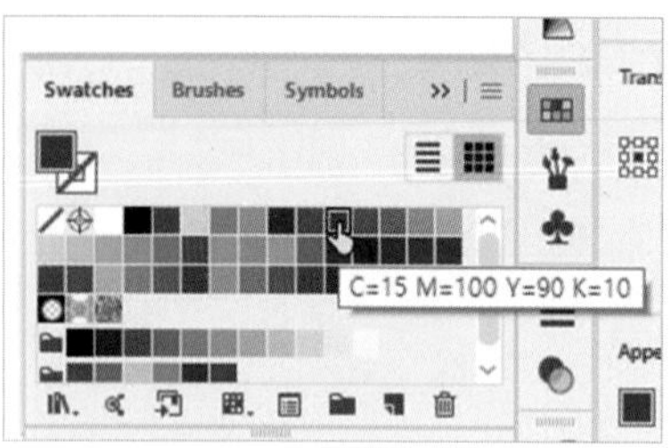

**13** 그다음 자연스러운 형태의 낙관 모양을 만들기 위해 툴바에서 [Smooth Tool]( )을 선택하고 외곽선을 드래그합니다.

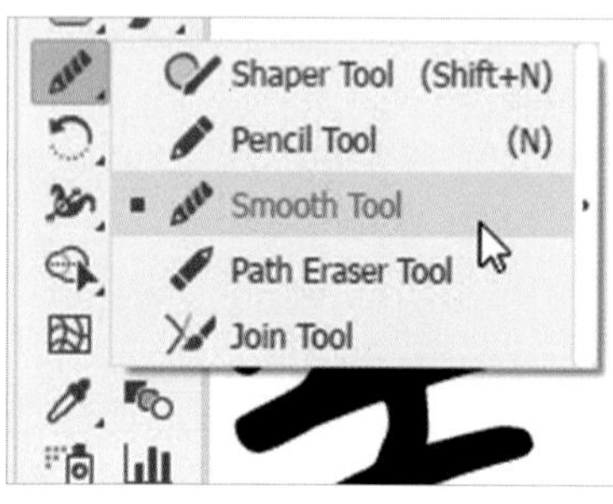

**14** 그다음 '쌤' 글자의 색상을 흰색으로 변경한 후 그림과 같이 낙관 배경에 꽉 차는 모양으로 크기를 조정합니다.

⑮ 낙관의 테두리 부분을 좀 더 자연스럽게 만드는 과정입니다. 낙관의 배경 사각형을 선택한 후 다양한 브러시 모양을 불러오기 위해 [Window] > [Brush] 메뉴를 클릭합니다. [Brush] 패널에서 메뉴 버튼을 클릭하고 [Open Brush Library] > [Artistic] > [Artistic_ChalkCharcoalPencil]을 선택합니다. [Artistic_ChalkCharcoalPencil] 창이 표시되면 'Charcoal _ Pencil' 브러시를 선택하여 낙관에 적용합니다.

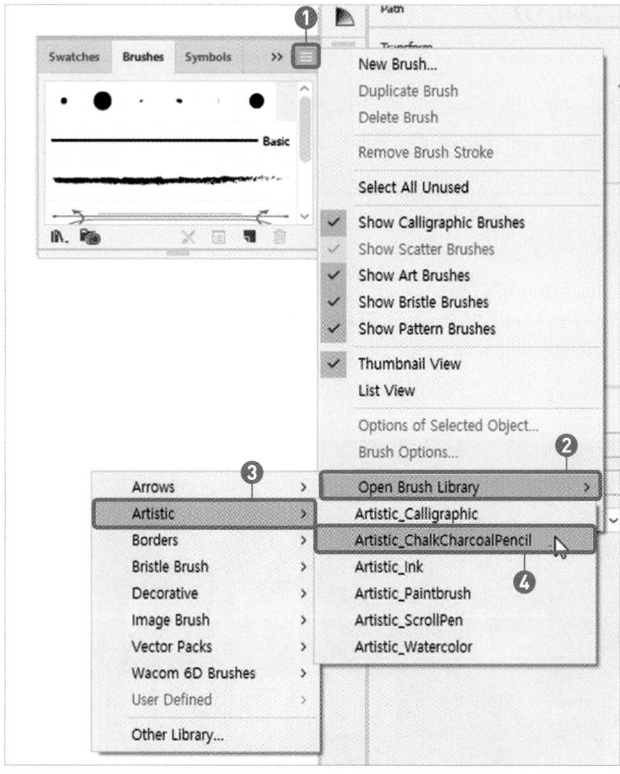


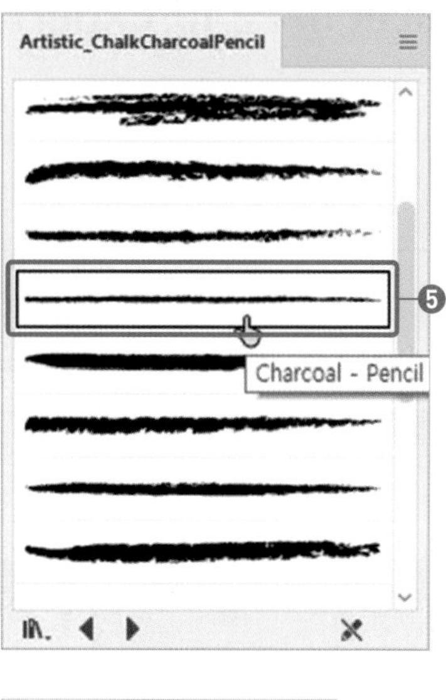

⑯ 그러면 기본 손글씨로 작성한 문자를 일러스트레이터 벡터 이미지로 변환 과정이 완료됩니다. 사용자들이 직접 손글씨를 작성한 후 동일한 방법으로 작업을 진행합니다.

# SNS용 홍보물 포스터 만들기

## Image Trace(이미지 추적), Type Tool(문자 도구), Polygon Tool(다각형 도구), Star Tool(별모양 도구), Place(가져오기), Expert(내보내기)

SNS를 활용하여 행사를 홍보할 수 있는 이미지를 만들어보는 과정입니다. SNS에 올리는 이미지들은 대부분의 사용자가 스마트폰으로 이미지를 보는 경우가 많기 때문에 간결한 구성과 가독성에 중점을 두는 것이 좋습니다.

[**예제 파일** : PART 02 Illustrator/4교시/rock.jpg, Sponsor01~03.jpg, poster-완성.ai]

래스터 이미지의 효과를 적용하여 변화를 주고 문자를 입력하고 정렬하는 방법에 대해 알아봅니다.

▲ 예제에 사용된 글꼴이 없는 경우는 임의로 선택하여 진행합니다.

**1** 메뉴에서 Ctrl+N을 눌러 [New Document] 대화상자를 불러봅니다. A4 크기로 설정하고 새로운 문서의 이름을 'POSTER'로 입력합니다. 그다음 [Color Mode]를 'RGB Color'로 설정한 후 [Create]를 클릭합니다.

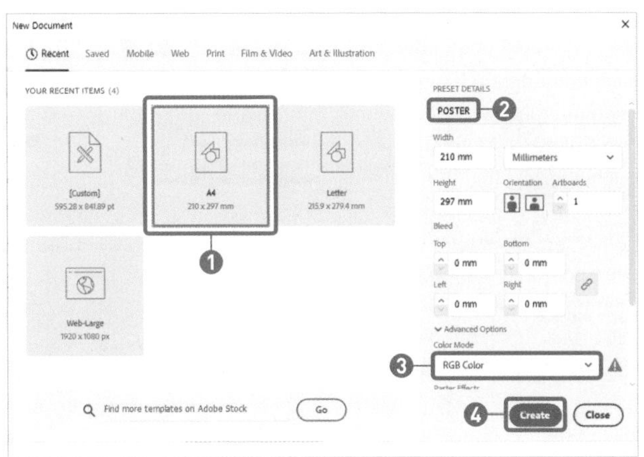

**MEMO Color Mode**

웹상에 올릴 이미지이기 때문에 컬러 모드를 RGB로 설정하는 것이 필요합니다. 인쇄용 모드인 CMYK로 설정하였을 경우 동일한 값의 색상이라도 다르게 보일 수 있습니다. 다음은 동일한 색상 값(#ff7bff)을 가지고 있지만 문서의 컬러 모드에 따라 색상이 다르게 보인다는 것을 알 수 있습니다.

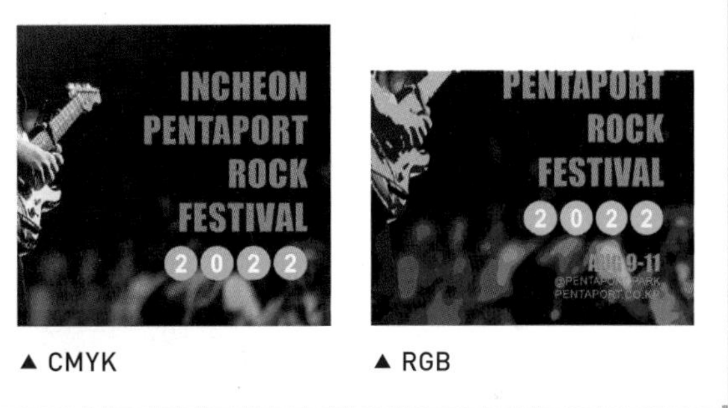


▲ CMYK ▲ RGB

**2** 새로운 문서로 이미지를 가져오기 위해 [File] 〉 [Place] 메뉴로 'rock.jpg' 파일을 불러온 후 문서 폭에 맞게 이미지 크기를 조절합니다.

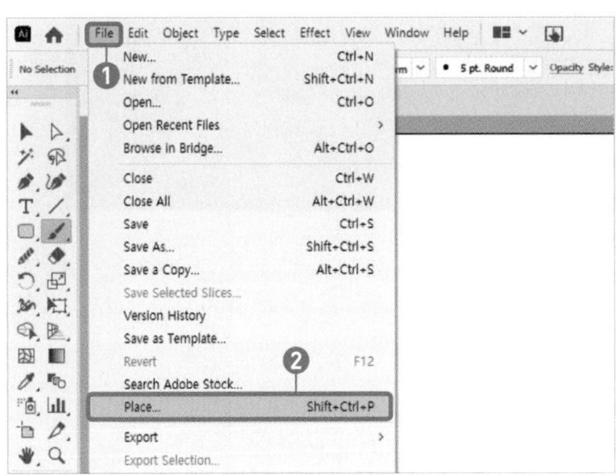

**TIP**

웹용으로 사용할 이미지(JPG, PNG)의 경우 문서의 크기와는 무관하지만, 인쇄용 출력물이나 PDF 파일로 출력할 경우는 문서의 크기를 출력할 크기로 미리 설정하고 진행하는 것이 필요합니다.

**3** 이미지를 선택한 상태에서 [Window] 〉 [Image Trace] 메뉴를 클릭합니다. 그러면 [Image Trace] 패널이 나타납니다.

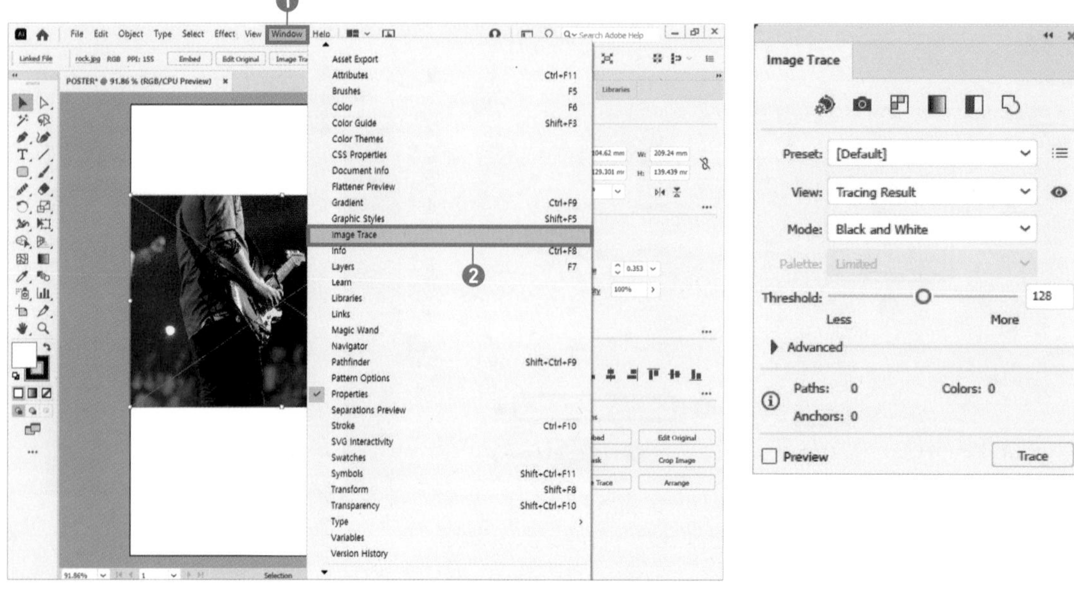


**4** 다음은 포스터 이미지로 변환해 보겠습니다. 이미지를 선택하고 [Image Trace] 패널에서 프리셋 중 [Auto-Color]( )를 클릭합니다. 그다음 [Colors]를 '16'으로 입력하여 색상의 단계를 기본값보다 작게 적용합니다. 적용 후 포스터처럼 변환된 이미지를 확인합니다.

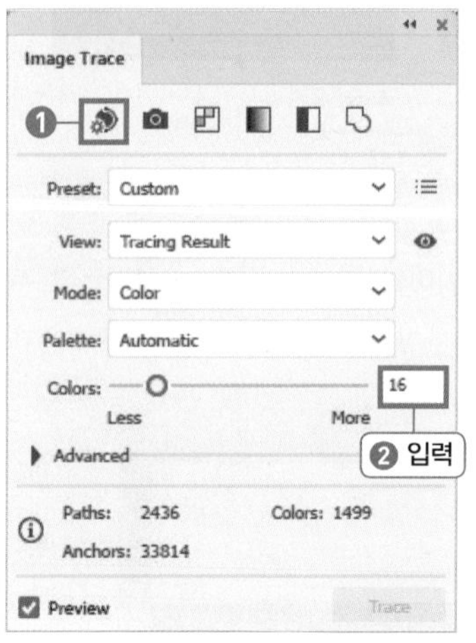

**5** 다음은 문자를 입력하기 위해 툴바에서 [Type Tool]( T )을 선택합니다. 툴바에서 문자의 색상은 밝은 핑크색(#ff7bff)으로 선택하고 [Properties] 〉 [Character] 패널에서 서체는 'Impact', 크기는 '36pt' 정도로 설정합니다. 그다음 'INCHEON PENTAPORT ROCK FESTIVAL 2022'를 그림과 같이 입력합니다.

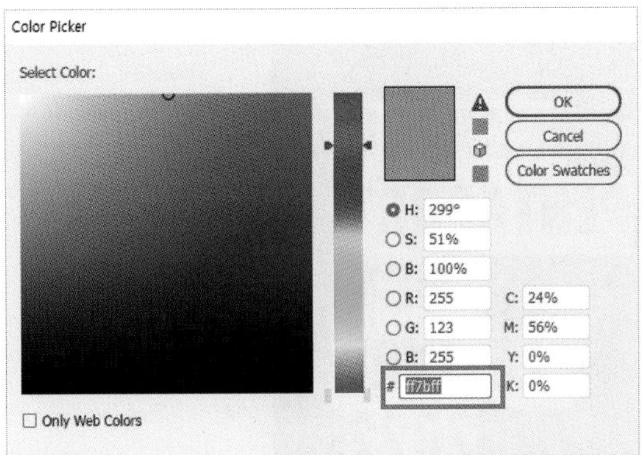


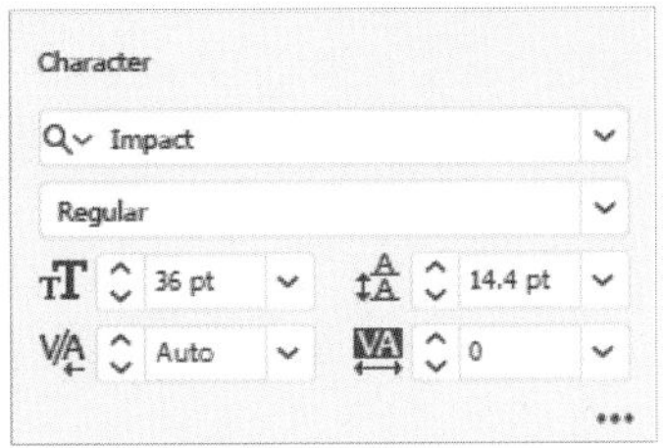

**TIP**

사용자 컴퓨터의 Impact 서체가 없는 경우 다른 서체를 사용해도 무방합니다.

**6** 다음은 [Paragraph] 패널에서 [Align Right]( ≡ )를 선택하여 문장을 우측 정렬로 변경합니다.

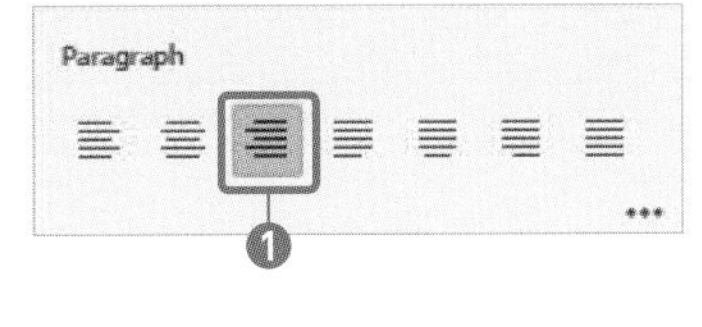

7 그다음 자간의 간격을 조절하기 위해 문장 전체를 드래그하여 선택하고 [Character] 패널을 그림과 같이 설정하고 [Set the Tracking for selected characters]의 값을 '25'로 설정하여 단어의 간격을 조정합니다.

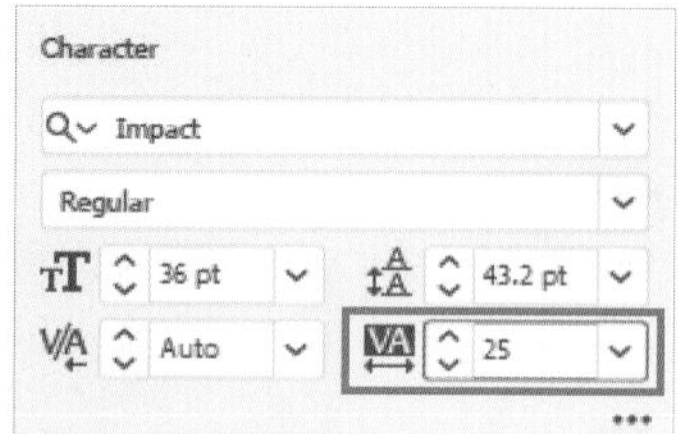

TIP

동일한 글꼴이 없는 경우 다른 글꼴로 대체합니다.

**8** 숫자의 글꼴을 변경하여 다른 문자들과 구별되도록 해봅니다. '2022' 숫자 부분만 선택한 후 원 문자 서체로 변경하기 위해 'EmojiOne'을 선택합니다.

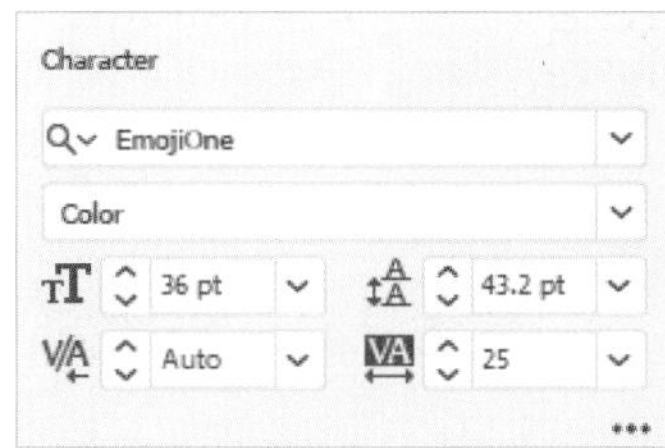

**TIP**

동일한 글꼴이 없는 경우 다른 글꼴로 대체합니다.

**9** 추가 문장으로 다음과 같이 'AUG 9–11, @PENTAPORT PARK, PENTAPORT.CO.KR'을 입력하고 그림을 참고하여 글꼴 및 크기 등에 대한 설정을 조절합니다.

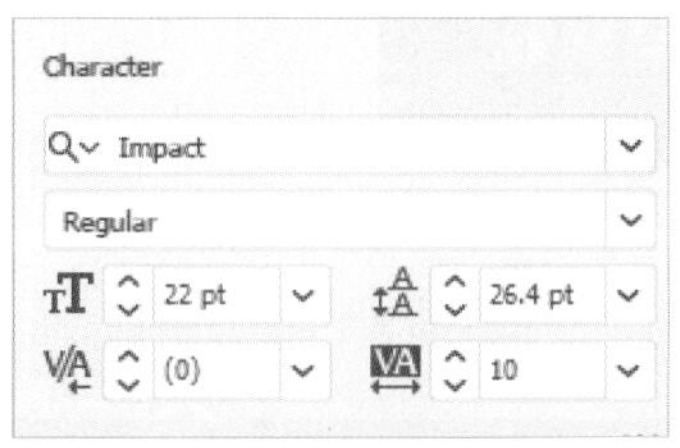


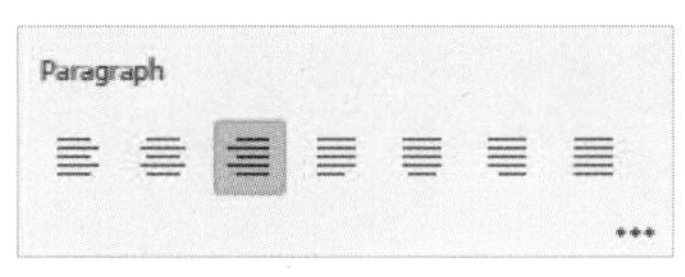


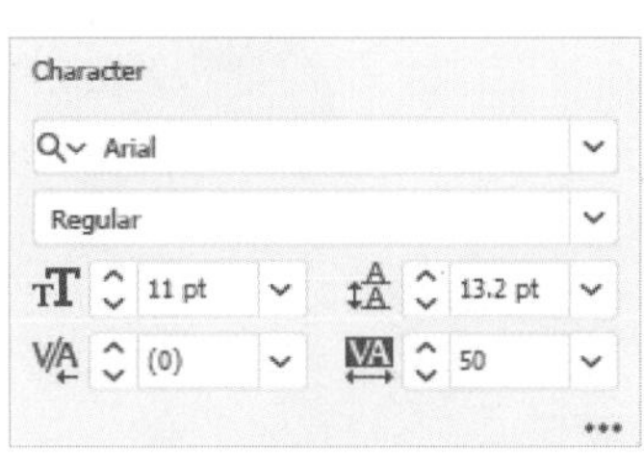

**10** 다음은 '인천펜타포트락페스티벌' 로고를 간략하게 비슷한 모양으로 그려봅니다. [Fill] 색상을 문자 색상과 동일한 색상으로 설정하고 [Stroke] 색상은 'None'으로 설정합니다. 그다음 툴바에서 [Polygon Tool]( )을 선택하고 도형이 그려질 곳을 클릭합니다. [Polygon] 창이 표시되면 [Radius] : '7mm', [Sides] : '5'로 입력하고 [OK]를 클릭합니다. 그러면 오각형이 생성됩니다.

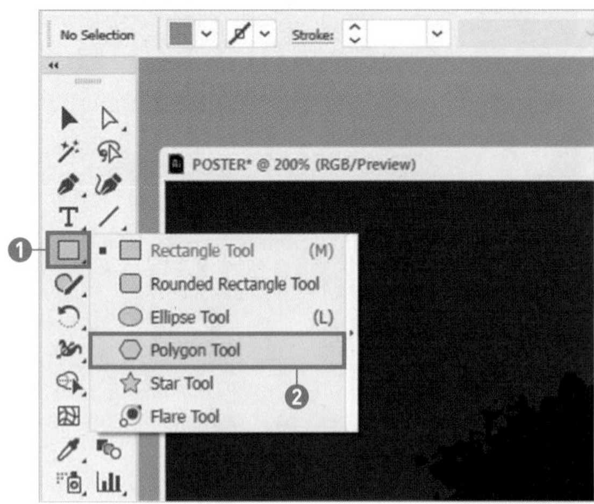


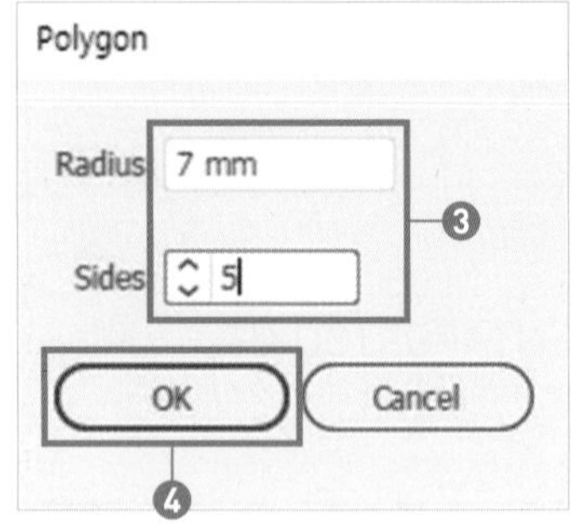

**11** 그다음 컨트롤 위젯을 드래그하여 반지름이 대략 2.5mm 정도가 되도록 반경의 값을 수정합니다.

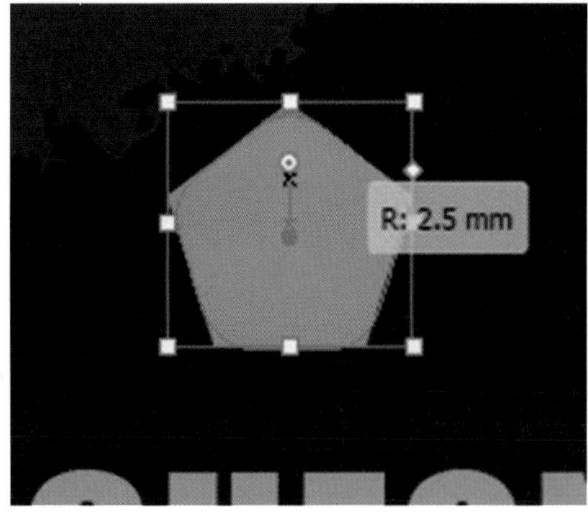

**MEMO 실시간 도형(Live Shape)을 일반 도형으로 변환**

라운드가 적용된 실시간 도형의 경우 크기를 변경하면 반경의 값이 그대로 유지되면서 조절되기 때문에 도형의 형태가 변형될 수 있습니다. 그런 경우 [Object] 〉 [Shape] 〉 [Expand Shape] 메뉴를 클릭하여 실시간 도형을 일반 도형으로 변경한 후 크기를 조절해야 합니다.

**12** 그다음 오각형 안쪽에 위치할 별 모양의 도형을 만들어 봅니다. 먼저 [Fill] 색상을 선택하기 위해 툴바에서 [Eyedropper Tool]( )을 선택하고 배경 이미지 어두운 부분을 클릭하여 색상을 추출합니다. 그다음 [Stroke] 색상은 'None'으로 설정합니다.

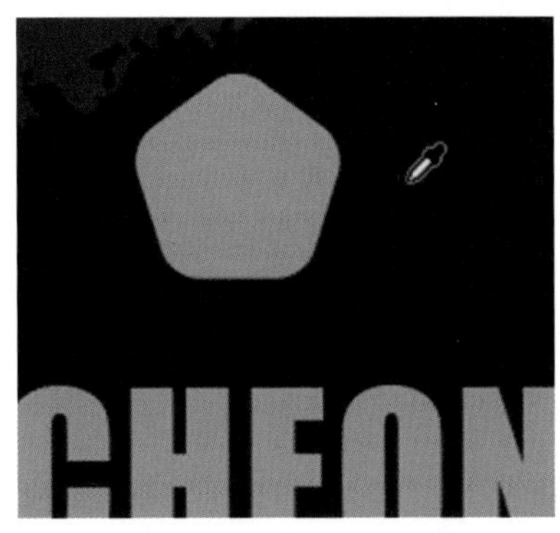

**13** 그다음 툴바에서 [Star Tool]( )을 선택하고 오각형의 중심 부분을 클릭합니다. [Star] 창이 표시되면 [Radius 1] : '2mm', [Radius 2] : '7mm', [Points] : '5'로 입력하고 [OK]를 클릭하여 별을 그려줍니다.

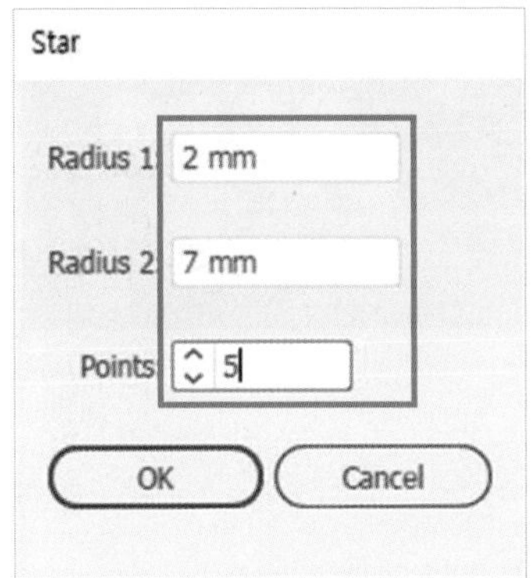


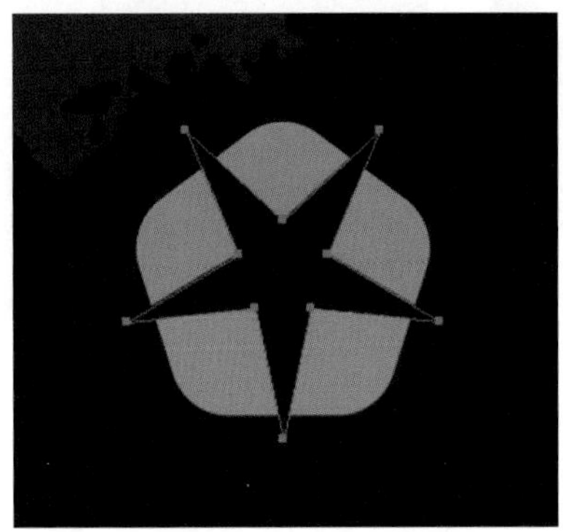

**14** 별의 모퉁이 부분을 라운드로 처리하기 위해 툴바에서 [Direct Selection Tool]( )을 선택합니다. 그러면 별 모양에 컨트롤 위젯이 표시되며 반지름이 0.4mm 정도가 되도록 드래그하여 반경을 수정합니다.

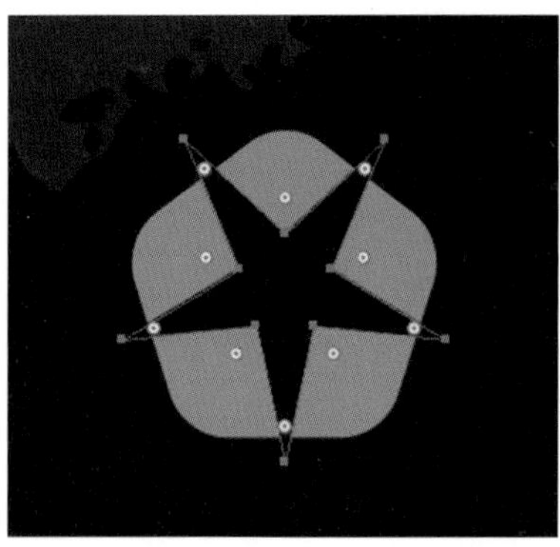

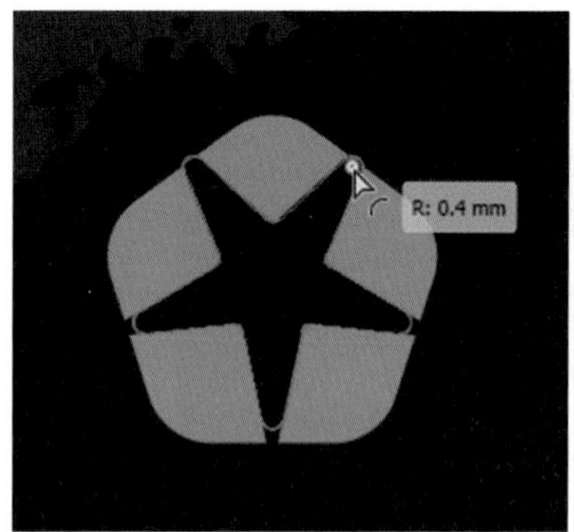


**15** 다음은 별을 회전시키기 위해 별을 선택하고 [Properties] 〉 [Transform] 패널에서 [Rotate]를 '180°'로 변경한 후 별의 중심이 오각형 중심과 일치되도록 위치를 조정합니다.

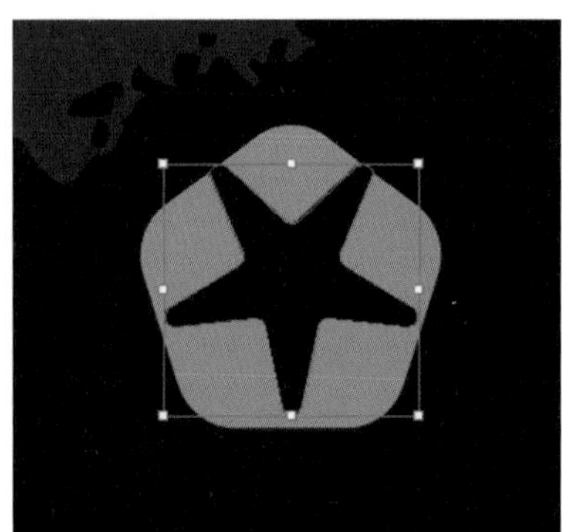

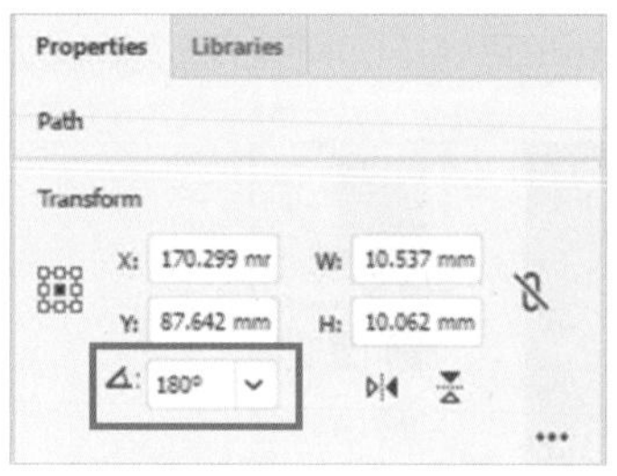

**16** 다음은 문자의 맨 끝부분과 수평한 위치에 안내선(Guide)을 이용하여 협찬사 로고를 배치합니다. 먼저 안내선을 사용하기 위해서는 눈금자(Ruler)를 표시해야 합니다. [View] 〉 [Rulers] 〉 [Show Rulers] 메뉴를 클릭합니다.

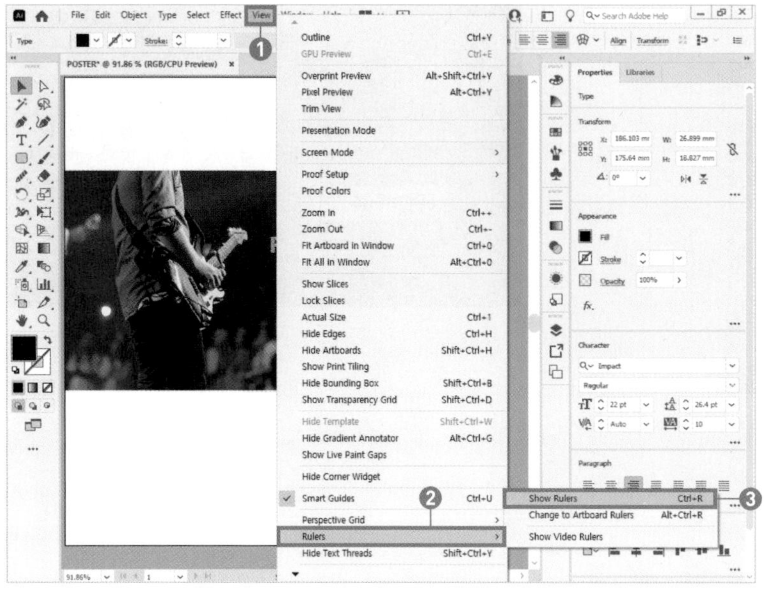

**17** 그러면 문서 테두리에 눈금자가 표시됩니다. 상단에 눈금자를 클릭한 채 드래그하면 안내선이 나타나며 그림과 같이 오른쪽 문자 맨 끝부분까지 이동하여 안내선을 표시합니다.

**18** 작업 중인 문서로 로고 이미지를 불러오기 위해 [File] 〉 [Place] 메뉴를 클릭하고 'sponsor01.jpg' 파일을 선택하여 불러옵니다. 그다음 그림과 같이 적절한 크기로 조절하고 로고가 아래쪽의 안내선과 일치하도록 위치합니다.

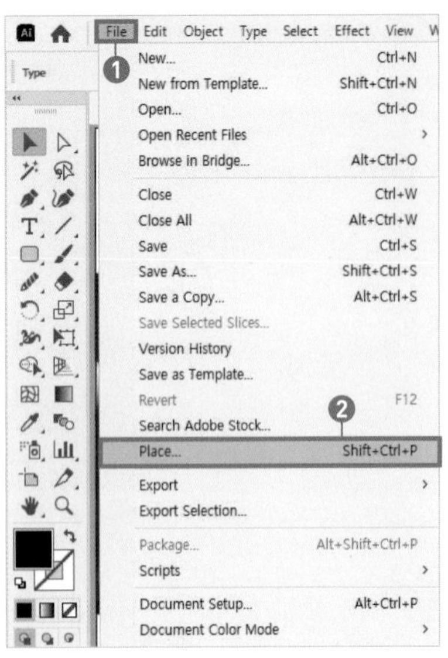


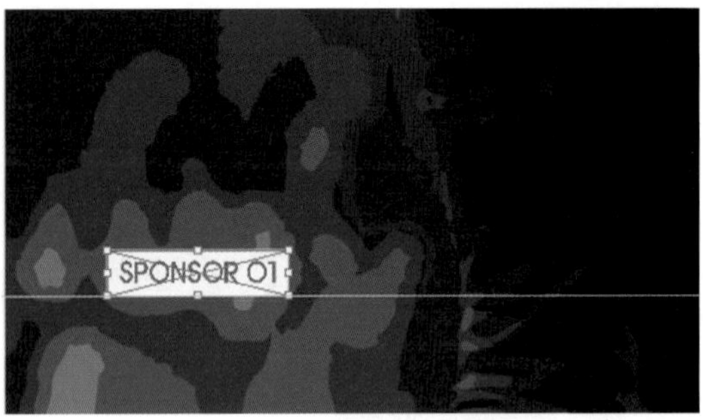


**19** 동일한 방법으로 'sponsor02.jpg, sponsor03.png' 파일을 불러오고 그림과 같이 크기와 간격을 통일성 있게 조정한 후 배치를 완료합니다.

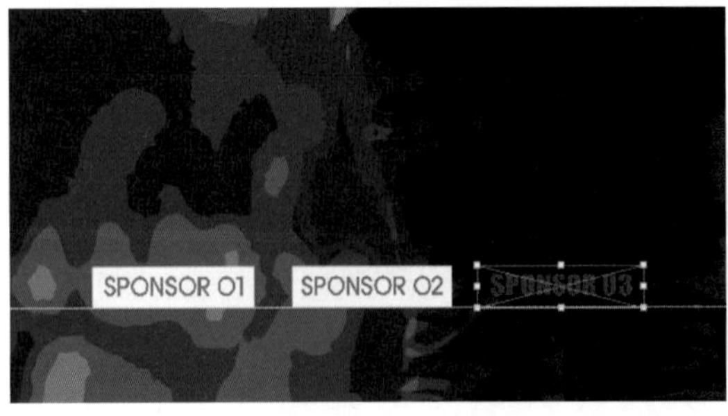

**TIP**

PNG는 GIF를 대체하기 위해 만들어진 오픈소스 파일 포맷입니다. 편집 과정에서 사용하기 적합한 포맷으로 특히 배경이 투명인 상태로 이미지를 저장할 수 있어 많이 사용됩니다.

**20** 모든 작업이 완료되었다면 SNS 및 기타 웹에서 사용할 수 있도록 jpg 파일 포맷으로 변경하여 저장합니다. [File] 〉 [Export] 〉 [Export As] 메뉴를 클릭합니다.

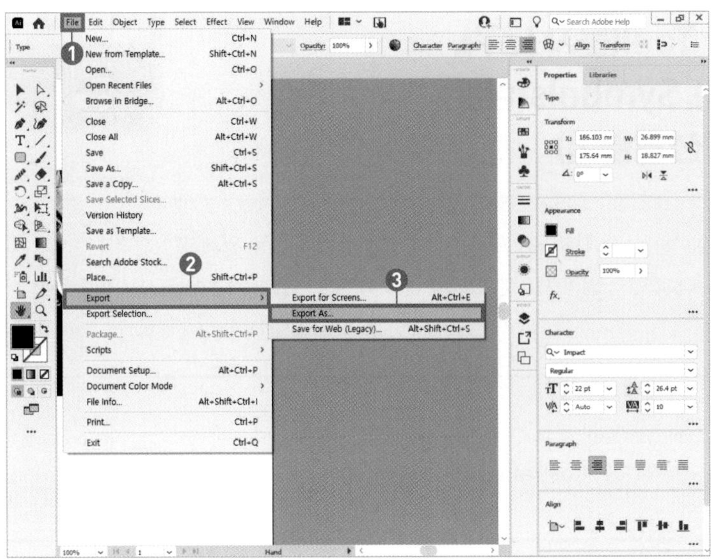


**21** [Export] 대화상자가 표시되면 파일 이름을 'POSTER'로 입력하고 파일 형식을 'JPEG (*.JPG)'로 설정하고 [Export]를 클릭합니다. [JPEG Options] 대화상자에서는 압축 퀄리티 및 해상도, 안티알리아싱 등을 조절할 수 있습니다.

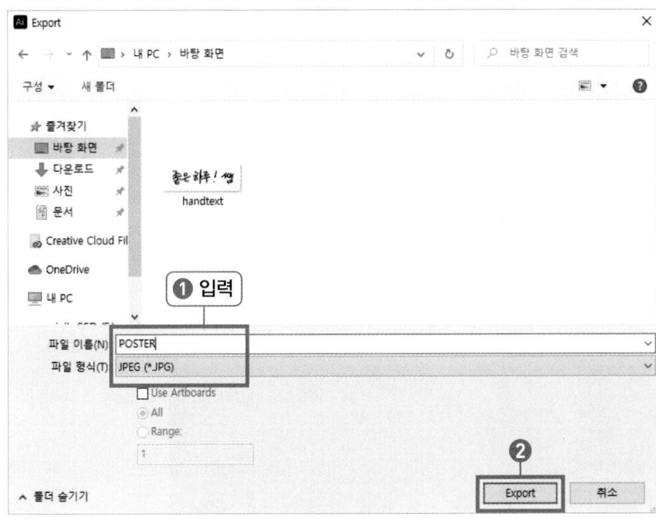


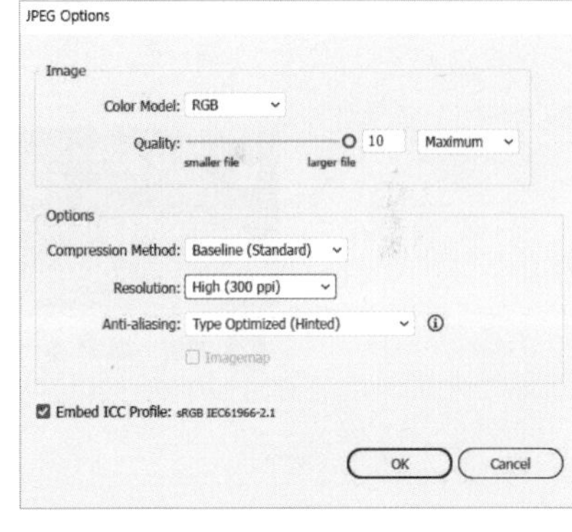


### MEMO Export의 다양한 포맷 지원

일러스트레이터는 다른 프로그램과 호환성을 높여주기 위해 다양한 포맷으로 출력을 지원합니다.

JPEG (*.JPG)
Autodesk RealDWG (*.DXF)
Autodesk RealDWG (*.DWG)
BMP (*.BMP)
CSS (*.CSS)
Enhanced Metafile (*.EMF)
Flash (*.SWF)
JPEG (*.JPG)
Macintosh PICT (*.PCT)
PNG (*.PNG)
Photoshop (*.PSD)
SVG (*.SVG)
TIFF (*.TIF)
Targa (*.TGA)
Text Format (*.TXT)
Windows Metafile (*.WMF)

# 비즈니스 카드 만들기

## Place(가져오기), Type Tool(문자 도구), Offset Path(패스 이동), Symbols(심볼), Create Outlines(윤곽선 만들기)

일러스트레이터는 명함을 제작하거나 출력하는 곳에서 많이 사용됩니다. 명함 출력을 하는 업체라면 대부분은 일러스트레이터 파일(*.ai)을 요구할 것입니다. 그만큼 명함 제작에 있어서 쉽고 빠르게 탁월한 기능들을 사용할 수 있기 때문입니다.

[**예제 파일** : PART 02 Illustrator/4교시/card-logo.eps, facebook.jpg, instagram.jpg, kakao.jpg, youtube.jpg, 명함-완성.ai]

다음 과정은 주어진 파일들을 이용하여 톡톡 튀는 개성 만점의 명함을 디자인해 봅니다.

▲ 다음 과정을 완료 후 자신만의 명함을 만들어 봅니다.

**1** 먼저 명함 기본 사이즈에 맞게 새로운 문서를 만들고 시작합니다. [File] 〉 [New] 메뉴를 클릭하고 새 문서의 이름을 'Business Card'로 입력하고 [Orientation]을 '가로 방향', [Width] : '90mm', [Height] : '50mm', [Artboards] : '2개', [Color mode] : 'CMYK'로 설정하고 [Create]를 클릭합니다. 그러면 명함 앞뒤면을 디자인할 수 있도록 아트보드가 2개 생성됩니다.

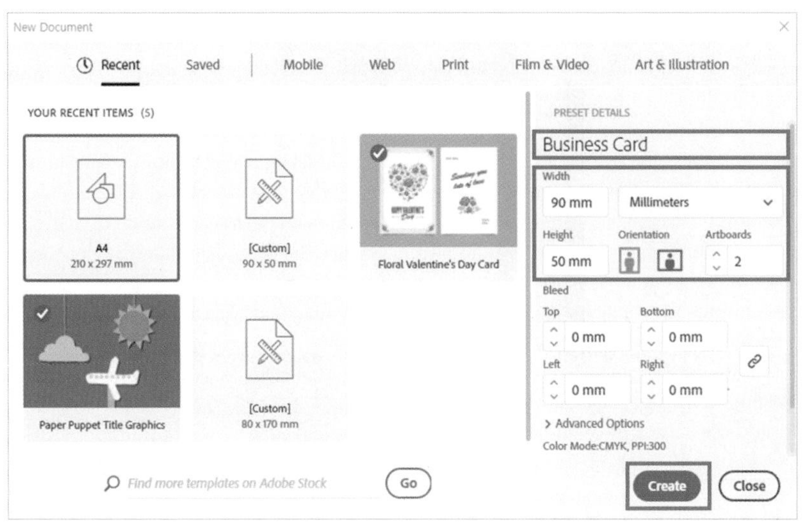


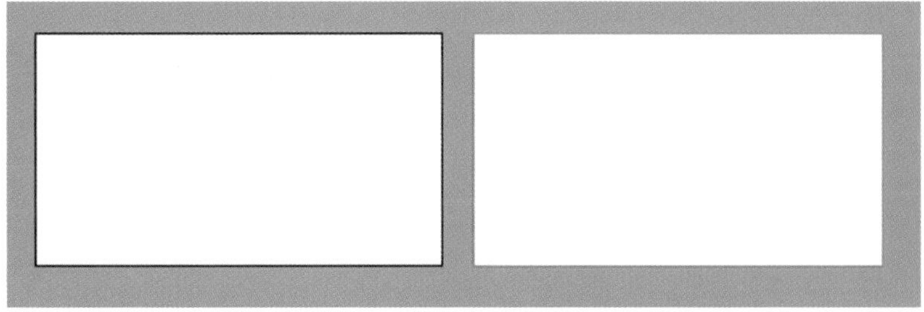

## MEMO 명함 사이즈

일반적으로 명함 사이즈는 종이명함과 카드명함으로 구분할 수 있습니다. 종이명함은 다시 일반지 명함과 수입지명함으로 구분됩니다. 종이명함은 일반적으로 가로 90mm, 세로 50mm가 표준 사이즈입니다. 과거에는 86×52 사이즈의 명함을 많이 사용했지만, 최근에는 90×50 사이즈를 많이 사용합니다. 카드 명함은 가로 86mm, 세로 54mm가 표준 사이즈입니다. 그리고 카드 명함은 기본적으로 귀도리(둥근 모서리) 후가공을 하는 경우가 많습니다. 또한 이외에 개성 있는 다양한 사이즈도 가능합니다. 그리고 명함 작업 시 재단 사이즈와 작업 사이즈가 있습니다. 이것은 색상 또는, 이미지가 배경에 들어가는 경우 재단 사이즈와 작업 사이즈가 동일할 경우 명함 재단 작업 시 기계의 오차가 나거나 종이가 밀려서 흰 배경이 발생할 수 있습니다. 그런 오차 범위를 고려하여 작업 사이즈를 2mm 정도 여유롭게 두는 것이 예기치 않은 사고를 방지하는 방법입니다.

▲ 명함 작업 사이즈 : **92mm×52mm**, 명함 재단 사이즈 : **90mm×50mm**

**2** 상하좌우 여백을 일정하게 설정하기 위해 안내선(Guides)을 이용합니다. 먼저 [View] 〉 [Rulers] 〉 [Show Rulers](Ctrl+R) 메뉴를 클릭하여 눈금자를 표시하고 상하좌우 여백의 간격을 7mm 정도로 드래그하여 설정합니다.

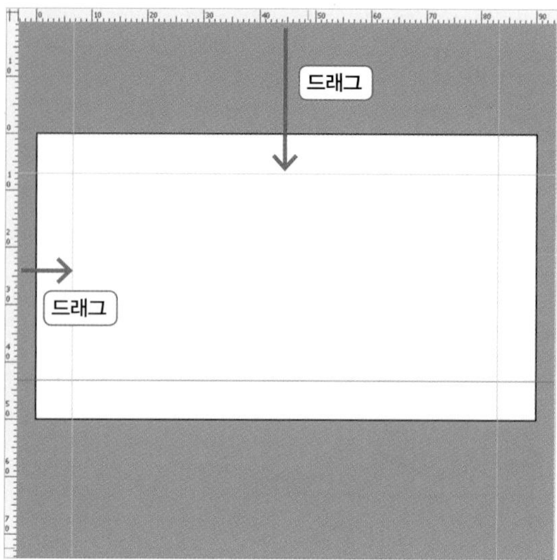


**MEMO 안내선이 선택되지 않는 경우**

안내선이 선택되지 않아 위치를 조정하거나 삭제하지 못할 경우라면 [View] 〉 [Guides] 〉 [Unlock Guides] 메뉴를 클릭하여 고정된 안내선을 해제해야 합니다.

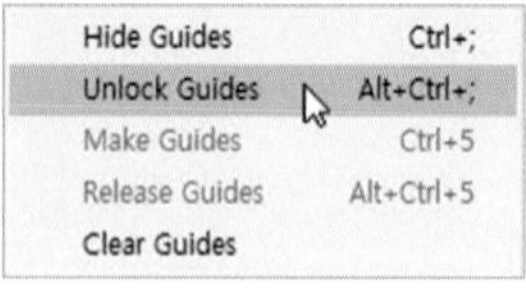


**3** 안내선을 설정이 완료되었다면 [File] 〉 [Place] 메뉴를 클릭하고 로고 파일(card-logo.eps)을 선택한 후 작업 화면으로 가져옵니다. 로고의 크기는 그림과 같이 알맞게 조정합니다.

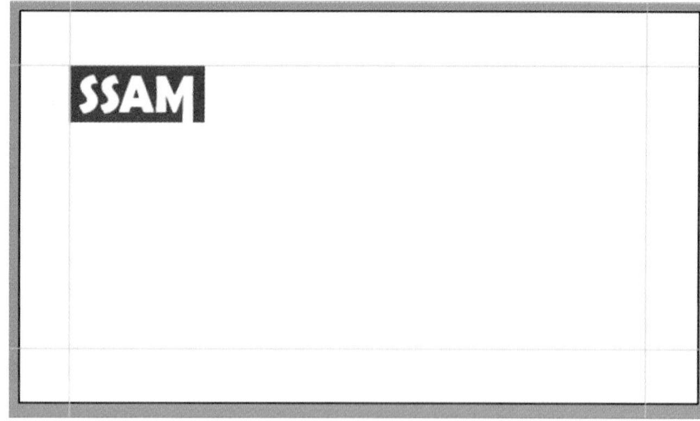

**4** 그다음 명함 당사자의 이름을 입력해 봅니다. 툴바에서 [Type Tool]( **T** )을 선택한 후 '유튜버 쌤'을 입력합니다. 그다음 [Properties] 〉 [Character] 패널에서 '유튜버' 문자와 '쌤' 문자의 크기를 다음과 같이 설정합니다.

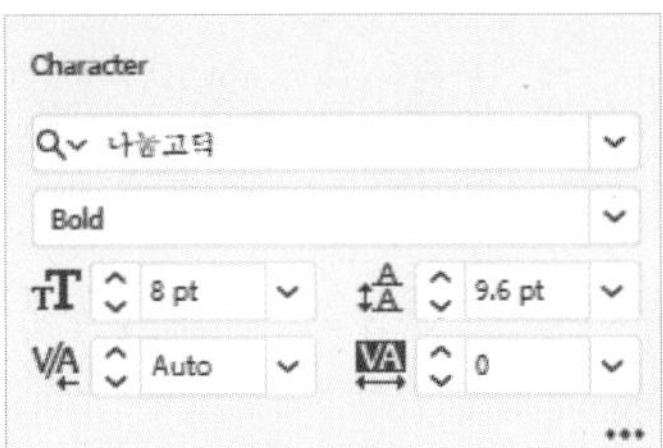

▲ '유튜버' 문자 설정

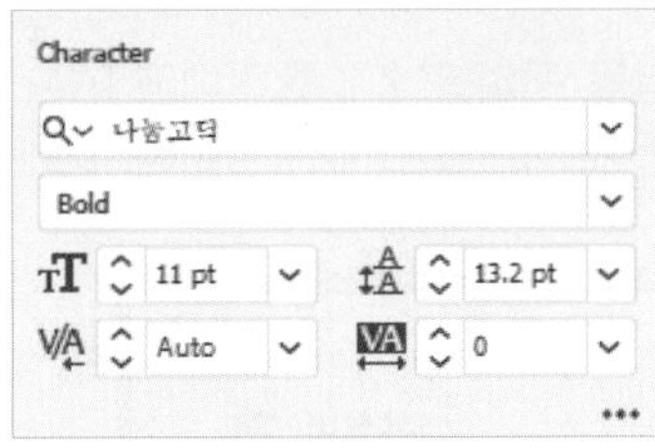


▲ '쌤' 문자 설정

**5** 다음은 'YouTube Channel'을 입력하고 [Properties] 〉 [Appearance] 패널에서 [Fill] 색상을 그림과 같이 '80% 회색'으로 선택하여 적용합니다. 그다음 [Properties] 〉 [Character] 패널에서 [Tracking]을 '-25' 정도로 설정하여 알파벳 간격이 축소되도록 조정합니다.

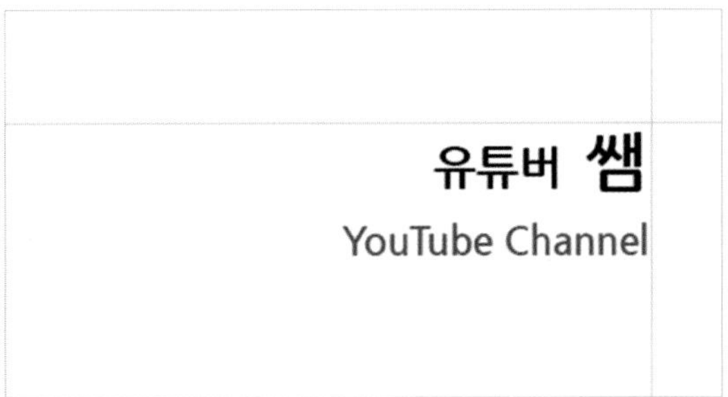


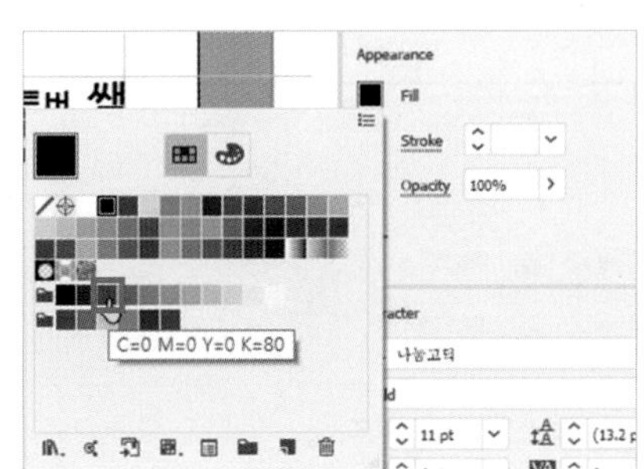


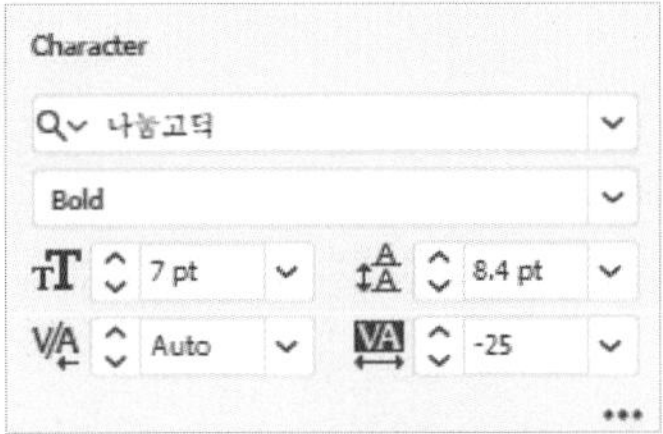

**6** 그다음 유튜브 로고를 가져오도록 합니다. [File] 〉 [Place] 메뉴를 클릭한 후 예제 파일(youtube.jpg)을 가져오고 크기를 조절하여 그림과 같은 위치로 설정합니다.

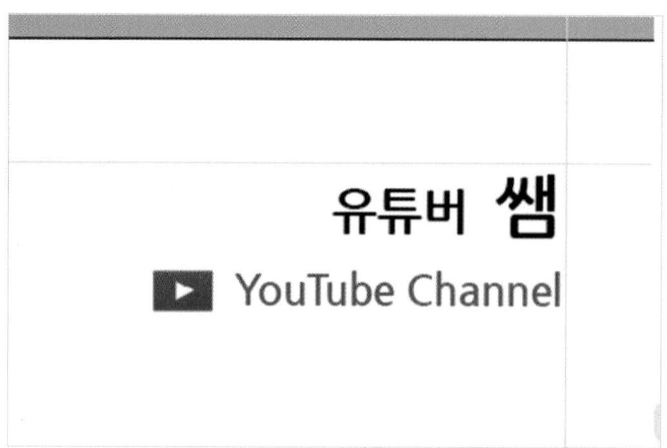


**7** 다음은 오브젝트를 이용하여 명함을 꾸며봅니다. 툴바에서 [Rectangle Tool]( )을 선택하고 그림과 같이 왼쪽 안내선부터 오른쪽 안내선까지 드래그하여 빨간색(#e6234b) 사각형을 그려줍니다.

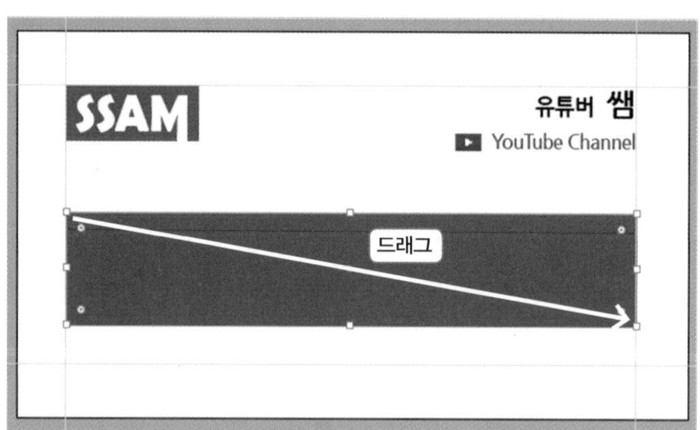

Transform
X: 44.873 mm W: 76.482 mm
Y: 35.617 mm H: 14.534 mm
0°

**8** 다음은 연락처, 메일, 주소를 일러스트레이터에서 기본적으로 제공하는 각종 심볼을 이용하여 구성해 봅니다. [Window] 〉 [Symbols] 메뉴를 클릭하면 [Symbols] 패널이 표시됩니다.

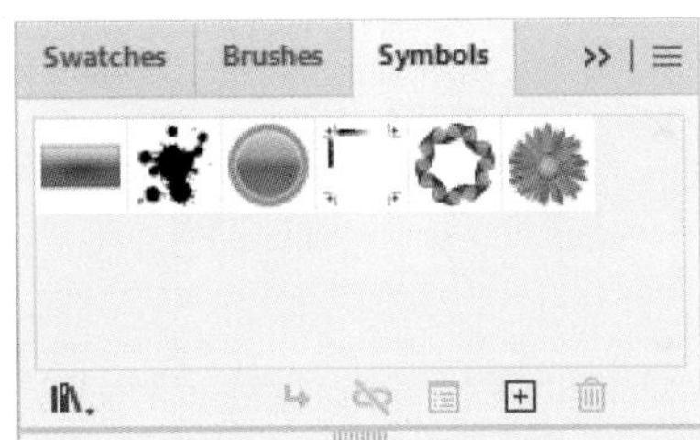


**9** 기본적으로 제공되는 심볼들을 불러오기 위해 메뉴 버튼을 클릭하고 [Open Symbos Library] 〉 [Web Icons]를 선택합니다.

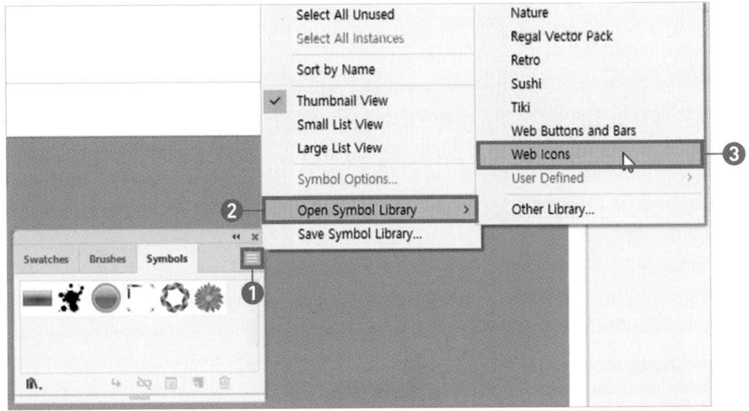


**10** 그러면 [Web Icons] 패널이 새로 표시되면서 사용할 수 있는 다양한 심볼들을 확인할 수 있습니다. [Web Icons] 패널에서 필요한 휴대폰, 메일, 집 아이콘 모양을 드래그하여 추가합니다.

**11** 그림과 같이 크기와 위치를 조절합니다.

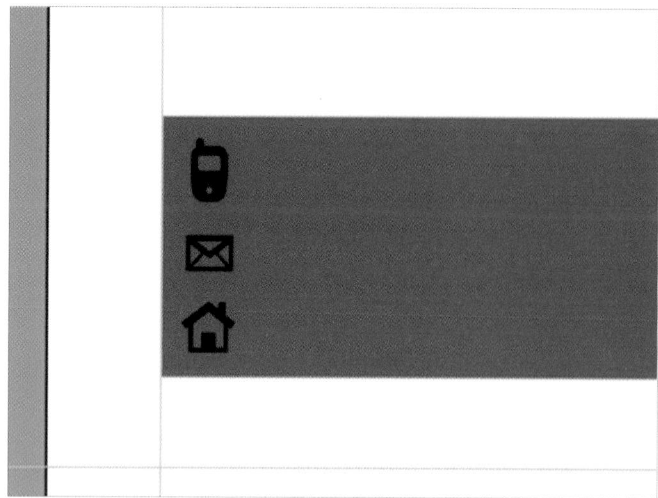

**12** 아이콘의 색상을 검은색에서 흰색으로 변경해 봅니다. 심볼의 수정은 편집 모드로 변경한 후 가능합니다. 휴대폰 아이콘을 더블클릭합니다. 그러면 다음과 같이 '심볼 편집을 진행하겠는냐?'는 메시지 창이 나타나는데 [OK]를 클릭하여 진행합니다. 그러면 화면이 편집할 수 있는 모드로 변경되는 것을 확인할 수 있습니다.

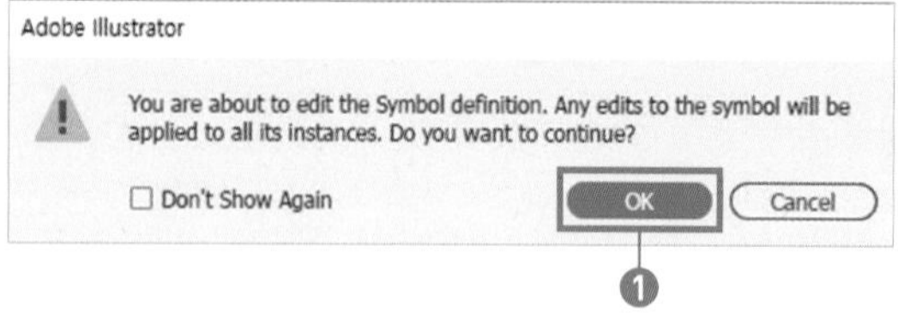


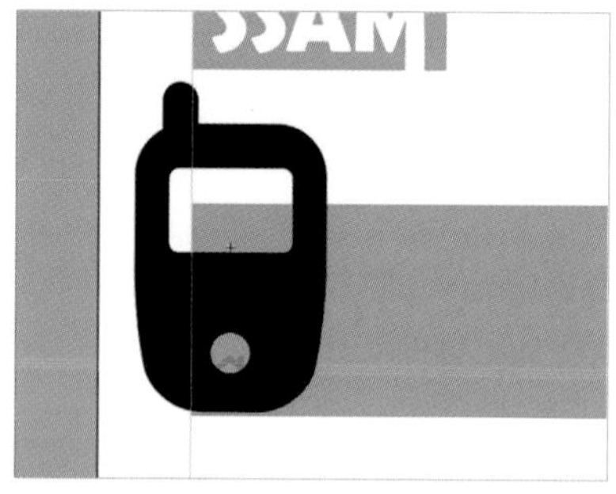

**13** [Fill] 색상을 '흰색'으로 변경합니다.

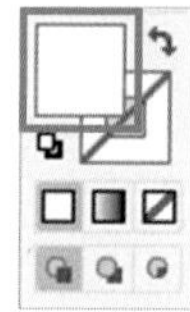

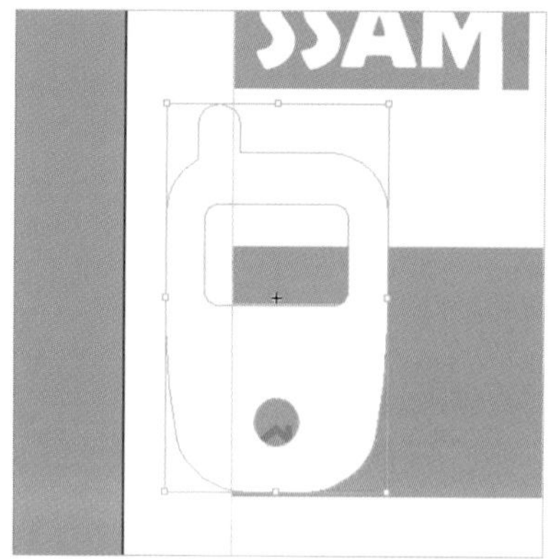

**14** 수정이 완료되면 문서 좌측 상단에 화살표를 클릭하면 심볼 편집 모드에서 빠져나갈 수 있습니다.

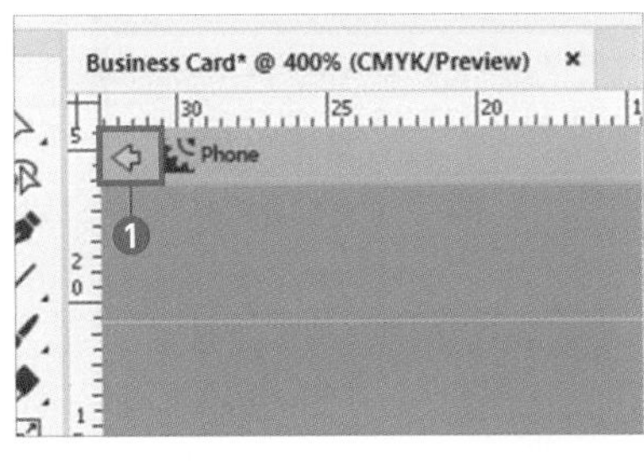


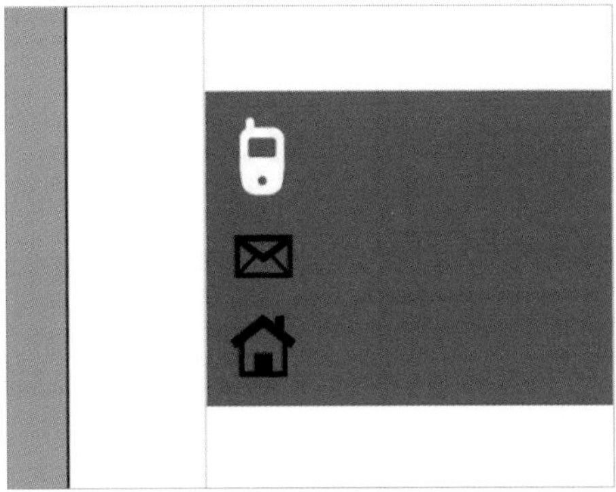

**15** 나머지 아이콘들도 흰색으로 변경합니다.

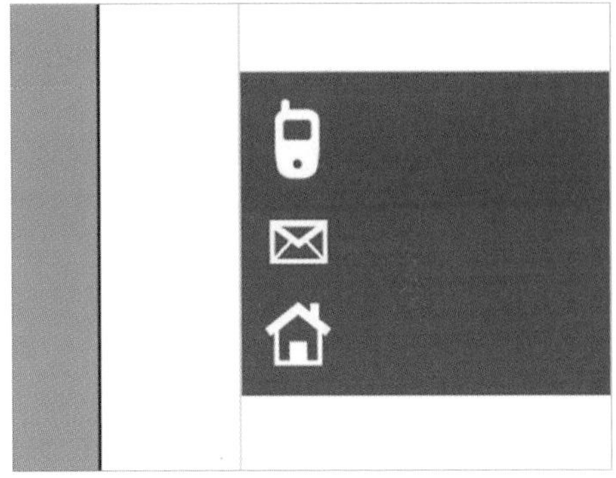

**16** 다음은 연락처, 메일, 주소를 입력해 봅니다. 툴바에서 [Type Tool]( T )을 선택하고 그림과 같이 문자가 작성될 영역을 드래그하여 설정합니다. '010.1234.5678, card_mail@naver.com, 서울시 마포구 성산동 123-4'를 연속적으로 입력합니다. 문자의 색상은 흰색, [Character] 패널에서 그림과 같이 설정합니다.

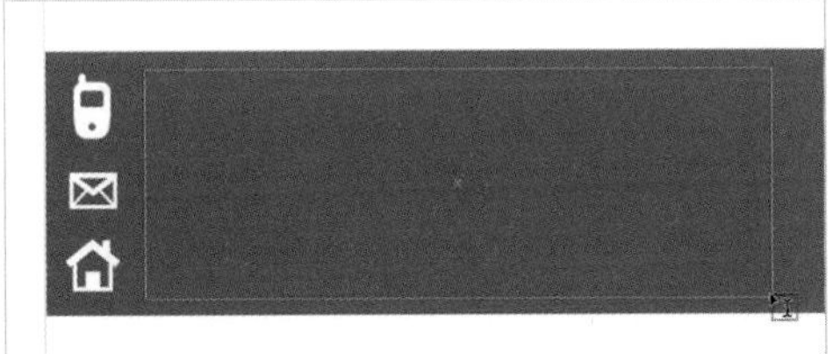

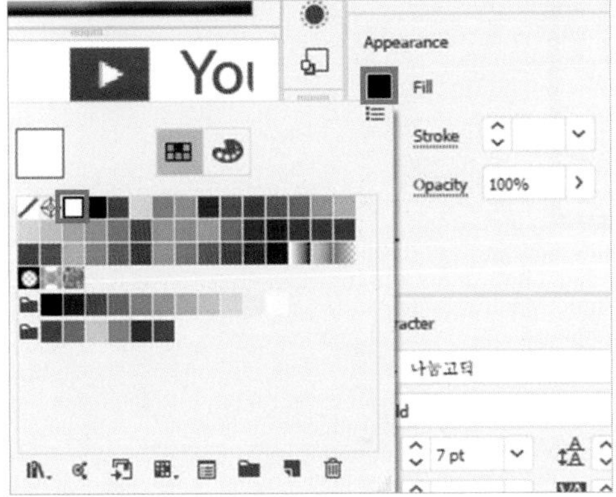


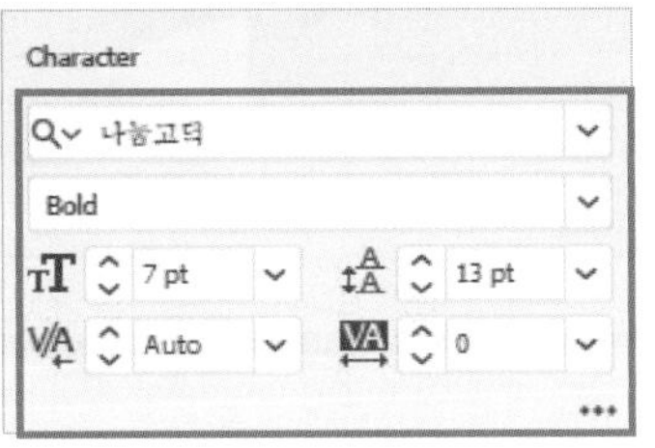

**17** 툴바에서 [Pen Tool]( )을 선택하고 그림과 같이 화살표를 그려줍니다.

**18** 다음은 예제 파일(facebook.jpg, instagram.jpg, kakao.jpg)을 Place 명령으로 가져온 후 그림과 같이 나열하고 각각 자리에 'YouTube Channel' 문자를 복사합니다.

**19** 복사한 문자를 각각 '페이스북 주소', '인스타그램 주소', '카카오톡 아이디'로 수정합니다.

**MEMO 안내선 숨기기**

[View] 〉 [Guides] 〉 [Hide Guides] 메뉴를 클릭하면 안내선을 숨길 수 있습니다. 단축키는 Ctrl+;입니다.

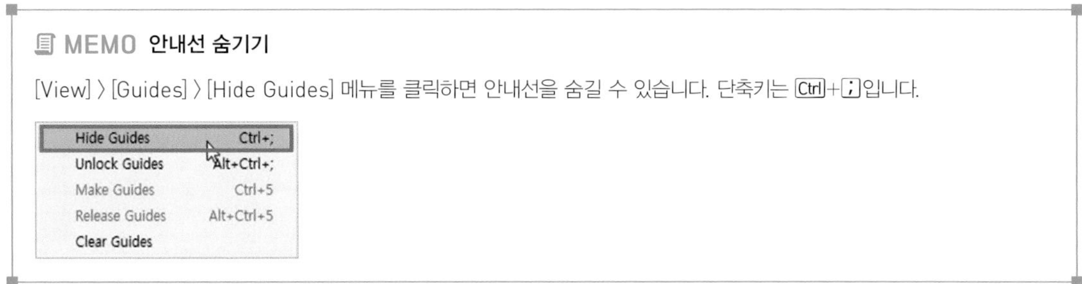


**20** 다음은 완성된 명함의 앞면입니다.

**21** 다음은 명함의 뒷면을 그려봅니다. 먼저 배경을 만들기 위해 툴바에서 [Rectangle Tool]( )을 선택하고 그림과 같이 명함 사이즈만큼 드래그하여 그려줍니다. [Fill] 색상은 앞면의 기본 색상과 동일한 빨간색(#e6234b)으로 설정합니다.

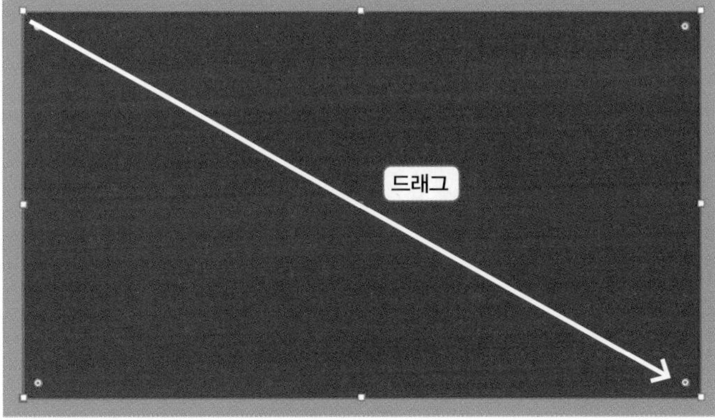

22 그다음 안내선을 이용하여 외곽선에서 7mm 정도 떨어지도록 사각형을 추가로 그려줍니다. 그리고 [Fill] 색상은 'None', [Stroke] 색상은 '흰색'으로 설정하고 두께는 '0.5pt'로 설정합니다.

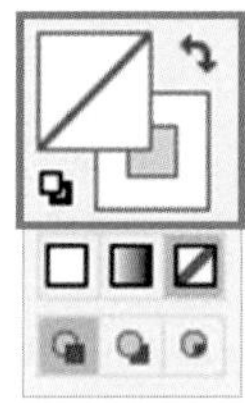

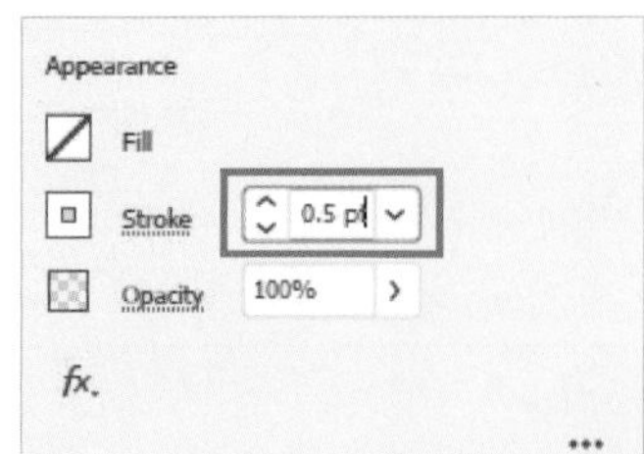

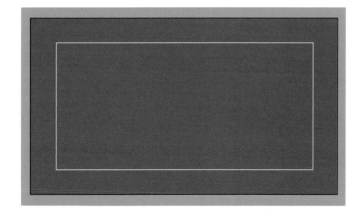

23 Offset Path 기능으로 사각형 라인을 복사합니다. 사각형을 선택하고 [Object] 〉 [Path] 〉 [Offset Path] 메뉴를 클릭합니다. [Offset Path] 대화상자가 표시되면 '-3.5mm' 정도를 입력하고 [OK]를 클릭합니다. 그러면 입력된 값으로 사각형의 윤곽선이 만들어집니다.

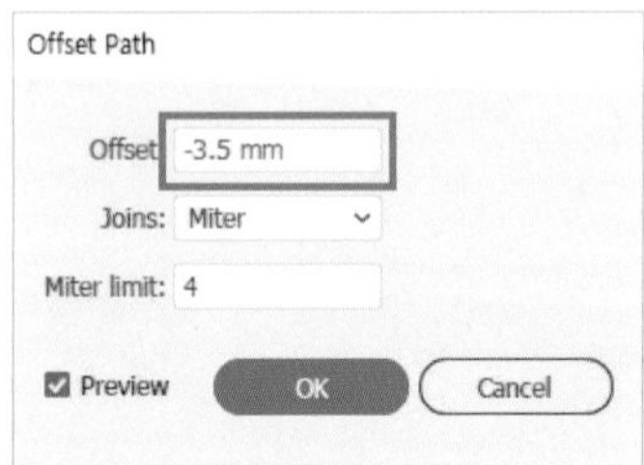

24 한 번 더 적용하여 사각형 라인을 추가하고 앞면에 있던 'SSAM' 로고를 복사하여 그림과 같이 확대 후 배치합니다.

25 그러면 명함 앞뒷면이 완성됩니다. 이처럼 응용하여 개성 넘치는 개인 명함을 만들어 봅니다.

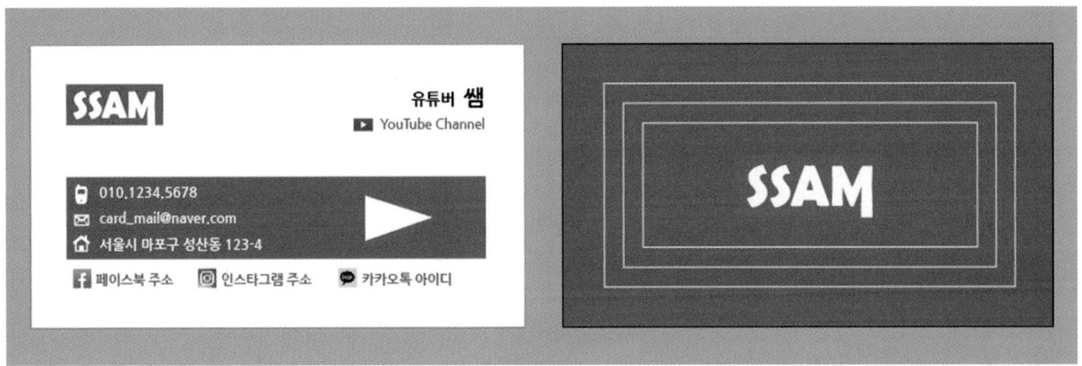


**MEMO Bleed(도련)**

인쇄물을 재단할 때 기계가 한 번에 많은 양을 절단하기 때문에 잘리는 부분에 오차가 발생할 수 있습니다. 오차로 인한 인쇄 사고를 방지하기 위해 배경 작업 시 실제 재단 크기보다 여유롭게 공간을 늘려 작업을 진행합니다. 명함도 마찬가지로 배경에 색상 또는 이미지가 들어갈 때 Bleed를 통해 3mm 정도 미리 여백을 표시하고 배경 작업을 Bleed 크기에 맞춰 진행하는 것이 필요합니다.

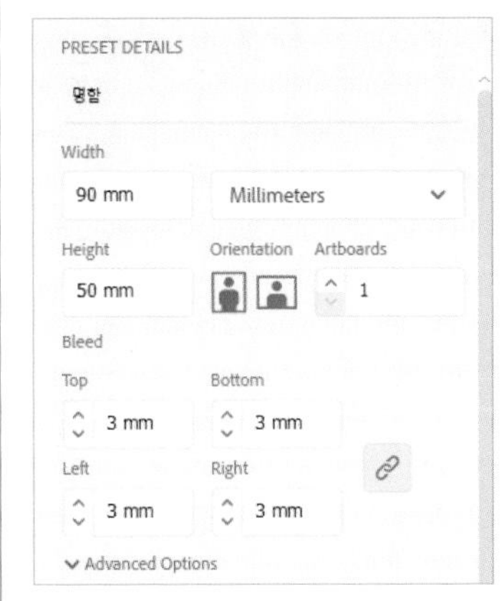

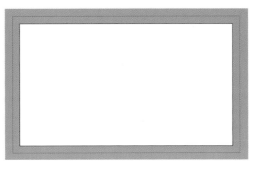

**MEMO 명함 출력소로 보내기**

일반 개인들도 온라인 상점을 통해 쉽고 빠르게 명함 출력을 의뢰할 수 있습니다. 한 가지 주의할 점으로 명함에 사용한 글꼴이 출력소에 구비하고 있지 않은 경우 지정한 글꼴 모양으로 출력하기 어렵기 때문에, Create Outlines 기능을 이용하여 문자를 깨뜨린 후 문자를 도형화해야 합니다. 그러면 출력소 글꼴의 유무와 상관없이 선택한 글꼴 모양으로 출력할 수 있습니다.

**01.** 문자를 모두 선택합니다.

**02.** 그다음 [Type] 〉 [Create Outlines] 메뉴를 클릭합니다.

**03.** 확대해서 확인하면 문자에 외곽선이 생긴 것을 확인할 수 있습니다.

# 초대권 만들기

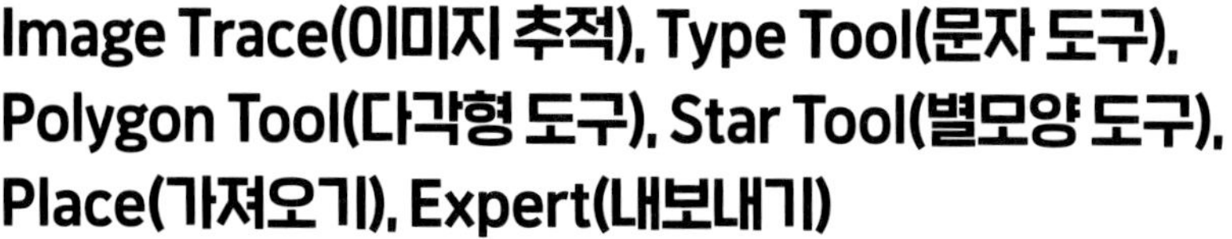

Image Trace(이미지 추적), Type Tool(문자 도구),
Polygon Tool(다각형 도구), Star Tool(별모양 도구),
Place(가져오기), Expert(내보내기)

초대권과 같은 페이지가 많지 않은 디자인은 일러스트레이터에 가장 적합한 작업이라 할 수 있습니다. 이번 과정에서는 그래픽 효과를 표현하는 방법과 문장을 편집하는 방법을 알아보겠습니다.

[**예제 파일** : PART 02 Illustrator/4교시/Invitation–완성.ai]

## 학습과제

오브젝트를 조합하여 그래픽 이미지를 만들고 전체 문장을 한 번에 입력한 후 디자인에 맞게 편집하는 방법에 대해 확인합니다.

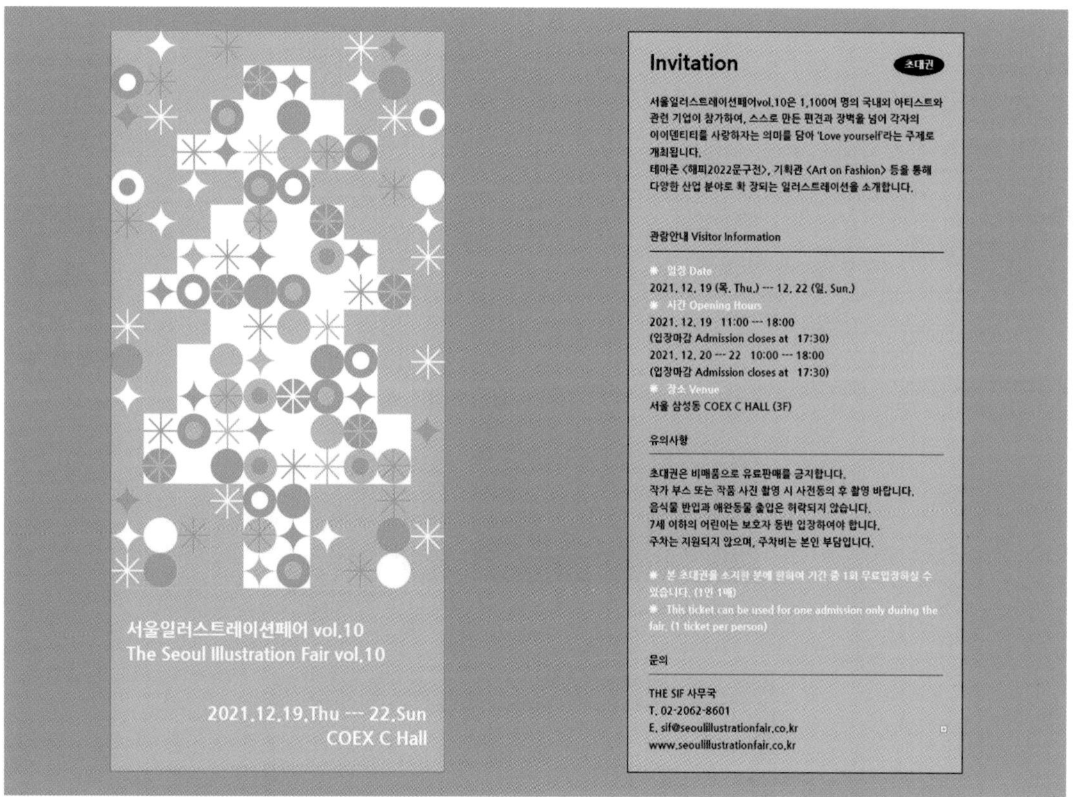


▲ 동일한 글꼴이 없는 경우 임의로 선택하여 작업을 진행합니다.

**1** 새로운 문서를 만들기 위해 Ctrl+N을 누른 후 이름 : 초대권, [Width] : '80mm', [Height] : '170mm', [Artboards] : '2'로 설정하고 [Create]를 클릭합니다.

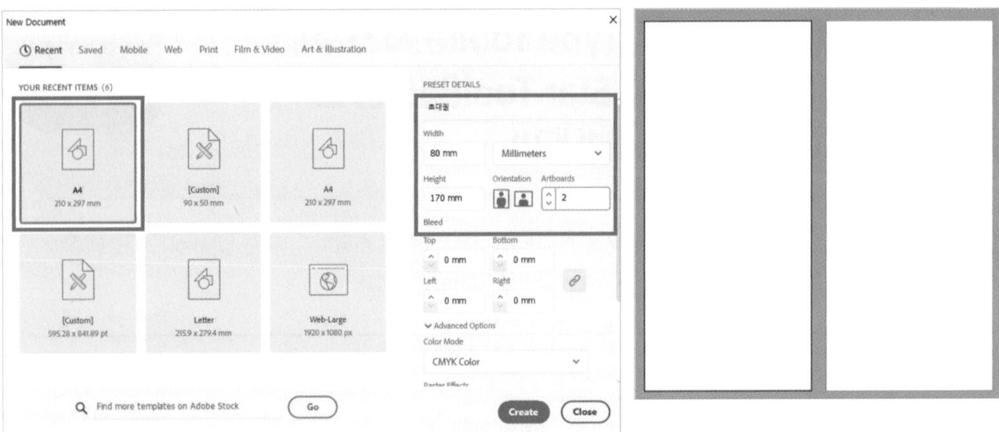


> **TIP**
> 초대권의 앞면과 뒷면을 문서 하나에 동시로 만들기 위해 Artboards의 개수를 2개로 설정합니다.

**2** 배경 이미지를 타일 형태로 만들기 위해 툴바에서 [Rectangle Tool]( )을 선택합니다. 아트보드 상단쪽을 클릭하고 [Rectangle] 창이 표시되면 [Width]와 [Height] 값을 각각 '8mm'로 입력하고 [OK]를 클릭합니다. 그리고 [Fill] 색상은 핑크색(#f6b7b9), [Stroke] 색상은 '검은색'으로 설정합니다.

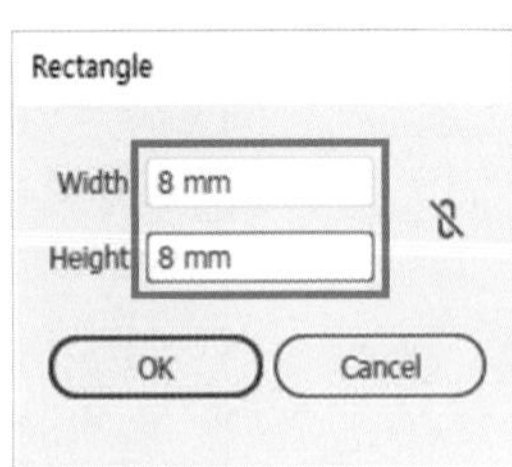


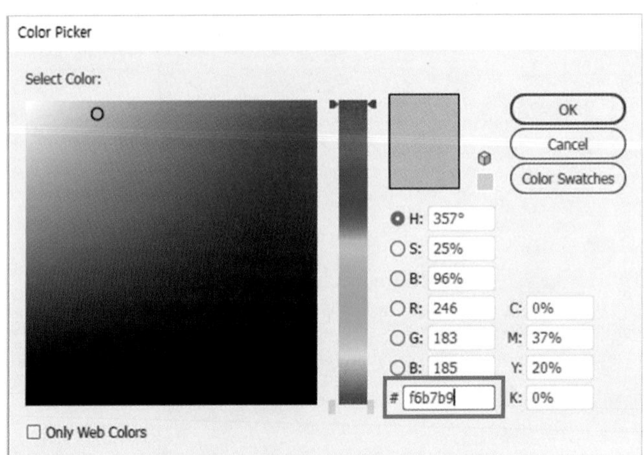

**3** 스마트 안내선(Smart Guides)(Ctrl+U)이 활성화되어 있는지 확인하고 툴바에서 [Selection Tool] ( ▶ )을 선택하여 사각형을 왼쪽 코너에 일치되도록 이동합니다.

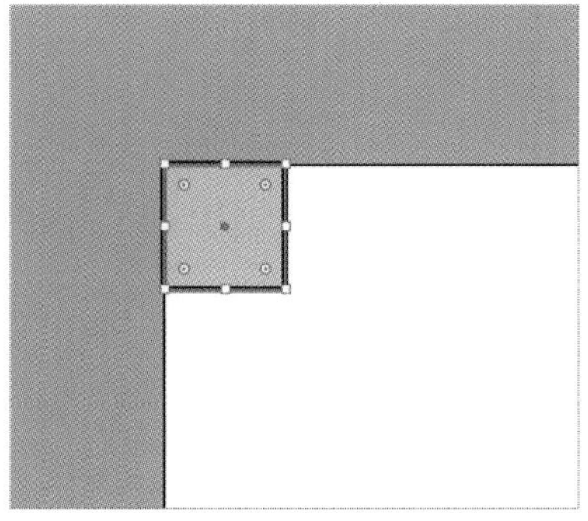

**TIP**

스마트 안내선(Smart Guides)이 활성화되면 오브젝트 이동 시 안내선이 자동으로 표시되어 간격 및 중심 등의 일치 여부를 쉽게 확인할 수 있습니다.

**4** Alt를 누른 상태에서 드래그하여 이동 복사를 합니다.

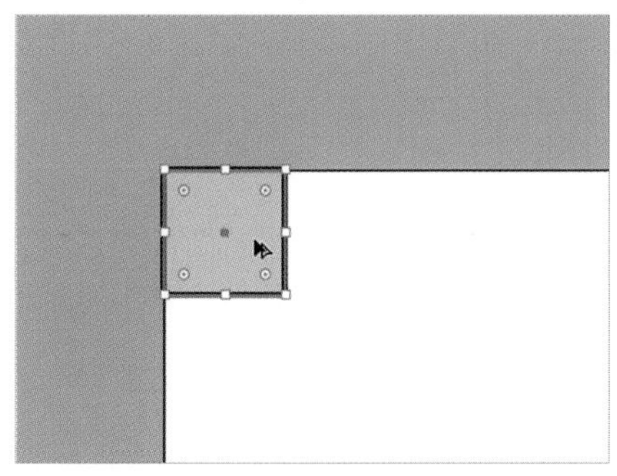

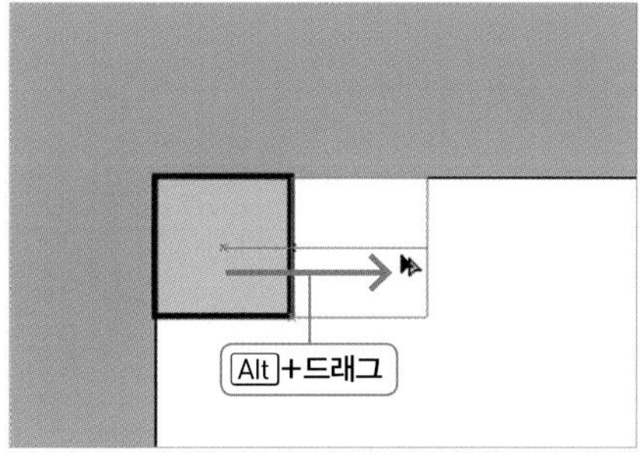


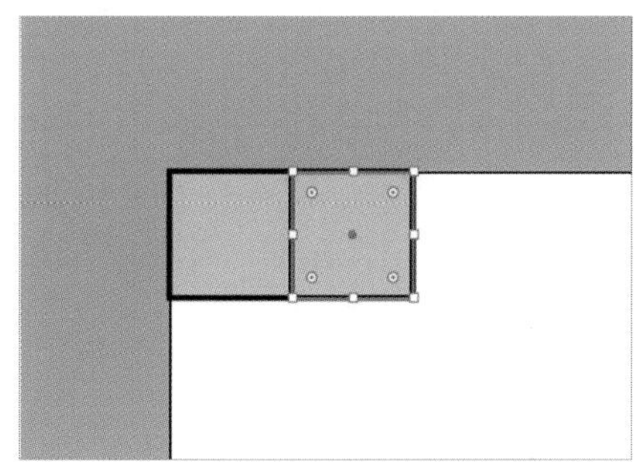

**5** 동일한 간격으로 연속적인 복사를 적용하기 위해 Ctrl+D를 눌러 그림과 같이 오른쪽 코너 부분까지 일치되도록 복사합니다.

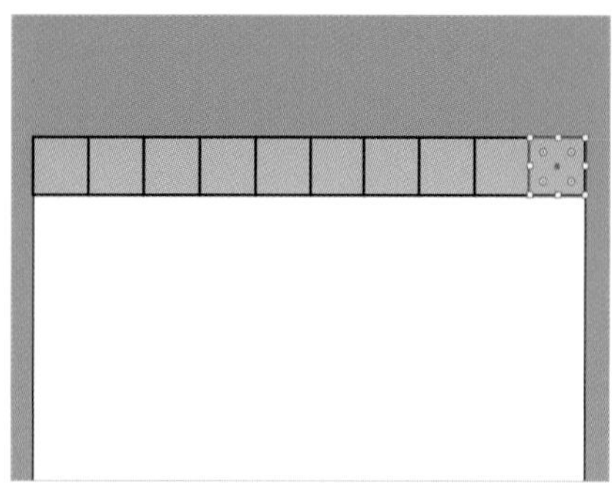

**TIP**

Ctrl+D 단축키는 [Object] 〉 [Transform] 〉 [Transform Again] 기능으로 바로 전에 적용된 명령을 반복 적용할 수 있습니다.

**6** 다음은 사각형 전체를 선택하고 Alt를 누른 채 아래로 드래그하여 그림과 같이 이동 복사합니다.

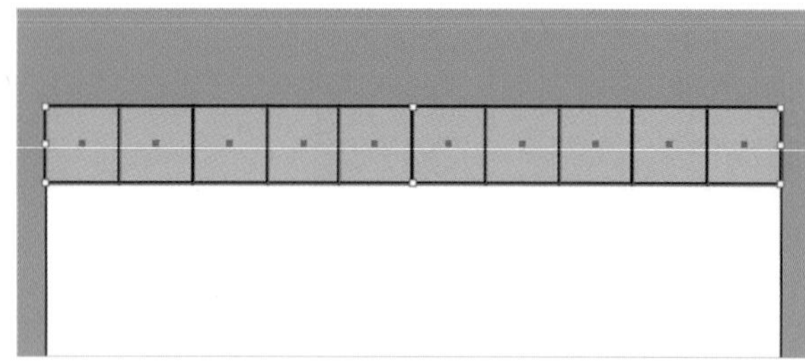

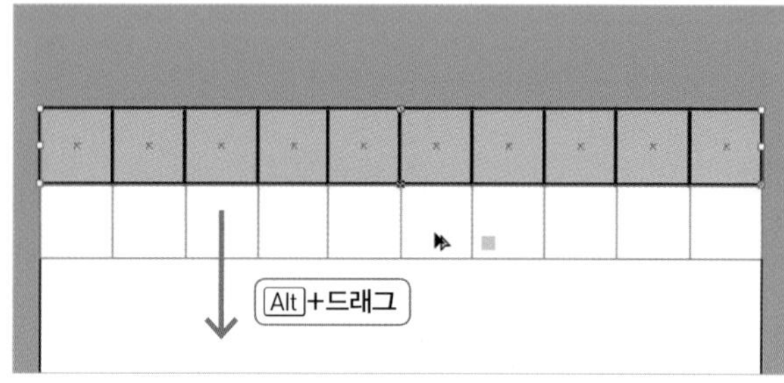


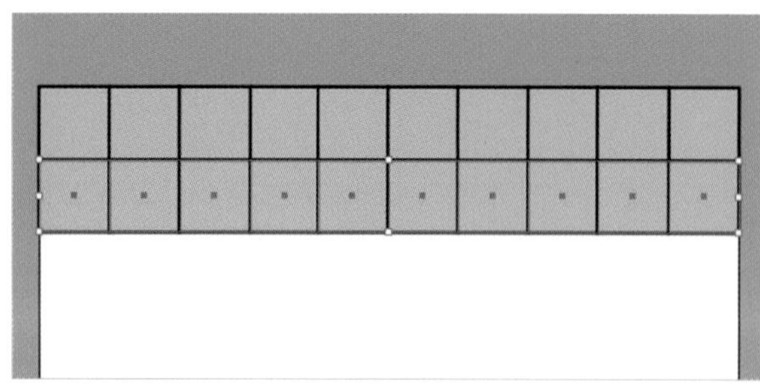

**7** 마찬가지로 Ctrl+D를 적용하여 세로 방향으로 총 16칸이 되도록 복사합니다.

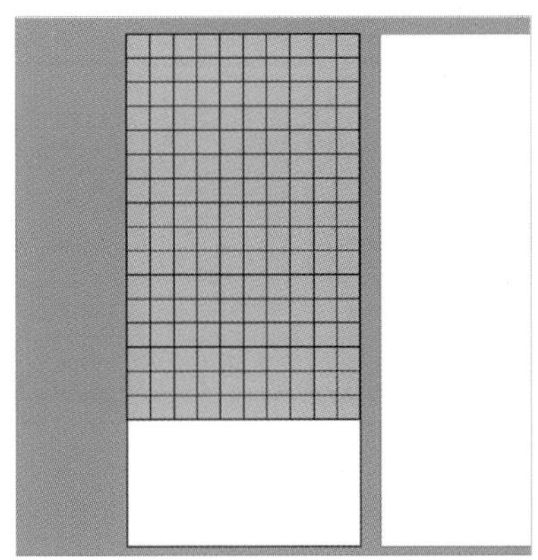

**8** 다음은 크리스마스 트리 형상을 만들기 위해 크리스마스 트리가 적용될 사각형의 색상을 흰색으로 변경합니다. 툴바에서 [Selection Tool]( )을 선택하고 Shift를 누른 채 사각형을 선택하여 추가합니다.

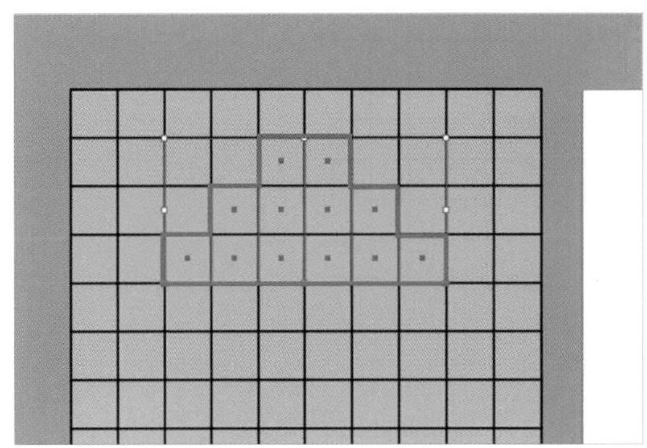

**9** [Default Fill and Stroke]를 클릭하여 사각형의 색상을 흰색으로 변경합니다.

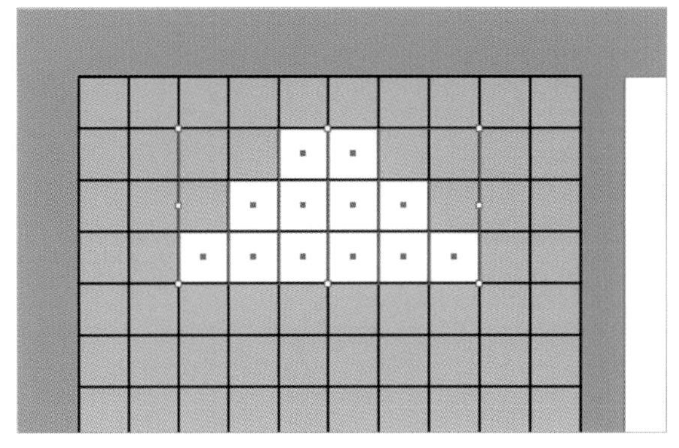

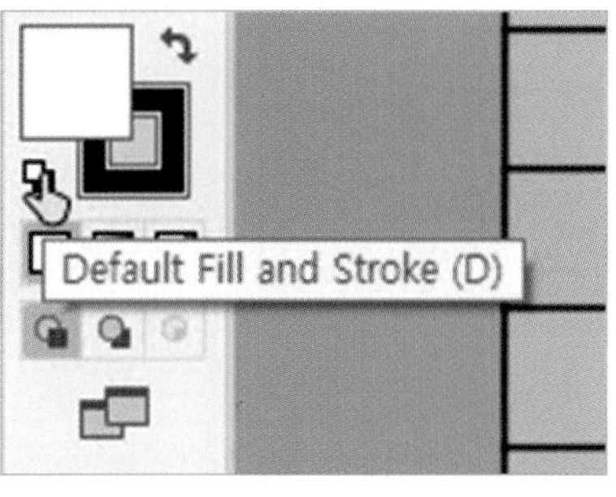

10 동일한 방법으로 다음 그림과 같이 크리스마스 트리 모양이 되도록 완료합니다.

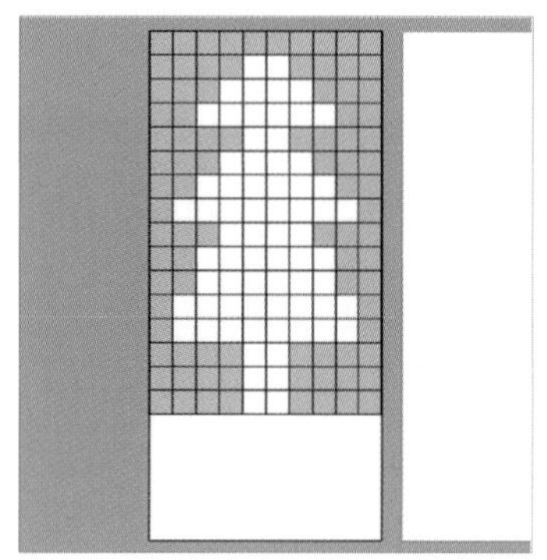

11 다음은 크리스마스 트리에 꾸밀 갖가지 모양을 만들어 봅니다. 먼저 별 모양을 만들어보겠습니다. 4개의 사각형을 복사하여 아트보드 바깥쪽 영역으로 복사합니다.

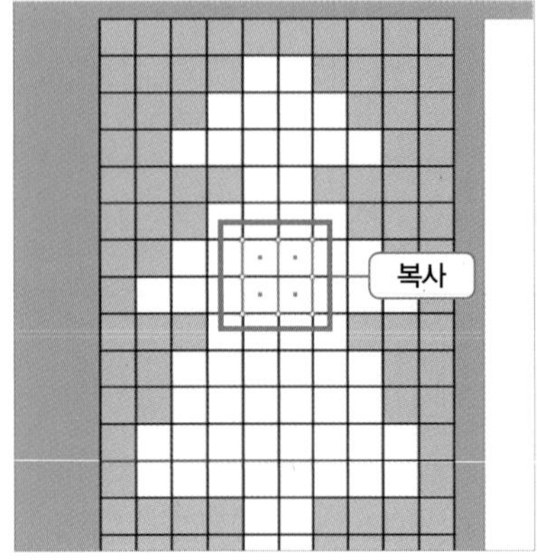


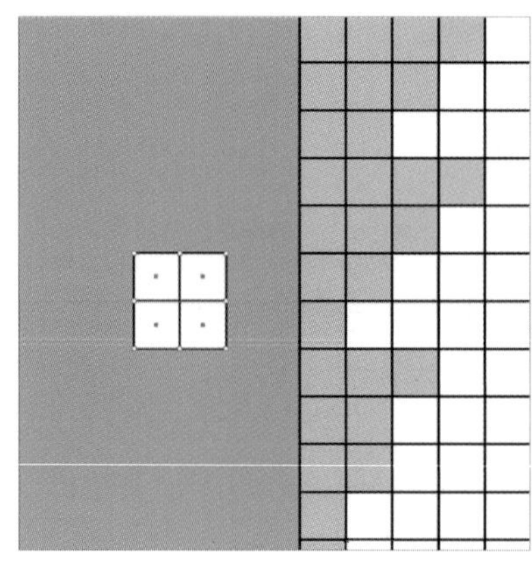

12 툴바에서 [Ellipse Tool]( )을 선택하고 Alt를 누른 채 사각형 중심 지점을 클릭합니다. [Ellipse] 창이 표시되면 [Width]와 [Height] 값을 각각 '8mm'로 입력하고 [OK]를 클릭합니다.

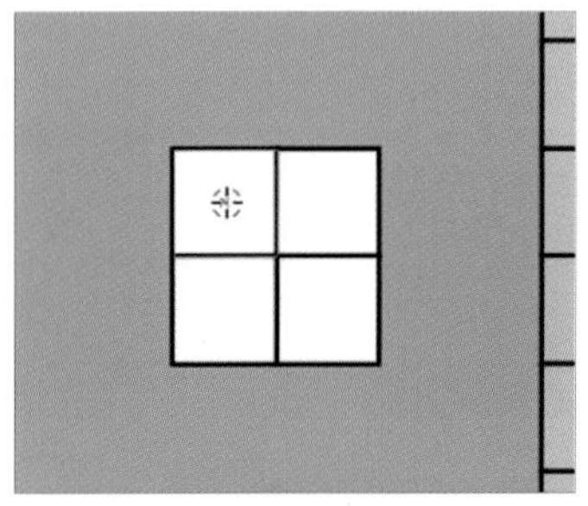

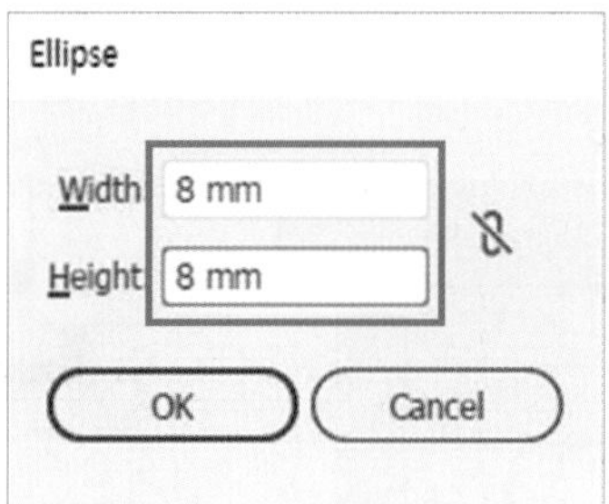


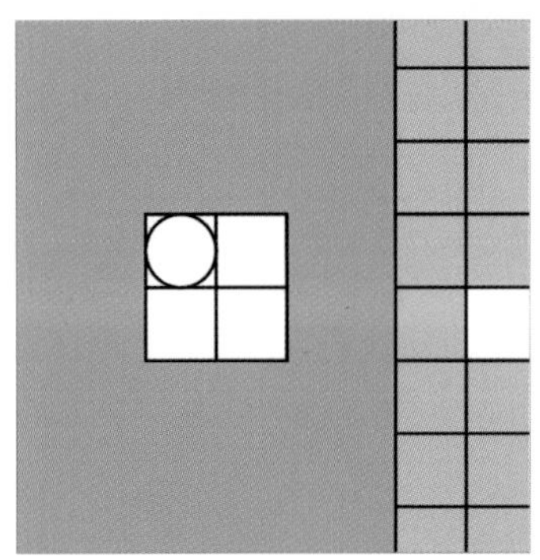

13 그림과 같이 사각형 중심점에 일치시켜 원을 복사합니다.

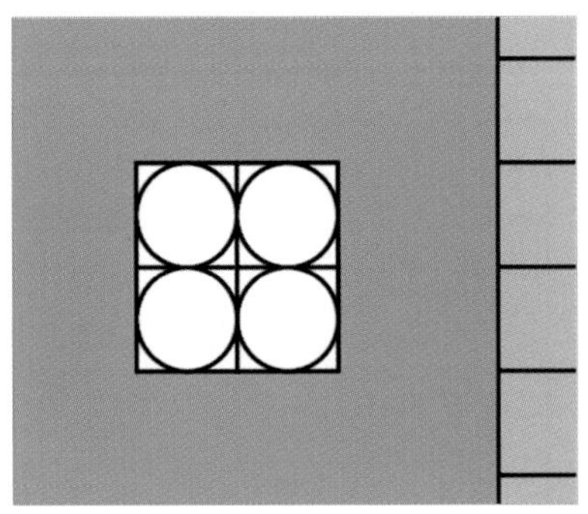

14 전체를 선택하고 [Fill] 색상을 파스텔톤의 파란색(#5ab6e7)으로 적용합니다.

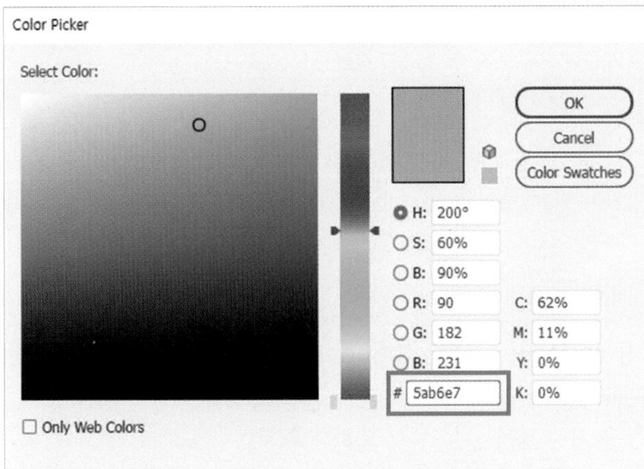


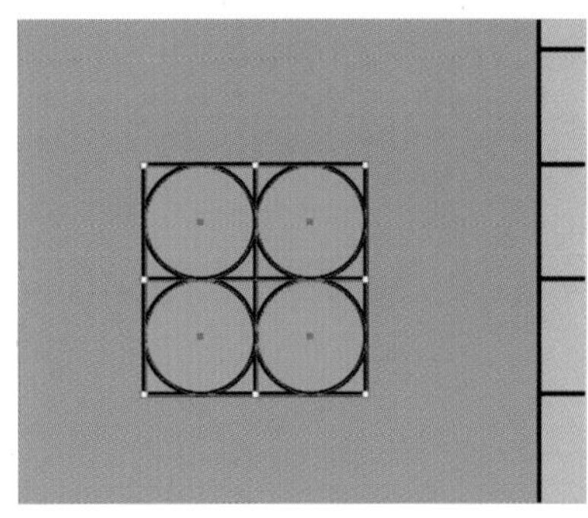

15 [Properties] 〉 [Pathfinder] 패널에서 [More Options]를 클릭하고 [Divide]( )를 클릭하여 적용합니다.

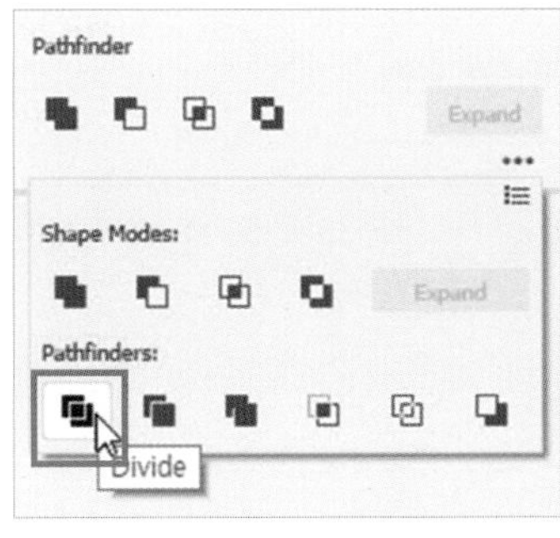


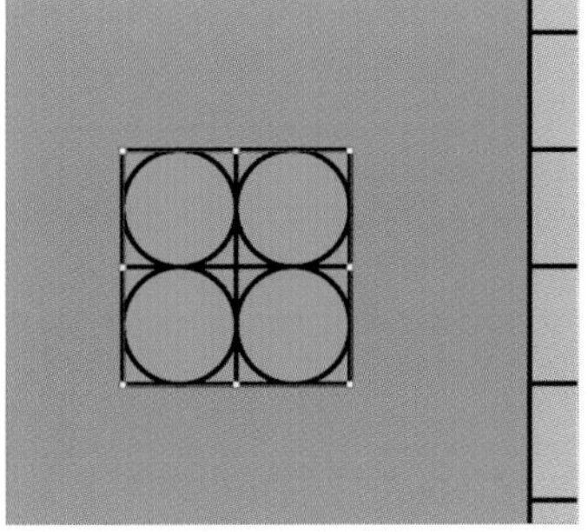

16 툴바에서 [Group Selection Tool]( )을 선택한 후 그림과 같이 가운데 모양만 남도록 바깥쪽 영역들을 선택하여 삭제합니다.

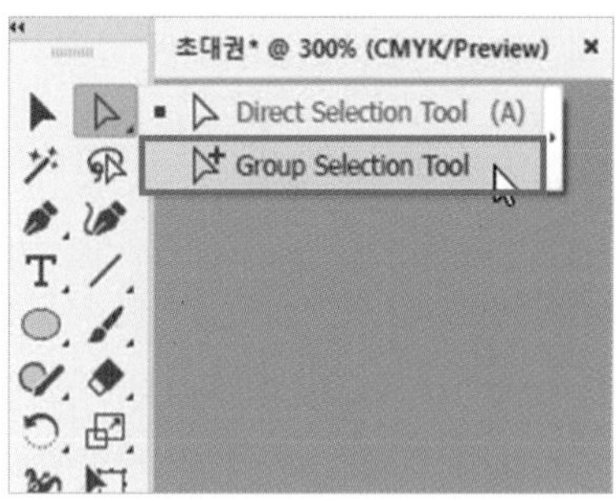


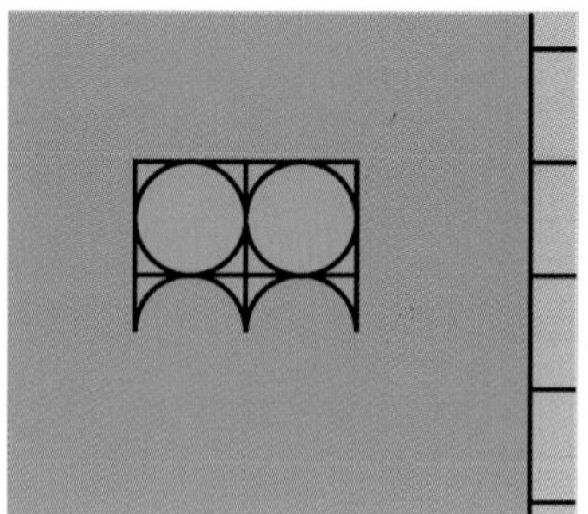

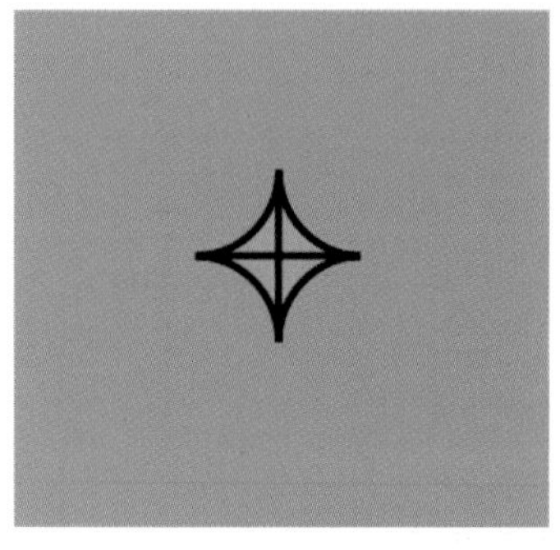

17 다음은 가운데 십자가 모양을 제거하기 위해 [Properties] 〉 [Pathfinder] 패널에서 [Unite]( )를 클릭하여 합쳐줍니다. 그러면 수평 수직선이 사라진 별 모양의 오브젝트가 완성됩니다.

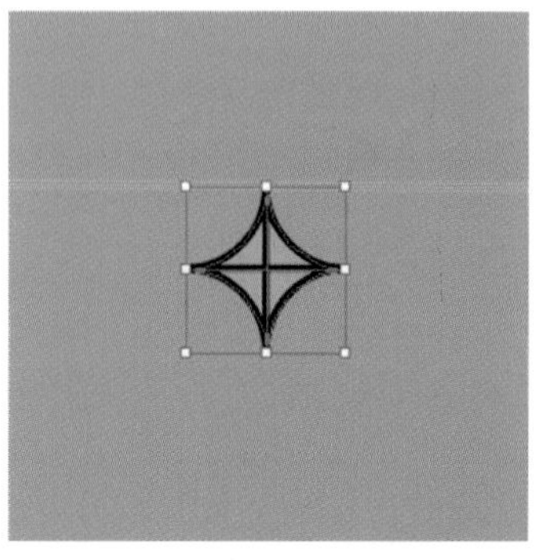

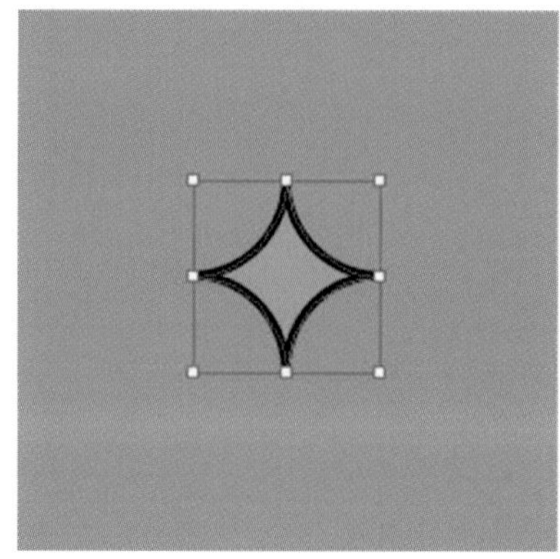

**18** [Stroke] 색상을 'None'으로 설정한 후 복사하여 흰색 및 핑크색의 별을 추가합니다.

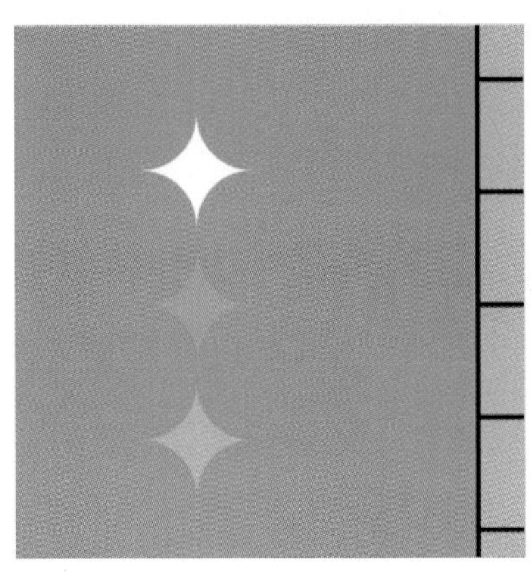

**19** 다음은 눈 결정체 모양을 만들어 봅니다. 툴바에서 [Line Segment Tool](/)을 선택하고 그림과 같이 중심 위치에 수직 방향으로 선을 그려줍니다. 선의 두께는 '1pt'로 설정합니다.

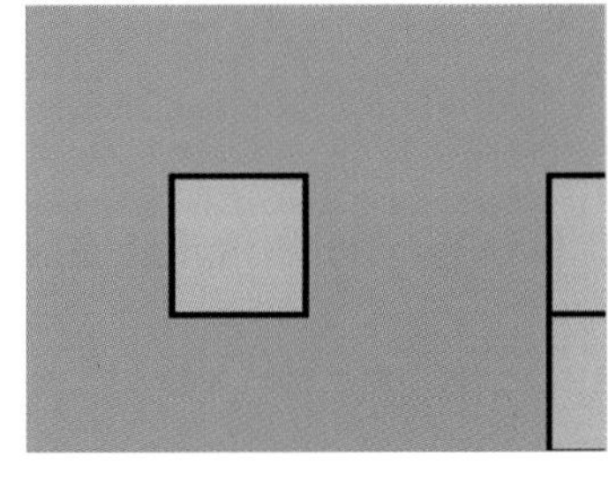

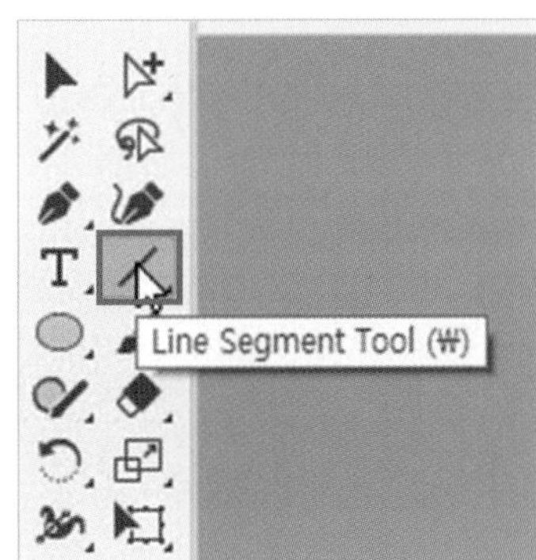

20 다음은 선을 45° 방향으로 회전시키는 작업입니다. 선 가장자리로 커서를 이동하면 회전 모양의 아이콘이 표시되는데 그때 Shift를 누른 채 오른쪽 방향으로 드래그하면 45° 각도로 회전할 수 있습니다.

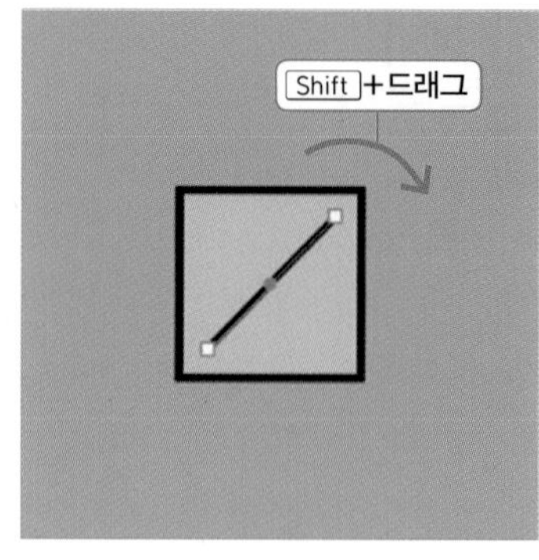


21 동일한 방법으로 선을 추가로 그린 후 왼쪽 방향으로 회전합니다.

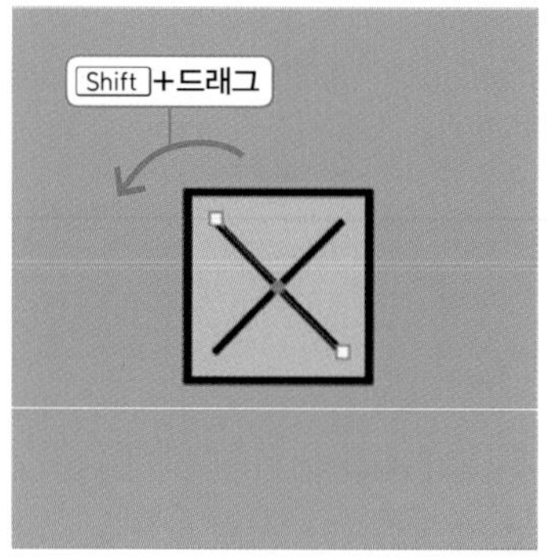


22 다음은 회전 없이 수평 수직 방향으로 중심 부분에 선을 그려줍니다.

**23** 사각형을 제거한 후 [Object] 〉 [Group] 메뉴를 선택하여 그룹화시켜줍니다.

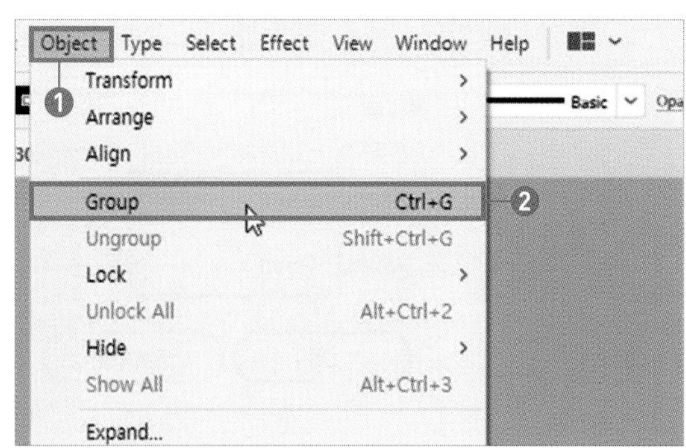


> **TIP**
>
> 그룹 기능의 단축키는 Ctrl+G, 그룹을 해제하는 기능의 단축키는 Shift+Ctrl+G입니다. 많이 사용되는 기능이니 기억해두는 것이 좋습니다.

**24** 복사하여 별 모양과 같이 흰색, 핑크색, 파란색의 눈 모양을 완성합니다.

**25** 다음은 링 모양의 원을 만들기 위해 지름이 8mm와 4mm인 두 개의 원을 그려줍니다. 그리고 색상은 큰 원은 파란색, 작은 원은 핑크색으로 채워줍니다.

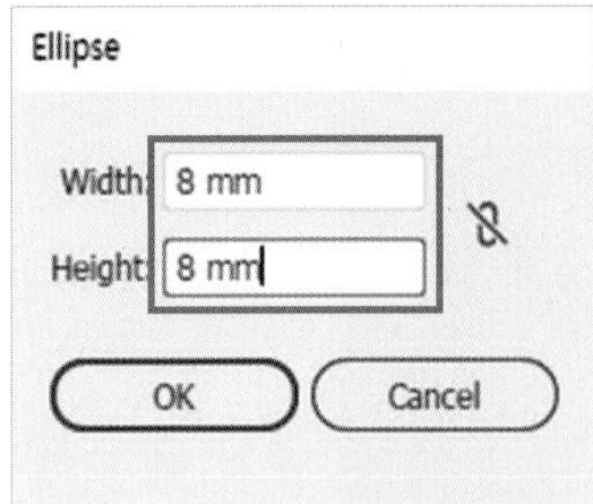


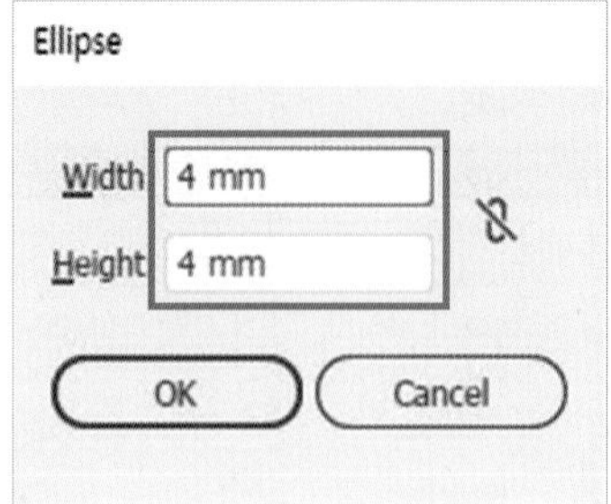

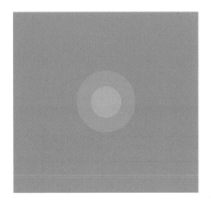

**26** 마찬가지로 그룹으로 지정한 후 복사하여 그림과 같이 색상을 다양하게 채워줍니다.

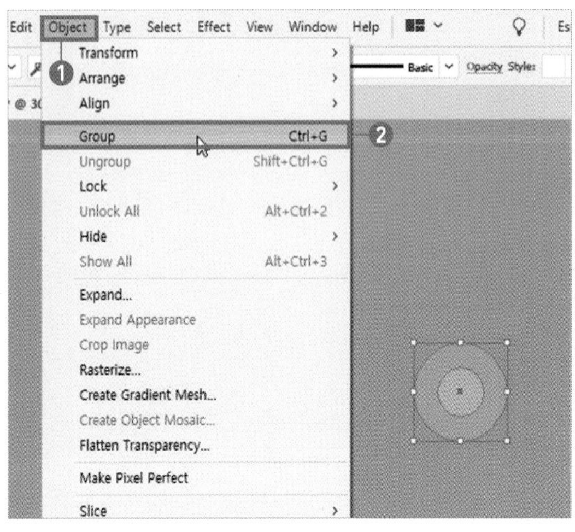


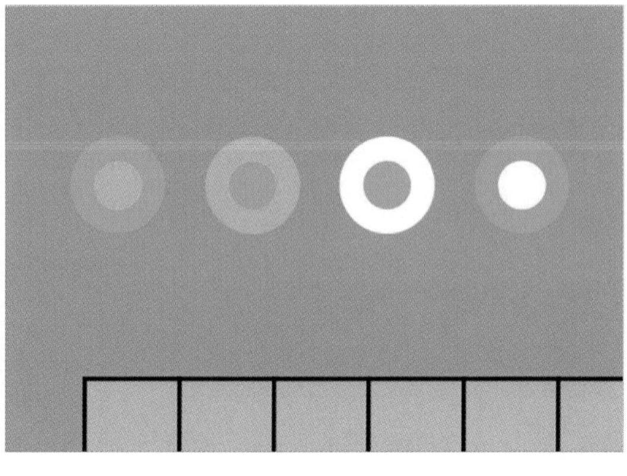

**27** 그다음은 원과 눈 모양을 결합하여 다음과 같이 크리스마스 트리에 장식할 액세서리 모양을 추가합니다.

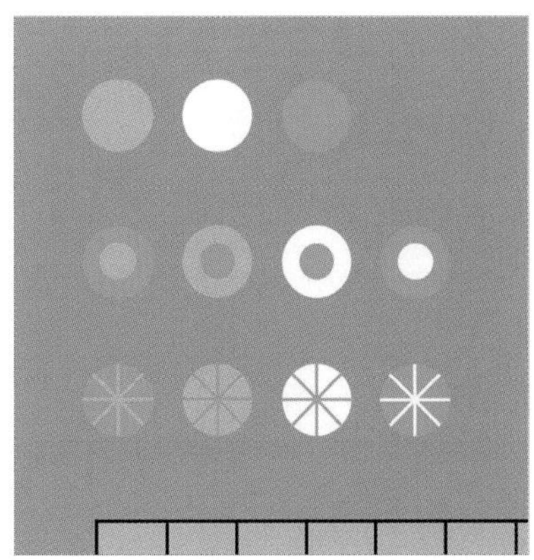

**28** 그러면 크리스마스 트리에 꾸밀 액세서리들이 완성됩니다. 먼저 사각형으로 이루어진 배경 전체를 선택하여 그룹으로 지정합니다.

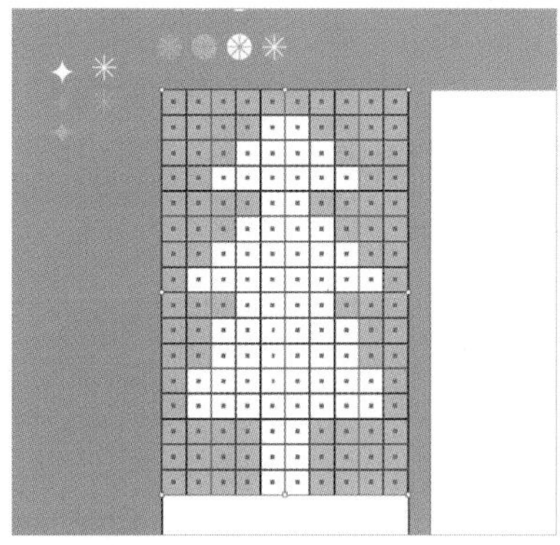

**29** 그다음 액세서리들을 복사해 가며 자유롭게 배열합니다.

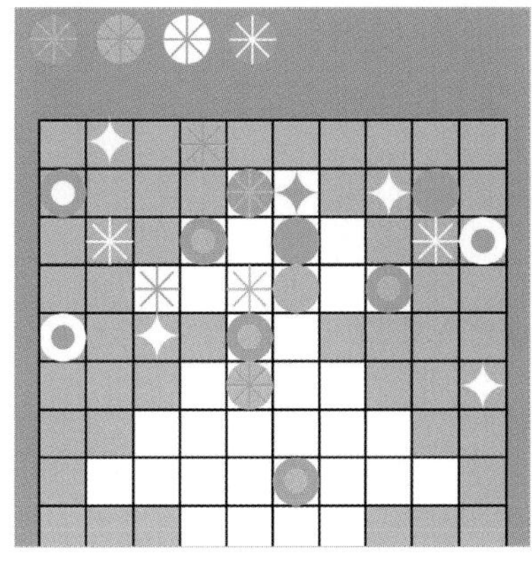

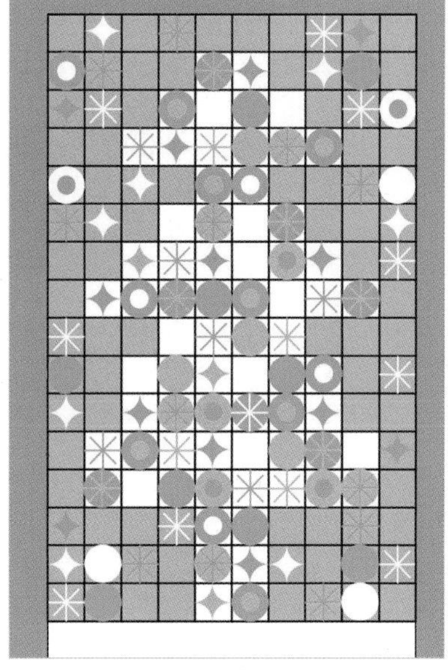

**30** 깔끔한 배경으로 만들기 위해 그룹으로 지정한 배경을 선택하고 [Stroke] 색상을 'None'으로 설정합니다.

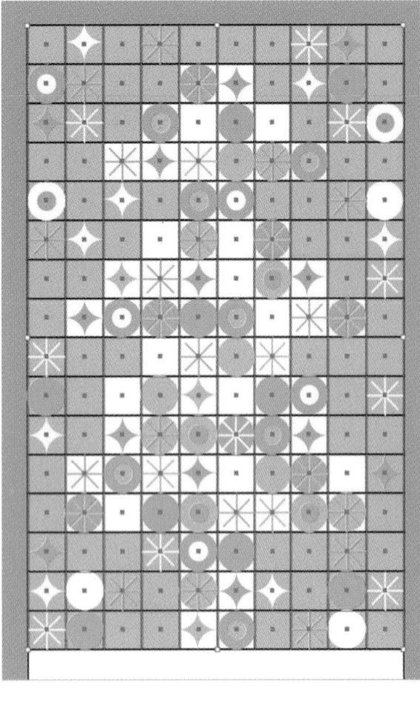

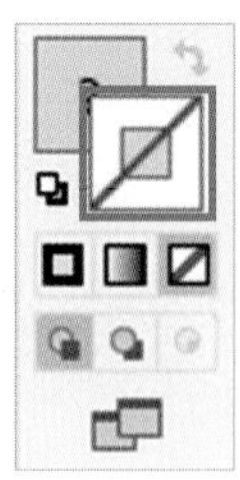

**31** 다음은 초대권 행사의 제목을 입력하는 작업입니다. 아래쪽 흰색 배경에 사각형을 그린 후 핑크 색상으로 채워줍니다.

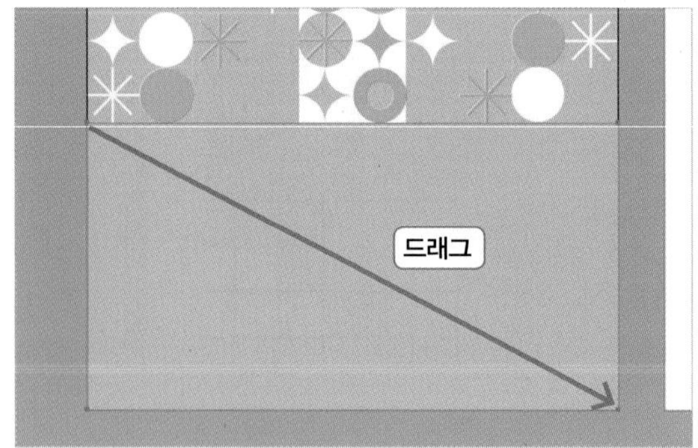


**32** 그다음 툴바에서 [Type Tool]( T )을 선택하고 '서울일러스트레이션페어 vol.10 The Seoul Illustration Fair vol.10' 문구와 '2021.12.19.Thu --- 22.Sun COEX C Hall' 문구를 입력합니다.

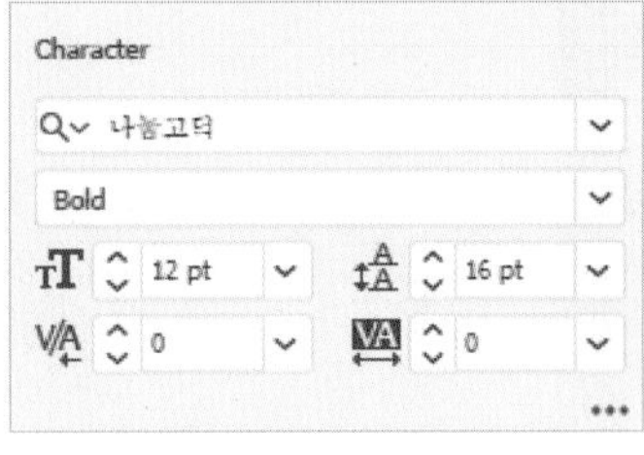

서울일러스트레이션페어 vol.10
The Seoul Illustration Fair vol.10

2021.12.19.Thu --- 22.Sun
COEX C Hall

**TIP**

동일한 글꼴이 없는 경우 임의의 글꼴을 선택하여 사용합니다.

**33** 그러면 초대장의 전면이 다음과 같이 완성됩니다.

**34** 다음은 초대장의 뒷면을 만들어 봅니다. 먼저 아트보드의 간격을 조정합니다. [Properties] 〉 [Document] 패널에서 [Edit Artboards]를 클릭합니다. 그러면 아트보드의 바운딩 박스가 표시되며 크기 및 위치를 조정할 수 있습니다. Shift를 누른 채 오른쪽 방향으로 적당하게 이동합니다.

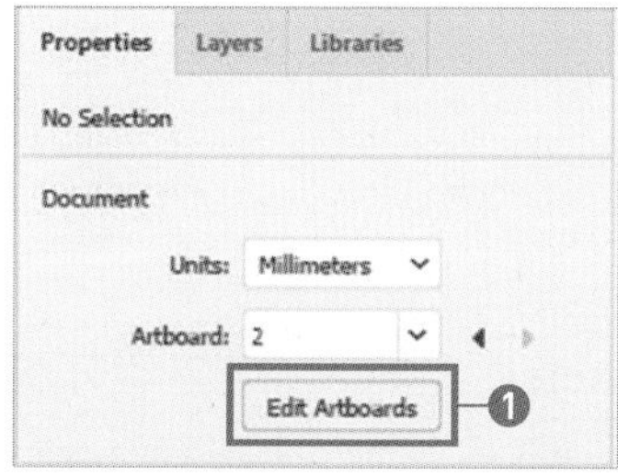


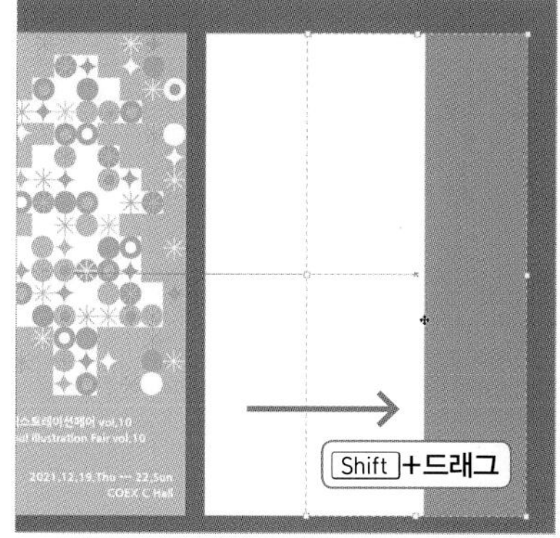

35 그다음 아트보드 크기에 맞게 사각형을 그린 후 핑크 색상을 채워줍니다.

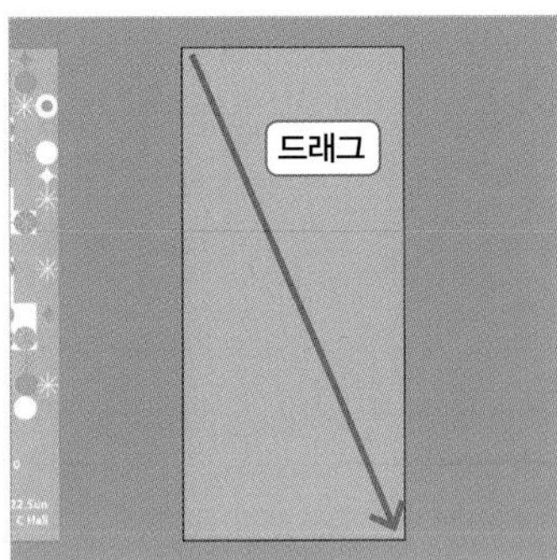


36 다음은 문구를 입력하기 전 글자 및 문장들이 정확한 위치에 구성할 수 있도록 안내선을 이용해 봅니다. [View] 〉 [Rulers] 〉 [Show Rulers] 메뉴를 클릭하여 눈금자를 문서에 표시합니다. 그다음 눈금자를 클릭한 후 드래그하여 안내선을 사각형 외각으로부터 5mm 간격이 되도록 안내선(Guide)을 그려줍니다. 그리고 위쪽으로는 15mm 간격이 되도록 안내선을 추가합니다.

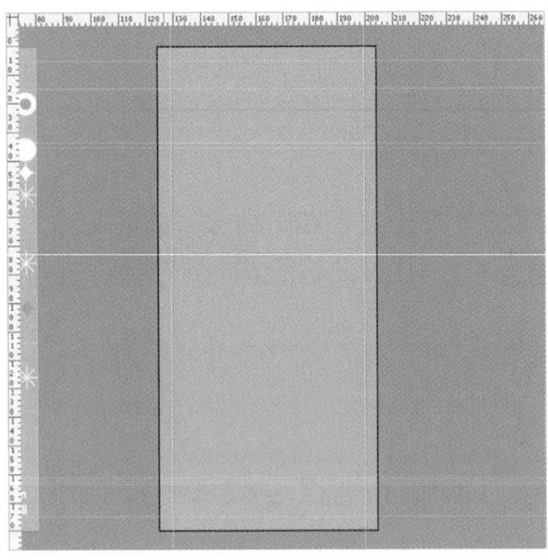

37 맨 왼쪽 상단 위쪽에 'Invitation'을 입력합니다. [Properties] 〉 [Character] 패널에서 그림과 같이 설정합니다.

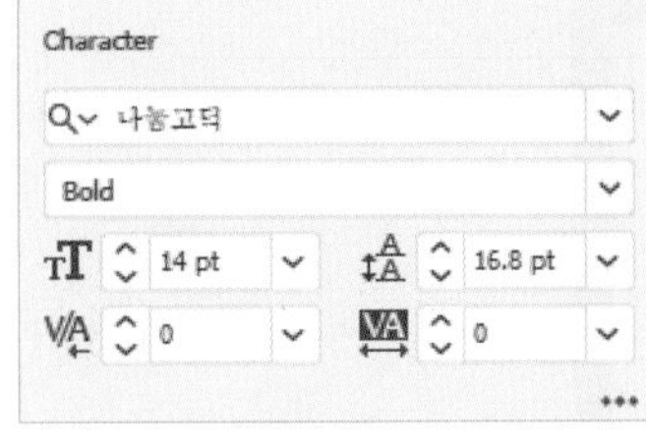

**38** 다음은 툴바에서 [Ellipse Tool]( )을 선택하고 [Width] : '12mm', [Height] : '5mm'의 타원을 그려주고 [Fill] 색상은 '검은색', [Stroke] 색상은 'None'으로 설정합니다.

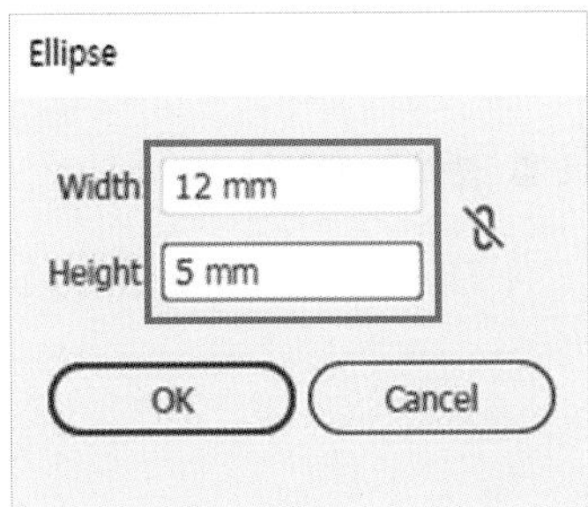

**39** 그리고 타원 안쪽에 '초대권' 글자를 위치시킵니다.

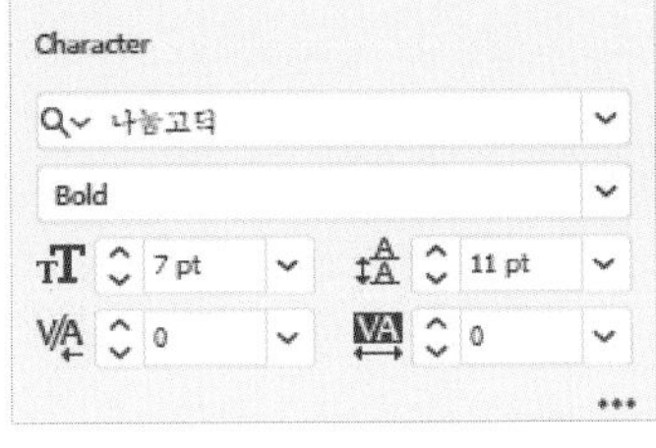

**40** 다음은 텍스트 박스를 설정하고 초대장에 대한 내용을 입력합니다. 안내선을 이용하여 왼쪽 상단 코너에서 오른쪽 하단 코너까지 드래그하여 텍스트 박스를 만들어줍니다.

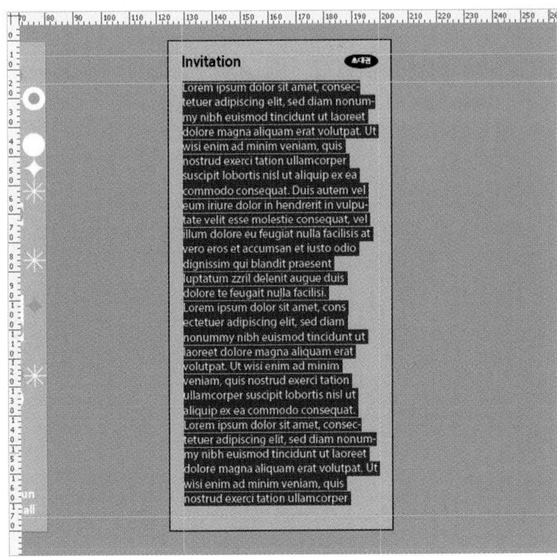


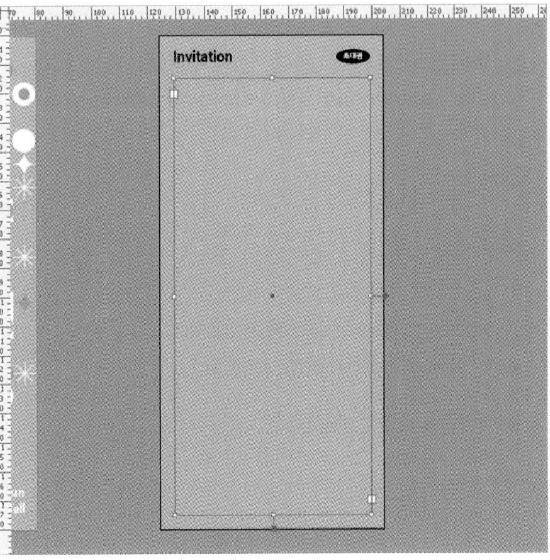

**41** 다음과 같이 문장을 입력합니다.

서울일러스트레이션페어vol.10은 1,100여 명의 국내외 아티스트와 관련 기업이 참가하여, 스스로 만든 편견과 장벽을 넘어 각자의 아이덴티티를 사랑하자는 의미를 담아 'Love yourself'라는 주제로 개최됩니다.
테마존 <해피2020문구전>, 기획관 <Art on Fashion> 등을 통해 다양한 산업 분야로 확장되는 일러스트레이션을 소개합니다.



관람안내 Visitor Information

일정 Date
2021. 12. 19 (목. Thu.) --- 12. 22 (일. Sun.)
시간 Opening Hours
2021. 12. 19   11:00 --- 18:00
(입장마감 Admission closes at   17:30)
2021. 12. 20 --- 22   10:00 --- 18:00
(입장마감 Admission closes at   17:30)
장소 Venue
서울 삼성동 COEX C HALL (3F)

유의사항

초대권은 비매품으로 유료판매를 금지합니다.
작가 부스 또는 작품 사진 촬영 시 사전동의 후 촬영 바랍니다.
음식물 반입과 애완동물 출입은 허락되지 않습니다.
7세 이하의 어린이는 보호자 동반 입장하여야 합니다.
주차는 지원되지 않으며, 주차비는 본인 부담입니다.

본 초대권을 소지한 분에 한하여 기간 중 1회 무료입장하실 수 있습니다. (1인 1매)
This ticket can be used for one admission only during the fair. (1 ticket per person)

문의

THE SIF 사무국
T. 02-2062-8601
E. sif@seoulillustrationfair.co.kr
www.seoulillustrationfair.co.kr

▲ 줄 바꿈과 글자의 간격을 참고합니다.

# Invitation

초대권

서울일러스트레이션페어vol.10은 1,100여 명의 국내외 아티스트와 관련 기업이 참가하여, 스스로 만든 편견과 장벽을 넘어 각자의 이이덴티티를 사랑하자는 의미를 담아 'Love yourself'라는 주제로 개최됩니다.
테마존 <해피2022문구전>, 기획관 <Art on Fashion> 등을 통해 다양한 산업 분야로 확 장되는 일러스트레이션을 소개합니다.

관람안내 Visitor Information

일정 Date
2021. 12. 19 (목. Thu.) --- 12. 22 (일. Sun.)
시간 Opening Hours
2021. 12. 19 11:00 --- 18:00
(입장마감 Admission closes at 17:30)
2021. 12. 20 --- 22 10:00 --- 18:00
(입장마감 Admission closes at 17:30)
장소 Venue
서울 삼성동 COEX C HALL (3F)

유의사항

초대권은 비매품으로 유료판매를 금지합니다.
작가 부스 또는 작품 사진 촬영 시 사전동의 후 촬영 바랍니다.
음식물 반입과 애완동물 출입은 허락되지 않습니다.
7세 이하의 어린이는 보호자 동반 입장하여야 합니다.
주차는 지원되지 않으며, 주차비는 본인 부담입니다.

본 초대권을 소지한 분에 한하여 기간 중 1회 무료입장하실 수 있습니다. (1인 1매)
This ticket can be used for one admission only during the fair. (1 ticket per person)

문의

THE SIF 사무국
T. 02-2062-8601
E. sif@seoulillustrationfair.co.kr
www.seoulillustrationfair.co.kr

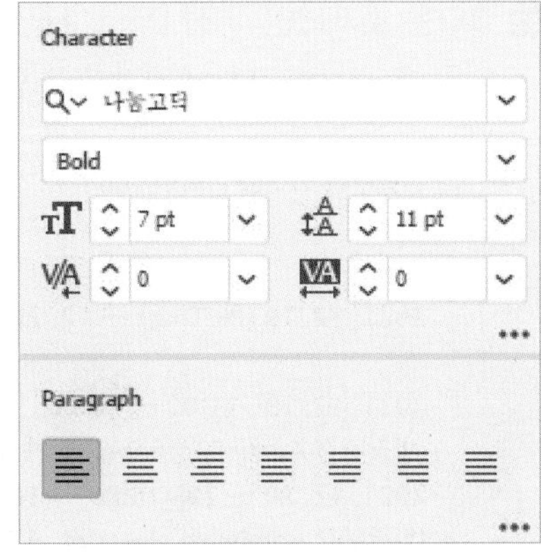

**42** 그다음 소제목인 '일정 Date, 시간 Opening Hours, 장소 Venue' 문장을 앞에서 6단계 정도 간격을 띄운 후 글자의 색상은 흰색으로 변경합니다.

**43** 약물 표시를 하기 위해 초대장 전면에서 그렸던 눈 모양을 복사합니다.

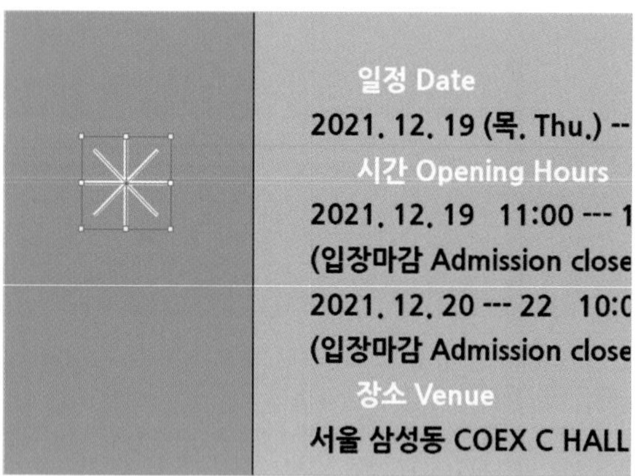


**44** 복사한 눈 모양을 선택한 후 [Properties] 〉 [Transform] 패널에서 크기를 [W] : '2mm', [H] : '2mm'로 조정합니다. 그다음 소제목으로 앞으로 복사하여 배치합니다.

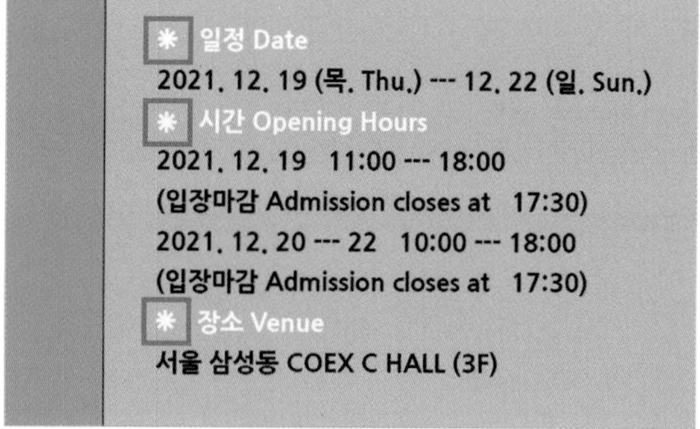

**45** 그림과 같이 다음 문구도 동일한 방법으로 적용합니다.

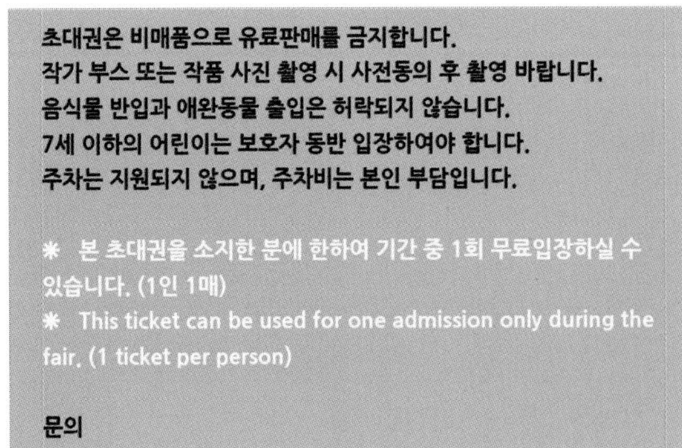


**46** 다음은 주제별로 구분하기 위해 제목 아래쪽에 선을 그려줍니다. 툴바에서 [Line Segment Tool]( )을 선택하고 그림과 같이 수평 방향으로 선을 그려줍니다. 선의 색상은 '검은색', 두께는 '0.5pt'로 설정합니다.

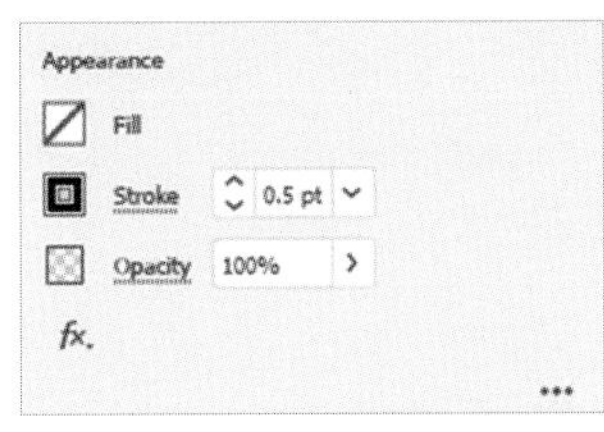


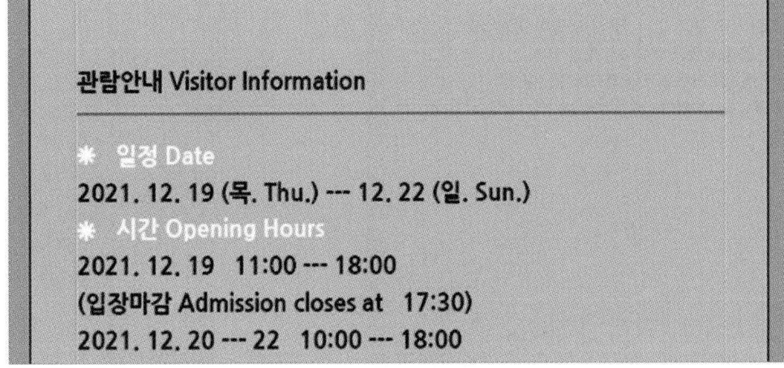


**47** 동일한 방법을 사용하거나 복사하여 그림과 같은 위치에 선을 추가합니다.

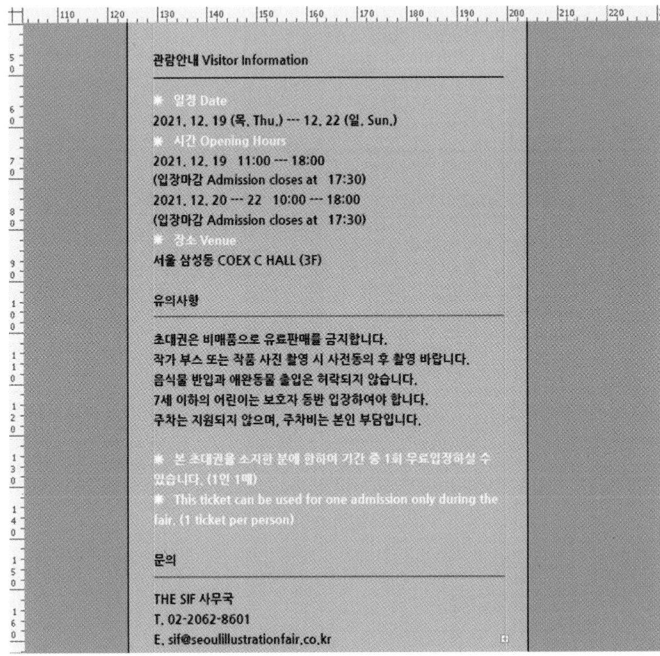

**48** 그러면 다음과 같이 모든 작업이 완료됩니다.

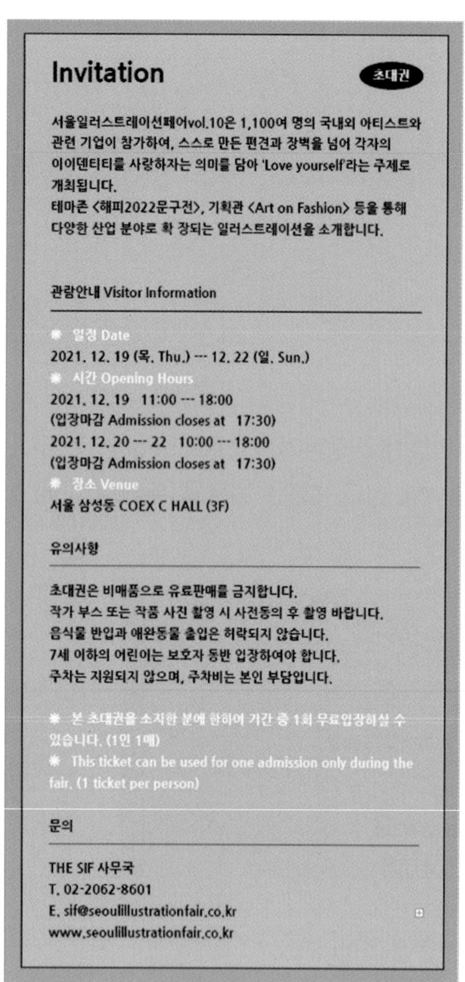


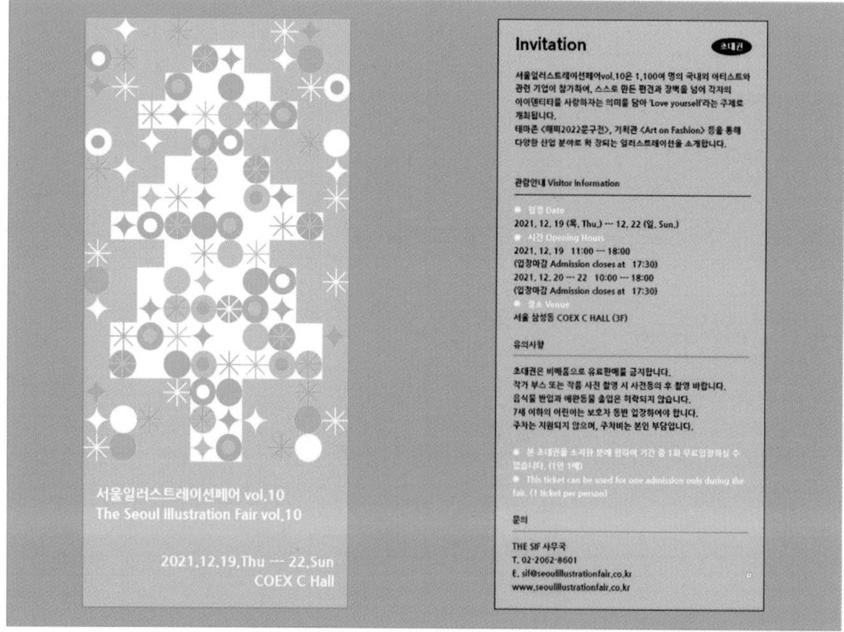

# 커피숍 머그컵 디자인하기

## Type Tool(문자 도구), Pathfinder(패스파인더), Divide(나누기), Group(그룹), Transform(변형)

그림을 그리는 방법은 매우 다양합니다. 디자이너들이라면 효율적이면서도 빠르고 정확하게 그림을 그릴 수 있는 기술이 필요합니다. 머그컵을 디자인하는 과정을 통해 좀 더 효율적이고 정확하게 그리는 방법에 관해 확인해 봅니다.

[**예제 파일** : PART 02 Illustrator/4교시/hat.ai, coffeeshop–완성.ai]

### 학습과제

기본 오브젝트의 활용으로 효율적이고 빠르게 머그컵의 기본 형태를 만들어 봅니다. 편집 시 필요한 기능들의 사용법과 활용법을 알아두도록 합니다.

▲ 자신만의 이니셜로 직접 디자인에 도전해 봅니다.

**1** 예제 파일(hat.ai)을 불러온 후 툴바에서 [Type Tool](T)을 선택하고 모자 그림 아래쪽에 커피숍 이름으로 사용할 'COWBOY'를 입력합니다. 글꼴은 'Myriad Pro', 크기는 '31pt', 문자의 간격을 '120' 정도로 설정합니다.

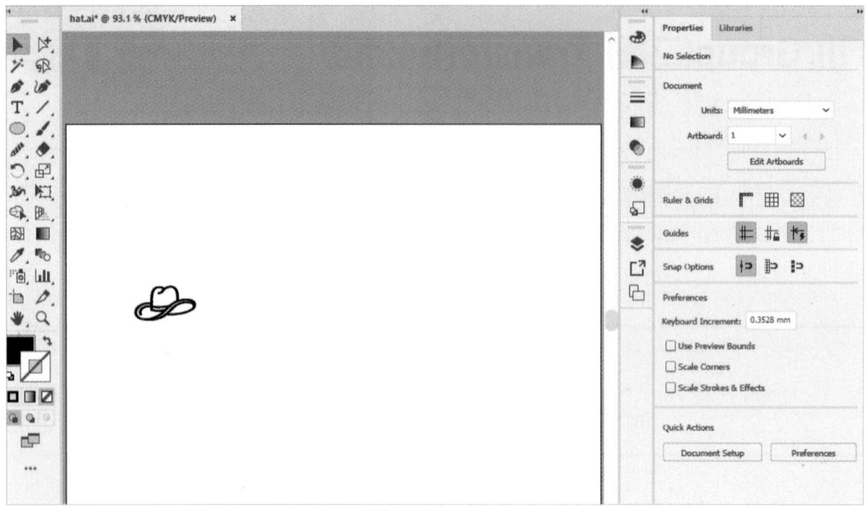

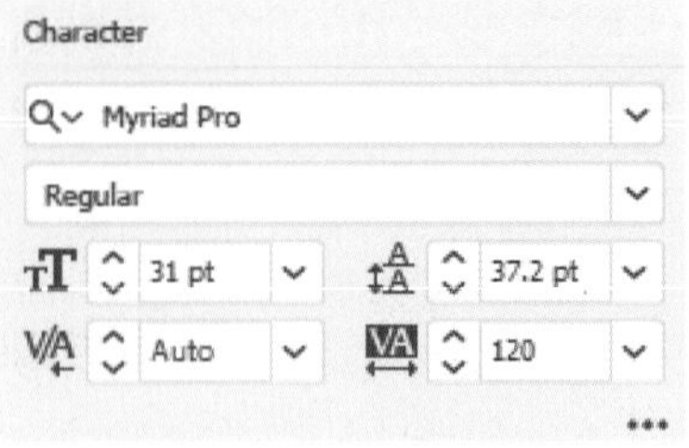

**2** 아래쪽으로 'COFFEE & PASTRY'를 입력합니다. 글꼴은 'Myriad Pro', 크기는 '9pt', 문자의 간격을 '300' 정도로 설정합니다.

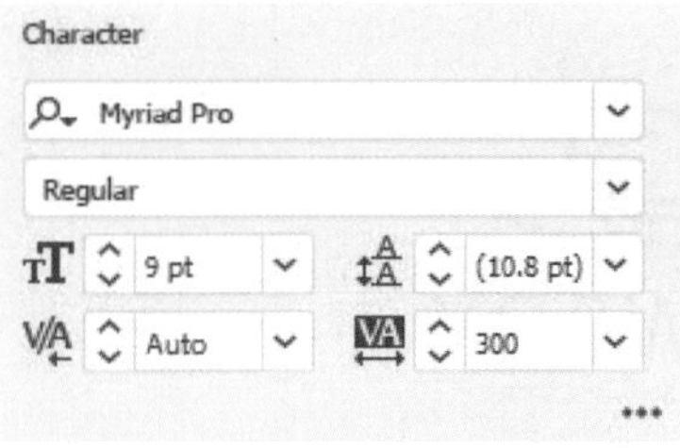

**3** 다음은 'COFFEE & PASTRY'의 글꼴과 크기를 그대로 사용하기 위해 복사하고 그림과 같이 위쪽으로 이동시킵니다. 그다음 툴바에서 [Type Tool]( )을 선택하고 'SINCE 1994'로 수정합니다.

**4** 오브젝트들의 중심을 정렬해 봅니다. 모든 오브젝트를 선택하고 [Window] 〉 [Align] 메뉴를 클릭하여 [Align] 패널을 표시합니다. 그다음 [Align Objects] 〉 [Horizontal Align Center]( )를 클릭하여 가로 방향으로 중심을 정렬합니다.

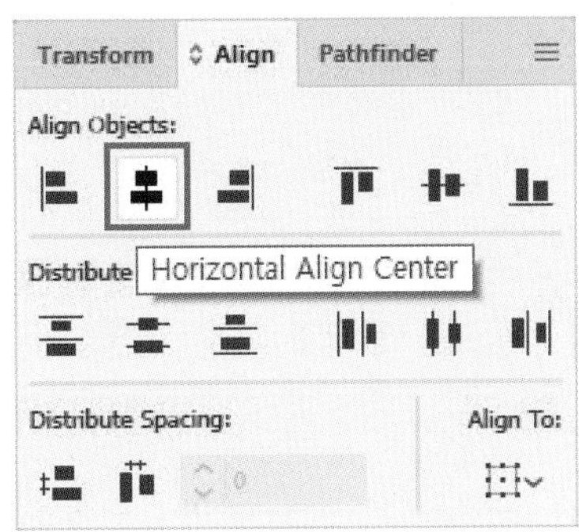

**5** 이번에는 심볼과 로고의 색상을 밤색(5e3e25)으로 설정하여 변경합니다.

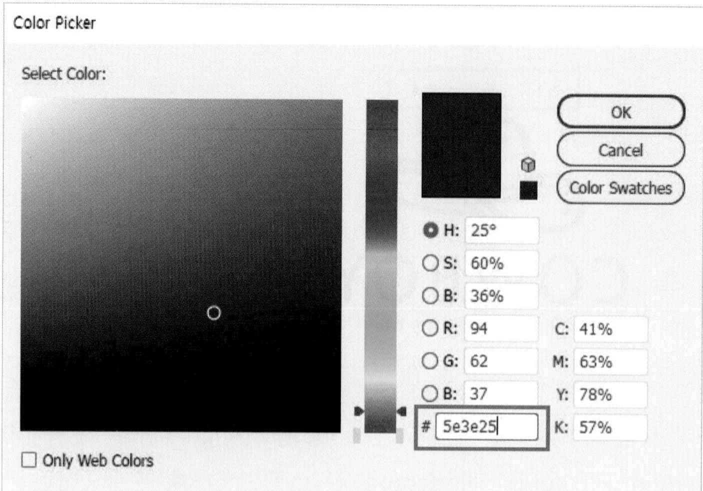


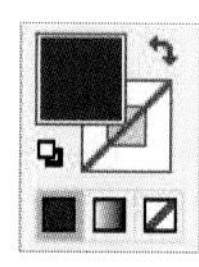

**6** 흐트러지지 않도록 [Object] 〉 [Group] 메뉴를 클릭하여 로고와 심볼을 그룹으로 묶어줍니다.

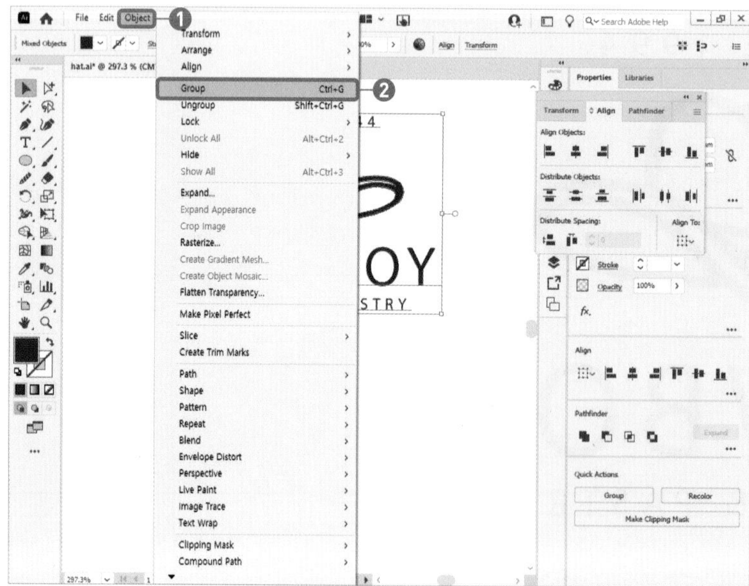

**7** 다음은 사각형을 기본 모양으로 하여 머그컵을 그려보도록 합니다. 툴바에서 [Rectangle Tool]( )을 선택한 후 작업 화면을 한 번 클릭합니다. 그다음 [Width] : '50mm', [Height] : '55mm'로 설정하고 [OK]를 클릭합니다.

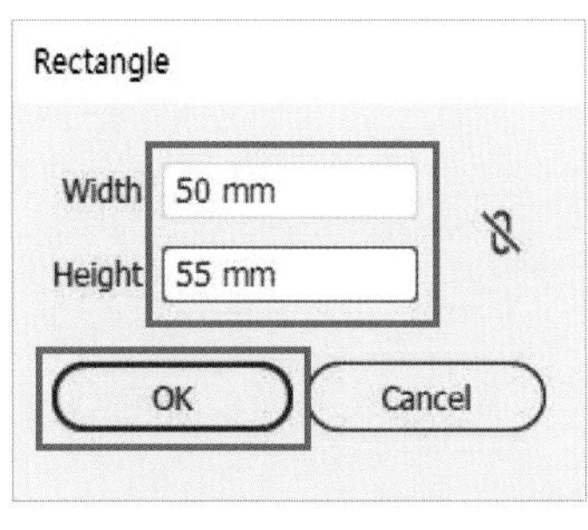


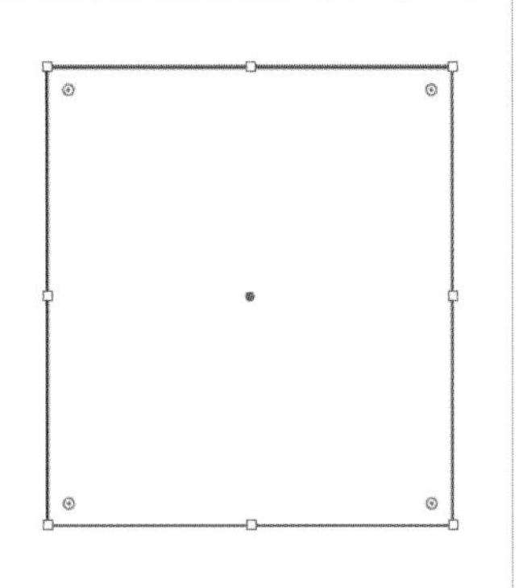

**8** 아래쪽 사각형 중심에 정점을 추가하기 위해 툴바에서 [Add Anchor Point Tool]( )을 선택하고 그림과 같이 머그컵 바닥이 될 부분에 정점을 추가합니다.

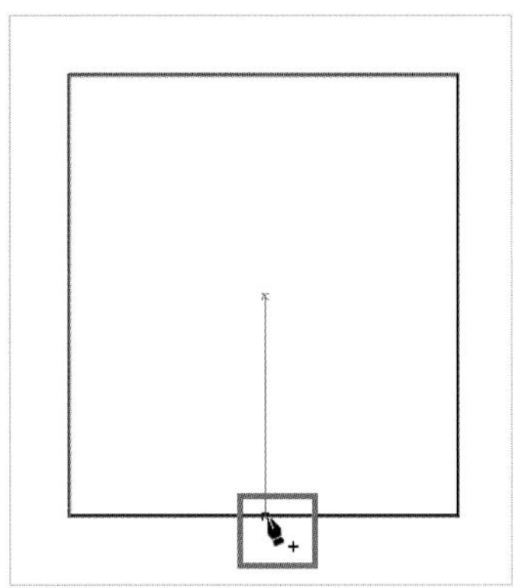

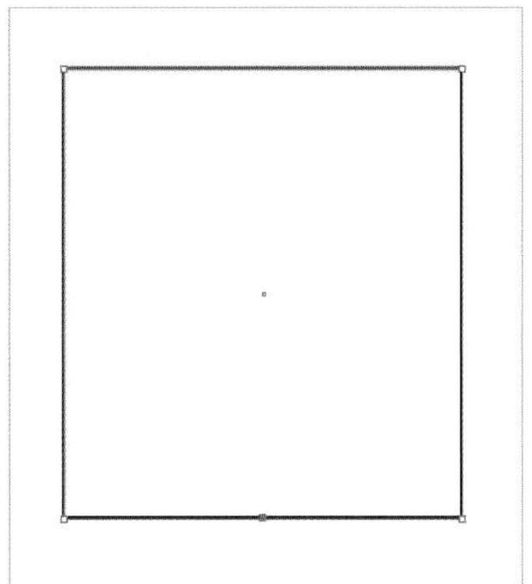

**MEMO 스마트 안내선 설정**

스마트 안내선을 활용하면 중심점, 수평, 수직 등 오브젝트 특정 지점을 빠르고 정확하게 선택할 수 있습니다. 스마트 안내선을 설정하기 위해서는 [Edit] 〉 [Preferences] 〉 [Smart Guides] 메뉴를 클릭하여 수정할 수 있습니다.

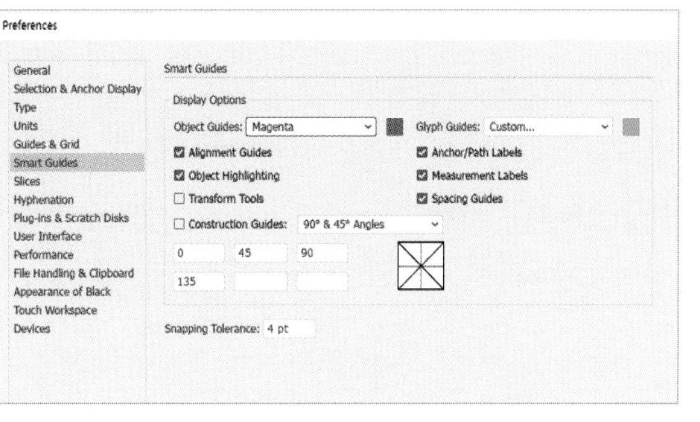

**9** 툴바에서 [Direct Selection Tool]( )을 선택한 다음 추가한 정점만 선택하고 아래 수직 방향으로 조금 이동합니다.

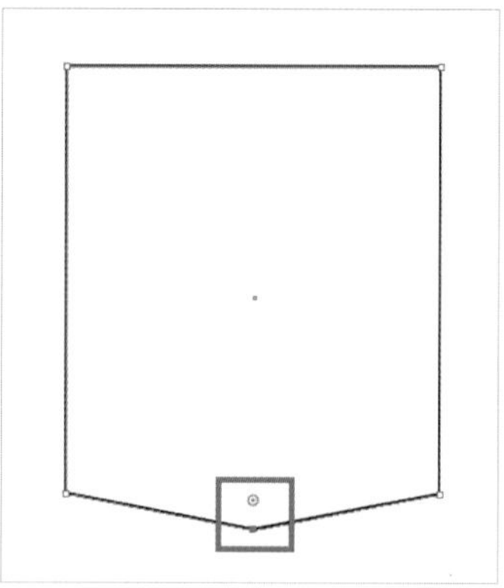

**TIP**

정점 이동 시 [Direct Selection Tool]로 정점을 드래그하여 이동할 수 있지만, 키보드의 방향키를 이용하면 상황에 따라 더욱 편리하게 정점을 이동시킬 수 있습니다.

**10** 머그컵의 바닥면 모양을 둥글게 만들기 위해 툴바에서 [Anchor Point Tool]( )을 선택합니다. 그다음 추가된 정점을 선택하고 왼쪽 수평 방향으로 드래그하여 그림과 같이 곡선이 되도록 수정합니다.

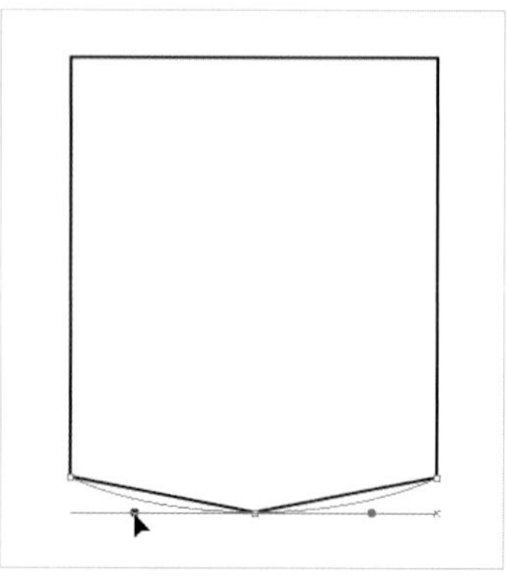

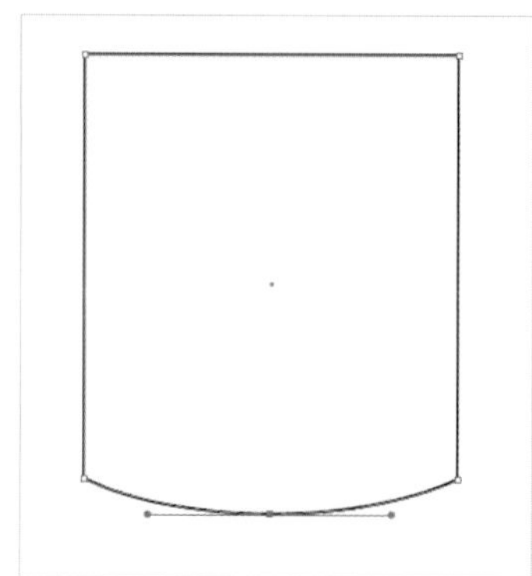

**11** 다음은 좌우 코너의 각진 모양도 자연스러운 곡선 모양으로 변경해 봅니다. 툴바에서 [Anchor Point Tool]( )을 선택하고 오른쪽 코너의 정점을 클릭 후 수직 아래 방향으로 드래그하여 곡선이 자연스럽게 연결되도록 수정합니다.

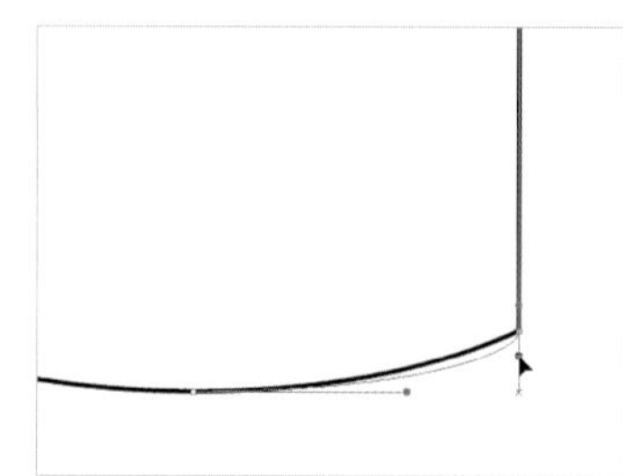

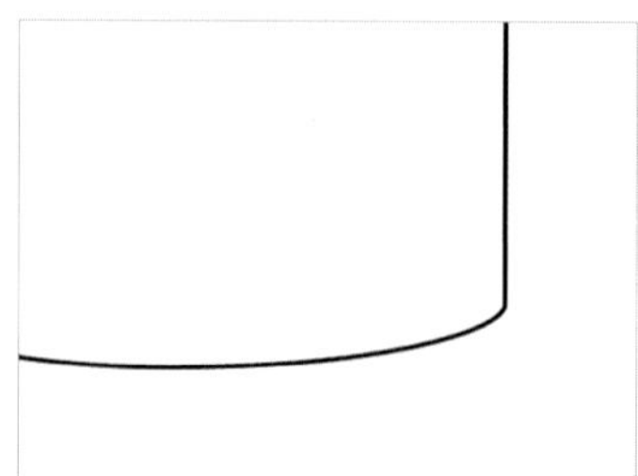

**12** 그다음은 완성된 오른쪽 모양을 복사하여 왼쪽 면을 완성해보도록 합니다. 툴바에서 [Line Segment Tool](／)을 선택합니다. 머그컵을 반쪽으로 구분하기 위해 Shift 를 누른 채 위쪽 중간 지점에서 아래 방향으로 드래그하여 선을 그려줍니다.

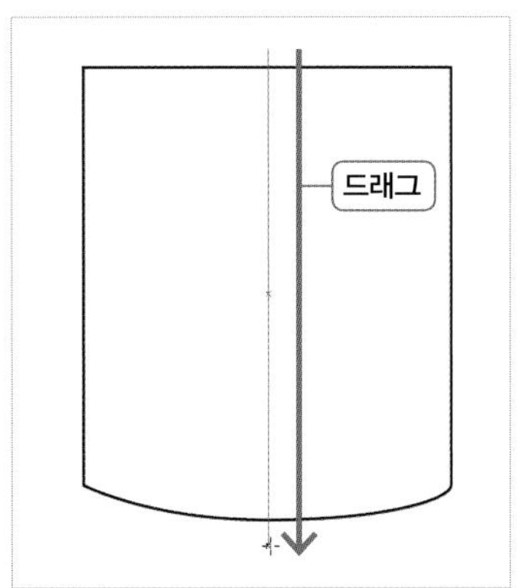


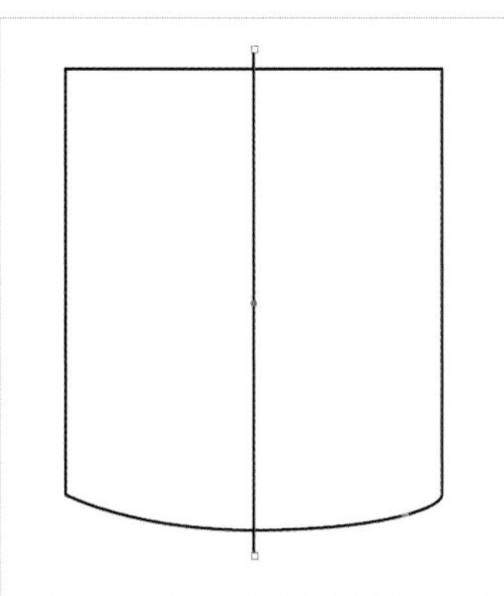

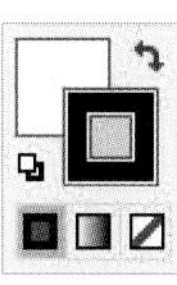

**13** 그다음 두 오브젝트를 선택하고 [Pathfinder] 패널에서 [Divide]( )를 클릭하여 중심선 모양으로 나눠줍니다.

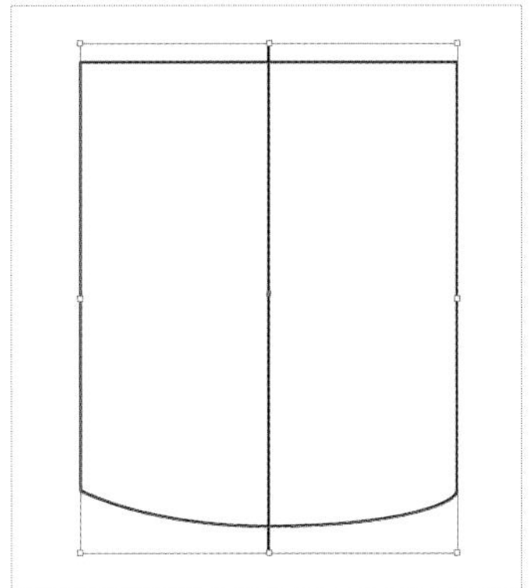

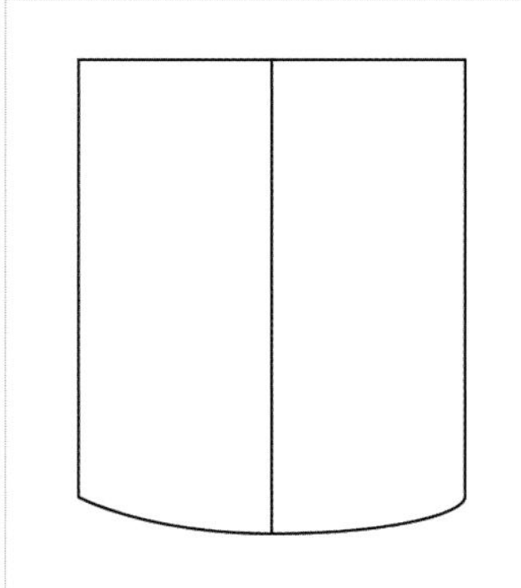

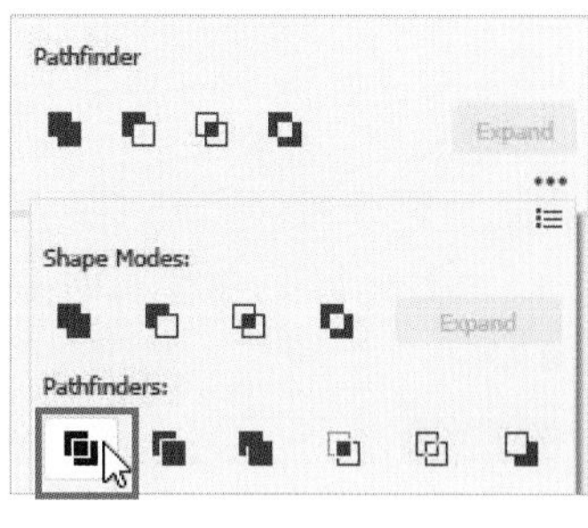


**14** 왼쪽 면은 불필요하기 때문에 선택한 후 삭제(Delete)합니다.

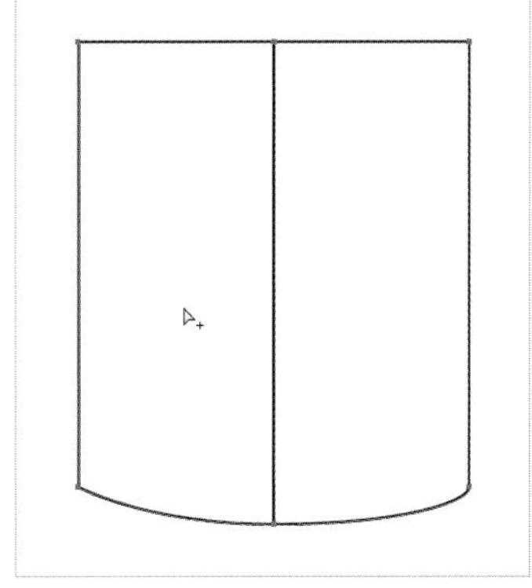

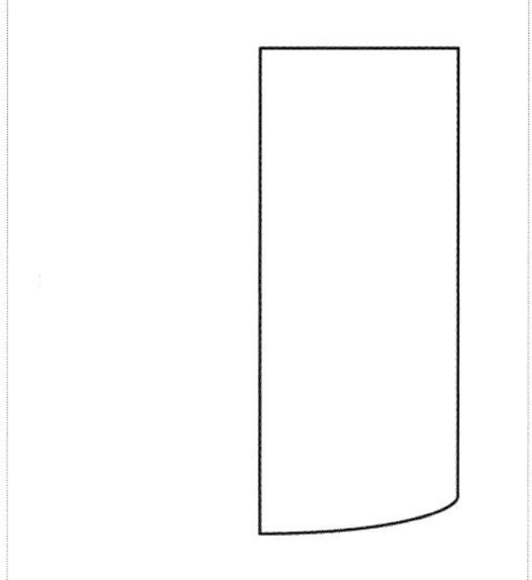

15 삭제하고 남은 오른쪽 오브젝트를 선택하고 [Object] 〉 [Transform] 〉 [Reflect] 메뉴를 클릭합니다.

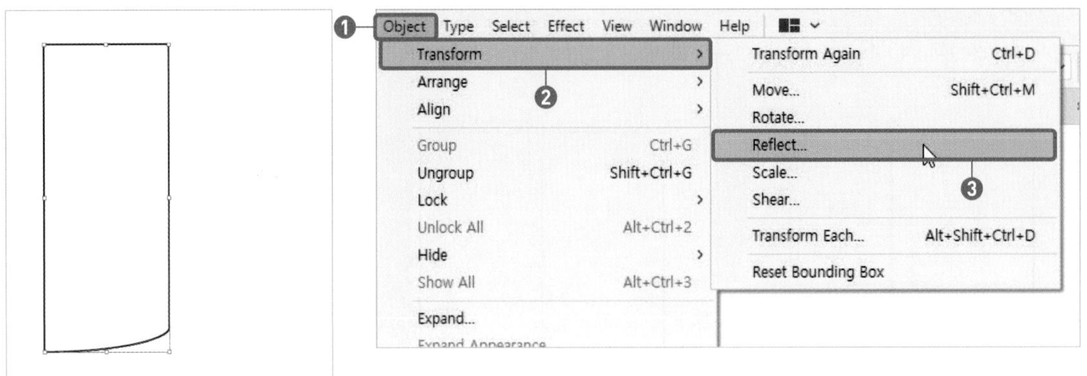


16 [Reflect] 대화상자가 표시되면 [Axis](축)를 [Vertical]로 선택하고 [Copy]를 클릭하여 대칭 복사합니다.

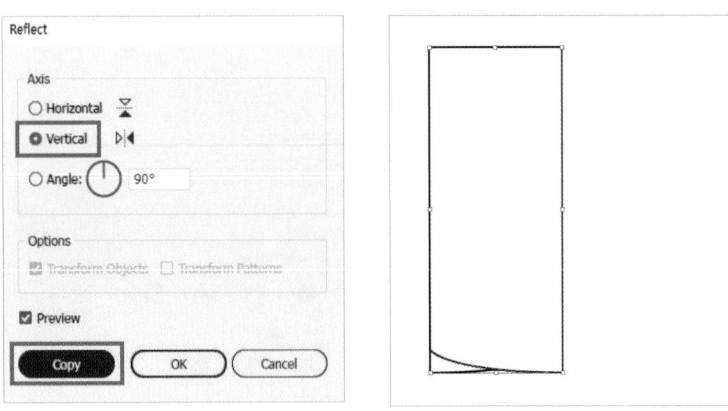


17 복사된 오브젝트를 끝부분이 일치되도록 왼쪽으로 이동시킵니다.

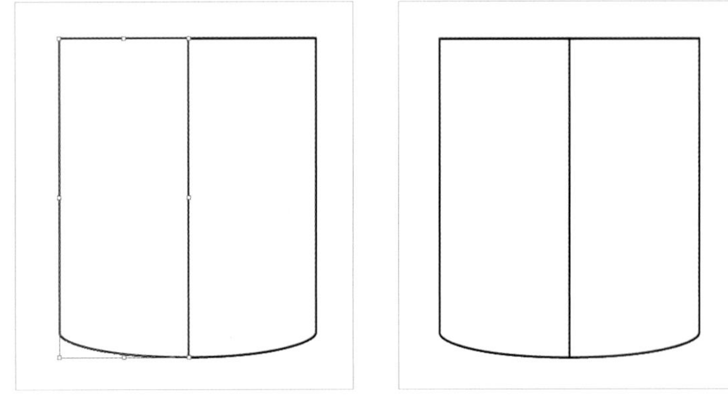

**18** 다음은 두 오브젝트를 선택한 후 [Properties] 〉 [Pathfinder] 패널에서 [Unite]( )을 클릭하여 하나로 합쳐줍니다.

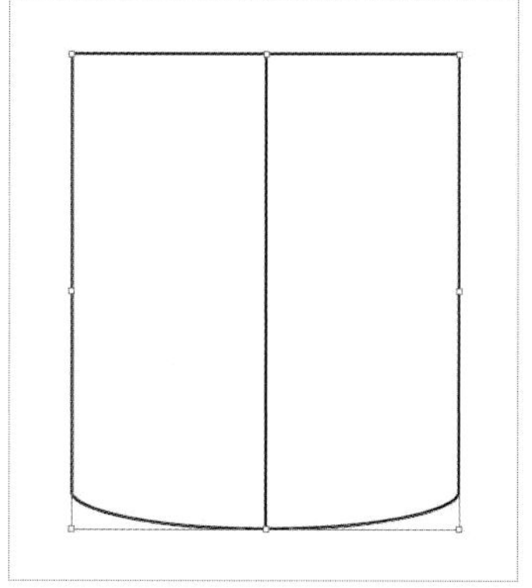

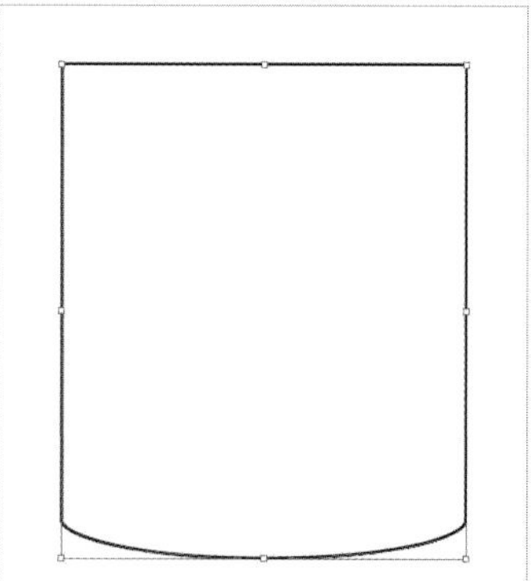

**19** 다음은 머그컵의 손잡이 부분을 그려봅니다. 툴바에서 [Rounded Rectangle Tool]( )을 선택하고 그려질 위치를 한 번 클릭합니다. [Rounded Rectangle] 창이 표시되면, [Width] : '35mm', [Height] : '35mm', [Corner Radius] : '11mm'로 설정하여 둥근 사각형을 만들어줍니다. 위치는 그림과 같이 중간 부분이 걸치도록 조정합니다.

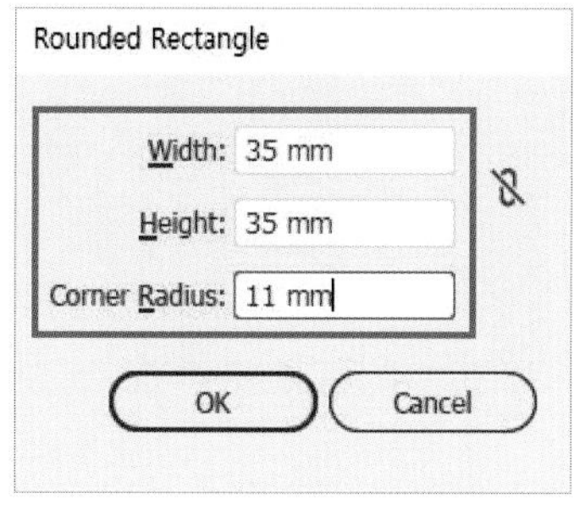


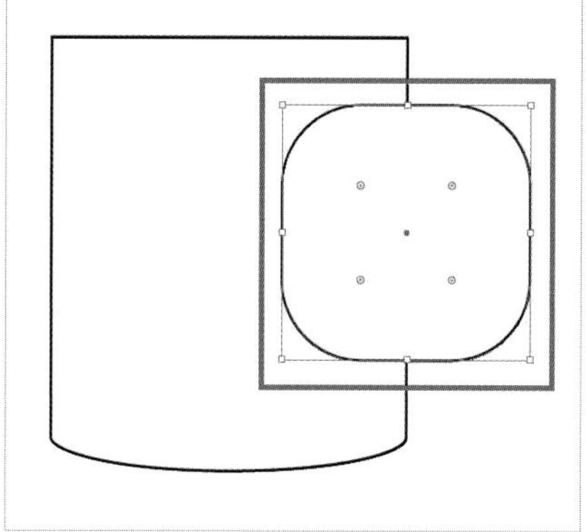

**20** 둥근 사각형의 모양을 축소하여 손잡이 모양을 만드는 과정입니다. [Object] 〉 [Path] 〉 [Offset Path] 메뉴를 클릭하고 [Offset Path] 대화상자에서 [Offset] : '–6mm'로 설정하고 [OK]를 클릭합니다. 그러면 그림과 같이 두께가 6mm인 손잡이 모양이 만들어집니다.

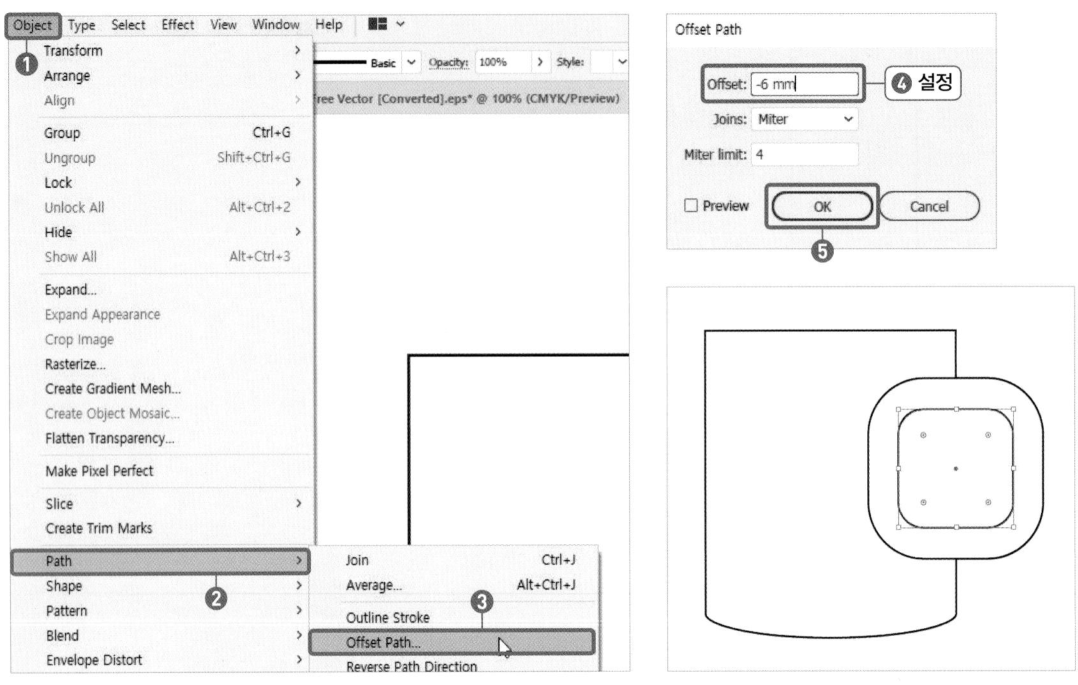


**21** 큰 둥근 사각형에서 작은 둥근 사각형의 모양을 제거하기 위해 모두 선택한 후 [Pathfinder] 패널에서 [Minus Front]( )를 클릭합니다.

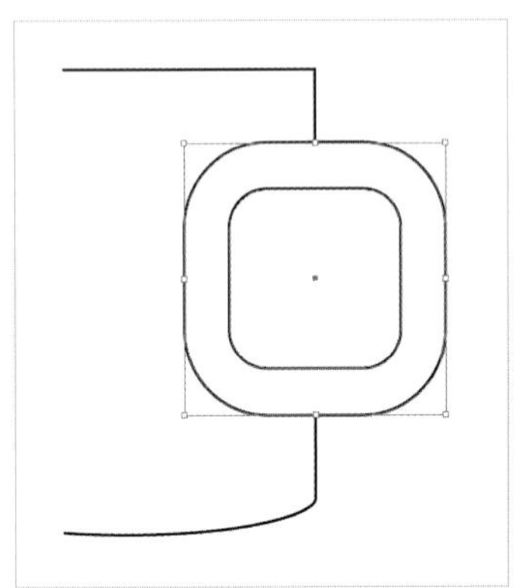

**22** 그러면 머그컵 손잡이 링 모양이 완성됩니다.

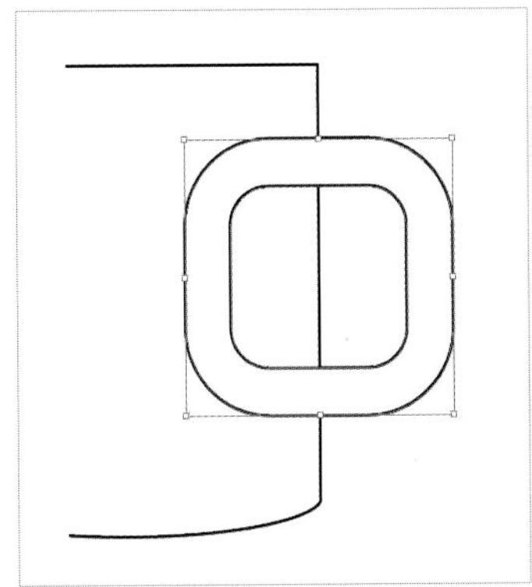

**23** 다음은 손잡이의 반만 표시해 봅니다. 먼저 [Object] 〉 [Arrange] 〉 [Send to Back] 메뉴를 클릭하여 손잡이 오브젝트를 밑으로 이동시킵니다.

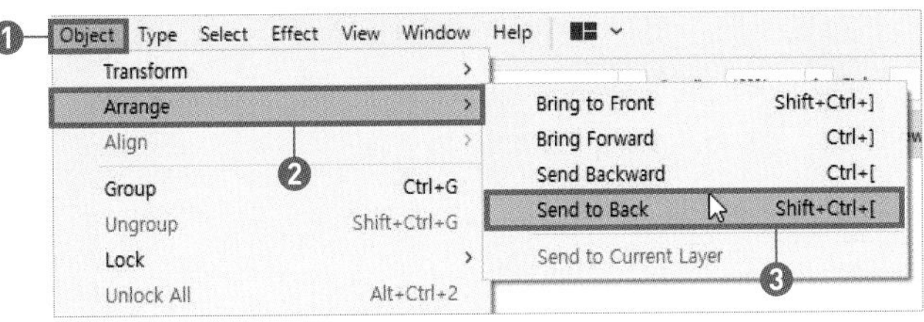


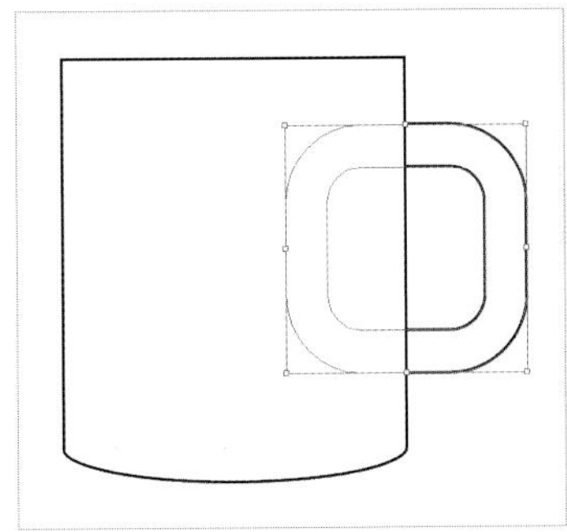

**24** 손잡이 모양의 왼쪽면을 제거하기 위해 툴바에서 [Line Segment Tool]( )을 선택하고 그림과 같이 겹쳐지는 부분에 수직 방향으로 선을 그려줍니다.

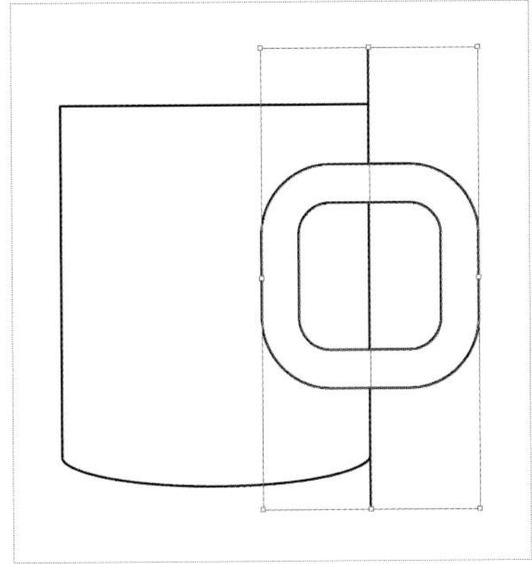

25 그다음 선과 손잡이 오브젝트를 선택하고 [Pathfinder] 패널에서 [Divide]( )를 클릭합니다. 그다음 왼쪽 손잡이 링 부분을 선택하여 삭제합니다.

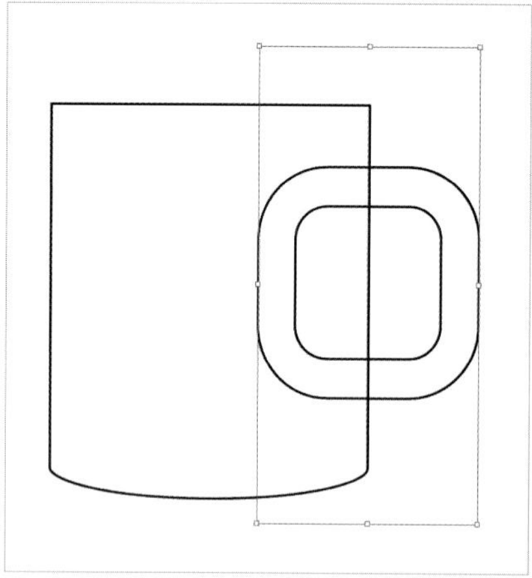

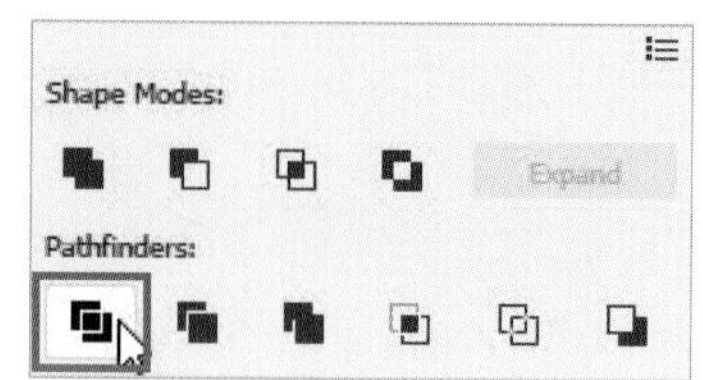


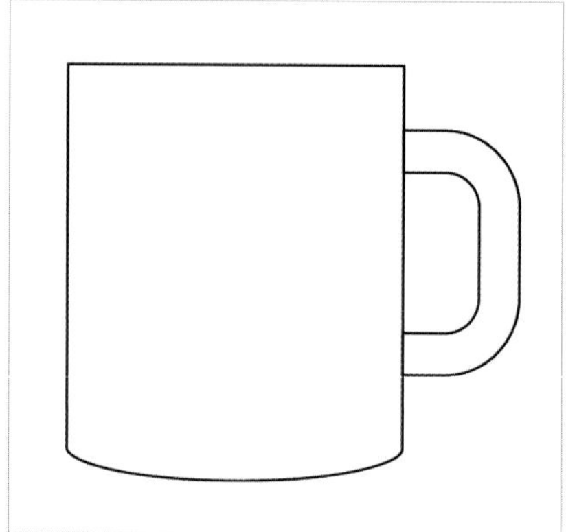

26 머그컵 연결되는 부분 색상의 변화를 주기 위해 툴바에서 [Line Segment Tool]( )을 선택하고 그림과 같이 수직 방향으로 선을 그려줍니다. 그다음 [Pathfinder] 패널에서 [Divide]( )를 적용하여 손잡이의 면을 나눠줍니다.

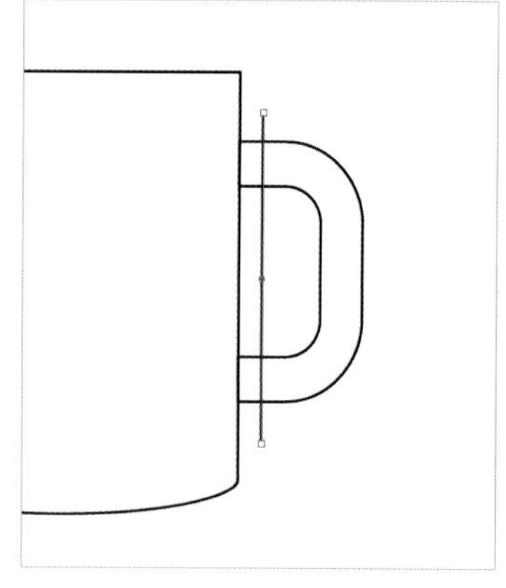

**27** 그다음 [Fill] 색상을 연한 핑크색(#fef1e6)으로 선택하고 손잡이 끝부분에 적용합니다.

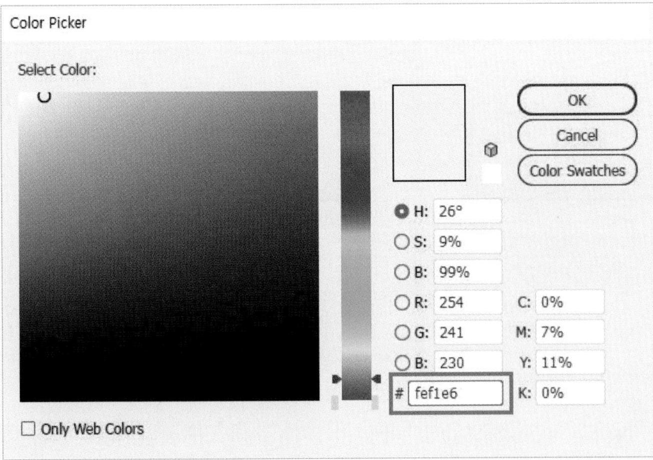


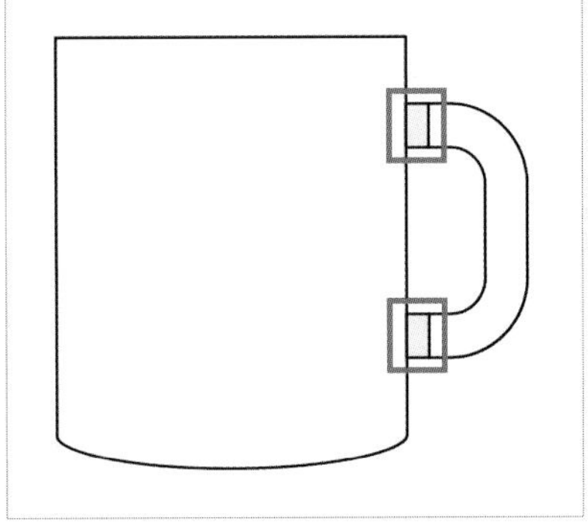

**MEMO Color 모드**

색상이 선택되지 않는 경우 색상 모드가 GrayScale로 선택되어 있는 경우가 있습니다. [Color] 패널에서 'CMYK' 또는 'RGB' 컬러 모드로 변경할 수 있습니다.

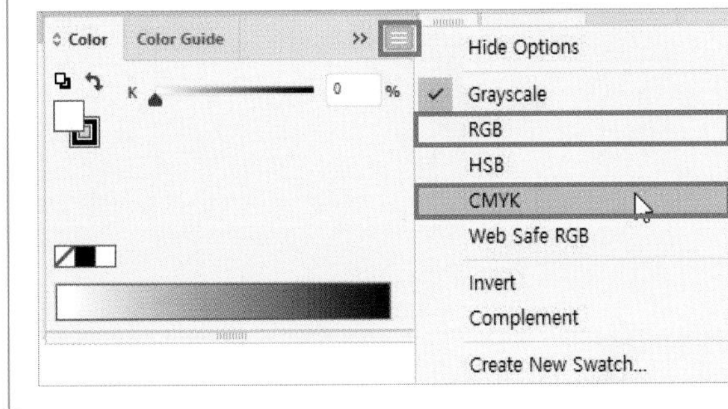


**28** 다음은 배경에 색상을 입혀봅니다. 툴바에서 [Rectangle Tool]( )을 선택하여 문서 크기와 동일하게 사각형을 그려줍니다. 색상은 핑크색(#f9e8de)으로 채워줍니다.

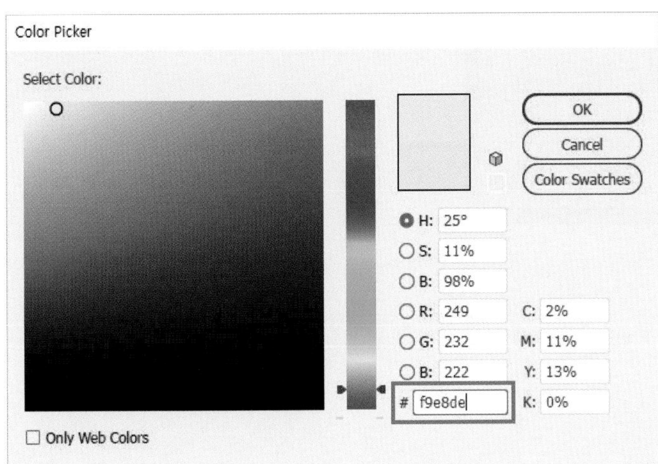

29 그다음 [Object] 〉 [Arrange] 〉 [Send to Back] 메뉴를 클릭하여 배경 사각형의 위치를 맨 뒤로 변경합니다.

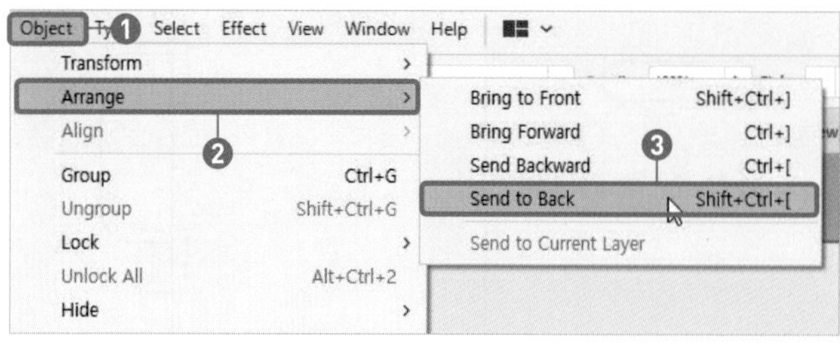

30 그다음 배경 사각형의 [Stroke] 색상을 'None'으로 설정하고 [Object] 〉 [Lock] 〉 [Selection] 메뉴를 클릭하여 작업 화면에 고정하도록 합니다.

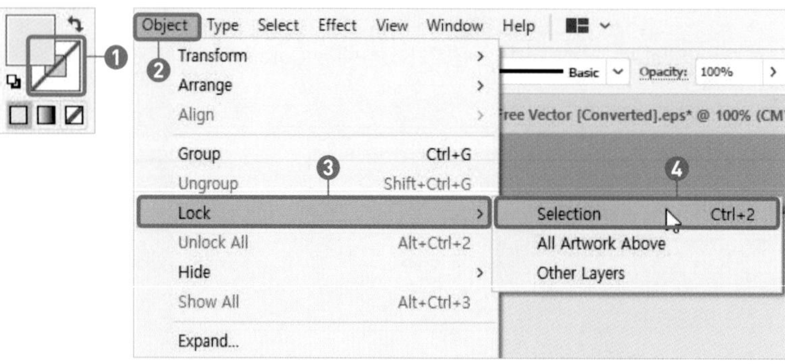

**31** 머그컵과 손잡이 오브젝트를 모두 선택한 후 [Stroke] 색상을 'None'으로 변경합니다.

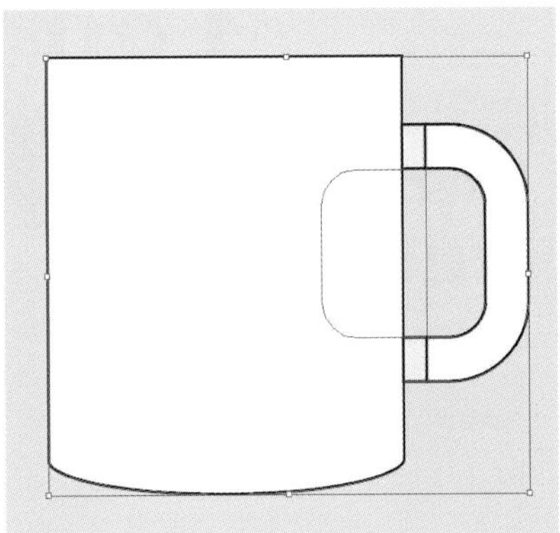

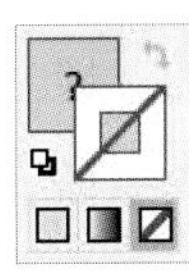

**32** 로고를 몸통 중앙에 위치시켜 머그컵 디자인 작업을 완성합니다.

# CD 앨범 재킷 만들기

## Rectangle Tool(사각형 도구), Ellipse Tool(원형 도구), Polygon Tool(다각형 도구), Arrange(정렬), Effect(효과), Roughen(거칠게 하기), Create Outlines(윤곽선 만들기), Outline Stroke(윤곽선)

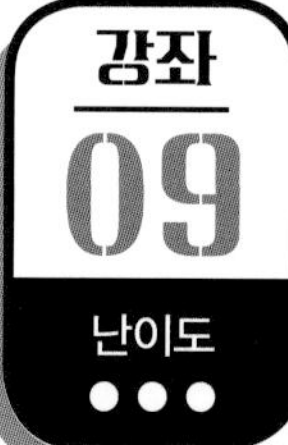


CD 앨범 재킷을 만드는 과정을 통해 기본 오브젝트를 바탕으로 편집하는 방법과 일러스트레이터 Effect 기능을 활용하여 형태를 변형하는 방법을 알아보겠습니다.

[**예제 파일** : PART 02 Illustrator/4교시/CDjacket–완성.ai]

### 학습과제

일러스트레이터를 잘 사용하기 위해서는 기본 오브젝트의 모양을 바탕으로 다양한 형태로 변경하는 방법을 알고 있어야 합니다. 문자를 윤곽선으로 변경하고 형태를 편집하거나 Effect 기능들을 사용하여 형태를 변형하는 방법에 대해 확인합니다.

▲ 패스를 편집하면 다양한 효과를 적용할 수 있습니다.

**1** CD 앨범 재킷의 크기는 가로 세로 130mm, [Color Mode]는 'CMYK', 문서 이름을 'CD 앨범 재킷'으로 입력하여 새로운 문서를 만들어줍니다.

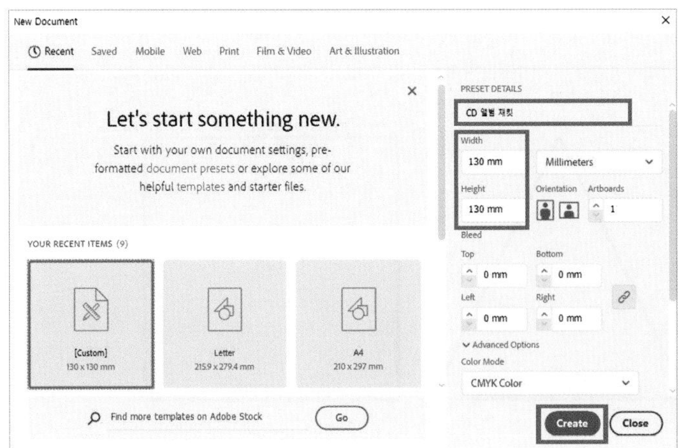


**2** AKMO 알파벳 모양의 메인 이미지를 만드는 과정입니다. 먼저 'A' 알파벳 모양을 만들기 위해 툴바에서 [Polygon Tool]( )을 선택합니다. 그다음 작업 화면을 한 번 클릭하고 [Polygon] 창에서 [Radius] : '15mm', [Sides] : '3'으로 설정한 후 [OK]를 클릭합니다. 그러면 정삼각형이 그려지며 [Fill] 색상은 '흰색', [Stroke] 색상은 '검은색', [Stroke]의 두께는 '1pt'인 기본값으로 적용합니다.

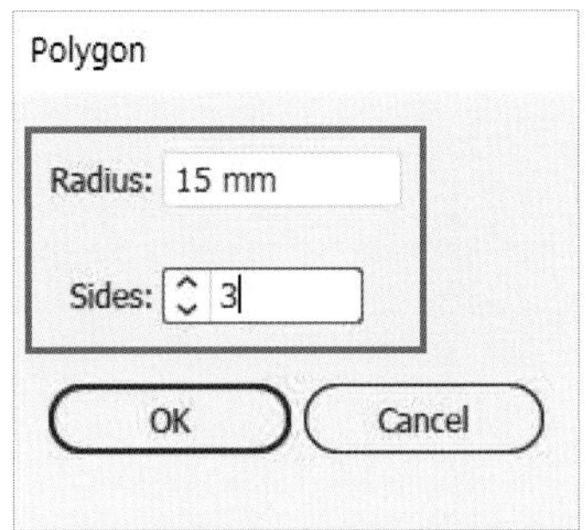


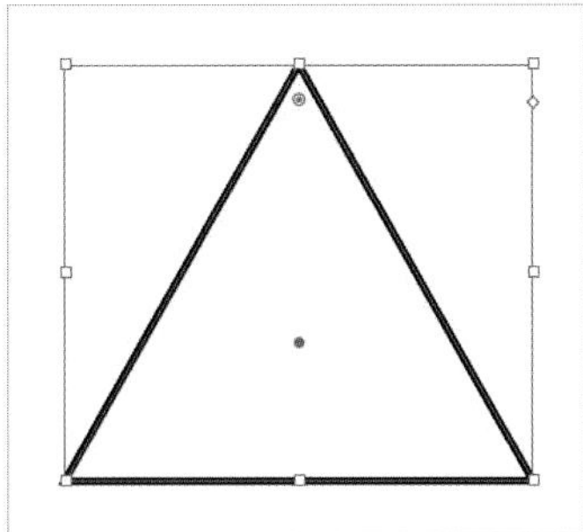

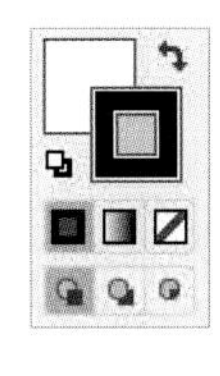

**3** 삼각형의 가로 길이 및 세로 길이를 동일하게 만들기 위해 [Properties] 〉 [Transform] 패널에서 [W]와 [H]를 각각 '25mm'로 설정합니다.

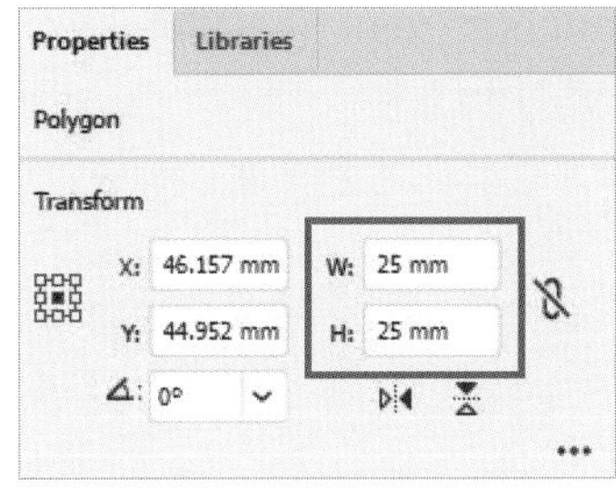


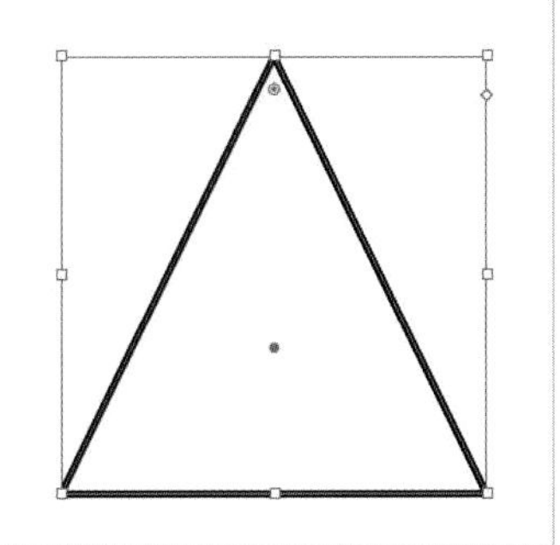

**4** 다음은 삼각형 오른쪽에 사각형을 하나 만들어줍니다. 툴바에서 [Rectangle Tool]( )을 선택하고 삼각형 오른쪽 작업 화면을 한 번 클릭합니다. [Rectangle] 창에서 [Width] : '25mm', [Height] : '25mm'로 설정하고 [OK]를 클릭합니다. 사각형이 만들어지면 그림과 같이 오른쪽에 나란히 놓이도록 위치를 조정합니다.

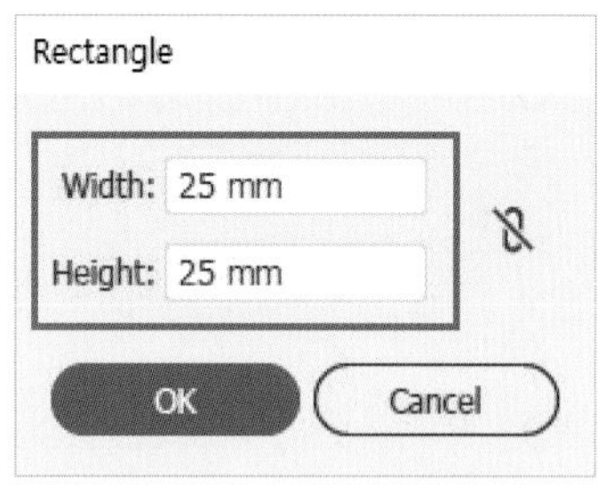


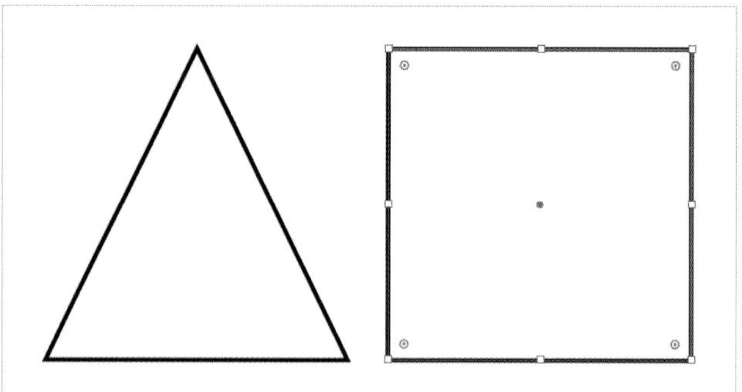

**5** 그다음 사각형을 다음 그림과 같이 2개를 복사하여 배치해줍니다.

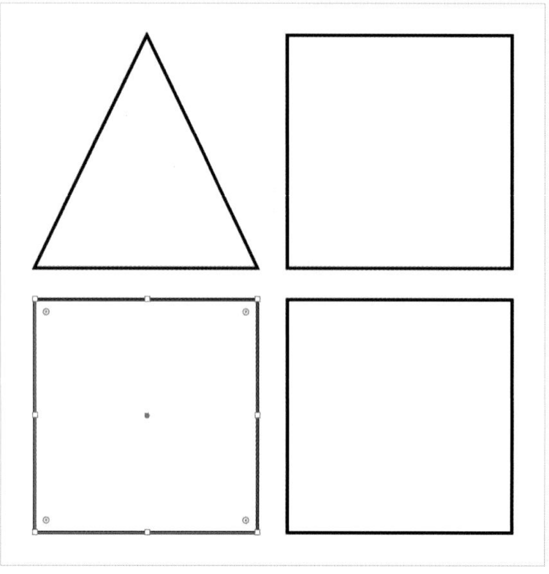

**6** 사각형을 'K' 알파벳 모양으로 변경하는 과정입니다. 툴바에서 [Add Anchor Point Tool]( )을 선택하고 그림과 같이 사각형의 오른쪽 변 중간 지점을 클릭하여 정점을 추가합니다.

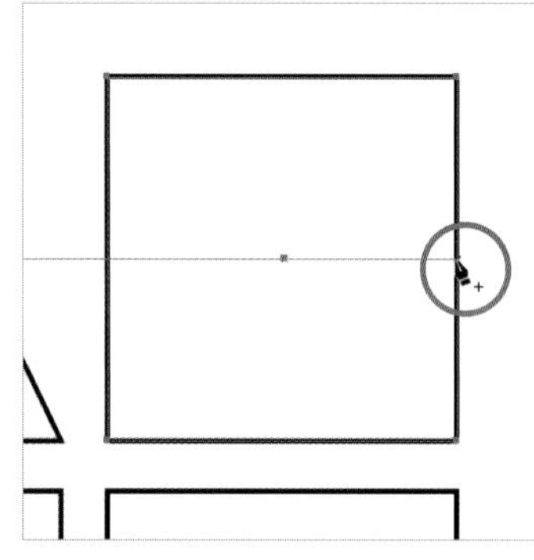

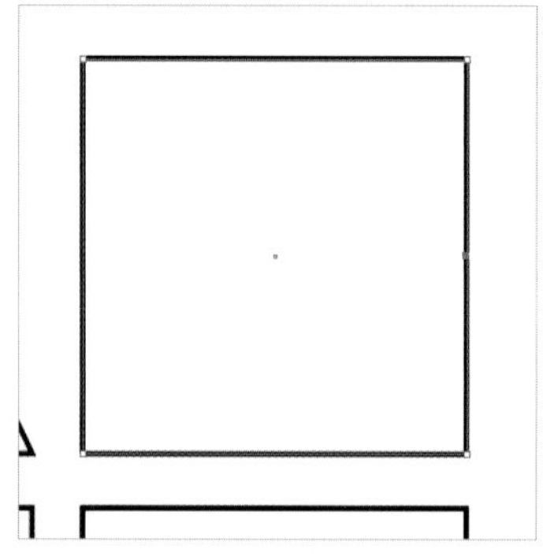

**TIP**

스마트 안내선이 활성화되지 않는다면 [View] 〉 [Smart Guides] 메뉴를 클릭하여 실행합니다.

**7** 툴바에서 [Direct Selection Tool]( )을 선택하고 추가한 정점을 클릭한 후 Shift 또는, 스마트 안내선을 활용하여 사각형 중앙 부분으로 이동시킵니다.

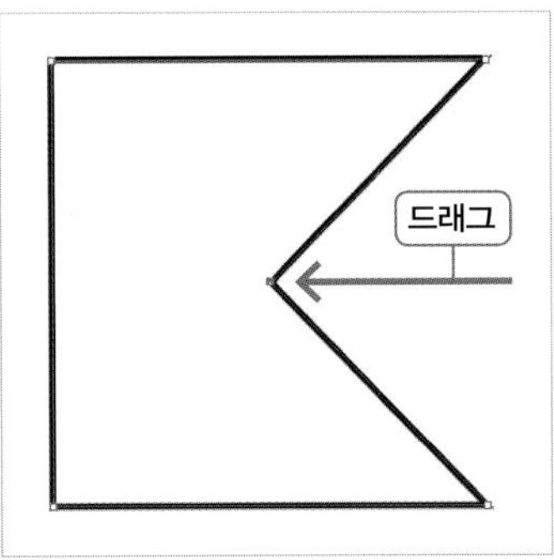


**TIP**

정점을 선택한 후 키보드의 방향키(←↑↓→)를 이용하면 신속하고 정확하게 이동시킬 수 있습니다.

**8** 다음은 'M' 알파벳 모양을 만들어 봅니다. 'K' 알파벳 모양과 동일한 방법으로 [Add Anchor Point Tool]( )로 위쪽 중간 지점에 정점을 추가합니다.

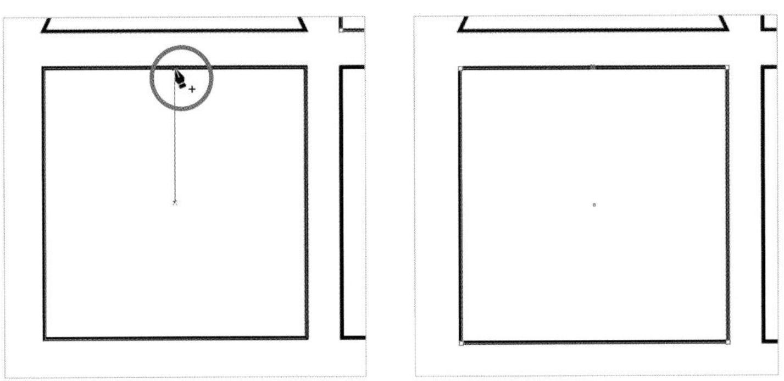

**9** 동일한 방법으로 추가된 정점을 선택하고 사각형 중앙 지점으로 이동하여 모양을 완성합니다.

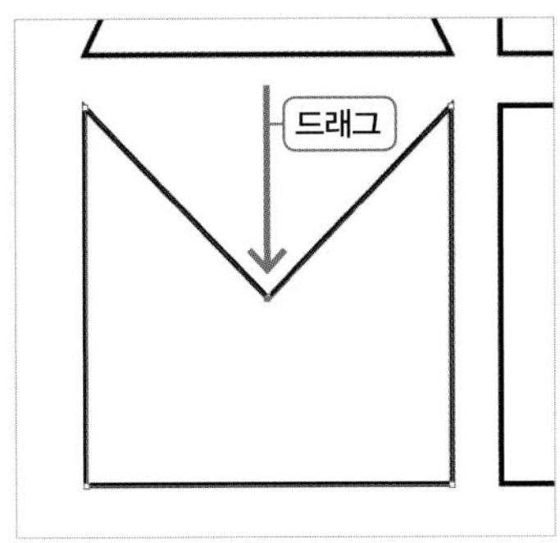

**10** 다음은 '0' 알파벳 모양입니다. 기존 사각형 모양을 이용하여 만들어 봅니다. 오른쪽 아래 사각형을 선택한 후 [Object] 〉 [Path] 〉 [Offset Path] 메뉴를 클릭합니다. [Offset Path] 대화상자가 표시되면 [Offset]을 '–8mm'로 설정합니다.

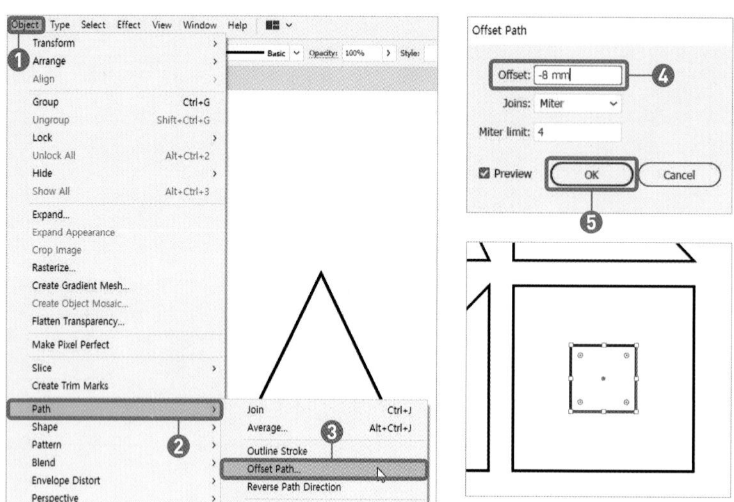


**11** 그다음 사각형 모서리 부분을 라운드로 수정해 봅니다. 사각형을 선택한 후 [Properties] 〉 [Tranform] 패널에서 [More Options]를 클릭합니다. 그다음 [Corner Type]을 'Round'로 설정하고 [Radius]를 '3mm'로 입력합니다. 사각형의 모든 코너를 모두 동일하게 적용합니다. 작은 사각형도 [Radius]를 '2mm'로 하여 동일하게 적용합니다.

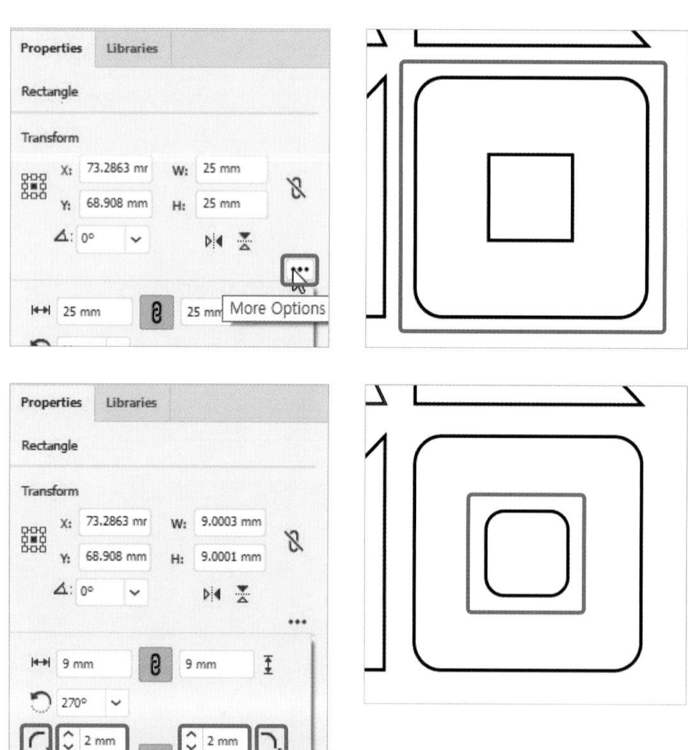

**12** 겹쳐진 부분을 제거하기 위해 위아래 사각형 모두 선택하고 [Pathfinder] 패널에서 [Minus Front]( )를 클릭합니다. 그러면 겹쳐진 부분이 제거된 라운드 사각형이 완성됩니다.

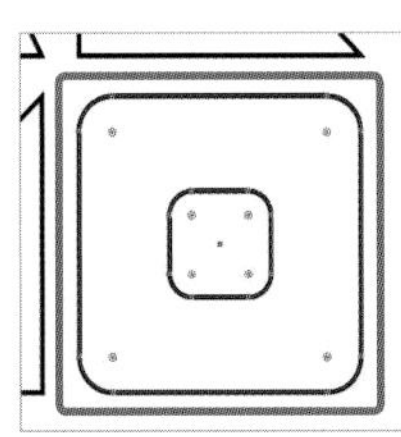

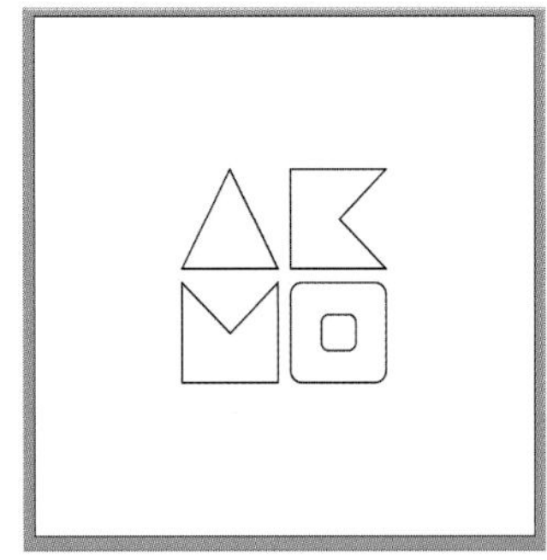

**13** 다음은 삼각형 모양의 플레이 아이콘을 만들어 봅니다. 툴바에서 [Polygon Tool]( )을 선택하고 [Radius] : '3mm', [Sides] : '3'으로 설정하여 삼각형을 만듭니다. 그다음 시계 방향으로 90도 회전합니다.

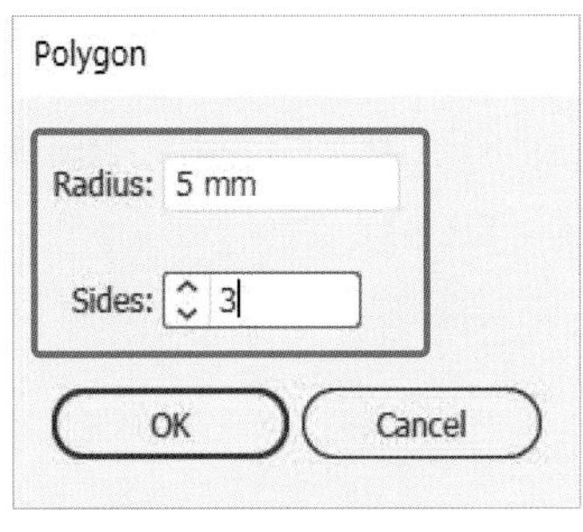


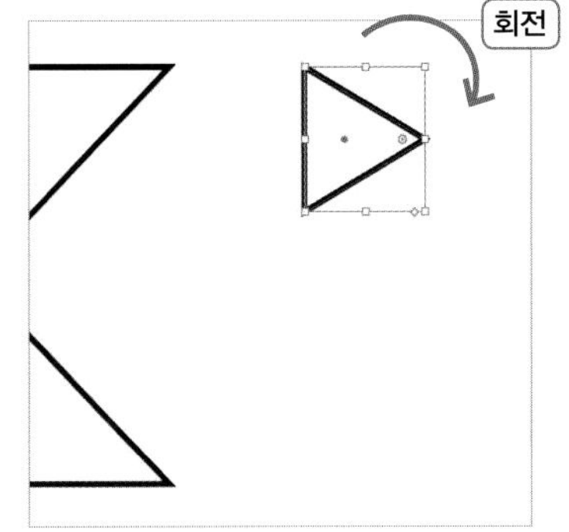


**14** [Fill] 색상은 'None'으로 변경하고 [Stroke] 두께를 '5pt'로 설정합니다.

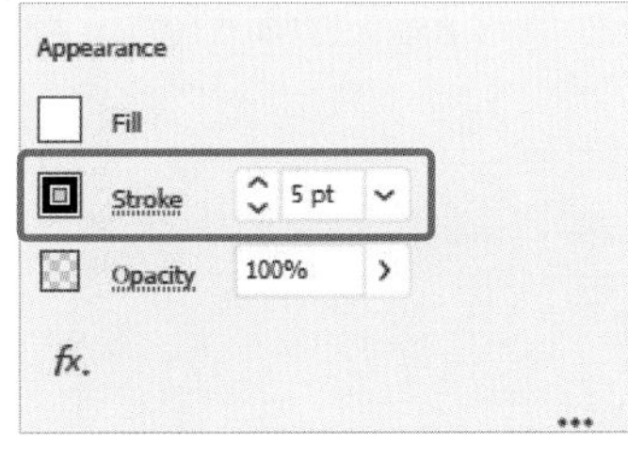


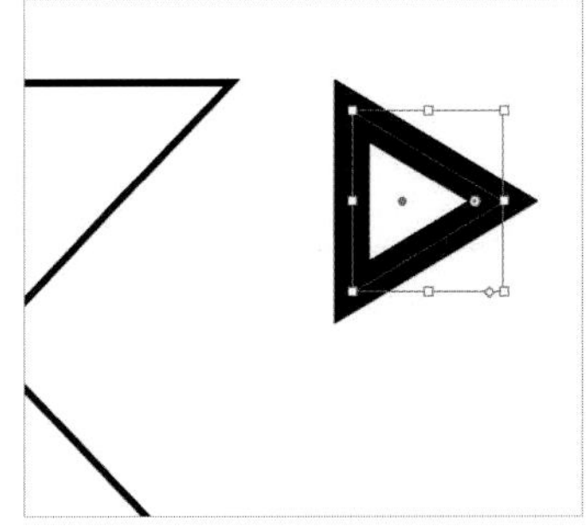

**TIP**

다음 과정에서 진행되는 Outline Stroke 적용 시 [Fill] 색상이 채워져 있을 경우 외곽선 모양과 면 모양으로 분리되어 오브젝트가 생성됩니다. 면 모양의 오브젝트는 다음 과정에서 필요 없기 때문에 [Fill] 색상을 'None'으로 변경하는 진행하는 것입니다.

**15** [Object] 〉 [Path] 〉 [Outline Stroke] 메뉴를 클릭하여 삼각형의 형태를 수정합니다.

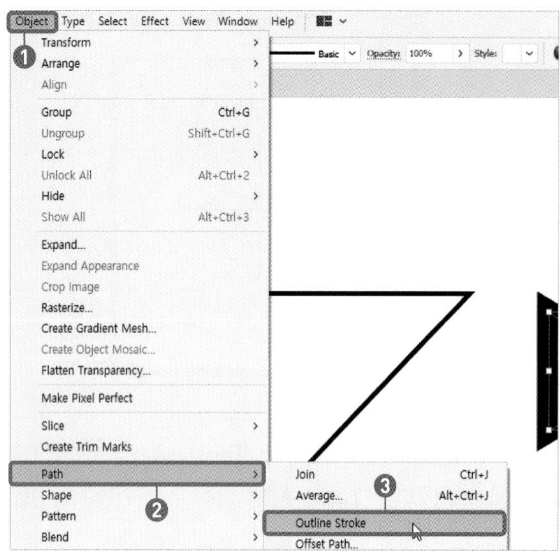

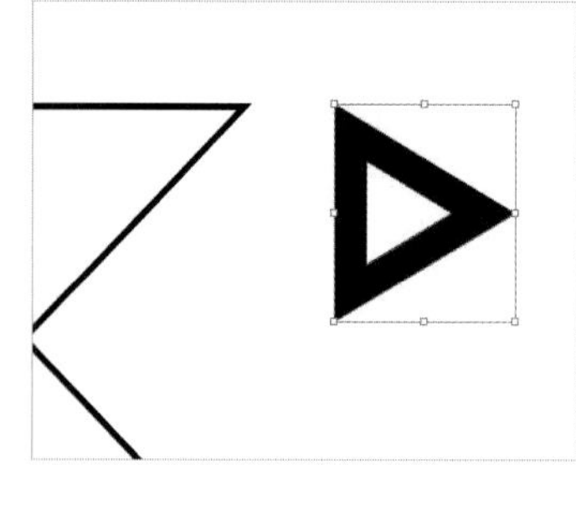

**16** 다음은 앨범의 제목을 입력해 봅니다. 툴바에서 [Type Tool](T)을 선택하고 그림과 같이 'AKMO PLAY'를 작성합니다. [Character] 패널에서 글꼴은 'Bank Gothic Light BT', 크기는 '24pt' 정도로 설정하고 메인 그림 폭 안에 들어가도록 문장의 전체 크기 및 위치를 조정합니다.

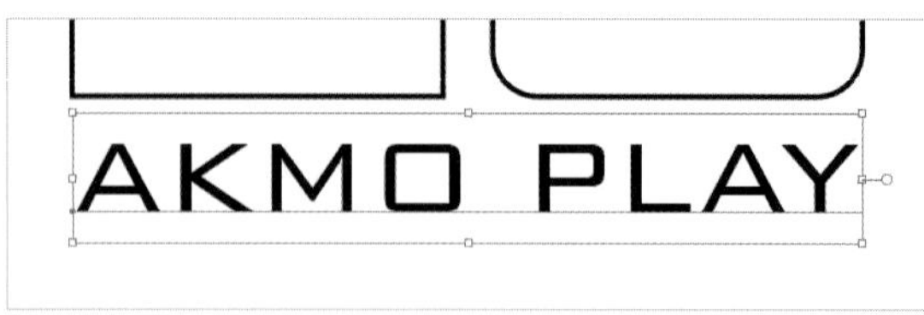

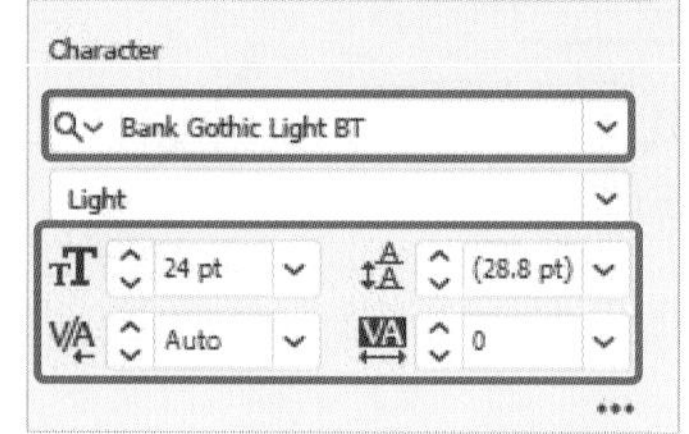

**17** 문자의 높이를 높여주기 위해 박스를 직접 조절하거나 [Properties] 〉 [Transform] 패널에서 [H]를 '10'으로 설정하여 적용합니다.

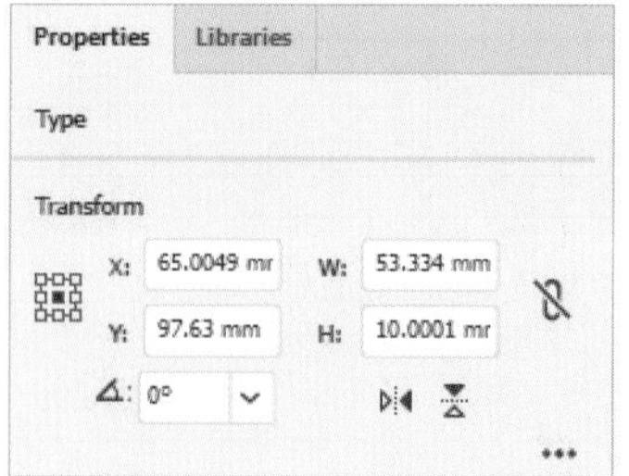

**18** 다음은 문자들의 모양을 편집하기 위해 문자의 속성을 제거하고 윤곽선 형태로 변경합니다. [Type] 〉 [Create Outlines] 메뉴를 클릭합니다. 그러면 기본 문자의 속성이 제거된 독립적인 오브젝트로 변경된 것을 확인할 수 있습니다.

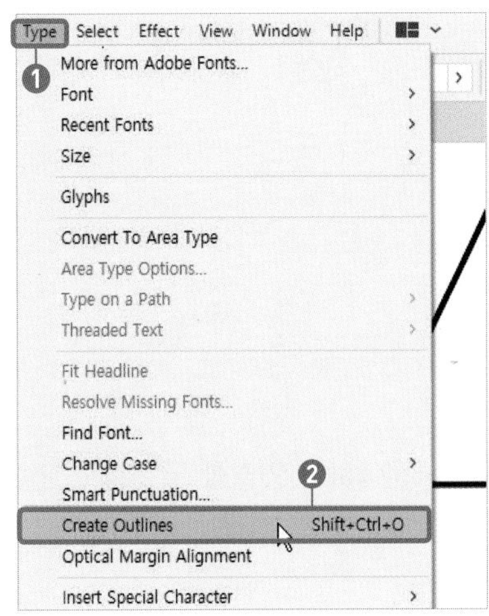


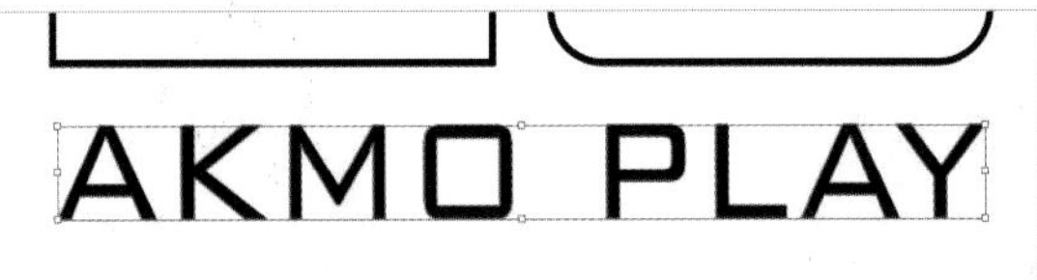


**19** [Object] 〉 [Ungroup] 메뉴를 클릭하여 문자의 그룹을 해제하고 'A'를 선택합니다.

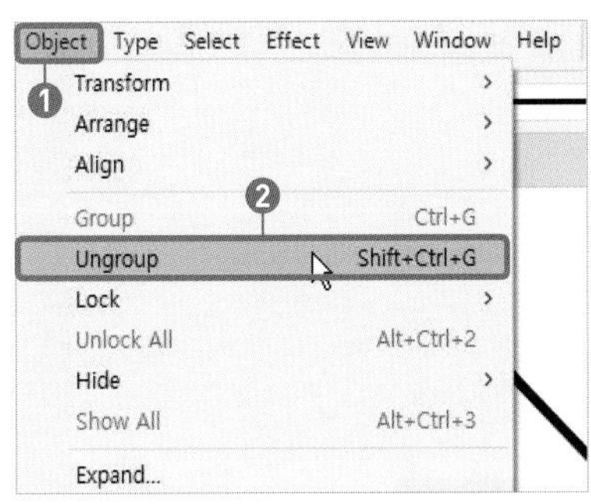


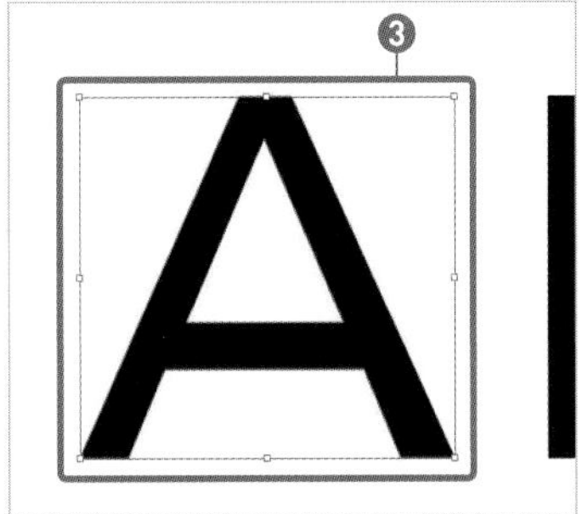

**20** [Fill]과 [Stroke] 색상은 그림과 같이 [Swap Fill and Stroke](↰)를 클릭하여 전환합니다.

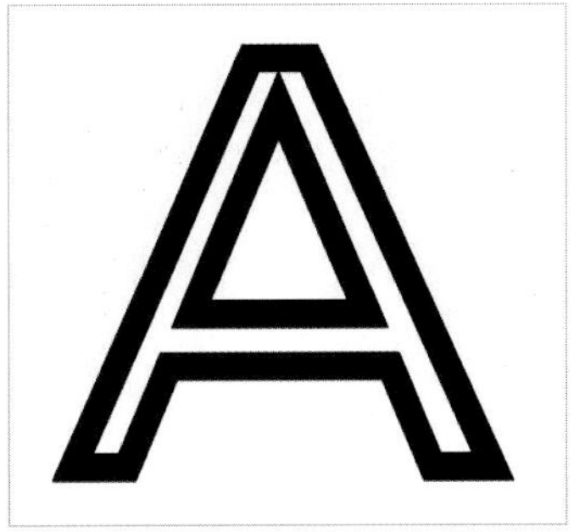

**TIP**

[Fill]과 [Stroke]의 색상을 전환하지 않고 [Fill] 색상이 채워진 상태에서 패스를 삭제하게 되면 면 잔상이 남게 되어 마치 패스가 지워지지 않은 상태처럼 느낄 수 있습니다. 그래서 패스 제거 유무를 확실하게 하기 위해 [Fill]은 'None' 상태로 유지하고 [Stroke] 색상을 채운 후 작업을 진행합니다. 물론 전환하지 않은 상태에서 잘려진 패스 선을 연결하면 면 잔상도 함께 사라지게 됩니다.

**21** 'A'를 편집하기 위해 툴바에서 [Direct Selection Tool]( )을 선택하고 문자 가운데 부분을 드래그하여 선택합니다. 그다음 Delete를 눌러 제거합니다.

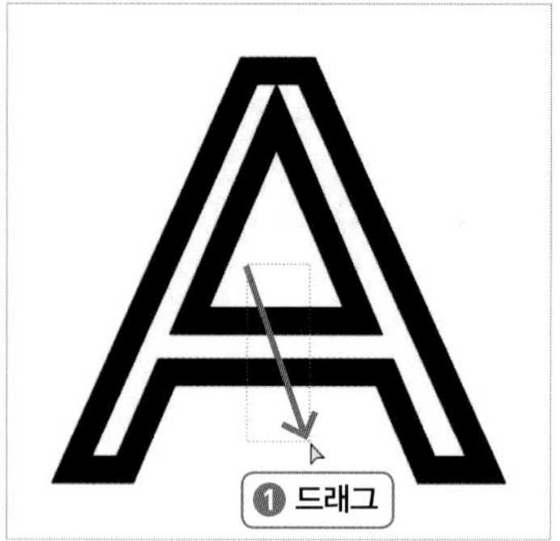


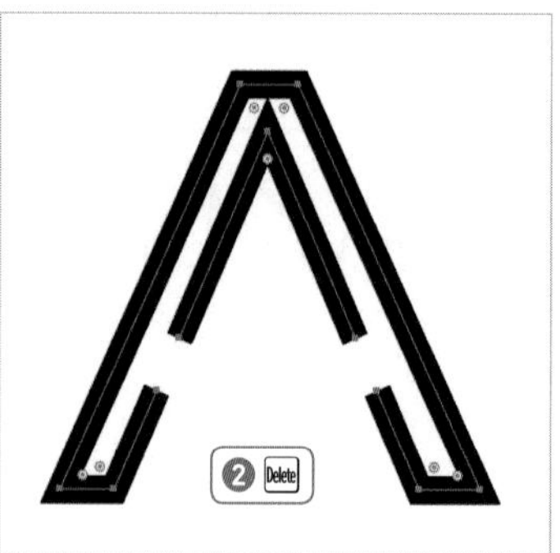


**22** 끊긴 부분을 연결하기 위해 툴바에서 [Direct Selection Tool]( )을 선택하여 연결할 두 정점을 선택합니다. 그다음 [Object] 〉 [Path] 〉 [Join] 메뉴를 클릭합니다.

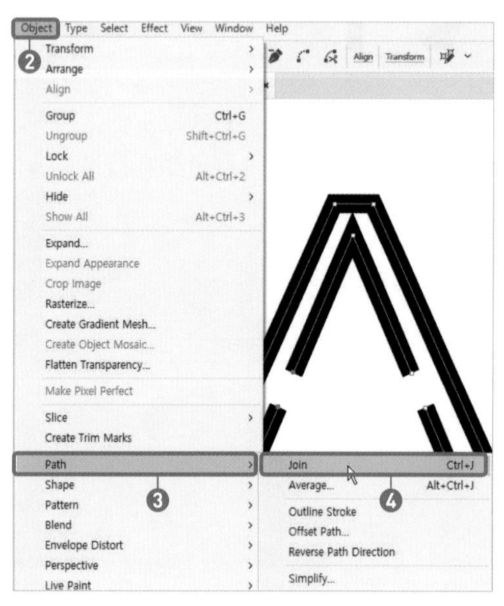


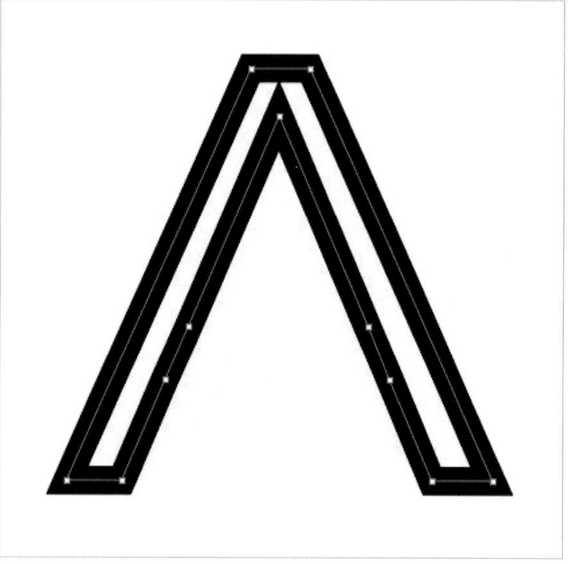

> **TIP**
>
> [Pen Tool]로도 끊긴 정점을 클릭하면 쉽게 연결할 수 있습니다.

**MEMO 불필요한 정점 정리하기**

없어도 되는 불필요한 정점들은 정리하는 것이 좋습니다. 툴바에서 [Delete Anchor Point Tool]로 정점을 삭제하여 정리할 수 있습니다.

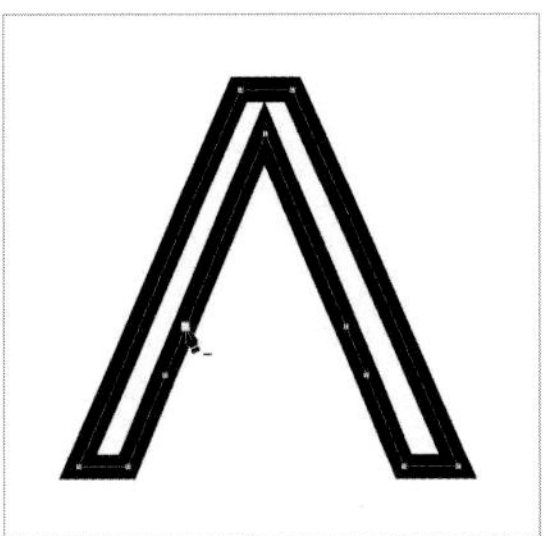

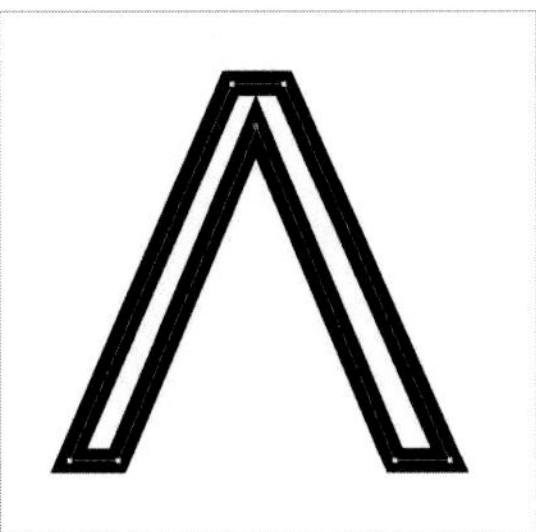

23 다시 [Swap Fill and Stroke]( )를 클릭하여 변경되기 전 상태로 설정합니다.

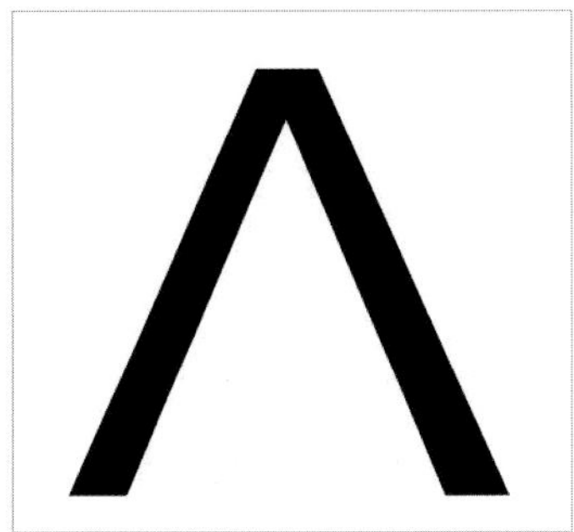

24 다음은 'PLAY' 단어 중 'A'만 선택하여 삭제합니다.

25 삭제한 단어를 대체할 삼각형 모양은 이미 그려놓은 플레이 아이콘을 복사하고 알맞은 크기로 조절합니다.

**26** 다음은 Effect 기능을 활용하여 문자 및 그림들이 프리 드로잉 효과를 적용해 봅니다. 크기에 따라 적용되는 크기가 다르기 때문에 먼저 'AKMO PLAY'만 선택합니다. 그다음 [Effect] 〉 [Distort & Transform] 〉 [Roughen] 메뉴를 클릭합니다.

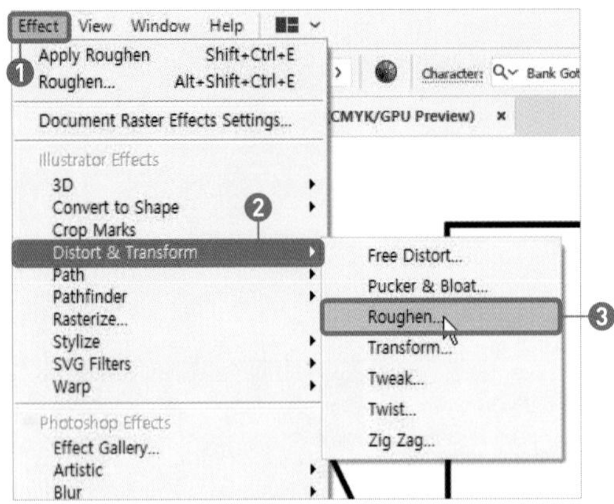


**27** [Roughen] 대화상자에서 [Preview]를 체크한 후 [Options] 값을 조정합니다. [Size] : '2%', [Detail] : '10/in' 정도 설정합니다. 그러면 외곽선에 굴곡이 생기면서 손으로 필기한 듯한 자연스러운 형태의 문자가 만들어집니다.

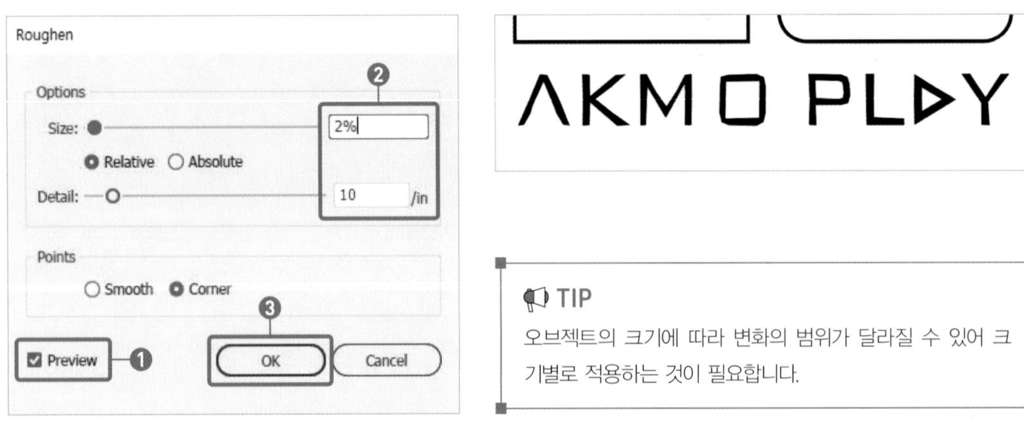


**TIP**
오브젝트의 크기에 따라 변화의 범위가 달라질 수 있어 크기별로 적용하는 것이 필요합니다.

**28** 다음은 메인 그림인 'AKMO' 오브젝트를 선택한 후 동일하게 [Effect] 〉 [Distort & Transform] 〉 [Rounghen] 메뉴를 클릭합니다. [Roughen] 대화상자에서 [Preview]를 체크한 후 [Options] 값을 조정합니다. [Size] : '0.5%', [Detail] : '13/in' 정도 설정합니다.

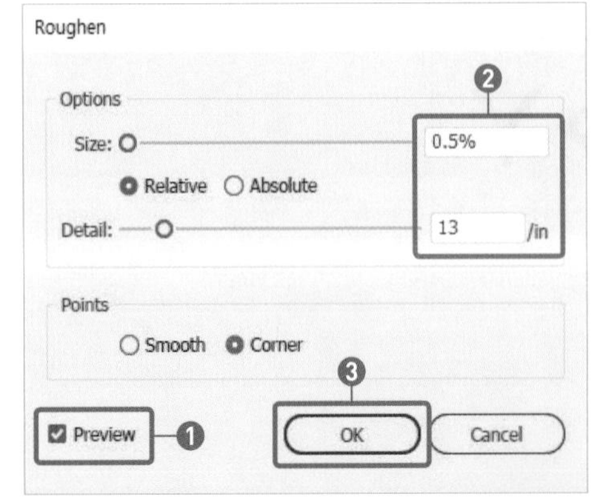


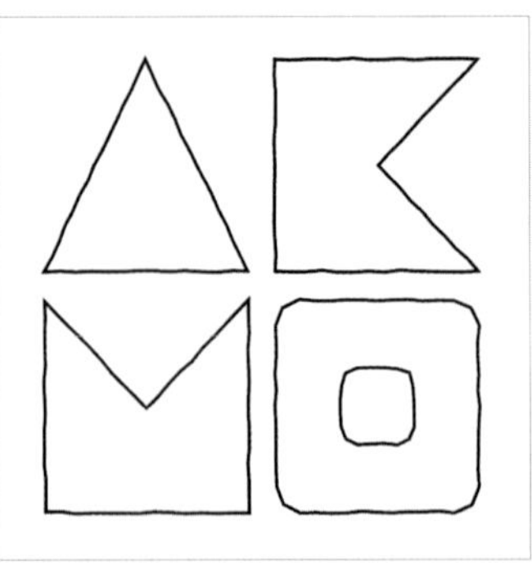

**29** 다음은 플레이 버튼 이미지도 동일한 명령를 적용합니다. [Size] : '2%', [Detail] : '15/in' 정도로 설정합니다. 그러면 기본적인 전체 형태가 완성됩니다.

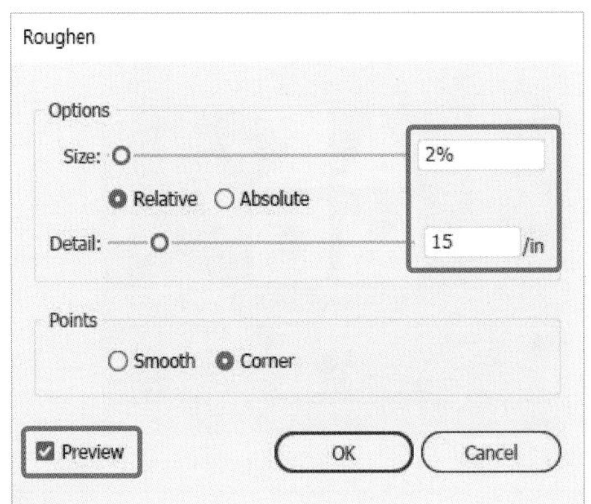


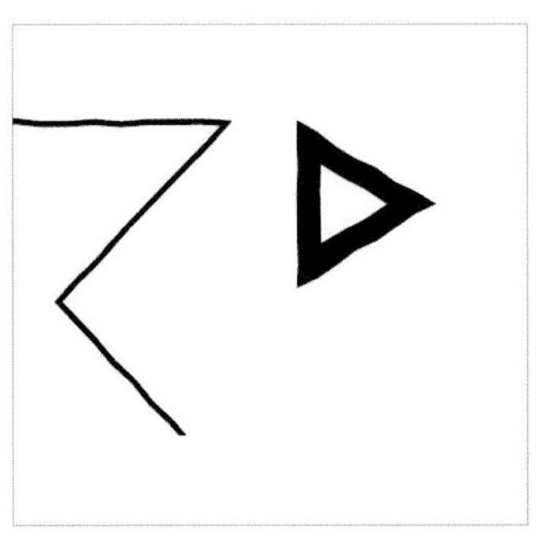

**30** 다음은 파랑 바탕의 배경을 만들어 봅니다. 툴바에서 [Rectangle Tool]( )을 선택하고 문서 전체 크기에 맞게 드래그하여 사각형을 그려줍니다. [Fill] 색상은 '#4355a1', [Stroke] 색상은 'None'으로 설정합니다.

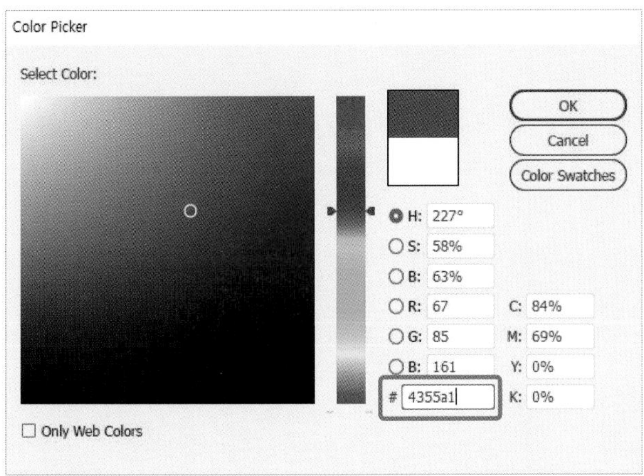

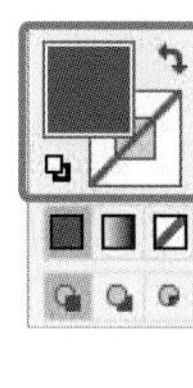

**31** [Object] 〉 [Arrange] 〉 [Send to Back] 메뉴를 클릭하여 사각형을 맨 밑으로 이동합니다.

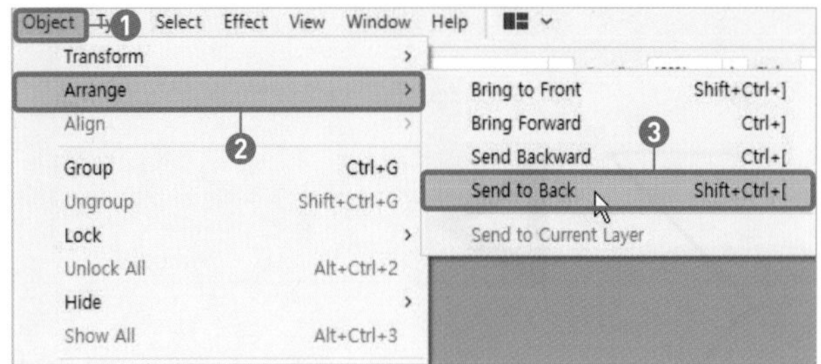


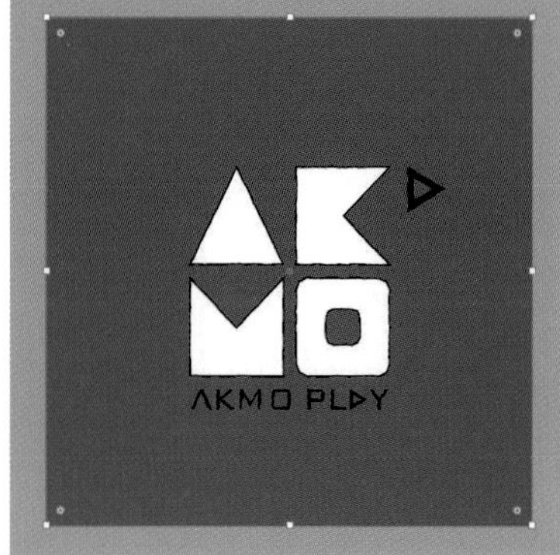


MEMO **배경 고정하기**

편집 작업 시 배경 이미지가 이동되지 않도록 [Object] 〉 [Lock] 〉 [Selection] 메뉴를 클릭하여 고정하면 선택 작업이 수월해집니다.

**32** 다음은 메인 글자인 'AKMO'를 선택합니다.

33 그다음 [Fill] 색상은 하늘색(#8cabda)으로 채워주고 [Stroke]는 흰색에 가까운 연한 하늘색(#edf1f9)으로 설정합니다.

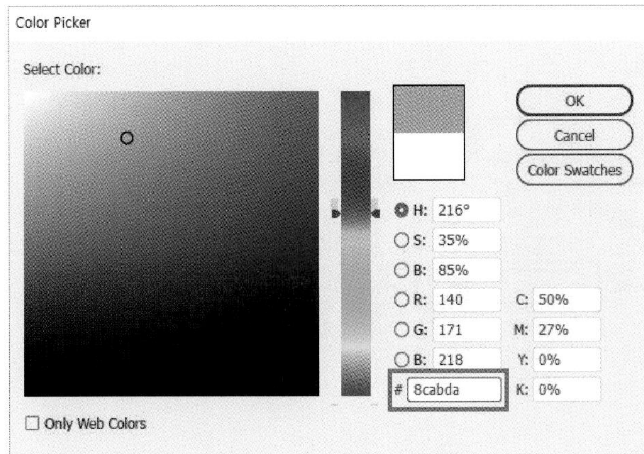


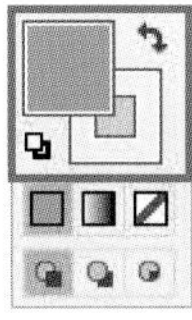

◀ [Fill] 색상

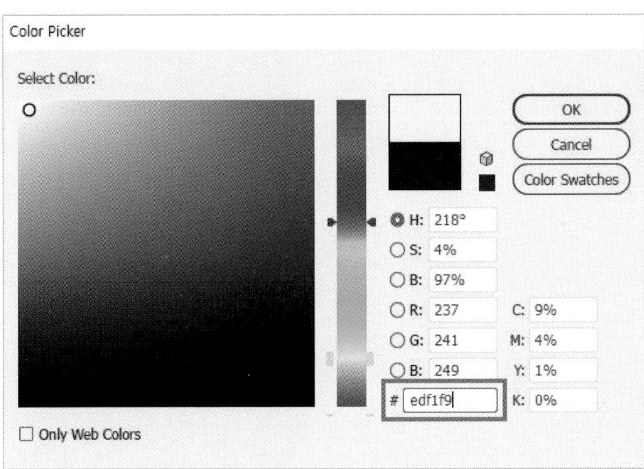

▲ [Stroke] 색상

34 그다음 플레이 아이콘과 'AKMO PLAY'를 선택하고 [Fill] 색상은 연한 하늘색(#edf1f9), [Stroke] 색상은 'None'으로 설정합니다.

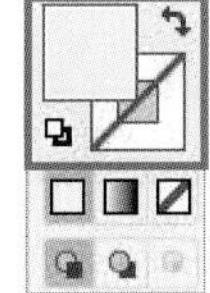

35 다음은 테두리 라인을 만들어 봅니다. 배경 이미지를 선택하고 [Object] 〉 [Path] 〉 [Offset Path] 메뉴를 클릭합니다. 그다음 [Swap Fill and Stroke]( )를 클릭하여 [Fill]과 [Stroke]의 색상을 교체합니다.

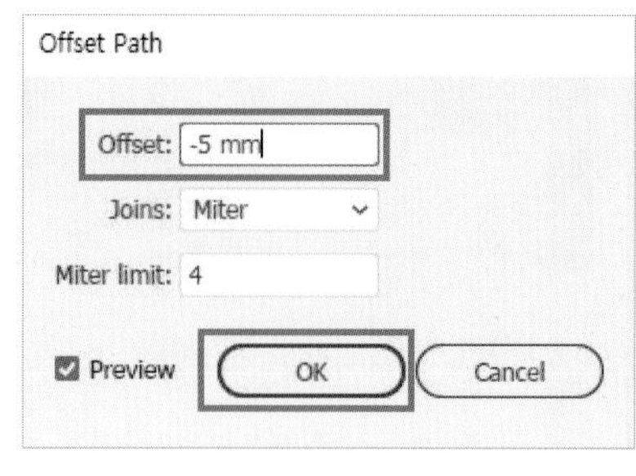

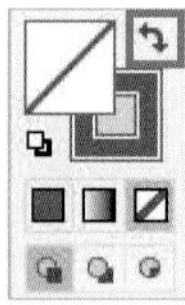

36 [Window] 〉 [Graphic Styles] 메뉴를 클릭하고 [Graphic Styles] 패널 메뉴에서 [Open Graphic Style Library] 〉 [Artistic Effects]를 선택합니다.

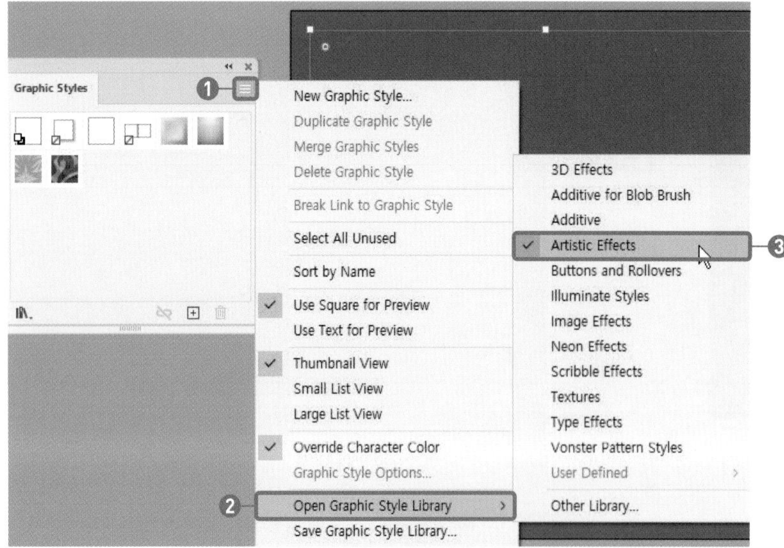

**37** [Artistic Effects] 패널에서 'Chisel' 스타일을 선택하여 적용합니다.

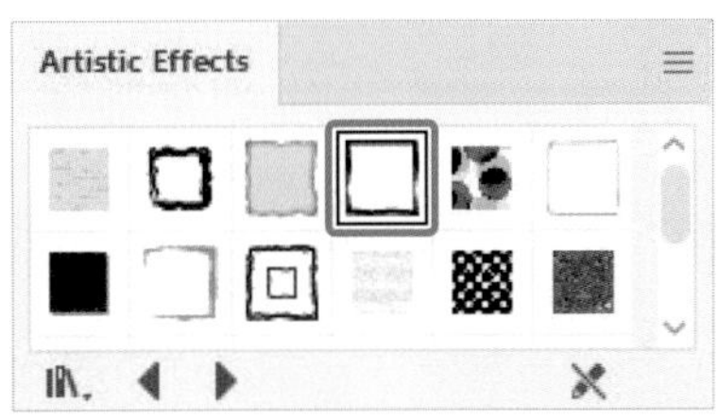


**38** [Stroke]의 두께는 '1pt' 정도로 설정하고 [Fill] 색상은 'None', [Stroke] 색상은 연한 하늘색(#edf1f9)으로 적용합니다. 다시 한 번 전체적인 크기와 위치를 조정하여 작업을 완료합니다.

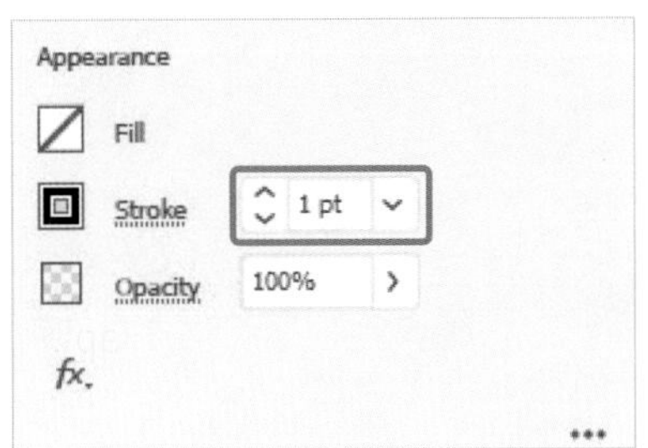


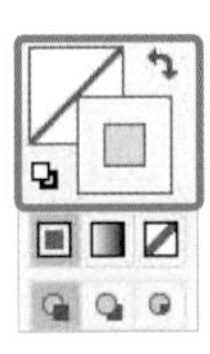

• MEMO •

# 마담의크스 포토샵 & 일러스트레이터 CC

**1판 1쇄 발행** 2021년 7월 31일

**저 자** | 마담의크스 카페, 네모 기획
**발 행 인** | 김길수
**발 행 처** | ㈜영진닷컴
**주 소** | ㈜08507 서울특별시 금천구 가산디지털1로 128
STX-V 타워 4층 401호
**등 록** | 2007. 4. 27. 제16-4189



**ISBN** | 978-89-314-6560-0

# '점잇기 & 컬러링북' 시리즈

점잇기는 1,000개의 점으로 이루어진 도안의 1번부터 1,000번까지 번호를 따라
순서대로 점을 이으면 훌륭한 예술 작품이 완성됩니다.
어린 시절 느꼈던 즐거움을 통해 스트레스를 해소하고, 집중력도 강화할 수 있습니다.

**점잇기&컬러링북 인물편**
토마스 패빗 저 | 12,000원
96쪽

**점잇기&컬러링북 동물편**
토마스 패빗 저 | 12,000원
96쪽

**점잇기&컬러링북 도시편**
토마스 패빗 저 | 12,000원
96쪽

**점잇기&컬러링북 명화편**
토마스 패빗 저 | 12,000원
96쪽

**점잇기&컬러링북 세계 불가사의편**
토마스 패빗 저 | 12,000원
96쪽

**점잇기&컬러링북 마블편**
토마스 패빗 저 | 14,000원
96쪽

**점잇기&컬러링북 스파이더맨편**
토마스 패빗 저 | 14,000원
96쪽

**점잇기&컬러링북 가디언즈 오브 갤럭시편**
토마스 패빗 저 | 14,000원
96쪽

**점잇기&컬러링북 어벤져스편**
토마스 패빗 저 | 14,000원
96쪽